Archiv für Sozialgeschichte
Beiheft 15

Herausgegeben von der Friedrich-Ebert-Stiftung
in Verbindung mit dem
Institut für Sozialgeschichte Braunschweig/Bonn

Redaktion: Hermann Beckstein (Schriftleitung),
Dieter Dowe, Hans Pelger

Marlis Buchholz/Bernd Rother

Der Parteivorstand der SPD im Exil

Protokolle der Sopade 1933–1940

Projektleitung:
Herbert Obenhaus/Hans-Dieter Schmid

Verlag J.H.W Dietz Nachfolger · Bonn

Die Deutsche Bibliothek – CIP-Einheitsaufnahme

[Archiv für Sozialgeschichte/Beiheft]
Archiv für Sozialgeschichte/hrsg. von der Friedrich-Ebert-Stiftung in Verbindung mit dem Institut für Sozialgeschichte Braunschweig, Bonn. Beiheft. – Dietz
　Früher Schriftenreihe
　Reihe Beiheft zu: Archiv für Sozialgeschichte

15. Sozialdemokratische Partei Deutschlands: Der Parteivorstand der SPD im Exil. – 1995

Sozialdemokratische Partei Deutschlands:
Der Parteivorstand der SPD im Exil: Protokolle der Sopade 1933–1940 / Marlis Buchholz ; Bernd Rother. – Bonn: Dietz, 1995
　(Archiv für Sozialgeschichte : Beiheft ; 15)
　ISBN 3-8012-4051-7

NE: Buchholz, Marlis [Hrsg.]; HST

ISBN 3-8012-4051-7
Copyright © 1995 by Verlag J.H.W. Dietz Nachfolger GmbH
In der Raste 2, D-53129 Bonn
Foto: Archiv der sozialen Demokratie der Friedrich-Ebert-Stiftung
Gesamtherstellung: satz+druck gmbh, Düsseldorf
Alle Rechte vorbehalten
Printed in Germany 1995

Fritz Heine

Die Friedrich-Ebert-Stiftung widmet diesen Band
ihrem Freund, Förderer und langjährigen Vorstandsmitglied
Fritz Heine zum 90. Geburtstag am 6. Dezember 1994.

Inhaltsverzeichnis

Abkürzungsverzeichnis X

Einleitung... XIII

I. Geschichte der Sopade 1933–1940 im Überblick XIII
II. Die Zusammensetzung des Exil-Parteivorstandes XIX
III. Aspekte der Organisationsentwicklung der Sopade XXVI
   1. Die Finanzen XXVI
   2. Der Apparat XXX
      2.1 Prag XXX
      2.2 Paris XXXIII
   3. Grenzarbeit XXXIV
   4. Publikationsorgane............................... XXXVI
IV. Die Vorstandsprotokolle XXXVIII
   1. Die Frage der Autorenschaft......................... XXXVIII
   2. Themen und Debatten XL
      2.1 Der Exilvorstand als Treuhänder der deutschen Sozialdemokratie .. XLI
      2.2 Politisch-personelle Konflikte im Exilvorstand XLII
      2.3 Perspektiven der Sozialdemokratie nach der nationalsozialistischen Machtergreifung........................... XLIV
      2.4 Die Beziehungen zur KPD XLIV
      2.5 Vorstellungen zur Nachkriegsordnung XLVII

Zu dieser Edition L

I. Die Überlieferung der Prokolle........................... L
II. Sekundärüberlieferungen LVI
III. Editionstechnische Hinweise LX

Verzeichnis der Dokumente............................... LXII

Dokumente.. 1

Anhangdokumente...................................... 413

Quellen- und Literaturverzeichnis 530

Personenregister....................................... 543

Geographisches Register 000

Sachregister 000

Die Bearbeiter 000

Vorwort

Die Sitzungsprotokolle des nach der Machtergreifung der Nationalsozialisten emigrierten Parteivorstands der Sozialdemokratischen Partei Deutschlands, der Sopade, blieben bei der Flucht vor den deutschen Truppen 1940 in Paris zurück. Sie wurden nach der Einnahme der Stadt in einem Banksafe gefunden und dem Reichssicherheitshauptamt in Berlin übergeben. Die Protokolle gehörten zu den Teilen der Registratur, die während des Krieges nicht vernichtet wurden und seit dem Ende des Zweiten Weltkriegs der SED und mittelbar auch der KPD zur Verfügung standen. Beide Parteien haben versucht, die Fülle der Informationen über den sozialdemokratischen Parteivorstand, die die Protokolle enthielten, politisch zu nutzen. Das begann schon 1949, als beide Parteien den engen Mitarbeiter von Kurt Schumacher, Herbert Kriedemann, auch mit Hilfe von Zitaten aus einem Protokoll der Spitzeltätigkeit zugunsten der Gestapo verdächtigten. Später, nachdem das Protokoll dem Institut für Marxismus-Leninismus übergeben worden war, ließ die SED das Protokoll im Sinne ihrer parteilichen Geschichtsschreibung auswerten. Westdeutsche Historiker, im allgemeinen aber auch die der DDR, hatten bis in die achtziger Jahre keinen Zugang zu dieser Quelle.

Die beiden Leiter des Editionsprojekts waren auf die Existenz der Sitzungsprotokolle der Sopade aufmerksam geworden, weil es Berührungspunkte zwischen einem von ihnen durchgeführten Projekt über den Widerstand gegen den Nationalsozialismus in Hannover und Spitzelvorwürfen gegen Herbert Kriedemann gab. Eine erste Einsicht in die Protokolle konnten aber auch sie erst durch eine Kopie nehmen, die vom Zentralen Parteiarchiv des Instituts für Marxismus-Leninismus im Archiv der sozialen Demokratie in Bonn niedergelegt worden war. Auf Antrag erteilte das Institut für Marxismus-Leninismus im November 1988 die Genehmigung zur Veröffentlichung der Protokolle. Im Januar 1991 konnten Dr. Marlis Buchholz und Dr. Bernd Rother mit Förderung der Volkswagen-Stiftung mit den Editionsarbeiten beginnen. Dr. Doris Schlüter übernahm die Transkription der Protokolle, Dirk Riesener und Christian Eggers wirkten bei der äußeren Gestaltung der Edition, bei den Registern und den biographischen Recherchen mit.

Die Edition ist von zahlreichen Institutionen und Dienststellen unterstützt und gefördert worden, denen wir Dank sagen möchten. An erster Stelle ist die Volkswagen-Stiftung zu nennen, in der sich besonders Herr Dr. Edgar Wolfrum immer wieder intensiv des Projekts annahm. Von den zahlreichen benutzten Archiven und Forschungsstellen seien folgende genannt: das Internationale Institut für Sozialgeschichte, Amsterdam, die Stiftung Archiv der Parteien und Massenorganisationen der DDR im Bundesarchiv – Zentrales Parteiarchiv, Berlin, das Archiv der sozialen Demokratie, Bonn, das Politische Archiv des Auswärtigen Amts, Bonn, das Bundesarchiv in Koblenz mit den Abteilungen Potsdam sowie dem Zwischenarchiv Dahlwitz-Hoppegarten, das Historische Archiv der Stadt Köln, das Institut für Zeitgeschichte, München, die Archives Nationales, Paris. Zu danken ist schließlich all denen, die durch Auskünfte und Hinweise die Editionsarbeiten unterstützt haben: Fred W. Berg, Hilda Hertz-Golden, Dr. Ursula Langkau-Alex, Dr. Hartmut Mehringer, Heinz Putzrath, Artur Schober, Dr. Henryk Skrzypczak. Besonders danken wir dem letzten noch lebenden Mitglied des emigrierten Parteivorstands, Fritz Heine, der mit seinen Erinnerungen die Edition in vielfältiger Weise gefördert hat.

Hannover, Mai 1993

Herbert Obenaus
Hans-Dieter Schmid

Abkürzungsverzeichnis

ADG	Auslandsvertretung der Deutschen Gewerkschaften
ADGB	Allgemeiner Deutscher Gewerkschaftsbund
AdsD	Archiv der sozialen Demokratie
AfA	Allgemeiner freier Angestellten-Bund
AfS	Archiv für Sozialgeschichte
ALÖS	Auslandsbüro der österreichischen Sozialdemokraten
AVÖS	Auslandsvertretung der österreichischen Sozialisten
AW(O)	Arbeiterwohlfahrt
BA	Bundesarchiv
BBC	British Broadcasting Corporation
BDC	Berlin Document Center
Belg. Frs.	Belgische Francs
BzG	Beiträge zur Geschichte der Arbeiterbewegung
CS(R)	Tschechoslowakische Republik
Dän. Kr.	Dänische Kronen
DAF	Deutsche Arbeitsfront
DDP	Deutsche Demokratische Partei
Dep.	Depositum
DF	Deutsche Freiheit
Din.	Dinar
DLM	Deutsche Liga für Menschenrechte
DMV	Deutscher Metallarbeiterverband
DNSAP	Deutsche Nationalsozialistische Arbeiterpartei
DNVP	Deutschnationale Volkspartei
DSAP/DSDAP	Deutsche sozialdemokratische Arbeiterpartei in der Tschechoslowakei
dtsch.	deutsch
DZA	Deutsches Zentralarchiv
EKKI	Exekutivkomitee der Kommunistischen Internationale
EWG	Europäische Wirtschaftsgemeinschaft
FDB	Freie deutsche Bewegung
FDKB	Freier deutscher Kulturbund
FEAF	Féderation des Emigrés d'Allemagne en France
FF/Ffr(s)./Fr(s)/ fr.frcs./fr.fc./f.frs.	Französische Francs
franz., frz.	französisch
Gestapa	Geheimes Staatspolizeiamt
GG	Geschichte und Gesellschaft
GLD	German Labor Delegation
HASt	Historisches Archiv der Stadt
hfl	holländische Gulden
hs.	handschriftlich
IAO	Internationale Arbeitsorganisation
IBFG	Internationaler Bund Freier Gewerkschaften
IfZ	Institut für Zeitgeschichte
IGB	Internationaler Gewerkschaftsbund
IISG	Internationales Institut für Sozialgeschichte
IML	Institut für Marxismus-Leninismus

ISK	Internationaler Sozialistischer Kampfbund
ITF	Internationale Transportarbeiter-Föderation
IWK	Internationale wissenschaftliche Korrespondenz zur Geschichte der deutschen Arbeiterbewegung
IWZ	Illustrierte Wochenzeitung
KAG	Kommunistische Arbeitsgemeinschaft
Kc	Tschechische Kronen
KI	Kommunistische Internationale
KP(D)	Kommunistische Partei (Deutschlands)
KPF	Kommunistische Partei Frankreichs
KPO	Kommunistische Partei – Opposition
KPÖ	Kommunistische Partei Österreichs
KW	Kurzwelle
LO	Leninistische Organisation
MdA	Mitglied des Abgeordnetenhauses
MdBR	Mitglied des Bundesrats
MdNR	Mitglied des Nationalrats
MdNV	Mitglied der Nationalversammlung
MdR	Mitglied des Reichstags
MF	Mikrofilm
ms.	maschinenschriftlich
NB	Neu Beginnen
NL	Nachlaß
NSDAP	Nationalsozialistische Deutsche Arbeiterpartei
NSBO	Nationalsozialistische Betriebszellen-Organisation
NV	Neuer Vorwärts
OLG	Oberlandesgericht
OMGUS	Office of Military Government, United States
ORA	Oberreichsanwalt
OSS	Office of Strategic Services
PA	Politisches Archiv
POB	Parti Ouvrière Belge
PPD	Proletarischer Pressedienst
PV	Parteivorstand
RB	Reichsbanner
RGBl.	Reichsgesetzblatt
RS	Revolutionäre Sozialisten
RSD	Revolutionäre Sozialisten Deutschlands
RSHA	Reichssicherheitshauptamt
RSÖ	Revolutionäre Sozialisten Österreichs
SA	Sturmabteilung
S.A.	Sozialistische Aktion
SAI	Sozialistische Arbeiter-Internationale
SAJ	Sozialistische Arbeiterjugend
SAP/SADP	Sozialistische Arbeiterpartei Deutschlands
SAPMO	Stiftung Archiv der Parteien und Massenorganisationen der DDR im Bundesarchiv
SBZ	Sowjetische Besatzungszone
Schw. Fr./Schw. frcs./Sfrs.	Schweizer Franken
Schw. Kr.	Schwedische Kronen

SDAP	Sozialdemokratische Arbeiterpartei der Niederlande oder Sozialdemokratische Arbeiterpartei Österreichs
SDAPR	Sozialdemokratische Arbeiterpartei Rußlands
SED	Sozialistische Einheitspartei Deutschlands
SFI(O)	Section Française de l'Internationale Ouvriere
SJI	Sozialistische Jugend-Internationale
SPÖ	Sozialistische Partei Österreichs
SS	Schutzstaffel
TG	Treuegemeinschaft sudentendeutscher Sozialdemokraten
TUC	Trade Union Congress
UGT	Union General de Trabajadores
USP(D)	Unabhängige Sozialdemokratische Partei Deutschlands
VARA	Vereeniging van Arbeiders Radio Amateurs
VfZ	Vierteljahreshefte für Zeitgeschichte
VGH	Volksgerichtshof
VSDP	Vereinigte Sozialdemokratische Partei Deutschlands
ZdA	Zentralverband der Angestellten
ZfS	Zeitschrift für Sozialismus
ZK	Zentralkomitee
Zl.	Zloty
ZPA	Zentrales Parteiarchiv
ZVE	Zentralvereinigung der deutschen Emigration

Einleitung

I. Geschichte der Sopade 1933–1940 im Überblick

Mit der Ernennung Adolf Hitlers zum Reichskanzler, der Notverordnung nach dem Reichstagsbrand und der Annahme des Ermächtigungsgesetzes begann der Weg der deutschen Sozialdemokratie in die Illegalität und Emigration. Es ist hinlänglich dokumentiert, welche Illusionen in der SPD-Führung in den ersten Wochen der Hitlerschen Herrschaft über den Charakter der künftigen nationalsozialistischen Diktatur verbreitet waren.[1] Möglicherweise hat der in dieser Situation häufig herangezogene Vergleich zur Zeit des Sozialistengesetzes dazu geführt, daß der Übergang zur Emigration etwas besser vorbereitet war als die illegale Arbeit innerhalb Deutschlands. Kernstück der Emigrationsvorbereitungen war die Rettung der liquiden Mittel des Parteivorstandes, die auch weitgehend gelang.[2] Frühzeitige Kontakte mit den sudetendeutschen Sozialdemokraten[3] ermöglichten eine angesichts der Verhältnisse relativ problemlose Übersiedlung der Parteizentrale in die Tschechoslowakei.

Die anstelle des vorgesehenen Parteitages nach Berlin einberufene »Reichskonferenz« hatte für die Umstellung der Parteiarbeit große Bedeutung. Der am 26. April 1933 neu gewählte Vorstand repräsentierte stärker als seine Vorgänger die verschiedenen Richtungen in der Partei. Außerdem konnte der aus ihm hervorgegangene Emigrationsvorstand nicht als »veraltet« angesehen werden.

Der Beschluß zum Aufbau einer Auslandsvertretung wurde noch rechtzeitig vor dem offiziellen Verbot der SPD gefaßt. Größere Schwierigkeiten machte aber die Weiterführung der Arbeit im Reich. Einerseits war die Parteiorganisation nicht ausreichend auf die illegale Arbeit vorbereitet, andererseits gab es starke Kräfte, die – mit dem Parteivorstands-Mitglied Paul Löbe[4] an der Spitze – die Emigration der Parteispitze ablehnten. Diese Gruppe, zu der auch eine Minderheit der im April gewählten Vorstandsmitglieder gehörte, versuchte im Juni 1933, den Exilvorstand durch ein neues Direktorium zu entmachten. Das kurz darauf erfolgte Verbot der Partei löste den Konflikt zugunsten des Prager Vorstandes, war doch nun die von der Löbe-Gruppe vertretene Strategie hinfällig, die verbliebenen legalen Betätigungsmöglichkeiten zu nutzen.[5]

---

1 Vgl. *Heinrich August Winkler*, Der Weg in die Katastrophe. Arbeiter und Arbeiterbewegung in der Weimarer Republik 1930 bis 1933, Berlin etc. 1987, S. 891–893, S. 912, S. 915; dort auch jeweils weiterführende Literaturhinweise.
2 Vgl. dazu S. XXVI–XXX.
3 Vgl. *Friedrich Stampfer*, Die dritte Emigration. Ein Beitrag zu ihrer Geschichte, in: *Erich Matthias/ Werner Link* (Bearb.), Mit dem Gesicht nach Deutschland. Eine Dokumentation über die sozialdemokratische Emigration. Aus dem Nachlaß von Friedrich Stampfer, Düsseldorf 1968, S. 61–169, hier S. 69.
4 Löbe, Paul, 1875–1967, Juni 1919 Vizepräsident der Nationalversammlung, 1920–1933 MdR SPD und Reichstagspräsident bzw. -vizepräsident, im April 1933 und auf der »Reichskonferenz« im Juni 1933 Wahl in den Parteivorstand, von Juni bis Dezember 1933 in Haft, danach Verlags-Korrektor, August 1944 erneut verhaftet und bis Dezember im KZ Groß-Rosen, 1948/49 Parlamentarischer Rat, 1949–1953 Alterspräsident des Bundestages, 1956 Mitglied in der Kontrollkommission der SPD.
5 Zur Auseinandersetzung mit der Löbe-Gruppe vgl. *Hans J. L. Adolph*, Otto Wels und die Politik der deutschen Sozialdemokratie. Eine politische Biographie, Berlin 1971, S. 284; *Fritz Heine*, »Illegale« Reichsleitung der SPD 1933–1934, in: Neue Gesellschaft 30, 1983, S. 767–768, hier S. 767; *Heinz Niemann/Otto Findeisen/Dietrich Lange/Karlheinz Wild*, SPD und Hitlerfaschismus. Der Weg der deutschen Sozialdemokratie vom 30. Januar 1933 bis zum 21. April 1946, Kollektiv-Diss. masch.

Der Exilvorstand firmierte unter der Abkürzung »Sopade«. Um die illegale Arbeit in Deutschland zu unterstützen, errichtete er an den Grenzen zu Deutschland Grenzsekretariate; hauptsächlich lagen sie in der Tschechoslowakei.[6] Nicht alle Widerstandsgruppen, die so erreicht wurden, wünschten Verbindungen zum Exil-Parteivorstand. Politische Vorbehalte gegenüber der Parteiführung, die für die Niederlage verantwortlich gemacht wurde, aber auch abweichende Vorstellungen über die Organisation und die Aufgaben des Widerstandes belasteten besonders die Beziehungen des Exilvorstandes zu jüngeren sozialdemokratischen Aktivisten in Deutschland.

Auch in der Emigration kam es zu Konflikten im sozialdemokratischen Lager. Die Vorstandsmitglieder Aufhäuser[7] und Böchel[8], die Sprecher des linken Parteiflügels waren, wollten einen Bruch mit der Weimarer Politik der SPD, stellten zugunsten einer neuen einheitlichen Partei der Arbeiterklasse sogar die organisatorische Kontinuität der SPD in Frage. Dies lehnten die anderen Vorstandsmitglieder ab. Bei den Beratungen über das »Prager Manifest« wurden die unterschiedlichen Positionen deutlich. Aufhäuser und Böchel versagten ihm ihre Zustimmung und erarbeiteten in der Folgezeit, insbesondere vom SAP-Gründer Seydewitz[9] unterstützt, eine eigene programmatische Plattform der »Revolutionären Sozialisten«. Streit gab es im Vorstand um die Frage, ob und wenn ja in welcher Form der Vorstand diese Plattform veröffentlichen solle. Zusätzliche Belastungen erfuhr der Konflikt durch die sog. Aktentaschen- und die Briefaffäre. In beiden Fällen ging es darum, daß sich die Parteivorstands-Mehrheit nach Darstellung von Aufhäuser und Böchel mit rechtswidrigen Mitteln Zugang zu Unterlagen der beiden verschafft habe. Die Parteivorstands-Mehrheit hingegen erklärte, daß sie zufällig in den Besitz der Dokumente gekommen sei, die ihrer Meinung nach Spaltungsabsichten insbesondere von Böchel belegen würden. Nachdem im Herbst 1934 die SAI den Konflikt noch einmal schlichten konnte, erklärte Anfang 1935 die Parteivorstands-Mehrheit endgültig, daß sie zu keinen weiteren gemeinsamen Vorstandssitzungen mit Aufhäuser und Böchel mehr bereit sei, da diese die Partei spalten wollten. Nun wurden die »Revolutionären Sozialisten« endgültig als eigene

---

am Institut für Gesellschaftswissenschaften beim ZK der SED, Berlin/DDR 1965, S. 67, S. 71–84; *Hagen Schulze*, (Hrsg.), Anpassung oder Widerstand? Aus den Akten des Parteivorstandes der deutschen Sozialdemokratie 1932/33, Bonn 1975, S. XXXI–XXXIII; *Stampfer*, Emigration, S. 74–77; *Winkler*, S. 939–947.

6 Näheres dazu S. XXXIV–XXXVI.
7 Aufhäuser, Siegfried, 1884–1969, Gewerkschaftsfunktionär, 1921–1933 Vorsitzender AfA, 1921–1933 MdR SPD, April 1933 Wahl in den Parteivorstand, Emigration 1933 Frankreich, CSR, Mitbegründer der RSD, Januar 1935 faktischer Ausschluß aus dem Parteivorstand, 1936 Mitglied »Deutscher Volksfrontausschuß« in Prag, 1937 Austritt aus RSD, 1938 Frankreich, 1939 USA, Mitglied der GLD, 1943 mit Max Brauer Vorsitzender GLD, Herbst 1944 wegen Engagement im »Council for a Democratic Germany« Austritt aus GLD, Redakteur »New Yorker Staatszeitung und Herold«, 1951 Rückkehr nach Deutschland, 1952 Vorsitzender DAG Berlin.
8 Böchel, Karl, 1884–1946, Vorsitzender SPD-Bezirk Chemnitz/Erzgebirge, 1926–1933 MdL Sachsen, April 1933 Wahl in den Parteivorstand, Emigration 1933 CSR, Mitgründer RSD, Januar 1935 faktischer Ausschluß aus dem Parteivorstand, 1936 Mitglied »Deutscher Volksfrontausschuß« in Prag, 1937 Austritt aus RSD und Anschluß an Sopade, 1938 Norwegen, erkrankte 1939 schwer und verbarg sich während des Krieges, starb in Oslo.
9 Seydewitz, Max, 1892–1987, Chefredakteur »Sächsisches Volksblatt«, SAJ- und SPD-Bezirksvorsitzender Zwickau, 1924–1932 MdR, nach SPD-Ausschluß 1931 Mitbegründer und Vorsitzender SAP, Emigration 1933 CSR, 1938 Norwegen, 1940 Schweden, 1934 Mitbegründer RSD, 1935 Übergang zur KPD, 1937 RSD-Ausschluß, Dezember 1945 Rückkehr nach Berlin, 1946–1947 Intendant des Berliner Rundfunks, 1947–1952 Ministerpräsident in Sachsen, Mitglied der Volkskammer, 1955–1968 Generaldirektor der Staatlichen Kunstsammlung in Dresden.

Organisation konstituiert, die aber schon 1937 wieder zerfiel und mehrheitlich zur Sopade zurückkehrte.[10]

Auch mit der Gruppe »Neu Beginnen« gab es Konflikte. »Neu Beginnen« war schon vor 1933 als verdeckt in KPD und SPD arbeitende Organisation entstanden. Ihre nach der Machtergreifung der Nationalsozialisten entstandene Programmschrift wurde vom Exilvorstand, auch auf Anraten des mit der Gruppe sympathisierenden SAI-Sekretärs Friedrich Adler[11], als Broschüre veröffentlicht, um zu zeigen, daß der Parteivorstand sich der Kritik stelle. Außerdem erhielt die Gruppe 1933/34 vom Vorstand finanzielle Unterstützung. Crummenerl[12], dort für die Kasse zuständig, galt in dieser Zeit als Fürsprecher von »Neu Beginnen«. Als aus Sicht der Sopade deutlich wurde, daß auch »Neu Beginnen« die Sozialdemokratie spalten wollte und zudem dem Parteivorstand die Alleinvertretung in der SAI streitig machte, zog der Parteivorstand Anfang 1935 mit der Einstellung der finanziellen Förderung den Trennungsstrich. Nun aber wandte sich das Vorstandsmitglied Hertz[13], immer unzufriedener mit der von ihm als Immobilismus verstandenen Politik der Sopade, allmählich »Neu Beginnen« zu. Spätestens 1937 war er voll in diese Organisation integriert.[14]

Ein Schwerpunkt der Tätigkeiten des Parteivorstandes war die Herausgabe von Publikationen. Ziele dieser Arbeit waren die Aufdeckung der nationalsozialistischen Propagandalügen im Inneren des Reiches, die Information der internationalen Öffentlichkeit über den wahren Charakter des »Dritten Reichs« und die Propagierung der politischen Positionen der Sopade unter den Emigranten. Offizielles Blatt des Parteivorstandes war der »Neue Vorwärts«. Die »Deutschland-Berichte« lieferten Hintergrundinformationen über den Alltag in Deutschland. Die »Sozialistische Aktion« wurde – ebenso wie zahlreiche Einzelschriften – eigens für den illegalen Vertrieb in Deutschland hergestellt. Theoretisches Or-

---

10 Zum Konflikt Aufhäuser/Böchel mit der Parteivorstands-Mehrheit und zu den RSD vgl. *Jutta von Freyberg*, Sozialdemokraten und Kommunisten. Die Revolutionären Sozialisten Deutschlands vor dem Problem der Aktionseinheit 1934–1937, Köln 1973; *Niemann u. a.*, S. 238 f., S. 245–247; *Heinz Niemann* (Hrsg.), Geschichte der deutschen Sozialdemokratie 1917 bis 1945, Berlin/DDR 1982, S. 377; *Brigitte Seebacher-Brandt*, Biedermann und Patriot. Erich Ollenhauer – Ein sozialdemokratisches Leben, Diss. masch. Berlin 1984, S. 141–151.
11 Adler, Friedrich, 1879–1960, österreichischer Sozialdemokrat (SDAP), Emigration 1935 Belgien, 1940 Frankreich, USA, Mitgründer und 1923–1939 Sekretär der SAI, 1942 Gründer und Obmann des »Austrian Labor Committee«, 1946 Schweiz.
12 Crummenerl, Siegmund, 1892–1940, Hauptkassierer der SPD, April 1933 Wahl in den Parteivorstand, Emigration 1933 Saargebiet, CSR, 1938 Frankreich, Finanzverantwortlicher der Sopade, nach Krankenhausaufenthalt in Paris am 22. April 1940 gestorben.
13 Hertz, Paul, 1888–1961, 1920–1933 MdR USPD/SPD, Finanzexperte, April 1933 Wahl in den Parteivorstand, Emigration 1933 CSR, verantwortlicher Redakteur »Sozialistische Aktion«, ab 1935 Vertrauensmann NB innerhalb der Sopade, sozialdemokratischer Vertreter für deutsche Flüchtlinge im Beirat des Hochkommissars beim Völkerbund, 1938 Frankreich, 1938 de-facto-Ausschluß aus dem Parteivorstand, offene Identifikation mit NB, 1939 USA, NB-Vertreter in USA und Gegner der GLD, bis 1945 Mitglied »Council for a Democratic Germany«, 1949 Rückkehr nach Deutschland, Landespolitiker in Berlin, u. a. ab 1955 Senator für Wirtschaft und Kredit.
14 Vgl. *Adolph*, S. 314; *Hartmut Mehringer*, Waldemar von Knoeringen. Eine politische Biographie. Der Weg vom revolutionären Sozialismus zur sozialen Demokratie, München etc. 1989, S. 84, S. 128, S. 131; *Niemann u. a.*, S. 272; *Niemann*, Geschichte, S. 362; *Seebacher-Brandt*, Biedermann, Diss., S. 132, S. 143; sowie als Gesamtdarstellungen zu »Neu Beginnen« *Jan Foitzik*, Zwischen den Fronten. Zur Funktion und Organisation linker politischer Kleinorganisationen im Widerstand 1933 bis 1939/40 unter besonderer Berücksichtigung des Exils, Bonn 1986; *Kurt Kliem*, Der sozialistische Widerstand gegen das Dritte Reich, dargestellt an der Gruppe »Neu-Beginnen«, Diss. masch. Marburg 1957.

gan der Sopade war die »Zeitschrift für Sozialismus«.[15] Neben diesen Periodika gab der Parteivorstand immer wieder programmatische Erklärungen heraus. Die wichtigste war das schon kurz erwähnte »Prager Manifest«, vom Vorstand am 20. Januar 1934 beschlossen. Nach den Worten des Parteivorsitzenden Wels[16] war es »der Versuch, die geistige Führung der Partei hier [beim Parteivorstand; d. Bearb.] zu konzentrieren. Es ist nicht möglich, jetzt schon auf alle Fragen eine Antwort zu geben, deshalb sprechen wir auch nicht von einem Programm, sondern von einem Manifest [...].«[17] Das Manifest betonte die Notwendigkeit, die nationalsozialistische Herrschaft auf revolutionärem Weg zu stürzen. Dieser Kampf müsse von allen Gegnern der Diktatur gemeinsam geführt werden.[18]

Für die praktische Politik des Exilvorstandes hatte das Manifest kaum Auswirkungen. Die erwarteten internen Krisen der nationalsozialistischen Herrschaft blieben aus, so daß auch keine revolutionäre Situation in Deutschland entstand, in der die Programmatik des Manifests hätte wirksam werden können. Die KPD verfolgte zunächst ihre »Sozialfaschismus«-Strategie weiter, was die Aussagen des Manifests über die revolutionäre Einheit der Arbeiterklasse illusionär machte. Schließlich mag es auch am mangelnden Engagement des Vorstandes für die revolutionären Passagen des Manifests gelegen haben, daß Kritiker der Sopade immer stärker den Eindruck hatten, dies sei eine vorübergehende taktische Konzession an die radikale Stimmung an der sozialdemokratischen Basis gewesen.

Diese Kritik wurde besonders stark, als der Parteivorstand entschieden jegliche Einheits- oder Volksfront mit der KPD ablehnte. Ein Treffen von Parteivorstands-Vertretern mit Repräsentanten des KPD-ZK am 23. November 1935 in Prag – es war das einzige offizielle Treffen der Spitzen beider Parteien während des Exils – blieb ergebnislos. Nach dem

---

15 Einzelheiten dazu S. XXXVI–XXXVIII.
16 Wels, Otto, 1873–1939, 1912–1918 MdR SPD, MdNV, ab 1919 einer der Vorsitzenden der SPD, 1920–1933 MdR, ab 1923 SAI-Exekutive und -Büro, April 1933 Wiederwahl zum Parteivorsitzenden, Emigration 1933 CSR, Vorsitzender Sopade, 1938 Dänemark, Frankreich.
17 Parteivorstandssitzung vom 20. Januar 1934 (Dok. Nr. 9).
18 Zum Prager Manifest vgl. *Adolph*, S. 308 f.; *Dieter Dowe/ Kurt Klotzbach* (Hrsg.), Programmatische Dokumente der deutschen Sozialdemokratie, 2. Aufl., Berlin 1984, S. 42 f.; *Lewis J. Edinger*, Sozialdemokratie und Nationalsozialismus. Der Parteivorstand der SPD im Exil von 1933–1945, Hannover etc. 1960, S. 99; *Freyberg*, S. 34 f., S. 39 f.; *Jutta von Freyberg/Bärbel Hebel-Kunze*, Die deutsche Sozialdemokratie in der Zeit des Faschismus (1933–1945), in: *Jutta von Freyberg u. a.* (Hrsg.), Geschichte der deutschen Sozialdemokratie: Von 1863 bis zur Gegenwart, 3. Aufl., Köln 1989, S. 191–261, S. 241 f.; *Dieter Lange*, Das Prager Manifest von 1934, in: ZfG 19, 1972, S. 843–872, hier S. 848–853; *Detlef Lehnert*, Vom Widerstand zur Neuordnung? Zukunftsperspektiven des deutschen Sozialismus im Exil als Kontrastprogramm zur NS-Diktatur, in: *Peter Schmädeke/Jürgen Steinbach* (Hrsg.), Der Widerstand gegen den Nationalsozialismus. Die deutsche Gesellschaft und der Widerstand gegen Hitler, München etc. 1985, S. 497–519, hier S. 503; *Matthias/Link*, S. 30 f.; *Erich Matthias*, Sozialdemokratie und Nation. Ein Beitrag zur Ideengeschichte der sozialdemokratischen Emigration in der Prager Zeit des Parteivorstandes 1933–1938, Stuttgart 1952, S. 27, S. 37; *Mehringer*, S. 73; *Frank Moraw*, Die Parole der »Einheit« und die Sozialdemokratie. Zur parteiorganisatorischen und gesellschaftspolitischen Orientierung der SPD in der Periode der Illegalität und in der ersten Phase der Nachkriegszeit 1933–1948, Bonn 1973, S. 13, S. 22; *Niemann u. a.*, S. 153; *Niemann*, Geschichte, S. 363–367; *Heinz Niemann*, Zur Vorgeschichte und Wirkung des Prager Manifests der SPD, in: ZfG 13, 1965, S. 1355–1364, hier S. 1358–1364; *Wolfgang Saggau*, Faschismustheorien und antifaschistische Strategien in der SPD. Theoretische Einschätzungen des deutschen Faschismus und Widerstandskonzeptionen in der Endphase der Weimarer Republik und in der Emigration, Köln 1981, S. 230–247; *Seebacher-Brandt*, Biedermann, Diss., S. 133–135; *William Thomas Smaldone*, Rudolf Hilferding, Diss. State University of New York at Binghampton 1990, S. 502, S. 505 f.; *Michael Voges*, Politische Opposition als Organisationsprozeß gesellschaftlicher Erfahrung. Zum Widerstandskonzept der Sopade im Dritten Reich, in: Aus Politik und Zeitgeschichte 1984, B 26, S. 13–24, hier S. 14.

Beginn der Moskauer Schauprozesse und insbesondere nach dem Abschluß des deutschsowjetischen Nichtangriffspaktes fühlte sich der Parteivorstand in dieser Haltung bestätigt.[19] Antikommunistische Vorbehalte mögen auch das geringe Engagement der Sopade während des Spanischen Bürgerkrieges mit erklären; hinzu kam, daß die Tschechoslowakei ein Nichtinterventions-Staat war und daher der Vorstand bei einer aktiveren Unterstützung der Sache der spanischen Demokratie mit Schwierigkeiten für seine politische Betätigung in Prag rechnete.[20]

Auch ohne einen solchen Konflikt nahmen die Schwierigkeiten für die politische Arbeit des Vorstandes zu. Zum einen rührten sie aus den immer knapper werdenden finanziellen Ressourcen des Vorstands her, da die der ursprünglichen Kalkulation zugrundegelegte Dauer der Emigration sich als Illusion erwies.[21] Von größerer Bedeutung war, daß 1937 nicht mehr nur Deutschland, sondern auch Großbritannien Druck auf die Tschechoslowakei ausübte, die offene Betätigung der deutschen politischen Emigranten zu beschneiden. Ende 1937 stand die Sopade vor der Situation, daß ihren Publikationsorganen von der tschechoslowakischen Regierung ein Verbot drohte, wenn sie nicht in ein anderes Land verlagert würden.[22] So erschien der »Neue Vorwärts« ab Anfang 1938 in Paris. Im Mai 1938 wechselte der gesamte Vorstand in die französische Hauptstadt.

In der Zeit des Umzugs debattierte die Sopade eine Initiative zur »Konzentration«, d. h. zur Zusammenarbeit der verschiedenen deutschen und womöglich auch österreichischen sozialdemokratischen Exilorganisationen. Der Vorschlag dazu kam Ende 1937 von Hertz, der dies mit der Führung von »Neu Beginnen« abgestimmt hatte. Im Februar 1938 erklärte sich der Parteivorstand zu einer solchen »Konzentration« bereit. Der Versuch schlug jedoch fehl, weil die Sopade nicht bereit war, von ihrem Führungsanspruch abzulassen. Auch eine Initiative der österreichischen Sozialisten im Spätsommer 1938 änderte nichts am Fehlschlag.[23] Das Scheitern der »Konzentration« war einer der Gründe dafür, daß sich die

---

19 Zu den Debatten im Vorstand zu diesem Thema vgl. S. XLIV–XLVII. Zum Verhältnis Sopade – KPD vgl. *Adolph*, S. 326, S. 330; *Edinger*, S. 130; *Otto Findeisen*, Zu den Einheitsfrontverhandlungen am 23. November 1935 in Prag, in: BzG 8, 1966, S. 676–694; *Freyberg*, S. 28, S. 90, S. 138 f.; *Freyberg/Hebel-Kunze*, S. 244–246; *Hans-Jürgen Friederici*, Zum Differenzierungsprozeß in der deutschen Sozialdemokratie im Kampf gegen Faschismus und Kriegsgefahr (1935–1937), in: Hallesche Studien zur Geschichte der Sozialdemokratie, Bd. 1, 1978, S. 129–148, hier S. 132–139; *Peter Grasmann*, Sozialdemokraten gegen Hitler 1933–1945, München etc. 1976, S. 23, S. 28; *Bärbel Hebel-Kunze*, SPD und Faschismus. Zur politischen und organisatorischen Entwicklung der SPD 1932–1935, Frankfurt/Main 1977, S. 198, S. 202 f., S. 210; *Ursula Langkau-Alex*, Zur Politik des Sozialdemokraten Paul Hertz im Exil: »Es gilt, die Menschen zu verändern...«, in: Exilforschung. Ein internationales Jahrbuch, Bd. 8, 1990, S. 142–156, hier S. 145; *dies.*, Volksfront für Deutschland?, Bd. 1: Vorgeschichte und Gründung des »Ausschusses zur Vorbereitung einer deutschen Volksfront« 1933–1936, Frankfurt/Main 1977, S. 137, S. 140; *dies.*, Zwischen Tradition und neuem Bewußtsein. Die Sozialdemokraten im Exil, in: *Manfred Briegel/Wolfgang Frühwald* (Hrsg.), Die Erfahrung der Fremde. Kolloquium des Schwerpunktprogramms »Exilforschung« der Deutschen Forschungsgemeinschaft. Forschungsbericht, Weinheim etc. 1988, S. 61–77, hier S. 70; *Lehnert*, S. 499 f.; *Matthias*, Nation, S. 34, S. 38; *Niemann*, Geschichte, S. 387, S. 389 f., S. 427; *Saggau*, S. 229, S. 370; *Seebacher-Brandt*, Biedermann, Diss., S. 160 f., S. 178.
20 Vgl. *Patrik von zur Mühlen*, Spanien war ihre Hoffnung. Die deutsche Linke im Spanischen Bürgerkrieg 1936–1939, Bonn 1983, S. 120; *Seebacher-Brandt*, Biedermann, Diss., S. 200.
21 Einzelheiten dazu S. XXVI–XXX.
22 Vgl. *Seebacher-Brandt*, Biedermann, Diss., S. 219.
23 Zur »Konzentrationsdebatte« vgl. *Adolph*, S. 319–321; *Otto Findeisen*, Zur Entwicklung der deutschen Sozialdemokratie 1933–1939, in: 1917–1945. Neue Probleme der Geschichte der deutschen Arbeiterbewegung in Forschung und Lehre, Berlin/DDR 1965, S. 153–163, hier S. 159; *Langkau-Alex*, Tradition, S. 73; *Mehringer*, S. 167 f.; *Niemann*, Geschichte, S. 418–426; *Saggau*, S. 377; *Seebacher-Brandt*, Biedermann, Diss., S. 226, S. 257, S. 267.

Wege der Vorstandsmehrheit und von Hertz im August 1938 trennten, ohne daß er formell ausgeschlossen wurde. Eine weitere Ursache war, daß Hertz an führender Stelle bei »Neu Beginnen« tätig war. Schließlich spielten auch persönliche Animositäten in dem Konflikt eine Rolle. Begleitet war die Trennung von massiven gegenseitigen Anwürfen, die in weit gestreuten Dokumentationen beider Seiten präsentiert wurden. Ein Vermittlungsversuch des SAI-Sekretärs Adler konnte die Wogen nicht glätten, auch weil seine Sympathien für Hertz zu bekannt waren.

Bis zum Einmarsch deutscher Truppen in Frankreich im Mai 1940 blieb nun der Vorstand weitgehend von internen Konflikten verschont. Im Vordergrund der Debatten standen die Reorganisation der Grenzarbeit nach dem Verlust der Stützpunkte in der CSR, Sparpläne aufgrund der immer knapper werdenden Gelder, das Verhalten der Partei im Kriegsfall und die Pläne für die Nachkriegsordnung.[24] In Stockholm und London ernannte die Sopade erstmals offizielle Beauftragte, während die Beziehungen zur »Landesgruppe deutscher Sozialdemokraten in Frankreich«, die unabhängig vom Parteivorstand Anfang 1938 entstanden war und vom ehemaligen Vorsitzenden der Saar-SPD, Max Braun[25], geleitet wurde, gespannt blieben. In den USA konnte eine »German Labor Delegation« gegründet werden, die aber nicht die erhofften größeren Geldmittel zur Unterstützung des Parteivorstands erbrachte.

Der Beginn des Zweiten Weltkriegs brachte eine erneute Beeinträchtigung der Parteiarbeit. Zwar konnte der Parteivorstand weiterhin tagen, da vorerst keines seiner Mitglieder interniert wurde, doch wurde die Kommunikation mit anderen Ländern nun noch schwieriger. Auch gingen die Geldmittel jetzt zur Neige. Schließlich verlor der Vorstand mit Otto Wels am 16. September 1939 seine Führungsfigur; am 22. Mai 1940 starb auch Siegmund Crummenerl.

Am 10. Mai 1940 begann der deutsche Angriff auf Frankreich. Am 13. und 14. Mai wurden die Parteivorstands-Mitglieder Ollenhauer[26] und Rinner[27] sowie die Parteivorstands-Mitarbeiter interniert; Vogel[28] und Stampfer[29] hatten die Altersgrenze für Internierungen

---

24 Vgl. dazu S. XLVII–XLIX.
25 Braun, Max, 1892–1945, Chefredakteur »Volksstimme« Saarbrücken, bis 1935 Vorsitzender der Saar-SPD, 1933–1935 Chefredakteur »Deutsche Freiheit«, Emigration 1935 Frankreich, Präsident des »Office Sarrois«, Januar 1938 Organisator und Vorsitzender des »Landesverbandes deutscher Sozialdemokraten in Frankreich«, 1940 Großbritannien, zahlreiche publizistische Aktivitäten.
26 Ollenhauer, Erich, 1901–1963, 1923–1946 Sekretär SJI, 1928–1933 Vorsitzender SAJ, April 1933 Wahl in den Parteivorstand, Emigration 1933 CSR, 1938 Frankreich, 1940 Portugal, 1941 Großbritannien, März 1941 im Exekutivkomitee der »Union deutscher sozialistischer Organisationen in Großbritannien«, 1946 Rückkehr nach Deutschland, stellvertretender SPD-Vorsitzender, Parlamentarischer Rat, 1949 MdB, 1952 SPD-Vorsitzender, 1952 stellvertretender, 1963 Vorsitzender Sozialistische Internationale, 1953 und 1957 Kanzlerkandidat.
27 Rinner, Erich, 1902–1982, 1927–1933 Sekretär bei der SPD-Reichstagsfraktion, im April 1933 und auf der »Reichskonferenz« im Juni 1933 Wahl in den Parteivorstand, Emigration 1933 CSR, 1938 Frankreich, 1940 USA, Gründer und Redakteur »Deutschland-Berichte«, Mitarbeiter NV und ZfS, Mitglied GLD, nach 1945 Wirtschaftsexperte einer New Yorker Privatbank.
28 Vogel, Hans, 1881–1945, sozialdemokratisches MdL Bayern 1912–1918, MdNV, 1920–1933 MdR, ab 1927 SPD-Parteivorstand, 1931 und April 1933 Wahl zum stellvertretenden Vorsitzenden der SPD, Emigration 1933 CSR, ab Juni 1933 2. Vorsitzender Sopade, 1938 Frankreich, ab September 1939 Vorsitzender Sopade, 1940 Großbritannien, Vorsitzender der Union.
29 Stampfer, Friedrich, 1874–1957, ab 1916 Chefredakteur »Vorwärts«, 1920–1933 MdR SPD, ab 1925 SPD-Parteivorstand, April 1933 Wiederwahl, Emigration 1933 CSR, 1933–1935 besoldeter Geschäftsführer Sopade-Büro, zusammen mit Curt Geyer Leiter und 1933–1935 Chefredakteur NV, 1938 Frankreich, ab 1939 Mitglied GLD, 1940 USA, 1948 Rückkehr nach Deutschland, Dozent an der Akademie der Arbeit in Frankfurt/Main.

schon überschritten.[30] Ende Mai kamen Rinner und Geyer[31] frei, Anfang Juni auch Ollenhauer.[32] Über Spanien und Portugal gelang Vogel, Ollenhauer, Geyer und Heine[33] die Flucht nach London, während Rinner und Stampfer in die USA gingen.

Im März 1941 kam es in London zur Gründung der »Union deutscher sozialistischer Organisationen in Großbritannien«, einer Arbeitsgemeinschaft aus Sopade, NB, SAP und ISK. Erstmals arbeiteten damit die wichtigsten deutschen sozialdemokratischen Exilorganisationen zusammen. Diese Kooperation wurde auch nicht durch den Austritt von Geyer, der zum Parteigänger Vansittarts[34] geworden war, aus dem Parteivorstand im Januar 1942 gestört. In der »Union« wurde in den Folgejahren die reibungslose Integration der sozialistischen »Zwischengruppen« in die Nachkriegs-SPD vorbereitet.[35]

II. Die Zusammensetzung des Exil-Parteivorstandes

Am 26. April 1933 trat in Berlin anstelle des geplanten Reichsparteitages eine »Reichskonferenz« der SPD zusammen. Dem auf der Konferenz neugewählten Vorstand gehörten an:

Vorsitzende: Wels, Vogel;
Kassierer: Crummenerl, Rinner[36];

---

30 Crummenerl befand sich im Krankenhaus.
31 Geyer, Curt, 1891–1967, 1920–1924 MdR (USPD, KPD, KAG, ab 1922 SPD), innenpolitischer Redakteur des »Vorwärts«, 1933 Emigration CSR, Mitglied Sopade-Büro, 1935–1940 Chefredakteur NV, 1937 Frankreich, 1940 Portugal, 1941 Großbritannien, 1942 Austritt aus Sopade und Parteiausschluß, 1947–1963 Korrespondent der »Süddeutschen Zeitung« in London.
32 *Seebacher-Brandt*, Biedermann, Diss., S. 287 f.
33 Heine, Fritz, geb. 1904, ab 1925 Sekretär beim SPD-Parteivorstand in Berlin, Emigration 1933 CSR, hauptamtlicher Sekretär im Sopade-Büro für Verlags- und Propagandafragen, Geschäftsführer NV und »Graphia-Verlag«, 1937 Frankreich, 1941 Portugal, Großbritannien, Mitglied des Londoner SPD-Parteivorstands, 1946 Rückkehr nach Deutschland, Mitglied im SPD-Vorstand, bis 1957 verantwortlich für Pressewesen, Vorstandsmitglied und Schatzmeister Friedrich-Ebert-Stiftung, seit 1974 im Ruhestand.
34 Vansittart, Sir Robert, 1881–1957, britischer Diplomat, 1930–1938 ständiger Unterstaatssekretär im Außenministerium, 1938–1941 diplomatischer Hauptberater des Außenministers, ab 1941 im Oberhaus, vertrat eine rigorose antideutsche Politik (Vansittartismus).
35 Zur »Union« vgl. *Werner Röder*, Die deutschen sozialistischen Exilgruppen in Großbritannien. Ein Beitrag zur Geschichte des Widerstandes gegen den Nationalsozialismus, 2. Aufl., Bonn 1973.
36 *Adolph*, S. 345 f., *Edinger*, S. 22, *Niemann u. a.*, S. 52, und weitere Autoren nennen nur Crummenerl als Kassierer. Dagegen spricht die Denkschrift vom November 1933, die Crummenerl selbst verfaßte (Denkschrift über die Partei-Arbeit vom April bis Ende November 1933, in: IISG Amsterdam, SAI, Nr. 3524). Rinner wird auch in der Abschrift eines Rundschreibens des SPD-Bezirks Ostpreußen vom 5. Mai 1933 über die Reichskonferenz als Kassierer genannt, jedoch nicht Crummenerl, der in der sonst vollständigen Liste gänzlich fehlt (BA Potsdam, PSt 3, Nr. 242). Für die Wahl Rinners zum Kassierer neben Crummenerl spricht auch, daß er nach Beginn der schweren Erkrankung Crummenerls Ende 1939 die Kassengeschäfte des Parteivorstands übernahm (Rinner an Reinbold, 14. Dezember 1939, in: AdsD Bonn, Rinner-Korrespondenz, Mappe 30). Fritz Heine erinnert sich ebenfalls daran, daß Rinner Kassierer war (Fritz Heine an Hans-Dieter Schmid, 24. April 1994). Im Mitteilungsblatt der SAI, der »Internationalen Information«, wurde in der Berichterstattung von der Reichskonferenz nicht näher auf die Verteilung der Posten im Vorstand eingegangen. Die dort genannte Zusammensetzung des Vorstands stimmt aber mit der obigen Liste überein (Internationale Information, 10. Jg., 6. Mai 1933, S. 200).

Sekretäre: Hertz, Juchacz[37], Löbe, Ollenhauer, Stelling[38], Westphal[39]; Beisitzer: Aufhäuser, Böchel, Dietrich[40], Künstler[41], Litke[42], Nemitz[43], Ryneck[44], Sollmann[45], Stahl[46], Stampfer.[47]

---

37 Juchacz, Marie, 1879–1956, ab 1917 zentrale Frauensekretärin der SPD und Mitglied des Parteivorstands, 1919 Gründerin und Leiterin AWO, MdNV, 1920–1933 MdR SPD, April 1933 Parteivorstands-Wiederwahl, Emigration 1933 Saargebiet, Flüchtlingsfürsorge, 1935 Frankreich, bildete zusammen mit Emil Kirschmann eine Arbeitsgruppe zur Organisation des Widerstands in Deutschland, 1941 USA, Annäherung an NB, Anschluß an »Council for a Democratic Germany«, 1949 Rückkehr nach Deutschland, wieder in SPD-Frauenarbeit und AWO tätig, Ehrenvorsitzende AWO.
Kirschmann, Emil, 1888–1948, MdR SPD 1924–1933, ab 1926 im preuß. Innenministerium, Emigration 1933 Saargebiet, ab November Parteisekretär der Saar-SPD, Sopade-Grenzarbeit im Westen, 1935 Frankreich, Mitglied im SPD-Landesverband Frankreich, 1940 USA.
38 Stelling, Johannes, 1877–1933, MdNV, MdR SPD 1919–1933, Innenminister, 1920 Ministerpräsident von Mecklenburg-Schwerin, 1920 Sekretär im SPD-Parteivorstand, 1924 hauptamtliches Parteivorstands-Mitglied, Vorsitzender RB-Gau Berlin-Brandenburg, 1928–1933 SAI-Exekutive, April 1933 und auf »Reichskonferenz« Juni 1933 Wahl in den Parteivorstand, Juni 1933 von der SA ermordet.
39 Westphal, Max, 1893–1942, 1921 Vorsitzender der Arbeiterjugendvereine Deutschlands, 1925 Wahl in den SPD-Parteivorstand, MdL Preußen, April 1933 und auf der »Reichskonferenz« im Juni 1933 Wiederwahl in den Parteivorstand, ab 1933 mehrfach verhaftet, 1939/40 KZ Sachsenhausen, starb an den Haftfolgen.
40 Dietrich, Georg, 1888–1971, Sekretär SPD-Bezirk Groß-Thüringen, 1924–1933 MdR SPD, April 1933 Wahl in den Parteivorstand, Emigration 1933 Schweiz, Mitarbeiter der sozialdemokratischen Flüchtlingshilfe in Basel, 1940 USA, 1944 Mitunterzeichner des Programmes des »Council for a Democratic Germany«, 1945 amerikanischer Staatsbürger.
41 Künstler, Franz, 1888–1942, 1919–1922 Sekretär des Deutschen Metallarbeiterverbandes, 1920–1933 MdR USPD/SPD, 1924–1933 Vorsitzender SPD Berlin, im April 1933 und auf der »Reichskonferenz« im Juni 1933 Wahl in den Parteivorstand, Juni/Juli 1933 verhaftet, 1933/34 KZ Oranienburg, danach als Schlosser tätig, ab 1939 als Lastenträger dienstverpflichtet, starb an Haftfolgen.
42 Litke, Carl, 1893–1962, 1923–1933 2. Vorsitzender SPD Groß-Berlin, 1928–1933 MdR SPD, April 1933 Wahl in den Parteivorstand, Juni bis Dezember 1933 in Haft, nach Haftentlassung arbeitslos, später Handelsvertreter und Geschäftsführer, ab April 1946 im Parteivorstand der SED, 1946–1948 Fraktionsvorsitzender der SED im Berliner Abgeordnetenhaus, ab 1950 Hauptabteilungsleiter im DDR-Ministerium für Arbeit und Gesundheitswesen, 1950–1954 Kandidat ZK der SED.
43 Nemitz, Anna, 1873–1962, 1920–1933 MdR SPD, April 1933 Wahl in den SPD-Parteivorstand, Verbindungen zum Berliner Widerstand, 1946–1954 Abgeordnetenhaus Berlin.
44 Ryneck, Elfriede, 1872–1951, 1919 SPD-Parteivorstand, 2. Vorsitzende der AWO, MdNV, 1919–1924 MdR, 1924–1933 MdL Preußen, April 1933 in den Parteivorstand wiedergewählt.
45 Sollmann, Wilhelm, 1881–1951, 1920–1933 Chefredakteur der »Rheinischen Zeitung« Köln, 1919–1933 MdNV und MdR SPD, März 1933 von SA verhaftet und mißhandelt, April 1933 Wahl in den Parteivorstand, Emigration 1933 Saargebiet, de-facto-Chefredakteur »Deutsche Freiheit« Saarbrücken, Wortführer der volkssozialistischen Richtung innerhalb der Sopade, 1935 Luxemburg, 1936 Großbritannien, 1937 USA, 1939–1941 Mitglied GLD, Rückzug aus Exilpolitik, bis 1950 Dozent für politische Wissenschaften in den USA.
46 Stahl, Emil, 1879–1956, 1917/18 MdR SPD, 1919/20 MdNV, Leiter »Deutscher Verkehrsbund« bzw. Gesamtverband der Arbeitnehmer der öffentlichen Betriebe, ab 1924 SPD-Parteivorstand, 1928–1933 MdL Preußen, April 1933 Wiederwahl in Parteivorstand, Emigration 1933 CSR, Sopade-Grenzsekretär in Reichenberg, 1938 Schweden, Landesvertreter der Sopade in Schweden, nach Differenzen mit Sopade-Ortsgruppe Stockholm Rückzug aus Exilpolitik, 1952 Rückkehr nach Deutschland.
47 Crummenerl nennt zusätzlich Breitscheid »als Vorsitzende[n] der R[eichstags-]F[raktion]« (IISG

Ollenhauer und Rinner galten als Vertreter der jüngeren Generation, Aufhäuser, Böchel und Hertz sollten die linke Opposition repräsentieren.[48] Die Gewählten erhielten zwischen 60 und 86 Stimmen, bei ca. 100 anwesenden Delegierten. Die höchste Stimmenzahl konnte Wels verzeichnen.[49]

Auf seiner letzten Plenarsitzung am 4. Mai 1933 beschloß der Parteivorstand, daß Wels, Stampfer und Crummenerl Berlin verlassen sollten, »um evtl. im Ausland die illegale Arbeit vorzubereiten. Niemand der Sekretäre sollte sich verhaften lassen.«[50] Tags darauf wurde auf einer Sitzung der Sekretäre beschlossen, auch Vogel und Ollenhauer ins Ausland zu schicken. Hertz, als Jude besonders gefährdet, ging ohne Auftrag des Parteivorstands ebenfalls ins Ausland.[51]

Am 21. Mai trat der Parteivorstand in Saarbrücken zusammen. An dieser Sitzung nahmen Wels, Vogel, Crummenerl, Westphal, Hertz, Rinner, Ollenhauer, Juchacz, Aufhäuser und Sollmann teil. Außerdem war Breitscheid anwesend. Bei der Zusammenkunft wurde beschlossen, den Sitz des Parteivorstands nach Prag zu verlegen. Westphal und Rinner wurden beauftragt, die »neuen Formen unserer politischen Arbeit in Deutschland« vorzubereiten.[52]

Wels, Vogel, Crummenerl, Hertz, Ollenhauer und Stampfer konstituierten sich in Prag als Sopade-Büro, in dem sie nun hauptamtlich tätig waren. Zum Problem wurde die Frage,

---

Amsterdam, SAI, Nr. 3524). Die SPD-Statuten sahen eine stimmberechtigte Teilnahme des Reichstags-Fraktionsvorsitzenden am Parteivorstand nicht vor. Auch durch andere Quellen wird die Vorstandsmitgliedschaft Breitscheids nicht bestätigt.

Breitscheid, Rudolf, 1874-1944, 1920-1933 MdR SPD, 1931-1933 SPD-Parteivorstand, Emigration 1933 Schweiz, Frankreich, enge Verbindungen zur Sopade, ab 1935 Sopade-Beobachter der Volksfrontbemühungen, zunehmende Entfremdung gegenüber Sopade, später Abkehr von Volksfrontbewegung, ab 1937 Mitglied SFIO, Februar 1941 von Vichy-Behörden an Gestapo ausgeliefert, starb bei einem Luftangriff auf das KZ Buchenwald.

48 Vgl. *Stampfer*, Emigration, S. 72 f.
49 Für die Wahlergebnisse vgl. Fragebogen Deutschland, undatiert, in: IISG Amsterdam, SAI, Nr. 3522. Für die Zahl der Anwesenden vgl. Denkschrift über die Partei-Arbeit vom April bis Ende November 1933, in: ebd., SAI, Nr. 3524. Böchel bekam bei der Wahl wahrscheinlich nicht die nach den Statuten notwendige Stimmenzahl. Wels notierte Anfang 1934 in handschriftlichen Aufzeichnungen, daß Böchel das Quorum – die Hälfte der Stimmberechtigten – um vier Stimmen verfehlt habe. Dennoch habe er dafür plädiert, ihn als gewählt zu betrachten, »um eine Stichwahl zu vermeiden«. Hs. Aufzeichnungen von Wels, undatiert [Anfang 1934], in: AdsD Bonn, PV-Emigration, Mappe 162. Auch Stampfer erklärte später, Böchel habe nicht den Statuten der SPD erforderliche Stimmenmehrheit erhalten, sei aber aus politischen Gründen – um die innerparteiliche Opposition im Vorstand vertreten zu haben – doch als gewählt anerkannt worden. Vgl. Dok. Nr. 127 und *Matthias*, Nation, S. 288, Anm. 10, der sich auf einen Brief Stampfers vom 2. März 1951 bezieht.
50 Denkschrift über die Partei-Arbeit vom April bis Ende November 1933, in: IISG Amsterdam, SAI, Nr. 3524, wo aber Crummenerl die Sitzung auf den 3. Mai datiert.
51 Weder Crummenerl in seiner Denkschrift über die Partei-Arbeit vom April bis Ende November 1933 (IISG Amsterdam, SAI, Nr. 3524), noch die Denkschrift »Die Sozialdemokratische Partei und Hitler. Der Weg in die Illegalität. Prag 1934«, in: AdsD, PV-Emigration, Mappe 164, noch Rinner in der Parteivorstands-Sitzung am 9. August 1938 (an der Hertz nicht teilnahm) erwähnen, daß Hertz vom Parteivorstand ins Ausland geschickt worden sei. *Adolph*, S. 273, behauptet, auch Hertz sei vom Parteivorstand delegiert worden.
52 Rundschreiben des Parteivorstandes der SPD, 3. Juni 1933, in: *Matthias/Link*, Dok. 2, S. 175-180, Zitat S. 177. Breitscheid wurde in dem Rundschreiben als Mitglied des Parteivorstands bezeichnet. Zu den Auseinandersetzungen zwischen der Prager und der Berliner Vorstandsgruppe, auf die hier nicht näher eingegangen wird, vgl. »Die Sozialdemokratische Partei und Hitler. Der Weg in die Illegalität. Prag 1934«, in: AdsD Bonn, PV-Emigration, Mappe 164; *Schulze*, Anpassung, S. XXXI-XXXIII; *Niemann u. a.*, S. 64-87; *Stampfer*, Emigration, S. 73-77.

welcher Status den übrigen sieben emigrierten Vorstandsmitgliedern zugestanden werden sollte. Im Rundschreiben des Prager Parteivorstands an die Gruppenvertrauensleute im Reich vom 3. Juni 1933, in dem der Führungsanspruch gegenüber den Bestrebungen der Berliner Vorstandsgruppe verteidigt wurde, findet sich kein Wort, das eine Beschränkung der Auslandsleitung auf die sechs Genannten begründet. Vielmehr zielt die Argumentation dieses Rundbriefs darauf ab, daß alle jeweils erreichbaren Vorstandsmitglieder zu Sitzungen des Exil-Parteivorstands hinzugezogen werden sollten.[53] In dieser »Erreichbarkeit« lag aber ein gewichtiges Problem. Bis 1933 war es für die Vorstandsmitglieder stets Pflicht gewesen, in Berlin zu wohnen, damit weder die Kosten noch der zeitliche Aufwand für eine eventuelle Fahrt zur Vorstandssitzung in Rechnung zu stellen waren.[54] Nun aber wohnten nicht mehr alle Vorstandsmitglieder an einem Ort. Neben Wels, Vogel, Crummenerl, Stampfer, Ollenhauer und Hertz emigrierten Aufhäuser, Böchel und Stahl, mit einiger Verzögerung auch Rinner, in die Tschechoslowakei. Dietrich ging nach Basel[55], Juchacz erst ins Saarland, 1935 ins Elsaß[56]. Sollmann lebte bis 1937 im Saarland und in Luxemburg, emigrierte anschließend in die USA. Die übrigen Vorstandsmitglieder – Löbe, Stelling, Westphal, Künstler, Litke, Nemitz und Ryneck – blieben in Deutschland.

Böchel forderte am 2. Juli 1933 im Parteivorstand, alle im Ausland lebenden Vorstandsmitglieder zu einer Sitzung zusammenzurufen. Dazu kam es aber nie. Dietrich, Juchacz und Sollmann nahmen an keiner Vorstandssitzung im Exil teil. Gegenüber der SAI erklärte der Vorstand im August 1935 über die drei: »Sie können zu den Sitzungen des Parteivorstandes wegen der damit verbundenen hohen Kosten nicht hinzugezogen werden.«[57] Im Falle von Dietrich komme hinzu, daß er es im Sommer 1933 aus Rücksicht auf seine in Deutschland lebenden Angehörigen abgelehnt habe, ein Grenzsekretariat in der Tschechoslowakei zu übernehmen. Außerdem habe er im Juni 1933 an einer Parteikonferenz teilgenommen, die beschlossen habe, den Parteivorstand abzusetzen.[58] Dietrich hatte schon im Februar 1934 gegen den Ausschluß von den Vorstandssitzungen protestiert und dementiert, daß er zur Übersiedlung in die CSR aufgefordert worden sei.[59] 1936 begrün-

---

53 *Matthias/Link*, Dok. 2, S. 178.
54 Crummenerl hob dies in der Vorstandssitzung vom 22. August 1938 hervor. Er erwähnte dort auch, daß man erstmals bei den Vorstandswahlen am 26. April 1933 von diesem Prinzip abgewichen sei; Probleme erwarte man nicht, da die nicht in Berlin wohnenden Vorstandsmitglieder eine Reichstagsfahrkarte besäßen und sich zudem häufig in Berlin aufhielten. Für Böchel traf diese Voraussetzung jedoch nicht zu; er wohnte in Chemnitz und war kein Reichstagsabgeordneter.
55 Im März 1939 ging er in die USA.
56 1940 flüchtete sie mit Emil Kirschmann in die USA.
57 Bemerkungen zur Denkschrift der Genossen Aufhäuser und Böchel an die Exekutive der Sozialistischen Arbeiter-Internationale [August 1935], in: AdsD Bonn, PV-Emigration, Mappe 208.
58 Gemeint war die »Reichskonferenz« am 19. Juni 1933, die von der Berliner Gruppe um Paul Löbe einberufen worden war. An ihr hatten auch Hans Dill und Ernst Schumacher teilgenommen, die 1935 im Dienste der Sopade standen. Vgl. *Matthias/Link*, Dok. 4, S. 182–184.
Dill, Hans, 1887–1973, SPD-Sekretär Bezirk Franken, 1930–1933 MdR, 1933 CSR, Sopade-Grenzsekretär für Nordbayern, 1936 DSAP-Sekretär, 1938 Wahl in DSAP-Vorstand, 1938 Großbritannien, Kanada, Ende der 60er Jahre Rückkehr nach Deutschland.
Schumacher, Ernst, 1896–1957, SPD-Sekretär Bezirk Niederrhein, Emigration 1933 Niederlande, Belgien, Sopade-Grenzsekretär in Antwerpen, Zusammenarbeit mit ITF, Berichterstatter für »Deutschland-Berichte«, 1939 Bolivien, Sopade-Landesvertreter für Bolivien, 1947 Rückkehr nach Deutschland, 1948–1953 Verlagsgeschäftsführer NV in Bonn.
59 Denkschrift der Parteivorstandsminderheit über die dauernde Verletzung der Parteidemokratie durch das Büro der Sopade in Prag. Antwort auf den Gewaltstreich vom 30. Januar 1935, in: AdsD Bonn, PV-Emigration, Mappe 208. Dort ist auch der Brief Dietrichs an den Parteivorstand vom Februar 1934 auszugsweise wiedergegeben.

dete der Parteivorstand die Nichtberücksichtigung von Dietrich und Juchacz damit, daß sie zum Zeitpunkt der Emigration erklärt hätten, sich nicht mehr politisch betätigen zu wollen.[60] Während diese Behauptung nicht mehr nachzuprüfen ist, gibt es jedenfalls für 1938 – nach dem Umzug des Vorstands nach Paris – Schreiben von Dietrich und Juchacz, in denen sie forderten, nun, da die Entfernungen zwischen ihren Wohnorten und dem Vorstandssitz geschrumpft seien, zu den Vorstandssitzungen eingeladen zu werden.[61] Der Vorstand erklärte sich jedoch nur bereit, sie zu »wichtigen« Sitzungen einzuladen; er begründete diese Einschränkung mit finanziellen Schwierigkeiten. Dies lehnten beide ab.[62] Die Protokolle vom 9. bis 26. August 1938 machen deutlich, daß für die Haltung der Mehrheit des Vorstandes – nur Hertz argumentierte dagegen – auch die in den Jahren seit 1933 eingetretene politische Entfremdung zwischen Dietrich und Juchacz einerseits, dem Parteivorstand andererseits von Belang war. Für diese Einschätzung spricht auch, daß Vogel in der Vorstandssitzung am 8. Juli 1938 Dietrich und Juchacz neben Sollmann, Aufhäuser und Böchel als mittlerweile ausgeschiedene Vorstandsmitglieder aufzählte.

Wie wurden Aufhäuser, Böchel, Rinner und Stahl in die Vorstandsarbeit einbezogen? Rinner pendelte bis Oktober 1933 zwischen Berlin und Prag, war aber auch schon in dieser Zeit bei der Mehrzahl der Vorstandssitzungen in Prag anwesend. Ab Oktober wohnte und arbeitete er in Prag und wurde vom Parteivorstand besoldet.[63] An den Parteivorstands-Sitzungen nahm er bis 1940 regelmäßig teil. Stahl arbeitete von Juli 1933 bis Mitte 1938 als Grenzsekretär und erhielt eine »Entschädigung« vom Parteivorstand. Obwohl er in Reichenberg lebte, war er 1934 und dann wieder in der ersten Jahreshälfte 1938 bei zahlreichen Vorstandssitzungen zugegen. 1933 und 1935–1937 ist nur die Teilnahme an fünf Sitzungen verbürgt. Nach seiner Emigration nach Schweden im Juni 1938 schied er faktisch aus dem Vorstand aus. Böchel nahm 1933/34 an fast allen Vorstandssitzungen teil. Für die Tätigkeit beim Umbruch des »Neuen Vorwärts« erhielt er in dieser Zeit eine »Teilentschädigung«[64] der Partei. Das unterschied ihn von Aufhäuser, der im Oktober 1933 von Paris, wo er im Auftrag der Partei Flüchtlingsfragen bearbeitet hatte, nach Prag übersiedelte.[65] In Prag wurde ihm keine Beschäftigung im Parteiapparat geboten. An den Vorstandssitzungen nahm er von Oktober 1933 bis Ende 1934 teil. Ende Januar 1935 beschloß der Parteivorstand in Abwesenheit von Aufhäuser und Böchel, mit den beiden keine gemeinsamen Sitzungen mehr abzuhalten. Ihnen wurde vorgeworfen, eine Organisation innerhalb der Partei aufgebaut zu haben.[66]

---

60 Wels an Friedrich Adler, 9. März 1936, in: AdsD Bonn, PV-Emigration, Mappe 148. Wels nannte die beiden Namen nicht, aus dem Zusammenhang sind sie aber eindeutig erschließbar. Im November 1933 hatte er berichtet, Emil Kirschmann habe ihm mitgeteilt, daß Marie Juchacz dem Parteivorstand ihr Ausscheiden aus dem Vorstand erklären wolle; Wels' Bericht über die Reise nach Saarbrücken [November 1933], in: AdsD Bonn, PV-Emigration, Mappe 161. Eine entsprechende Erklärung von Juchacz ist nicht überliefert.

61 Juchacz und Dietrich an Parteivorstand, 6. August 1938, in: AdsD Bonn, PV-Emigration, Mappe 58.

62 Dietrich an Vogel, 24. August 1938, in: AdsD Bonn, PV-Emigration, Mappe 31.

63 Die Angaben über die Besoldung beruhen auf den Kassenjournalen der Sopade, in: AdsD Bonn, PV-Emigration.

64 Sekretariat Karlsbad an DSAP, 5. Februar 1935, in: AdsD Bonn, PV-Emigration, Mappe 30.

65 Denkschrift über die Partei-Arbeit vom April bis Ende November 1933, in: IISG Amsterdam, SAI, Nr. 3524.

66 Rundschreiben des Parteivorstandes vom 30. Januar 1935 und Materialsammlung über organisatorische Sonderbestrebungen in der Partei, Januar 1935, in: *Matthias/Link*, Dok. 12 und Dok. 13, S. 227–238.

Schon vorher hatte es immer wieder Probleme zwischen Aufhäuser und Böchel einerseits, der Parteivorstands-Mehrheit andererseits gegeben. Am 18. Oktober 1933 beschwerte sich Böchel, daß wichtige Entscheidungen außerhalb des Vorstands fallen würden; zugleich mahnte er regelmäßige Sitzungen des Parteivorstands an. Dem »Prager Manifest« versagten Aufhäuser und Böchel die Zustimmung.[67] Die Auseinandersetzung spitzte sich zu, als der Antrag von Böchel und Aufhäuser, die von ihnen und anderen als Entgegnung auf das »Prager Manifest« ausgearbeitete programmatische Plattform des »Arbeitskreises revolutionärer Sozialisten« in der Schriftenreihe des Parteivorstandes zu veröffentlichen, vom Parteivorstand nach heftiger Diskussion abgelehnt wurde. Jedoch entschied man sich in der Sitzung vom 22. Juni 1934 mit knapper Mehrheit für einen Abdruck in der »Zeitschrift für Sozialismus«.[68] Im Sommer 1934 kam es zum ersten Konflikt, jedoch nur mit Böchel: Die Mehrheit des Parteivorstands lehnte es ab, ihn zu weiteren Vorstandssitzungen einzuladen, da er die Partei spalten wolle. Aufhäuser weigerte sich nun seinerseits, ohne Böchel an Vorstandssitzungen teilzunehmen. Im Oktober konnte die SAI diesen Streit schlichten.[69] Ende 1934 eskalierte der Konflikt erneut. Korrespondenzen von Aufhäuser und Böchel, die auf nicht völlig geklärte Weise in den Besitz der Parteivorstands-Mehrheit gelangt waren[70], lieferten nach Ansicht der Parteivorstands-Mehrheit den letzten Beweis, daß die beiden »die von neuem gebotenen Möglichkeiten der Zusammenarbeit um ihrer organisatorischen Sonderbestrebungen willen endgültig verschüttet haben«.[71]

Immerhin schreckte die Vorstandsmehrheit vor einem formellen Ausschluß der Kritiker aus dem Vorstand zurück. Auch Hertz wurde 1938, entgegen anderen Interpretationen in der Literatur, nicht aus dem Vorstand ausgeschlossen.[72] Strittig war zwischen der Vorstandsmehrheit und Hertz, ob er freiwillig oder gegen seinen Willen aus dem Kreis der besoldeten Vorstandsmitglieder ausgeschieden war. Auch Hertz äußerte sich dazu wider-

---

67 Vgl. Dok. Nr. 9.
68 Der Weg zum sozialistischen Deutschland. Eine Plattform für die Einheitsfront. Zur Diskussion gestellt von einem Arbeitskreis revolutionärer Sozialisten, in: Zeitschrift für Sozialismus, Nr. 12/13, September/Oktober 1934, S. 375–409. Vgl. Dok. Nr. 13 und 15.
69 Vgl. Dok. Nr. 21, und Anhangdok. Nr. 11.
70 Vgl. zu der sogenannten »Briefaffäre« (Böchel an Glaser, 10. August 1934, auszugsweise abgedruckt in: *Matthias/Link*, Dok. 13, S. 231) und der »Aktenmappenaffäre« vom Dezember 1934 (Dok. Nr. 27) *Freyberg*, S. 81–84.
71 *Matthias/Link*, Dok. 13, S. 238. Vgl. *Helmut Gruber*, The German Socialist Executive in Exile, 1933–1939: Democracy as Internal Contradiction, in: *Wolfgang Maderthaner/Helmut Gruber* (Hrsg.), Chance und Illusion. Labor in Retreat. Studien zur Krise der westeuropäischen Gesellschaft in den dreißiger Jahren. Studies of the Social Crisis in Interwar Western Europe, Wien etc. 1988, S. 185–245, hier S. 197 f.
72 In der Vorstandssitzung vom 16. November 1938 wurde ein Ausschluß diskutiert, aus taktischen Gründen aber verworfen. Daß Hertz aus dem Parteivorstand ausgeschlossen wurde, behaupten *Freyberg/Hebel-Kunze*, S. 251; *Grasmann*, S. 33; *Langkau-Alex*, Tradition, S. 67; *dies.*, Politik, S. 142; *Werner Röder*, Emigration und innerdeutscher Widerstand – Zum Problem der politischen Legitimation des Exils, in: Widerstand, Verfolgung und Emigration, hrsg. v. Forschungsinstitut der Friedrich-Ebert-Stiftung, Bad Godesberg 1967, S. 119–142, hier S. 123; *ders.*, Exilgruppen, S. 28; *Voges*, S. 14. *Mehringer*, S. 418, formuliert vorsichtiger: »mittels eines Geschäftsordnungstricks de facto aus der Sopade ausgeschlossen«. Gegen einen Ausschluß und für ein Ausscheiden von Hertz argumentieren Heine, in: *Wolfgang Borgert/Michael Krieft*, Die Arbeit an den »Deutschland-Berichten«. Protokoll eines Gesprächs mit Friedrich Heine, in: *Werner Plum* (Hrsg.), Die »Grünen Berichte« der Sopade. Gedenkschrift für Erich Rinner (1902–1982), Bonn 1984, S. 49–119, hier S. 98 (die in ihrer Frage an Heine aber den angeblichen Ausschluß von Hertz auf das Frühjahr 1940 datierten); *Adolph*, S. 323; *Niemann u. a.*, S. 425; *Seebacher-Brandt*, Biedermann, Diss., S. 271; *Stampfer*, Emigration, S. 91.

sprüchlich.[73] Nach der Mißbilligung durch die Vorstandsmehrheit am 10. August 1938 und der Weigerung des Vorstands, Dietrich und Juchacz zu allen Sitzungen einzuladen, nahm Hertz nur noch an einer Vorstandssitzung teil (22. Dezember 1938), zu der er aber eher als Verhandlungspartner denn als Vorstandsmitglied eingeladen worden war.[74] In der Zwischen- und Folgezeit erhielt Hertz offensichtlich keine Einladungen zu Vorstandssitzungen, die zur Kaschierung dieses Tatbestandes vorübergehend »Bürobesprechungen« genannt wurden.[75] Andererseits bemühte sich Hertz auch nicht, wieder zu diesen Sitzungen hinzugezogen zu werden.[76]

Die Zusammensetzung des Parteivorstands hätte sich auch durch die Kooptation weiterer Vorstandsmitglieder mit Stimmrecht verändern können. Zwar war der Parteivorstand im Sommer 1938 prinzipiell bereit, sich durch Vertreter der »Landesorganisation der deutschen Sozialdemokraten in Frankreich«, deren Präsident Max Braun war, zu ergänzen und auch Hilferding[77] und Breitscheid in den Vorstand zu kooptieren, doch zerschlug sich dieser Plan, weil beide Seiten sich nicht über den Umfang einer nachträglichen Hinzuwahl einigen konnten.[78] Kooptationen blieben somit gänzlich aus.[80]

Neben gewählten Vorstandsmitgliedern nahmen auch Mitarbeiter des Parteivorstands an den Sitzungen teil.[81] Hier sind insbesondere Geyer und Heine zu nennen. Geyer war Chefredakteur des »Neuen Vorwärts« und nahm – so wie bis 1933 auch der jeweilige »Vorwärts«-Chefredakteur – in dieser Funktion, allerdings ohne Stimmrecht, ab September 1933 an fast allen Vorstandssitzungen teil.[81] Heine, der mit nur ganz wenigen Ausnahmen mindestens ab Ende 1934 bei allen Vorstandssitzungen präsent war, wurde im Exil schnell zum Hauptverantwortlichen für den »Apparat«; auch er besaß kein Stimmrecht.[82] Ein weiterer häufiger Gast war Arthur Arnold[83], dessen richtiger Name Arthur Müller lautete. Er war von November 1933 bis Ende 1935 beim »Neuen Vorwärts« als Verlagsleiter beschäftigt, nahm aber noch bis März 1938 an vielen Vorstandssitzungen teil.

---

73 Vgl. dazu die Protokolle von Februar bis August 1938 und insb. Anmerkung 2 zu Dok. Nr. 110.
74 Parteivorstand an Hertz, 17. Dezember 1938, in: AdsD Bonn, PV-Emigration, Mappe 53.
75 Vogel in der Vorstandssitzung am 12. Oktober 1938. Von diesen »Bürobesprechungen« zwischen Ende August und Mitte Oktober 1938 gibt es keine Protokolle.
76 Bei seiner letztmaligen Teilnahme an einer Vorstandssitzung, am 22. Dezember 1938, war dies für ihn kein Thema.
77 Hilferding, Rudolf, 1877–1941, 1920–1925 Reichswirtschaftsrat, 1922 USPD-Parteivorstand, 1922–1933 SPD-Parteivorstand, 1923 und 1928/29 Finanzminister, 1924–1933 Schriftleiter des theoretischen Parteiorgans »Die Gesellschaft«, 1924–1933 MdR, Emigration 1933 Schweiz, enger Mitarbeiter der Sopade, Mitarbeiter NV und »Deutsche Freiheit«, Chefredakteur der »Zeitschrift für Sozialismus«, 1938 Frankreich, von Vichy-Behörden verhaftet und Februar 1941 an Gestapo ausgeliefert, Todesursache ungeklärt.
78 Vgl. dazu die Parteivorstands-Protokolle aus dieser Zeit.
79 Zu den in zeitgenössischen Dokumenten und der Literatur immer wieder behaupteten Kooptationen von Geyer und Heine vgl. den folgenden Absatz.
80 Die Gruppe um Aufhäuser und Böchel erklärte, daß dies nicht vom gesamten Vorstand, sondern von den hauptamtlichen Vorstandsmitgliedern, dem »Büro« der Sopade, beschlossen wurde; vgl. Sekretariat Karlsbad an DSAP, 5. Februar 1935, S. 2, in: AdsD Bonn, PV-Emigration, Mappe 30.
81 Ausdrücklich wurde in der Vorstandssitzung am 15. Juli 1938 darauf hingewiesen, daß Geyer kein Stimmrecht habe. Auch die Abstimmungsergebnisse am 22. Juni 1934 belegen, daß Geyer ebensowenig stimmberechtigt war wie Arnold.
82 Heine selber erinnert sich, 1938 in den Parteivorstand kooptiert worden zu sein (*Borgert/Krieft*, S. 96 f.); in den Protokollen fehlt jeglicher Hinweis darauf.
83 Arnold, Arthur (i. e. Arthur Müller), 1891–1940 (?), Papierlieferant des »Vorwärts«, Emigration 1933 CSR, Sopade-Sekretär, zeitweise Verlagsdirektor des NV, Annäherung an NB, später Emigration Südamerika.

Eine besondere Stellung nahm Hilferding ein, der für den Parteivorstand die »Zeitschrift für Sozialismus« herausgab, seinen Wohnsitz jedoch in Zürich hatte. Im April 1933 war er nicht in den Vorstand gewählt worden. Bis auf drei Vorstandssitzungen 1933 und Anfang 1934 nahm er an den Beratungen des Vorstands in Prag nicht teil. Nach dem Umzug der Sopade nach Paris, wo mittlerweile auch Hilferding lebte, und dem Konflikt des Parteivorstands mit Hertz nahm Hilferding ab Oktober 1938 vermehrt an den Vorstandszusammenkünften teil. Schon in den Vorstandssitzungen im Sommer 1938 war immer wieder die Rede davon gewesen, Hilferding (und Breitscheid) nun in die Arbeit des Vorstandes einzubeziehen.

1939/40 verlor der Parteivorstand durch Tod zwei seiner Mitglieder: Otto Wels starb am 16. September 1939, Siegmund Crummenerl am 22. Mai 1940. Schon gegen Ende 1939 hatte Rinner wegen der Erkrankung Crummenerls die Kassengeschäfte des Parteivorstands übernommen.[84]

Faktisch bestand also der Exilparteivorstand bis 1939 aus Wels, Vogel, Crummenerl, Rinner, Ollenhauer und Stampfer als »Kerngruppe«, zu der bis 1938 auch Hertz gehörte. Aufhäuser und Böchel bildeten 1933/34 die linke Opposition im Vorstand, Stahl war bis 1938 sporadisch anwesend. Von den 13 emigrierten Vorstandsmitgliedern wurden drei (Dietrich, Juchacz, Sollmann) nie zu Vorstandssitzungen hinzugezogen. Die Parteivorstands-Angestellten Geyer, Heine und Arnold nahmen ohne Stimmrecht an den Sitzungen teil, wobei Geyer für die Entscheidungsfindung im Vorstand besondere Bedeutung zukam, da er sich ausweislich der Protokolle sehr stark an den Diskussionen beteiligte, während sich Arnold und Heine zurückhielten. Hilferding, der nach dem Ausscheiden von Hertz zum Vorstand stieß, ergänzte in den beiden letzten Jahren die »Bank« der nichtstimmberechtigten Sitzungsteilnehmer und beteiligte sich intensiv an den Debatten.

Alles in allem bleibt der Eindruck, daß die Mehrheit des Exilvorstands Schwierigkeiten hatte, oppositionelle Strömungen im Parteivorstand zu akzeptieren und zur Abwehr dieser Strömungen auch zu Verhaltensweisen bereit war, die die Regeln innerparteilicher Demokratie außer Acht ließen. Für die Vorstandsmehrheit war die Bewahrung der Einheit der Partei – so wie sie sie verstand – im Zweifelsfall wichtiger. Die Integrationsfähigkeit der Exil-SPD litt unter diesem Verhalten.

Als Hitlers Truppen in Frankreich einmarschierten, übten nur noch Vogel, Stampfer, Ollenhauer und Rinner ihr Vorstandsmandat aus. Crummenerl war durch seine Krankheit daran gehindert und starb kurz nach Beginn der deutschen Invasion. Nach der Besetzung emigrierten Rinner und Stampfer in die USA, während Vogel und Ollenhauer in Großbritannien noch den Parteivorstand aufrechtzuerhalten suchten. Heine galt nun als kooptiertes Vorstandsmitglied, während sich der ebenfalls nach London emigrierte Geyer Anfang 1942 vom Vorstand lossagte. Hilferding fiel der Gestapo in die Hände und starb am 12. Februar 1941 unter ungeklärten Umständen in Paris im Gefängnis.

III. Aspekte der Organisationsentwicklung der Sopade

1. Die Finanzen

Für eine Parteiorganisation im Exil war eine entscheidende Frage, wieweit sie über eigene Finanzquellen verfügte oder von anderen Geldgebern abhing. Für die Stellung der Sopade innerhalb des deutschsprachigen Exils war es daher besonders wichtig, daß sie nennenswerte Teile des liquiden Parteivermögens hatte retten können.

---

84 Rinner an Reinbold, 14. Dezember 1939, in: AdsD Bonn, Rinner-Korrespondenz, Mappe 30.

Als am 9. Mai 1933 das Vermögen der SPD beschlagnahmt wurde, war der größte Teil der liquiden Mittel des Vorstands – zum Teil auf abenteuerlichen Wegen – bereits ins Ausland transferiert worden.[85] Crummenerl schilderte im November 1933 den Übergang zur Illegalität und in die Emigration so: »Viele von den [sozialdemokratischen] Druckereien hatten trotz wochenlanger Warnung Barvermögen und Bankkonten.« In den SPD-Bezirken seien »nennenswerte Mittel«, die auf Privatkonten überwiesen worden waren, beschlagnahmt worden. Auch beim Dietz-Verlag und bei der Arbeiterwohlfahrt seien größere Summen durch Beschlagnahmung verloren gegangen. Die Gelder des Parteivorstandes hingegen hätten bis auf 8 600 RM gerettet werden können.[86] Die genaue Höhe des geretteten Vermögens blieb »a closely guarded secret«.[87] Auch die erhalten gebliebenen Unterlagen des Emigrationsvorstandes enthalten keine vollständigen Übersichten über die Finanzen der Sopade.[88]

---

85 Nach Aussage von Herbert Kriedemann aus dem Jahre 1941 waren sie schon im Februar 1933 durch den Parteivorstands-Buchhalter Leeb nach Zürich überwiesen worden; vgl. Akten des Oberreichsanwalts in der Strafsache gegen Herbert Kriedemann: Aussage Kriedemann vom 12. Februar 1941, in: BA/Zwischenarchiv Dahlwitz-Hoppegarten, ZC 10858/1. Vgl. dazu weiter In Sachen Kriedemann, o. O. o. J. [Frankfurt/Main 1949], S. 19 f. Leeb erklärte, daß ab März 1933 »Konten bei tschechoslowakischen und schweizerischen Banken eröffnet und nach und nach die verfügbaren Kapitalreserven in einer Höhe von etwa einer Million Mark übertragen [wurden], von denen ein großer Teil in ausländischen Wertpapieren angelegt wurde.« Zitiert nach *Paul Mayer*, Die Geschichte des sozialdemokratischen Parteiarchivs und das Schicksal des Marx-Engels-Nachlasses, in: AfS 6/7, 1966/67, S. 9–198, hier S. 82. Vgl. auch *Erich Matthias*, Der Untergang der Sozialdemokratie, in: VfZ 4, 1958, S. 179–286, hier S. 185, Anm. 16.
Kriedemann, Herbert, 1903–1977, ab 1930 Angestellter der Werbeabteilung beim SPD-Parteivorstand, ab Sommer 1933 u. a. mit Erich Rinner Versuche zum Wiederaufbau der SPD in der Illegalität, Emigration 1934 CSR, Januar 1935 Entlassung als Sopade-Angestellter, 1935 Estland, 1936 Niederlande, Verbindungen zu ausländischen Nachrichtendiensten und der Gestapo, 1941 Deutschland, 1945 Referent im Büro Schumacher, ab 1946 Parteivorstands-Mitglied, 1947–1949 MdL Niedersachsen, 1947–1949 SPD-Fraktionsgeschäftsführer beim Wirtschaftsrat in Frankfurt/Main, 1949–1972 MdB.
Leeb, Rudolf, 1902–1993, Kassierer beim SPD-Parteivorstand, Emigration 1933 Schweiz, CSR, hauptamtlicher Sekretär im Sopade-Büro in Prag ab 1938 in Paris, 1940 Portugal, 1941 USA, 1950 Rückkehr nach Deutschland, bis 1968 Kassierer beim Parteivorstand.
86 Denkschrift über die Partei-Arbeit vom April bis Ende November 1933, in: IISG Amsterdam, SAI, Nr. 3524. Etwas niedriger als Crummenerl gab Leeb die nicht geretteten liquiden Mittel des Parteivorstands an: »Zur Zeit des Erlasses über die Vermögensbeschlagnahme war die Transferierung im wesentlichen abgeschlossen, nur Restkontenbeträge im Gesamtwert von 2 700 Mark und etwa 300 Mark Kassen-Barmittel wurden zurückgelassen.« Nach *Paul Mayer*, Geschichte, S. 82.
87 *Gruber*, S. 238, Anm. 117. Gruber zeigt sich überrascht, daß Matthias, Edinger, Adolph und andere die Frage des Parteivermögens nur am Rande behandeln, obwohl es ohne den Einfluß des Sopade-Büros begründet habe; ohne die Gelder wäre sein Anspruch auf die Treuhänderschaft der Partei nur Rhetorik gewesen. Ähnlich äußert sich *Seebacher-Brandt*, Biedermann, Diss., S. 122: »Ohne die Kasse, die die Sopade zur mit Abstand wohlhabendsten sozialdemokratischen Exilgruppierung machte, wären Mandat- und Treuhänderschaft Anspruch ohne praktische Bedeutung geblieben. Aber ohne Mandat und Treuhänderschaft hätte sie kaum über das gerettete Barvermögen der Partei [...] verfügen können.«
88 Die Kassenjournale sind in der Abgrenzung untereinander nicht eindeutig, außerdem decken sie offenkundig nicht alle Konten des Parteivorstands ab: In dem auf den ersten Blick zentralen Kassenjournal werden immer wieder Überweisungen vom »Hauptkonto« auf das von diesem Journal erfaßte Konto erwähnt. Über ein derartiges »Hauptkonto« gibt es aber keine Unterlagen. Wenn nicht anders angegeben, beziehen sich die folgenden Ausführungen auf die Kassenjournale im AdsD Bonn, PV-Emigration.

In den Protokollen erscheint nur einmal eine Angabe Crummenerls, die geeignet ist, Auskunft über den Umfang der 1933 ins Ausland transferierten Mittel zu geben. Nachdem er in einer Abrechnung – wahrscheinlich für die SAI erstellt – die Ausgaben der Sopade von Anfang Juli 1933 bis Ende August 1934 mit 5,26 Mio. Kc beziffert hatte[89], was je nach zugrundegelegtem Wechselkurs 550 000 oder 650 000 RM entsprach[90], erklärte er am 23. Oktober 1934 im Vorstand, daß bei unveränderter Höhe der Ausgaben die Mittel noch bis Oktober 1935 reichen würden.[91] Demzufolge wären 1,1 oder 1,3 Mio. RM im Frühjahr 1933 ins Ausland gerettet worden. Dies deckt sich weitgehend mit Nachkriegsaussagen von Heine und Ollenhauer, denen zufolge sich die geretteten Parteifinanzen auf 1,2 Mio. Reichsmark beliefen.[92] In der Sekundärliteratur schwanken die Angaben – nicht selten ohne Nennung einer Quelle – zwischen einer und zwei Millionen Mark.[93]

Die fehlende Offenlegung der Parteivorstands-Finanzen wurde bereits zu Emigrationszeiten kritisiert. In der Parteivorstands-Sitzung am 7. November 1934, in der über eine Reduzierung des Zuschusses für »Neu Beginnen« entschieden wurde, räumte Aufhäuser ein, daß die Vermögensfrage in der Illegalität zwar eine vorsichtige Behandlung erforderlich mache, es könne jedoch nicht angehen, die »Ausgaben den Vorstandsmitgliedern gegenüber geheim zu halten. [...] Man kann von den Vorstandsmitgliedern nicht verlangen, über einzelne Ausgaben zu entscheiden, wenn sie keine Ahnung haben, wieviel bisher insgesamt und laufend monatlich verbraucht wird.« Eine von Crummenerl am 7. November 1934 für die nächste Sitzung zugesagte Rechnungslegung blieb er schuldig.[94]

Nach dem Beschluß der Parteivorstands-Mehrheit vom 30. Januar 1935, mit Aufhäuser und Böchel keine gemeinsamen Sitzungen mehr abzuhalten, wandten sich die beiden an die SAI: »Die Bürogemeinschaft Sopade hat die Vermögensverwaltung und Kassengebarung in einem völligen Dunkel gehalten. Die Mitglieder des Parteivorstandes kennen weder die Höhe des geretteten Parteivermögens noch sind sie über seine Anlage und über die Art der Verwendung informiert. Das Büro besoldet sich selbst nach eigenem Ermessen und

---

89 IISG Amsterdam, SAI, Nr. 3575.
90 550 000 RM ergeben sich, wenn man den Wechselkurs von Ende 1934 heranzieht, 650 000 RM bei der Parität am Jahresende 1933. Vgl. *Wolfgang Fischer* (Hrsg.), Europäische Wirtschafts- und Sozialgeschichte vom Ersten Weltkrieg bis zur Gegenwart, Stuttgart 1987, S. 1059.
91 Vgl. Dok. Nr. 22.
92 *Adolph*, S. 274.
93 *Seebacher-Brandt*, Biedermann, Diss., S. 122: 1,2 Mio. RM (ohne Quellenangabe); *Claus-Dieter Krohn*, Exilierte Sozialdemokraten in New York. Der Konflikt der German Labor Delegation mit der Gruppe Neu Beginnen, in: *Michael Grunewald/Frithjof Trapp* (Hrsg.), Autour du »Front populaire allemand«. Einheitsfront-Volksfront, Bern etc. 1990, S. 81–98, S. 84: 1,2 Mio. RM (ohne Quellenangabe); *Niemann u. a.*, S. 97: 1,5 Mio. RM (ohne Quellenangabe). *Ulrich Cartarius*, Sozialdemokratisches Exil und innerdeutscher Widerstand, in: *Michael Grunewald/Frithjof Trapp* (Hrsg.), Autor du »Front populaire allemand«. Einheitsfront-Volksfront, Bern etc. 1990, S. 41–54, hier S. 45, erwähnt »eine namhafte Summe (zwischen einer und zwei Millionen Mark)«, die ins Ausland transferiert worden sei; in gleicher Höhe bewegt sich die Schätzung von *Günter Plum*, Volksfront, Konzentration und Mandatsfrage. Ein Beitrag zur Geschichte der SPD im Exil, in: VfZ 18, 1970, S. 410–442, hier S. 418 (ohne Quellenangabe); nach *Stampfer*, Emigration, S. 78, war es Wels und Crummenerl gelungen, »beträchtliche Mittel in reichsdeutscher Währung über die Grenze zu bringen«. *Edinger*, S. 46, beziffert den geretteten Fond auf 1–2 Millionen Mark. *Bohumil Cerny*, Der Parteivorstand der SPD im tschechoslowakischen Asyl (1933–1938), in: Historica (Prag) 14, 1967, S. 175–218, hier S. 177, schätzt das gerettete Parteivermögen auf eine Million RM »ausschließlich des für die Emigrantenhilfe gewidmeten Fonds«.
94 Vgl. Dok. Nr. 26; diese Sitzung – ursprünglich auf zwei Tage angesetzt – wurde bereits kurz nach Mittag des ersten Tages abgebrochen; vgl. Lange an DSAP, 5. Februar 1935, in: AdsD Bonn, PV-Emigration, Mappe 70.

setzt Reisespesen und sonstige Bezüge sowie die sachlichen Ausgaben ohne jede Kenntnis des Parteivorstands fest. Wir wagen zu behaupten, daß, wenn bekannt werden würde, welche Riesensumme des restlichen Parteivermögens in der Zeit vom Mai 1933, dem Beginn der Emigration des Parteivorstands bis heute [ca. Mitte 1935; d. Bearb.] für den Sopadeapparat verausgabt und zum Teil politisch vergeudet worden ist, sich in der Arbeiterinternationale kein Genosse finden würde, der noch bereit wäre, diese Abart sozialdemokratischer Parteiführung weiterhin anzuerkennen.«[95]

Neben der Einsetzung eines Schiedsgerichtes, das sich mit den innerparteilichen Querelen befassen sollte, forderten sie zusammen mit Willi Lange[96] und Willi Müller [d. i. Karl Frank][97] auch einen SAI-Untersuchungsausschuß für die Überprüfung der Finanzierungs- und Verwaltungsmethoden des Parteivorstandes.[98] Doch dem Parteivorstand war nicht an der Offenlegung seiner Finanzen gelegen.[99] Er betonte die Eigenart illegaler Arbeit, die es mit sich bringe, »daß die in einer legalen Partei mögliche und selbstverständliche Rechenschaftslegung nicht durchgeführt werden kann. Es ist auch die wünschenswerte Kontrolle der Finanzgebarung durch die Vertrauensleute der Bewegung in Deutschland nicht durchführbar.«[100] Der Vorstand zog sich auf den Standpunkt zurück, daß es ausreiche, SAI-Sekretär Adler und den Generalsekretär der deutschen Sozialdemokraten in der Tschechoslowakei (DSAP), Taub[101], regelmäßig zu informieren, bis es wieder möglich sei, vor den deutschen Vertrauensleuten der Partei Rechenschaft abzulegen.[102]

Zu Beginn der Emigration gab die Sopade – offenkundig in Erwartung eines baldigen Endes der Diktatur in Deutschland – große Geldmittel aus, um im Ausland und im Reich eine Organisation aufzubauen. Crummenerl rechnete im Juli 1933 mit 400 000 RM Jahresausgaben, also einem Drittel des geretteten Vermögens.[103] Schon ein Jahr später mußte die Sopade zu Sparmaßnahmen greifen. Bis August 1934 hatte sie die Hälfte der geretteten Mittel verbraucht. Am 7. November 1934 beschloß der Parteivorstand daher erste Kürzungen. Im Mai 1935 erklärte Crummenerl dem Parteivorstand, daß das Vermögen der Sopade nun auf 400 000 RM geschrumpft sei[104] und auch bei den von ihm vorgeschlagenen Einsparun-

---

95 Denkschrift der Parteivorstandsminderheit, S. 16, in: AdsD Bonn, PV-Emigration, Mappe 208.
96 Lange, Willi, geb. 1899, Sekretär SPD-Bezirk Chemnitz/Erzgebirge, ab März 1933 Aufbau einer illegalen SPD-Organisation in Sachsen, Emigration 1933 CSR, Sopade-Grenzsekretär für Chemnitz, Zwickau und Leipzig, Mitarbeit NV und »Graphia-Verlag«, Januar 1935 Entlassung als Sopade-Grenzsekretär, Grenzarbeit für RSD, Oktober 1936 Ausschluß aus RSD, Vorwurf der Zusammenarbeit mit CSR- und britischem Geheimdienst, 1939 Schweiz, 1949 Rückkehr nach Deutschland.
97 Müller, Willi [d. i. Karl Frank], 1893–1969, KPD, KPO, 1932 SAP, Ende 1932 SPD, Emigration 1933 Österreich, CSR, 1938 Frankreich, 1939 Großbritannien, USA, Organisator und Auslandsleiter NB, nach dem Kriege Psychoanalytiker in den USA.
98 Aufhäuser/Lange/Böchel/Müller [d. i. Karl Frank] an Adler, 1. Februar 1935, in: IISG Amsterdam, SAI, Nr. 3515.
99 Auf das Angebot der SAI vom 26. Februar 1935, sich schlichtend in die Sopade-Angelegenheiten einzuschalten (Entwurf, in: IISG Amsterdam, SAI, Nr. 3471), reagierte der Parteivorstand ablehnend; vgl. Dok. Nr. 33 und 39.
100 Bemerkungen zur Denkschrift der Genossen Aufhäuser und Böchel, S. 7 f., in: AdsD Bonn, PV-Emigration, Mappe 208.
101 Taub, Siegfried, 1876–1946, sudetendeutscher Sozialdemokrat, 1924–1938 Generalsekretär DSAP, ab 1929 Vizepräsident des Abgeordnetenhauses, 1930–1938 Mitglied SAI-Exekutive, Emigration 1939 Schweden, zusammen mit Wenzel Jaksch Vorsitzender der »Treuegemeinschaft sudetendeutscher Sozialdemokraten«, 1941 USA.
102 Eine für Ostern 1935 vorgesehene »Reichskonferenz« wurde Anfang März 1935 vertagt und letztlich nie einberufen; vgl. Dok. Nr. 33.
103 Vgl. Dok. Nr. 2.
104 So in der Parteivorstands-Sitzung am 21. Mai 1935. Hertz gegenüber bezifferte Crummenerl das

gen nur noch bis zum 31. Dezember 1936 reichen werde. Crummenerls Vorschläge wurden nur zum Teil umgesetzt.[105] Anfang Juni 1936 mußte erneut gekürzt werden.[106] In diesem Jahr beliefen sich die monatlichen Ausgaben der Sopade nur noch auf 9 400 RM.[107] Trotz weiterer Einsparungen – bis April 1939 ging der monatliche Aufwand noch einmal zurück auf 5 000 RM[108] – mußte sich der Parteivorstand neue Einnahmequellen erschließen. So trat er der Idee eines Verkaufs des Parteiarchivs, dessen wertvollster Bestandteil der Marx-Engels-Nachlaß war, näher. Zwar wurden entsprechende sowjetische Angebote abgelehnt, doch gelang die Veräußerung an das »Internationale Institut für Sozialgeschichte« in Amsterdam. Von Mai 1938 bis Juni 1939 erhielt der Vorstand aus dieser Quelle insgesamt 72 000 hfl[109] (ca. 98 000 RM), erheblich weniger, als die Sowjetunion geboten hatte.

Nach Auslaufen dieser Zahlungen stand die Sopade erneut vor finanziellen Schwierigkeiten. Nun hoffte man auf Spenden aus den USA[110] und auf Unterstützung durch die schwedischen Sozialdemokraten[111]. Die daraus resultierenden Einnahmen reichten aber nicht aus. So wurde im März 1940 erwartet, daß die Mittel der Sopade Ende Mai erschöpft sein würden.[112] Ende März trafen zwar noch einmal Gelder aus den USA ein[113], doch war dies nicht so viel, daß die Sopade nicht im Frühjahr 1940 vor dem finanziellen Aus gestanden hätte.

2. Der »Apparat«

2.1 Prag

Mit dem geretteten Vermögen baute der Exilvorstand im Sommer 1933 von Prag aus einen neuen Parteiapparat auf.[114] In Prag-Karlin, Palackeho Trida 24, 3. Stock, wurde ein Büro eröffnet, in dem die besoldeten Vorstandsmitglieder und die Mitarbeiter des Parteivorstands

---

Sopade-Vermögen per 15. April 1935 auf 2 140 000 Ffrs., was rund 350 000 RM entsprach; vgl. Aufzeichnung Hertz, in: IISG Amsterdam, NL Hertz, S. 20, Mappe XXIII.
105 Vgl. Dok. Nr. 42, Nr. 107, Anm. 10, Anhangdok. Nr. 16.
106 Vgl. Dok. Nr. 65.
107 Vgl. Dok. Nr. 85.
108 Vgl. Übersicht über den monatlichen Finanzbedarf der Sopade, Stand April 1939, in: SAPMO Berlin, ZPA, II 145/55, Bl. 239 f.
109 Vgl. AdsD Bonn, PV-Emigration, Mappe 72.
110 Dazu wurde Stampfer Anfang 1939 in die USA geschickt; dort wurde die »German Labor Delegation« gegründet. Vgl. *Matthias/Link*, S. 35, Dok. 51, S. 383–387.
111 Vgl. Sopade an die schwedischen Sozialdemokraten, 15. April 1939, in: SAPMO Berlin, ZPA, II 145/55, Bl. 237 f.
112 Vgl. Rinner an Stampfer, 8. März 1940 in: *Matthias/Link*, Dok. 91, S. 447.
113 Vgl. Ollenhauer an Stampfer, 30. März 1940, in: *Matthias/Link*, Dok. 95, S. 455.
114 Hauptsächliche Quellen für die folgenden Ausführungen sind die Kassenjournale und die Kassenbelege der Sopade, beide im AdsD Bonn, PV-Emigration. Während in Bonn die Kassenjournale bis Mai 1940 erhalten sind (die letzte Eintragung stammt vom 3. Mai 1940 und betrifft die Zahlung von 70 Frs. an Heine für den Kauf einer Gasmaske), brechen die Kassenbelege im Mai 1937 ab. Da die Zahlungen an die Vorstandsmitglieder und -mitarbeiter im Journal nur als Gesamtsumme auftauchen, können Angaben über die Bezahlung der einzelnen Angestellten des Sopade-Büros nur bis zu diesem Datum gemacht werden. Die späteren Kassenbelege (von Juni 1937 bis Dezember 1939) wurden Ende 1940 in Paris aufgefunden und ins Reichssicherheitshauptamt übersandt (BA Potsdam, PSt 3, Nr. 257, Bl. 170). In den überlieferten Akten des RSHA sind sie jedoch nicht mehr vorhanden. Grenzsekretäre und Mitarbeiter der Publikationsorgane der Sopade hingegen können bis Mai 1940 genannt werden, da sie in den Journalen namentlich auftauchen.

tätig waren. Parallel dazu wurde an den deutschen Grenzen ein Netz von »Grenzsekretären« etabliert und versucht, im Reich eine illegale »Reichsleitung« sowie sechs Sekretäre außerhalb Berlins zu installieren. Insgesamt besoldete der Exilvorstand nach Angaben Crummenerls Anfang August 1933 40 Mitarbeiter.[115] Ende November 1933 berichtete Crummenerl in einem Memorandum[116], daß im Ausland 31 Personen »und eine halbe Kraft« besoldet würden. Dies seien 7 Parteivorstands-Mitglieder[117], 7 Angestellte[118], drei Stenotypistinnen[119], eine Aufwartefrau[120], »ein tschechischer Genosse«[121], ein Redakteur

---

115 Erklärung Crummenerls in der Parteivorstands-Sitzung am 4. August 1933. Zur »Reichsleitung« vgl. Dok. Nr. 2, Anm. 9.
116 Denkschrift über die Partei-Arbeit vom April bis Ende November 1933, in: IISG Amsterdam, SAI, Nr. 3524.
117 Wels, Vogel, Crummenerl, Hertz, Ollenhauer und Stampfer ab Juni 1933, Rinner seit Ende Oktober 1933. Vgl. AdsD Bonn, PV-Emigration, Kassenbelege.
118 Dies dürften Geyer, Arnold/Müller, Leeb, Heine, Schönfeld, Lorenz und Sander gewesen sein. Von September 1934 bis Juni 1935 war auch Herbert Kriedemann Parteivorstands-Mitarbeiter. Wilhelm Riepekohl stieß im Mai 1934 zum Sopade-Apparat; Ende 1935 schied er wieder aus. Erhard Dill, Sohn des Grenzsekretärs, gehörte 1936/37 zu den Parteiangestellten. Vgl. ebd.
Schönfeld, Otto, gest. 1955, vor 1933 Mitarbeiter beim SPD-Vorstand, Emigration CSR, Mitarbeiter Sopade-Büro, entlassen wegen NB-Mitarbeit, USA, Rückkehr nach Deutschland.
Lorenz, Kurt, 1903–1947, Geschäftsführer »Oberschlesisches Volksblatt«, Emigration 1933 CSR, Mitarbeit »Deutschland-Berichte«, 1937 Frankreich, Großbritannien, in London verstorben.
Sander, Wilhelm 1895–1978, 1922–1933 Bezirkssekretär SPD Ostsachsen, Mitglied DMV Ostsachsen, 1933 MdL Sachsen, Emigration 1933 CSR, Leiter Bezirksleitung »Sozialdemokratische Flüchtlingshilfe« in Prag, 1938 Schweden, 1939 Großbritannien, ab Dezember 1938 Landesvertreter der Sopade in Großbritannien, Hrsg. der »Sozialistischen Mitteilungen«, ab 1954 Vorsitzender der »Vereinigung deutscher Sozialdemokraten in Großbritannien«, 1949 Rückkehr nach Deutschland, bis 1962 Sekretär der SPD-Fraktion des Bundestages.
Riepekohl, Wilhelm, 1893–1975, Redakteur »Fränkische Tagespost« Nürnberg, Reichsbanner-Führer, Emigration 1933 CSR, Tätigkeit für Sopade, 1938 Dänemark, 1940 Schweden, 1945 Dänemark, 1949 Rückkehr nach Deutschland, bis 1958 Chefredakteur »Fränkische Tagespost«.
Dill, Erhard, geb. 1910, Sohn von Hans Dill, Medizinstudent, Emigration 1933 CSR, Mitarbeiter »Deutschland-Berichte«, später Rückkehr nach Nürnberg zum Aufbau von Nachrichtenverbindungen mit illegalen Gruppen.
119 Gertrud Hesse, Else Lehmann und – bis März 1934 – Erna Röpke, deren Nachfolgerin Marie Grafe war. Gertrud Huhnholtz arbeitete ebenfalls im Sopade-Büro, wurde aber als Sekretärin Ollenhauers von der Sozialistischen Jugend-Internationale besoldet. Vgl. *Seebacher-Brandt*, Biedermann, Diss., S. 123 f.
Hesse, Gertrud, 1904–1971, Emigration 1933 CSR, Sekretärin im Sopade-Büro, 1938 Frankreich, über Spanien und Portugal 1941 in die USA, 1969 Rückkehr nach Deutschland.
Lehmann, Else, geb. 1892, Emigration 1933 CSR, Sekretärin im Sopade-Büro, 1940 Frankreich, danach USA, dort verstorben.
Grafe, Marie, 1910–ca. 1970, Emigration 1933 CSR, Sekretärin im Sopade-Büro, 1938 Frankreich, 1940 USA, Heirat mit Erich Rinner, in den USA verstorben.
Zu Erna Röpke und Gertrud Huhnholtz fehlen biographische Angaben.
120 Zuerst Marie Lautsch, ab Februar 1934 Frau Rackova; vgl. AdsD Bonn, PV-Emigration, Kassenbelege. Zu beiden fehlen biographische Angaben.
121 Frantisek Pokorny, ab November 1934 Lahmer, seit Juli 1936 Kopacek. Der Bezahlung nach waren sie nur Teilzeitbeschäftigte; vgl. ebd. Pokorny war insofern wichtig, als die Mehrzahl der Briefe von illegal in Deutschland arbeitenden Sozialdemokraten an den Parteivorstand an ihn adressiert wurde. Vgl. PA im AA Bonn, A III 1 b 8 sdbd, Bd. 4, Bl. 35.
Pokorny, Frantisek, geb. 1906, tschechoslowakischer Sozialdemokrat.
Kopacek, Alois, Mitglied der tschechoslowakischen sozialdemokratischen Partei, ab Ende 1938 Leiter der sozialdemokratischen reichsdeutschen Flüchtlingshilfe.
Zu Lahmer fehlen biographische Angaben.

in Karlsbad[122] und ebenfalls in Karlsbad eine weitere Stenotypistin[123]. Der »Neue Vorwärts« trage davon 8 ½ Stellen. In Zürich wurde Hilferding bezahlt, der die »Zeitschrift für Sozialismus« herausgab.[124] Zu diesen 22 Personen kamen noch neun Grenzsekretäre[125] und »eine halbe Kraft« hinzu. Faktisch war damals auch Breitscheid Angestellter der Sopade. Er hatte vom Parteivorstand einen »größeren einmaligen Betrag erhalten« und arbeitete in Paris. In Deutschland habe die SPD »drei Angestellte in der Spitze, drei Kuriere, drei Gruppenvorleute, etwa 25 Bezirksvertrauensleute (à Mk. 50,– Monatsentschädigung), insgesamt 34 Leute«. Ohne die Bezirksvertrauensleute beschäftigte die Sopade Ende November also 41 Personen und »eine halbe Kraft«.

In der Literatur gehen die Angaben teilweise weit über diese Zahl hinaus.[126] Anhand der

---

122 Dies dürfte Böchel gewesen sein. Nach dem Ausscheiden Böchels im Januar 1935 übernahm der seit Oktober 1934 beim Verlag beschäftigte Max Tockus Böchels Aufgabe und versah sie bis Mai 1938; vgl. AdsD Bonn, PV-Emigration, Kassenbelege.
Tockus, Max, geb. 1875, Geschäftsführer »Volkswacht« Breslau, Emigration CSR, Februar 1935 bis März 1938 Umbruchredakteur beim NV.
123 Bis Januar 1936 Marianne Lange; vgl. AdsD Bonn, PV-Emigration, Kassenbelege.
Lange, Marianne, geb. 1907, geb. Naumann, Ehefrau von Willy Lange, Emigration 1933 CSR, tätig für den »Graphia-Verlag« und den NV.
124 Hilferding erhielt das Gehalt bis Juni 1938, also länger als die ZfS existierte; vgl. ebd.
125 Auf jeden Fall waren dies Bögler, Dill, Willi Lange, Stahl und Thiele. Ferl, Hansen, Reinbold und Ernst Schumacher dürften die übrigen vier Sekretäre gewesen sein. Warum sie aber 1933/34 nicht im Kassenjournal als Sopade-Beschäftigte geführt wurden, muß offen bleiben. Für Ferl, Reinbold und Schumacher verzeichnet der »Bebelfonds« Zahlungen, der 1933 von der SAI eingerichtet worden war; vgl. ebd. Näheres über die Geschichte des »Bebelfonds« konnte nicht gefunden werden.
Bögler, Franz, 1902–1976, Sekretär SPD-Bezirk Pfalz, 1933 MdL Bayern, Emigration 1933 Saargebiet, 1934 CSR, Sopade-Grenzsekretär Trautenau, ab 1935 Mitglied NB, 1938 Frankreich, 1942 Schweiz, 1946 Rückkehr nach Deutschland, 1946–1961 Vorsitzender SPD-Bezirk Pfalz, 1946–1958 Mitglied SPD-Parteivorstand, 1947–1963 MdL Rheinland-Pfalz, 1962 Parteiausschluß.
Thiele, Otto, geb. 1896, sozialdemokratischer Rechtsberater, militärischer Leiter des RB und der Eisernen Front für Dresden und Ostsachsen, Emigration 1933 CSR, Sopade-Grenzsekretär für Ostsachsen in Bodenbach, 1938 Schweden, später Rückkehr nach Deutschland.
Ferl, Gustav, 1890–1970, SPD-Sekretär Bezirk Magdeburg-Anhalt, 1925–1933 MdR, Mitbegründer und 1932/33 kommissarischer 2. Bundesführer des RB, Emigration 1933 Belgien, Sopade-Grenzsekretär für das linksrheinische Gebiet, 1940 Frankreich, 1941 USA, Mitglied GLD, 1958 Rückkehr nach Deutschland.
Hansen, Richard, 1887–1976, Mitbegründer und Gauvorsitzender des RB sowie 2. Vorsitzender des SPD-Bezirks Schleswig-Holstein, MdL Schleswig-Holstein, stellvertretender preußischer Staatsrat, Emigration 1933 Dänemark, Sopade-Grenzsekretär in Kopenhagen, Geschäftsführer Matteotti-Komitee, 1940 Schweden, 1941 USA, 1946 Schweden, 1947 Rückkehr nach Deutschland, bis Ende der fünfziger Jahre SPD-Fraktionssekretär im Schleswig-Holsteinischen Landtag.
Reinbold, Georg, 1885–1946, Vorsitzender SPD Baden, 1925–1933 MdL Baden, ab 1931 Vizepräsident des badischen Landtages, Emigration 1933 Saargebiet, Sopade-Grenzsekretär in Hanweiler, 1935 Frankreich, Luxemburg, dort Fortsetzung der Sopade-Arbeit, 1940 Frankreich, 1941 USA.
126 *Edinger*, S. 47, nennt unter Berufung auf ein Interview mit Rinner die Zahl von 20 hauptberuflichen Mitarbeitern in Prag und »fünfzig bis hundert Angestellte[n], die über ganz Europa verstreut waren.« *Johannes Klotz*, Das »kommende Deutschland«. Vorstellungen und Konzeptionen des sozialdemokratischen Parteivorstandes im Exil 1933–1945 zu Staat und Wirtschaft, Köln 1983, S. 59, gibt, wie *Niemann u. a.*, S. 97, 40 besoldete Mitarbeiter an, eine Zahl, die in *Niemann*, Geschichte, S. 353, auf 48 steigt. *Seebacher-Brandt*, Biedermann, Diss., S. 123, behauptet, daß es über Crummenerls Angaben von August 1933 hinaus noch sieben Angestellte des »Neuen Vorwärts«-Verlages gegeben habe.

Kassenunterlagen lassen sich Crummenerls Angaben nur schwer überprüfen. Dies liegt zum einen an der bereits erwähnten Unübersichtlichkeit der Buchführung der Sopade, andererseits an Geheimhaltungsnotwendigkeiten, deretwegen die in Deutschland arbeitenden bezahlten Mitarbeiter in den Büchern nicht benannt wurden. Angaben über den personellen Umfang des illegalen Parteiapparates in Deutschland, die über die oben gegebenen Informationen für Ende November 1933 hinausgehen, sind nicht möglich. Als Anhaltspunkt bleibt nur Heines Äußerung, daß der Exilvorstand in Berlin über zwei getarnte Büros verfügte, die schon Anfang 1933 eingerichtet worden waren. Das erste Büro wurde 1934 von der Gestapo entdeckt, das zweite Büro mußte 1935 wegen Geldmangels geschlossen werden.[127]

2.2 Paris

Zwischen Dezember 1937 und März 1938 fiel die Entscheidung über den Umzug des Exilvorstandes nach Paris.[128] Ursache hierfür war die wachsende Einschränkung der politischen Arbeitsmöglichkeiten der Sopade durch die tschechoslowakische Regierung, die damit auf den Druck Deutschlands, aber auch Großbritanniens reagierte. Schon Ende Dezember 1937 wurde der »Neue Vorwärts« nach Paris verlegt. Geyer traf am 2. Januar 1938 in Frankreich ein.[129] Die Verlegung des Vorstandssitzes wurde im Februar/März 1938 geklärt. Neben Paris war Brüssel als neuer Sitz im Gespräch. Eine Reise von Crummenerl, Vogel und Hertz im März 1938 ergab, daß Paris die besseren Arbeitsbedingungen bot. Vogel und Hertz blieben gleich in Paris. Heine kam am 22. April nach Frankreich. Rinner, Crummenerl, Stampfer und die Vorstandsmitarbeiter Leeb, Grafe, Hesse und Lehmann folgten zwischen dem 3. und 14. Mai. Ollenhauer gelangte am 8. Juni 1938 nach Frankreich. Am 9. Juni fand die erste Vorstandssitzung in Paris statt. Wels schließlich, der seine Reise wegen eines Krankenhausaufenthaltes in Kopenhagen hatte unterbrechen müssen, kam am 5. September 1938 nach.[130]

Weitere Angestellte der Sopade in Paris – untergebracht war sie in der Rue des Ecoles 30, wo Vogel im Juni 1938 ein Büro mit fünf Räumen gemietet hatte[131] – waren nach den Erkenntnissen der französischen Polizei Ernst Langendorf und Joseph Klein[132]. Langendorf

---

127 *Heine*, S. 767 f.; Dok. Nr. 2, Anm. 2.
128 Vgl. dazu Dok. Nr. 100, 101, 106, 113.
129 Bericht der Polizeipräfektur Paris vom 14. Juni 1939, in: BA Potsdam, PSt 3, Nr. 257.
130 Ebd. Hertz wird in diesem Bericht nicht erwähnt. *Seebacher-Brandt*, Biedermann, Diss., S. 227, gibt an, auch Rinner und Heine seien wie Geyer schon Anfang des Jahres 1938 nach Frankreich gegangen. Nicht nur die Angaben der französischen Polizei, sondern auch beider Anwesenheit bei den Vorstandssitzungen bis zum Umzug nach Paris sprechen dagegen.
131 Vgl. Bericht der Polizeipräfektur Paris vom 14. Juni 1939, in: BA Potsdam, PSt 3, Nr. 257. Häufig taucht in den Kassenakten auch der Begriff »Maison Vogel« für das Sopade-Büro auf; vgl. Kassenakten, G 148, in: AdsD Bonn, Emigration Sopade.
132 Langendorf, Ernst, 1907–1989, sozialdemokratischer Journalist, 1928–1932 Vorsitzender der SAJ Frankfurt, 1929–1932 Vorsitzender SPD, Frankfurt, 1932/33 Redakteur »Hamburger Echo«, Emigration 1933 Frankreich, 1934 Spanien, 1936 Schweiz, Frankreich, ab Mitte 1937 Angestellter der Sopade, Leiter Matteotti-Komitee, Mitarbeiter »Deutschland-Berichte«, SAJ-Vertreter in der SJI, ab Ende 1937 Leiter der ADG-Landesgruppe Frankreich, 1939–1941 interniert, 1941 Portugal, USA, Einberufung zur US-Armee, ab 1945 US-Presseoffizier in Deutschland, 1953–1974 Redakteur und Abteilungsdirektor »Radio Free Europe« in München.
Klein, Joseph (Jupp), nach der nationalsozialistischen Machtergreifung in Haft, danach bei einer Transportfirma beschäftigt, Emigration Frankreich, Büroangestellter des Parteivorstands, nach seiner Rückkehr nach Deutschland im hessischen Staatsdienst beschäftigt.

arbeitete, wie auch Klein, für die »Deutschland-Berichte« und half mit seinen französischen Sprachkenntnissen weiter. Gegenüber der personellen Situation in Prag (15 Angestellte im Mai 1937) verkleinerte sich der Apparat in Paris nur um eine Person – durch das Ausscheiden von Hertz als besoldetes Vorstandsmitglied.

3. Grenzarbeit

Die Grenzsekretariate der Sopade hatten die Aufgabe, die Verbindung zu den illegal arbeitenden Sozialdemokraten in Deutschland zu halten. Über sie wurden Informations- und Agitationsmaterialien ins Reich eingeschleust und Nachrichten aus dem Reich an den Exilvorstand weitergeleitet. Dazu bedienten sich die Grenzsekretäre, die in einigem Abstand von der Grenze ihren Sitz hatten, eines Netzes von Mitarbeitern, die unmittelbar an der Grenze wohnten. Während die Grenzsekretäre durchweg ehemalige Funktionäre ihres nunmehrigen Betreuungsgebietes waren, kamen die Mitarbeiter an der Grenze sowohl aus den Reihen der emigrierten Sozialdemokraten als auch aus einheimischen Mitgliedsparteien der SAI, insbesondere im Sudetengebiet.[133]

Das erste Grenzsekretariat in Karlsbad war vom SPD-Bezirk Chemnitz-Erzgebirge im Frühjahr 1933 mit Hilfe geretteter Gelder der Bezirkskasse errichtet worden. Grenzsekretär wurde Willi Lange.[134] Der Sopade, die das Sekretariat bald offiziell übernahm, diente es als Vorbild für die weiteren Grenzsekretariate. Ab Sommer 1933 entstanden folgende Grenzsekretariate der Sopade:[135]

– Bodenbach/CSR, geleitet von Otto Thiele, für Ostsachsen,

– Reichenberg/CSR, mit Emil Stahl an der Spitze, für Brandenburg und Görlitz,

– Trautenau/CSR unter Franz Bögler für Mittel- und Oberschlesien,

– Mies (bei Pilsen)/CSR mit Hans Dill als Sekretär für Franken und Niederbayern/Oberpfalz[136],

– Neuern/CSR: Waldemar von Knoeringen[137] für Oberbayern und Schwaben,

---

133 Vgl. Heines Schilderung in: *Borgert/Krieft*, S. 65 f.
134 Beim Bruch zwischen den Revolutionären Sozialisten und der Sopade Anfang 1935 wurde Lange entlassen. Kurzzeitig folgte ihm Alfred Käseberg, nach wenigen Monaten Kurt Weck. Vgl. *Seebacher-Brandt*, Biedermann, Diss., S. 151.
Käseberg, Alfred, geb. 1900, seit 1923 SPD, 1931 SAP, ab Sommer 1933 Kurier für Sopade, Emigration November 1934 CSR, Sopade-Stützpunktleiter in Eibenberg, Mitarbeiter DSAP-Presse, 1938 Bolivien.
Weck, Kurt, 1892–1959, Gausekretär RB Zwickau, Emigration 1933 CSR, Sopade-Stützpunktleiter und Leiter eines Emigrantenheims in Eibenberg, 1935 Grenzsekretär in Karlsbad, 1938 mit Abwicklung der »Sozialdemokratischen Flüchtlingshilfe« beauftragt, 1938 Schweden, ab 1940 Vorstandsmitglied der Sopade-Ortsgruppe Stockholm.
135 Aufstellung nach: *Mehringer*, S. 85.
136 Anfang 1937 wurde Dill Sekretär bei der DSAP und schied daher als hauptamtlicher Mitarbeiter der Sopade aus. Er wollte jedoch nebenamtlich für die Sopade weiterarbeiten. Vgl. Anhangdok. Nr. 20; *Jonathan F. Wagner*, The Hard Lessons of a Political Life: The Career of Socialist Hans Dill (1887–1983), in: IWK 29, 1993, S. 194–207.
137 Knoeringen, Waldemar Freiherr von, 1906–1971, leitender Funktionär SAJ München, Mitglied RB, Emigration 1933 Österreich, 1934 CSR, Leiter des Sopade-Grenzsekretariats für Südbayern, später Mitglied NB, Zusammenarbeit mit RSÖ und ALÖS, 1938 Frankreich, 1939 Großbritannien, in Paris und London Mitglied NB-Exilzentrale, 1946 Rückkehr nach Deutschland,

- St. Gallen/Schweiz: Erwin Schoettle[138] für Württemberg[139],
- Luxemburg/Straßburg: Georg Reinbold für Baden, Pfalz, Hessen und Württemberg[140],
- Saarbrücken/Forbach/Mulhouse: Emil Kirschmann für das westliche Süddeutschland[141],
- Brüssel: Gustav Ferl für den Mittelrhein, Köln und das Ruhrgebiet,
- Arnheim/Antwerpen: Ernst Schumacher für Oldenburg, Teile des Niederrheins und Westfalen[142],
- Kopenhagen: Richard Hansen für Hamburg-Nordwest, Schleswig-Holstein und Pommern.

Im Oktober 1934 wurde Bilanz gezogen: Über die Grenzsekretariate war es möglich, insgesamt 24 Bezirke der alten Parteiorganisation zu erfassen. Von den ursprünglich 33 Bezirken konnten nur neun Bezirke in Mitteldeutschland nicht regelmäßig von den Grenzstellen aus versorgt werden. Sie sollten deshalb in erster Linie von der Berliner Zentrale betreut werden.[143]

Die persönliche Verbindung zu den Grenzsekretären versuchte der Parteivorstand durch diverse Reisen und Konferenzen aufrechtzuerhalten. Die vorliegenden Reiseberichte und Protokolle von Besprechungen mit Grenzsekretären, über deren Vollständigkeit allerdings keine sichere Aussage gemacht werden kann, bestätigen die naheliegende Vermutung, daß – bedingt durch die räumliche Nähe – der Kontakt zu den Grenzsekretären in der CSR am intensivsten war.

Während die Gespräche mit den Grenzsekretären im Norden und Westen in der Regel in eher kleinem Rahmen stattfanden und häufig nur ein Termin auf der Liste der zu erledigenden Arbeiten eines auf Reisen befindlichen Parteivorstands-Mitglieds waren[144], rief der

---

1946–62 Vorsitzender der SPD-Fraktion im bayerischen Landtag, 1949–1951 MdB, 1947–1963 Vorsitzender SPD Bayern.

138 Schoettle, Erwin, 1899–1976, nach 1920 führender SAJ-Funktionär, 1931 SPD-Sekretär Stuttgart, März 1933 MdL Württemberg, Emigration 1933 Schweiz, zunächst Sopade-Grenzsekretär in St. Gallen, Juni 1934 Anschluß an NB, zeitweise in Prag und Paris, 1939 Großbritannien, in London Mitglied NB-Auslandsleitung, 1941–1945 Mitglied Exekutivkomitee der Union, 1946 Rückkehr nach Deutschland, führende Rolle in der baden-württembergischen SPD, 1961–1969 Bundestags-Vizepräsident.

139 Schoettle selber erklärte, daß es an »der ganzen Schweizer Grenze nicht das [gab], was man als Grenzsekretariat verstehen könnte.« Von einer organisierten Arbeit könne nicht die Rede sein; vgl. Interview mit Schoettle, 12. Mai 1972, in: IfZ München, Zs 2288.

140 Vgl. auch *Günter Braun*, Georg Reinbold. Grenzsekretär der Sozialdemokraten für Baden und die Pfalz, in: *Michael Bosch/Wolfgang Niess* (Hrsg.), Der Widerstand im deutschen Südwesten 1933–1945, Stuttgart etc. 1984, S. 163–171; *Patrik von zur Mühlen*, »Schlagt Hitler an der Saar!« Abstimmungskampf, Emigration und Widerstand im Saargebiet 1933–1935, Bonn 1979, S. 81 f., S. 187.

141 Vgl. *Axel Redmer*, »Wer draußen steht, sieht manches besser«. Biographie des Reichstagsabgeordneten Emil Kirschmann, Birkenfeld 1987, S. 77 f., S. 83, S. 113.

142 Anfang 1939 wanderte Schumacher nach Südamerika aus; sein Nachfolger wurde Reißner. Vgl. Dok. Nr. 135.
Reißner, Anton, 1890–1940, 1930–1933 MdR SPD, Vorsitzender Gesamtverband der Arbeitnehmer der öffentlichen Betriebe, 1933 mehrmonatige Haft, Emigration 1933 Niederlande, Leiter des niederländischen Landesverbandes der ADG, enge Zusammenarbeit mit Sopade, Korrespondent der »Deutschland-Berichte«, Freitod.

143 Vgl. Die Sozialdemokratische Partei Deutschlands [Oktober 1934], S. 13 f., in: AdsD Bonn, PV-Emigration, Mappe 164.

144 Vgl. Anhangdok. Nr. 6 und Nr. 17.

Parteivorstand in der CSR die Leiter der Grenzsekretariate und gegebenenfalls auch Mitarbeiter aus den Sekretariaten häufig zur gegenseitigen Berichterstattung zusammen. Die Teilnahme an diesen Zusammenkünften war seitens der Parteivorstands-Mitglieder und Parteivorstands-Mitarbeiter wie auch seitens der Sekretäre außerordentlich rege. Bis auf wenige Treffen war auch Wilhelm Sander als Leiter der Sozialdemokratischen Flüchtlingshilfe anwesend.[145]

Neben den vom Parteivorstand initiierten Kontakten zu den Sekretariaten hatten die Grenzsekretäre ihrerseits die Aufgabe, regelmäßig »Konferenzen mit den Vertrauensleuten der Bezirke oder mit Vertretern von Gruppen mehrerer Bezirke« zu organisieren, bei denen in der Regel auch Vertreter des Parteivorstandes zugegen waren.[146] Beispiele für derartige Treffen sind die Besprechungen in Lüttich und in Saargemünd Mitte August 1934[147] sowie eine Konferenz in Antwerpen Ende 1934.[148]

1938 mußten die Grenzsekretariate in der Tschechoslowakei, bis dahin die wichtigsten Verbindungsstellen der Sopade nach Deutschland, Zug um Zug aufgegeben werden. Auch der Versuch, über den stellvertretenden Vorsitzenden der Deutschen Sozialistischen Arbeiterpartei Polens, Johann Kowoll[149] (Kattowitz), und den Auslandsvertreter der SPD Danzig, Erich Brost[150], seit 1936 in Warschau, in Polen neue Kontakte nach Deutschland aufzubauen, brachte wegen der Kürze der zur Verfügung stehenden Zeit kaum Resultate.[151] Mit den verbleibenden Sekretariaten konnte nur noch ein sehr eingeschränkter Kontakt ins Reich aufrechterhalten werden. Trotz des Ausbruchs des Zweiten Weltkriegs am 1. September 1939 funktionierten diese Verbindungen jedoch – wie insbesondere die »Deutschland-Berichte« zeigen – noch bis zum deutschen Überfall auf Frankreich und die Benelux-Staaten im Mai 1940.

4. Publikationsorgane

Die Sopade sah eine ihrer Hauptaufgaben in der Information über die in Deutschland herrschenden Verhältnisse. Adressaten waren einerseits, über die Grenzen der Arbeiterbewegung hinaus, die internationale Öffentlichkeit, andererseits die der Partei treu gebliebenen

---

145 Protokolle von Grenzsekretärskonferenzen, allesamt in der Tschechoslowakei, liegen vor für den 14. August 1933, 18. Oktober 1933, 26. Januar 1934, 13. April 1934, 30. Oktober 1934, 29. Mai 1935, 22. Oktober 1935, 21. Januar 1936, 28. Mai 1937, 20. Juli 1937, 5. März 1938, 9. März 1938 und 22. April 1938. Sie sind im Anhang abgedruckt.
146 Vgl. Anhangdok. Nr. 12.
147 Anhangdok. Nr. 9 und Nr. 10.
148 Zu diesem Treffen finden sich nur Hinweise, jedoch kein Protokoll. Vgl. Dok. Nr. 26.
149 Kowoll, Johann, 1890 bis nach 1941, ab 1919 Redakteur, später Chefredakteur »Volkswille« Kattowitz, ab 1921 Vorsitzender der deutschen sozialdemokratischen Partei in Oberschlesien, 1922–1928 Mitglied des Polnischen Sejm, ab 1929 Vorsitzender »Deutsche Sozialistische Arbeiterpartei Polens«, enge Zusammenarbeit mit Sopade, u. a. Schrifttransport nach Deutschland, Flüchtlingshilfe, Mitarbeiter »Deutschland-Berichte«, Emigration 1939 UdSSR, dort umgekommen.
150 Brost, Erich Eduard, geb. 1903, sozialdemokratischer Publizist, 1925–1936 Redakteur »Danziger Volksstimme«, Emigration 1936 Polen, 1939 Schweden, 1940 Finnland, 1942 Schweden, 1943 Großbritannien, Vertreter der SPD Danzig im Exil, Mitarbeiter »Deutschland-Berichte«, 1945 Rückkehr nach Deutschland und Redakteur für britische Besatzungspresse, 1946–1947 Chefredakteur »Neue Ruhr-Zeitung«, 1947–1948 Vertreter des Parteivorstands in Berlin, ab 1948 Verleger und Hrsg. »Westdeutsche Allgemeine Zeitung«.
151 Zu Kowoll vgl. Dok. Nr. 116, zu Brost Dok. Nr. 129. Zur Besoldung von Brost und Kowoll vgl. AdsD Bonn, PV-Emigration, Kassenjournale.

Mitglieder in Deutschland, denen es ebenfalls an Informationen über die wahren Vorgänge im Dritten Reich mangelte.

Zur Herausgabe der Sopade-Publikationen wurde bei der Karlsbader »Graphia«-Drukkerei, die dem örtlichen DSAP-Kreisverband gehörte, ein »Graphia«-Verlag gegründet. Vorbesprechungen dafür hatte es seit dem Spätherbst 1932 gegeben. Verlagsgeschäftsführer wurde Arthur Müller, zuvor Papierlieferant des »Vorwärts« in Berlin.[152]

Offizielles Organ der Sopade war der wöchentlich erscheinende »Neue Vorwärts«. Er erschien erstmals am 18. Juni 1933. Anfang August 1933 hatte seine Auslandsausgabe eine Auflage von 13 500 Exemplaren, von denen 70–80 % verkauft wurden. Die Deutschland-Ausgabe, auf Dünndruckpapier und in verkleinertem Format hergestellt, erschien in 14 000 Exemplaren.[153] Ab 29. Oktober 1933 wurde anstelle der Deutschlandausgabe für den illegalen Vertrieb die von Paul Hertz herausgegebene »Sozialistische Aktion« hergestellt. Bis Februar 1934 erschien sie wöchentlich, dann bis Juli 1935 vierzehntägig, anschließend, bis Dezember 1937, nur noch monatlich. Danach erschien nur noch eine Nummer, im März 1938. Die »S.A.« hatte anfänglich eine Auflage von 17 000 Exemplaren.[154] Die Auflage des nur noch für das Ausland produzierten »Neuen Vorwärts« lag 1934 bei 14 000 Exemplaren. Anfang 1935 war sie auf 9 300 zurückgegangen.[155] Zwischen Januar und April 1938 wurden nur noch 5 300 Zeitungen gedruckt[156]. Bis Frühjahr 1939 sank die Auflage auf 3 500 Exemplare.[157]

Große Bedeutung kam den »Deutschland-Berichten« der Sopade zu, auch »Grüne Berichte« genannt. Sie erschienen zuerst am 17. Mai 1934, zuletzt im April 1940. Redakteur war Erich Rinner. Schon Anfang 1935 konnte die Sopade feststellen: »Durch die Organisierung der Nachrichtenbeschaffung und die Herausgabe der Monatsberichte haben wir vor allen anderen Gruppen einen großen Vorsprung gewonnen.«[158] Grundlage der Berichte waren die Informationen, die die Sopade über die Grenzsekretäre erhielt. Zielgruppen waren einerseits »Multiplikatoren« im Ausland, andererseits die in Deutschland verbliebenen Funktionäre, »die geschult genug sind, um die Zumutungen, illusionäre Auffassungen preiszugeben, vertragen zu können.« Die Auflage der Berichte lag 1934 bei 500 Exemplaren.[159] Im Gegensatz zum »Neuen Vorwärts« konnten die Deutschland-Berichte bis zum Umzug des Vorstands nach Paris in Prag herausgegeben werden, da sie keine öffentlich angebotene Zeitung waren. Im Juni 1939 wurden von der deutschen und der englischen Ausgabe jeweils 500 Exemplare hergestellt.[160]

Theoretisches Organ der Sopade war die »Zeitschrift für Sozialismus«[161], die von Oktober 1933 bis September 1936 erschien. Chefredakteur war Rudolf Hilferding, de facto

---

152 Vgl. *Stampfer*, Emigration, S. 69, S. 79.
153 Vgl. Crummenerl in der Vorstandssitzung am 4. August 1933 (Dok. Nr. 4).
154 Denkschrift über die Partei-Arbeit vom April bis Ende November 1933, in: IISG Amsterdam, SAI, Nr. 3524.
155 Vgl. Arnold in der Vorstandssitzung am 18. März 1935 (Dok. Nr. 34).
156 Vgl. Dok. Nr. 129.
157 Vgl. Bericht der Polizeipräfektur Paris vom 14. Juni 1939, in: BA Potsdam, PSt 3, Nr. 257.
158 Vgl. Kassenakten I, in: AdsD Bonn, Emigration Sopade.
159 Rinner in der Vorstandssitzung am 19. Oktober 1934 (Dok. Nr. 21). Dort auch das Zitat. Zu den »Deutschland-Berichten« vgl. *Bernd Stöver*, Volksgemeinschaft im Dritten Reich. Die Konsensbereitschaft der Deutschen aus der Sicht sozialistischer Exilberichte, Düsseldorf 1993.
160 Vgl. Bericht der Polizeipräfektur Paris vom 14. Juni 1939, in: BA Potsdam, PSt 3, Nr. 257.
161 Die erste Nummer hieß »Sozialistische Revolution«; »nach behördlichem Eingreifen« wurde der Name geändert; vgl. Denkschrift über die Partei-Arbeit vom April bis Ende November 1933, in: IISG Amsterdam, SAI, Nr. 3524.

wurde sie von Paul Hertz herausgegeben.¹⁶² In ihr konnten auch Kritiker des Parteivorstands zu Wort kommen.¹⁶³ Im September 1934 lag die Auflage der ZfS bei 1 600 Exemplaren¹⁶⁴, Anfang 1935 bei 1 000.¹⁶⁵

Der »Graphia«-Verlag publizierte auch eine Reihe von Broschüren. Deren Auflage betrug in der Regel 6 000 Exemplare. Spitzenreiter war Gerhart Segers KZ-Bericht »Oranienburg«¹⁶⁶, der bereits im September 1934 eine Auflage von 200 000 Exemplaren hatte und in fünf Sprachen übersetzt war.¹⁶⁷ Die übrigen Publikationen aber waren Verlustgeschäfte. Im Juni 1936 hieß es im Vorstand: »Die Verlagszahlen sind erschütternd. [...] Unsere Preise sind zu hoch. Das Verlagsgeschäft ist für uns ein einziges Defizitgeschäft geworden.«¹⁶⁸

Im weiteren Sinn kann auch die »Deutsche Freiheit« zu den Publikationsorganen der Sopade gezählt werden. Mit Hilfe von Geldern der Sopade wurde diese Tageszeitung in Saarbrücken am 21. Juni 1933 erstmals publiziert. Chefredakteur war Wilhelm Sollmann. Ihre Auflage betrug anfangs 30 000 Exemplare¹⁶⁹, sank aber bis September 1934 auf 14 000.¹⁷⁰ Nach der Saarabstimmung erschien sie zuletzt am 17. Januar 1935.

IV. Die Vorstandsprotokolle

1. Die Frage der Autorenschaft

Die Protokolle sind zwar keine stenographischen Niederschriften, gehen jedoch weit über reine Beschlußprotokolle hinaus. Die meisten Wortbeiträge werden mit den wichtigsten Argumenten wiedergegeben, so daß die Protokolle in der Regel die Rekonstruktion der Diskussion und Entscheidungsfindung zulassen. Teilweise geht das Protokoll bei der Wiedergabe von Redebeiträgen auch zur »Ich«-Form über, ohne daß deswegen eine wortgetreue Protokollierung angenommen werden kann.

Die Protokolle unterlagen keiner nachfolgenden Genehmigung.¹⁷¹ Deswegen müssen die Protokollinhalte besonders vorsichtig interpretiert werden. Sie widerspiegeln nur die Sicht

---

162 *Richard Löwenthal*, Konflikte, Bündnisse und Resultate der deutschen politischen Emigration, in: VfZ 39, 1991, S. 625–636, hier S. 630.
163 Langkau-Alex berichtet, daß einige Grenzsekretäre, denen die Zeitschrift zu revolutionär gewesen sei, sie boykottiert hätten; vgl. *Langkau-Alex*, Politik, S. 146.
164 Nach Fragebogen über die Verhältnisse der der SAI angeschlossenen illegalen Parteien [Ende September 1934], in: SAPMO Berlin, ZPA, II 145/54, Bl. 123–128 (Anhangdok. Nr. 12).
165 Vgl. Arnold in der Vorstandssitzung am 18. März 1935 (Dok. Nr. 34).
166 *Gerhart Seger*, Oranienburg. Erster authentischer Bericht eines aus dem Konzentrationslager Geflüchteten. Mit einem Geleitwort von Heinrich Mann, Karlsbad 1934. Übersetzungen: Norwegisch 1934, Schwedisch 1934, Dänisch 1934, Holländisch 1934, Französisch 1934, Englisch 1935.
Seger, Gerhart, 1896–1967, Journalist, 1928–1933 Chefredakteur »Volksblatt für Anhalt« in Dessau, 1930–1933 MdR SPD, März 1933 verhaftet, ab Juni KZ Oranienburg, Dezember Flucht nach Prag, Emigration 1934 USA, 1936–1949 Chefredakteur »Neue Volks-Zeitung« in New York, Mitglied GLD, Vortragsredner.
167 Nach Fragebogen über die Verhältnisse der der SAI angeschlossenen illegalen Parteien [Ende September 1934], in: SAPMO Berlin, ZPA, II 145/54, Bl. 123–128 (Anhangdok. Nr. 12).
168 Stahl in der Vorstandssitzung am 4. Juni 1936 (Dok. Nr. 65).
169 Vgl. Dok. Nr. 4.
170 Nach Fragebogen über die Verhältnisse der der SAI angeschlossenen illegalen Parteien [Ende September 1934], in: SAPMO Berlin, ZPA, II 145/54, Bl. 123–128 (Anhangdok. Nr. 12).
171 Vgl. dazu S. LIII.

des oder der Protokollanten. Daran ändert auch nichts, daß die Protokolle an einigen Stellen handschriftliche Korrekturen aufweisen. Diese betreffen Rechtschreib- und Übertragungsfehler. Offenkundig wurden die Protokolle von den Schreibkräften des Parteivorstands nach einer vom Protokollanten erstellten Vorlage angefertigt, die der Protokollant anschließend korrigierte.[172] Die handschriftlichen Korrekturen werden in der Edition jeweils angemerkt.

Um so wichtiger ist die Frage, wer die Protokolle erstellte. Brigitte Seebacher-Brandt erscheint die Urheberschaft Ollenhauers bei den meisten Protokollen am wahrscheinlichsten. Ausdrücklich schließt sie Heine als Protokollanten aus.[173] Die Bearbeiter halten hingegen Heine für den Autor der Mehrzahl der Niederschriften. Dafür sprechen ausdrückliche Hinweise, aber auch der Vergleich von Heines Handschrift mit der der Korrekturen. Über eine Sitzung des Vorstands am 21. Mai 1935 notierte Paul Hertz: »Heine, der sonst Protokoll führt, wird höflichst ausgeladen.«[174] Am 13. August 1938 schrieb Ollenhauer an Wels, der sich noch in Kopenhagen aufhielt, daß das Protokoll vom 10. August 1938 von Heine und Geyer erstellt worden sei.[175] Die Mehrzahl der handschriftlichen Ergänzungen und Korrekturen in den Protokollen stammt, wie ein Handschriftenvergleich zeigte, offenkundig von Heine.[176] Unter der oben erläuterten Prämisse, daß die Korrekturen vom Protokollanten stammen, spricht auch dies für Heine. Er selbst hat jedoch keine Erinnerung daran, wer als Protokollant fungierte. Er vermutet zwar, daß »entweder Dr. Paul Hertz oder Erich Ollenhauer das Protokoll geführt [haben]«, hält es aber auch nicht für ausgeschlossen, daß er selbst ab 1935 protokollierte.[177] Ein weiteres Indiz, das für Heine spricht, ist, daß er so häufig wie kein anderer an Vorstandssitzungen teilnahm. Schon bevor er ab Ende 1934 regelmäßig in den Anwesenheitsvermerken der Protokolle erwähnt wurde, nahm er an fast allen Vorstandssitzungen teil, wie Hertz 1941 rückschauend feststellte.[178] 1935 fehlte er nur bei einer Vorstandssitzung, über die es Anwesenheitsvermerke gibt[179]; dieses Protokoll unterscheidet sich auch in Form und Stil erheblich von den übrigen Protokollen. 1936–1939 nahm er an allen Sitzungen teil, von denen es Anwesenheitsvermerke gibt. Gestützt wird die Vermutung, Heine sei in der Regel der Protokollant gewesen, auch dadurch, daß die Protokolle nicht nur die Ergebnisse, sondern auch den Verlauf der Debat-

---

172 Für die Vermutung, daß der Protokollant die maschinenschriftliche Fassung der Protokolle nicht selber erstellte, sondern vielmehr durch eine Sekretärin schreiben ließ, spricht der typische Abschreibefehler im Protokoll vom 10. August 1938. Vgl. Anm. 9 zu Dok. Nr. 124. *Seebacher-Brandt*, Biedermann, Diss., S. 95, äußert aufgrund der handschriftlichen Korrekturen die »Vermutung [...], daß die Sitzungsteilnehmer ihre eigenen Wortbeiträge [in den Protokollen] durchsehen und gegebenenfalls korrigieren konnten.« Sie begründet dies damit, daß »die wenigen handgeschriebenen Korrekturen in den fein säuberlich, offenbar von einer Sekretärin getippten Niederschriften [...] verschiedenen Federn« entstammen. Letzteres können die Bearbeiter für die Mehrzahl der Fälle nicht bestätigen. Durch Handschrift, Farbe oder benutztes Schreibwerkzeug unterscheiden sich die Verbesserungen innerhalb jeweils eines Protokolls in der Regel nicht.
173 *Seebacher-Brandt*, Biedermann, Diss., S. 95–97, S. 465, Anm. 12.
174 IISG Amsterdam, NL Hertz, S. 20, Mappe XXIII. Bei dieser Sitzung ging es um Personalangelegenheiten.
175 AdsD Bonn, PV-Emigration, Mappe 79. Vgl. auch *Matthias/Link*, Dok. 39, S. 323.
176 Besonders charakteristisch ist, daß Heines Handschrift – wie er selber in einem Brief vom 24. April 1994 an Hans-Dieter Schmid bestätigte – nebeneinander Buchstaben der deutschen und der lateinischen Schrift aufweist, bisweilen sogar innerhalb eines Wortes. Dadurch kann der irrige Eindruck entstehen, daß es sich um zwei verschiedene Korrektoren handelt.
177 Fritz Heine an Hans-Dieter Schmid, 27. Juni 1991.
178 Stellungnahme von Paul Hertz zugunsten von Paul Hagen [d. i. Karl Frank], 1941, in: IISG Amsterdam, NL Hertz, S. 12, Mappe W.
179 Am 7. November 1935.

ten festhielten, teils sich sogar Wortprotokollen annäherten. Eine derart intensive Protokollierung dürfte einem stimmberechtigen, voll in den Diskussions- und Entscheidungsprozeß einbezogenen Vorstandsmitglied wie z. B. Ollenhauer schwer gefallen sein. Heine hingegen ergriff in den Sitzungen äußerst selten das Wort.

Die Protokolle vom 21. Mai 1935 und vom 19. Februar 1937, die sich im NL Hertz befinden, dürften von Hertz im Auftrag der Anwesenden erstellt worden sein. Für die Beauftragung spricht, daß er, anders als bei seinen sonstigen Aufzeichnungen, seine eigenen Äußerungen nicht in der »Ich«-Form festhielt.[180]

Neben handschriftlichen Korrekturen gibt es An- und Unterstreichungen in den Protokollen, die sowohl mit Tinte als auch mit Bleistift, in beiden Fällen auch jeweils in mehreren Farben, erfolgten. Ihre Urheberschaft läßt sich nicht klären. Die ursprüngliche Vermutung, daß sie bei der Auswertung der Protokolle im Reichssicherheitshauptamt erfolgten oder womöglich auch nach 1945, bevor die Protokolle in das Deutsche Zentralarchiv in Potsdam kamen, läßt sich nicht belegen, da die im AdsD Bonn überlieferten Protokolle, die nie in das RSHA oder nach Potsdam gelangt waren, ähnliche An- und Unterstreichungen aufweisen. Häufig betreffen die An- und Unterstreichungen Namen. Diese handschriftlichen An- und Unterstreichungen wurden in der Edition nicht vermerkt.

2. Themen und Debatten

In den protokollierten Vorstandssitzungen dominierten Vorgänge der laufenden Verwaltung einer Exilpartei. »Große« politische Themen, wie die Aufarbeitung der SPD-Politik in der Weimarer Republik oder Strategien für den Kampf gegen das Dritte Reich, wurden in den offiziellen Vorstandszusammenkünften nur selten diskutiert. Wenn dies geschah, dann bis 1938 durchweg im Zusammenhang mit den beiden wichtigsten politisch-organisatorischen Kontroversen innerhalb des Vorstandes, die in der Trennung von Aufhäuser und Böchel 1935 und von Hertz 1938 kulminierten. Ereignisse wie die Vorgänge des 30. Juni 1934 in Deutschland, der Spanische Bürgerkrieg oder die Pogromnacht des 9. November 1938 wurden in den protokollierten Vorstandssitzungen nicht oder nur am Rande behandelt; auch fehlt eine gründliche Debatte der kommunistischen Volksfrontstrategie. Eine Ausnahme von diesem Bild stellen die Vorgänge in der SAI dar. Die Berichte von den Sitzungen der SAI-Gremien werden in den Niederschriften ausführlich wiedergegeben, ebenso die Diskussionen im Parteivorstand zu diesem Thema.

Die inhaltlichen Debatten dürften in vielen Fällen bei informellen Diskussionen der »Bürogemeinschaft« der hauptamtlichen Parteivorstands-Mitglieder (Wels, Vogel, Crummenerl, Rinner, Hertz, Ollenhauer und Stampfer sowie Geyer und Heine als den wichtigsten Parteivorstands-Mitarbeitern) stattgefunden haben. Politische Diskussionen gab es auch bei den im Anhang dokumentierten Besprechungen mit Grenzsekretären. Die Vorstandssitzungen hingegen waren überwiegend der Diskussion von Organisationsinterna gewidmet. Dies änderte sich etwas ab 1938. Mit dem Umzug von Prag nach Paris verlor die Sopade die organisatorische Unterstützung der sudetendeutschen Sozialdemokraten; zudem schmolzen die finanziellen Rücklagen immer mehr dahin, der Parteiapparat mußte verkleinert werden. Organisationsfragen verloren für den Parteivorstand etwas an Bedeutung, weil die Organisation selber an Umfang verloren hatte. Zugleich wurde nun die Entwicklung von Vorstellungen über Europa nach dem seit dem Münchener Abkommen als si-

---

180 Vgl. Dok. Nr. 42, aus: IISG Amsterdam, NL Hertz, S. 20, Mappe XXIII; auch vorhanden in: BA Koblenz, R 58/484, Bl. 145–147, und, als Fotokopie aus dem BA Koblenz, in: IfZ München, Fb 207, Bl. 50–52, sowie Dok. Nr. 83, in: IISG Amsterdam, NL Hertz, S. 16, 1g, Bl. 368–371.

cher erwarteten Krieg für die Sopade immer wichtiger, wollte die Partei auf die Kriegszieldiskussionen in Frankreich und Großbritannien, aber auch in der SAI Einfluß nehmen. Diese neue Konstellation stärkte das Gewicht politisch-inhaltlicher Debatten in den Vorstandssitzungen. Soll die politische Entwicklung der Exil-Sozialdemokratie untersucht werden, müssen daher neben den Protokollen stets weitere Quellen herangezogen werden; hier sind insbesondere der Bestand »PV-Emigration« im AdsD Bonn, in dem sich die gesamte Korrespondenz des Exilvorstandes befindet, und von den Nachlässen der Vorstandsmitglieder insbesondere der von Paul Hertz im IISG Amsterdam[181] zu nennen.

Ohne einer systematischen Auswertung der Niederschriften vorgreifen zu wollen, sollen im folgenden einige für die sozialdemokratische Emigration bedeutende Debatten auf der Grundlage der Protokolle näher beleuchtet werden.

2.1 Der Exilvorstand als Treuhänder der deutschen Sozialdemokratie

Der Parteivorstand in der Emigration sah sich als Treuhänder der in Deutschland unterdrückten, nicht artikulationsfähigen Sozialdemokratie.[182] Was dies konkret für die Politik des Exilvorstandes zu bedeuten hatte, war sowohl im Vorstand als auch zwischen der Sopade und anderen sozialdemokratischen Gruppierungen immer wieder umstritten.

Die Auffassung der Vorstandsmehrheit war, der Parteivorstand als Treuhänder habe dafür zu sorgen, daß die organisatorische und programmatische Kontinuität erhalten bleibe. Ollenhauer, unterstützt von Stampfer, betonte in der Vorstandssitzung am 22. Juni 1934, daß der Parteivorstand das »geistige Gut und die theoretischen Werte der Partei zu wahren« habe. Damit widersprach er einer Herausgabe der programmatischen Plattform von Aufhäuser, Böchel und Seydewitz durch den Vorstand. Deren Inhalte stellten die Fortexistenz der sozialdemokratischen Partei in Frage; sie zu publizieren »lasse sich mit dieser Treuhänderschaft des Parteivorstands nicht vereinbaren«. Aufhäuser hingegen wollte die Treuhänderschaft des Parteivorstands auf die Verwaltung der Finanzen beschränkt sehen; »gegen die politische Treuhänderschaft müsse er sich mit aller Entschiedenheit wehren«.[183]

Mit ihrer Interpretation der Treuhänderschaft konnte sich die Vorstandsmehrheit gegen alle Versuche, einen Bruch mit den Traditionen der Weimarer Sozialdemokratie herbeizuführen, zur Wehr setzen. Zugleich begründete die auch programmatische Ausfüllung des Treuhänder-Begriffes den Führungsanspruch des Exilvorstandes gegenüber den verschiedenen sozialdemokratischen Kleingruppen, die ohne Berücksichtigung ihrer konkreten Leistungen in der Widerstandsarbeit in Deutschland von der Sopade prinzipiell nicht als gleichberechtigte Partner angesehen wurden.

Anfang 1938 sah es so aus, als rücke der Parteivorstand erstmals von dieser Position ab. Auf Vorschlag von Paul Hertz beschloß der Vorstand Ende Februar, die Zusammenfassung – »Konzentration« wurde dies parteiintern genannt – aller sozialdemokratischen Gruppen anzustreben, ohne daß er in dem entsprechenden Beschluß einen Führungsanspruch geltend machte.[184] Der weitere Verlauf zeigte jedoch, daß sich hinter der scheinbaren Einigung unterschiedliche Konzepte verbargen. Bis auf Hertz zielten alle Parteivorstands-Mitglieder darauf ab, daß die Kleingruppen wie »Neu Beginnen« sich ähnlich den »Revolutionären Sozialisten Deutschlands« auflösten und ihre Mitglieder einzeln der Sopade beitra-

---

181 Mikrofilm im AdsD Bonn.
182 Vgl. dazu *Werner Link*, Einleitung, in: *Matthias/Link*, S. 23–50, hier S. 32.
183 Vgl. Dok. Nr. 15.
184 Vgl. Dok. Nr. 108.

ten.[185] Äußerstenfalls war die Parteivorstands-Mehrheit bereit, einige Vertreter von Kleingruppen im Fall der Integration in die Sopade in den Vorstand aufzunehmen; konkret wurde dieses Angebot jedoch nur der »Landesgruppe deutscher Sozialdemokraten in Frankreich« gemacht. Hier könnte beim Parteivorstand das Motiv, die guten Verbindungen der Landesgruppe zu den französischen Sozialisten zu nutzen, für das Entgegenkommen wichtiger gewesen sein als das Streben nach Zusammenarbeit mit den Kleingruppen. Aber auch in diesem Fall kam es zu keinen konkreten Schritten einer Kooperation, da man sich nicht über den Umfang der Vorstandserweiterung einigen konnte.[186]

Sehr deutlich wurde die Position der Parteivorstands-Mehrheit zur Zusammenarbeit mit anderen Gruppen aus dem deutschen sozialdemokratischen Spektrum in einer Besprechung mit der »Auslandsvertretung österreichischer Sozialisten« am 31. August 1938.[187] Die AVÖS hatte dem Parteivorstand einen »Kartellvorschlag« übermittelt; in dem Kartell sollten AVÖS, Sopade, »Neu Beginnen«, SAP und die »Landesgruppe deutscher Sozialdemokraten in Frankreich« zusammenarbeiten. Vogel argumentierte dagegen, daß dies eine Einmischung in »reichsdeutsche« Angelegenheiten sei; für die Sopade war darüber hinaus folgender Gesichtspunkt, wiederum von Vogel vorgebracht, entscheidend: »Der jetzige Vorschlag für das Kartell stellt die Sopade in eine Reihe mit einigen anderen deutschen Gruppen.[188] Diese Einschränkung unserer Position können wir nicht anerkennen. Wir betrachten uns nach wie vor als die Vertretung der Gesamtpartei. [. . .] Wir wollen durch unsere Bemühungen die Gruppen in der reichsdeutschen Bewegung liquidieren, während sie bei der Annahme Eures Vorschlages für das Kartell galvanisiert und weiter selbständig erhalten bleiben.«

Auf dieser Position beharrte der Parteivorstand, so daß der Kartellvorschlag der AVÖS scheiterte. Die österreichischen Sozialisten bildeten daraufhin im September 1938 ohne die Sopade eine Arbeitsgemeinschaft mit »Neu Beginnen«, der SAP und einer Gruppe deutscher sozialdemokratischer Emigranten in Mulhouse/Elsaß, der sich bald auch der ISK und eine Gruppe um Willi Münzenberg[189] anschlossen; die »Landesgruppe deutscher Sozialdemokraten in Frankreich« blieb der Arbeitsgemeinschaft fern.[190]

Bis 1940 hielt die Sopade ihren Monopolanspruch auf die Repräsentation und Führung der deutschen Exilsozialdemokratie aufrecht, den sie aus dem Mandat der letzten Reichskonferenz der SPD im April 1933 und der Entsendung von Teilen des damals gewählten Vorstandes in das Ausland im Mai des selben Jahres ableitete. Die Probe aufs Exempel, ob insbesondere »Neu Beginnen« wirklich an einer Zusammenführung des sozialdemokratischen Exils interessiert war, mußte daher unterbleiben. Erst im Londoner Exil wurden diese Schranken überwunden.

2.2 Politisch-personelle Konflikte im Exilvorstand

Der Parteivorstand im Exil war kein monolithischer Block. Von Beginn seiner Tätigkeit an profilierte sich Aufhäuser, noch mehr aber – wie die Protokolle zeigen – Böchel als scharfer

---

185 Explizit so Vogel in der Besprechung mit der AVÖS am 31. August 1938; vgl. Anhangdok. Nr. 30. Zur Auflösung der Revolutionären Sozialisten Deutschlands vgl. *Freyberg*, S. 172–175.
186 Vgl. S. XXV.
187 Anhangdok. Nr. 30.
188 Die AVÖS hatte vorgeschlagen, daß in das Kartell die Sopade, »Neu Beginnen«, die SAP und die Landesgruppe je einen Vertreter, die AVÖS zwei Vertreter entsenden solle.
189 Münzenberg, Willi, 1889–1940, 1924–1933 MdR KPD, Gründer und Leiter eines einflußreichen Presse- und Filmunternehmens, Emigration 1933 Frankreich, bedeutender Volksfront-Initiator, bis 1937 führender KPD-Funktionär, 1939 formeller KPD-Ausschluß.
190 Vgl. *Mehringer*, S. 169 f.

Kritiker der Mehrheitspositionen. Wels warf ihnen auf dem Höhepunkt des Konflikts vor: »Wir könnten das Beste tun und wir würden doch nicht Ihre Billigkeit und Zustimmung finden können.« Böchel konterte: »Wenn man den guten Willen hat, einer Minderheit die Möglichkeit zur Mitarbeit zu geben, dann verhält man sich anders, als Ihr es getan habt.«[191] Dabei waren die beiden nicht von Anfang an völlig isoliert im Vorstand. Rinner schlug am 2. Juli 1933 Böchel statt Hilferding als Redakteur der künftigen theoretischen Zeitschrift vor.[192] Vogel hatte ein so enges persönliches Verhältnis zu Böchel, daß sie sich – eine Ausnahme in diesem Vorstand – duzten. Böchel seinerseits scheint gehofft zu haben, Crummenerl für seine Ansichten gewinnen zu können. Ende 1933 brachte er ihn als Vertreter der Sopade im SAI-Büro in die Diskussion. Crummenerl aber lehnte ab und plädierte für Wels.[193] Anfang 1935 aber waren Aufhäuser und Böchel im Vorstand politisch und persönlich so weit isoliert, daß die übrigen Parteivorstands-Mitglieder beschlossen, mit beiden künftig nicht mehr zusammenzuarbeiten. Die Konstituierung der »Revolutionären Sozialisten Deutschlands« als eigenständige Organisation war die unmittelbare Folge dieser Entscheidung.[194]

Crummenerl galt in der Anfangszeit des Exils als Vertrauensmann von »Neu Beginnen« im Vorstand. Er selber bekannte, er sei »sehr häufig mit Miles[195] zusammen«.[196] Diese Rolle übernahm etwa ab 1935 Paul Hertz. Erste Differenzen hatte es schon um das taktische Verhalten gegenüber Aufhäuser und Böchel Anfang 1935 gegeben. Hertz war bereit, das von der SAI vorgeschlagene Schiedsgericht zu akzeptieren, was die Mehrheit des Vorstandes energisch ablehnte.[197] 1936 eskalierte der Konflikt. Hertz warf dem Parteivorstand vor, die faktisch von ihm geleitete »Zeitschrift für Sozialismus« nicht nur aus finanziellen Gründen einzustellen.[198] Inhaltlich kritisierte er mangelnde Initiativen des Parteivorstands, die sozialdemokratische Emigration zusammenzuführen.[199] Zudem befasse sich der Vorstand nicht mehr mit wichtigen politischen Fragen.[200] Die Vorstandsmehrheit wiederum warf Hertz vor, hinter ihrem Rücken zu konspirieren, insbesondere mit »Neu Beginnen«.[201] 1938 trennten sich die Wege von Hertz und der Parteivorstands-Mehrheit. Unmittelbarer Auslöser dafür war Hertz' Behauptung, beim Umzug des Vorstands von Prag nach Paris und den damit zusammenhängenden Sparmaßnahmen gegen seinen Willen aus dem Kreis der hauptamtlichen Parteivorstands-Mitglieder ausgeschlossen worden zu sein. Die vorliegenden Protokolle lassen keine eindeutige Klärung, ob Hertz auf eigenen Wunsch oder gezwungenermaßen auf eine weitere Besoldung verzichtete, zu. Die vorhergehenden Auseinandersetzungen hatten jedoch das Klima zwischen ihm und seinen Vorstandskollegen derart vergiftet, daß auch ohne diesen Streit sich beide Seiten wahrscheinlich über kurz oder lang voneinander getrennt hätten.[202]

---

191 Dok. Nr. 26.
192 Rinner zog den Vorschlag am 7. Juli 1933 zurück.
193 Vgl. Dok. Nr. 7.
194 Zur Trennung des Parteivorstands von Aufhäuser und Böchel vgl. S. XXIV.
195 Miles, d. i. Loewenheim, Walter, 1896–1977, ab 1919 KPD, ab 1929 SPD, 1929 Gründer und bis 1934 unbestrittener Leiter der »Leninistischen Organisation« (LO) bzw. von NB, 1935 abgesetzt, Emigration 1935 CSR, 1936 Großbritannien, dort Direktor einer Ingenieurfirma und politisch nicht mehr aktiv.
196 Anhangdok. Nr. 11.
197 Vgl. Dok. Nr. 33.
198 Vgl. Dok. Nr. 65.
199 Vgl. Dok. Nr. 76.
200 Vgl. Dok. Nr. 88.
201 Vgl. Dok. Nr. 76, 88, 107.
202 Vgl. auch S. XVII f., XXIV f. mit weiterführenden Hinweisen in den dortigen Anmerkungen.

Kaum eine Rolle in den Beratungen des Parteivorstands spielten Stahl und die beiden zu den meisten Vorstandssitzungen hinzugeladenen Parteivorstands-Angestellten Arnold und Heine. Heine meldet sich gar bis zum Umzug nach Paris nur ein einziges Mal zu Wort, als er von Hertz direkt angegriffen wurde.[203] Eine gewisse Sonderstellung nahm Stampfer ein, weil er eigener Einschätzung zufolge nach dem Ausscheiden von Aufhäuser und Böchel neben Hertz der stärkste Befürworter von Volksfront-Bestrebungen war.[204] Ansonsten aber agierte er in der Regel gemeinsam mit Wels, Vogel, Crummenerl, Ollenhauer, Rinner und dem nicht stimmberechtigten Geyer. Diese sieben bildeten die Kerngruppe des Vorstands.

2.3 Perspektiven der Sozialdemokratie nach der nationalsozialistischen Machtergreifung

Die Debatten um das »Prager Manifest« Anfang 1934 lösten zwischen Aufhäuser und Böchel sowie den übrigen Vorstandsmitgliedern eine Kontroverse über die Bewertung der Politik der SPD in der Weimarer Republik und die Zukunft der Sozialdemokratie aus. Hertz, Stampfer und Wels lehnten eine Distanzierung von der Politik der Partei vor 1933 ab. Stampfer erklärte: »Die Selbstkritik darf sich nicht zur Selbstverleugnung entwickeln. [...] Die Sozialdemokratie hat in den 14 Jahren nach der Revolution Großes geleistet.« Hertz ergänzte: »Mit einem Bekenntnis der Fehler in der Vergangenheit ist überhaupt nichts gewonnen.«[205] Auf der Basis dieser Einschätzung der unmittelbaren Vergangenheit ging die Parteivorstands-Mehrheit auch wie selbstverständlich von der Kontinuität der SPD aus. Aufhäuser und Böchel hingegen stellten die bisherige Organisationsform in Frage. Böchel formulierte dies am 20. April 1934 im Vorstand so: »Die Parteigenossen in Deutschland wünschen weder die SPD noch die KPD. Sie denken an eine neue Bewegung und dieser Auffassung entspricht der Inhalt unserer Plattform. Sie enthält das wichtige Bekenntnis zur II. Internationale und ihre Aufgabe sehen wir darin, daß sie den Prozeß der Neubildung der Partei auslöst.« Als ihnen Ollenhauer und Wels zwei Monate später vorwarfen, die SPD auflösen zu wollen, verneinte Aufhäuser dies. Böchel ergänzte, er und Aufhäuser betrachteten sich »nach wie vor als Sozialdemokraten«. Aber: »Die Frage des Namens [der Organisation] ist [...] unwesentlich.«[206]

Genau dies aber war für die Vorstandsmehrheit eine sehr wichtige Frage. Für sie kam ein prinzipieller Bruch mit der bisherigen sozialdemokratischen Politik nicht in Frage. Andererseits wäre es falsch, Aufhäuser und Böchel die vollständige Abkehr von sozialdemokratischen Grundpositionen zu unterstellen. Auch für sie war die Kommunistische Internationale keine Alternative. Aber: auf der – sehr vage umrissenen – Basis des Bekenntnisses zur II. Internationale traten sie dafür ein, mit neuen Organisationsformen und eventuell neuem Namen den Versuch zu wagen, die politisch-organisatorische Einheit der marxistisch orientierten Arbeiterklasse wiederherzustellen.

2.4 Die Beziehungen zur KPD

Mit den Beziehungen zwischen Sopade und KPD[207] haben sich bisher überwiegend Autoren beschäftigt, die den Positionen der KPD mit wenig kritischer Distanz begegneten.[208] In

---

203 Vgl. Dok. Nr. 18.
204 Vgl. Dok. Nr. 109.
205 Vgl. Dok. Nr. 9.
206 Vgl. Dok. Nr. 15.
207 Dieses Thema wollen wir angesichts seiner Bedeutung im Exil und auch in der Forschung ausführlicher behandeln.
208 Zu nennen sind hier einmal die DDR-Autoren Findeisen, Lange und Niemann in ihren diversen

ihren Darstellungen erscheint der Exilvorstand als extrem antikommunistisch. Sie konstatieren in dieser Frage eine zunehmende Entfremdung der Führung von der auf Einheit der Arbeiterklasse drängenden sozialdemokratischen Basis sowohl im Reich als auch in der Emigration. Im Parteivorstand der Sopade habe nach dem Ausscheiden von Aufhäuser und Böchel nur noch Hertz für die Aktionseinheit mit den Kommunisten plädiert. Stampfer und Vogel seien aus taktischen Erwägungen für Scheinverhandlungen eingetreten, während Wels, aber auch Ollenhauer und Rinner gänzlich gegen Kontakte zur KPD gewesen seien.[209]

Die nicht dem Marxismus-Leninismus verpflichtete Geschichtsforschung stimmt insofern mit diesen Ergebnissen überein, als auch sie die Fortdauer des aus der Weimarer Republik stammenden Antikommunismus der sozialdemokratischen Führung konstatiert, von dem sich Aufhäuser und Böchel, später auch Hertz gelöst hätten. Wels erscheint auch hier als besonders vehementer Gegner jeglicher Kontakte zur KPD.[210]

In den Protokollen spiegeln sich die Positionen des Exilvorstands zur kommunistischen Bewegung nur teilweise wider. Dies liegt an der schon erwähnten begrenzten Aussagekraft der Protokolle. Dennoch erlauben sie auch in dieser Frage einige neue Erkenntnisse über die Diskussionen und Kontroversen im Exilvorstand.

Fünf Phasen lassen sich unterscheiden:

a. Bis Mitte 1934 herrschte im Vorstand Einigkeit, daß es mit der weiterhin der Sozialfaschismustheorie verpflichteten KPD keine Zusammenarbeit geben könne. Paul Hertz forderte im April 1934, die bisherige Schonung der KPD in den Publikationen der Sopade aufzugeben, da die Kommunisten ihre Taktik gegenüber der Sozialdemokratie nicht geändert hätten.[211] Georg Dietrich lehnte auf der »Neunkirchener Konferenz« Anfang Juni 1934 jegliche Zusammenarbeit mit »stalintreuen Kommunisten« ab, da sie Sozialdemokraten gegenüber der Gestapo verraten würden.[212]

b. Nach Aufnahme der Volksfrontverhandlungen in Frankreich kam es zu Auseinandersetzungen darüber, ob die Sopade in der SAI für oder gegen Verhandlungen mit der Kommunistischen Internationale eintreten sollte und ob die Sopade Bündnisse von sozialdemokratischen und kommunistischen Widerstandskämpfern in Deutschland befürworten sollte. Aufhäuser und Böchel traten in beiden Fragen für Verhandlungen mit den Kommunisten ein, obwohl auch sie skeptisch waren, wie ehrlich die neuen kommunistischen Positionen gemeint seien. Ihr Motiv war, gerade in den Verhandlungen die Ernsthaftigkeit der kommunistischen Vorschläge zu überprüfen; zudem hofften sie, daß mit der Erklärung der Verhandlungsbereitschaft die Sozialdemokratie gegenüber den Kommunisten wieder in die Offensive kommen würde. Wels profilierte sich in diesen Diskussionen tatsächlich als entschiedener Gegner jeglicher Gespräche. Er befürchtete für den Fall einer Einigung zwi-

---

Publikationen und ihrer unveröffentlichten Kollektivdissertation, ebenso Friederici, dann aber auch die BRD-Autorinnen Freyberg und Hebel-Kunze (vgl. Literaturverzeichnis).
209 *Findeisen*, Einheitsfrontverhandlungen, S. 681 f.; *Friederici*, S. 134–136; *Niemann*, Geschichte, S. 389. *Max Seydewitz*, Es hat sich gelohnt zu leben. Lebenserinnerungen eines Arbeiterfunktionärs, Berlin/DDR 1976, weicht insofern von diesem Bild ab, als er auf S. 322 behauptet, Wels habe im Sommer 1933 Hertz und Crummenerl beauftragt, eine Zusammenkunft der Führungen von KPD und SPD herbeizuführen, um über einen gemeinsamen Kampf gegen den Faschismus zu beraten. Diese Initiative sei aber von den »Vertreter[n] des Sektierertums in der KPD« (S. 324) abgelehnt worden.
210 *Adolph*, S. 326 f., S. 330; *Edinger*, S. 130; *Langkau-Alex*, Volksfront, S. 137; *dies.*, Tradition, S. 70; *Matthias*, Nation, S. 38; *Saggau*, S. 370.
211 Vgl. Anhangdok. Nr. 7.
212 Vgl. Anhangdok. Nr. 8.

schen Sozialisten und Kommunisten in Frankreich, daß »das Bürgertum Frankreichs in den Faschismus getrieben [...] wird«. Die Mehrheit der Vorstandsmitglieder unterstützte Wels in den praktischen Schlußfolgerungen, auch wenn sie ihre Position nicht so scharf formulierten.[213]

c. Im Jahr 1935 versuchte die KPD-Auslandsleitung mehrfach, Verhandlungen mit dem Exilvorstand aufzunehmen. Am 18. November kam es im Vorstand zur entscheidenden Diskussion, wie sich die Sopade dazu verhalten solle. Leider liegt von dieser Sitzung kein Protokoll vor, sondern nur eine kurze Schilderung in einem Brief von Hertz an Hilferding. Wels und Geyer waren demnach weiterhin strikt gegen alle Gespräche mit der KPD. Stampfer plädierte für eine Antwort an die KPD, sprach sich aber gegen eine Diskussion mit den KPD-Vertretern aus. Crummenerl und Hertz lehnten zwar auch eine formelle Einheitsfront ab, wollten aber eine Umwandlung der bisher feindlichen in »freundliche Beziehungen«.[214] Hertz' Motiv war die Befürchtung, daß sich der Vorstand bei weiterer Ablehnung von Gesprächen mit den Kommunisten von den einfachen Sozialdemokraten entfremden würde.[215] Diesem Argument schloß sich offenkundig die Mehrheit des Vorstandes an. Die daraufhin am 23. November 1935 durchgeführten Gespräche mit Vertretern der KPD blieben jedoch ergebnislos.[216] Im Januar 1936 wies der Vorstand einstimmig jede »organisatorische Verbindung mit Kommunisten« zurück.[217]

d. Während sich in der dritten Phase der Vorstand mit Initiativen der KPD beschäftigte, ist die vierte Phase dadurch gekennzeichnet, daß die Vorschläge zu einer Zusammenarbeit mit der KPD aus Kreisen des sozialdemokraktischen Widerstands kamen. Anfang 1937 besuchten drei Vertreter der Berliner »Zehn-Punkte-Gruppe« den Parteivorstand in Prag und berichteten über ihre politische Arbeit.[218] Vogel und Stampfer bekannten nach diesem Gespräch, daß die Zusammenarbeit von Sozialdemokraten und Kommunisten in Deutschland weiter gehe, als sie vorher gewußt hätten. Vogel drängte darauf, daß der Parteivorstand die »positive Seite der Zusammenarbeit und Einheit stärker hervortreten lassen [solle] als bisher. [...] Unsere bisherige Haltung setzt uns der schweren Gefahr aus, daß unsere Ablehnung der Einheitsfront aufgefaßt wird als Ablehnung der Einheit. [...] Wir dürfen die Führung aber nicht den Kommunisten überlassen, wir müssen uns selbst an die Spitze der Bewegung stellen.« Stampfer argumentierte grundsätzlicher: »Würde die KP sich für Einheit einsetzen und der Eindruck entstehen, wir seien für die Fortsetzung der Holzerei, dann seien wir endgültig erledigt. Man muß doch weiter denken. Wir können Hitler nicht stürzen. Die Kommunisten sind bei diesem Kampf nicht zu entbehren. Rußland und die Kommunisten sind ein Machtfaktor. Meine Haltung in den letzten Jahren beruhte immer auf der Absicht, die Kommunisten für uns koalitionsfähig zu machen, dabei aber der Sozialdemokratie die Führung zu sichern.« Hertz schloß sich im wesentlichen der Position von Vogel und Stampfer an. Crummenerl plädierte ebenfalls für eine stärkere Betonung des Einheitswillens in den Publikationen der Sopade, lehnte aber Verhandlungen mit der KPD ab. Wels und Ollenhauer hingegen sahen keinerlei Grund dafür, den bisherigen Kurs des Vorstandes gegenüber den Kommunisten zu verändern. Insbesondere wies Wels die Forderung von Stampfer zurück, daß er, Wels, an etwaigen künftigen Verhandlungen mit

---

213 Vgl. Dok. Nr. 21, 26. Das Wels-Zitat aus Nr. 21.
214 Dok. Nr. 52.
215 Vgl. Anhangdok. Nr. 18.
216 Vgl. *Matthias/Link*, Dok. 15, S. 241 ff.
217 Dok. Nr. 55.
218 Vgl. Dok. Nr. 83.

der KPD teilnehmen sollte.[219] Er werde »niemals« mit der KPD verhandeln. Da am Ende der Diskussion kein Beschluß gefaßt wurde, konnte Wels diese Position auch weiter durchhalten.[220]

e. Nachdem die Diskussion Anfang 1937 intern eine Aufweichung der ablehnenden Haltung des Vorstands gegenüber der KPD gezeigt hatte, verstärkte sich in der Folgezeit wieder die völlige Ablehnung von Kontakten mit der KPD. Im August 1938 enthielt sich der Vorstand einer Begründung für die Weigerung, die von der KPD erbetenen Verhandlungen durchzuführen. Nur Stampfer hatte auf der Begründung bestanden, um nicht als grundsätzlicher Gegner der Einheit dazustehen. Im Gegenzug lehnten Vogel und Ollenhauer überhaupt eine Beantwortung ab. Gegen Stampfer, aber mit der Stimme von Hertz, der sich an der Debatte nicht beteiligt hatte, wurde beschlossen, eine kurze, negative Antwort herauszugeben.[221] Auch im April 1939 betonte Stampfer in einer Diskussion über die Perspektiven des erwarteten Krieges: »In meiner Stellung zu den Kommunisten unterscheide ich mich in taktischer Beziehung von meinen Kollegen, ohne daß ich deshalb weniger entschiedener Antibolschewist bin als die anderen.«[222] Im Gegensatz zu den übrigen Vorstandsmitgliedern hielt er weiterhin Gespräche mit der KPD grundsätzlich für sinnvoll. Die Mehrheit des Vorstandes aber sah dies anders.

Wenn man diese Entwicklung nun mit der bisherigen Darstellung in der Forschung vergleicht[223], dann muß man bei der Haltung von Hertz, Stampfer und Vogel künftig andere Akzente setzen. Hertz' Engagement für Absprachen mit den Kommunisten erscheint im Lichte der Protokolle weniger ausgeprägt als bisher angenommen. Er unterschied sich in seinen praktischen Schlußfolgerungen kaum von der Position Stampfers, und auch in den Begründungen beider gab es keine grundsätzlichen Unterschiede; beide argumentierten taktisch. Vorübergehend näherte sich auch Vogel diesen Stellungnahmen an. Wels, Ollenhauer, Rinner und Geyer blieben stets konsequente Gegner von Gesprächen mit der KPD, während Crummenerl flexibler als diese vier war, aber der KPD gegenüber ablehnender als Stampfer und Hertz.

2.5 Vorstellungen zur Nachkriegsordnung

Im Juli 1939 fanden im Vorstand zwei ausführliche Diskussionen zur Neuordnung Europas nach dem von den Parteivorstands-Mitgliedern fest erwarteten Krieg statt.[224] Die Annektion Österreichs und des Sudetengebiets, die Gefahr eines baldigen gesamteuropäischen Krieges, aber auch Veröffentlichungen von Wenzel Jaksch[225] über die Nachkriegsgrenzen waren Ursachen für diese Diskussionen.

---

219 An dem Gespräch mit der KPD am 23. November 1935 hatte Wels nicht teilgenommen.
220 Vgl. Dok. Nr. 83.
221 Vgl. Dok. Nr. 125, 126.
222 Dok. Nr. 146.
223 Vgl. *Findeisen*, Einheitsfrontverhandlungen, S. 682; *Friederici*, S. 132, S. 136; *Freyberg*, S. 28; *Langkau-Alex*, Politik, S. 145; *Niemann*, Geschichte, S. 389.
224 Vgl. Dok. Nr. 154, 157.
225 Jaksch, Wenzel, 1896–1966, sudetendeutscher Sozialdemokrat (DSAP), 1924–1938 Redakteur »Der Sozialdemokrat« Prag, 1929–1938 Abgeordneter der Nationalversammlung CSR, 1938 Vorsitzender DSAP, Emigration 1939 Großbritannien, 1939 Mitbegründer und Vorsitzender der »Treuegemeinschaft sudetendeutscher Sozialdemokraten«, 1939/40 Mitglied SAI-Exekutive, 1949 Übersiedlung nach Wiesbaden, Leiter des Hessischen Landesamtes für Vertriebene, 1950–1956 Mitglied SPD-Parteivorstand, ab 1953 MdB, seit 1958 Vizepräsident, 1964 Präsident »Bund der Vertriebenen«.

Zur ersten Diskussionsrunde war Höltermann[226] hinzugeladen. Alle Teilnehmer waren sich einig, daß es darum gehen müsse, die Versailler Grenzen Deutschlands nach einem künftigen Krieg zu bewahren, dies aber sehr schwer zu erreichen sein werde. Großdeutsche Pläne seien irreal, auch wenn – so Crummenerl – das deutsche Volk weiter hinter ihnen stehe und die SPD diese Vorstellungen früher selbst vertreten habe. Nebenbei wird im Protokoll auch deutlich, daß Hilferding schon seit 1919 Gegner des Anschlusses von Österreich an Deutschland war und seit 1922 den Kampf gegen den Versailler Vertrag ablehnte. Crummenerl befürchtete sogar den Verlust Ostpreußens und des Rheinlandes, womöglich auch Sachsens, nach dem Krieg. Österreich und die Tschechoslowakei – so die übereinstimmende Meinung – sollten ihre Unabhängigkeit behalten. Hitlers Annektion Österreichs habe es unmöglich gemacht, nach Kriegsende für einen Anschluß Österreichs an Deutschland einzutreten. Damit stand die Sopade im klaren Gegensatz zu den österreichischen Sozialisten, die den Anschluß so interpretierten, daß damit Fakten auch über das Kriegsende hinaus geschaffen seien.[227] Unsicher war der Vorstand aber, ob es opportun sei, seine Position jetzt schon zu veröffentlichen.[228]

Das Gespräch mit Jaksch fand auf dessen Wunsch hin am 21. Juli 1939 statt. Wenige Tage vorher hatte Geyer im »Neuen Vorwärts« einen Artikel publiziert, in dem der CSR die Wiederherstellung der Grenzen vor dem Münchener Abkommen zugesichert wurde.[229] Dies war auch die Position der übrigen Vorstandsmitglieder.[230] In der Parteivorstands-Sitzung wurden mit Jaksch, der von diesem Artikel erst während der Zusammenkunft erfuhr, seine Pläne zur Schaffung eines mitteleuropäischen Staates diskutiert. Die Parteivorstands-Mitglieder warfen ihm vor, daß dies wieder auf ein Großdeutsches Reich hinauslaufe. Dies aber sei irreal; mit solch einer Position würde sich die Sozialdemokratie als ernsthafter Gesprächspartner für die Diskussion über die Nachkriegsordnung selbst disqualifizieren. Besonders scharf wandte sich Hilferding gegen Jaksch: »Es fragt sich, welchen Grund wir als Sozialdemokraten haben, dafür einzutreten, daß alles, was deutsch spricht, in einem Staat vereinigt sei.« Notwendig seien statt dessen umfangreiche Minderheitenrechte. Dieser Anschauung widersprach keines der übrigen Parteivorstands-Mitglieder. Jaksch hingegen plädierte für das Selbstbestimmungsrecht der Völker, das Hilferding ausdrücklich ablehnte. Der Sopade warf Jaksch vor, »eine Vorleistung auf Kosten der Sudetendeutschen geben [zu] wolle[n]«; denn ohne Selbstbestimmungsrecht würde das Sudetengebiet erneut der CSR einverleibt werden. »Er habe den Eindruck, daß die Sudetendeutschen glatt verkauft würden, ohne gehört zu werden.«[231]

Noch in den Erinnerungen von Jaksch aus dem Jahr 1958 wird die Bitternis deutlich, die Jaksch aufgrund der Haltung der Sopade erfaßte. Unter direkter Erwähnung von Geyers Artikel im »Neuen Vorwärts« schrieb er von der »Verständnislosigkeit von Emigrations-

---

226 Höltermann, Karl, 1894–1955, Mitbegründer und Bundesführer RB, Organisator »Eiserne Front«, 1932/33 MdR SPD, Emigration 1933 Niederlande, 1935 Großbritannien, Bemühungen um Reorganisation des RB, Mitbegründer »Gruppe der Parlamentarier«, zog sich 1942 aus der Politik zurück.
227 Nach dem Anschluß Österreichs traten die Revolutionären Sozialisten Österreichs dafür ein, auch nach einem Sturz Hitlers die Vereinigung des Landes mit Deutschland beizubehalten. Vgl. *Seebacher-Brandt*, Biedermann, Diss., S. 593, Anm. 5; *Kliem*, S. 233.
228 Vgl. Dok. Nr. 154.
229 Neuer Vorwärts, 16. Juli 1939.
230 Vgl. Dok. Nr. 157.
231 Dok. Nr. 157.

gruppen aus Deutschland für die schwere Aufgabe der Sudetendemokratie« und von »Vorleistungen der [deutschen] Emigration für ein neues System von Versailles«.[232]

Der fundamentale Gegensatz zwischen der von Jaksch repräsentierten sudetendeutschen Sozialdemokratie und der Sopade bestand darin, daß erstere mit einem System von national weitgehend homogenen Staaten versuchen wollte, künftig kriegerische Auseinandersetzungen in Mitteleuropa zu verhindern, während die Sopade »aufgeweichte Grenzen, kaum mehr sichtbare Grenzen [. . .], wie sie vor 1914 bestanden haben«[233], anstrebte und die Zusammenfassung aller Deutschen in einem Staat ablehnte.

---

232 *Wenzel Jaksch*, Europas Weg nach Potsdam. Schuld und Schicksal im Donauraum, Stuttgart 1958, S. 353.
233 So Geyer in Dok. Nr. 157; Zitat umgeformt.

Zu dieser Edition

I. Die Überlieferung der Protokolle

Bevor die überlieferten Protokolle näher beschrieben werden, ist es notwendig, zu definieren, was im folgenden unter »Vorstandsprotokollen« verstanden wird. Hier gilt es, nach zwei Seiten hin Abgrenzungen vorzunehmen: Zu fragen ist, was Vorstandssitzungen darstellen und was Vorstandsprotokolle sind.

Für beide Fragen birgt die vorliegende Überlieferung Probleme. In den Originalüberschriften der Protokolle wechselt die Bezeichnung zwischen »Parteivorstandssitzung« bzw. »Sitzung des Parteivorstands«, »Vorstandsbesprechung«, »Bürobesprechung« und »Besprechung«. Keine dieser Überschriften kann durchgängig einer bestimmten personellen Zusammensetzung oder bestimmten Beratungsthemen zugeordnet werden. Zwar wurde in einigen Fällen der Begriff »Bürobesprechung« gewählt, um deutlich zu machen, daß nicht alle Vorstandsmitglieder hinzugezogen wurden[234], doch wurde auch diese Abgrenzung nicht eingehalten. In der Sekundärüberlieferung von Vorstandszusammenkünften[235] war zudem nicht immer eindeutig, ob die Niederschrift eine reguläre, offiziell einberufene Vorstandssitzung oder eine spontan zustandegekommene Besprechung unter einigen Vorstandsmitgliedern betraf. In diesen Fällen wurden die Grenzen von den Bearbeitern sehr weit gezogen, um den Diskussions- und Entscheidungsprozeß im Exilvorstand umfassend rekonstruieren zu können.

Von Besprechungen mit Grenzsekretären oder mit Vertretern anderer Organisationen sind die Vorstandssitzungen leicht abzugrenzen, sei es durch die Überschrift in den Protokollen, die Zusammensetzung der Teilnehmer oder den Sitzungsort, trat der Vorstand doch nur in Prag bzw. Paris zusammen. Schwieriger ist die Abgrenzung der Vorstandsprotokolle von privat angefertigten Niederschriften, Berichten etc. In der Edition wird davon ausgegangen, daß Vorstandsprotokolle dann vorliegen, wenn sie im Auftrag aller Anwesenden von einem oder mehreren Protokollanten angefertigt wurden. Dies ist äußerst selten explizit belegt. Daher wird im folgenden vor allem das Kriterium der äußeren Form der Protokolle zugrundegelegt. Vorstandsprotokolle liegen demnach dann vor, wenn der Protokollant seine eigenen Ausführungen nicht in der »Ich«-Form festhält und das Protokoll zudem nicht Bestandteil eines anderen Dokumentes (hier kämen insbesondere Briefe in Frage) ist.

Der Hauptfonds der Vorstandsprotokolle befindet sich im Archiv der »Stiftung Archiv der Parteien und Massenorganisationen der DDR« (SAPMO), Berlin, Bestand »Zentrales Parteiarchiv« (ZPA), II 145/54 und II 145/55. Zu folgenden Daten liegen dort Protokolle von Vorstandssitzungen vor:

4. 6. 33	12. 1. 34	22. 6. 34	6. 4. 35
2. 7. 33	20. 1. 34	19. 10. 34	11./12. 4. 35
7. 7. 33	9. 2. 34	18. 12. 34	6. 5. 35
4. 8. 33	23. 2. 34		16. 5. 35
5. 9. 33	16. 3. 34	4. 3. 35	26. 8. 35
18. 10. 33	20. 4. 34	26. 3. 35	18. 10. 35
29. 12. 33	18. 5. 34	1. 4. 35	25. 10. 35

---

234 So bei der Sitzung vom 18. Oktober 1934 (Dok. Nr. 20), die ohne Aufhäuser und Böchel stattfand.
235 Vgl. dazu S. LVI–LX.

7. 11. 35	12. 5. 37	29. 6. 38	13. 3. 39
12. 11. 35	19. 5. 37	8. 7. 38	25. 3. 39
9. 12. 35	21. 5. 37	15. 7. 38	27. 3. 39
	25. 5. 37	22. 7. 38	5. 4. 39
5. 3. 36	4. 6. 37	25. 7. 38	7. 4. 39
9. 4. 36	14. 6. 37	26. 7. 38	15. 4. 39
15. 4. 36	18. 6. 37	3. 8. 38	19. 4. 39
17. 4. 36	21. 6. 37	9. 8. 38	26. 4. 39
28. 4. 36	6. 8. 37	10. 8. 38	3. 5. 39
16. 5. 36	7. 9. 37	20. 8. 38	4. 5. 39
29. 5. 36		22. 8. 38	5. 5. 39
4. 6. 36	8. 1. 38	26. 8. 38	19. 5. 39
5. 6. 36	27. 1. 38	12. 10. 38	14. 6. 39
17. 6. 36	8. 2. 38	2. 11. 38	18. 6. 39
2. 7. 36	22. 2. 38	16. 11. 38	28. 6. 39
13. 7. 36	24. 2. 38	28. 11. 38	5. 7. 39
10. 8. 36	28. 2. 38	1. 12. 38	12. 7. 39
12. 8. 36	1. 3. 38	16. 12. 38	19. 7. 39
18. 9. 36	7. 3. 38	22. 12. 38	21. 7. 39
21. 9. 36	8. 3. 38		24. 7. 39
5. 10. 36	27. 3. 38	6. 1. 39	29. 7. 39
15. 10. 36	9. 6. 38	26. 1. 39	4. 8. 39
1. 12. 36	22. 6. 38	10. 2. 39	18. 8. 39

Insgesamt liegen also 116 Protokolle im SAPMO Berlin, ZPA, vor. Mit Ausnahme des Protokolls vom 10. August 1938, einem Durchschlag, handelt es sich um Erstschriften.[236]

Im AdsD Bonn, Bestand »PV-Emigration«, der hauptsächlich die Korrespondenz des Exilparteivorstandes enthält, befinden sich zu folgenden Daten ebenfalls Protokolle:

	Erstschrift	Durchschlag	Weitere Überlieferung in:
9. 6. 1933	X		
7. 11. 1934		X	
24. 12. 1937	X		
22. 6. 1938		X	SAPMO Berlin, ZPA (Erstschrift)
29. 6. 1938		X	SAPMO Berlin, ZPA (Erstschrift)
22. 7. 1938		X	SAPMO Berlin, ZPA (Erstschrift)
10. 8. 1938		X	SAPMO Berlin, ZPA (Durchschlag), IISG Amsterdam (Durchschlag)

---

236 *Seebacher-Brandt*, Biedermann, Diss., S. 280, erwähnt als »letzte protokollierte Sitzung des Exilvorstandes« eine Zusammenkunft am 29. Januar 1940. Das Protokoll der Sitzung läge im SAPMO Berlin, ZPA, St 3/320/II, und im AdsD Bonn, PV-Emigration, Mappe 3. Im SAPMO Berlin, ZPA, ist kein derartiges Protokoll auffindbar. Im AdsD Bonn, PV-Emigration, Mappe 3, befindet sich ein Typoskript mit der Überschrift »Bemerkungen des Genossen Rudolf Hilferding über die Frage der Kriegsziele und über das Problem der Vereinigten Staaten von Europa. (Vorstandssitzung vom 29. Januar 1940)«. Ein Protokoll befindet sich auch dort nicht. Seebacher-Brandt dürfte dieses Typoskript mit einem Protokoll verwechselt haben; für ihre Angabe zum SAPMO Berlin, ZPA, gibt es keine Erklärung. Die Bemerkungen Hilferdings sind abgedruckt in: *Voigt, Klaus* (Hrsg.), Friedenssicherung und europäische Einigung. Ideen des deutschen Exils 1939–1945, Frankfurt/Main 1988, S. 50–55.

Die Protokolle vom 7. November 1934, 24. Dezember 1937, 22. und 29. Juni, 22. Juli sowie 10. August 1938 liegen im Bestand »PV-Emigration«, Mappe 3, das bereits veröffentlichte Protokoll vom 9. Juni 1933[237] in Mappe 2 dieses Bestandes. Das Protokoll vom 7. November 1934 existiert im AdsD Bonn in zwei textidentischen, jedoch mit unterschiedlichen Schreibmaschinen hergestellten Versionen; in beiden Fällen handelt es sich um Durchschläge. Auch das Protokoll vom 10. August 1938 liegt im AdsD Bonn in zwei Versionen vor. Sie unterscheiden sich nur durch die An- und Unterstreichungen und dadurch, daß ein Exemplar auf Seite 1 oben den Zusatz »über das Verhalten von Paul Hertz« trägt. Neben diesen Protokollen befinden sich im AdsD Bonn drei Tagesordnungen von Vorstandssitzungen, von denen es sonst keine Überlieferung gibt.[238]

Um Durchschläge handelt es sich auch bei den drei Vorstandsprotokollen im Nachlaß eines Vorstandsmitglieds. Im NL Hertz befinden sich Niederschriften vom 21. Mai 1935 und vom 19. Februar 1937; letztere ist sonst nicht überliefert.[239] Außerdem ist dort ein Durchschlag des schon erwähnten Protokolls vom 10. August 1938 vorhanden.[240] Von der Sitzung am 21. Mai 1935 befindet sich zusätzlich im Bundesarchiv Koblenz[241] ein Exemplar des Protokolls; dies ist ebenfalls ein Durchschlag. Die Fotokopie dieses Protokolls im Institut für Zeitgeschichte München[242] stammt aus dem Bundesarchiv Koblenz.

Das Protokoll der Parteivorstands-Sitzung vom 27. Dezember 1937 fand sich nur als Abschrift in den nachgelassenen Arbeitsunterlagen von Adolph. Hinweise konnten jedoch auch an anderer Stelle gefunden werden; sie bestätigen die Inhalte der Adolphschen Abschrift.[243] Originale anderer Sitzungsniederschriften, die in Abschrift in Adolphs Materialien liegen, befinden sich im Bestand »PV-Emigration« des AdsD Bonn.[244] Die Abschrift erscheint daher authentisch, sie wurde in die Edition aufgenommen.

Von den Vorstandsprotokollen scheint es in der Regel nur ein Exemplar gegeben zu haben. Im SAPMO Berlin, ZPA, befindet sich nur ein Protokoll, das keine Erstschrift ist. Es behandelt die Sitzung vom 10. August 1938 und ist gleich in zwei Exemplaren vorhanden. Diese Niederschrift – mit 30 Blatt das längste Parteivorstands-Protokoll überhaupt – war wegen der Bedeutung der Sitzung für die Stellung des Exil-Parteivorstandes in der sozialdemokratischen Emigration als Durchschlag vervielfältigt worden. Weitere Durchschläge des Protokolls befinden sich im AdsD Bonn[245] und im IISG Amsterdam[246]; die Erstschrift war nicht auffindbar. Dieses Protokoll ist bereits veröffentlicht.[247] Von den sieben Protokollen im AdsD Bonn sind – neben dem schon erwähnten Protokoll vom 10. August 1938 – vier

---

237 *Schulze*, Anpassung, Dok. 11, S. 188–190.
238 Parteivorstands-Sitzungen vom 5. August und 23. Oktober 1936 sowie vom 5. Januar 1937, in: AdsD Bonn, PV-Emigration, Mappe 3.
239 IISG Amsterdam, NL Hertz, S. 20, Mappe XXIII (21. Mai 1935); ebd., S. 16, 1g, Bl. 368–371 (19. Febr. 1937).
240 IISG Amsterdam, NL Hertz, S. 16, 1a.
241 BA Koblenz, R 58/484, BL. 145–147.
242 IfZ München, Fb 207, Bl. 50–52.
243 Die Sitzung wird auch erwähnt in Aufzeichnungen von Hertz, datiert auf den 27. Dezember 1937, in: IISG Amsterdam, NL Hertz, S. 20, Mappe XXIII, und in: Hertz an Schlesinger, 28. Dezember 1937, in: AdsD Bonn, NL Hertz, MF XXXIV.
244 In der Mappe 3. Dies betrifft insbesondere die Besprechungen von Parteivorstands-Vertretern mit der DSAP am 3., 7. und 23. Dezember 1937 sowie das Vorstandsprotokoll vom 24. Dezember 1937.
245 PV-Emigration, Mappe 3.
246 NL Hertz, S. 16, 1a.
247 *Matthias/Link*, Dok. 39, S. 323–353.

Durchschläge.[248] Nur in einem dieser vier Fälle gibt es keine Erstschrift im SAPMO Berlin, ZPA.[249]

Auch die geringe Zahl von Vorstandsprotokollen in Nachlässen bestätigt die Annahme, daß es in der Regel nur ein Exemplar des Protokolls gab. Dafür spricht auch, daß es in den Vorstandssitzungen niemals den Punkt »Protokollgenehmigung« gab, wofür ja die Protokolle allen Vorstandsmitgliedern hätten vorliegen müssen. Bei strittiger Interpretation früherer Beschlüsse wurde darüber hinaus nie auf das Protokoll Bezug genommen, was sicher geschehen wäre, wenn die Protokolle in mehr als einer Ausfertigung erstellt worden wären. Die Protokolle hatten also die Funktion von Gedächtnisstützen und Erinnerungshilfen, während ihnen »Rechtskraft« offenbar nicht zukam.

Der im SAPMO Berlin, ZPA, überlieferte Bestand an Protokollen des Sopade-Vorstandes wurde nach dem Einmarsch der deutschen Truppen in Paris in einem Bankschließfach aufgefunden, das Erich Rinner gehörte. »Der Beauftragte des Chefs der Sicherheitspolizei und des SD für Belgien und Frankreich – Dienststelle Paris« übersandte die beschlagnahmten Sopade-Akten am 24. Juni 1941 an das Reichssicherheitshauptamt in Berlin. Neben Protokollen »aus den Jahren 1933-39« enthielten sie eine Beiakte mit Berichten der illegal in Deutschland arbeitenden Sozialdemokraten an den Parteivorstand und Niederschriften von Treffen des Parteivorstands mit ihnen.[250] Im Reichssicherheitshauptamt wurden die Sopade-Akten dem Amt IV (Gestapo), Sachgebiet A 1b (Marxismus = SPD, SAP, »Seydewitz-Gruppe«) zugewiesen, wo laut Eingangsvermerk des RSHA der Kriminal-Oberassistent Zepik zuständig war.[251]

Nach Kriegsende wurden die Protokolle erstmals im Juli 1949 öffentlich erwähnt. Am 9. Juli 1949 publizierte das »Neue Deutschland« einen Artikel mit dem Titel: »SPD-Vorstand brandmarkt seinen Spitzenkandidaten als Spitzel«. Im Mittelpunkt stand die Anschuldigung von KPD und SED, das Mitglied des SPD-Parteivorstandes Herbert Kriedemann sei Gestapo-Spitzel gewesen. In dem Artikel hieß es: »Wie nicht anders zu erwarten war, haben die in der letzten Zeit erfolgten Veröffentlichungen in der Angelegenheit Kriedemann und Spengemann uns eine Fülle von Zuschriften gebracht. Unter diesen Zuschriften befindet sich auch der Brief eines Genossen, der uns jetzt Material, das er in den Tagen des Zusammenbruchs aus dem Gebäude der Gestapo sicherstellte, überreicht. Bei diesem Material handelt es sich um die Protokolle des Parteivorstandes der Sozialdemokratischen Partei Deutschlands, die von dem Mitglied des Büros, Dr. Rinner, in einem Banksafe in Paris verwahrt wurden. Nach dem Einmarsch der Wehrmacht in Frankreich gelang es dem SD, dieses Material in Besitz zu bringen.« Ergänzt wurde der Artikel durch ein Faksimile eines Teils des Begleitschreibens des SD Paris bei der Übersendung des beschlagnahmten Materials an das RSHA am 24. Juni 1941.

Die Zweifel an der Glaubwürdigkeit der Version, die Protokolle seien 1945 bis 1949 im Besitz einer Privatperson gewesen, werden von der heutigen Geschäftsführung des »Neuen Deutschland« geteilt. Im Archiv der Zeitung fanden sich keinerlei Unterlagen zu diesem

---

248 AdsD Bonn, PV-Emigration, Mappe 3. Es handelt sich um die Protokolle vom 7. November 1934, 22. und 29. Juni sowie 22. Juli 1938.
249 Dies betrifft das Protokoll vom 7. November 1934.
250 SAPMO Berlin, ZPA, II 145/56.
251 Die Angaben zur Gliederung des RSHA und zu Zepik beruhen auf der Auswertung von: Bericht Ostbüro der SPD, 23. 2. 1956, und Sopade-Informationsdienst Nr. 832, 26. 7. 1949: »Lügen gegen Kriedemann«, S. 1–12, beide in: AdsD Bonn, Slg. Personalia, Herbert Kriedemann, Mappe 2.
Zu Zepik liegen keine biographischen Angaben vor.

Vorgang, auch nicht der betreffende Brief.[252] Andererseits spricht der Abdruck im »Neuen Deutschland« dagegen, daß die Protokolle damals zusammen mit dem Großteil der RSHA-Akten in der Sowjetunion lagerten.[253] Vielmehr spricht einiges dafür, daß sie im Polizeipräsidium Berlin deponiert waren, wo sich auch andere Akten aus dem früheren RSHA-Archiv befunden haben sollen.[254] Im Juli 1949 veröffentlichte der Vorstand der KPD im Rahmen einer gegen Kriedemann gerichteten Broschüre Auszüge aus den Sitzungsprotokollen vom 9. September und 15. Oktober 1936.[255]

1954 übernahm der Vorläufer des Zentralen Parteiarchivs beim IML einen Teil der erhalten gebliebenen Akten des RSHA.[256] Eine explizite Bestätigung dafür, daß die Protokolle mit den RSHA-Akten in das ZPA gelangten, fehlt. In den internen ZPA-Akten fand sich zum Schicksal der Protokolle seit Kriegsende nur der Hinweis: »Ob diese Akten [die 1941 in Paris beschlagnahmten Protokolle und die Beiakte; d. Bearb.] noch so lückenlos sind, wie sie von der Gestapo zusammengefügt wurden, läßt sich leider nicht mehr feststellen, da sie seit 1945 durch mehrere Hände gegangen sind, bis sie in unser Archiv kamen, wo erst eine Paginierung erfolgte.« Spätestens im ZPA kamen die Protokolle (wieder) zum Bestand der RSHA-Akten. Bis mindestens Anfang 1960 trugen sie die Signaturen »Reichssicherheitshauptamt« 33/14b (für die Protokolle 1933-37) und »Reichssicherheitshauptamt« 38/1b (für die Protokolle 1938/39). Eine summarische Beschreibung des Protokollbestandes aus dem Jahr 1960 läßt darauf schließen, daß alle damals im ZPA befindlichen Protokolle auch heute noch vorhanden sind.[257]

Anfang der sechziger Jahre erhielt der Bestand »Reichssicherheitshauptamt« des ZPA die Signatur »St 3«.[258] Eine Auswertung der in der DDR-Literatur für die Protokolle angegebenen Signaturen ergab, daß nun die Protokolle aus den Jahren 1933/34 die Signatur »St 3/712« trugen, die Protokolle aus den Jahren 1935-37 »St 3/313«. Unter der zuletzt genannten Signatur befand sich zusätzlich zumindest noch ein Brief von Wels an Kuttner[259] vom Mai 1937, der heute nicht im Bestand II 145/54-56 vorhanden ist.[260] Die Protokolle

---

252 Schriftliche Auskunft des »Neuen Deutschland« an die Bearbeiter, 23. September 1991; mündliche Auskunft des Ressortleiters Wissenschaft/Bildung/Umwelt des »Neuen Deutschland«, 15. April 1992.
253 Nach Auskunft des BA Potsdam vom 29. Januar 1993 wurden die heute unter »PSt« dort liegenden RSHA-Akten 1953/54 aus der Sowjetunion übernommen. Wahrscheinlich kam auch der größte Teil des »St 3«-Bestandes, den das ZPA 1954 übernahm, aus der Sowjetunion. Genaue Angaben dazu fehlen aber in den heute im SAPMO Berlin, ZPA, verwahrten Bestandsakten zu »St 3«.
254 So eine vertrauliche Mitteilung an Fritz Heine, SPD-Parteivorstand, vom 27. September 1946, in: AdsD Bonn, Slg. Personalia, Kriedemann, Mappe 3.
255 In Sachen Kriedemann, hrsg. vom Vorstand der Kommunistischen Partei Deutschlands, Frankfurt/Main o. J. [1949], S. 60 f. In den Protokollen heißt es ebd., daß sie erst zur Verfügung standen, als die Broschüre »schon abgeschlossen« war; der zeitliche Zusammenhang mit dem Artikel im Neuen Deutschland ist dadurch klar erkennbar. Der Termin des Drucks der Broschüre ergibt sich aus dem Impressum S. 64.
256 Ein anderer Teil von Akten des RSHA gelangte in das damalige DZA Potsdam, von wo er Anfang der sechziger Jahre in das ZPA kam. Dieser Teil trägt die Signatur »PSt« (»P« für Potsdam).
257 IML-Archiv: Bericht von Archivleiter Bathke: Über Protokolle von Vorstandssitzungen der Sopade in Gestapo-Akten. Streng vertraulich! Berlin, 16. Febr[uar] 1960, in: SAPMO Berlin, ZPA, IV 2/9 07/64.
258 BA Potsdam, Findbuch zum Bestand St 3 (Reichssicherheitshauptamt), S. 2.
259 Kuttner, Erich, 1887-1942, sozialdemokratischer Redakteur, MdL Preußen, Emigration 1933 Frankreich, Niederlande, 1936 Spanien, 1937 Niederlande, Mitarbeiter u. a. NV, »Pariser Tageblatt«, Mitglied Gruppe RS Amsterdam, 1942 verhaftet und im KZ Mauthausen gestorben.
260 Auswertung von *Niemann u. a.*, SPD und Hitlerfaschismus. Der Weg der deutschen Sozialdemokratie vom 30. Januar 1933 bis zum 21. April 1946, Kollektiv-Diss. masch. am Institut für Gesell-

aus den Jahren 1938/39 lagen Anfang der sechziger Jahre im ZPA unter der Signatur »St 3/337«. Die oben genannten Beiakten trugen damals die Signaturen »St 3/714« und »St 3/318«.

Im Zuge der Bearbeitung des Bestandes »Reichssicherheitshauptamt« im IML-ZPA gelangten die Protokolle »in den damals existierenden Sammlungsbestand ›SPD-Parteivorstand‹«, der sich aus Akten unterschiedlicher Provenienz zusammensetzte. Eine genaue Datierung dieses Vorganges ist nach Auskunft des ZPA nicht möglich. Sammlungen hatten im IML-ZPA die Signatur »S«, was »in den 70er Jahren in ›V‹ verändert« wurde.[261] Im Bestand »St 3« wurden Kopien der Protokolle deponiert, die heute im Bundesarchiv, Abteilungen Potsdam, liegen. »Wahrscheinlich 1974« erhielt der Bestand »SPD-Parteivorstand« die Signatur »II 145«.[262] Die Protokolle 1933–1937 bekamen die Signatur II 145/28, die der Jahre 1938/39 II 145/29 und die Beiakten II 145/30 und II 145/31.

1983 wurde der Bestand »SPD-Parteivorstand« (II 145) neu geordnet. Dabei erhielten die Protokolle 1933–1937 die heutige Signatur II 145/54, die von 1938/39 II 145/55 und die Beiakte II 145/56. Zugleich wurden die Bestände bearbeitet. II 145/54 wurde um ME-6455[263] ergänzt, die Beiakte II 145/56 um ME-9775[264].

Im Bundesarchiv, Abteilungen Potsdam, befinden sich heute – wie oben erwähnt – Fotokopien der Protokolle und der Beiakten. BA Potsdam, St 3/319 I und II umfaßt die Protokolle von 1933–37; im Unterschied zu ZPA II 145/54 fehlt aber die Fotokopie des Hilferding-Entwurfs für das »Prager Manifest«.[265] St 3/320 I und II sind identisch mit II 145/55 im ZPA. St 3/316 in Potsdam entspricht II 145/56, mit Ausnahme der dortigen Blätter 226–272.[266]

Der historischen Forschung standen die Protokolle erstmals Anfang der sechziger Jahre zur Verfügung. Zunächst blieb aber der Benutzerkreis auf DDR-Historiker beschränkt. Einerseits wurden die Protokolle für die Kollektivdissertation von Niemann/Findeisen/Lange/Wild über die SPD 1933–1946[267] ausgewertet, die 1965 angenommen, aber nie im Druck veröffentlicht wurde. Daneben fanden die Protokolle Eingang in die 1966 veröffentlichte »Geschichte der deutschen Arbeiterbewegung«. Hier wurde sowohl in der Darstellung als auch durch auszugsweisen Abdruck des Protokolls vom 26. April 1939 im Anhang

---

    schaftswissenschaften beim ZK der SED. Lehrstuhl Geschichte der Arbeiterbewegung, Berlin/DDR 1965. Der Brief von Wels an Kuttner nebst Signatur ist erwähnt bei Findeisens Teil der Kollektivdissertation, S. 152, und S. 22 der Anmerkungen, Anm. 298.

261 Verbund Archiv/Bibliotheken/Technische Werkstätten beim Parteivorstand der PDS an die Bearbeiter, 4. Dezember 1992.
262 Ebd. »II« steht im ZPA für SPD-Bestände, während »I« für die KPD reserviert ist.
263 Fotokopie des Hilferding-Entwurfs für das »Prager Manifest« aus dem IISG Amsterdam im SAPMO Berlin, ZPA, heute II 145/54, Bl. 229–241.
264 Entwicklungstendenzen im Deutschen Strafvollzug. Denkschrift an den 11. Internationalen Kongreß für Strafrecht und Gefängniswesen (Vom 18. bis 24. August 1935 in Berlin). Überreicht vom Vorstand der Sozialdemokratischen Partei Deutschlands. Sitz Prag, ebd., heute II 145/56, Bl. 246–272.
265 Dieser Entwurf wurde von Lange 1972 ediert; vgl. *Lange*, Manifest.
266 In BA Potsdam St 3/316 fehlen gegenüber ZPA II 145/56:
    – Die Sozialdemokratische Partei Deutschlands. Ihre Organisation und Arbeit unter der Hitlerdiktatur (Bl. 226–235 in II 145/56)
    – Aus dem SPD-Bericht November (Bl. 236–238)
    – Abschrift. Nachrichten: Arbeitsdienst und Arbeitslosenbewegung. 15. 12. 1934 (Bl. 239)
    – Nachrichtenschema der Sopade. April 1935 (Bl. 240–245)
    – Entwicklungstendenzen im Deutschen Strafvollzug. [...] (Bl. 246–272).
267 *Niemann u. a.*

explizit auf ihre Existenz hingewiesen.[268] Sowohl in der DDR als auch im Ausland wurden die Protokolle in der Folgezeit kaum beachtet, was wohl auch – im Falle der ausländischen Historiker – an den restriktiven Benutzungsregeln des Zentralen Parteiarchivs gelegen haben dürfte. Zwar findet man in den Benutzerblättern fast für jedes Jahr seit 1964 Eintragungen, doch schlug sich dieses Interesse nur selten in Publikationen nieder.[269] Brigitte Seebacher-Brandt blieb es vorbehalten, als erste westliche Historikerin 1981 die Protokolle für eine Publikation einsehen zu können. Durch die Lektüre der Kollektivdissertation sei sie »auf die Spur der Protokolle gestoßen. Meine Vermutung wurde zur Gewißheit, als der deutsch-schwedische Historiker Klaus Misgeld von einem DDR-Kollegen erfuhr, daß es solche Protokolle gebe, und darüber an Fritz Heine berichtete. Als ich Heine meine eigene Mutmaßung vortrug, konnte er sie bestätigen.«[270]

Von den Protokollen im AdsD Bonn stammen die vom 9. Juni 1933 und vom 7. November 1934 sowie die Tagesordnungen für die sonst nicht überlieferten Sitzungen vom 5. August 1936 und 5. Januar 1937 aus den im August 1967 in Stockholm wieder aufgefundenen Akten des Exilparteivorstandes, während die Niederschriften vom 24. Dezember 1937, 22. und 29. Juni 1938 sowie vom 10. August 1938 schon vorher im SPD-Parteiarchiv lagerten. Nicht mehr zu klären ist, ob die letztgenannten Niederschriften über Paris und London den Weg nach Bonn fanden oder ob sie zu dem 1952 in Stockholm aufgefundenen kleineren Teil der Emigrationsakten gehörten. Bis zur Neuordnung des Bestandes »PV-Emigration« nach dem Aktenfund vom August 1967 befanden sich die Protokolle vom 22. und 29. Juni sowie 10. August 1938 in der Akte G 117, ein weiteres Exemplar der Niederschrift vom 10. August 1938 in G 18, das Protokoll vom 24. Dezember 1937 in G 144. Für G 117 nennt die Bestandsakte zu »PV-Emigration« im AdsD Bonn zusätzlich ein heute nicht mehr auffindbares Protokoll »über die Vorstandssitzung vom 26. 6. 1938.«[271]

Das Protokoll im Bundesarchiv Koblenz vom 21. Mai 1935 gehört zum dortigen Bestand »Reichssicherheitshauptamt«; der Gestapo war es offenkundig gelungen, in den Besitz dieses Protokolls zu gelangen.

II. Sekundärüberlieferungen

Die Übersicht über die überlieferten Vorstandsprotokolle der Jahre 1933 bis 1939 zeigt einige auffällige zeitliche Lücken, die vor allem das Prager Exil betreffen. Eine erste Erklärung dafür findet sich in den Dokumenten zum Konflikt des Parteivorstands mit Aufhäu-

---

268 In Institut für Marxismus-Leninismus beim Zentralkomitee der SED (Hrsg.), Geschichte der deutschen Arbeiterbewegung, Bd. 5: Von Januar 1933 bis Mai 1945, Berlin/DDR 1966, S. 229, heißt es: »Aus den Protokollen der Vorstandssitzungen des sozialdemokratischen Parteivorstandes geht allerdings hervor [. . .].« Der Protokollauszug vom 26. April 1939 ist auf S. 516–519 abgedruckt und mit der Quellenangabe: »Institut für Marxismus-Leninismus beim ZK der SED, Zentrales Parteiarchiv, St 3/713, Bl. 244–248« versehen. Die Blattzählung ist mit der heutigen identisch, die Signatur lautet jetzt II 145/55. Die abgedruckten Passagen des Protokolls sind so ausgewählt, daß die antikommunistische Tendenz der Diskussion im Vorstand ebenso verstärkt wurde wie die Besorgnisse, mit einem Aufruf zum Kampf gegen Hitler-Deutschland im kommenden Krieg einer neuen Dolchstoß-Legende Vorschub zu leisten.
269 Die alten Benutzerblätter seit 1964 befinden sich heute bei den Fotokopien der Protokolle im BA Potsdam, St 3/316, St 3/319 und St 3/320. Sie reichen z. T. bis 1991, während die Benutzerblätter in den im ZPA verbliebenen Originalen 1983, also mit der endgültigen Ordnung des Bestandes, einsetzen.
270 *Seebacher-Brandt*, Biedermann, Diss., S. 462 f., Anm. 5.
271 Register, Dokumente: Emigration [= Bestandsakte zu: PV-Emigration]: AdsD Bonn. Vgl. auch *Paul Mayer*, Der Stockholmer Dokumentenfund, in: IWK 8, 1972, S. 46–48.

ser und Böchel. Der aufgrund eines Antrages der beiden im Dezember 1933 gefaßte Beschluß, daß »von jetzt ab regelmäßig von Freitag, den 15. Dezember ab, **14tägig eine Sitzung**« stattfindet, wenn nicht besondere Fälle »**besondere Sitzungen** notwendig machen«[272], ließ sich nach Darstellung der Parteivorstands-Mehrheit nicht durchhalten, »weil infolge der Notwendigkeit, mit den Grenzstellen und mit den deutschen Verbindungsleuten möglichst engen Kontakt zu halten, oftmals längere Reisen mehrerer Parteivorstandsmitglieder notwendig waren, so daß Wochen hindurch nur einige Parteivorstandsmitglieder in Prag anwesend waren«.[273]

Auch wenn diese Einschränkung berücksichtigt wird, erscheint es unwahrscheinlich, daß – wie eine Beschränkung auf die in der SAPMO überlieferten Protokolle nahelegen würde – zum Teil über Zeiträume von zwei bis vier Monaten hinweg keine Parteivorstands-Sitzung stattgefunden haben sollte. Zudem fällt auf, daß von wichtigen, aus anderen Überlieferungen bekannten Vorstandssitzungen, keine Protokolle vorliegen. Die Vernichtung von Protokollen durch die Vorstandsmitglieder oder Vorstandsmitarbeiter ist als Grund für diese Lücken wenig wahrscheinlich, da andererseits durchaus auch Protokolle zu kontroversen Themen überliefert sind, so z. B. zur Frage der deutschen Nachkriegsgrenzen. Denkbar wären Verluste in der Zeit zwischen der Beschlagnahme der Protokolle 1941 und der Archivierung 1954.[274]

Eine weitere Möglichkeit zur Erklärung der Überlieferungslücken besteht darin, daß Beschlüsse nicht in formell einberufenen Vorstandssitzungen, sondern während des normalen Bürobetriebs von den anwesenden hauptamtlichen Vorstandsmitgliedern gefaßt wurden. Dies deutete Hans Vogel in der Vorstandssitzung vom 12. Oktober 1938 an. Dort führte er aus, daß »augenblicklich [. . .] anstelle von Vorstandssitzungen Bürobesprechungen« stattfänden. Diese Zusammenkünfte, von denen keine Niederschriften vorliegen, dienten damals dem Zweck, ohne Paul Hertz beraten zu können, von dem der Parteivorstand sich noch nicht formell getrennt hatte, der aber nach Meinung der Parteivorstands-Mehrheit auch nicht mehr zu offiziellen Vorstandssitzungen eingeladen werden sollte. Daher schritt der Vorstand nach der letzten Sitzung mit Hertz am 26. August 1938 zur Umbenennung der Beratungen in »Bürobesprechungen«. In anderen Fällen können pragmatische Gründe wie Termindruck dazu geführt haben, daß nicht in einer förmlichen Parteivorstands-Sitzung, sondern in einer Besprechung der anwesenden Vorstandsmitglieder Entscheidungen gefällt wurden. Es bleibt aber die überraschende Tatsache, daß es z. B. keine Protokolle, wohl aber Sekundärüberlieferungen, von den ersten Beratungen zum »Prager Manifest«, über die Vorbereitung des Treffens mit KPD-Vertretern am 23. November 1935 und über den Beschluß zur Einleitung einer »Konzentration« der sozialdemokratischen Exilgruppen Anfang 1938 gibt. Auf jeden Fall ist davon auszugehen, daß es mehr Zusammenkünfte des Sopade-Parteivorstands gab, als durch Protokolle belegt sind.

Einen ersten konkreten Anhaltspunkt für weitere Parteivorstands-Sitzungen lieferte Adolphs Wels-Biographie. Dort berichtet er über 21 im SAPMO-Bestand nicht auftau-

---

272 Denkschrift der Parteivorstands-Minderheit, S. 12, in: AdsD Bonn, PV-Emigration, Mappe 208 [Hervorhebungen durch die Bearb.].
273 Bemerkungen zur Denkschrift der Genossen Aufhäuser und Böchel, S. 7, in: AdsD Bonn, PV-Emigration, Mappe 208.
274 Der damalige Leiter des ZPA, Bathke, schrieb Anfang 1960: »Da aus anderen Gestapo-Akten offensichtlich Blätter und sogar Teile [vor Übernahme durch das ZPA 1954; d. Bearb.] entfernt worden sind, dürfte nach dem Schluß der Analogie angenommen werden, daß auch diese drei Aktenbände [zwei Bände Protokolle und ein Band Beiakte; d. Bearb.] nicht mehr ganz vollständig sind.« Vgl. IML-Archiv: Bericht von Archivleiter Bathke: Über Protokolle von Vorstandssitzungen der Sopade in Gestapo-Akten. Streng vertraulich! Berlin, 16. Februar 1960, in: SAPMO Berlin, ZPA, IV 2/9 07/64.

chende Parteivorstandssitzungen, wobei er als Quelle »Aufzeichnungen von Parteivorstandssitzungen« und – in zwei Fällen – die »Emigrationsakten der SPD im SPD-Parteiarchiv Bonn« anführt. Weitere Recherchen ergaben, daß Adolphs Angaben überwiegend auf dem NL Paul Hertz[275] beruhen, den er hinsichtlich der Datierung von Sitzungen nicht in jedem Fall korrekt ausgewertet hat. In einem Fall befindet sich das Protokoll einer von Adolph erwähnten Vorstandssitzung im AdsD Bonn.[276] Insgesamt erwiesen sich 13 der 21 von Adolph genannten Termine als Vorstandssitzungen[277], während die übrigen Termine andere Besprechungen betrafen.

Eine Durchsicht des Bestandes »PV-Emigration« im AdsD Bonn sowie zahlreicher Nachlässe[278] und weiterer Bestände auf nicht durch Protokolle, aber in Briefen etc. überlieferte Vorstandssitzungen erbrachte sehr unterschiedliche Ergebnisse. In erster Linie war es der Nachlaß von Paul Hertz, der dazu beitrug, die Lücken zumindest ansatzweise zu schließen. Seine tagebuchartigen Aufzeichnungen und seine umfangreiche Korrespondenz lieferten Hinweise auf 31 weitere Sitzungen für die Jahre 1933–1938:[279]

15. 10. 1934	5. 2. 1935	7. 5. 1936
16. 10. 1934	13. 2. 1935	30. 7. 1936
18. 10. 1934	18. 3. 1935	
23. 10. 1934	30. 4. 1935	kurz vor 8. 1. 1937
1. 11. 1934	28. 6. 1935	2. 3. 1937
1. Dezemberhälfte 1934	1. Julihälfte 1935	31. 3. 1937
(2 Sitzungen)	(2 Sitzungen)	20. 4. 1937
21. 12. 1934	26. 7. 1935	ca. 5. 5. 1937
	2. 8. 1935	16. 8. 1937
2. 1. 1935	16. 9. 1935	
4. 1. 1935	18. 11. 1935	9. 2. 1938
		10. 2. 1938

Im Nachlaß Kautsky liegt ein Brief von Hertz, in dem letzterer über eine Vorstandssitzung am 26. Oktober 1936 berichtet.[280]

---

275 IISG Amsterdam, NL Hertz, S. 12, Mappe W, S. 16, 1g, und S. 20, Mappe XXIII.
276 Protokoll vom 24. Dezember 1937, in: PV-Emigration, Mappe 3.
277 Für 1934: 15. Oktober, 16. Oktober, 1. November; für 1935: 5. Februar, 11. April, 30. April, 21. Mai; für 1937: 19. Februar, 16. August, 24. Dezember, 27. Dezember; für 1938: 9. Februar, 10. Februar. Die genauen Quellenangaben befinden sich bei den Dokumenten.
278 Im AdsD Bonn waren dies: Internationale Transportarbeiter-Föderation, Sozialistische Jugendinternationale, Rinner-Korrespondenz, NL Buttinger, NL Dittmann, NL Höltermann, NL von Knoeringen, NL Löbe, NL Löwenstein, NL Ollenhauer, NL Raloff, NL Salomon, Dep. Sander, NL Schoettle, NL Ernst Schumacher, NL Stampfer, Slg. Personalia Vogel und Wels. Im IISG Amsterdam: Neu Beginnen, Sozialistische Arbeiter-Internationale, Sozialistische Jugendinternationale, NL Fr. Adler, NL Karl Frank, NL Hertz, NL Kautsky. Im BA Koblenz: Reichssicherheitshauptamt (R 58). Im IfZ München: NL Hoegner, NL Grossmann, Deutsche Emigration in der Tschechoslowakei 1933–1938 (Ms 159). Im BA Abt. Potsdam: Reichssicherheitshauptamt (St 3, PSt 3).
279 Die Zusammenstellung beruht in erster Linie auf Hertz' hand- und maschinenschriftlichen tagebuchartigen Aufzeichnungen, in: IISG Amsterdam, NL Hertz, S. 12, Mappe W, und S. 20, Mappe XXIII. Die genauen Quellenangaben befinden sich bei den Dokumenten.
280 IISG Amsterdam, NL Kautsky, D XII, 515, Hertz an Karl und Luise Kautsky, 26. Oktober 1936. Kautsky, Karl, 1854–1938, führender Theoretiker der Sozialdemokratie vor dem Ersten Weltkrieg, 1883–1917 Hrsg. »Die neue Zeit«, 1924 Übersiedlung nach Wien, enge Kontakte zur Sopade, Mitarbeit u. a. NV, Emigration 1938 CSR, Niederlande.

Mehr oder weniger ausführliche Informationen zu 14 weiteren Parteivorstands-Sitzungen fanden sich in den »PV-Mitteilungen« sowie im AdsD Bonn im Bestand PV-Emigration und im NL Stampfer:[281]

1. 7. 1934	
3. 8. 1934	25. 2. 1938[282]
30. 1. 1935	September 1939
	20. 11. 1939
2. 1. 1936	Ende Dezember 1939
17. 1. 1936	
27. 1. 1936	22. 1. 1940
	7. 3. 1940
26. 5. 1937	12. 3. 1940

Ollenhauers Taschenkalender für 1940[283] weist Eintragungen über 13 Vorstandssitzungen unter folgenden Terminen auf:

5. 1. 1940	12. 3. 1940
11. 1. 1940	22. 3. 1940
22. 1. 1940	26. 3. 1940
29. 1. 1940	8. 4. 1940
12. 2. 1940	19. 4. 1940
2. 3. 1940	6. 5. 1940
7. 3. 1940	

Diese Eintragungen geben in der Regel die Uhrzeit an, verbunden mit der Bemerkung »PV«. Nur für den 11. Januar 1940 lautet sie »Sopade«. Für den 22. Januar sowie den 7. und 12. März 1940 wird die Durchführung der Vorstandssitzungen durch andere Überlieferungen bestätigt. In den übrigen Fällen muß offen bleiben, ob die Sitzungen wirklich stattgefunden gehabt; die Wahrscheinlichkeit dafür ist jedoch hoch.

Zum 15. Mai 1940 befindet sich im AdsD Bonn die Einladung zu einer Parteivorstands-Sitzung, die aber wegen des deutschen Angriffs auf Frankreich und der folgenden Internierungen nicht mehr stattfinden konnte.[284]

Mit Ausnahme von Ollenhauers Kalendereintragungen wurden diese Sekundärüberlieferungen in die Edition aufgenommen.

Leider waren die in den Archives Nationales in Paris befindlichen und von Seebacher-Brandt benutzten Dokumente, die von der französischen Polizei 1940 bei Ollenhauer und Vogel beschlagnahmt worden waren, nicht einsehbar.[285] Daher muß offen bleiben, ob sich in diesen Papieren noch Hinweise auf weitere Vorstandssitzungen befinden.

Kautsky, Luise, 1864–1944, Ehefrau von Karl Kautsky, Emigration CSR, Niederlande, starb in KZ-Haft.
281 Die genauen Quellenangaben finden sich bei den Dokumenten.
282 Hier handelt es sich um einen Brief von Hertz an Friedrich Adler vom 27. Februar 1938. Im weiteren Sinne gehört diese Sekundärüberlieferung damit auch zum Nachlaß von Hertz.
283 AdsD Bonn, NL Ollenhauer, Mappe 3. Ältere Kalender von ihm sind nicht überliefert.
284 Einladung [Parteivorstand] an Breitscheid, 11. Mai 1940, in: AdsD Bonn, PV-Emigration, Mappe 23.
285 Archives Nationales, Paris, F 7 14716. Vgl. *Seebacher-Brandt*, Biedermann, Diss., S. 549.

Alle diese Überlieferungen zusammen zeigen, daß es keinen regelmäßigen Sitzungstermin und -rhythmus für den Parteivorstand gab. Am ehesten erscheint ein etwa vierzehntägiger Abstand zwischen den Zusammenkünften der Normalfall gewesen zu sein. Von diesem Normalfall wurde aber je nach Bedarf abgewichen: Teils gab es mehrere Sitzungen in einer Woche, dann aber auch mehrwöchige Pausen. Hinweise in den PV-Mitteilungen[286] und die oben erwähnten Eintragungen in Ollenhauers Taschenkalender belegen, daß auch über das Ende der im SAPMO überlieferten Protokolle hinaus, und das heißt: auch nach Beginn des Zweiten Weltkriegs, der Parteivorstand regelmäßig zu Sitzungen zusammenkam, manchmal sogar mehrmals in der Woche. Erst der Angriff der deutschen Truppen auf Frankreich setzte dem ein Ende.

Im Hauptfonds im SAPMO Berlin, ZPA, befinden sich 116 Protokolle von Vorstandssitzungen. Der Bestand »PV-Emigration« im AdsD Bonn birgt zwei zusätzliche Protokolle und drei Tagesordnungen von Sitzungen, über die weder ein Protokoll noch eine Sekundärüberlieferung vorliegen. Im NL Hertz gibt es weitere zwei Protokolle, im NL Adolph die Abschrift eines sonst nicht vorhandenen Protokolls. Sekundärüberlieferungen existieren von 46 weiteren Sitzungen.[287] Somit liegen insgesamt von 170 Vorstandssitzungen zwischen dem 14. Juni 1933 und dem 6. Mai 1940 Informationen vor.[288]

III. Editionstechnische Hinweise

Die Edition gibt die Protokolle im Wortlaut wieder. Liegt von einer Sitzung sowohl ein Protokoll als auch eine Sekundärüberlieferung vor, wird das Protokoll abgedruckt. Inhaltliche Abweichungen oder Ergänzungen der Sekundärüberlieferung gegenüber dem Protokoll werden in einer Anmerkung dokumentiert. Liegt nur eine Sekundärüberlieferung vor, wird jeweils das vollständige Dokument abgedruckt; die Kommentierung und die Erfassung für die Register beschränken sich in solchen Fällen auf den Zusammenhang der Sitzung.

In den Kopfregesten der Dokumente befinden sich jeweils Angaben über den Fundort, den Termin der Sitzung und die laufende Dokumentennummer.

Ergänzungen der Bearbeiter sind durch eckige Klammern gekennzeichnet. Lücken im Text werden mit Punkten in eckigen Klammern angezeigt. Schreibweisen von Eigennamen wurden vereinheitlicht, auf abweichende Schreibweisen in der Vorlage wird in einer Fußnote hingewiesen. In der Vorlage befindliche Korrekturen wurden eingearbeitet, die ursprüngliche Fassung als Anmerkung dokumentiert. Hervorhebungen in der Vorlage werden in Normalschrift wiedergegeben, jedoch in den Anmerkungen kenntlich gemacht. Unabhängig von der Vorlage wurden die Namen der Sprecher in der Edition hervorgehoben (in der Regel sind die Rednernamen in der Vorlage unterstrichen). Handschriftliche Randanstreichungen in der Vorlage werden nicht wiedergegeben, handschriftliche Korrekturen im Text jeweils angemerkt.

Stillschweigend verbessert wurden Interpunktionsfehler, offensichtliche kleinere Rechtschreibfehler und Schreibweisen, die auf Schreibmaschinen ohne Umlaute und »ß« zurückzuführen sind. Häufig verwendete Abkürzungen werden im Abkürzungsverzeichnis aufgelöst, die übrigen Abkürzungen im Text.

---

286 Vgl. Dok. Nr. 162.
287 Die Termineintragungen in Ollenhauers Taschenkalender wurden nur dann mitgezählt, wenn sie durch andere Überlieferungen bestätigt sind.
288 Die Differenz zur Dokumentenaufzählung – sie verzeichnet 167 Nummern – ergibt sich daraus, daß in vier Fällen ein Dokument zwei Sitzungen betrifft und in einem Fall eine Sitzung zwei Dokumente umfaßte.

Sachverhalte und Begriffe, die nicht aus dem Zusammenhang der Protokolle erschließbar sind und nicht dem Bereich des Allgemeinwissens zugeordnet werden können, werden in Anmerkungen knapp erläutert. Dort werden auch Pseudonyme – jeweils bei der ersten Erwähnung im Dokument – aufgelöst. Biographische Daten werden, soweit ermittelt, in der Regel bei der ersten Erwähnung des Namen angegeben. Sie werden im Personenregister durch Kursivdruck erschlossen.

Der Nachlaß von Paul Hertz wird in den Fußnoten sowohl nach dem Mikrofilm im AdsD Bonn als auch nach den Originalakten im IISG Amsterdam zitiert. Ursache für diese unübliche Verfahrensweise ist der Umstand, daß erst im Laufe der Bearbeitung deutlich wurde, daß es keine Konkordanz zwischen den Signaturen beider Bestände gibt. Daher wäre es nur mit einem unvertretbar hohen Arbeitsaufwand möglich gewesen, die ursprüngliche Absicht der einheitlichen Zitierweise des Nachlasses von Paul Hertz zu verwirklichen. Bei den Angaben über die Fundorte der abgedruckten Dokumente wird jedoch ausschließlich nach dem Bestand im IISG Amsterdam zitiert.

Dokumentenverzeichnis

1.	14. 6. 1933	Protokoll der Parteivorstandssitzung	1
2.	2. 7. 1933	Protokoll der Parteivorstandssitzung	2
3.	7. 7. 1933	Protokoll der Parteivorstandssitzung	10
4.	4. 8. 1933	Protokoll der Parteivorstandssitzung	13
5.	5. 9. 1933	Protokoll der Parteivorstandssitzung	18
6.	18.10. 1933	Protokoll der Parteivorstandssitzung	20
7.	29.12. 1933	Protokoll der Parteivorstandssitzung	25
8.	12. 1. 1934	Protokoll der Parteivorstandssitzung	29
9.	20. 1. 1934	Protokoll der Parteivorstandssitzung	31
10.	9. 2. 1934	Protokoll der Parteivorstandssitzung	34
11.	23. 2. 1934	Protokoll der Parteivorstandssitzung	38
12.	16. 3. 1934	Protokoll der Parteivorstandssitzung	41
13.	20. 4. 1934	Protokoll der Parteivorstandssitzung	46
14.	18. 5. 1934	Protokoll der Parteivorstandssitzung	51
15.	22. 6. 1934	Protokoll der Parteivorstandssitzung	52
16.	[ca. 8. 1934]	Bemerkungen des Parteivorstandes zur Denkschrift von Siegfried Aufhäuser und Karl Böchel an die SAI-Exekutive mit Bericht über die Parteivorstandssitzung am 1. 7. 1934	60
17.	3. 8. 1934	Notiz Hans Vogels über die Parteivorstandssitzung am 3. 8. 1934	61
18.	15.10. 1934	Notiz Paul Hertz' über die Parteivorstandssitzung am 15. 10. 1934	62
19.	16.10. 1934	Notiz Paul Hertz' über die Parteivorstandssitzung am 16. 10. 1934	64
20.	18.10. 1934	Notiz Paul Hertz' über die Parteivorstandssitzung am 18. 10. 1934	64
21.	19.10. 1934	Protokoll der Parteivorstandssitzung	65

22.	23.10.1934	Notiz Paul Hertz' über die Parteivorstandssitzung am 23. 10. 1934	75
23.	1.11.1934	Notiz Paul Hertz' über die Parteivorstandssitzung am 1. 11. 1934	75
24.	7.11.1934	Protokoll der Parteivorstandssitzung	76
25.	14.12.1934	Notiz Paul Hertz' über die Parteivorstandssitzungen in der ersten Dezemberhälfte 1934	78
26.	18.12.1934	Protokoll der Parteivorstandssitzung	80
27.	21.12.1934	Notiz Paul Hertz' über die Parteivorstandssitzung am 21. 12. 1934	92
28.	2. 1.1935	Notiz Paul Hertz' über die Parteivorstandssitzung am 2. 1. 1935	93
29.	5. 1.1935	Notiz Paul Hertz' über die Parteivorstandssitzung am 4. 1. 1935	94
30.	30. 1.1935	Parteivorstands-Rundschreiben mit Bericht über eine Parteivorstandssitzung Ende Januar 1935	95
31.	5. 2.1935	Notiz Paul Hertz' über die Parteivorstandssitzung am 5. 2. 1935	96
32.	13. 2.1935	Notiz Paul Hertz' über die Parteivorstandssitzung am 13. 2. 1935	96
33.	4. 3.1935	Protokoll der Parteivorstandssitzung	97
34.	18. 3.1935	Notiz Paul Hertz' über die Parteivorstandssitzung am 18. 3. 1935	101
35.	26. 3.1935	Protokoll der Parteivorstandssitzung	102
36.	1. 4.1935	Protokoll der Parteivorstandssitzung	104
37.	6. 4.1935	Protokoll der Parteivorstandssitzung	106
38.	11./12. 4.1935	Protokoll der Parteivorstandssitzung am 11. oder 12. 4. 1935	107
39.	8. 5.1935	Notiz Paul Hertz' über die Parteivorstandssitzung am 30. 4. 1935	110
40.	6. 5.1935	Protokoll der Parteivorstandssitzung	112
41.	16. 5.1935	Protokoll der Parteivorstandssitzung	114

42.	21. 5. 1935	Protokoll der Parteivorstandssitzung	116
43.	2. 7. 1935	Brief Paul Hertz' an Rudolf Breitscheid mit Bericht über die Parteivorstandssitzung am 28. 6. 1935	120
44.	17. 7. 1935	Notiz Paul Hertz' über die Parteivorstandssitzungen in der ersten Julihälfte 1935	124
45.	5. 8. 1935	Notiz Paul Hertz' über die Parteivorstandssitzungen am 26. 7. 1935 und 2. 8. 1935	125
46.	26. 8. 1935	Protokoll der Parteivorstandssitzung	126
47.	19. 9. 1935	Brief Otto Wels' an den Sekretär des Marx-Engels-Lenin-Instituts mit Bericht über die Parteivorstandssitzung am 16. 9. 1935	128
48.	18.10. 1935	Protokoll der Parteivorstandssitzung	129
49.	25.10. 1935	Protokoll der Parteivorstandssitzung	132
50.	7.11. 1935	Protokoll der Parteivorstandssitzung	136
51.	12.11. 1935	Protokoll der Parteivorstandssitzung	138
52.	18.11. 1935	Brief Paul Hertz' an Rudolf Hilferding mit Bericht über die Parteivorstandssitzung am 18. 11. 1935	139
53.	9.12. 1935	Protokoll der Parteivorstandssitzung	142
54.	2. 1. 1936	Notiz Otto Wels' mit Hinweis auf eine Parteivorstandssitzung am 2. 1. 1936	143
55.	24. 1. 1936	Parteivorstands-Rundschreiben mit Bericht über die Parteivorstandssitzung am 17. 1. 1936	143
56.	27. 1. 1936	Notiz Otto Wels' mit Hinweis auf eine Parteivorstandssitzung am 27. 1. 1936	145
57.	5. 3. 1936	Protokoll der Parteivorstandssitzung	146
58.	9. 4. 1936	Protokoll der Parteivorstandssitzung	146
59.	15. 4. 1936	Protokoll der Parteivorstandssitzung	149
60.	17. 4. 1936	Protokoll der Parteivorstandssitzung	151
61.	28. 4. 1936	Protokoll der Parteivorstandssitzung	151
62.	7. 5. 1936	Notiz Paul Hertz' über die Parteivorstandssitzung am 7. 5. 1936	152

63.	16. 5. 1936	Protokoll der Parteivorstandssitzung	154
64.	29. 5. 1936	Protokoll der Parteivorstandssitzung	154
65.	4. 6. 1936	Protokoll der Parteivorstandssitzung	157
66.	5. 6. 1936	Protokoll der Parteivorstandssitzung	160
67.	17. 6. 1936	Protokoll der Parteivorstandssitzung	161
68.	2. 7. 1936	Protokoll der Parteivorstandssitzung	162
69.	13. 7. 1936	Protokoll der Parteivorstandssitzung	162
70.	30. 7. 1936	Brief des Parteivorstandes [Hertz?] an Boris Nikolajewski mit Hinweis auf eine Parteivorstandssitzung am 29. 7. 1936	165
71.	5. 8. 1936	Tagesordnung der Parteivorstandssitzung am 5. 8. 1936 ...	165
72.	10. 8. 1936	Protokoll der Parteivorstandssitzung	166
73.	12. 8. 1936	Protokoll der Parteivorstandssitzung	166
74.	18. 9. 1936	Protokoll der Parteivorstandssitzung	168
75.	21. 9. 1936	Protokoll der Parteivorstandssitzung	169
76.	5.10. 1936	Protokoll der Parteivorstandssitzung	170
77.	15.10. 1936	Protokoll der Parteivorstandssitzung	175
78.	23.10. 1936	Tagesordnung der Parteivorstandssitzung am 23.10. 1936 ..	177
79.	26.10. 1936	Brief Paul Hertz' an Karl und Luise Kautsky mit Bericht über die Parteivorstandssitzung am 26.10. 1936	178
80.	1.12. 1936	Protokoll der Parteivorstandssitzung	179
81.	5. 1. 1937	Tagesordnung der Parteivorstandssitzung am 5.1. 1937	180
82.	14. 1. 1937	Brief Paul Hertz' an Hans Hirschfeld mit Bericht über die Parteivorstandssitzung kurz vor dem 8.1. 1937	180
83.	19. 2. 1937	Protokoll der Parteivorstandssitzung	182
84.	2. 3. 1937	Notiz Paul Hertz' mit Hinweis auf eine Parteivorstandssitzung am 2. 3. 1937	187
85.	2. 4. 1937	Brief Paul Hertz' an Rudolf Hilferding mit Bericht über die Parteivorstandssitzung am 31. 3. 1937	187

86.	20. 4. 1937	Notiz Paul Hertz' über die Parteivorstandssitzung am 20. 4. 1937	190
87.	12. 5. 1937	Brief Paul Hertz' an Willi [Müller; d. i. Karl Frank] mit Bericht über eine Parteivorstandssitzung um den 5. 5. 1937	191
88.	12. 5. 1937	Protokoll der Parteivorstandssitzung	194
89.	19. 5. 1937	Protokoll der Parteivorstandssitzung	197
90.	21. 5. 1937	Protokoll der Parteivorstandssitzung	198
91.	25. 5. 1937	Protokoll der Parteivorstandssitzung	199
92.	31. 5. 1937	Mitteilung des Parteivorstandes an Vertrauensleute mit Bericht über die Parteivorstandssitzung am 26. 5. 1937	200
93.	4. 6. 1937	Protokoll der Parteivorstandssitzung	201
94.	14. 6. 1937	Protokoll der Parteivorstandssitzung	202
95.	18. 6. 1937	Protokoll der Parteivorstandssitzung	203
96.	21. 6. 1937	Protokoll der Parteivorstandssitzung	203
97.	6. 8. 1937	Protokoll der Parteivorstandssitzung	204
98.	16. 8. 1937	Notiz Paul Hertz' über die Parteivorstandssitzung am 16. 8. 1937	204
99.	7. 9. 1937	Protokoll der Parteivorstandssitzung	205
100.	24.12 1937	Protokoll der Parteivorstandssitzung	206
101.	27.12. 1937	Protokoll der Parteivorstandssitzung	208
102.	8. 1. 1938	Protokoll der Parteivorstandssitzung	209
103.	27. 1. 1938	Protokoll der Parteivorstandssitzung	212
104.	8. 2. 1938	Protokoll der Parteivorstandssitzung	214
105.	11. 2. 1938	Brief Paul Hertz' an Friedrich Adler mit Bericht über die Parteivorstandssitzungen am 9. und 10. 2. 1938	216
106.	22. 2. 1938	Protokoll der Parteivorstandssitzung	218
107.	24. 2. 1938	Protokoll der Parteivorstandssitzung	220
108.	27. 2. 1938	Brief Paul Hertz' an Friedrich Adler mit Bericht über die Parteivorstandssitzung am 25. 2. 1938	226

109.	28. 2. 1938	Protokoll der Parteivorstandssitzung	228
110.	1. 3. 1938	Protokoll der Parteivorstandssitzung	231
111.	7. 3. 1938	Protokoll der Parteivorstandssitzung	235
112.	8. 3. 1938	Protokoll der Parteivorstandssitzung	240
113.	27. 3. 1938	Protokoll der Parteivorstandssitzung	241
114.	9. 6. 1938	Protokoll der Parteivorstandssitzung	242
115.	22. 6. 1938	Protokoll der Parteivorstandssitzung	243
116.	29. 6. 1938	Protokoll der Parteivorstandssitzung	244
117.	8. 7. 1938	Protokoll der Parteivorstandssitzung	248
118.	15. 7. 1938	Protokoll der Parteivorstandssitzung	252
119.	22. 7. 1938	Protokoll der Parteivorstandssitzung	255
120.	25. 7. 1938	Protokoll der Parteivorstandssitzung	257
121.	26. 7. 1938	Protokoll der Parteivorstandssitzung	259
122.	3. 8. 1938	Protokoll der Parteivorstandssitzung	261
123.	9. 8. 1938	Protokoll der Parteivorstandssitzung	264
124.	10. 8. 1938	Protokoll der Parteivorstandssitzung	267
125.	20. 8. 1938	Protokoll der Parteivorstandssitzung	292
126.	22. 8. 1938	Protokoll der Parteivorstandssitzung	298
127.	26. 8. 1938	Protokoll der Parteivorstandssitzung	307
128.	12.10. 1938	Protokoll der Parteivorstandssitzung	312
129.	2.11. 1938	Protokoll der Parteivorstandssitzung	316
130.	16.11. 1938	Protokoll der Parteivorstandssitzung	330
131.	28.11. 1938	Protokoll der Parteivorstandssitzung	333
132.	1.12. 1938	Protokoll der Parteivorstandssitzung	337
133.	16.12. 1938	Protokoll der Parteivorstandssitzung	339
134.	22.12. 1938	Protokoll der Parteivorstandssitzung	343

135.	6. 1. 1939	Protokoll der Parteivorstandssitzung	347
136.	26. 1. 1939	Protokoll der Parteivorstandssitzung	350
137.	10. 2. 1939	Protokoll der Parteivorstandssitzung	354
138.	13. 3. 1939	Protokoll der Parteivorstandssitzung	354
139.	25. 3. 1939	Protokoll der Parteivorstandssitzung	356
140.	27. 3. 1939	Protokoll der Parteivorstandssitzung	358
141.	5. 4. 1939	Protokoll der Parteivorstandssitzung (Teil I)	359
142.	5. 4. 1939	Protokoll der Parteivorstandssitzung (Teil II)	361
143.	7. 4. 1939	Protokoll der Parteivorstandssitzung	364
144.	15. 4. 1939	Protokoll der Parteivorstandssitzung	365
145.	19. 4. 1939	Protokoll der Parteivorstandssitzung	366
146.	26. 4. 1939	Protokoll der Parteivorstandssitzung	368
147.	3. 5. 1939	Protokoll der Parteivorstandssitzung	372
148.	4. 5. 1939	Protokoll der Parteivorstandssitzung	373
149.	5. 5. 1939	Protokoll der Parteivorstandssitzung	374
150.	19. 5. 1939	Protokoll der Parteivorstandssitzung	376
151.	14. 6. 1939	Protokoll der Parteivorstandssitzung	381
152.	18. 6. 1939	Protokoll der Parteivorstandssitzung	385
153.	28. 6. 1939	Protokoll der Parteivorstandssitzung	386
154.	5. 7. 1939	Protokoll der Parteivorstandssitzung	390
155.	12. 7. 1939	Protokoll der Parteivorstandssitzung	394
156.	19. 7. 1939	Protokoll der Parteivorstandssitzung	396
157.	21. 7. 1939	Protokoll der Parteivorstandssitzung	397
158.	24. 7. 1939	Protokoll der Parteivorstandssitzung	402
159.	29. 7. 1939	Protokoll der Parteivorstandssitzung	402
160.	4. 8. 1939	Protokoll der Parteivorstandssitzung	403

161.	18. 8. 1939	Protokoll der Parteivorstandssitzung	404
162.	Oktober 1939	Parteivorstands-Mitteilungen von Anfang Oktober 1939 mit Bericht über Parteivorstandssitzungen im September 1939 .	406
163.	21.11. 1939	Brief Erich Ollenhauers an Siegfried Taub mit Bericht über die Parteivorstandssitzung am 20.11. 1939	407
164.	30.12. 1939	Brief Erich Ollenhauers an Emil Stahl mit Bericht über die in den letzten Tagen stattgefundene Parteivorstandssitzung ...	408
165.	Februar 1939	Parteivorstands-Mitteilungen von Anfang Februar 1940 mit Bericht über die Parteivorstandssitzung am 22.1. 1940	409
166.	8. 3. 1940	Brief Curt Geyers an Friedrich Stampfer mit Bericht über die Parteivorstandssitzung am 7.3. 1940	410
167.	13. 3. 1940	Brief Erich Ollenhauers an Friedrich Stampfer mit Bericht über die Parteivorstandssitzung am 12.3. 1940	411

Anhangdokumente

1. 17. 6. 1933 — Bericht über die Besprechung von Parteivorstands-Mitgliedern mit Vertretern der deutschen Partei in der Tschechoslowakei am 17.6. 1933 ... 413

2. 29./30. 7. 1933 — Bericht über die Besprechung mit den Genossen List, Weber, Lehmann und Fröhbrodt über die illegale SAJ-Arbeit am 29. und 30. 7. 1933 ... 414

3. 14. 8. 1933 — Bericht über die Konferenz der Grenzsekretäre in der Tschechoslowakei am 14. 8. 1933 ... 421

4. 18.10. 1933 — Bericht über die Konferenz der Grenzsekretäre in der Tschechoslowakei am 18.10. 1933 ... 422

5. 26. 1. 1934 — Protokoll der Sitzung der Grenzsekretäre in der CSR am 26. 1. 1934 ... 423

6. 22. 2.–29. 3. 1934 — Bericht Siegmund Crummenerls über seine Westreise vom 22. 2.–29. 3. 1934 ... 427

7. 13. 4. 1934 — Protokoll der Besprechung des Parteivorstands mit den Grenzsekretären in der Tschechoslowakei am 13. 4. 1934 ... 436

8. 2.–4. 6. 1934 — Bericht über die Neunkirchener Konferenz vom 2.– 4. 6. 1934 ... 439

9. 9. 8. 1934 — Protokoll der Lütticher Besprechung am 9. 8. 1934 ... 455

10. 11./12. 8. 1934 — Protokoll der Saargemünder Besprechung am 11./12. 8. 1934 ... 458

11. 9.10. 1934 — Protokoll der Sitzung der SAI-Kommission für Organisationsfragen mit dem Parteivorstand am 9.10. 1934 ... 461

12. ohne Datum — Fragebogen über die Verhältnisse der der SAI angeschlossenen illegalen Parteien ... 466

13. 30.10. 1934 — Protokoll über die Besprechung von Parteivorstands-Mitgliedern mit den Grenzsekretären am 30.10. 1934 ... 471

14. 3.–6.11. 1934 — Bericht über die Besprechung mit Mitgliedern der Berliner Zentrale vom 3.–6.11. 1934 ... 475

15. 7. 2. 1935 — Protokoll der Konferenz der Stützpunktleiter des Karlsbader Bezirks am 7.2. 1935 ... 477

16. 29. 5. 1935 — Protokoll der Sekretär-Besprechung am 29. 5. 1935 ... 493

17. 10. 9. 1935 — Bericht Erich Ollenhauers vom 10.9. 1935 über seine West- und Skandinavienreise im September 1935 ... 496

18.	22.10.1935	Protokoll der Besprechung des Parteivorstands mit den Grenzsekretären am 22.10.1935	497
19.	21. 1.1936	Notiz Otto Wels' über die Sekretärkonferenz am 21.1.1936 .	499
20.	28. 5.1937	Protokoll über die Sekretärsitzung am 28.5.1937	499
21.	20. 7.1937	Protokoll über die Sekretärsitzung am 20.7.1937	503
22.	14. 9.1937	Niederschrift über die gemeinsame Sitzung von Parteivorstands-Mitgliedern mit den Vertretern der Leitung der ehemaligen RS-Gruppe in Karlsbad am 14.9.1937	504
23.	14. 9.1937	Kassennotiz vom 14.9.1937	505
24.	3.12.1937	Protokoll der Besprechung von Parteivorstands-Mitgliedern mit Vertretern der DSAP in der Tschechoslowakei am 3.12.1937	507
25.	7.12.1937	Protokoll der Besprechung von Parteivorstands-Mitgliedern mit Vertretern der DSAP in der Tschechoslowakei am 7.12.1937	511
26.	23.12.1937	Protokoll der Besprechung von Parteivorstands-Mitgliedern mit Vertretern der DSAP in der Tschechoslowakei am 23.12.1937	513
27.	5. 3.1938	Protokoll der Besprechung des Parteivorstands mit Grenzsekretären am 5.3.1938	515
28.	9. 3.1938	Protokoll der Besprechung des Parteivorstands mit Grenzsekretären am 9.3.1938	520
29.	22. 4.1938	Protokoll der Besprechung des Parteivorstands mit Grenzsekretären am 22.4.1938	522
30.	31. 8.1938	Protokoll der Besprechung von Parteivorstands-Mitgliedern mit der Auslandsvertretung der österreichischen Sozialisten am 31. 8.1938	523

Dokumente

Nr. 1
Protokoll der Parteivorstandssitzung am 14. Juni 1933
SAPMO Berlin, ZPA, II 145/54, Bl. 5

Besprechung am 14. Juni 1933

Anwesend: Wels, Vogel, Crummenerl, Ollenhauer, Rinner, Heine, Kriedemann.

Genosse **Wels** berichtet über die Arbeit, die der deutsche Parteivorstand bisher von Prag aufgenommen hat.

Es wird dann über Erfahrungen in der illegalen Arbeit berichtet, und es wird[1] eine Reihe von Vorschlägen für die deutsche Partei unterbreitet.

Die erste Aufgabe müsse sein, die deutsche Sozialdemokratie vor der Belastung durch die antifaschistische Propaganda und durch die illegale Arbeit zu schützen, da eine Verbindung der Partei mit dieser Arbeit zu den schwersten Gefahren für die [in] Deutschland verbliebenen Genossen führen müsse.

Es wird die Gründung einer »Internationalen Gesellschaft zur Rettung der Demokratie« empfohlen, die in allen Ländern Komitees bilden müßte. Diese Gesellschaft soll zwar nach den Richtlinien der Partei arbeiten, aber der Kreis ihrer Mitglieder soll weiter gefaßt werden. Die Komitees sollen möglichst viele bekannte Namen umfassen, die bereit sind, den Kampf um die Demokratie zu unterstützen. Die »Gesellschaft« kann eine doppelte Aufgabe erfüllen. Sie kann die antifaschistische Front erweitern, sie kann den antifaschistischen Kampf finanzieren helfen und sie kann schließlich für Flugblätter und Broschüren verantwortlich zeichnen, so daß die Partei im Lande nicht mit der Verantwortung für diese Veröffentlichungen belastet werden kann.[2]

Die illegale[3] Organisation ist unabhängig von der Parteiorganisation aufzuziehen. Sie muß sich ebenfalls in allen Ländern und in Deutschland selbst Stützpunkte schaffen. Der Kreis der beteiligten Personen muß so eng wie möglich gezogen werden. In jedem Land bzw. in jedem Bezirk darf nur ein Vertrauensmann bestellt werden.[4] Dieser Vertrauens-

---

1 Vorlage: werden.
2 Zu den Versuchen, eine »Internationale Gesellschaft zur Rettung der Demokratie« ins Leben zu rufen und zum Scheitern dieser Idee vgl. *Langkau-Alex*, Volksfront, Bd. 1, S. 69 f.
3 Vorlage: »illegale« ms. unterstrichen.
4 Lt. Erhebungen von Mitte Juni 1933, in: AdsD Bonn, PV-Emigration, Mappe 171, waren als Vertrauensmänner tätig: Richard Hansen (Dänemark), Siegfried Aufhäuser (Frankreich), Helmuth Kern (Holland), Karl Heinz (Österreich), Karl Mössinger (Saargebiet), Arthur Crispien (Schweiz), Willi Sander (Tschechoslowakei) und Gustav Ferl (Belgien).
Kern, Helmuth F., geb. 1905, SAJ-Funktionär, Redakteur der »Volkszeitung« Düsseldorf, Emigration 1933 Niederlande, Grenzarbeit und Flüchtlingsbetreuung, Hrsg. und Redakteur von »Freie Presse«, Mitgründer und Vorstandsmitglied der SPD-Gruppe Amsterdam, 1934 Saargebiet, Redakteur der »Volksstimme« Saarbrücken, 1935 Niederlande, ging 1939 als niederländischer Gewerkschaftsvertreter in die USA und blieb dort.
Heinz, Karl, 1895–1965, österreichischer Sozialdemokrat, 1926–1932 Vorsitzender der SJI, im Vorstand der SDAP, 1930–1934 MdNR, Emigration 1934 CSR, Mitarbeit ALÖS und AVÖS, 1938 Frankreich, 1939 (?) Schweden, 1941 USA, blieb dort.
Mössinger, Karl, 1888–1961, 1928 bis November 1933 Landessekretär der Saar-SPD, Emigration 1935 Frankreich, Anschluß an »Bewegung Freies Deutschland für den Westen«, 1943 Mitgründer und bis 1945 Mitglied »Komitee Freies Deutschland für den Westen«, später Orientierung an Sopade, 1946 Rückkehr in das Saarland, 1946–1953 Regierungsrat, später Wirtschaftsminister, 1953–1955 Landessekretär der Sozialdemokratischen Partei Saar.
Crispien, Arthur, 1875–1946, USPD, 1922 SPD, 1922–1933 Mitvorsitzender der SPD, 1920–1933

mann wählt sich zwei Mitarbeiter aus, die einander nicht kennen. Jeder Mitarbeiter wiederum hat sich fünf Helfer zu sichern, von denen der eine dem andern nicht bekannt ist. Jeder Helfer arbeitet mit drei Genossen zusammen, die ebenfalls untereinander nicht bekannt gemacht werden.

Für den Nachrichtendienst gibt es verschiedene Möglichkeiten. Für Kurierdienste sind in vielen Fällen Frauen gut zu verwenden. Alle Nachrichten werden chiffriert gesandt. Chiffrierschlüssel stehen zur Verfügung. Die Übermittlung der Nachrichten kann auf verschiedenen Wegen erfolgen (Bleistift, Schirme, Knöpfe, Koffer mit doppeltem Boden usw.).[5]

Für die Geheimschrift gibt es verschiedene Techniken. Die einfachste ist die Anwendung von Speichel. Es ist dabei in jedem Fall rauhes Papier zu verwenden. Die Schrift wird bei Erwärmung sichtbar.

Notwendig ist die Erforschung des gegnerischen Geheimdienstes. (Verbindung mit der Gesandtschaft und dem gegnerischen Geheimdienst).[6]

Die gesamte Arbeit muß nach einem bestimmten Plan und mit einem bestimmten Ziel organisiert werden. Die Methoden des Kampfes müssen sich im Laufe des Kampfes steigern. Man kann zunächst nur mit Zeitungen und Broschüren arbeiten, also mit schriftlicher Propaganda[7] wirken, muß dann aber auch andere Methoden in Anwendung bringen.

MdR, 1923–1936 SAI-Exekutive, Emigration 1933 Österreich, Schweiz, Tätigkeit für das SAI-Büro Zürich, bis 1938 nomineller Sopade-Vertreter in der Schweiz.
5 Vorlage: Anstelle der Klammern »()« stehen Schrägstriche »//«.
6 Vorlage: des gegnerischen Geheimdienstes; anstelle der Klammern »()« stehen Schrägstriche »//«.
7 Vorlage: Von »also« bis »Propaganda« in Schrägstrichen.

Nr. 2
Protokoll der Parteivorstandssitzung am 2. Juli 1933

SAPMO Berlin, II 145/54, Bl. 8-11

Parteivorstandssitzung am 2. Juli 1933, 14 m[i]t[tag]s[1]

Anwesend: Wels, Vogel, Stampfer, Crummenerl, Ollenhauer, Hertz, Rinner, Böchel

Wels berichtet zunächst kurz über die Entwicklung seit der Bodenbacher Besprechung[2] und über die Konferenz in Berlin, in der die Wahl eines neuen PV vorgenommen wurde.[3]

---

1 Vorlage: »14 mts« hs. ergänzt.
2 Die Bodenbacher Besprechung fand am 13. Juni 1933 statt. Protokoll veröffentlicht bei *Schulze*, Anpassung, Dok. 12, S. 191–193.
3 Von der sogenannten »Reichskonferenz Löbe«, die am 19. Juni 1933 im Preußischen Landtag in Berlin stattgefunden hatte, war ein neues »Direktorium« (Künstler, Löbe, Rinner, Stelling, Szillat und Westphal) gewählt worden; Protokoll veröffentlicht bei *Matthias/Link*, Dok. 4, S. 182–184, und *Schulze*, Anpassung, Dok. 2, S. 194–198. Am 21. Juni 1933 fand noch eine Sitzung dieses neu gewählten Direktoriums statt; am 22. Juni 1933 wurde die SPD verboten. Vgl. Die Sozialdemokratische Partei und Hitler. Der Weg in die Illegalität. 1934, S. 33–35, in: AdsD Bonn, PV-Emigration, Mappe 164, künftig zitiert als »Die Sozialdemokratische Partei und Hitler«; Bericht Rinner, 25. Juni [1933], in: SAPMO Berlin, ZPA, II 145/56, Bl. 50 f.; *Adolph*, S. 283–285; *Hoegner*, Außenseiter, S. 116 f.; *Niemann*, Geschichte, S. 342 f.; *Niemann u. a.*, S. 81 f.

Gen[osse] Wels[4] verweist darauf, daß die Konferenz rein zufällig zusammengesetzt war und daß sie nicht befugt gewesen ist, den auf dem Parteitag bzw. auf der Reichskonferenz gewählten Parteivorstand abzusetzen.[5] Ebensowenig war der auf der Konferenz neugewählte Parteivorstand berechtigt, Beschlüsse zu fassen, die von den in Prag anwesenden Genossen fordern, daß sie sich lediglich als Treuhänder des in Prag befindlichen Parteivermögens betrachten und jede politische Arbeit von Prag aus unterlassen.

Die Maßnahmen der in Prag anwesenden Mitglieder des PV stützen sich auf Beschlüsse des PV und der Kontrollkommission, und die in Prag anwesenden Vorstandsmitglieder erkennen nur die Verpflichtung an, sich gegenüber einem ordentlich einberufenen Parteitag zu ihren Maßnahmen im einzelnen zu verantworten.

Wels schlägt vor, diese Auffassung protokollarisch festzulegen und festzustellen, daß die in Berlin abgehaltene Konferenz zu den von ihr gefaßten weitgehenden Beschlüssen nicht befugt gewesen ist.

Die Teilnehmer der Sitzung schließen sich dieser Auffassung einstimmig an.

Wels stellt dann die Vorschläge für die Arbeit in der nächsten Zeit zur Diskussion:
Herausgabe einer besonderen Ausgabe des »Neuen Vorwärts« für den Vertrieb in Deutschland.
Herausgabe von Broschüren und
Herausgabe einer theoretischen Zeitschrift.

Notwendig ist ferner eine prinzipielle Verständigung über die Arbeit in Deutschland selbst, da der Aufbau eines illegalen Apparates mindestens in der Anfangszeit mit erheblichen Kosten verbunden sein wird.

Außerdem müssen wir uns mit der Emigrantenfrage beschäftigen, die in der nächsten Zeit sehr brennend werde, nachdem die Zahl der Emigranten stark wächst und die finanzielle Kraft der betroffenen Parteien bald erschöpft sein dürfte.

Crummenerl gibt dann eine Übersicht über die finanzielle Situation. Es ist jetzt gelungen, die vorhandenen Mittel stärker zu konzentrieren und sie nach menschlichem Ermessen sicher anzulegen. Das Zeitungsprojekt in London ist erledigt.[6] Aus Amerika hat der Genosse Adler erneut einen Brief erhalten, in dem zu der Reise nach Amerika geraten wird. Die Amerikaner wünschen für den Fall, daß kein Deutscher nach Amerika kommt, den Genos-

---

Szillat, Paul, 1888–1958, Sozialdemokrat, seit 1925 preußischer Landtag, 1933 verhaftet, vorübergehend KZ Oranienburg, 1945 Oberbürgermeister Rathenow, April 1946 SED-PV, 1946–1950 MdL Brandenburg, Juni 1950 verhaftet, April 1956 aus Haft entlassen.
Hoegner, Wilhelm, 1887–1980, Sozialdemokrat, MdL Bayern 1924–1932, MdR 1930–1933, Emigration 1933 Österreich, SDAP-Sekretär in Innsbruck, 1934 Schweiz, zahlreiche publizistische Aktivitäten, 1945 Rückkehr nach Deutschland, Richter und einflußreicher Politiker in Bayern, u. a. 1945/46 und 1954–1957 Ministerpräsident.

4 Vorlage: »Wels« ms. unterstrichen.
5 Zur Reichskonferenz am 26. April 1933 vgl. Einleitung, S. XIX–XXI. Vgl. weiter Die Sozialdemokratische Partei und Hitler, S. 14–17, in: AdsD Bonn, PV-Emigration, Mappe 164; Internationale Information für Pressezwecke. Periodische Publikation. Hrsg. vom Sekretariat der Sozialistischen Arbeiter-Internationale, Zürich etc., 10.–16. Jg., 1933–1939, hier 10. Jg., 6. Mai 1933, S. 195–200; *Adolph*, S. 270 f.; *Schulze*, Anpassung, S. 189, Anm. 8; *Niemann*, Geschichte, S. 333–335.
6 Ursprünglich hatte es Überlegungen der Labour-Party gegeben, im Verlag und mit Mitteln des »Daily Herald« in London ein deutsches Wochenblatt herauszugeben. Letztlich erwies sich das »verlockende Angebot« jedoch als zu optimistisch und nicht realisierbar. Vgl. Stampfer an Frau und Tochter, 9. Mai 1933, in: *Matthias/Link*, Dok. 1, S. 175; Adler an Crummenerl, 20. Mai 1933, in: AdsD, PV-Emigration, Mappe 15; Franz Neumann an Crummenerl, 31. Mai 1933, und Schreiben aus Zürich (Crummenerl?) an Neumann, 2. Juni 1933 (Durchschlag), beide in: AdsD Bonn, PV-Emigration, Mappe 77; Adler an Stampfer, 10. Juni 1933, in: *Matthias/Link*, Dok. 1, S. 175, Anm. 3.

sen Abramovitsch[7] als Redner. Breitscheid ist bereit zu fahren, eine endgültige Entscheidung ist jedoch noch nicht gefallen.[8]

Crummenerl regt an, für einen Teil des Vermögens Gold anzukaufen, um vor allen Valutaschwankungen geschützt zu sein.

Die Ausgaben der Partei werden vor allem zwei Hauptposten umfassen: Einmal die Ausgaben für die Organisation in Deutschland und zum zweiten die Ausgaben für das Prager Büro. Vorgesehen ist die Besoldung von 6 Vertrauensleuten im Reiche und von 8 Mitarbeitern in Berlin.[9]

---

7 Abramovitsch, Raphael Rein, 1880–1963, Leiter der Menschewiki (SDAPR), Emigration 1921/22 Österreich, Deutschland, 1933 Frankreich, 1940 USA, 1923–1940 SAI-Exekutive und -Büro.

8 Schon im Mai 1933 hatte Adler Wels auf die Möglichkeit einer »Agitationstour« eines prominenten deutschen Sozialisten hingewiesen; vgl. Adler an Wels, 21. Mai 1933, in: AdsD Bonn, PV-Emigration, Mappe 15. Breitscheid war angeblich bereit, die Reise, die ihm selber zwecklos und unsinnig erschien, auf sich zu nehmen, wenn die Parteileitung darauf bestehe; vgl. *Pistorius*, S. 322. Dagegen steht Crummenerls Aussage, wonach frühere Überlegungen, einen Genossen in die USA zu entsenden, an Breitscheid gescheitert seien, der »keine Lust und Neigung hatte, hinüberzugehen und jedesmal neue Gründe vorbrachte, die die Ausführung des Planes verhinderten«. So Crummenerl an Adler, 27. Dezember 1933, in: IISG Amsterdam, SAI, Nr. 3447. Vgl. auch Nr. 7.

9 Zur Berliner Zentrale gehörten nach *Niemann*, Geschichte, S. 343, 359 f. Max Fechner und Franz Klühs als die letzten noch in Freiheit befindlichen Mitglieder des am 21. Juni 1933 vom sogenannten »Löbevorstand« eingesetzten 12er Ausschusses, Fritz List und Gustav Weber als Mitglieder der SAJ-Reichsleitung sowie Herbert Kriedemann und Alfred Nau als PV-Angestellte. Vgl. Nr. 7. Nach der Aussage Kriedemann, 12. Februar 1941, in: BA Zwischenarchiv Dahlwitz-Hoppegarten, ZC 10858/1, Bl. 98, könnte es sich bei den sechs Vertrauensleuten auch um Rinner, Geyer, Nau, Bruno Neumann, Paul Siebold und Kriedemann handeln; vgl. Aussage Kriedemann, 14. Februar 1941, in: Ebd., Bl. 102, wonach im Laufe des Spätsommers 1933 Rinner und Geyer nach Prag gingen und Kurt Bauriehter und Walter Maschke aufrückten. Nach der Anklageschrift gegen Kriedemann von 1941 bestand die Berliner Inlandsleitung zunächst aus Rinner, Geyer, Neumann, Kriedemann und Nau, wozu später Siebold, Bauriehter und Maschke getreten seien; vgl. Anklageschrift ORA beim VGH gegen Kriedemann, 7. August 1941, S. 6 f., in: BDC. *Heine*, S. 767, nennt als »wichtigste« Mitglieder der »illegalen Reichsleitung« in Berlin Geyer, Rinner, Nau und Kriedemann.

Fechner, Max, 1892–1973, Sozialdemokrat (USPD/SPD), 1928–1933 MdL Preußen, Leiter der Kommunalpolitischen Zentralstelle des SPD-PV, 1933–1934 KZ Oranienburg, 1946–1953 PV bzw. ZK der SED, 1949–1953 Justizminister der DDR, im Zusammenhang mit dem 17. Juni 1953 entmachtet und bis 1956 in Haft, 1958 wieder SED.

Klühs, Franz, 1877–1938, ab 1920 Redakteur des »Vorwärts«, 1933 verhaftet, Juni 1934 zu 2 Jahren und 9 Monaten Gefängnis verurteilt, 1936 entlassen, an Haftfolgen gestorben.

Weber, Gustav, geb. 1904 (?), Verlagsangestellter, hauptamtlicher Sekretär SAJ, 1934 zu 2 1/2 Jahren Gefängnis verurteilt.

Nau, Alfred, 1906–1983, ab 1928 Sekretär, SPD-Parteikassierer, nach 1933 illegale Arbeit, Dezember 1934 verhaftet und zu 14 Monaten Zuchthaus verurteilt, 1942–1945 Kriegsdienst, 1945 Mitarbeiter Kurt Schumachers, 1946 Vorstandsmitglied, Schatzmeister, 1958 Präsidium SPD.

Neumann, Bruno, geb. ca. 1899, früher Sekretär von Hertz, bis Februar 1934 Kurierdienste für Sopade, Emigration 1934 Großbritannien (?).

Siebold, Paul, geb. 1906, 1923 Mitglied SAJ, 1927 SPD, 1931 RB, bis Februar 1933 in der Werbeabteilung des »Vorwärts«, danach selbständiger Werbeberater, illegale Druckschriftenherstellung, 1934 verhaftet, im Prozeß gegen Markwitz u. a. 1936 vom VGH zu einem Jahr und neun Monaten Gefängnis verurteilt.

Bauriehter, Kurt, 1902–1974, SPD, 1928–1932 persönlicher Referent und Leiter des Ministerbüros im Reichsinnenministerium, 1932 RB-Bundesführung, 1933–1934 illegale Tätigkeit, 1934–1936 KZ und U-Haft, nach 1945 Landespolitiker Nordrhein-Westfalen.

Maschke, Walter, 1891–1980, Mitglied SPD, 1922–1933 Leiter des Jugendsekretariats des ADGB, ab 1933 mehrfach verhaftet, 1939–1940 KZ Sachsenhausen, nach dem 20. Juli 1944 erneut verhaftet, 1946–1963 FDGB-Funktionär.

Crummenerl rechnet mit einer Ausgabe von Mk. 10 000,– pro Monat in Deutschland. Dazu kommen die Ausgaben für das Prager Büro, die er auf monatlich Mk. 17 000,– beziffert. Der gesamte Etat im Monat dürfte Mk. 30 000,– betragen, so daß wir mit einem Jahresetat von rund Mk. 400 000,– rechnen müssen. Die Frage der Unterstützung der Emigranten ist für die Partei außerordentlich schwierig, da eine Unterstützung im Falle der Tschechoslowakei sofort gleiche Forderungen der Emigranten in den anderen Ländern nach sich ziehen wird. Wir müssen hier denkbar vorsichtig vorgehen.

Rinner vertritt die Auffassung, daß in Deutschland eine strenge Geheimorganisation aufgezogen werden muß. Es wird die erste Aufgabe sein müssen, Verbindungen mit den verschiedenen illegalen Gruppen, die sich bereits in Deutschland gebildet haben, zu erhalten, um sie allmählich unter unsere Führung zu bringen. Der Materialvertrieb kann erst nach diesen Vorarbeiten einsetzen, dabei werden die Zeitschrift und die Broschüre von größerem Wert sein als der »Vorwärts«.

Böchel kommt zurück auf die Erklärung des Gen. Wels zu Anfang der Sitzung und betont, daß nach seiner Auffassung die im Ausland befindlichen Mitglieder des PV einmal zu einer Sitzung zusammengefaßt werden müssen, damit wir wieder als PV in Erscheinung treten können. Der Aufbau der illegalen Arbeit wird langsam vor sich gehen, da der alte Apparat dazu nicht verwendet werden kann, er glaubt allerdings, daß es in absehbarer Zeit möglich sein wird, die neuen Stützpunkte in Deutschland durch Einnahmen in Deutschland wenigstens teilweise zu finanzieren.

Crummenerl berichtet in diesem Zusammenhang über seine Besprechung mit den Außensekretären an der Westgrenze. Er hat alle Genossen in der Besprechung in Saarbrücken verpflichtet, wöchentlich einmal über ihre Arbeit zu berichten und dem Vorstand vor allem auch alle ihnen zugehenden Informationen über die Lage in Deutschland weiterzugeben.[10] Es handelt sich dabei um die Außensekretariate Reinbold, Straßburg, Schumacher, Arnheim, Ferl, Verviers. Nach Berichten, die er in Zürich erhalten hat, haben sich in Berlin und auch in anderen großen Städten des Reichs neben der Partei zahlreiche Widerstandsnester gebildet, die vor allem von einem Teil der Berliner Arbeiterjugend unter Führung des Genossen Schmidt informiert werden.[11] Crummenerl ist der Auffassung, daß es nicht zweckmäßig ist, jetzt schon die verschiedenen Gruppen zu zentralisieren, sondern sie nebeneinander arbeiten zu lassen, da sonst die Gefahr einer Zerstörung unserer Verbindung durch einen polizeilichen Eingriff sehr groß ist.

Stampfer berichtet, daß der Vorsitzende der deutschen Partei in der Tschechoslowakei, Genosse Dr. Czech[12], den Wunsch geäußert hat, daß vor einer endgültigen Beschlußfas-

---

10 Zu den Reisen Crummenerls vgl. die Notizen über seine Anrufe aus Zürich am 18. Juni 1933 und aus Amsterdam am 22. Juni [1933], in: SAPMO Berlin, ZPA, II 145/56, Bl. 45 und 49. Die Besprechung in Saarbrücken fand am Mittwoch, 21. Juni 1933, statt.
11 Vgl. *Erich Schmidt*, Der Berliner Jugendkonflikt von April 1933, in: *Erich Matthias*, Die Sozialdemokratische Partei Deutschlands, in: *Erich Matthias/Rudolf Morsey* (Hrsg.), Das Ende der Parteien 1933. Darstellungen und Dokumente, 2. Aufl., Düsseldorf 1979, S. 101–278, hier S. 242–250; *Erich Schmidt*, Vorbereitung auf die Illegalität – Kurs auf Konfrontation, in: *Ders.*, Meine Jugend in Groß-Berlin. Triumph und Elend der Arbeiterbewegung 1918–1933, Bremen 1988, S. 151–162.
Schmidt, Erich, geb. 1910, SAJ-Bezirksvorsitzender Berlin, Anschluß an LO, ab Mitte 1932 Vorbereitung der Berliner SAJ auf illegale Tätigkeit, April 1933 SPD-Ausschluß, Emigration 1933 Schweiz, 1937 Frankreich, SAJ-Vertreter in der SPD-Ortsgruppe Paris, 1940 USA.
12 Vorlage: Cech.
Czech, Ludwig, 1870–1945, sudetendeutscher Sozialdemokrat, 1921–1938 Vorsitzender der DSAP, Minister verschiedener Ressorts, wurde nach der deutschen Besetzung verhaftet und im KZ ermordet.

sung über die Herausgabe einer theoretischen Zeitschrift mit den tschechischen Genossen verhandelt wird, da sie für die Existenz ihrer »Tribüne« fürchten. Die Herausgabe der Zeitschrift wird prinzipiell beschlossen, jedoch soll mit den tschechischen Genossen über die Form des Vertriebs in der Tschechoslowakei verhandelt werden, um den Absatz ihrer eigenen Zeitschrift nicht zu gefährden.[13]

Beschlossen[14] wird der Ankauf von Gold im Werte von Mk. 150 000,-, ferner die Herausgabe von Mitgliedskarten für die Mitglieder der Partei im Auslande, die ihre Mitgliedschaft in der Partei vor dem 30. Januar 1933 nachweisen können.[15] Der Sozialdemokratischen Flüchtlingshilfe in Prag wird ein Betrag von 5 000,- Kc bewilligt, außerdem wird beschlossen, daß die besoldeten Mitglieder des PV monatlich einen Betrag an die Flüchtlingshilfe abführen.

Gen[osse] **Vogel** berichtet über das Angebot der tschechischen Genossen. Der Genosse Voska will ein ihm gehöriges Hotel und eine Villa in der Nähe von Prag zur Unterbringung von sozialdemokratischen Flüchtlingen uns zur Verfügung stellen. Das Hotel ist vollständig eingerichtet, während die Villa leer ist.[16] Es besteht die Möglichkeit, 70 bis 80 Emigranten unterzubringen und sie auch teilweise zu beschäftigen. Notwendig ist allerdings die Bestellung eines energischen Verwalters und eine weitgehende Selbstverwaltung der Emigranten, um die Unterhaltskosten zu senken. Da es sich zum das erste Angebot der tschechischen Partei zur Unterstützung der deutschen Flüchtlinge handelt, dürfen wir dieses Angebot nicht grundsätzlich ablehnen. Crummenerl äußert starke Bedenken gegen die sich aus der Annahme des Projekts ergebenden finanziellen Verpflichtungen.

Es wird beschlossen[17], daß Crummenerl zunächst die finanziellen Voraussetzungen des Angebots untersucht und daß die endgültige Entscheidung von dem Ergebnis dieser Prüfung abhängig gemacht werden soll.[18]

Es erfolgt dann die Besprechung des Vorschlags, eine besondere Deutschlandausgabe des »Neuen Vorwärts« im Umfange von vier Seiten in kleinerem Format und auf dünnem Pa-

---

13 Tribüne. Zeitschrift für Arbeiterpolitik und Arbeiterkultur. Prag 1. Jg. 1928/29 (Mai) bis 7. Jg. 1934 (April); fortgesetzt wurde sie vom 1. März 1934 bis 5. September 1938 unter dem Titel »Der Kampf. Sozialistische Revue. Monatsschrift der sudetendeutschen Sozialdemokratie«, hrsg. von der Deutschen sozialdemokratischen Arbeiterpartei in der CSR; vgl. *Alfred Eberlein*, Die Presse der Arbeiterklasse und der sozialen Bewegungen. Von den dreißiger Jahren des 19. Jahrhunderts bis zum Jahre 1967. Bibliographie und Standortverzeichnis der Presse der deutschen, der österreichischen und der schweizerischen Arbeiter-, Gewerkschafts- und Berufsorganisationen (einschließlich der Protokolle und Tätigkeitsberichte). Mit einem Anhang: Die deutschsprachige Presse der Arbeiter-, Gewerkschafts- und Berufsorganisationen anderer Länder, Frankfurt/Main 1968, S. 2071 und S. 2087.
14 In der Vorlage ms. unterstrichen.
15 Die Mitgliedskarten sollten nicht mehr auf den Namen ausgeschrieben werden, sondern lediglich die Angabe der Nummer eines der 14 Bezirke und eine fortlaufende Mitgliedsnummer erhalten; vgl. PV-Rundschreiben Nr. 1, 12. Juli 1933, in: AdsD Bonn, PV-Emigration, Mappe 6. Bei Ausstellung der Mitgliedskarten sollten die alten Mitgliedsbücher eingezogen und die Beitragsmarken entwertet werden, die Bücher sollten jedoch von den Grenzsekretären oder von den Vertrauensleuten aufgehoben werden; vgl. PV-Rundschreiben Nr. 4 und 6, 15. und 28. September 1933, in: AdsD Bonn, PV-Emigration, Mappe 6.
16 Zum Angebot des ehemaligen Stabskapitäns der amerikanischen Armee aus dem 1. Weltkrieg und Besitzers des »Hotel Ritz« in Zbraslav (Königsaal) und Mitarbeiter des tschechoslowakischen Geheimdienstes, Emanuel Voska, vgl. *Cerny*, S. 181, Anm. 9.
17 Vorlage: »beschlossen« ms. unterstrichen.
18 Vgl. Bericht über den Ausbau des Emigrantenheimes Zbraslav in der Zeit vom 10. Juli 1933 bis 8. Februar 1934 sowie die Heimordnung vom 5. Dezember 1933, in: AdsD Bonn, PV-Emigration, Mappe 172.

pier herzustellen. Der Text dieser Ausgabe soll teilweise besonders für Deutschland bearbeitet werden.

Hertz und **Böchel** unterstützen den Vorschlag, da eine Trennung der Inlands- und Auslandsausgabe auch aus redaktionellen Gründen dringend notwendig ist. Es wird beschlossen, die Deutschlandausgabe des »Vorwärts« wöchentlich vierseitig nach dem obengenanntem Vorschlag herauszubringen. Der Text der beiden Ausgaben wird teilweise ausgewechselt werden, Genosse Böchel wird beauftragt, beim Umbruch der beiden Ausgaben mitzuwirken.

In der Frage der theoretischen Zeitschrift[19] schlägt Wels vor, die Zeitschrift zunächst als Monatsschrift herauszubringen; über den Namen der Zeitschrift muß noch eine Verständigung herbeigeführt werden.[20]

Crummenerl regt in diesem Zusammenhang an, die Frage der Gründung eines eigenen Verlags für die Veröffentlichungen der Partei zu diskutieren, da er hier eine Möglichkeit für eine teilweise Selbstfinanzierung unserer Arbeit sieht. Er verweist insbesondere auf die Besprechung, die er mit dem Genossen Oprecht[21] in Zürich gehabt hat.

Eine ausgedehnte Debatte[22] entspinnt sich über die Frage des Redakteurs der Zeitschrift. Vom Genossen Hilferding liegt ein Exposé über die Aufgaben der Zeitschrift vor[23]; der Genosse Rinner schlägt anstelle des Gen[nossen] Hilferding den Genossen Böchel als Redakteur vor.

Auf Vorschlag des Genossen Vogel wird beschlossen[24], die Entscheidung über diese Frage auszusetzen. Am Freitag, dem 7. Juli findet eine neue Vorstandssitzung statt, zu der auch der Genosse Hilferding eingeladen wird, um ihm ebenfalls die Möglichkeit zu geben, seine Auffassung von den Aufgaben der Zeitschrift persönlich darzulegen. Die erste Nummer der Zeitschrift soll am 1. September erscheinen.[25]

Wels berichtet über eine Besprechung mit dem Genossen Vorrink[26] Amsterdam über das Sekretariat der Sozialistischen Jugend-Internationale. Vorrink hat die Absicht, der nächsten Sitzung der Exekutive der SJI vorzuschlagen, jetzt wieder die Führung der Geschäfte der Internationale dem Genossen Ollenhauer zu übertragen. Vorrink sieht auch die Möglichkeit, in diesem Falle einen Teil des Gehalts des Genossen Ollenhauer durch die Internationale aufzubringen. Wels hat sich mit diesem Vorschlag einverstanden erklärt, und auch die Sitzung stimmt zu.

Crummenerl berichtet über eine Unterredung mit dem Genossen Zwertbroeck[27] in Amsterdam. Crummenerl hat Zwertbroeck den Auftrag gegeben, die an seine Adresse abgeschickten Autos in Kommission zu verkaufen. Zwertbroeck plant, die Aufstellung von 10 K.W.-Sendern an den Grenzen Deutschlands. Crummenerl hat darauf hingewiesen, daß eine offizielle Beteiligung der Partei an diesem Unternehmen nicht möglich ist, er hat je-

---

19 Vorlage: »theoretischen Zeitschrift« ms. unterstrichen.
20 Die erste Nummer der »Zeitschrift für Sozialismus« erschien noch unter dem Titel »Sozialistische Revolution«. Vgl. Nr. 4.
21 Oprecht, Emil, 1895–1952, Züricher sozialdemokratischer Buchhändler.
22 Vorlage: »Debatte« ms. unterstrichen.
23 Entwurf Hilferdings über die Notwendigkeit einer theoretischen Zeitschrift, über deren Form und über den Inhalt des ersten Heftes, in: AdsD Bonn, PV-Emigration, Mappe 54.
24 Vorlage: »beschlossen« ms. unterstrichen.
25 Die erste Nummer erschien im Oktober 1933. Vgl. Nr. 4.
26 Vorrink, Koos (Jacobus Jan), 1881–1955, niederländischer Sozialdemokrat, 1932–1935 Vorsitzender der SJI, 1935–1940 SAI-Exekutive, Vorsitzender der Sozialdemokratischen Arbeiterpartei in den Niederlanden (SDAP).
27 Zwertbroeck, Gerrit Jan, 1893–1977, niederländischer Sozialdemokrat und Journalist, Gründer der »Vereeniging van Arbeiders Radio Amateurs«, 1934 aus VARA und SDAP-PV entlassen.

doch Zwertbroeck ermächtigt, Mk. 4 000,- aus dem Erlös der Autos für diese Aufgabe zu verwenden.[28]

In England[29] hat eine Besprechung über den Konzentrationsprozeß[30] am Montag, dem 26. Juni stattgefunden, die endgültige Entscheidung über die Führung des Prozesses wird am Mittwoch, dem 28. Juni fallen. Es bestehen noch gewisse Schwierigkeiten, die sich aus dem englischen Gewerkschaftsgesetz ergeben, Citrine[31] ist jedoch der Auffassung, daß sie aus dem Weg geräumt werden können.[32]

In Amsterdam[33] erscheint ab Mitte Juli als Wochenblatt die »Freie Presse«[34], die als getarnte sozialdemokratische Zeitung vor allem die faschistische Propaganda in Holland selbst bekämpfen soll.[35] Ein antifaschistisches Komitee unter Leitung des Genossen Burge-

---

28 Der PV hatte den holländischen Sozialdemokraten sechs Lautsprecherwagen überlassen, deren Verkaufserlös für den Ausbau der Lang- und Kurzwellensender verwendet werden sollte. Vgl. Denkschrift über die Partei-Arbeit vom April bis Ende November 1933 [Verfasser: Crummenerl], undatiert, S. 21 f., in: IISG Amsterdam, SAI, Nr. 3524; künftig zitiert als »Denkschrift über die Partei-Arbeit«. Vgl. Anhang Nr. 6.
29 Vorlage: »England« ms. unterstrichen.
30 Vorlage: »Konzentrationsprozeß« ms. unterstrichen.
31 Citrine, Walter McLennan, 1887–1983, 1926–1946 Generalsekretär des britischen Gewerkschaftsbundes (TUC), 1928–1945 Präsident des IGB, 1945/46 des Weltgewerkschaftsbundes, 1947–1957 Leiter des Nationalen Kohleamtes, dann der zentralen Elektrizitätsbehörde.
32 Der PV hatte beschlossen, gegen die Beschlagnahme der »Konzentration A.G. Sozialdemokratische Druckerei- und Verlagsbetriebe« zu klagen; vgl. Brief aus Prag an Dr. Franz Neumann, London, 16. Juni 1933, in: AdsD Bonn, PV-Emigration, Mappe 77. Ursprünglich hatte man versucht, die Beschlagnahme des Vermögens zu verhindern, indem die im März 1933 auf Initiative Fr. Adlers gegründete »Aktiengesellschaft für Zeitungsunternehmungen, Zürich« am 11. März die Aktien Nr. 1–250 der Konzentration AG von Hans Vogel erwarb. Die Aktien Nr. 251–500 wurden am 17. März 1933 von der Victoria House Printing Company Limited, London gekauft; »Victoria House« war jedoch nur vorgeschoben; Käufer war der Trade Union Congress (den britischen Gewerkschaften war es per Gesetz verboten, Geld für politische Zwecke auszugeben). Am 22. Juli 1933 teilte Rechtsanwalt Puppe, Berlin, bei dem die Aktien deponiert waren, mit, daß das Gestapa die Aktien Nr. 1–500 beschlagnahmt habe. Die AG für Zeitungsunternehmungen schlug daraufhin den Prozeßweg ein. Der Generalrat des TUC lehnte es allerdings ab, gegen die Beschlagnahme der Aktien zu klagen – wahrscheinlich, um die Transaktion nicht öffentlich werden zu lassen. Da man glaubte, als Besitzer des gesamten Aktienpakets seine Ansprüche erfolgreicher vertreten zu können, kaufte die AG für Zeitungsunternehmungen Anfang August 1933 auch die Aktien Nr. 251–500; vgl. PV an Neumann, 10. August 1933; Neumann an Crummenerl, 8. August 1933, in: AdsD Bonn, PV-Emigration, Mappe 77; Bericht und Rechnung der AG für Zeitungsunternehmungen für das erste Geschäftsjahr, 11. März bis 31. Dezember 1933, in: IISG Amsterdam, SAI, Nr. 4052. Die Klagen wurden in der zweiten Hälfte 1933 eingereicht. Vgl. Klagen der AG für Zeitungsunternehmungen, Zürich, gegen Gestapa Berlin, wegen Beschlagnahme der Aktien der »Konzentration AG« beim Preußischen Bezirksausschuß, 4. und 9. August 1933, in: AdsD Bonn, PV-Emigration, Mappe 77. Die Entscheidung fiel letztlich zuungunsten des PV aus. Vgl. Nr. 15 und Anhang Nr. 6.
33 Vorlage: »Amsterdam« ms. unterstrichen.
34 Vorlage: »Freie Presse« ms. unterstrichen.
35 Die »Freie Presse. Wochenblatt für geistige und politische Freiheit« wurde ab Juli 1933 vom Verlag »De Arbeiderpres«, dem holländischen Gewerkschaftsbund NVV und der SDAP herausgegeben. Die inhaltliche Ausgestaltung oblag nahezu ausschließlich deutschen Sozialdemokraten; Chefredakteur war der ehemalige Redakteur der Düsseldorfer Volksstimme Helmuth Kern. Mit Nr. 28 wurde das Wochenblatt am 27. Januar 1934 eingestellt – u. a. wegen Differenzen zwischen der von der holländischen Regierung beeinflußten Verlagsleitung und der Redaktion, personeller Gegensätze innerhalb der Redaktion und nicht zuletzt auch wegen der fehlenden finanziellen und

meister[36] verlangt vom PV einen Zuschuß von monatlich 300 holl. Gulden. Der Antrag wird abgelehnt.

Es wird beschlossen[37], von der Geyer-Broschüre eine besondere Ausgabe für Deutschland, und zwar im Viertelformat der normalen Broschüre herauszubringen. Die Broschüre soll unter dem Gesamttitel: »Sozialdemokratische Schriftenreihe Nr. 1« erscheinen.[38]

Crummenerl berichtet dann über seine Unterredung mit Leuschner[39]. Leuschner hat festgestellt, daß in Saarbrücken ein Kriminalbeamter in dem Hotel gewohnt hat, in dem auch die Parteivorstandsmitglieder wohnten. Er soll jetzt nach Prag kommen. Leuschner[40] ist in Berlin jede Woche einmal mit Brüning[41] zusammengekommen und hat auch eine Besprechung mit Löbe vermittelt. Brüning ist bei Hitler gewesen, und nach seiner Aussage ist es ihm in dieser Besprechung gelungen, die Reichstagsentschliessung vom 17. Mai[42] so stark abzuschwächen, daß dem Zentrum die Zustimmung möglich war. Brüning ist auch das Terrormaterial unterbreitet worden, das Schlimme[43] vom ADGB gesammelt hat. Brüning hat dieses Material dem Kardinal Bertram[44] in Breslau unterbreitet. Leuschner hat auch eine Besprechung mit Hammerstein[45] gehabt, in der Hammerstein die Auffassung vertreten hat, daß die Spitze der Reichswehr sicher sei und daß sie die weitere Entwicklung abwarten würden. Hitler schone die Reichswehr, versuche aber sehr geschickt und nicht ohne Erfolg, auf sie Einfluß zu gewinnen. Hammerstein lehnte eine Verbindung mit den Nazis

---

    inhaltlichen Unterstützung durch den Prager Parteivorstand. Vgl. Briefwechsel Kern/PV, Juni 1933–Januar 1934, vor allem Kerns Bericht über die Einstellung des weiteren Erscheinens der »Freien Presse«, 31. Januar 1934, in: AdsD Bonn, PV-Emigration, Mappe 42; *Hanno Hardt/Elke Hilscher/Winfried B. Lerg*, Presse im Exil. Beiträge zur Kommunikationsgeschichte des deutschen Exils 1933–1945, München etc. 1979, S. 189–192; *Detlev Peukert/Frank Bajohr*, Spuren des Widerstands. Die Bergarbeiterbewegung im Dritten Reich und im Exil. Mit Dokumenten aus dem KSG Amsterdam, München 1987, S. 78–81; *Lieselotte Maas*, Handbuch der deutschen Exilpresse 1933–1945, hrsg. von *Eberhardt Lämmert*, München etc. 1976/1990, Bd. 4, S. 74–76. Vgl. Nr. 4 und Nr. 10.

36 Vermutlich Burgemeister, Otto, geb. 1883, 1919–1933 Leiter Rechtsschutzabteilung des ZdA, MdL Preußen (SPD), nach 1933 Grundstücksverwalter, Buchvertrieb, ab 1942 Leiter der juristischen Abteilung der Allgemeinen Häuser- und Industriebau-AG Berlin, 1946–1947 Bezirksrat, 1947–1951 Bürgermeister, danach stellv. Bürgermeister von Tempelhof.
37 Vorlage: »beschlossen« ms. unterstrichen.
38 [*Curt Geyer*], Revolution gegen Hitler. Die historische Aufgabe der deutschen Sozialdemokratie. Karlsbad 1933 (= Probleme des Sozialismus 1).
39 Leuschner, Wilhelm, 1890–1944, 1926–1928 ADGB-Sekretär, 1928–1930 Innenminister in Hessen, 1932 stellv. Vorsitzender des ADGB, Spitzenfunktionär der illegalen Reichsleitung der Gewerkschaften, nach dem 20. Juli 1944 verhaftet und hingerichtet.
40 Vorlage: Text von »Leuschner« bis Ende des Absatzes hs. in eckige Klammern gesetzt. Leuschner war zum Zeitpunkt der PV-Sitzung bereits in Haft; vgl. Nr. 3, Anm. 20.
41 Brüning, Heinrich, 1885–1970, Zentrumspolitiker, 1924–1933 MdR, März 1930 bis Mai 1932 Reichskanzler, Emigration 1934–1939 Westeuropa und zeitweise USA, 1939 USA, Prof. für Staatswissenschaften in Harvard, 1951–1955 Prof. in Köln, Rückkehr in die USA.
42 Hitlers sogenannte »Friedensresolution« wurde am 17. Mai 1933 vom Reichstag – u. a. mit der Mehrheit der Stimmen der SPD-Fraktion – angenommen; vgl. *Franz Osterroth/Dieter Schuster*, Chronik der deutschen Sozialdemokratie, 3 Bde., 2. Aufl., Berlin etc. 1975–1978, Bd. 2, S. 315.
43 Schlimme, Hermann, 1882–1955, 1923–1931 persönlicher Sekretär von Theodor Leipart, Sekretär im Vorstand des ADGB, Spitzenfunktionär der illegalen Reichsleitung der Gewerkschaften, 1937 verhaftet und zu drei Jahren Zuchthaus verurteilt, 1940–1945 Buchhalter, Funktionär des FDGB und PV bzw. ZK der SED.
44 Bertram, Adolf Johannes, 1859–1945, 1919–1945 Vorsitzender der Fuldaer Bischofskonferenz.
45 Hammerstein-Equord, Kurt Frhr. von, 1878–1943, General, 1930–1934 Chef der Heeresleitung.

für seine Person ab. In einer Besprechung, die mit dem Staatssekretär Bang[46] und mit Hugenberg[47] stattfand, erklärte Hugenberg, daß er nicht freiwillig gehen werde, wenn man ihn loswerden wolle, müsse man ihn hinausprügeln.

Schluß der Sitzung: 20 Uhr.[48]

---

46 Bang, Paul, 1879–1945, Wirtschaftspolitiker und MdR (DNVP, NSDAP), Staatssekretär im Reichswirtschaftsministerium.
47 Hugenberg, Alfred, 1865–1951, Industrieller und Leiter eines Medienkonzerns (u. a. »UFA«), 1891 Mitgründer des Alldeutschen Verbandes, 1919–1945 MdR (DNVP, ab 1933 NSDAP), 1928 Vorsitzender DNVP, Januar bis Juni 1933 Minister, trug mit seinem Medienkonzern propagandistisch zum Ende der Weimarer Republik bei.
48 Vorlage: Satz ms. unterstrichen.

Nr. 3
Protokoll der Parteivorstandssitzung am 7. Juli 1933

SAPMO Berlin, ZPA, II 145/54, Bl. 12f.

Sitzung des Parteivorstandes am 7. Juli 1933, nachmittags 15 Uhr

Anwesend: Wels, Vogel, Crummenerl, Rinner, Stampfer, Böchel, Ollenhauer, Hilferding, Hertz.

Wels eröffnet die Sitzung und berichtet, daß in der letzten Sitzung die Herausgabe einer theoretischen Zeitschrift prinzipiell beschlossen worden ist, daß aber die Frage des Redakteurs noch nicht endgültig entschieden wurde. Auf Vorschlag Vogel wurde beschlossen, Hilferding in der nächsten Sitzung die Möglichkeit zur Darlegung seiner Auffassungen zu geben[1], und Rinner hat außerdem schriftlich die Genossen Aufhäuser und Sollmann um ihre Auffassung befragt.[2]

Rinner faßt seine in der vorigen Sitzung gegen Hilferding erhobenen Einwände noch einmal zusammen: 1. Hilferding sieht nicht die notwendige Konkretisierung der sozialistischen Ideen. 2. Die Zeitschrift muß in erster Linie die Probleme der deutschen Politik behandeln, und sie darf nicht überwiegend einen internationalen Einschlag tragen. 3. Hilferdings Name ist in Deutschland stark belastet, so daß die Einführung und Verbreitung der Zeitschrift unter Hilferding als Redakteur mindestens in Deutschland erschwert werden könnte. In einer Besprechung zwischen Hilferding und Rinner hat sich im ersten Punkt eine Übereinstimmung der Auffassungen ergeben. Zu Punkt 2 hat Rinner den Vorschlag gemacht, den Genossen Curt[3] Geyer mit der Inlandsredaktion zu beauftragen. Damit hat sich Hilferding einverstanden erklärt. Die taktischen Bedenken gegen eine Redaktionsführung durch Hilferding werden dadurch gemildert, daß auf der Inlandsausgabe kein Redakteur angegeben wird, auch für die Auslandsausgabe muß ein tschechoslowakischer Staatsbürger verantwortlich zeichnen.

---

1 Vgl. Nr. 2.
2 Die Briefe waren nicht auffindbar.
3 Vorlage: Kurt.

Stampfer hält es für unbedingt erforderlich, daß für Deutschland ein kleines Format gewählt wird, sonst ist die Zeitschrift in Deutschland nicht zu verbreiten. Die Frage der Herausgeberschaft ist nicht entscheidend. Die Zeitschrift muß am Sitz des PV erscheinen.
Böchel fordert, daß die Opposition an der Redaktion der Zeitschrift beteiligt werden muß. Das Exposé Hilferdings über die Aufgaben der Zeitschrift hat ihn enttäuscht.[4] Die Zeitschrift muß sowohl die Fehler der Vergangenheit aufzeigen und kritisieren, wie auch Klarheit über die zukünftige politische Linie der Partei schaffen. Eine geistige Neuorientierung ist notwendig. Die Klärung des Begriffes Demokratie muß erfolgen. Wenn wir die Macht auf dem Wege der Revolution und der Diktatur erreicht haben, was geschieht dann? Wenn wir über diese Fragen keine Klarheit schaffen, kommen wir wieder zu spät.
Hilferding: Die Diskussion zeigt schon, daß die Zahl der Probleme, die in der Zeitschrift diskutiert werden müssen, sehr groß ist. Die neue Zeitschrift kann nicht den Charakter der »Gesellschaft«[5] tragen, sie soll ein Organ der Selbstverständigung sein, das jedem Mitkämpfer die Mitarbeit ermöglicht. Das Exposé ist gedacht als eine Inhaltsangabe der ersten Nummern, nicht mehr. Die nächste Aufgabe der Partei ist eine revolutionäre: Sturz des Systems. Die wichtigste Aufgabe ist die geistige Vorbereitung, die Konkretisierung der sozialistischen Ziele. Diese geistige Orientierung muß aber erfolgen auf der Grundlage des wissenschaftlichen Sozialismus. Dazu ist notwendig ein marxistisch-wissenschaftlich geschulter Redakteur. Endgültige Lösungen können heute von niemandem gegeben werden. Die Zeitschrift soll sie gerade erarbeiten helfen. Mit der Hinzuziehung Geyers für die Inlandsredaktion ist Hilferding einverstanden.
Böchel vermißt auch nach Hilferdings Ausführungen die Konkretisierung der Zielsetzung. Darauf darf unter keinen Umständen verzichtet werden, denn sie ist die Voraussetzung für die Schaffung einer einheitlichen Bewegung. Es wird beschlossen[6], Hilferding als Redakteur zu bestellen, Geyer soll die Inlandsredaktion übernehmen. Die erste Nummer der Zeitschrift soll nach Möglichkeit am 1. September erscheinen. Der Umfang des Einzelheftes wird zunächst auf 32 Seiten festgesetzt. Die Zeitschrift erscheint in Prag. Die Entscheidung über den Titel der Zeitschrift wird zurückgestellt.[7] Für Deutschland erscheint eine besondere Ausgabe im kleinen Format.[8]
Böchel erklärt, daß er mit der Wahl Hilferdings nicht einverstanden ist. Er hätte eine Kollektivredaktion gewünscht. Außerdem hält er die Herausgabe der Zeitschrift in Zürich für zweckmäßiger, weil dort mehr Verbindungen zusammenlaufen als in Prag.
Wels berichtet, daß die Prozeßbevollmächtigten der Labour Party im Laufe der kommenden Woche bei der Deutschen Botschaft in London wegen des Konzentrationsprozesses vorsprechen werden.[9] Die Labour Party wünscht außerdem eine Entscheidung des PV über die Frage, ob die Anwälte der Labour Party die Verteidigung Torgler[10] und Genossen übernehmen sollen. Der PV stimmt zu, er ist auch damit einverstanden, daß Genosse Dr.

---

4 Vgl. Nr. 2, Anm. 23.
5 Die Gesellschaft. Internationale Revue für Sozialismus und Politik. Dietz-Verlag Berlin. 1. Jg. 1924 bis 10. Jg. 1933. Herausgeber war Rudolf Hilferding.
6 Vorlage: »beschlossen« ms. unterstrichen.
7 Die erste Nummer erschien im Oktober 1933 unter dem Titel »Sozialistische Revolution«. Vgl. Nr. 4.
8 Vorlage: Letzter Satz hs. eingefügt.
9 Vgl. Nr. 2.
10 Torgler, Ernst, 1893–1963, KPD-Funktionär, 1924–1933 MdR, Angeklagter im Reichstagsbrandprozeß, stellte sich freiwillig und wurde freigesprochen, bis 1936 in Haft, 1935 Parteiausschluß, arbeitete danach als Vertreter.

Franz Neumann die britischen Anwälte in dieser Angelegenheit berät.[11] Gegenüber Maria Reese[12] wird den englischen Genossen äußerste Vorsicht angeraten.[13]

Hilferding berichtet über Besprechungen mit dem Genossen Adler. Die Internationale Konferenz wird im August in Paris stattfinden.[14] Die Gegensätze in der französischen Partei sind sehr stark. Sollte es zur Spaltung kommen, so wäre das ein schwerer Schlag für die Internationale.[15] Aufhäuser hat mit Schevenels[16] verhandelt. Schevenels wünscht in der deutschen Frage keine Verhandlungen mit einer einzelnen Partei, sondern nur mit der SAI. Der IGB will zunächst vom Saargebiet und von Danzig aus die Gewerkschaftsarbeit leisten. Er denkt weniger an eine illegale Arbeit in Deutschland. Aufhäuser ist zur Vorstandssitzung des IGB eingeladen worden. Im August soll in Verbindung mit dem Kongreß des IGB in Brüssel eine Konferenz mit der SAI über die deutsche Frage stattfinden. Die Anwesenheit eines Vertreters des PV[17] in dieser Konferenz ist notwendig.[18] Leuschner wollte nach seiner Rückkehr nach Deutschland die illegale Arbeit aufnehmen. Seine Mitarbeiter waren Schlimme und Seidel. Nach der Verhaftung von Leuschner empfiehlt es sich, die

---

11 Die britischen Anwälte konnten die Verteidigung Torglers im Leipziger Reichstagsbrandprozeß nicht übernehmen, da das Reichsgericht ausländische Verteidiger nicht zuließ; vgl. *Petr Stojanoff*, Reichstagsbrand. Die Prozesse in London und Prag, Wien etc. 1966, S. 199.
Neumann, Franz, 1900–1956, Dr. jur., SPD-Mitglied, bis zu seiner Verhaftung im April 1933 SPD- und Gewerkschaftsanwalt, Emigration 1933 Großbritannien, Studium London School of Economics, 1936 USA, Institut for Social Research New York, 1942 Veröffentlichung des »Behemoth. Struktur und Praxis des Nationalsozialismus«; 1950 Prof. für Politische Wissenschaft an der Columbia Universität New York.

12 Reese, Maria, 1889–1958, MdR (SPD, dann KPD), Emigration 1933 UdSSR, kehrte 1934 nach Deutschland zurück und arbeitete anschließend in der Antikomintern-Abteilung des Propagandaministeriums.

13 Vgl. *Martin Schumacher* (Hrsg.), M.d.R. Die Reichstagsabgeordneten der Weimarer Republik in der Zeit des Nationalsozialismus. Politische Verfolgung, Emigration und Ausbürgerung 1933–1945, Düsseldorf 1991, S. 453 f., wonach Maria Reese, nach eigenen Angaben, »versuchte, das sogenannte Welthilfskomitee Münzenbergs zu sprengen und den sogenannten Gegenprozeß in London zu verhindern oder wenigstens die unsinnige Beschuldigung Görings und der deutschen Regierung unmöglich zu machen. Ich wurde deshalb nicht zur Aussage zugelassen, trat mit einem offenen Brief aus der Komintern aus und wurde daraufhin aus Frankreich ausgewiesen.«

14 Internationale Konferenz der SAI vom 21. bis 25. August 1933. Vgl. Nr. 4 und Anhang Nr. 3.

15 Zu den Auseinandersetzungen in der Sozialistischen Partei Frankreichs vgl. *Julius Braunthal*, Geschichte der Internationale, 3 Bde., Hannover 1961 und 1963, Berlin etc. 1971, Bd. 2, S. 439–442. Die SFIO versuchte auf ihrem »Pariser Kongreß« im Juli 1933, die Differenzen zwischen dem linken und rechten Parteiflügel auszugleichen. Es kam jedoch zum Bruch, und Anfang November 1933 konstituierte sich die »Parti Socialiste de France – Union Jean Jaurès« (Gruppe Renaudel) als eigene Partei.

16 Schevenels, Walter, 1894–1966, belgischer Gewerkschaftsfunktionär, 1930–1940 Generalsekretär des IGB.

17 Vorlage: »des PV« hs. ergänzt.

18 Der Brüsseler Kongreß des IGB fand vom 30. Juli bis 3. August 1933 statt; vgl. *Osterroth/Schuster*, Bd. 2, S. 324 f. Die SAI war durch Adler, van Roosbroeck und Vandervelde vertreten; vgl. Internationale Information 10. Jg., 21. August 1933, S. 430. Ob der PV einen Vertreter nach Brüssel schickte, ist nicht bekannt.
Roosbroeck, Joseph van, Sekretär der Belgischen Arbeiterpartei (POB), 1925–1940 SAI-Exekutive.
Vandervelde, Emile, 1866–1938, belgischer Sozialist, 1900–1923 Präsident der II. Internationale, 1923–1925, 1927–1935, 1937–1938 SAI-Exekutive und -Büro, bis 1938 Vorsitzender der Belgischen Arbeiterpartei (POB), 1929–1935 Vorsitzender SAI, 1935/36 Minister.

Verbindung mit Schlimme und Seidel herzustellen.[19] Rinner soll eine Aussprache mit diesen Genossen herbeiführen. Über die Beschickung der internationalen Konferenz wird später Beschluß gefaßt werden.

Hilferding wird beauftragt, eine zweite Broschüre zu schreiben, die die Broschüre von Geyer[20] durch positive Formulierungen über die sozialistischen Zielsetzungen unseres Kampfes ergänzt.

Schluß der Sitzung 18 Uhr.

---

19 Leuschner hatte an der Tagung der Internationalen Arbeitsorganisation (IAO) in Genf teilgenommen; bei seiner Rückkehr nach Deutschland wurde er am 23. Juni 1933 auf dem Freiburger Bahnhof verhaftet und Anfang November 1933 in das emsländische KZ Börgermoor transportiert, dann – Ende November – in das KZ Lichtenburg. Am 10. Juni 1934 wurde er wieder entlassen. Vgl. *Joachim G. Leithäuser*, Wilhelm Leuschner. Ein Leben für die Republik. Köln 1962, S. 116–156.
20 Vgl. Nr. 2. Hilferding taucht als Autor in der Schriftenreihe »Probleme des Sozialismus« nicht auf.

Nr. 4
Protokoll der Parteivorstandssitzung am 4. August 1933

SAPMO Berlin, ZPA, II 145/54, Bl. 17 f.[1]

Sitzung des Parteivorstandes am Freitag, den 4. August 1933

Anwesend: Wels, Vogel, Stampfer, Hertz, Crummenerl, Ollenhauer, Böchel

Crummenerl berichtet über den organisatorischen Aufbau in den Grenzbezirken. Dieser Aufbau ist jetzt zu einem gewissen Abschluß gekommen, es bestehen zur Zeit 9 Grenzsekretariate, und zwar: Bögler – Trautenau, Stahl – Reichenberg, Bodenbach – Sander, Karlsbad – Lange, Mies – Dill, Straßburg – Reinbold, Brüssel – Ferl, Arnheim – Schumacher.[2] Außerdem hat der Genosse Aufhäuser einige Aufträge für uns in Paris ausgeführt, vor allem die Regelung der Flüchtlingsfürsorge und die Verbindung mit dem IGB. Wir müssen uns demnächst schlüssig werden, ob und wie wir ihn in Zukunft verwenden wollen.[3] In Paris befindet sich ferner der Genosse Breitscheid, gleichfalls in unserem Auftrag.[4]

---

1 Vgl. die von Wels hs. aufgestellte »Tagesordnung der Vorstandssitzung am 4. August 1933«, in: AdsD Bonn, PV-Emigration, Mappe 161.
2 In der Aufzählung fehlt das Grenzsekretariat Kopenhagen unter Leitung von Richard Hansen.
3 Aufhäuser ging nach Pfingsten 1933 im Auftrag des Prager PV nach Paris, um sich neben Gewerkschaftsfragen der in Paris besonders schwierigen Flüchtlingsfrage anzunehmen. Er blieb dort bis Ende September; vgl. Denkschrift über die Partei-Arbeit vom April bis Ende November 1933, S. 14, in: IISG Amsterdam, SAI, Nr. 3524; zur Tätigkeit Aufhäusers in Paris vgl. *Langkau-Alex*, Volksfront, Bd. 1, S. 70 f.
4 Breitscheid war zusammen mit seiner Frau Ende Juli/Anfang August 1933 endgültig nach Paris übergesiedelt, nachdem er die letzte Entscheidung über seinen zukünftigen Wohnsitz dem PV angetragen hatte; vgl. *Peter Pistorius*, Rudolf Breitscheid 1874–1944. Ein biographischer Beitrag zur deutschen Parteiengeschichte, Diss. Köln 1970, S. 322, S. 325 f.

Über die Entwicklung der Presse ist zu sagen, daß der »Vorwärts« mit seiner Auslandsauflage jetzt in einer Auflage von 13 500 Exemplaren erscheint, von denen 70 bis 80 % verkauft werden. Es ist anzunehmen, daß sich die Auslandsausgabe trägt. Notwendig ist allerdings ein Ausbau der Propaganda, um den zu erwartenden Ausfall nach Schluß der Badesaison zu decken. Für diese Aufgabe ist der Genosse Lorenz angestellt worden, insgesamt arbeiten jetzt für den »Vorwärts« 7 Angestellte. Die Deutschlandausgabe des »Vorwärts« hat bei der Nummer 7 eine Auflage von 14 000 Stück erreicht. Bei einer Auflage von 25 000 Exemplaren wird es notwendig sein, den Vertrieb in Deutschland zu kontrollieren und den Versuch zu unternehmen, auch eine Bezahlung dieser Ausgabe zu erlangen. In einzelnen Fällen ist das jetzt bereits möglich gewesen. Die »Deutsche Freiheit« in Saarbrücken hat eine Auflage von 30 000 Exemplaren.[5] Diese beiden Zeitungen sind offizielle Organe der Partei, während die »Freie Presse« Amsterdam, die »IWZ«[6] und die »Oberrheinische Volkswacht«[7] ohne unsere Verantwortung erscheinen. Die Nummer 1 der »Freien Presse« ist in einer Auflage von 35 000 Exemplaren erschienen. Auf ihre Gestaltung und auf ihre finanzielle Gebarung haben wir keinen Einfluß, sie ist eine Angelegenheit der holländischen Partei, und der PV lehnt jede Einmischung ab.[8] Dieser Grundsatz gilt auch für etwaige neue Zeitungen, insbesondere auch für die IWZ.

Die Zeitschrift soll monatlich 32 Seiten stark in 2 Ausgaben erscheinen, und zwar die normale Ausgabe für das Ausland und eine Ausgabe im Kleinformat für Deutschland. Der Einzelpreis der Nummer wird Kc 4,- betragen, nach 2 bis 3 Monaten soll die Zeitschrift auch in Deutschland verkauft werden.

Der PV hat ferner 40 000 Exemplare des programmatischen Artikels der ersten Nummer

---

5 Die »Deutsche Freiheit« erschien erstmals am 21. Juni 1933; nach der Saarabstimmung stellte sie mit dem 17. Januar 1935 ihr Erscheinen ein; bis Nr. 291 (1934) trug sie den Untertitel »Einzige unabhängige Tageszeitung Deutschlands«, ab Nr. 5 (1935) »Einzige unabhängige deutsche Tageszeitung«. Gedruckt wurde sie mit Ausnahme der Nummern 83–86 (1933) in Saarbrücken bei der »Volksstimme GmbH«; vgl. *Maas*, Bd. 4, S. 501–503. Zu den Konflikten um die »Deutsche Freiheit« vgl. *Zur Mühlen*, Hitler, S. 84.

6 Die »Illustrierte Wochenzeitung« wurde von ostsächsischen Sozialdemokraten, u. a. von Otto Edel, Edgar William Hahnewald und Hans Finsterbusch, in Prag herausgegeben und erschien von Mai bis August 1933; vgl. *Eberlein*, S. 1945; *Cerny*, S. 206 f. Lt. Notiz Besprechung Sander, 19. Juni 1933, in: SAPMO Berlin, ZPA, II 145/56, Bl. 46, lag das Datum für die erste Ausgabe später: »Die illustrierte Wochenzeitung ist jetzt von den deutschen Genossen der Tschechoslowakei genehmigt worden. Die erste Nummer erscheint in 4–6 Wochen.« In einem undatierten Bericht des PV, ca. Februar 1934, in: SAPMO Berlin, ZPA, II 145/56, Bl. 172–220, hier Bl. 189, findet sich der Hinweis, daß die IWZ – wie die »Freie Presse« – »auch eingegangen ist«. Vgl. Nr. 7.
Edel, Oskar, 1892–1958, sozialdemokratisches MdL Sachsen, Emigration 1933 CSR, Mitarbeit Sopade, später Schweden, Leiter SPD-Ortsgruppe Malmö, 1946 Rückkehr nach Dresden, SED-Funktionär in Sachsen.
Hahnewald, Edgar William, 1884–1961, sozialdemokratischer Journalist, ab 1913 Redakteur bei der »Dresdner Volkszeitung«, Emigration 1933 CSR, ständiger Mitarbeiter des NV u. a. sozialdemokratischer Zeitschriften, 1938 Schweden, Januar bis Juli 1943 im Vorstand der SPD-Ortsgruppe Stockholm, in Schweden Buchillustrator.
Finsterbusch, Hans Walter, geb. 1895, ab 1921 Redakteur bei der »Dresdner Volkszeitung«, im Bezirksvorstand der SPD Ostsachsen, Emigration 1933 CSR, 1938 Schweden, Mitglied des linken Flügels der SPD-Ortsgruppe Stockholm, 1946 Rückkehr nach Dresden.

7 Möglicherweise eine illegale Fortsetzung der »Volkswacht, Organ für die Interessen der werktätigen Bevölkerung des Regierungsbezirks Trier«, herausgegeben vom SPD-Bezirk Obere Rheinprovinz; vgl. *Eberlein*, S. 1824.

8 Vgl. Nr. 2, Anm. 35. Zur Auflagenhöhe, die sich bei 18 000 einpendelte und nach dem Kolportageverbot (Verkauf an der Wohnungstür) auf ca. 14 000 Exemplare zurückging, vgl. Helmuth Kerns Bericht über die Einstellung des weiteren Erscheinens der »Freien Presse«, 31. Januar 1934, in: AdsD Bonn, PV-Emigration, Mappe 42.

des »Vorwärts« veröffentlicht.[9] Von der Broschüre »Revolution gegen Hitler«[10] wurden 15 000 Exemplare gedruckt, von der Kleinausgabe »Der gallische Krieg« 5 000. In der vorigen Woche erschien der Aufruf des PV gegen die Göringschen Blutgesetze in 30 000 Exemplaren.[11]

Geplant ist die Herausgabe von zwei Sondernummern des »Neuen Vorwärts« in einer Auflage von 30. bis 40 000 Stück, die auf dem Wege des Postversandes in Deutschland verbreitet werden sollen. Die erste Nummer soll Anfang November, die zweite Ende Januar 1934 erscheinen.

Es wird beschlossen, die Zeitschrift zum 1. Oktober herauszubringen, als Titel wird gewählt: »Sozialistische Revolution«.[12] Der Druck wird in Karlsbad erfolgen, der Einzelpreis wird Kc 4,- betragen. Es wird noch einmal die Anonymität des Herausgebers festgelegt.

Crummenerl berichtet dann über den Aufbau der Arbeit in Deutschland, die von Berlin aus zentral erfolgt. Außer der Berliner Zentrale sind noch 6 Sekretäre im Reich vorgesehen. Insgesamt besoldet die Partei gegenwärtig in[ner]- und außerhalb Deutschlands 40 Mitarbeiter. Über die Einzelheiten der Arbeit in Deutschland unterrichtet ein Bericht des Genossen Nau[13], während Genosse Ollenhauer über eine Besprechung mit den Funktionären der SAJ berichtet.[14] Es wird vorgeschlagen, eine Konferenz der Grenzsekretäre in der Tschechoslowakei vor der Pariser Konferenz und eine Konferenz der Sekretäre im Westen im Anschluß an die Pariser Konferenz. Ähnliche Zusammenkünfte sollen in Zukunft in zwei Monaten stattfinden.

In der Diskussion über diese Vorschläge stimmt Böchel der Feststellung zu, daß der organisatorische Konflikt zwischen drinnen und draußen erledigt ist, daß aber die politische Vertrauensbasis erst noch geschaffen werden muß. Dabei muß in erster Linie der »Vorwärts« mithelfen, er muß durch die Veröffentlichung von grundsätzlichen Artikeln in der Deutschlandausgabe die Diskussionsbasis für die Genossen in Deutschland abgeben.[15] In der Diskussion wird ferner darauf hingewiesen, daß nach Mitteilungen aus Deutschland die Kommunisten nach der Anweisung handeln, jeden Versuch einer illegalen Arbeit der Sozialdemokraten hochgehen zu lassen.

---

9 Neuer Vorwärts Nr. 1, 18. Juni 1933: »Zerbrecht die Ketten! Die Geschlagenen von heute werden die Sieger von morgen sein. Aufruf der SPD an das deutsche Volk«.
10 Vgl. Nr. 2.
11 Der auf den 25. Juli 1933 datierte Aufruf ist u. a. abgedruckt in: Sopade-Informationen Nr. 4, 24. Juli 1933, in: AdsD Bonn, PV-Emigration, Mappe 6, Neuer Vorwärts, 30. Juli 1933, und Deutsche Freiheit Nr. 33, 28. Juli 1933. Am 22. Juli 1933 hatte Göring beim Reichskabinett den Erlaß eines »Gesetzes zur Gewährleistung des Rechtsfriedens« beantragt, das u. a. die Herstellung und Verbreitung von Druckschriften, »durch die der Tatbestand des Hochverrats begründet wird«, im Ausland und deren Einfuhr nach Deutschland unter Todesstrafe oder Zuchthaus stellen sollte. Der Beschluß des Reichskabinetts erfolgte am 4. Oktober 1933. Vgl. Nr. 6.
Göring, Hermann, 1893-1946 (Selbstmord), NS-Politiker, 1933 preußischer Ministerpräsident, Oberbefehlshaber der Luftwaffe, 1939 von Hitler zu seinem Nachfolger bestimmt, in Nürnberg zum Tode verurteilt.
12 Die erste Nummer erschien im Oktober 1933. Ab Nr. 2 wurde sie auf Intervention der sudetendeutschen Sozialdemokraten in »Zeitschrift für Sozialismus. Monatsschrift für die Probleme des Sozialismus« umbenannt. Vgl. *Maas*, Bd. 2, S. 629 f., Bd. 4, S. 334-336.
13 Der Bericht war nicht auffindbar.
14 Die Besprechung mit den SAJ-Funktionären List, Weber und Fröhbrodt fand am 29./30. Juli 1933 in Bodenbach statt; vgl. Anhang Nr. 2.
15 Die Diskussion wird aufgenommen in dem Artikel »Drinnen und draußen. Zur Diskussion über die Aufgaben der Partei«, in: Neuer Vorwärts Nr. 14, 17. September 1933: »Den Wünschen vieler Genossen im In- und Ausland folgend wollen wir die kleine Ausgabe des ›neuen Vorwärts‹ mehr als bisher mit theoretischen und taktischen Artikeln ausstatten, um der Diskussion über Weg und Ziel eine breitere Basis zu geben.«

Die Sekretärkonferenzen werden beschlossen.[16]

Es wird beschlossen, zu der Sitzung der Internationalen Kommission zur Abwehr des Faschismus, die am 12. August in Wien stattfindet, einen Vertreter des PV zu delegieren. In Aussicht genommen wird Genosse Vogel.[17]

Bei der Festlegung der Delegation für die Internationale Konferenz in Paris wird gegenüber vereinzelten Ansprüchen von Emigrantengruppen festgestellt, daß den Emigrantengruppen ein Delegationsrecht nicht zugebilligt werden kann. Die Emigrantenorganisationen sind keine wahlberechtigte Körperschaft, außerdem ist die Spitzelgefahr in diesen Gruppen so groß, daß sie jede Parteiarbeit ernsthaft gefährdet. Es wird auf die Fälle Müller, Saarbrücken[18], Rix, Düsseldorf[19] und auf die Prager Emigrantenversammlung hingewiesen.[20]

Die Partei hat nach der neuen Regelung ihrer Vertretung Anspruch auf 9 Delegierte.[21] Das volle Delegationsrecht soll jedoch nicht ausgenutzt werden. Der PV beschließt die Delegation folgender Genossen: Wels, Stampfer, Böchel, Aufhäuser, Ollenhauer. Der Genosse Crispien wird nicht delegiert.[22] Dem Genossen Hilferding wird die Möglichkeit gegeben, als Redakteur der Zeitschrift an den Beratungen der Konferenz teilzunehmen.[23]

---

16 Eine Konferenz der Grenzsekretäre in der CSR fand am 14. August 1933 in Prag statt; vgl. Anhang Nr. 3. Über eine Konferenz mit den Grenzsekretären im Westen im Anschluß an die Pariser Konferenz ist nichts bekannt.

17 Die »Internationale Kommission zur Abwehr des Faschismus« bestand bereits 1929.

18 Am 17. Juli 1933 verhaftete die französische Polizei den 27jährigen Gestapo-Agenten Heinrich Müller aus Dortmund, der mit dem Auftrag an die Saar gekommen war, sich als vermeintliches Opfer der Hitlerbewegung in Emigrantenkreise einzuschleichen und Entführungen oder sogar Morde vorzubereiten; im September wurde er von einem französischen Gericht zu zwei Jahren Haft, 1000 Francs Geldstrafe und zehnjähriger Landesverweisung verurteilt; vgl. Deutsche Freiheit, 3. August 1933 und 17. September 1933; *Zur Mühlen*, Hitler, S. 176.

19 Mitte Juli 1933 hatte Ernst Schumacher vor einem Hermann Rix, der sich bei der »Sozialistischen Jugend, Schweiz« mit falschen Angaben eingeschmuggelt habe, gewarnt; vgl. Hans Sachs [d. i. Ernst Schumacher] an SAI, 22. Juli 1933, in: IISG Amsterdam, SAI, Nr. 3506. Im Brief PV an Hans Sachs [d. i. Ernst Schumacher], 25. Juli 1933, in: AdsD Bonn, PV-Emigration, Mappe 115, heißt es u. a.: »Deine Mitteilung über die Entlarvung des ›Genossen‹ Rix hat uns sehr interessiert. Der Fall beweist, wie vorsichtig wir bei derartigen Angeboten sein müssen.« Anfang 1934 warnte der PV in seinen »Mitteilungen über das Spitzelwesen« vom 5. Februar 1934, in: BA Zwischenarchiv Dahlwitz-Hoppegarten, ZB 7087, Bl. 153: »Nr. 47: Rix, Hermann alias Gehlem, Düsseldorf, bezw. Bender, Karl, bezw. Bünning & Co., Duisburg, bezw. Komendtinski, Marcel. Agent der Spitzelzentrale in Amsterdam. Bietet sich den verschiedensten Organisationen für illegale Arbeit nach Deutschland an.«

20 Hierzu konnten keine Informationen gefunden werden.

21 Vgl. Adler an Wels, 28. Juli 1933, in: AdsD Bonn, PV-Emigration, Mappe 15, als Antwort auf den Vorschlag von Wels (undatiert), die Zahl der deutschen Konferenzteilnehmer von bisher zwölf zu reduzieren. Adler schlug vor, die »zweckmäßig möglichst alle Richtungen im Parteivorstand an der Konferenz in Erscheinung treten« lassen.

22 Vgl. Wels' Stellungnahme zu seiner Delegierung in gleichlautenden Briefen an Hilferding, Crispien, Breitscheid, 7. August 1933, in: AdsD Bonn, PV-Emigration, Mappe 6: »Ich wäre gern weggeblieben und hätte anderen Platz gemacht. Als einer der ›geschlagenen Generäle‹ habe ich ohnehin nur noch geringen Daseinswert. Ich kann aber diesmal noch nicht resignieren, weil es mir und uns allen schuldig bin.« Vgl. *Seebacher-Brandt*, Biedermann, Diss., S. 119, S. 481, Anm. 20. Die besondere Erwähnung, daß Crispien nicht berücksichtigt werden soll, mag im Zusammenhang stehen mit dem Hinweis Adlers, daß Crispien, »der überhaupt etwas unter Depressionen leidet, es als eine Zurücksetzunzg empfinden würde, als Mitglied der Exekutive nicht aufgefordert zu werden, nach Paris zu gehen.« Vgl. Adler an Wels, 28. Juli 1933, in: AdsD Bonn, PV-Emigration, Mappe 15.

23 In den vorliegenden PV-Protokollen finden sich keine Berichte über die SAI-Konferenz Ende August 1933. Zu ihrem Ablauf vgl. Protokoll. Internationale Konferenz der Sozialistischen Arbeiter-

Die Sitzung beschäftigt sich dann mit den Plänen für die Unterstützung der Opfer des Kampfes in Deutschland. Es haben über diese Frage Besprechungen mit den Genossinnen Juchacz, Wachenheim[24] und Lemke[25] stattgefunden. Die Genossin Lemke hat eine Denkschrift über die Gründung des deutsch-ausländischen Jugendhilfswerks vorgelegt, das seine Arbeit in Deutschland aufgenommen und bereits in einer großen Zahl von Fällen Hilfe geleistet hat.[26] Die Finanzierung dieses Komitees muß ebenfalls bei der Anwesenheit in Paris besprochen werden. Der PV wird das Komitee arbeiten lassen und bemüht sein, Geld im Ausland flüssig zu machen. Dabei wird von Fall zu Fall entschieden werden, auf welchem Wege die Gelder den deutschen Stellen zugeleitet werden.

Der Genosse Crummenerl gibt eine Übersicht über die Kassenlage im Juli. Er stellt fest, daß nach Abzug der einmaligen Ausgaben, die durch die Einrichtung des Büros entstanden sind, die Ausgaben sich in der vorgesehenen Höhe halten.

Die Entscheidung über die Übernahme von Prozeßkosten für den Genossen Otto Braun wird zurückgestellt.[27]

Internationale. Paris. Maison de la Mutualité, 21.–25. 8. 1933, Paris 1933, Neudruck Glashütten/Taunus 1976; Internationale Information 10. Jg., S. 431–504; *Niemann*, Geschichte, S. 348–352. Haupttagesordnungspunkt war »Die Strategie und Taktik der internationalen Arbeiterbewegung in der Zeit der faschistischen Reaktion«.

24 Wachenheim, Hedwig, 1891–1969, bis 1933 Abteilungsleiterin in der Reichsfilmprüfstelle, Mitglied im Hauptausschuß AWO, Chefredakteurin »Arbeiterwohlfahrt«, 1928–1933 sozialdemokratisches MdL Preußen, Emigration 1933 Frankreich, 1935 USA, Funktionärin der deutschen Sprachgruppe der »Social Democratic Federation of America«, ab 1939 GLD, ab 1941 Office of War Information, ab 1946 für OMGUS in Deutschland, nach 1955 Forschungsauftrag in den USA.

25 Lemke, Lotte, 1903–1988, Mitglied SAJ und SPD, 1929 Hauptausschuß AWO, Anfang 1933 Gründerin der Tarnorganisation »Deutsch-ausländisches Jugendwerk«, Verbindungen zu illegalen Gruppen um Nau und Herbert Kriedemann, Ende 1934 Aufdeckung der Gruppe, später Inhaberin eines Zeitungsvertriebs (u. a. »Blick in die Zeit«), danach als Buchhalterin bzw. in der Wohlfahrtspflege tätig.

26 Das »Deutsch-ausländische Jugendwerk« war im Februar 1933 als Tarnorganisation der Arbeiterwohlfahrt gegründet worden, um im Falle eines Verbots Hilfsmaßnahmen für Verfolgte und ihre Familien weiterführen zu können. Den Vorsitz übernahm Elsa Brandström; ausgestattet wurde es mit einem »namhaften Geldbetrag«. Nach der Übernahme der AWO durch die DAF im Mai 1933 wurde das »Deutsch-ausländische Jugendwerk« aktiv. Mit ihm wurden bis 1936, als die Mittel zu Ende gingen, Hilfsmaßnahmen verschiedenster Art durchgeführt. Vgl. *Heinz Niedrig* u. a., Arbeiterwohlfahrt. Verband für soziale Arbeit – Geschichte, Selbstverständnis, Arbeitsfelder, Daten, Wiesbaden 1985, S. 31 f.; Arbeiterwohlfahrt Bundesverband e.V. Bonn (Hrsg.), Helfen und Gestalten. Beiträge und Daten zur Geschichte der Arbeiterwohlfahrt, o.O. [Bonn] 1979, S. 44–46.
Brandström, Elsa, 1888–1948, schwedische Philanthropin, bekannt als »Engel von Sibirien«, als Delegierte des schwedischen Roten Kreuzes 1914–1920 maßgeblich an der Kriegsgefangenenbetreuung und -rückführung in Rußland beteiligt, sammelte danach in den USA und Skandinavien Mittel zur Gründung von Arbeitssanatorien und Waisenhäusern in Deutschland.

27 Es handelte sich um die Begleichung von Zahlungsbefehlen, die auf Braun im Zuge der von ihm angestrebten Klage gegen nationalsozialistische Redakteure und Propagandaleiter wegen deren Behauptung von Brauns und Severings angeblichem Zwei-Millionen-Diebstahl zugekommen waren; vgl. *Hagen Schulze*, Otto Braun oder Preußens demokratische Sendung. Eine Biographie. Frankfurt/Main etc. 1977, S. 782–784, S. 794 f.
Braun, Otto, 1872–1955, MdR (SPD), mit kurzen Unterbrechungen von 1920 bis 1933 preußischer Ministerpräsident, 1933 Emigration Schweiz.
Severing, Carl, 1875–1952, sozialdemokratischer Politiker, 1919–1933 Mitglied der Nationalversammlung bzw. MdR und MdL Preußen, 1919 Reichskommissar, 1920-1926 und 1930-1932 preußischer Innenminister, 1928–1930 Reichsinnenminister, nach 1945 am Wiederaufbau der SPD beteiligt, ab 1947 MdL Nordrhein-Westfalen.

Nr. 5

Protokoll der Parteivorstandssitzung am 5. September 1933

SAPMO Berlin, ZPA, II 145/54, Bl. 19f.

Sitzung des PV vom 5. Sept. 1933.

Anwesend: Wels, Vogel, Stampfer, Hertz, Ollenhauer, Rinner, Geyer, Crummenerl, Böchel, Hilferding

Genosse **Crummenerl** berichtet zunächst über die Herausgabe einer zweiten Broschüre[1], deren Manuskript aus dem Frank-Kreis (Neu Beginnen[2]) stammt. Mit diesem Kreis haben wir bereits früher Verbindung aufgenommen, und es ist ihm zu Förderung seiner Arbeit auch ein Zuschuß gewährt worden.[3] Jetzt hat dieser Kreis eine Broschüre vorbereitet, die sich kritisch mit der Sozialdemokratie auseinandersetzt und die Vorschläge für die zukünftige Politik der Partei enthält. Die Broschüre ist in Wien gedruckt worden und sollte in Bern[4] von der dortigen Schweizer Parteiorganisation herausgegeben werden. Bei einer Besprechung mit Vertretern dieses Kreises in der Schweiz hat der Genosse Adler den Vorschlag gemacht, diese Broschüre durch den Parteivorstand herausgeben zu lassen und damit zu dokumentieren, daß er der Diskussion über die zukünftige politische Haltung der Partei den weitesten Spielraum und die größte Förderung angedeihen lasse. Crummenerl setzt sich unter diesem Gesichtspunkt für die Herausgabe dieser Broschüre durch den Parteivorstand ein. Er ist außerdem der Auffassung, daß die Arbeit so ernsthaft ist, daß man diese Herausgabe durch uns trotz ihrer kritischen Einstellung vertreten kann. Dem Vorschlag Crummenerl schließen sich Rinner und Geyer an. Es wird beschlossen[5], die Broschüre mit einer einleitenden Vorbemerkung, in der festgestellt wird, daß für die in der neuen Broschüre vertretene Auffassung allein die Verfasser verantwortlich sind, als zweites Heft einer sozialdemokratischen Schriftenreihe herauszugeben.[6] Auch von dieser Broschüre soll eine kleine Ausgabe für den illegalen Vertrieb in Deutschland herstellt werden.[7] Es wird ferner beschlossen, den Genossen Decker[8] zu beauftragen, in möglichst kurzer

---

1 Vorlage: »Herausgabe einer zweiten Broschüre« ms. unterstrichen.
2 Vorlage: »Frank-Kreis« ms. unterstrichen und »Neubeginnen« ohne Klammer hs. ergänzt.
3 In der Denkschrift des Parteivorstands über die Milesgruppe, [1934], S. 1, in: AdsD Bonn, PV-Emigration, Mappe 206 (zitiert als »Denkschrift über die Milesgruppe, [1934]«), schreibt ihr Verfasser Heine über diese Verbindungen: »Die erste Fühlungnahme mit der Miles-Gruppe erfolgte etwa Mitte August 1933 in der Schweiz. Genosse Crummenerl hatte, in diesen Tagen, durch Friedrich Adler angeregt, die erste Besprechung mit einem Vertreter dieser Gruppe.« Vgl. *Kliem*, Teil I, S. 60–62.
4 Vorlage: »Bern« hs. eingebessert für »Wien«.
5 Vorlage: »beschlossen« ms. unterstrichen.
6 Die Broschüre »Miles [d. i. Walter Loewenheim]: Neu Beginnen! Faschismus oder Sozialismus. Als Diskussionsgrundlage der Sozialisten Deutschlands« erschien im Oktober/November 1933 in der Verlagsanstalt Graphia in Karlsbad als Heft 2 der Schriftenreihe »Probleme des Sozialismus« und hatte eine Auflage von 12 000. Das Schlußkapitel wurde zudem im Neuen Vorwärts, 18. Oktober 1933, veröffentlicht. Abgedruckt ist der Text in: *Kurt Klotzbach* (Hrsg.), Drei Schriften aus dem Exil, Berlin etc. 1974, S. 1–88. Zur Broschüre »Neu Beginnen« vgl. *Kliem*, Teil I, S. 49–66.
7 Die Kleinschriftausgabe erschien im Oktober/November 1933 mit dem Titel: Schopenhauer »Über Religion« (Auflage: 5 000); vgl. Denkschrift des PV über die Miles-Gruppe, 1934, S. 2, in: AdsD Bonn, PV-Emigration, Mappe 206.
8 Vorlage: »Decker« ms. unterstrichen.
Decker, Georg [urspr. Georg Jury Denicke], 1885–1964, russischer Emigrant, SPD-Mitglied, Emigration 1933 Saargebiet, 1935 Frankreich, aktiv für deutsche Volksfront-Bewegung, nach deutscher Besetzung in die USA, dort später Professor für Wirtschaftswissenschaften.

Frist eine dritte Broschüre[9] zu verfassen, die sich auch mit der Broschüre des Frank-Kreises auseinandersetzt.[10]

Die Sitzung beschäftigt sich dann mit unserer Stellungnahme zu der im Jahre 1935[11] erfolgenden Abstimmung im Saargebiet[12]. Es handelt sich dabei einmal um die Klärung der politischen Parole und zweitens um die Frage, ob dem Wunsche der saarländischen Genossen nach Abtrennung der Parteiorganisation im Saargebiet von der Partei und nach Bildung einer selbständigen Sozialdemokratischen Partei im Saargebiet im Rahmen der SAI Rechnung getragen werden soll. Genosse **Wels** vertritt die Auffassung, daß hinsichtlich der Abstimmung zunächst der Versuch unternommen werden soll, eine Vertagung der Abstimmung herbeizuführen, die nach dem Völkerbundstatut zulässig ist. Die Erfüllung des Verlangens der saarländischen Genossen nach organisatorischer Selbständigkeit setzt voraus, daß unser Verhältnis zur »Deutschen Freiheit«[13] geklärt wird und daß auch nach dieser Verselbständigung der Saargebietsorganisation die »Deutsche Freiheit« als einzige sozialdemokratische deutsche Tageszeitung erhalten bleibt. Die Diskussion, an der sich die Genossen Hilferding, Crummenerl, Stampfer und Hertz beteiligten, führte zu dem Ergebnis, daß zunächst der Versuch unternommen werden soll, die Abstimmung zu vertagen und daß auch mit den Genossen des Saargebiets verhandelt werden soll, um sie für die gleiche Taktik zu gewinnen. Die Frage der Verselbständigung der saarländischen Organisation und unseres Verhältnisses zur »D[eutschen] F[reiheit]« soll im Zusammenhang mit einer Besprechung über die politischen Fragen weiter geklärt werden in einer Besprechung, die für Mitte September in Strasbourg in Aussicht genommen wird und an der vom Vorstand die Genossen Crummenerl, Hilferding und Hertz teilnehmen werden.[14]

Genosse **Böchel** wünscht eine Entscheidung über den Aufnahmeantrag Seydewitz[15], der angeblich vorliegt und über den bisher noch nicht entschieden wurde. Gen[osse] **Wels** stellt fest, daß dem Genossen Seydewitz noch in Berlin erklärt wurde, daß gegen seinen Wiedereintritt in die Partei keine Bedenken bestehen, daß aber bisher der Genosse Seydewitz keine Verbindung mit uns gesucht habe. Genosse Hilferding wird beauftragt, noch einmal mit dem Genossen Seydewitz über die Frage seines Wiedereintritts in die Partei zu verhandeln.[16]

---

9 Vorlage: »dritte Broschüre« ms. unterstrichen.
10 Vgl. Wels' Bericht über die Reise nach Saarbrücken, S. 4, in: AdsD Bonn, PV-Emigration, Mappe 161, wonach »Deneke« [richtig: Denicke, d. i. Decker] eine Broschüre vorgelegt hat, die nach Wels' Meinung »eine interessante Studie des deutschen Menschen von jetzt [sei], aber nicht die Antwort auf ›Neu Beginnen‹, die sie sein sollte.« Ihr Titel lautet: *Georg Decker*, Revolte oder Revolution. Der Weg zur Freiheit, Karlsbad 1934.
11 Vorlage: »Jahre 1935« ms. unterstrichen.
12 Vorlage: »Abstimmung im Saargebiet« ms. unterstrichen.
13 Vorlage: »Deutschen Freiheit« ms. unterstrichen.
14 Die Besprechung fand am 17. September 1933 statt. Vgl. Nr. 6.
15 Vorlage: »Aufnahmeantrag Seydewitz« ms. unterstrichen.
16 In den Besprechungen, die Hilferding im Auftrag des PV mit Seydewitz hatte, soll er einen Wiedereintritt »glatt abgelehnt« haben; vgl. Materialzusammenstellung über organisatorische Sonderbestrebungen in der Partei, 30. Januar 1935, in: AdsD Bonn, PV-Emigration, Mappe 8, künftig zitiert als »Materialzusammenstellung, 30. Januar 1935«; da ihre Wiedergabe bei *Matthias/Link*, Dok. 13, S. 229–238, nicht in jedem Fall korrekt ist, wird im folgenden zitiert nach dem Exemplar im AdsD Bonn. Dagegen steht die Darstellung von Aufhäuser und Böchel, daß Seydewitz »bereits vor der deutschen Katastrophe für sich und seine Freunde den Antrag auf Wiederaufnahme in die Partei« gestellt und der PV selbst bereits um die Mitte des Jahres von sich aus die Verbindung mit Seydewitz wieder aufgenommen habe: »Die Genossen Wels, Crummenerl und Hertz hatten aus taktischen Gründen von sich aus dem Genossen S[eydewitz] geraten, vorläufig nicht wieder formell der Partei beizutreten.« Vgl. Denkschrift der Parteivorstandsminderheit über die dauernde Verletzung der Parteidemokratie durch das Büro der Sopade in Prag. Antwort auf den Gewalt-

Genosse **Geyer** berichtet über die Stimmung in Deutschland. Gegenwärtig ist die Stimmung im Lande, soweit ein ernsthafter Widerstand gegen das System in Frage kommt, tot. In der Arbeiterschaft rührt sich gegenwärtig nur sehr wenig. Eine gewisse Enttäuschung besteht im Mittelstand, sie ist jedoch nicht so stark, daß sie zu einer ernsthaften politischen Gefahr für das System werden könnte. Unter diesen Umständen ist die illegale Arbeit äußerst schwer, zumal vor allem bei den jüngeren Funktionären immer noch eine starke stimmungsmäßige Einstellung gegen die alte Führung und gegen Prag festzustellen ist. Notwendig ist offene und sachliche Selbstkritik. Außerdem müssen wir bei unserer Arbeit mit langen Anlaufsfristen rechnen.

Zur Sicherung der Arbeit in D[eutschland] ist es ferner erforderlich, daß von hier aus direkte Beziehungen zu anderen Vertrauensleuten im Reich nicht aufgenommen werden, sondern daß alle Beziehungen hergestellt werden über unsere Zentrale in D[eutschland]. Genosse Geyer fordert schließlich, daß ernsthafte Anstrengungen unternommen werden, um die bereits früher angeregte Gründung von »Gesellschaften zur Rettung der Demokratie«, die den geistigen Kampf in allen Ländern um Deutschland gegen den Faschismus führen, ernsthaft betrieben wird.[17]

---

streich vom 30. Januar 1935, S. 3 f., in: AdsD Bonn, PV-Emigration, Mappe 208, zitiert als »Denkschrift der PV-Minderheit«. An Gespräche mit Hertz und Crummenerl, die Mitte 1933 im Auftrag von Wels geführt wurden, erinnert sich auch Seydewitz; dabei ging es seiner Darstellung nach jedoch nicht um seinen Parteibeitritt, sondern um die Bitte des PV an Seydewitz, Verbindungen zum ZK der KPD zu knüpfen. Vgl. *Seydewitz*, Bd. 1, S. 321 f. Vgl. weiter Dokumente Nr. 6, Nr. 13 und Anhang Nr. 15, sowie *Seebacher Brandt*, Biedermann, Diss., S. 503, Anm. 4.

17 Vgl. Nr. 1.

Nr. 6
Protokoll der Parteivorstandssitzung am 18. Oktober 1933

SAPMO Berlin, ZPA, II 145/54, Bl. 24–26

Sitzung des Parteivorstandes am 18. 10. 33 in Prag

Anwesend: Wels, Vogel, Stampfer, Hertz, Crummenerl, Ollenhauer, Böchel, Stahl, Aufhäuser, Geyer, Rinner.

Wels berichtet zunächst über die allgemeine politische Situation, wie sie nach dem Austritt Deutschlands aus dem Völkerbund entstanden ist.[1] Im Augenblick wird dieser Schritt von den ausländischen Regierungen ruhiger beobachtet, und es sind auch Bestrebungen im Gange, einen offenen Konflikt zu verhindern und Deutschland wieder in die internationalen Verhandlungen, vor allem über die Abrüstung, einzuschalten. Innenpolitisch besteht die Tatsache, daß die Regierung den Austritt aus dem Völkerbund zum Anlaß genommen hat, Neuwahlen zum Reichstag und eine Volksabstimmung über die Politik der Regierung für den 12. November auszuschreiben. Beide Wahlen sind von geringem politischen Wert, da die wichtigsten Voraussetzungen für eine freie Meinungsbildung der Wähler in Deutschland nicht gegeben sind. Das Ausland wird die Wahl entsprechend zu würdigen

---

1 Am 14. Oktober 1933 war die deutsche Delegation von der Genfer Abrüstungskonferenz nach Berlin zurückgerufen worden; am selben Tag gab Hitler Deutschlands Austritt aus dem Völkerbund bekannt.

wissen. Trotzdem ist es notwendig, daß wir uns mit der Frage der möglichen Wahlagitation beschäftigen und eine Parole für das Verhalten unserer Anhänger am 12. November selbst ausgeben. Es erscheint unmöglich, die Nichtbeteiligung an der Wahl zu propagieren, da eine solche Parole unter dem Terror in Deutschland undurchführbar ist. Es wird darauf ankommen, die Parole auszugeben, bei der Volksabstimmung mit »Nein« zu stimmen und bei der Reichtagswahl den Stimmzettel ungültig zu machen. Es ist denkbar, daß auch die Kommunisten die gleiche Parole herausbringen, die Propaganda für diese Parole kann erfolgen durch Aufrufe und kleine Handzettel. Es ist auch zu überlegen, inwieweit ausländische Rundfunkstationen für die Verbreitung unserer Parole gewonnen werden können.[2] Genosse Wels berichtet dann noch über die Lage in der Tschechoslowakei. Hier ist durch den Schritt Deutschlands eine ernste Beunruhigung eingetreten. Man fürchtet den Krieg, vor allem bei einer weiteren Zuspitzung der Dinge in Österreich.

Rinner berichtet über die Lage in Deutschland. Die Macht der Nazis hat sich zweifellos konsolidiert, obwohl die Stimmung im allgemeinen ernüchtert ist. Der Machtapparat ist weiter ausgebaut. Die Erfassung der Jugend macht weitere Fortschritte, und die große Masse der Anhänger Hitlers hat ihren Standpunkt bisher nicht geändert. Die außenpolitische Aktion darf nicht als Zeichen der inneren Schwäche gewertet werden. Die Regierung glaubt vielmehr, daß sie sich heute einen so schwerwiegenden Schritt leisten kann. Nach dem Verhalten des Auslandes ist damit zu rechnen, daß diese Aktion nicht mit einer Niederlage der Regierung enden muß. Selbstverständlich ist der Volksentscheid auch ein Mittel der Ablenkung von der bisherigen Propaganda für die Arbeitsschlacht, die jetzt sicher zu Rückschlägen führen wird. Hitler versucht, Zeit zu gewinnen und hofft, allmählich die Isolierung Deutschlands zu durchbrechen. – Eine Parole müssen wir ausgeben, wir müssen, wie am 17. Mai, »Nein« sagen.[3] Es kommt dabei nicht so sehr auf den augenblicklichen Erfolg an, sondern die Partei muß hier als Widerstandszentrum öffentlich in Erscheinung treten. Die Beteiligung an der Wahl können wir nicht verhindern. Die Parole für die Wahl selbst ist vom Genossen Wels bereits formuliert.[4] Die Verbreitung der Parolen muß sowohl durch das Schriftenmaterial, wie durch mündliche Propaganda erfolgen.[5]

Die Organisation in Deutschland hat sich auch mit der Auswirkung der Göringschen Blutgesetze beschäftigt. Sie steht auf dem Standpunkt, die Arbeit nicht einzustellen, sie aber vorsichtiger und sorgfältiger durchzuführen.[6] Die Tarnung des kleinen Vorwärts muß erfolgen, und außerdem vertritt ein Teil der Berliner Zentrale die Auffassung, daß an die Stelle des 8tägigen das 14tägige Erscheinen treten soll. Der Inhalt der Deutschlandausgabe

---

2 Mindestens in bezug auf die deutschsprachigen Sender schlug dieser Versuch fehl. Vgl. Denkschrift über die Partei-Arbeit, S. 23, in: IISG Amsterdam, SAI, Nr. 3524.
3 In der Reichstagssitzung am 17. Mai 1933 stand Hitlers Regierungserklärung zur deutschen Abrüstungs- und Außenpolitik zur Debatte. »Nein« hatte die Mehrheit des Vorstandes mit Otto Wels an der Spitze gesagt; die Mehrheit der in Berlin verbliebenen Angehörigen der SPD-Fraktion hatte hingegen Hitlers »Friedensresolution« zugestimmt; vgl. *Adolph*, S. 273–277; »Für den Frieden – gegen Hitler«, in: Internationale Information 10. Jg., 3. Juni 1933, S. 251–253.
4 Im PV-Rundschreiben Nr. 7, 23. Oktober 1933, in: AdsD Bonn, PV-Emigration, Mappe 6, wird Bezug genommen auf die letzte PV-Sitzung und das dort beschlossene Vorgehen für den 12. November 1933: »Beim Volksentscheid mit ›Nein‹ zu stimmen. Zur Reichstagswahl ist der Stimmzettel ungültig zu machen.«
5 Die Parolen wurden veröffentlicht in: Neuer Vorwärts, 22. Oktober 1993 und 29. Oktober 1933, sowie Sozialistische Aktion, 29. Oktober 1933 und 5. November 1933. Flugblätter und Klebezettel der Sopade zum 12. November 1933 sind u. a. abgedruckt bei *Hebel-Kunze*, S. 242–246.
6 Am 4. Oktober 1933 war Görings »Gesetz zur Gewährleistung des Rechtsfriedens« vom Kabinett beschlossen worden. Vgl. RGBl. 1933, Teil I, S. 723 f. Die Stellungnahme des PV vom 8. Oktober 1933 ist u. a. abgedruckt in: Neuer Vorwärts, 15. Oktober 1933, und Internationale Information 10. Jg., 18. Oktober 1933, S. 549 f. Vgl. Nr. 4.

muß außerdem deutlich von der Auslandsausgabe abgehoben werden. Der getarnte Vorwärts darf außerhalb Deutschlands nicht verbreitet werden. Als Auflage für Deutschland kommen 4–4 500 Exemplare in Frage. **Crummenerl** hält es für nötig, daß unsere Aktion auch wenigstens in den Städten äußerlich sichtbar werden muß. Es muß versucht werden, beim Luxemburger Sender 2 Stunden für unsere Propaganda zu erhalten. Außerdem soll mit dem Sender in Hilversum über eine Revolutionsfeierstunde am 9. November verhandelt werden. Vielleicht gelingt es auch, für die Propaganda noch die Kurzwellensender einzusetzen.[7] –

Geyer weist auf die Bedeutung des Straßburger Senders hin, und er empfiehlt für den Fall, daß auch die Kommunisten die gleiche Parole herausgeben, den Versuch zu unternehmen, den Moskauer Sender für die Verbreitung unserer Parole zu gewinnen. In Frage kommt auch Werbung durch Luftballons.[8]

Böchel hält die Herausgabe klarer Parolen für nötig. Wir müssen aussprechen, daß die Hitler-Politik Krieg bedeutet, den Vorwurf des Landesverrates müssen wir tragen. Der Deutschland-Vorwärts hat eine besondere Aufgabe. Die Tarnung muß ständig wechseln.

Stampfer ist ebenfalls für die Trennung der beiden Ausgaben des »Vorwärts«, da der Deutschlandvorwärts eine andere Aufgabe hat als die Auslandsausgabe. Die Tarnung kann nur erreichen, daß unsere Leute oder die Verbreiter des kleinen Vorwärts mit guten Gründen behaupten können, daß sie angenommen haben, das Blatt sei in Deutschland hergestellt worden.

Aufhäuser hält Hitlers Schritt nicht für den Ausdruck der Stärke, sondern für einen Beweis seiner inneren und äußeren Schwierigkeiten. Er sieht auch in der Auflösung des Reichstags und der Landparlamente ohne Neuwahl für die Länderparlamente einen Vorstoß gegen Göring. – Der Deutschland-Vorwärts muß dazu mithelfen, die Diskussion über die Aufgabe der Partei zu fördern.

Geyer warnt vor außenpolitischen Illusionen. Hitlers Schritt sei kein Zeichen der Schwäche. Ein Eingreifen von außen ist nach seiner Auffassung nicht zu erwarten. Es ist vielmehr anzunehmen, daß Hitler mit seiner Politik einen Erfolg erzielt. In weiten Kreisen der deutschen Bevölkerung ist der Gedanke an den Krieg heute schon wieder[9]

Hertz bespricht die Aufgaben des Deutschland-Vorwärts. Der Deutschlandvorwärts muß
1. zuverlässige Nachrichten bringen über die wahre Lage in Deutschland, er muß
2. Übersicht über die wichtigsten Gebiete des wirtschaftlichen und politischen Lebens geben, er muß
3. über die Stimmung des Auslandes gegenüber Deutschland orientieren und er muß
4. die grundsätzlichen Diskussionen in Deutschland fördern.

Es wird die Trennung der Auslandsausgabe von der Deutschlandausgabe beschlossen, ebenso die Tarnung der Deutschlandausgabe. Die Entscheidung über die Erscheinungsweise des kleinen Vorwärts soll in der Besprechung mit den Grenzsekretären vorgenommen werden.[10]

Die Parolen für die Wahl am 12. November werden im Sinne der Ausführungen von Wels angenommen.

Crummenerl berichtet dann über die Konferenz mit den West-Sekretären in Luxemburg[11] und über die Verhandlungen mit den Vertretern der »Deutschen Freiheit« und der

---

7 Vgl. Nr. 8.
8 Vgl. *Cerny*, S. 184.
9 Vorlage: Satz nicht vollständig.
10 Vgl. Anhang Nr. 4.
11 Über diese Konferenz ist nichts bekannt.

saarländischen Sozialdemokratie über die Verselbständigung der Saarpartei und über die Stellung der »Deutschen Freiheit«. In der Konferenz wurde hinsichtlich der »D.F.« kein Ergebnis erzielt. Die Entscheidung über die Loslösung der Saarpartei von der deutschen Partei soll auf einer Landeskonferenz der Saarpartei in Anwesenheit des Vertreters der Internationale und eines Vertreters des Parteivorstandes erfolgen.[12] Die selbständige Saarpartei würde sich der Internationale direkt anschließen, aber weiterhin in Verbindung mit der deutschen Partei arbeiten.[13] Hinsichtlich der Saarabstimmung im Jahre 1935 soll der Versuch gemacht werden, eine Vertagung der Abstimmung herbeizuführen. Die entsprechenden Vorbereitungen sind getroffen worden.

Ollenhauer berichtet über die Lage der Emigranten, über die Beratungen der Kommission zur Untersuchung der Lage der politischen Gefangenen in Paris und über die Beschlüsse des Völkerbundes, die mit der Schaffung eines Flüchtlingskommissars beim Völkerbund geendet haben.[14] Breitscheid ist beauftragt worden, nähere Informationen über die Aufgaben und die Organisation dieses neuen Amtes einzuholen. Ebenso müssen wir den Versuch machen, die internationalen Organisationen der Arbeiterschaft in den Beirat des Kommissars einzugliedern.

---

12 Am 17. September 1933 hatte in Straßburg eine Sitzung stattgefunden, die sich mit der Saarabstimmung, mit der Gründung der selbständigen Saar-Partei und mit der »Deutschen Freiheit« beschäftigte. Anwesend waren Hilferding, Adler, Hertz, Crummenerl, aus dem Saargebiet Lehmann, Sander, Sollmann, Beyer, Braun, Kirschmann, Klopfer, Jüttner und aus Straßburg Reinbold. Nach einem Referat Hilferdings wurde beschlossen, den Versuch zu machen, die Saarabstimmung zu vertagen. Es sollte mit den in Frage kommenden Kreisen Fühlung genommen werden. Zur Gründung der selbständigen Saar-Partei wurde folgende Formulierung angenommen: »Um der Saarpartei bei dem Abstimmungskampf die entsprechende Freiheit zu geben, wird der Eingliederung der Partei als selbständige Gruppe in der Internationale zugestimmt. Im übrigen wird die Saar-Partei sich als einen Bestandteil der Sozialdemokratischen Partei Deutschlands betrachten, in engster Verbindung mit ihr arbeiten und alles tun, diese Verbindung zu fördern. Die Saarpartei wünscht deshalb, wenn in einer Parteikonferenz im Saargebiet über die Abtrennung der Saarpartei gesprochen würde, daß ein Vertreter des Prager Parteivorstandes anwesend sei, damit die Verbindung auch nach außen hin dokumentiert würde.« Denkschrift über die Partei-Arbeit, S. 30 f., in: IISG Amsterdam, SAI, Nr. 3524. Zur Vorbereitung der organisatorischen und rechtlichen Trennung der SPD/Saar vgl. *Zur Mühlen*, Hitler, S. 85.
Lehmann, Eduard, 1882-1964, Rechtsanwalt, Mitglied im Landesvorstand der SPD-Saar, vom Reichsgericht als Verteidiger von Dimitroff und Torgler abgelehnt, Emigration 1935 Frankreich, 1945 Rückkehr in das Saarland und Rechtsanwalt.
Beyer, Georg, 1884-1943, Sozialdemokratischer Stadtverordneter in Köln 1919-1933, Redakteur »Rheinische Zeitung«, Emigration 1933 Saargebiet, 1935 Frankreich, u. a. Mitarbeit NV und »Deutschland-Berichte«.
Klopfer, Ernst, bis Mai 1934 Geschäftsführer des »Volksstimme«-Verlages.
13 Auf dem außerordentlichen Parteitag am 12. November 1933 trennte sich die Saar-SPD organisatorisch vom Prager Parteivorstand und konstituierte sich als eigenständige »Sozialdemokratische Landespartei des Saargebiets« unter Max Braun; eine eigene Mitgliedschaft in der SAI sollte angestrebt werden, wurde jedoch nie vollzogen; Emil Kirschmann trat die Nachfolge von Karl Mössinger als Parteisekretär an; vgl. *Gerhard Paul*, Max Braun. Eine politische Biographie, St. Ingbert 1987, S. 66, sowie Wels' »Bericht über die Reise nach Saarbrücken«, S. 10 f., in: AdsD Bonn, PV-Emigration, Mappe 161. Vgl. weiter *Zur Mühlen*, Hitler, S. 85 f.
14 Am 11. Oktober 1933 hatte der Völkerbund beschlossen, einen Oberkommissar für die Angelegenheiten der deutschen Flüchtlinge einzusetzen. Zum Oberkommissar wurde der bisherige amerikanische Politikwissenschaftler und Leiter des Instituts für auswärtige Politik in New York, James Grover MacDonald (1886-1964), bestimmt; er blieb bis 1935 im Amt. Der PV beauftragte Paul Hertz, mit MacDonald in Verbindung zu treten. Die erste Besprechung fand am 25. November 1933 statt. Vgl. Bericht Hertz über Verhandlungen in Genf wegen der Flüchtlingsfürsorge, 30. November 1933, in: AdsD Bonn, PV-Emigration, Mappe 171.

Crummenerl berichtet über die nächsten Veröffentlichungen. Geplant ist die Herausgabe einer Sonderausgabe des kleinen Vorwärts in einer Auflage von 30 000 Exemplaren, die durch die Post an Angehörige des Mittelstandes und an Intellektuelle verbreitet werden soll. Ferner ist in Vorbereitung eine Broschüre, die eine Übersicht gibt über die Ereignisse in den 6 Monaten bisheriger Hitlerherrschaft.[15] Es ist außerdem in Aussicht genommen, unmittelbar nach dem Reichstagsbrandprozeß eine Broschüre zu veröffentlichen, die diesen Prozeß und die Ergebnisse dieses Prozesses vom Standpunkt der Sozialdemokratie beleuchtet. Über die Vorbereitung dieser Broschüre wird mit dem Genossen Kuttner verhandelt.[16]

Böchel kritisiert die Art der Entscheidung über die Trennung des Deutschlandvorwärts vom Auslands-Vorwärts. Er wünscht, daß derartige wichtige Entscheidungen vom Parteivorstand gefällt werden, ebenso wie andere wichtige Erklärungen der Partei und wichtige Delegationen (Aufruf zu den Göringschen Blutgesetzen, Delegationen zum Wiener Parteitag[17]). Er hält es für zweckmäßig, regelmäßige Sitzungen des Parteivorstandes abzuhalten.

Crummenerl berichtet über die Besprechung mit Genossen Hofmann[18] vom Reichsbanner. In dieser Besprechung hat Hofmann[19] erklärt, daß an den Aufbau einer neuen Reichsbannerorganisation nicht gedacht ist, es sind lediglich einige Verbindungsleute bestimmt worden, die den Informationsdienst besorgen.

Mit Seydewitz haben 2 Besprechungen stattgefunden, die ergeben haben, daß Seydewitz mit seinem Kreis bereit ist, mit uns zusammenzuarbeiten. Einen Verzicht auf die eigene Organisation hat Seydewitz jedoch nicht ausgesprochen.[20]

Zum Parteitag der tschechischen Sozialdemokratie wird der Genosse Wels delegiert. Den bulgarischen Genossen soll zu ihrem Parteitag ein schriftlicher Gruß übermittelt werden.[21]

---

15 Über diese Broschüre gibt es keine Informationen.
16 Justinian [d. i. *Erich Kuttner*], Reichstagsbrand. Wer ist verurteilt?, Karlsbad 1934 (= Probleme des Sozialismus 4).
17 Vom 14.–16. Oktober 1933 fand in Wien der Parteitag der österreichischen Sozialdemokraten statt; vgl. Internationale Information 11. Jg., 19. Mai 1934, S. 239. Über die Art und Weise der Delegierung deutscher Teilnehmer ist nichts bekannt.
18 Vorlage: Hoffmann.
   Hofmann, Max Moritz, 1891–1951, Journalist, Mitglied der SPD-Bezirksleitung Erzgebirge-Vogtland, Gauvorsitzender, ab 1933 Zweiter Bundesführer RB, Emigration 1933 Frankreich, Versuch der Neuorganisation des RB im Exil, 1934 Saargebiet, Geschäftsführer »Volksstimme« Saarbrücken, 1935 Frankreich, 1941 Portugal, 1944 Großbritannien, 1946 Deutschland.
19 Vorlage: Hoffmann.
20 Vgl. Nr. 5.
21 Der Parteitag der tschechischen sozialdemokratischen Partei fand vom 27.–29. Oktober 1933 in Prag statt, der der Bulgaren am 29./30. Oktober 1933 in Sofia; vgl. Internationale Information 11. Jg., 19. Mai 1934, S. 239.

Nr. 7
Protokoll der Parteivorstandssitzung am 29. Dezember 1933
SAPMO Berlin, ZPA, II 145/54, Bl. 28–30

Sitzung des PV am 29. 12. 33 im Prager Büro.

Anwesend: Wels, Vogel, Stampfer, Hertz, Crummenerl, Ollenhauer, Arnold, Geyer, Stahl, Böchel, Aufhäuser.

Wels schlägt vor, zunächst die in der vorigen Sitzung vertagte Wahl des Büro-Mitgliedes vorzunehmen.[1] **Böchel** schlägt den Gen[ossen] Crummenerl vor. **Crummenerl** bittet, heute nur die Wahl des Büromitgliedes zu erledigen, dagegen die Entscheidung über die Zusammensetzung unserer Vertretung in der Exekutive zurückzustellen. Die Zahl unserer Vertreter in der Exekutive richte sich u. a. auch nach der Beitragsleistung, die für das Jahr 1934 neu festgesetzt werden muß.[2] Der entsprechende schriftliche Bescheid des Gen[ossen] Adler ist erst in Kürze zu erwarten. Crummenerl lehnt eine Wahl in das Büro ab und schlägt Wels vor. **Aufhäuser** will die Vertretung in der Exekutive offen lassen, bis im Zusammenhang mit der Diskussion über das politische Programm eine Entscheidung über die politische Haltung der Partei erfolgt ist. Für das Büro soll ebenfalls keine Neuwahl erfolgen, es soll zunächst bei der bisherigen Besetzung durch den Gen[ossen] Wels bleiben.

Gegen die Stimmen von Aufhäuser und Böchel wird beschlossen, die Wahl des Büro-Mitgliedes vorzunehmen. Der Vorschlag Wels wird gegen die Stimme Böchels, bei Stimmenthaltung Aufhäusers angenommen.

Dr. Lipschitz[3], New York hat in einem Brief vorgeschlagen, jetzt einen bekannten Genossen nach Amerika zu einer Vortragsreise zu entsenden, da er die Stimmung in Amerika für einen politischen und materiellen Erfolg für günstig hält.[4] **Wels** schlägt vor, Seger zu entsenden, da er als Reichstagsabgeordneter und früherer Sekretär der Friedensgesellschaft nach seiner Flucht aus Oranienburg sicher das Interesse der Amerikaner finden wird. **Crummenerl** schließt sich diesem Vorschlag an, bittet aber, zu überlegen, ob nicht die Entsendung eines zweiten Mannes zweckmäßig ist, der die organisatorischen und finanziellen Absichten der Reise besonders fördert. **Aufhäuser** weist auf die Vortragsreise des Genossen

---
1 Diese Sitzung, über die kein Protokoll vorliegt, dürfte am 15. Dezember 1933 stattgefunden haben. Wels schrieb am 8. Dezember 1933 an Aufhäuser, der am 25. November 1933 schriftlich beantragt hatte, regelmäßig Vorstandssitzungen abzuhalten: »Wir sind dahin schlüssig geworden, daß von jetzt ab regelmäßig von Freitag, dem 15. Dezember ab, 14tägig eine Sitzung stattfindet, wenn nicht besondere Fälle besondere Sitzungen notwendig machen.« Brief Aufhäuser und Antwort Wels in: Denkschrift der PV-Minderheit, S. 10–12, Zitat S. 12, in: AdsD Bonn, PV-Emigration, Mappe 208.
2 Im Exekutivkomitee der SAI standen der SPD vier Sitze zu. Statuten der Sozialistischen Arbeiter-Internationale, beschlossen in Hamburg am 23. Mai 1923, revidiert in Marseille am 25. August 1925, in Brüssel am 9. August 1928 und in Wien am 1. August 1931: Protokoll. Vierter Kongreß der Sozialistischen Arbeiter-Internationale. Wien. 25. Juli bis 1. August 1931. Berichte, Verhandlungen und Beschlüsse, Zürich 1932, Neudruck Glashütten/Taunus 1974, S. X. 16–X. 23; im Büro der SAI war sie durch Wels vertreten.
3 Vorlage: Lipschütz.
Lipschitz, Siegfried, geb. 1900, Journalist, verließ Deutschland 1924, seit Anfang der 30er Jahre in den USA; zeitweilig Leiter der sozialdemokratischen »New Yorker Volkszeitung«; nach 1933 Gründung der gegen die Nazi-Propaganda gerichteten Nachrichtenagentur »Transatlantic Information Service«.
4 Vgl. Nr. 2, Anm. 15.

Plettl[5] hin und schlägt vor, daß Seger die Reise evtl. gemeinsam mit Plettl unternimmt. **Hertz** erinnert daran, daß zunächst außer der Anregung des Genossen Lipschitz[6] auch die Zustimmung der amerikanischen Gesamtorganisation eingeholt werden müsse. Das Angebot der Amerikaner im Frühsommer ging lediglich von der New Yorker Lokalorganisation der Partei aus.

Der Vorstand ist grundsätzlich mit der Entsendung des Gen. Seger nach Amerika einverstanden.[7] Es soll aber zunächst die Zustimmung der amerikanischen Partei eingeholt werden.

Der Genosse Taub bittet den PV um seine Entscheidung über eine Beschwerde des Bodenbacher Gewerkschaftskartells über das Verhalten der Genossen Edel, Tröndle und Kunze. Allen 3 Genossen wird der Vorwurf gemacht, daß ihr persönliches Verhalten das Ansehen der Emigration und der hiesigen Arbeiterbewegung schwer schädige. Die Bodenbacher Genossen fordern die Entfernung dieser Genossen aus dem Grenzgebiet. **Böchel** ist für Untersuchung der Angelegenheit, vor allem auch der Frage, woher die Mittel kommen, die den Genossen zur Verfügung stehen. Es muß auch geprüft werden, ob die Genossen geeignet sind, die illegale Arbeit an der Grenze zu leisten.[8]

Crummenerl berichtet über die Mittel des Ostsachsenbezirks. Für die IWZ[9] ist nach seiner Schätzung ein Betrag von RMk. 33 bis 35 000,- aufgewendet worden. Der Rest des für die illegale Arbeit bestimmten Geldes ist dem PV übergeben worden, der es treuhänderisch für den Bezirk Ostsachsen verwaltet. Es handelt sich um eine Summe von etwa RMk. 10 000,-. Die Gesamtsumme des geretteten Geldes betrug RMk. 65 000,-.

Es wird die Einsetzung eines Untersuchungsausschusses beschlossen, bestehend aus Vertretern des PV und der hiesigen deutschen Partei, der die Vorwürfe gegen Edel, Tröndle und Kunze nachprüfen wird. Der PV bestimmt als Mitglieder des Ausschusses die Genossen Vogel, Ollenhauer und Böchel.[10]

Crummenerl berichtet über seine Reise nach Saarbrücken und Zürich und über seine Verhandlungen über die »Deutsche Freiheit«. Der Bericht befindet sich bei den Akten.[11]

Arnold berichtet über die nächsten Pläne des Verlags. Es erscheinen demnächst eine Broschüre Kuttner über den Reichstagsbrand-Prozeß, die Broschüre Seger, eine Broschüre Hoegner: »Der Faschismus und die Intellektuellen« und eine Broschüre von Decker.[12]

Die Gründung eines eigenen Verlags hat große steuertechnische und arbeitsrechtliche Schwierigkeiten. Es bleibt daher zunächst bei der bisherigen Regelung mit der »Graphia«,

---

5 Vorlage: Plettel.
   Plettl, Martin, 1881–1963, Vorsitzender des Deutschen Bekleidungsarbeiter-Verbandes Berlin und Präsident der »International Federation of Clothing Workers«, Emigration 1933 USA, Präsident »Deutscher Freiheitsbund im Ausland«, Mitglied GLD.
6 Vorlage: Lipschütz.
7 Crummenerl an Adler, 27. Dezember 1933, in: IISG Amsterdam, SAI, Nr. 3447, mit der Mitteilung, daß Seger nach Amerika gehen könne. Vgl. Nr. 2.
8 Vgl. Anhang Nr. 5.
9 Vgl. Nr. 4.
10 Vgl. Nr. 12, Anm. 4 sowie »Feststellungen des Untersuchungsausschusses des Parteivorstandes in der Beschwerde der Genossen Arzt sen., Arzt jun. und Thiele gegen die Genossen Edel und Tröndle« (24. Februar 1934) und den Beschluß des Parteivorstandes (16. März 1934), in: SAPMO Berlin, ZPA, II 145/54, Bl. 62–66.
11 Weder im SAPMO Berlin, ZPA, II 145, noch im AdsD, PV-Emigration ist er vorhanden.
12 In der Broschürenreihe »Probleme des Sozialismus« erschienen Heft 4: Justinian [d. i. *Erich Kuttner*]: Reichstagsbrand. Wer ist verurteilt?; Heft 5: *Gerhart Seger*. Oranienburg; Heft 6: Landgerichtsdirektor XXX [d. i. *Wilhelm Hoegner*]: Der Faschismus und die Intellektuellen; Heft 7: *Georg Decker*. Revolte und Revolution. Der Weg zur Freiheit.

Karlsbad. Sattler[13] hat sich bereit erklärt, bei einer evtl. Sitzverlegung des PV und des Verlags gegen die Weiterverwendung des Verlagsnamens keinen Einspruch zu erheben.
Wels berichtet über die Situation in Deutschland. Es sind Verhaftungen unter den Mitgliedern unserer Berliner Zentrale erfolgt. Verhaftet sind Fritz List, Erna Schlingmann und Gustav Weber.[14] Einzelheiten fehlen noch. Verhaftungen sind ferner erfolgt im Kreis des »Roten Stoßtrupps«[15] und des »Proletarischen Presse-Dienstes«.[16] – Eine Diskussion über die Gesamtlage und eine Beschlußfassung über die Weiterarbeit kann erst in der nächsten Sitzung erfolgen.
Stahl berichtet über Mitteilungen seiner Tochter aus Berlin. Jürgensen hat noch gute Beziehungen zu Diels[17]. Er bemüht sich um Erleichterungen und Entlassungen sozialdemokratischer Gefangener. Jürgensen hat mitteilen lassen, eine Reihe von maßgebenden Parteigenossen in Berlin wünschen von Prag 1) Geld für die politischen Prozesse, 2) Geld zur Unterstützung der Angehörigen der Gefangenen; es sei ein Betrag von RMk. 20 000,– notwendig. Im übrigen soll Prag die illegale Arbeit gegen Deutschland aufgeben, anderenfalls müßten die in Deutschland verbliebenen Genossen offen von Prag abrücken.
Böchel berichtet über eine Konferenz mit sächsischen Funktionären aus den Bezirken Chemnitz, Leipzig und Zwickau. Die Konferenz war gut besucht, aus Leipzig waren wich-

---

13 Sattler, Ernst, 1892–1950, sudetendeutscher Sozialdemokrat, SDAP-PV, Mitbegründer und Leiter des »Graphia-Verlages«, Emigration 1938 Großbritannien, Mitglied im TG-Landesvorstand.
14 List, Schlingmann und Weber, alle SAJ-Hauptvorstand, wurden 1934 in einem Massenprozeß wegen Weiterführung einer politischen Organisation und der Verbreitung illegalen Schriftenmaterials angeklagt und verurteilt. List ging nach seiner Entlassung im August 1934 über Leipzig und Berlin nach Frankfurt/Main, dort nach 1945 Sekretär der Frankfurter SPD.
Erna Schlingmann (verheiratete Wiechert), arbeitete von 1935–1945 als Stenotypistin, 1956–1958 Bezirks-/Stadträtin im Wedding, 1963–1967 MdA Berlin.
15 Beim »Roten Stoßtrupp« handelt es sich um eine Organisation, die sich um die von Rudolf Küstermeier herausgegebene illegale Zeitschrift gleichen Namens gebildet hatte und anfangs vor allem ehemalige Mitglieder der sozialistischen Studentenschaft und Arbeiterjugend, später jedoch auch Reste anderer Gruppen umfaßte. Vgl. *Rudolf Küstermeier*, Der Rote Stoßtrupp, hrsg. v. Informations-Zentrum Berlin. Gedenk- und Bildungsstätte Stauffenbergstraße, 3. Aufl., Berlin 1981; *Günther Weisenborn*, Der lautlose Aufstand. Bericht über die Widerstandsbewegung des deutschen Volkes 1933–1945, Hamburg 1953, S. 148–150; *Niemann u. a.*, S. 123; zur Arbeit des Roten Stoßtrupps und zu den Verhaftungen vgl. Bericht über die Tätigkeit des Roten Stoßtrupps, Anlage zum Brief Adler an Crummenerls, 9. Januar 1934, in: SAPMO Berlin, ZPA, II 145/56, Bl. 90–95. Vgl. weiter Anhang Nr. 2.
Küstermeier, Rudolf, 1903–1977, Mitglied der Widerstandsgruppe »Roter Stoßtrupp« und Herausgeber der gleichnamigen Zeitschrift, im November 1933 verhaftet und zu zehn Jahren Zuchthaus verurteilt.
16 Der »Proletarische Pressedienst« wurde vom Charlottenburger Kreisvorstand des Roten Stoßtrupps gegründet und war vor allem in Neukölln, Friedrichshain und im Wedding verbreitet, Auflage 500 (ca. Anfang 1934). Der PPD lehnte den Vertrieb des Neuen Vorwärts ebenso ab wie eine Zusammenarbeit mit der KPD. Verhaftungen von Mitgliedern des Roten Stoßtrupps und des PPD erfolgten Ende 1933; vgl. Bericht über die Arbeit der SPD vom Regierungsantritt Hitlers bis auf den heutigen Tag, Anlage zu einem Gestapo-Schreiben, 6. März 1934, in: BA Potsdam, St 3/329, Bl. 15–26. In einem Bericht des PV [Februar 1934], in: SAPMO Berlin, ZPA, II 145/56, Bl. 172–220, hier Bl. 202 wurde der PPD als »stark im kommunistischen Fahrwasser segelnd« eingestuft. Vgl. *Kliem*, Teil I, S. 71; Anhang Nr. 6.
17 Jürgensen, Jürgen, geb. 1893, Geschäftsführer der SPD-Fraktion im preußischen Landtag.
Diels, Rudolf, 1900–1957, ab 1933 Leiter des Geheimen Staatspolizeiamtes Berlin, 1934 Regierungspräsident in Köln, 1936 in Hannover.

tige Vertrauensleute zum ersten Mal anwesend. Die Teilnehmer forderten den schärfsten Kampf gegen Deutschland.[18]

Es wird festgestellt, daß die Bereitstellung von Mitteln für die Prozesse (Fall Klühs) und für die Angehörigen der Gefangenen zu den Aufgaben der Partei gehöre, so daß auch über unsere Vertrauensleute Geld zur Verfügung gestellt werden wird. Die Auffassung der Berliner Genossen, die illegale Arbeit einzustellen, wird als indiskutabel abgelehnt.[19]

Für den Frank-Kreis wird für das erste Vierteljahr eine Betrag von RMk. 5 000,– zur Verfügung gestellt.

Crummenerl berichtet, daß die österreichischen Gewerkschaften einen Betrag von hfl. 15 000,– und engl. Pfund 10 000,– erhalten haben. Er schlägt vor, eine eingehende Darstellung unserer bisherigen Arbeit vorzubereiten, die den führenden Mitgliedern der Internationale zur Information unterbreitet werden soll.[20]

Ollenhauer berichtet über den Vorschlag Crispien, zur Vertretung der Interessen der sozialdemokratischen Emigranten einen »Verein deutscher Arbeiter im Auslande« zu gründen, der mit dem Flüchtlingskommissar verhandeln und vor allem die Frage der Arbeitsbeschaffung behandeln soll. Es wird beschlossen, die Anregung Crispiens dem IGB mit der Bitte weiterzugeben, sie nach Möglichkeit zu verwirklichen.

Ollenhauer berichtet über den einmütigen Beschluß der Westsekretäre, die »Sozialistische Aktion« mit Rücksicht auf die augenblicklichen großen Schwierigkeiten bei der Verbreitung nur noch in Abständen von 2 Wochen herauszugeben.[21] Von anderer Seite wird auch eine stärkere Tarnung der Zeitung im Titel gewünscht. **Böchel** berichtet, daß in der erwähnten Konferenz die Meinung vertreten wurde, daß die Informationen der »Soz[ialistische] Aktion« den Genossen bereits anderwärts bekannt geworden seien. Es werden mehr theoretische Artikel gewünscht.

Es wird beschlossen, die Frage der Erscheinungsweise der »Sozialistischen Aktion« zunächst in einer Sitzung mit den Grenz-Sekretären der CSR im Zusammenhang mit der nächsten Vorstandssitzung zu entscheiden.[22]

---

18 Am 26. Dezember 1933 fand im Graphia-Haus in Karlsbad eine von Böchel und Lange einberufene Funktionärskonferenz statt; vgl. *Hans-Dieter Schmid*, Leipziger Sozialdemokratie und Nationalsozialismus, in: Sächsische Heimatblätter 38, 1992, S. 312–323, hier S. 313.
19 In seinem Brief vom 5. Januar 1934 an Otto Wels, in: AdsD Bonn, PV-Emigration, Mappe 129, konnte Stahl bereits mitteilen, sein Sohn habe die Berliner Genossen informiert, »daß wir die Prozeßkosten im Prozeß Klühs übernehmen würden, sonst uns aber in keiner Weise über unsere Arbeit von ihnen Hemmungen auferlegen lassen würden.« Zum »Fall Klühs« vgl. Nr. 12.
20 Denkschrift über die Partei-Arbeit vom April bis Ende November 1933, undatiert [Verfasser: Crummenerl], in: IISG Amsterdam, SAI, Nr. 3524.
21 Über eine Westkonferenz im Dezember 1933 ist nichts bekannt.
22 Ab 18. Februar 1934 erschien die »Sozialistische Aktion« vierzehntägig. Vgl. Anhang Nr. 5.

Nr. 8
Protokoll der Parteivorstandssitzung am 12. Januar 1934
SAPMO Berlin, ZPA, II 145/54, Bl. 31 f.

Sitzung des Parteivorstandes am Freitag, den 12. Januar 1934.

Anwesend: Wels, Vogel, Hertz, Crummenerl, Ollenhauer, Aufhäuser, Böchel, Geyer, Arnold.[1]
Entschuldigt: Rinner, Stampfer, Stahl.

Wels berichtet über die Zuspitzung der Lage in Österreich. Die politische Entwicklung drängt dort zu einer Entscheidung und im Falle eines Nazi-Sieges besteht für uns die Gefahr der Abschnürung unserer Verbindung nach dem Westen. Es ist notwendig, den organisatorischen Apparat solange als möglich hier in Prag zu halten, wir müssen aber rechtzeitig eine Aufnahmestellung im Westen schaffen. In Frage kommen[2] Paris oder Brüssel. Paris ist das politische Zentrum, aber für Brüssel spricht das Vorhandensein einer besser organisierten Arbeiterbewegung.

Wels regt an, die Frage zunächst mit dem Genossen Adler zu besprechen, um evtl. die Vorverhandlungen über die Sitzverlegung durch die Internationale führen zu lassen.

Aufhäuser ist für die Besprechung mit dem Genossen Adler. Als Sitz erscheint ihm ebenfalls Brüssel geeigneter als Paris. Er empfiehlt eine direkte Fühlungnahme mit Huysmans[3].

Crummenerl weist darauf hin, daß unserer Arbeit auch Schwierigkeiten durch die Entwicklung in der CSR entstehen können. Wenn Hitler weitere außenpolitische Erfolge erzielen sollte, dann kann das zu einer Gefährdung unserer illegalen Tätigkeit und unserer illegalen Arbeit in der CSR führen. Er ist für eine Besprechung mit Adler und für Fühlungnahme mit Brüssel.

Die Besprechung mit dem Genossen Adler wird beschlossen.[4]

Vogel berichtet über die bisherigen Erfahrungen mit den Kurzwellen-Sendungen.[5] Seit dem 18. November ist in der Nacht vom Sonnabend zum Sonntag 8 mal in der Zeit von 0.30–4.30 Uhr gesendet worden. Der Apparat hat sehr große Reichweite, es können 25 000

---

1 Außerdem anwesend: Schwabe.
   Schwabe, Reinhold, bis 1933 Leiter der Zeitschrift des Arbeiterradiobundes »Der Volksfunk«, gründete 1935 eine »Technische Verlagsbuchhandlung Reinhold H. Schwabe« in Berlin-Tempelhof, möglicherweise Gestapo-Spitzel.
2 Vorlage: kommt.
3 Huysmans, Camille, 1871–1968, Sekretär der Belgischen Arbeiterpartei (POB), 1905–1922 Sekretär des Büros der II. Internationalen, 1931–1940 SAI-Exekutive, 1940 letzter SAI-Vorsitzender, 1940 Exil Großbritannien, 1946/47 belgischer Ministerpräsident, 1947–1949 Unterrichtsminister, 1965 Parteiaustritt.
4 Vorlage: Der Satz ist ms. unterstrichen. Ob die Besprechung mit Adler stattgefunden hat, ist nicht bekannt. Die Diskussion über eine Sitzverlegung ging weiter. In der »Sozialistischen Aktion« vom 15. April 1934 wurde schließlich ausdrücklich darauf hingewiesen, daß »bei der augenblicklichen politischen Lage [...] keinerlei Anlaß für einen Wechsel des Sitzes der SPD gegeben« sei.
5 Zum Sopade-Schwarzsender in Neuern vgl. Akten des Oberreichsanwalts beim Volksgerichtshof in der Strafsache gegen Reinhold Schwabe, in: BA Zwischenarchiv Dahlwitz-Hoppegarten, ZC 13262, insb. Bl. 3–45: Abschrift der Anklageschrift gegen Friedrich Wilhelm Buisson, Oberreichsanwalt beim Volksgerichtshof, 31. Dezember 1939, hier Bl. 14–17; Bl. 51–57: Abschrift der Aussage Reinhold Schwabes, 27. Februar 1940.
   Buisson, Friedrich Wilhelm, 1892–1940, RB-Führer, Emigration 1933 CSR, Überprüfung politischer Flüchtlinge im Auftrag der Sopade, Grenzsekretär in Neuern, Anschluß an RSD, nach deutscher Besetzung festgenommen, hingerichtet.

Bastler in Deutschland erreicht werden. Der bisherige Sendeort ist nicht mehr zu verwenden. Wir haben jedoch einen zweiten bereits in Reserve. Bisher fehlt jedoch jedes Echo aus Deutschland, und es ist auch noch nicht gelungen, mit Dänemark und Wien in Verbindung zu kommen. In Prag wurde der Sender ebenfalls nur schwach gehört. Die Frage ist, ob diese Art des Sendens politischen Wert hat.[6]

Crummenerl ist für Fortsetzung der Sendung. Wichtig wird der Sender vor allem für den innen-organisatorischen Nachrichtendienst. Wir müssen eine[n] Code für Morse vereinbaren, und wir können dann unsere Grenzstellen und unsere innerdeutschen Vertrauensleute schnell und direkt benachrichtigen.

Schwabe gibt technische Aufklärung. Er empfiehlt, auf Wellenlänge 75 herunterzugehen, da dann der Aktions-Radius größer ist.[7]

Es wird beschlossen, die Arbeit fortzusetzen[8], und zwar soll sowohl wie bisher propagandistisch gearbeitet, als auch der organisatorische Nachrichtendienst ausgebaut werden.

Ollenhauer gibt eine Übersicht über den letzten Berliner[9] Bericht von Anfang Januar und die Berichte von Karlsbad (Lange) und Michel[10] – Wien. Die Berichte befinden sich bei den Akten.[11] Es wird beschlossen, so schnell als möglich die Verbindung mit Berlin durch eine persönliche Aussprache herzustellen und auch an dem Gedanken einer Zusammenkunft mit führenden Bezirksvertrauensleuten festzuhalten.

Crummenerl berichtet, daß Adler aus dem Matteottifonds[12] für die Rechtshilfe für die Verhafteten des »Roten Vorstoßkreises«[13] Mk. 3 000,– zur Verfügung gestellt hat. Crum-

---

6 Im November 1933 hatte Crummenerl vermelden können: »Der erste KW-Sender arbeitet. Wir sind in der Lage, sowohl mit Morsezeichen als auch mit Fonie zu arbeiten. Die Zusammenarbeit mit Hilversum hat nicht geklappt. Wir haben einen ausgedienten schlechten Apparat von ihnen bekommen und waren verpflichtet, uns selbst einen neuen Apparat zu konstruieren. Die Hörerzahl in Deutschland beträgt schätzungsweise 25 000.« Bericht Crummenerl über die Organisation und die Arbeit der Sopade [2. Nov. 1933], in: IISG Amsterdam, SAI, Nr. 3523. Der KW-Sender meldete sich unter »D 4 Berta, Wellenlänge 8478.« Vgl. Redemanuskript, undatiert [Anfang 1934], in: SAPMO, Berlin, ZPA, II 145/56, Bl. 172–220, hier Bl. 204; zum Betrieb des Senders vgl. auch VGH-Urteil gegen Friedrich Wilhelm Buisson, 27. April 1940, Abschrift in Akten des ORA beim VGH in der Strafsache gegen Reinhold Schwabe, in: BA Zwischenarchiv Dahlwitz-Hoppegarten, ZC 13262, Bl. 64–65. Letztlich stand der Erfolg »aber in keinem Verhältnis zu den aufgewendeten Mitteln, da die Zahl der Kurzwellenempfänger in Deutschland verhältnismäßig gering ist, und da der Empfang derartiger Sendungen nur geübten Funkbastlern möglich ist.« Die Sozialdemokratische Partei Deutschlands. Ihre Organisation und ihre Tätigkeit unter der Hitler-Diktatur. Bericht des Parteivorstandes, Sitz Prag (Sopade), [Okt. 1934], S. 19, in: AdsD Bonn, PV-Emigration, Mappe 164, künftig zitiert als »Die Sozialdemokratische Partei«.
7 Zur Rolle Schwabes beim Aufbau des Kurzwellensenders vgl. Nr. 12 und PV an Woudenberg, 14. März 1934, in: AdsD Bonn, PV-Emigration, Mappe 122.
8 Vorlage: Von »Es« bis »fortzusetzen« ms. unterstrichen.
9 Vorlage: »Berliner« ms. unterstrichen.
10 D. i. Waldemar von Knoeringen.
11 Die Berichte konnten nicht gefunden werden.
12 Am 11. April 1933 hatten SAI und IGB beschlossen, die Hilfsaktion für Deutschland durch den »Internationalen Hilfsfonds für die Arbeiterbewegung in den Ländern ohne Demokratie, durch den Matteottifonds« durchzuführen. Vgl. Internationale Information 10. Jg., 24. April 1933, S. 177 f.; »Richtlinien des Komitees zur Verwaltung des Matteottifonds« für die Aktion »Hilfe für Deutschlands Arbeiterklasse«, beschlossen am 19. Mai 1933, in: AdsD Bonn, PV-Emigration, Mappe 171.
Matteotti, Giacomo, 1885–1924, italienischer Sozialist, Mitgründer und 1922–24 Generalsekretär der »Partito socialista unitario«, scharfer Gegner Mussolinis; seine Ermordung durch Faschisten leitete die Einparteiendiktatur in Italien ein.
13 Identisch mit dem »Roten Stoßtrupp«; vgl. Nr. 7.

menerl empfiehlt die Bewilligung von Mk. 2 000,- als Beihilfe aus unseren Mitteln. Das wird beschlossen.

Stahl berichtet in einem Brief[14] über Besprechungen seines Sohnes mit Jürgensen, aus dem sich ergibt, daß Jürgensen, Löbe und Westphal diejenigen Genossen sind, die die Forderung auf Einstellung der Auslandsarbeit erhoben haben.[15]

Aufhäuser berichtet über eine Unterredung Göring-Löbe, zu der Löbe von Göring eingeladen und nach seinen weiteren Absichten befragt wurde. Löbe soll erklärt haben, daß er die Absicht habe, ein Zigarrengeschäft zu übernehmen.[16]

Crummenerl berichtet über die Affäre Braun-Saarbrücken.[17] Kirschmann und Klopfer hatten vom PV eine Erklärung über die Herkunft der Gelder verlangt; Kirschmann wünscht außerdem ein Einwirken auf den IGB, um auch diesen zu einer Erklärung zu veranlassen. Der PV hat in zwei Schreiben an Kirschmann und Klopfer jede Erklärung in der Angelegenheit abgelehnt. Der IGB hat inzwischen eine Erklärung abgegeben, in der er feststellt, daß Braun weder vom IGB noch von einer anderen Stelle, bei der der IGB interpelliert haben könnte, Gelder erhalten hat. Die Angelegenheit dürfte damit noch nicht abgeschlossen sein, da die Nazipresse behauptet, im Besitz von Fotografien von Briefen zu sein, die in der Geldangelegenheit aus Genf und Paris nach Saarbrücken gegangen sind. Der PV erklärt sich damit einverstanden, daß der PV sich aus der Angelegenheit fernhält und sich lediglich an einer Gesellschaftersitzung der »Volksstimme« als Gesellschafter beteiligen wird.[18]

---

14 Vorlage: »Stahl« bis »Brief« ms. unterstrichen.
15 Stahl an Otto [Wels], 5. Januar 1934, in: AdsD Bonn, PV-Emigration, Mappe 129. Vgl. auch Nr. 7.
16 Über ein Gespräch Göring/Löbe konnte nichts ermittelt werden. In seinen Erinnerungen erwähnt Löbe es nicht.
17 Zur Affäre Braun, die zu einer Affäre Klopfer wurde, vgl. *Paul*, S. 69 f.; *Zur Mühlen*, Hitler, S. 88 f.; *Ernst Kunkel*, »Für Deutschland – gegen Hitler«. Die Sozialdemokratische Partei des Saargebietes im Abstimmungskampf 1933/1935, Saarbrücken 1968, S. 84–88. Klopfers Anschuldigungen gegen Max Braun, er habe Gelder unterschlagen, erwiesen sich letztlich als Spaltungsmanöver der Gestapo. Vgl. dazu Nr. 15. Zu geheimen französischen Unterstützungszahlungen für die »Volksstimme« und die »Deutsche Freiheit« vgl. *Peter Lempert*, »Das Saarland den Saarländern!« Die frankophilen Bestrebungen im Saargebiet 1918–1935, Köln 1985, S. 101 f.; *Zur Mühlen*, Hitler, S. 93; *Paul*, S. 70. Vgl. weiter Internationale Information 11. Jg., 13. Januar 1934, S. 6–8, wo auf die Verleumdungskampagne gegen Braun in der NS-Presse eingegangen wird.
18 Vgl. Nr. 10.

Nr. 9
Protokoll der Parteivorstandssitzung am 20. Januar 1934

SAPMO Berlin, ZPA, II 145/54, Bl. 33 f.

Sitzung des Parteivorstandes am 20. Januar 1934.

Anwesend: Wels, Vogel, Crummenerl, Stampfer, Hertz, Ollenhauer, Rinner, Geyer, Arnold, Böchel, Aufhäuser, Stahl, Hilferding.

Wels: Die Sitzung soll entscheiden über den Entwurf einer programmatischen Erklärung der Partei, die zum Jahrestag der Hitlerdiktatur veröffentlicht werden soll. Wir betrachten diese Erklärung als ersten Willensausdruck und als erste Zielsetzung, sie ist der Versuch, die geistige Führung der Partei hier zu konzentrieren. Es ist nicht möglich, jetzt schon auf alle Fragen eine Antwort zu geben, deshalb sprechen wir auch nicht von einem Programm, sondern von einem Manifest oder einer programmatischen Plattform.[1]

Der erste Entwurf war das Resultat einer gemeinsamen Arbeit der Genossen Geyer, Rinner und Stampfer.[2] Zu diesem Entwurf hatte der Genosse Denicke[3] Ergänzungen vorgeschlagen, und der Genosse Hilferding hat einen neuen Entwurf ausgearbeitet.[4] In einer Besprechung der Gen[ossen] Rinner, Stampfer, Geyer und Hilferding wurde der Entwurf Hilferdings zur Grundlage der Beratung bestimmt, und es liegt jetzt ein gemeinsamer Entwurf dieser vier Genossen vor. Stampfer erläutert diesen Entwurf.[5]

Aufhäuser wünscht zunächst eine allgemeine Aussprache. Er hält Ton und Inhalt des Manifests für verfehlt. Die Genossen wünschen eine Diskussionsbasis, kein Manifest und kein Dokument, in dem erneut ein Führungsanspruch des bisherigen PV angemeldet wird. Die Probleme der Führung und der Ausgestaltung der Staatsgewalt müssen in einer programmatischen Plattform ausführlich behandelt werden. Es ist verfehlt, an der alten Form der SPD festzuhalten, die Diskussion muß vielmehr möglichst wenig parteigebunden geführt werden. Der PV in Prag kann lediglich eine Willenszentrale für die Diskussion bilden. Aufhäuser beschäftigt sich dann im einzelnen mit dem Entwurf. Er vermißt eine politische und wirtschaftliche Analyse der gegenwärtigen Situation. Die Aufgaben des revolutionären Staates müssen klar umschrieben werden, nur so können wir den revolutionären Willen wecken. Die politische Demokratie ist zu stark berücksichtigt worden. Wir sollen davon reden, was im Übergangsstadium zu geschehen hat, aber wir sollen nicht von Wahlen sprechen. Die Verwaltung und Führung des Übergangsstaates muß klar herausgearbeitet werden soll, dann sollten wir von Arbeiterdemokratie sprechen.

Hilferding: Notwendig ist eine politische Aktion, nicht eine Diskussionsgrundlage. Wir müssen die sich aus der veränderten Situation ergebenden Aufgaben herausstellen. Vertrauen gewinnen wir nur durch Führung von Aktionen, nicht durch Diskutieren und Verhandeln. Wir sind zur Zeit nicht imstande, in Deutschland eine illegale Massenbewegung zu schaffen und die einzelnen illegalen Gruppen zusammenzuführen. Es besteht die Gefahr einer ständigen geistigen Zersplitterung drinnen, wenn nicht draußen ein einigendes geisti-

---

1 Zu Entstehungsgeschichte, Inhalt und Wirkung des Prager Manifests vgl. *Kliem*, Teil I, S. 90-93, Teil II, S. 32 f., Anm. 85–91; *Lange*, Manifest; *Niemann u. a.*, S. 153–170; *Niemann*, Vorgeschichte; *Uta Petersen*, Das Prager Manifest der SPD von 1934, in: Ergebnisse. Zeitschrift für demokratische Geschichtswissenschaft, 20. März 1983, S. 10–130, hier S. 48 f.; *Wolfgang Runge*, Das Prager Manifest von 1934. Ein Beitrag zur Geschichte der SPD, Hamburg 1963; *Saggau*, S. 230–245; *Seebacher-Brandt*, Biedermann, Diss., S. 133–137.
2 Der Entwurf Stampfer-Geyer-Rinner, November/Dezember 1933, ist veröffentlicht in: *Matthias/Link*, Dok. 8, S. 197–212. Anfang Dezember 1933 wurde der »Dreier-Entwurf« von der PV-Mehrheit abgelehnt; die Ablehnung erfolgte vor allem durch Hertz, Ollenhauer und Vogel; vgl. *Niemann u. a.*, S. 153; *Matthias/Link*, S. 215, Anm. 1. Nachdem Stampfer den Entwurf bereits Ende November 1933 mit der Bitte um Stellungnahme an Hilferding gesandt hatte, wurde Hilferding nun offiziell ersucht, den Entwurf grundlegend zu bearbeiten; vgl. *Lange*, Manifest, S. 849.
3 D. i. Georg Decker.
4 Georg Decker schickte seine Korrekturen und Ergänzungsvorschläge am 27. Dezember 1933 an Stampfer zurück; vgl. *Matthias/Link*, S. 197, Anm. 1; Deckers Bemerkungen und Ergänzungsvorschläge werden bei *Matthias/Link*, S. 197–212, im Anmerkungsapparat nachgewiesen; vgl. *Saggau*, S. 230 f. Als Anlage zu seinem Brief an Klinger [d. i. Geyer] vom 10. Januar 1934, veröffentlicht bei *Matthias/Link*, Dok. 9, S. 212–215, verschickte Hilferding seinen Entwurf; in: SAPMO Berlin, ZPA, II 145/54, Bl. 229–241, mit der hs. Anmerkung »II. R.H. 1934«; abweichend in der Form, nicht aber im Text und versehen mit hs. Verbesserungen in: AdsD Bonn, PV-Emigration, Mappe 163. Ausdrücklich bat Hilferding darum, diesen Entwurf auch Böchel und Aufhäuser zur Kenntnis zu geben.
5 Dieser gemeinsame Entwurf liegt nicht vor.

ges Band geschaffen wird. Wir müssen deshalb heute sagen, wie sich der Kampf unter den gegenwärtigen Umständen gestalten muß und welche Konsequenzen sich zwingend aus der Situation ergeben. Führung kann kein Diskussionszentrum sein, sie muß sagen, was sie will. Das Programm ist eine Aktion, die jetzt möglich und notwendig geworden ist.

2. Sitzung PV am 20. Januar 1934.[6]

Böchel: Die Form ist nicht entscheidend, der sachliche Inhalt ist wichtig. Mit einem Manifest als Diskussionsgrundlage bin ich einverstanden. Wenn wir aber darin die Frage der Führung nicht offen behandeln, dann überwinden wir die psychologische Mauer nicht, die wir in Deutschland vor uns haben. Wir können auch die Vergangenheit nicht übergehen. Wir müssen die Vertrauensbasis durch eine Analyse der Vergangenheit schaffen und müssen sagen, daß unsere Politik falsch war und daß wir aus dieser Erkenntnis zu neuen Schlüssen kommen.

Hertz: Mit einem Bekenntnis der Fehler in der Vergangenheit ist überhaupt nichts gewonnen. Unsere Taten müssen die Menschen überzeugen. Das Manifest ist eine Tat. Es zieht aus der veränderten Situation die Konsequenzen und zeigt die veränderten Aufgaben auf. Eine solche Betrachtungsweise ist ungleich fruchtbarer als die Suche nach Fehlern und Schuldigen.

Aufhäuser: Wir können auf den historischen Teil nicht verzichten. Die Behandlung der Vergangenheit kann allerdings in einem Aufruf nicht erfolgen, sie ist nur möglich in einer Plattform.

Stampfer: Die Selbstkritik darf sich nicht zur Selbstverleugnung entwickeln. Die Vergangenheit ist tot, aber sie war nicht in allen Punkten schlecht. Die Sozialdemokratie hat in den 14 Jahren nach der Revolution Großes geleistet. Eine Niederlage ist kein Beweis für die Unrichtigkeit einer Politik. Aus der totalen Veränderung der Situation haben wir die Konsequenzen gezogen und die veränderten Aufgaben der Sozialdemokratie in der Gegenwart herausgearbeitet.

Nach weiteren Ausführungen der Genossen **Wels, Hilferding, Böchel, Stampfer** und **Geyer** wird gegen 1 Stimme (Aufhäuser) beschlossen, in die Einzelberatung des Entwurfs einzutreten.

Nach der Einzelberatung wird der Entwurf gegen die Stimmen der Genossen Aufhäuser und Böchel angenommen.

Dem Protokoll ist beigefügt 1. der Entwurf der Genossen Stampfer, Geyer und Rinner, 2. der Entwurf des Genossen Hilferding, 3. der gemeinsame Entwurf der Genossen Hilferding, Stampfer, Geyer, Rinner und 4. die vom Parteivorstand beschlossene Formulierung des Manifests.

Schluß der Sitzung 19.30 Uhr.

---

6 Vorlage: Satz ms. unterstrichen.

Nr. 10

Protokoll der Parteivorstandssitzung am 9. Februar 1934

SAPMO Berlin, ZPA, II 145/54, Bl. 52-54

Protokoll der Sitzung des Parteivorstandes vom 9. Febr. 1934, vormittags 10 30 Uhr.

Anwesend: Wels, Vogel, Stampfer, Crummenerl, Hertz, Ollenhauer, Aufhäuser, Stahl, Böchel, Arnold, Geyer, Rinner.

Crummenerl berichtet über die Angelegenheit Saarbrücken. Die Sitzung der Gesellschafter ist nunmehr zum 16. Februar einberufen worden[1], und es ist notwendig, daß der PV seine Taktik in dieser Sitzung wenigstens prinzipiell festlegt. Die erste Frage betrifft die eventuelle Entlassung Klopfers und Jüttners. Die Generalversammlung der Partei [in] Saarbrücken hat auf Antrag Ernst Braun[2] beschlossen, Klopfer und Jüttner sofort zu beurlauben.[3] Der Beschluß hat keine unmittelbare praktische Bedeutung, aber es besteht die Möglichkeit, daß der Antrag in der Gesellschaftersitzung erneut eingebracht wird. Wie sollen wir uns verhalten, wenn durch Indizien bewiesen wird, daß Klopfer oder Jüttner an der Veröffentlichung des internen Briefwechsels[4] mitschuldig sind. Man wird abwarten müssen, wie die Dinge laufen, aber auch schon jetzt Vorschläge für einen eventuellen Nachfolger überlegen. Es kommen in Frage Hartmeyer, Stuttgart, Holle, Bremerhaven, Lenke, Plauen. Kirschmann ist als Geschäftsführer abzulehnen.[5]

Die zweite Frage ist die Finanzierung der GmbH Volksstimme. Soll der PV den fehlenden Betrag (frz. Frs. 350 000,-) zahlen, wenn alle anderen Quellen versagen, oder sollen wir die »Freiheit« eingehen lassen. Voraussetzung für jede Entscheidung ist eine genau geprüfte Bilanz. Der Versuch, Privatgelder zu erhalten, sollte unternommen werden, in Frage kommt wahrscheinlich nur der Verleger des »Westlandes«.[6] Bedingung ist, Sicherung des

---

1 Die Gesellschaftersitzung der »Volksstimme GmbH« fand am 26. Februar 1934 statt; vgl. Nr. 11.
2 Braun, Ernst, geb. 1909, SPD, Vorsitzender der SAJ im Saargebiet, Emigration 1935 Frankreich, 1936/37 Spanien, Offizier im Bürgerkrieg, 1937 Mitgründer des »Einheitskomitees deutscher Sozialdemokraten und Kommunisten«, 1939 Frankreich, um 1940 verhaftet, bis 1945 KZ Buchenwald, später SED, 1949/50 Kandidat der Zentralen Parteikontrollkommission, angeblich Polizeipräsident von Weimar.
3 Vgl. S[ollmann] an H[ertz], 3. Februar 1934, in: AdsD Bonn, NL Hertz, MF XXXVI; danach hat die Generalversammlung am 2. Februar 1934 in Saarbrücken stattgefunden. Vgl. *Zur Mühlen*, Hitler, S. 89.
4 Gemeint ist möglicherweise die Korrespondenz zwischen Max Braun und französischen Stellen wegen finanzieller Unterstützung für die »Volksstimme GmbH« und die »Deutsche Freiheit«; vgl. Nr. 8, Anm. 17.
5 Die Ablehnung Kirschmanns könnte in Zusammenhang gestanden haben mit der Entfremdung zwischen der Sopade und der SPD/Saar; das Verhältnis zu Kirschmann hatte sich nach dessen Wahl zum neuen Landessekretär auf dem außerordentlichen Parteitag der saarländischen SPD am 12. November 1933 abgekühlt; vgl. *Redmer*, S. 83.
6 Die 16seitige Wochenzeitung »Westland« wurde 1933/34 von Siegfried Thalheimer in Saarbrücken herausgegeben, erschien im Verlag der »Volksstimme« und stand der Sozialdemokratie nahe; die letzte Nummer erschien am 17. November 1934. Vgl. *Maas*, Bd. 4, S. 506-509; *Zur Mühlen*, Hitler, S. 90.
Thalheimer, Siegfried, geb. 1899, 1928-1933 Chefredakteur »Düsseldorfer Lokalzeitung«, Emigration 1933 Saargebiet, Herausgeber und politischer Redakteur der Exilzeitung »Westland«, 1935 Frankreich, in Paris Herausgeber und Redakteur »Ordo«, 1941 USA, dort Kunsthändler, 1949 Rückkehr nach Deutschland, freier Schriftsteller und Publizist.

Einflusses des PV und die Erhaltung der »Freiheit« als sozialdemokratisches Organ. Wenn der PV zahlt, dann muß unser Einfluß in der GmbH gestärkt werden, und die »Freiheit« muß von der »Volksstimme«[7] gelöst werden.

Eine weitere Frage ist, ob wir jetzt auf die Beseitigung der Bezeichnung »Braun« als Chefredakteur der »Freiheit« drängen sollen. Sollen wir diese Entscheidung unter Umständen mit Anteilstimmen erzwingen.

Die Saarbrücker Genossen wollen die Redaktion der »Volksstimme« verstärken. Braun soll in erster Linie die Leitung des politischen Kampfes übernehmen, und die Saarbrücker Genossen haben Geyer angefordert. Geyer hat abgelehnt, wir sollten noch mehrere Vorschläge machen. Genannt ist Kuttner. Diesen Vorschlag sollten wir unterstützen. Wenn er ablehnt, werden weiter genannt: Saternus, Wurbs und Raloff.[8]

Aufhäuser und **Böchel** schlagen Saternus vor, der sich in einer sehr schwierigen Lage in Paris befindet.

Wels: In der Angelegenheit Chefredakteur Max Braun sollten wir eine Änderung versuchen. Die »Freiheit« muß erhalten bleiben. Selbstverständlich kann ein Zuschuß nur geleistet werden nach Prüfung der Bilanz. Unser Darlehn müßte am Gesamtwert des Unternehmens gesichert werden. Es muß auch versucht werden, von saarländischen Stellen Geld zu erhalten, z. B. vom Bergarbeiterverband.

Aufhäuser hält die Heranziehung des Bergarbeiterververbandes für aussichtslos.

In der Angelegenheit Klopfer besteht Übereinstimmung über vorsichtiges Vorgehen, da der Briefwechsel auch durch Verletzung des Postgeheimnisses bekanntgeworden sein kann.

Crummenerl: Wenn es gelingt, die »Freiheit« selbständig zu machen, dann ist ein tüchtiger Geschäftsführer notwendig, Klopfer kommt für diese Aufgabe nicht in Frage.

Nach Saarbrücken werden die Genossen Crummenerl und Hertz delegiert.

Crummenerl berichtet über den Plan, in Verbindung mit der Reise nach Saarbrücken eine Konferenz der Westsekretäre und einer Reihe von Parteigenossen, die jetzt in den Westländern ihren Wohnsitz haben und aktiv mitarbeiten, abzuhalten. In dieser Konferenz soll über die programmatische Erklärung der Partei und über die Arbeit des Parteivorstands im Jahre 1933 berichtet werden.[9] Die Durchführung der Konferenz ist abhängig von der Entwicklung der Lage in Österreich, die sich täglich mehr zuspitzt und schon in den nächsten Tagen zu schweren Komplikationen führen kann. Die Arbeiterschaft ist nach wie vor zum Widerstand entschlossen. Die endgültige Entscheidung über die Konferenz muß daher den Genossen Crummenerl und Hertz bei ihrem Aufenthalt in Zürich überlassen werden. Im Anschluß an diese Konferenz sind auch Besprechungen in Brüssel, Amsterdam und evtl. auch in Kopenhagen notwendig. Von dort kommt eine Rückfahrt über Gdingen nach Prag in Frage.

---

7 Saarbrückener Volksstimme, später Volksstimme (1. Jg. 1908/09 bis 27. Jg. 1935), herausgegeben von der Sozialdemokratischen Partei für das Saargebiet. Vgl. *Eberlein*, S. 1817.

8 Vorlage: Rallof.
  Saternus, Artur, 1892–1970, Redakteur verschiedener sozialdemokratischer Zeitungen, Emigration 1933 Frankreich, Ungarn, 1948 Deutschland, 1950–1957 Chefredakteur der DGB-Wochenzeitschrift »Welt der Arbeit«.
  Wurbs, Kurt, geb. 1891, sozialdemokratischer Journalist, Chefredakteur »Schleswig-Holsteinische Volkszeitung«, Emigration 1933 Dänemark, später Rückkehr nach Deutschland.
  Raloff, Karl, 1899–1976, Redakteur beim »Volkswillen« in Hannover, 1932/33 MdR SPD, Emigration 1933 Dänemark, Kontakte zu illegalen Organisationen in Deutschland, Zusammenarbeit mit Sopade, anfänglich Mitarbeiter von Richard Hansen, Korrespondent der »Deutschland-Berichte«, 1940 Schweden, 1945 Dänemark, 1952–65 Presseattaché der deutschen Botschaft in Kopenhagen.

9 Vgl. Nr. 11 und Anhang Nr. 6.

Zur Konferenz sollen eingeladen werden aus der Schweiz: Crispien, Dittmann[10], Dietrich, Richter[11], Schoettle, Döring[12]; aus Frankreich: Reinbold, Breitscheid, Schifrin[13], Schiff[14], Kreyssig[15]; aus Belgien: Ferl, Sender[16], Braunthal[17], Schumacher; aus Amsterdam: Kuttner, Mendelsohn[18], Tempel[19], Kern; aus London: Neumann. Das Referat über das Programm will Hilferding übernehmen. Die Kosten für die Konferenz werden sich auf Mk. 1 500,– bis Mk. 2 000,– belaufen. Als Termin ist der 18. Februar in Aussicht genomen. Als Tagungsort Strasbourg, Luxemburg oder die Schweiz. Die endgültige Entscheidung über den Tagungsort soll abhängig gemacht werden von der Überwindung der Paßschwierigkeiten.[20]

Aufhäuser wünscht eine objektive Berichterstattung über die Plattform. Hilferding als Referent allein genügt nicht, zumal er einzelne Partien des Entwurfs Geyer, Stampfer, Rinner zwar übernommen hat, sie aber als weniger wichtig betrachtet. Aufhäuser schlägt des-

---

10 Dittmann, Wilhelm, 1874–1954, 1912–1918 und 1920–1933 MdR, Mitglied des ZK und Sekretär, später Vorsitzender der USPD, 1922–1933 SPD-PV, Vorsitzender der SPD-Reichstagsfraktion, Emigration 1933 Schweiz, publizistische Tätigkeiten, 1951 Rückkehr nach Deutschland.
11 Richter, Georg, 1891–1967, Gewerkschafter und 1926–1933 SPD-Parteisekretär in Düsseldorf, März 1933 Reichstagskandidat, Emigration 1933 Schweiz, Mitarbeiter NV, 1945 Wiesbaden, 1946–1954 MdL Nordrhein-Westfalen.
12 Döring, Anton, 1892–1960, ADGB-Sekretär in Frankfurt/Main, ab 1930 im Generalrat der ITF, Emigration 1933 Schweiz, versuchte in Süddeutschland illegale Gewerkschaftsorganisation aufzubauen, Verbindungen zu ITF und NB, 1950 Deutschland.
13 Schifrin, Alexander, 1901–1950 (51?), Menschewik, Ende 20er Jahre SPD, Theoretiker der sozialdemokratischen Linken, Emigration 1933 Frankreich, im Vorstand der RSD Paris, Mitglied im Landesverband Deutscher Sozialdemokraten in Frankreich, 1940 USA.
14 Schiff, Victor, 1895–1953, ab 1920 außenpolitischer Redakteur des »Vorwärts«, Emigration 1933 Großbritannien, Frankreich, Vertrauensmann der Sopade in Paris, Mitglied SFIO, Mitarbeiter zahlreicher sozialdemokratischer Zeitschriften, 1940 Großbritannien, ab 1942 Ausschußmitglied der SPD-Ortsgruppe London, bis 1944 Annäherung an FDB, ab 1946 Korrespondent des »Daily Herald« in Rom.
15 Kreyssig, Gerhard, 1899–1982, 1931–1945 Leiter der wirtschaftspolitischen Abteilung des IGB, Emigration 1933 Frankreich, 1933–1934 Vorstandsmitglied des französischen Matteotti-Komitees, bis März 1934 Vorstandsmitglied der Pariser SPD-Gruppe, Verbindungsmann für Finanzierung der »Deutschland-Berichte« und Gewerkschaftsarbeit in Deutschland und Österreich durch den IGB, 1941 Großbritannien, 1945 Deutschland, Journalist, 1947–1949 Frankfurter Wirtschaftsrat, 1951–1965 MdB.
16 Sender, Toni, 1888–1964, sozialdemokratische Journalistin, 1920–1933 MdR (USPD/SPD), Mitarbeiterin von »Der Klassenkampf«, Emigration 1933 Belgien, Mitglied RSD, 1935 USA, 1941–1944 Mitarbeiterin des OSS.
17 Braunthal, Alfred, geb. 1897, sozialdemokratischer Wirtschaftsexperte, Mitarbeiter der Forschungsstelle für Wirtschaftspolitik in Berlin, Emigration 1933 Österreich, Belgien, dort im Bankgewerbe tätig, Mitarbeiter der »Deutschland-Berichte«, 1936 USA, ab 1939 Vorstandsmitglied der GLD, für den IBFG tätig.
18 Mendelsohn, Kurt, 1902–1973, Mitarbeiter der Forschungsstelle für Wirtschaftspolitik in Berlin, 1933 Emigration Niederlande, Gründer und Schriftleiter »Het Werkdorp«, 1938 Palästina, 1938–1948 Wirtschaftsabteilung »Jewish Agency« und Wirtschaftsberater einer Bank, 1948–1958 im israelischen Finanzministerium, danach in der freien Wirtschaft.
19 Tempel, Hermann, 1889–1944, Gründer und Chefredakteur des »Volksboten« Emden, 1925–1933 MdR SPD, Emigration 1933 Niederlande, journalistische Mitarbeit u. a. für »Deutschland-Berichte«, stellte sich 1940 der Gestapo, bis Dezember 1942 in Haft, starb an den Haftfolgen.
20 Letztlich fanden zwei Tagungen statt (am 28. Februar 1934 in Zürich und am 6. März 1934 in Luxemburg) sowie diverse Einzelgespräche; vgl. Nr. 11 und Anhang Nr. 6.

halb vor, außer Hertz und Crummenerl auch noch ein Mitglied der Programmkommission, und zwar den Genossen Rinner zu delegieren.

Dem Konferenzplan wird zugestimmt, ebenso der Delegation des Genossen Rinner.

Arnold berichtet über die bisherige Verlagstätigkeit. Die Rohbilanz des »Neuen Vorwärts« liegt vor, sie muß aber noch geprüft werden. Nach dem vorläufigen Abschluß besteht ein Überschuß von Kc 11 000,–. Die Auflage des »Neuen Vorwärts« ist mit 15 000 ziemlich stabil geblieben. Die letzte Nummer erschien in einer Auflage von 12 500. Nach der Einstellung der »Freien Presse« wird die Auflage des »Neuen Vorwärts« steigen, da die Abonnenten der »Freien Presse« den »Neuen Vorwärts« zugestellt erhalten.[21] Van der Veen[22] hat die Belieferung der Abonnenten in Holland übernommen. Es ist mit einer Zunahme von 2 500 bis 3 000 Exemplaren für den »Neuen Vorwärts« zu rechnen.

Das Verlagsgeschäft befindet sich noch im Aufbau. Eine Rechtsform ist schwer zu schaffen. Vorläufig verwenden wir den Titel »Verlagsanstalt Graphia«, mit dem Recht, ihn auch bei einer eventuellen Verlegung der Arbeit nach dem Westen zu gebrauchen. Die Schriftenreihe ist ein Erfolg. »Volk in Ketten« erschien in einer Auflage von 3 000, ausgeliefert wurden 2 500, »Reichstagsbrand« Auflage 6 000, ausgeliefert 4 426, »Oranienburg« 10 000, ausgeliefert 5 600. Die holländische Ausgabe von »Oranienburg« liegt bereits vor. Geplant sind ferner Ausgaben in französisch, tschechisch, dänisch, norwegisch, schwedisch, jiddisch, spanisch, finnisch, estnisch, lettisch und russisch. Die englische Ausgabe wollen wir in eigenem Verlag herausbringen, da hier eine größere Auflage mit einem sehr guten Geschäft zu erwarten ist. In Vorbereitung sind: Hoegner »Der Faschismus und die Intellektuellen«, Decker »Der Weg zur Freiheit« und die getarnte Ausgabe von Oranienburg in einer kleinen Auflage.

Vogel berichtet über die Angelegenheit Edel, Tröndle.[23] Der Untersuchungsausschuß hat noch nicht getagt, da Puls[24] sich geweigert hat, seine Zeugen zu benennen. Inzwischen ist diese Untersuchung überholt. Kunze ist nach Deutschland zurückgekehrt. Edel und Tröndle haben den restlichen Kassenbestand an Crummenerl abgeliefert. Die Kassenbücher Kunzes waren nach der Prüfung Crummenerls buchmäßig in Ordnung. Nach ihrer Rückkehr nach Bodenbach sind Edel und Tröndle überfallen und mißhandelt worden. Die Aktion ging von den Bodenbacher Genossen aus. Frau Edel will unter den Angreifern auch den jungen Arzt[25] erkannt haben. Edel und Tröndle verlangen Untersuchung durch den PV. Reitzner[26], Bodenbach, wollte Edel und Tröndle wegen Spitzelverdacht verhaften las-

---

21 Vgl. Bericht Helmuth Kerns über die Einstellung des weiteren Erscheinens der »Freien Presse«, 31. Januar 1934, in: AdsD Bonn, PV-Emigration, Mappe 42, sowie Nr. 2 mit Anm. 35.
22 Veen, Ybele Geert van der, 1884–1940, niederländischer Sozialdemokrat, Direktor »Arbeiderspres«.
23 Vorlage: Tröndel.
24 Vorlage: radiert, »Puls« vermutlich für »Tröndle« eingesetzt.
25 Arzt, Fritjof Helmut, 1908–1938, Student, Emigration 1933 CSR, Mitglied des »Ostsachsen-Ausschusses« der Sopade, als Kurier für die »Volkssozialistische Bewegung« bei einem Flugzeugabsturz ums Leben gekommen.
26 Reitzner, Richard, 1893–1962, sudetendeutscher Sozialdemokrat, DSAP-PV, Parteifunktionär in Bodenbach, Emigration 1938 Großbritannien, Mitglied des TG-Landesvorstandes, bis Kriegsende Leiter der »London Representative of the Sudeten German Refugees«, 1946 Deutschland, 1948–1949 stellv. SPD-Landesvorsitzender in Bayern, 1949–1962 MdB.

sen. Kunze soll die Massenverhaftungen in Dresden verschuldet haben.[27] Arzt[28] hat eine Denkschrift über die Vorgänge dem PV eingereicht, Edel hat eine Gegendenkschrift verfaßt. Inzwischen hat am 3. Februar eine Konferenz der früheren leitenden Funktionäre des Bezirks Ostsachsen in der CSR in Aussig stattgefunden, in der die Funktion der alten ostsächsischen Bezirksleitung als erloschen erklärt wurde. Das Protokoll dieser Sitzung befindet sich bei den Akten.[29] Die Konferenz beschloß, vom PV die Einsetzung eines Untersuchungsausschusses zu fordern, der die Vorwürfe gegen Edel und Tröndle nachprüft.

Es wird beschlossen, dem schon früher gewählten Untersuchungsausschuß, bestehend aus den Genossen Vogel, Ollenhauer und Böchel, diese Aufgabe zu übertragen und als weitere Mitglieder die beiden von der Ostsachsenkonferenz dafür gewählten Genossen hinzuzuziehen.[30]

Schluß der Sitzung 13.30 Uhr.

---

27 Zu den Anschuldigungen gegen Kunze und Tröndle und zum Dresdner Prozeß im März 1934 vgl. Bericht des Genossen Pick über seine Dresdner Reise, 15. März 1934, in: SAPMO, Berlin, ZPA, II 145/56, Bl. 153 f. Mitte März 1934 wurden in Dresden 58 Sozialdemokraten wegen »geheimer Fortführung der SPD« und Verbreitung des »Neuen Vorwärts« zu Gefängnisstrafen verurteilt; vgl. *Osterroth/Schuster*, Bd. 2, S. 335.
  Pick, Anton, geb. 1898, österreichischer Rechtsanwalt, 1920 SDAP, 1934–1938 Verteidiger von Sozialisten und Gewerkschaftlern in politischen Prozessen, 1938 CSR, 1939 Palästina, 1947 Wien, 1950–1970 Vizepräsident, ab 1970 Präsident der Israelitischen Kultusgemeinde Wien.
28 Arzt, Arthur, 1880–1953, 1919-1928 sozialdemokratisches MdL Sachsen, 1928-1933 MdR, Emigration 1933 CSR, Grenzarbeit in Tetschen, 1936 Mitgründer der »Volkssozialistischen Bewegung«, 1937 Ausschluß, 1939 Großbritannien, 1946 Deutschland, für SPD tätig.
29 Weder die Denkschrift Arzt, die Gegendenkschrift Edel noch das Protokoll der Bezirkskonferenz Ostsachsen liegen vor.
30 Alfred Kiss und Paul oder Willi Richter; vgl. Feststellungen des Untersuchungsausschusses des PV in der Beschwerde der Genossen Arzt sen., Arzt jun. und Thiele gegen die Genossen Edel und Tröndle, in: SAPMO Berlin, ZPA, II 145/54, Bl. 62. Vgl. weiter Nr. 12.
  Kiss, Alfred Paul, geb. 1894, sozialdemokratischer Kommunalpolitiker, nach nationalsozialistischer Machtübernahme in Haft, Juli 1933 Emigration CSR, 1938 Großbritannien, Mitglied SPD-London.

Nr. 11
Protokoll der Parteivorstandssitzung am 23. Februar 1934

SAPMO Berlin, ZPA, II 145/54, Bl. 55 f.

Protokoll der Sitzung des Parteivorstandes am 23. Februar 1934 in Prag

Anwesend: Wels, Vogel, Ollenhauer, Stampfer, Geyer, Rinner, Aufhäuser, Stahl, Böchel.

Ollenhauer berichtet über die Vorgeschichte und den Verlauf der Kämpfe in Österreich, so wie sie sich uns auf Grund von verschiedenen Berichten der Genossen Paul[1], Jaksch,

---

1 Paul, Ernst, 1897–1978, sudetendeutscher Sozialdemokrat, 1923–1932 SJI-Büro, 1935–1938 Redakteur »Der Sozialdemokrat« Prag, Mitgründer und bis 1938 Vorsitzender der »Roten Wehr«, Spitzenfunktionär der DSAP, ab 1937 SAI-Exekutive, Emigration 1939 Schweden, Vorsitzender der skandinavischen TG-Gruppe, 1948 Deutschland, 1949–1969 MdB.

Brügel[2] und Deutsch[3] darstellen. Nach einer Schilderung der Ereignisse am Montag vor dem Ausbruch des Generalstreiks und vor der Mobilisierung des Schutzbundes und der wichtigsten Einzelheiten während des Kampfes selbst, geht Gen[osse] Ollenhauer auf einige Fragen ein, die die Arbeit der deutschen Partei unmittelbar berühren. Nach dem Ausbruch des Kampfes melden sich aus verschiedenen Orten der CSR sozialdemokratische Emigranten, die den Wunsch hatten, zur Unterstützung der Kämpfe der österreichischen Genossen nach Österreich zu gehen. Solche Anfragen kamen aus Bodenbach, Prag und Zbraslav. Der Parteivorstand wurde aufgefordert, eine derartige Hilfsaktion zu organisieren. Der Parteivorstand war der Auffassung, daß, abgesehen von dem fraglichen militärischen Wert einer solchen Aktion, die Zusammenstellung einer Hilfstruppe nur möglich sei im Zusammenwirken mit den hiesigen Parteiorganisationen. Die deutsche sozialdemokratische Partei in der CSR hat für sich die Durchführung einer derartigen Aktion strikte abgelehnt. Der Parteivorstand entschloß sich trotzdem, den Genossen, die unter ihrer persönlichen Verantwortung die Reise nach Österreich unternehmen wollten, die Reise bis an die Grenze durch die Gewährung eines Fahrgeldes zu ermöglichen, um späteren Vorwürfen zu entgehen. Insgesamt sind auch etwa 40 Genossen aus verschiedenen Orten nach Znaim und Bratislava abgereist. Dort stellte sich die Unmöglichkeit der Durchführung der Absicht heraus, und der Parteivorstand war gezwungen, den Genossen auch das Fahrgeld für die Rückreise in ihre bisherigen Wohnorte zu Verfügung zu stellen.

Von der starken Wirkung der österreichischen Kämpfe in Deutschland selbst zeugt die Tatsache, daß aus Berlin-Lichtenberg 14 Genossen ohne Paß auf verschiedenen Grenzwegen über die Grenze gegangen sind, um in Österreich einzugreifen. Auf dem Rückweg haben sie Verbindung mit Prag gesucht.

Der Parteivorstand hat den österreichischen Genossen sofort für die Aufnahme ihrer Arbeiten unsere Einrichtungen zur Verfügung gestellt. Insbesondere wird jetzt an der Aufstellung eines Langwellensenders gearbeitet, der nach Österreich senden soll.[4] Die Frage einer engeren und dauernden Zusammenarbeit ist noch offen, da die Entwicklung in Österreich noch nicht abzusehen ist. Vor allem ist die Frage heute noch nicht zu beantworten, ob die Zusammenlegung der beiden Parteivorstände und die Führung eines einheitlichen Abwehrkampfes gegen den Faschismus möglich werden.[5]

Notwendig ist eine baldige Klärung der Unterstützungsfrage für die Emigranten. Die tschechische Partei hat sich bereit erklärt, die österreichischen Flüchtlinge zu unterstützen, und es besteht die Gefahr, daß bei der starken Sympathie für die österreichischen Flüchtlinge die Fürsorge für die reichsdeutschen Flüchtlinge auf das äußerste gefährdet wird. Das Ziel muß sein, die Unterstützung und die Fürsorge für die Emigranten beider Länder nach einheitlichen Gesichtspunkten und gemeinsam zu regeln, und es ist deshalb eine Besprechung mit den Genossen Heinz und Paul in Aussicht genommen.

---

2 Brügel, Johann Wolfgang, geb. 1905, 1930–1938 Privatsekretär des DSAP-Vorsitzenden Ludwig Czech, Emigration 1939 Frankreich, 1940 Großbritannien, 1941–1944 Redakteur des DSAP-Organs »Sozialistische Nachrichten«, 1945 CSR, 1946 Großbritannien.
3 Deutsch, Julius, 1884–1968, österreichischer Sozialdemokrat, 1920–1934 MdNR, Vorstandsmitglied der SDAP, Emigration 1934 CSR, Mitgründer des ALÖS, 1936 Spanien, Teilnehmer am Bürgerkrieg, 1938 Frankreich, Mitarbeit in der AVÖS, 1940 Großbritannien, Kuba, 1941 USA, 1946 Wien, PV SPÖ.
4 Nach dem Bericht des PV vom Oktober 1934 konnte die »politisch ungleich wirkungsvollere Arbeit mit Langwellensendern« letztlich nicht realisiert werden, »weil sich daraus Komplikationen mit den Behörden der Tschechoslowakei ergeben hätten, die sehr leicht unsere Gesamtarbeit in der Tschechoslowakei gefährden konnten.« Die Sozialdemokratische Partei Deutschlands, [Okt. 1934], S. 19, in: AdsD Bonn, PV-Emigration, Mappe 164.
5 Vorlage: wird.

In der Aussprache unterstreicht Genosse **Wels** noch einmal unsere Bereitschaft, die österreichische Parteileitung nachdrücklich mit unseren Einrichtungen zu unterstützen, dagegen die Frage einer Zusammenlegung der beiden Parteivorstände nicht zu forcieren, da in dieser Angelegenheit die Stellungnahme der österreichischen Genossen abgewartet werden muß. – Für die zukünftige Entwicklung in Österreich sind vor allem auch die monarchistischen Bestrebungen zu beachten. Eine monarchistische Restauration in Österreich-Ungarn würde den Bestand der CSR auf das äußerste gefährden, und es ist durchaus möglich, daß hier schon in allerkürzester Zeit die ernstesten Komplikationen entstehen.

Böchel hält die monarchistische Restauration für unwahrscheinlich. Er glaubt vielmehr an eine Verständigung zwischen Italien und Deutschland. Das gemeinsame Zusammenarbeiten der beiden Parteileitungen sollten wir im Auge behalten. Eine enge Verbindung der österreichischen und deutschen Partei würde in Deutschland eine starke und belebende Wirkung ausüben.

Geyer fordert, daß die Frage der Zusammenarbeit mit der österreichischen Partei auch unter politischen Gesichtspunkten behandelt wird. Eine Vereinigung der beiden Parteien würde den Anschluß Österreichs an Deutschland in der sozialistischen Bewegung vorwegnehmen[6]. Es ist aber die Frage, ob die Österreicher, die sich zuletzt noch für die Unabhängigkeit Österreichs eingesetzt haben, auf die internationale Unterstützung, die sie mit der Politik erwarten, verzichten können. Eine Entscheidung in dieser Frage kann nur im Einvernehmen und nach vorheriger Beratung in der Internationale gefällt werden.

Aufhäuser hält es für die wahrscheinliche Lösung, daß Österreich als unabhängiger Staat mit Hilfe der ausländischen Mächte erhalten bleibt.

Wels berichtet, daß Hertz und Crummenerl nunmehr nach dem Westen gefahren sind, um an der Gesellschafter-Sitzung der GmbH-Volksstimme am Montag, dem 26. Februar teilzunehmen. Die weitere Verschärfung der Situation ergibt sich aus einem neuen Brief Sollmanns, der sich bei den Akten befindet und aus dem hervorgeht, daß man dort selbst vor den gröbsten Drohungen nicht zurückschreckt. Und diese neue Tatsache soll uns noch mehr als bisher veranlassen, nach Möglichkeit die »Freiheit« zu verselbständigen.[7]

Die endgültige Entscheidung über die geplante Westkonferenz wird in Zürich fallen. Es ist sehr fraglich, ob eine Konferenz in dem ursprünglich vorgesehenen Rahmen durchgeführt werden kann. Wahrscheinlich muß die Konferenz in eine Reihe von Einzelbesprechungen aufgelöst werden. Wels wirft die Frage auf, ob unter diesen Umständen an der Delegation des Gen[ossen] Rinner festgehalten werden soll. Aufhäuser setzt sich dafür ein, und es wird so beschlossen.[8]

Ollenhauer gibt einige kurze Auszüge aus neueren Berichten über die Lage in Deutschland. – In Zürich wird eine Besprechung zwischen Crummenerl und der Genossin Lemke[9] stattfinden. – Aus einem Bericht des Hamburger Vertrauensmannes, des Genossen Hansen[10], geht hervor, daß dort Verbindungen bis nach Mecklenburg, Schleswig-Holstein und Bremen bestehen, daß die Genossen aber in großen finanziellen Schwierigkeiten bei dem Rechtsschutz für die Verhafteten und bei der Fürsorge der Angehörigen der Verhafteten zu kämpfen haben. Ollenhauer zitiert weitere Berichte der Genossen Bögler und Michel[11], die sich bei den Akten befinden.[12]

---

6 Vorlage: Von »Vereinigung« bis »vorwegnehmen« hs. unterstrichen.
7 Der Brief war nicht auffindbar.
8 Vgl. Anhang Nr. 6.
9 Vorlage: »Lemke« hs. unterstrichen.
10 Vorlage: Von »Hamburger« bis »Hansen« hs. unterstrichen. Vermutlich Richard Hansen, Grenzsekretär der Sopade in Kopenhagen.
11 D. i. Waldemar von Knoeringen.
12 Die Berichte von Hansen, Bögler und Michel liegen nicht vor.

Stahl berichtet, daß es ihm gelungen ist, mit einer Reihe von Parteigenossen aus dem Bezirk Brandenburg in Verbindung zu kommen, die einen Sonderzug der deutschen Reichsbahn nach Reichenberg benutzen konnten. In der mehrstündigen Aussprache mit diesen Genossen konnte er feststellen, daß die Lethargie jetzt vielfach überwunden ist und daß die Genossen auch bereit sind, Material anzunehmen.

Böchel berichtet über eine Besprechung mit einem Scharführer der SA, die ergeben hat, daß in der SA die proletarischen Elemente sich stärker durchsetzen und daß die antikapitalistische Propaganda in der SA stark zunimmt. Genosse Böchel warnt in diesem Zusammenhang vor dem Bezug des »Blick in die Zeit«, da anzunehmen ist, daß die »Gestapo« diese Zeitschrift weiter zuläßt, um möglichst genau den Anhängerkreis der Sozialdemokratie kennenzulernen.[13]

Geyer empfiehlt, die Kommunisten stärker zu beobachten. Er verweist auf die Beratung des EKKI in Moskau, in dem die Situation des illegalen Kampfes gegen das Regime in den rosigsten Farben geschildert wird. Er ist der Meinung, daß es sich hier um eine Propaganda gegen uns handelt. Man will in der Welt den Eindruck erwecken, als wenn nur die Kommunisten eine umfangreichere illegale Arbeit leisten. Wir sollten dieser Propaganda entgegentreten und den Versuch unternehmen, festzustellen, was die Kommunisten tatsächlich an illegaler Arbeit leisten.

Schluß der Sitzung 12.45 Uhr.

---

13 Zur Warnung vor dem Bezug von »Blick in die Zeit« vgl. PV-Rundschreiben Nr. 2/34, 1. März 1934, in: AdsD Bonn, PV-Emigration, Mappe 7. Zum »Blick in die Zeit«, der wöchentlich vom 16. Juni 1933 bis zum August 1935 mit einer Auflage von ca. 100 000 erschien: Blick in die Zeit. Pressestimmen des In- und Auslandes zu Politik, Wirtschaft und Kultur. 1933–1935, Reprint, Niedernhausen 1988; *Hermann Mendel,* »Blick in die Zeit« 1933–1935, hrsg. v. Informationszentrum Berlin. Gedenk- und Bildungsstätte Stauffenbergstraße, Berlin 1983; *Peter Lösche/Michael Scholing,* Solidargemeinschaft im Widerstand: Eine Fallstudie über »Blick in die Zeit«, in: IWK 19, 1983, S. 517–561; *Peter Lösche/Michael Scholing,* In den Nischen des Systems: Der sozialdemokratische Pressespiegel »Blick in die Zeit«, in: *Jürgen Schmädeke/Peter Scheinbach* (Hrsg.), Der Widerstand gegen den Nationalsozialismus. Die deutsche Gesellschaft und der Widerstand gegen Hitler, 2. Aufl., München etc. 1986, S. 207-224. Vgl. weiter Anhang Nr. 2.

Nr. 12
Protokoll der Parteivorstandssitzung am 16. März 1934
SAPMO Berlin, ZPA, II 145/54, Bl. 58–61

Protokoll der Sitzung des PV am Freitag, dem 16. März 34, vorm[ittags] 10 Uhr im Büro Sopade.

Anwesend: Wels, Vogel, Stampfer, Ollenhauer, Rinner, Geyer, Arnold, Aufhäuser, Böchel, Stahl.
Entschuldigt: Crummenerl, Hertz.

Wels berichtet, daß eine Einladung zu einer Bürositzung der SAI am 24. und 25. März in Paris vorliegt. Er schlägt vor, daß Genosse Crummenerl an dieser Sitzung teilnimmt. Es wird so beschlossen.[1]

---

1 Vgl. Bericht über die Sitzung des Büros, 24./25. März 1934, in: Internationale Information 11. Jg., 31. März 1934, S. 146–148.

Geyer berichtet über die Situation, die mit der Einführung des Gesetzes der »Nationalen Arbeit« am 1. Mai in Deutschland entsteht. Nach der neuen Ausführungverordnung sollen die Wahlen zu den sogenannten Vertrauensräten nach dem 1. Mai erfolgen. Am 1. Mai laufen die jetzt noch gültigen Tarifverträge ab und zweifellos wird dann eine Periode des Lohnabbaus folgen. Es ist notwendig, daß wir zu diesen Absichten Stellung nehmen und unseren illegalen Gruppen Richtlinien für ihr Verhalten geben. Die Zentrale der KPD hat ihre Stellungnahme bereits veröffentlicht, ihre Vorschläge führen dahin, die jetzt noch gewählten Betriebsräte in ihren Funktionen zu verteidigen, die Belegschaften aufzufordern, eigene Betriebsräte zu wählen, die Wahlen der Vertrauensräte zu verhindern und die Wahl dieser Vertrauensräte in jedem Fall zu einer Demonstration gegen das Regime auszugestalten, also alle Kandidaten auf der Liste zu streichen. Außerdem wird der Kampf gegen die Verschlechterung der Betriebsverhältnisse (Lohnabbau, Änderung der Betriebsordnung) gefordert. Die Frage ist, ob die Arbeiterschaft heute in der Lage ist, so zu handeln, wie die Kommunisten es fordern, ob sie kampffähig ist. Wir müssen feststellen, wie die tatsächliche Stimmung in den Betrieben ist. Notwendig ist dazu die sofortige Befragung der Grenzsekretariate und die Einholung von Berichten. Fest steht jetzt schon, daß die von den Kommunisten propagierte Streikbewegung unmöglich ist, es ist auch fraglich, ob in größerem Umfange passive Resistenz geübt werden kann. Unsere Aufgabe ist es, die Arbeiterschaft über die Bedeutung des Gesetzes sachlich aufzuklären und den Widerstand gegen die Auswirkungen des Gesetzes planmäßig zu organisieren. Die Zwangskundgebungen am 1. Mai bieten dazu eine günstige Gelegenheit. Außerdem liegen gewisse Anzeichen für eine Belebung der illegalen Arbeit vor, da der polizeiliche Druck im Hinblick auf die außenpolitischen Schwierigkeiten des Regimes zur Zeit etwas nachgelassen hat.

Im Zusammenhang mit diesen Fragen müssen wir uns auch um die Klärung der Gewerkschaftsfrage bemühen. Hier ist die Stellung der verschiedenen Gruppen der Arbeiterschaft zur Zeit völlig uneinheitlich. Die KPD propagiert unabhängige Massengewerkschaften, die SAP will nur politische Organisationen anerkennen. Wie ist die Auffassung unserer Gewerkschafter? Wie stellt man sich eine Verbindung des jetzt vielfach propagierten demokratischen Räte-Systems und der Gewerkschaften vor?

Aufhäuser: Die Pläne der Nazis für den 1. Mai sind im einzelnen noch nicht bekannt. Eine gewisse Vorbereitung ist darin zu erkennen, daß eine Reihe von Gewerkschaftszeitungen jetzt auffällig über die Überführung von Arbeitgeber[n] in Konzentrationslager berichtet.[2] Für unsere Aktion schlägt Aufhäuser die Herausgabe einer Sondernummer der »Sozialistischen Aktion« vor. In dieser Nummer müßte dargelegt werden, was aus den sozialpolitischen Versprechungen Hitlers am 1. Mai 1933 inzwischen geworden ist. Die Nummer müßte eine Richtlinie für das Verhalten unserer Anhänger bei der Wahl der Vertrauensräte enthalten. Aufhäuser empfiehlt demonstrative Steichung aller Namen. Drittens müssen wir beachten die Unruhe in den Betrieben, auch unter der Naziarbeiterschaft, über die Herabsetzung der Löhne und die hohen Abzüge. Es muß versucht werden, die gesamte Belegschaft der Betriebe zur Abwehr der Unterschreitung der Tariflöhne zusammenzufassen und nach der Ernennung der Vertrauensräte die Forderung der Belegschaft immer wieder an diese Vertrauensräte heranzubringen. Aufhäuser hält die augenblickliche Entspannung in Deutschland nur für eine vorübergehende Erscheinung, es wird anscheinend der Versuch gemacht, einen Teil der früheren Sozialdemokraten zu gewinnen, um dann umso schärfer gegen die illegalen Arbeiter vorzugehen. Notwendig ist eine stärkere Konzentration unserer illegalen Arbeit auf die Betriebe.

Die bisherigen Versuche illegaler Gewerkschaftsarbeit waren nicht glücklich. Der Versuch des IGB ist gescheitert. Von den Berufssekretariaten arbeitet die Transportarbeiter-

---

2 Vorlage: berichten.

Internationale sehr gut, ebenso die Berufsinternationale der Angestellten. Neuerdings sind Versuche von früheren Funktionären des ZdA in Berlin und Mitteldeutschland festzustellen. Der Aufbau einer illegalen Gewerkschaftsarbeit im Augenblick ist zwecklos. Zunächst müssen wir uns auf rein politische Arbeit beschränken. Die zukünftige Rolle und die Form der Gewerkschaften ist noch nicht klar; auf alle Fälle müssen in Zukunft die gewerkschaftlichen Organisationen bei wichtigen politischen Entscheidungen der politischen Führung untergeordnet werden.

Wels: Den 1. Mai dürfen wir nicht ohne eine besondere Aktion unsererseits vorübergehen lassen. Er schlägt vor, eine besondere Maizeitung von etwa 4 Seiten Umfang herauszugeben und darin auch Richtlinien für das Verhalten unserer Anhänger bei der Wahl der Vertrauensräte aufzustellen. Selbstverständlich ist es zweckmässig, die vernünftigen Parolen der Kommunisten zu berücksichtigen.

Böchel ist für die Herausgabe der Maizeitung. Er wünscht, daß in dieser Zeitung der Einheitsgedanke stark unterstrichen wird, da er bei allen Maidemonstrationen schon früher eine große Rolle gespielt hat. Unter den gegenwärtigen Verhältnissen kann es keine andere Aufgabe geben, als die politische Konzentration aller antifaschistischen Kräfte. Eine Nebeneinander von mehreren Organisationen können wir jetzt nicht gebrauchen.

Stampfer schlägt für die Redaktion der Maizeitung die Genossen Geyer und Aufhäuser vor. Er ist jedoch der Meinung, daß vorher noch einige Fragen geklärt werden müssen. Soll der Inhalt der Zeitung offen revolutionär oder zersetzend sein. Stampfer ist für eine sachlich-nüchterne Darstellung. Im Inhalt muß die sozialdemokratische Herkunft des Blattes erkennbar sein, außer den aktuellen Parolen, die Geyer aufgezeigt hat, muß die Mainummer auch die Geschichte des Maigedankens dargestellt und auf die Menschheitsideen hingewiesen werden, die immer mit im Mittelpunkt unserer Maifeiern gestanden haben.

Es wird beschlossen, zum 1. Mai eine besondere Maizeitung herauszugeben. Die Frage, ob diese Maizeitung anstelle einer Nummer der »Sozialistischen Aktion« treten oder beide Zeitungen nebeneinander erscheinen sollen sowie die Frage der Redaktion der Maizeitung wird der Entscheidung des Büros überlassen.[3]

Böchel berichtet über die Verhandlungen des Untersuchungsausschusses in der Angelegenheit Edel-Tröndle und Kunze. Die Feststellungen des Untersuchungsausschusses und der Beschluß des PV liegen diesem Protokoll bei.[4] Tröndle soll noch einmal nach der Richtigkeit der Mitteilungen aus Dresden befragt werden, wonach er mit Kunze gemeinsam Ende Oktober und Weihnachten in Dresden gesehen worden sein soll.

Vogel berichtet über die Angelegenheit Schwabe.[5] Vor einiger Zeit erhielt der Genosse Vogel vom Genossen Dill Mitteilungen über eine angebliche Korrumpierung des Parteivorstandes durch den Genossen Arnold. In einer Zusammenkunft des Gen[ossen] Dill mit

---

3 Am 15. April 1934 erschien anstelle der regulären »Sozialistischen Aktion« die Sonderausgabe »Der rote Mai 1934«.
4 Vgl. Nr. 10. Der Untersuchungsausschuß erachtete die Nachweise für die Richtigkeit der Beschuldigungen, soweit sie den Vorwurf der Spitzelei und des Parteiverrats durch Kunze oder die eventuelle Begünstigung solcher Handlungen durch Edel und Tröndle betrafen, als nicht erbracht. Hingegen tadelte er die ohne Beschluß der dazu berechtigten Körperschaft erfolgte Zuwendung von besonderen Geldern aus dem Ostsachsenfonds durch Edel und Tröndle, aber auch an Arzt sen. und jun. Vgl. Feststellungen des Untersuchungsausschusses des Parteivorstandes in der Beschwerde der Genossen Arzt sen., Arzt jun. und Thiele gegen die Genossen Edel und Tröndle, 24. Februar 1934, in: SAPMO Berlin, ZPA II 145/54, Bl. 62–65. Der PV stimmte den Feststellungen des Untersuchungsausschusses zu und betonte: »In der Zeit der Emigration und illegalen Arbeit gilt in erhöhtem Maße der Rechtsgrundsatz, daß Gerüchte und Behauptungen erst auf ihre tatsächliche Beweiskraft nachgeprüft werden müssen, ehe man die Ehre eines Parteigenossen angreift. Beschluß des Parteivorstandes, 16. März 1934, in: SAPMO Berlin, ZPA, II 145/54, Bl. 66.
5 Vorlage: »Schwabe« hs. unterstrichen.

dem Genossen Buisson hat Buisson ihm berichtet, daß Arnold für Wels, Stampfer und einen dritten Genossen die Staatsangehörigkeit von Andorra[6] für je Mk. 5 000,- besorgt habe. Außerdem soll Arnold den Genossinnen im Parteivorstandsbüro goldene Zigaretten-Etuis geschenkt haben. Vogel hat Dill gegenüber sofort die Unrichtigkeit dieser Angaben betont und über Dill Buisson veranlaßt, seine Mitteilungen auch dem Genossen Vogel zu machen. Buisson hat nach 14 Tagen die Nachricht gegeben, daß er seinen Gewährsmann nicht nennen könne, es sei ein Genosse an der nordböhmischen Grenze. Vogel hat sofort nach Empfang dieses Briefes den Gen[ossen] Schwabe unter Vorzeigung dieses Briefes gestellt und ihm gesagt, daß er ihn für den Urheber dieser Gerüchte halte. Schwabe hat das entschieden bestritten. Auf eine nochmalige Aufforderung an Buisson, genaue Auskunft zu geben, erklärte sich Buisson bereit zu einer mündlichen Aussprache in Prag, die dann in Gegenwart von Wels und Vogel stattgefunden hat. In dieser Besprechung hat Buisson mitgeteilt, daß er die obengenannten Nachrichten von Schwabe erhalten habe. Er hat dem Genossen Vogel einen Brief Schwabes übergeben, in dem Schwabe sich bei Buisson beklagt, daß er zu früh gesprochen habe, da dadurch die Arbeit seines Kreises gestört worden sei, sie hätten hier noch große Schwierigkeiten zu überwinden, Buisson möge als seinen Gewährsmann einen Genossen in Nordböhmen angeben. Schwabe ist wiederholt bei Buisson im Zusammenhang mit der Rundfunkgeschichte gewesen.[7] Er hat dort erzählt, daß er, Heine und Lorenz zusammenarbeiteten und sich gegenseitig geschworen hätten, jeden umzulegen, der über ihre Arbeit etwas verrät. Schwabe habe Verbindung mit dem Führer des Flugzeuges Berlin-Prag, dem er jederzeit Material und Nachrichten nach Deutschland mitgeben könne. Er habe außerdem Beziehungen zu einer Sekretärin im Reichswehrministerium. Schon vor dem Umsturz habe er Léon Blum[8] den deutschen Generalstabsplan angeboten, ihn aber nicht gegeben, weil Blum ihm dafür Geld geben wollte. In der Kurzwellenarbeit sei sein einziger Vertrauter Lorenz, die anderen wüßten nicht, was gespielt wird. Für die PV-Mitglieder würden jetzt hohe Lebensversicherungen abgeschlossen. Schwabe arbeite außerdem an der Herstellung von Falschgeld, und zwar beabsichtige man zunächst die Herstellung von 5 Millionen Hundertmarkscheinen. Eine Vertraulichkeit der Briefe im PV gebe es nicht, da sie nachts den Inhalt der Schreibtische untersuchen würden. Man habe sich auch einen zweiten Postfachschlüssel besorgt. Im geeigneten Augenblick werde man die Mitglieder des PV umlegen, das sei das Signal für die Erhebung in Deutschland. Schwabe beziehe ein Gehalt von Mk. 700,- monatlich, außerdem Kc 1 500,- bis Kc 2 000,-.

Buisson hält Schwabe für einen Spitzel und empfahl dringend, die Verhaftung Schwabes vornehmen zu lassen. Nach dieser Besprechung mit Buisson wurde der Genosse Taub informiert, um seine Meinung wegen der zu ergreifenden Maßnahmen kennenzulernen. Die Verhaftung Schwabes war nicht möglich, da Schwabe aus seiner früheren Tätigkeit in Berlin sehr viele interne Kenntnisse hat und da er auch die jetzt in Deutschland tätigen Genossen genau kennt, so daß die Gefahr besteht, daß er in der Haft erst recht zum Verräter wird. Außerdem hätte die Verhaftung eines unserer engsten Mitarbeiter bei den hiesigen Behörden einen katastrophalen Eindruck gemacht. Im Einvernehmen mit Taub wurde Schwabe

---

6 Vorlage: Angora.
7 Zur Verbindung Schwabe/Buisson vgl. VGH-Urteil gegen Friedrich Wilhelm Buisson, 27. April 1940, Abschrift in Akte des ORA beim VGH in der Strafsache gegen Reinhold Schwabe, in: BA Zwischenarchiv Dahlwitz-Hoppegarten, ZC 13262, Bl. 65.
8 Blum, Léon, 1872-1950, französischer Sozialist (SFIO), ab 1920 Vorsitzender der sozialistischen Parlamentsfraktion, 1920/30, 1934-1936 und 1939/40 SAI-Exekutive, 1936/37 und 1938 Ministerpräsident der Volksfrontregierungen, 1943-1945 in verschiedenen deutschen Konzentrationslagern inhaftiert, 1946/47 erneut Ministerpräsident.

deshalb auf schnellstem Wege nach Holland abgeschoben. Die holländische Genossen sind entsprechend informiert worden.⁹

Im Anschluß an diese Besprechung bei Taub wurde Heine vernommen, wobei sich ergab, daß Heine nichts mit den Schwätzereien Schwabes zu tun hat. In der gleichen Weise wurde Lorenz zur Rede gestellt, Lorenz hat wiederholt geäußert, daß ihn seine Arbeit hier nicht befriedige und daß er außerdem wegen seiner Tätigkeit in der Sopade von seinen sächsischen Genossen schief angesehen wird. Die Unterredung mit Lorenz ergab ebenfalls, daß er mit den Redereien Schwabes nichts zu tun hat. Wir sind deshalb der Meinung, daß diese beiden Genossen ihr Arbeitsverhältnis bei uns beibehalten können.

Vogel stellt abschließend als Gesamteindruck fest, daß der Nachweis, daß Schwabe ein Spitzel ist, nicht erbracht worden ist, daß es sich hier jedoch um unverantwortliche Schwätzerei handele, und es ist möglich, daß er durch Buisson und dessen Frau noch zu derartigen Redereien ermuntert worden ist. Auf jeden Fall war Schwabe, der in Deutschland die schwierige Aufgabe des Rundfunkdienstes einwandfrei erledigte, hier nicht länger zu halten. Er mußte schnellstens abgeschoben werden, und wir haben jetzt die holländischen Genossen gebeten, ihn weiterhin scharf zu beobachten, damit man dort evtl. feststellen kann, ob er nicht doch aus anderen Quellen unterhalten wird.¹⁰

Der PV nimmt diesen Bericht zur Kenntnis.

Rinner berichtet über seine Reise nach Brüssel, Luxemburg und London. Er hat bei den dortigen Emigranten, die für die Mitarbeit in der geistigen Führung der Partei in Frage kommen, eine große Hoffnungslosigkeit hinsichtlich ihres materiellen Schicksals festgestellt. Aus dieser Stimmung heraus haben die Genossen auch sehr harte Urteile über den PV gefällt, sie sind mit seiner Tätigkeit nicht zufrieden. Die Bereitschaft zur Mitarbeit für die wissenschaftlich-geistige Klärung der Probleme war außerordentlich groß. Rinner hofft, daß die Reise zu einer engen Zusammenarbeit mit den in Frage kommenden Genossen in Belgien und London, vor allem Braunthal und Neumann, beitragen wird.

Es folgen noch einige Berichte. In Berlin hat der erste Prozeß in der Angelegenheit Klühs stattgefunden. Alle Angeklagten sind freigesprochen worden, Klühs, Krüger und Neubekker kommen vor das Reichsgericht, die Verhandlung soll Ende März stattfinden.¹¹

---

9 PV an Woudenberg, 14. März 1934, in: AdsD Bonn, PV-Emigration, Mappe 122.
10 Vgl. Gestapa II 1 A 2, Krim.-Sekr. Rikowski, 16. Juli 1934, in: BA Potsdam, St 3/329, Bl. 78: »Schwabe wurde seinerzeit auf Betreiben des SPD-Vorstandes in das Ausland abgeschoben, damit die hier zurückgebliebenen alten Funktionäre, die im allgemeinen in Prag keine Verwendung finden konnten, unbehelligt in Deutschland weiterleben konnten. Es sollte hiermit bezweckt werden, daß Schwabe diesen Personen bei den polizeilichen Vernehmungen als Prellbock dienen sollte. In der Folgezeit kam Schwabe zu der Erkenntnis, daß er von dem SPD-Vorstand maßlos betrogen wurde und bot somit aus innerster Überzeugung seine Mitarbeit dem Gestapa an. [...] Durch die Mitarbeit des Schwabe ist es gelungen, über die illegale Tätigkeit des SPD-Vorstandes im allgemeinen und die einzelnen Kuriere innerhalb Deutschlands im besonderen einen genauen Überblick zu gewinnen.« Schwabes Angebot an die Kriminalpolizei Berlin, »aus naheliegenden Gründen« bereit zu sein, »in allen Teilen greifbare Auskunft zu geben, wenn Sie einen Berliner Beamten nach hier schicken können«, datiert auf den 12. April 1934. Abschrift in: BA Potsdam, St 3/332, Bl. 1.
11 Der Prozeß gegen Klühs, Krüger und Neubecker wurde für den 17. Juni 1934 angesetzt, dann jedoch nach Verkündigung des Gesetzes über Einsetzung eines Volksgerichtes wieder abgesetzt; vgl. Neuer Vorwärts, 20. Mai 1934. Schließlich fand das Verfahren am 20. Juni vor dem 4. Strafsenat des Reichsgerichts in Leipzig statt. Franz Klühs und Wilhelm Krüger, ehemals MdL Preußen und SPD-Parteisekretär für den Bezirk Brandenburg-Grenzmark, wurden zu je zwei Jahren und neun Monaten Gefängnis verurteilt, Fritz Neubecker, Schwiegersohn von Klühs, wurde freigesprochen; vgl. Deutsche Freiheit, 22. Juni 1934; Neuer Vorwärts, 1. Juli 1934; Urteil des 4. Strafsenats des Reichsgerichts in der Strafsache gegen Krüger, Klühs, Neubecker, 20. Juni 1934, in: AdsD Bonn, NL Stampfer, Mappe 39.

Die Verhaftungen von List, Weber und Fröhbrodt[12] sind auf die Fortführung der illegalen Jugendarbeit zurückzuführen. Bis jetzt spielt die illegale Parteiarbeit bei den Vernehmungen keine Rolle, jedoch sind im Zusammenhang mit diesen Verhaftungen eine Reihe wichtiger Parteimitarbeiter, die aus der Jugendbewegung hervorgegangen sind, im Reiche verhaftet worden.

Der Antrag des Genossen Keller[13], Röhrsdorf, für einen Genossen, der den Betrag von Kc 3 300,- als Ergebnis seiner Sammlung in Berlin für die Österreicher nach Brünn überbringen soll, das Fahrgeld Berlin-Brünn und zurück aus unseren Parteimitteln zu bezahlen, wird abgelehnt.

Genosse **Ollenhauer** berichtet über eine Verhandlung in Trautenau wegen der Differenzen zwischen Palme und Bögler.[14] Nach der Sitzung sind im Einvernehmen mit dem hiesigen deutschen Parteivorstand Vorschläge für die zukünftige Zusammenarbeit der beiden Genossen gemacht worden, die voraussichtlich geeignet sind, diese Differenzen aus der Welt zu schaffen.

Schluß der Sitzung 13.45 Uhr.

---

12 Vorlage: Freubroth.
 Fröhbrodt, Käthe, SAJ-Hauptvorstand, 1934 in einem Massenprozeß u. a. zusammen mit Gustav Weber, Fritz List und Erna Schlingmann wegen Weiterführung einer politischen Organisation und der Verbreitung illegalen Schriftenmaterials angeklagt.
13 Keller, Robert, 1901-1972, sozialdemokratischer Kommunalpolitiker, Gründer einer 1936 zerschlagenen, in Verbindung mit dem »Roten Stoßtrupp« und der Sopade im Raum Halle-Merseburg tätigen Widerstandsorganisation, 1933 Emigration CSR, 1938 Frankreich, 1942 USA, 1947 Deutschland (SBZ), 1947-1949 Chefredakteur des SED-Organs »Vorwärts«, ab 1949 stellv. Chefredakteur »Neues Deutschland«, ging etwa 1953 in die BRD.
14 Über Differenzen Palme/Bögler konnte nichts gefunden werden.

Nr. 13
Protokoll der Parteivorstandssitzung am 20. April 1934
SAPMO Berlin, ZPA, II 145/54, Bl. 81-84

Protokoll der Sitzung des Parteivorstandes am 20. April 1934 im Büro der Sopade, Prag

Anwesend:[1] Gen. Wels, Vogel, Hertz, Stampfer, Ollenhauer, Rinner, Stahl, Aufhäuser, Böchel, Geyer, Arnold.

Wels berichtet über einen Antrag der Genossen Aufhäuser und Böchel, die von ihnen vorgelegte Plattform in der Broschürenreihe des Parteivorstandes zu veröffentlichen.[2] Er weist darauf hin, daß es sich hier um zwei Mitglieder des PV handelt, die jetzt für eine Gruppe von Genossen Anträge auf Veröffentlichung einer eigenen Plattform stellen. Wels vertritt den Standpunkt, daß derartige Gruppenbildung unter Führung von Parteivorstandsmitgliedern nicht möglich ist. Der PV hat die Aufgabe, die Partei nach Möglichkeit geschlossen zu halten, bei der heutigen Situation in Deutschland sind Gruppenbildungen

---

1 Vorlage: »Anwesend« ms. unterstrichen.
2 Antrag Aufhäuser/Böchel, 10. April 1934, in: AdsD Bonn, PV-Emigration, Mappe 17. Vgl. *Freyberg*, S. 52, Anm. 26; *Niemann u. a.*, S. 237-251.

nicht zu vermeiden, aber es kann nicht unsere Aufgabe sein, neue Gruppenbildungen noch zu fördern.

Der Brief mit dem Antrag der beiden Genossen datiert vom 10. April. Vorher ist die Plattform aber bereits dem Genossen Crummenerl übergeben worden.[3] Außerdem war sie schon einige Tage früher in unserem Besitz, weil sie uns aus dem Westen zugeschickt wurde.[4] Der Parteivorstand ist also erst nachträglich von dieser Plattform unterrichtet worden, während wir seinerzeit für die Beratung unserer programmatischen Kundgebung eine ausführliche Beratung im Rahmen des Parteivorstandes vorgesehen hatten.[5] In dieser Behandlung des Parteivorstandes ist ein Mangel an kameradschaftlichem Geist und kollegialem Empfinden zu erblicken.

Aufhäuser hält die Vorwürfe des Genossen Wels für unbegründet. Es ist nicht illoyal gehandelt worden, denn es handelt sich hier nicht um eine neue Kundgebung und keine Gegendemonstration gegen das Manifest des Parteivorstandes, sondern nur um eine Diskussionsgrundlage. Es ist immer wieder gewünscht worden, daß die Diskussion sich mit den konkreten Aufgaben in einer kommenden sozialistischen Revolution beschäftigt und unsere Plattform soll dafür eine Grundlage abgeben. Wir sind davon überzeugt, daß auch diese Plattform Kritik finden wird, trotzdem halten wir sie als Diskussionsbasis für wertvoll. – Der Versand an andere Parteigenossen ist nur soweit erfolgt, als es sich um Genossen handelte, mit denen wir in ständiger freundschaftlicher politischer Verbindung stehen und auf deren Urteil wir Wert legen. Aufhäuser bittet, die Plattform im Rahmen der Schriftenreihe zu veröffentlichen.

Böchel: Die verspätete Benachrichtigung des Parteivorstandes ist durch mich verschuldet worden, da ich den Brief an den Parteivorstand nicht sofort unterschrieben und weitergegeben habe. Den Standpunkt des Gen[ossen] Wels, daß es nicht unsere Aufgabe sei, Gruppenbildung zu fördern, vermag ich nicht zu teilen. Die Partei besteht in Deutschland nicht mehr, sie muß neu aufgebaut werden. Es ist unser gutes Recht, unsere Auffassungen schriftlich niederzulegen. Außerdem war es bekannt, daß wir seit einem halben Jahr an einer Plattform arbeiten. Seydewitz ist auf Wunsch des Parteivorstandes nicht Mitglied der Partei geworden.[6]

Wels stellt noch einmal fest, daß der Parteivorstand nicht rechtzeitig informiert wurde, und er hält dieses Verhalten nach wie vor für illoyal.

Böchel: Die Plattform ist noch nicht druckfertig. Wir haben zunächst Meinungsäußerungen unserer Freunde eingeholt, und sie muß jetzt noch überarbeitet werden.

Aufhäuser: Es ist nicht entscheidend, daß Seydewitz den formalen Beitritt zur Partei nicht erklärt hat. Es kommt auf seine politische Haltung an. Seydewitz hat sich für die II. Internationale ausgesprochen und eine derartige Stellungnahme ist wertvoller als der gruppenweise Beitritt von früheren SAP-Genossen, wie er jetzt in Prag inszeniert wird.[7] Die

---

3 Vgl. Denkschrift der Parteivorstandsminderheit, S. 3, in: AdsD Bonn, PV-Emigration, Mappe 208, wo daran erinnert wird, daß der Arbeitskreis RSD »in durchaus loyaler Weise den Genossen Crummenerl zu einer Besprechung eingeladen hat, um ihn über die Absicht einer solchen Arbeit zu unterrichten und seine Meinung zu hören.« Diese Besprechung fand in der Wohnung von Seydewitz statt.
4 Es war »Reinbold, der uns zuerst von dem A[ufhäuser-]B[öchel-]S[eydewitz]-Programm Kenntnis gab«. PV an Breitscheid, 24. April 1934, in: AdsD Bonn, PV-Emigration, Mappe 23.
5 Dagegen steht die Behauptung der PV-Minderheit, daß der Inhalt des Prager Manifests »den ehrenamtlichen Vorstandsmitgliedern bis nach Eröffnung der beschlußfassenden Sitzung geheim gehalten worden war.« Denkschrift der PV-Minderheit, S. 9, in: AdsD Bonn, PV-Emigration, Mappe 208.
6 Vgl. Nr. 5 und Nr. 15.
7 Vgl. unten Anm. 10.

Zersplitterung der Bewegung ist nur zu verhindern, wenn wir für unsere Anhänger eine einheitliche geistige Plattform finden und dieser Aufgabe soll unsere Arbeit dienen.

Stampfer: Wenn die endgültige Fassung der Plattform nicht vorliegt, dann ist eine Entscheidung über die Drucklegung nicht möglich. Böchel und Aufhäuser betrachten sich als Vertreter einer bestimmten Gruppe. Es wäre wichtig, festzustellen, wie sich die Gruppe im einzelnen zusammensetzt und welche Verbindungen sie in Deutschland hat.[8] Die Plattform geht außerdem von wesentlich anderen Voraussetzungen aus als unsere programmatische Kundgebung. Sie vertritt die Auffassung, daß eine Reorganisation der Partei überhaupt nicht möglich ist. Diesen Standpunkt können wir nicht teilen. In unserer Kundgebung haben wir immer wieder von der sozialdemokratischen Bewegung und von der deutschen Sozialdemokratie gesprochen. Es gibt in Deutschland Zehntausende von Anhängern der alten Partei, die eine ideelle Preisgabe der Partei nicht billigen würden.

Aufhäuser: Es werden keine grundlegenden Änderungen in der Plattform mehr erfolgen, sondern es ist nur noch an eine letzte redaktionelle Überarbeitung gedacht, so daß die prinzipielle Entscheidung über die Drucklegung heute möglich ist.

Böchel: Die Parteigenossen in Deutschland wünschen weder die SPD noch die KPD. Sie denken an eine neue Bewegung und dieser Auffassung entspricht der Inhalt unserer Plattform. Sie enthält das wichtige Bekenntnis zur II. Internationale und ihre Aufgabe sehen wir darin, daß sie den Prozeß der Neubildung der Partei auslöst.

Vogel: Bevor uns der endgültige Wortlaut der Plattform nicht vorliegt, ist eine Entscheidung nicht möglich. Die Vorschläge der Plattform für den Wiederaufbau der Bewegung führen nicht zur Einigung, sie trennen und lösen die Bewegung in viele Einzelgruppen auf.

Hertz: Solange der endgültige Text und das in Aussicht genommene Vorwort nicht vorliegen, kann eine Entscheidung über die Drucklegung nicht erfolgen. Es ist außerdem zu bedenken, daß die Kundgebung des Parteivorstandes nicht in der Broschürenreihe erschienen ist. Wir haben damals darauf verzichtet, um die Konsequenz zu vermeiden, daß jede Gruppe das Recht beansprucht, ihre politische Erklärung in unserer Schriftenreihe zu veröffentlichen. Der Vergleich mit der Miles-Gruppe stimmt nicht. Die Broschüre »Neu beginnen« ist im wesentlichen in Deutschland entstanden. Als Voraussetzung für die Förderung der Gruppenarbeit muß außerdem weiterhin gelten, daß diese Gruppen das sozialistische und sozialdemokratische Gedankengut unterstützen und vertreten. Hertz hält eine Veröffentlichung in der »Zeitschrift für Sozialismus« für das zweckmäßigste.

---

8 Angeblich hat Aufhäuser in der Vorstandssitzung Mitteilung über die Autoren gemacht; er habe genannt: Karl Böchel, Georg Fuchs, Otto Friedländer, Fritz Bieligk, Max Seydewitz, Siegfried Aufhäuser und zeitweise Gregor Bienstock; vgl. Aufhäuser an Wels, 15. Oktober 1934, in: AdsD Bonn, VP-Emigration, Mappe 17. Vgl. auch *Freyberg*, S. 52 f.; *Foitzik*, S. 143 f.
Fuchs, Georg, geb. 1881, Wirtschaftsredakteur bei der Leipziger Volkszeitung, Mitglied der »Klassenkampf«-Gruppe, Emigration 1933 CSR, 1934/35 Neu Beginnen, 1935 zur Sopade zurück, nach Kriegsausbruch über Frankreich in die USA.
Friedländer, Otto, 1897–1954, bis 1932 Sekretär der Sozialistischen Studenten-Internationale, Emigration 1933 CSR, Mitarbeit in der »Deutschen Liga für Menschenrechte«, Anschluß an RSD, 1938 Norwegen, 1940 Schweden, Mitglied der Sopade-Gruppe Stockholm, ab 1946 beratendes Mitglied des Sopade-Landesvorstandes, bis 1954 Vorsitzender der Vereinigung deutscher Sozialdemokraten in Schweden.
Bieligk, Fritz, 1893–1967, sozialdemokratischer Journalist, Mitglied der »Klassenkampf«-Gruppe, 1933/34 KZ Sachsenhausen, Emigration 1934 CSR, Anschluß an RSD, 1937 oder 1938 Schweden, 1940 Norwegen, Großbritannien, kehrte Ende der 1950er Jahre nach Deutschland zurück.
Bienstock, Gregor (Gregory), 1885–1954, russischer Sozialdemokrat, 1922 Deutschland, 1933 CSR, Mitarbeiter u. a. von »Der Sozialdemokrat«, »Der Kampf«, »Zeitschrift für Sozialismus«, 1938 England, 1940 USA.

Aufhäuser lehnt den Vorschlag der Veröffentlichung in der Zeitschrift ab und besteht auf einer Veröffentlichung in der Schriftenreihe, zumal ein geschäftliches Risiko mit dieser Veröffentlichung nicht verbunden ist.[9]

Die Sitzung beschäftigt sich dann mit einem Aufnahmegesuch von 10 Genossen, die bisher der Sozialistischen Arbeiter-Partei angehört haben und die jetzt in einer schriftlichen Erklärung an den Vorstand der SAP ihren Beitritt in die Sozialdemokratische Partei Deutschlands anmelden. In dieser schriftlichen Erklärung bekennen sich diese Genossen zu der Miles-Gruppe als dem revolutionären Teil in der SPD. Da die Aufnahme von Mitgliedern im Ausland, die früher der Partei nicht angehört haben, besonderen Bedingungen unterliegt, erhebt sich die Frage, ob wir in diesem Fall ebenfalls auf die vorgesehene Prüfung jedes einzelnen Aufnahmegesuches bestehen. Wels ist der Auffassung, daß eine korporative Aufnahme nicht möglich ist, da die Kundgebung nur anonyme Unterschriften trägt und da die Partei auch in diesem Falle auf der genauen Prüfung jedes einzelnen um die Aufnahme nachsuchenden Genossen bestehen muß.

Aufhäuser beantragt Vertagung, damit der Gen[osse] Wels nähere Informationen über die politische Vergangenheit der Unterzeichner des Briefes einholen kann.

Die Vertagung wird beschlossen.[10]

Ollenhauer berichtet über die Bestrebungen unter den Emigranten, im Zusammenhang mit der Verschickung eines größeren Teil[s] der österreichischen Genossen nach Sowjetrußland, auch für reichsdeutsche Emigranten eine Auswanderung nach Sowjetrußland zu ermöglichen.[11] Es ist fraglich, ob den reichsdeutschen Emigranten die Einreise in der gleichen Weise erleichtert wird wie den österreichischen Genossen, aber unabhängig davon kann darüber kein Zweifel bestehen, daß die Aktion Sowjetrußlands für die österreichischen Emigranten in erster Linie als eine politische Kundgebung zu werten ist, und es ist daher die Frage, ob der PV überhaupt direkt oder indirekt Verhandlungen mit russischen Behörden über die Aufnahme von parteigenössischen Emigranten in Rußland führen kann.

Hertz hält eine Entscheidung über diese Frage nur möglich im Einvernehmen mit der hiesigen deutschen Parteileitung, damit wir uns vor dem Vorwurf schützen, daß wir nicht alles versucht haben, um die hiesige Partei finanziell zu entlasten. Eine direkte Verhandlung des Parteivorstandes mit dem Konsulat scheidet aus, es ist nur die Frage, ob wir nicht im Einzelfall den Rat geben, den Versuch zu machen, nach Sowjetrußland auszuwandern.

Hertz berichtet ferner über seine Besprechungen mit dem Flüchtlingskommissar Mac-Donald, die wenig positive Resultate gehabt haben. Die Verlängerung der abgelaufenen reichsdeutschen Pässe wird von allen Regierungen abgelehnt. Man versucht jetzt eine einheitliche Regelung nach dem Vorbild der Tschechoslowakei, sogenannte Interimspässe für

---

9 Laut PV an Reinbold, Abschrift im PV-Rundschreiben Nr. 6/34, 25. April 1934, in: AdsD Bonn, PV-Emigration, Mappe 7 beschloß der PV am 20. April 1934 mit allen gegen zwei Stimmen, die Entscheidung über den Antrag Böchel/Aufhäuser zurückzustellen, bis das Manuskript in der endgültigen Fassung vorliegt: »Eine der Sitzung vorliegende Anregung, das Manuskript in einer Doppelnummer unserer ›Zeitschrift für Sozialismus‹ zu veröffentlichen, wurde vom Genossen Aufhäuser abgelehnt.«

10 Vgl. Nr. 14 und Nr. 15. In einer Chronologie über den Aufnahmeantrag der SAP-Genossen wird der Sopade vorgeworfen, innerhalb eines Zeitraums von fünf Monaten nicht in der Lage gewesen zu sein, einen Beschluß in dieser Frage zu fassen, »im Gegenteil, während dieser ganzen Zeit hatte man ständig andere Ausreden bei Mahnungen durch uns zur Hand.« Tagebuchfragmente März–August 1934, in: IISG Amsterdam, Neu Beginnen, Mappe 5.

11 Vgl. »Österreichische Schutzbündler in Rußland«, in: Internationale Information 11. Jg., 2. Juni 1934, S. 258; Manifest der 300 Schutzbündler, die am 23. April 1934 aus der CSR nach Rußland fuhren, in: BA Potsdam, St 3/493.

1 Jahr auszustellen, die dann von allen im Flüchtlingsamt in Genf beteiligten Regierungen als gültige Ausweise anerkannt werden und gegebenenfalls auch in anderen Ländern verlängert werden können.

Was die Auswanderung betrifft, so sind in Amerika gewisse Erleichterungen geschaffen worden. Außerdem besteht in London eine Beratungsstelle für Auswanderungsfragen, die auch von Nichtjuden[12] in Anspruch genommen werden kann und die unter Umständen auch nichtjüdischen Flüchtlingen Reisezuschüsse für die Auswanderung bewilligt.

Aufhäuser betrachtet die Aufnahme der Österreicher in Sowjetrußland als eine politische Angelegenheit. Er glaubt, daß auch wenig Aussicht für unsere parteigenössischen Emigranten besteht, daß ihnen die Einreise in Sowjetrußland bewilligt wird. Die Lage der Emigranten ist aber so schwierig, daß dennoch der Versuch gemacht werden muß. Er empfiehlt, ihn evtl. durch den gemeinsamen Ausschuß der Prager Fürsorgestellen unternehmen zu lassen.

Es wird beschlossen, die Entscheidung der hiesigen Parteileitung abzuwarten. Falls sie es für notwendig hält, daß der Versuch einer Verschickung von Emigranten nach Sowjetrußland gemacht werden soll, dann sollen zunächst einzelne Emigranten, die als Facharbeiter die größte Aussicht haben, in Sowjetrußland Arbeit zu finden, auf diese Möglichkeit aufmerksam gemacht und nach Möglichkeit bei der Überwindung der formalen Schwierigkeiten unterstützt werden.

Hertz berichtet über eine Besprechung, die er mit dem Amerikaner Guildemester[13] über die Frage der Befreiung von parteigenössischen Schutzhäftlingen gehabt hat. Guildemester hat bereits früher dem Genossen Adler gegenüber seine Bereitschaft erklärt, sich für die Befreiung von Schutzhäftlingen in Deutschland einzusetzen. Die Besprechung mit dem Gen. Hertz hat ergeben, daß Guildemester an einen Erfolg derartiger Bemühungen in Deutschland nur glaubt, wenn die tschechoslowakische Regierung auf dem Wege der Gegenseitigkeit hier festgesetzte Nationalsozialisten freiläßt. Er war bereit, den Versuch zu unternehmen, aber er bat dazu um eine Liste der Schutzhäftlinge, deren Befreiung uns erwünscht ist und zweitens [um] einen Brief, in dem auf ein bei dem Präsidenten der tschechoslowakischen Republik laufendes Amnestiegesuch für den hiesigen Rechtsanwalt Stark Bezug genommen wird. Die Liste der Schutzhaftgefangenen sollte an den Rechtsanwalt Stark geliefert werden. Gegen die Erfüllung dieser beiden Bedingungen sprechen schwerwiegende Bedenken. Zunächst können wir nur eine beschränkte Anzahl der uns bekannten und früher meist führend tätigen Genossen in eine solche Liste aufnehmen und zum anderen besteht die Gefahr, daß, wenn die Liste in unrechte Hände kommt, die auf der Liste verzeichneten Genossen besonders liebevoll von der Gestapo behandelt werden. Es ist deshalb die Frage, ob man im Hinblick auf diese Bedenken auf das Angebot des Guildemester überhaupt eingehen soll.

In der Sitzung besteht die Auffassung, daß die Bedenken gegen ein solches Verfahren so groß sind, daß wir die Angelegenheit nicht weiter verfolgen wollen.

Schluß der Sitzung 12.30 Uhr.

---

12 Vorlage: »Nicht« ms. unterstrichen.
13 Vorlage: »Amerikaner Guildemester« hs. unterstrichen.

Nr. 14
Protokoll der Parteivorstandssitzung am 18. Mai 1934
SAPMO Berlin, ZPA, II 145/54, Bl. 85 f.

Sitzung des Parteivorstandes am Freitag, dem 18. Mai 1934, 10.30 im Büro der Sopade, Prag

Anwesend:[1] Wels, Vogel, Crummenerl, Hertz, Stampfer, Ollenhauer, Rinner, Böchel, Stahl, Geyer.
Entschuldigt:[2] Aufhäuser.

Hertz berichtet über die Vorgänge in Saarbrücken, über die ein besonderes Protokoll vorliegt.[3]

In der Diskussion spricht zuerst **Crummenerl**. Er erklärt sich mit den Vorschlägen des Gen[ossen] Hertz bezüglich der Trennung der »Freiheit« von der »Volksstimme« einverstanden. Es soll jedoch zunächst genau festgestellt werden, mit welchem finanziellen Aufwand der PV bei einer Loslösung der »Freiheit« von der »Volksstimme« rechnen muß. Für die Volksstimme sollen Zuschüsse nicht geleistet werden. Solange als möglich soll die »Freiheit« in der »Volksstimme« als Lohndruck hergestellt werden. Crummenerl vertritt die Meinung, daß wir dem Aufnahmeantrag der Saarpartei in die SAI nicht widersprechen sollen, wenn er in der Sitzung der Exekutive zur Annahme empfohlen wird.[4]

Kirschmann ist seinerzeit als Propagandaleiter für die »Freiheit« eingestellt worden, wenn er jetzt die Geschäfte als Parteisekretär für die Saarpartei leistet, muß sein Verhältnis zu uns als beendet betrachtet werden.[5] Die weitere Diskussion, an der sich **Wels** und **Böchel** beteiligten, beschäftigt sich im wesentlichen mit den Vorschlägen des Genossen Hertz für die Aufnahme von Parteimitgliedern, die im Saargebiet leben, in die Auslandsgruppe der SPD. Der Wortlaut dieses Beschlusses ist dem Protokoll angefügt.[6]

Es wird dann beraten über die Vertretung der Partei auf der Sitzung der Exekutive der SAI in Brüssel.[7] Die wichtigste sachliche Entscheidung betrifft den zukünftigen Sitz des Sekretariats der SAI. Adler wünscht eine Verlegung des Sekretariats, um einer Ausweisung aus der Schweiz aus dem Wege zu gehen. **Wels** vertritt die Auffassung, daß dieser Verlegung ohne zwingende Gründe nicht zugestimmt werden soll.

Die schwedische Partei hat eine stärkere Vertretung der skandinavischen Staaten im Büro beantragt. Sie wünscht zwei ordentliche Sitze anstelle des jetzigen einzigen Vertreters der Skandinavier. Wels schlägt vor, diesem Wunsch der Skandinavier dadurch Rechnung zu tragen, daß man provisorisch die Zahl der Bürositze auf zwölf erhöht.

Als Delegierte für die Sitzung werden die Genossen Hertz und Crummenerl bestimmt. Für den Fall, daß die politischen Beratungen der Sitzung es erforderlich machen, soll Genosse Hilferding hinzugezogen werden.[8]

---

1 Vorlage: »Anwesend:« ms. unterstrichen.
2 Vorlage: »Entschuldigt:« ms. unterstrichen.
3 Ein Protokoll war nicht zu finden. Wahrscheinlich handelt es sich um die Gesellschaftersitzung im Mai 1934, an der Wels, Vogel und Hertz teilgenommen haben; über das genaue Datum liegen unterschiedliche Angaben vor; vgl. *Zur Mühlen*, Hitler, S. 89.
4 Eine Aufnahme der Saar-SPD in die SAI erfolgte nicht; vgl. *Zur Mühlen*, Hitler, S. 86.
5 Kirschmann war auf dem außerordentlichen Parteitag der saarländischen SPD zum Landessekretär gewählt worden; vgl. *Redmer*, S. 83.
6 Der Beschlußtext liegt nicht vor.
7 Zu den SAI-Tagungen im Mai 1934 vgl. Nr. 15.
8 Es handelt sich um die Exekutivsitzung am 27./28. Mai 1934. Laut einer Absprache sollte zu dieser Sitzung angeblich auch Karl Frank delegiert werden. Vgl. »Feindselige Äußerungen und Handlun-

Das Aufnahmegesuch der früheren SAP-Mitglieder wird noch einmal zurückgestellt, da nach Pfingsten eine persönliche Aussprache mit den betreffenden Genossen stattfinden soll.[9]

Es entspinnt sich dann eine längere Debatte über die Entschließung, die auf der letzten Konferenz sächsischer Vertreter in Karlsbad angenommen wurde[10], und über den in Karlsbad gedruckten und von den Karlsbader Genossen verbreiteten Maiaufruf.[11] Genosse **Wels** vertritt die Auffassung, daß die Herausgabe des Materials durch das Karlsbader Grenzsekretariat ohne Information des PV mit den Prinzipien einer loyalen Zusammenarbeit nicht zu vereinbaren sei.

Böchel stellt sich demgegenüber auf den Standpunkt, daß sie das Recht haben, so viel Material herauszugeben, wie es ihnen zweckmäßig erscheint. Er lehnt eine Zensur des PV strikte ab und erklärt, daß die Karlsbader Genossen sich auch in Zukunft in ihrer Arbeit nicht binden lassen werden.

Schluß der Sitzung: 14 Uhr.

---

gen gegen uns von seiten des PV«, in: IISG Amsterdam, Neu Beginnen, Mappe 4. Dagegen steht die Behauptung, daß Karl Frank in einer Besprechung mit dem PV im Frühjahr 1934 seinen Antrag auf Abtretung eines Sitzes in der Exekutive wieder zurückzog, »als er einsehen mußte, daß der PV diesem Verlangen nicht entsprach.« Denkschrift über die Milesgruppe, [1934], S. 9, in: AdsD Bonn, PV-Emigration, Mappe 206. Vgl. auch Nr. 15.

9 Vgl. Nr. 15.
10 Am 28./29. April 1934 fand eine vom Karlsbader Grenzsekretariat einberufene Konferenz statt, auf der das Prager Manifest und jeglicher Führungsanspruch der Sopade abgelehnt wurden; vgl. Lange an PV, 18. Mai 1934, in: AdsD Bonn, PV-Emigration, Mappe 70.
11 Zur Diskussion über den Karlsbader Maiaufruf vgl. Anhang Nr. 15.

Nr. 15
Protokoll der Parteivorstandssitzung am 22. Juni 1934

SAPMO Berlin, ZPA, II 145/54, Bl. 103–108

Sitzung des Parteivorstandes am 22. Juni 1934[1]

Anwesend[2]: Wels, Vogel, Stampfer, Hertz, Ollenhauer, Rinner, Geyer, Arnold, Stahl, Aufhäuser, Böchel[3].

Crummenerl berichtet über die Sitzungen des Büros und der Exekutive der SAI in Brüssel.[4] Im Büro standen zunächst finanzielle Fragen zur Debatte, da nach dem Ausfall der

---

1 Vgl. hs., undatierte Tagesordnung von Wels, deren sieben Punkte sich annähernd mit den Themen des Protokolls decken: »1. Brüssel (SAI), 2. Westkonferenzen, 3. Saarbrücken, 4. A[ufhäuser-]B[öchel-]S[eydewitz]-Programm, 5. Miles-Gruppe – Aufnahmen, 6. Reichskonferenz-Antrag, 7. Kontrollkommission«., in: AdsD Bonn, PV-Emigration, Mappe 207. Die Tagesordnungspunkte 6 und 7 wurden entweder nicht behandelt oder in der Niederschrift nicht näher ausgeführt.
2 Vorlage: »Anwesend« ms. unterstrichen.
3 Außerdem anwesend: Crummenerl.
4 Bürositzung am 26. Mai und Exekutivsitzung am 27./28. Mai 1934, in: Internationale Information 11. Jg., 2. Juni 1934, S. 256–258. Vgl. *Herbert Mayer*, Die Sozialistische Arbeiter-Internationale und die Aktionseinheit mit den Kommunisten. Über die Haltung der SAI zur kommunistischen Bewegung 1933/35, Halle/Saale 1981, S. 47–50.

österreichischen und der deutschen Partei die Einnahmen der Internationale stark zurückgegangen sind. Die deutsche Partei hat den Beitrag für 1933 noch bezahlt, für 1934 ist ein geringerer Beitrag zu zahlen, dessen endgültige Höhe noch nicht feststeht. Die finanziellen Schwierigkeiten der Internationale führten auch zu einer Diskussion über eine evtl. Verlegung des Sekretariats. Diese Frage ist jetzt besonders akut geworden, da in der Schweiz gewisse politische Schwierigkeiten durch das Hervortreten der Genossen Adler und Sturmthal[5] in der österreichischen Frage entstanden sind. Diese politischen Schwierigkeiten sind allerdings bis jetzt nicht so bedenklich, daß sie zwingend eine Änderung des Sitzes verlangen. Eine Umfrage unter den Ländern, die für den Sitz in Frage kommen, hat ergeben, daß die englische Arbeiterpartei die Verlegung des Sitzes nach London mit Rücksicht auf die dortigen politischen Verhältnisse ablehnt. Auch in Frankreich bestehen erhebliche Schwierigkeiten. Dagegen ist die Verlegung des Sitzes nach Brüssel möglich. Die belgischen Genossen sind damit einverstanden, und die Arbeitsmöglichkeit des Sekretariats ist in Belgien auch dadurch stärker gesichert, daß der Genosse Vandervelde Vorsitzender der SAI ist. Die billigeren Lebensverhältnisse in Belgien ermöglichen nach den Berechnungen des Kassierers der SAI, van Roosbroeck, eine Ermäßigung der Kosten um etwa 40 %. Im Büro wurde prinzipiell beschlossen, der Exekutive die Verlegung des Sekretariats zum 1. April 1935 nach Brüssel vorzuschlagen, falls besondere Umstände nicht eine frühere Verlegung notwendig machen.

Im Büro wurde auch berichtet über Verhandlungen mit dem IGB über die Unterstützungen in Österreich. Der IGB steht auf dem Standpunkt, daß die geretteten Gewerkschaftsgelder nur für die Unterstützungen, nicht aber für politische Zwecke verwendet werden dürften. Insgesamt wären bisher für Österreich nach den Schätzungen der SAI 1–1½ Millionen Reichsmark ausgegeben, für Verteidigungskosten wurden rund 100 000 Schilling benötigt, die die SAI aufgebracht habe.

In der Exekutive berichtete Adler zunächst über die Lage in Österreich und besprach dann die innere Situation der Internationale, die gekennzeichnet wird durch die starken Gegensätze zwischen den Parteien in den Ländern der Demokratie und in den Ländern ohne Demokratie. Schweden hat den Antrag gestellt, auch einen Sitz im Büro zu erhalten, da die skandinavischen Parteien heute einen wesentlichen Teil der legal arbeitenden Parteien verkörpern und da verhindert werden müsse, daß die Politik der Internationale in zu starkem Maße durch emigrierte Parteien bestimmt werde. Der Genosse Gillies[6] schloß sich den Auffassungen der schwedischen Genossen an. Andersen-Dänemark[7] wandte sich gegen ein neues Angebot an die Kommunisten; die kommunistische Tätigkeit sei zersetzend. Andersen hält auch die Taktik der französischen Sozialisten für falsch. Blum unterstützte den Antrag Schweden und behandelte die französische Situation. Er verteidigte sich gegen den Vorwurf, daß die französischen Sozialisten die Demokratie aufgegeben hätten. Bauer[8] berichtete über die illegale österreichische Arbeit und teilte mit, daß gegenwärtig 50 000 Exemplare der »Arbeiter-Zeitung« in Österreich verteilt werden. Er unterbreitete der Exekutive einen Brief der illegalen Leitung der österreichischen Partei in Wien an die Exekutive, der den Vorschlag enthält, daß die Internationale Verhandlungen mit den Kommuni-

---

5 Sturmthal, Adolf, geb. 1903, österreichischer Sozialist, Mitarbeiter im SAI-Büro Zürich, SAI-Betreuung deutscher und österreichischer Emigranten, Zusammenarbeit mit Sopade und ALÖS, Emigration 1936 Belgien, Großbritannien, 1938 USA, Hochschullehrer.
6 Gillies, William, 1885–1958, Labour-Politiker, 1929–1940 SAI-Exekutive, ab 1930 SAI-Büro.
7 Andersen, Alsing, 1893–1962, 1917–1941 Sekretär des Sozialdemokratischen Bundes in Dänemark, 1941–1945 Vorsitzender, 1924–1927 und 1929–1935 SAI-Exekutive, 1935–1940 Verteidigungsminister, 1947 Innenminister.
8 Bauer, Otto, 1881–1938, österreichischer Sozialdemokrat, MdNR, 1923–1938 Mitglied SAI-Exekutive und -Büro, Emigration 1934 CSR, 1934–1938 Leiter ALÖS, Mitglied RSÖ, 1938 Frankreich.

sten aufnehme.⁹ Albarda-Holland¹⁰ sprach sich entschieden für die Demokratie aus und erklärte, daß im Falle die Internationale den Kommunisten ein Einheitsfront-Angebot mache, die holländische Partei keine Möglichkeit sehe, ihre Mitgliedschaft in der SAI aufrechtzuerhalten.

Hilferding sprach zu dem Thema »Demokratie und Diktatur«. Er ist der Meinung, daß heute in den Kreisen der Arbeiterschaft unter Diktatur die Forderung verstanden werde, in revolutionärer Übergangszeit energische und durchgreifende Maßnahmen zur Sicherung der Revolution durchzuführen, daß man aber an dem Grundgedanken des demokratischen Sozialismus festhalten müsse, da der Sozialismus ohne Freiheit nicht denkbar sei. Eine Entschließung wurde nicht gefaßt, Adler wurde jedoch ermächtigt, persönlich den Brief der österreichischen Genossen zu beantworten.

Der zweite wichtigste Punkt behandelte die Frage der Aufrüstung. Hierzu sprachen Blum, Vandervelde, Gillies und Hilferding, die den augenblicklichen Stand in ihren Ländern darstellten. Es wurde beschlossen, dem schwedischen Antrag insofern zu entsprechen, daß der schwedische Stellvertreter im Büro an allen Sitzungen des Büros teilnimmt. Hinsichtlich der Sitzverlegung wurde dem Beschluß des Büros zugestimmt.

Während der Sitzung ergab sich ein Konflikt mit dem Vertreter des Miles-Kreises. Den Exekutivmitgliedern wurde ein Schreiben des Miles-Kreises vervielfältigt vorgelegt, in dem die Exekutive aufgefordert wurde, eine Konferenz einzuberufen, die die deutschen Fragen wahrnehmen solle.¹¹ Die Vertreter der Partei, Hertz und Crummenerl, erhielten von diesem Schreiben erst nach der Vervielfältigung Kenntnis. Sie legten bei Adler die schärfste Verwahrung gegen dieses Vorgehen ein. Das Schreiben wurde daraufhin wieder zurückgezogen, und es spielte in der weiteren Diskussion keine Rolle.¹² Beschlossen wurde die Einsetzung einer Kommission, bestehend aus den Genossen Albarda, de Brouckère¹³ und Grimm¹⁴, die unter Hinzuziehung des Genossen Adler die organisatorischen Fragen (Stimmenverteilung, Beitragsregelung usw.) der illegalen Parteien klären sollen.¹⁵

---

9 Zum Brief der RSÖ vom 20. April 1934 vgl. *Herbert Mayer*, S. 47–49.
10 Albarda, Johan Willem, 1877–1957, niederländischer Sozialdemokrat, 1930–1939 SAI-Exekutive und -Büro, 1939 Vorsitzender der SAI.
11 Geplant war eine Konferenz, deren Zusammensetzung – nach vorheriger Anhörung von Delegierten aller Gruppen – von einer Kommission der Exekutive bestimmt werden sollte und auf der Vertreter der in Deutschland arbeitenden Organisationen, der wichtigsten Gruppen der Emigration und des PV die deutsche Vertretung in der Exekutive regeln sollten; vgl. Hektografierte Vorlage zur Sitzung der Exekutive, Tagesordnungspunkt 9, in: IISG Amsterdam, SAI, Nr. 430.
12 In der Denkschrift über die Miles-Gruppe, 1934, S. 9 f., in: AdsD Bonn, PV-Emigration, Mappe 206 heißt es zu diesem Vorfall: »Bei der Sommertagung der Exekutive in Brüssel unternahm Rechtsanwalt (?) Kretschmar als Vertreter der Gruppe einen Versuch, die Exekutive selbst für ihre Forderungen zu gewinnen. Nach Besprechungen mit verschiedenen Mitgliedern der Exekutive, u. a. mit Otto Bauer, Dan, Grimm, Gillies, richtete er einen Brief an die Tagung, der dann von Friedrich Adler ohne Befragung der deutschen Teilnehmer der Sitzung (Crummenerl, Hertz, Hilferding) vervielfältigt und den Exekutivmitgliedern übermittelt wurde. Dieses ungewöhnliche Vorgehen wurde von Crummenerl als Brüskierung aufgefaßt, der scharfe Protest bei Friedrich Adler – von Crummenerl ausgesprochen – veranlaßte Adler, den Brief zurückzuziehen.« Vgl. *Bruno Groppo*, Die gelähmte Internationale. Zur politischen Entwicklung der sozialistischen Parteien in Europa nach 1933, in: GG 17, 1991, S. 220–241, hier S. 238; *Kliem*, S. 122 f.; *Foitzik*, S. 189; *Seebacher-Brandt*, Biedermann, Diss., S. 505, Anm. 12.
13 Brouckère, Louis de, 1870–1951, belgischer Sozialdemokrat (POB), 1923–1939 SAI-Exekutive, 1935–1939 Vorsitzender der SAI.
14 Grimm, Robert, 1881–1958, Schweizer Sozialdemokrat, 1914–1957 Nationalrat, Mitgründer der SAI und 1927–1940 Mitglied SAI-Exekutive, ab 1935 SAI-Büro.
15 Auf Beschluß der Exekutive vom 28. Mai 1934 setzte die Exekutive »eine Dreierkommission (Albarda, De Brouckère, Grimm) ein, die mit dem Sekretär die außerordentlichen Umstände der Par-

In der Diskussion unterstrich der Genosse **Aufhäuser** die Bedeutung des Briefes des österreichischen Zentralkomitees, und er stellte die Frage, ob es nicht die Aufgabe der deutschen Partei sei, daran mitzuarbeiten, daß in allen Ländern eine revolutionäre Taktik zur Durchführung kommt. Den Standpunkt, daß die Parteien der Internationale je nach den Verhältnissen ihres Landes eine verschiedene Taktik anwenden, müssen wir bekämpfen. Aufhäuser bedauert, daß nicht vor der Sitzung der SAI die Haltung unserer Vertreter besprochen und festgelegt worden sei. Der Standpunkt Hilferdings entspreche nicht der Auffassung der Partei. Wir müssen das nächste Mal uns dem Standpunkt der österreichischen Genossen anschließen, auch wenn diese Auffassung von der Mehrheit abgelehnt werde. Es ist unverständlich, warum die SAI nicht auch zu den neuen europäischen Gruppierungen Stellung genommen habe. Die Kommunisten müssen vor die Frage gestellt werden, ob die neue Politik der Sowjetunion nicht auch Konsequenzen im Verhältnis zur sozialistischen Arbeiterbewegung haben muß.

Wels ist der Auffassung, daß eine erneute Stellungnahme zur kommunistischen Taktik nicht notwendig sei, die Komintern ist nur ein Instrument der russischen Außenpolitik, und die SAI hat sich bereits früher wiederholt mit diesem Tatbestand auseinandergesetzt. Die SAI kann für die Diktatur nicht Stellung nehmen, ohne die internationale Organisation der sozialistischen Parteien zu sprengen.

Hertz: Aufhäusers unbefriedigtes Gefühl ist verständlich. Die SAI ist gegenwärtig ohne Macht. Hilferding hat im Sinne unserer Plattform gesprochen. Die Auffassung, daß der Faschismus zwangsläufig in allen Ländern kommen muß, wird nur von einem kleinen Teil der Parteien geteilt. Das österreichische Zentralkomitee vertritt auch nur die Auffassung eines kleinen Teils der österreichischen Genossen, nach der Darstellung des Genossen Bauer nur des kleinsten Teils der österreichischen Partei. Die Parteien, in deren Ländern die Demokratie noch besteht, sehen in der Erhaltung der Demokratie die erfolgreichste Möglichkeit des Kampfes gegen die Diktatur, und die Erklärung Albardas beweise, daß er sich in dieser Frage einem Mehrheitsbeschluß der SAI nicht fügen werde. Wir durften in Brüssel nichts tun, um die Gegensätze in der SAI zu verschärfen.

Aufhäuser: Es ist notwendig, daß die Kommunisten zu einer klaren Stellungnahme gezwungen werden. Es ist ferner notwendig, daß wir gemeinsam mit den anderen Parteien untersuchen, auf welche Umstände die Erfolge des Faschismus in den verschiedenen [Ländern] zurückzuführen sind. Außerdem ist es eine wichtige Aufgabe der Internationale, die verschiedenen programmatischen[16] Erklärungen zu prüfen, die jetzt in den verschiedenen Ländern nach dem Vorbild des belgischen Planes der Arbeit entstanden sind.

Böchel bedauert die scharfe Ablehnung der Milesgruppe. Es ist notwendig, daß unsere Vertretung in der Exekutive ergänzt wird durch Genossen, die in Deutschland arbeiten.

Crummenerl berichtet über die Verhandlungen, die mit der Milesgruppe über ihren Anspruch einer Vertretung in der Exekutive geführt worden sind; Adler habe diesen Anspruch ebenfalls abgelehnt und die Vertreter der Milesgruppe an den Parteivorstand verwiesen. Wenn man den Anspruch der Milesgruppe sachlich prüfe, dann kommt man zu dem Ergebnis, daß ihre Stärke in Deutschland keineswegs zu einem solchen Anspruch berechtigt. Das

---

teien, auf die in Artikel 8 der ›Richtlinien für die Stimmverteilung‹ hingewiesen wird, zu überprüfen hat und beauftragt wird, Vorschläge in bezug auf die Stimmverteilung, die Mandate, die Beiträge und andere Fragen, die sich aus dieser Überprüfung ergeben, auszuarbeiten. Die Exekutive weist diesem Komitee das Memorandum der Deutschen Sozialdemokratischen Partei (August 1933), die Resolution über die Österreichische Sozialdemokratische Partei (März 1934), das Anschlußbegehren der Ukrainischen Sozialdemokratischen Partei und die diese Frage betreffenden Teile des Berichtes des Kassierers zu.« Internationale Information 11. Jg., 2. Juni 1934, S. 258. Vgl. auch Anhang Nr. 11.

16 Vorlage: proklamatischen.

Vorgehen Adlers war illoyal, die Internationale sei eine Arbeitsgemeinschaft von selbständigen Parteien und keine Komintern.

Hertz berichtet über die Westkonferenzen, die im Anschluß an die Sitzung der Exekutive in Brüssel und Neunkirchen stattgefunden haben. In Brüssel waren alle großen Orte des linksrheinischen Gebietes vertreten.[17] Eine weitere Konferenz Ende Juli wird weitere zehn Orte aus der Gegend von Oldenburg und Bremen[18] umfassen. In Neunkirchen waren 27 Teilnehmer anwesend, darunter 19 aus Deutschland, obwohl für die Einberufung der Sitzung nur sechs Tage zur Verfügung standen.[19] Es waren die größeren Orte aus der Pfalz, aus Baden, Württemberg, Freistaat Hessen und Hessen-Nassau vertreten. Bei den anwesenden Genossen aus Deutschland handelt es sich ganz überwiegend um Arbeiter, die heute noch im Betrieb tätig sind und die zum größten Teil alte Funktionäre der Bewegung waren. Es ist bestes Menschenmaterial. Die Diskussion war überaus lebhaft und erfreulich, die organisatorische Arbeit in diesen Bezirken ist gut vorangegangen; dringend wurde illegales Material verlangt. Die Parteimitgliedschaft hält an der sozialistischen Gesinnung fest. Die Diskussion über die politische Lage ergab eine verschiedenartige Beurteilung bei den Leuten der sogenannten Rechberg-Gruppe[20] und bei den übrigen Teilnehmern der Konferenz. Das Verhältnis zu den im Ausland befindlichen Genossen hat sich gebessert, seitdem die Genossen in Deutschland sehen, daß gearbeitet wird. Die Plattform ist von den Genossen sympathisch aufgenommen worden, wenn sie auch nicht in allen Punkten zustimmen. Die Frage, ob die Sozialdemokratie in der alten Form wiederkehrt, wurde von den Genossen unterschiedlich beurteilt. Die bolschewistische Diktatur wurde abgelehnt. In den verschiedenen Orten bestehen Verbindungen mit anderen freiheitlich eingestellten Gruppen. Die Genossen sehen ihre Aufgabe darin, durch Vertrauensleute wieder mit allen Orten in Verbindung zu kommen, um die Möglichkeit zu haben, wenn es nötig ist, die Massen der Mitgliedschaft schnell zu mobilisieren.

Crummenerl berichtet über den Konzentrations-Prozeß, der in der ersten Instanz verloren wurde. Die von uns geforderten Prozeßkosten in Höhe von 3 600 Schweizer Franken werden wir nicht zahlen, da diese Kosten nach Auffassung der Rechtsanwälte nicht eintreibbar sind.[21]

---

17 Vorlage; Satz hs. unterstrichen. Ende Mai/Anfang Juni 1934 fand im Volkshaus in Brüssel eine »eingehende Besprechung mit führenden sozialdemokratischen Emigranten, darunter Rudolf Hilferding [. . .], Siegmund Crummenerl, Fritz Heine und Wilhelm Sollmann« statt; ferner werden genannt Hermann Runge und Gustav Ferl; vgl. *Hans-Josef Steinberg*, Widerstand und Verfolgung in Essen 1933–1945, 2. Aufl., Bonn 1973, S. 71 f. Nach *Kuno Bludau*, Gestapo – geheim! Widerstand und Verfolgung in Duisburg 1933–1945, Bonn 1973, S. 24, war der PV vertreten durch Wels, Hertz, Crummenerl und Hilferding.
Runge, Hermann, 1922–1929 Kreisvorsitzender der SAJ Moers, 1931 Sekretär der SPD, Leiter einer Widerstandsgruppe im Raum Niederrhein/Ruhr.
18 Vorlage: »Oldenburg und Bremen« hs. unterstrichen.
19 Vgl. Anhang Nr. 8.
20 Zur Rechberg-Gruppe (benannt nach dem Pseudonym von Emil Henk) vgl. *Erich Matthias/Hermann Weber* (Hrsg.), Widerstand gegen den Nationalsozialismus in Mannheim, Mannheim 1984, S. 142, S. 148, S. 170–174; *Emil Henk*, Sozialdemokratischer Widerstand im Raum Mannheim, in: 100 Jahre SPD in Mannheim. Eine Dokumentation, hrsg. v. SPD Kreis Mannheim, Mannheim 1967, S. 68–73, hier S. 70–73.
Henk, Emil, 1893–1969, Heidelberger Schriftsteller, Kontakte zum Heidelberger Kreis (Zuckmayer, Mierendorff, Haubach, Goverts), baute eine illegale Organisation aus kleinen Widerstandsgruppen im südwestdeutschen Raum auf, im Oktober 1934 verhaftet, 1935 zu 1 Jahr und 8 Monaten Haft verurteilt.
21 Vgl. Nr. 2; Anhang Nr. 6. Die Rechtsansprüche der AG für Zeitungsunternehmungen bezüglich ihres Besitzes in Deutschland wurden seitens des preußischen Staates nicht anerkannt. Per Bescheid vom 13. März 1934 wurde die Klage der AG für Zeitungsunternehmungen gegen das Geheime

Hertz berichtet über die Situation an der Saar. Die Festlegung des Abstimmungstermins hat zunächst starke Depressionen bei unseren Leuten ausgelöst.[22] Die Stimmung ist schwer zu beurteilen. Die Lage ist etwas günstiger dadurch geworden, daß die Kommunisten ihre Taktik geändert haben und mit für den Status quo eintreten. Außerdem regt sich auch die Opposition der Katholiken gegen die Gleichschaltung. Wenn es gelingt, eine nennenswerte Minderheit gegen den Anschluß zusammenzubringen, so wäre das schon ein wichtiger politischer Faktor. Die Lage der Partei ist durch die internen Auseinandersetzungen, vor allem durch die Veröffentlichungen der Denkschriften Kern und Schäfer, schwierig.[23] Die Entlassung Klopfers ist inzwischen durch die Gesellschafterversammlung beschlossen.[24] Die finanzielle Lage des Unternehmens ist katastrophal. Auch die »Freiheit« ist Zuschußbetrieb, die Auflage ist zurückgegangen, man muß die Zahlungseinstellung befürchten. Gehälter und Honorare werden überhaupt nicht oder nur sehr mangelhaft gezahlt. Hertz hat seine Zustimmung dazu gegeben, daß auf den Besitz der Volksstimme Grundschulden eingetragen werden. Die Frage des Darlehns des PV ist noch offen. Die Gesellschafter haben prinzipiell beschlossen, die Selbständigkeit der Freiheit anzuerkennen unter der Voraussetzung, daß eine Verständigung über den Druckauftrag mit der »Volksstimme« herbeigeführt wird.[25] Wir haben zu entscheiden über die Erhaltung der »Freiheit«, auf die wir jetzt im Abstimmungskampf nicht verzichten können. Wenn das Defizit in der jetzigen Höhe bestehen bleibt, werden wir es nicht tragen können.[26]

Wels: Die Frage der Weiterexistenz der »Freiheit« ist eine politische Frage. Wir können sie vor der Abstimmung nicht aufgeben. Auch eine Verlegung der »Freiheit« in einen anderen Ort vor der Abstimmung ist aus finanziellen und politischen Gründen nicht möglich.

Der Bericht des Genossen Hertz wird zur Kenntnis genommen.

Es wird dann beraten über die vorliegenden Aufnahmegesuche der früheren Mitglieder der SAP. Das Namensverzeichnis liegt jetzt vor.[27] Es ist eine persönliche Besprechung mit den Genossen angeregt worden.

    Staatspolizeiamt wegen Beschlagnahme der Aktien als unzulässig zurückgewiesen. Am 19. Mai 1934 ging eine Kostenrechnung über 3 535 RM ein; hier liegt bei der Angabe der Währungseinheit ein Fehler im Protokoll vor, denn 3 535 Mark entsprachen etwa 6 500 Schweizer Franken. Beim Bezirksverwaltungsgericht wurde Protest eingelegt, daß unter diesen Umständen nicht gezahlt werde. »Damit ist das Verfahren eingestellt.« Bericht und Rechnung über das 2. Geschäftsjahr, umfassend den Zeitraum 1. Jan. bis 31. Dez. 1934. Zur ordentlichen Generalversammlung [der AG für Zeitungsunternehmungen] am 10. Dezember 1935, in: IISG Amsterdam, SAI, Nr. 4052.

22 Der Termin für die Abstimmung über die Zukunft des Saargebiets war vom Völkerbund auf den 13. Januar 1935 festgelegt worden.

23 Wahrscheinlich handelt es sich um Helmuth Kern und um Valentin Schäfer. Schäfer war bis 1928 saarländischer SPD-Vorsitzender, Vorsitzender der Gesellschafterversammlung der »Volksstimme« und wurde Anfang Juni 1934 aus der Partei ausgeschlossen; vgl. *Kunkel*, S. 88. Brief S[ollmann?] an PV, 20. April 1934, in: AdsD Bonn, NL Hertz, MF XXXVI. Dort ist von einer Denkschrift die Rede. Vgl. auch Abschrift von Kerns Brief an S[ollmann?], 20. April 1934, in: AdsD Bonn, NL Hertz, MF XXXVI.

24 Vgl. Nr. 8. Klopfer wurde am 18. Mai 1934 als Geschäftsführer des Volksstimme-Verlags entlassen; vgl. *Paul*, S. 69; *Zur Mühlen*, Hitler, S. 89.

25 Der Beschluß wurde dem PV Anfang Juni 1934 [genaues Datum unleserlich] mitgeteilt; vgl. AdsD Bonn, NL Hertz, MF XXXVI.

26 [Hertz] teilte Max Hofmann, seit Mai 1934 Geschäftsführer des Verlags »Volksstimme«, am 29. Juni 1934 die PV-Entscheidung mit; vgl. AdsD Bonn, PV-Emigration, Mappe 55.

27 Namensliste mit Geburtsdaten und politischem Werdegang im Brief Willi Müller [d. i. Karl Frank] an PV, 30. Mai 1934, in: AdsD Bonn, PV-Emigration, Mappe 76; vgl. *Jörg Bremer*, Die Sozialistische Arbeiterpartei Deutschland (SAP). Untergrund und Exil 1933–1945, Frankfurt/Main etc. 1978, S. 108.

Wels steht auf dem Standpunkt, daß nach der politischen Vergangenheit der um Aufnahme nachsuchenden Genossen der Verdacht bestehen muß, daß sie konspirativ in der Partei sein[28] wollen. Für diese Auffassung spricht die Äußerung des Genossen Nelke-Stettin[29] gegenüber einem Kommunisten, der offen die konspirative Arbeit in der Partei als den eigentlichen Zweck bezeichnet hat. Wels ist deshalb für Ablehnung der Aufnahme.[30]

Böchel und **Aufhäuser** wünschen eine nochmalige Besprechung mit Müller, in der unsere Bedenken gegen die Aufnahme Müllers[31] vorgetragen werden sollen. Crummenerl schließt sich dieser Auffassung an und empfiehlt Vertagung der Entscheidung.

Es wird so beschlossen.

Wels berichtet weiter, daß nunmehr der Wortlaut der programmatischen Erklärung von Aufhäuser, Böchel und Seydewitz vorliegt, so daß über die Drucklegung beschlossen werden muß.[32] Wels vertritt den Standpunkt, daß die Auffassungen, die in dieser Erklärung niedergelegt sind, mit unserer Plattform nicht zu vereinbaren sind. Als Vertretung der sozialdemokratischen Partei Deutschlands können wir die in der Erklärung geforderte Auflösung der Partei nicht durch die Drucklegung dieser Erklärung unterstützen. Wir würden uns durch die Drucklegung mit dem Inhalt der Erklärung identifizieren. Diese Broschüre wäre auch gegenüber den Bruderparteien in den demokratischen Ländern nicht tragbar. In Deutschland selbst würde eine solche Erklärung schwere Verwirrung stiften. Wels ist gegen die Veröffentlichung in unserer Zeitschrift oder in der Broschürenreihe.

Aufhäuser kritisiert das vom PV herausgegebene Rundschreiben in dieser Angelegenheit.[33] Es habe den Sachverhalt nicht objektiv dargestellt, und er und seine Freunde müßten sich daher vorbehalten, eine Richtigstellung zu verschicken. Über die Haltung von Wels sei Aufhäuser verwundert. Die programmatische Erklärung spreche nicht von der Auflösung der Partei. Sie sei vielmehr der erste Versuch einer Darstellung, wie man sich ein Rätesystem mit demokratischen Zielsetzungen denken kann. Finanzielle Gründe dürften für die Drucklegung nicht ausschlaggebend sein. Wenn jetzt die Drucklegung abgelehnt wird, so bedeute das eine Ausnahmebehandlung der Minderheit.

Böchel erklärt, daß er nach wie vor eine Zensur durch den PV ablehne. Der PV kann nicht die geistige Arbeit einer Gruppe zensieren. Er kann auch nicht das Programm der Partei bestimmen, sondern er muß auch der Minderheit die Möglichkeit geben, an der geistigen Klärung mitzuarbeiten.

Stampfer spricht sich scharf gegen die Veröffentlichung aus. Die Verwirklichung des Pro-

---

28 Vorlage: haben.
29 Vorlage: »Nelke-Stettin« hs. unterstrichen.
   Nelke, Günter, geb. 1908, 1930 SPD, 1931 SAPD, ab Mai 1933 Leiter der illegalen SAPD Stettin, Emigration 1933 CSR, bis 1934 politische Tätigkeit für SAPD, anschließend NB, 1934 Angestellter, 1938 leitender Sekretär der »Demokratischen Flüchtlingsfürsorge«, Prag, 1939 Frankreich, 1940 französische Armee, 1941–1944 Résistance, 1946 Deutschland, bis 1971 Angestellter beim SPD-PV.
30 Vgl. Nr. 13 und Nr. 14. Vgl. weiter hs. Notiz [Wels?], undatiert, in: AdsD Bonn, PV-Emigration, Mappe 207: »Die Aufnahme der 10 SAP-Leute kann nur unter denselben Bedingungen der Vorsicht erfolgen wie sie allgemein gelten. [. . .] Die 10 Genossen waren schon in verschiedenen Parteien und sollten deshalb erst recht nicht so viel davon hermachen, daß sie wieder einmal in eine andere Partei übertreten. [. . .]«
31 Gemeint ist Willi Müller [d. i. Karl Frank], dessen Aufnahme jedoch nicht zur Debatte stand; korrekt muß es wahrscheinlich heißen: »in der unsere Bedenken gegen die Aufnahme Müller vorgetragen werden sollen.«
32 Vgl. Nr. 13.
33 PV-Rundschreiben, 25. April 1934, in: AdsD Bonn, PV-Emigration, Mappe 7, mit der Abschrift eines Briefes an Reinbold vom 24. April 1936, in dem der PV zum Programm der »Revolutionären Sozialisten« Stellung nimmt.

gramms müsse zu einer Atomisierung der Partei, zu einer neuen Spaltung, könne aber niemals zu einer einheitlichen sozialistischen Bewegung führen.

Rinner ist für die Drucklegung der programmatischen Erklärung in der Zeitschrift, da man sich auch mit den in dieser Erklärung niedergelegten Gedankengängen auseinandersetzen müsse.

Hertz erklärt, daß er seine Zustimmung zu der Drucklegung davon abhängig machen müsse, daß Böchel im Gegensatz zu seiner Erklärung in der vorigen Sitzung sich zu einer loyalen Zusammenarbeit im Parteivorstand bereit erklärt.[34]

Ollenhauer vertritt die Auffassung, daß die theoretischen und politischen Gedankengänge des Programms für unsere Entscheidung nicht herangezogen werden brauchen. Das Programm stelle die Existenz der deutschen Sozialdemokratie überhaupt in Frage. Es vertrete den Standpunkt, daß die Bildung der neuen sozialistischen Einheitspartei die Zerstörung der alten Parteireste zur Voraussetzung habe. Der PV ist aber nicht nur Treuhänder für den materiellen Besitz der Partei, sondern er habe auch das geistige Gut und die theoretischen Werte der Partei zu wahren. Eine Herausgabe einer Erklärung mit den organisatorischen Vorstellungen des A[ufhäuser-]B[öchel-]S[eydewitz]-Programms lasse sich mit dieser Treuhänderschaft des PV nicht vereinbaren; sie würde auch von den in Deutschland tätigen Genossen nicht verstanden werden.

Aufhäuser sieht in der Treuhänderschaft des PV nur die Verwaltung des Kapitals, nicht aber die politisch-geistige Aufgabe. Gegen die politische Treuhänderschaft müsse er sich mit aller Entschiedenheit wehren. Wer die sozialistische Revolution wolle, der muß die Einheit der Arbeiterschaft wollen.

Stampfer: Auch ich bin für die Einheitspartei des Proletariats. Aber es müssen die realen Voraussetzungen dafür gegeben sein. Ehe sie nicht besteht, können wir das, was von der sozialdemokratischen Bewegung noch vorhanden ist, nicht aufgeben, daran hindert uns die Treue gegenüber der Bewegung. Stampfer sieht in den Formulierungen dieser programmatischen Erklärung eine weitgehende Entfernung von den sozialistischen Auffassungen; die dort niedergelegten Auffassungen seien vielmehr geeignet, zu einer neuen Spaltung als zu einer Einheit der Bewegung zu führen.

Crummenerl setzt sich dafür ein, daß wir gegenüber allen Gruppen Toleranz üben und daß wir weiter daran arbeiten, die verschiedenen Gruppen zu sammeln. Die Differenzen werden sich mit der Zeit überwinden lassen. Auch er ist mit der programmatischen Erklärung in vielen Punkten nicht einverstanden. Eine Veröffentlichung bei uns bedeute auch keine Identifizierung; er ist für eine Veröffentlichung mit einer entsprechenden Vorbemerkung in der Zeitschrift.[35]

Böchel fordert noch einmal die Veröffentlichung mit dem Hinweis auf das in der Plattform ausdrücklich zugestandene Recht der Meinungsfreiheit. Es sei außerdem falsch, sich an alte Namen und Begriffe zu halten. Die Verfasser der Plattform betrachten sich nach wie vor als Sozialdemokraten, die Frage des Namens ist für sie unwesentlich.[36]

---

34 Hertz bezieht sich auf Böchels Einlassungen bezüglich der Veröffentlichungen des Karlsbader Grenzsekretariats. Vgl. Nr. 14.
35 Crummenerl soll seine Zustimmung davon abhängig gemacht haben, daß »die Verfasser die Plattform auf ein erträgliches Maß kürzten«, was auch geschah; statt 64 Seiten umfaßte die gekürzte Fassung – je nach Schriftart – 32 bzw. 46 Seiten; vgl. Klinger [d. i. Geyer] an Hilferding, 27. Juni 1934, in: AdsD Bonn, PV-Emigration, Mappe 54.
36 Zum Ablauf der Sitzung aus Sicht Böchels vgl. Böchel an Glaser, 10. August 1934, auszugsweise abgedruckt in: Materialzusammenstellung, 30. Januar 1935, S. 34, in: AdsD Bonn, PV-Emigration, Mappe 8: »An diesem umfangreichen Werk haben wir ein halbes Jahr gearbeitet, jetzt wird es gedruckt, und zwar auf Kosten des Parteivorstandes, den wir in einer tollen Sitzung dazu gezwungen haben. Mit einer Stimme Mehrheit. Stampfer schrie mich an, wir sollten doch zu den Kommunisten gehen. Dann sind sie alle durcheinander gefallen, zum ersten Mal fielen die Kulissen der Kame-

Die Veröffentlichung der programmatischen Erklärung in einer Broschüre wird gegen zwei Stimmen abgelehnt. Die Veröffentlichung in der Zeitschrift wird mit 5 gegen 4 Stimmen bei einer Enthaltung beschlossen.[37]

---

    raderie auseinander, und man sah mit Abscheu in das Gesicht einer Clique, die nur noch eines miteinander verband: die gemeinsame Angst vor der Abrechnung.« Vgl. Nr. 5.
    Glaser, Kurt, geb. 1892, Arzt, SPD-Vorsitzender in Chemnitz, 1933 Schutzhaft, Emigration 1933 Frankreich, Vorsitzender der Pariser RSD-Gruppe, nach 1935 im Vorstand der SPD-Landesgruppe Frankreich, 1941 USA, 1948 Deutschland, Medizinalbeamter.
37 Der Weg zum sozialistischen Deutschland. Eine Plattform für die Einheitsfront. Zur Diskussion gestellt von einem Arbeitskreis revolutionärer Sozialisten, in: Zeitschrift für Sozialismus, Nr. 12/13, September/Oktober 1934, S. 375–409. Dazu die unmittelbare Erwiderung des PV: Max Klinger [d. i. Curt Geyer], Der Weg zur Verwirrung. Arbeitereinigung durch Unklarheit?, S. 409–422; ferner Paul Hertz, Unsere Aufgaben und ihre Erfüllung, S. 422–432, sowie Georg Decker, Am Leben vorbei, S. 453–458. Lt. Klinger [d. i. Geyer] an Hilferding, 27. Juni 1934, in: AdsD Bonn, PV-Emigration, Mappe 54 stimmten Wels, Vogel, Stampfer und Stahl gegen den Antrag, Ollenhauer habe sich der Stimme enthalten, Aufhäuser, Böchel, Crummenerl, Rinner und Hertz waren dafür. Geyer selbst hielt die Veröffentlichung »für ruinös für die Zeitschrift«; politisch sei es grundverkehrt, »daß wir auf solche Weise neue Gruppen öffentlich konstituieren.« Vgl. Nr. 21.

Nr. 16
Bemerkungen des Parteivorstandes zur Denkschrift von Siegfried Aufhäuser und Karl Böchel an die SAI-Exekutive [ca. August 1935] mit einem Bericht über die Parteivorstandssitzung am 1. Juli 1934

AdsD Bonn, PV-Emigration, Mappe 208

[...][1] Ein wesentlicher Teil der Denkschrift besteht aus den Beschwerden der Genossen Aufhäuser und Böchel über ihre mangelnde Information über die organisatorische und politische Tätigkeit des Parteivorstandes und über die Unmöglichkeit für sie, praktisch auf die Entscheidungen des Parteivorstandes Einfluß zu nehmen. Dem Parteivorstand wird vorgeworfen, er habe wichtige politische Entscheidungen ohne vorherige Beratungen im Parteivorstand veröffentlicht. Zum Beweis dieser Behauptung wird die Beschlußfassung über das Manifest des Parteivorstandes vom 30. Januar[2] 1934 und über den Aufruf des Parteivorstandes, der die Ereignisse vom 30. Juni 1934[3] behandelte, angeführt. Den Verlauf der Beratungen über das Manifest des Parteivorstandes haben wir in unserer Materialsammlung [vom 30. Januar 1935] dargestellt. Wir haben dieser Darstellung nichts hinzuzufügen. Der Aufruf, der sich mit den Ereignissen des 30. Juni 1934 beschäftigt, wurde am Sonntag, dem 1. Juli, von den im Büro des Parteivorstandes anwesenden Genossen beraten und beschlossen, um möglichst schnell eine Meinungsäußerung des Parteivorstandes in die

---

1 Im ersten Teil der »Bemerkungen« wies der PV die Kritik von Aufhäuser und Böchel an den gegen sie gerichteten Entscheidungen des PV zurück. Vgl. dazu Nr. 30.
2 Vorlage: Juni.
3 Gemeint ist der sogenannte »Röhm-Putsch«.

Öffentlichkeit zu bringen.⁴ Eine formelle Sitzung konnte mit Rücksicht auf die Dringlichkeit der Angelegenheit nicht einberufen werden. An den Beratungen waren nicht nur die Genossen Aufhäuser und Böchel, sondern auch andere Mitglieder des Vorstandes, die sich an diesem Tag an der Grenze befanden, nicht beteiligt.⁵

Die von den Genossen Aufhäuser und Böchel geforderte regelmäßige Einberufung von Parteivorstandssitzungen wurde, wie in der Denkschrift selbst dargestellt wird, prinzipiell beschlossen. Die geplante Regelung konnte jedoch nicht eingehalten werden, weil infolge der Notwendigkeit, mit den Grenzstellen und mit den deutschen Verbindungsleuten möglichst engen persönlichen Kontakt zu halten, oftmals längere Reisen mehrerer Parteivorstandsmitglieder notwendig waren, so daß Wochen hindurch nur einige Parteivorstandsmitglieder in Prag anwesend waren. Der Genosse Wels hat dem Genossen Aufhäuser jedoch wiederholt das Angebot gemacht, sich durch persönliche Besuche im Parteibüro und durch Einsicht in die Post über die Arbeit des Parteivorstandes zu informieren. Von diesem Angebot hat der Genosse Aufhäuser in keinem Fall Gebrauch gemacht. [...]⁶

---

4 Der Aufruf »Nieder mit Hitler!« wurde u. a. in der Deutschen Freiheit vom 4. Juli 1934 und in der Sozialistischen Aktion vom 8. Juli 1934 veröffentlicht. Gegen den Aufruf und die Art und Weise seines Zustandekommens legte Aufhäuser scharfen Protest ein; vgl. Aufhäuser an Wels, 8. Juli 1934, in: AdsD Bonn, PV-Emigration, Mappe 17, und Anhang Nr. 15.
5 Anwesend waren nur Stampfer, Rinner, Geyer und Crummenerl; vgl. Crummenerl an Aufhäuser, 11. Juli 1934, in: AdsD Bonn, PV-Emigration, Mappe 17.
6 Der letzte Teil der »Bemerkungen« ist der Kritik von Aufhäuser und Böchel am Finanzgebaren des PV gewidmet.

Nr. 17
Notiz von Hans Vogel über die Parteivorstandssitzung am 3. August 1934

AdsD Bonn, PV-Emigration, Mappe 158

3. 8. 1934.
Die Morgenblätter bringen die Meldung, daß am 19. August eine Volksabstimmung über das Reichsgesetz bezüglich der Zusammenfassung der Ämter des Reichspräsidenten und Reichskanzlers stattfinden soll.

Die Genossen Arnold, Crummenerl, Geyer, Hertz und Vogel besprechen die von uns einzuschlagenden Maßnahmen:

Nein! Aufruf! Klebe- und Streuzettel, Karikatur!¹

Sie einigen sich zunächst auf Vorstandssitzung am 4. August vormittags 10 Uhr. Vogel übernimmt telefonische Verständigung: Aufhäuser, Böchel, Stahl.

---

1 Zur Reaktion des PV auf die geplante Volksabstimmung vgl. Denkschrift des PV zur Volksabstimmung am 19. August 1934: AdsD Bonn, PV-Emigration, Mappe 181; Sopade an Grenzsekretäre, 3. August 1934 (betr. Materialversand für die Wahlen am 19. August 1934), in: AdsD Bonn, PV-Emigration, Mappe 7; Flugschrift und Aufkleber zur Wahl am 19. August 1934, in: BA Potsdam, St 3/315, Bl. 14; das Flugblatt der Sopade zur Volksabstimmung sowie Flug- und Klebezettel sind abgedruckt bei *Hebel-Kunze*, S. 248–251; der Aufruf zur Wahl wurde u. a. abgedruckt in Internationale Information 11. Jg., 18. August 1934, S. 416.

Während Aufnahme telefonischer Verbindung wird bekannt, daß Sonnabend Besuch[2] aus Berlin an Grenze.[3] Zweckmäßig, daß unsere Abordnung bereits Kenntnis von Beschlüssen des Vorstandes, deshalb Vorverlegung der Sitzung auf Freitag, 3. 8. abends.

Genossin **Neumann** vom Aufhäuser-Büro teilt mit, daß Aufhäuser in Nähe Prags auf Urlaub, Büro erwartet im Laufe des Vormittags von Aufhäuser Anruf, dann wolle sie Bescheid wegen Sitzung geben. Nach Vorverlegung der Sitzung gab **ich** Genossin Neumann [Anweisung], A[ufhäuser] zu sagen, daß Sitzung bereits Freitag 3. 8. abends, er, A[ufhäuser], möge uns anrufen.

Böchel teilte ich am Telefon unsere Absicht mit. **Böchel:** »Da gibt es keine Meinungsverschiedenheiten, das könnt Ihr doch allein machen.« Auf Anfrage Termin nächster Sitzung **ich:** »Sofort nach Rückkehr Wels und Ollenhauer.«[4] **Böchel** damit einverstanden.

12,25 Uhr Anruf Genossin **Neumann:** »Aufhäuser läßt sagen, daß er nicht zur morgigen Sitzung kommt.«

Niederschrift 12,30 Uhr.

V[o]g[e]l[5]

---

2 Vorlage: »Besuch« doppelt geschrieben.
3 Vgl. »Bericht über die Besprechung in D.« am 4./5. August 1934, in: SAPMO Berlin, ZPA, II 145/56, Bl. 119–124.
4 Wels nahm am 3./4. August 1934 an der Sitzung des SAI-Büros in Brüssel teil; vgl. hs. Notizen von Wels über die Sitzung, in: AdsD Bonn, PV-Emigration, Mappe 161; Ollenhauer hielt sich anläßlich der SJI-Exekutivtagung am 6. August in Lüttich auf; vgl. *Seebacher-Brandt*, Biedermann, Diss., S. 480, Anm. 17. Für den Zeitraum Anfang August 1934 bis Mitte Oktober 1934 existieren keine Hinweise auf PV-Sitzungen; erst im unmittelbaren Vorfeld des Besuchs der SAI-Kommission fanden laut Aufzeichnungen von Hertz Bürobesprechungen statt – jedoch ohne Aufhäuser und Böchel. Vgl. Nr. 18, Nr. 19, Nr. 20.
5 Handschriftlich gezeichnet.

Nr. 18
Notiz von Paul Hertz über die Parteivorstandssitzung am 15. Oktober 1934

IISG Amsterdam, NL Hertz, S. 12, Mappe W

15/10. 34

Besprechung im Büro.[1] **Ri[nner]** erstattet Bericht über Zusammenkunft an der Grenze.[2] **Cru[mmenerl]** über eine Unterredung mit Miles und F[riedrich] Adl[er].[3] Im Anschluß

---

1 Vorlage: »Besprechung im Büro« hs. unterstrichen.
2 Entweder handelte es sich um ein Gespräch mit der Berliner Zentrale am 4./5. Oktober 1934 (SAPMO Berlin, ZPA, II 145/56, Bl. 136–138) oder um eine Besprechung an der tschechoslowakischen Grenze zwischen Vertretern der Berliner SPD-Leitung (u. a. Markwitz) und des Prager Parteivorstands am 15. Oktober 1934, die von der Gestapo ausspioniert worden ist (BA Potsdam, St 3/315, Bl. 44–46).
Markwitz, Alfred, geb. 1883, sozialdemokratischer Kommunalpolitiker in Berlin, bis 1933 Buchhalter beim Bezirksamt Friedrichshain, 1935 verhaftet.
3 Vgl. Protokoll der Besprechung Krieger [d. i. Crummenerl], Willi [Müller, d. i. Karl Frank] und

daran Debatte über »Denkschrift« von Heine über Miles. Ich beschuldige Heine, sie mir mit Absicht vorenthalten zu haben, was er bestreitet. Da er mich dabei der Unwahrheit beschuldigt, erkläre ich, daß ich keine Beziehungen zu ihm unterhalten werde. Meine Anregung, Wels solle F[riedrich] A[dler] mitteilen, daß die Denkschrift besteht und daß er lediglich im ersten Augenblick sich nicht erinnern konnte, wird von allen bekämpft. Zustimmung findet lediglich der Vorschlag **Vogel**, F[riedrich] A[dler] mitzuteilen, daß die Denkschrift nicht verwandt worden sei. **Ri[nner]** macht den Vorschlag, alle zu verpflichten, sich auf den Standpunkt zu stellen⁴, daß nie eine Denkschrift über Miles gemacht worden ist. **W[els]** lehnt das ab.⁵

Menz [d. i. Walter Loewenheim], später auch Reiss [d. i. Friedrich Adler], 13. Oktober 1934, in: IISG Amsterdam, Neu Beginnen, Mappe 4.
4 Vorlage: Von »Ri« bis »stellen« hs. unterstrichen.
5 Es handelt sich um die Denkschrift über die Miles-Gruppe, die hinter dem Rücken der Miles-Sympathisanten von Fritz Heine zusammengestellt worden ist. AdsD Bonn, PV-Emigration, Mappe 206. Das Exemplar der zehnseitigen ms. Denkschrift ist ergänzt durch hs. Einfügungen und Korrekturen von Wels. Vgl. Zusammenstellung »Feindliche Äußerungen und Handlungen gegen uns von seiten des PV. In der Zeit von Mitte Mai bis Anfang September 1934«, in: IISG Amsterdam, Neu Beginnen, Mappe 4; unter dem 18. Juni ist dort eingetragen: »Erfahren wir, daß H[eine], Sekretär im Prager Emigrationsvorstand, Auftrag bekommen hat, Material über die Gruppen, besonders über uns, zusammenzustellen«. Vgl. Interview Heine/Herlemann, 20. November 1983, Transkript des Forschungsinstituts für Arbeiterbildung, Recklinghausen, S. 23: »[. . .] und ich hatte dann damals eine Denkschrift über die Neu-Beginnen-Leute gemacht, die Wels in seinem Schreibtisch hatte, und sein persönlicher Referent, der inzwischen auch zu Neu Beginnen übergegangen war, hatte sie ihm aus dem Schreibtisch entwendet, und dann gab es einen furchtbaren Krach«. In einer Stellungnahme, die Paul Hertz zugunsten von Paul Hagen [d. i. Karl Frank] 1941 in den USA abgab (IISG Amsterdam, NL Hertz, S. 12, Mappe W), ging er auf die Denkschrift ein: »Im Sommer 1934 wurde im Büro des PV eine Denkschrift über die Gruppe NB angefertigt. [. . .] Die Herstellung der Denkschrift erfolgte auf Anweisung der Mitglieder des PV, die nach einem Vorwand suchten, um die Zusammenarbeit mit NB, die sie nur widerwillig hingenommen hatten, abzubrechen. Daher verheimlichte man die Denkschrift vor denjenigen Mitgliedern des PV, von denen man annahm, daß sie mit solchen Methoden nicht einverstanden wären. [. . .] Im September/Oktober 1934 war die von der SAI eingesetzte Kommission, bestehend aus den Genossen Albarda, de Brouckère, Grimm und Dr. Adler in Prag, um die Anklage, die Aufhäuser und Böchel gegen den PV bei der SAI erhoben hatten, zu untersuchen. [Vgl. Anhang Nr. 11] Hagen übergab Adler die Denkschrift, damit er den PV veranlasse, sie zu vernichten. Als die offizielle Sitzung des PV mit der Kommission zu Ende war, bat Adler um eine besondere Besprechung und teilte mit, daß im Büro des PV die oben erwähnte Denkschrift angefertigt worden sei. Mehrere Mitglieder des PV bestritten entrüstet, daß eine solche Denkschrift existiere. Es fiel sogar der Ausdruck, es sei eine ›elende Verleumdung‹. Ich war von Adlers Mitteilung völlig überrascht. Als sie bestritten wurde, glaubte ich Adler irregeführt und suchte ihn zu belehren, daß ein so ungeheuerliches Dokument nicht existieren könne, wenn Mitglieder des PV ihr Vorhandensein verneinten. Erst als Adler bei seiner Behauptung verblieb, der Kassierer Crummenerl schweigend dabeisaß, vor allem, als der Verfasser der Denkschrift, der sonst allen Sitzungen des PV beizuwohnen pflegte, nicht aufzufinden war, wurde ich unsicher. Nachdem Adler das Büro verlassen hatte, gaben Wels und Vogel mir gegenüber zu, daß die Denkschrift bestehe. In einer Sitzung des PV am nächsten Tag [gemeint ist wahrscheinlich die Besprechung am 15. Oktober 1934; d. Bearb.] schlug ich vor, Wels solle Adler mitteilen, daß die Denkschrift bestehe, er habe sich nur im ersten Augenblick nicht erinnern können. Das wurde abgelehnt. Die Angelegenheit wurde niemals mehr erwähnt. [. . .]« Zur Denkschrift vgl. *Adolph*, S. 314 f., Anm. 109 und 114.

Nr. 19

Notiz von Paul Hertz über die Parteivorstandssitzung am 16. Oktober 1934

IISG Amsterdam, NL Hertz, S. 12, Mappe W

16/[10.][1] 34

Besprechung im Büro.[2] Es wird die Frage erörtert, ob der B[rie]f von Böchel an F[riedrich] A[dler] uns veranlassen soll, den Konflikt mit B[öchel] zu begraben.[3] **Stampfer** verneint das, **Wels** läßt [es] offen, **Ollenhauer, Crum[menerl]** u[nd] **Vogel** sind dafür, allerdings keine Trennung von Bürogemeinschaft u[nd] PV, keine besonderen Minderheitsrechte, keine Anerkennung als besondere Gruppe, keine Mitbestimmung in Finanzen, Rechte der Partei auf Kenntnis aller Gelder. Ich schließe mich dem an, konstatiere, daß der Vorschlag von Crum[menerl] wegen Finanzen, ihn, Wels u[nd] Vogel stärker belastet, uns aber[4] entlastet. Meine Anregung, die Frage zu diskutieren, ob als PV nicht alle gewählten Mitgl[ieder] zu betrachten sind, die sich außerhalb D[eu]tschl[ands] befinden, wird abgelehnt. **Stampfer** verlangt volle Einheitlichkeit im Auftreten der Bürogemeinschaft.

---

1 Diese Notiz befindet sich auf einem Blatt zwischen Eintragungen unter dem 15. und dem 18. Oktober 1934; vgl. Nr. 18, Nr. 20. Daraus ergibt sich auch für sie die Datierung auf den Oktober.
2 Vorlage:»Besprechung im Büro.« hs. unterstrichen.
3 Böchel an Adler, 11. Oktober 1934, in: AdsD Bonn, PV-Emigration, Mappe 19.
4 Vorlage: Von »der Vorschlag« bis »aber« hs. unterstrichen.

Nr. 20

Notiz von Paul Hertz vom 18. Oktober 1934 über die Parteivorstandssitzung am 18. Oktober 1934

IISG Amsterdam, NL Hertz, S. 12, Mappe W

18/10. 34

Besprechung im Büro.[1] **Wels** erläutert, wie er in der Sitzung des PV vom 19. zu taktieren gedenkt. Er will sich auf den Standpunkt stellen, daß der B[rie]f von K[arl] B[öchel] an Adler zwar uns nicht davon überzeugt hat, daß er nicht spalten wolle. Aber da Adl[er] ihn so interpretierte und versicherte, die Kom[mission] habe den Eindruck gehabt, K[arl] B[öchel] liege sehr viel an der Verständigung mit uns, so wollen wir die alten Differenzen begraben.[2] Auch könnten damit die Anträge (Aufh[äuser]-Böch[el]) erledigt sein.[3] Es kommt zu einer scharfen Auseinandersetzung zwischen mir und Stampfer, da St[ampfer] wieder erklärt, wir müßten immer völlig einheitlich auftreten, damit A[ufhäuser] + B[öchel] nie behaupten könnten, zwischen uns bestünden Meinungsverschiedenheiten. **Ich erkläre, daß ich diese Taktik für verhängnisvoll ansehe, da sie A[ufhäuser] + B[öchel] das Recht gäbe zu

---

1 Vorlage:»Besprechung im Büro.« hs. unterstrichen.
2 Vgl. Nr. 19, Nr. 21.
3 Vorlage:»(Aufh-Böch)« ist als Einschub am Ende des Satzes vermerkt. Zu den Anträgen vgl. Nr. 21, Anm. 7.

sagen, daß man nie mit ihnen diskutiert, sondern sie stets vergewaltigt habe. **Ri[nner]** vertritt den Standpunkt der Präventiv-Spaltung[4]. **W[els]** lehnt das ab. Wir hätten genug Spaltungen gehabt. Das Verlangen, das A[ufhäuser-]B[öchel-]S[eydewitz] Programm als Sonderdruck herauszugeben, wird abgelehnt.[5] Das Sonderheft soll billigst zur Verfügung gestellt werden. **Vogel** verlangt Aufnahme der 10 SAP-Leute. **Wels** will Vertagung, **Ollenhauer** ist für Ablehnung. **Cru[mmenerl]** und ich für Vogel. Entscheidung wird herausgeschoben.[6]

---

4 Vorlage: »vertritt den Standpunkt der Präventiv-Spaltung.« hs. unterstrichen.
5 Antrag Aufhäuser an PV (z. Hd. Wels), 11. Oktober 1934, »daß der Satz [der ABS-Plattform; d. Bearb.] zur Herstellung von Druckabzügen verwandt werden kann«, in: AdsD Bonn, PV-Emigration, Mappe 17. Vgl. Nr. 21.
6 Vgl. Nr. 15.

Nr. 21
Protokoll der Parteivorstandssitzung am 19. Oktober 1934
SAPMO Berlin, ZPA, II 145/54, Bl. 129–136

Sitzung des Parteivorstandes am 19. Oktober 1934 im Büro der Sopade, Prag

Anwesend:[1] Wels, Vogel, Crummenerl, Rinner, Ollenhauer, Hertz, Stampfer, Aufhäuser, Böchel, Geyer, Arnold, Heine, Stahl.

Genosse **Wels** eröffnet die Sitzung mit einer Erklärung über die Beilegung des Konflikts mit dem Genossen Böchel, nachdem dieser in einem Brief an den Genossen Adler eine Deutung des Glaser-Briefes gegeben und Spaltungsabsichten bestritten hat.[2] Obwohl der Brief nicht alle unsere Besorgnisse zerstreut, so sind wir uns doch darüber einig geworden, daß wir uns dem Eindruck, den der Genosse Adler in der mündlichen Aussprache mit Böchel hatte, nicht verschließen wollen. Wir haben die Absicht, zu einer vertrauensvollen Zusammenarbeit zu unserem Teil beizutragen.[3]
In der Zwischenzeit haben sich einige andere Differenzen ergeben, die auch in Briefen und Anträgen, ich denke aber auch z. B. an die »50 % des Apparats«, ihren Niederschlag gefunden haben.[4] Wir wollen das alles ruhen lassen. Ich schlage vor, von all den Dingen nichts

---

1 Vorlage: »Anwesend« ms. unterstrichen.
2 Vgl. Nr. 19, Nr. 20. Gemeint ist der Brief von Karl und Erika Böchel an Kurt und Emmy Glaser, 10. August 1934, auszugsweise zitiert in: Materialzusammenstellung, 30. Januar 1935, S. 3 f., in: AdsD Bonn, PV-Emigration, Mappe 8, der in den Besitz des PV gelangt war und in dem Böchel schwere Angriffe gegen den Parteivorstand erhoben hatte. In seinem Brief vom 11. Oktober 1934, Abschrift in: AdsD Bonn, PV-Emigration, Mappe 19 hatte Böchel Adler um Vermittlung gebeten.
Glaser, Emmy (Emilie Schwarz), 1895–1970, Heirat mit Kurt Glaser 1930, Emigration 1933 Frankreich, 1941 USA.
3 Nach der Sitzung unterrichtete Wels Adler sowie diverse Mitarbeiter über die Beilegung des Konflikts: Wels an Adler, 20. Oktober 1934, in: AdsD Bonn, PV-Emigration, Mappe 15; Wels an Breitscheid, 22. Oktober 1934, in: AdsD Bonn, PV-Emigration, Mappe 23 (dieser Brief ging auch an Hilferding, Schiff, Ferl, Stahl, Hansen, Schumacher, Reinbold und Sollmann).
4 Vgl. Böchel an Glaser, 10. August 1934, auszugsweise zitiert in: Materialzusammenstellung, 30. Januar 1935, S. 3 f., hier S. 3, in: AdsD Bonn, PV-Emigration, Mappe 8; »Im Ernst, Kurt: während der allergrößte Teil der Emigration [...] in dauernder Negation versank und dabei selbst unterging oder

mehr zu erwähnen und dort wieder anzufangen, wo wir aufgehört haben. Damit soll natürlich für die Zukunft keine Präjudizierung[5] geschaffen sein und nicht etwa die Wiederaufnahme früher gestellter Anträge unterbunden werden. Über einige Dinge muß ich mich aber doch äußern. Dazu gehört zunächst die Frage des Begriffs »Bürogemeinschaft«, eine Formulierung, die ich ablehnen muß. Der Ausdruck »Bürogemeinschaft« ist eine Diskriminierung, ebenso gut hätte man alle früheren, im Büro tätigen Vorstandsmitglieder titulieren können. Eine weitere Frage ist die des Verhältnisses von Mehrheit und Minderheit. Ebensowenig wie wir das Recht der Minderheit bestreiten[6], so wünschen wir aber auch das Recht der Mehrheit gewahrt zu wissen.

Ich wollte diese Worte vorausgeschickt haben, um Klarheit zu bekommen, ob wir auf dieser Basis zusammenarbeiten können. Ich kann wohl annehmen, daß die eingereichten Anträge erledigt sind und wir uns heute mit den jetzt im Vordergrund stehenden Aufgaben beschäftigen.[7]

Böchel: Ich möchte dazu noch etwas sagen und zunächst die Unklarheiten über die 50 % zerstreuen. Ich habe in der ersten Zeit der illegalen Arbeit, als wir in Karlsbad so ziemlich die einzigen waren, die nach drinnen arbeiteten, in einem Brief an Adler davon gesprochen, daß wir 60 % der illegalen Arbeit machen. Mir ist nie in den Sinn gekommen, die Partei zu spalten; meine Haltung in der Vergangenheit ist dafür ja wohl beweiskräftig.

Die Stellung, die die grünen Berichte in den letzten Nummern eingenommen haben, ist die Basis, auf die wir treten können; würde die Politik des PV in dieser Richtung geführt, dann könnten wir damit einverstanden sein.

Wels: Ich möchte bemerken, daß über die Abfassung der grünen Berichte hier keine Debatten stattfinden und keine Zensur ausgeübt wird.

Böchel: Nach meiner Überzeugung ist zwischen den grünen Berichten und den beiden Organen des PV eine Differenz in der Beurteilung der Situation.

Rinner: Mir ist bei der Abfassung der Berichte nie ein Einwand gemacht oder eine Zensur geübt worden. Die Unterschiede zwischen »S[ozialistischer] A[ktion]« und grünen Berichten entstanden aus den verschiedenen Aufgaben, der Verschiedenheit des Leserkreises. Schon das Zahlenverhältnis der Auflage, 25 000 zu 500, zeigt die Verschiedenheit der Aufgabe. Die grünen Berichte sind für die wichtigsten Funktionäre bestimmt, die geschult genug sind, um die Zumutungen, illusionäre Auffassungen preiszugeben, vertragen zu können.

Aufhäuser: Ich hatte erwartet, daß Genosse Wels bei der Lösung des Konflikts so vorgehen würde, wie es geschehen ist. Das liegt in der Linie der Haltung, die Genosse Wels schon immer eingenommen hat.

Wenn es später wieder einmal zu politischen Differenzen zwischen uns kommen sollte, dann bitte ich stillschweigend vorauszusetzen, daß es uns um die Einheit der Partei ebenso ernst ist wie allen anderen. Das, was uns am meisten verletzt hat, ist der Vorwurf der Spaltung gewesen. Solche Vorwürfe müssen aus der Diskussion verschwinden.

---

mindestens die Kraft zum Kampf verlor, bin ich wieder einmal still an die Arbeit gegangen und, da Prag uns vorerst noch nicht aus dem Weg ging, so sind wir nicht stehen geblieben und haben Zeter und Mordio geschrien, sondern wir sind im schwersten Kampf um sie herumgegangen und heute sind 50 Prozent ihres Apparates in unserer Hand.«

5 Vorlage: »Präjudizierung« hs. eingebessert für »Präsentierung«.
6 Vorlage: bestreiten.
7 Mit seinem Hinweis auf die »eingereichten Anträge« bezieht sich Wels auf das Schreiben Aufhäuser/Böchel an den PV vom 25. September 1934, in: AdsD Bonn, PV-Emigration, Mappe 17; das Datum des Briefes, in dem die beiden eine Klärung der Verantwortlichkeiten für die Tätigkeit des Parteivorstandes forderten, wurde hier hs. auf den 30. September geändert.

Ich bin mit der Zurückstellung der angehäuften Anträge und Briefe einverstanden. Eine Klärung der Differenzen und insbesondere der Befugnisse des PV und der hier im Büro Tätigen muß jedoch noch erfolgen. Ich weiß, daß nicht jede Kleinigkeit vor den PV kommen muß; aber soweit es sich um die großen Richtlinien für die Tätigkeit des Büros handelt, so hat der PV darüber zu beraten. Die Vorstandsmehrheit wird dadurch in ihren Rechten nicht geschmälert.

Wels: Das, was Aufhäuser zum Ausdruck gebracht hat über meine Haltung, dürfte auch auf alle übrigen Vorstandsmitglieder zutreffen. Die Hauptsache ist die Schaffung und Erhaltung des Vertrauens. Die anderen Dinge können wir in einer späteren Sitzung behandeln. Es wird noch manche Meinungsverschiedenheit geben.

Wels berichtet dann über das Angebot der III. Internationale, mit der SAI gemeinsame Aktionen zugunsten der spanischen Aufständischen zu unternehmen: Adler hat mich um meine Meinung gefragt.[8] Ich habe keine Zweifel daran gelassen, daß ich in diesem Telegramm keine Schwenkung, sondern ein Manöver sehe. Einen Erfolg kann eine derartige Aktion nicht mehr haben. Selbstverständlich haben die Spanier unsere vollste Sympathie, aber Aktionen zu machen wäre illusionär. Adler war gleicher Meinung, wünschte aber, daß wir uns nicht ins Unrecht setzen. Adler schlug deshalb vor, zwar nicht Verhandlungen zwischen den beiden Büros der Internationalen vorzunehmen, Cachin[9] aber mitzuteilen, daß er und Vandervelde bereit seien, sich mit ihm in Verbindung zu setzen.[10] Wels befürchtete aus diesem Anlaß Spannungen in der Internationale, ja sogar die Gefahr des Auseinanderfallens der SAI: Ich würde mich deshalb nicht bereit erklären, bei Meinungsverschiedenheiten im Büro durch meine Stimme einen Mehrheitsbeschluß herbeizuführen. Wels verlas dann den Telegramm- und Briefwechsel aus der »Internationalen Information«, der die ablehnende Haltung der Skandinavier und Holländer gegen jegliche Verhandlung mit den Kommunisten zum Ausdruck brachte.[11]

Wir sind über diesen eigentlichen Vorgang ja wohl hinweg. Die Aktion bezog sich nur auf eine aktive Handlung für die Spanier. Die Tatsache besteht aber, daß damit wieder die Frage der Einheitsfront aufgerollt ist. Bei dieser Frage scheiden sich offenbar die Geister,

---

8 Es handelte sich um den Aufstand der Bergarbeiter in Asturien. Der Vorschlag der Komintern, für das spanische Proletariat »unverzüglich gemeinsame Aktionen einzuleiten«, erreichte das SAI-Sekretariat am 11. Oktober 1934. Am 13. Oktober 1934 verbreitete die Geschäftskommission der SAI einen Solidaritätsaufruf »An die Arbeiter aller Länder«, in: Internationale Information 11. Jg., 13. Oktober 1934, S. 502 f. Zum Angebot der Komintern und zur Reaktion der SAI vgl. *Herbert Mayer*, S. 65–70.
9 Cachin, Marcel, 1869–1958, französischer Kommunist, Mitgründer der französischen KP, 1914–1935 Abgeordneter, 1935–1940 Senator, 1918–1958 Leiter des kommunistischen Parteiorgans »L'Humanité«.
10 Am 15. Oktober 1934 fanden in Brüssel Gespräche über gemeinsame Aktionen der Komintern (vertreten durch Marcel Cachin und Maurice Thorez) und der SAI (vertreten durch Friedrich Adler und Emile Vandervelde) statt; vgl. Internationale Information 11. Jg., 20. Oktober 1934, S. 504–506, und das Stenographische Protokoll der Sitzung, in: Internationale Information 11. Jg., 24. November 1934, S. 578–597, sowie IISG Amsterdam, SAI, Nr. 3397.
Thorez, Maurice, 1900–1964, französischer Sozialist, wechselte 1920 von SFIO zur KP, 1930–1964 deren Generalsekretär, 1939–1945 in der UdSSR.
11 Wels dürfte sich auf die Internationale Information 11. Jg., 20. Oktober 1934, S. 504–506, beziehen. Auf die ablehnende Haltung der Skandinavier und Holländer wurde jedoch nur in einer Pressemitteilung Adlers und Vanderveldes vom 15. Oktober 1933 eingegangen. Direkte Stellungnahmen der skandinavischen oder holländischen Partei zum KI-Angebot, wie es das PV-Protokoll auszusagen scheint, tauchten nicht auf. Stellungnahmen der SAI angeschlossenen Parteien, einzelner Parteiorgane und Exekutivmitglieder zu der Frage der Verhandlungen mit Kommunisten finden sich in: IISG Amsterdam, SAI, Nr. 3397, als Anlagen zu Tagesordnungspunkt 2 der SAI-Exekutivsitzung, 13.–15. November 1934.

und es ist erforderlich, unsere Stellungnahme für die Exekutivsitzung festzulegen.[12] Ausgehen müssen wir bei dieser Frage von der Situation in Frankreich und den Schwierigkeiten, die die damalige Aufrollung dieser Frage in der Internationale geschaffen hat. Schon damals hatten selbst die Franzosen die Sorge, daß es sich um ein Manöver handele. Es wurden in der SAI Vorwürfe erhoben, daß durch Verhandlungen einer einzigen Partei ein Riß in die Internationale gebracht würde. Die größte Sorge der Franzosen war ein russisch-französisches Militärbündnis. Bracke[13] erklärte seinerzeit, daß wir keine Veranlassung haben, das noch einmal mitzumachen.

Zu unserer Stellungnahme möchte ich sagen, daß dem fast geschlossenen Block der Parteien der demokratischen Länder der der emigrierten gegenübersteht. Die größten Schwierigkeiten bestehen zur Zeit für Frankreich. Eine Verständigung zwischen den Kommunisten und den Sozialisten würde die Folgen haben, die ähnliche Versuche auch in anderen Ländern hatten: Zusammenschluß des Bürgertums. Longuet[14] hat über diese Frage auf dem Hallenser USP-Parteitag das wichtigste gesagt. Es fragt sich, ob nicht dadurch das Bürgertum Frankreichs in den Faschismus getrieben und damit das Hauptbollwerk der europäischen Demokratie vernichtet wird. Das ist das entscheidende Moment für die Beurteilung der Fragen der Einheitsfront.[15]

Schwierig sind selbstverständlich auch die Dinge in den skandinavischen Ländern, wo sich die Sozialisten in einer ebenso schwierigen Situation befinden. Ich kann mich aus den Gefahren heraus, die ich im internationalen Maßstabe sehe, nicht für eine Einheitsfront entscheiden. Wir dürfen diese Frage nicht nur von uns sehen, sondern müssen den größeren Gesichtspunkt im Auge haben.

Aufhäuser: Der Gegensatz unter uns in der Frage der Einheitsfront ist nicht das Manöver der Kommunisten, das auch wir durchschauen, sondern die Gegensätzlichkeiten, wie man gegen solche Manöver mit den geeigneten Mitteln vorgeht. Man sollte aus Halle lernen.[16] Notwendig ist, den Kommunisten in dieser Frage die unbeschränkte Handlungsfreiheit zu nehmen. Von den Internationalen aus die Einigung aufzurollen, scheint mir überhaupt unmöglich. Verhandlungen zwischen den Internationalen sollen das Letzte sein; die Einigung müßte von unten herauf erfolgen.

Wels: Glauben Sie, daß wir zur Einigung zwischen USP und SPD gekommen wären, wenn wir von den einzelnen Ortsgruppen ausgegangen wären?

Aufhäuser: Die Dinge liegen ein wenig anders. Es handelt sich nicht nur um das internationale Problem. Wir müssen die Lage in Deutschland betrachten. Die Kommunisten ha-

---

12 Tagung der Exekutive vom 13. bis 16. November 1934 in Paris. Vgl. Nr. 26.
13 Bracke, Alexandre, 1861–1956, französischer Sozialdemokrat, 1923–1939 Mitglied SAI-Exekutive und -Büro.
14 Longuet, Jean, 1876–1938, französischer Sozialdemokrat, 1923–1938 Mitglied SAI-Exekutive.
15 Auf dem außerordentlichen Parteitag der USPD in Halle im Oktober 1920 hatte sich Jean Longuet, Führer der französischen Sozialistischen Partei, gegen eine Annahme der Beitrittsbedingungen der Kommunistischen Internationale und für den Erhalt der Einheit der Arbeiterschaft ausgesprochen und – gerichtet an die russischen Genossen – festgestellt: »[...] wenn Ihr die Partei und die Einheit unserer Partei zerstören wollt, gerade bei uns, wo wir die reaktionärste Bourgeoisie von ganz Europa haben, wo in Frankreich der schlimmste Militarismus herrscht, so wird die Bourgeoisie, gegen die wir kämpfen wollen, neu gestärkt werden.« Protokoll über die Verhandlungen des außerordentlichen Parteitages in Halle. Vom 12. bis 17. Oktober 1920 [Rechte USPD], in: Protokolle der Parteitage der Unabhängigen Sozialdemokratischen Partei Deutschlands, Bd. 3, Berlin 1920, unveränderter ND Glashütten/Taunus 1976, S. 232.
16 Beim USPD-Parteitag in Halle hatte sich die Mehrheit der Delegierten für einen Anschluß an die Komintern ausgesprochen. Die linke USPD schloß sich daraufhin im Dezember 1920 mit der KPD zusammen. Die Rest-USPD beschloß im September 1922 die Wiedervereinigung mit der SPD.

ben seit der EKKI-Tagung[17] eine völlige Schwenkung vorgenommen, bei der sie nicht nur ehrliche Absichten haben; sie gehen zu täglichen Einheits-Aktionen über. Eine Einheits-Bewegung hat sich entwickelt u. a. auch in verschiedenen Berliner Großbetrieben. Bei diesen Aktionen handelt es sich nicht um große politische Dinge, im Gegenteil, kleine Betriebsfragen, die geeignet waren, eine Front der Arbeitnehmer den Unternehmern gegenüberzustellen. Diesen Aktionen sind gewisse Teilerfolge beschieden gewesen. Es ist keine Erfindung der Moskauer, sondern ein geschicktes Ausnutzen der Situation durch die Moskauer. Typisch dafür ist die Haltung der »Rundschau«[18], in der unter dem Pseudonym Walter (wahrscheinlich handelt es sich um Ulbricht[19]) diese neue Politik eingeleitet ist.

Man kann ihr nur begegnen durch unsere Aktionen. Wir haben dieser Frage nicht genug Aufmerksamkeit zugewendet.

Wels: Wenn eine Bewegung kommt, dann kommt sie aus den Betrieben. Das ist auch unsere Meinung.

Aufhäuser: Die Kommunisten machen ihre neue Einheitsfrontaktion sehr geschickt. Wir dürfen ihnen das Feld nicht allein überlassen; wir sollten die Betriebsbewegung in Deutschland auffangen. Die Kommunisten haben zwei Wege beschritten: Erstens, eine Aufforderung an die Sozialdemokraten, sie zu unterstützen, und zweitens haben sie versucht, eine gewisse Einwirkung bei den linken Genossen unserer Partei zu erreichen. Ich verschweige nicht, daß man auch an mich herangetreten ist.[20] Deshalb erfolgte mein Artikel, den ich zunächst im »Vorwärts« unterbringen wollte, der dann in der »Weltbühne« veröffentlicht wurde.[21] Gewiß, ich habe die Antwort darauf erhalten.[22] Trotzdem bin ich der Auffassung, daß die Diskussion notwendig ist. Darin unterscheide ich mich von der Mehrheit.

---

17 Die XIII. Tagung des EKKI in Moskau vom 28. November bis 12. Dezember 1933 hatte die kommunistischen Parteien aufgefordert, entgegen der ablehnenden Haltung rechter sozialdemokratischer Führer für die Einheitsfront der Arbeiterklasse und eine breite Friedensfront zu wirken; vgl. Institut für Marxismus-Leninismus beim Zentralkomitee der SED (Hrsg.), Geschichte der internationalen Arbeiterbewegung in Daten, Berlin/DDR 1986, S. 302.

18 Die Zeitschrift der Kommunistischen Internationale »Rundschau über Politik, Wirtschaft und Arbeiterbewegung« erschien von Juli 1932 bis Januar 1940 in Basel. Vorgängerin war die »Internationale Pressekorrespondenz« (INPREKORR), Nachfolgerin der in Stockholm erschienene »Die Welt. Zeitschrift für Politik, Wirtschaft und Arbeiterbewegung«. Reprint »Rundschau« 1.–8. Jg., 1932–1939, Mailand 1967; vgl. *Maas*, Bd. 2, S. 493 f.

19 Ulbricht, Walter, 1893–1973, kommunistisches MdL Sachsen 1926–1928, MdR 1928–1933, Emigration ab 1933 Westeuropa, CSR und UdSSR, Spitzenfunktionär der Exil-KPD, 1945 Deutschland (SBZ), General- bzw. Erster Sekretär des ZK der SED, 1949–1960 stellv. Vorsitzender des Ministerrates, ab 1960 Vorsitzender des Staatsrates.

20 Im August 1934 hatte Walter Ulbricht mit Zustimmung des Politbüros Aufhäuser in Prag aufgesucht; sein Angebot an die »Linken« im PV, mit dem ZK der KPD ein Einheitsfrontabkommen abzuschließen, lehnte Aufhäuser mit der Begründung ab, daß sie keine selbständige Organisation darstellten. Zu den Kontakten der KPD zu Aufhäuser und später auch Böchel vgl. *Niemann u. a.*, S. 218–225.

21 [PV] an Aufhäuser, 21. August 1934, in: AdsD Bonn, PV-Emigration, Mappe 17 mit der Absage, Aufhäusers Überlegungen zu Einheitsaktion und Einheitsfront im »Neuen Vorwärts« abzudrukken. Dazu ebd. die Antwort Aufhäusers an Stampfer, 22. August 1934. Aufhäusers Aufsatz »Hauptfeind Faschismus. Von der Einheitsaktion zur Einheitsfront« erschien in: Die Neue Weltbühne Nr. 35, 30. August 1934, S. 1088–1093; vgl. Walter [Ulbricht], Für die Aktionseinheit. [Offene Antwort an Siegfried Aufhäuser], in: Die Neue Weltbühne Nr. 43, 25. Oktober 1934, S. 1348-1355. Zu »Die Neue Weltbühne. Wochenschrift für Politik, Kunst und Wirtschaft« vgl. *Maas*, Bd. 2, S. 410-421, und Bd. 4, S. 106-120.

22 Nach *Niemann u. a.*, S. 231, und Anmerkungsteil S. 41, Anm. 122, spielt Aufhäuser »hier auf den Artikel der ›Roten Fahne‹ unter dem Titel ›Prag ruft Aufhäuser zu Hilfe‹ an, den auch Wilhelm Pieck auf der Brüsseler Parteikonferenz als Beispiel für das schädliche Sektierertum der damaligen Mehrheit des Politbüros anführte.«

Was die Frage Frankreich betrifft, so wird es schon so sein, wie Genosse Wels die Dinge darstellt. Daran kann man eben sehen, wie man die Dinge nicht machen darf. Man hat die Partei in Frankreich nicht vorbereitet, es hat sich gerächt, und man kann beinahe von einem Hineinschlittern in die Einheitsfront sprechen. Die Dinge gingen so weit, daß Jouhaux[23] erklärt hat, keinerlei Verhandlungen mit den Kommunisten, die kommunistischen Gewerkschaften sollen sich auflösen. Die Kommunisten haben das getan und sind in die freien Gewerkschaften gegangen. Ob das für die französischen Sozialisten von Nutzen sein wird, ist sehr fraglich, und damit hat man jetzt den Streit in die eigenen Reihen gebracht.

Ich will, daß man sich mit den Kommunisten auseinandersetzt. Man kann nicht den einzelnen deutschen sozialdemokratischen Arbeiter der in sich geschlossenen kommunistischen Partei gegenüberstellen und ihn damit der ganzen Wucht des Angriffs ausliefern.

Schließlich glaube ich auch nicht, daß die Komintern ganz so einheitlich in ihren Auffassungen ist, wie das hier angenommen wird. Ich habe Informationen, die von lebhaften Meinungsverschiedenheiten berichten. Besonders soll Dimitroff[24] eine verständige Haltung eingenommen haben.

Böchel: Ich unterstreiche die Schwierigkeiten, die Genosse Wels über die Situation der SAI dargestellt hat. Ich sehe drei Gruppen von Parteien, die miteinander in Konflikt liegen: Die emigrierten Parteien, die gefährdeten Demokratien und die demokratischen Länder. Sicher ist die Duplizität der Stellung Wels als Vorsitzender der deutschen Partei und als Mitglied des Büros besonders schwierig.

Die Arbeiterschaft in Deutschland wird, wie die »S[ozialistische] A[ktion]« ganz richtig dargestellt hat, die tragende Rolle bei einem künftigen Umsturz spielen müssen. Unsere Situation ist eine andere als die französische. Wir haben die Agrar-Revolution nicht durchgeführt, es gibt in Deutschland eine große revolutionäre Nebenschicht, die Bauern, zu gewinnen. Es wäre die Frage, ob man derartige Nebenschichten nicht eingliedern kann. Der Drang zur Einheitsfront ist in Deutschland stärker als je. Das ist ein Faktum, das auch in den grünen Berichten zum Ausdruck kommt. Die Kommunisten sind in ihrem Bestreben[25], die Arbeitermassen zu erobern, an eine Barriere gestoßen. Die Taktik, die sie jetzt in Deutschland einschlagen, ist die gefährlichste, die sie je eingeschlagen[26] haben. Die Arbeiter stehen nicht mehr unter unserem Einfluß. Die Kommunisten verzichten darauf, ihre eigenen Organisationen[27] wieder aufzubauen; es kann eines Tages dann sein, daß die Kommunisten dann sagen werden: Weder KPD noch SPD, sondern eine revolutionäre Partei. Wir haben, als uns das bewußt wurde, eine entsprechende Korrektur in unserer Plattform vorgenommen.[28] Wir müssen darüber diskutieren, um zum Schuß[29] zu kommen.

Pieck, Wilhelm, 1876–1960, 1918 Mitbegründer der KPD, 1921–1928 und 1932/33 MdL Preußen, 1928–1933 MdR, 1924–1933 Leiter der »Roten Hilfe«, Emigration ab 1933, vorwiegend Frankreich und UdSSR, ab 1935 Vorsitzender und führender Kopf der KPD, 1943 Mitbegründer des »Nationalkomitee Freies Deutschland«, 1946–1954 zusammen mit Otto Grotewohl Vorsitzender der SED, ab 1949 Präsident der DDR.

23 Jouhaux, Léon, 1879–1954, französischer Gewerkschaftsfunktionär, 1909 Generalsekretär der »Confédération Générale du Travail« (C.G.T.), 1919 Vizepräsident IGB, 1941–1945 in Frankreich bzw. Deutschland inhaftiert.

24 Dimitroff, Georgi Michailowitsch, 1882–1949, bulgarischer Kommunist, Funktionär der Komintern in Berlin, 1933 Angeklagter im Reichstagsbrand-Prozeß, 1935–1943 Generalsekretär der Komintern, 1944 Bulgarien, 1946–1949 Ministerpräsident, 1948 Generalsekretär der bulgarischen KP.

25 Vorlage: »ihrem Bestreben« hs. eingebessert für »großen Betrieben«.
26 Vorlage: angeschlagen.
27 Vorlage: Vom Satzbeginn ab hs. unterstrichen.
28 Vorlage: Satz hs. unterstrichen.
29 Vorlage: »Schuß« hs. eingebessert für »Schluß«.

Wels: Unseren Berichten können wir nicht entnehmen, daß die Führung in den Betrieben in die Hände der Kommunisten übergegangen ist; im Gegenteil, es stellt sich immer mehr heraus, daß ehemalige Freigewerkschaftler und Sozialisten zu den wahren Vertrauensleuten der Betriebsangehörigen werden. Daß die Moskauer dadurch ihre Politik umstellen, kann ich nicht glauben. Sie sind nicht so hellhörig, ich halte sie für viel zu selbstsicher. Das beweisen mir zahlreiche Aufsätze der Kommunisten, die durchaus auf ihrer alten Haltung basieren. Das beste Beispiel bietet Bela Kun[30] mit seiner Forderung auf Erfüllung der 21 Punkte.[31] Unter diesen Umständen ist Verhandeln mit den Leuten nichts anderes als Erschwerung der Eroberung der kommunistischen Arbeiter. Ich bin in einem mit euch einig: Wir müssen die Führung haben. Das hat sich beim Kapp-Putsch[32] ebenso wie bei der Fürstenabfindung gezeigt. Die Bestrebungen der Gewerkschaftsleute in Deutschland sind in der heutigen Situation ja doch, wie alles, was jetzt erfolgt, von politischer Bedeutung. Jede kleine Betriebsfrage ist eine politische Angelegenheit. Die Frage, die für mich zur Entscheidung steht, ist die: Sollen jetzt Verhandlungen mit den Kommunisten in Deutschland geführt werden, während die Verhandlungen und Schwierigkeiten der Internationale laufen? Wir müssen dazu Stellung nehmen und das als das Primäre betrachten. Wir haben der Betriebsarbeit ganz besondere Aufmerksamkeit zuzuwenden. Monatsberichte, »S[ozialistische] A[ktion]« sind Beispiele dafür. Weitere Maßnahmen werden folgen. Es ist sicher falsch, die Einheitsbewegung in den Betrieben auf die Änderung der Haltung der KPD zurückzuführen. Die Arbeiter sind in den Betrieben auf sich angewiesen. Organisatorische Bindungen fallen nicht mehr ins Gewicht. Ich glaube nicht, daß bei Ausdehnung dieser Betriebsarbeit den Kommunisten eine Führerrolle zufällt, schon deshalb nicht, weil unsere früheren Vertrauensleute über die Erfahrungen und Kenntnisse verfügen und schon deshalb den Vorrang haben. Wir müssen aber immer wieder auf die politische Bedeutung dieser Tatsache hinweisen und die Belegschaften anregen, ihre Lebens-Interessen zu wahren. Wir müssen ein sehr großes Gewicht auf diese Dinge legen und sicher bestehen hierüber unter uns keinerlei Meinungsverschiedenheiten.

Eine andere Frage ist, ob wir daraus den Schluß ziehen können, zu Verhandlungen zu kommen. Ich glaube nicht, daß sich das Kräfteverhältnis zwischen KPD und SPD in den Betrieben geändert hat.

Die erste Frage ist doch, ob auf der Gegenseite Neigung vorhanden ist. Es besteht doch keine Meinungsverschiedenheit darüber, daß auch heute noch in den illegalen Publikationen der Kommunisten die SPD nicht als Verhandlungspartner angesehen wird. Die KPD denkt nicht daran, auf die selbständige Existenz der eigenen Partei zu verzichten. Sie will die KPD aufrechterhalten und bei dieser Gelegenheit die Existenz der SPD auslöschen. Es kann Gelegenheiten geben, bei denen dies Opfer gebracht werden müßte, aber dann muß

---

30 Vorlage: Kuhn.
Kun, Béla (Kuhn), 1886–1939 (?), ungarischer Kommunist, proklamierte im März 1919 die Räterepublik, Volkskommissar für Auswärtiges, Emigration 1919 nach Österreich, 1920 UdSSR, während der stalinistischen Säuberungen verhaftet.

31 Die »21 Bedingungen« – verfaßt von Lenin und Sinowjew – wurden auf dem 2. Weltkongreß der Kommunistischen Internationale im Juli/August 1920 in Moskau beschlossen und regelten die Bedingungen der Zugehörigkeit zur Komintern. Verhindert werden sollte die Mitgliedschaft »zentristischer«, also linkssozialistischer Parteien. Folge war u. a. die Spaltung der USPD und der italienischen und französischen Sozialisten, deren linke Flügel sich der KI anschlossen. Abgedruckt in: *Braunthal*, Bd. 2, S. 557–561.
Sinowjew, Grigori, 1883–1936, Bolschewik, enger Mitarbeiter Lenins, Vorsitzender der Exekutive der Komintern, Gegner Stalins, 1926/27 entmachtet, nach Schauprozeß hingerichtet.

32 Kapp, Wolfgang, 1858–1922, Jurist und rechtsradikaler Politiker, putschte 1920 gemeinsam mit General von Lüttwitz erfolglos gegen die Reichsregierung.

doch wenigstens in den Grundfragen eine Einigung bestehen. Davon kann heute kein Rede sein.

Es scheint mir deshalb nicht möglich zu sein, in der Frage der Einheitsfront eine autarke Haltung in der SAI einzunehmen. Wir können nicht ein schwieriges Experiment mit unsicheren Aussichten durchführen, sondern müssen zunächst erhalten, was wir haben: Die Arbeitsgemeinschaft der sozialdemokratischen Parteien.

Vogel: Die Auffassung des Genossen Aufhäuser über die Betriebsarbeit und ihre Notwendigkeit unterstreiche ich. Es gibt Genossen, die meinen, daß neben der politischen Arbeiterbewegung keine gewerkschaftlichen und sonstigen Arbeiterorganisationen mehr möglich sind. Die Kommunisten gehen jetzt dazu über, sich für die Freien Gewerkschaften einzusetzen. Dazu kommen die Bestrebungen mancher Gewerkschaften: Los von der Partei, selbständige Gewerkschaftspolitik. Auch das zeigt, wie dringend notwendig unsere Betriebsarbeit ist.

Wels: Das gleiche gilt übrigens auch für die internationalen Fragen. Ich habe in diesen Tagen ein Gespräch mit Tom Shaw[33] gehabt. Er meint, daß das Primat der Politik bei den Parteien liege. Er hält den Berufsegoismus der Gewerkschaften für verhängnisvoll. Erster Gesichtspunkt muß bleiben: Sicherung und Zusammenfassung der Internationale.

Aufhäuser: Wenn die deutschen Vertreter versuchen, die Schwierigkeiten der Internationale anzuerkennen, so schließt das nicht aus, daß auch hervorgehoben wird, welche Opfer die deutsche Bewegung bringt, d. h. daß man auch dort von der Meinungsfreiheit der deutschen Partei sprechen muß.

Ich komme noch einmal auf die Betriebsarbeit zurück und möchte sagen, daß die Kommunisten zwar die Führung in den Betrieben noch nicht erhalten haben, aber sie sehen die Aktionen der Betriebe und knüpfen mit ihrer Einheitsfrontparole an diese Dinge an. Wenn wir uns einschalten, dann haben wir es leichter als die KPD. Es kommt nur darauf an, daß wir uns auch einschalten. Es handelt sich darum, ob man die Dinge in die Betriebe hineinwirft und ihnen Parolen geben kann. Anknüpfungspunkte finden sich jede Woche. Die Kommunisten benutzen die Aktionen, um zu sagen: Die Einheit, die ihr hier im Betrieb hergestellt habt, ist auch unsere Parole.

Die Kommunisten in Moskau sind doch hellhöriger, als ihr es annehmt; die Schwenkung, die sie vorgenommen haben, ist ein Beweis dafür.

Die Gewerkschaftsarbeit, so wie sie drüben aufgezogen wird, bietet die Gewähr dafür, daß die Kommunisten Erfolg haben werden. Gleichschaltungstendenzen mancher Gewerkschaftler begegnen sich mit Reorganisationsbestrebungen der Arbeitsfront. Ich bin nicht der Meinung, daß das, was die Gewerkschaften aufgebaut haben, auf die Dauer gegen die Einheitsfrontaktion der Kommunisten aufkommen kann.

Wir werden nicht von heute auf morgen mit den Kommunisten zu verhandeln haben. Das würde das Letzte sein. Aber wir müssen über diese Fragen diskutieren und diese unsere Meinung hineinhämmern, genau so, wie das die Kommunisten tun. Wir müssen aus der ganz einfachen Praxis heraus die Genossen drinnen über unsere Stellung zur Einheitsfront unterrichten.

Wels: Niemand wird in der Internationale etwas gegen uns unternehmen, wenn wir das auf die Formulierung bringen: Einheit der Arbeiter in den Betrieben gegenüber dem Betriebsführer unter der Führung der Sozialdemokratie. Ich glaube, in dieser Frage ist gar kein Gegensatz zwischen uns vorhanden. Ich freue mich, daß Aufhäuser die politische Seite der Arbeit akzeptiert, daß wir den Kampf um den Arbeiter in den Betrieben mit allen Mitteln durchführen. Was eine Einigung zwischen den beiden Internationalen betrifft, so gilt für sie ebenfalls als Voraussetzung, daß das Vertrauen und die Ehrlichkeit des Partners vorhanden sein muß, ein Vertrauen, das nicht besteht.

---

33 Shaw, Tom, 1872–1938, britischer Politiker, Labour Party, 1923–1925 SAI-Sekretär.

Aufhäuser: Die Interpretation ist nicht ganz vollständig[34]. Wir verstehen die Lage der Internationale, wir bitten aber auch die SAI, zu verstehen, daß die Arbeit in Deutschland in Verbindung mit der Einheitsfrontaktion gegen die KPD für die SPD geführt werden muß.
Wels: Wir sind uns durchaus einig.
Böchel: Es kommt nicht darauf an, daß wir uns mit den Kommunisten verständigen, sondern darauf, daß uns die Arbeiter verstehen. Also, Blickrichtung auf den Arbeiter.
Wels: Je mehr es uns gelingt, unsere Auffassungen an die Arbeiter heranzubringen, umso mehr werden wir auf Verständnis stoßen.
Damit ist Schluß der Einheitsfront-Debatte.
Wels schlägt vor, zur Exekutivsitzung am 13. November zwei Parteivorstandsmitglieder zu entsenden, so daß außer ihm als Mitglied des Büros noch ein zweiter zu bestimmen sei.
Böchel: Ich schlage Wels und Aufhäuser vor.
Wels: Nein.[35] Ich hatte mir vorgenommen, den Vorschlag zu machen, noch den Genossen Crummenerl zu entsenden.
Böchel und **Aufhäuser**: Einverstanden![36]
Wels: Der Genosse Aufhäuser hat den Antrag gestellt, den Satz der in der Zeitschrift erschienenen Plattform den Autoren[37] zur Verfügung zu stellen.[38] Ich habe den Genossen Adler um Rat gebeten. Er hat mir empfohlen, dem Genossen Aufhäuser vorzuschlagen, das ganze Heft der Zeitschrift zu verwenden. Ich habe diesen Rat befolgt und in diesem Sinne dem Genossen Aufhäuser geschrieben, der den Vorschlag dann abgelehnt hat.[39]
Ich bin der Meinung, daß wir es bei meinem Vorschlag belassen sollten. Der Verlag wird es an Entgegenkommen nicht fehlen lassen.
Aufhäuser: Adler wird dabei nicht bedacht haben, daß wir den Inhalt der Doppelnummer in seiner jetzigen Form nicht akzeptieren können. Unsere Plattform ist eine Diskussionsgrundlage, und es ist unmöglich, daß ihr ein derartiger Artikel wie der von Geyer folgt.[40]

---

34 Vorlage: »vollständig« hs. eingebessert für »verständlich«.
35 Vorlage: »Nein.« hs. ergänzt.
36 Aus Sicht von Aufhäuser und Böchel stellte sich der Ablauf der PV-Sitzung wie folgt dar: »[...] und es fand endlich am 19. Oktober 1934, also nach 4 Monaten Pause, wieder eine Vorstandssitzung statt. Der Parteivorsitzende erklärte ohne weitere Diskussion, unter das Vergangene einen Strich ziehen zu wollen. Die beiden ehrenamtlichen Vorstandsmitglieder Aufhäuser und Böchel beantworteten die von Wels ausgesprochene Versöhnungsbereitschaft in loyalster Weise. Aber bereits in dieser und der folgenden Sitzung kam es zu einer neuen schweren Brüskierung der Minderheit. Als die Delegation zur Exekutivsitzung in Paris gewählt werden sollte, schlug Böchel die Genossen Wels und Aufhäuser vor. Da auch Crummenerl den Wunsch äußerte, an den Beratungen in Paris teilzunehmen, wurde dieses Verlangen von der Minderheit akzeptiert, da ohnedies drei Delegierte zur Verfügung standen. Die Gruppe Wels-Crummenerl aber lehnte die Wahl Aufhäusers ab und begründete ihr Verhalten mit Sparmaßnahmen. Um die Zeit, als die Exekutive in Paris tagte, waren aber nicht weniger als 6 Büromitglieder der Sopade auf Reisen in Europa unterwegs.« Denkschrift der PV-Minderheit, S. 15 f., in: AdsD Bonn, PV-Emigration, Mappe 208. Vgl. Anhang Nr. 15.
37 Vorlage: »den Autoren« hs. ergänzt.
38 Aufhäuser an Wels, 11. Oktober 1934, in: AdsD Bonn, PV-Emigration, Mappe 17. Zur vorangegangenen Diskussion über die Veröffentlichung der Plattform der »Revolutionären Sozialisten« vgl. Nr. 13, Nr. 15.
39 PV an Aufhäuser, 12. Oktober 1934; Aufhäuser an Wels, 15. Oktober 1934, in: AdsD Bonn, PV-Emigration, Mappe 17.
40 Max Klinger [d. i. Curt Geyer], Der Weg zur Verwirrung. Arbeitereinigung durch Unklarheit?, in: Zeitschrift für Sozialismus, Nr. 12/13, September/Oktober 1934, S. 375–409. In seinem Brief an Wels vom 15. Oktober 1934, in: AdsD Bonn, PV-Emigration, Mappe 17, hatte Aufhäuser »die blindwütige Ablehnung oder wie Schüler Moskaus sagten, die ›Verreißung‹ durch Kurt Geyer« in der ZfS-Doppelnummer kritisiert.

Ich habe es nicht als Antrag aufgefaßt, sondern war der Meinung, daß wir wie jeder Mitarbeiter das selbstverständliche Recht zur Verwendung des Satzes vom Verlag erhalten würden.

Crummenerl: Ich bin in der Vorstandssitzung, in der über die Drucklegung der Plattform verhandelt wurde, für eine tolerante Haltung eingetreten. Ich habe es getan, obwohl vorher schon vom Verlag Bedenken geäußert wurden, daß durch diese Plattform nicht mehr der Diskussionscharakter der Zeitschrift gewahrt werde und der Absatz leide. Wir haben diese Bedenken zurückgestellt, um Toleranz zu üben. Wir müssen euch aber auch nun bitten, ebenfalls Toleranz walten zu lassen. Was wollt ihr nun heute? Auf euren damaligen Vorschlag zurückgehen? Dieselben Gründe, die mich seinerzeit veranlaßt haben, den Vorschlag zu machen, sind es, die mich heute veranlassen, euch zu bitten, von diesem Wunsche abzusehen und uns mitzuteilen, wieviel Exemplare der Zeitschrift ihr haben wollt. Man kann über Geyers Artikel[41] denken wie man will, aber es ist doch nicht unbillig, zu verlangen, daß auch einer von der Gegenseite zu Worte kommt.

Wels: Würden wir heute zustimmen, so würde das bedeuten, daß wir den damaligen Beschluß revidieren.

Crummenerl: Es ist selbstverständlich, daß wir euch, um die Dinge zu erleichtern, finanziell so weit als möglich entgegenkommen.

Aufhäuser: Wir konnten seinerzeit nichts dagegen machen, daß die Mehrheit die Herausgabe der Broschüre ablehnte. Es enthob uns aber nicht der Notwendigkeit, die Plattform herauszubringen. Uns liegt nichts daran, die Meinung des Genossen Geyer zu hören und zu verbreiten, sondern uns liegt daran, die Meinung der Genossen zu hören. Der Verlag ist auch nicht in der Lage, uns entscheidend zu helfen. Ich kann den Artikel des Genossen Geyer nicht akzeptieren. Es ist rein technisch unmöglich, so wie vorgeschlagen zu verfahren. Ich möchte auch zu bedenken geben, daß diese Haltung nicht im Einklang steht mit der Haltung, die der Genosse Wels heute vormittag vertreten hat.

Wels: Solange ich im PV bin, ist dem PV kein solches Ansinnen gestellt worden. Wir sind doch soweit gegangen, daß wir im Rahmen der Zeitschrift diesen Auffassungen Raum gaben. Wir haben die gegenteilige Auffassung nicht unterdrückt. Es wäre nur billig, wenn ihr nun auch so verfahren würdet. Ich sehe keine Diskrepanz in der Haltung zu heute früh.

Nach kurzen Bemerkungen von **Aufhäuser, Stampfer** und **Crummenerl** erklärt Genosse **Böchel**: Es ist unmöglich, die Dinge so aufzufassen. Ich habe den Weiterdruck für selbstverständlich gehalten. Ihr habt euch auf den Standpunkt gestellt, die Sache zu veröffentlichen. Ihr könnt nun nicht eine Beschränkung in der Verbreitung einseitig festlegen. Es ist eine unmögliche Zumutung, zu verlangen, Geyers Ablehnung unserer Plattform mit zu übernehmen. Unsere Plattform wird in Geyers Artikel als Bolschewismus dargestellt und gebrandmarkt.

Stampfer: Wir haben seinerzeit beschlossen, die Plattform nicht kommentarlos zu veröffentlichen.[42] Jetzt wünschen Sie jedoch, daß wir es tun sollen. Das ist unmöglich.[43]

---

41 Vorlage: »über Geyers Artikel« hs. eingebessert für »darüber«.
42 Im Protokoll vom 22. Juni 1934 findet sich kein Hinweis auf einen derartigen Beschluß; es wird nur vermerkt, daß sich Crummenerl für eine Veröffentlichung »mit einer entsprechenden Vorbemerkung in der Zeitschrift« ausgesprochen habe.
43 Der Antrag, den Satz der RSD-Plattform den Autoren zu überlassen, wurde gegen zwei Stimmen abgelehnt; vgl. Notizen Hertz über die Sitzung am 19. Oktober 1934, in: IISG Amsterdam, NL Hertz, S. 12, Mappe W. Zudem ließ die PV-Mehrheit den Drucksatz »zerstören und zwang damit den Arbeitskreis, denselben Drucksatz in derselben Druckerei wieder neu herstellen zu lassen.« Denkschrift der PV-Minderheit, S. 12, in: AdsD Bonn, PV-Emigration, Mappe 208. Die Plattform erschien schließlich – geheftet und 32 Seiten stark – vermutlich noch 1934 in Karlsbad im »Selbstverlag«. Vgl. Deutsches Exilarchiv 1933–1945. Katalog der Bücher und Broschüren, Red. *Mechthild Hahne*, Stuttgart 1989, S. 604.

Nr. 22

Notiz von Paul Hertz über die Parteivorstandssitzung am 23. Oktober 1934

IISG Amsterdam, NL Hertz, S. 12, Mappe W

23. 10. 34[1]

Cru[mmenerl] bespricht die Finanzlage. Mit den vorhandenen Mitteln sei bis Okt[ober] 1935 auszukommen, wenn Ausgaben in der bisherigen Höhe getätigt werden. Dann aber stünde man vor dem nichts, falls nicht neue Einnahmen beschafft werden. Er schlage vor, daß eine Kommission eingesetzt werde, die baldigst Vorschläge über die Neugestaltung der Finanzen zu machen habe. Cru[mmenerl], Wels, Vogel werden betraut.[2] Der Verlag soll ab 1. 1. 35 selbständig werden. Ollenh[auer] soll mit den Dänen und Holländern verhandeln wegen Übernahme der beiden Grenzsekretäre.

---

1 Vorlage: Datum hs. unterstrichen.
2 Nach Aufzeichnungen Hertz' sprach Crummenerl am 26. Oktober 1934 mit Wels und Vogel: »Beide sind mit seinen Plänen einverstanden. Sie erklärten ihm auch, daß sie zum Rücktritt von ihren bezahlten Stellen bereit seien.« IISG Amsterdam, NL Hertz, S. 12, Mappe W.

Nr. 23

Notiz von Paul Hertz über die Parteivorstandssitzung am 1. November 1934

IISG Amsterdam, NL Hertz, S. 12, Mappe W

1. 11. 34[1]

Cru[mmenerl] schlägt vor, die Schaffung von Bezirksräten bei jedem Grenzsekretariat zu fördern und teilt dafür einen genauen Plan mit.[2] Die Bezirksräte werden dann die deutschen Mitglieder des ›Parteirats‹ ernennen, der etwa Mitte Februar zusammentreten soll. **Ich** äußere gegen dieses über[eilte] Tempo Einwendungen, warne insbesondere vor einer Festlegung ohne den Gesamtvorstand. Auch sei es bedenklich, diese Einrichtung von außen her zu betreiben. Viel besser sei es, wenn sie von innen heraus entstände. **Wels** warnt, jetzt schon einen Namen zu geben. **Oll[enhauer]** ist auch für ein langsameres Tempo, insbesondere sei es richtig, die Westkonferenz abzuwarten.[3]

---

1 Vorlage: Datum hs. unterstrichen.
2 Crummenerls Plan sah die Bildung eines Parteirats vor, »um den illegal arbeitenden Genossen in Deutschland einen größeren Einfluß auf die politischen Maßnahmen und den organisatorischen Aufbau der Partei zu gewähren«; er sollte sich aus dem Parteivorstand, den Grenzsekretären und Vertretern aus Deutschland zusammensetzen. Die deutschen Vertreter (nicht mehr als 20) sollten in den Grenzgebieten von Bezirksräten gewählt werden; für das innerdeutsche Gebiet sollte die Berliner Zentrale sie nach Rücksprache mit den illegalen Leitern bestimmen. Vgl. Der Parteirat, undatiert, in: AdsD Bonn, PV-Emigration, Mappe 163. Vgl. weiter Nr. 31, Nr. 33.
3 Die Konferenz fand in Antwerpen Ende November/Anfang Dezember statt. Vgl. Nr. 26.

Die Sekretärkonferenz am 30. 10. brachte nichts wesentliches. – Hilf[erding] hat an Wels einen ausführlichen B[rie]f geschrieben. Er hat mit [. . .][4] geredet. 1) Kath[oliken] an der Saar nach wie vor passiv. 2) [. . .] will abwarten, ob eine Zusammenfassung der Kräfte gegen [. . .] zweckmäßig ist. 3) Hi[lferding] will mit zur Exekutive, da er sehr gegen Einheitsfront, aber für aktive Außenpolitik ist. – Rosenbergs ›Geschichte‹ ist zum Teil miserabel.[5] Ich stelle kritische Einwände zusammen. Hilf[erding] soll Gutachten erstatten. – An K[arl] K[autsky] schreibe ich, daß sein Art[ikel] gegen O[tto?] B[auer?] bedenklich sei und rate ihm, auf Abdruck zu verzichten.

---

4 Text hier und an den beiden folgenden Stellen in Vorlage so stark beschädigt, daß Namen nicht mehr lesbar.
5 Mit Rosenbergs ›Geschichte‹ ist die »Geschichte der deutschen Republik von 1918–1930« gemeint, die zuerst 1935 im Graphia-Verlag in Karlsbad erschien.
Rosenberg, Arthur, 1889–1943, Historiker, KPD, 1924–1928 MdR, 1927 KPD-Austritt, Emigration 1933 Schweiz, Annäherung an die Sozialdemokratie, Mitarbeiter der »Zeitschrift für Sozialismus« und des »Pariser Tageblatt«, 1934 Großbritannien, 1938 USA, Hochschullehrer.

Nr. 24
Protokoll der Parteivorstandssitzung am 7. November 1934

AdsD Bonn, PV-Emigration, Mappe 3

PV-Sitzung am 7. November 1934.

A[ufhäuser] führt aus: Wenn über eine Reduzierung des Zuschusses für die Milesgruppe entschieden werden soll, wobei der bisherige Zuschuß um nicht weniger als 50 Prozent gekürzt wird, dann müßte eine Gesamtübersicht der Ausgaben gegeben werden, aus der hervorgeht, daß auch alle übrigen Ausgaben entsprechend vermindert worden sind. Die Angaben von Cru[mmenerl] geben keinerlei Gesamtbild.[1] Es wird wohl angegeben, daß die Ausgaben für die Grenzsekretariate insgesamt 684 000,- Kc betragen haben, aber es bleibt festzustellen, ob sich diese Monate[2] auch auf 17 Monate erstreckt und welche Summen für illegale Arbeit noch in den anderen Etatsposten stecken, über die nichts berichtet wurde. Er habe Cru[mmenerl] rechtzeitig schriftlich gebeten, heute eine Gesamtübersicht zu geben, nach den Ausführungen von Cru[mmenerl] soll aber erst in der nächsten Sitzung eine solche Übersicht in beschränktem Umfang gegeben werden. Wenn gesagt wird, daß es sich um

---

1 Gemeint ist Crummenerls Aufstellung über die Finanzen vom 7. November 1934, in: AdsD Bonn, PV-Emigration, Mappe 3.

Milesgruppe	317 000,- Kc	
Rechberggruppe	5 000,- Kc	
Roter Stoßtrupp	50 000,- Kc	
Sportler	2 900,- Kc	
Volksstaat	16 000,- Kc	
Bis 31. August zusammen	377 106,- Kc	
bis jetzt (1. November)	400 000,- Kc	
Grenzsekretariate bis 31. August		
sachliche Ausgaben	454 000,- Kc	
persönliche Ausgaben	230 000,- Kc	684 000,- Kc

2 Vermutlich »Summe«.

eine heikle Frage handle, so könnten die Vorstandsmitglieder dennoch nicht darauf verzichten, Rechenschaft zu verlangen. Mag die Vermögensfrage in der Illegalität eine vorsichtige Behandlung erforderlich machen, so kann es doch nicht angehen, die Ausgaben den Vorstandsmitgliedern gegenüber geheim zu halten. Der Kassierer müßte zu seiner eigenen Entlastung Bericht erstatten. Man kann von den Vorstandsmitgliedern nicht verlangen, über einzelne Ausgaben zu entscheiden, wenn sie keine Ahnung haben, wieviel bisher insgesamt und laufend monatlich verbraucht wird. Ein verantwortliches Vorstandsmitglied muß wissen, welche Relation zwischen den zentralen Verwaltungsausgaben in Prag, den Zuschüssen für das Schrifttum und dem Aufwand für die illegale Arbeit besteht. Soweit es sich mit den Etats früherer deutscher Organisationen vergleichen läßt, verschlingt dieser Apparat ungeheure Summen. A[ufhäuser] zieht einen Vergleich mit seiner eigenen früheren Organisation und kommt danach zu einer Schätzung von mindestens 40 000,- RM monatlich bei der Sopade. Er würde sich freuen, wenn er die Ausgaben zu hoch geschätzt hätte, aber er glaubt es nicht. Wenn Genosse Adler Einblicke bekommen hat, so konnte er damit dem Vorstand seine Verantwortung nicht abnehmen. Es wird zu einem gewissen Zeitpunkt von jedem Vorstandsmitglied Rechenschaft verlangt werden. Der von Cru[mmenerl] geäußerte Standpunkt sei unhaltbar. A[ufhäuser] erklärt, ihm sei auch nicht bekannt, welche zwei Genossen als Kassenrevisoren fungieren und wer sie gewählt haben soll. (Allgemeines Schweigen, ohne daß die Namen der beiden Revisoren genannt wurden.)

Wenn zunächst alle Etats bis zum 31. Januar begrenzt werden, so sei es nicht angängig, einen einzelnen Etatsposten, nämlich den der Milesgruppe, jetzt schon um die Hälfte zu kürzen. Diese völlig isolierte Ersparnismaßnahme ist nur erklärlich im Zusammenhang mit den Differenzen, die sich in Brüssel mit der Gruppe ergeben hatten.[3] Es ist eine politische Restriktion, die nicht unter das Kapitel der Sparmaßnahmen fällt.

A[ufhäuser] erklärt, er hätte nicht den Mut, in der gegenwärtigen politischen Situation mit der Reserve der Partei derart ausgabefreudig zu verfahren, wie das hier geschieht. Solange aber auf allen Gebieten derart aus dem Vollen gewirtschaftet wird, wäre es höchst ungerecht, nur auf einem Gebiet der wichtigsten illegalen Arbeit Kürzungen vorzunehmen, die in ihrem Ausmaß jene Arbeit geradezu gefährden.

Er beantragt deshalb: den bisherigen monatlichen Zuschuß von 3 000,- RM zunächst bis 31. Januar weiter zu gewähren.[4]

Cru[mmenerl] sagt für die nächste Sitzung zu, die gewünschten Angaben zu machen[5], bleibt aber bei der Milesgruppe bei seinem Vorschlag von 1 500,- RM monatlich.

Wels wendet sich dagegen, den Zuschuß für Miles als ordentlichen Etatsposten anzuerkennen und wirft dann in die Debatte, daß ein Bezirk 100 000,- RM aus Deutschland herübergebracht hätte. Über diese Bezirkskasse hätte der PV keinerlei Kontrollmöglichkeit.[6]

---

3 Vgl. Nr. 15.
4 Zu Aufhäusers Ausführungen vgl. die wahrscheinlich von Karl Frank verfaßte Notiz »An Aufhäuser und Böchel. 1. 11. 34. Unterlage für PV-Sitzung«, in: AdsD Bonn, PV-Emigration, Mappe 3. In dieser Notiz werden von Neu Beginnen aufgelistet: das »Verhältnis der Gesamtausgaben der Sopade zu den an uns geleisteten Zahlungen«, die »Ungerechtfertigte Herabsetzung der Zahlungen an uns aus politischen Gründen« und »Unsere Bedürfnisse«, die sich insgesamt auf 4 950 Mark monatlich belaufen. Zur Bedeutung dieses Schriftstückes, das zu den in der Aktentasche Böchels befindlichen und von der PV-Mehrheit nach der Sitzung am 18. Dezember 1934 abgeschriebenen Materialien gehörte, vgl. Aufhäuser/Böchel/Lange/Müller [d. i. Karl Frank] an PV, 22. Januar 1935, in: AdsD Bonn, PV-Emigration, Mappe 17.
5 In der Sitzung am 18. Dezember 1934 blieb Crummenerl die Rechnungslegung schuldig.
6 Wels meinte die vom SPD-Bezirk Chemnitz geretteten und dem Grenzsekretariat Karlsbad zur Verfügung gestellten Gelder. Vgl. Anhang Nr. 15.

Nach Schluß der Debatte wird von W[els] abgestimmt, wer ist für den Vorschlag Adler (1 500,- RM für Miles monatlich)? Mit allen gegen 2 Stimmen angenommen.[7]

---

7 Auf der Sitzung am 7. November 1934 ging es nicht nur um die Finanzlage und den Zuschuß für die Miles-Gruppe. Weitere Tagesordnungspunkte waren: Delegation zur SAI-Exekutivsitzung nach Paris im November 1934, wobei Böchels Antrag, neben Wels und Crummenerl auch Aufhäuser nach Paris zu delegieren, mehrheitlich abgelehnt wurde; Aufnahme der 11 Miles-Leute: gemeint sind wahrscheinlich die SAP-Mitglieder, die erneut abgelehnt wurden (vgl. Nr. 13, Nr. 14, Nr. 15, Nr. 20); Diskussion über den »neueste[n] schändliche[n] Artikel im ›Daily Herald‹«; Spitzeleien »Fall Cammerer« [Vorlage: Kamera]; vgl. zu all diesen Punkten hs. Aufzeichnungen Hertz, 7. November 1934, in: IISG Amsterdam, NL Hertz, S. 12, Mappe W; Hertz an Hilferding, 7. November 1934, in: AdsD Bonn, NL Hertz, MF XVII; R[inner] an Erich [Ollenhauer], 12. November 1934, in: SAPMO Berlin, ZPA, II 145/69, Bl. 4–7;

Nr. 25
Notiz von Paul Hertz vom 14. Dezember 1934 über die Parteivorstandssitzungen in der ersten Dezemberhälfte 1934

IISG Amsterdam, NL Hertz, S. 20, Mappe XXIII

14. 12. 34

Nach der Rückkehr von O[tto] W[els,] S[iegmund] Cr[ummenerl] usw. aus dem Westen am 7. bezw. 8 12. wird von S[iegmund] **Cr[ummenerl]** über die Sitzung der Exekutive und von C[urt] **G[eyer]** über die Westkonferenz berichtet. Über alles andere schweigt man sich aus.[1] Es wird nichts mitgeteilt über Parteirat-Parteikonferenz usw.[2] Auch über den Konflikt mit Tony S[ender] erfahre ich nur durch Zufall. C[urt] G[eyer] ist sehr unglücklich, weil er bei Braunthal und [. . .][3] autarkistische Gedankengänge festgestellt hat. Sie sollen auch von den Tref[fen in New York geteilt werden. Ri[nner] erzählt überhaupt nichts. Auch über R[udolf] H[ilferding] sagt niemand etwas, noch weniger erfahre ich über das Gespräch S[iegmund] Cr[ummenerls] mit R[udolf] Br[eitscheid].

Die Zeitschrift f[ür] S[ozialismus] ist bis heute noch nicht heraus! Die »S[ozialistische] A[ktion]« ist von der Staatsanwaltschaft in Eger zensiert worden.

Vor einigen Tagen erzwang ich eine Aussprache über den Fall Schwabe[4] in Verbindung mit Heine u[nd] Lorenz.[5] In Berlin sind Nau und Siebold verhaftet (auch Haubach[6] u[nd]

---

1 Vorlage: Satz hs. unterstrichen.
2 Vgl. Nr. 23, Anm. 2.
3 Text in Vorlage so stark beschädigt, daß Name nicht mehr lesbar.
4 Vorlage: »Fall Schwabe« hs. unterstrichen.
5 Ausschlaggebend für die Aussprache war eine Denunziation, die bei Behörden und Zeitungen gegen die Sopade »wegen der Rundfunksachen in Neuern usw.« eingegangen war. Ferner wurde die Sopade der Spionage gegen die CSR und der Verübung von Sprengstoffdelikten beschuldigt. Hertz beschuldigte Schwabe der Denunziation; vgl. hs. Aufzeichnungen Hertz, 9. November 1934, in: IISG Amsterdam, NL Hertz, S. 20, Mappe XXIII. In diesem Zusammenhang – so Hertz – stellte Vogel fest, »daß Heine und Lorenz 3 bzw. 4 mal mit Schwabe zusammen gewesen sind. Einmal war auch Rinner dabei, angeblich nur durch Zufall. Vogel ist erschüttert durch die Unvorsichtigkeit dieser Gesellen. Nun habe ich auch keinen Zweifel mehr, daß die Denunziation gegen A. N. [Alfred Nau?] auch von Schwabe kommt und vielleicht auch mit Kenntnis H[eine] u. L[orenz]. Schönfeld hat V[ogel] Kenntnis gegeben, daß H[eine] u. L[orenz] mit Schw[abe] zusammen waren. Zuerst leugneten

Mischler[7]). Die ersteren zweifellos auf Denunziation von Schwabe.[8] Dieser ist überdies am 11. 12. von C[urt] G[eyer] vor unserem Haus gesehen worden. Die Darlegung des Sachverhalts, daß Heine uns die Unwahrheit gesagt und seine Verbindung mit Schwabe geleugnet hat, daß Lorenz von Arnold wiederholt die wertvollen Radiogeräte verlangt habe, macht anscheinend auf W[els] Eindruck. Er äußerte gegenüber von Beschwichtigungsversuchen von Ri[nner], er habe noch nie einer Körperschaft angehört, in der er so häufig Mißverständnissen ausgesetzt gewesen[9] sei. W[els], V[ogel] u[nd] S[iegmund] Cr[ummenerl] werden beauftragt, Heine u[nd] Lorenz zu vernehmen.

Da niemand etwas über den Ausgang dieser Besprechungen erzählt, frage ich heute O[tto] W[els] danach. Er erzählt – sehr gehemmt –, H[eine] habe alles getan, um Pässe zu erhalten. Eine böse Absicht habe ihm ferngelegen. Auch R[inner] habe ihm das gesagt, als er mit ihm wegen der Bemerkung über die Mißverständnisse sprach. Ich ließ O[tto] W[els] keinen Zweifel, daß ich von der Auskunft H[eines] nicht befriedigt sei und auf der Forderung beharre, daß er nicht mehr zu den Sitzungen hinzugezogen werde.

Arthur [Arnold] erzählt mir, daß er auf dem Platz von S[iegmund] Cr[ummenerl] eine Denkschrift (von H[eine]?) gesehen habe! Auch ihm hat S[iegmund] Crummenerl?] nichts von der Unterhaltung mit Lorenz gesagt. Er stimmt mir zu, daß ich das Verlangen stelle, H[eine] nicht mehr zu den Sitzungen hinzuzuziehen und Nichterfüllung dieser Forderung entweder damit beantworte, daß ich selbst nicht mehr zu den Sitzungen erscheine oder auch dadurch, daß ich die Angelegenheit dem Gesamtvorstand unterbreite.

Bei dieser Gelegenheit rät mir Arth[ur Arnold] von dem letzteren ab, da schon früher die Meinung geäußert worden sei, daß ich evt. zu Aufh[äuser] u[nd] Böchel abschwenken werde!

---

sie, später gaben sie es zu, weil sie sich durch ein Mißverständnis verraten hatten [...]«. Vgl. hs. Aufzeichnungen Hertz, 10. November 1934, in: IISG Amsterdam, NL Hertz, S. 20, Mappe XXIII. Zu Schwabe vgl. Nr. 26, Anm. 55.

6 Haubach, Theodor, 1896–1945, Mitgründer des RB, 1928 Pressechef des Innenministeriums, 1930–1932 Pressestelle des Polizeipräsidiums Berlin, nach 1933 Versicherungskaufmann, 1934/35 und 1938 in KZ-Haft, in Verbindung zum Kreisauer Kreis, nach dem 20. Juli 1944 verhaftet und hingerichtet.

7 Mischler, Richard, geb. 1892, Rechtsanwalt in Berlin, Strafverteidiger von Kommunisten und Angehörigen von Linksgruppen, Verbindungen zur Sopade, 1935 verhaftet, 9 Monate Columbia-Haus, 1935 ausgewiesen, CSR, Rechtsberater in Prag, 1939 erneut verhaftet, 1942 Handlungsbevollmächtigter einer Chemnitzer Firma in Berlin, Juni/Juli 1945 Bürgermeister von Potsdam, 1945–1948 Vizepräsident der Deutschen Zentralverwaltung für Industrie.

8 Außer Nau und Siebold soll auch Erna Röpke aufgrund einer Denunziation Schwabes verhaftet, jedoch nach kurzer Zeit wieder entlassen worden sein; vgl. Aufzeichnungen Hertz, 21. und 28. Dezember 1934, in: IISG Amsterdam, NL Hertz, S. 20, Mappe XXIII.

9 Vorlage: Von »er habe« bis »gewesen« hs. unterstrichen.

Nr. 26
Protokoll der Parteivorstandssitzung am 18. Dezember 1934
SAPMO Berlin, ZPA, II 145/54, Bl. 142-150

Vorstandssitzung am 18. Dezember 1934 im Büro der Sopade.

Anwesend:[1] Wels, Vogel, Crummenerl, Rinner, Hertz, Ollenhauer, Stampfer, Geyer, Böchel, Aufhäuser, Arnold, Heine[2].

Beginn der Sitzung:[3] 1/2 11 Uhr

Wels: Wir haben uns in der heutigen Sitzung vor allen Dingen mit der Berichterstattung über die Sitzung der Internationale zu befassen.[4] Außerdem haben wir über eine Besprechung im Westen Bericht zu geben[5] und einige prekäre Dinge zu erwähnen, die bei uns vorgekommen sind. Über den ersten Punkt wird Genosse Crummenerl referieren, der an der Tagung der Internationale bis zur letzten Sitzung teilgenommen hat.

Crummenerl: Die Exekutiv-Sitzung hat sich mit einer Reihe wichtiger Fragen, die auf der Tagesordnung standen, nicht beschäftigen können. So ist z. B. über die Frage der Kriegsgefahr nicht gesprochen worden, da alles neben der Frage der Einheitsfront zurückgetreten ist.

Ich möchte zunächst einige kleinere Fragen erledigen, die im Zusammenhang mit der Tagung aufgerollt wurden.

Als erstes möchte ich über die Vorbesprechung in Saarbrücken berichten: Um die Aufmerksamkeit der Internationale auf die Saarfrage zu richten, war vorgeschlagen worden, einige Mitglieder der Exekutive vorher nach Saarbrücken zu entsenden, um sie dort ins Bild zu setzen. Dieser Anregung ist so wenig Folge geleistet worden, daß Max Braun gebeten hat, vor der Exekutive über das Saarproblem zu sprechen. In einer gemeinsamen Besprechung mit dem IGB wurde sein Referat entgegengenommen.[6]

Als zweite Frage wurde über den Spanischen Aufstand Bericht erstattet. Vincent Auriol[7] war im Auftrag der SAI in Spanien und berichtete über die augenblickliche Situation. Über das gleiche Thema sprach auch Prieto[8], der nicht an die gleiche Entwicklung wie in Italien und Deutschland glaubte. Jouhaux erklärte sich einverstanden mit einem Protest der Internationalen; sie haben einen Unterstützungsfond[s] gebildet und sich dieserhalb auch an die südamerikanischen Organisationen gewendet.

---

1 Vorlage: »Anwesend« ms. unterstrichen.
2 Außerdem anwesend: Stahl.
3 Vorlage: »Beginn der Sitzung:« ms. unterstrichen.
4 Es handelt sich um die Sitzung der SAI-Exekutive vom 13. bis 16. November 1934; vgl. Internationale Information 11. Jg., 17. November 1934, S. 572-577; *Herbert Mayer*, S. 75-83.
5 Es handelt sich um eine Konferenz zur Einheitsfrontproblematik, die auf Wunsch der Grenzsekretäre des Westens Ende November 1934 in Antwerpen organisiert worden war. Vgl. unten Anm. 50.
6 Am Nachmittag des 14. November 1934 beschäftigten sich die SAI-Exekutive und der IGB-Vorstand unter Vorsitz von de Brouckère und Jouhaux mit der Lage in Spanien, Lettland und an der Saar; vgl. Internationale Information 11. Jg., 17. November 1934, S. 572 f., S. 576.
7 Auriol, Vincent, 1884-1966, französischer Sozialist (SFIO), 1914-1940 Abgeordneter, 1936/37 Finanz-, 1937/38 Justiz-, 1938 Staatsminister, 1940-1943 in Haft, Mitglied des nationalen Befreiungskomitees, vertrat 1945 Frankreich als Staatsminister bei der UN, 1947-1954 erster Präsident der Vierten Republik.
8 Vorlage: Pietro.
  Prieto y Tuero, Indalecio, 1883-1962, spanischer Sozialist, in der sozialistischen Partei und im Gewerkschaftsbund UGT Führer des reformistischen Flügels, mehrfach Minister.

Als dritte Angelegenheit wurde nochmals die österreichische Frage behandelt. Auch diese Besprechung war gemeinsam mit dem IGB. Die nochmalige Behandlung war erforderlich, weil sich einige Meinungverschiedenheiten zwischen Partei und Gewerkschaften ergeben hatten. Es wurde schließlich ein gemeinsamer Bericht von Partei und Gewerkschaften mitgeteilt und akzeptiert. Schorsch[9] nahm eine von der allgemeinen österreichischen Linie abweichende Stellung ein. Ein jüngerer österreichischer Genosse erwiderte ihm und vertrat die gegenteilige Auffassung. Auf Anregung des Genossen Andersen[10] wurde dieser Punkt verlassen und die Angelegenheit zur Kenntnis genommen.

Wichtiger für uns war der Abschluß der Arbeiten der Dreier-Kommission. De Brouckère berichtete über die Schwierigkeiten, die die Kommission vorfand und erläuterte den Vorschlag der Kommission über die Zusammensetzung des Büros und der Exekutive. Es wurde vorgeschlagen, 4 Gruppen zu bilden. Über die Verteilung der Sitze gab es eine Debatte. Wir waren der Auffassung, daß wir viel zu reichlich mit Sitzen bedacht worden sind, da mit der Stimmenzahl ja auch die finanzielle Belastung verbunden ist.[11]

Der eigentliche entscheidende Punkt war die Frage der Einheitsfront. Die Sitzung war mit ungeheuren Spannungen geladen, und es bestand bis zum letzten Augenblick die Gefahr, daß es zum Bruch in der Internationale kommen würde. Wir haben, da wir nicht die Möglichkeit hatten, in die Debatte einzugreifen, versucht, auf unsere Freunde einzuwirken, die Dinge nicht auf die Spitze zu treiben, da wir als die größte Gefahr für Deutschland die Spaltung der Internationale ansehen und uns eine schwache Internationale immer noch besser als gar keine zu sein scheint. Über die Reden im einzelnen ist zu berichten:

Vandervelde[12] leitete die Beratungen mit einem ausführlichen Referat über die augenblickliche Situation ein und schilderte, wie sich die ganze Frage entwickelt habe und sich in den einzelnen Ländern widerspiegelt. Über die Möglichkeiten der Einheitsfront äußerte er sich sehr pessimistisch, er glaubte nicht an eine Verständigung, war aber für Verhandlungen, um die Schuld der Kommunisten klarzustellen.

Léon Blum[13] schilderte die Lage in Frankreich und gab den Eindruck wieder, den die Einheitsfront auf die französischen Arbeiter gemacht habe. Der Arbeiterbewegung seien dadurch neue Kräfte zugewachsen. Er[14] wünschte, daß keine Diffamierung und auch keine Distanzierung von der Haltung Frankreichs in der Internationale erfolge.

Albarda[15] hielt es für sehr fraglich, ob es wünschenswert gewesen wäre, Verhandlungen

---

9 Vorlage: »Schorsch« hs. eingebessert für »Georg«. Gemeint ist der österreichische Gewerkschaftsfunktionär Johann Schorsch; in der Teilnehmerliste der Exekutivsitzung (Internationale Information 11. Jg., 17. November 1934, S. 572) werden allerdings nur »drei österreichische Delegierte« genannt.
Schorsch, Johann, 1874–1952, österreichischer Gewerkschafter, 1927–1930 MdBR, 1931–1934 MdNR, bis 1934 PV SDAP, Spitzenfunktionär des »Bundes der freien Gewerkschaften Österreichs«, 1933 stellv. Vors. IGB, Emigration 1934 Schweiz, CSR, Spitzenfunktionär der illegalen österreichischen Exil-Gewerkschaften, 1938 Rückkehr nach Wien, verhaftet und wegen Krankheit wieder freigelassen.
10 Vorlage: Anderson.
11 Bericht der Dreierkommission der SAI für Organisationsfragen, vorgelegt der Exekutive der SAI in der Sitzung vom 13. November 1934, in: IISG Amsterdam, SAI, Nr. 3397. Deutschland wurde in die Gruppe »Länder ohne Demokratie (seit 1933)« aufgenommen; die Zahl der Kongreßstimmen wurde von 40 auf 26, die Zahl der Exekutivmitglieder von 4 auf 3 gesenkt. Vgl. Internationale Information 11. Jg., 17. November 1934, S. 576.
12 In der Vorlage ms. unterstrichen.
13 In der Vorlage ms. unterstrichen.
14 Vorlage: »Er« hs. eingebessert für »Ich«.
15 In der Vorlage ms. unterstrichen.

zu beginnen. Das Gespräch sei viel zu weit gegangen[16]; die Einheitsfront würde für Holland eine Katastrophe bedeuten. Die Verhältnisse lägen in Holland außerordentlich schwierig. Sie würden bei einer Einheitsfront mit den Kommunisten in Holland dem Faschismus helfen. Wichtiger sei, erst einmal in der Internationale eine Einheitsfront herzustellen. Er müsse erklären, daß, wenn die Frage so stehe: SDAP oder SAI, dann wolle er lieber keine SAI als keine Sozialdemokratie[17].

Soukup[18] war enttäuscht über die Verhandlungen. Die Kommunisten haben zweite Leute geschickt, um mit unseren ersten Leuten zu verhandeln. Das sei unwürdig. In der CSR seien schwierige Verhältnisse; sie müßten die Einheitsfront ablehnen, es wäre Wahnsinn, wenn man so vorgehen würde.

Pietro Nenni[19] begrüßt die Besprechungen im Brüssel. Die Konferenz von Berlin 1920 müßte wiederholt werden.[20] Er bedauert die vulgär demokratische Linie der nordischen Länder. Er würde es begrüßen, wenn es nicht nur zu Besprechungen käme, sondern auch ein konkretes Ergebnis erzielt würde.

Friedrich Adler[21] wies auf die ungeheuren Schwierigkeiten hin. In den Kreisen der III. Internationale sei man vielleicht der Überzeugung, die SAI spalten zu können. Er sei beunruhigt über das Auftreten der Parteien aus den demokratischen Ländern, die fast eine Sondergruppe bildeten. Es müsse zunächst zur Einheit unter uns kommen. Man müsse allen Parteien, aber auch der Internationale, das Recht geben, über die Einheit zu verhandeln. Das hieße für die Internationale keine Verhandlungen über Einzelfragen, sondern über die Gesamtfrage.

De Brouckère[22]: Die Verhandlungen seien nicht ermutigend. Er glaube, daß wir mit den Kommunisten verhandeln müßten. Es könne sein, daß wir nicht allzu gute Erfahrungen sammeln würden. Einige Parteien seien von den Verhandlungen befriedigt. Wir wollen mit den russischen Arbeitern verhandeln; wir glauben nicht an den Erfolg dieser Verhandlungen, aber wir müssen das Verschulden klarstellen.

---

16 Albarda nimmt Bezug auf das Gespräch zwischen Vandervelde und Adler für die SAI und Cachin und Thorez für die KI am 15. Oktober 1934 in Brüssel; vgl. »Die Brüsseler Verhandlungen über gemeinsame Aktionen der Kommunistischen Internationale und der Sozialistischen Arbeiter-Internationale«, in: Internationale Information 11. Jg., 20. Oktober 1934, S. 504–506; Stenographisches Protokoll, in: Internationale Information 11. Jg., 24. November 1934, S. 578–611, sowie IISG Amsterdam, SAI, Nr. 3397.
17 Vorlage: »Sozialdemokratie« hs. eingebessert für »Sozialdemokraten«.
18 In der Vorlage ms. unterstrichen.
 Soukup, Frantisek, 1871–1940, tschechoslowakischer Sozialdemokrat (DSAP), 1925–1938 SAI-Exekutive, ab 1932 SAI-Büro.
19 In der Vorlage ms. unterstrichen.
 Nenni, Pietro, 1891–1980, italienischer Sozialist, Emigration 1926 Frankreich, 1930–1940 SAI-Exekutive, 1931–1939 Generalsekretär der Italienischen Sozialistischen Partei, 1943 in Haft, 1945–1947 und 1963–1968 stellv. Ministerpräsident, 1948–1970 Abgeordneter des Parlaments, mehrfach Minister, Spitzenfunktionär der Sozialistischen Partei.
20 Im April 1922 – nicht 1920 – fand in Berlin eine Konferenz der Zweiten (Sozialistischen) und der Dritten (Kommunistischen) Internationale sowie der Internationalen Arbeitsgemeinschaft [links-] sozialistischer Parteien statt, in der – im Endeffekt erfolglos – über Möglichkeiten gemeinsamen Handelns gesprochen wurde.
21 In der Vorlage ms. unterstrichen.
22 In der Vorlage ms. unterstrichen.

Soukhomline[23]: Es handelte sich um eine Frage der russischen Außenpolitik. Das Ganze sei nichts als eine Art NÈP in der Außenpolitik.[24]

Andersen[25]: Warum debattieren wir? Die Komintern hat[26] uns auf unsere Frage vom vorigen Jahre keine Antwort erteilt. Die Kommunisten haben mit uns nur über Spanien verhandelt, aber nicht über die gesamte Frage der Einheitsfront. Für Dänemark wolle er sage[n], daß sie nicht bereit seien, in Dänemark mit den Kommunisten zu verhandeln, daß sie der SAI nicht das Recht geben können, zentrale Verhandlungen zu führen.

Buchinger[27]: Wir haben die Einheitsfront mit den Kommunisten gemacht. Die Folgen sind bekannt.[28] Wenn Einheitsfront kommt, so würde das für die ungarische Regierung Erleichterungen im Kampfe gegen uns bringen.

Grimm[29]: Wir lehnen die Einheitsfront mit den Kommunisten ab. Entscheidend ist, daß die Politik der Kommunisten falsch ist. Man soll einen Versuch mit Verhandlungen machen und nach einer halben Stunde aufstehen.

Gillies[30] erklärt, daß er den Massenwillen des englischen Proletariats repräsentiert. Er habe bestimmte Aufträge vom Parteitag bekommen. Er sei gegen die Verhandlungen und bedauere sie. Wenn die Zyromskischen Vorschläge[31] durchgeführt werden, dann bedeute das die Spaltung. Es dürfe[32] keine Resolution gefaßt werden, die gegen England gerichtet ist.

Bauer[33]: Die Ablehnung der Verhandlungen mit der KP ist untragbar. Wenn der Krieg ausbricht, kann es eine Lebensfrage für uns sein, wenn wir Verbindung mit der Sowjetunion haben. Der Internationale muß freistehen, Verhandlungen in den einzelnen Ländern oder auch Verhandlungen mit Moskau zu pflegen. Das kann wichtiger sein als Verhandlungen mit der KP in einem Land.

Ein Georgier[34] erklärte, daß es sich nur um ein Manöver der Kommunisten handele.

Dan[35]: Die Frage hat zwei Gesichter. Es kann ein Manöver sein, aber es sei auch die Sehnsucht der Massen zu berücksichtigen.

---

23 In der Vorlage ms. unterstrichen und »Soukhomline« hs. eingebessert für »Soukhomile«.
  Suchomlin, Vassilij, exilrussischer Sozialdemokrat, 1923–1930 SAI-Exekutive, Funktionär der »Partei der Sozialisten-Revolutionäre« (SR).
24 Neue Ökonomische Politik (NÈP, russisch Nowaja ekonomitscheskaja politika); Anfang der 20er Jahre einsetzende, den »Kriegskommunismus« ablösende Periode sowjetischer Wirtschaftspolitik mit dem Ziel, die durch Verstaatlichung und Bürokratisierung fast gänzlich lahmgelegte Wirtschaft wiederzubeleben; 1928 abgelöst durch eine zentrale Planwirtschaft unter Stalin (Fünfjahrespläne).
25 In der Vorlage ms. unterstrichen und Anderson.
26 Vorlage: haben.
27 In der Vorlage ms. unterstrichen.
  Buchinger, Emmanuel, ungarischer Sozialdemokrat, 1931–1940 SAI-Exekutive.
28 Während der ungarischen Räterepublik 1919 fusionierten Sozialisten und Kommunisten.
29 In der Vorlage ms. unterstrichen.
30 In der Vorlage ms. unterstrichen.
31 Gillies dürfte den Antrag der SFIO meinen, daß die SAI mit der Komintern über gemeinsame Aktionen verhandeln solle; vgl. *Braunthal*, Bd. 2, S. 450 f.
  Zyromski, Jean, 1890–1975, französischer Sozialist, 1936/37 und 1939/40 SAI-Exekutive.
32 Vorlage: »dürfe« hs. eingebessert für »würde«.
33 In der Vorlage ms. unterstrichen.
34 In der Vorlage ms. unterstrichen. Es handelt sich um Constantin Gvardjaladzé; vgl. Internationale Information 11. Jg., 17. November 1934, S. 572.
  Gvardjaladzé, Constantin, ab 1929 Sekretär der Auslandsdelegation der Sozialdemokratischen Arbeiterpartei Georgiens, 1929–1940 SAI-Exekutive.
35 In der Vorlage ms. unterstrichen.
  Dan, Theodor, 1871–1947, exilrussischer Arzt, Leiter der Menschewiki (SDAPR), Emigration 1922 Deutschland, später Frankreich und USA, 1923 Mitbegründer der SAI.

Um zu einer Entscheidung zu kommen, war in der Exekutive eine Kommission gebildet worden, der ein Briefentwurf des Genossen Adler vorlag. Soweit die spanische Frage in Betracht kam, gab es keine Meinungsverschiedenheiten. Erst der Schlußabsatz des Briefes brachte die Differenzen.

Die Vertreter der demokratischen Länder wünschten zu erklären, daß die gegenwärtige Lage es nicht ermögliche, Verhandlungen über die Einheitsfront zu führen, während Adler sich gegen Improvisationen erklärte und prinzipielle Auseinandersetzungen wünschte.

Am Freitag schlug Albarda auch im Auftrag der anderen demokratischen Länder einen Schlußpassus vor, in dem nochmals die Ablehnung von Verhandlungen begründet wurde. Adler schilderte die Absicht, im Brief die verschiedenen Auffassungen darzutun; es handelt sich hier um eine der allerschwierigsten Fragen.

Vandervelde schlug schließlich vor, beide vorgeschlagenen Schlußabsätze zurückzuziehen. Damit wurde die Abstimmung über die Resolution nicht notwendig, und die Tagung konnte zu Ende geführt werden.[36]

Ich glaube, erklärte Gen[osse] Crummenerl weiter, daß wir mit unserer Haltung im Einvernehmen mit der Auffassung der letzten Vorstandssitzung gewesen sind.

Wels: Ich möchte noch einige kurze Ergänzungen machen. Ich wies in den Gesprächen darauf hin, daß es sich in der Hauptsache um den Kampf gegen den Faschismus handeln muß. Vorher hatte ich mich mit Bauer dahin verständigt, daß keine Gruppenverhandlungen[37] stattfinden würden. Bauer hat dann auch in der Sitzung erklärt, er habe das nur als eine Möglichkeit ausgesprochen. Grimm, der in der Kommission für die Schweiz ablehnte, aber in der Internationale für Verhandlungen war, hat es wahrscheinlich in der Überzeugung getan, daß die Verhandlungen zwischen den Internationalen zu keinen Ergebnis[sen] führen würden. Die schwersten Differenzen gaben die Erklärungen der englischen Delegierten ab. Es gebe keine Meinungsverschiedenheit zwischen den Flügeln der englischen Partei. Die Partei sei die künftige Regierung des britischen Weltreichs. Sie könne sich nicht auf Verhandlungen mit den Kommunisten einlassen, um sich nicht nachher dem Vorwurf auszusetzen, daß sie ihre Außenpolitik im Schlepptau der Komintern mache. Es gab auch Meinungsverschiedenheiten zwischen Adler und Bauer. Bauer wies auf die Möglichkeit eines Krieges hin. Diese Äußerung brachte Adler in Harnisch. Unter diesen Umständen war verständlich, daß diejenige Frage, die die wichtigste ist: Die politische Situation und welche Politik treibt die Internationale, überhaupt einer Prüfung nicht mehr unterzogen werden konnte. Die Aktionsunfähigkeit der SAI zeigte sich drastisch darin, daß die entscheidende Frage nicht zur Debatte kommen konnte. Es ist meiner Auffassung nach notwendig, daß wir wieder zu einer einheitlichen Außenpolitik der SAI gelangen. Es muß eine sozialdemokratische Außenpolitik gefunden werden, die die Parteien wieder zusammenführen kann. Das wäre das Ziel, das wir vorbereiten müßten, um über die Schwierigkeiten der Internationale hinwegzukommen. Die Situation ist dafür nicht günstig, aber die Schwierigkeiten und die Größe der Aufgabe sollten dazu reizen, daß sich darum die besten Kräfte der Arbeiterschaft kümmern.

Aufhäuser: Wenn man dem Bericht der beiden Genossen über die Verhandlungen der Exekutive zuhört, dann muß man zugeben, daß das Ergebnis sehr schlecht war. Aber noch schlechter war die Haltung unserer Delegation.

---

36 Der Entwurf des Briefes an Cachin und Thorez wurde bei einer Gegenstimme angenommen. Man hatte sich letztlich auf einen Kompromiß geeinigt, wonach die Resolution vom 18./19. März 1933, nach der Separatverhandlungen mit Kommunisten unterlassen werden sollten, ihre Berechtigung verlor und jede SAI-Sektion »auf diesem Gebiet frei, in voller Selbständigkeit« sollte handeln können; diese Entscheidung wurde Cachin und Thorez am 17. November 1934 mitgeteilt. Vgl. Internationale Information 11. Jg., 17. November, S. 574 f.

37 Vorlage: »Gruppenverhandlungen« hs. ergänzt.

Nimmt man die Argumente der nordischen Länder und unterstellt sie als das, was sie sind, dann muß man sich über diese Haltung sehr wundern. Wenn unsere Partei den Versuch macht, Rücksicht zu nehmen auf die nordischen Länder, dann muß sie doch auch ein Ergebnis verlangen, das auch auf uns Rücksicht nimmt. Die Erhaltung der SAI kann doch nur darin bestehen, daß man den verschiedenen Situationen der einzelnen Parteien der SAI Rechnung trägt. Aber wie das zu ermöglichen ist, darüber haben wir uns nicht nur in der letzten Vorstandssitzung unterhalten. Die Erhaltung der Internationale auf Kosten der Parteien in den faschistischen Ländern ist unmöglich. In Brüssel hat man unter dem Eindruck der deutschen Ereignisse den Vorschlag zur Einheitsfront gemacht und damit zu erkennen gegeben, daß man damals Rücksicht auf die Lage der vom Faschismus erfaßten Länder nehmen wollte.[38]

Das, worüber wir uns in der letzten Sitzung einig waren, daß die Spaltung der SAI verhindert werden müsse, steht auch heute nicht[39] zur Diskussion; aber die Haltung, die in Paris eingenommen wurde, ist vollkommen unmöglich.

In dem Kompromiß ist über die deutsche Frage nichts enthalten. Es hätte dann mindestens erwartet werden müssen, daß bei der Willenserklärung der sieben emigrierten Länder[40], in der allein Deutschland fehlt, sich die deutsche Sozialdemokratie als achtes Land mit den anderen geeinigt hätte, um irgendwo zu stehen.[41]

Unsere ureigenste Aufgabe ist bei der Haltung der beiden deutschen Genossen vollkommen unbeachtet geblieben.

Crummenerl: Ich verstehe die Auffassung des Genossen Aufhäuser nicht. Er war sich in der letzten Sitzung mit uns klar darüber, daß eine Verständigung in der Internationale nicht erfolgen würde. Die Autonomie der einzelnen Länder ist geblieben.

Sollten wir dafür sein, daß wir wegen der beiden Schlußsätze des Briefes die Internationale spalten? Dann hätten wir vielleicht jetzt schon zwei Internationalen.

Die Wahrscheinlichkeit der Spaltung war groß. Sollten wir die Schuld daran tragen, daß sie näher gerückt werde durch unsere Haltung? Die Internationale ist schwach, aber sie ist besser als gar keine. Wie war die Sache: Es lag gar kein Einheitsfrontangebot der Kommunisten vor. Wir aber hätten uns gespalten in der Frage der Einheitsfront, die von den Kommunisten gar nicht vorgebracht worden ist.

Wir glauben, daß unsere Haltung in der Linie liegt, die den Interessen der deutschen Arbeiterschaft dient. Ich bin nicht bereit, mit meiner Hilfe die Internationale zu spalten. Ich weiß, daß es nur Zeitgewinn ist, es ist möglich, daß man schließlich zu der Auffassung gelangt, nicht mehr in der SAI zusammenarbeiten zu können. Wir haben in dem Rahmen gehandelt, wie wir es vorgetragen haben. Daß wir nicht zu Wort gekommen sind, ist ja nicht unsere Schuld, sondern lag in der Situation.

Wels: Der erste Satz von Aufhäuser könnte mich eigentlich schon veranlassen, überhaupt nicht mehr zu reden. Man merkt die Absicht, und man wird verstimmt. Die Dinge lagen ganz klar. Wenn man glaubt, die Tätigkeit der Delegierten besteht in dem Abhalten einer Rede, dann dokumentiert man eine naive[42] Meinung über die Durchführung von

---

38 Es dürfte sich um die SAI-Bürositzung am 3./4. August 1934 in Brüssel handeln, auf der beschlossen worden war, »die Frage der Aktionsgemeinschaft der sozialistischen und der kommunistischen Parteien« auf die Tagesordnung der nächsten Exekutivsitzung zu setzen; vgl. Internationale Information 11. Jg. 1934, 11. August 1934, S. 410.
39 Vorlage: »nicht« hs. eingebessert für »noch«.
40 Bekannt ist nur eine Erklärung der französischen, spanischen, österreichischen, italienischen, russischen (Menschewiki) Sozialdemokraten bzw. Sozialisten und des »Bund«; Abdruck der Erklärung in: Internationale Information 11. Jg., 17. November 1934, S. 575.
41 Vorlage: »stehen« hs. eingebessert für »stimmen«.
42 Vorlage: »naive« hs. ergänzt.

Verhandlungen, eine Auffassung, die gerade bei Aufhäuser erstaunlich wirkt. Es ist nicht wahr, daß wir mit unserer Meinung nicht hervorgetreten sind. Wir haben unseren eigenen Standpunkt vertreten. Die wichtigste Aufgabe, die Erhaltung der Internationale, galt es zu erfüllen.

Aber diese Art und Weise, in der hier von Aufhäuser alles in Grund und Boden gemeckert wird, ist unerträglich. Ich weiß das eine: Wir könnten das Beste tun, und wir würden doch nicht Ihre[43] Billigkeit und Zustimmung finden können. Wenn wir uns den paar Ländern, die die Sondererklärung unterzeichneten, angeschlossen hätten, dann hätten wir uns von den lebenden Parteien getrennt. Und diese Länder abzuspalten, hätte bedeutet, daß wir uns zur Untätigkeit verurteilt haben würden.

Es darf außerdem nicht vergessen werden, daß wir hier in einem Lande leben, in dem beide der SAI angeschlossenen Parteien schroff gegen die Einheitsfrontvorschläge vorgegangen sind und daß wir an die Situation unserer Bruder-Parteien in der CSR ebenfalls denken müssen. Daß der Vorschlag der KPD unehrlich gemeint ist, das ist doch wohl sicher. Wir haben auch Beweise dafür, denken Sie an die Gewerkschaftsfrage. Die Kommunisten sagen: Wir wollen jetzt die freien Gewerkschaften, weil sie nunmehr die wahren Vertreter des Klassenkampfes sind. Durch einen Zufall bin ich in Besitz des Briefes von Hekkert gekommen, den ich zur Beleuchtung der Situation verlesen will.[44] (Verlesung des Briefes erfolgt.) Das muß uns ja doppelt Anlaß geben, die Führung in den Betrieben zu behalten. Ich bin erstaunt, darüber, daß gerade Aufhäuser sich trotzdem so lebhaft für die Einheitsfront einsetzt.

Böchel: Ich will mit einer untergeordneten Frage beginnen, die vielleicht schon erledigt ist. Wenn man den guten Willen hat, einer Minderheit die Möglichkeit zur Mitarbeit zu geben, dann verhält man sich anders, als Ihr es getan habt. Wir hätten drei Vertreter in der Internationale gehabt. Ihr beschließt, daß nur zwei hinfahren und Ihr beschwert euch dann, daß wir nicht mit allen Dingen einverstanden sind. Aber es ist nicht nur hier, sondern auch draußen so. Wenn in einem objektiven Ton verhandelt werden soll, dann gebt uns in Zukunft die Möglichkeit, die Dinge selbst mitzumachen. Wenn $^4/_5$ Europas bereits vom Faschismus beherrscht werden und die SAI nur noch ein hilfloser Spielball ist, dann muß man untersuchen, was zu tun ist. Was ist schädlicher für die Erhaltung der Freiheit in den Staaten, in denen der Faschismus noch nicht vorherrschend ist. Ich glaube nicht, daß die Gefahr der Spaltung so unmittelbar bevorgestanden hätte. Die Spaltung der Internationale würde auch möglicherweise zu einer Spaltung der Landesparteien führen.

Es ist eine groteske Situation, daß die kapitalistischen Staaten es fertigbringen, sich mit dem bolschewistischen Rußland an einen Tisch zu setzen, und ich begreife nicht, daß die Arbeiter nicht mit den Arbeitern zusammen kommen können.

Wels: Wenn die Communiqués der russischen Regierung so geschrieben würden, wie die kommunistische Rundschau[45] geschrieben wird, dann wären sie nicht lange in Genf.

Böchel: Ja, aber dann müssen wir den Ton der Rundschau durch Anprangerung zu ändern suchen.

Welche Bedenken werden für die Parteien in den demokratischen Ländern bei Verhandlungen zwischen den Internationalen geltend gemacht?

Aber für die Länder, die unter dem Faschismus leben, sind die Verhandlungen eine Lebensfrage. So wie ich herausgehört habe, sind ja Verhandlungen von Land zu Land der nächste Schritt.

---

43 Vorlage: ihre.
44 Der Brief war nicht auffindbar.
   Heckert, Fritz Karl, 1884–1936, 1920–1936 ZK KPD, 1924–1933 MdR, 1932–1943 KPD-Vertreter bei der Komintern in Moskau, Emigration 1933 UdSSR, Spitzenfunktionär der Exil-KPD.
45 Vgl. Nr. 21.

Unsere Genossen warnen vor den Verhandlungen mit den Kommunisten. Wenn das so ist, dann bedeutet das durchaus nicht, daß unsere Genossen die Einheitsbewegung ablehnen. Aber sie wollen, daß von oben herunter Direktiven gegeben werden. Die Organisationseinheit steht in weiter Ferne. Die Aktionseinheit ist das Entscheidende und Nächste. Wenn man die Einheit als das Primäre betrachtet, dann muß man so handeln. Wenn man anderer Meinung ist und die Reichswehr oder das Bürgertum als ernste Hilfe ansieht, dann muß man das erklären.

Aufhäuser: Ich habe auch heute noch keine Illusionen über die Möglichkeit internationaler Verhandlungen. In Paris ist die Frage der Einheitsfront aufgerollt. Ich habe nicht verlangt, daß die deutschen Vertreter den Kommunisten ein Angebot machen sollen. Aber bei den Schlußabsätzen hat es sich darum gehandelt, ob prinzipiell die Verhandlungsbereitschaft der Internationale bejaht oder verneint werden soll. Ich halte es für die unmittelbare Aufgabe der deutschen Delegation, daß die Verhandlungsbereitschaft vom Februar 1933 im November 1934 nicht zurückgezogen wird.[46]

Über die Besprechung hier möchte ich mitteilen: Am gleichen Tage, an dem wir die Sitzung hatten[47], wurde ich angerufen und gefragt, ob ich einen Brief von den Kommunisten entgegennehmen wollte. Es war ein Brief, in dem die Aufforderung enthalten war, einen Aufruf für die spanischen Arbeiter mit zu unterzeichnen. Ich habe ihnen meinen Standpunkt mitgeteilt, daß nur von Organisation zu Organisation verhandelt werden kann.[48]

Wels: Am 7. hatten wir die Sitzung. Am 8. abends sind wir abgereist.

Aufhäuser: Wir wußten weiter nichts, als daß Sie einen Brief haben, was darin stand, wußte ich nicht.

Wels: Auch die Art: »Abschrift eines Briefes an den Genossen Adler« ist eigenartig. Die Gruppe verhandelt am nächsten Tag mit den Kommunisten und teilt uns das nicht mit, sondern schickt uns hinterher Abschrift eines Briefes an Adler.[49]

Crummenerl: Ich will noch einige Bemerkungen machen. Genosse Böchel glaubt nicht an die Spaltung; darüber kann man nichts sagen, da steht meine Überzeugung gegen seinen Glauben.

Böchel: Nun erkläre mir, welche Schädigung denn für die einzelnen Parteien entstanden wäre.

---

46 Am 18. Februar 1933 hatte das Büro der SAI einen Aufruf »An die Arbeiter der ganzen Welt« veröffentlicht, der insbesondere die deutschen Arbeiter aufforderte, »die gegenseitigen Angriffe einzustellen und gemeinsam gegen den Faschismus zu kämpfen«; die SAI erklärte sich bereit, an der Überwindung der Spaltung mitzuwirken und über eine Kampfgemeinschaft der Sozialdemokraten und Kommunisten »mit der Kommunistischen Internationale zu verhandeln.« Vgl. *Braunthal*, Bd. 2, S. 410; *Herbert Mayer*, S. 9. Zu den Reaktionen der KPD und der Komintern sowie zur Erklärung der SAI-Exekutive vom 18./19. März 1933, in der von den der SAI angeschlossenen Parteien bezüglich ihres Verhaltens gegenüber den Kommunisten verlangt wurde, »sich aller Sonderverhandlungen zu enthalten, solange nicht Verhandlungen zwischen den beiden Internationalen tatsächlich zustande kommen«, vgl. *Braunthal*, Bd. 2, S. 411 f.; *Herbert Mayer*, S. 11.

47 PV-Sitzung am 7. November 1934.

48 Vgl. Böchel/Aufhäuser an SAI, 8. November 1934, Abschrift in: Denkschrift der PV-Minderheit, S. 20 f., in: AdsD Bonn, PV-Emigration, Mappe 208, in dem die beiden Adler über ihre Besprechung mit zwei Mitgliedern des ZK der KPD informieren: »Wir haben im übrigen unseren bekannten Standpunkt erneut bestätigt, wonach die sozialdemokratische Linke es ablehnt, sich von der gesamten sozialdemokratischen Partei zu isolieren und für kommunistische Einheitsaktionen gebrauchen zu lassen.« Vgl. *Niemann u. a.*, S. 224 f.

49 Abschrift Aufhäuser an Wels, undatiert, mit Abschrift Brief Aufhäuser/Böchel an Adler, hier undatiert; dazu hs. Anmerkung von Wels »Am 8. waren wir noch in Prag – bis 10. 35 Abd. Aufhäuser und Böchel haben uns keine Mitteilung von der Unterredung am 8. gemacht.«, in: AdsD Bonn, PV-Emigration, Mappe 17.

Crummenerl: Es kommt darauf an, daß die Genossen, die diese Entschlüsse faßten, die Überzeugung haben, daß große Schädigungen entstünden. Die Genossen müssen die Situation in ihren Ländern besser beurteilen können als wir.

Die Spaltung zu verhindern war unsere Absicht. Wir wollten warten, ob nicht größere Ereignisse eintreten, die die Dinge ändern. Die Frage Deutschland und Verhandlungen mit Kommunisten ist eine andere Sache. Wenn Aufhäuser sagt, man ist hinter 1933 zurückgegangen, dann stimmt das. Wir haben, so sagt die Internationale, die Nase voll, wir verhandeln nicht. Daß wir diese Spaltung nicht herbeigeführt haben und alles versuchten, sie zu verhindern, ist das Entscheidende.

Wels: Nun kommen wir zur Berichterstattung über die Westkonferenz. Ollenhauer war in den nördlichen Ländern und in Holland als Sekretär der Jugend-Internationale und hat dann an der Westkonferenz teilgenommen.[50] Er wird den Bericht erstatten.

Ollenhauer: Die Sekretäre des Westens hatten im Sommer den Wunsch geäußert, im Dezember eine Konferenz zu veranstalten. Die Konferenz hat stattgefunden. An ihr haben die Organisationsleiter des Westens Deutschlands teilgenommen. Etwas schwächer waren die innerdeutschen Bezirke vertreten, weil durch Verhaftungen Schwierigkeiten entstanden waren. Die Konferenz konnte durchgeführt werden, ohne daß nach unseren Informationen nachher etwas bekannt geworden ist bzw. Verhaftungen erfolgten.

Die Konferenz erstreckte sich über anderthalb Tag. Das Hauptreferat hielt Hilferding. Das entsprach ebenfalls einem Wunsch der westlichen Mitarbeiter. Hilferding hat neben dem Gesamtüberblick über die Situation und Entwicklung auch über die Frage der Einheitsfront gesprochen. Der größte Teil der Aussprache war ausgefüllt von den Debatten der Genossen von drüben. Eine größere theoretische Debatte gab es nicht. Sehr wesentlich waren die praktisch-politischen Schlußfolgerungen, die von den Genossen gezogen wurden. Ich kann noch hinzufügen, daß neben Hilferding Genosse Wels einen ausführlichen Bericht über die Pariser Verhandlungen gegeben hat. Auch für uns überraschend war, daß von den annähernd 30 illegalen Genossen auch nicht ein einziger Genosse sich für die Einheitsfront ausgesprochen hat. Es waren neben den organisatorischen vor allem auch politische Bedenken, die es angeraten[51] sein ließen, gegen die Einheitsfront zu sprechen. Das ging sogar so weit, daß einzelne Genossen das französische Experiment kritisierten und es für Deutschland nicht anwenden wollten.

Das zweite Hauptproblem, mit dem sich die Redner beschäftigten, war die allgemeine und eindeutige Feststellung, daß die deutsche Sozialdemokratie wieder im Erstarken begriffen ist. So gab es z. B. in dieser Konferenz keine Meinungsverschiedenheit und keinen Streit mehr über die Frage: Prag oder nicht Prag. Einen ziemlichen Umfang hat die Diskus-

---

50 Die Westkonferenz hat vermutlich Ende November/Anfang Dezember 1934 in Antwerpen stattgefunden; vgl. *Osterroth/Schuster*, Bd. 2, S. 341; *Matthias/Weber*, S. 160 f. Zwischen Ende Oktober und Mitte Dezember war Ollenhauer in SJI-Angelegenheiten in Holland und Skandinavien unterwegs und hat die Reise mit der Teilnahme an diesem Treffen verbunden; vgl. *Seebacher-Brandt*, Biedermann, Diss., S. 516, Anm. 7. Vom PV nahmen außerdem teil: Crummenerl, Wels, Sollmann und Rinner; ferner Hilferding und Geyer sowie Reinbold und Ferl; vgl. *Niemann u. a.*, S. 235 f.; Aussage Wilhelm Braun, 13. Februar 1936, in: BA Zwischenarchiv Dahlwitz-Hoppegarten, NJ 871/2, Bl. 63–65, hier Bl. 64; Aussage Karl Werner, 14. Februar 1936, in: Ebd., Bl. 108–114, hier Bl. 111 f. (ORA in der Strafsache gegen Hans Heilig u. a.).

Braun, Wilhelm, geb. 1891, Schlosser, SPD, RB, illegale Arbeit im Mannheimer Raum, 1936 verhaftet und zu 18 Monaten Gefängnis verurteilt.

Werner, Karl, 1904–1944, Bademeister, Betriebsrat, SPD, illegale Arbeit im Mannheimer Raum, 1936 verhaftet und zu vier Jahren Zuchthaus verurteilt, 1943 Strafbataillon 999.

Heilig, Hans, 1897–1973, SPD, RB, illegale Arbeit im Mannheimer Raum, 1935 verhaftet und 1937 zu acht Jahren Zuchthaus verurteilt.

51 Vorlage: abgeraten.

sion über die Frage der heutigen Situation in Deutschland gegeben. Die Genossen vertraten überwiegend den Standpunkt, daß die Ablösung der Hitlerdiktatur nicht direkt durch eine sozialistische Revolution erfolgen wird. Sie glauben auch nicht an diese schroffe Form.

Wels: Wir haben eine kurze Weile geschwankt, ob wir wegen der Verhaftung Schröders die Konferenz nicht überhaupt abblasen sollten.[52]

Wünscht jemand das Wort? Wenn nicht, dann wollen wir über einige Vorgänge in der Emigration berichten.

Vogel: Es ist eines der heikelsten Kapitel, über das wir hier zu sprechen haben. Die Ursachen sind die innerpolitischen Schwierigkeiten und die Verhältnisse in der Emigration selbst. Die innerpolitischen Zuspitzungen haben ihren Niederschlag in den Reden verschiedener tschechoslowakischer Minister gefunden, die sich dem französischen Standpunkt[53] angepaßt haben.

Aber auch durch die Emigration sind erschwerende Umstände entstanden. – Denunziation an verschiedene Regierungsstellen und Redaktionen ist erfolgt. Eine Denunziation, die ins einzelne geht und auf Grund eingehender Kenntnisse geschah. Unser Verdacht fiel auf Schwabe[54], unseren ehemaligen Techniker. Genosse Taub und wir hatten große Sorge, daß uns durch diese Angelegenheit Schwierigkeiten in unserer Tätigkeit entstehen würden.[55]

Das ist der eine Fall. Eine andere Sache ist der Fall Cammerer[56], den ich am besten durch Verlesung des Briefwechsels darstelle (geschieht).[57] Mit diesem Fall hat es eine ganz eigenartige Bewandtnis. Cammerer hat sich an verschiedene Emigranten herangemacht, um sie zur Bildung einer neuen Partei anzuregen. Bei dieser Gelegenheit mußten wir auch zum wiederholten Male die Erfahrung machen, daß die Gendarmerie in den Grenzorten sich an die Emigration gewandt hat. Der Fall Cammerer erscheint für uns symptomatisch. Damit

---

52 Der ehemalige SPD-Reichstagsabgeordnete und Geschäftsführer beim ZdA, Fritz Schröder (1891–1937), der 1933 in die Niederlande emigriert war, wurde bei einem illegalen Aufenthalt in Deutschland vermutlich am 18. November 1934 in Harburg festgenommen, zu 13 Monaten Gefängnis verurteilt und starb vermutlich an den Haftfolgen.
53 Der Sachverhalt konnte nicht aufgeklärt werden.
54 Vorlage: »Schwabe« hs. unterstrichen.
55 Vgl. Nr. 25. Bereits am 12. April 1934 hatte Schwabe, damals wohnhaft in Hilversum, der Kriminalpolizei Berlin seine Mitarbeit angedient. Vgl. BA Potsdam, St 3/332, Bl. 1: »Ich bin aus naheliegenden Gründen bereit, Ihnen in allen Teilen greifbare Auskunft zu geben, wenn Sie einen Berliner Beamten nach hier schicken können.« In einem Bericht über seinen beruflichen Werdegang vom 15. Mai 1934, Abschrift in: BA Potsdam, St 3/332, Bl. 12–15, betonte er, daß er von jeher darauf bedacht gewesen sei, »Kenntnisse zu sammeln, um diese der deutschen Regierung evtl. zur Verfügung zu stellen.« Das Gestapa bestätigte Schwabes Spitzeltätigkeit: »Durch die Mitarbeit des Schwabe ist es gelungen, über die illegale Tätigkeit des SPD-Vorstandes im allgemeinen und die einzelnen Kuriere innerhalb Deutschlands im besonderen einen genaueren Überblick zu gewinnen.« Bericht Gestapa, 16. Juli 1934, in: BA Potsdam, St 3/329, Bl. 78. Vgl. auch Gestapa (Sattler) an ORA beim VGH, 18. Dezember 1940, in: BA Zwischenarchiv Dahlwitz-Hoppegarten, ZC 13262, Bl. 47 f., wonach Schwabe nach seiner Rückkehr von Holland nach Deutschland »über führende Persönlichkeiten der Sopade, die genaue Einteilung der Grenzkommissare und deren Besetzung, die Regelung des illegalen Zeitungsvertriebs, die Flüchtlingshilfe, den internationalen Kurierdienst und sämtliche illegalen Grenzübergänge in Sachsen und Schlesien, die er während seiner Emigration kennenlernte, ausführlich berichtet« hatte.
56 Vorlage: Kammerer (auch im folgenden), hier »Kammerer« hs. unterstrichen.
Cammerer, Manfred Rudolf, 1909–1942, Mitglied KPD, Emigration 1933 Österreich, 1934 CSR, dort Trennung von der KPD, illegale Aufenthalte in Deutschland, nach Besetzung der CSR von der Gestapo verhaftet, hingerichtet.
57 Vgl. Nr. 24 und Anhang Nr. 13. Der Briefwechsel liegt nicht vor.

hängt zusammen, daß eine Reihe unserer Emigranten in Verbindung mit den Nachrichtenstellen steht.[58]

Ein weiterer Fall ist die Angelegenheit Auchter-Palme[59] (folgt ausführliche Darstellung)[60] All das sind Dinge, die man nicht überall erzählen kann, die uns aber die ganze Arbeit außerordentlich erschweren. In diesem Zusammenhang muß ich auch über den Fall Ossowski[61] sprechen, der in Verbindung mit dem Nachrichtendienst steht und Emigranten und vor allem Genossen drinnen in Gefahr bringt.[62] All das trägt nicht zur Verbesserung der Verhältnisse bei.

Wels: Wir haben ein paar hundert der Spitzel bekanntgegeben. Man müßte sich überlegen, ob man der Öffentlichkeit nicht in großem Umfange Kenntnis gibt. Einen solchen Galgen[63] zu errichten ist meiner Meinung nach unbedingt erforderlich, man muß die Sache allerdings überlegen, aber ich halte es für eine der wesentlichsten Aufgaben, daß unsere Genossen vor den Spitzeln gewarnt werden.

Böchel: Im Grundsatz sind wir uns sicher einig, aber wir tragen damit natürlich eine schwere Verantwortung.

Wels: Die Verantwortung drückt auch mich. Ich mag unter Umständen einem Zweifelhaften vielleicht Unrecht tun, aber wir können nicht zulasssen, daß auf diese Weise die vielen wirklichen Spitzel ungehindert weiter arbeiten können.

Ich hätte noch eine Frage über die Gewerkschaftsarbeit. Wir haben Mitteilung bekommen, daß Br. von jungen Milesleuten aufgesucht und ihm mitgeteilt wurde, daß Schevenels die Milesgruppe beauftragt habe, die Gewerkschaftsarbeit in Deutschland zu übernehmen. Ich kann mir nicht denken, daß in internationalen Gewerkschaftskreisen dafür Verständnis und Zustimmung vorhanden ist. Vor allen Dingen glaube ich auch nicht, daß die Miles-

---

58 Vorlage: stehen.
59 Vorlage: »Auchter-Palme« hs. unterstrichen.
60 Möglicherweise geht es hier um die Briefkontakte, die der in die CSR emigrierte Erwin Auchter Ende 1934 mit dem in Berlin ansässigen, wahrscheinlich für die Gestapo arbeitenden Karl Palmer (im Protokoll vermutlich falsche Schreibweise des Namens) gehabt haben soll; vgl. Anklageschrift des ORA beim VGH gegen Erwin Auchter, Karl Palmer u. a., 6. Dezember 1939, in: IfZ München, Fa 117/35, Bl. 1–48.
Auchter, Erwin Anton, 1892–1940 (?), Sozialdemokrat, Emigration 1934 CSR, vermutlich 1938 Frankreich, u. a. illegaler Druckschriftenvertrieb, 1939 verhaftet, 1940 zum Tode verurteilt.
Palmer, Karl, 1878–1940 (?), Mechaniker, SPD, 1933 aus preußischem Staatsdienst entlassen, 1934 Ermittlungsverfahren in Berlin wegen Verbreitung »marxistischer Hetzschrift«, wird eingestellt, vermutlich Arbeit für die Gestapo, 1939 verhaftet, 1940 zum Tode verurteilt.
61 Vorlage: »Ossowsky« hs. unterstrichen.
62 Der ehemalige preußische Staatsrat und Polizeipräsident von Oppeln, Waldemar Ossowski (geb. 1880), war bereits im Januar 1933 in die CSR geflüchtet, stand in »freundschaftlichen Beziehungen« zur Prager Polizei, galt als scharfer Gegner des Prager PV und hatte Kontakte zu Otto Strasser. 1935 gab er der Polizei und dem Leiter der sozialdemokratischen Flüchtlingshilfe Wilhelm Sander einen wichtigen Hinweis im Fall des Spitzels Peter Ochmann. Vgl. *Cerny*, S. 199 f.; Bericht der Prager Polizeidirektion an das Präsidium des Landesamtes in Prag über die Tätigkeit der Sopade vom 21. Februar 1935, in: IfZ München, MS 159, Bl. 211–218, hier Bl. 217. 1937 ging Ossowski nach Bolivien und kehrte um 1950 nach Deutschland zurück.
Strasser, Otto, 1897–1974, ehemaliges SPD-Mitglied, 1925 Eintritt in die NSDAP, zusammen mit Gregor Strasser (1934 ermordet) führender Vertreter der NS-»Linken«, 1930 Gründer der »Schwarzen Front«, Emigration 1933, einflußreicher Befürworter einer Koalition aus Konservativen und ehemaligen Nationalsozialisten im Exil.
Ochmann, Peter, geb. 1888, Bauunternehmer, Emigration 1933 Danzig, Polen, CSR, Portier bei der sozialdemokratischen Flüchtlingshilfe in Prag, 1936 wegen Zusammenarbeit mit der Gestapo verhaftet, bis 1938 im Zuchthaus.
63 Vorlage: »Einen solchen Galgen« hs. eingebessert für »Eine solche Stelle«.

Leute einen ernsthaften Aufbau der Gewerkschaftsarbeit durchführen können. Merkwürdig ist, daß sie sich zu diesem Zweck ausgerechnet an die alten »reformistischen« Gewerkschaftsführer wenden. Das Verrückteste jedoch ist, daß Schevenels angeblich erklärt habe, daß die Miles-Leute mit Prag absolut einig gehen. Das kann uns nicht gleichgültig sein.

Die amerikanischen Gewerkschaften und die Partei haben beschlossen, einen 250 000 Dollar-Fonds zur Unterstützung der illegalen Arbeit zu sammeln, deren Verteilung in den Händen des IGB liegen wird. Es spricht für das kaufmännische Talent von Miles, daß er in diesem Augenblick Verbindung mit Schevenels sucht.

Aufhäuser: Wir werden das heute nicht im Ganzen behandeln können. In der Gewerkschaftsfrage läuft heute in Deutschland alles durcheinander, nicht zuletzt deshalb, weil man auch von hier aus die Verbindungen mit den Gewerkschaften aufgenommen hat ohne Kenntnis derjenigen, die mit der Gewerkschaftsarbeit zu tun haben. Der IGB hat in der Hauptsache den Genossen M. eingesetzt, er gilt auch gleichzeitig als der Vertrauensmann, den ihr eingesetzt habt.

Wenn ich an die Gruppe denke, die mir nahesteht, die Angestellten, dann ist die Aktion von hier aus ohne Verbindung mit den zuständigen Genossen erfolgt, und sie hat mit der Verhaftung Schröders geendet.

Solche Doppelbearbeitungen führen in Deutschland dazu, daß bei der Berichterstattung ein förmlicher Handel einsetzt (Zwischenruf), aber so wie es zur Zeit läuft, ist die Sache unmöglich. Es ist ein großes Durcheinander; ich sehe es an den Anforderungen, die die Leute drüben stellen, so daß sozusagen eine Preistreiberei einsetzt.

Ich bin nicht böse, daß man von hier aus mit den Angestellten in Berlin usw. verhandelt, aber es wäre das Normale, daß ihr ebenso wie mit Schliestedt[64] auch mit mir Rücksprache nehmt, um Doppelarbeit zu vermeiden.

Crummenerl: Wir haben von den einzelnen Dingen und Menschen keine Kenntnis. Daß Sch[röder] die Leute eingeladen hat, haben wir erst erfahren, als Sch[röder] verhaftet war.[65] Es liegt bei uns keine geheime Absicht vor.

Aufhäuser: Es muß natürlich korrumpierend wirken, wenn die Leute einmal gewerkschaftlich bezahlt werden und dann über den zentralen Apparat nochmals Bezahlung erhalten.

Wels: Die Lage in der Gewerkschaftsfrage in Deutschland ist nicht einheitlich. Da sind einige Berufe, die mit ihrer Internationale eng zusammenarbeiten. Eine Reihe anderer Verbände hat jedoch keine internationalen Sekretariate von Belang und ist deshalb auf eigene Kraft oder unsere Mitarbeit angewiesen. Meiner Meinung nach ist unsere Haltung richtig.

Stahl: Ich kann nur unterstreichen, was Genosse Wels sagt. Die Bauarbeiter z. B. arbeiten recht tüchtig.[66] N. B.[67] hat kürzlich anläßlich einer Rundreise wieder erfreuliche Feststellungen machen können, von denen ich Kenntnis habe.

---

64 Schliestedt, Heinrich, 1883–1938, DMV-Funktionär, Organisator einer weitverzweigten gewerkschaftlichen Widerstandsgruppe, Emigration 1934 CSR, Gründer und geschäftsführender Vorsitzender der »Auslandsvertretung der deutschen Gewerkschaften«, enge Verbindungen zur Sopade.
65 Vgl. Aufzeichnungen Hertz, 16. März 1935, in: IISG Amsterdam, NL Hertz, S. 20, Mappe XXIII, wonach Wels angab, daß der Antwerpener Konferenz Ende 1934 eine Vorkonferenz geplant gewesen sei, »die der Stellungnahme gegen den PV gedient habe«. Durch die Verhaftung von Fritz Schröder sei sie jedoch verhindert worden.
66 Vorlage: Satz hs. unterstrichen.
67 Bernhard, Nikolaus, 1881-1957, sozialdemokratischer Maurer, 1927-1933 Vorsitzender des Baugewerksbundes, 1930-1932 und 1933 MdR, 1933 und 1939 verhaftet, 1944 KZ Sachsenhausen. Vgl. *Peter Jahn* (Bearb.), Die Gewerkschaften in der Endphase der Republik 1930-1933, Köln 1988, S. 954; *Gerhard Beier*, Die illegale Reichsleitung der Gewerkschaften 1933-1945, Köln 1981, S. 67.

Wels: Wir wollen einmal ein möglichst umfangreiches Bild über die jetzige Gewerkschaftsarbeit zusammentragen.

Schluß der Sitzung : 3/4 3 Uhr.

Nr. 27
Notiz von Paul Hertz über die Parteivorstandssitzung am 21. Dezember 1934[1]

IISG Amsterdam, NL Hertz, S. 20, Mappe XXIII

21. 12.[2]

Neben Nau und Siebold[3], die, wie vermutet wird, auf Denunziation von Schwabe verhaftet worden sind, ist nun auch Erna Röpke[4] verhaftet worden. Bei den Eltern von Br[uno] Neum[ann] war Haussuchung. Trotzdem wird über diese Sache nicht geredet. Nur Ri[nner] ist aufgeregt wegen – seiner Eltern!

In einer Sitzung wird über den neuen Fall A[ufhäuser] u[nd] B[öchel][5] geredet.[6] Weder O[tto] W[els] noch S[iegmund] Cr[ummenerl] haben eine klare Vorstellung, was zu tun ist.

---

1 Die Datierung auf das Jahr 1934 basiert auf den Beratungsthemen der Sitzung.
2 Vorlage: »21. 12.« hs. unterstrichen.
3 Vorlage: »Nau« und »Siebold« hs. unterstrichen.
4 Vorlage: »Erna Röpke« hs. unterstrichen.
5 Vorlage: »Fall A. u. B.« hs. unterstrichen.
6 Es handelte sich um den sogenannten »Aktentaschenfund« im Anschluß an die PV-Sitzung vom 18. Dezember 1934. Vgl. Hertz hs. Aufzeichnungen, 18. Dezember 1934, in: IISG Amsterdam, NL Hertz, S. 20, Mappe XXIII: »Als die Sitzung zu Ende war, stellen W[els] u. V[ogel] fest, daß Böchel seine Aktenmappe vergessen hat. Aus ihrem reichhaltigen Inhalt werden die interessanten Dokumente abgeschrieben.« Diese Darstellung bestätigt Wels in seinen hs. Notizen, undatiert [ca. Anfang 1935], in: AdsD Bonn, PV-Emigration, Mappe 162. Nach Böchels Darstellung ist ihm nach Ablauf der regulären Sitzung, als er für einen Augenblick in ein anderes Zimmer gebeten wurde, seine Mappe vorsätzlich entwendet worden. Zurückbekommen habe er sie am 24. Dezember. Vgl. Böchels Erklärung zum Verschwinden seiner Aktenmappe am 18. Dezember 1934, o. D., in: AdsD Bonn, PV-Emigration, Mappe 19. Zum Verschwinden der Aktenmappe, dem Verhalten der PV-Mehrheit und zur Reaktion vgl. auch Aufhäuser/Böchel/Lange/Müller [d. i. Karl Frank] an PV, 22. Januar 1935, in: AdsD Bonn, PV-Emigration, Mappe 17; Lange an PV, 18. Januar 1935, in: AdsD Bonn, PV-Emigration, Mappe 70; Aufhäusers Darstellung in einem Brief an Vogel, 2. Februar 1935, sowie Vogels Erwiderung, 6. Februar 1935, in: AdsD Bonn, PV-Emigration, Mappe 98; Denkschrift der PV-Minderheit, S. 16, in: AdsD Bonn, PV-Emigration, Mappe 208. Nach Heine sei es nicht erwiesen, daß Böchel erst in ein anderes Zimmer »gelockt« und ihm dann die Tasche »gestohlen« worden sei; Böchel könnte sie auch vergessen haben. Vgl. *Seebacher-Brandt*, Biedermann, Diss., S. 148 f., S. 508, Anm. 25. Bei den »Fundstücken« handelte es sich um die von Karl Frank verfaßte und an Aufhäuser und Böchel weitergegebene Unterlage für die PV-Sitzung am 7. November 1934, in: AdsD Bonn, PV-Emigration, Mappe 3, den Brief Aufhäuser an Böchel, 9. Dezember 1934, in: AdsD Bonn, PV-Emigration, Mappe 17, den Brief Willi Müller [d. i. Karl Frank] an Willi [Lange] und Karl [Böchel], 6. Dezember 1934, in: AdsD Bonn, PV-Emigration, Mappe 76, und um den Brief Böchel an Aufhäuser, 7. Dezember 1934, Durchschrift in: IISG Amsterdam, Neu Beginnen, Mappe 5; vgl. Aufzeichnungen Hertz, Anlage zum 18. Dezember 1934, Bl. 3a, in: IISG Amsterdam, NL Hertz, S. 20, Mappe XXIII; Materialzusammenstellung, 30. Januar 1935, Bl. 5–7, in: AdsD Bonn, PV-Emigration, Mappe 8.

Einmütigkeit herrscht nur, daß wir Miles die Januar-Rate nicht geben.[7] O[tto] W[els] will eine Erklärung, daß A[ufhäuser] u[nd] B[öchel] gespalten haben. Stampfer widerspricht, das würde uns die Verantwortung aufbürden. Damit ist der Vorschlag erledigt. Sonst einigt man sich nur, daß O[tto] W[els] mit Taub sprechen sollte. Was mit Lange, Böchel, Bögler wird, weiß niemand. Vorsichtshalber wird in Aussicht genommen, daß Tockus den Umbruch machen soll.

O[tto] W[els] erzählt mir von der Besprechung mit Treviranus[8]. Dieser habe ein großes Büro in London, arbeite mit Brü[ning] zusammen und sei für konservative [Herrschaft]. Er hoffe, 15 Mill[ionen] Mark aufbringen zu können und wolle dann auch uns unterstützen. Angeblich hat der Bericht von O[tto] W[els] großen Eindruck auf ihn gemacht. Eine neue Besprechung – O[tto] W[els,] R[udolf] H[ilferding] – H[einrich] Brü[ning] u[nd] Trev[iranus] ist für Anfang Jan[uar] in Zürich in Aussicht genommen.

---

7 Vorlage: Von »daß« an hs. unterstrichen.
8 Treviranus, Gottfried Reinhold, 1891–1971, ab 1924 MdR (DNVP), nach Austritt 1930 Gründer und Vorsitzender der »Konservativen Volkspartei«, mehrfach Minister in den Kabinetten Brünings, Emigration 1934 Großbritannien, Investitionsberater bzw. Geschäftsführer einer Gummifabrik, 1940 Kanada, 1943 USA, Mitgründer und Geschäftsführer »Thomas-Jefferson-Fund«, 1947 Deutschland.

Nr. 28
Notiz von Paul Hertz über die Parteivorstandssitzung am 2. Januar 1935

IISG Amsterdam, NL Hertz, S. 20, Mappe XXIII

2. 1. 35

F[riedrich] A[dler] war auf der Rückreise im Büro. Er bemühte sich, die heftige Stimmung gegen A[ufhäuser,] B[öchel] u[nd] W[illi] Mü[ller][1] zu mildern, plädierte für Toleranz und erzählte von der österr[eichischen] Konferenz, die jetzt auch bereits eine Änderung der Stimmung gegenüber der ersten Zeit gebracht habe. Er warnte auch, die Konsequenzen einer Spaltung in D[eu]tschl[and] zu unterschätzen. Außerdem erzählte er von den Meinungsverschiedenheiten innnerhalb der Miles-Gruppe. Die Leute in D[eu]tschl[and] sind gegen die Einheitsfront.

(W[illi] Mü[ller] hat in einem B[rie]f mitgeteilt, sein B[rie]f an Aufh[äuser] stamme von seiner Sekretärin!!)

Im Anschluß an die Unterredung mit F[riedrich] A[dler] fand eine Besprechung über unsere Haltung zu A[ufhäuser] B[öchel] usw. statt. O[tto] W[els] plädierte für einen B[rie]f, in dem der Abbruch der Beziehungen mitgeteilt werden soll. Cr[ummenerl] war für einfache Nichteinberufung der Vorstandssitzung. Ich schloß mich ihm an. So wurde beschlossen. Es soll außerdem ein Memorandum über den ganzen Konflikt hergestellt werden.[2] Da-

---

1 D. i. Karl Frank.
2 Materialzusammenstellung über organisatorische Sonderbestrebungen in der Partei, 30. Januar 1935, in: AdsD Bonn, PV-Emigration, Mappe 8.

bei verlangte ich, daß scharf herausgearbeitet werde, daß wir für Freiheit im Denken sind, aber gegen Konspirationen mit gegnerischen Parteien gegen die eigene. In den persönlichen Fragen (Böchel, Bögler, Lange) wird abgewartet.

Wir sprechen außerdem über die Saar. Ich soll fahren. Zwischen Cru[mmenerl] und mir besteht Übereinstimmung in den Zür[icher] Fragen. Gegen die Verlängerung des Vertrages mit der Vo[lksstimme] um 2 Monate bestehen keine Bedenken. Auch ist die Einstellung zur Weiterführung der D[eutschen] F[reiheit] nicht ungünstig.

Schliest[edt] teilt mit, daß nun auch W[alter] Maschke verhaftet ist.

Nr. 29

Notiz von Paul Hertz vom 5. Januar 1935 über die Parteivorstandssitzung am 4. Januar 1935

IISG Amsterdam, NL Hertz, S. 20, Mappe XXIII

5. 1. 35

In einem B[rie]f teilt Ebel[1] mit, daß seine Sache in Ordnung sei, da bei der Polizei in Amsterdam ein B[rief] eingegangen ist, in dem ein gewisser Schröder behauptet, die Denunziation gegen Ebel gehe von Schwabe aus.[2] Dieser Schwabe vertreibe ein Radio-Buch für eine Firma in Bodenbach. Er sei in D[eu]tschl[and] für die Polizei unauffindbar. – Mir kommt dieser Brief merkwürdig vor.

Gestern wurde die Ersparnisaktion beschlossen. Die große Lösung soll vom 1. Juli ab gelten.[3] Über sie ergeht Beschluß etwa Ende März. Inhalt der kleinen Lösung ist:

Gehälter[4] des PV 2 500 Kc., Leeb-Heine 2 000, Kried[emann]-Schönf[eld] 1 600, Lorenz 1 600, Sekretäre 1 600, Stenotyp[istinnen] 1 400, Grützn[er] 300, Michel[5], Thiele, Käseberg[6] 200, Sekr[etäre] im Westen 1 600 Belg. Fr., Tockus 1 200, Böchel 1 200, Frau Lange 800, Riep[ekohl] 1 500, Hilf[erding] 400 Sfr. Gehaltsausgabe sinkt von 78 000 auf 66 000 Kc.

Krank[en]K[asse] wird selbst getragen.

Gesamtersparnis 60 000 Kc monatlich.

Ausgaben betragen danach 340 000 Kc.

---

1 Ebel, Ludwig, geb. 1895, ab 1926 Vorsitzender des Arbeiter-Radio-Bundes Mannheim, 1931–1933 Geschäftsführer beim Bundesvorstand des Arbeiter-Radio-Bundes Deutschlands, 1933 Schutzhaft, 1933 Emigration Niederlande, Berichterstatter für Deutschland-Berichte, Experimente zur Errichtung eines illegalen Kurzwellensenders, 1940 von der Gestapo verhaftet.
2 Vgl. Nr. 26, Anm. 65.
3 Vgl. Nr. 42.
4 Vorlage: »Gehälter« hs. unterstrichen.
5 D. i. von Knoeringen.
6 Vorlage: »Käseberg« hs. unterstrichen.

Nr. 30
Parteivorstands-Rundschreiben vom 30. Januar 1935 mit Bericht über eine Parteivorstandssitzung Ende Januar 1935
AdsD Bonn, PV-Emigration, Mappe 8, hekt., abgedruckt bei: Matthias/Link, Gesicht, Dok. 12, S. 227-229)

Werte Genossen!

Der Parteivorstand hat den Beschluß gefaßt, gemeinsame Sitzungen mit den Genossen Aufhäuser und Böchel nicht mehr abzuhalten. Die Begründung dieses Beschlusses ist aus der beifolgenden Materialzusammenstellung ersichtlich.[1]

Der Parteivorstand hat ferner das bisher bestehende Arbeitsverhältnis zu dem Genossen Lange-Karlsbad mit sofortiger Wirkung gelöst, da der Genosse Lange sich geweigert hat, den Parteivorstand über seine gesamte politische und organisatorische Arbeit loyal zu informieren. Der Genosse Lange ist daher nicht mehr als unser Grenzsekretär für das Gebiet Karlsbad-Teplitz und für die sächsischen Bezirke Chemnitz-Zwickau-Leipzig zu betrachten.

Der Parteivorstand hat schließlich die Unterstützung der sogenannten Miles-Gruppe eingestellt. Aus der Materialzusammenstellung in der Angelegenheit Aufhäuser-Böchel ist ersichtlich, daß der Vertrauensmann der Miles-Gruppe in Prag, Genosse Müller[2], entscheidend an den Bestrebungen mitgewirkt hat, innerhalb unserer Partei eine Sonderorganisation der sogenannten oppositionellen Gruppen zu schaffen.

Wir bitten, diese Beschlüsse des Parteivorstandes zur Kenntnis nehmen zu wollen.
Mit Parteigruß
Der Parteivorstand[3]

---

1 Materialzusammenstellung über organisatorische Sonderbestrebungen in der Partei, 30. Januar 1935, in: AdsD Bonn, PV-Emigration, Mappe 8. *Seebacher-Brandt*, Biedermann, Diss., S. 149, S. 508, Anm. 28, nimmt an, daß Ollenhauer der Autor dieser Materialzusammenstellung ist; darauf deute eine »Stilanalyse« hin und die »Tatsache, daß er mit Sicherheit die ›Materialzusammenstellung‹ verfaßt hat«; dies gehe aus hs. Notizen von Wels hervor. Zur Urheberschaft vgl. hs. Aufzeichnungen Hertz, 1. Februar 1935, in: IISG Amsterdam, NL Hertz, S. 20, Mappe XXIII: »Die Denkschrift von Ollenhauer ist klar und verhältnismäßig objektiv [...].«
2 D. i. Karl Frank.
3 Zu Reaktionen der von den Maßregelungen direkt Betroffenen vgl. Lange an PV, 31. Januar 1935, in: AdsD Bonn, PV-Emigration, Mappe 70; Aufhäuser/Böchel/Lange/Müller [d. i. Karl Frank] an die SAI, 1. Februar 1935, in: IISG Amsterdam, SAI, Nr. 3515, forderten namens der PV-Minderheit, der Bezirksleitung Karlsbad und des Auslandsbüros von Neu Beginnen die Einsetzung eines Schiedsgerichts zur Entscheidung über »unrechtmäßig getroffene Maßnahmen des Sopade-Bureaus« und »eines Untersuchungsausschusses über die Finanzierungs- und Verwaltungsmethoden des Sopade-Bureaus«; Aufhäuser an »Werte Genossen«, 26. Februar 1935, in: AdsD Bonn, PV-Emigration, Mappe 8 (Stellungnahme zum PV-Schreiben vom 30. Januar 1935 und zur Materialzusammenstellung). Aufhäuser/Böchel an SAI-Exekutivmitglieder, Mai 1935, in: BA Potsdam, St 3/329, Bl. 153-177, Bl. 178-201, wendeten sich noch einmal gegen die »Spaltungsabsichten der Welsgruppe« und machten dem Autor der Materialzusammenstellung den Vorwurf, durch volle Namensnennung unbeteiligte Illegale gefährdet zu haben; vgl. schließlich »Zur Lage der Sopade«, ein Papier, das Neu Beginnen Anfang August 1935 der SAI-Exekutive zukommen ließ, in: AdsD Bonn, PV-Emigration, Mappe 76. Kritische Reaktionen aus der deutschen Emigration: Ortsgruppe London der SPD an den PV, 4. Februar 1935, in: IISG Amsterdam, SAI, Nr. 3473; Grenzsekretariat Karlsbad an DSAP, 5. Februar 1935, in: AdsD Bonn, PV-Emigration, Mappe 70; Georg Dietrich an PV, 12. Februar 1935, in: AdsD Bonn, PV-Emigration, Mappe 31; Erwin Schoettle an Sopade-Büro, 12. Februar 1935, in: IISG Amsterdam, SAI, Nr. 3609.

Nr. 31

Notiz von Paul Hertz über die Parteivorstandssitzung am 5. Februar 1935

IISG Amsterdam, NL Hertz, S. 20, Mappe XXIII

5. 2. [1935]

Die Reichskonferenz[1] wurde für den 21. April beschlossen. Gegen meine Stimme. Ri[nner] erhob Bedenken wegen des zu frühen Termins. Die Debatte war interessant. Niemand wollte recht mit der Sprache heraus. Vogel sagte wohl den entscheidenden Grund: man müsse eine Vertrauenskundgebung für den PV haben als Stärkung im Kampf gegen A[ufhäuser] u[nd] B[öchel]. Cr[ummenerl] sagte allerdings, er wolle keine Anti-Böchelkonferenz. Ich legte den entscheidenden Wert auf die Feststellung, daß ich den politischen Sinn der Konferenz noch nicht begriffen hätte. Erst solle man die Ziele erarbeiten, dann sei die Zeit für eine Konferenz gekommen. Oll[enhauer] meinte, es seien ausreichende politische Ergebnisse vorhanden. Man könne feststellen 1) daß eine Soz[ialdemokratische] Partei nach wie vor bestehe, 2) daß man für Freiheit u[nd] Dem[okratie] kämpfe und 3) daß man die Einheitsfront mit den Kom[munisten] ablehne. Ich sagte ihm, daß das negative Parolen seien, die sich in den engen Schranken der Parteipolitik bewegten. Wenn wir keine Antwort auf die Frage geben könnten, wie man Hitler überwinde, so blieben wir hinter unserer Januar Plattform zurück und würden sehr enttäuschen. Wels nahm eine vermittelnde Haltung ein, er schien aber auch stark unter parteipolitischen Erwägungen zu stehen.

Nachher erzählte er mir, daß Alfr[inghaus][2] seit Sonnabend in Prag sei. Trevir[anus] habe ihm geschrieben, von Paris sei alles kaputtgemacht worden. W[els] schien mir sehr deprimiert zu sein, da er alle Hoffnungen auf das Geld Tr[eviranus'] aufgegeben hat.

1 Vgl. Nr. 23.
2 Alfringhaus, Erich, 1894–1941, Chefredakteur des »Sozialdemokratischen Pressedienstes«, einflußreicher Berater von Otto Wels, Emigration 1933 Dänemark, 1941 verhaftet, Selbstmord.

Nr. 32

Notiz von Paul Hertz über die Parteivorstandssitzung am 13. Februar 1935

IISG Amsterdam, NL Hertz, S. 20, Mappe XXIII

13. 2.

In einem B[rie]f von Herta Gotthelf[1] heißt es: sie habe beim Lesen der Denkschrift über A[ufhäuser] u[nd] B[öchel] Gift und Galle gespuckt und uns allesamt eine Kur in einem deutschen KZ gewünscht. Es sei schlimm, daß links und rechts sich nie vertragen können.

1 Gotthelf, Herta, 1902–1963, führende Frauen-Funktionärin der SPD, Redakteurin der sozialdemokratischen Zeitschrift »Die Genossin«, Emigration 1934 Großbritannien, zeitweise Sekretärin Ernst Tollers, SPD London, 1946 beim SPD-PV in Hannover, 1947–1958 Mitglied des geschäftsführenden PV.

F[riedrich] A[dler] kündigt telefonisch die Herkunft von zwei deutschen Miles Leuten an[2], die zuerst mich, dann aber auch W[els] u[nd] V[ogel] sprechen wollten. Als ich ihm (W[els]) das mitteile, ist er ungehalten. Er vermutet anscheinend darin einen Versuch, die Sache mit Miles einzurenken, was ihm gar nicht paßt.

Arthur [Arnold] ist wieder da. Er hält sich aber sehr zurück. Anscheinend hat er doch eine Auseinandersetzung mit O[tto] W[els] gehabt.

Fuchs[3] bat mich um eine Unterredung wegen A[ufhäuser] u[nd] B[öchel]. Daraus entnahm ich, daß man B[öchel] zugemutet hat, er solle erklären, daß er für die B[rie]fe nur allein verantwortlich sei. Er hat das abgelehnt. F[uchs] bestritt, daß der »Arbeitskreis« Spaltungsabsichten habe. A[ufhäuser] habe den Vorschlag von B[öchel], die Kom[munisten] zu einem Einheitsfront[-]Angebot zu veranlassen, abgelehnt. Unsere Darstellung sei illoyal. F[uchs] betonte mehrfach, man wisse, daß alles während [. . .][4] Abwesenheit geschehen sei. Die Frage, ob ich mit Aufh[äuser] reden würde, habe ich bejaht, allerdings sei diese Unterhaltung augenblicklich wegen der Vermittlungsversuche von Jaksch verfrüht. Heute würde ich davon O[tto] W[els] Kenntnis geben.

Heute brachte Ulbricht[5] ein Einheitsfront Angebot w[e]g[en] Vertrauensrat Wahl! Wir lehnen ab, da unsere Leute wüßten, was sie bei dieser Gelegenheit zu tun haben. Die Antwort wird mündlich[6] erteilt.[7]

---

2 Vorlage: Ab »zwei« hs. unterstrichen.
3 Wahrscheinlich Georg Fuchs.
4 Text in Vorlage so stark beschädigt, daß Name nicht mehr lesbar.
5 Vorlage: »Ulbricht« hs. unterstrichen.
6 Vorlage: »mündlich« hs. unterstrichen.
7 Die Vorschläge des ZK der KPD an den Prager Parteivorstand für eine Zusammenarbeit bei den bevorstehenden Vertrauensratswahlen im April 1935 datieren auf den 11. Februar 1935; vgl. AdsD Bonn, NL Hertz, MF XXIII; der PV ließ sie am 14. Februar 1935 durch einen Beauftragten mündlich ablehnen; vgl. Gegen-Angriff Nr. 11, 15. März 1935. In der »Sozialistischen Aktion« von Ende Februar 1935 wurde das Angebot mit der Bemerkung zurückgewiesen, daß »hinter diesen Vorschlägen der Kommunistischen Parteileitung weder der Wille noch die Möglichkeit steht, sie durchzusetzen.«

Nr. 33
Protokoll der Parteivorstandssitzung am 4. März 1935

SAPMO Berlin, ZPA, II 145/54, Bl. 151–153

Vorstandsbesprechung vom 4. März 1935.[1]

Beginn: 12 Uhr

Anwesend: Wels, Vogel, Crummenerl, Rinner, Ollenhauer, Hertz, Stampfer, Geyer, Arnold, Heine.

---

1 Hinweise zum Ablauf der hier protokollierten Sitzung finden sich auch im Nachlaß Hertz. Die von Hertz beschriebenen Inhalte decken sich zu großen Teilen mit denen des Protokolls, hingegen differieren die Datumsangaben. In seinen tagebuchartigen Aufzeichnungen vom 16. März, in: IISG Amsterdam, NL Hertz, S. 20, Mappe XXIII, datiert er die Sitzung auf den 14. März, in einem Brief an Hilferding von Sonntag, dem 18. März, 1935, in: AdsD Bonn, NL Hertz, MF XLII, heißt es über das Datum »Mitte vergangener Woche«. Stimmen die Angaben bei Hertz, hätte sich der Protokollant geirrt.

Crummenerl: Es ist[2] eine Reihe von finanziellen Angelegenheiten zu regeln, die ich vorlegen möchte. Zunächst hat Sattler darum gebeten, ihm eine à Kontozahlung von Kc 20 000,- für die in der Herstellung befindlichen Graphia-Broschüren zu geben. (Dem Wunsch Sattlers wird entsprochen.)

Der Genosse Efferoth[3] hat von uns ein Darlehn erhalten, von dem noch 1 400 Kc ausstehen. Ich schlage vor, diesen Betrag als Darlehn angesichts der schwierigen Lage Efferoths zu streichen und in die Kasse zu übernehmen. Ist er später fähig, den Betrag zu zahlen, dann können wir immer noch entsprechende Buchungen vornehmen. In der Hauptsache ist es mir darum zu tun, unsere Kasse klarzubekommen. (Der Vorschlag Crummenerls wird angenommen.)

Buisson hat von seinem Darlehn noch 1 600 Kc bei uns stehen. Ich schlage vor, ebenso zu verfahren (wird angenommen).

Außerdem haben wir noch ein Darlehn an Hünlich[4] gegeben, der uns jetzt mit dem Wagen Schwierigkeiten macht.

Arnold: Ich bin bereit, den bei Hünlich stehenden Wagen für 1 500 Kc zu kaufen, Risiko zu meinen Lasten.

Crummenerl: Sodann müssen wir über die Bürofrage sprechen. Wir müssen in den nächsten Tagen eine Entscheidung fällen, da wir am 30. 3. die Kündigung der Räume vornehmen müssen, wenn wir am 1. Juli freie Hand haben wollen. Ich schlage vor, daß wir in 8 Tagen nochmals über diese Frage sprechen.[5]

Schließlich müssen wir zu der Frage der Osterkonferenz Stellung nehmen. Wir hatten beabsichtigt, die Parteikonferenz Ostern stattfinden zu lassen. Ich bin nach wie vor der Meinung, daß diese Konferenz notwendig ist und daß wir sie jetzt vornehmen müssen.

Wels: Auch ich bin für die Konferenz, aber ich kann mich nicht dafür erwärmen, daß wir sie Ostern stattfinden lassen. Die Gefährdung scheint mir zur Zeit zu groß zu sein.

Ollenhauer: Auch ich bin der Meinung, daß wir die Konferenz bis nach den Wahlen vertagen sollten.[6]

Die Abstimmung ergibt eine Verschiebung der Konferenz.[7]

Crummenerl: Schließlich möchte ich noch auf die neue Fremdengesetzgebung hinweisen und vorschlagen, daß wir gemeinsam vorgehen.[8] Ich schlage vor, daß die Genossen Wels und Vogel mit Gen[osse] Taub zu den amtlichen Stellen gehen und in entsprechender

---

2 Vorlage: sind.
3 Vorlage: Efferroth.
   Efferoth, Hugo, 1889–1946, sozialdemokratischer Journalist, Emigration 1933 Saargebiet (?), 1934 CSR, 1939 Bolivien, Mitarbeiter zahlreicher sozialdemokratischer Zeitungen und Zeitschriften.
4 Hünlich, Oskar, 1887–1963, 1920–1933 MdR (SPD), Emigration 1933 CSR, Grenzarbeit für die Sopade, später Dänemark, 1939 Schweden, 1946 Deutschland, Chefredakteur der »Nordwestdeutschen Rundschau«.
5 Vgl. Nr. 34.
6 Am 11./12. April 1935 fanden die Vertrauensratswahlen statt. Laut Hertz' Aufzeichnungen, in: IISG Amsterdam, S. 20, Mappe XXIII, brachte Rinner noch ein weiteres Argument für eine Verschiebung der Tagung vor, das von Ollenhauer unterstützt wurde: Wenn die Konferenz jetzt abgehalten werden würde, »stände wohl der A[ufhäuser-]B[öchel]-Konflikt zu sehr im Vordergrund.«
7 Vgl. Nr. 23, Nr. 31. Letztlich wurde die Konferenz auf unbestimmte Zeit verschoben; vgl. Hertz an Hilferding, 18. März 1935, in: AdsD Bonn, NL Hertz, MF XLII; *Niemann*, Geschichte, S. 378; *Niemann u. a.*, Anmerkungsteil, S. 45 f., Anm. 154.
8 Das »Gesetz vom 28. März 1935 über den Aufenthalt der Ausländer« begrenzte den genehmigungsfreien Aufenthalt verbindlich auf zwei Monate. Jeder Ausländer wurde verpflichtet, sich binnen sechs Tagen bei den Behörden zu melden. Weiterhin wurde vorgesehen, bestimmte Teile des Staatsgebietes für den Aufenthalt zu sperren. Vgl. Drehscheibe Prag. Deutsche Emigranten 1933–1939. Ausstellungskatalog, hrsg. v. Adalbert Stifter Verein München, München 1989, S. 36.

Weise intervenieren. Soviel ich jetzt sehe, handelt es sich im wesentlichen um ein Vorgehen gegen die Kommunisten.

Wels: Wir müssen Stellung nehmen zu dem Brief der SAI. Die Geschäftskommission hat bei uns angefragt, ob wir mit einem Schiedsgericht in der Angelegenheit Aufhäuser und Genossen einverstanden sind.[9] Ich bin der Meinung, daß wir Schiedsgericht und Untersuchungskommission ablehnen werden.

Hertz: Wenn eine solche Entscheidung – Ablehnung des Schiedsgerichts – getroffen würde, könnte ich mein Einverständnis nicht erklären. Eine solche Entscheidung bedeutet den Bruch mit der SAI, auf die wir doch angewiesen sind. Ich habe große Sorgen über die Entwicklung. Der Streit mit Aufhäuser/Böchel ist nach Deutschland getragen und muß im Endeffekt zu völligen Lahmlegung der Arbeit in Deutschland führen. Die Bespitzelung wird gegenseitig erfolgen, und das Ende kann nur ungünstig für die illegale Arbeit sein.

Stampfer: Die Auffassung des Genossen Hertz, daß es zu einem Bruch mit der Internationale führen könnte, teile[10] ich nicht. Viel eher dürfte es zu einem Bruch in der SAI kommen. Es braucht nicht betont zu werden, daß das eine genauso unerfreulich wäre wie das andere. Wir müssen nach meiner Meinung wie bisher uns gegen Schiedsgericht und Untersuchungskommission wenden. Ich möchte aber vorschlagen, daß wir in der Form so weit als möglich entgegenkommen und vorsichtig schreiben. Wir sollten keine Brücken abbrechen und trotzdem in der Sache abweisend. Was den Streit im Innern betrifft, so bin ich der Meinung, daß er nicht solche Formen annehmen wird und das Interesse dafür nicht so groß sein wird wie Hertz annimmt.

Vogel: Ich glaube nicht, daß wir jetzt schon eine Entscheidung treffen müssen. Es wird notwendig sein, uns zu vergewissern, inwieweit wir Rückendeckung bei den anderen Parteien haben. Wir müssen vorsichtig sein und nicht die SAI gegen uns aufbringen.

Crummenerl: Es ist sicher wertvoll, Rückendeckung bei den anderen Parteien zu schaffen. Aber wir müssen auf die objektiven Dinge blicken und erkennen, daß wir nicht mit Aufhäuser/Böchel zusammenarbeiten können. Ein Schiedsgericht kann uns doch nicht die Gewähr für Loyalität geben.

Der Streit in Deutschland muß eben ausgetragen werden. Es liegt nicht bei uns, daß er nach Deutschland hineingetragen wurde, und wir müssen uns da durchbeißen.

Ich bin jedenfalls dagegen, daß wir uns auf ein Schiedsgericht einlassen.

Ollenhauer: Was Stampfers Vorschlag betrifft, so weiß ich nicht, was die SAI machen soll. Wir müssen uns selbst überlegen, was zu tun ist. Stampfers Vorschlag würde bedeuten, daß zwar ein offizielles Schiedsgericht nicht akzeptiert wird, daß aber doch in sachlicher Hinsicht anerkannt wird, daß diese Frage international geklärt werden kann.

Wir müssen auf alle Fälle klare Linie halten und unsere Entscheidung auch nicht von der

---

9 Adler an PV, 26. Februar 1935 (= Vorlage zur SAI-Exekutivsitzung 16.–18. August 1935), in: IISG Amsterdam, SAI, Nr. 451. Aufhäuser/Böchel/Lange/Müller [d. i. Karl Frank] hatten in ihrem Brief vom 1. Februar 1934, in: AdsD Bonn, PV-Emigration, Mappe 17, die Einsetzung eines Schiedsgerichtes und eines Untersuchungsausschusses gefordert. Vgl. Nr. 30, Anm. 2. Dieses Schreiben sowie das PV-Rundschreiben vom 30. Januar 1935 waren der SAI-Geschäftskommission vorgelegt worden, die folgenden Beschluß faßte: Da ein schiedsgerichtliches Verfahren in den SAI-Statuten nicht vorgesehen sei, könne es nur dann anlaufen, wenn beide Teile zustimmen. Die Gründe der Antragsteller vom 1. Februar 1935 für die Einsetzung eines Schiedsgerichts und eines Untersuchungsausschusses seien nicht die gleichen, so daß der PV eventuell verlangen könne, das Schiedsgericht auf einen Teil der Unterzeichner zu beschränken. Die Einsetzung eines Untersuchungsausschusses obliege der Exekutive. Die Geschäftskommission empfahl dem SAI-Büro, die Frage erst dann zu behandeln, wenn die Frage des Schiedsgerichts geklärt sei bzw. es seine Arbeit beendet habe. Die Beschlüsse wurden dem PV zur Kenntnis gegeben mit der Anfrage, ob er bereit sei, »die Prüfung des Konfliktes durch ein durch die SAI zu konstituierendes Schiedsgericht zu ermöglichen.«

10 Vorlage: »teile« hs. eingebessert für »glaube«.

Gruppierung in der SAI leiten lassen. Es ist doch sehr die Frage, ob es die Parteien unserethalben auf einen Streit ankommen lassen. Wir tun besser daran, wenn wir uns auf uns selbst verlassen.

Wir müssen es selbstverständlich ablehnen, uns von der SAI unter Kuratel stellen zu lassen. Bei der Ablehnung des Schiedsgerichts müssen wir aber bedenken, daß in unserer Stellungnahme ein schwacher Punkt ist. Aufhäuser und Böchel sind zwei PV-Mitglieder mit gleichem Rang. Wir setzen uns dem Vorwurf aus, eine Entscheidung in eigener Sache gefällt zu haben. Ich betone nochmals: Unseren Beschluß halte ich für absolut richtig, aber ich mache den Vorschlag, die Maßnahmen des PV nur im Falle Aufhäuser/Böchel durch ein Schiedsgericht nachzuprüfen. Wir müssen natürlich an die Schlußfolgerungen denken. Es ist möglich, daß es neben einer Rüge an Aufhäuser/Böchel auch zu einer Empfehlung an uns kommt, daß wir die Opposition in den PV hineinnehmen sollten. Die Entscheidung darüber steht dann immer noch bei uns.

Rinner: Daß die Lage in Deutschland zur Zeit pessimistisch betrachtet wird, ist zwar zutreffend, aber stimmt doch nicht immer und nicht überall.

Ich bin dafür, daß wir weder Schiedsgericht noch Untersuchungsausschuß akzeptieren. Ich sehe auch den schwachen Punkt nicht, den Erich Ollenhauer sieht. Das viel schwierigere Problem sehe ich in dem Vorwurf, daß wir der illegalen Arbeit schadeten. Ich bin der Meinung, daß das Ansehen von Aufhäuser/Böchel in Deutschland nicht so groß ist, wie von manchem angenommen wird. Man kann außerdem in der Antwort an die SAI andeuten, daß man in organisatorischer Beziehung alles tun will, um den Vorwurf, daß ein Schaden für die illegale Arbeit eintrete, zu entkräften.

Geyer: Der Vorschlag Erich Ollenhauer löst nicht, sondern verwickelt. Er erleichtert nicht, sondern verschlimmert die Situation; der Eindruck der Nachgiebigkeit wird hervorgerufen. Das Schiedsgericht würde zu einer Kompromißformel kommen und die Schwierigkeiten bei uns nur verstärken.

Es wäre deshalb zweckmäßig, ähnlich so zu verfahren, wie man es im Völkerbund zu tun pflegt, indem man das Konkrete des SAI-Vorschlages in Einzelprobleme auflöst.

Wels: Geyers Vorschlag ist zu gut. Wir müssen bedenken, daß der Konflikt nicht in der Emigration entstanden ist. Der formell-juristische Standpunkt des »in eigener Sache urteilen« wird seine Freunde finden, obwohl es keine juristische, sondern eine politische Frage ist. Zudem müssen wir bedenken, daß unsere schwache Stelle, der Fall Aufhäuser/Böchel, zugleich auch unsere stärkste ist. Denn gegenüber Aufhäuser/Böchel haben wir dokumentarisches Material.

Meine Argumentation geht in einer anderen Richtung. Wir müssen klarstellen, daß mit der Einsetzung eines Schiedsgerichts ein Präzedenzfall in der Internationale geschaffen würde.

Hertz: Nein, das stimmt nicht. Schon früher hat es ein Schiedsgericht gegeben. Beispielsweise 1923 zwischen den Tschechen und Deutschen.[11]

Wels: Das ist ein Irrtum. Die Verhältnisse lagen damals ganz anders. Es steht fest, daß ein derartiges Schiedsgericht einen Präzedenzfall bedeuten würde.

Ich halte die Aussprache heute schon für sehr nützlich und bin der Meinung, daß wir uns die Angelegenheit nochmals überlegen sollten.[12]

---

11 Auf dem ersten internationalen Sozialistischen Arbeiterkongreß in Hamburg (21.–25. Mai 1923) war eine Kommission eingesetzt worden, die die Konflikte zwischen den sudetendeutschen und den tschechischen Sozialdemokraten prüfen sollte. Zu Ursache und Ablauf des Konflikts sowie zur Arbeit der Kommission vgl. IISG Amsterdam, SAI, Nr. 844–848, sowie *Olaf Meiler*, Die Deutsche Sozialdemokratische Arbeiterpartei in der Tschechoslowakei (DSAP) im Spannungsfeld zwischen tschechischen Sozialdemokraten und Kommunisten 1918–1929, München 1989, S. 50–55.
12 Vgl. Nr. 34, Nr. 38 und Nr. 39.

Crummenerl: Wir müssen dann noch über die finanzielle Seite sprechen. Soll ich Lange die 2 200 Kc für den sachlichen Aufwand zahlen oder nicht?

Es wird beschlossen, Lange diese Summe zu überweisen. Nachdem Genosse Vogel noch Mitteilungen über polizeiliche Wahrnehmungen bezüglich reichsdeutscher Spitzel-Autos[13] gemacht hat, wird die Sitzung geschlossen.

---

13 Vorlage: Hs. verbessert von »(Spitzel?) Autos« in »Spitzel (?)-Autos«.

Nr. 34
Notiz von Paul Hertz über die Parteivorstandssitzung am 18. März 1935

IISG Amsterdam, NL Hertz, S. 20, Mappe XXIII

In der heutigen Sitzung[1] stellte sich zu meiner Überraschung heraus, daß man jetzt doch geneigt ist, den Vorschlag von C[urt] G[eyer] zu akzeptieren.[2] O[tto] W[els] machte den Vorschlag, Cru[mmenerl] zu beauftragen, in näheren Besprechungen mit F[riedrich] A[dler] zu klären, wie die Tätigkeit des Schiedsgerichts gedacht ist. Ich bezeichnete das als überflüssig, da der B[rie]f von F[riedrich] A[dler] darüber klare Auskunft gebe. Man entschied sich aber, daß Cru[mmenerl] mit F[riedrich] A[dler] über den Umfang der Tätigkeit des Schiedsgerichts, seine Zusammensetzung und seine Befugnisse Erkundigungen einziehe.

Das Büro[3] soll zum 1. Juli gekündigt werden mit dem Vorbehalt, daß man einen Teil weiter mieten wolle.

Stampfer will den Entwurf eines Aufrufs[4] über allgem[eine] Wehrpflicht machen.

Arnold erstattet Bericht über N[euer] V[orwärts] u[nd] Verlag.

Der N[euer] V[orwärts][5] habe gegenwärtig eine Auflage von 9 300 gegen 14 000 im Vorjahre. Z[eitschrift] f[ür] S[ozialismus] 1 000.

Gesamtaufwand[6] f[ür] N[euer] V[orwärts] u[nd] Z[eitung] f[ür] S[ozialismus] durch die Sopade vom Juni 1933 bis Januar 1934 431 360 Kc. Davon Z[eitung] f[ür] S[ozialismus] 80 947 Kc.

Defizit[7] 209 868 Kc (Z[eitung] f[ür] S[ozialismus] 57 000)

Außenstände[8] 140 000 Kc (nach 40 % Abschreibung)

---

1 Zum Ablauf der Sitzung vgl. auch Hertz an Hilferding, 18. März 1935, in: AdsD Bonn, NL Hertz, MF XLII.
2 Vgl. Nr. 33.
3 Vorlage: »Büro« hs. unterstrichen.
4 Vorlage: »Aufrufs« hs. unterstrichen.
5 Vorlage: »NV« hs. unterstrichen.
6 Vorlage: »Gesamtaufwand« hs. unterstrichen.
7 Vorlage: »Defizit« hs. unterstrichen.
8 Vorlage: »Außenstände« hs. unterstrichen.

Verlag 1934[9]	Sopade Aufwand	272 787	Kc	
	Einnahmen	128 837	"	
	Werte	38 137	"	
	Verlagsrechte		?	
	Lagerbestände	53 000	"	(Herstellungswert)
		120 000	"	(Verkaufswert)
	Außenstände	241 000	"	(ohne Abschreibung)

---

9 Vorlage: »Verlag 1934« hs. unterstrichen.

Nr. 35
Protokoll der Parteivorstandssitzung am 26. März 1935

SAPMO Berlin, ZPA, II 145/54, Bl. 154 f.

Vorstandsbesprechung vom 26. 3. 35.

Anwesend: Wels, Vogel, Ollenhauer, Hertz, Rinner, Stampfer, Geyer, Arnold, Heine.

Wels teilt mit, daß die Bürositzung auf den 6. April vertagt ist. Stampfer hat den Vorschlag gemacht, unsere Auffassung zur internationalen Lage niederzulegen. Er hat einen Entwurf angefertigt, der vorliegt und durchaus geeignet erscheint, der SAI übermittelt zu werden.[1]

Der Vorschlag, durch eine einheitliche Weltkampagne der Propaganda auf verschiedene Schichten in Deutschland einzuwirken, ist sehr friedlich und vielleicht nicht allzu wirkungsvoll, obwohl auch ein solches Trommelfeuer Wirkung haben könnte.

Hertz: Die Sache erregt mich nicht allzu sehr, weil es sich um eine interne Darstellung handeln soll. Eine solche Denkschrift kann nur dann von Erfolg für die Gegenwart und für die Zukunft sein, wenn sie ohne Kompromiß gemacht wird, ohne[2] ein Kompromiß, das erst am Ende von Verhandlungen stehen könnte; wenn sie also unseren Standpunkt eindeutig, wenn auch ohne Aggressivität[3], vertritt.

Es muß der Versuch gemacht werden, die Labour Party in der Internationale zu isolieren. Von der Propaganda glaube ich nicht, daß sie sehr wirken wird. Eine andere Frage ist jedoch die des Boykotts. Ein Appell an die Welt, sich ihrer friedlichen wirtschaftlichen Mittel zu bedienen, würde sicher wirksamer sein. Das Ganze konkreter und aggressiver zu gestalten wäre mein Wunsch; nicht aggressiver gegen die Labour Party, sondern gegen die Kriegsgefahr. Die Denkschrift sollte man nicht darauf abstellen, daß sie von allen Parteien des Büros akzeptiert wird, sondern daß sie unsere Stellungnahme ganz klar darlegt.

Stampfer: Die Grundgedanken der Denkschrift sind, daß wir uns rühren müssen, daß wir in Erscheinung treten müssen. Wir müssen zeigen, daß wir da sind.

Was die SAI mit der Denkschrift macht, ist ihre Sache. Kommt die Denkschrift an die Öffentlichkeit, so ist nichts daran, was wir nicht vertreten können. Weil die Denkschrift nichts Vertrauliches enthält, habe ich mich auch auf die ideologische Seite beschränkt.

---

1 Denkschrift zur internationalen Lage. Überreicht vom Vorstand der Sozialdemokratischen Partei Deutschlands dem Büro der Sozialistischen Arbeiter-Internationale, Ende März 1935, in: AdsD Bonn, PV-Emigration, Mappe 187.
2 Vorlage: »ohne« hs. ergänzt.
3 Vorlage hier und im folgenden: Agressivität, agressiv.

Ich habe von Boykott nie etwas gehalten. Selbst wenn die Boykottpropaganda richtig ist, müssen wir uns doch neutral verhalten. Wir würden uns sonst dem Vorwurf aussetzen, daß wir deutschen Arbeitern die Arbeit und das Brot wegnehmen und sie in den Hunger treiben. Das würde uns keinen Platz in Deutschland mehr sichern.

Tatsache ist, daß Deutschland bis heute die Aufrüstung mit fremdem Gelde bezahlt. Hertz hat mir darüber gestern einige Angaben gemacht, die vielleicht wert wären, noch in die Denkschrift hineingearbeitet zu werden. Vielleicht kann Hertz das vornehmen. Er hat überhaupt, wie ich seiner Rede entnehme, über die Anlage der Denkschrift eine andere Auffassung. Ich würde deshalb vorschlagen, daß Hertz eine besondere Ausarbeitung nach seinem Gesichtspunkt macht, die Wels dann als Aide-mémoire[4] mitbekommt.

Hertz: Ihr Standpunkt der geistig-moralischen Blockade würde durch meine Auffassung: finanziell-wirtschaftliche Blockade nicht überholt, sondern ergänzt werden. Sie haben einen neuen Gesichtspunkt in die Debatte geworfen, von dem Sie auch einige Beispiele aufgezählt haben, so daß wir uns hüten müßten, für die Verschlechterung der Lage der Arbeiter in Deutschland verantwortlich gemacht zu werden. Darauf gibt es doch nur eine einzige Antwort: Der Krieg ist ein viel größeres Übel. Wenn wir dieses kleine scheuen, dann wird das große Unglück, eben der Krieg, hereinbrechen.

Wels: Ich hatte den Eindruck, daß diese geistig-moralische Propaganda auch die anderen wirtschaftlichen Mittel usw. enthalten würde.

Stampfer: Wenn man Deutschland wirtschaftlich treffen will, dann wirkt nur die Blockade. Ich habe dagegen Bedenken, daß wir sie propagieren sollten. Ich glaube nicht, daß wir das Schlagwort der Blockade ausgeben dürfen.

Hinzukommt: Die Blockade ist der Krieg. Der Krieg steht unmittelbar dahinter und außerdem müssen wir bedenken, daß Deutschland im Weltkrieg der Blockade 5 1/2 Jahre standgehalten hat.

Geyer: Stampfers Haltung geht offenbar dahin, unsere Rolle nur im geistig-moralischen zu suchen. Die Dinge sind machtpolitisch jedoch schon soweit getrieben, daß auch eine geistig-moralische Blockade schon eine Kriegspropaganda ist. Was für die wirtschaftliche Seite gilt, gilt heute auch schon für die geistig-moralische Blockade. Ich glaube, daß Hitler heute schon so stark ist, um gegen diese Blockade zu den Waffen zu greifen. Man kann die Dinge heute nicht mehr trennen. Wer zu dieser geistig-moralischen Blockade ja sagt, muß auch die Bündnis-Politik bejahen.

Wels: Hinter all den Dingen steht doch immer unsere Absicht, der deutschen Regierung soviel Schaden wie möglich zuzufügen, ohne daß das deutsche Volk bzw. die deutsche Arbeiterschaft ernstlich geschädigt werden. Meiner Meinung nach ist die ruhige und sachliche Darstellung in der Denkschrift geeignet, auf die Vertreter der anderen Parteien Eindruck zu machen. Wir sollten uns mit dem, was in der Denkschrift gesagt wird, begnügen. Wir sollten versuchen, die Möglichkeit einer sozialistischen Außenpolitik wieder zu schaffen und dafür die geistigen und sonstigen Voraussetzungen herzustellen. Wenn wir die Aufmerksamkeit der Internationale auf diesen Punkt lenken, dann werden wir der Arbeiterbewegung sicher einen wertvollen Dienst geleistet haben.

Hertz: Die Auffassung geht also dahin, auf der Sitzung der SAI die Propaganda der Welt gegen Hitlerdeutschland in die Wege zu leiten. Ich halte das nach wie vor für ungenügend.

Stampfer: Wie verfahren wir denn nun mit der Denkschrift, was ist beschlossen?

Wels: Wir machen es so, wie es beabsichtigt ist. Ich nehme die Denkschrift mit und unterbreite sie dem Büro.[5]

Schluß der Besprechung.

---

4 Vorlage: Aide memorial.
5 Vgl. Nr. 36.

Nr. 36
Protokoll der Parteivorstandssitzung am 1. April 1935
SAPMO Berlin, ZPA, II 145/54, Bl. 156 f.

Vorstandsbesprechung am 1. April 1935.[1]

Anwesend: Wels, Vogel, Ollenhauer, Hertz, Rinner, Stahl, Stampfer, Geyer, Arnold, Heine.

Wels: Ich beabsichtige, am Dienstag zur Bürositzung der SAI zu fahren und halte es deshalb für zweckmäßig, nochmals kurz über unser Vorgehen in der Sitzung zu sprechen.[2] In Zürich werde ich mit Siegmund Crummenerl zusammentreffen und ihn dann mit nach Brüssel nehmen.

Wir hatten beabsichtigt, Stampfers Entwurf heute noch einmal durchzusprechen.[3] Die Notwendigkeit einer solchen Denkschrift wird unterstrichen durch die Tatsache, daß die Engländer beschlossen haben, zur Bürositzung 4 Genossen zu entsenden. Die Bürositzung kann insofern auch bedeutungsvoll sein, als sie sich seit einem Jahr zum ersten Mal wieder mit der allgemeinen Politik beschäftigt. Wir müssen die Forderung nach einer einheitlichen sozialistischen Außenpolitik stellen und uns dafür einsetzen, daß die Fragen unter diesem Gesichtspunkt behandelt werden.

Zur Frage unserer Delegation würde ich vorschlagen, daß Siegmund Crummenerl, der ja sowieso im Westen ist, mitfährt und daß ich mit Hilferding über seine Teilnahme spreche. Wenn er die Absicht hat, an der Bürositzung teilzunehmen, könnten wir ihn ja mitnehmen.

Stampfer: Ich bin nicht dafür, Hilferding mitzunehmen. Er stimmt wohl im allgemeinen mit unserer Auffassung gegenüber der Labour Party überein, aber er kleidet seine Haltung in eine solche Form, daß es unserer Sache möglicherweise nicht zum Nutzen gereicht, wenn er sie in der Bürositzung vertritt.

Hertz: Auf der Brüsseler Tagung wird die Haltung Englands im Vordergrund stehen. Ob man den Labour-Leuten grob oder zart entgegentritt, ist nicht so entscheidend. Stampfers Einwand halte ich nicht für ausreichend. Hilferdings Artikel zeigt, daß er sich zumindest in seiner letzten Äußerung zurückgehalten hat.[4] Ich bin auch nicht der Meinung, daß dies der wahre Grund für Stampfers Auffassung ist. Ich nehme an, daß ihn sachliche Meinungsverschiedenheiten von Hilferding trennen, aber ich glaube, daß es, wenn es so ist, zweckmäßiger wäre, unseren Kreis nicht durch die Nichtdelegation Hilferdings zu sprengen. Schließlich nehmen doch Wels und Crummenerl auch an der Tagung teil, so daß es nichts schaden kann, wenn auch Hilferding mit seiner vielleicht etwas anderen Auffassung hinzugezogen wird.

Wels: Ich hatte eine solche Debatte nicht erwartet, Ich bin nicht der Meinung, daß Differenzen entstehen können und traue mir schon zu, mit Hilferding über diesen Punkt ins Reine zu kommen.

Stampfer: Ich sehe nicht ein, daß aus der sachlichen Ablehnung einer Delegierung gleich auf eine Sprengwirkung[5] geschlossen wird. Wenn durch Wels und Crummenerl eine Siche-

---

1 Zum Verlauf der Sitzung vgl. auch Aufzeichnungen Hertz, 1. April 1935, in: IISG Amsterdam, NL Hertz, S. 20, Mappe XXIII.
2 Bürositzung der SAI am 6./7. April 1935 in Brüssel.
3 Vgl. Nr. 35.
4 Richard Kern [d. i. Rudolf Hilferding], Das Londoner Abkommen, in: Zeitschrift für Sozialismus 2. Jg., Nr. 18, März 1935, S. 561–568.
5 Vorlage: »Sprengwirkung« hs. eingebessert für »Zwangswirkung«.

rung gegeben ist, daß nicht von der Linie abgewichen wird, die in der Denkschrift vorgezeichnet ist, dann ziehe ich meinen Wunsch zurück.

Wels: Die zweite Angelegenheit ist der Fall Wesemann.[6] Es ist notwendig, das Material zu sammeln und es den Behörden zu übermitteln.

Im nächsten »Neuen Vorwärts« müssen wir über Wesemann neuerdings berichten und auffordern, Material einzusenden.[7]

Geyer: Wir beabsichtigen, an der Spitze der nächsten Nummer die Anprangerung des Spitzelsystems zu bringen, auch um zu zeigen, daß etwas getan wird. Auch über Schwabe müssen wir das vorhandene Material sammeln und jetzt veröffentlichen.[8] Gleichzeitig wollen wir dazu einen Hinweis bringen, daß Material an uns einzusenden ist.

Wels: Es wird nicht zweckmäßig sein, diesen Aufruf zur Materialeinsendung von der Spitzelabwehrzentrale[9] unterzeichnen zu lassen. Das lenkt nur unnötig die Aufmerksamkeit auf unsere Informationen. Es ist besser, wenn das Material an die Redaktion gesandt wird.

Ollenhauer berichtet über die Besprechung, die Ollenhauer, Rinner und Heine mit den Berliner Genossen gehabt haben.[10]

Stahl erstattet kurz Bericht über die Situation in seinem Gebiet.

---

6 Vorlage: »Wesemann« hs. unterstrichen. Der Gestapospitzel und frühere Journalist Dr. Hans Wesemann – SPD-Mitglied von 1919 bis 1925 – war am 9. März 1935 an der Entführung des Journalisten Berthold Jacob aus der Schweiz nach Deutschland beteiligt gewesen; vgl. Mitteilungen über das Spitzelwesen Nr. 12, 20. April 1935, in: AdsD Bonn, PV-Emigration, Mappe 8. Am 22. März 1935 hatte Grenzsekretär Hansen aufgrund eines Artikels über die Jacob-Entführung den Prager PV über seine Verdächtigungen hinsichtlich Wesemanns im Zusammenhang mit der Entführung des ehemaligen Gewerkschaftssekretärs Karl Balleng Ende Januar 1935 unterrichtet; vgl. Hansen an Wels, 22. März 1935, in: AdsD Bonn, PV-Emigration, Mappe 48; vgl. auch Nr. 64. Wesemann wurde bereits am 20. März 1935 in Ascona verhaftet und im Mai 1936 wegen Freiheitsberaubung zu drei Jahren Zuchthaus verurteilt; 1938 wanderte er nach Venezuela aus. Zur Person und Spitzeltätigkeit Wesemanns, zu seiner Rolle im Entführungsfall Jacob und zu dem Prozeß vor dem Basler Strafgericht vgl. *Jost Nikolaus Willi*, Der Fall Jacob/Wesemann (1935/36). Ein Beitrag zur Geschichte der Schweiz in der Zwischenkriegszeit, Frankfurt/Main 1972, S. 109–128, S. 144–157; *Kurt R. Grossmann*, Emigration. Geschichte der Hitler-Flüchtlinge, Frankfurt/Main 1969, S. 83–87.
Jacob, Berthold, 1898–1944, Publizist, SPD/SAPD, Emigration 1932 Frankreich, u. a. bis 1939 Hrsg. des »Unabhängigen Zeitungs-Dienstes«, 1935 von der Gestapo nach Deutschland entführt, nach Intervention freigelassen und über die Schweiz wieder nach Frankreich, 1941 Spanien, Portugal, 1941 erneut von Gestapo nach Berlin entführt.

7 Neuer Vorwärts, 7. April 1935: Mörder, Menschenräuber, Lockspitzel. Abwehr gegen das Verbrechen des braunen Systems, mit dem Aufruf, »Einzelheiten und Zusammenhänge über die Tätigkeit Wesemanns und seiner Mitarbeiter« in Dänemark, Holland, England und Frankreich mitzuteilen. U. a. meldete sich Helmuth Kern, der den Verdacht äußerte, von Wesemann im Herbst 1934 der politischen Betätigung in den Niederlanden denunziert und daraufhin mit einem Ausweisungsverfahren belegt worden zu sein; vgl. Kern an PV, 17. April 1935, in: AdsD Bonn, PV-Emigration, Mappe 61.

8 Neuer Vorwärts, 7. April 1935: Achtung Lockspitzel! Eine öffentliche Warnung.

9 Aufgabe der von der Sopade unterhaltenen Spitzelabwehrzentrale war »die aufmerksame und ständige Beobachtung des ganzen Spitzelnetzes der Gestapo. [...] Sie verfolgt jede Meldung über einen Verdächtigen, sie tauscht ihr Material regelmäßig mit ähnlichen Einrichtungen anderer Arbeiterorganisationen aus« und veröffentlicht laufend Namenslisten derjenigen, »die als Spitzel erkannt sind oder die im dringenden Verdacht der Tätigkeit für die Gestapo stehen.« Bis Juni 1936 wurden insgesamt 17 Listen mit 405 Namen veröffentlicht; vgl. Friedrich Stampfer, Drei Jahre Sopadearbeit, S. 14, in: AdsD Bonn, PV-Emigration, Mappe 165 (künftig zitiert als »Drei Jahre Sopadearbeit«).

10 Die Identität der »Berliner Genossen« war nicht aufzuklären.

Rinner: Ich habe von Bruno Neumann einen Brief mit der Mitteilung erhalten, daß der Dicke[11] in England war und ihn aufgesucht hat. Es wird das zweckmäßigste sein, wenn ich den Brief zur Verlesung bringe (das geschieht). Ich schließe mich der Auffassung, die Bruno über den Charakter Schwabes geäußert hat, an.

Geyer: Ich bin nicht der Meinung von Bruno, sondern glaube, daß Schwabe ganz sicher von der Polizei bezahlt und gesandt ist und als Lockspitzel fungiert.

Schluß der Sitzung.

---

11 Vorlage: »Dicke« hs. unterstrichen. Dies ist Reinhold Schwabe; aus Neumanns Brief ging ferner hervor, daß Schwabe bereits seit seiner Entlassung aus der Haft als Gestapospitzel arbeitete; vgl. Aufzeichnungen Hertz, 1. April 1935, in: IISG Amsterdam, S. 20, Mappe XXIII. Schwabe hatte 1933 eine sechswöchige Haft in Berlin abgesessen und war im Oktober 1933 entlassen worden; vgl. PV an Woudenberg, 14. März 1934, in: AdsD Bonn, PV-Emigration, Mappe 122; Neuer Vorwärts, 7. April 1935.

Nr. 37
Protokoll der Parteivorstandssitzung am 6. April 1935
SAPMO Berlin, ZPA, II 145/54, Bl. 158

Besprechung vom 6. 4. 35:[1]

Anwesend: Vogel, Crummenerl, Rinner, Hertz, Ollenhauer, Arnold, Heine

Crummenerl berichtet über die Unterredung mit Adler. Er hat ihm mitgeteilt, daß wir bezüglich des Schiedsgerichts noch keine Entscheidung getroffen haben, daß wir jedoch Lange ebenso wie Miles auf keinen Fall zu einem Schiedsgericht zulassen könnten.[2]

Danzig hat bei der Internationale Wahlkampfunterstützung erbeten und Überlassung von 2 000 Gulden gewünscht.[3] Adler bittet darum, daß wir diesen Betrag zur Verfügung stellen, da er keinen Fonds habe, über den er verfügen könne. Crummenerl hat eine Entscheidung nicht selbst getroffen.[4]

Er berichtet dann weiter über die Besprechung in Luxemburg. Schliestedt hat entsprechende Informationen in dieser Konferenz gegeben. Die Besprechung hat für ihn – Schliestedt – den Beweis erbracht, daß ein Gewerkschaftsapparat neben dem allgemeinen Apparat nicht bestehen kann. Es wurden Vorschläge für die Betriebsarbeit gemacht.

Das wichtigste ist im Augenblick die Geldfrage. Die Dinge auf dem Kapitalmarkt sind außerordentlich schwierig und bereiten die größten Sorgen. Die Fachleute selbst sind unsicher und können keinen Rat erteilen. Wir müssen die Dinge sorgfältig im Auge behalten und unter Umständen plötzliche Entscheidungen treffen.

---

1 Vorlage: »35:« hs. ergänzt.
2 Vgl. Nr. 33, Nr. 34.
3 Am 7. April 1935 fanden in Danzig die Wahlen zum Volkstag statt. Zum Wahlkampfverlauf und zum Ergebnis vgl. Internationale Information 12. Jg., 27. April 1935, S. 131–134, und 12. Jg., 28. August 1935, S. 267 f.
4 Die Sopade gewährte einen Zuschuß von 1000 Schweizer Franken; vgl. Drei Jahre Sopadearbeit. 1936, S. 15, in: AdsD Bonn, PV-Emigration, Mappe 165.

Crummenerl berichtet dann noch über den Stand der Verhandlungen bezüglich der »Deutschen Freiheit«.
Schluß der Sitzung

Nr. 38
Protokoll der Parteivorstandssitzung am 11. oder 12. April 1935
SAPMO Berlin, ZPA, II 145/54, Bl. 161 f.

Vorstandsbesprechung vom 12. 5. 35:[1]

Anwesend: Wels, Vogel, Crummenerl, Rinner, Ollenhauer, Hertz, Stampfer, Geyer, Arnold, Heine.

Otto Wels berichtet über die Westreise: Ich habe mich in Zürich mit Siegmund Crummenerl und Hilferding über die SAI-Sitzung verständigt. Da Hilferding nur Sonnabend, nicht aber Sonntag Zeit hatte, konnte er nicht an der Besprechung teilnehmen. Da Crummenerl von Anfang an der Meinung war, daß diese außenpolitische Debatte seine Anwesenheit nicht erfordert, nahm ich allein an der Sitzung teil.

Vandervelde bedauerte, nicht den Vorsitz führen zu können. Brouckère wurde zum Sitzungsleiter bestimmt.[2] Der erste Punkt: Die politische Lage wurde zurückgestellt. Ebenfalls der vierte Punkt: Maiaufruf. Adler teilte mit, daß der Internationale Solidaritätsfonds von Danzig und Ungarn angerufen worden sei.[3] Durch die Abänderung der Zweckbestimmung des Matteottifonds sei ihm die Möglichkeit genommen worden zu helfen.[4] Nach einer Debatte, an der Modigliani[5], Wels, Andersen, Gillies und Adler beteiligt waren, wurde erklärt, daß eine Besprechung mit dem IGB über diese Frage stattfinden sollte. Adler referierte über die Bestrebungen der Roten Hilfe, mit den einzelnen Parteien zu Verhandlungen und

---

1 Vorlage: »35:« hs ergänzt. Zwei Hinweise sprechen dafür, daß die Datierung der Vorstandsbesprechung auf den 12. Mai 1935 falsch ist; wahrscheinlich irrte sich der Protokollant um einen Monat. Zum einen berichtete Wels über die SAI-Bürositzung am 6./7. April 1935 in Brüssel; vgl. Internationale Information 12. Jg., 28. August 1935, S. 278; wäre die Datierung auf den 12. Mai 1935 korrekt, hätte auch die Bürositzung, die am 6./7. Mai 1935 stattfand, zur Debatte stehen müssen (vgl. Nr. 41). Zum anderen deckt sich das Protokoll inhaltlich mit den Notizen, die Hertz unter dem 11. April 1935 anfertigte; vgl. IISG Amsterdam, NL Hertz, S. 20, Mappe XXIII.
2 Emile Vandervelde war statutengemäß wegen seines Eintritts in die belgische Regierung aus der Exekutive ausgeschieden. Auf der Büro-Sitzung am 6. April 1935 wurde Louis de Brouckère provisorisch zum Vorsitzenden der Exekutive gewählt; die endgültige Wahl erfolgte auf der Exekutiv-Sitzung Mitte August 1935 in Brüssel; vgl. Internationale Information 12. Jg., 28. August 1935, S. 278 f.; 13. Jg., 30. Mai 1936, S. 205.
3 Zur Lage in Danzig nach den Wahlen zum Volkstag am 7. April 1935 sowie zur Lage in Ungarn vgl. Internationale Information 12. Jg., 28. August 1935, S. 267 f. und S. 277.
4 Um dem internationalen Charakter des Matteottifonds auch im Namen Rechnung zu tragen, wurde er Anfang 1935 umbenannt in »Internationaler Solidaritäts-Fonds des I.G.B. und der S.A.I. für die Länder der Demokratie (Matteotti-Fonds)«; vgl. Internationale Information 12. Jg., 5. Januar 1935, S. 1–3. Möglicherweise galten Danzig und Ungarn (noch) nicht als »Länder des Faschismus und der Diktatur«, denen Gelder aus dem Fonds zustanden.
5 Modigliani, Guiseppe Emanuele, 1872–1947, italienischer Sozialist, 1922 Mitgründer und 1928–1930 Sekretär »Partito socialista unitario«, 1923–1938 Mitglied SAI-Exekutive und -Büro.

zu Vereinbarungen zu kommen.[6] – Über Organisationsfragen teilte Adler mit, daß in der amerikanischen Partei Differenzen schlimmster Art entstanden seien. Man kam darin überein, den in Amerika weilenden Genossen Abramovitsch zu bitten, sich zu informieren.[7]

Dann wurde über den Antrag der deutschen Opposition bezüglich des Schiedsgerichts gesprochen.[8] Wels erklärte, daß für uns die gleichen Schwierigkeiten wie für Adler Geltung hätten. Es handelt sich um einen Sonderfall; wir weichen einem Beschluß nicht aus.

In der Nachmittagssitzung des SAI-Büros gab Vandervelde[9] eine Information über die Situation der belgischen Partei und Belgien. Zur politischen Lage gab Léon Blum[10] einen Überblick über die Situation in Frankreich, das sich in großer Erregung befinde. Zwar rechne man mit Krieg, aber es sei keine Panikstimmung. Die französische Partei sei für den Ostpakt[11], lehne Sanktionen ab, führe den Kampf gegen die verlängerte Dienstzeit in Frankreich und sei gegen direkte Verhandlungen mit Deutschland.

Soukup[12] wies auf den dauernden Druck durch Hitlerdeutschland hin. Liebermann[13] gab seinem Entsetzen Ausdruck über die Haltung der englischen Presse nach dem Besuch Edens[14] in Warschau. Er beschwor die Engländer, nicht auf den Intriganten Pilsudski[15] hereinzufallen. – Dann sprach Attlee[16]. Der ungeheure Ernst der Situation sei ihnen bekannt. Es sei aber nicht nur Deutschland, sondern auch Japan, das den Frieden bedrohe. Man müßte die weltpolitische Situation sehen. Die sozialistischen Parteien dürften sich nicht von den Regierungen ins Schlepptau nehmen lassen. Er wolle kein Hehl daraus machen, daß die englische Partei gegen Hitler sei, sie könne den Kampf gegen die Aufrüstung nicht

---

6 Die Internationale Rote Hilfe hatte sich am 29. Dezember 1934 an den IGB, an die SAI und an den Matteottifonds mit dem Vorschlag einer einheitlichen Kampagne der beiden Hilfsorganisationen zugunsten der spanischen Werktätigen gewandt. Die drei angesprochenen Institutionen lehnten in einem Schreiben vom 18. Januar 1935 eine gemeinsame Aktion ab; vgl. Internationale Information 12. Jg., 2. Februar 1935, S. 40 f.
7 Es ging um die Differenzen innerhalb der Sozialistischen Partei der Vereinigten Staaten, die sich an der auf dem Detroiter Parteitag im Juni 1934 beschlossenen Prinzipienerklärung vor allem zwischen dem Gesamtparteivorstand und dem Parteivorstand des Staates New York entzündet hatte; vgl. Internationale Information 11. Jg., November 1934, S. 541 u. 12. Jg., 28. August 1935, S. 278. Vgl. weiter Nr. 41, Nr. 77.
8 Vgl. Nr. 33, Anm. 9.
9 Vorlage: »Vandervelde« ms. unterstrichen.
10 Vorlage: »Léon Blum« ms. unterstrichen.
11 Der letztlich gescheiterte Plan eines »Ostpaktes« sah den gegenseitigen Beistand im Falle eines Angriffes auf ein Vertragsmitglied vor. In den Ostpakt sollten alle ost- und ostmitteleuropäischen Staaten einschließlich der Sowjetunion und Deutschland einbezogen werden. Frankreich sollte als Garantiemacht teilnehmen.
12 Vorlage: »Soukup« ms. unterstrichen.
13 Vorlage: »Liebermann« ms. unterstrichen.
Liebermann, Hermann, polnischer Sozialist, 1931–1940 Mitglied der SAI-Exekutive, ab 1932 SAI-Büro.
14 Eden, Robert Anthony, 1897–1977, konservativer britischer Politiker, 1935–1938, 1940–1945 und 1951–1955 Außenminister, 1940 Kriegsminister, 1945–1951 stellv. Oppositionsführer, 1955–1957 Premierminister.
15 Pilsudski, Joséf, 1867–1935, polnischer Politiker, übte 1926–1935 als Verteidigungsminister und Generalinspekteur der Streitkräfte die tatsächliche Staatsführung in Polen aus.
16 Vorlage: »Attlee« ms. unterstrichen.
Attlee, Clement, 1883–1967, britischer Politiker, 1935–1955 Vorsitzender der Labour Party, 1935–1940 Oppositionsführer, ab 1940 Stellvertreter Churchills und mehrfach Minister, 1945–1951 Premierminister, 1951–1955 erneut Oppositionsführer, danach Mitglied des Oberhauses.

aufgeben. – Bauer[17] warf die Frage auf, ob die Massen zur SAI blicken und fragen, was nun. Auf die Politik der Labour Party stützt sich Hitler. Was würde nach einem Sieg über Deutschland werden. Albarda[18] befürchtete, daß Holland diesmal nicht außerhalb eines Krieges bleiben würde. Wels[19] nahm Bezug auf die brennende Kriegsgefahr und forderte eine selbständige sozialistische Außenpolitik. Die Notwendigkeit einer internationalen Propaganda sei zwingend. Die Haltung des »Daily Herald« zeige die Gefährlichkeit an, nur Wahlpolitik zu treiben. Dan[20]: Die wahre Kraft der Arbeiterschaft liegt im revolutionären Willen der Arbeiterbewegung in Deutschland. Hitler sei bisher alles gelungen. Wir müßten alles tun, um die sozialistische Revolution zu entfachen. Es gibt keine andere Politik als die der französischen Genossen. Gillies[21]: Es geht um ein Weltproblem. Wir wissen, daß Hitler kein Engel ist. Nach der Nervosität der Pariser Presse können wir unsere Politik ebenso wenig richten wie nach den Büchern von Hitler und Rosenberg[22]. Wenn Rußland, Italien und England zusammenstehen, wäre der Frieden auch gesichert. Warum soll Frankreich den Kontinent führen? Wir wollen keine Bündnisse, wir sind gegen die Einkreisung Deutschlands, aber gegen Pakte, für ein Kollektivsystem. Andersen[23]: Die Isolierung Deutschlands zu fordern, ist falsch. Nicht Wettrüsten ist unsere Aufgabe, wir müssen Friedenspolitik treiben.

Es wurde eine Kommission bestimmt, die eine Resolution ausarbeitete und dem Büro vorlegte. Die Engländer sprachen sich gegen eine Resolution aus. Brouckère[24]: Kein Mensch hat Mißtrauen gegen die Labour Party, aber es wäre traurig, wenn wir zu keiner Einigung kommen könnten. – Nach einer Diskussion, an der Andersen, Modigliani, Bauer, Adler, Gillies[25] teilnahmen, stellte Adler den Antrag, eine neue Bürositzung nach Stresa stattfinden zu lassen.[26] So wurde beschlossen. Adler[27] kam dann noch auf den deutschen Konflikt zu sprechen. Er sprach von der ungeheuren Bedeutung und fragte, ob etwa Maßnahmen der Internationale erfolgen sollten. Wels[28]: Ich habe bereits meine Erklärung abgegeben. Bauer[29] und Dan[30] erklärten dann, wenn der PV einem Schiedsgericht nicht zustimmt, daß dann noch die Dreierkommission da wäre.[31] Wels[32] wendet sich gegen die In-

---

17 Vorlage: »Bauer« ms. unterstrichen.
18 Vorlage: »Albarda« ms. unterstrichen.
19 Vorlage: »Wels« ms. unterstrichen.
20 Vorlage: »Dan« ms. unterstrichen.
21 Vorlage: »Gillies« ms. unterstrichen.
22 Rosenberg, Alfred, 1893–1946, NS-Politiker und Publizist, Ideologe des NS-Systems, ab 1925 Chefredakteur, ab 1938 Herausgeber des »Völkischen Beobachters«, in Nürnberg zum Tode verurteilt.
23 Vorlage: Anderson und »Anderson« ms. unterstrichen.
24 Vorlage: »Brouckère« ms. unterstrichen.
25 Vorlage: Anderson und von »Anderson« bis »Gillies« ms. unterstrichen.
26 Auf der Konferenz von Stresa, die vom 11. bis zum 14. April 1935 dauerte, trafen sich die Regierungschefs und Außenminister von Großbritannien, Frankreich und Italien, um sich über eine gemeinsame Reaktion auf die am 16. März 1935 unter Verletzung des Versailler Vertrages erfolgte Wiedereinführung der allgemeinen Wehrpflicht in Deutschland sowie über gemeinsame Maßnahmen zur Blockierung einer vermuteten expansionistischen Außenpolitik Hitlers zu verständigen.
27 Vorlage: »Adler« ms. unterstrichen.
28 Vorlage: »Wels« ms. unterstrichen.
29 Vorlage: »Bauer« ms. unterstrichen.
30 Vorlage: »Dan« ms. unterstrichen.
31 Es handelt sich um die von der Exekutive der SAI am 27./28. Mai 1934 eingesetzte Dreierkommission; vgl. Nr. 15, Anm. 15.
32 Vorlage: »Wels« ms. unterstrichen.

stallierung der Dreierkommission als Dauererscheinung. Brouckère[33] gab zu, daß die Opposition sehr einflußreiche Freunde in der Internationale habe, aber auch der PV habe sie. Die Dreierkommission sei kein Schiedsgericht. Damit ist Schluß der Sitzung des Büros.
Schluß der Vorstandsbesprechung.

---

33 Vorlage: »Brouckère« ms. unterstrichen.

Nr. 39
Notiz von Paul Hertz vom 8. Mai 1935 über die Parteivorstandssitzung am 30. April 1935

IISG Amsterdam, NL Hertz, S. 20, Mappe XXIII

8. 5.[1]

Am 27. April ist Lampersberger[2] in Eisenstein verschleppt worden. Am 29. berichtet uns Michel. Er legt dabei die Korrespondenz vor, die er in L[ampersberger]s Koffer gefunden hat. L[ampersberger] stand mit dem Nachrichtendienst in Verbindung, erwartete für ihn bestimmte Nachrichten von drüben. Zweifellos ist er sehr unvorsichtig gewesen. Am andern Tage erfuhr ich von Stolz, daß er den ganzen Sachverhalt bereits kennt. Da St[olz] zugibt, daß er diese Mitteilungen von W[illi] M[üller][3] erhalten hat, so kann man daraus schließen, wie eng dessen Verbindungen zu unserem Apparat sind.

Nachher spreche ich Heinz, der mir von W[illi] M[üller] zugeführt wird. Er erzählt, daß die Betriebarbeiter anfangen, aktiv zu werden, daß bereits kleine Bewegungen im Anschluß an alte Gewerkschafter stattfinden, daß er ein Netz von Vertrauensleuten gebildet sei, und daß sich in den Betrieben die folgende Dreiteilung erkannen lasse: Die NSBO, die Arbeiterinteressen vertreten wolle, die NSDAP, die auf der Seite der Unternehmer steht und die alte unabhängige Arbeiterbewegung. Am besten sei die illegale Organisation bei den Eisenbahnern.

Am 30. 4. beschäftigt sich der PV mit der Frage Schiedsgericht wegen A[ufhäuser/]B[öchel]. In den einleitenden Bemerkungen lehnt **O[tto] W[els]** die Einsetzung eines Schiedsgerichtes ab, da er die SAI nicht präjudizieren wolle und da die Absicht, auf unserem Rücken politische Gegensätze auszutragen, zu deutlich sei. Ich[4] suche seine Einwände zu entkräften, lege dar, daß wir uns durch die Ablehnung des Schiedsgerichtes in Unrecht setzen, den Streit innerhalb und außerhalb D[eutschlands] verschärfen und uns selbst isolieren. Um den formellen Bedenken von O[tto] W[els] Rechnung zu tragen, könnte man daran denken, die guten Dienste eines einzelnen, etwa von Brouckère in Anspruch zu nehmen.[5] Die Aussprache ergibt folgendes Bild:

---

1 Vorlage: »8. 5.« ms. unterstrichen.
2 Lampersberger, Josef, geb. 1912, Reichsjugendleiter beim Zentralverband der Hotel-Angestellten, RB-Führer in München, Emigration 1933 CSR, bis 1936 Büro- und Organisations-Tätigkeit für die DSAP, Grenzarbeit, Mitglied RSD, Frankreich, Niederlande, Großbritannien. Vgl. Nr. 40.
3 D. i. Karl Frank.
4 Vorlage: »Ich« hs. unterstrichen.
5 Zur Diskussion über den Antrag auf Einsetzung eines SAI-Schiedsgerichts vgl. Nr. 33, Nr. 34, Nr. 38.

E[rich] O[llenhauer]:[6] Hertz'[7] Standpunkt sei richtig[8]. Er sei aber nur durchzuführen, wenn man einmütig ist. Da O[tto] W[els] dagegen ist, gehe dieser Weg nicht.

F[riedrich] St[ampfer]: Man solle der SAI sagen, man würde gern ihre guten Dienste in Anspruch nehmen, aber man sehe keinen Weg.

E[rich] R[inner]: Das Schiedsgericht müsse man ablehnen, da nichts herauskomme. Er halte seine frühere Befürchtung von einer schädlichen Wirkung des Konfliktes im Innern für unbegründet, da die Nachricht davon nicht soweit gedrungen sei.

S[iegmund] Cr[ummenerl]: Wir kämen in eine unhaltbare Situation, wenn das Schiedsgericht für A[ufhäuser] und B[öchel] entscheide. Vertrauen zu A[ufhäuser] und B[öchel] sei ganz geschwunden, Rücksicht auf sie nicht notwendig.

O[tto] W[els]: Wohlwollen könne man nicht durch Nachgeben erwarten. Der Vorwurf, wir seien Ankläger und Richter in einer Person trifft nicht zu. Wir waren zu einem Akt der Selbsthilfe gezwungen.

C[urt] G[eyer]: Jetzt sollten wir endlich Schluß machen. Jede Nachgiebigkeit ist ein schwerer Fehler.

F[riedrich] St[ampfer][9]: Wir haben uns im Januar entschieden, und daran müssen wir festhalten.[10] Ich verstehe nicht, wie Hertz einen Rettungsversuch für A[ufhäuser] und B[öchel][11] machen kann.

Der Vorschlag auf Einsetzung des Schiedsgerichtes wird mit 6 gegen eine Stimme abgelehnt.[12] Das veranlaßt **H[ans] V[ogel]** zu der Bemerkung, er verstehe die Abstimmung von Hertz nicht, er habe geglaubt, H[ertz] sei auch für die Ablehnung des Schiedsgerichtes.

O[tto] W[els] versucht, die Abstimmung über meinen Eventualvorschlag, Brouckère usw., zu vermeiden. Er lehnt dann zunächst eine Anregung von Vogel, die Frage mit Br[ouckère] in einer persönlichen Rücksprache in Brüssel zu klären, brüsk ab. Die nun vorgenommene Abstimmung ergibt dasselbe Resultat wie oben.

Am 4. 5. spreche ich mit O[tto] B[auer]. Die Haltung des PV zum Schiedsgericht wundert ihn nicht. Die Mitteilung über die Reorganisationspläne empören ihn. Er hält es für meine Pflicht, alles zu tun, um sie zu verhindern, ich müßte auch um den Preis persönlicher Opfer solange als möglich zu bleiben versuchen.

In »Na Dagligt Allehanda« Stockholm vom 25. 4. ist ein Artikel über die Verhandlungen, die von Prager Emigranten mit Treviranus geführt worden sind. Die Anregung zu diesen Verhandlungen sei vom Prager Parteivorstand ausgegangen. Der PV sei gegen die Einheitsfront mit den Kommunisten, weil er in der Zukunft dem Zusammengehen mit dem Bürgertum größere Bedeutung beimesse. Augenblicklich sei allerdings die Stimmung unter den deutschen Sozialdemokraten sehr gedrückt, wie die Monatsberichte des PV bewiesen.

---

6 Vorlage: Nach den Kürzeln für die Redner stehen keine Doppelpunkte.
7 Vorlage: »Hertz'« hs. unterstrichen.
8 Vorlage: »richtig« hs. unterstrichen.
9 Vorlage: E.St.
10 Stampfer bezieht sich auf die Sitzung vom 30. Januar 1935.
11 Vorlage: »Rettungsversuch für A. und B.« hs. unterstrichen.
12 Am 2. Mai 1935 teilte der PV der SAI mit, daß er »leider nicht in der Lage sei, dem Vorschlag der Geschäftskommission auf Einsetzung eines Schiedsgerichts zuzustimmen.« Wels an Sekretariat der SAI, 2. Mai 1935, in: AdsD Bonn, PV-Emigration, Mappe 162. Als Begründung wurde angeführt, daß Adler »in unserem Konflikt mit den Genossen Aufhäuser und Böchel bereits einmal im Oktober 1934 vermittelt« habe. Aus der Materialzusammenstellung gehe hervor, daß die Vermittlungsaktion an dem Verhalten von Aufhäuser und Böchel nach der Vermittlung des Genossen Adler gescheitert sei. Diese Erfahrung lasse keine Möglichkeit für eine befriedigende Lösung des Konfliktes zu. Außerdem wolle man – da die SAI-Statuten eigentlich kein Schiedsgericht zuließen – keinen Präzedenzfall schaffen.

Von Rabold erfahre ich, daß Paul Franken[13] hier war und mit A[ufhäuser,] B[öchel,] Seydewitz usw. wegen Einheitsfront verhandelt hat. Beabsichtigt war die Einstellung des »Gegen-Angriff« und die Herausgabe eines neuen Blattes für die Einheitsfront durch Aufh[äuser] und Seydew[itz]. Aufh[äuser] habe sich reserviert verhalten, Seydew[itz] wolle mitmachen. Auch W[illi] M[üller] und O[tto] B[auer] erzählen mir das, allerdings mit der Abweichung, daß Aufh[äuser] von vornherein abgelehnt habe.

Am 6. 5. habe ich eine lange Aussprache mit W[illi] M[üller]. Er redet absolut offen und entwickelt mir den Plan der Bildung einer Arbeitsgemeinschaft mit den ehemaligen USP-Leuten R[udolf] H[ilferding,] R[udolf] B[reitscheid] usw. Er anerkennt, daß er im vorigen Jahr die Situation falsch eingeschätzt habe. Sie wollten auch jetzt kein Geld mehr vom PV.

---

13 Franken, Paul, 1894–1944, USPD/KPD/SPD, 1921–1924 MdL Sachsen, Redakteur beim Volksboten in Zeitz, Emigration 1933 CSR, 1934 Schweden, Lettland, UdSSR, 1937 vom sowjetischen Geheimdienst verhaftet, in einem Lager umgekommen.

Nr. 40
Protokoll der Parteivorstandssitzung am 6. Mai 1935
SAPMO Berlin, ZPA, II 145/54, Bl. 159 f.

Besprechung vom 6. 5. 35.

Anwesend: Vogel, Crummenerl, Hertz, Rinner, Ollenhauer, Stampfer, Geyer, Arnold, Heine.

Vogel schlägt vor, die von Lange einberufene Konferenz in Karlsbad abzublasen und das überflüssige Material im Fall Lampersberger[2] der Polizei zu übergeben.

Crummenerl: Wir müssen das Material Lampersbergers erst sorgfältig prüfen, ehe wir entscheiden.[3] Gleichzeitig muß Lange aufgefordert werden, von der Konferenz abzusehen.

---

1 Vorlage: »Lampersberger« hs. unterstrichen. Der deutsche Emigrant Josef Lampersberger war am 27. April 1935 nach Deutschland verschleppt worden. Vgl. *Cerny*, S. 194–198; *Grossmann*, S. 81; *Mehringer*, S. 111–114; *Foitzik*, S. 293 f.; *Adolf Hasenöhrl* (Hrsg.), Kampf, Widerstand, Verfolgung der sudetendeutschen Sozialdemokraten. Dokumentation der deutschen Sozialdemokraten aus der Tschechoslowakei im Kampf gegen Henlein und Hitler, Stuttgart 1983, S. 83; *Seebacher-Brandt*, Biedermann, Diss., S. 510, Anm. 35; Politisches Archiv d. Auswärtigen Amtes Bonn, Inland II A/B 84-11: Zwischenfall am Bahnhof Eisenstein (Lampersberger, Josef). Am 3. Juni 1935 wurde Lampersberger wieder in die CSR entlassen. Vgl. Anhang Nr. 16.

2 Unmittelbar nach der Entführung soll der PV die gesamte Korrespondenz von Lampersberger, der den RSD nahestand, aus Eger abgeholt haben; Geyer übernahm die Auswertung; vgl. Denkschrift Arbeitskreis Revolutionäre Sozialisten für die Mitglieder der Exekutive der SAI, [Anfang 1936], S. 9–11, in: AdsD Bonn, PV-Emigration, Mappe 208, zitiert als »Denkschrift RSD, [Anfang 1936]«; Lange an den PV der DSAP, 11. Juni 1935, in: AdsD Bonn, PV-Emigration, Mappe 30; Franke an PV, 14. Juni 1935, in: AdsD Bonn, PV-Emigration, Mappe 42. Lt. Aufzeichnungen Hertz, 8. Mai 1935, in: IISG Amsterdam, NL Hertz, S. 20, Mappe XXIII, soll von Knoeringen bereits am 29. April 1935 Bericht erstattet und die Korrespondenz, die »er in L's Koffer gefunden hat«, vorgelegt haben.

3 Auf der von Willi Lange geplanten Konferenz sollte es u. a. um den Fall Lampersberger und um die Ablehnung des von ihm, Böchel, Aufhäuser und Müller [d. i. Karl Frank] beantragten SAI-Schiedsgerichts durch den PV gehen. Nachdem der PV eine Finanzierung dieser Konferenz abgelehnt

Vogel: Wir sollten uns die Arbeit nicht unnötig erschweren und deshalb das Material der Polizei zur Verfügung stellen.

Geyer: Ich habe das Material gesichtet. Es sind mehrere Komplexe. 1. Der Spionage-Komplex. Er enthält Nachrichtenmaterial und Korrespondenz mit Dr. Schwarz.[4] Wenn die Behörden wissen, daß wir solches Material haben, werden sie alles daran setzen, es zu erlangen. Wir machen uns in höchstem Maße strafbar, wenn wir das Material den Behörden vorenthalten. Der zweite Komplex ist die illegale Arbeit Lampersbergers. Dieses Material zeigt die Leichtfertigkeit seiner Handlungsweise. Der dritte Teil stimmt traurig. Er stellt die Ausnutzung seiner Verwandten und Bekannten und Freunde für die illegale Arbeit unter Beweis. Der vierte Teil schließlich enthält die Weibergeschichten. Er zeigt das Bild eines jungen Mannes, der jeden moralischen Halt verloren hat. Als letztes kommt schließlich das bekannte Material über die Höllenmaschinenangelegenheit (Buisson usw.)[5] in Betracht.

Arnold: Nach meiner Meinung sollte man alles Material, das nicht mit unserer Arbeit direkt zusammenhängt, der Polizei auf dem schnellsten Wege übermitteln. Man muß damit rechnen, daß die Polizei an diesem Material stark interessiert ist und sie unter Umständen Haussuchungen auch in den Privatwohnungen vornimmt. Ich bin deshalb dafür, daß das Material sofort, am besten noch heute nachmittag, der Polizei gegeben wird.

Stampfer: Auch ich bin der Meinung, daß wir die Angelegenheit so schnell als möglich erledigen. Notwendig wird aber sein, gewisse Materialien zu vernichten bzw. abzuschreiben.

Hertz: Ich bin nicht überzeugt, daß wir in dieser Angelegenheit die Initiative ergreifen müssen. Die Auslieferung dient unserer Sicherung nicht. Voraussetzung für unsere Handlungsweise ist, daß wir die hiesige Partei informieren und ihre Entscheidung herbeiführen. Die Konferenz in Karlsbad wird wahrscheinlich besser nicht stattfinden. Wenn sie aber nicht mehr abzublasen ist, dann dürfen wir uns nicht abstinent[6] verhalten. Die Frage ist doch, was wird Lange lieber sein, wenn wir da sind und ihn korrigieren können oder wenn wir ihn allein lassen.

Crummenerl: Ich bin durch die Argumente noch nicht überzeugt davon, daß wir das Material direkt ausliefern müssen. Dagegen bin ich einverstanden, das Material Taub zur Verfügung zu stellen. Nach meiner Meinung fühlen sich die hiesigen Behörden sicher nicht kompromittiert.[7]

Was die Konferenz betrifft, so muß man versuchen, Lange daran zu verhindern, daß er diese Konferenz abhält. Ob wir uns an einer solchen Konferenz, wenn sie trotzdem stattfinden sollte, beteiligen, glaube ich noch nicht.

Ollenhauer: Ich bin der Meinung, daß Hans Vogel und Geyer Taub informieren. Falls die Konferenz doch stattfindet, schlage ich vor, Lange hierher zu zitieren. Auf einer solchen Konferenz bin ich nicht bereit, über den Fall Lampersberger zu sprechen.

Arnold: Es ist anzunehmen, daß, wenn die Polizei weiß, daß das kompromittierende[8]

---

hatte, sagte Lange den Termin ab; vgl. Lange an Grenzmitarbeiter, undatiert [Mitte Mai 1935], in: AdsD Bonn, PV-Emigration, Mappe 70. Am 7. Juni 1935 – nach Lampersbergers Entlassung – fand in Karlsbad eine Grenzarbeiterkonferenz statt, auf der eine Entschließung gegen den PV verabschiedet wurde; vgl. Franke an PV, 14. Juni 1935, in: AdsD Bonn, PV-Emigration, Mappe 42.

4 Dr. Schwarz arbeitete für den tschechoslowakischen Nachrichtendienst; vgl. *Cerny*, S. 195.

5 Vorlage: Bouisson. Ein Plan Lampersbergers, über den er in der zweiten Oktoberhälfte 1934 mit Buisson gesprochen haben soll, sah angeblich vor, den Münchner Hauptbahnhof »durch eine Höllenmaschine in die Luft zu sprengen«. Abschrift des Urteils in der Strafsache gegen Buisson vor dem VGH vom 27. April 1940, in: BA Zwischenarchiv Dahlwitz-Hoppegarten, ZC 13262, Bl. 20 f.

6 Vorlage: »abstinent« hs. eingebessert für »abstimmend«.

7 Vorlage: komprommittiert.

8 Vorlage: komprommittierende.

Material in Sicherheit ist, das Auswärtige Amt zu energischerem Vorgehen veranlassen wird.

Stampfer: Wir sind uns wohl einig, den Weg über Taub zu gehen. Eine weitere Frage ist die grundsätzliche Klärung dieser Angelegenheit, die angestrebt werden muß.

Vogel: Wir müssen immer bedenken, daß wir in dieser Frage nicht Herr unserer Beschlüsse sind.

Schluß der Sitzung.

Nr. 41
Protokoll der Parteivorstandssitzung am 16. Mai 1935
SAPMO Berlin, ZPA, II 145/54, Bl. 166 f.

Besprechung vom 16. 5. 35.

Anwesend: Wels, Vogel, Crummenerl, Rinner, Ollenhauer, Hertz, Geyer, Arnold, Heine.

Wels berichtet über die Bürositzung der SAI in Brüssel.[1] Die Sitzung unterschied sich von der vorigen dadurch, daß durch die Vorlegung der englischen Resolution die Hoffnung bestand, zu einer positiveren Lösung zu kommen. Leider war die Sitzung schlecht besucht. Zunächst wurde als nächster Tagungsort für die Exekutivsitzung Brüssel und als Termin der 15./16. August einmütig bestimmt.

Über die neue Besetzung der Geschäftskommission fand eine Debatte statt. Der Vorschlag, mehrere belgische Genossen in die Kommission zu entsenden, wurde von Gillies lebhaft bekämpft.[2] Es wurde schließlich beschlossen, die Angelegenheit zu vertagen.[3]

Zu dem Konflikt in Amerika wurde mitgeteilt, daß der Streit offenbar nicht weitertreibt, sondern daß die Möglichkeit besteht, daß die beiden streitenden Gruppen wieder zusammenkommen.[4]

Adler teilte dann weiter mit, daß die Kommunisten den Vorschlag gemeinsamer Maifeiern gemacht hätten. Der Vorschlag ist abgelehnt worden.

Über den deutschen Konflikt referierte Adler und stellte die augenblickliche Situation klar.

Dan[5] erklärte, es gehe um die Einheit der Arbeiterbewegung in Deutschland, die gefährdet erscheine. Er brachte eine neue Dreierkommission in Vorschlag. Auch Gillies[6] war für

---

1 SAI-Bürositzung am 6./7. Mai 1935, in: Internationale Information 12. Jg., S. 139–142. Vgl. Groppo, S. 231 f.
2 Vorlage: »bekämpft« hs. eingebessert für »begrüßt«.
3 Durch die Verlegung des SAI-Sitzes von Zürich nach Brüssel zum 1. April 1935 war eine Neubesetzung der Geschäftskommission erforderlich geworden. Nach den Statuten gehörten ihr der Vorsitzende der Exekutive, der Sekretär und der Kassierer sowie die Exekutivmitglieder des Landes an, in dem das Sekretariat seinen Sitz hatte; zudem konnte die Exekutive noch weitere Mitglieder delegieren. Der endgültige Beschluß wurde auf der August-Sitzung der Exekutive gefaßt. Vgl. Internationale Information 13. Jg., 30. Mai 1936, S. 206.
4 Nach einer kurzfristigen Annäherung im Juli 1935, auf die Wels anspielte, verschärften sich die Auseinandersetzungen innerhalb der Sozialistischen Partei der Vereinigten Staaten erneut; vgl. Internationale Information 12. Jg., 31. August 1935, S. 287–289; 13. Jg., 30. Mai 1936, S. 203 f.; 14. Jg., 19. März 1937, S. 129 f. Vgl. weiter Nr. 38, Nr. 77.
5 Vorlage: »Dan« ms. unterstrichen.
6 Vorlage: »Gillies« ms. unterstrichen.

eine Dreierkommission. Wels[7] legte unseren Standpunkt eingehend dar. Brouckère[8] billigte unsere Auffassungen vollkommen. Kommissionen bei Streitigkeiten in legalen Parteien einzusetzen, sei schon gefährlich, viel gefährlicher sei es jedoch in den illegalen Parteien. Bauer[9] polemisierte gegen Brouckère und meinte, daß die Internationale das Recht zur Information habe. Wels[10] nahm nochmals das Wort und entgegnete auf Bauers Ausführungen. Adler[11] bedauerte, daß wir das Schiedsgericht abgelehnt hätten.[12] Er sei überzeugt, daß wir bei dem vorhandenen Material obsiegt hätten.

In der politischen Debatte erklärte Blum[13], daß die SAI duch die neuen Ereignisse weiter als vor 4 Wochen gehen müsse.[14] Wir könnten jedoch jetzt nichts machen.

Gillies[15] nahm zu der englischen Resolution Stellung, begründete sie und erklärte, daß dieser Entwurf keine Umarbeitung der vorgelegten damaligen Resolution sei. Hinter ihm stehe die englische Partei. Er bitte, das zu beachten. Zu den russisch-französischen Verhandlungen erklärte er, daß in England eine Aversion gegen die Automatik bestehe. Man sei für Regionalpakte. Wir können, erklärte er, letzten Endes natürlich nicht gegen Frankreich Politik machen. Brouckère war weitgehend einverstanden mit den Ausführungen von Gillies. Regionalpakte, sagte er, sind gefährlich, aber sie sind die einzig möglichen. Die Mächte sollen Deutschland einen Vorschlag machen. Lehnt Deutschland ab, dann muß entschieden werden, was nun. »Ich lasse die Frage der Sanktionen offen.«

Blum[16]: Die Automatik des russisch-französischen Vertrages stand doch trotz aller Differenzen immer fest.[17] Bei den Paktverhandlungen muß man so vorgehen, daß es Deutschland schwerfällt, seine Unterschrift zu verweigern.

Bauer[18]: Die englische Resolution ist eine ganz andere als die damalige. Die Gefahr des Hitlerismus ist dauernd gestiegen. Die Gefahr für den[19] Klerikalismus steigt durch das Vorgehen Hitlers gegen die Katholiken. Bauer fordert den Einbau des Donaupaktes in die Resolution.[20] Wenn der Krieg kommt, darf die SAI nicht wieder so überrascht werden wie 1914. Er fordert Einsetzung einer vertraulichen Kommission, die sich mit diesen Problemen beschäftigt. Brouckère schlägt vor, durch eine Kommission die Resolution festzulegen.[21]

Über die von Bauer vorgeschlagene Kommission entspann sich eine lebhafte Debatte. Modigliani[22] schlägt deshalb vor, zwei Berichterstatter, Bauer und Brouckère, über diese Frage zu bestimmen. Es wurde beschlossen, eine Kommission vertraulich einzusetzen.

Bezüglich der Beschlußfassung über den deutschen Konflikt schlägt Brouckère vor, die

---

7 Vorlage: »Wels« ms. unterstrichen.
8 Vorlage: »Brouckère« ms. unterstrichen.
9 Vorlage: »Bauer« ms. unterstrichen.
10 Vorlage: »Wels« ms. unterstrichen.
11 Vorlage: »Adler« ms. unterstrichen.
12 Vgl. Nr. 39, Anm. 12.
13 Vorlage: »Blum« ms. unterstrichen.
14 Blum bezog sich auf die Bürositzung am 6./7. April 1934; vgl. Nr. 38.
15 Vorlage: »Gillies« ms. unterstrichen.
16 Vorlage: »Blum« ms. unterstrichen.
17 Der Beistandsvertrag zwischen der UdSSR und Frankreich war am 2. Mai 1935 unterzeichnet worden.
18 Vorlage: »Bauer« ms. unterstrichen.
19 Vorlage: »für den« hs. eingebessert für »des«.
20 Bauer könnte die sogenannte »Kleine Entente« von Jugoslawien, Rumänien und der Tschechoslowakei gemeint haben. Vgl. Archiv der Gegenwart 1. Jg., 1931, 8. Dezember 1931.
21 Resolution zur internationalen politischen Lage, in: Internationale Information 12. Jg., 8. Mai 1935, S. 139–142.
22 Vorlage: »Modigliani« ms. unterstrichen.

Angelegenheit der Exekutive zu übertragen. Der Beschluß wird einmütig angenommen. Damit ist Schluß der Bürositzung.

Wels eröffnet dann eine Aussprache über finanzielle Dinge (die Anlage von Geldern usw.), an der sich Wels, Crummenerl, Hertz, Arnold beteiligen.

Crummenerl schlägt schließlich vor, sich das Ganze nochmals zu überlegen und wegen der erforderlichen Maßnahmen in einigen Tagen wieder zusammenzutreten.[23]

Wels: Ich habe noch eine Besprechung mit den Saarbrückern gehabt. Max Braun teilte mit, daß er in Skandinavien Unterredungen hatte und vorgeschlagen habe, die Unterstützung der SAP- und KPD-Emigranten einzustellen und das Geld, das auf diese Weise eingespart würde, für die »Deutsche Freiheit« zu verwenden. Das würde einen Betrag von rund 13 000 frz. frs. ergeben. Braun schlug vor, er und Wels sollten nach Paris und den skandinavischen Ländern fahren, um Gelder zu sammeln. Wels hat sich gegen diesen Plan einer Reise und diese Art der Finanzierung energisch ausgesprochen und wird sich schriftlich mit den Ländern in Verbindung setzen, um zu erfahren, welcher Art die Besprechungen von Max Braun waren. – Er berichtet dann noch über ein Gespräch mit Koos Vorrink, der von der deutschen Genossin L. A.[24] Mitteilungen über Unterstützungsfragen usw. erhalten hat.

Crummenerl schildert nochmals ausführlich das Gespräch mit den Berliner Genossen und schlägt vor, dem Wunsch der Berliner zu entsprechen und das Geld, das bisher über die Quäker lief[25], jetzt durch die Berliner Organisation direkt zu zahlen.

Schluß der Sitzung

---

23 Vgl. Nr. 42.
24 Vermutlich Lore Agnes, 1876–1953, MdR (SPD) 1919–1933, mehrfach verhaftet (1933, 1934 und 1944), von Düsseldorf aus illegale Parteiarbeit.
25 Vorlage: Von »das bisher« bis »lief« hs. unterstrichen.

Nr. 42

Protokoll der Parteivorstandssitzung am 21. Mai 1935

IISG Amsterdam, NL Hertz, S. 20, Mappe XXIII

Sitzung des PV vom 21. Mai 1935[1]

Anwesend: Wels, Vogel, Crummenerl, Hertz, Ollenhauer, Rinner, Geyer. Es fehlen Stampfer und Arnold. Heine, der sonst Protokoll führt, wird höflichst ausgeladen.

Cr[ummenerl] entwickelt seinen Reorganisationsplan, der zum 1. Juli in Kraft treten soll.[2] Es schweben ihm dabei zwei Grundgedanken vor: 1. Die Erzielung von Ersparnissen und 2. solle den bisherigen Mitarbeitern ein allmählicher Absprung ermöglicht werden.

Der politische Charakter der Sopade solle unverändert bleiben. Die im Büro tätigen Mitglieder und die ausscheidenden Mitglieder des PV treten jede Woche zu einer Sitzung zu-

---

1 Maschinenschriftliche Durchschrift des Protokolls. Ein weiteres Exemplar in: BA Koblenz, R 58/484, Bl. 145–147. Eine Kopie hiervon in: IfZ München, Fb. 207, Bl. 50–52.
2 Crummenerl hatte Hertz bereits am 20. April 1935 über die Reorganisationsvorschläge unterrichtet. Aufzeichnung Hertz [Reorganisation« 1935], in: IISG Amsterdam, NL Hertz, S. 20, Mappe XXIII.

sammen, in der alle schwebenden Angelegenheiten erledigt werden. Es werde ein Finanzplan aufgestellt, der nach Möglichkeit innegehalten werden muß.

Es scheiden aus: Von den PV-Mitgliedern W[els], V[ogel], St[ampfer] und Cr[ummenerl][3], ferner alle Grenzsekretäre sowie fünf Kräfte aus dem Büro der Zentrale.[4] Es bleiben vom PV H[ertz], O[llenhauer], R[inner] und für den N[euer] V[orwärts] C[urt] G[eyer] Außerdem zwei männliche[5] und zwei weibliche Hilfskräfte.

Die ausscheidenden PV-Mitglieder erhalten eine Monatsvergütung von 1 000,- Kc, die verbleibenden eine von 2 000,- Kc. Die Entschädigung für Hilferding soll nach der Einstellung der Zeitschrift auf 2 500,- Kc festgesetzt werden. Auch die Gehälter der Hilfskräfte werden um 20 % auf 1 800,- bzw. 1 200,- Kc herabgesetzt.

Allen bisher im Dienste der Sopade Stehenden soll eine Abfindungssumme gegeben werden. Für die ausscheidenden PV-Mitglieder 6 000,- Sfrs, für die verbleibenden PV-Mitglieder 5 000,- Sfrs, für die Grenzsekretäre zwischen 2 000 und 4 000,- Sfrs. Die Abfindung für ausscheidende und verbleibende Hilfskräfte schwankt zwischen 1 000,- und 4 000,- Sfrs, sie soll nach persönlichen Gesichtspunkten festgesetzt werden.

An sachlichen Ersparnissen sind vorgesehen die Einstellung der Zeitschrift sowie das monatliche Erscheinen der S[ozialistischen] A[ktion]. Zuschüsse für Gruppen sollen grundsätzlich nicht mehr gewährt werden. Der Zuschuß für den Vorwärts wird mit 8 000,- Kc monatlich eingesetzt. Der Zuschuß für die grünen Berichte (groß und klein) wird bei einer Einnahme von 1 500,- bis 2 500,- Kc auf 3 000,- bis 3 500,- Kc geschätzt. Die Zuschüsse für die sachliche Arbeit der Grenzstellen und in Deutschland bleiben ungefähr in der Höhe der letzten Monate.

Die Gesamtausgabe würde bei diesen Ansätzen 16 500 Mark monatlich ausmachen, bei einem Vermögen von 300 000 Mark wäre damit die Arbeit bis 31. Dezember 1936 gesichert. Da aber das Vermögen nach meiner Schätzung am 1. Juli noch 400 000 Mark beträgt, so sollen für die Abfindungen rund 100 000 Mark verwendet werden.[6]

Aussprache[7]

O[tto] W[els] erklärt seine Zustimmung zu den Vorschlägen von Cr[ummenerl]. Vor allem müsse der politische Charakter der Sopade aufrechterhalten werden.

P[aul] H[ertz]: legt seine grundsätzlichen Bedenken dar. Die Mittel müßten soweit als möglich der sachlichen Arbeit dienen. Alle müßten daran interessiert werden, daß das finanzielle Dasein der Sopade aus eigener Kraft solange wie möglich gesichert sei und zugleich dafür sorgen, daß sie nachher mit fremden Mitteln fortgesetzt werden könne.

---

3 In späteren Schreiben ist von einem Ausscheiden Crummenerls nicht mehr die Rede; vgl. Hertz an Sollmann, 4. Juni 1935, in: AdsD Bonn, NL Hertz, MF XXXV; PV an Crispien, 30. Juli 1935, in: AdsD Bonn, PV-Emigration, Mappe 27. Vgl. weiter Nr. 43, Anhang Nr. 16.
4 Dies waren wahrscheinlich Kriedemann, Lorenz, Schönfeld, Grützner und Grafe. Aufzeichnung Hertz [Reorganisation 1935]; Notizen Hertz, 28. Mai 1935 [wahrscheinlich falsch datiert], in: IISG Amsterdam, NL Hertz, S. 20, Mappe XXIII.
Grützner, Alfred, geb. 1907, Hauswache beim »Vorwärts«, Emigration CSR, Bote beim Sopade-Büro, Emigration 1937 Spanien (?).
5 Dies waren Leeb für die Kassenführung und Heine, der Ollenhauer bei den Organisationsaufgaben unterstützen sollte; vgl. Aufzeichnungen Hertz [Reorganisation 1935], in: IISG Amsterdam, NL Hertz, S. 20, Mappe XXIII.
6 Hertz gegenüber gab Crummenerl an, daß das Vermögen zum 15. April 1935 2 140 000 Ffrs betragen habe. »Setze man davon die Ausgaben für 2 1/2 Monate bis zum 30. 6. 35 mit 320 000 Ffrs ab, so verbleiben 1 820 000 Ffrs, das entspreche dem Bedarf von 18 Monaten, reiche also bis Ende Dezember 1936.« Aufzeichnungen Hertz [Reorganisation 1935], in: IISG Amsterdam, NL Hertz, S. 20, Mappe XXIII.
7 Vorlage: »Aussprache« ms. unterstrichen.

Dem letzteren bereite aber die Tatsache, daß wir eine Entscheidung in eigener Sache treffen, große Schwierigkeiten. Es sei deshalb ernsthaft zu erwägen, ob zur Mitentscheidung nicht auch die übrigen Mitglieder des PV oder Vertrauensleute der beiden hiesigen Parteien oder Fritz Adler heranzuziehen seien, evt. alle Genannten gemeinsam.

Dem Gesichtspunkt der Sparsamkeit sei nicht in ausreichender Weise Rechnung getragen. Die Ermäßigung der Ausgaben von
22 000 Mark monatlich auf 16 500 könne auch ohne die vorgesehene komplizierte Regelung erreicht werden. Es sei doch schließlich nur eine fiktive Ersparnis, wenn man das Gehalt ermäßige, aber durch eine weit größere Abfindung ersetze.

Abfindungen an sich seien bedenklich, vorzuziehen sei, daß überflüssig werdende Kräfte unter Fortzahlung der Entschädigung für einige Monate ausscheiden, alle übrigen aber eine Gefahrengemeinschaft bilden mit dem Ziel, das Dasein der Sopade so lange wie möglich zu strecken. Völlig unerträglich aber ist eine Abfindung an Kräfte, die bereits zwei Jahre eine sichere Existenz hatten und sie für weitere anderthalb Jahre haben werden. Eine solche Regelung lehne er ab.[8]

E[rich] O[llenhauer]: Er stimmt dem entscheidenden Argument von P[aul] H[ertz], die Mittel soweit als möglich für die sachliche Arbeit zu verwenden, nicht zu. Durch die vorgesehenen Einschränkungen werden erhebliche Ersparnisse erzielt. Diese Beschränkung des Apparates stärke unsere Position. Die Bedenken gegen eine Abfindung an die Ausscheidenden teile er nicht. (Über die Abfindung an Verbleibende äußert er sich nicht.)

E[rich] R[inner] ist im wesentlichen einverstanden. Ob die Mittel für anderthalb oder zwei Jahre reichen, spiele bei der voraussichtlichen Dauer des Kampfes gegen Hitler keine entscheidende Rolle. Der Gedanke von Cru[mmenerl], die Sekretäre usw. auf den Absprung vorzubereiten, ist der wesentliche. Jeder muß rechtzeitig klar vor die Situation gestellt werden, die ihn am 31. Dez. 36 erwartet. Gegenüber dem Vorwurf von P[aul] H[ertz], der Vorschlag von Cr[ummenerl] diene mehr der Sicherung der Personen als der Sache, müsse er sagen, die persönliche und sachliche Arbeit ist eins, niemand arbeite um des Geldes willen. Jeder sei bereit, auch nachher ohne Geld zu arbeiten, aber man dürfe bei seiner Entscheidung auch nicht nach der Meinung anderer fragen, sondern müsse nach eigenem Gewissen handeln.

H[ans] V[ogel]: Er habe vorher sein Einverständnis gegeben und sei auch bereit, jetzt die Verantwortung zu übernehmen. Er habe entgegengesetzte Bedenken wie P[aul] H[ertz]. Unser Apparat ist zu aufgebläht, wir müssen deshalb an der Grenze und in Prag abbauen. Es sei sehr unangenehm, einen andern Kreis von Menschen zur Mitentscheidung heranzuziehen.

S[iegmund] Cr[ummenerl] weist den Vorwurf, sein Vorschlag sei mehr persönliche Sicherung als sachliche Förderung, als unberechtigt zurück, bei unveränderten Ausgaben sei unsere Arbeit nur noch für 15 Monate gesichert. Die Gehälter könnten nicht mehr gesenkt werden. Der Vergleich mit den Mitarbeitern des N[euer] V[orwärts] und der S[ozialistischen] A[ktion] sei unberechtigt. Wer direkt im Apparat stehe, habe ungleich mehr riskiert als der, der nur anonym geschrieben habe. Die Anregung, andere Personen oder Instanzen zur Mitverantwortung heranzuziehen, könne er nicht akzeptieren[9]. Niemand könne uns

---

8 Hertz hatte bereits am 28. April 1935 in einem Gespräch mit Taub den Standpunkt vertreten, daß »keinerlei Ersparnis eintrete, daß sich politisch nichts ändere, daß im Gegenteil alles beim Alten bleiben solle«, und hatte angekündigt, daß er eine solche Regelung für sich nicht nur persönlich ablehnen, sondern auch mit dem Austritt aus dem Büro beantworten würde; auch Taub kam zu dem Schluß, daß die vorgesehene Regelung unvertretbar sei, da sie nur der Sicherung der Personen und nicht der Sicherung der illegalen Arbeit diene; vgl. Aufzeichnungen Hertz, 28. April 1935, in: IISG Amsterdam, NL Hertz, S. 20, Mappe XXIII.
9 Vorlage: accentieren.

die Verantwortung abnehmen. In einzelnen Fällen sei die Abfindung geboten, wenn man schweren sachlichen Schaden verhindern wolle. Wenn P[aul] H[ertz] entscheidende Bedenken gegen die Abfindung an die Verbleibenden habe, so könne man vielleicht dem dadurch Rechnung tragen, daß die Abfindung nicht ausgezahlt, sondern gesondert zurückgelegt werde.

P[aul] H[ertz] hält gegenüber allen Vorrednern seine Einwände aufrecht. Da das Vermögen noch 400 000 Mark betrage, so sei bei einem Abbau von Funktionen und Personen, den[10] er selbstverständlich auch als dringend notwendig ansehe, die Finanzierung unserer Arbeit für 24 Monate möglich anstatt nur 18. Die vorgeschlagene Regelung täusche einen Abbau vor, der in Wirklichkeit nur in einem sehr geringen Maß erfolge. Es habe gewiß großen Eindruck auf ihn gemacht, daß seine Bedenken von niemand geteilt werden, es bestehe also ein sehr großer Gegensatz. Bevor er deshalb eine Entscheidung treffe, wolle er sich mit seinen intimen Freunden R[udolf] H[ilferding] und R[udolf] Br[eitscheid] beraten. Wenn sie seine Bedenken nicht teilen, wolle er auch seine Bedenken zurückstellen. Im andern Falle aber müsse er sich jede Entscheidung vorbehalten.

C[urt] G[eyer] ist erstaunt, daß H[ertz] nicht an die Konsequenzen seines Handelns denke. Er habe bei dieser Debatte die größten Erschütterungen erlebt. Sind wir weniger moralisch als H[ertz]? H[ertz] verkennt die tatsächliche Lage, Personen und sachliche Arbeit sind[11] nicht zu trennen. Für mich (C[urt] G[eyer]) existieren die moralischen Zwirnsfäden nicht, über die H[ertz] stolpert. Die Verantwortung ruhe in H[ertz] selbst, sie könne ihm niemand abnehmen.

P[aul] H[ertz] verzichtet auf eine Erwiderung an C[urt] G[eyer], was aber nicht bedeute, daß er mit einem einzigen Satz von ihm einverstanden sei. Er wolle ihm nur sagen, daß er gar nicht daran denke, die Verantwortung auf andere abzuwälzen. Er habe eine Meinung und sei bereit, heute für sie einzutreten und die Konsequenzen daraus zu ziehen. Seine Absicht, zunächst einen Urlaub anzutreten, sei nur von dem Willen geleitet, keinen Schaden anzurichten, wenn er noch zu vermeiden sei. Die Verantwortung dafür, daß er doch einträte, läge also nicht bei ihm.

Da ein Versuch von Cr[ummenerl], in die Einzelberatung einzutreten, scheitert, wird die Sitzung vertagt.[12]

---

10 Vorlage: die.
11 Vorlage: ist.
12 Noch am Abend der »Sitzung über die Reorganisation« soll Crummenerl Arthur Arnold mitgeteilt haben, »daß sein Plan gefallen sei und eine Fortsetzung der Sitzung nicht stattfinde.« Aufzeichnungen Hertz, 19. Juni 1935, in: IISG Amsterdam, NL Hertz, S. 20, Mappe XXIII. Vgl. auch Nr. 43.

Nr. 43
Brief von Paul Hertz an Rudolf Breitscheid vom 2. Juli 1935 mit Bericht über die Parteivorstandssitzung am 28. Juni 1935[1]

IISG Amsterdam, NL Hertz, S. 20, Mappe XXIII

Lieber Breitscheid,

Hilferding ist gestern wieder abgefahren. Außer der Vorstandssitzung hatte er zwar auch noch eine Reihe von persönlichen Unterhaltungen mit den Mitgliedern des PV, auch mit Aufh[äuser]. Aber bei diesen Unterhaltungen ist nicht sehr viel herausgekommen.

Das wichtigste war die Vorstandssitzung am 28. 6. Außer Stampfer, der noch krank ist, war alles anwesend. **Cru[mmenerl]** leitete die Sitzung mit einer Darstellung über die »Zeitschrift« ein, wobei er darauf hinwies, daß niemand für ihre Fortführung bei unverändertem Inhalt eintrete. Es gelte also zu entscheiden, ob eine inhaltliche Neugestaltung möglich sei und ob unter dieser Voraussetzung die Mittel für die Fortführung zur Verfügung gestellt werden sollen.

Hilf[erding] erklärte, daß jede Erörterung der Aufgaben und der Zukunft der Zeitschrift eingeleitet werden müsse durch eine Betrachtung über die allgemeine politische Situation und über die Aufgaben der illegalen Arbeit. Er setzte sodann eingehend auseinander, daß der Wille der Diktatoren in erster Linie von der Machterhaltung bestimmt werde, daß die neue Staatsmacht, die von verschiedenen Klassen getragen werde, sich sehr ausgedehnt habe. Hinzu komme, daß die Diktatoren in ihren Handlungen unberechenbar seien. Beides sei eine große Erschwerung von Prognosen. Immerhin sei nicht zu bezweifeln, daß eine wesentliche Konsolidierung der Diktatur stattgefunden habe. Die inneren Gegenkräfte im Lager des Bürgertums und bei der Arbeiterklasse sei noch sehr schwach. Man müsse deshalb noch mit einer sehr langen Entwicklung rechnen.

Bereits bei diesen Ausführungen verbargen O[tto] W[els] und andere in keiner Weise ihr Unbehagen. Anscheinend hatten sie geglaubt, Hilf[erding] werde sich beschränken, das Weitererscheinen der Zeitschrift zu befürworten. Noch deutlicher aber wurde das Unbehagen, als Hilf[erding] begann, sich über die Reorganisation zu äußern. Er warf die Frage auf, warum diese komplizierte Form der Reorganisation gewählt werde. Das habe er nie verstanden. An den tatsächlichen Zuständen werde doch gar nichts geändert. Wenn man sage, daß es nötig sei, allen Angehörigen der Sopade den Ernst der finanziellen Situation klar zu machen, so anerkenne er das im Prinzip. Aber warum das durch eine Geldzahlung statt durch einen Brief erfolge, vermöge er nicht einzusehen.

Hilf[erding] setzte nun auseinander, daß er eine wirkliche Reorganisation für notwendig halte. Man habe früher daran gedacht, die Erneuerung der Führung durch eine Reichskonferenz herbeizuführen. Er gebe zu, daß diese aktive Mitwirkung der illegalen Kräfte an der Reorganisation gegenwärtig wohl kaum zu erreichen sei. Aber müsse man nicht unter diesen Umständen die stärkere Mitarbeit von Gruppen durch ihre Repräsentanten erstreben? Die hier als Hindernis auftauchenden Meinungsverschiedenheiten müßten doch überwindbar sein. Es handele sich ja nur um verschiedene Auffassungen, die nicht aktuell sind und die nicht durch Handlungen ausgetragen werden müßten. Eine solche Zusammenarbeit mit den Gruppen wäre auch die beste Erledigung der Anträge auf Schiedsgericht, Untersuchungsausschuß, die der SAI vorliegen. Ohne Zentrale draußen gebe es keinen Zusam-

---

1 Hertz ging auch in seinen Notizen auf die Sitzung ein, datierte sie jedoch auf den 28. Mai; vgl. IISG Amsterdam, NL Hertz, S. 20, Mappe XXIII. Der hier abgedruckte Brief ist eine maschinenschriftliche Durchschrift.

menhalt drinnen. Von dem richtigen Funktionieren der Zentrale draußen hänge also viel für die illegale Bewegung ab.

Hilf[erding] begründete dann seinen Standpunkt wegen der Zeitschrift. Es sei zwar schwierig, jetzt eine Zeitschrift herauszugeben, die allen Bedürfnissen gerecht werde. Aber man müsse damit rechnen, daß beim Eingehen der Zeitschrift entweder der »Kampf« ihre Aufgaben übernehme oder daß sogar eine neue Zeitschrift gegründet werde.[2]

Die allgemeinen Bemerkungen von Hilf[erding] schob **O[tto] W[els]** mit einer Handbewegung beiseite. Es habe keinen Sinn, alle alten Diskussionen noch einmal aufzurollen. Das gelte auch von der Reorganisation. Sie sei beschlossen. (**Hertz** protestiert gegen diese Behauptung, die Beratung am 21. Mai sei ergebnislos abgebrochen worden, eine neue mit Beschlußfassung habe nicht stattgefunden). Ob Gruppen bestehen oder nicht, sei ohne erhebliche Bedeutung. Für uns sei unsere Arbeit entscheidend, sie werde in Deutschland anerkannt. Das könne man auch von draußen sagen. Die »grünen Berichte« erfreuten sich uneingeschränkter Anerkennung und tragen sich selbst. Bei der Zeitschrift sei das Gegenteil der Fall. Immerhin wolle er seine letzte Entscheidung davon abhängig machen, ob bei einem neuen Inhalt Chancen für den Aufstieg gegeben seien.

Hertz unterstreicht seine Zwischenbemerkung und weist darauf hin, daß er erst in dieser Sitzung endgültig erfahren habe, daß Cru[mmenerl] seine Absicht auszuscheiden aufgegeben hat und daß die Idee, auch den verbleibenden PV-Mitgliedern neben dem fortlaufenden Gehalt Abfindungen zu zahlen, fallengelassen worden ist. Er sei ebenso wie Hilf[erding] der Meinung, daß unsere eigenen Kräfte nicht ausreichen, und daß die dringlichste Aufgabe die Zusammenfassung aller gegen Hitler kämpfenden proletarischen Kräfte sei. Das Reservoir an Menschen, die für diese Aufgabe in Betracht kommen, ist begrenzt. Jede Doppelarbeit, jedes Gegeneinander ist ein schwerer Fehler. Es sei ein sehr bedenkliches Zeichen für die illegale Bewegung, daß ihr Umfang gerade in der Zeit abnimmt, in der die allgemeine Unruhe in der Arbeiterschaft zugenommen hat. Die Abnahme unseres Materials bedeutet nichts für die Stellung der Gruppen zu uns. Das sei zu einem Teil auch die Auswirkung unserer finanziellen Überlegenheit. Der in der Plattform des PV verkündete Grundsatz der Unterstützung aller Gruppen dürfe nicht preisgegeben werden. Bezüglich der Zeitschrift, die zu früh gegründet worden sei, müsse die Gefahr vermieden werden, daß sie zu früh eingeht. Das Problem sei sehr einfach: entweder machen wir eine Zeitschrift für unsere Auffassungen oder andere [machen] eine Zeitschrift, die sich gegen uns richten kann. So groß auch die Schwierigkeiten für ihre Ausgestaltung und ihre Rentabilität seien, der Versuch geistiger Neuorientierung und Klärung der praktischen Probleme dürfe nicht vorzeitig aufgegeben werden.

Vogel meint, die Gruppen hätten doch nur ein finanzielles Interesse an der Zusammenarbeit mit uns. Wir brauchten aber das Geld für unsere eigenen Zwecke.

Cru[mmenerl] fürchtet, daß eine Zusammenarbeit mit den Gruppen nicht zur Einheit, sondern zur Atomisierung führe. Er habe mit seinen Versuchen, die Gruppen an uns heranzuführen, schlechte Erfahrungen gemacht. Ohne Loyalität sei keine Zusammenarbeit möglich. Daran aber habe es gefehlt. Er habe der Miles-Gruppe eine solche Zusammenarbeit angeboten, sie sei aber abgelehnt worden. Trotzdem wolle er keine grundsätzliche Ablehnung der Zusammenarbeit der Gruppen, vielleicht sei in einigen Monaten das möglich, was gegenwärtig ausgeschlossen ist. Die Vorwürfe von Hilf[erding] und Hertz wegen der Reorganisation seien unbegründet.

Rinner bekämpft das Weitererscheinen der Zeitschrift. Wir sind nicht imstande, die

---

2 »Der Kampf. Sozialistische Revue« erschien von Mitte 1934 bis September 1938 und war die Fortsetzung der »Tribüne. Zeitschrift für Arbeiterpolitik und Arbeiterkultur«, herausgegeben von der DSAP. Vgl. Nr. 2.

Schwierigkeiten des internationalen Sozialismus zu überwinden. »Ich habe selbst diese Erfahrung gemacht, als ich mit Freunden den Versuch machte, die geistige Neuorientierung in die Wege zu leiten.« Auch die sachlichen Probleme seien zu groß. Wir müssen uns jetzt auf das nötigste beschränken.

Ollenhauer wundert sich über Hertz. Er sei der Meinung gewesen, die Meinungsverschiedenheiten über die Reorganisation seien durch die Aussprachen beseitigt. Die deutsche Situation beurteile [er], soweit die illegale Arbeit in Betracht komme, wesentlich optimistischer als Hertz. Der Rückgang in der Auflage der »S[ozialistischen] A[ktion]« sei kein entscheidender Maßstab. Wir seien als sozialistische Bewegung nicht schlechter dran als vor einem Jahr. Er habe immer die Meinung vertreten, daß der PV das alte Gedankengut der Sozialdemokratie zu vertreten habe. Jetzt wehre er sich mit aller Entschiedenheit dagegen, daß aus dem PV eine Aktiengesellschaft zur Verwertung des Restvermögens gemacht werde.

Hertz beharrt auch gegenüber Ollenh[auer] bei seinem Standpunkt, daß eine abschließende Beratung über die Reorganisation, bei der er Gelegenheit gehabt hätte, seinen Standpunkt darzulegen, nicht stattgefunden hat. Wenn, wie Ollenh[auer] meint, der PV die Pflicht habe, das Lebendige der alten Sozialdemokratie zu erhalten, so gehöre dazu doch sicherlich auch die Vertretung aller derjenigen, die sich noch zur Sozialdemokratie rechnen. Das sei bei sehr vielen Gruppen der Fall.

Geyer äußert sich nur zur Zeitschrift, die er nicht für lebensfähig hält.

O[tto] W[els] und **Cru[mmenerl]** treten für ein Provisorium von 6 Monaten ein.[3] In dieser Zeit müsse gezeigt werden, ob Inhalt und Verbreitung der Zeitung geändert werden könne[n]. **Hertz** macht den Vorschlag, ihn mit den Aufgaben zu betrauen, die bisher Geyer gehabt habe, soweit die Zeitschrift in Frage komme. Das Experiment könne nur gelingen, wenn es jemand ausführe, der an die Aufgabe glaube. Nur **Geyer** widerspricht. Damit ist die Sitzung zu Ende.

Wie Sie aus diesem ausführlichen Bericht ersehen können, hatte ich Hilf[erding] für einen Vorstoß zugunsten der Zusammenarbeit mit den Gruppen gewonnen. Das hat er auch ganz gut gemacht. Aber da wir keinen konkreten Vorschlag machen konnten, so war das Ergebnis nicht sehr erhebend. Immerhin sehe ich in einem Punkt einen kleinen Fortschritt. Als die Reorganisation zum ersten Male beraten wurde, mußte ich mich damit begnügen, sie mit finanziellen Erwägungen zu bekämpfen. Zu einem politischen Vorstoß war ich nicht in der Lage, weil ich ja nicht wußte, ob und inwieweit ich bei Ihnen, bei Hilf[erding], oder gar bei den Gruppen Unterstützung finden würde. Auch hinderte mich natürlich die Erwägung, daß die Zusammenarbeit mit Aufh[äuser,] Böchel und Lange nicht nur wenig erfreulich, sondern wahrscheinlich auch wenig erfolgreich wäre. Jetzt haben Hilf[erding] und ich unsere Auffassung zu diesem Punkt sehr eindeutig gesagt. Und wenn wir auch im Augenblick auf großen Widerstand gestoßen sind, so möchte ich doch hervorheben, daß Cru[mmenerl] davon sprach, daß die Situation vielleicht in einigen Monaten anders sein könne. Daß O[tto] W[els] und Vogel sich gegen jede Erneuerung wehren, bedarf ja keiner Erläuterung. Daß Geyer und Rinner es tun, ist darauf zurückzuführen, daß sie als »Hofräte« drüben in besonders schlechtem Geruch stehen. Und was Ollenh[auer] anlangt, so verstärkt sich immer mehr mein Eindruck, daß er zwar recht fähig aber auch ungewöhnlich alt ist. Es wird nicht allein von uns abhängen, ob dies der letzte Vorstoß bleibt und weitere Vorstöße größeren Erfolg haben.

Für mich ist diese Aussprache mit zwei besonderen Vorteilen verbunden gewesen. Erstens, hat sich ganz klar ergeben, daß ich keinerlei Verantwortung für diese Reorganisation

---

3 Letztlich wurde die »Zeitschrift für Sozialismus« mit der Nr. 36 vom September 1936 eingestellt. Vgl. Nr. 65.

trage, ja daß man nicht einmal einen formellen Beschluß zu fassen gewagt hat. Zweitens, ist über meine Haltung zu den Gruppen etwas mehr Klarheit geschaffen worden, als sie bisher bestand. Ich teile zwar ganz Ihre Auffassung, daß meine Teilnahme an einer Vorbesprechung mit Gruppen anders zu beurteilen ist, als die von Ihnen. Ich habe diese Auffassung bei jeder Gelegenheit selbst geäußert. Ob ich teilnehmen werde, vermag ich heute noch nicht zu entscheiden. Wenn ich es aber tue, so könnte ich jetzt ohne Gefahr, der Illoyalität bezichtigt zu werden, eine derartige Absicht vorher mitteilen. Hilf[erding] ist allerdings von dieser Konferenz nicht sehr erbaut. Er neigt ja überhaupt dazu, die Dinge laufen zu lassen und will sich weder nach der einen noch nach der andern Seite verpflichten.

Er will es [sich] aber auch weder mit der einen noch mit der andern Seite verderben. Das ist die Ursache dafür, daß er nicht bereit war, etwas gegen die Methoden zu sagen, mit denen man bisher gegen die Opposition gekämpft hat, und daß er auch nicht dazu zu bewegen war, einen konkreten Vorschlag auf Einsetzung eines Beirates, gebildet aus den illegal arbeitenden Gruppen, zu machen. Wie ein solcher Beirat konkret aussehen würde, ist gegenwärtig schwer zu sagen. Es gibt außer der Miles-Gruppe eigentlich nur noch den Neuen Roten Stoßtrupp, der draußen vertreten ist. Viel bedeutet er unter Führung von Keller weder zahlenmäßig noch geistig. So bleibt also nur die Miles-Gruppe, deren inneren Diskussionen erhoffen lassen, daß sich die geistige und organisatorische Annäherung weiter entwikkeln wird. Der Bruch mit Lange ist inzwischen wegen seiner starken Verbindung mit Lampersberger und seiner höchst anfechtbaren Arbeitsmethoden vollständig geworden, daher [ist] natürlich auch die Verständigung mit A[ufhäuser] und B[öchel] schwieriger.

Hilferding denkt über das Eingreifen der SAI ebenso skeptisch wie Sie. Ich glaube immer noch an eine moralische Wirkung, wenn man sie anstrebt. Die Denkschrift von A[ufhäuser] und B[öchel] ist kein geeignetes Mittel dafür. Verwundbar ist die Sopade nur, weil sie [. . .]⁴ Darin liegt nicht nur eine Verletzung demokratischer Pflichten, sondern auch Mißachtung der von der Sopade selbst geschaffenen Plattform. Das und die Tatsache, daß Miles heute den Nachweis führen kann, ein nennenswertes Stück der deutschen illegalen Bewegung zu sein, müßte doch dem PV ein Stück seiner schwachen Autorität rauben.

Ich habe den Sinn Ihrer Zurückhaltung in Ihren Antworten an S[iegfried] A[ufhäuser] und W[illi] Mü[ller]⁵ durchaus verstanden und billige sie auch. Mit S[iegfried] A[ufhäuser] hatten Hilf[erding] und ich eine Aussprache. Aber es kam dabei nicht viel heraus, wahrscheinlich weil er sich auch nicht klar darüber ist, was nun geschehen soll und keine großen Erwartungen auf die SAI setzt. W[illi] Mü[ller] kommt erst in einigen Tagen zurück. Ich will versuchen, ihm begreiflich zu machen, daß sich die Entwicklung nicht überstürzen läßt und daß jetzt, nachdem die Entscheidung zugunsten meines Verbleibens gefallen ist, nichts getan werden darf, was meine Stellung schwächt. Aber es wird nicht leicht sein, ihn zum Abwarten zu bewegen, da er auch Kräfte hat, die ihm die Zurückhaltung zum Vorwurf machen.

Recht herzliche Grüße, auch von meiner Frau, und an Ihre Frau
Ihr

---

4 Hier sind in der vorliegenden Durchschrift in einer Zeile zwei Textversionen übereinander getippt, so daß sie unleserlich sind.
5 D. i. Karl Frank.

Nr. 44

Notiz von Paul Hertz vom 17. Juli 1935 über die Parteivorstandssitzungen in der ersten Julihälfte 1935

IISG Amsterdam, NL Hertz, S. 20, Mappe XXIII

17. 7.[1]

Seit der Abreise von Hilferding hat sich nicht viel ereignet. Die Reorganisation ist am 1. Juli in Kraft getreten. Bei der ersten Vorstandssitzung fehlte ich, da ich in Marienbad war. Die zweite [Sitzung nach der Reorganisation] fand am 15. Juli statt (ohne O[tto] W[els] und F[riedrich] St[ampfer]). **Oll[enhauer]** berichtete, daß die Flüchtlingsunterstützung um 25 % gekürzt wird.[2] **Cru[mmenerl]** berichtete über die Unterhaltung mit Schliestedt[3], der in Paris beim IGB war. Dort hatte Jahn[4] in einer Sitzung des Koordinationskomitees heftige Angriffe gegen die Arbeit der Sopade gerichtet. Er habe daraus gefolgert, »Gewerkschaften gehören an die Front, Partei in die Etappe«. Jahn sei ein Miles-Mann, der im Auftrage von Fimmen[5] gearbeitet habe. Am 26. 7. solle in Reichenberg eine Konferenz stattfinden, zu der Schevenels erscheinen werde.[6] Cru[mmenerl] teilt in diesem Zusammenhang mit, daß Schevenels auf seine Forderung, in höherem Maße an den amerikanischen Geldern beteiligt zu sein, ablehnend geantwortet habe, weil die Sopade durch Seger auch direkt Geld erhalten hat.

Mit den Danziger Genossen soll bessere Fühlung hergestellt werden, evt. soll eine persönliche Aussprache in Gdingen stattfinden.

Am 16. 7. gab ich Cru[mmenerl] davon Kenntnis, daß ich eine von Großmann[7] gewünschte Auskunft über Einzelheiten der Reorganisation abgelehnt und ihn an die Sopade verwiesen habe.

---

1 Vorlage: »17. 7.« ms. unterstrichen.
2 Ab 1. August 1935 wurde der Unterstützungssatz für die 209 (Stand: 15. Juli) von der Sozialdemokratischen Flüchtlingsfürsorge betreuten deutschen Emigranten von monatlich 200 auf 150 Kc pro Kopf gekürzt; vgl. Bericht betr. Sozialdemokratische Emigration, 27. Juli 1935, in: SAPMO Berlin, ZPA, I 2/3/393.
3 Vorlage: Schliestädt.
4 Jahn, Hans, 1885–1960, bis 1933 Sekretär im Vorstand des Eisenbahner-Verbandes und des Beamtenbundes, bis Frühjahr 1935 Aufbau einer weitverzweigten illegalen Gewerkschaftsorganisation, Verbindungen zu ITF und Sopade, 1935 kurzzeitig verhaftet, Emigration 1935 CSR, Westeuropa, im Exil weitere illegale Gewerkschaftsarbeit in Zusammenarbeit mit der ITF, 1945 Deutschland, 1949–1959 Vorsitzender der Eisenbahnergewerkschaft, ab 1956 Präsident der ITF.
5 Fimmen, Edo, 1881–1942, niederländischer Gewerkschafter, Generalsekretär der ITF.
6 Auf der Konferenz in Reichenberg am 26./27. Juli 1935 trafen sich Vertreter der illegalen Reichsleitung, der gewerkschaftlichen Emigration und des IGB, um über die Organisation der zukünftigen Arbeit zu sprechen; gegründet wurde die »Auslandsvertretung deutscher Gewerkschafter« unter Leitung von Heinrich Schliestedt mit Sitz in Komotau in der CSR; vgl. *Beier*, S. 45–47; *Osterroth/Schuster*, Bd. 2, S. 346.
7 Vermutlich Kurt Grossmann, 1897–1972, Generalsekretär der »Deutschen Liga für Menschenrechte«, SPD, Emigration 1933 CSR, Leiter der »Demokratischen Flüchtlingshilfe«, publizistische Aktivitäten, 1938 Frankreich, 1939 USA.

Nr. 45
Notiz von Paul Hertz vom 5. August 1935 über die Parteivorstandssitzungen am 26. Juli und 2. August 1935
IISG Amsterdam, NL Hertz, S. 20, Mappe XXIII

5. 8. 1935[1]

Von allen Seiten sind Anfragen über die Gerüchte wegen der Reorganisation gekommen. So u. a. von Neumann[,] London[,] und Crispien[2]. Beiden hat man geantwortet[:] 1. es sei alles in Ordnung und 2. es habe sich gar nichts geändert. Eine ausführliche Unterrichtung, die Neumann verlangt hatte, wurde abgelehnt.

In der Vorstandssitzung vom 26. 7. nahm man Stellung zur Sitzung der Exekutive in Brüssel.[3] Meine Frage, ob man eine positive Stellung habe, erregte peinliches Aufsehen. Es wurde beschlossen, an der bisherigen Taktik festzuhalten, also rein negativ zu bleiben, und O[tto] W[els] und Cru[mmenerl] zu delegieren. Oll[enhauer] nimmt für die Jugend teil. Irgendeine politische Stellungnahme wurde überhaupt nicht versucht.

Die Einschätzung für die Beiträge zur SAI wird als ungerecht empfunden, man will versuchen, daß die 1933 gezahlte Summe von rund 35 000 Sfrs als Beitrag auch für 34 und 35 anerkannt wird.[4]

Ende Juli war Schevenels da, er wurde mit nach Reichenberg zu einer Konferenz mit Gewerkschaftern geschleppt. Am andern Tag hatten wir eine Unterhaltung mit ihm, die kaum ein Ergebnis zeitigte. Sch[evenels] äußerte sich zwar unter dem Eindruck der Reichenberger Besprechungen günstig über die Arbeit von Prag. Aber von dem Zuschuß für eine Gewerkschaftsbeilage zur »S[ozialistischen] A[ktion]« war nicht mehr die Rede.

W[illi] Mü[ller][5] teilte mir am 22. 7. mit, daß er es abgelehnt habe, mit A[ufhäuser], B[öchel] und S[eydewitz] zusammen ein Mitteilungsblatt herauszugeben. Die »R[evolutionären] S[ozialisten]« seien jetzt über ihn recht verschnupft.

Von Schoettle ist ein recht interessanter Bericht über seine Arbeit in W[ürttemberg] eingegangen. Darin findet sich auch folgende richtige Bemerkung: »Das Wesen der politischen Organisation ist nicht die Verbreitung von Druckschriften sondern die Schaffung eines organisierten Kerns mit klaren politischen Zielen. Die Verbreitung von Druckschriften ist eine sekundäre Aufgabe, die in dem Maße erfüllt werden kann, wie die Kräfte der Organisation wachsen.« Der Anspruch von Schoettle, ihm die Bearbeitung von W[ürttemberg] selbständig zu übertragen, findet bei Cru[mmenerl] und Oll[enhauer] sehr starken Widerstand.

Vorstandssitzung vom 2. 8.: Der Voranschlag für Juli ist eingehalten[6] worden. Über den Etat hinaus waren nur 20 000 Kc für den Verlag zu zahlen.

---

1 Vorlage: Datum ms. unterstrichen.
2 Vorlage: Crispin.
3 Exekutivsitzung der SAI vom 16.–18. August 1935, in: Internationale Information 14. Jg., 30. Mai 1936, S. 205 f. Vgl. Nr. 46.
4 Es wurde der Antrag gestellt, daß die Berechnung der neuen Beiträge ab 1. Januar und nicht ab 1. Oktober 1933 gelten müsse, da mindestens seit Anfang 1933 »keinerlei Einnahmen, wohl aber ungeheuere Ausgaben« zu verzeichnen gewesen waren. Wels an Adler, 31. Juli 1935, in: AdsD Bonn, PV-Emigration, Mappe 126.
5 D. i. Karl Frank.
6 Vorlage: innegehalten.

Nr. 46

Protokoll der Parteivorstandssitzung am 26. August 1935

SAPMO Berlin, ZPA, II 145/54, Bl. 168 f.

Vorstandsbesprechung am 26. 8. 35.

Anwesend sind: Wels, Vogel, Stampfer, Geyer, Crummenerl, Arnold, Heine.

Crummenerl berichtet über die Besprechung mit Seger. S[eger] zieht nach Amerika. Er wünscht regelmäßig Informationen zu erhalten. Wendet sich gegen Einheitsfront. Schlägt vor, in jedem Winter 1–2 Mann nach USA zu senden. Geld zu bekommen ist sehr schwer. Erforderlich dazu ist, eine Art Rote Hilfe aufzuziehen. – Modigliani hat für die Italiener 16 000 Dollar erhalten. Seger schlägt vor, Breitscheid und Heinig[1] zu entsenden. Lipschitz sei fleißig, aber nicht aktiv genug. Fragt, ob er nicht als Zwischenmann in Betracht kommt. Er hat 153 Vorträge gehalten, davon die Hälfte kostenlos. Finanziell nichts erübrigt. Man soll den Versuch machen, kurze Stellungnahmen der Sopade nach USA zu kabeln.

Es wird beschlossen, Seger als Vertrauensmann für USA zu benennen.

Crummenerl hat Besprechungen mit Bankiers[2] wegen finanzieller Dinge gehabt. Große Sorgen. In der Schweiz erfolgt keine Pressionspolitik gegen Deutschland. Das Vorgehen gegen Emigranten-Arbeit dürfte erfolgen, um Deutschland keinen Anlaß zu geben. – Es wird für zweckmäßig gehalten, Dollar zu kaufen. Nathan ist gegen Obligationen, für Bargeld.

Auf der Tagung der SAI in Brüssel standen zwei Fragen im Vordergrund: Abessinien[3] und Einheitsfront[4].[5] Nenni hat Entwurf einer Denkschrift vorgelegt. Begründung durch Modigliani. Darstellung der großen Schuldenlast, des Prestigeverlusts, Krieg ist unvermeidlich. Die Partei ist gegen den Krieg, sie ist pessimistisch wegen des Zusammenbruchs des Faschismus. Bevölkerung nicht kriegsfreudig, dagegen die Jugend. Meeting geplant, wünschen, daß darauf Vertreter der II. u. III. Internationale sprechen.

Andersen[6] und Albarda sind pessimistisch gegenüber Sanktionen und lehnen Hinzuziehung der III. Intern[ationale] zum Meeting ab. Bauer für die Auffassung Modiglianis. Brouckère: Wesentlich ist die Stellungnahme gegen den Krieg. Wünscht Propaganda für Demokratie. Ist für Völkerbundsanktionen, Sperrung des Suezkanals, Kreditsperre. – Gillies weist Vorwürfe gegen Labour zurück, greift Frankreich an, das deutsche Aufrüstung nicht verhinderte. Abessinien-Krieg von langer Hand vorbereitet. Labour kein Interesse an Kolonien. Italien wird größte Schwierigkeiten haben. Für Völkerbundsanktionen. Hilferding: Gegen Labour, Politik falsch schon seit 1930 Besuch Macdonald[7] in Rom. Fraglichkeit sozialistischer Außenpolitik. – Annahme der Resolution Nenni.[8]

---

1 Heinig, Kurt, 1886–1956, MdR (SPD) 1927–1933, Finanzexperte, Emigration 1933 Dänemark, Mitarbeiter »Deutschland-Berichte«, Kontakte zu illegalen Gruppen in Deutschland, 1940 Schweden, Mitglied der dortigen Sopade-Gruppe.
2 Vorlage: »Besprechungen mit Bankiers« hs. unterstrichen.
3 Vorlage: »Abessinien« ms. unterstrichen.
4 Vorlage: »Einheitsfront« ms. unterstrichen.
5 Exekutivsitzung vom 16. bis 18. August 1935 in Brüssel; vgl. Internationale Information 12. Jg., 19. August 1935, S. 259–262; *Herbert Mayer*, S. 89 f.
6 Vorlage: Anderson.
7 MacDonald, James Ramsey, 1866–1937, Labour-Politiker, 1929–1935 britischer Premierminister.
8 Der Raubkrieg gegen Abessynien. Eine Entschließung der Sozialistischen Arbeiter-Internationale, in: Internationale Information 12. Jg., 19. August 1935, S. 257–259.

2. Punkt: Einheitsfront[9]. Brief Faure[10] an SAI, Begründung von Grumbach.[11] Einheitsfront erforderlich, neue Tatsachen: Gewerkschaftseinheit. – Bauer: Für Antwort, daß Einheitsfront auf nächster Exekutivesitzung behandelt wird. Albarda und Anderson gegen Verhandlungen mit Kommunisten. Abramovitsch dafür, da französische Einheitsfront vollkommen unter komm[unistischen] Einfluß steht, was geändert werden müsse.[12]

Zur deutschen Frage. Bei der Besprechung im Büro der SAI wurden Adler und Brouckère beauftragt, die Akten zu prüfen und zur nächsten Exekutivsitzung Mitteilung zu machen. So beschlossen.[13]

Wels berichtet über seine Mitteilungen im Büro der SAI.

Crummenerl: Beitragszahlung für SAI wurde angeschnitten. Adler persönlich schroff ablehnend gegen Crummenerl. Vorschlag von uns, 10 000 schw. frcs. als Garantiefonds zu belassen, d. h. zu dem uns verbleibenden Guthaben von ca. 2 000,– schw. Fr. den Rest noch aufzufüllen, wenn wir Gewißheit haben, daß das Geld zu unserer Verfügung bleibt.

Bericht über das Gespräch mit Sollmann und mit einem deutschen Genossen. Sollmann gegen Einheitsfront. Wiedergabe eines Gesprächs mit den Quäkern, die endlich die Nase von den Nazis voll haben.

Hoegner wurde einmalig mit 200,– Schw. Fr. unterstützt. Gespräch mit Braun/Kirschmann usw. über Emigrantenkomitee. Braun gegen Einheitsfront mit Kommunisten, für Volksfront auch mit konservativen Kräften. Heiden[14] für Verbindung mit Volksmonarchisten.[15] Keine Verständigung oder Entscheidung getroffen.[16] Kirschmann wünscht bessere Verbindung, Unterrichtung usw.

Arnold berichtet über Gespräch mit Strasser, der seine Zeitung in Karlsbad gedruckt haben wollte.[17] Arnold hat sich dagegen ausgesprochen.

Vogel: Projekt wahrscheinlich schon erledigt, da wohl Druckauftrag nach Troppau gehen wird.

---

9 Vorlage: »Einheitsfront« ms. unterstrichen.
10 Faure, Paul, 1878–1960, französischer Sozialist, 1920–1940 Generalsekretär der SFIO, 1936–1938 Minister ohne Geschäftsbereich bzw. Staatsminister.
11 Grumbach, Salomon, 1884–1952, französischer Sozialist (SFIO), 1934–1939 Mitglied der französischen Völkerbundsdelegation, 1939/40 SAI-Exekutive, 1940 vom Vichy-Regime verhaftet, anschließend Resistance.
12 Die Exekutive beschloß, die Frage der Einheitsfront auf ihrer nächsten Sitzung erneut zu behandeln und beauftragte das Sekretariat, bis dahin einen Bericht über den vom 25. Juli bis 20. August 1935 tagenden VII. Weltkongreß der Kommunistischen Internationale zusammenzustellen; vgl. Internationale Information 12. Jg., 19. August 1935, S. 259.
13 Vgl. Nr. 45. Ob Adler oder Brouckère auf der nächsten Exekutivtagung am 11./12. Oktober 1935 Mitteilung gemacht haben, ist nicht bekannt.
14 Heiden, Konrad, 1901–1966, sozialdemokratischer Journalist und Schriftsteller, Emigration 1933 Schweiz, Saargebiet, 1934 Frankreich, 1940 USA, u. a. Mitarbeiter beim »Pariser Tageblatt«, bedeutender Verfasser früher antinationalsozialistischer Bücher.
15 Im Pariser Tageblatt, 26. Juni 1935, erschien Heidens Appell »Heraus aus der Zersplitterung«, in dem er sich für eine Einigung im Kampf der Emigranten gegen Hitler einsetzte; vgl. *Langkau-Alex*, Volksfront, Bd. 1, S. 79. Bei den »Volksmonarchisten« dürfte es sich um die »Volkskonservativen« um Treviranus handeln.
16 Die Kontakte fanden im Vorfeld des ersten Treffens im Pariser Hotel »Lutetia« am 26. September 1935 statt, das der Vorbereitung einer deutschen Volksfront dienen sollte; *Langkau-Alex*, Volksfront, Bd. 1, S. 86–89.
17 Arnold meinte die von Otto Strasser zwischen dem 13. Mai 1934 und 15. November 1937 in Prag herausgegebene Zeitschrift »Die Deutsche Revolution. Organ der Schwarzen Front«. Vgl. *Maas*, Bd. 1, S. 175; Bd. 4, S. 414–417.

Nr. 47

Brief von Otto Wels an den Sekretär des Marx-Engels-Lenin-Instituts vom 19. September 1935 mit Bericht über die Parteivorstandssitzung am 16. September 1935[1]

IISG Amsterdam, NL Hertz, S. 16, 1 f.

Werter Genosse Hermann[2],

Ich habe ihr Angebot dem Vorstand der SPD übergeben.[3] Der Vorstand der SPD hat zu diesem Angebot in seiner Sitzung vom 16. 9. Stellung genommen und folgenden Beschluß gefaßt:

»Das politische Verhältnis der SAI und der Deutschen Sozialdemokratie zur Komintern ermöglicht es uns nicht, auf das Angebot des Marx-Engels-Lenin-Instituts einzugehen.«[4]

Der Vorstand der SPD hat in seiner Sitzung die von Ihnen vorgeschlagenen konkreten Bedingungen nicht diskutiert. Er ging dabei von der Auffassung aus, daß eine Einzelberatung Ihrer Vorschläge nur nach einer prinzipiellen Entscheidung über Ihr Angebot möglich sei.

Mit sozialistischem Gruß

---

1 Ein Hinweis auf eine »morgen stattfindende Sitzung« findet sich bei Hertz an Breitscheid, 15. September 1935, in: AdsD Bonn, NL Hertz, MF XLI; IISG Amsterdam, NL Hertz, S. 19, Mappe XVI, 3. Vgl. auch *Paul Mayer*, Die Geschichte des sozialdemokratischen Parteiarchivs und das Schicksal des Marx-Engels-Nachlasses, in: AfS 6/7, 1966/67, S. 9–198, hier S. 108 f. Dort wird Wels als Absender des Briefes genannt.
2 Tikhomirnov, German Aleksandrovich, 1899–1955, seit 1917 Bolschewik, 1925–1937 Leiter des Zentralen Parteiarchivs im Marx-Engels-Lenin-Institut Moskau.
3 Hermann (Sekretär des Marx-Engels-Lenin-Institus Moskau) an Wels, 5. September 1935, in: AdsD Bonn, PV-Emigration, Mappe 78, veröffentlicht in: *Paul Mayer*, Geschichte, S. 167, und *Maria Hunink*, De Papieren van de Revolutie. Het Internationaal Instituut voor Sociale Geschiedenis 1935–1947, Amsterdam 1986, Dok. 20, S. 218. Zur Geschichte des sozialdemokratischen Parteiarchivs und zum Schicksal des Marx-Engels-Nachlasses vgl. *Hunink* und *Paul Mayer*, Geschichte. Ab Mitte August 1935 hatten die sowjetischen Stellen versucht, mit dem Historiker Boris Nikolajewski, u. a. wissenschaftlicher Korrespondent des Marx-Engels-Lenin-Instituts in Berlin, jetzt in Paris, in Verbindung zu treten, um über ihn dem PV ein offizielles Angebot zu machen; vgl. Nikolajewski an Hertz, 16. August 1935, in: IISG Amsterdam, NL Hertz, S. 16, 1 f. und in: AdsD Bonn, PV-Emigration, Mappe 78, weitere wichtige Korrespondenzen betr. Archivverkauf.
4 Am 17. September 1935 unterrichtete der PV das Sekretariat der SAI, den IGB-Vorstand und die wichtigsten der SAI angeschlossene Parteien über den Sachverhalt und die Gründe für die Ablehnung und bat die Parteien um Stellungnahme; am 23. September 1935 wurden die Grenzsekretäre und Vertrauensleute per Rundschreiben über das Angebot sowie den Brief an die SAI informiert; vgl. AdsD Bonn, PV-Emigration, Mappe 8. Zur Haltung von Wels zu dem Kaufangebot berichtete Hertz: »In seiner Kommunistenfeindschaft ist er eben doch radikal und echt. [. . .] Er fürchtet weitreichende politische Intrigen der Bolschewiki hinter ihrem Angebot, und er sieht außerdem voraus, daß sich der Empfang einer solchen Geldsumme nicht verheimlichen läßt und dann zu einem Sturm auf die Kasse führt, der nur mit den schärfsten internen Differenzen enden kann. Unter diesen Umständen sehe ich es als ziemlich sicher an, daß die morgen stattfindende Sitzung des PV, zu der N[ikolajewski] hinzugezogen wird, das Angebot der Russen glatt ablehnen wird.« Hertz an Breitscheid, 15. September 1935, in: IISG Amsterdam, NL Hertz, S. 19, Mappe XVI/3.

Nr. 48
Protokoll der Parteivorstandssitzung am 18. Oktober 1935
SAPMO Berlin, ZPA, II 145/54, Bl. 171 f.

Vorstandssitzung am 18. 10. 35.

Anwesend: Wels, Vogel, Crummenerl, Rinner, Ollenhauer, Hertz, Stampfer, Geyer, Arnold, Heine.

Ollenhauer berichtet über die Exekutivsitzung der SAI.[1] 2 Fragen standen im Vordergrund: Abessinienkonflikt und Einheitsfront. Es gab lange Debatten. Die Genfer Erklärung des IGB und der SAI umfaßte nur wirtschaftliche Sanktionen.[2] Da wahrscheinlich auch militärische erfolgen werden, war neue Stellungnahme erforderlich. Es wurde festgestellt, daß auch militärische Sanktionen unterstützt werden. Eine entsprechende Kundgebung an Benes[3] wurde beschlossen. Eine gemeinsame Tagung des IGB und der SAI war kurz und erfreulich. Sie ergab eindeutige und einmütige Stellungnahme zum Abessinien-Konflikt.[4]

In der Frage der Einheitsfront gab Adler eine Einleitung, in der er die bisherigen Verhandlungen und Versuche der Kommunisten schilderte. Es seien Schwierigkeiten für die SAI entstanden, einfach nein zu sagen, ohne positiv zu zeigen, was werden solle, gehe auch nicht. Man müsse Stellung nehmen zum Telegramm Dimitroffs und zu der Frage überhaupt.[5] Vor allen Dingen geht es nicht mehr so weiter, daß durch die gegensätzliche Stellung der beiden Gruppen die Aktionsfähigkeit der SAI gestört werde.

Zyromski sprach sich in der Debatte für, Dallas[6] (England) gegen die Einheitsfront aus (Furcht vor Sinowjewwahlen[7]). Abramovitsch wünscht Verhandlungen zur Feststellung

---
1 Exekutivsitzung am 11./12. Oktober 1935 in Brüssel; vgl. Internationale Information 12. Jg., 14. Oktober 1935, S. 355 f. Zum Verlauf der Sitzung vgl. *Herbert Mayer*, S. 92–94; *Johannes Glasneck*, Die Sozialistische Arbeiter-Internationale zwischen antifaschistischem Kampf und antikommunistischer Reaktion in den Jahren 1935 bis 1937, in: Hallesche Studien zur Geschichte der Sozialdemokratie, Bd. 4, 1980, S. 39–85, hier S. 43–47.
2 Antikriegs-Konferenz von SAI und IGB am 5./6. September 1935 in Genf; vgl. Internationale Information 12. Jg., 9. September 1935, S. 313 f.
3 Beneš, Eduard, 1884–1948, tschechoslowakischer Politiker, 1918–1935 Außenminister, 1935–1938 Staatspräsident der CSR, ab 1940 Präsident der Exilregierung in London, 1945–1948 erneut Staatspräsident.
4 Gemeinsame Tagung von IGB und SAI am 12. Oktober 1935 in Brüssel; vgl. Internationale Information 12. Jg., 14. Oktober 1935, S. 354 f., dort auch Abdruck des Telegramms an Beneš in seiner Funktion als Präsident der Völkerbundsversammlung.
5 Der Telegrammwechsel zwischen der Komintern und der SAI ist abgedruckt in: Internationale Information 12. Jg., 21. Oktober 1935, S. 357–359.
6 Vorlage hier und im folgenden: Dalles.
Dallas, George, 1878–1961, Labour-Politiker, Gewerkschafter und Agrarexperte, 1936–1940 SAI-Exekutive, 1937 Chairman der Labour Party.
7 Dallas spielte auf die Wahlen zum britischen Unterhaus im Oktober 1924 an. Eine wichtige Rolle im Wahlkampf spielte damals der »Sinowjewbrief«, dessen Echtheit nie bewiesen wurde und in dem der Präsident der Kommunistischen Internationale den britischen Kommunisten angeblich revolutionäre Direktiven erteilte. Damit wurde die Politik der Labour-Regierung, normale Beziehungen zur Sowjetunion aufzunehmen, diskreditiert. Ob dies die Wahl entschied, ist zweifelhaft. Die Labour Party gewann über eine Million Stimmen, verlor aber 40 Mandate. Die Regierung Mac-Donald mußte zurücktreten; vgl. *Georg von Rauch*, Geschichte der Sowjetunion, 8. Aufl., Stuttgart 1990, S. 231 f.; *Siegfried Bünger/Hella Kaeselitz*, Geschichte Großbritanniens von 1918 bis zur Gegenwart, Berlin/DDR 1989, S. 55.

der Bedingungen. Er gibt Erklärungen Münzenbergs/Koenen[8] in einer Pariser Emigrantenversammlung wieder, die sich für Freiheit, Nationalversammlung usw. ausgesprochen haben und nicht auf prol[etarischer] Diktatur bestehen. Man muß verhandeln. – Soukup wiederholt den früher geäußerten Standpunkt der tschechoslowakischen Sozialdemokraten, der gegen die Einheitsfront gerichtet ist. – Brouckère versucht, eine Lösung zu finden und schlägt vor, Kontakt mit Moskau herzustellen.

Die Belgier sind für Kontakt, aber gegen Einheitsfront. Der georgische Vertreter ist ebenfalls dagegen, da er annimmt, es handelt sich um ein Manöver. Grimm meint, daß sich in der Schweiz eine Entwicklung in Richtung auf die Einheitsfront anbahnt. Nenni ist für ein Zusammenarbeiten mit den Kommunisten, Albarda gegen Verharmlosung von Besprechungen mit den Kommunisten. Er ist gegen Zugeständnisse. Lindström[9] lehnt alle Verhandlungen mit der KP ab. Compton[10] ist gleicher Auffassung wie Dallas. Liebermann hält es für sehr schwer, jetzt nein zu sagen. Bauer beantragt, die Exekutive ermächtige Sekretär und Vorsitzenden der SAI zu Besprechungen mit anderen Organisationen über Kampf gegen Faschismus und Kriegsgefahr.

Die Engländer opponieren dagegen. In der darauffolgenden langen Debatte legt Albarda eine Entschließung vor, nach der sie ermächtigt werden, im Falle der Weiterentwicklung des Bauerschen Gedankens Erklärungen abzugeben. Diese Entschließung wurde eingebracht von Holland, Skandinavien, CSR, Georgien, Deutschland.[11]

Es wurde schließlich eine Kommission eingesetzt, die eine Entschließung vorbereitete, die dann einstimmig angenommen wurde.[12]

Wels berichtet über die Bürositzung der SAI, die das gleiche Bild wie auf der Exekutive ergab.[13] In der Archivangelegenheit hat Adler seinen Standpunkt gewechselt und sich für Übergabe an die Russen ausgesprochen. Bestimmt hat ihn dazu der Sicherheitsstandpunkt und die Möglichkeit, Forschungsarbeit leisten zu können.[14] Wels hat den Standpunkt der

---

8 Koenen, Wilhelm, 1886–1963, USPD- bzw. KPD-Funktionär, 1919/20 MdNV, 1920–1932 MdR, Mitglied des ZK der KPD, 1932/33 MdL Preußen, Emigration 1933 Frankreich, 1935 CSR, Leiter der KPD-Emigration in der CSR, 1938 Großbritannien, politischer Leiter der KPD-Landesgruppe in Großbritannien, 1940–1942 interniert, 1945 Deutschland, KPD bzw. SED, wichtige Funktionen in SED und DDR-Staatsführung.

9 Lindström, Rickard, 1894–1950, schwedischer Sozialdemokrat, 1932–1940 Mitglied SAI-Exekutive und -Büro.

10 Compton, Joseph, 1881–1937, Labour-Politiker, 1929–1937 SAI-Exekutive.

11 In der Entschließung stellten die Unterzeichner fest, »daß alle Besprechungen, die der Vorsitzende und der Sekretär mit Vertretern anderer Organisationen führen mögen, bloß informatorischer Natur sein werden. Jede Entscheidung über irgendwelche gemeinsame Aktion bleibt der Exekutive überlassen. Um Mißverständnisse auszuschließen, erklären wir ausdrücklich, daß unsere Zustimmung zu dem Antrag Bauer nicht bedeutet, daß unsere Parteien zu einer gemeinsamen Aktion mit Kommunisten bereit seien.« IISG Amsterdam, SAI, Nr. 3398.

12 Der georgische Delegierte enthielt sich der Stimme; vgl. Internationale Information 12. Jg., 14. Oktober 1935, S. 356; dort auch Abdruck der Resolution, wonach es Präsident und Sekretär der SAI in Ausübung ihrer Funktion freistehe, »informative Besprechungen mit Personen und Vertretern internationaler Arbeiterorganisationen, sowie anderer Organisationen, die eine Aktion gegen den Krieg führen, zu halten, sofern sie es für gut finden.«

13 SAI-Bürositzung im Vorfeld der Exekutivtagung am 10. Oktober 1935; vgl. Internationale Information 12. Jg., 14. Oktober 1935, S. 356.

14 Adler an PV, 20. Oktober 1935, in: IISG Amsterdam, SAI, Nr. 4103: »Wissenschaftlich-theoretisch gesehen« spreche alles für einen Verkauf, deshalb sein Vorschlag, daß die Verhandlungen »von einem kleinen Kreis von Genossen geführt werden, deren Interesse für die marxistische Forschung außer jedem Zweifel stehe, und die auch individuell die politische Verantwortung zu tragen in der Lage sind für das, was sie als Verhandlungsergebnis befürworten.«

Sopade vertreten, der auf Ablehnung der Vorschläge zielt. Die Büromitglieder haben sich daraufhin Wels' Auffassung angeschlossen.[15]

Wels hat mit Nikolajewski[16] gesprochen und vereinbart, daß er das Pariser Material[17] in seine Wohnung nimmt, und wir ihm dafür monatlich 3–400,– fr. frcs. geben und die Einrichtungskosten in Höhe von ca. 1 000,– ffr. tragen.[18]

Nikolajewski beabsichtigt, eine Denkschrift auszuarbeiten, in der er Vorschläge über die Verwendung des Materials machen will.[19]

In einem Gespräch mit Schiff hat dieser Mitteilung über eine Niederschrift einer gemeinsamen Verständigung mit Münzenberg gemacht.[20] Es wurde vereinbart, daß Hilferding mit Münzenberg einmal privat spricht und uns dann Bericht erstattet.[21]

Gurland[22] hat mit Wels ein Gespräch gehabt und gewünscht, in die illegale Arbeit mit aufgenommen zu werden. Er wurde an den zuständigen Grenzsekretär verwiesen.

Bezüglich des Freiheitsprozesses wurde mitgeteilt, daß wir in dem Termin vom 3. 10. ein obsiegendes Urteil erwirkt haben.[23] Es ist aber mit Appellation zu rechnen.

---

15 Zur Haltung Adlers vgl. *Paul Mayer*, Geschichte, S. 110 f.
16 Nikolajewski, Boris, 1887–1966, exilrussischer Historiker, Menschewik, Emigration 1923 Deutschland, 1933 Niederlande, Frankreich, 1940 USA, führender Marxismus-Experte.
17 Ein Teil des SPD-Archivs war 1933 nach Paris gebracht worden. Vgl. *Paul Mayer*, Geschichte, S. 90–95.
18 Der Umzug der Materialien unterblieb, da zu dieser Zeit die Verhandlungen über den Verkauf des Archivs liefen. Vgl. *Paul Mayer*, Geschichte, S. 113.
19 Vgl. Nr. 49.
20 Von Mitte Oktober 1935 stammt der von Münzenberg und Schiff ausgearbeitete Entwurf eines Spitzenabkommens zwischen Sopade und KPD; vgl. *Langkau-Alex*, Volksfront, Bd. 1, S. 136, S. 298, Anm. 2; Abdruck des Entwurfs ebd., S. 173 f.
21 In Gesprächen mit Hilferding am 15. und 21. Oktober 1935 kündigte Münzenberg an, daß die Kommunistische Internationale beabsichtige, eine offizielle Verhandlung mit der Sopade herbeizuführen; vgl. *Langkau-Alex*, Volksfront, Bd. 1, S. 273, Anm. 121 u. S. 298, Anm. 2.
22 Gurland, Arcadius (Arkadij), 1904–1979, sozialdemokratischer Redakteur, 1932 stellv. Chefredakteur der »Volksstimme« Chemnitz, Emigration 1933 Belgien, Frankreich, 1940 USA, bis 1945 am Institut für Sozialforschung in New York, 1950 Deutschland, bis 1954 Leiter des Instituts für Politische Wissenschaft in Berlin, 1962–1972 Prof. an der Technischen Hochschule Darmstadt.
23 In diesem Prozeß gegen den Liquidator der »Volksstimme« GmbH in Saarbrücken, in deren Verlag die »Deutsche Freiheit« 1933–1935 erschienen war, ging es um die Rechte an einem Wechsel über ca. 1,9 Mio. FF. Im April wurde der Prozeß von den Sopade-Vertretern endgültig gewonnen. Vgl. AdsD Bonn, NL Hertz, MF XXII.

Nr. 49
Protokoll der Parteivorstandssitzung am 25. Oktober 1935
SAPMO Berlin, ZPA, II 145/54, Bl. 173–174

Vorstandssitzung 25. 10. 35.

Anwesend:[1] Wels, Vogel, Crummenerl, Rinner, Ollenhauer, Hertz, Stampfer, Geyer, Arnold, Heine.

Tagesordnung:[2]

1) Vorschlag Nikolajewski für Verwendung des Archivs.[3]
2) Veröffentlichung des Manuskripts Stampfer
3) Unterstützungsantrag Schoettle
4) Unterstützungsantrag Keller
5) Unterstützungsantrag Brauer[4]
6) Unterstützungsantrag Streicher-Halle
7) Beihilfe Reise Sollmann Brüssel
8) Veröffentlichung über Entführung Franke
9) Kurier nach Berlin

Wels: Wir hatten Nikolajewski ersucht, uns ein Memorandum über das Archiv und seine Verwendungsmöglichkeiten zu erstatten. Es liegt jetzt vor, ich habe den Eindruck, als ob die Schaffung eines derartigen Instituts, wie es Nik[olajewski] vorschlägt, ein für uns gangbarer Weg wäre.[5]

Auf unsere Umfrage haben wir eine Anzahl von Antworten erhalten, von denen die des Gen[ossen] Brouckère besonders wichtig ist. Sie rät zu einer abwartenden Haltung.[6]

Die Anregung, ein neues Forschungsinstitut neben dem Amsterdamer und Moskauer zu errichten und dort unsere Materialien unterzubringen, ist sehr beachtenswert. Wenn die Schaffung unter Verantwortung der gesamten Internationale erfolgen könnte, so würde das die Realisierung eines wichtigen Gedankens in dieser schweren Zeit bedeuten.

Ich bin dafür, daß man Nik[olajewski] schreibt, wir würden über sein Memorandum beraten und die Entscheidung noch nicht sofort herbeiführen.

Crummenerl: Ich begrüße, daß man die Pläne wieder aufnimmt. Wenn das Zurverfügungstellen von Mitteln für uns durch die Gründung eines derartigen Instituts erleichtert wird, bin ich mit der Regelung einverstanden. Aber ist es nicht vielleicht richtiger, die Dinge erst etwas voranzutreiben und dann erst an die SAI heranzutreten? Ich schlage vor,

---

1 Vorlage: »Anwesend« ms. unterstrichen.
2 Vorlage: »Tagesordnung« ms. unterstrichen.
3 Vorlage: »Nikolajewski«, »Verwendung« und »Archivs« hs. unterstrichen.
4 Brauer, Max, 1887–1973, sozialdemokratischer Kommunalpolitiker, Preußischer Staatsrat, bis 1933 Oberbürgermeister von Altona, Emigration 1933 Österreich, Schweiz, China, 1935 Frankreich, 1936 USA, Mitbegründer der GLD, 1943–1944 mit Aufhäuser Vorsitzender der GLD, 1946 Deutschland, 1. Bürgermeister Hamburgs, MdB, SPD-PV.
5 Memorandum Nikolajewski, undatiert, als Anlage zu Nikolajewski an Wels, 21. Oktober 1935, in: AdsD Bonn, PV-Emigration, Mappe 78. Nikolajewski ging davon aus, daß »irgendwelche Transaktionen zwischen der Deutschen Sozialdemokratie und den Bolschewisten als politisch untragbar« angesehen würden und schlug deshalb die Gründung eines »Internationalen Instituts für die Erforschung der Geschichte des Sozialismus« als Vermittlungsstelle zwischen Sopade und dem Marx-Engels-Lenin-Institut vor; vgl. *Paul Mayer*, Geschichte, S. 111 f. Vgl. weiter Nr. 50, Nr. 51.
6 Zur Haltung de Brouckères und anderer SAI-Mitglieder vgl. *Paul Mayer*, Geschichte, S. 109 f.

Nik[olajewski] hierher kommen zu lassen. Ich glaube, daß über die Frage der Mittelverteilung noch geredet werden müßte. So, wie es sich Nik[olajewski] vorstellt, dürfte es nicht gehen. In erster Linie kommt das Interesse an der illegalen Arbeit.[7]

Wels: Wenn wir das Material den Russen direkt geben würden, dann läge das Odium auf uns. Wenn das Institut die Angelegenheit übernimmt, dann würde die Frage ganz anders gestellt sein, besonders, wenn die Einwilligung und Mitarbeit der SAI vorhanden ist.

Hertz: Wir haben vor 4 Wochen über die Dinge geredet. Ist in der Zwischenzeit eine Änderung eingetreten? Ich wüßte nicht. Ich bin gegen direkte Verhandlung mit den Russen. Zu dem Vorschlag Nik[olajewski] möchte ich erklären, daß die Denkschrift nur wissenschaftliche Gesichtspunkte enthält. Ich habe den Eindruck, daß der Vorschlag unter Umständen eine Möglichkeit darstellt, die schweren politischen Bedenken abzuschwächen oder zu beseitigen.

Ich bin für den Vorschlag Wels', die Besprechungen der beiden Internationalen[8] abzuwarten und inzwischen Verhandlungen mit Nik[olajewski] zu führen. Eine Reise nach hier ist dazu jedoch nicht erforderlich.

Stampfer: Nik[olajewskis] Vorschlag ist sehr beachtenswert. Ich halte die Sache für so wichtig, daß er nach hier gebeten werden sollte. Mir ist der Vorschlag sympathisch. Mir scheint, es würde für uns auch sehr nützlich sein, wenn wir zu unserem Archivmaterial auch noch die Fotokopien der Moskauer bekommen würden, wie es der Vorschlag vorsieht.

Wels: Durch die Errichtung dieses Instituts wird verhütet, daß das Marx-Engels-Lenin-Institut das Monopol bekommt. Damit entfällt ein wesentlicher Grund, den wir bisher im Auge hatten. Es handelt sich damit für uns nicht mehr um eine rein materielle Angelegenheit. – Es wird das beste sein, wir behandeln die Sache zunächst dilatorisch.

Rinner: Die Russen sehen die Kriegsgefahr steigen. Es ist deshalb nicht so sicher, daß das frühere Argument von Wels, die Russen wollten uns mit der Übernahme des Materials unmöglich machen, noch Gültigkeit hat. Es kann durchaus sein, daß sie das Angebot in ernstlicher Sorge gemacht haben. Der zweite Grund, daß unsere Genossen in Deutschland Schwierigkeiten machen und bekommen würden, scheint mir auch nicht mehr gegeben, wenigstens nicht nach dem, was wir von drinnen hören.

Wir sollen die Dinge nicht ganz treiben lassen. Ich neige der Auffassung von Crummenerl zu, Nik[olajewski] kommen zu lassen und nicht dem Rat Brouckères zu folgen.

Crummenerl: Es steht doch fest, daß mit dem neuen Vorschlag doch eine neue Situation geschaffen ist. Ich warne aber davor, uns unter eine allzustarke Vormundschaft der SAI zu stellen. Ich würde vorschlagen, Nik[olajewski] hierher kommen zu lassen.

Ollenhauer: Die Entscheidung über das Archiv ist selbstverständlich in unserer Hand. Der neue Vorschlag von Nik[olajewski] ist nach meiner Auffassung so beachtlich, es tauchen so viele Fragen dabei auf, daß auch ich vorschlage, Nik[olajewski] nach hier kommen zu lassen.

Es wird so beschlossen.[9]

---

7 Crummenerl nahm Bezug auf Nikolajewskis Vorschläge zur Verteilung der Kaufsumme, wonach die Sopade nur 50 % zur freien Verfügung erhalten sollte; vgl. *Paul Mayer*, Geschichte, S. 112 f.
8 Am 12. Oktober 1935 beschlossen SAI und IGB, daß es dem Präsidenten und dem Sekretär der SAI-Exekutive freistehe, »informative Besprechungen mit Personen und Vertretern internationaler Arbeiterorganisationen, sowie anderer Organisationen, die eine Aktion gegen den Krieg führen, zu halten, sofern sie es für gut finden«. Internationale Information 12. Jg., 14. Oktober 1935, S. 356. Dazu auch *Herbert Mayer*, S. 94: »Doch die am 18. Oktober durchgeführten Beratungen führten nicht zum gemeinsamen Handeln beider Internationalen. Die internationale Aktionseinheit gegen die faschistische Intervention in Abessinien kam nicht zustande.« Vgl. weiter *Glasneck*, S. 45.
9 Vgl. Nr. 50, Nr. 51.

Wels: Stampfer erbittet Beschluß über sein Manuskript über die Geschichte der deutschen Republik. Wir müssen uns entscheiden, ob es gedruckt werden soll oder nicht.
Stampfer: Mein Wunsch ist natürlich kein Ultimatum. Wenn Sie den Wunsch haben, daß das Manuskript vorher erst von allen gelesen wird, dann muß das natürlich in Kauf genommen werden.
Crummenerl: Nach meiner Überzeugung ist das Buch gut. Wenn die Partei Geld hat, sollte sie es herausgeben. Ich würde vorschlagen, daß alle Genossen das Buch erst lesen. Die 2. Angelegenheit ist die des Geldes und die der Weiterarbeit überhaupt. Wenn wir mit den Russen nicht zu Rande kommen und andere Geldquellen nicht zu öffnen sind, dann stehen wir vor der Frage, was nun? Unsere Ausgaben betragen monatlich 19–20 000 Schw. Franken, d. h. in 15 Monaten wäre unsere illegale Arbeit zu Ende. Wenn wir länger arbeiten wollen als über Mitte Dezember 36 hinaus, dann müssen wir ganz einschneidende Maßnahmen vornehmen, die unsere Gelder vielleicht bis Mai 37 strecken würden. Das Buch würde etwa 11 000 Schw. Fr. kosten, wir müssen entscheiden, ob wir das machen können. Ich schlage vor, daß das Manuskript erst von allen gelesen wird und die Sache auf 4 Wochen vertagt wird.
Rinner: Bedeutet die Entscheidung über das Manuskript zugleich, daß wir eine neue Serie auflegen müssen?
Arnold: Die Entwicklung des Verlages macht notwendig, erst Erfahrungen über die Zahlungsweise der Buchhändler zu sammeln. Abschließendes Urteil darüber ist noch nicht möglich.
Vogel: Ich fürchte, wir werden in 4 Wochen vor der gleichen Entscheidung stehen wie heute. Es ist eine finanzielle Frage, die zu lösen uns sehr schwer fällt.
Wels: Politisch haben wir die Pflicht, eine solche Darstellung zu geben. Das Buch muß heraus, wenn wir es nicht können, dann müssen wir alles daran setzen, es woanders herauszubringen.
Hertz: Über die Frage, das Buch in einem anderen Verlage herauszugeben, jetzt zu entscheiden, würde ich nicht empfehlen.
Es wird beschlossen, die Entscheidung über das Manuskript zu vertagen, bis alle PV-Mitglieder Kenntnis genommen haben.[10]
Crummenerl: Schoettle wünscht von uns den Betrag von schw. Fr. 107,- zurückerstattet zu erhalten. Das Geld wurde für seine illegale Arbeit verwendet. Ich schlage vor, ihm den Betrag zu vergüten.
Hertz: Wir sollten ihm nicht nur einfach die Auslagen ersetzen. Wir müßten uns nach dem Reinboldbrief fragen, ob es nicht richtig ist, in intimere Beziehungen zu Schoettle zu treten.
Ollenhauer: Die Differenz zwischen uns, Schoettle u. Reinbold besteht darin, daß Sch[oettle] einen Teil Württembergs mit seinen Briefen erfaßt und nicht bereit ist, die S[ozialistische] A[ktion] zu verteilen.[11] Ich halte es für falsch, ihm gegenüber einen rein negativen Standpunkt einzunehmen. Man muß gemeinsam mit ihm und R[ein]b[o]ld nochmals

---

10 Friedrich Stampfer, Die 14 Jahre der ersten deutschen Republik, Karlsbad 1936. Vgl. Nr. 65.
11 Mit Schoettles Briefen ist der »Rote Kurier« gemeint, eine illegale Zeitschrift, die Schoettle ab Mai 1934 in der Schweiz herstellte und über die Grenze nach Deutschland schaffen ließ. Zu den Differenzen zwischen Schoettle und Reinbold, die bereits Ende 1933 begonnen hatten, vgl. *Roland Müller*, Stuttgart zur Zeit des Nationalsozialismus, Stuttgart 1988, S. 167–169; Interview mit Schoettle, 12. Mai 1972, Bl. 24 f., in: IfZ München, Zs 2288. Zu Schoettle vgl. auch *Werner Nachtmann*, Erwin Schoettle. Grenzsekretär der Sozialdemokraten für Württemberg, in: *Michael Bosch/Wolfgang Niess* (Hrsg.) Der Widerstand im deutschen Südwesten 1933–1945, Stuttgart 1984, S. 153–161.

zu reden versuchen. Es wäre das beste, wenn es gelänge, ihn [in] die allgemeine Arbeit mithineinzuziehen.

Vogel: Mir scheint, Reinbold hat den älteren, Schoettle den Kreis der jüngeren Parteigenossen im Württemberg erfaßt. Ich schlage vor, Bewilligung des Betrages und Aussprache mit Reinbold. Auf jeden Fall reinliche und klare Verhältnisse schaffen.

Crummenerl: (Gibt ausführliche Darstellung des Streites zwischen Schoettle und Reinbold.) Wir haben keine Veranlassung, mit ihm zu brechen. Wir müssen wieder eine Aussprache mit ihm haben.

Rinner: Schoettle verwendet unser Material in seinen Publikationen. Es wäre zweckmäßig, mit ihm über die Berichterstattung zu sprechen, damit man sieht, welche Verbindungen er hat.

Es wird beschlossen, Schoettle die Auslagen zu ersetzen und Verbindung mit ihm zu halten.[12]

Crummenerl: Keller wünscht 414,- Fahrgelder usw. ersetzt zu erhalten. Ich bin für Bewilligung. Da Keller jedoch mit den Rev[olutionären] Soz[ialisten] zusammenarbeitet, müssen wir feststellen, was mit dem Geld geschieht. RS Arbeit können wir nicht unterstützen. Wir müssen wissen, was los ist.[13]

Hertz: Keller hat in diesem Fall die Vereinbarung innegehalten. Er ist mit seinen Freunden übrigens uneinig, ob man in Zukunft noch Geld von der Sopade nehmen soll oder nicht.

Rinner: Ich schlage vor, Keller zur Berichterstattung zu veranlassen, da die mitteldeutschen Berichte sehr schwach sind. Man sollte die Fortsetzung der finanziellen Unterstützung von dieser Bedingung abhängig machen.

Crummenerl: Ich schlage vor, Keller zu fragen, ob das Verhältnis zu uns noch so besteht.[14]

Es wird beschlossen, Keller den Betrag zu zahlen.

Crummenerl: Landrat Streicher wünscht von uns ein Darlehn[15] gegen Sicherstellung in Halle. Ich bin für Ablehnung.

Es wird so beschlossen.

Crummenerl: Gen[osse] Brauer möchte nach Skandinavien und wünscht von uns Geld für Überfahrt und Familienunterstützung. Wir können den vollen Betrag, den er wünscht, nicht bewilligen. Ich schlage vor, ihm insgesamt 2 000,- f.f. zu geben.

---

12 Im April 1936 unterrichtete der PV Reinbold über die Kontakte mit Schoettle: »Schoettle ist bereit, in beschränktem Umfang unser Material in Württemberg zu verbreiten, und er hat mit aller Entschiedenheit erklärt, daß er nicht mit Gruppenbildungen irgendwelcher Art zu tun habe, denn er verspreche sich von derartiger Gruppenarbeit in der gegenwärtigen Situation keinerlei Erfolg, und er habe sich daher das Ziel gesetzt, in loyaler Zusammenarbeit mit uns einen illegalen sozialdemokratischen Parteibezirk in Württemberg aufzuziehen. Wir haben uns auch dahin verständigt, daß Schoettle mit Dir in Verbindung bleibt, und ich glaube, daß wir jetzt zu einer befriedigenden Regelung unseres Verhältnisses zu Schoettle kommen.« PV an Reinbold, 20. April 1936, in: AdsD Bonn, PV-Emigration, Mappe 92.
13 Im März 1935 hatte Keller den PV über die Neuorganisation des »Neuen Roten Stoßtrupps« informiert und in der Folgezeit um finanzielle Unterstützung nachgesucht, die jedoch – zumindest bis zum Juli 1935 – nicht gewährt wurde; vgl. Neuer Roter Stoßtrupp (Auslandsstelle) an Exekutive der SAI, 25. Juli 1935, in: IISG Amsterdam, SAI, Nr. 3492, mit Anlage: Briefwechsel mit der Sopade März–Juli 1935.
14 Vgl. Nr. 76.
15 Vorlage: »Landrat Streicher« und »ein Darlehn« hs. unterstrichen.
Vermutlich Otto Streicher, geb. 1883, vor 1933 Landrat in Halle (?); im April 1937 auf Veranlassung der deutschen Behörden ausgeliefert, um eine restliche Gefängnisstrafe, zu der er im Januar 1934 vom Landgericht Halle verurteilt worden war, zu verbüßen.

Es wird beschlossen, Brauer f. Frs. 2 000,- zur Verfügung zu stellen und ihm zu raten, nicht ohne weiteres nach Schweden zu fahren, sondern erst Bescheid abzuwarten.

Crummenerl: W[ilhelm] Sollmann wünscht ffrs. 250,- für eine Reise zur Konferenz der Interparl[amentarischen] Union nach Brüssel.

Betrag wird bewilligt.

Crummenerl: Wir haben im Kassenbuch den Betrag, den wir an Hünlich gaben, als Darlehen stehen. Wir möchten die Summe ausbuchen.

Einverständnis wird erklärt.

Ollenhauer und **Vogel** berichten über die Verschleppung Frankes.[16] Weck hat vorgeschlagen, die Angelegenheit zu publizieren.

Es wird wegen der Unklarheiten über die Angelegenheit beschlossen, nichts zu veröffentlichen.

Ollenhauer: Sollen wir einen Kurier wie verabredet nach Berlin schicken? (Er legt die Gründe für die Reise dar.)

Wird beschlossen.

Hertz: Ich bin von über jeden Zweifel erhabener Seite informiert worden, daß der französische Journalist D[17], der uns kürzlich besucht hat, auch Beziehungen zur deutschen Gestapo unterhält.

---

16 Vgl. Hans Dill an PV, 2. Oktober 1935, in: AdsD Bonn, PV-Emigration, Mappe 32, wonach Wecks Mitarbeiter Franke wahrscheinlich entführt worden sei.

17 Vorlage: »französische Journalist D« hs. unterstrichen. Die Identität ist unklar.

Nr. 50

Protokoll der Parteivorstandssitzung am 7. November 1935

SAPMO Berlin, ZPA, II 145/54, Bl. 176 f.

Sitzung des Parteivorstandes am 7. November 1935

Anwesend:[1] Wels, Stampfer, Crummenerl, Hertz, Ollenhauer, Rinner, Geyer, Arnold, Nikolajewski;

entschuldigt fehlen: Vogel, Heine.

Die Sitzung beschäftigt sich zunächst auf Grund von Vorbesprechungen mit der Anregung des Genossen Nikolajewski auf Schaffung eines Internationalen Sozialistischen Forschungsinstituts[2]. Es wird beschlossen, der Schaffung eines solchen Internationalen Sozialistischen Forschungsinstituts zuzustimmen. Der Parteivorstand ist bereit, um die Gründung dieses Instituts zu ermöglichen, das Archivmaterial für das Institut zur Verfügung zu stellen unter Wahrung des Eigentum[s]rechts. Es wird beschlossen, die Genossen Wels und Crummenerl zu beauftragen, mit der Sozialistischen Arbeiter-Internationale über den Plan dieses Instituts schnellstens zu verhandeln, um eine provisorische Arbeitskommission aus internationalen Vertretern zustandezubringen, die die formelle Gründung des Instituts in

---

1 Vorlage: »Anwesend« ms. unterstrichen.

2 Vorlage: Von »Genossen« bis »Forschungsinstitut« hs. unterstrichen.

die Wege leitet und die auch die Verhandlungen mit dem Marx-Engels-Institut in Moskau zu führen hat.[3]

Die Kommission zur Untersuchung der Lage der politischen Gefangenen unterbreitet eine Reihe von Vorschlägen, die der Tagung eines Unterausschusses des Völkerbundes, der auf Grund der Anregung der norwegischen Regierung eingesetzt wurde, vorgelegt werden sollen. Der Vorstand erklärt sich mit den Vorschlägen der Kommission einverstanden.[4]

Es wird beschlossen, eine Anfrage der Sozialistischen Arbeiter-Internationale über die Vertretung der Partei in der Exekutive der SAI und im Internationalen Frauenkomitee dahin zu beantworten, daß der Parteivorstand sich wie bisher vorbehält, seine Vertreter von Fall zu Fall zu bestimmen.

Dem Genossen Richard Hansen – Kopenhagen wird auf seinen Antrag hin ein Betrag in Höhe von 300,– RM für die Sicherung des Rechtsbeistands der in Hamburg verhafteten Genossen bewilligt.[5] Dagegen wird sein Antrag, eine Reise nach Antwerpen zu bewilligen, um mit dem Genossen Schumacher Fragen des Materialversands zu besprechen, abgelehnt. Der Genosse Hansen wird auf den Weg der schriftlichen Erledigung dieser Angelegenheit verwiesen.[6]

Der Antrag des Genossen Franz Neumann – London, ihm für die Bildung eines Agitationsfonds für England einen größeren Betrag zur Verfügung zu stellen, wird abgelehnt, da der Parteivorstand nicht in der Lage ist, für diesen Zweck Mittel in einer Höhe zu bewilligen, die für den Erfolg der Absichten des Genossen Neumann erforderlich wären.

Das Gesuch des Genossen Ullbrich, ihm einen Betrag von 10 englischen Pfund für seine Ausreise nach Südamerika zu bewilligen, wird angenommen.

Dem Genossen Theodor Hartwig – Stettin[7], jetzt Bodenbach, wird auf Antrag eine einmalige Beihilfe von 150,– Kc bewilligt.

Es wird beschlossen, dem Genossen Max Brauer[8] – Altona, jetzt Paris, noch einmal eine Unterstützung in Höhe von 1 400,– ffrs. zu gewähren unter Aufrechterhaltung unserer Zusage, daß wir ihm die Übersiedlungskosten nach Stockholm zahlen für den Fall, daß er dort eine Existenzmöglichkeit findet.

Der Genosse Arnold hat sich wegen der Übersetzung des Buches von Souvarine[9] über Stalin ins Deutsche mit der Genossin Rose Hilferding[10] in Verbindung gesetzt, die bereit ist, die Übersetzung gegen ein Honorar von 1 000 Schweizer Franken zu übernehmen. Genosse Arnold wird beauftragt, die Genossin Hilferding anzufragen, ob sie bereit ist, diese Übersetzung für 500 Schweizer Franken zu machen, unter der Voraussetzung, daß die Dif-

---

3 Vgl. *Paul Mayer*, Geschichte, S. 112; *Hunink*, S. 63.
4 Das Memorandum der »Kommission zur Untersuchung der Lage der politischen Gefangenen«, das dem Generalsekretär des Völkerbundes am 13. November 1935 unterbreitet wurde, ist abgedruckt in: Internationale Information 12. Jg., 7. Dezember 1935, S. 423 f.
5 Vgl. *Ralf Deppe*, Sozialdemokratisches Exil in Dänemark und der innerdeutsche Widerstand: Das Grenzsekretariat Kopenhagen der Sopade – Unterstützung der Widerstandsarbeit in Deutschland, in: *Hans-Uwe Petersen* (Hrsg.), Hitlerflüchtlinge im Norden. Asyl und politisches Exil 1933–1945, Kiel 1991, S. 207–213, hier S. 209; *Ulrich Bauche u. a.* (Hrsg.), »Wir sind die Kraft«. Arbeiterbewegung in Hamburg von den Anfängen bis 1945. Katalogbuch zu Ausstellungen des Museums für Hamburger Geschichte, Hamburg 1988, S. 289.
6 Vgl. PV an Hansen, 7. November 1935, in: AdsD Bonn, PV-Emigration, Mappe 48.
7 Hartwig, Theodor, 1878–1949, 1921–1933 MdL Preußen, Gauvorsitzender RB Pommern, Emigration 1933 CSR, 1938 Polen, Lettland, Schweden, 1948 Magdeburg.
8 Vorlage: »Max Brauer« hs. unterstrichen.
9 Vorlage: Soumarine.
   Souvarine, Boris, 1895–1984, kommunistischer französischer Politiker, Historiker und Schriftsteller.
10 Hilferding, Rose (geb. Löwinger), 1884–1959, Ehefrau von Rudolf Hilferding.

ferenz zu dem von ihr geforderten Betrag nachgezahlt wird, wenn die Drucklegung des Buches möglich ist.[11]

Genosse **Hertz** bittet um eine Entscheidung, ob der Vorstand eine Besprechung zwischen ihm und dem Vertreter der Kommunisten, Walter, wünscht. Walter hat um diese Besprechung nachgesucht.[12] Hertz möchte sie nur zulassen für den Fall, daß der Vorstand den Wunsch nach einer solchen Besprechung hat. Es wird festgestellt, daß bei dem Parteivorstand ein solcher Wunsch nicht besteht.

---

11 Es handelt sich um das von Boris Souvarine 1935 im französischen Verlag Plon veröffentlichte Buch »Staline. Aperçu Historique du Bolchevisme«. Die deutsche Übersetzung, die Rose Hilferding letztlich für Rowohlt gemacht haben soll, war nach dem Kriege unauffindbar; vgl. Vorwort zu *Boris Souvarine*, Stalin. Anmerkungen zur Geschichte des Bolschewismus. München 1980, S. 11–16. Lt. Auskunft des Rowohlt Verlages vom 28. Juli 1992 ist eine deutsche Übersetzung des Buches von Souvarine dort nie veröffentlicht worden.
12 Zum Kontaktversuch Ulbricht/Hertz vgl. *Langkau-Alex*, Volksfront, Bd. 1, S. 137.

Nr. 51
Protokoll der Parteivorstandssitzung am 12. November 1935
SAPMO Berlin, ZPA, II 145/54, Bl. 178

Vorstandsbesprechung am 12. 11. 35.

Anwesend: Wels, Vogel, Crummenerl, Rinner, Ollenhauer, Hertz, Arnold, Heine.

Als Gäste: Friedrich Adler, Nikolajewski

Gen[nosse] **Adler** hat den Entwurf seiner Antwort an den PV auf den Vorschlag, das Marx-Engels-Archiv nach Moskau zu verleihen[1], fertiggestellt und gibt ihn dem PV bekannt.[2]

Gen[osse] **Wels** macht einige Ergänzungsvorschläge, die in dem Brief noch untergebracht werden möchten.

Gen[osse] **Nikolajewski** wünscht, die Dinge etwas anders dargestellt zu sehen, seine Anregungen werden aber von **Adler** abgelehnt.

Gen[osse] **Crummenerl** begrüßt den Entwurf, der an sich sehr wertvoll ist und seinen Wünschen durchaus genügt. Es kommt jetzt auf den nächsten Schritt an. Es entsteht die Frage, was geschehen soll, wie die Dinge weiterzutreiben sind und ob man das nicht gleich in Adlers Antwort erörtern könnte.

Gen[nosse] **Adler** meint, daß es zweckmäßig wäre, die weiter geplanten Maßnahmen in einem Antwortschreiben der Sopade an ihn zu behandeln.

Gen[osse] **Wels** ist mit der Abfassung eines derartigen Briefes einverstanden.

Gen[osse] **Adler** schlägt vor, für das zu bildende Komitee[3] die Gen[ossen] Longuet, Bracke, Hilferding, Dan zum Beitritt zu bitten. Ob er selbst sich daran beteiligen könne, möchte er erst noch offenlassen und sich 24 Stunden Bedenkzeit ausbitten. Aus seinem

---

1 Vorlage: Von »das« bis »verleihen« hs. unterstrichen.
2 Vgl. *Paul Mayer*, Geschichte, S. 114–116.
3 Vorlage: »Comitee«.

Brief gehe ja hervor, wie er über die Dinge denke, es sei aber auch eine taktische Frage, ob er als Sekretär der SAI sich daran beteilige.[4]

Gen[osse] **Nikolajewski** schlägt vor, auch den Gen[ossen] Modigliani mit ins Komitee zu nehmen.

Gen[osse] **Crummenerl** befürchtet, daß dann die Emigrantenparteien allzu viel Übergewicht darin haben.

Gen[osse] **Nikolajewski** empfiehlt, keinen Deutschen, sondern 2 Franzosen, 1 Italiener, 1 Russen und Friedrich Adler zu benennen.[5]

Gen[osse] **Wels** erläutert die Aufgaben und die Reihenfolge, in der sich die Angelegenheit am zweckmäßigsten abspielt. Danach hätte das Komitee die Aufgabe, die Vorschläge Nik[olajewski] zu prüfen und ihnen zuzustimmen.

Gen[osse] **Adler** gibt zu bedenken, ob es nicht zweckmäßig ist, über das Komitee noch hinauszugehen und den Versuch zu machen, daneben noch einige Unterschriften bzw. Zustimmungserklärungen zu erhalten.

Es wird verabredet, daß Gen[osse] Nikolajewski sofort nach Paris zurückkehrt und mit den Russen Fühlung aufnimmt, ohne Abmachungen vorzunehmen. Gen[osse] Adler wird so bald wie möglich nach Paris kommen und den Versuch machen, die genannten Genossen für das zu bildende Komitee zu gewinnen. Wenn das glückt, soll das Komitee mit den Russen die Verhandlungen aufnehmen auf der Basis des Nikol[ajewski-] Entwurfs, während unsere Vertreter – Wels und Crummenerl – sich ebenfalls nach Paris begeben, um Informationen zu geben und nötigenfalls entsprechend rasch eingreifen und entscheiden zu können.[6]

---

4 Es handelte sich um das Organisationskomitee für das neu zu gründende Forschungsinstitut, das zukünftig die Verhandlungen mit dem Marx-Engels-Lenin-Institut führen sollte; vgl. *Paul Mayer*, Geschichte, S. 116.
5 Dem »Organisationskomitee zur Förderung marxistischer Forschung« gehörten letztlich Adler, Blum, Bracke, Dan, Longuet und Modigliani an; vgl. Vertrag zwischen dem Komitee und der Sopade, vertreten durch Wels und Crummenerl, Dezember 1935, in: AdsD Bonn, PV-Emigration, Mappe 78.
6 Zur Reise von Wels und Crummenerl nach Paris vgl. *Paul Mayer*, Geschichte, S. 114–118; zu den sich hinziehenden Verhandlungen zwischen Kommissionsmitgliedern und den Moskauer Vertretern vgl. ebd., S. 116–120. Zwischen Dezember 1935 und Anfang März 1936 fanden keine Gespräche statt; vgl. Gedächtnisprotokoll Adler über die Verhandlungen betreffend Marx-Engels-Nachlaß, undatiert [ca. April 1936], in: AdsD Bonn, PV-Emigration, Mappe 15.

Nr. 52
Brief von Paul Hertz an Rudolf Hilferding vom 18. November 1935 mit Bericht über die Parteivorstandssitzung am 18. November 1935

IISG Amsterdam, NL Hertz, S. 19, Mappe XVII

Lieber Rudolf,

Ihren Brief vom 16. habe ich heute erhalten. Zu einer ausführlichen Antwort fehlt mir aber auch die Zeit. Es ist schon spät abends und ich fahre morgen früh nach Wien. Gestern erhielt ich von Luise [Kautsky] einen Eilbrief. Ich solle sofort kommen, Karl [Kautsky] finde sich in den Mitteilungen von Nikol[ajewski] über die Archiv-Sache nicht zurecht. Außerdem hätten sie jetzt ein Angebot von Posthumus[1], zu dem sie sich sofort entscheiden müßten. Luise [Kautsky] schreibt, daß Karl [Kautsky] sehr krank war, hoch fieberte und noch recht matt sei. Wenn ich daraus auch schließe, daß unmittelbare Besorgnisse wegen seines Gesundheitszustandes nicht bestehen, so benütze ich doch gern diesen Anlaß, um wieder einmal andere Luft zu atmen.

Ich bin nach wie vor wegen der Archivsache sehr unzufrieden. Wenn auch der neue Plan die ursprünglichen Bedenken vermindert, so bleiben noch genügend bestehen. Vor allen Dingen ein doppeltes parteipolitisches. Je mehr Geld fließt, umsoweniger Nutzen wird daraus entstehen. Der Kampfzustand mit den Gruppen wird verewigt, die Sterilität des Apparates siegt. Vor allem aber werden die geistigen Schranken gegen Moskau abgebrochen. Wenn der PV von Moskau bezahlt wird, woher sollen dann an anderen Stellen noch Bedenken gegen den russischen Rubel bestehen. Angesichts der Haltung von F[riedrich] A[dler] blieb mir gar nichts anderes übrig, als im gegenwärtigen Augenblick meine Bedenken gegen den neuen Plan für mich zu behalten. Aber daß sie nicht verschwunden sind, will ich Ihnen nicht verheimlichen.

Was ihre Mitwirkung anlangt, so scheint O[tto] W[els] sie sowohl für die Verhandlungen wie auch für die spätere wissenschaftliche Leitung für erforderlich zu halten. Aber auf mich legt er nicht nur keinerlei Wert, sondern er macht gar keinen Hehl daraus, daß er mich dabei vollkommen ausschalten will. Wenn es zu Verhandlungen in Paris kommen sollte, so wird man Sie sicher auffordern mitzufahren. Ich lege auch gar keinen Wert darauf, an diesen Verhandlungen mit den Russen beteiligt zu sein. Ich beneide F[riedrich] A[dler] nicht um die Verantwortung, die er trägt, wenn er einen Abschluß mit den Russen zustande bringt. Er wird dann vielleicht zwar ein wissenschaftliches Institut für die Internationale geschaffen haben, aber d[och] zugleich das Grab für die deutsche Bewegung, die unter dem Schwergewicht des wiederaufgefüllten Geldsacks des PV keinerlei geistiges Leben mehr zeigen wird.

Wenn sie meinen sollten, das sei ein zu hartes und ungerechtes Urteil, dann denken Sie bitte daran, daß hier niemand empfunden hat, wie skandalös das Schreiben von Reinbold ist.[2] Äußerungen des Unwillens von Stampfer und Cru[mmenerl] entsprangen nur der Sorge, daß man ihnen dieses Schreiben aufs Konto setzen könnte. In Wirklichkeit haben sie niemals daran gedacht, von seinem Inhalt abzurücken. Was hat es unter diesen Umständen für einen Sinn, wenn Sie mit Cru[mmenerl] darüber reden? Wenn die Leutchen nicht selber das Bedürfnis haben, von Menschen mit solcher Gesinnung abzurücken, so können ihnen diese Gedankengänge nicht allzu fremd sein.

Ich hätte auch das Bedürfnis mit Ihnen zu sprechen. Ich erlebe hier täglich so viel, was mir nicht paßt, daß ich mir sehr gut vorstellen kann, daß eines Tages meine Geduld zu Ende ist.

Heute z. B. haben wir uns mit einem Schreiben der Kommunisten beschäftigt, in dem um Verhandlungen über Einheitsfront gebeten war.[3] **O[tto] W[els]** blieb mit seiner Meinung, überhaupt nicht zu antworten, in Gesellschaft von **Max Klinger**!!![4] allein. Stampfer war für eine schriftliche Antwort, die man mündlich erläutern könne, ohne sich in eine Aussprache einzulassen. **Cru[mmenerl]** unterstützte mich in der Auffassung, daß zwar von

---

1 Posthumus, Nicolaas Wilhelmus, 1880–1960, niederländischer Sozialist, Prof. für Wirtschaftsgeschichte an der Universität Amsterdam, Direktor der »Ecconomisch-Historische Bibliotheek«, 1935 Gründer des Internationalen Instituts für Sozialgeschichte.
2 Ende Oktober 1935 hatte Reinbold in einem Brief offen antisemitische Bemerkungen gemacht. Schwarz [d. i. Reinbold] an »Werter Freund«, 26. Oktober 1935, in: AdsD Bonn, PV-Emigration, Mappe 91. Vgl. auch Nr. 64, Anm. 7.
3 ZK der KPD an PV, 10. November 1935, veröffentlicht in: *Matthias/Link*, Dok. 14, S. 238–241.
4 D. i. Curt Geyer.

einer Einheitsfront keine Rede sein könne, man aber doch statt der feindlichen freundliche Beziehungen anbahnen müsse. Ursprünglich war davon die Rede, daß drei Unterhändler bestimmt werden sollten. Durch einen Trick aber erreichte O[tto] W[els], daß nur Stampfer und Vogel beauftragt wurden, wobei er von vornherein erklärte, daß er dagegen sei, daß ich bestimmt werde.[5] So macht sich jetzt schon die Hoffnung auf die gefüllte Kasse bemerkbar.

Den Brief von Rose [Hilferding] wegen der Übersetzung habe ich Artur [Arnold?] gezeigt. Er sagte mir, er habe geantwortet, aber ich vermute, seine Antwort ist sehr diplomatisch ausgefallen: In der Sitzung ging man nämlich von der Meinung aus, die Graphia könne das auch nicht verlegen. So kam Cru[mmenerl] zu dem Vorschlag, man könne bestenfalls 400–500 Sfrs aufwenden, um eine Übersetzung zu erhalten, die man in Schreibmaschinen-Ver[viel]fältigung[6] an die eigenen Leute schicken könne. Artur hat dieses Angebot wohl nicht weitergegeben, weil es ihm zu schäbig ist. (Aber das ist nur für Sie und Rose.)

Mit Sering[7] werde ich sprechen. Hoffentlich kommt der Artikel von Schifrin über Polen nicht. Birnbaum[8] hat mir versprochen, über die ganzen Ostprobleme zu schreiben. Allerdings kommt dieser Artikel frühestens für das Januarheft in Betracht. Ich habe einen guten Artikel über Österreich, er behandelt die verschiedenen Bücher (Pertinax[9] usw.), arbeitet aber gut heraus, welches Unheil die Zweiteilung in Schutzbund (kämpfend) und Partei (nicht kämpfend) hervorgerufen hat. Ich lasse den Artikel absetzen. Sie können dann noch etwaige Einwände geltend machen. Ich möchte aber gerne bald wegen der weiteren Beiträge

---

5 Zur PV-Sitzung am 18. November 1935 und zum nachfolgenden Gespräch Stampfer/Vogel mit Dahlem/Ulbricht vgl. auch Hertz an Hilferding, 14. Januar 1936, in: AdsD Bonn, NL Hertz, MF XLII: »Die kommunistischen Unterhändler sind für mich kein Ideal. Aber die Schuld am Scheitern der Verhandlungen tragen sie bestimmt nicht. Das Scheitern ist in der Vorstandssitzung bei uns beschlossen worden, und es wurde durch die Auswahl der Unterhändler bekräftigt. Vor der Wahl von Stampfer und Vogel erklärte Wels, ihm sei jeder als Unterhändler recht, aber auf keinen Fall acceptiere er mich.« Das Protokoll über die Verhandlungen am 23. November 1935 ist veröffentlicht in: *Matthias/Link*, Dok. 15, S. 241–250; vgl. *Stampfer*, Emigration, S. 92 f., insb. Anm. 106. Im Verlauf der Aussprache übergaben die PV-Vertreter den kommunistischen Delegierten eine von Stampfer entworfene Denkschrift »Zur Frage der Einheitsfront«, veröffentlicht in: *Matthias/Link*, Dok. 16, S. 250–253. Zur Autorenschaft der Denkschrift vgl. *Seebacher-Brandt*, Biedermann, Diss., S. 523, Anm. 50. Die ursprünglich vertrauliche Denkschrift wurde, nachdem die kommunistische Presse von dem Treffen berichtet hatte, veröffentlicht: Vgl. Neuer Vorwärts, 8. Dezember 1935; Internationale Information 12. Jg., 21. Dezember 1935, S. 446–449. Vgl. weiter *Langkau-Alex*, Volksfront, Bd. 1, S. 137, S. 140 f.; *Seebacher-Brandt*, Biedermann, Diss., S. 173; *Niemann*, Geschichte, S. 389 f.; *Adolph*, S. 327, Anm. 160; *Findeisen*, Einheitsfrontverhandlungen, S. 680–686; *Horst Duhnke*, Die KPD von 1933–1945, Köln 1972, S. 170–174.
6 Vorlage: »Verfältigung«; am Rand ms. nachgetragen »viel«.
7 Sering (Sehring), Paul, d. i. Löwenthal, Richard, 1908–1991, 1929 KPD-Ausschluß, bis 1931 KPO, führender Ideologe und maßgeblich beteiligt am Aufbau von LO bzw. NB, nach Absetzung Loewenheims zusammen mit Werner Peuke bis August 1935 Leiter NB, Emigration 1935 CSR, 1936 Großbritannien, 1937 CSR, 1938 Frankreich, 1939 Großbritannien, führendes Mitglied der NB-Auslandszentrale, Journalist, 1961 Deutschland, Hochschullehrer.
8 Birnbaum, Immanuel, 1894–1982, sozialdemokratischer Publizist, Emigration 1933 Polen, Mitgründer und 1934–1939 Leitartikler »Der Deutsche in Polen«, 1935–1938 Presseattaché der österreichischen Gesandtschaft in Warschau, 1939 Finnland, 1940 Schweden, bis 1943 interniert, 1943–1946 Mitglied FDKB, 1946–1949 Presseattaché der österreichischen Gesandtschaft in Warschau, 1949–1953 Journalist in Wien, 1953–1972 bei der Süddeutschen Zeitung in München.
9 Pertinax, Pseudonym von Leichter, Otto, 1898–1973, österreichischer Sozialist (SDAP), bis 1934 Redakteur bei der Arbeiter-Zeitung, Mitarbeiter bei den RSÖ und den illegalen Gewerkschaften, Emigration 1938 Frankreich, 1940 USA, 1946 Österreich, SPÖ, 1948 USA, Korrespondent.

(Körner usw.) Bescheid haben. Den Hallgarten[10] schicke ich Ihnen. Die Besprechung des Heiden-Buches lassen Sie bitte dort machen. Wir müssen sie aber unbedingt für dieses Heft haben. Schlußtermin für die nächste Nummer soll der 1. Dezember sein.

Von Januar ab müssen wir Einzelhefte machen. Ich habe jetzt gar keinen Zweifel mehr, daß jedes Doppelheft uns im Absatz sehr zurückwirft. Bei Doppelheften gibt es nur Abonnement, aber kaum Verkauf von Einzelexemplaren im Buchhandel. Doch darüber noch später.

Herzliche Grüße, Hanna erwidert Ihre Grüße
Ihr

---

10 Hallgarten, George Wolfgang, 1901–1975, Schriftsteller und Historiker, Emigration 1933 Frankreich, Mitarbeiter des »Pariser Tageblattes«, 1935 erschien in Paris sein Buch »Vorkriegsimperialismus«, 1935 (?) Großbritannien, 1937 USA, Hochschullehrer.

Nr. 53
Protokoll der Parteivorstandssitzung am 9. Dezember 1935

SAPMO Berlin, ZPA, II 145/54, Bl. 179

Vorstandsbesprechung 9. 12. 1935.

Anwesend: Vogel, Rinner, Ollenhauer, Hertz, Stampfer, Geyer, Arnold, Heine.

Vogel: Unsere Besprechung mit Weck – Kiss in Karlsbad hat ergeben, daß sich eine Aussprache mit Sattler und de Witte[1] notwendig macht.[2]

Unsere Sekretäre beschweren sich über das Verhalten der Genossen gegenüber unseren Leuten und dem Büro. Außerdem halten es unsere Genossen für notwendig, das Verhältnis zur Genossin Lange zu klären.

Ich bin der Meinung, daß das Arbeitsverhältnis der Genossin Lange auf Grund der bestehenden Schwierigkeiten und Unzuträglichkeiten gelöst werden muß.

Ollenhauer ergänzt die Mitteilungen des Genossen Vogel duch Wiedergabe von Vorgängen (Briefkontrolle durch Sattler, auch Privatbriefe von Weck und Kiss) – Ich bin auch der Meinung, daß im Falle der Frau Lange die Entlassung notwendig ist.

Arnold: Man muß zunächst mit Tockus reden.[4] Frau Lange ist ihrer Arbeit nachgekommen, es muß festgestellt werden, ob es arbeitstechnisch möglich ist, Änderungen vorzunehmen und wie man vom Standpunkt der Arbeit für den N[euen] V[orwärts] am besten verfährt.

Es wird vereinbart, zunächst Tockus zu hören.

Vogel: Seit Mitte November liegt ein Brief von Sattler hier vor, der auf Beantwortung drängt. Sattler wünscht, eine Abschlagszahlung zu erhalten. Wir müssen – auch in Abwesenheit von S[iegmund] Crummenerl – Stellung nehmen.

---

1 Witte, Eugen de, 1882–1952, deutsch-böhmischer Sozialdemokrat, 1925–1938 Abgeordneter der tschechoslowakischen Nationalversammlung, DSAP-PV, ab 1928 stellv. Vorsitzender, Emigration 1938 Großbritannien, Mitglied im TG-Landesvorstand.
2 Der Sachverhalt konnte nicht geklärt werden.
3 Es handelt sich um Marianne Lange, die Ehefrau des Karlsbader Grenzsekretärs Willi Lange, die auch nach der Entlassung ihres Mannes Anfang 1935 noch von der Sopade besoldet wurde; vgl. Kassenjournale NV, Graphia, ZfS, in: AdsD Bonn, PV-Emigration.
4 Max Tockus war zum 1. Februar 1935 zum Nachfolger von Böchel als Umbruchredakteur des NV bestellt worden; vgl. PV an Böchel, 4. Februar 1935, in: AdsD Bonn, PV-Emigration, Mappe 19.

Arnold: Ich war seit einem Jahr der Meinung, daß wir nicht derartige Zahlungen leisten sollen.

Es wird vereinbart, mit der Zahlung noch zu warten.

Nr. 54
Notiz von Otto Wels auf einem Kalenderblatt unter dem 2. Januar 1936 mit Hinweis auf eine Parteivorstandssitzung am 2. Januar 1936[1]

AdsD Bonn, PV-Emigration, Mappe 162

Sitzung[2] wegen weiterer[3] Teilnahme an Emi[granten]versammlungen. Unterstützung Knippmann 700,- Breitscheid u[nd] Hilferding am 26. nach Genf Flüchtlingsfr[a]g[en]. (Sander gegen Hiller[4]). Keine Teilnahme mehr an Emi[granten]vers[sammlungen].[5]

---

1 Bleistifteintragung, ergänzt mit schwarzer Tinte.
2 Vorlage: »Sitzung« hs. unterstrichen.
3 Vorlage: »weiterer« hs. eingefügt.
4 Vermutlich Kurt Hiller, 1885–1972, Schriftsteller, bis April 1934 KZ Oranienburg, Emigration 1934 CSR, Mitarbeiter »Die neue Weltbühne«, Verbindungen zum ISK, 1938 Großbritannien, Gründer des »Freiheitsbundes deutscher Sozialisten«, 1955 Deutschland.
5 Nach der Zusammenkunft mit den KPD-Vertretern am 23. November 1935 hatten einige Emigrantenversammlungen mit Beteiligung von PV-Mitgliedern stattgefunden, auf denen es in erster Linie um die Haltung des PV zur Einheitsfrontfrage ging; vgl. Versammlung der deutschen sozialdemokratischen Emigration am 29. November 1935, in: SAPMO Berlin, ZPA, I 2/3/393, Bl. 17–21; *Findeisen*, Einheitsfrontverhandlungen, S. 690 f.; Versammlung der sozialdemokratischen Emigration, Ortsgruppe Prag, am 10. Dezember 1935, in: SAPMO Berlin, ZPA, I 2/3/393, Bl. 29–36. Entgegen der Notiz von Wels nahm zumindest Vogel an der Versammlung der Prager SPD-Emigration am 9. Januar 1936 (SAPMO Berlin, ZPA, I 2/3/393, Bl. 168 f.) teil, lehnte jedoch eine Wahl in den neu zu bildenden Emigrantenausschuß ab (der vorherige war im November 1935 zurückgetreten).

Nr. 55
Parteivorstands-Rundschreiben vom 24. Januar 1936 mit Bericht über die Parteivorstandssitzung am 17. Januar 1936[1]

AdsD Bonn, PV-Emigration, Mappe 8

An die Grenzsekretäre und Vertrauensleute

Werte Genossen!

Der Parteivorstand hat sich in seiner Sitzung vom 17. Januar 1936 mit den zahlreichen Versuchen der Kommunisten beschäftigt, mit Grenzvertrauensleuten der Sopade oder mit

---

1 Auf diese Sitzung verweist auch ein hs. Eintrag von Wels auf einem Kalenderblatt, in: AdsD Bonn, PV-Emigration, Mappe 162: »Vorstandssitzung: Beschluß, keine Zusammenarbeit mit Kommunisten oder Hilfsorganisationen – überall diesen Standpunkt vertreten. – Einstimmig – Aufklärung der Union für Menschenrechte über die komm[unistische] Wühlarbeit. [...]«

einzelnen illegalen sozialdemokratischen Gruppen Abmachungen über gemeinsames Vorgehen von Sozialdemokraten und Kommunisten zu treffen. In mehreren Fällen gingen die Vorschläge für die Zusammenarbeit von der kommunistischen »Roten Hilfe« aus. Dabei wurde auf die Notwendigkeit einer gemeinsamen Hilfsaktion für die Opfer des Faschismus hingewiesen, und die »Rote Hilfe« erklärte sich auch bereit, die für diese Aktion erforderlichen Mittel aufzubringen. In den uns bekannten Fällen, in denen unsere Genossen auf das Angebot der »Roten Hilfe« eingingen, löste die »Rote Hilfe« das Versprechen der finanziellen Unterstützung ein, aber ihre Vertreter verlangten sehr bald die Ausdehnung der Zusammenarbeit auf das politische und organisatorische Gebiet, um die »Einheitsfrontbewegung von unten« zu verstärken.[2]

Darüber hinaus versuchen die Kommunisten, die sozialdemokratische Emigration für eine aktive Unterstützung der kommunistischen Einheitsfrontbewegung zu gewinnen. In der Prager Emigration wurde vor einigen Tagen die Existenz einer kommunistischen Fraktion festgestellt, die ihre Tätigkeit in der sozialdemokratischen Emigration nach allen Regeln kommunistischer Zersetzungsarbeit leistete. An den Sitzungen dieser Fraktion nahm regelmäßig ein Vertreter der KPD teil. In den Sitzungen legten die bisher von der Sozialdemokratischen Flüchtlingshilfe unterstützten Emigranten die Richtlinien für ihr Vorgehen fest. Dabei wurden die Fraktionsmitglieder von dem kommunistischen Vertreter u. a. angewiesen, sich bei ihrer Arbeit an der Grenze oder in der Emigration niemals als Kommunisten, sondern stets als »linke Sozialdemokraten« oder »Revolutionäre Sozialisten« auszugeben. Diese Vorgänge haben die beiden sozialdemokratischen Parteien der Tschechoslowakei veranlaßt, die an der kommunistischen Fraktionsarbeit beteiligten Emigranten aus der sozialdemokratischen Flüchtlingshilfe auszuschalten und weitgehende Sicherungen gegen neue Versuche einer derartigen Zersetzungsarbeit zu treffen.[3]

Im Anschluß an diese Vorgänge und auf Grund des ihm vorliegenden Tatsachenmaterials hat der Parteivorstand einstimmig folgenden Beschluß gefaßt:

---

2 Vgl. u. a. den gemeinsamen Appell der Bezirksleitungen der SPD und der Roten Hilfe Berlin-Brandenburg »Einheit im Kampf gegen faschistischen Terror«, 29. Juli 1935, als Faksimile abgedruckt in: *Peter Altmann* u. a., Der deutsche antifaschistische Widerstand 1933–1945 in Bildern und Dokumenten, Frankfurt/Main 1975, S. 63, sowie die gemeinsame Erklärung führender Kommunisten und Sozialdemokraten, 18. Dezember 1935, als Reaktion auf die Hinrichtung von Rudolf Claus (1893–1935), der wegen seiner Arbeit für die »Rote Hilfe« zum Tode verurteilt worden war, bei *Niemann*, Geschichte, S. 403.
Claus, Rudolf, 1893–1935, 1920 KPD, 1921 zu lebenslanger Haft verurteilt, 1922 amnestiert, 1924 zu acht Jahren Zuchthaus verurteilt, 1928 amnestiert, für die »Rote Hilfe« aktiv, 1934 verhaftet und 1935 hingerichtet.
3 Gemeint sind die neun Parteimitglieder, die sich aufgrund persönlicher Erfahrungen im illegalen Kampf als »leidenschaftliche Befürworter der Einheitsfront« bezeichneten und sich durch Ollenhauers Ausführungen über die illegale Arbeit auf der Emigrantenversammlung am 29. November 1935 verletzt fühlten. Neben der Ausschaltung aus der sozialdemokratischen Flüchtlingshilfe wurden sie auch aus dem sozialdemokratischen Emigrantenheim, dem Letnaheim, ausgewiesen; eine Möglichkeit, öffentlich Stellung zu nehmen, wurde ihnen nicht gegeben; vgl. Erklärung der neun Männer an den PV, 4. Februar 1936, in: SAPMO Berlin, ZPA, I 2/3/393, Bl. 174–177; *Freyberg*, S. 90 f., wonach mit der Maßregelung der neun ein »weiterer wichtiger Schritt getan [war], die RSD zu diskreditieren«, denn die ›getarnte‹ kommunistische Fraktion habe – über Seydewitz – eng mit den RSD zusammengearbeitet: »Wollten die RSD nicht den Ausschluß aus der SPD riskieren und mit dem Makel der Zusammenarbeit mit Kommunisten behaftet sein, so mußten sie sich von derartigen ›Spaltermethoden‹ offen distanzieren.« Zum Ausschluß Seydewitz' und zur Distanzierung der RSD vgl. Böchel an Taub, 17. Februar 1936; Böchel an Max Seydewitz, 15. Februar 1936, in: AdsD Bonn, PV-Emigration, Mappe 19; Erklärung des Arbeitskreises der Revolutionären Sozialisten (Aufhäuser/Böchel), 17. Januar 1936; in: AdsD Bonn, PV-Emigration, Mappe 99.

Der Parteivorstand verpflichtet alle Grenzsekretäre, Vertrauensleute und Stützpunktleiter der Sopade, jede organisatorische Verbindung mit Kommunisten, insbesondere Abmachungen und Vereinbarungen mit kommunistischen Vertretern oder Organisationen über gemeinsame Aktionen abzulehnen.[4]

Abzulehnen[5] ist auch eine Zusammenarbeit mit kommunistischen Hilfsorganisationen wie die »Rote Hilfe«.

Der Parteivorstand erwartet von den Vertrauensleuten der Sopade, daß sie in ihren Zusammenkünften und Besprechungen mit den in Deutschland lebenden und tätigen Parteigenossen diesen Beschluß des Parteivorstandes vertreten.

Wir übermitteln unseren Grenzsekretären und Vertrauensleuten gleichzeitig die Abschrift einer Entschließung einer Konferenz von Vertretern unserer illegalen Organisationen in Nordwestdeutschland zur Kenntnisnahme.[6] Wir bemerken aber ausdrücklich, daß diese Entschließung aus Sicherheitsgründen nicht[7] veröffentlicht werden darf.[8]

Mit Parteigruß
Der Parteivorstand

---

4 Vorlage: »abzulehnen« ms. unterstrichen.
5 Vorlage: »Abzulehnen« ms. unterstrichen.
6 Am 31. Dezember 1935 übersandte Grenzsekretär Ernst Schumacher dem PV eine »Erklärung« der Vertreter der illegalen Parteiorganisation Westfalen Ost und West, Ruhrgebiet u. Nordwest vom 29. Dezember 1935, in dem eine Zusammenarbeit mit Kommunisten abgelehnt wurde; vgl. AdsD Bonn, PV-Emigration, Mappe 117. Zur Reaktion auf diese »Erklärung« vgl. *Langkau-Alex*, Volksfront, Bd. 1, S. 149 f.
7 Vorlage: »nicht« ms. unterstrichen.
8 Die Anordnung sollte mehrfach erneuert werden. Vgl. Rundschreiben des PV, 22. Juli 1936 und 8. August 1936, in: AdsD Bonn, PV-Emigration, Mappe 9; *Seebacher-Brandt*, Biedermann, Diss., S. 524, Anm. 53.

Nr. 56
Notiz von Otto Wels auf einem Kalenderblatt unter dem 27. Januar 1936 mit Hinweis auf eine Parteivorstandssitzung am 27. Januar 1936[1]

AdsD Bonn, PV-Emigration, Mappe 162

PV-Sitzung.[2] Denkschrift über 3 Jahre Hitler[3], Entwurf Stampfer einstimmig beschlossen.[4] **Hertz** frägt über Differenzen mit Michel?[5] Er will, daß solche Dinge im PV besprochen werden.

---

1 Vorlage: Eintragung in schwarzer Tinte.
2 Vorlage: »PV-Sitzung« hs. unterstrichen.
3 Vorlage: »3 Jahre Hitler« hs. unterstrichen.
4 Es dürfte sich um das von Stampfer verfaßte Manifest »Für Deutschland – gegen Hitler!« handeln, das anläßlich des 30. Januar 1936 im Neuen Vorwärts, 2. Februar 1936, veröffentlicht wurde, oder um die von Stampfer verfaßte Schrift »Drei Jahre Sopadearbeit«, in: AdsD Bonn, PV-Emigration, Mappe 165.
5 Zum Verhältnis von Knoeringens zur Sopade vgl. *Mehringer*, S. 128–139 (dort jedoch kein Hinweis auf besondere Differenzen um den Jahreswechsel 1935/36).

Nr. 57

Protokoll der Parteivorstandssitzung am 5. März 1936
SAPMO Berlin, ZPA, II 145/54, Bl. 180

Vorstandsbesprechung vom 5. 3. 36.

Anwesend: Wels, Ollenhauer, Rinner, Hertz, Stampfer, Geyer, Arnold, Heine.

Ollenhauer berichtet über das Telefonat mit Crummenerl, der von uns Bescheid über die Höhe der Summe haben wollte und wissen möchte, wie weit er in der Frage des Archivverkaufs heruntergehen sollte. Adler hat seinerzeit vorgeschlagen, den Russen 4½ Millionen schw.[1] Fr. als Mindestsumme vorzuschlagen und im schlimmsten Fall auf 4 Millionen herunterzugehen, da sonst die Aufgaben, die dem Institut gestellt sind, nicht erfüllt werden können.[2]

Die Anwesenden erklären sich mit dem Vorschlag Adler einverstanden.

Ollenhauer: Fuchs als Vertreter des Emigrantenausschusses fragt, ob wir bereit sind, die Kosten des Ausschusses auch weiterhin zu übernehmen. Ich schlage vor, einen Zuschuß von 50,– Kc. für die Bildungsarbeit monatlich zu gewähren.

Einverstanden.

Ollenhauer: Käseberg bittet um eine Familienbeihilfe. Ich schlage vor, 200,– Kc. zu gewähren und außerdem über diese Angelegenheit mit Taub und Paul zu reden.

Einverstanden.

---

1 Vorlage: »4 ½ Millionen schw.« hs. unterstrichen.
2 Im November 1935 war die Garantiesumme noch auf 5 Millionen Schweizer Franken festgesetzt worden; vgl. *Paul Mayer*, Geschichte, S. 116; vgl. weiter Nr. 59.

Nr. 58

Protokoll der Parteivorstandssitzung am 9. April 1936
SAPMO Berlin, ZPA, II 145/54, Bl. 181

Vorstandssitzung am 9. 4. 36.

Anwesend: Vogel, Crummenerl, Rinner, Ollenhauer, Hertz, Stampfer, Geyer, Arnold, Heine.

Ollenhauer berichtet über seine Westreise.[1] Er hat mit Adler im Anschluß an den Wiener Prozeß gegen Sailer[2] gesprochen. Adler regt an, ähnlich wie in Wien auch bei deutschen

---

1 Ollenhauers Westreise stand im Zusammenhang mit seiner Teilnahme an der Sitzung des SJI-Exekutivkomitees am 31. März/1. April 1936 in Brüssel; vgl. *Seebacher-Brandt*, Biedermann, Diss., S. 521, Anm. 28, 40, 43.
2 Der sogenannte »Große Sozialistenprozeß« gegen den im Januar 1935 verhafteten RSÖ-Funktionär Karl Hans Sailer und 29 weitere Angeklagte fand vom 16. bis 21. März 1936 statt; Sailer erhielt mit 20 Monaten schweren Kerkers die höchste Strafe; vgl. *Manfred Marschalek*, Der Wiener Sozialistenprozeß 1936, in: *Karl R. Stadler* (Hrsg.), Sozialistenprozesse. Politische Justiz in Österreich 1870–1936, Wien etc. 1986, S. 429–440. Im Juli 1936 wurde er amnestiert; vgl. *Werner Röder/Herbert A. Strauss* (Bearb.), Biographisches Handbuch der deutschsprachigen Emigration, Bd. 1, München etc. 1980, S. 360.

Prozessen, soweit dazu natürlich Möglichkeit besteht, internationale Hilfe durch Delegation usw. zu leisten.[3] Er hat Nachricht von der Milesgruppe, daß dieser drei Prozesse bevorstehen. (Nicht publizieren).

Ollenhauer hat auf den im Mai stattfindenden Volksgerichtsprozeß in Berlin verwiesen, für den uns eine Hilfe besonders wichtig und nötig erscheint.[4]

Im Gespräch mit Ferl hat dieser Kenntnis von Bestrebungen zur Gründung neuer »überparteilicher Komitees« gegeben. In Amsterdam hat O[llenhauer] erfahren, daß die ITF auch kommunistische Funktionäre bei der illegalen Arbeit verwendet.[5] Die belg[ischen] u[nd] holl[ändischen] Transportarbeiterorganisationen werden die Dinge in Zukunft sorgfältiger nachprüfen.

K[oos] Vorrink war verstimmt wegen der Volksfrontbestrebungen, an denen sich in Paris deutsche Sozialdemokraten beteiligten.[6] Er vermutete, daß das mit unserer Zustimmung geschehen sei. Er wurde über den wahren Sachverhalt informiert. Ebenfalls war er mit unserem Verhalten in der Archiv-Angelegenheit nicht einverstanden. E[rich] O[llenhauer] hat ihn über den Charakter und die Tendenz der Verhandlungen unterrichtet.

Vorrink macht den Vorschlag, die gewerkschaftliche Arbeit in engeren Zusammenhang mit unserer ill[egalen] Arbeit zu bringen. Er ist von sich aus bestrebt, die Deutschland-Berichterstattung in Het Volk unserer Einstellung anzupassen. Er schlägt vor, die uns unterstützenden Parteien durch eine Denkschrift[7] über unsere Tätigkeit zu informieren.

In Amsterdam fand Emigrantenversammlung statt, an der u. a. Mozer, Tempel, Gross beteiligt waren und z. T. in Diskussion sprachen. Tempel beschwerte sich über Mitarbeit Aufhäusers im N[euen] V[orwärts]. Gross arbeitet jetzt gemeinsam mit Schumacher zusammen.[8]

Sailer, Karl Hans, 1900–1957, österreichischer Sozialist (SDAP), bis 1934 Redakteur der »Arbeiter-Zeitung«, Mitglied des ZK der RSÖ, mehrfach in Haft, ab Frühjahr 1937 Leitungsmitglied der »Sozialistischen Arbeiterhilfe«, Emigration 1938 Frankreich, Mitglied des erweiterten AVÖS, 1940 USA, 1942–1944 (?) angeblich im Auftrag des britischen Geheimdienstes im Nahen Osten (?), 1944 (?) USA, 1946 Wien, SPÖ, stellv. Chefredakteur der »Arbeiter-Zeitung«.

3 Zu den internationalen Reaktionen vor und während des Prozesses vgl. Internationale Information 13. Jg., 11. März 1936, S. 85 f. (Erklärung von 17 internationalen Politikern an die österreichische Regierung); Internationale Information 13. Jg., 20. März 1936, S. 90 (Protestresolution von IGB und SAI, beschlossen auf ihrer gemeinsamen Tagung am 20./21. März 1936 in London).

4 Dies war vermutlich der Prozeß gegen 14 Berliner Sozialdemokraten (Alfred Markwitz u. a.), dessen Anklageschrift am 27. Mai 1936 fertiggestellt war. Der Prozeß fand jedoch erst im September 1936 statt; vgl. BA Zwischenarchiv Dahlwitz-Hoppegarten, NJ 13630/ 1 und 3.

5 Vgl. *Ursula Langkau-Alex*, Die deutsche sozialdemokratische Emigration in den Niederlanden nach 1933. Ein Überblick am Beispiel der Stadt Amsterdam, in *Kathinka Dittrich/Hans Würzner* (Hrsg.), Die Niederlande und das deutsche Exil 1933–1940, Königstein/Taunus 1982, S. 91–106, hier S. 99.

6 Am 2. Februar 1936 fand im Pariser Hotel »Lutetia« ein Treffen statt, an dem auch zahlreiche Sozialdemokraten teilnahmen (u. a. Kuttner, Breitscheid, Max Braun, Decker und Schiff) und auf dem eine »Kundgebung an das deutsche Volk« beschlossen wurde; vgl. *Langkau-Alex*, Volksfront, Bd. 1, S. 152–163; dort auch Abdruck der »Kundgebung«, Dok. 13, S. 210–212.

7 Vorlage: Denkschaft.

8 1935 hatte sich in Amsterdam eine SPD-Ortsgruppe konstituiert, der mit Emil Gross, Kurt Gellert, Toni Reißner, Hermann Tempel, Werner Blumenberg und Ernst Schumacher »betonte Einheitsfrontgegner« angehörten; sie stand im Gegensatz zu den Revolutionären Sozialisten um Kuttner, Vogt und Quast, blieb jedoch »ein organisatorischer Torso«; Alfred Mozer zählte zu einer Reihe von »Grenzgängern«, die auf die Schaffung einer einheitlichen sozialdemokratischen Emigrantenorganisation in Amsterdam hinarbeiteten; vgl. *Peukert/Bajohr*, S. 86; *Langkau-Alex*, Emigration, S. 99 f.

Blumenberg, Werner, 1900–1965, Redakteur »Sozialdemokratischer Volkswille« Hannover,

Die Neuorganisation des belgischen Rundfunk[s] ermöglicht es in Zukunft, Nachrichten über unsere Arbeit und Auffassungen in flämisch zu senden.

Bei Reinbold fand er tiefgehende Enttäuschung über das Verhalten der soz[ialistischen] Parteien in der Rheinlandfrage[9]. R[einbold] macht Vorschlag einer Besprechung mit seinen deutschen Leuten, er schlägt vor, Materialverbreitung einzuschränken.

Mit Crispien hat E[rich] O[llenhauer] über Emigrantenfragen gesprochen. Tesch[10], mit dem er sprach, hat früher offenbar enge Verbindung mit L[otte] L[emke] gehabt. Eine Verständigung Tesch-Reinbold ist angebahnt. Tesch springt z. Zt. noch aus der Reihe, versucht auch, Emi[granten]-V[er]s[amm]l[un]gen zu organisieren. Versuch in Basel dürfte scheitern, da Dietrich nicht bereit ist, mitzumachen.

E[rich] O[llenhauer] hatte vor dem Gespräch mit Schoettle zunächst Bedenken wegen Zusammenarbeit, er ist aber jetzt überzeugt, daß Schoettle zu loyaler Zusammenarbeit bereit ist.[11]

Er macht dann noch Ausführungen über den Gang der Verhandlungen wegen des Archivs.

Crummenerl: Keller wünscht Unterstützung verhafteter Genossen.[12] Ich bin nicht dafür,

---

Gründer und Leiter der hannoverschen Widerstandsgruppe »Sozialistische Front«, Emigration 1936 Niederlande, Mitarbeiter an den Deutschland-Berichten, in Abwesenheit zum Tode verurteilt, 1940–1945 im Untergrund, nach 1945 Leiter der Deutschlandabteilung des Internationalen Instituts für Sozialgeschichte.

Gellert, Kurt, geb. 1900, SPD, Finanzamtsangestellter, Ortsvorstand Kleinbauernbund, Emigration 1933 Niederlande, 1935 Schweden, Landwirt.

Gross, Emil, 1904–1967, Mitglied im Hauptvorstand der »Sozialistischen Studentenschaft«, Emigration 1933 Niederlande, führend in der sozialdemokratischen Emigration in den Niederlanden, lenkte illegale Gruppenarbeit im Ruhrgebiet, 1941 von Gestapo verhaftet, zu 2 Jahren und 4 Monaten Zuchthaus verurteilt, 1946–1960 SPD-PV, Verleger.

Mozer, Alfred, geb. 1905, sozialdemokratischer Redakteur und Kommunalpolitiker, Emigration 1933 Niederlande, Partei- und journalistische Arbeit für die niederländischen Sozialdemokraten, nach Kriegsende Auslandssekretär »Partij van de Arbeid«, ab 1958 Kabinettschef des Vizepräsidenten der EWG-Kommission.

Quast, Rudolf, geb. 1907, 1929–1931 SPD, 1931/32 SAPD, ab Dezember 1932 SPD, 1931–1933 Mitarbeiter »Neue Blätter für Sozialismus«, Emigration 1933 Niederlande, 1934/35–1940 Mitglied, zeitweise Sprecher der RS Amsterdam, 1934–1940 Bibliothekar an der Universitätsbibliothek und am Internationalen Institut für Sozialgeschichte in Amsterdam, 1942 Wehrmacht, 1945–1950 in sowjetischer Kriegsgefangenschaft, 1950–57 Sekretär beim Hauptvorstand der IG Bergbau und Energie in Bochum, ab 1957 Leiter der Abteilung Mitbestimmung beim DGB-Bundesvorstand, 1961–1967 Geschäftsführer der Stiftung Mitbestimmung.

Vogt, Franz, 1899–1940, Funktionär des Deutschen Bergarbeiterverbandes, RB-Führer in Bochum, ab 1932 MdL Preußen, Emigration 1933 Saargebiet, Niederlande, 1936 Mitgründer und Sekretär des »Arbeitsausschusses freigewerkschaftlicher Bergarbeiter Deutschlands«, 1938 deutscher Vertreter in der Exekutive der Bergarbeiter-Internationale, nach deutscher Besetzung Selbstmord.

9 Am 7. März 1936 hatten deutsche Truppen unter Bruch des Versailler Vertrages und des Locarnovertrages die entmilitarisierte Zone des Rheinlandes besetzt; am gleichen Tag kündigte die deutsche Regierung den Locarnovertrag. Reinbold bezieht sich möglicherweise auf die Resolution zur internationalen Lage, die von SAI und IGB am 19./20. März 1936 verabschiedet worden war und in der diese Maßnahmen verurteilt wurden. Die Resolution forderte die Schaffung eines kollektiven Sicherheitssystems; vgl. Internationale Information 13. Jg., 20. März 1936, S. 88 f.

10 Tesch, Carl, 1902–1970, 1928–1933 Gewerkschaftssekretär in Berlin, nach NS-Machtübernahme illegale Tätigkeit in Frankfurt, Emigration 1935 Schweiz, Kontakte zur Sopade und kommunistischen Emigration, 1940–1945 interniert, 1945 Deutschland, 1952–1970 stellv. Vorsitzender des »Verbandes der Deutschen Volksbühnen-Vereine«.

11 Vgl. Nr. 49, Anm. 12.

12 Vgl. Nr. 49.

daß wir dem Wunsch in dieser Form entsprechen, da wir unseren eigenen Leuten nichts geben können. Die ev[entuell] entstehenden Rechtsanwaltskosten sind etwas anderes, darüber läßt sich später reden.

Hertz ergänzt die Mitteilungen Crummenerls über die Mitarbeiter Kellers, meint, daß es sich doch auch in diesem Fall um unsere Genossen handelt und wünscht grundsätzliche Entscheidung.

Der Vorschlag Crummenerls, eine Unterstützung jetzt abzulehnen und über Beteiligung an Rechtsanwaltskosten später zu entscheiden, wird angenommen.

Hertz: Aus Ollenhauers Ausführungen ergibt sich, daß die Russen die Klausel über die politische Auswertung des Geschäfts nicht aufgenommen haben.[13] Wenn sie damit die Möglichkeit haben, Nachrichten über die Transaktion auszuposaunen, dann ist für uns die erste Situation wieder gegeben, d. h. nach dem damaligen Brief von Wels strikte Ablehnung, gegeben.

Vogel: Zur Zeit ist die Entscheidung noch gar nicht gefällt, die Angelegenheit steht doch gar nicht zur Entscheidung. Es herrscht natürlich unter uns absolute Einmütigkeit, daß das erste Voraussetzung ist.

Crummenerl: Ich bin absolut anderer Meinung. Im Gegenteil, ich bin überzeugt, daß die Russen, wenn es ihnen zweckmäßig erscheint, die Angelegenheit nach Kräften ausschlachten werden. Das ist mir ganz egal. Ich nehme das Geld und bleibe meiner Überzeugung treu und lasse mich davon nicht in meinen Handlungen beeinflußen.[14]

Stampfer: Wir sind in der Situation, auf das Geld angewiesen zu sein. Wir können nichts anderes tun, als von vornherein zu erklären: Wenn ihr glaubt, ihr könnt uns mit irgendeiner Summe in irgendeiner Weise kaufen, dann seid ihr schwer im Irrtum.

---

13 Vgl. Gedächtnisprotokoll Adler über die Verhandlungen betreffend Marx-Engels-Nachlaß, undatiert [ca. April 1936], S. 2, in: AdsD Bonn, PV-Emigration, Mappe 15, wonach Bucharin erklärt habe, »daß sie den Punkt 1 bezüglich der Ablehnung aller politischen Bindungen ohne weiteres akzeptieren, und ihn nur nicht in ihr Projekt aufgenommen hätten, weil er ihnen selbstverständlich erschien.«
Bucharin, Nikolai Iwanowitsch, 1888–1938, sowjetischer Politiker und Wirtschaftstheoretiker, enger Mitarbeiter Lenins, Chefredakteur der »Prawda«, Mitglied des ZK und des Politbüros, Vorsitzender der Komintern, wandte sich gegen Stalin und verlor 1929 seine Ämter, 1937 verhaftet und nach Schauprozeß hingerichtet.
14 Vgl. *Seebacher-Brandt*, Biedermann, Diss., S. 176 f.

Nr. 59
Protokoll der Parteivorstandssitzung am 15. April 1936

SAPMO Berlin, ZPA, II 145/54, Bl. 182

Vorstandsbesprechung am 15. 4. 36.

Anwesend: Wels, Vogel, Crummenerl, Rinner, Ollenhauer, Hertz, Stampfer, Geyer, Arnold, Heine.

Ollenhauer referiert über den Anruf von Adler wegen der Russenverhandlungen. Die Russen bieten als äußerstes Angebot 10 Mill. ffr. an[1], betrachten bei Ablehnung die Ver-

---

1 Vorlage: Von »Russen« bis »an« hs. unterstrichen. Zehn Millionen französische Francs entsprachen etwa zwei Millionen Schweizer Franken. Vgl. Nr. 57, wonach der PV »im schlimmsten Fall« bereit war, auf 4 Millionen Schweizer Franken herunterzugehen.

handlungen als gescheitert. Dan, mit dem gesprochen wurde, ist ehrenwörtlich versichert, daß es sich dabei nicht um einen Bluff handele. Adler möchte Verantwortung nicht übernehmen und erbittet unsere Entscheidung, er wird nachmittags wieder anrufen.

Crummenerl ergänzt die Ausführungen durch Zitierung des von Adler übermittelten Gedächtnisprotokolls der letzten Verhandlungen.[2]

Wels: Ich glaube, das[3] ist der letzte Bluff, den die Russen machen. Man muß ihn aushalten und fest bleiben. Ich glaube, aus meinen Besprechungen in Dänemark und Schweden den Schluß ziehen zu können, daß sich diese Länder im Falle unserer finanziellen Pleite zu einer Unterstützung unserer Arbeit im bescheid[e]nen Rahmen bereitfinden würden.[4]

Crummenerl: Wenn wir entsprechende Ersparnisse vornehmen, ohne die illegale Arbeit zu behindern, würde der von den Russen angebotene Betrag ausreichen, uns etwa für vier Jahre eine Arbeitsmöglichkeit zu lassen.

Geyer: Es ist sehr wohl möglich, daß es sich nur um einen Bluff handelt. Trotzdem: Ich bin für Annahme des Vorschlages. Heute sind die Russen bereit, diese Summe zu zahlen. Werden die Verhandlungen unterbrochen und in einem Vierteljahr aufgenommen, dann weiß man nicht, wie die Situation ist. Die kritische politische Lage macht außerordentliche Veränderungen sehr wahrscheinlich.

Eine Unterstützung durch die nordischen Länder würde uns in eine Abhängigkeit von deren politischer Tendenz bringen. Es könnte der Fall eintreten, daß sich die Länder bei einem Konflikt mit Deutschland strikt neutral erklären müßten und wir in einen Gegensatz zu ihrer Haltung kämen. Eine Unterstützung durch sie wäre dann, wenn technisch überhaupt noch möglich, zweifelhaft.

Rinner: Ich neige zur Annahme des Angebots. Es handelt sich bei dem neuen Gebot nicht mehr um eine fantastische Summe, sondern um eine Angelegenheit auf dem realen Boden. Dazu kommt, daß die Haltung der Russen vor Monaten noch erheblich anders war. Damals sahen sie das Regime vor dem Sturz und wollten uns vielleicht auch subventionieren. Heute ist das anders – wie es in Zukunft sein wird, weiß man nicht.

Hertz: Adler hat uns doch wiederholt versichert, die 25 Mill. Summe sei durchaus real. Wie steht er jetzt zu seinen Angaben? Wir müssen ihn danach fragen.

Wels: Wir würden nach meiner Meinung Adler zu sagen haben, daß wir bereit sind, nunmehr auf der Basis des Russen-Vorschlages zu verhandeln.

Hertz: Ihr Vorschlag, Wels, akzeptiert aber doch die Anregungen von Geyer und Crummenerl.

Crummenerl: Wir haben einen Etat von minimal 13 bis 14 500 schw. Fr. im Monat. Ich bezweifle, daß uns die nordischen Länder derartige Summen regelmäßig zur Verfügung stellen können.

Wels Telefonat mit **Adler**: Er macht den Vorschlag, zu versuchen, 15 Mill. zu erzielen und notfalls bis auf 10 Mill. hinunter zu gehen: »Fahren Sie hin, reden Sie mit den Leuten. Sie haben Vollmacht, auf der Basis von 10 bis 12 Millionen abzuschließen.« – Ausschlaggebend ist die Entwicklung der politischen Situation.

Stampfer regt Diskussion über das Forschungsinstitut und die Durchdringung mit unseren Interessen an. (Befassung mit Themen, die uns angehen.)

Geyer wünscht in nächster Zeit Debatte über die Kriegsfrage und die sich für uns daraus ergebenden Konsequenzen.

---

2 Gedächtnisprotokoll Adlers über die Verhandlungen betreffend Marx-Engels-Nachlaß, undatiert [Anfang April 1936], in: AdsD Bonn, PV-Emigration, Mappe 15.
3 Vorlage: daß.
4 Die Gespräche hatten wahrscheinlich anläßlich Wels' Reise zum Parteitag der schwedischen Sozialdemokraten vom 2.–10. April 1936 in Stockholm stattgefunden; vgl. Internationale Information 13. Jg., 22. April 1936, S. 111.

Nr. 60
Protokoll der Parteivorstandssitzung am 17. April 1936
SAPMO Berlin, ZPA, II 145/54, Bl. 183

Vorstandsbesprechung 17. 4. 36.

Anwesend: Wels, Vogel, Crummenerl, Rinner, Stampfer, Ollenhauer, Geyer, Arnold, Heine.

Anruf Adler wegen Archivverhandlungen. Der Stand der Angelegenheit ist nach den gestrigen, fünfstündigen Verhandlungen so, daß die Summe auf 10 Mill. fr.fc. festgesetzt ist. Größter Differenzpunkt ist zur Zeit noch die Frage des Rückkaufsrechts. Die Russen wünschen 20 Jahre Frist, bevor diese Frage angeschnitten werden kann. Adler legt Wert darauf, die Frist auf 3 Jahre zu bemessen. Die Russen waren über diese Frist sehr bestürzt und haben sofort und wiederholt in Moskau rückgefragt. Sie haben es jetzt sehr eilig und wünschen, sofort abzuschließen.

Adler schlägt vor, an folgender Regelung festzuhalten: Die Rückkauffrist in Jahren so zu bemessen, wie es Millionen fr.frcs. sind.

Heute abend wird eine Komiteesitzung stattfinden, in der Adler auch – der Form halber(?) – die angemeldeten Einsprüche von Gross-Böchel[1] usw. vorlegen wird.

Wir werden vom Gang der Verhandlungen telefonisch unterrichtet.

---

1 Aufhäuser und Böchel hatten im Januar 1936 Einspruch gegen den Verkauf des Archivs erhoben und dem »Rumpfvorstand« das Recht abgesprochen, das Parteiarchiv zu veräußern; vgl. Aufhäuser/Böchel an die Exekutive der SAI, 31. Januar 1936, in: AdsD Bonn, PV-Emigration, Mappe 99; aufgrund einer ausführlichen Antwort Adlers vom 10. Februar 1936, in: AdsD Bonn, PV-Emigration, Mappe 15, nahmen Aufhäuser und Böchel ihren Einspruch jedoch zurück; vgl. Aufhäuser/Böchel, 4. März 1936, in: AdsD Bonn, PV-Emigration, Mappe 99; *Paul Mayer*, Geschichte, S. 119 f. Groß, Arthur, geb. 1903, SAJ-Funktionär Chemnitz, Emigration 1933 CSR, Mitglied SPD-Bezirksleitung für Chemnitz, Zwickau und Plauen in Karlsbad, Sopade-Grenzarbeit, Mitglied RSD, 1938 Bolivien.

Nr. 61
Protokoll der Parteivorstandssitzung am 28. April 1936
SAPMO Berlin, ZPA, II 145/54, Bl. 184

Vorstands-Besprechung. 28. 4. 1936

Anwesend: Wels, Vogel, Rinner, Ollenhauer, Hertz, Stampfer, Geyer, Arnold, Heine. – Als Gast Sander.

Sander berichtet ausführlich über die Vorgänge in der Prager Emigration (Fall des Spitzel[s] Ochmann).[1]

---

1 Vorlage: »Spitzel Ochmann« hs. unterstrichen. Der deutsche Emigrant Peter Ochmann war am 26. April von tschechischen Behörden unter dem Verdacht der Militärspionage verhaftet worden. Ochmann, bei der Sozialdemokratischen Flüchtlingsfürsorge als Portier beschäftigt, war von der Gestapo im Herbst 1935 als Spitzel angeworben worden und hatte diverse Aktenstücke der Flüchtlingsfürsorge abgeschrieben bzw. fotografiert; zumeist handelte es sich um Fragebögen, auf denen Namen, Alter, Beruf der Emigranten angegeben waren; zum Fall Ochmann vgl. *Cerny*, S. 198–200; *Grossmann*, S. 78; Neuer Vorwärts, 24. Mai 1936. Vgl. auch Nr. 63.

Hertz: Ich muß dringend warnen, wegen des einen Schuftes nun etwa die gesamte Prager Emigration verantwortlich zu machen.

Wels: Sander hat sehr unter der Unzulänglichkeit der Verhältnisse zu leiden gehabt.

Hertz: Wir haben nach der gestrigen Information durch Sander beschlossen, über die Angelegenheit zunächst zu schweigen, um die polizeilichen Ermittlungen nicht zu stören. Können wir diesen Beschluß noch aufrechterhalten? Ich erhielt vorhin einen Anruf von Willi Müller[2], der bereits Kenntnis von der ganzen Angelegenheit hatte und Untersuchung forderte. Er hatte die Absicht, im Interesse seiner Freunde entsprechende Sicherungen zu treffen.

Ist es notwendig, mit unserer Autorität Sander öffentlich zu decken? – Für den Fall des weiteren Bekanntwerdens der Angelegenheit halte ich es für notwendig, durch[3] Schreiben an die Sekretäre Aufklärung zu schaffen.[4]

Sander: Mir ist mitgeteilt worden, daß regelmäßig 7 Exemplare der Grünen Berichte in die Hände der Gestapo wandern.

Rinner: Bei dem letzten Bericht wurde durch Zufall festgestellt, daß 10 Exemplare des Berichts mehr angefertigt worden sind, als uns angegeben wurden. Ich werde die Dinge beobachten.

Wels: Wenn Taub am Donnerstag Näheres über den Fall Ochmann von den Behörden erfährt, dann können wir weiter sehen und unsere Maßnahmen treffen.

Ollenhauer: Wir müssen uns in dieser Situation vor Sander stellen und im übrigen bis Donnerstag warten. Dann wird es notwendig sein, auch über künftige Sicherungsmaßnahmen zu sprechen.

Vogel: Es wird eventuell notwendig sein, die Gesamt-Emigration zu unterrichten.

Sander: Besonders wichtig und dringlich wäre es, wenn bei der Rücksprache mit den zuständigen Stellen herauszubekommen wäre, was und wieviel kopiert worden ist.

---

2 D. i. Karl Frank.
3 Vorlage: die.
4 PV an Grenzsekretäre und Vertrauensleute, 4. Mai 1936, in: AdsD Bonn, PV-Emigration, Mappe 9.

Nr. 62
Notiz von Paul Hertz über die Parteivorstandssitzung am 7. Mai 1936[1]

IISG Amsterdam, NL Hertz, S. 20, Mappe XXIII

7. 5.

Vorstandssitzung: IGB u[nd] SAI sollen aufgefordert werden, die Vorarbeiten in der interstaatlichen Flüchtlingskonferenz in Genf[2] am 2. Juli zu betreiben und hierfür ev[en]t[uell] eine international anerkannte deutsche Persönlichkeit zu gewinnen. Einer Delegation die-

---

1 Zum Ablauf der Sitzung vgl. auch Hertz an Hilferding, 7. Mai 1936, in: AdsD Bonn, NL Hertz, MF XLII.
2 Vorlage: »Flüchtlingskonferenz in Genf« hs. unterstrichen.

ser beiden Körperschaften nach Genf sollen auch Vertreter der Sopade angehören.[3] Ich plaidiere erfolglos für eine Verbindung mit dem Komité in Paris.[4]

Zur Exekutive[5] am 15. 5. in Brüssel werden R[udolf] H[ilferding] u[nd] O[tto] W[els] delegiert.[6] Es sollen auch Rücksprachen mit den Parteien wegen fin[anzieller] Unterstützung unserer Arbeit betrieben werden.

Die Bestrebungen der Arbeiterwohlfahrt in Paris[7] sollen ideell gefördert werden. Kreyssigs Austritt aus dem Komité findet Beachtung.[8]

Das Verlangen der Soz[ialistischen] Front Hannover, nicht mit Schum[acher] sondern mit Mozer Verbindung zu halten, wird anerkannt.[9]

Gegen Arzt[10] liegen zahlreiche Beschuldigungen vor (Denunziation, Nachr[ichten] Dienst, Unterstützungsbetrug). Es ergibt sich aber kein Anlaß zum Vorgehen.[11]

---

3 Die Vorschläge der Sopade bezüglich der Vorbereitung der Genfer Konferenz unterbreitete Wels der SAI am 17. Mai 1936; vgl. IISG Amsterdam, SAI, Nr. 3399 (Abschrift des Briefes an Schevenels); weiter Drei Jahre Sopadearbeit, S. 8, in: AdsD Bonn, PV-Emigration, Mappe 165; Nr. 69.
4 Gemeint sein könnte entweder der »Volksfrontausschuß«, entstanden Anfang Februar 1936, oder die »Fédération des Emigrés d'Allemagne en France«, eine im November 1935 in organisatorisch loser Form gebildete Einheitsvertretung deutscher Emigranten in Frankreich, der Mitte 1936 21 Organisationen angehörten; vgl. *Langkau-Alex*, Volksfront, Bd. 1, S. 92. Bezogen auf das Vorgehen des PV, die Vorbereitung der Genfer Konferenz SAI und IGB zu überlassen, kritisierte Hertz: »Bei dieser Haltung spielt natürlich auch die Abneigung gegen das Zusammenwirken mit den Emigrantenorganisationen in Paris eine Rolle. Wieder ein Fall, wo aus absolut unsachlichen Gründen das Richtige zur Vertretung der Interessen der deutschen Flüchtlinge unterlassen wird. Denn der IGB und die SAI haben nicht den Apparat und nicht die Kenntnisse, um sich wirkungsvoll bei den Vorarbeiten für die Kommission in Genf einzuschalten – und bei den Vorarbeiten werden die entscheidenden Schritte getan.« Hertz an Hilferding, 7. Mai 1936, in: AdsD Bonn, NL Hertz, MF XLII.
5 Vorlage: »Exekutive« hs. unterstrichen.
6 Vgl. Nr. 64.
7 Vorlage: »Arbeiterwohlfahrt in Paris« hs. unterstrichen.
8 Am 29. März 1936 war der PV durch Walter Andreas Krafft (d. i. Walter Andreas Friedländer) von der Gründung einer »Arbeiterwohlfahrt Paris« als sozialdemokratischer Fürsorgestelle unterrichtet worden; vgl. AdsD Bonn, PV-Emigration, Mappe 16. Den Vorsitz hatte Rudolf Breitscheid übernommen. Über die Gründe des Austritts von Gerhard Kreyssig ließ sich nichts ermitteln. In seiner Antwort vom 9. Mai 1936, in: AdsD Bonn, PV-Emigration, Mappe 16, sicherte der PV ideelle Hilfe und Empfehlungsschreiben zu; finanzielle Unterstützung könne nicht gegeben werden; vgl. Empfehlungsschreiben an die SAI, 8. Mai 1936, in: IISG Amsterdam, SAI, Nr. 3465. Friedländer, Walter Andreas, 1891–1984, Rechtsanwalt, SPD, Vorstandsmitglied der Arbeiterwohlfahrt, Präsident der Deutschen Zentrale für Jugendwohlfahrt, Emigration 1933 Schweiz, Frankreich, Leiter der Arbeiterwohlfahrt Paris, 1936 USA, Hochschullehrer und weiter in der Wohlfahrtsarbeit tätig.
9 Vgl. Nr. 64.
10 Vorlage: »Arzt« hs. unterstrichen.
11 Vgl. Nr. 66.

Nr. 63
Protokoll der Parteivorstandssitzung am 16. Mai 1936
SAPMO Berlin, ZPA, II 145/54, Bl. 185

Vorstandsbesprechung am 16. 5. 36.

Anwesend: Vogel, Crummenerl, Rinner, Hertz, Stampfer, Geyer, Arnold, Heine. – Als Gast Sander.

Vogel: Unser Rundschreiben-Entwurf an die Vertrauensleute in der Ochmann-Angelegenheit[1] liegt allen vor. Wird dazu Generaldebatte gewünscht?
Geyer, Rinner und **Vogel** bringen Ergänzungs- und Abänderungsvorschläge ein.
Hertz erhebt grundsätzliche Einwendungen gegen dieses Rundschreiben. Wir dürfen keine Behauptungen aufstellen, die mehrdeutig sind. Wir müssen versuchen, Vertrauen wieder zu gewinnen. – Das, was Ollenhauer und Sander an Akten der Flüchtlingshilfe durchgesehen haben, ist und kann nicht alles und nicht vollständig sein.
Rinner: Mir ist das Rundschreiben zu weich, nach diesen Angriffen müssen wir uns schärfer zur Wehr setzen.[2]
Crummenerl: Wir müssen stärker zum Ausdruck bringen, was wir alles in der Abwehrtätigkeit gegen die Spitzelei geleistet haben.
Stampfer: Wir müssen hinzufügen, daß Unglücksfälle überall vorkommen können. – Zum anderen kursieren auch in Emigrantenkreisen Meldungen, die möglicherweise erneut Gefährdung der Betroffenen bedeuten. Durch die Diskussion in der Emigration wird möglicherweise manches, was an sich gar nicht der Gestapo bekannt ist, über die Emigrationskreise hinausgetragen und kommt dann zu den Gegnern.
Es wird beschlossen, nach Berücksichtigung gewisser Änderungsvorschläge das Rundschreiben in der vorgesehenen Form zu versenden.[3]

---

1 Vgl. Nr. 61.
2 Rinner meint wahrscheinlich das Rundschreiben von Neu Beginnen, 6. Mai 1936, in: AdsD Bonn, PV-Emigration, Mappe 9, in dem die Sopade wegen fahrlässigen Verhaltens angegriffen wurde.
3 PV-Rundschreiben, 16. Mai 1936, in: AdsD Bonn, PV-Emigration, Mappe 9. Vgl. *Seebacher-Brandt*, Biedermann, Diss., S. 128, S. 491, Anm. 57; *Evelyn Lacina*, Emigration 1933–1945. Sozialhistorische Darstellung der deutschsprachigen Emigration und einiger ihrer Asylländer aufgrund ausgewählter zeitgenössischer Selbstzeugnisse, Stuttgart 1982, S. 261, S. 513.

Nr. 64
Protokoll der Parteivorstandssitzung am 29. Mai 1936
SAPMO Berlin, ZPA, II 145/54, Bl. 186

Vorstandssitzung. 29. Mai 1936

Anwesend: Wels, Vogel, Crummenerl, Rinner, Ollenhauer, Hertz, Stampfer, Geyer, Arnold, Heine.

Ollenhauer berichtet über die Sitzung der Exekutive.[1] Die Tagung war vor allen Dingen der Besprechung der politischen Lage gewidmet. An der Aussprache darüber haben sich

---

1 SAI-Exekutivtagung vom 16. bis 18. Mai 1936; vgl. Internationale Information 13. Jg., 23. Mai 1936, S. 157–160. Vgl. auch Neuer Vorwärts, 31. Mai 1936: Die Internationale zur weltpolitischen Lage (Abdruck der Resolution zur internationalen Lage sowie der Boykott-Resolution).

Brouckère, Nenni, Zyromski, Longuet, Hilferding, Gillies, Abramowitch, Soukup, Lundberg[2] und ein Österreicher beteiligt. Es wurde der Boykott des Städtetages und der Olympiade beschlossen, ebenso des in Hamburg tagenden Kongresses[3] für Freizeitgestaltung[4]. Beim allgemeinen Warenboykott ergeben sich erhebliche Schwierigkeiten. Debattiert wurde die Palästina-Transfer-Angelegenheit.[5] Den Abschluß bildete lebhafte Diskussion über die Einheitsfront.

Grzesinski[6] hat unsere Empfehlung der Arbeiterwohlfahrt in Paris, die wir ausgestellt hatten, dazu benutzt, für das deutsche Einheitskomitee Stimmung zu machen. Diese mißbräuchliche Verwendung ist scharf abzulehnen.

Adler hat Ollenhauer mitgeteilt, daß 6 oder 8 Leute an ihn mit der Mitteilung herangetreten seien, daß unser Grenzsekretär Reinbold Faschist sei. Sie haben sich bei ihren Denunziationen darauf berufen, daß Reinbold uns in einem Brief an das Büro seine Auffassung über den Antisemitismus mitgeteilt hat. Dieser nur für uns bestimmte Brief muß also über den Kreis der Empfänger hinausgedrungen sein. Man muß sich dagegen zur Wehr setzen, daß Reinbold verleumdet wird.[7]

Die Danziger Genossen haben sich an die Dänen und Schweden wegen der Unterstützung für einen Einzelfall gewendet. Der Gewerkschaftssekretär Balleng ist Gestapoagent

---

2 Lundberg, Gunnar, schwedischer Sozialdemokrat.
3 Vorlage: der in Hamburg tagende Kongreß.
4 Auf seiner Londoner Tagung 1932 hatte sich der Internationale Städtebund auf Berlin als Tagungsort seines nächsten Kongresses festgelegt. Im Anschluß an die Olympiade 1932 in Los Angeles war ein Kongreß für Freizeitgestaltung veranstaltet worden; der Präsident des damals gebildeten internationalen Beratungsausschusses (er war gleichzeitig Vorsitzender der amerikanischen Freizeitorganisation) hatte »Kraft durch Freude« beauftragt, in Verbindung mit der Olympiade in Berlin einen 2. Weltkongreß für Freizeitgestaltung zu organisieren. Abdruck der Boykott-Resolution der SAI in: Internationale Information 13. Jg., 23. Mai 1936, S. 158 f.; Neuer Vorwärts, 31. Mai 1936.
5 Die Debatte um den Palästina-Transfer stand im Zusammenhang mit den Problemen des »direkten moralischen und materiellen Boykotts« gegen faschistische Staaten, der aufgrund wirtschaftlicher und politischer Motive nicht von allen Staaten und Organisationen durchgeführt wurde; vgl. Internationale Information 14. Jg., 23. Mai 1936, S. 158 f. Vgl. weiter Drei Jahre Sopadarbeit, S. 12, in: AdsD Bonn, PV-Emigration, Mappe 165. Bei der Frage des Palästina-Transfers ging es um die Überführung des Vermögens jüdischer Auswanderer aus Deutschland nach Palästina; vgl. Vereinigung des Jüdischen Sozialistischen Arbeiterverbandes Poale Zion und der Zionistischen Arbeits-Partei (Palästina-Sektion der SAI) an das Sekretariat der SAI, 17. Mai 1936, sowie Fritz Naphtali, Boykott und Palästina-Transfer, beide in: IISG Amsterdam, SAI, Nr. 3399.
6 Grzesinski, Albert, 1879–1947, Preußischer Innenminister 1926–1930, sozialdemokratisches MdL Preußen, Emigration 1933 Schweiz, Frankreich, 1937 Peru, USA, März 1939 bis Frühjahr 1943 Vorsitzender der GLD.
7 Vom 26. Oktober 1935 stammt ein Brief Reinbolds an »Werter Freund«, in: AdsD Bonn, PV-Emigration, Mappe 91, in dem er Bezug nimmt auf den Artikel »Der Faschismus« von Paul Sering [d. i. Richard Löwenthal] in der »Zeitschrift für Sozialismus« Nr. 24/25 vom September/Oktober 1935 und schreibt: »Es kann es nicht gehen, daß durch eine Schar jüdischer Intellektueller alles, was deutsches Empfinden ist, zu Boden getrampelt wird, nur weil diese Kreise nicht im Sinne einer Nation und ihrer Bedürfnisse zu denken vermögen. [. . .] Wir [die SPD; d. Bearb.] leiden an einem Gift der Zersetzung durch undeutsche Strömungen die hinein[ge]tragen werden durch eine Schar Intellektueller, die meistens nur als Juden denken können. Man sehe sich mal die Verfasser der verschiedenen Artikel in der vorliegenden Zeitschrift an. Mir tut der arme Sollmann leid, daß er mit seiner gesunden deutschen Ansicht in einer solchen Gesellschaft erscheinen muß. Das schmerzlichste war mir immer, wenn ich bei Ausbürgerungen unserer prächtigen deutschen Genossen, die aus dem Arbeiterstand hervorgegangen sind, sie in Gesellschaft von all den Veilchenbaum und Apfelblüte usw. sehen mußte.« Vgl. Nr. 107, Anm. 7.

geworden.⁸ Sollmann will im Juli nach England gehen, im Herbst nach Amerika. Er wünscht zu seiner Unterstützung für die Sammlungsaktion innerdeutsche Legitimationen.

In Amsterdam fanden Besprechungen über die Regelung der Organisationsverbindungen nach Hannover⁹ statt. In der Beratung sind wir mit unserer Auffassung durchgedrungen, daß Mozer die Verbindungen weiterführen soll¹⁰ und Schumacher über die Lage laufend unterrichten soll.¹¹

Im Anschluß daran fanden Besprechungen mit Tempel, Reitzner¹², Reichert¹³, Crispien, Schoettle, Döring, Bauer, Molt¹⁴ und Fischer statt. Die Genossen wurden über unsere Auffassungen und die verschiedenen Vorkommnisse unterrichtet.

Crummenerl: Wir müssen zur Finanzfrage Stellung nehmen und einen Termin für die Aussprache über den Etat festlegen.

Es wird beschlossen, noch in dieser Woche darüber zu beraten.

Vogel: In der Emigration werden Latrinengerüchte über die seinerzeitige Polizei-Aktion¹⁵ verbreitet. Es wird behauptet, daß die Suchaktion der Polizei hohe Kosten verursacht habe, die der PV zahlen mußte. Vogel stellt ausdrücklich fest, daß in der Besprechung, die er mit dem zuständigen Polizeichef hatte, weder über eine Belastung des Büros der Sopade noch irgendwelche anderen Kosten-Rechnungen aufgestellt wurden. Es ist von keiner Seite irgendeine Zahlungsaufforderung ergangen. Er erklärt ausdrücklich, daß auch dem Büro keinerlei Kosten in irgendeiner Form entstanden sind.

---

8 Vorlage: Balling; ab »Gewerkschaftssekretär« hs. unterstrichen.
   Gemeint ist Karl Balleng, geb. 1899, Sekretär im Verband der Maschinisten und Heizer, Vorstandsmitglied des ADGB. Balleng war am 30. Januar 1935 durch den Gestapospitzel Hans Wesemann von Dänemark nach Deutschland gelockt und dort verhaftet worden; vgl. *Willi*, S. 110, S. 121, S. 137, S. 185. Im März 1935 war Balleng bereits von Grenzsekretär Richard Hansen aufgrund der Verbindungen Ballengs zu Wesemann verdächtigt worden; vgl. Hansen an Wels, 22. März 1935, in: AdsD Bonn, PV-Emigration, Mappe 48; PV an Franz Neumann, 26. März 1935, in: AdsD Bonn, PV-Emigration, Mappe 77.
9 Vorlage: »Hannover« hs. unterstrichen.
10 Vorlage: Von »Mozer« bis »soll« hs. unterstrichen.
11 Zu den Verbindungen der Sopade nach Hannover vgl. *Hans-Dieter Schmid*, Sozialdemokratischer Widerstand, in: *Herbert Obenaus u. a.*, Widerstand im Abseits. Hannover 1933–1945. Beiträge zur Ausstellung, Hannover 1992, S. 15–38, hier S. 22.
12 Denkbar ist eine falsche Schreibweise von Anton Reißner.
13 Eventuell Albert Reichardt, 1887–1942, Gewerkschafter, SPD, Emigration 1933 Schweiz, Vertrauensmann der Sopade in der Schweiz.
14 Molt, Karl, 1891–1978, Bezirksleiter des Eisenbahner-Verbandes in Stuttgart, RB-Gauführer, Emigration 1933 Schweiz, Aufbau einer selbständigen Widerstandsorganisation in Württemberg, enge Verbindungen zu NB, ITF und ISK, während des Krieges für die BBC tätig, 1945 Deutschland.
15 Möglicherweise hatten im Zusammenhang mit der Aufdeckung der Spitzeltätigkeit Ochmanns (vgl. Nr. 61) Durchsuchungen im Flüchtlingsfürsorgebüro stattgefunden.

Nr. 65
Protokoll der Parteivorstandssitzung am 4. Juni 1936
SAPMO Berlin, ZPA, II 145/54, Bl. 187 f.

Vorstandssitzung vom 4. Juni 1936[1]

Anwesend: Wels, Vogel, Crummenerl, Rinner, Ollenhauer, Hertz, Stampfer, Geyer, Stahl, Arnold, Heine.

Crummenerl: Da die Verhandlungen über den Archivverkauf ins Stocken geraten sind[2], müssen wir jetzt vorsorgen und einen Ersparnisplan durchführen. Unsere Gesamtausgaben 1935 haben 2 000 054,- Kc.[3] betragen. Bei den Vorschlägen zu den neuen Ersparnismaßnahmen habe ich prinzipiell alles fallengelassen, was nicht illegaler Arbeit dient. Die Kürzungsvorschläge:

Honorare N[euer] V[orwärts] um 50 % kürzen	Ersparnis	Kc. 3 000,-
” S[ozialistische] A[ktion]	”	Kc. 400,-
–		
Stützpunkte 20 % einsparen[4]	”	Kc. 6 000,-
Mercedes abschaffen	”	Kc. 800,-
Konferenzteilnahmen einsparen	”	Kc. 1 000,-
Gehälter-Kürzung	”	Kc. 4 000,-
Entschädigung Lorenz kürzen	”	Kc. 600,-
Zeitschrift einstellen	”	Kc. 3 500,-

Das ergibt alles in allem eine voraussichtliche monatliche Gesamtersparnis von Kc. 30 000,- unter der Voraussetzung, daß für den Verlag keine neuen Mittel mehr zur Verfügung gestellt werden (die im Vorjahre noch 10 000,- Kc. betrugen). Die künftige Monatsausgabe dürfte dann ca. 110 000,- Kc. betragen.

Daneben muß der Versuch gemacht werden, die Einnahmen zu vermehren. Das ist schwer. Der Archiv-Verkauf ist zunächst gescheitert, von der SAI ist kein Geld zu erwarten. Es bleiben die Gewerkschaften und die einzelnen Parteien. Man muß versuchen, sie zur Finanzierung heranzuziehen. – Ich hoffe, daß dadurch Gelder genug hereinkommen, um die Weiterarbeit bis Ende 1937 zu ermöglichen.

Ich schlage vor, den Plan bis zum 31. Dezember 1936 zu begrenzen, die[5] anderen Pläne derweil vorwärts[zu]treiben und im Spätherbst erneut zusammenzutreten.

Geyer spricht über die Vorschläge, die Honorare zu kürzen. Technisch ist das möglich, hat aber erhebliche Nachteile.

---

1 Vgl. Aufzeichnungen von Hertz über die PV-Sitzung am 4. Juni 1936, in: IISG Amsterdam, NL Hertz, S. 20, Mappe XXIII.
2 Zum Rückzug der sowjetischen Delegation vgl. *Paul Mayer*, Geschichte, S. 123–125; Nr. 70.
3 Richtig ist wahrscheinlich die Angabe, die Hertz in seinen Aufzeichnungen über die PV-Sitzung macht, in: AdsD Bonn, NL Hertz, Mappe XLIV: Er nennt eine Summe von 2 054 000 KC, die er – allerdings nicht ganz korrekt – noch aufschlüsselt in 1 193 000 Kc für das erste und 860 000 für das zweite Halbjahr.
4 Vgl. PV-Rundschreiben an die Sekretäre, 5. Juni 1936, betr. die Einsparungen (20 %ige Kürzung des Sachaufwandes der Grenzstützpunktleiter zum 1. Juli 1936), in: AdsD Bonn, PV-Emigration, Mappe 9.
5 Vorlage: Punkt nach »begrenzen«.

Hertz: Der Vorschlag, die Honorare um 50 % zu kürzen, scheint mir der verwundbarste Punkt der Vorschläge zu sein. Darunter wird die Qualität der Arbeiten und der Zeitungen ungeheuer leiden. Wir können auch nicht die Honorare um 50 % und die Gehälter nur um 25 % kürzen.

Wels: Über die Gehaltskürzung besteht Einstimmigkeit, ebenso über die Abschaffung des Mercedeswagens. Man sollte u.U. den Versuch machen, auch den Ford abzugeben und dafür einen anderen gebrauchten Wagen zu kaufen.

Rinner: Ich habe im März 1935 beantragt, daß der Verlag eine Bilanz vorlegen soll. Das ist damals leider nicht entschieden worden. Ein Abschluß kaufmännischer Art liegt bis heute noch nicht vor, obwohl der Verlag seit 1933 tätig ist. Ich stelle das ausdrücklich fest, auch weil es eine Frage der Verantwortung ist, wie wir den Verlag liquidieren. Es ist ein bedauerliches Versäum[nis,] daß das bisher nicht durchgeführt wurde. Der Verlag ist als Unternehmen gegründet worden, das uns Einnahmen bringen sollte. Das Ergebnis ist nicht zweifelhaft. – Wir brauchen auch deshalb eine Übersicht über die Verlagssituation, um uns über die Möglichkeiten der Realisierung und etwa noch vorhandene Werte Aufschluß geben zu können. Der Nichtverkauf der Produktion im Jahre 1935 müßte uns doch Anhaltspunkte über die Ansetzung des Wertes unseres Buchlagers geben. Aber zu alledem brauchen wir die Unterlagen, die bisher noch immer nicht vorgelegt worden sind.

Stahl: Die Verlagszahlen sind erschütternd. Die Möglichkeit, etwas davon zu retten und zu Geld zu machen, ist illusorisch. Unsere Preise sind viel zu hoch. Das Verlagsgeschäft ist für uns ein einziges Defizitgeschäft geworden. Wir müssen die Bestände zu reduzierten Preisen abgeben. Die Zeitschrift ist ebenso wie der Verlag schon lange reif zur Einstellung.

Crummenerl: Es ist die Frage, ob wir die Buchbestände so ohne weiteres abstoßen können und sollen. Wir müssen bedenken, daß, wenn während des Vertriebs des Stampferbuches[6] etwas von Liquidation verlautet, der Verkauf des Buches sehr geschädigt wird.

Arnold: Die hohen Preise, die bemängelt worden sind, haben ihre Ursache vor allem in der Minderauflage und darin, daß Sattler ca. 25 % teurer herstellt als andere Firmen.

Hertz: Für Verlag und Zeitschrift war der Gesichtspunkt der Geltung im Ausland maßgebend. In der Animosität gegen den Verlag drückt sich die Abneigung gegen uns aus. – Das Eingehen der Zeitschrift bedeutet Schädigung unserer geistigen Tätigkeit. Die Rentabilität ist nicht erreicht, aber die Lösung der geistigen Aufgabe ist gelungen. Es würde ein unangenehmer Eindruck entstehen, wenn die Zeitschrift einginge. Man würde Schlußfolgerungen auf die Situation des Verlages ziehen. – Hertz wünscht eine kurzbemessene Frist zur Aufbringung von Mitteln für die Zeitschrift, Mittel, die sonst und für andere Zwecke eben nicht zu mobilisieren wären.

Crummenerl: Jede aufgegebene Arbeit bedeutet ein Manko für uns, das ist unbestreitbar. Aber wir haben ja keine Wahl. Die Schlußfolgerungen von Hertz kann ich nicht akzeptieren. Wir sollen uns keine Illusionen machen. Ich sehe keine Möglichkeiten mehr, die Zeitschrift noch weiter aufrecht zu erhalten.

Wels: Wir haben beschlossen, Kc. 4 000,– für Gehälterkürzung vorzunehmen. Und da sollen wir auf der anderen Seite für die Zeitschrift 3 600,– monatlich weiter ausgeben?

Stampfer: Es wird sich nicht verantworten lassen, die Zeitschrift weiter herauszugeben. Wir können nicht 27 000,– Kc. dafür ausgeben, daß die Zeitschrift erst in einem halben Jahr eingeht.

Wels: Wir sind uns wohl einig, daß wir bei den Honoraren für N[euer] V[orwärts] und S[ozialistische] A[ktion] den gleichen Kürzungssatz – 25 % – nehmen, wie bei den Gehältern.

Einstimmigkeit.

---

6 *Friedrich Stampfer*, Die 14 Jahre der ersten deutschen Republik, Karlsbad 1936. Vgl. Nr. 49.

Hertz: Wenn hier beschlossen wird, daß als letzte Nummer der Zeitschrift das Juli-Heft erscheint, dann muß ich mich dem fügen. Ich werde mich bemühen, Gelder aufzutreiben, um das Weitererscheinen der Zeitschrift zu ermöglichen.

Wels: Die »Zeitschrift für Sozialismus«, die der Parteivorstand herausgegeben hat, in anderen Händen zu sehen, ist natürlich unmöglich!

Hertz: Ich nehme auch das zur Kenntnis.

Stampfer: Soll die Erklärung von Hertz bedeuten, daß die Zeitschrift unter dem gleichen Namen zu anderen Lasten geht, so ist das unmöglich. Hertz hat geantwortet, daß er das zur Kenntnis nimmt. Soll das heißen, daß er als Parteivorstands-Mitglied eine Zeitschrift unter anderem Namen herausgeben will?

Hertz: Ich habe bisher den Eindruck gehabt, daß das Eingehen der Zeitschrift aus finanziellen Gründen geschehen sollte. Diese Debatte bestätigt diese Auffassung nicht gerade. – Ich kann jedenfalls z. Zt. nur sagen, daß ich im Augenblick keine feste Absicht und keine Überlegung habe – in bezug auf die Zeitschrift – die ich hier vorlegen könnte.

Stampfer: Ich möchte, daß die Dinge vollkommen klargestellt werden. Ich möchte verhindern, daß eine neue Zeitschrift nach Eingehen der »Zeitschrift für Sozialismus« erscheint, die Gerüchte verursachen könnte, als wenn wir aus Richtungsgründen die Z[eitschrift] f[ür] S[ozialismus] unterdrücken und nun von Hertz und Hilferding eine neue, freie Zeitschrift errichtet worden ist.

Wels: Für mich sind die finanziellen Gründe allein ausschlaggebend. Wir haben vor einem Jahr beschlossen, die Zeitschrift noch 1/2 Jahr zu prolongieren.[7] Dieser Termin ist nun schon ein halbes Jahr wieder überschritten worden. Das Weitererscheinenlassen der Zeitschrift würde uns bei unseren Bemühungen, auf Grund der schlechten finanziellen Lage Unterstützung anderer Parteien in Anspruch zu nehmen, sehr hinderlich sein.

Hertz: Was Sie, Wels, sagen, unterschreibe ich hundertprozentig. Stampfers Frage ist eine ganz andere. Ich kann nur sagen, ich will den Versuch machen, Mittel zu beschaffen. Wer und von wem diese Mittel kommen können, kann ich noch nicht sagen. Die Zeitschrift ist nie eine Kampfschrift gewesen, soweit ich redaktionell beteiligt bin. Daß ich nicht an einer Zeitschrift beteiligt bin, die sich gegen den Parteivorstand wendet, zu dieser Erklärung bin ich nur veranlaßt durch Stampfers Bemerkung. –

Hertz: Die Summe von 160 000,– Schw. Fr., die Crummenerl als Vermögen der Sopade bezeichnet hat, erscheint mir nach meinen Erinnerungen und Aufzeichnungen so gering, daß sie nicht stimmen kann.

Crummenerl: Was willst du damit sagen, zweifelst du die Zahlen an? Ich kann den Betrag natürlich nicht genau sagen, da die Bankabrechnungen fehlen, aber ich bin gern bereit, die genaue Einzelaufstellung zu machen.

Arnold: Soll nun die nächste Nummer der Z[eitschrift] f[ür] S[ozialismus] noch erscheinen oder ist das durch den Beschluß inhibiert worden.

Es wird beschlossen, daß diese Nummer der Z[eitschrift] f[ür] S[ozialismus] noch erscheint.[8]

---

7 Vgl. Nr. 43.
8 Die 36. und letzte Nummer der »Zeitschrift für Sozialismus« erschien im September 1936; vgl. *Langkau-Alex*, Politik, S. 147–149.

Nr. 66
Protokoll der Parteivorstandssitzung am 5. Juni 1936
SAPMO Berlin, ZPA, II 145/54, Bl. 189

Vorstandssitzung vom 5. 6. 1936

Anwesend: Wels, Vogel, Crummenerl, Rinner, Ollenhauer, Hertz, Stampfer, Geyer, Stahl, Arnold, Heine.

Es wird, auf Vorschlag Stampfer, beschlossen, dem aus der Strafanstalt entlassenen Genossen Kl. . . eine Beihilfe von Mk. 200,- zu gewähren, um ihm einen Kuraufenthalt zu ermöglichen.[1]

Ferl wünscht, zum Wuppertal- und zum Brotfabrik-Prozeß eine Unterstützung bewilligt zu erhalten.[2] Crummenerl schlägt vor, bei Ferl für diesen Zweck 400,- zu deponieren. – Wird beschlossen.

Schoettle teilt Verhaftungen in Stuttgart mit und erbittet Unterstützung. Der Vorschlag Crummenerls, 100,- schw. Fr. zu geben, wird angenommen. Reinbold soll verständigt werden.

Wels: Der Gedanke der sozialdemokratischen Arbeiterhilfe müßte greifbare Gestalt annehmen. Wenn Archivverhandlungen erfolgreich wären, hätten wir mit unserem Plan den ersten Anstoß dazu gegeben.[3]

Es wird beschlossen, der Witwe des Gen[nossen] Jaro[4]/Lom 100,- Kc. zu geben und Heine zu beauftragen, mit Bandmann[5] zusammen wegen Rechtshilfe zu Frau Jaro[6] zu fahren.[7]

Die Sozialdemokratische Arbeiterhilfe in Paris wünscht fr.fr. 1 000,- monatlicher Beihilfe.[8] **Crummenerl** erklärt, daß monatlich-laufende Unterstützung unmöglich ist. Es wir beschlossen, eine einmalige Unterstützung von ffr. 1 000,- zu geben.

Ollenhauer referiert über Fragen der Flüchtlingshilfe. Er gibt über den derzeitigen Stand der Angelegenheit einen vorläufigen Bericht. Es handelt sich vor allem um Sicherungsmaß-

---

1 Möglicherweise Franz Klühs, der Ende 1933 verhaftet und im Juli 1934 zu zwei Jahren und neun Monaten Gefängnis verurteilt worden war. Vgl. Nr. 12.
2 Anfang 1936 waren über 600 Kommunisten, Sozialdemokraten, Gewerkschafter, Christen und Vertrauensräte in mehreren Prozessen zu hohen Zuchthausstrafen verurteilt worden, weil sie im Wuppertaler Gebiet angeblich versucht hatten, die Freien Gewerkschaften wieder aufzubauen; vgl. *Osterroth/Schuster*, Bd. 2, S. 352. Seit etwa Mai 1934 war an der Hamborner Brotfabrik »Germania« eine illegale sozialdemokratische Organisationszentrale aufgebaut worden, die im Mai/Juni 1935 zerschlagen wurde. Über 400 Angehörige des »Germania-Kreises« wurden verhaftet und vom OLG Hamm bzw. vom VGH verurteilt; vgl. *Bludau*, S. 26–28, S. 35–41.
3 Im Vertrag zwischen dem Organisationskomitee zur Förderung marxistischer Forschung und der Sopade vom Dezember 1935, in: AdsD Bonn, PV-Emigration, Mappe 78, war festgehalten worden, daß ein Teil der Einnahmen aus dem Verkauf des Parteiarchivs für den Aufbau einer Sozialistischen Arbeiter-Hilfe in Prag verwendet werden sollte. Vgl. *Paul Mayer*, Geschichte, S. 112.
4 Vorlage: Jarow.
5 Bandmann, Eugen, 1874–1948, sozialdemokratischer Jurist, Emigration 1933 oder 1934 CSR, 1938 USA, bedeutender Strafverteidiger.
6 Katerina Jarová, die Mutter des seit 1935 in Deutschland inhaftierten Jaroslav Hrbek, bat nach dem Tode ihres zweiten Mannes Otokar Jaro den PV um finanzielle Unterstützung; vgl. Katerina Jarová an PV, 22. Mai 1936, in: AdsD Bonn, PV-Emigration, Mappe 58. Die Umstände, die zur Verhaftung Hrbeks führten, werden geschildert in: Gespräch mit Otokar Jaro, 25. September 1935, in: SAPMO Berlin, ZPA, II 145/54, Bl. 169 f.
8 Möglicherweise identisch mit der »Arbeiterwohlfahrt Paris«; vgl. Nr. 62.

nahmen für die Flüchtlingshilfe und um die gelegentliche Zuziehung des Prager Emigranten-Ausschusses zu der Flüchtlingshilfe-Leitung. Mit Ernst Paul hatte er eine Rücksprache über den Vorschlag von Thiele, eine engere Verbindung zwischen unseren und den Funktionären der hiesigen Partei herzustellen.

Wels: Wir haben die Absicht, uns auf der Pariser Asylrechtskonferenz vertreten zu lassen.[9] Er schlägt dazu vor, die Gen[ossen] Hertz und Ferl zu delegieren. – Es wird so beschlossen.[10]

Vogel: Im Fall Arzt haben wir jetzt die Möglichkeit, die Gen[ossen] Moehrmann/Holland und Kober/Bodenbach als Zeugen zu verwenden. Arzt hat von den Holländern rd. 5 000,- Kc. erhalten. Es steht damit fest, daß Arzt zweimal Unterstützung bezogen hat. Ob das ausreicht, ihn unschädlich zu machen, ist allerdings fraglich. Da das Material bei der Eigenart von Arzt wohl doch nicht zu dem erstrebten Erfolg führt, wird es notwendig sein, ihn weiter zu beobachten, die ganze Angelegenheit sollte aber auch der zentralen Flüchtlingshilfe unterbreitet werden.

Wels: Man muß der Flüchtlingszentrale nahelegen, festzusetzen, daß Leuten, die ein bestimmtes Einkommen aus Vermögen und Verdienst haben, keine Unterstützung mehr zu gewähren ist.

Stahl: Der frühere Landtagsabgeordnete Fritsch sitzt seit 1933 als Emigrant in Reichenberg. Ich habe den Verdacht, daß Fritsch von den Nazis zu irgendwelchen Diensten verwendet wird.[11] Ich stehe auf dem Standpunkt, daß Fr[itsch] ausgewiesen werden muß.

---

9 Die Internationale Asylrechtskonferenz fand am 20./21. Juni 1936 in Paris statt. Vgl. Nr. 69.
10 Vgl. Nr. 69.
11 Zum Spitzelverdacht konnten keine Informationen gefunden werden.
  Fritsch, Otto, geb. 1870, MdL Preußen, Bezirksleiter »Deutscher Textilarbeiter-Verband«, Emigration 1933 CSR, Zusammenarbeit mit SPD-Grenzsekretär Emil Stahl.

Nr. 67
Protokoll der Parteivorstandssitzung am 17. Juni 1936
SAPMO Berlin, ZPA, II 145/54, Bl. 215

Vorstandssitzung 17. Juni 1936[1]

Anwesend: Wels, Vogel, Crummenerl, Rinner, Ollenhauer, Stampfer, Geyer, Heine.

Crummenerl: Der Schweizer Rechtsanwalt Dr. Zürcher[2] fordert uns auf, in der Prozeßangelegenheit (»Deutsche Freiheit«)[3] die vom Gericht geforderte Kaution von 3 000,- Schw. Frs. zu leisten.

Da uns keine andere Möglichkeit bleibt, als die, den Prozeß fortzuführen, wird beschlossen, die 3 000,- Schw. Frs. zu zahlen.

---

1 Im SAPMO Berlin, ZPA, ist dieses Protokoll in den Jahrgang 1937 eingeordnet. Da der Protokollinhalt aber der Datierung durch den Protokollanten nicht widerspricht, folgen wir dieser Datierung.
2 Vermutlich Emil Zürcher, 1877-1937, Schweizer Jurist, seit 1924 Rechtsanwalt in Zürich, Vorstandsmitglied der Demokratischen Partei der Stadt Zürich, 1937 Zentralpräsident der Schweizerischen Vereinigung für den Völkerbund.
3 Vgl. Nr. 48, Anm. 23.

Nr. 68

Protokoll der Parteivorstandssitzung am 2. Juli 1936

SAPMO Berlin, ZPA, II 145/54, Bl. 190

Vorstandsbesprechung vom 2. 7. 1936

Anwesend: Wels, Vogel, Stampfer, Rinner, Ollenhauer, Arnold, Heine.

Stampfer berichtet über den Besuch Piecks bei ihm. Pieck hat ihn vor allem über die Besprechungen im Hotel Lutetia, Paris (Zusammenkunft der Arbeiterparteien) unterrichtet.[1] Pieck behauptet, die Kommunisten hätten eine Änderung ihrer Haltung vorgenommen, sie hätten aus den Fehlern gelernt, man würde nicht wieder in die gleichen Fehler verfallen.

Er würde es begrüßen, wenn der PV nun nach der Pariser Besprechung ein Rundschreiben herausgeben würde, in dem er den Vertrauensleuten freistellt, die Verbindung mit Kommunisten aufzunehmen oder zu behalten.

Ollenhauer berichtet über die an uns ergangene Einladung, an der Amnestiekonferenz in Brüssel teilzunehmen.

Es wird beschlossen, Ferl eine Abschrift des Briefes von Fritz Adler zu senden, der die Amnestiekonferenz ablehnend beurteilt. Adlers Auffassung deckt sich mit unserer.[2]

---

1 Das Gespräch Pieck/Stampfer hatte am 1. Juli 1936 stattgefunden; vgl. *Osterroth/Schuster*, Bd. 2, S. 356; *Matthias/Link*, S. 93 f., Anm. 107. Zuvor hatte sich in Paris am 9. Juni 1936 unter Leitung von Heinrich Mann endgültig der »Ausschuß zur Vorbereitung einer deutschen Volksfront« (vorher »Lutetia-Kreis«) konstituiert. Am 16. Juni 1936 hatte Pieck den Mitgliedern des Volksfrontausschusses »Richtlinien für die Ausarbeitung einer politischen Plattform der deutschen Volksfront« überreicht; eine Einigung wurde nicht erzielt; vgl. *Langkau-Alex*, Volksfront, Bd. 1, S. 184.

2 Es ging um die für den 5. Juli 1936 nach Brüssel einberufene »Europäische Amnestiekonferenz für die politischen Gefangenen in Deutschland«. Am 28. Juni 1936 hatte Friedrich Adler der Mitorganisatorin der Konferenz, Eliane Brault, die skeptische Einstellung der SAI dargelegt und mitgeteilt, daß die deutsche Emigration auf dem Kongreß nicht in Erscheinung treten werde; vgl. IISG Amsterdam, SAI, Nr. 3104.

Nr. 69

Protokoll der Vorstandssitzung am 13. Juli 1936

SAPMO Berlin, ZPA, II 145/54, Bl. 191

Vorstandssitzung vom 13. 7. 1936

Anwesend: Wels, Vogel, Crummenerl, Rinner, Ollenhauer, Hertz, Stampfer, Geyer, Arnold, Heine.

Hertz berichtet eingehend über die Westreise. Die Volksfront in Frankreich beeindruckt unsere Genossen ganz außerordentlich. Die Überzeugung ist allgemein, daß das französische Beispiel bahnbrechend für die Internationale ist.

Der eigentliche Zweck der Asylrechtskonferenz ist tatsächlich der einer antifaschistischen Aktion. Die Konferenz sollte ein Flüchtlingsstatut und eine internationale Konvention ausarbeiten. Die dort gemachten Vorschläge gehen weit über das hinaus, was z. Zt. zu erreichen ist.¹ – Unsere Stellungnahme ergibt sich aus den Beschlüssen der SAI von Wien (1931), sie ist mit den damaligen Beschlüssen in Übereinstimmung.² – Die Staatenkonferenz in Genf stand stark unter dem Einfluß von Brouckère und Longuet. Es zeigte sich dabei die Wichtigkeit, durch Sozialdemokraten als Regierungsdelegierte auf die Entscheidungen derartiger Konferenzen einzuwirken. Die Genfer Konvention ist für die fortgeschrittenen Staaten eine Fundamentierung, für die rückständigen vielleicht ein Ansporn, ihre bisherige Praxis zu bessern.³

Hertz berichtet dann noch über die Emigrantenkonferenz.⁴ Es war sein Bestreben, mit

---

1 Die Asylrechtskonferenz war vom »Centre de Liaison pour les status des emigrés en France«, einer Zusammenfassung aller sich für das Asylrecht einsetzenden französischen Organisationen (IISG Amsterdam, SAI, Nr. 3498), zum 21./22. Juni 1936 einberufen worden und hatte sich die Aufgabe gestellt, den Regierungsvertretern auf der Genfer Konferenz Anfang Juli 1936 konkrete Vorschläge zu Punkten wie Sicherung des Asylrechts und Schaffung eines international gültigen Ausweises für die Emigranten zu unterbreiten und die öffentliche Meinung zugunsten der Gewährung eines weitgehenden Asylrechts zu beeinflussen; vgl. PV-Rundschreiben für die Grenzsekretariate, 22. Juli 1936, in: AdsD Bonn, PV-Emigration, Mappe 9; *Langkau-Alex*, Volksfront, Bd. 1, S. 38.
2 Parallel zum 4. Kongreß der SAI 1931 in Wien hatten sich die Mitglieder des »Internationalen Bundes Sozialistischer Juristen« zu ihrer zweiten internationalen Konferenz getroffen und u. a. eine Resolution »Zur Frage des politischen Asylrechts« verabschiedet; vgl. Protokoll Kongreß, S. 146 f.; S. 756 f. mit Abdruck der Resolution.
3 Vgl. Nr. 62. Die Konferenz für Flüchtlingsfragen im Rahmen des Völkerbundes fand vom 2. bis 4. Juli 1936 in Genf statt; erarbeitet wurde ein »Vorläufiges Übereinkommen betreffend das Statut der Flüchtlinge aus Deutschland«. Vgl. *Langkau-Alex*, Volksfront, Bd. 1, S. 38, S. 226, Anm. 36. Louis de Brouckère, Präsident der Kommission zur Untersuchung der Lage der politischen Gefangenen, schätzte das Ergebnis als »ein bescheidenes, höchst bescheidenes« ein; vgl. Internationale Information 13. Jg., 13. Juli 1936, S. 270. Die Konferenz befaßte sich »lediglich mit der Sicherung des Asylrechts und mit der Paßfrage [. . .], die Frage der Beschaffung von Arbeitsmöglichkeiten für die Emigranten [wurde] von vornherein aus ihren Beratungen ausgeschieden.« Vgl. Drei Jahre Sopadearbeit, S. 18, in: AdsD Bonn, PV-Emigration, Mappe 165.
4 Die »Féderation des Emigrés d'Allemagne en France« hatte im Juni 1936 nach Paris eine Konferenz deutscher Emigranten in allen Ländern einberufen, auf der die »Zentralvereinigung der deutschen Emigration« (ZVE) als Dachverband der Emigrantenorganisationen in den verschiedenen Ländern, mit Sitz in Paris, gegründet wurde. Erster Präsident der im September 1936 vom Völkerbund anerkannten Vereinigung war Albert Grzesinski. Die ZVE delegierte drei Vertreter in den insgesamt 18köpfigen Beirat des Hohen Kommissars für deutsche Flüchtlingsfragen beim Völkerbund: Georg Bernhard für die jüdisch-bürgerliche Emigration, Kurt Funk [d. i. Herbert Wehner] für die Kommunisten und Paul Hertz als Vertreter für die Gesamtsozialdemokratie; vgl. *Langkau-Alex*, Volksfront, Bd. 1, S. 39. Proteste aus der deutschen Emigration gegen die Mitarbeit deutscher Sozialdemokraten in der ZVE (vgl. u. a. Ernst Schumacher an PV, 25. Juli 1936, in: AdsD Bonn, PV-Emigration, Mappe 117; *Langkau-Alex*, Emigration, S. 106, Anm. 62) veranlaßten den PV, die Zusicherung zu geben, daß die Sopade der ZVE nicht angehöre; die Zusammenarbeit beschränke sich lediglich auf eine Verständigung über die Fragen, die international in Zusammenhang mit den Völkerbundsberatungen geregelt werden müssen; vgl. PV an Ernst Schumacher, 14. November 1936, in: AdsD Bonn, PV-Emigration, Mappe 118; PV-Rundschreiben, 22. Juli und 8. August 1936, in: AdsD Bonn, PV-Emigration, Mappe 9.
Bernhard, Georg, 1875–1944, Chefredakteur »Vossische Zeitung«, Mitglied Reichswirtschaftsrat, Vorstandsmitglied der DDP, 1928–1930 MdR, Emigration 1933 Dänemark, Frankreich, Gründer und Leiter des »Pariser Tageblattes« bzw. der »Pariser Tageszeitung«, Mitarbeiter zahlreicher Emigranten-Komitees und Exilzeitschriften, 1941 USA.
Herbert Wehner, 1906–1990, stellv. Sekretär der KPD in Sachsen, 1930/31 MdL Sachsen, ab 1933 illegale Tätigkeit für die KPD in Deutschland, Emigration 1934 Saargebiet, ab 1935 Ost- und Westeuropa, 1937 UdSSR, 1941 Schweden, 1942 KP-Ausschluß und Verhaftung, 1946 Deutschland, SPD, ab 1949 MdB, 1969–1983 Vorsitzender der SPD-Bundestagsfraktion, 1958–1973 stellv. Parteivorsitzender.

möglichst vielen Genossen zu sprechen, um die Bindungen fester zu gestalten und die Spannungen zu mindern, die durch die Verärgerung der Westgenossen entstanden.

Vor der Emigranten-Zusammenkunft in Paris wurde eine Sitzung der Arbeiterparteien vorgenommen, die im Hotel Lutetia stattfand. Hertz und Ferl waren eingeladen, sie beschlossen nach gemeinsamer Überlegung, die Einladung anzunehmen, da es sonst überhaupt unmöglich gewesen wäre, mit den Westgenossen Kontakt zu halten. Sie wollten zunächst in dieser Sitzung nicht das Wort ergreifen, Hertz wurde dann aber durch die Situation, die in der Besprechung entstand, zum Reden veranlaßt, ohne Ferl noch vorher von der Änderung der Verabredung verständigen zu können.

In der Besprechung mit den Genossen in Paris waren es vor allem folgende Punkte, die im Vordergrund des Interesses standen: Notwendigkeit des Zusammenarbeitens mit der KPD, Vorwürfe gegen die Sopade[5] wegen des Zusammenarbeitens mit Strasser und den Volkssozialisten, Vorwürfe wegen der angeblichen Untätigkeit des PV. Vorwürfe gegen Reinbold.[6] Persönliche Diffamierung wegen des »bolschewistischen Goldstromes«. Vorwürfe wegen der Absonderung von den Emigranten. – Hertz berichtete ferner über die stattgefundenen Einzelbesprechungen mit Stolz, Hartig[7], Kreyssig, Löwenstein[8], Sollmann, Reinbold, Schifrin und die organisatorischen Besprechungen mit Ludwig[9], Kirschmann, Roth[10], Wagner[11], Hirschfeld[12], Schoettle, Döring usw.

Es erhebt sich die Frage, ob die Gründung einer Arbeiterhilfe zur Unterstützung der inhaftierten Genossen in Deutschland dienen soll.[13] Hertz hat diese Frage in Gesprächen mit Adler, Dietrich und anderen erörtert.

---

5 Vorlage: SOPADE.
6 Wahrscheinlich ging es um Reinbolds antisemitische Äußerungen. Vgl. Nr. 64.
7 Hartig, Valentin, geb. 1889, Leiter des Büros der Internationale des Personals öffentlicher Dienste in Berlin, Emigration 1933 Frankreich, Verbindungsmann der Sopade zur französischen Gewerkschaft und leitender Funktionär der ADG, während der deutschen Besetzung als Lehrer tätig.
8 Löwenstein, Kurt, 1885–1939, Stadtschulrat in Berlin, 1920–1933 sozialdemokratischer MdR (USPD, SPD), diverse Ämter im Erziehungs- und Bildungswesen, Emigration 1933 CSR, 1934 Frankreich, Sekretär und Vorsitzender der Sozialistischen Erziehungs-Internationale.
9 Ludwig, Adolf, 1892–1962, Funktionär des Schuhmacherverbandes Pfalz, MdL Bayern, Emigration 1933 Saargebiet, Mitarbeiter des Sopade-Grenzsekretariats, 1935 Frankreich, bis 1939 Sopade-Grenzarbeit für das Gebiet der Pfalz, dann nach Südfrankreich, 1943 Anschluß an »Bewegung Freies Deutschland für den Westen«, 1945 Pfalz, SPD- und DGB-Funktionär, 1949–1962 MdB.
10 Roth, Ernst, 1901–1951, Redakteur der »Volksstimme« Mannheim, MdR (SPD) 1932/33, Emigration 1933 Saargebiet, 1934 Frankreich, 1935–1939 Mitglied NB, Partisan, 1945 Deutschland, 1949–1951 MdB.
11 Wagner, Friedrich-Wilhelm, 1894–1971, sozialdemokratischer Jurist, 1930–1933 MdR, RB-Gauführer Pfalz und Saargebiet, Emigration 1933 Saargebiet, 1935 Frankreich, Vorstandsmitglied »Landesverband deutscher Sozialdemokraten in Frankreich«, 1937–1941 geschäftsführender Vorsitzender der »Zentralvereinigung der deutschen Emigration« in Paris, 1941 USA, Mitglied GLD, 1946 Deutschland, 1949–1961 MdB, 1961–1967 Vizepräsident des Bundesverfassungsgerichtes.
12 Hirschfeld, Hans, 1894–1971, sozialdemokratischer Mitarbeiter im preußischen Innenministerium, Emigration 1933 Schweiz, Frankreich, journalistische Arbeit u. a. für »Deutsche Freiheit«, 1940 USA, 1949 Deutschland, 1950–1960 Leiter des Presse- und Informationsamtes Berlin.
13 Vgl. Nr. 66. Nach *Osterroth/Schuster*, Bd. 2, S. 360, wurde nach langwierigen Verhandlungen im November/Dezember 1936 in Paris der »Gemeinsame überparteiliche Hilfsausschuß« zur Unterstützung der Opfer des faschistischen Terrors gegründet. Er beschloß, in der Folgezeit einheitliche Protestresolutionen und Werbeflugblätter herauszugeben. Mitglieder waren: Deutsche Liga für Menschenrechte, Arbeiter-Wohlfahrt Deutschland, Rote Hilfe Deutschland, Ernst-Eckstein-Fonds, Internationale Hilfsvereinigung Deutschlands, ISK-Hilfe, Verband deutscher Lehrer-Emigranten.

Léon Blum hat Hertz zu sich gebeten und sich in mehrstündiger Aussprache mit ihm über die ihn und uns interessierenden Fragen unterhalten. Dabei ist auch die Frage der Olympiadekredite für die französischen Sportler erörtert worden. Léon Blum hat sie mit taktischen Gründen begründet.[14]

---

14 In der Sitzung am 13. Juli 1936 soll der PV ferner gebilligt haben, daß Hertz in der Asylrechtsfrage weiterarbeiten und Stampfer die persönlichen Kontakte zu Vertretern der KPD aufrechterhalten soll; vgl. *Findeisen*, in: *Niemann u. a.*, S. 67 f.; *Osterroth/Schuster*, Bd. 2, S. 358.

Nr. 70
Brief des Parteivorstandes [von Hertz?] an Boris Nikolajewski vom 30. Juli 1936 mit Hinweis auf eine Parteivorstandssitzung am 29. Juli 1936

IISG Amsterdam, NL Hertz, S. 16, 1f

Lieber Freund,

Die Kopie Ihres Briefes an F[riedrich] A[dler] haben wir erhalten. Auf Grund eines telefonischen Anrufes von F[riedrich] A[dler] haben wir uns gestern nochmal – allerdings vor Erhalt ihres Briefes – mit der Angelegenheit beschäftigt. Das Ergebnis war ein Telegramm an Adler, daß wir mit 7½ [Millionen Frz. Francs] einverstanden sind, aber bitten, die Zustimmung der Kommission dazu zu erlangen.[1] Das letztere erschien uns notwendig, seit F[riedrich] A[dler] uns mitgeteilt hatte, daß Mod[igliani] bei 8½ beharre und sich weigere, bei 7½ weiter mitzumachen. Wir wollen keinen Konflikt mit der Kommission, zumal das doch wahrscheinlich dazu führen würde, daß der Wandschirm überhaupt platzt.

Die gewünschte Adresse von Paul Kr. ist: Fr. Zeisler, Strassergasse 13, Wien XXX.

Mit bestem Gruß

---

1 Telegramm an Adler, 30. Juli 1936, in: IISG Amsterdam, SAI, Nr. 4102. Vgl. *Paul Mayer*, Geschichte, S. 125 f.; *Hunink*; S. 69.

Nr. 71
Tagesordnung der Parteivorstandssitzung am 5. August 1936

AdsD Bonn, PV-Emigration, Mappe 3

P.V. Sitzung am 5. 8. 1936

1. Zentralvereinigung der deutschen Emigration.[1]
2. Ständige Kommission für eine politische Vollamnestie in Deutschland.
3. Hilfsmaßnahmen für Danzig.[2]

---

1 Vgl. Nr. 69.
2 Zur Zuspitzung der Lage in Danzig nach den Wahlen zum Volkstag im April 1935, zur Schwäche des Völkerbundes und zur schrittweisen Ausschaltung der Opposition durch die Danziger Nazi-Regie-

4. Anregung Forbach Aufruf Spanien.³
5. Vorschlag der KPD für eine gemeinsame Besprechung mit Berliner Vertretern.⁴
6. Bericht über Besprechung mit München (Michel, Schoettle)⁵

rung vgl. Internationale Information 13. Jg., 30. Mai 1936, S. 191; 19. September 1936, S. 357; 17. Oktober 1936, S. 389 f. (Das Verbot der Sozialdemokratie in Danzig); 14. Jg., 19. März 1937, S. 118.
3 Der Sachverhalt war nicht zu klären.
4 Der Sachverhalt war nicht zu klären.
5 Vorlage: Punkt 6. hs. ergänzt.

Nr. 72
Protokoll der Parteivorstandssitzung am 10. August 1936
SAPMO Berlin, ZPA, II 145/54, Bl. 192

Vorstandsbesprechung vom 10. 8. 36.

Anwesend: Wels, Vogel, Crummenerl, Ollenhauer, Hertz, Arnold, Heine

Es wird beschlossen, dem Grenzmitarbeiter Kreiss für einen Mantel Kc. 120,– zu bewilligen.

Gen[osse] Wickel – Karlsbad¹ hat um Umzugshilfe und weitere Unterstützung seiner Arbeit ersucht. Es werden Mk. 300,– für die Grenzarbeit und 1 000,– Kc. einmaliger Mietsbeitrag bewilligt.

Es wird beschlossen, den Gen[ossen] Stahl zu ermächtigen, Gen[ossen] Kunze – Reichenberg ein Darlehen bis zur Höhe von Kc. 5000,– zu gewähren.

Hertz gibt den Vorschlag des Gen[ossen] Birnbaum wieder, den Gen[ossen] Hirschfeld als Beobachter für Danzig zu benennen. Es wird beschlossen, bei den Danziger Genossen anzufragen, ob Hirschfeld als Verbindungsmann genehm ist.

1 Wickel, Helmut, 1903-1970, sozialdemokratischer Journalist, stellv. Chefredakteur »Volksstimme« Chemnitz, 1 Jahr KZ, Emigration 1934 CSR, Mitarbeiter der SPD-Bezirksleitung Chemnitz in Karlsbad, Mitglied RSD, Zusammenarbeit mit NB, Mitarbeiter »Deutschland-Berichte« und »Zeitschrift für Sozialismus«, 1938 Frankreich, 1941 USA, GLD, 1950 Deutschland.

Nr. 73
Protokoll der Parteivorstandssitzung am 12. August 1936
SAPMO Berlin, ZPA, II 145/54, Bl. 193

Vorstandsbesprechung vom 12. 8. 1936

Anwesend: Wels, Vogel, Crummenerl, Ollenhauer, Hertz, Arnold, Heine. Als Gast Sander

Sander berichtet über seine Londoner Reise und ergänzt seinen schriftlichen Bericht. Er spricht – nach den trüben englischen Erfahrungen – die Hoffnung aus, daß es in Schweden gelingen möge, die Siedlungspläne, die bestehen, zu realisieren.¹

1 Sander war anläßlich des VII. ordentlichen Kongresses des IGB vom 8. bis 11. Juli 1936 in London;

Wels: Es fehlt uns seit Jahren eine Übersicht über die Berufsfähigkeit der Emigranten in der CSR. Das schwedische Projekt, wenn es überhaupt ernst gemeint ist, ist sehr wesentlich. Aber wichtig ist zu wissen, wer in Frage kommt.

Hertz: Wir müssen versuchen, die deutsche Emigration in das gesamt-schwedische Siedlungswerk einzubauen. Eine Vorbedingung ist die Sprache. Können wir nicht etwas für die Spracherlernung tun?

Crummenerl: Verliest den Vorschlag von Posthumus über die Aufbewahrung und Verwendung des Pariser Materials.[2] Wir müssen den Versuch machen, die Benutzung des Materials von der Genehmigung durch die Sopade abhängig [zu] machen.

Wels: Wir müssen einen Überblick über das haben, was an Sachen da ist. Bestimmte Sachen könnten wir dann von der Publikation ausschalten.

Hertz: Ich würde vorschlagen, uns eine Kontrolle über die Veröffentlichung der Materialien vorzubehalten, soweit sie die Zeit nach dem Sozialisten-Gesetz behandeln. Unsere Materialien müssen außerdem innerhalb der Zweigstelle Paris des Instituts eine geschlossene Abteilung bilden.

Es wird beschlossen, daß wir uns unter diesen Voraussetzungen mit dem Abkommen einverstanden erklären.[3]

Crummenerl: Wir müssen unsere Korrespondenz durchsehen und gefährliche Dinge vernichten. Das, was wichtig ist, muß aufgehoben und als Archivmaterial in Sicherheit gebracht werden. Ich schlage vor, den Gen. Heine zu beauftragen, diese Arbeiten zu übernehmen.

Es wird so beschlossen.

Crummenerl: Wir haben in diesen Tagen für hannoversche[4] Genossen, die vor der Gefahr der Verhaftung standen, einen Betrag von hfl. 200,– bewilligen müssen, um ihnen die Möglichkeit zu geben, ihre Arbeit zu tarnen und einigen Gefährdeten die Flucht zu ermöglichen.

Nachträgliche Bewilligung wird vorgenommen.

---

vgl. PV an Gillies, 4. Juli 1936, in: AdsD Bonn, PV-Emigration, Mappe 44, wonach sich Sander mit Gillies auch »über die Lage der deutschen Emigration in England und über die Möglichkeiten einer Auswanderung von Flüchtlingen in die Länder von Übersee unterhalten« wollte.

2 Die neuen Überlegungen über die Nutzung des Parteiarchivs standen im Zusammenhang mit den Moskauer Schauprozessen gegen Sinowjew, Kamenew u. a. vom 19. bis 24. August 1936. Vgl. Adler an Crummenerl, 5. September 1936, in: IISG Amsterdam, SAI, Nr. 4102: »Sogleich wie das Unglück des Prozesses in seinem ganzen Ausmaß sichtbar wurde, fühlte ich die Notwendigkeit mit Euch eine gründliche Aussprache darüber zu haben, ob unter diesen ganz veränderten Bedingungen nicht wenigstens ein Zeitaufschub nötig ist, um einige Distanz zu den Ereignissen zu gewinnen.« Kamenew, Lew Borisowitsch, 1883–1936, enger Mitarbeiter Lenins, bis 1926 Mitglied des ZK und des Politbüros, bildete zusammen mit Sinowjew und Trotzki die »Vereinigte Opposition« gegen Stalin, 1925/26 Verlust aller Partei- und Regierungsämter, 1936 in einem Schauprozeß zum Tode verurteilt und hingerichtet.

3 Übereinkommen zwischen dem Vorstand der Sozialdemokratischen Partei Deutschlands und dem Instituut voor Sociale Geschiedenis, 31. August 1936, abgedruckt in: *Hunink*, Dok. 23, S. 222 f.; vgl. weiter *Paul Mayer*, Geschichte, S. 134 f.

4 Vorlage: »hannoversche« hs. unterstrichen.

Nr. 74
Protokoll der Parteivorstandssitzung am 18. September 1936
SAPMO Berlin, ZPA, II 145/54, Bl. 194

Vorstandsbesprechung vom 18. September 1936

Anwesend: Wels, Vogel, Crummenerl, Rinner, Ollenhauer, Geyer, Arnold, Heine.

Ollenhauer berichtet über den Brief Mozers, der vertraulich mitteilt, daß Herbert Kriedemann nach eigenem Geständnis Spionage treibt[1] und – angeblich zwecks Beschaffung von Nachrichten – Besprechungen mit Schwabe und einem von Schwabe beorderten Gestapomann gehabt hat.[2] Mozer schlägt vor, ihnen die Erledigung des Falles zu überlassen und von uns aus nichts zu unternehmen.

Es bestehen hier gewisse Besorgnisse, daß uns für den Fall einer tatsächlichen Spitzelei Kriedemanns Vorwürfe gemacht würden, wenn wir nicht rechtzeitig vor ihm warnen.

Wels: Es wird das Beste sein, dem Wunsch der Amsterdamer zu entsprechen. Sie sollen ihn beobachten, ihre Maßnahmen treffen. Wenn wir warnen, stören wir die Vorbereitungen.

Arnold macht den Vorschlag, wenigstens die Grenzsekretäre zu informieren.

Vogel schlägt vor, abzuwarten, da die Angelegenheit in diesem Falle besonders delikat ist und uns mit hiesigen Stellen in Konflikt bringen könnte.

Geyer: Wir müssen warnen, mindestens aber Mozer und Looi[3] vorschlagen, die Beziehungen zu Kriedemann abzubrechen.

Rinner: Rundschreiben an Sekretäre bietet keine Gewähr für Geheimhaltung. Ich schließe mich Wels' Meinung an, bin gegen öffentliche Warnung.

Nach weiterer Diskussion, an der sich Arnold, Geyer, Crummenerl, Wels beteiligen, wird beschlossen, zunächst keine Veröffentlichung vorzunehmen, sondern bei dem Zusammentreffen zwischen Ollenhauer-Vorrink diesen zu bitten, für uns entsprechende Schritte zu unternehmen. Vorrink soll auch mit Saar[4], bei dem Kriedemann wohnt, sprechen und ihn – vorsichtig – informieren. Der Vorschlag, über Taub mit den hiesigen Stellen zu sprechen, wird zurückgestellt.

Ollenhauer: Hertel[5] beobachtet, daß hiesige Bergarbeitersekretariate illegale Gewerk-

---

1 Vorlage: Von »Herbert« bis »treibt« hs. unterstrichen.
2 Vgl. Schumacher an Erich [Rinner oder Ollenhauer], 11. September 1936, in: AdsD Bonn, PV-Emigration, Mappe 117, wo von einem Brief Mozers an Erich die Rede ist, aus dem hervorgehe, daß »Kriedemann tschechischer Militärspitzel ist«. Zu den Kontakten des Gestapospitzels Schwabe mit Kriedemann am 23. August 1936 vgl. in Sachen Kriedemann, S. 8; zu dem Treffen Kriedemann mit Kriminalkommissar Sattler am 27./28. August 1936 vgl. ebd. S. 11–15; vgl. ferner Erklärung Kriedemann, 25. Februar 1941, in: BA Zwischenarchiv Dahlwitz-Hoppegarten, ZC 10858/1; Bericht über die Tätigkeit Kriedemanns in Amsterdam 1936–1938. Verfaßt von Josef Bettelheim im Oktober 1946, in: AdsD Bonn, Sammlung Personalia Kriedemann 1 (1946–1949, Juni); Nr. 77.
3 Looi, Levinus Johannes van, geb. 1897, Radioredakteur von »Het Volk«, Mitgründer der »Vereeniging van Arbeiders Radio Amateurs«.
4 Saar, Fritz, geb. 1887, Vorsitzender des »Zentralverbandes der Hotel-, Restaurant- und Caféhausangestellten« (ZVH), Emigration 1933 Niederlande, Vorsitzender Emigrationsleitung ZVH Amsterdam, Zusammenarbeit mit ITF, vermutlich 1941 nach Deutschland gebracht, 1942 vom VGH zu lebenslanger Haft verurteilt.
5 D. i. Franz Bögler.

schaftsarbeit nach Deutschland[6] gemeinsam mit Kommunisten leisten bzw. unterstützen. Hertel wünscht, daß darüber Aufklärung geschaffen wird.

Die ehem. Bergarbeiter Vogt-Amsterdam und Mugrauer[7] waren auf dem letzten Kongreß – danach auch bei uns – und haben von der Bergarbeiter-Internationale Geld und Unterstützung erhalten.

Es wird beschlossen, Hertel, Schliestedt und je einen Genossen der Deutschen Gewerkschaftskommission und der Bergarbeiter zu einer Besprechung bei uns einzuladen und dort Klärung zu versuchen.[8]

Wels schlägt vor, durch Taub beim hiesigen Bergarbeiterverband feststellen zu lassen, ob sie beschlossen haben, Geld für diese Zwecke überhaupt zu geben.

Der Antrag Sollmanns, ihm zur Fortsetzung seines Englisch-Studiums eine weitere Beihilfe zu gewähren, wird zustimmend erledigt. Bei dem nächsten Zusammentreffen mit ihm soll die Höhe des Zuschusses bestimmt werden.

Es wird beschlossen, dem Grenzmitarbeiter Ludwig eine Beihilfe von fr. frcs. 500,– zur Verfügung zu stellen. Eine gleiche Beihilfe erhält auch Gen[osse] Schütt-Lörrach, beide Wünsche werden von Reinbold unterstützt.

Der Antrag des Gen[ossen] Geiser-Aussig, eine monatliche Unterstützung zur Fortsetzung des Studiums seines Sohnes zu gewähren, wird abgelehnt.[9]

---

6 Vorlage: Von »hiesige« bis »Deutschland« hs. unterstrichen.
7 Mugrauer, Hans, 1899–1975, Sekretär beim Bergarbeiterverband in Bochum, Emigration 1933 CSR, Sopade-Grenzarbeit, dann Stützpunktleiter des RSD-Grenzsekretariates Karlsbad, 1937/38 Hrsg. der »Bergarbeiter-Zeitung«, 1938 Schweden, Vorstandsmitglied der Landesgruppe deutscher Gewerkschafter in Schweden und der Sopade-Ortsgruppe Stockholm, 1948 Deutschland, Gewerkschaftsfunktionär.
8 Vgl. PV an Hertel, 18. September 1936, in: AdsD Bonn, PV-Emigration, Mappe 21, und Anhang Nr. 20.
9 Vgl. die schriftliche Ablehnung an Geiser, 21. September 1936, in: AdsD Bonn, PV-Emigration, Mappe 44, und Geisers Reaktion vom 22. September 1936 (ebd.).
Geiser, Hans, 1884–1961, Gewerkschaftsfunktionär, MdL-SPD Sachsen, Emigration 1933 CSR, 1939 Großbritannien, 1945 Hannover, DAG-Funktionär.

Nr. 75
Protokoll der Parteivorstandssitzung am 21. September 1936
SAPMO Berlin, ZPA, II 145/54, Bl. 195

Vorstandssitzung vom 21. 9. 36.

Anwesend: Wels, Vogel, Crummenerl, Rinner, Ollenhauer, Geyer, Arnold, Heine.

Wels: Adler teilt mit, daß Büro und Exekutive der SAI am 26.–28. 9. tagen werden. Es wird zweckmäßig sein, daß Crummenerl für uns und Ollenhauer für uns und die Jugendinternationale teilnehmen. Wenn Hilferding besonderen Wert auf Teilnahme legt, würde ich mich deswegen nicht streiten, obwohl unser Sparplan, nur einen Mann zu delegieren, durchbrochen würde.

Crummenerl: Ich nehme an, daß vorwiegend über Spanien verhandelt wird und die Atmosphäre einer Behandlung der uns besonders interessierenden Fragen nicht günstig ist.

Unter diesen Umständen ist es vielleicht zweckmässig, wenn meine Teilnahme eingespart wird und wir den Besuch Adlers in Prag abwarten. Ich muß allerdings demnächst doch nach Zürich, um die Bankangelegenheiten zu regeln.

Ollenhauer: Die Zeit drängt, es ist deshalb doch wohl richtiger, die Gelegenheit der Konferenz für Vorarbeit zu unseren Bemühungen, Gelder von den Parteien für die Weiterarbeit zu erlangen, auszunutzen.

Es wird beschlossen, Ollenhauer und Crummenerl zu entsenden. – Sie werden gleichzeitig ermächtigt, den beiden Sekretären Ferl und Reinbold je bis zu 1 000,- schw. Fr. zu geben, um ihnen die Weiterarbeit im ersten Halbjahr 1936 sicherzustellen. – Es soll aber zunächst versucht werden, die belgische Partei zu veranlassen, Ferl auf ihre Kosten zu übernehmen.

Ollenhauer: Grötzsch[1] erbittet einen Reisezuschuß von Kc. 600,-, um noch einmal zu dem im Sterben liegenden Hermann Wendel[2] fahren zu können.

Wird genehmigt.

---

1 Grötzsch, Robert, 1882–1946, Chefredakteur der »Dresdner Volkszeitung«, Arbeiterdichter, Emigration 1933 CSR, Mitarbeit u. a. NV und »Graphia-Verlag«, 1938 Frankreich, 1941 USA, Mitarbeiter verschiedener Zeitungen.

2 Der sozialdemokratische Journalist und Schriftsteller Hermann Wendel (geb. 1884 in Metz), 1912–1918 MdR, emigrierte 1933 nach Frankreich, wo er am 10. Oktober 1936 starb; vgl. *Osterroth/Schuster*, Bd. 2. S. 359. Vgl. auch Neuer Vorwärts, 11. Oktober 1936: Hermann Wendel zum Gedächtnis; dort wird als Todestag der 2. Oktober 1936 angegeben.

Nr. 76

Protokoll der Parteivorstandssitzung am 5. Oktober 1936

SAPMO Berlin, ZPA, II 145/54, Bl. 196–198

Vorstandsbesprechung vom 5. 10. 1936[1]

Anwesend: Wels, Vogel, Rinner, Hertz, Geyer, Arnold, Heine. Als Gast Helmut[2] und Michel.[3]

Wels: Genosse Hertz stellt die Frage, warum das Rundschreiben mit der Abschrift der Denkschrift-Milesgruppe versandt wurde.[4] Er erklärt zwar ausdrücklich, mit dem Inhalt dieses Miles-Memorandums nicht einverstanden zu sein, hält aber unsere Aussendung nicht für richtig.

---

1 Die Aussprache war auf das Betreiben von Hertz, von Knoeringens und Böglers herbeigeführt worden; dazu und zum Ablauf der Sitzung aus Sicht von Hertz vgl. Hertz an Adler, 8. Oktober 1936, in: IISG Amsterdam, NL Hertz, S. 7, Mappe B, Nr. 9; Aufzeichnungen von Hertz, 5. Oktober 1936, in: IISG Amsterdam, NL Hertz, S. 20, Mappe XXIII.

2 D. i. Franz Bögler.

3 D. i. von Knoeringen.

4 Zur Diskussion stand das PV-Rundschreiben vom 29. September 1936, in: AdsD Bonn, PV-Emigration, Mappe 9, das Bezug nimmt auf ein Rundschreiben von Willi Müller [d. i. Karl Frank] und dessen Memorandum »Zu den neuen Problemen der internationalen Arbeiterbewegung«, das vom PV in Auszügen (»Konkrete Organisationsfragen und Taktik in der deutschen A[rbeiter-]B[ewegung] zitiert wird. Vgl. Denkschrift »Zu den neuen Aufgaben der internationalen Arbeiterbewegung«, 34 S., hektographiert, in: IISG Amsterdam, Neu Beginnen, Nr. 30; in Auszügen in: AdsD Bonn, PV-Emigration, Mappe 206.

Helmut: Ich habe die Denkschrift nur durch den PV, nicht auch von Willi Müller[5] erhalten. Ich war weder an der Abfassung beteiligt, noch billige ich den Inhalt. Ich bin heute zum PV gekommen, weil ich befürchte, daß durch das PV-Rundschreiben der Gruppenkampf wieder aufgenommen wird und schädliche Folgerungen [entstehen].

Michel: Erstaunt war ich über die Denkschrift, auch ich war nicht an der Abfassung beteiligt, ich habe sie auch nicht vorher gekannt. Aber ich bin über das PV-Rundschreiben betroffen, da sich in meinem Arbeitkreis Genossen befinden, die große Sympathien für Neu-Beginnen haben. Ich muß befürchten, daß es zu Schwierigkeiten kommt. – Ich habe mich deshalb mit Helmut in Verbindung gesetzt, mit dem ich schon früher Verbindung aufgenommen hatte, und mich mit ihm verständigt, daß wir zum PV gehen sollten, um gemeinsam Aufklärung zu erlangen. – Für mich entsteht die Frage, ob nun aus diesem Rundschreiben des PV organisatorische Folgerungen entstehen sollen.

Wels: Wir haben die Denkschrift durch Zufall erhalten. Da daraus hervorgeht, daß gegen die Mehrheit des Parteivorstandes ein hinterhältiges Treiben angezettelt wurde, haben wir es den Mitarbeitern zur Kenntnis gegeben. Das hat mit organisatorischen Maßnahmen nichts zu tun. Unsere Haltung zu Miles wird davon nicht geändert. Wir wenden uns gegen die Konspiration, die in dieser Denkschrift zutage tritt.

Hertz: Ich bin über die Art des Vorgehens nicht erbaut. Vor allem darüber bin ich erstaunt, daß ich von der Abfassung des Rundschreibens ausgeschlossen wurde. Es hätte doch wohl noch die paar Tage Zeit gehabt, bis ich zurückgekehrt wäre. Man könnte fast den Eindruck gewinnen, als ob ich von der Abfassung ausgeschlossen werden sollte.

Geyer: Als Sie in meiner Abwesenheit die Redaktionsführung des N[euer] V[orwärts] kritisierten, sollte ich da auch ausgeschlossen werden?

Hertz: Sie wissen doch, daß ich Ihnen damit aus einer peinlichen Situation half und verhinderte, daß Sie Stampfers Artikel hätten verteidigen müssen.[6]

Hertz: Ich billige unser Rundschreiben nicht und bin auch nicht mit den darin gezogenen Schlußfolgerungen einverstanden. Ich muß mir vorbehalten, ob ich meine andersartige Auffassung auf Anfragen oder unaufgefordert zur Kenntnis bringe. – Ich bin auch ganz anderer Meinung über die Tendenz der Denkschrift als der PV. Der PV hat sich leider immer hermetisch abgeschlossen. Die Neu-Beginnen-Genossen wollen mitarbeiten – das besagt ihre Denkschrift – und sie bringen ihre Freude über die bisher erfolgte Mitarbeit an der Zeitschrift, S[ozialistische] A[ktion] usw. zum Ausdruck. – Ich habe Michel und Helmut, mit denen ich des öfteren sprach, immer wieder gesagt, daß ich gegen Konspiration bin. – Der PV hat leider nicht den Versuch gemacht, die Kräfte zusammenzufassen. Das ist die letzte Ursache für die Herstellung solcher Denkschriften. Haben Sie, Gen. Wels, mit ihrem Rundschreiben die Absicht, eine neue Auseinandersetzung mit den Gruppen wieder zu entfachen? Welche Absicht leitete Sie überhaupt bei der Herausgabe des Rundschreibens? Ich stehe vor einer der schwersten Fragen überhaupt, wenn jetzt durch dieses Rundschreiben eine neue Auseinandersetzung losgeht.

Wels: Es ist nicht wahr, daß wir uns gegen die Gruppen abgeschlossen haben. Wir haben die Miles-Gruppe unterstützt, fast ausschließlich von unseren Mitteln hat sie existiert, bis durch die konspirativen Methoden der Milesleute es unmöglich wurde, mit ihnen weiter zusammenzuarbeiten. – Wir haben uns auch in den anderen Fällen nicht gegen die Gruppen abgeschlossen, siehe Roter Vorstoß, Sozialistische Front, Rechberg usw. Wir haben auch Böchel und [Arthur] Gross die Hand gegeben und den Versuch zur Zusammenarbeit mit ihnen lange genug gemacht. Sie haben aber in die ausgestreckte Hand hineingespuckt und die Versöhnung nicht gewollt. – Ich übe nach beiden Seiten Toleranz. Aber unsere Be-

---

5 D. i. Karl Frank.
6 Der Sachverhalt war nicht aufzuklären.

mühungen, die Zusammenfassung voranzutreiben, sind auf Widerstand gestoßen, so sind doch die Tatsachen. – Ich brauche von meinem Standpunkt nicht, wie andere, abgehen. Ich wehre mich aber gegen die Gruppen, die den Kampf gegen die paar Personen im PV, die sie meinen, nicht um sachlicher Ziele willen betreiben. – Ein Beweis und ein schlagender dafür ist diese Denkschrift. Es war doch selbstverständlich, daß ich davon Gebrauch machte und sie weiterleitete.

Geyer: So, wie Hertz es darstellt, geht es nun doch nicht weiter. Es müssen da einige Tatsachen wieder auf die Beine gestellt werden, die Hertz [auf den] Kopf stellte. Tatsache ist, daß eine Richtung in der Partei in eselhaft törichter Weise ihre Konspiration gegen den PV schriftlich niedergelegt hat. Die Denkschrift spricht ja da für sich selbst. – Ich muß die Beschuldigung weit von uns weisen, als wenn wir durch die Weitergabe dieser Denkschrift den Streit weitertreiben. Eine Verschiebung der Angriffsplattform in dieser Debatte ist denn doch nicht erlaubt. Wenn einer Anklage zu erheben hat, dann sind wir es. –

Diese Richtung in der Partei, die diese Denkschrift verzapfte, geht mit einer erstaunlichen Arroganz vor. – Hertz, Sie wollen, daß wir dieser Richtung allein das Recht zum Wettkampf zugestehen, und wir sollen dazu still halten. Das ist doch eine sehr merkwürdige Auffassung. Das, was Sie sagen, heißt doch wirklich, die Dinge auf den Kopf stellen. Das, was die Denkschrift enthält, das ist der Apparatismus in der schlimmsten Form. Das ist eine Art der Zellenbildung, der internen, der schiebermäßigen Konspiration, die auf den Angreifer zurückfällt. Auf uns wird ein Angriff geführt, mit konspirativen Mitteln. Wer uns dabei in den Arm fallen will, wenn wir diese Dinge niedriger hängen, macht sich zum Bundesgenossen dieser Konspiration.

Rinner: Ich bin durchaus Geyers Meinung und schließe mich seinen Schlußfolgerungen absolut an. Hinzufügen will ich nur noch für mich das Bedauern über diese Methoden. Wir sind hier scheinbar auf der Anklagebank. Das ist, finde ich, denn doch etwas komisch. Die Genossen, die sich scheinbar getroffen fühlen, sollten uns eigentlich dankbar sein. Wenn hier die Frage aufgerührt wird, wer den Gruppenstreit wieder begonnen hat, dann muß ich sagen, finde ich das komisch. Ich frage die Genossen, auch die Genossen Helmut und Michel, was wollen sie eigentlich von uns? Was ist der Zweck dieser Sitzung? Wollt ihr uns unter Druck setzen? Was soll eigentlich mit dieser Sitzung erreicht werden? Ich sehe vorläufig gar keinen Zweck und bedauere, daß wir unsere kostbare Zeit auf diese Weise opfern müssen.

Helmut[7]: Ich finde es nicht merkwürdig, daß wir hier sind. Ich habe am Sonnabend den Brief mit dem Rundschreiben von meiner Frau nach hier nachgeschickt erhalten. Ich habe das Recht, den PV zu fragen, ob der Knatsch nun wieder losgehen wird. Deshalb komme ich hierher.

Vogel: Das Auftreten von Hertz und den beiden Genossen hier machte zunächst den Eindruck, als ob die Genossen sich mit den Verfassern der Miles-Denkschrift solidarisieren wollen. Jetzt hat ja wohl die Aussprache ergeben, daß keiner von euch die Stellungnahme der Denkschrift billigt.

Das, was Böchel seinerzeit gemacht hat, ist um kein Jota schlimmer, als das, was Miles jetzt macht. Ich glaube, daß deshalb auch die gleichen Konsequenzen gezogen werden müssen. Ich habe mehr denn je den Eindruck, daß es die moralischen »Qualitäten« Müllers sind, die mehr als die ideologischen Unterschiede uns trennen. Hertz, Sie beklagen sich immer, daß kein offenes Vertrauensverhältnis zwischen uns herrscht. Aber ich frage Sie, sind wir es denn, die das hindern?

Michel: Es ist ständig meine Klage gewesen, daß im PV die zentrale Chef-Organisation

---

7 Vorlage: »Hellmut«.

nicht vorhanden ist. Ich vermisse die zentrale Organisationsführung. Ich sehe die Bedeutung von »Neu-Beginnen« in den Bemühungen der Genossen, dem Wesen der illegalen Organisation auf die Spur zu kommen. Aus der Praxis der Übereinstimmung mit den Organisationsprinzipien der Genossen bin ich zu der geistigen Verständigung mit ihnen gekommen. Ich betrachte es als notwendig, daß wir die Grundlagen der Arbeit für die kommende Weltauseinandersetzung schaffen.

Wels: Niemand kann in einem solchen Weltringen, wie es kommen wird, die Entwicklung voraussehen. Das notwendige Rüstungspotential ist bei längerer Dauer des Krieges in Deutschland nicht vorhanden, ich glaube deshalb nicht an den Angriffskrieg durch Deutschland. –

Was die Frage der zentralen Organisationsleitung betrifft, so muß ich sagen, daß die Unterschiede der Bedingungen in Deutschland keine einheitliche Organisationsführung hier draußen zulassen. Wir haben die verschiedensten Formen des Zusammenschlusses und -arbeitens vor uns. Es wäre falsch, da ein Schema aufzustellen.

Wie kann man bei den bestehenden Verschiedenheiten ein zentrales Schema der Organisation aufstellen? Wir würden den Vorwurf erhalten, weltfremd zu sein, wenn wir ein derartig starres System annehmen würden. Das würde auch Streit in die Aktiven tragen und zersetzend sein. Wenn man sagt, daß das keine Konzeption sei, dann erwidere ich, daß sie es doch ist. Es ist die gleiche Konzeption, die auch in meiner letzten Rede vor der Reichskonferenz in Berlin zum Ausdruck kam.

Hertz: Ich freue mich über Wels' Bekenntnis zur Meinungsfreiheit, das er erneut abgelegt hat. (Zwischenbemerkung von Wels: Mit den gemachten Einschränkungen.) Ich nehme davon Kenntnis, daß nicht die Absicht bestanden hat, mich von den Entscheidungen auszuschließen. Was unser Verhältnis zu Gruppen betrifft, so ist doch die Entwicklung so, daß wir früher den Versuch machten, mit den Gruppen zusammenzuarbeiten. Wir haben später aber mit diesem Grundsatz gebrochen. Seit 1935 jedenfalls haben wir Versuche zur Zusammenarbeit mit Gruppen nicht mehr unternommen. Meine Meinung ist, daß, wenn die Gruppen-Existenz nicht durch eine Zusammenfassung abgelöst wird, keine Vereinheitlichung der antifaschistischen Kräfte mehr möglich ist. Zu dieser Ablösung besteht aber offenbar seitens der Sopade keine Neigung. Ich erinnere in diesem Zusammenhang an den Versuch, die Eingliederung Kellers in die Sopade vorzunehmen, die in der gemeinsamen Sitzung mit Crummenerl, Ollenhauer, Keller und mir von den beiden erstgenannten verweigert wurde. Das hat ihn dann später zu den R[evolutionären] S[ozialisten] getrieben. Ich habe überall im Westen Verständnis und Bedürfnis dafür gefunden, sich im größeren Rahmen zusammenzufinden, ohne Ansehung der Personen, wenn sich eine Persönlichkeit mit Autorität findet. –

Geyer hat aus der Denkschrift zitiert. Damit kann er nur die auch von uns nicht gebilligte Schreibweise unter Beweis stellen, nicht aber die in der Denkschrift angeblich enthaltene konspirative Tätigkeit.

Hier ist ein sehr herbes Urteil über Willi Müller gefällt worden. Wer ihn nicht kennt, ist berechtigt dazu. Seine Schreibweise ist, das gebe ich zu, zu verurteilen. Ich mache kein Hehl daraus: Ich habe in den 1 1/2 Jahren des Zusammentreffens mit ihm viel gelernt. Würde ich Müller ebenso einschätzen wie Böchel, dann hätte ich keine Verbindungen mit ihm. –

Wir werden heute zu keiner Entscheidung kommen. Die entscheidende Frage ist: Glauben wir, daß wir ewig von den Fehlern unserer Gegner leben können?

Geyer: Ich habe den Eindruck, daß die Tradition und die Grundidee der Sozialdemokratie so stark sind, daß ich gegenüber dieser Schiebung, wie sie Müller versucht, nur Verachtung empfinde. Die Denkschrift ist der Beweis der politischen Unfähigkeit. Wenn Sätze und Worte noch einen Sinn haben, dann sagen diese Sätze dieser Denkschrift, daß konspiriert wird. (Geyer zitiert eingehend, wiederholt von Hertz unterbrochen, die entscheiden Stellen, die die Konspiration unter Beweis stellen.) Das ist ganz klare, eindeutige, verächtliche Konspiration.

Rinner: Unter normalen Verhältnissen würde Müller wegen parteischädigenden Verhaltens aus der Partei ausgeschlossen. Das wäre das Persönliche. Zum Sachlichen ist zu sagen, daß ich für mein Arbeitsgebiet mich stark genug fühle. Ich kann da nur als Berliner sagen: »Ick lasse mir noch jahrelang erobern.«[8] –

Hertz hat die Frage angeschnitten und bejaht, daß wir die Sammelvereinigung von Gruppen sein sollen. Ich kann, wieder für mein Arbeitsgebiet, in Anspruch nehmen, daß bei mir jeder mitarbeiten kann und ich vor den Gruppen nicht haltmache. –

Aus den Ausführungen von Helmut und Michel klingt immer wieder der Wunsch nach Führung durch. Wenn wir aber einmal Ernst machen mit dem Führungsanspruch, dann sehen wir, daß uns der Führungsanspruch bestritten wird.

Noch ein Wort an Michel. Er beklagt sich besonders. Ich muß ihm sagen, daß jeder für sich selbst den Willen aufbringen muß, fest zu stehen und nicht mit seinen Meinungen zu schwanken. Das ist für ihn als Grenzsekretär von besonderer Wichtigkeit, und ich bedauere, daß er es oft vermissen läßt.

Hertz: Ich muß mich gegen Geyers Zitierkunst wenden, aber von vornherein darauf hinweisen, daß ich mich nicht mit der Müller-Denkschrift identifiziere. Ich bestreite die Schlußfolgerung, die Geyer aus den Zitaten zieht. Sie, Geyer, wollen eine Verschwörung entlarven. Das liegt aber nicht in dem Müller-Entwurf drin. Es ist doch bekannt, wie ich mich immer gegen Methoden der Konspiration gewandt habe und derartige Dinge auf keinen Fall decken würde. Schließlich ist doch auch bekannt, daß Breitscheid deshalb im Gegensatz zu mir steht und mir bittere Vorwürfe macht, weil Breitscheid will, daß ich aus dem Parteivorstand ausscheide und mit denen im Westen zusammen eine neue Zentrale bilden helfe.

Wels: Die uns bestrittene Autorität des PV ist da. Wenn sie nicht auch draußen vorhanden ist, drinnen ist sie es. Es ist nicht möglich, unter dem Namen von Müller und Grzesinski Massen zu sammeln.

Hertz: Wir würden eine große Zahl von wertvollen Kräften, die wir draußen haben, für uns gewinnen können, wenn wir sie zu einer wirklichen Mitarbeit heranziehen würden. Meine Vorstellung ist, daß wir einmal nicht in diesem Gremium, sondern in einem größeren Kreis über diese Dinge sprechen sollten.

Geyer: Hertz hat das Müller-Manuskript gegen mich wegen der Konspirations-Versuche damit verteidigt, daß er mir Zitierkunst vorwirft. –

Das, worauf ich abstelle, ist die Illoyalität des Vorgehens innerhalb der Partei. Ich meine, in bezug auf die Methoden der Konspiration. Konspiration ist immer etwas Personales. Ich kann mir nicht helfen, ich müßte Sie, Hertz, für sehr naiv halten, wenn Sie das nicht auch so aus dem Müllerschen Entwurf herauslesen.

Wels schließt die Sitzung.[9]

---

8 Vorlage: Satz hs. unterstrichen.
9 Darstellung der Sitzung aus Sicht von Hertz in einem Brief an Adler, 8. Oktober 1936, in: IISG Amsterdam, NL Hertz, S. 7/8, Mappe B, Nr. 9: »Da ich keine Neigung verspüre, die Verantwortung für dieses Rundschreiben [des PV] zu übernehmen, ganz gleichgültig, welches die Absichten seiner Urheber und seine Wirkungen sind, so habe ich mich mit den zwei Grenzsekretären Michel und Haertel [!], die meine Auffassung teilen, beraten und mit ihnen beschlossen, am Montag, den 5. Oktober, gemeinsam eine Absprache mit dem PV über Sinn und Zweck dieses Rundschreibens herbeizuführen. Diese Aussprache hat stattgefunden. Zu Beginn erregte das gemeinsame Erscheinen von uns Dreien wohl eine gewisse Verwunderung, da man offensichtlich nicht wußte, daß die sachliche Übereinstimmung zwischen uns, die schon früher hervorgetreten war, zu so einer engen Verbundenheit geführt hat. Die Offenheit, mit der wir die Ursache unseres gemeinsamen Schrittes darleg-

ten und Rechenschaft verlangten, ob durch dieses Rundschreiben ein neuer Gruppenstreit herbeigeführt werden sollte, hat der Aussprache eine sachliche Basis gegeben und von vornherein jede Möglichkeit ausgeschlossen, uns Drei der Konspiration zu bezichtigen. Wir haben uns die Denkschrift, die ausdrücklich als Entwurf gekennzeichnet ist, natürlich nicht zu eigen gemacht, aber doch darauf hingewiesen daß in ihr nicht die Absicht einer geheimen Verschwörung enthalten sei, sondern daß in ihr eine Diskussion über die Fragen erblickt werden müsse, auf welchem Wege am besten die Zusammenfassung der [...] sozialdemokratischen Kräfte im Rahmen der Sopade erreicht werden könne. [...] Die beiden Grenzsekretäre haben mit großer Entschiedenheit darauf verwiesen, daß ihre besten Mitarbeiter drüben Anschauungen vertreten, die mit den Anschauungen von Neu Beginnen übereinstimmen. [...] Sie betrachten es deshalb als ihre allerwichtigste Aufgabe, vor einem solchen Gruppenkampf zu warnen. [...]
Ich selbst habe genau so offen, wie ich das Ihnen und anderen Freunden gegenüber vor einigen Monaten getan habe, meine Auffassung über die Notwendigkeit der Zusammenfassung aller Kräfte, meine persönlichen Beziehungen zu den verschiedenen Gruppen, insbesondere aber meine Beziehung zu den Anhängern von ›Neu Beginnen‹ dargelegt. Ich habe auch, als persönliche Angriffe gegen Willi Müller gerichtet wurden, ihn aus vollster Überzeugung und ohne jede taktische Nebenabsicht gegen solche Angriffe verteidigt. [...] Ich habe darüber hinaus es auf das tiefste bedauert, daß die Tendenz zur Abschließung, die seit drei Jahren die entscheidenden Kräfte der Sopade beherrscht, immer wieder Auseinandersetzungen im sozialdemokratischen Lager hervorruft. [...] Das aber setzt die Bereitschaft der Sopade voraus, selbst den Gruppencharakter, der ihr seit Anfang 1935 anhaftet, abzustreifen und mit den übrigen Gruppen zusammen wieder den Charakter der Partei zu gewinnen. Ich schlug zu diesem Zwecke vor, eine Parteikonferenz abzuhalten, deren Notwendigkeit unabhängig von der finanziellen Neugestaltung der Sopade bejaht werden müsse.
Wenn auch die Aussprache teilweise recht zugespitzt war, [...] so hat sie doch einige positive Ergebnisse gehabt. Das wichtigste ist die völlige Legalisierung meiner Beziehungen zu den beiden Grenzsekretären und zu den Gruppen. Es wurde von niemandem der Versuch gemacht, ihr einen konspirativen Charakter anzuhängen. Wichtiger ist ferner, daß jetzt nicht mehr die Absicht besteht – ob sie vorher bestanden hat, weiß ich nicht – Konsequenzen aus der Denkschrift von ›Neu Beginnen‹ zu ziehen. – Es blieb E[rich] R[inner] überlassen, die Frage des Ausschlusses von W[illi] Müller in die Debatte zu werfen, aber es war O[tto] W[els] anzumerken, daß ihm diese Entgleisung peinlich war. –
Die Versendung des Auszugs [...] und des eigenen Kommentars hat anscheinend nur den einen Zweck gehabt, die Gruppe ›Neu Beginnen‹ zu diskreditieren oder, wie ich in der Besprechung sagte, ›wieder einmal der Illusion nachzujagen, man könne allein von den Fehlern seiner Gegner leben.‹«
Vgl. auch Aufzeichnungen Hertz, 5. Oktober 1936, in: IISG Amsterdam, NL Hertz, S. 20, Mappe XXIII.

Nr. 77

Protokoll der Parteivorstandssitzung am 15. Oktober 1936

SAPMO Berlin, ZPA, II 145/54, Bl. 199

Vorstandssitzung vom 15. 10. 36.

Anwesend: Wels, Vogel, Crummenerl, Rinner, Ollenhauer, Hertz, Stampfer, Geyer, Arnold, Heine

Crummenerl berichtet über die Sitzung der SAI.[1] – Die Sportinternationale will 1937 in Antwerpen eine Arbeiter-Olympiade veranstalten. Es ergeben sich Differenzen wegen der Beteiligung komm[unistischer] Sportler in einzelnen Ländern. Die Klärung der Fragen muß der S[ozialistischen-] A[rbeiter-] S[port-] I[nternationalen] überlassen bleiben.

---
1 Sitzung der SAI-Exekutive am 27. September 1936 in Paris; vgl. Internationale Information 13. Jg., 29. September 1936, S. 362 f.

Der Konflikt in der amerikanischen Partei ist auf dem Höhepunkt (Streit um Präsidentschaftskandidatur). Das Verlangen der einen Richtung, in den Parteistreit durch Befürwortung der Kandidatur Thomas einzugreifen, wurde von der SAI abgelehnt.[2]

Der nächste SAI-Kongreß soll nach Wunsch der geschäftsführenden Genossen 1937 stattfinden. Da Bedenken laut wurden, wurde beschlossen, die einzelnen Parteien zu befragen.

In gemeinsamer Sitzung – IGB und SAI – wurde eine Aussprache über Spanien durchgeführt. Tomás[3] und Asua[4] (Spanien) schilderten die Kämpfe, dankten für die Unterstützung durch die Arbeiterorganisationen und forderten Waffenlieferung. – Nach lebhafter Debatte wurde eine Kommission eingesetzt und eine Resolution gegen die Nicht-Intervention angenommen.[5]

Die Exekutive billigte einstimmig das Telegramm de Brouckères und Adlers nach Moskau wegen der Todesurteile.[6]

Ollenhauer ergänzt die Berichterstattung über die Tagung und schildert in Einzelheiten die Schwierigkeiten der Unterstützung Spaniens.

Crummenerl berichtet über Besprechungen mit Grenzmitarbeitern (Verhaftungen in Baden, Konflikt Bögler-Reinbold[7]), mit Hilferding (der Sorgen um Frankreich hat) und mit Bankleuten (Kassenfragen, Wertpapiere). –

Hilferding wurde eine einmalige finanzielle Hilfe geleistet. –

Es wurden am[erikanische] Papiere verkauft und neue beschafft.

Ollenhauer berichtet über die Unterredungen in Amsterdam mit Blumenberg[8] (Veruntreuung durch Scheinhardt[9]; Klärung des Verhältnisses zur S[ozialistischen] F[ront]; Verhaftungen in Hannover[10]; Versuch der Gestapo, Flüchtling zurückzuholen; Verhalten der illeg[alen] Gen[ossen] im Kriegsfall; Einstellung zur Emigration usw.) – Kriedemann steht im Dienst des csl.[11] Gen[eral] St[abes], hat außerdem Verbindung mit Schwabe und Gestapo.[12] Es wird vor ihm gewarnt. Partei in Amsterdam ist ermächtigt, alles Nötige gegen ihn zu unternehmen, wenn Anlaß dazu besteht.

---

2 Vgl. Nr. 41. Gemeint ist hier der Streit zwischen der »Sozialistischen Partei« mit ihrem Präsidentschaftskandidaten Norman Thomas (1884–1968, Priester, 1932–1940 Mitglied der SAI-Exekutive) und der neu gegründeten »Amerikanischen Arbeiterpartei«, die für die Kandidatur Franklin Delano Roosevelts (Demokrat, 32. Präsident der USA 1933–1945) eintrat. Vgl. Internationale Information 14. Jg., 19. März 1937, S. 129 f.

3 Vorlage: Thomas.
Tomás Tengua, Pascual, 1894–1971, spanischer Sozialist, Sekretär der »Unión General de Trabajadores«.

4 Jiménez de Asua, Luis, 1889–1970, spanischer Jurist, Sozialist, 1937 Gesandter der Spanischen Republik in der CSR.

5 Internationale Information 13. Jg., 29. September 1936, S. 361 f.

6 Dies betraf die Todesurteile im Prozeß gegen Sinowjew, Kamenew u. a., die am 25. August 1936 vollstreckt worden waren.

7 Dazu waren keine Informationen zu finden.

8 Vorlage: »Unterredungen in Amsterdam« und »Blumenberg« hs. unterstrichen.

9 Scheinhardt, Willi, 1892–1936, Selbstmord im Gerichtsgefängnis Hildesheim, seit 1919 Gewerkschaftsfunktionär, bis 1933 Gauleiter des Fabrikarbeiterverbandes in Hannover, 1936 wegen illegaler Tätigkeit (Verbindung zur Sopade-Vertretung in Holland) verhaftet. Scheinhardt hatte von der Sopade Geld für die Sozialistische Front erhalten, das aber bei dieser nie ankam. Vgl. *Schmid*, Widerstand, S. 33 ff.

10 Zum Ende der Sozialistischen Front vgl. *Bernd Rabe*, Die »Sozialistische Front«, Hannover 1984, S. 98 ff.; *Schmid*, Widerstand, S. 33 ff.

11 Gemeint ist der tschechoslowakische Generalstab; vgl. Nr. 74.

12 Vorlage: Satz hs. unterstrichen.

Nr. 78
Tagesordnung der Parteivorstandssitzung am 23. Oktober 1936
AdsD Bonn, PV-Emigration, Mappe 3: Tagesordnung

Tagesordnung P.V. Sitzung 23. Oktober 1936[1]
1. Sitzung des Büros der SAI in Paris.[2]
2. Stellungnahme zum Internationalen Kongreß.[3]
3. Fortführung des Freiheitsprozesses.[4]
4. Besprechung über zukünftige Finanzierung unserer Arbeit.
5. Verwaltung unseres Archivmaterials (Brief Nikolajewski[5])[6]
6. Grenzsekretärbesprechung.[7]
7. Zeitschrift für Sozialismus.[8]
8. Unterstützung des Büros für Internationales Asylrecht.
9. Antrag Flüchtlingshilfe auf Weihnachtsunterstützung.
10. Unterstützung für Schreiber-Weidenau.[9]

---

1 Mit knappen Stichworten geht Hertz in seiner hs. Notiz vom 23. Oktober 1936, in: IISG Amsterdam, NL Hertz, S. 20, Mappe XXIII, auf die PV-Sitzung ein, an der nachweislich Wels, Hertz, Stampfer teilnahmen: »Aussprache wg. Sekretärskonferenzen, ZfS usw. O[tto] W[els] spricht von Sonderkonferenzen, er sei gegen Spaltung usw. Finanzierung Norden. Angriffe der D[eutschen] R[evolution] werden nur von F[riedrich] St[ampfer] erwähnt, aber von O[tto] W[els] bei Seite geschoben.«
2 Vorlage: Hs. Ergänzung »Hilferding«. Gemeint ist möglicherweise die gemeinsame Sitzung des Büros der SAI und des Vorstandes des IGB am 26. Oktober 1936 in Paris. Vgl. Internationale Information 13. Jg., 28. Oktober 1936, S. 419.
3 Dieser Sachverhalt konnte nicht aufgeklärt werden.
4 Vorlage: hs. Ergänzung »62 000 Kc Wie hoch ist das Objekt. Kein neuer Prozeß.«
5 Vorlage: Nikolajewsky.
6 Nachdem am 31. August 1936 ein Vertrag zwischen dem »Instituut for Sociale Geschiedenis« und der Sopade abgeschlossen worden war, wonach der größte Teil des Parteiarchivs in die Obhut des Instituts übergehen sollte, war Nikolajewski als Sopade-Vertreter in die Institutsleitung bestellt worden; vgl. *Paul Mayer*, Geschichte, S. 134 f.; Nr. 73.
7 Möglicherweise ist dies die Konferenz der Vertrauensleute in der CSR am 30. Oktober 1936; vgl. PV an Vertrauensleute, 3. November 1936, in: AdsD Bonn, PV-Emigration, Mappe 10, auf der Rinner ein Referat über die für die nächste Zeit anstehenden organisatorischen und agitatorischen Arbeiten hielt; vgl. SAPMO Berlin, ZPA, I 2/3/392, Bl. 64–67.
8 Die »Zeitschrift für Sozialismus« war letztmalig im September 1936 erschienen.
9 Vorlage: »Weidenau« hs. eingebessert für »Schweden«. Es folgen weitere, nur teilweise zu entziffernde Bemerkungen.
Schreiber, Fritz, geb. 1894, SPD-Sekretär in Ostsachsen, Redakteur der »Löbauer Volkszeitung«, Emigration 1933 CRS, Grenzarbeit, 1935 Schweden, bis 1937 Vorsitzender der Sopade-Ortsgruppe Stockholm, 1947 Deutschland, Redakteur »Gießener Freie Presse«, 1948 Schweden.

Nr. 79

Brief von Paul Hertz an Karl und Luise Kautsky vom 26. Oktober 1936 mit Bericht über die Parteivorstandssitzung am 26. Oktober 1936

IISG Amsterdam, NL Kautsky, D XII, 515

Liebe Luise und lieber Karl,

Es tut mir sehr leid, daß ich die Beantwortung Eures ausführlichen Briefes um einige Tage verzögern mußte. Aber ich kam beim besten Willen nicht dazu. Der Artikel von Sering[1] hat eine sehr häßliche Polemik von Otto Strasser ausgelöst. Ich mußte ihm eine Berichtigung schicken, auf die er mit neuen Invektiven antwortete. Die lassen mich natürlich kalt. Peinlich ist nur, daß er dabei Kenntnisse ausplaudert, die auf eine sehr enge Verbindung mit unserem Lager hinweisen. In der gleichen Nummer seines Blattes veröffentlicht er einen fünfspaltenlangen Artikel, der auch bei dem Dümmsten jeden Zweifel beseitigt, wo dieser Mann steht. Er enthält sogar offen antisemitische Ausfälle. Der ganze Unterschied zwischen Strasser und Hitler besteht heute darin, daß er noch keine Gestapo besitzt. Der weitere Verlauf der Sache ist noch nicht zu übersehen, insbesondere weiß ich bis zur Stunde nicht, ob der PV jetzt endlich einen Trennungsstrich zwischen sich und ihm ziehen will. (Ja, es ist heute beschlossen!)[2]

Meine mündlichen Mitteilungen über den Sonderdruck von dem Sering-Artikel sind nicht mehr[3] richtig. Die Lage bei den hiesigen Freunden hat sich geändert. Während man vor sechs Wochen entschlossen war, die Auseinandersetzung mit Dr. Franzel zu führen, will man sie jetzt vermeiden. Daher unterbleibt der Sonderdruck.

Ich hoffe, daß Du, lieber Karl, inzwischen wieder ganz hergestellt bist. Ich habe nie daran gezweifelt, daß Dir die Arbeit an den Erinnerungen ebenso viel Freude macht wie die Arbeit überhaupt. Ich bin sehr begierig zu lesen, auf welche Entdeckungen Du dabei kommst. Hoffentlich wirst Du im weiteren Verlauf des Winters nicht wieder durch solche Attacken an der Arbeitsfähigkeit beeinträchtigt.

Weit weniger zufrieden bin ich mit Deinem Verhalten gegenüber Posthumus. Das Angebot von Orbis ist günstig, aber Dein Angebot an Posthumus ist eine Unterbietung. Die Scheltema hat mir in Zürich erzählt, daß P[osthumus] den Betrag von 2 500 Gulden fest zugesagt habe, das sind 38 000 Kc. Ich glaube, daß es nicht schwierig gewesen wäre, von ihm 3 000 Gulden zu erhalten – das wäre für das, was Du ihm lieferst, durchaus nicht zu viel – und zwar ohne jede Pflicht zur Rechnungslegung. Auch jetzt sind Kronennoten im Ausland um knapp 10 Prozent billiger als die Auszahlungen. Ich bin gar nicht zufrieden, wenn durch Deinen Brief beide Vorteile verloren gehen. Außerdem aber halte ich es auch jetzt noch für berechtigt, ein Honorar bzw. eine Entschädigung zu verlangen. Was soll jetzt mit den Einnahmen aus dem Verkauf des Buches geschehen? Wer bezahlt die Unkosten des Vertriebs? Alle diese Sachen müßten doch in einer endgültigen Vereinbarung mit Posthumus geregelt werden. Bedenke dabei auch, daß P[osthumus] durch den Besitz der Kugelmannbriefe einen Grundstock in die Hand bekommt, der schon um deswillen für ihn wertvoll ist, weil er ihm in späterer Zeit bei Verhandlungen mit dem M[arx]-E[ngels-]Institut eine wirksame Waffe in die Hand gibt.

---

1 D. i. Richard Löwenthal.
2 Vorlage: Satz hs. nachgetragen. Vgl. Notizen Hertz, 16. November 1936, in: IISG Amsterdam, NL Hertz, S. 20, Mappe XXIII: »O[tto] Strasser schreibt einen Protestbrief gegen Artikel im N[euer] V[orwärts] – bricht alle persönl[ichen] u. sachlichen Beziehungen zur Sopade ab.«
3 Vorlage: »nicht mehr« hs. unterstrichen.

Von der Antwort von Aenne wußte ich bisher nichts. Ich hoffe in diesen Tagen persönlich Näheres zu erfahren, da mein Bruder uns besuchen wird. Ich schreibe dann darüber. Ich habe auch direkte Nachrichten, daß es Prager sehr schlecht geht und will doch irgendeinen Weg suchen, ihm zu helfen.

Die Sache mit den Pfundkupons ist ärgerlich. Aber so tüchtig sind weder Rudolf noch ich, daß wir die Abwertung so unmittelbar vorausgesehen hätten. Außerdem zeigt es, daß Bankiers alle gleich sind. Ob der S[chweizerische] B[ank] V[erein] mit der Umwandlung der Pfund in Franken auch so schnell bei der Hand gewesen wäre, wenn der Franken nicht abgewertet, sondern aufgewertet worden wäre? An Nathan habe ich auch geschrieben. Er wird sicherlich die Zinsen zu einer neuen Anlage benutzen.

Es geht uns allen so wie dem lieben Boris. Niemand versteht die Franzosen und billigt ihre Außenpolitik, und was die Belgier anlangt, so hat ja de Brouckère im Mai 1935 vorausgesagt, daß das Experiment nicht gut gehen werde. Leider, leider behält er in einem Maße recht, das er wahrscheinlich selbst nicht geahnt hat.

Meine eigene Situation ist in der Tat entsetzlich schwierig. Ich bemühe mich natürlich, jede Zuspitzung zu vermeiden und vor allen Dingen, aus häßlichen persönlichen Auseinandersetzungen herauszubleiben. Ihr habt inzwischen wohl die Antwort von Willy Müller bekommen. Sie ist sehr ruhig gehalten und streckt die Hand zur Verständigung aus. Aber ohne Einwirkungen von außen wird man auf diese Verständigung nicht eingehen. Man verkennt vollkommen die eigene Situation und denkt nicht daran, daß man nicht von der eigenen Leistung lebt, sondern nur von der Uneinigkeit und den Fehlern der Gegner. Fritz wollte in diesen Tagen kommen, eine neue Sitzung in Paris aber verhinderte ihn. Daß ich keine Antwort von ihm bekam, verstehe ich. Er hat entsetzlich viel zu tun. Seine große Arbeit über den M-Prozeß habt ihr inzwischen wohl erhalten.

Recht herzliche Grüße Euer
[Unterschrift: Paul]
Rudolf ist zur Sitzung in Paris.

Nr. 80
Protokoll der Parteivorstandssitzung am 1. Dezember 1936
SAPMO Berlin, ZPA, II 145/54, Bl. 200

Vorstandsbesprechung am 1. 12. 1936

Anwesend: Wels, Vogel, Crummenerl, Rinner, Stampfer, Hertz, Geyer, Arnold, Heine

Stampfer berichtet über die Besprechung, die er mit Vertretern der KPD unter Anführung von Koenen soeben gehabt hat. Koenen hat ihn davon in Kenntnis gesetzt, daß sowohl die Bezirksvertretung der SPD wie der KPD in Berlin ihre beiderseitigen Parteivorstände in einem Schreiben ersucht haben, die Einheitsfront zu errichten. Koenen erklärte, daß seine Parteifreunde Verbindung mit einem unserer Genossen hätten, der ihnen unter dem Namen Fritz bekannt sei und ehemaliger Polizeibeamter gewesen ist.[1] –

Er benutzte diese Mitteilungen, um die Frage aufzuwerfen, ob denn nicht etwas mehr als bisher zusammengearbeitet werden könne.

---

1 Möglicherweise Fritz Michaelis; vgl. Aktennotiz über das Gespräch mit Karl, 26. Dezember 1936, in: SAPMO Berlin, ZPA, II 145/54, Bl. 201 f.

Stampfer bestritt, daß wir von unserer Bezirksvertretung in Berlin die Aufforderung, die Einheitsfront mit den Kommunisten zu bilden, erhalten haben. Wir stehen in ständiger Verbindung mit unseren Vertrauensleuten. – Er hat Koenen dann nochmals seinen Standpunkt zur Einheitsfront klargelegt und sich gegen die Deklaration einer derartigen »Einheitsfront«, wie sie die Kommunisten meinen, gewandt.

Die Mitteilungen wurden ohne Debatte zur Kenntnis genommen.

Nr. 81

Tagesordnung der Parteivorstandssitzung am 5. Januar 1937

AdsD Bonn, PV-Emigration, Mappe 3

P.V. Sitzung am 5. 1. 37

1. Bericht Hertz
2. Konferenzen in Kopenhagen und Amsterdam.
3. Unterstützungsanträge Sigmund[1]
4. Maschinenersatz: Rinner (1200 Kc verhandeln)[2]

---

1 D. i. Siegmund Crummenerl. Vorlage: hs. Bemerkung »3 Mann, 250 Dollar Sollmann, 1 000 frzfr Puttkamer Tuberkulose«.
  Vermutlich Franz von Puttkamer, sozialdemokratischer Journalist, im Spanischen Bürgerkrieg verhaftet, Emigration Frankreich.
2 Punkt 4 hs. ergänzt. Auf der Einladung befinden sich weitere hs. Bemerkungen, bei denen unklar ist, ob sie sich auf die PV-Sitzung beziehen.

Nr. 82

Brief von Paul Hertz an Hans Hirschfeld vom 14. Januar 1937 mit Bericht über die Parteivorstandssitzung kurz vor dem 8. Januar 1937[1]

IISG Amsterdam, NL Hertz, S. 17, Mappe H

Lieber Freund,

Vor einigen Tagen ist in einer Sitzung des PV Eure Angelegenheit mit Sievers zur Sprache gebracht worden.[2] Dabei hat H[ans] V[ogel] von dem Zwischenbescheid Kenntnis ge-

---

1 Die Sitzung wird auch erwähnt in PV an Hirschfeld, 8. Januar 1937, in: AdsD Bonn, PV-Emigration, Mappe 54.
2 Am 19. Dezember 1936 hatte der Redakteur Berthold Jacob wegen Beschimpfung und Verleumdung gegen Hans Hirschfeld und Werner Hungerbühler (Redakteur der Basler »Arbeiterzeitung«) Klage erhoben. Ausgangspunkt war die Verurteilung des deutschen Emigranten Heymann zu drei Jahren Gefängnis durch ein französisches Militärgericht in Nancy wegen militärischer Spionage. Angeblich hatte Heymann gestanden, für die Gestapo die deutsche Emigration bespitzelt zu haben. Der Fall wurde von Jacob in der »Pariser Tageszeitung« vom 8. Oktober 1936 aufgegriffen und später im November 1936 von Max Sievers in einem Rundschreiben ausführlich dargelegt. Sievers un-

geben, den er Euch in meiner Abwesenheit zugehen ließ. Es bestehen große Bedenken, sich in dieser Angelegenheit zu engagieren.[3] Man schätzt die Autorität des PV sehr gering ein, fürchtet vor allen Dingen aber auch Weiterungen mit Sievers, der sich darüber beschwert, daß man über die Verwendung seiner Gelder (O[tto] Str[asser]) unrichtige Angaben macht.[4] Eine endgültige Entscheidung soll erfolgen, wenn Ihr auf den Zwischenbescheid von H[ans] V[ogel] geantwortet habt. Ich habe bei dieser Gelegenheit mitgeteilt, daß wir (H. H., E. K., M. H.[5] und ich) darüber gesprochen haben, ob das von Euch gewünschte Verfahren nicht auch auf schriftlichem Wege durchgeführt werden kann. Ich habe hinzugefügt, daß ich Euch zugesichert habe, daß ich für ein solches Verfahren als Person Euch durchaus zur Verfügung stehe. Eine Entscheidung darüber, ob das mit meinen Pflichten im PV zu vereinbaren ist, wurde nicht getroffen, da, wie oben erwähnt, eine eindeutige Entscheidung in Aussicht genommen ist, wenn Ihr geantwortet habt.

Nun kann ich Ihnen noch einen Bescheid wegen C. geben. Eingehende Erkundigungen in Berlin haben ergeben, daß die Nachricht, C. sei frei, falsch ist. Er befindet sich immer noch in L. Er sei bei allen Vorgesetzten sehr beliebt und nehme eine gewisse Sonderstellung ein, anscheinend in einer Schreibstube. In der Mitteilung heißt es weiter, man habe nicht die Absicht, ihn zu entlassen, da man befürchtet, daß er wieder zu seinem früheren Beruf zurückkehren wird.

Ich entnehme der neuen Mitteilung nicht nur, daß vorläufig keine Aussicht besteht, daß C. entlassen wird, sondern auch, daß die Befürchtung, er sei in seiner Widerstandskraft erlahmt, nicht berechtigt ist.

Mit besten Grüßen

---

terstellte Mitgliedern der deutschen Emigration – unter ihnen Hans Hirschfeld –, sich für einen Gestapospitzel einzusetzen,»und dies alles nur, um nicht einzugestehen müssen, daß sie sich geirrt haben, um weiterhin mit der Maske der Unfehlbarkeit herumlaufen zu können, mit der sie es früher verstanden haben, über die gröbsten politischen Fehler hinweg politische Karriere zu machen.« Vgl. Auszüge aus Sievers' Rundschreiben, Mitte November 1936, als Anlage zum Brief Hirschfeld an den PV, 29. November 1936, in: AdsD Bonn, PV-Emigration, Mappe 54. Der Prozeß gegen Hirschfeld und Hungerbühler fand am 15./16. April 1937 in Basel statt. In erster Instanz wurde Hirschfeld in fünf Punkten freigesprochen, jedoch in dreien verurteilt. Die zweite Instanz sprach ihn in weiteren zwei Punkten frei, so daß nur die Verurteilung in einem Fall wegen formaler Beleidigung übrigblieb; vgl. dazu Hirschfeld an Breitscheid, Braun, Grzesinski u. a., 17. September 1937, in: IISG Amsterdam, NL Hertz, S. 17, Mappe H. Zum Hintergrund der Streitigkeiten zwischen Hirschfeld/Hungerbühler und Jacob/Sievers vgl. *Willi*, S. 40–42.

Sievers, Max, 1887–1944, 1922 Sekretär, 1930 Vorsitzender des »Deutschen Freidenker-Verbandes«, Emigration 1933 Belgien, 1933–1934 Leiter der »Freidenker-Internationalen«, 1934–1938 Hrsg. »Informationsbrief« (»Sievers-Korrespondenz«), 1937–1939 Hrsg. »Freies Deutschland«, 1940 Frankreich, 1943 von Gestapo verhaftet, hingerichtet.

3 Unter Bezugnahme auf einen Zwischenbescheid vom 18. Dezember 1936, wahrscheinlich die Antwort auf einen Antrag Hirschfelds an den PV vom 29. November 1936, gegen Sievers als Parteimitglied vorzugehen (AdsD Bonn, PV-Emigration, Mappe 54), führte der PV in seinem Schreiben an Hirschfeld vom 8. Januar 1937, in: AdsD Bonn, PV-Emigration, Mappe 54, aus: »Wir haben uns nunmehr nach der Rückkehr des Genossen Hertz nochmals eingehend in einer Sitzung unseres Vorstandes mit Ihrem Ansuchen beschäftigt. Die Sitzung ist einmütig dem Zwischenbescheid beigetreten. Die Autorität des Parteivorstandes ist in den Jahren der Emigration fortgesetzt in einer Weise untergraben worden, daß wir befürchten, daß sie auch im Falle eines Spruches eines von uns eingesetzten Schiedsgerichtes nicht zur Geltung kommen würde.«

4 Zu den Gerüchten über finanzielle Zuwendungen Sievers' an Strasser, gegen die sich Sievers massiv zur Wehr setzte, vgl. *Jochen-Christoph Kaiser*, Max Sievers in der Emigration 1933–1945, in: IWK 16, 1980, S. 33–57, hier S. 45.

5 Wahrscheinlich Hans Hirschfeld, Emil Kirschmann und Max Hofmann, die im elsässischen Exil miteinander in Verbindung standen; vgl. *Redmer*, S. 114.

Nr. 83
Protokoll der Parteivorstandssitzung am 19. Februar 1937

IISG Amsterdam, NL Hertz, S. 16, 1g

Vorstandssitzung vom 19. II. 1937

Hertz erstattet Bericht über die Unterhaltungen mit den drei Berliner Freunden.[1]
Wels: Der Bericht sage ihm nichts Neues.[2] Die Art, wie die Besprechung zustandegekommen ist, lasse deutlich erkennen, welchen Einfluß die KP darauf gehabt habe. Unsere bisherigen Informationen über die Stimmung in Deutschland werden ebenfalls durch die Mitteilungen der drei Genossen nicht erschüttert. Ich weiß aus persönlicher Erfahrung sehr gut, wie groß die Abhängigkeit eines der drei Genossen von der KP ist.[3] Die ganze Unterhaltung ist für mich nur ein Beweis, mit welcher Zähigkeit die Kommunisten das Ziel verfolgen[4], an uns heranzukommen. Sehr große Zweifel habe ich an den tatsächlichen Angaben über den Umfang der Verbindungen im Reich und über die Anfertigung von illegalem Material. Daß bei der Vertrauensratswahl und bei der Olympiade Flugblätter verbreitet wurden, die gemeinsam von Sozialdemokraten und Kommunisten gezeichnet waren, hören wir jetzt zum ersten Mal. (Widerspruch von Hertz und Vogel. Vogel sagt, solche Mitteilungen seien

---

1 Hertz berichtete über das Zusammentreffen mit Vertretern der »Berliner Volksfrontgruppe«, die Ende Dezember 1936 ein Zehn-Punkte-Programm für eine deutsche Volksfront veröffentlicht hatten, das abgedruckt ist bei *Hermann Brill*, Gegen den Strom, Offenbach 1946, S. 16 f. Zur Besprechung am 16./17. Januar 1937, an der Vogel, Stampfer, Hertz und Arnold für die Sopade sowie Otto Brass, Karl Siegle und Fritz Michaelis (vgl. *Peter-Michael Gawlitza,* Die sozialistische Konzentration. Über Bestrebungen zur Sammlung der politisch-organisatorisch zersplitterten Sozialdemokratie in der Emigration zwischen November 1937 und August 1938, Diss. Berlin/DDR 1986, S. 14 f.) für die Volksfrontgruppe teilnahmen, vgl. Protokoll, in: IISG, Amsterdam, NL Hertz, S. 16, 1 g, Bl. 343–350; PV-Rundschreiben, 31. Mai 1937, in: AdsD Bonn, PV-Emigration, Mappe 10; Hertz an Hilferding, 2. April 1937, in: IISG Amsterdam, NL Hertz, S. 19, Mappe XVII, 5, betr. Besuch »einer Delegation aus Berlin« im Januar 1937: »Es war das erste Mal, daß ein Stück illegaler Bewegung, das aus eigener Kraft gewachsen ist und nicht von draußen her hochgepäppelt wurde, mit uns in Verbindung getreten ist. [...] Unsere Freunde forderten, daß wir draußen mit Kommunisten genau so loyal zusammenarbeiten wie sie es drinnen tun. St[ampfer] und H[ans] V[ogel] waren von diesen Besprechungen sehr beeindruckt. O[tto] W[els] lehnte alles ab. Die beiden fielen um, es bleibt alles beim alten.« Daraufhin, so Hertz' Einschätzung, wollten sich die Berliner endgültig vom PV distanzieren.
Brass, Otto, 1875–1950, sozialdemokratisches MdNV, 1919–1924 MdR (USPD, KPD, SPD), bis 1933 Verlagsleiter, 1936 Mitbegründer der Widerstandsgruppe »Deutsche Volksfront«, Verbindungen zu »Neu Beginnen« und Sopade, 1937–1945 U-Haft und Zuchthaus, FDGB-Funktionär.
Brill, Hermann, 1895–1959, sozialdemokratisches MdL Thüringen und MdR, nach 1933 wiederholt verhaftet, seit 1934 Mitglied von »Neu Beginnen« in Berlin, 1936/37 Mitgründer der Widerstandsgruppe »Deutsche Volksfront«, 1938–1943 Zuchthaus bzw. KZ Buchenwald, Juni/Juli 1945 Regierungspräsident in Thüringen, Bezirksvorsitzender der SPD, ab 1946 Staatssekretär im Hessischen Staatsministerium, 1949–1953 MdB.
Siegle, Karl, Gewerkschaftssekretär, Vertrauensmann der Sopade in Berlin.
2 Vorlage: »nichts Neues« hs. unterstrichen.
3 Wels meinte wahrscheinlich Fritz Michaelis; vgl. Pieck an Dimitroff und Ercoli, 7. Februar 1937, in: SAPMO Berlin, ZPA, I 6/10/66: »Der Parteivorstand wollte Fritz nicht als Sozialdemokrat anerkennen und bezeichnete ihn als Kommunisten.«
Ercoli, d. i. Togliatti, Palmiro, 1893–1964, Mitbegründer der italienischen KP und in deren ZK, seit 1926 im Exil, 1937–1939 Vertreter der Komintern im Spanischen Bürgerkrieg, 1940–1944 in Moskau, 1944/45 stellv. Ministerpräsident, 1947 Generalsekretär der KP.
4 Vorlage: »verfolgen« hs. verschoben.

schon damals bei uns eingegangen.) Die Behauptung, daß die von den Genossen vertretene Anschauung drinnen und draußen großen Einfluß habe, halte ich für falsch. Ich sehe in dem ganzen Vorstoß nur den Beweis, daß ein Mann einige andere für die Zusammenarbeit mit den Kommunisten gewonnen hat.[5]

Stampfer hat den Eindruck gehabt, daß die Genossen, mit denen man sich herzlich und freundschaftlich ausgesprochen habe, nicht unzufrieden zurückgefahren sind. (Widerspruch von Arnold, der erklärt, daß einer der Genossen ihm ausdrücklich gesagt habe, es tue ihm leid, hier gewesen zu sein.) Er plädiert dafür, der von den Genossen geschilderten Stimmung Beachtung zu schenken[6], auch wenn deren Wunsch nach einem gemeinsamen Aufruf mit der KP nicht entspreche. In dieser Frage sei übrigens die Auffassung der Genossen nicht einheitlich gewesen. Man dürfe überhaupt nicht von drei Genossen sprechen. Der Genosse, von dem Wels gesprochen habe[7], habe nur eine technische Funktion. Es komme deshalb auf die Meinung der zwei anderen, die erfahrene und verantwortliche Genossen seien, an. Der eine von ihnen habe für einen gemeinsamen Aufruf plädiert und sogar einen Entwurf mitgebracht. Der andere habe diesen Entwurf nicht gekannt und sei auch damit zufrieden gewesen, wenn nur eine bessere Zusammenarbeit zwischen SP und KP stattfindet.

Vogel schließt sich Stampfer an[8]. Niemand von uns hat den Berliner Genossen zugesagt, daß wir eine Einheits- oder Volksfront mit der KP abschließen werden. Wir haben uns nur verpflichtet, eingehend zu berichten und gewissenhaft zu prüfen, ob die Lage heute andere Entschlüsse erfordert als vor anderthalb Jahren. Darin hat uns gerade der kritischere der beiden Genossen zugestimmt. Ich habe Zweifel, ob unsere bisherige Linie auch für die Zukunft richtig ist.[9] Ich will keine gemeinsamen Aufrufe. Aber die Unterhaltungen mit den Berliner Genossen haben doch gezeigt, daß die Zusammenarbeit zwischen SP und KP in D[eutschland] viel weiter gediehen ist, als wir bisher geglaubt haben. Die Zusammenarbeit orientiert sich nicht nur an der früheren Parteizugehörigkeit, sondern hängt nur davon ab, ob Vertrauen vorhanden ist. Wir sollten in unseren Äußerungen und Veröffentlichungen die positive Seite der Zusammenarbeit und der Einheit stärker hervortreten lassen als bisher.[10]

Hertz: Den Ausführungen von Vogel habe ich kaum etwas hinzuzufügen. Ich bin zu 99 Prozent mit ihm einverstanden.[11] Ich bedaure, daß Wels an den Besprechungen nicht teilnehmen konnte. Er hätte dann die schweren Irrtümer vermieden, die ihm heute in der Beurteilung der Persönlichkeit der Genossen, ihrer Auffassung und der Art und des Umfanges ihrer Arbeit unterlaufen sind. Es ist vollkommen falsch, wenn er aus seiner genauen Kenntnis der Persönlichkeit des einen Genossen Schlußfolgerungen zieht für das Wollen der beiden anderen. Hier handelt es sich um zwei alte erfahrene und verdiente Funktionäre der Arbeiterbewegung, die nicht nur ein politisches Urteil haben, sondern auch aktiv gegen Hitler arbeiten. Niemand von uns[12] hat sich dem Eindruck ihrer Darlegungen entziehen können. Wir haben nur wenige Mitarbeiter, die über die gleiche Qualität verfügen wie sie[13]. Wir wären weiter, wenn wir statt zwei solcher Menschen 20 hätten.

---

5 Vorlage: Satz hs. unterstrichen.
6 Vorlage: »Er« bis »schenken« hs. unterstrichen.
7 Vorlage: »Der Genosse, von dem Wels gesprochen habe,« hs. eingebessert für »Einer«.
8 Vorlage: »schließt« bis »an« hs. unterstrichen.
9 Vorlage: Satz hs. unterstrichen.
10 Vorlage: »positive« bis »bisher« hs. unterstrichen.
11 Vorlage: Beide Sätze hs. unterstrichen.
12 Vorlage: »dreien« hier hs. gestrichen.
13 Vorlage: Satz hs. unterstrichen.

Gewiß überschätzen auch diese Genossen die Reife der Situation in D[eutschland]. Die Kriegsstimmung aber schätzen sie wesentlich richtiger ein als die meisten Berichterstatter von uns. Vor allem aber haben sie hier sich ein richtigeres Urteil über die innen- und außenpolitische Lage verschafft. Auf mich haben die Berichte der Genossen einen absolut wahrheitsgetreuen Eindruck gemacht. Bei ihren Verbindungen handelt es sich nicht, wie in den meisten anderen Fällen um alte Freundschaftsbeziehungen oder um Zufallsbeziehungen. Zum ersten Mal in unserer Arbeit ist uns ein wirkliches Stück neuer sozialdemokratischer Bewegung zu Gesicht gekommen.[14] Aus eigener Kraft, nicht von uns und außen hochgepäppelt, sind illegale Beziehungen über das ganze Reich geknüpft worden, die wir trotz sehr hoher finanzieller Aufwendungen und unzähligen Opfern bisher nicht haben herstellen können. Daß auch diese Bewegung absolut klein ist, will gar nichts besagen. Relativ ist sie bedeutsam, ist mehr als das, was wir insgesamt bisher geschaffen haben.

Welche Schlußfolgerungen[15] sind zu ziehen? Die Zeit für einen gemeinsamen Aufruf mit der KP halte ich noch nicht für gekommen. Man kann nicht an den Anfang stellen, was am Ende stehen muß. Im Gegensatz zu Stampfer sehe ich nach wie vor eine große Kluft zwischen der Ideologie der Kommunisten und unserer Ideologie. Ich war nicht und ich bin nicht bereit, durch Preisgabe von sozialdemokratischen Auffassungen[16] an dem Abbau der ideologischen Schranken der KP und der SP mitzuwirken. Ein gemeinsamer Aufruf wirkt jetzt noch nicht. Dagegen verspreche ich mir Nutzen von einer gemeinsamen Ausrichtung der illegalen Arbeit.[17] Drinnen vollzieht sie sich, wie wir gehört haben, unabhängig von uns. Wenn wir uns einig sind, daß wir diese Zusammenarbeit nicht verbieten wollen und können, so handelt es sich in erster Linie darum, die von draußen drohenden Schwierigkeiten zu beseitigen.[18] Wir haben bisher keine ernsthafte Zusammenarbeit mit den Kommunisten zur Förderung unseres gemeinsamen Kampfes gegen Hitler. Unsere Freunde haben gelächelt, als wir ihnen sagten, daß unser Verbindungsmann zur KP im Kampf gegen die Spitzel Friedrich Stampfer ist, von dem wohl niemand behaupten könne, daß er gerade hierfür eine besondere Eignung mitbringe.[19] Die Zusammenarbeit zwischen KP und SP muß zwischen den Genossen erfolgen, die die betreffende Arbeit verantwortlich leiten, am besten von Körperschaft zu Körperschaft. (Geyer und Stampfer wünschen konkretere Angaben.) Es ist falsch, diese Debatte mit solchen technischen Fragen zu belasten. Allein die Frage der Verteilung und des Transports von Material bietet tausendfach Anlaß zu nützlicher gegenseitiger Unterrichtung.[20] Entscheidend ist, daß nicht zum Schein zusammengearbeitet wird, sondern ernsthaft, mit der Absicht, die Aufgaben unserer Genossen drinnen zu erleichtern und Gefahren von ihnen abzuwenden. Diese Aufgabe muß zu erfüllen gesucht werden bei völliger Selbständigkeit der Partei und der Organisation. Mit der Anregung von Vogel, wir sollten in unseren Veröffentlichungen unsere positive Stimmung für die Einheit stärker zum Ausdruck bringen als bisher, bin ich einverstanden. Das muß aber auch die Richtlinie für den mündlichen Verkehr mit den Genossen sein. Einzelne unserer Sekretäre sind dieser Aufgabe in keiner Weise gewachsen. Sie sind nur orientiert an der Vergangenheit und haben für das Gefühl des gemeinsamen Kampfes kein Verständnis. Der heutige

---

14 Vorlage: Satz hs. unterstrichen.
15 Vorlage: »Schlußfolgerungen« hs. unterstrichen.
16 Vorlage: »durch Preisgabe von sozialdemokratischen Auffassungen« hs. eingefügt.
17 Vorlage: »gemeinsamen« bis »Arbeit« hs. unterstrichen.
18 Vorlage: »die von draußen drohenden Schwierigkeiten zu beseitigen« hs. eingefügt für »was können wir hier draußen tun?«.
19 Vorlage: »von dem« bis »mitbringe.« hs. eingefügt.
20 Die letzten drei Sätze der Vorlage hs. gestrichen.

Brief von Richard Hansen[21] ist ein betrüblicher Beweis dafür.[22] Wer es fertigbekommt, gegen den Aufruf des PV zu polemisieren, der sich gegen Hitlers Drohungen gegen die Schutzhäftlinge richtet, wer schreibt, daß den Kommunisten damit nur recht geschieht. Sie hätten ja nur das erreicht, wofür sie in voller Absicht und mit vollem Bewußtsein gekämpft hätten, der ist für die illegale Arbeit völlig unbrauchbar. Sowohl charakterlich als auch politisch. Ein gleich trauriges Dokument wie dieser Brief ist mir noch nicht vorgekommen.

Ich bitte dringend, aus den Beratungen mit den drei Genossen die Folgerung zu ziehen, daß wir sie bei ihrer Arbeit mit allen Mitteln unterstützen müssen.[23] Wir haben den Genossen keine Zusage gemacht, einen Einheitsfrontpakt mit der KP abzuschließen. Aber sie erwarten Schritte von uns in der Richtung einer[24] Zusammenarbeit mit ihnen und den Kommunisten.[25] Erfüllen wir diese Hoffnungen nicht, so entsteht eine sehr schwierige Situation. Die Zusammenarbeit mit den Kommunisten in Deutschland geht weiter. Unsere beiden wertvollen Freunde werden wir nicht wiedersehen, weil sie, nun die Situation richtig durchschauend, wissen, daß der von ihnen für richtig erkannte Weg nicht mit Hilfe des PV, sondern nur ohne ihn verwirklicht werden kann.

Ollenhauer: Die Lage sei sehr schwer. Wir ständen vor der Frage, ob wir unsere offizielle Stellung zur Zusammenarbeit mit der KP ändern wollen. Ich bin nicht überzeugt, daß eine Kursänderung richtig und notwendig ist.[26] Für unsere Haltung sind politische Gesichtspunkte maßgebend gewesen, sie bestehen fort. Ich habe auch starke Bedenken, ob die Darstellung der Genossen über die Stimmung in Deutschland richtig ist. Ihre Angaben über die Stimmung der Angeklagten im Brotfabrik-Prozeß und über Hamburg halte ich für falsch.[27] Es wäre auch zu prüfen, ob es sich um Informationen handelt, die aus persönlichen Verbindungen stammen oder um eine illegale Bewegung. Ich glaube das erstere und ziehe daher nicht ohne weiteres den Schluß aus diesen Mitteilungen, daß die Auffassung unserer Genossen über das Verhalten zu den Kommunisten sich geändert hat. Bei mir bestehen die Bedenken gegen die Aufnahme von offiziellen Beziehungen mit dem Zentralkomitee der KP zwecks gemeinsamer Aufrufe[28] usw. unvermindert fort. Ollenhauer begründet das im einzelnen. (Zwischenfrage von Hertz: Gegen wen polemisieren Sie?[29] Ich habe diese Auffassung nicht vertreten. Vogel und Stampfer erklären, auch sie wollten das nicht.) Ollenhauer hält unter diesen Umständen weitere Ausführungen für zwecklos und verzichtet.[30]

Crummenerl: Gegen die Betonung eines stärkeren Einheitswillens in unseren Publikationen sei nichts zu sagen. Verhandlungen mit dem ZK kämen nicht in Frage. Für das ZK sei nur Moskau maßgebend. Es wäre taktisch unklug, wollten wir da dabei sein. Ich habe 1933

---

21 Vorlage: »Richard Hansen« hs. unterstrichen.
22 Der Brief war nicht aufzufinden.
23 Vorlage: »daß wir sie bei ihrer Arbeit mit allen Mitteln unterstützen müssen« hs. eingefügt.
24 Vorlage: »besseren« hier hs. gestrichen.
25 Vorlage: »mit ihnen und den Kommunisten« hs. eingefügt.
26 Vorlage: Satz hs. unterstrichen.
27 Ollenhauer bezieht sich auf Äußerungen von »B.« (Brill oder Brass), daß er noch mit keinem Sozialdemokraten gesprochen habe, der gegen das Zusammenarbeiten mit der KP sei: »Wer illegal arbeitet, kann keine andere Meinung haben. [...] Auch die Hamburger Freunde stehen auf unserem Standpunkt. Die Angeklagten im Brotfabrik-Prozeß haben alle dieselbe Auffassung wie wir.« Vgl. Protokoll über die Besprechung am 16. und 17. Januar 1937, in: IISG Amsterdam, NL Hertz, S. 16, 1g, Bl. 346. Zum Brotfabrik-Prozeß vgl. Nr. 66. Am 11. Dezember 1936 war der letzte Prozeß gegen die 18 Hauptangeklagten zu Ende gegangen; vgl. Internationale Information 13. Jg., 21. Dezember 1936, S. 493.
28 Vorlage: »zwecks« bis »Aufrufe« hs. unterstrichen.
29 Vorlage: Satz hs. unterstrichen.
30 Vorlage: »zwecklos« und »verzichtet« hs. unterstrichen.

Zweifel an der Demokratie gehabt, heute habe ich Zweifel an der Diktatur. Wir müssen alles laufen lassen[31], sonst bekommen wir ein Durcheinander in Deutschland.

Vogel: Ich bitte zu beachten, daß die drei Genossen die Autorität des PV anerkannt haben. Jetzt gilt es für uns, daraus Nutzen zu ziehen und unsere Autorität zu stärken. Ich frage mich deshalb, ob sich in den letzten anderthalb Jahren etwas geändert hat. Ja! Meine heutige Haltung ist nicht nur das Ergebnis der eindrucksvollen Besprechungen mit den Berliner Genossen, sondern auch der Kenntnis unserer sonstigen Berichte.[32] Aus allen Berichten geht hervor, daß die Genossen drinnen sich von dem Willen zur Einheit und nicht von der früheren Parteizugehörigkeit leiten lassen. Unsere bisherige Haltung setzt uns der schweren Gefahr aus, daß unsere Ablehnung der Einheitsfront aufgefaßt wird als Ablehnung der Einheit. Daher entsteht der Wunsch nach einer gemeinsamen Abwehr. Unsere Berliner Freunde haben mit vollem Recht darauf hingewiesen, daß ihre Hoffnung berechtigt ist, daß durch die Zusammenarbeit die sozialdemokratische Überzeugung gestärkt wird. Wir stehen in der Tat vor der Frage, ob der Parteivorstand die Führung haben wird oder nicht. Wir dürfen die Führung nicht den Kommunisten überlassen, wir müssen uns selbst an die Spitze der Bewegung stellen.

Stampfer wendet sich gegen diejenigen, die eine überstürzte Entscheidung befürchten. Die Sorge sei verfrüht.[33] In der Tat ist es notwendig, einigen unserer Grenzsekretäre das Gehirn wieder einzurenken. Würde die KP sich für Einheit einsetzen und der Eindruck entstehen, wie seien für die Fortsetzung der Holzerei, dann seien wir endgültig erledigt.[34] Man muß doch weiter denken. Wir können Hitler nicht stürzen. Die Kommunisten sind bei diesem Kampf nicht zu entbehren. Rußland und die Kommunisten sind ein Machtfaktor. Meine Haltung in den letzten Jahren beruhte immer auf der Absicht, die Kommunisten für uns koalitionsfähig zu machen, dabei aber der Sozialdemokratie die Führung zu sichern.

Wie soll die konkrete Zusammenarbeit aussehen? Das ZK will gar keine konkrete Zusammenarbeit. Sein Ziel ist die Parolenschusterei. Wir wollen die konkrete Zusammenarbeit.[35] Was sollen wir jetzt tun? Zunächst gar nichts. Keinerlei Verhandlungen, sondern nur Anhörung von Fall zu Fall – «wie bisher». Dabei würde ich es allerdings für zweckmäßig halten, wenn die Verhandlungen künftig von unseren beiden Vorsitzenden, O[tto] W[els] und H[ans] V[ogel], geführt würden. Auch könnte man später Besprechungen von Körperschaft zu Körperschaft in Aussicht nehmen.

Wels knüpft an die Bemerkung von Hertz an, daß er die sozialistische Ideologie nicht zugunsten der kommunistischen Ideologie opfern wolle. Einheitsfront, Volksfront sind bestimmte Begriffe geworden. Sie haben alle schon einen kommunistischen Einschlag bekommen. Unser Ziel bleibe aber das gleiche wie früher: der Kampf für Freiheit und Recht unter der Führung der Sozialdemokratie. Zu Stampfers Wunsch könne er nur sagen, er werde niemals mit der KP verhandeln.[36] (Zwischenruf Stampfer: »Man soll nie niemals sagen.«)

Die Sitzung wird ohne Beschluß geschlossen.[37]

---

31 Vorlage: »Wir« bis »lassen« hs. unterstrichen.
32 Vorlage: Satz hs. unterstrichen.
33 Vorlage: Satz hs. unterstrichen.
34 Vorlage: »dann« bis »erledigt« hs. unterstrichen.
35 Vorlage: »konkrete Zusammenarbeit« hs. unterstrichen.
36 Vorlage: Satz hs. unterstrichen.
37 Vorlage: Satz hs. eingefügt.

Nr. 84

Notiz von Paul Hertz mit Hinweis auf eine Parteivorstandssitzung am 2. März 1937

IISG Amsterdam, NL Hertz, S. 20, Mappe XXIII

2. 3.

PV – wegen Londoner Spanien-Tagung[1]

O[tto] W[els] – gegen Delegation Schiff – einer genügt völlig – er wegen Skand[inavien] Finanzierung

---

1 Vorlage: »Londoner Spanien-Tagung« hs. unterstrichen. Gemeinsame Konferenz von SAI und IGB am 10./11. März 1937 in London; eine Teilnahme von Wels ist anzunehmen, da er sich anläßlich der SAI-Exekutivsitzung am 8. März in London aufhielt; vgl. Internationale Information 14. Jg., 13. März 1937, S. 90–94.

Nr. 85

Brief von Paul Hertz an Rudolf Hilferding vom 2. April 1937 mit Bericht über die Parteivorstandssitzung am 31. März 1937[1]

IISG Amsterdam, NL Hertz, S. 19, Mappe XVII, 5

Lieber Rudolf,

Über die Sitzung des PV, die sich mit unseren Finanzverhältnissen beschäftigte, ist nicht sehr viel zu sagen. Crummenerl hat lediglich einen Kassenbericht für das Jahr 1936 gegeben. Die Ausgaben betrugen rund 1,3 Millionen Kc. Der Verlag erforderte einen Zuschuß von 202 000 Kc, und zwar 136 000 Kc der N[eue] V[orwärts], 25 000 Kc die Z[eitschrift] f[ür] S[ozialismus] und 41 000 Kc das Buchgeschäft. Er fügte lediglich hinzu, daß die vorhandenen Gelder bis Ende September reichen.[2] Wels erzählte von der Unterhaltung mit Höglund[3], über die Sie sicherlich unterrichtet sind. Er beurteilt die Skandinavien-Aktion günstig und rechnet damit, daß ein Betrag gegeben wird, der Ausgaben in bisheriger Höhe bis Ende 1938 gestatten würde. Er sieht auch einen neuen Silberstreifen für das Archivgeschäft. Mir schien, als ob Cr[ummenerl] wesentlich pessimistischer ist. Interessant war für mich lediglich, daß irgendwelche Absichten auf Einschränkungen nicht bestehen. Als die ungeheuer hohen Autokosten von Stahl kritisiert wurden, setzte man sich sogar dagegen zur Wehr.

Aber das war der einzige Punkt, der überhaupt eine Diskussion auslöste. Kein Wort über Politik, kein Wort über Organisation, kurz nichts, was die Grabesstille unseres Büros stö-

---

1 Die Datierung beruht auf der Angabe von Hertz in einem Brief an Hilferding vom 30. März 1937, in: AdsD Bonn, NL Hertz, MF XLII: »Morgen haben wir Sitzung wegen Reorganisation. Das wird der Anlaß sein, um Ihnen den versprochenen Brief zu schicken.«
2 Detaillierte Angaben zu Crummenerls Kassenbericht macht Hertz in seinen Aufzeichnungen vom 31. März 1937, von Hertz fälschlicherweise auf den 31. März 1936 datiert, in: IISG Amsterdam, NL Hertz, S. 20, Mappe XXIII.
3 Höglund, Zeth, schwedischer Sozialdemokrat, 1932–1940 SAI-Exekutive.

ren könnte. So ist es seit Monaten. Sekretärkonferenzen finden überhaupt nicht mehr statt, Vorstandssitzungen nur, um Unterstützungs- oder Delegationsfragen zu besprechen. Alles ist darauf abgestellt, keine Frage zu erörtern, aus der sich irgendein aktiver Schritt ergeben müßte.

Dabei macht der Verfall unaufhaltsame Fortschritte. Der Buchverlag ist tot. Von Stampfers »14 Jahren« sind 107 Exemplare verkauft. Vielleicht erhöht sich diese Zahl im Laufe des Jahres auf das Doppelte oder Dreifache. Der Umsatz an den anderen Büchern ist gleich Null. Der Absatz des N[euen] V[orwärts] betrug im Jahresdurchschnitt 1936 etwa 4 500 Exemplare pro Nummer. Jetzt ist diese Zahl etwa unsere Auflage, der tatsächliche Absatz dürfte etwa um 3 000 Exemplare herum liegen. Das Kolportageverbot in der CSR und in Polen hat den Absatz um 1 000 Exemplare pro Nummer verringert. Daneben geht auch der Absatz in den übrigen Ländern zurück.

Der Fehlbetrag beim N[euen] V[orwärts], der 1936 136 000 Kc betrug, wird in diesem Jahre sicher um 100 000 höher sein, so daß er etwa 60 % erreicht. Da stände sogar die Z[eitschrift] f[ür] S[ozialismus] besser da, wenn man ihr nicht aus politischen Gründen den Todesstoß versetzt hätte. Nach den Angaben von Cr[ummenerl] betrugen die Gesamtkosten im ersten Halbjahr 1936 40 000, die Einnahmen 18 000 Kc., der Zuschuß also 22 000 Kc. Selbst wenn man diese Zahlen zugrundelegt, so könnten schon 40 % durch Einnahmen gedeckt werden. Tatsächlich ist das Verhältnis noch günstiger. Vor allem aber hätte man es günstiger machen können, wenn man nicht die Absicht gehabt hätte, das unbequeme Organ einzustellen. Ich habe noch immer nicht die Abrechnung über die beiden letzten Nummern. Es steht jedoch fest, daß von der Nummer 36 nur noch 30 Exemplare vorhanden sind, wahrscheinlich wird man für etwa 700 Exemplare Geld bekommen. Ähnlich ist das Ergebnis bei den vorhergehenden Nummern.

Meine Auffassung, daß eine Zeitschrift notwendig ist, habe ich nicht geändert. Ich glaube auch, daß man die erforderlichen Zuschüsse erhalten kann. Ich schätze sie heute auf höchstens 40[4] Dollar monatlich. Ich weiß nach wie vor nicht, was Ihnen Breitscheid über die angeblichen Zeitschriftenpläne von Willi Müller[5] erzählt hat. Ich kann infolgedessen auch nicht Stellung nehmen. Daß Breitscheid ein derartiges Blatt bekämpfen würde, würde mich nicht im geringsten stören. Wenn ich in den letzten Monaten keine besonderen Anstrengungen gemacht habe, diese Zeitschriftenpläne vorwärts zu treiben, so liegen dem mehr organisatorische Erwägungen zugrunde. Ich möchte nicht ohne zwingenden Anlaß und ohne die Gewähr für einen Erfolg die jetzigen Spannungen in unserem Organisationskörper verschärfen. Schließlich halte ich es auch für eine der Voraussetzungen des Gelingens dieser Pläne, daß man für eine Zeitschrift innerdeutsche Mitarbeiter gewinnt. Diese Arbeit ist begonnen, aber sie schreitet sehr langsam vorwärts.

Organisatorisch beurteile ich die Situation der Sopade zunehmend ungünstig. Die Zahl der Verbindungen geht ständig zurück. Die Qualität der Berichterstattung verschlechtert sich. Die Berichte werden fast ausschließlich diesseits der Grenze gemacht und beruhen bei den meisten Sekretären auf der Lektüre von Zeitungen. Die S[ozialistische] A[ktion] hält sich zwar auf ihrer bisherigen Auflage. Aber ich muß mich sehr täuschen, wenn ich annehmen soll, daß die Verbreitung der Auflage entspricht. Ich glaube, man kann sie sich nicht klein genug vorstellen. Bisher aber war wenigstens in manchen Schichten das Bedürfnis nach einem illegalen Blatt vorhanden. Es geht jetzt sehr stark zurück. Der Straßburger Sender ist wesentlich besser geworden. Der Kurzwellensender der Kommunisten auf Welle

---

4 Zur Vorlage: Die »O« steht am äußersten rechten Rand des Blattes, so daß nicht auszuschließen ist, daß in der vorliegenden Durchschrift eine im Original enthaltene weitere Null verlorengegangen ist; es könnte also auch »400« heißen.

5 D. i. Karl Frank.

29,8 wird sehr gehört und hat den Kommunisten sehr große Sympathien eingetragen. Jetzt ist wieder die Frage jedermann auf der Zunge: Wofür die großen Opfer, wenn wir uns durch das Radio gefahrlos unterrichten können? Trotzdem ist es ganz ausgeschlossen, hier irgend etwas zustandezubringen, um dieses Problem zu lösen.

Entscheidend für die völlige Sterilität sind zwei Erwägungen: 1. daß immer noch Geld vorhanden war und ist und vermutlich auch sein wird. 2. daß man überzeugt davon ist, man bekommt dieses Geld nur, wenn man skandinavische Politik macht und sich nach den Bedürfnissen der deutschen Situation orientiert. Daher völlige Inaktivität in der spanischen Frage, daher Uninteressiertheit an der französischen Entwicklung, daher aber auch Ablehnung gegenüber den immer dringender werdenden Forderungen von drinnen nach einer loyalen Zusammenarbeit mit den Kommunisten, nach einer gemeinsamen Lösung für Radiosendungen usw. Im Januar war eine Delegation aus Berlin hier. Sie bestand aus Freunden, deren politische, moralische und geistige Qualifikation ganz außer Frage steht. Es war das erste Mal, daß ein Stück illegaler Bewegung, das aus eigener Kraft gewachsen ist, und nicht von draußen her großgepäppelt wurde, mit uns in Verbindung getreten ist. Während wir den Versuch, in Berlin eine Zentrale für das Reich zu schaffen, mit großen Opfern an Geld und Menschen 6 oder 8 mal haben scheitern sehen, stand uns hier eine solche Zentrale gegenüber. Unsere Freunde forderten, daß wir draußen mit Kommunisten genau so loyal zusammenarbeiten wie sie drinnen es tun. Die Zusammenarbeit drinnen vollzieht sich unter der Führung sozialdemokratischer Gedankengänge. Unser Einfluß und unsere Losungen würden sich um so stärker durchsetzen, je entschlossener wir die Führung in der Einheitsfrage übernehmen würden. St[ampfer] und H[ans] V[ogel] waren von diesen Besprechungen sehr beeindruckt und schlugen vor, daß wir den Einheitsgedanken stärker betonen sollen. O[tto] W[els] lehnte alles ab. Die beiden fielen um, es bleibt alles beim alten. Das äußere Ergebnis ist, daß die Kommunisten uns jetzt in Veröffentlichungen und Radiosendungen nachsagen, daß wir die alte Holzerei fortsetzen wollen. (In unserer Besprechung hatte St[ampfer] richtig erkannt, daß ein solcher Vorwurf uns tödlich verletzen würde.) Das innere Ergebnis ist, daß die Freunde mir sagen ließen, daß sie einen zweiten Versuch zur Verständigung mit dem PV nicht unternehmen werden und sich endgültig von ihm distanzieren werden. Damit ist die Entwicklung verschärft worden, die immer schon bestand: die Verbindung mit wertvollen, politisch und geistig selbständigen Menschen mit der Sopade hört auf. Es bleiben Beziehungen aus traditioneller Freundschaft, konservativer Erstarrung und aus materiellen Erwägungen. Ich nehme an, daß Sie auch jetzt noch politisch über Einheits- und Volksfront anders denken als ich. Aber ich kann Ihnen nur sagen, daß das die einzigen lebendigen Strömungen sind, die es in der deutschen Arbeiterklasse gibt. Verneint man sie, so trennt man sich von ihr. Spanien und Frankreich haben Stimmungen geschaffen, die eine ganz andere Belebung hervorgerufen haben, als die Parole: Herauf mit den Löhnen. Sie hat lediglich die Vorstellung vertieft, daß zwischen der Emigrationsführung und der illegalen Bewegung nicht der geringste geistige und politische Kontakt besteht.

Daß Sollmann in Amerika ist, wissen Sie sicher. Er hat in Interviews und Reden derart nationale Töne entwickelt und so stark Otto Strasser als künftige Kraft hervorgehoben, daß er in den Mittelpunkt von Angriffen geraten ist. Er selbst spricht von einer »Verleumdungskampagne«, die von Europa aus gegen ihn gestartet worden sei. Aber er kann für diese Behauptung nur eines anführen: der Artikel von Sering in der Z[eitschrift] f[ür] S[ozialismus] sei ins Englische übersetzt und verbreitet worden. Ich weiß nicht, ob es richtig ist. Aber selbst wenn, so rechtfertigt das wohl nicht das Wort Verleumdungskampagne. Ich habe S[ollmann] in einem ausführlichen Brief meine Meinung geschrieben. Dabei habe ich ihm auch den Vorwurf gemacht, daß er durch betonte Hervorhebung seiner Verbindung mit Otto Strasser, durch Verschweigen seiner Zugehörigkeit zum PV, durch die Bemerkung, die Parteigrenzen bestehen für ihn nicht, das Gegenteil von dem getan hat, was er mit dem PV abgemacht hatte. Er ging als Exponent des PV nach England und USA, wir bezahlten seine Reise, seinen Sprachunterricht usw. Ich fühle ihm nach, daß er sich für den PV nicht exponieren will. Aber es gibt dann nur die Konsequenz, daß er keinen Auftrag und keine Mittel von ihm annehmen kann. Daß er nicht die Absicht hat, in Amerika Geld für die illegale Bewegung zu sammeln, steht ganz außer Zweifel. Er will sich eine Existenz gründen, was ich ihm persönlich auch nicht übel nehme. Mein Brief, der zwar entschieden, aber sehr sachlich und in keiner Weise persönlich verletzend war – so urteilt z. B. Beyer – hat S[ollmann] furchtbar getroffen. Ich habe dafür nur eine Erklärung, er sieht sich erkannt und ist zugleich etwas erschreckt, daß er doch nicht in dem Zwielicht sich weiter bewegen kann, das er nötig hat, weil er es mit niemanden verderben und mit allen gut stehen will.

Schlimm ist das Schicksal von Georg Beyer: Blinddarmoperation der Tochter, schwierige finanzielle Situation des Betriebes, unangenehme persönliche Auseinandersetzungen mit den Compagnons und vor allem das allerschlimmste – Beyer kann seine Gliedmaßen nicht gebrauchen, er ist seit Monaten in ärztlicher Behandlung, ohne daß sich sein Zustand gebessert hat. Man rät ihm zu einer Kur in Pistyan. Er kann aber nicht allein reisen, also doppelte Kosten. Nathan hat mir 50 Dollar für ihn gegeben. Von Toni Stolper[6] bekam ich jetzt von Paris aus 150 Dollar, die Stolper aus eigenen Mitteln zur Verfügung gestellt hat. Sehr anerkennenswert.

So nun ist es doch eine lange Litanei geworden. Wenn sie Ihnen was sagt, so haben Sie vielleicht Lust, zu antworten.

Herzliche Grüße

---

6 Stolper, Toni, geb. 1890, Mitgründerin und Schriftleiterin »Der Deutsche Volkswirt«, Emigration 1933 USA, 1936–1938 geschäftsführende Sekretärin »Selfhelp«, 1948–1955 Mitarbeit bei »American Council for Emigrés in the Professions«, 1975 Kanada.

Nr. 86
Notiz von Paul Hertz über die Parteivorstandssitzung am 20. April 1937[1]

IISG Amsterdam, NL Hertz, S. 20, Mappe XXIII

20. 4.

PV. Spanien-Antrag-Keller
(heftiger Angriff auf mich
wg. Asua – Stampfer beauftragt[2])
Großmann – Hilfe f[ür] Inhaftierte

---

1 Die Datierung auf das Jahr 1937 beruht auf den Beratungsthemen der Sitzung.
2 Zur Auseinandersetzung um die Mitarbeit bei Radio Union Valencia und zu Hertz' angeblichem Alleingang vgl. Nr. 88.

Nr. 87

Brief von Paul Hertz an Willi [Müller, d. i. Karl Frank] vom 12. Mai 1937 mit Bericht über eine Parteivorstandssitzung um den 5. Mai 1937

IISG Amsterdam, NL Hertz, S. 12, Mappe X

Lieber Willi,

heute kam Ihr Brief vom 30. April. Ich will ihn sofort beantworten, da die Möglichkeit besteht, daß er morgen (wenn auch mit der Bremen) von hier abgehen wird, und schon am 20. in N[ew] Y[ork] ist. Allerdings kann ich nicht mehr mit Eva[1], Carp[2] usw. sprechen. Morgen Abend sind wir alle zusammen, dann werde ich Ihren Brief kursieren lassen.

Zunächst zu Ihrem Brief: Die Sache mit Kl.[3] werde ich ins Reine zu bringen suchen. Ich bin Anfang Juni oder schon Ende Mai in Paris. Näheres darüber unten.

Nun das wichtigste: wie ich Ihnen bereits schrieb, planen A.[4] und Lerch[5], daß ich nach Florland[6] fahren solle und zwar wegen der Radio-Sache.[7] Gestern hat eine lange Aussprache zwischen Lerch, Wagner[8] und Stümper[9] stattgefunden. Darin hat Lerch meine Beauftragung, die mit meiner Anwesenheit in Genf, am 24. Mai, beginnen sollte, als eine bereits beschlossene Tatsache mitgeteilt, was die alten Herren nicht sonderlich erfreut hat. Sie haben sich die Stellungnahme der Direktion[10] vorbehalten. Heute hat diese Beratung stattgefunden. Wagner hat einen einleitenden Bericht gegeben und dabei u. a. mitgeteilt, daß meine Beauftragung nach Florland nicht nur wegen meiner sachlichen Eignung erfolge,

---

1 D. i. Eva Berndt, Franks Privatsekretärin.
  Für die Hilfe bei der Entschlüsselung der speziellen Neu Beginnen-Decknamen in diesem Brief und weiterer Informationen danken wir Dr. Ursula Langkau-Alex (Schreiben an die Bearbeiter vom 23. August 1994) und Dr. Hartmut Mehringer (telefonische Auskunft vom 3. Juni 1994 sowie diverse Angaben aus seiner Biographie über Waldemar von Knoeringen).
2 D. i. Peter [Moische] Bergmann, der vor allem als Kurier nach Berlin tätig war, 1937 verhaftet wurde und später in die USA emigrierte.
3 D. i. Otto Klepper; Klepper hatte mit dem ersten »Freiheitsbrief« der Deutschen Freiheitspartei Reklame gemacht, aber offenbar davor schon von Vladeck (Jewish Labor Committee) Geld erhalten, das er offensichtlich nicht allein für die DFP, sondern zur Kooperation mit anderen, auch Sozialdemokraten, verwenden sollte.
  Klepper, Otto, 1888–1957, Jurist, Politiker DNVP, später DDP/DSP, preußischer Finanzminister im Kabinett Otto Braun, Emigration 1933 Finnland, Schweden, Frankreich, 1934 China, 1935 USA, 1936 Spanien, Frankreich, Kontakte zur DFP, 1939–40 Mitarbeiter an der von Münzenberg herausgegebenen Zeitschrift »Die Zukunft«, Redner auf Veranstaltungen des »Münzenbergkreises«, nach Internierung 1942 Flucht nach Mexico, 1947 Deutschland, Mitgründer der Frankfurter Allgemeinen Zeitung.
4 D. i. Asua; vgl. Nr. 88, Nr. 90.
5 D. i. Maresch, und d. i. Leopold Kulcsar; vgl. Nr. 88, Nr. 90.
  Kulcsar, Leopold, 1900–1938, österreichischer Sozialist, bis 1926 KPÖ, ab 1926 SDAP; Emigration 1934 CSR, 1937 Spanien, Frankreich, enge Kontakt zu NB, Redakteur und Herausgeber der »Sozialistischen Tribüne«, ab 1937 Pressechef der spanischen Botschaft in Prag, Arbeit für den Nachrichtendienst der spanischen Republik.
6 D. i. Spanien.
7 Vgl. Nr. 88 und Hertz an Willi [Müller, d. i. Karl Frank], 17. April 1937, in: IISG Amsterdam, NL Hertz, S. 12, Mappe X.
8 D. i. Otto Wels.
9 D. i. Friedrich Stampfer.
10 D. i. der PV der Sopade.

sondern vor allem wegen der unschätzbaren Dienste, die ich Florland geleistet habe. Möchte aber doch wissen, welche Abmachungen zwischen mir und A. getroffen worden seien. Bei diesem ganzen Bericht war deutlich der Ärger über die Ausschaltung der Direktion in der Nachrichten- und Transportfrage sowie über die Überrumpelung in der Radiofrage zu erkennen. Die Diskussion hat dann teilweise sehr heftige Formen angenommen, weil Stümper sich darüber beschwerte, daß ich die Direktion nicht über meine Absichten unterrichtet habe. Schließlich wurde von Wagner erklärt, daß man selbstverständlich ganz damit einverstanden sei, daß ich den Auftrag nach Florland für die Direktion annehme.

Daneben hat man einen Vorstoß gegen die »S[ozialistische] A[ktion]« versucht, der im Zusammenhang steht mit Äußerungen von Ihnen – Miles beherrsche die S[ozialistische] A[ktion] – die Sie zu Künder in Paris gemacht haben. Darüber wurde bereits in der Sitzung vor einer Woche geredet, wo es mir aber gelang, den Stoß gegen mich vollkommen abzuwehren; Sie brauchen jetzt diese Einzelheiten nicht zu kennen. Ich habe mich wie immer selbstverständlich auf den Standpunkt gestellt, daß ich eine Zensur bei der »S[ozialistischen] A[ktion]« ablehne und daraus Konsequenzen ziehen würde, wenn man darauf bestehen wollte. Wie aus einer Unterhaltung zwischen Stümper und Arnhold[11] hervorgeht, die ich aber erst später erfuhr, war auch dieser Vorstoß gegen die »S[ozialistische] A[ktion]« vorher geplant. Stümper hatte große Befürchtungen wegen des Verlaufes der Sitzung geäußert, nicht nur wegen der »S[ozialistischen] A[ktion] sondern auch weil er glaubte, ich hätte die Absicht, als Privatperson nach Florland zu gehen.

Morgen werden wir einen bewegten Tag haben. Nagel[12] hat seinen Bericht, über den ich neulich schrieb, eingereicht. Er hat gewirkt wie der Griff in einen Ameisenhaufen. Heute ist ein Freund aus Nagelstadt[13] hier, auch Johann[14] ist erschienen. Beide sollen morgen eine Aussprache mit der Direktion haben, an der ich selbstredend beteiligt sein werde. Über das Ergebnis später.

Die Finanzierungssache ist jetzt abgeschlossen. Eland[15] zahlt 75, Ulmland[16] 40, und Hansenstadt[17] 50. Brunnerland[18] ist nicht beteiligt. – Ihre Abmachung mit Finn Moe[19] ist sehr erfreulich.

Illner[20] ist zurück. Seine Reise war sehr erfolgreich. In der Florland-Angelegenheit entscheiden wir von A-Z selbständig. Mit Dolch[21] hat er mehrere Zusammenstöße gehabt, bei denen er sich sehr tapfer geschlagen haben muß. Mit Apfel[22] und Irmer[23] hat er sehr gute

---

11 D. i. Arthur Arnold.
12 D. i. Waldemar von Knoeringen.
13 D. i. München.
14 D. i. Johann Lenk, 1905–1945, SDAP Österreich, 1934 Teilnehmer Februarkämpfe, verhaftet, zum Tode verurteilt, zu lebenslanger Haft begnadigt, 1936 vermutlich amnestiert, Emigration 1936(?) Schweiz, Belgien, CSR, Kurier für von Knoeringen, illegale Reise nach Deutschland, Verbindung zu NB, 1939 Großbritannien, 1940 Kanada, 1941 Großbritannien, Rundfunksprecher BBC, ab 1943 Mitarbeit Political Intelligence Department, zeitweise Mitglied im Londoner Büro der österreichischen Sozialisten in Großbritannien.
15 D. i. Schweden.
16 D. i. Norwegen.
17 D. i. Kopenhagen.
18 D. i. Österreich.
19 Moe, Finn, norwegischer Sozialdemokrat.
20 D. i. Franz Bögler.
21 D. i. Rudolf Breitscheid.
22 D. i. Emil Kirschmann.
23 D. i. Max Moritz Hofmann.

Verbindung hergestellt, ebenso mit seinen Freunden aus seiner Heimat. Hacker[24] ist nach seinen Mitteilungen ganz in Ordnung und wartet auf unseren Vorstoß.

In der Sache HH[25] folgendes: Es scheint den Bemühungen der Amerikaner zu gelingen, ihn frei zu bekommen. Angeblich ist seine Abschiebung in die CSR zugesagt. (Die Quelle der Nachricht sind die Kleinen.[26]) Nach derselben Quelle hat sich Hull[27] besonders eingesetzt. Grunow[28] war einige Tage verhaftet, Ursache zweifelsfrei die Sache mit HH, während die Ursache der Verhaftung einer ganzen Zahl anderer Emis um den 1. Mai herum nicht klar erkennbar ist, wohl aber mit dem 1. Mai in Zusammenhang steht. Diese Verhaftungen waren nur befristet. Grunow wurde wieder freigelassen, weil seine Beteiligung an der Sache HH nicht bewiesen werden konnte. Auch Trimm[29] ist mehrfach vorgeladen worden. Casp.'s[30] Stellung scheint sehr erschüttert zu sein. Trimm und Grunow sollen die Aufforderung erhalten haben, ihre Tätigkeit zu liquidieren.

Die Situation für die Arbeit muß als sehr ernst betrachtet werden. Heute kam zu mir ein Kurier, der von unserem Freunde Camil aus Harmsdorf[31] geschickt worden ist. Auftrag: er solle mich aufmerksam machen, daß ich mit unserem Freunde Hubert von den Lid. Nov.[32] spreche, damit er zu unseren Gunsten wirke. Von den Kleinen kommt gleichzeitig die Nachricht, daß der Vorgesetzte von Camil eine Unterhaltung gehabt habe, in der ihm zugesagt worden sei, daß mit dem Aufhören unserer Tätigkeit auch Jung[33] und Krebs[34] abge-

---

24 D. i. Erwin Schoettle.
25 D. i. Helmuth Hirsch, 1916–1937, Mitglied Bündische Jugend, als Jude 1933 ausgeschlossen, Emigration 1935 CSR, Kontakte zu Otto Strassers »Schwarzer Front« und Mitarbeit an dessen Exilzeitschrift »Die Deutsche Revolution«; Ende 1936 wurde er von Strasser und Heinz Grunow zu einem Sprengstoffanschlag auf dem Nürnberger Reichsparteitagsgelände gedrängt, der jedoch vorzeitig verraten wurde; Hirsch wurde am 20. Dezember 1936 in Stuttgart verhaftet, am 8. März 1937 zum Tode verurteilt und am 5. Juni 1937 in Plötzensee hingerichtet; vgl. *Müller*, S. 183 f.
26 Das sind die Kommunisten.
27 Hull, Cordell, 1871–1955, US-Politiker, Demokrat, 1933–1944 Außenminister unter Roosevelt. Die USA schalteten sich ein, da Hirschs Eltern vor dem Ersten Weltkrieg einige Zeit in den USA gelebt und die amerikanische Staatsbürgerschaft erworben hatten; nach ihrer Rückkehr nach Deutschland hatten sie sie allerdings wieder verloren. Jetzt – nach Bekanntwerden des Todesurteils – wurde sie der Familie wieder zuerkannt.
28 Grunow, Heinrich, 1900–1945, Februar 1933 NSDAP, Verbindung zu Otto Strasser, Oktober 1933 Ausschluß wegen »Parteiverrat«, Leiter Kampfgruppe München der Kampfgemeinschaft Revolutionärer Nationalsozialisten, Emigration 1933 CSR, Mitarbeiter Strassers, 1937 Trennung Strassers von Grunow angeblich wegen dessen Kontakten zum CSR-Nachrichtendienst, 1937 Frankreich, 1940 Festnahme durch französische Polizei, nach deutscher Besetzung in die Hände der Gestapo gefallen, im KZ Sachsenhausen gestorben.
29 D. i. Otto Strasser
30 D. i. Johann (John) Caspari, geb. 1888, SPD, Landeshauptmann Posen-Westpreußen, preußischer Staatsrat, Emigration 1933 Saargebiet, Frankreich, 1934 CSR, Deutschlandsachverständiger bei CSR-Regierungsstellen, Kontakte zur Sopade, aber auch zu Strasser und zur volkssozialistischen Regierung, 1938 Frankreich, 1941 USA.
31 Mit »Camil« ist wahrscheinlich ein SPDler oder ein NB Nahestehender aus Harmsdorf (d. i. Berlin) gemeint.
32 »Hubert« ist normalerweise der Deckname für Joseph Buttinger; hier handelt es sich jedoch um einen einflußreichen Redakteur der in Brünn erscheinenden »Lidové Noviny« (Volkszeitung).
33 Wahrscheinlich Franz Jung, 1888–1963, Schriftsteller, Kommunist, nach 1933 zu den »Roten Kämpfern« in Berlin, 1936 verhaftet, Emigration 1936(?) CSR, Österreich, Schweiz, Ungarn, u. a. 1936–1938 Mitarbeit »Die Neue Weltbühne« in Prag, 1948 USA, 1960 Deutschland.
34 Wahrscheinlich Martin Krebs, 1892–1971, Funktionär Internationaler Glasarbeiter-Verband, nach 1933 wiederholt in Haft, Emigration 1935 CSR, illegale Gewerkschaftstätigkeit in Deutschland in Verbindung mit IGB, 1938 Schweden, Vorsitzender Landesverband Schweden der ADG,

hängt würden. Da auch von anderer Seite Warnungen in ähnlicher Richtung an die Direktion gekommen sind, werden wir unsererseits eine Reihe der früher besprochenen Sicherheitsmaßnahmen treffen. – Ich kann meine Dispositionen im Augenblick nicht übersehen. Fest steht, daß ich Ende Mai in Genf sein werde. Am 7. Juni ist die Sitzung des Beirates in Brüssel.[35] Ich weiß aber nicht, ob ich dorthin fahren werde. Geben Sie auf alle Fälle sofort Nachricht, nach Pollyville[36], wann Sie dort zu erwarten sind. Es wäre natürlich gut, wenn ich Sie bei Ihrer Rückkunft sprechen könnte. Ich weiß aber nicht, ob das möglich ist.

In großer Eile und mit herzlichen Grüßen auch von Hanna[37]
Ihr
[Unterschrift: Paul]

---

ab November 1942 Vorsitzender der Landesgruppe deutscher Gewerkschafter, FDKB, nach Rückkehr 1946 kommunalpolitisches Engagement.
35 Sitzung des Internationalen Beirats des Hohen Kommissars des Völkerbunds für die deutschen Flüchtlinge.
36 D. i. Paris.
37 D. i. Johanna Hertz, geb. Loeb-Gernsheimer, 1886–1973, Ehefrau von Paul Hertz.

Nr. 88
Protokoll der Parteivorstandssitzung am 12. Mai 1937

SAPMO Berlin, ZPA, II 145/54, Bl. 203–205

Vorstandssitzung vom 12. 5. 37.

Anwesend: Wels, Vogel, Crummenerl, Rinner, Ollenhauer, Hertz, Stampfer, Geyer, Arnold, Heine

Wels: Gestern war Gen[osse] Maresch von der spanischen Gesandtschaft[1] hier, mit dem eine Aussprache über die Intensivierung der gegenseitigen Verbindungen stattfand. Zum Fall Künder – Kopenhagen[2] wurde zunächst festgestellt, daß uns die Angelegenheit nicht gleichgültig ist; meine Frage, ob Maresch den Künder mit Willi Müller in Verbindung gebracht hat, wurde nicht beantwortet.

Zur Frage des Radio-Senders haben wir erklärt, daß uns diese Angelegenheit seit langem brennend interessiert.[3] Maresch teilte mit, daß Gen[ossen] Hertz eine Einladung nach Valencia[4] erhalten habe, um dort am Sender zu sprechen. Hertz hat uns davon leider keine

---

1 Vorlage: »Maresch« bis »Gesandtschaft« hs. unterstrichen. Maresch, d. i. Leopold Kulcsar.
2 Künder, Paul Christian, 1897–1969, Vorsitzender der SPD-Wandsbek, bis Januar 1935 in »Schutzhaft«, entlassen wegen erhoffter Spitzeltätigkeit, jedoch Emigration Dänemark, später Island.
3 Dies dürfte »Radio Union Valencia« sein; vgl. PV an Union Radio Valencia/Spanien, 22. Juli 1937, in: IISG Amsterdam, NL Hertz, S. 20, Mappe XXIII, mit der Anfrage, ob es möglich sei, »zu bestimmten Tagen und Stunden in deutscher Sprache zu den Millionen in Deutschland zu sprechen, die Tag für Tag fieberhaft auf Nachrichten über Euren Kampf, zur Stärkung ihrer eigenen Arbeit gegen den Hitlerismus warten.« Die Anfrage blieb unbeantwortet; vgl. *Zur Mühlen*, Spanien, S. 130; Nr. 90.
4 Vorlage hier und im folgenden: »Valenzia«.

Mitteilung gemacht. Maresch hat vorgeschlagen, daß Gen[osse] Hertz schon an einer Besprechung, die am 25. 5. in der Schweiz stattfindet, teilnimmt, da er bei den Spaniern wegen seiner großen Verdienste um die spanische Revolution großes Ansehen hat und bei dieser Gelegenheit für den Plan eines deutschen Senders eintreten könnte.[5]

Wir haben auch über technische Fragen des Senders für Deutschland gesprochen. Die Kostenfrage spielt keine Rolle. Man sollte IGB und SAI interessieren, da auch die österreichische und die beiden sozialdemokratischen Parteien in der CSR Interesse an diesem Sender haben.

Maresch hat bedauert, daß die Deutschen keine offizielle Vertretung in den Eisernen Brigaden[6] haben, obwohl sie das 2.stärkste Kontingent mit etwa 5 000 Mann stellen. Maresch erklärte schließlich noch auf meine Anfrage, daß er mit den deutschen »Rev[olutionären] Soz[ialisten]« nichts zu tun haben wolle.

Ich habe darauf hingewiesen, daß wir – was den Inhalt der Rundfunksendungen betrifft – Wert darauf legen, daß wir uns als deutsche Sozialdemokratie zu erkennen geben und unsere politische Haltung selbst bestimmen können.

Hertz: Ich habe selbstverständlich nichts mit Asua abgemacht. Ich habe ihm s. Zt. vorgeschlagen, die Frau Croner als Hilfskraft zu engagieren, was mir – wie ich später vernahm – Asua sehr übelgenommen hat. Ich habe im Okt./Nov. die erste Unterhaltung mit Asua gehabt, die ohne Ergebnis war.[7] Die 2. Unterhaltung drehte sich um die Frage, wie eine engere Verbindung zwischen uns und den spanischen Genossen erzielt werden könne. – Es muß hervorgehoben werden, daß im Gegensatz zu Paris in Prag nur Sozialdemokraten die Verbindung mit der Gesandtschaft haben, während es in Paris bisher ausschließlich Kommunisten waren. Ich muß bedauern, daß Sie, Gen[osse] Wels, im Januar eine Aussprache mit Keller über Spanien gehabt haben, von der wir erst später Kenntnis erhielten.

Wie ist es denn mit unserer Aktivität im Spanienfall gewesen? Wo überhaupt im Apparat der Spanier Deutsche gewesen sind, so waren es bis zur Einschaltung Mareschs nur Kommunisten. Das ist doch Tatsache. Maresch hat einen deutschen Nachrichtendienst aufgezogen[8], den Sie sich, Rinner, einmal ansehen sollten. Der ist so groß, daß heute die Gesandtschaft in Prag auch als eine Ersatzgesandtschaft für Deutschland von den Leuten in Valencia angesehen wird. Nur dadurch, daß er nicht wie wir uns nur auf unsere eigene Kraft verlassen, ist ihm gelungen, einen solchen Nachrichtendienst aufzuziehen.

Rinner: Das Arbeitsprinzip und seine Begrenzung, das Sie uns unterschieben, Gen[osse] Hertz, ist ja gar nicht unser Arbeitsprinzip. Auf dem Gebiet des Nachrichtenwesens zumindest habe ich den Versuch gemacht, mit anderen zusammenzuarbeiten.

Hertz: Zur Frage des Valencia-Senders ist zu sagen, daß es unmöglich ist, einen Parteisender zu machen. Wenn das gewollt wird, werden alle Gruppen das gleiche Verlangen stellen, und es würden sofort viele Sender erforderlich sein. Wenn die Spanier uns Sendemöglichkeiten geben, dann wollen sie dort einen doppelten Zweck erreichen, für sich und für

---

5 Vgl. Nr. 87.

6 Damit dürften die Internationalen Brigaden gemeint gewesen sein. Die Zahl von 5 000 deutschen Spanien-Kämpfern bestätigt *Zur Mühlen*, Spanien, S. 263.

7 Vgl. Hertz an Willi [Müller, d. i. Karl Frank], 17. April 1937, in: IISG Amsterdam, NL Hertz, S. 12, Mappe X: »Mit Maresch hatte ich mehrere Aussprachen. Mein Eindruck war, daß er mich für seine Arbeit gewinnen wollte. Ich habe ihm zugesagt, ihn in allen deutschen Angelegenheiten zu unterstützen. [. . .] Wir haben dann gemeinsam eine Unterhaltung mit Asua gehabt. M[aresch] hat sich die Einwilligung geholt, daß er mich zu seiner Berichts-Arbeit heranziehen kann. Ich habe angeregt, daß wir uns mit der Radio-Arbeit beschäftigen. A[sua] hat sich einverstanden erklärt. Das wichtigste Ergebnis der Unterhaltung war, daß A[sua] in Genf im Mai bei del Vayo beantragen will, daß ich nach Florland [d. i. Spanien] eingeladen werde.«

8 Vorlage: Ab »Maresch« hs. unterstrichen.

uns zu wirken. Meine Abmachungen beschränken sich auf die Frage, ob ich bereit bin, nach Valencia zu gehen, um dort zu sprechen, und ob ich bereit sei, mit nach Genf zu kommen, was ich bejaht habe. Das ist alles.

Stampfer: Für mich ist noch eine außerordentlich peinliche Lage entstanden. Ich war hier vom PV beauftragt, bei der spanischen Gesandtschaft wegen des Senders vorzusprechen und mußte dann feststellen, daß Hertz bereits Verhandlungen gehabt hat.[9] Es wäre doch seine Pflicht gewesen, uns davon Mitteilung zu machen, zumindest in dem Augenblick, in dem ich hier im PV mit dieser Frage beauftragt wurde.

Hertz: Ich möchte dazu erklären, daß ich es bedauere, daß wir uns im PV nur mit kleinen finanziellen Dingen in den Sitzungen beschäftigen, daß aber seit 8 Monaten nicht über die allgemeine politische Entwicklung und über die Lage in Spanien gesprochen worden ist.

Stampfer: Das lenkt doch vom Thema ab.

Hertz: Ich bin bereit, über die Frage der Loyalität zu sprechen, dann muß das aber keine einseitige Angelegenheit sein, sondern für alle Gültigkeit haben.

Stampfer: Es geht nicht an, daß einzelne von uns politische Verhandlungen führen, die nicht zur Kenntnis zumindest der beiden Vorsitzenden gelangen. So geht es nicht. Ich halte es für ganz unmöglich, daß wir uns hier durch chinesische Mauern gegenseitig abschließen.

Es handelt sich um eine lebenswichtige Frage unserer Zusammenarbeit. Jeder hat die Pflicht, [daß er] die Kollegen oder zumindest die Vorsitzenden über das unterrichtet, was er treibt.

Wels: Ich habe keine politischen Verhandlungen geführt, von denen die Kollegen nicht unterrichtet sind.

Hertz: Ich möchte dasselbe erklären wie Wels. Ich möchte die Erklärung benutzen, um auch gleich anzuregen, die morgige Besprechung mit Michel und seinen beiden Leuten vorher durchzubesprechen.

Wels: Sie, Hertz, sind eigentlich der letzte, der Grund hat, sich über mangelnde Information zu beklagen. Ich habe zum Beispiel s. Zt. den Wunsch geäußert, daß ich die »Soz[ialistische] Aktion« vorher zu lesen bekomme. Das Korrekturexemplar habe ich einmal erhalten, aber seither nie wieder.

Hertz: Ich bin mit Stampfers Meinung ganz einverstanden, aber ich muß gleiche Behandlung für alle verlangen.

Stampfer: Ich glaube, es ist doch ganz selbstverständlich, daß Wels die Abzüge vorher zu sehen bekommt.

Hertz: Ich habe nie die Absicht gehabt, die Abzüge vorzuenthalten.

Wels: Wenn Hertz die Einladung, nach Valencia zu fahren, erhält, dann wird es seine Aufgabe sein, das Möglichste für uns herauszuholen. Die Ablehnung dieser Einladung wäre sinnlos.

Hertz: Wenn ich durch eine Rücksprache mit dem Gen[ossen] Wels eine innere Spannung beseitigen kann, will ich die Aussprache gern führen.

Stampfer: Wenn Hertz nach Valencia fährt, dann möchte ich, daß er als unser Vertreter fährt.

Hertz: Ich denke, wir verbleiben so, daß ich nach Pfingsten sagen werde, was nach meiner Meinung geschehen kann.

Ollenhauer: Buisson[10] hat hier – wie ich erst jetzt erfahre – bei der zentralen Meldestelle eine gewisse Funktion. Hertz weiß darüber Näheres.

Hertz: Schrader hat mir vor längerer Zeit schon mitgeteilt, daß Buisson auf Verlangen des Nachrichtendienstes in der zentralen Meldestelle sitzt[11], um dort die ankommenden

---

9 Vgl. Nr. 86.
10 Vorlage: »Buisson« hs. unterstrichen.
11 Vorlage: »Buisson« bis »sitzt« hs. unterstrichen.

Emigranten über militärische Dinge auszufragen. Möglichkeiten, ihn zu entfernen, bestehen offenbar nicht. Taub hat sich auf den Standpunkt gestellt, daß man dagegen nichts unternehmen kann.[12]

Ollenhauer: Ich bin dafür, daß, wenn wir die Besprechung mit den hiesigen Parteien haben, auch über diese Frage gesprochen wird und sie auf die Konsequenzen aufmerksam gemacht werden.

Ich schlage vor, in der 2. Woche nach Pfingsten eine Sekretärssitzung zu machen, in der vor allem auch über die Angelegenheit vom 1. Mai (Verhaftung von Emigranten usw.) und unsere jetzige Situation hier im Land gesprochen wird.[13]

Es wird so beschlossen.

---

12 Buisson hatte sich in der zweiten Hälfte des Jahres 1936 angeblich mit dem militärischen Nachrichtendienst der CSR in Verbindung gesetzt und seine Mitarbeit angeboten, um einer drohenden Ausweisung entgegenzuarbeiten. Buisson wurde am 14. März 1938 in Österreich verhaftet und wegen Landesverrats und Vorbereitung zum Hochverrat am 27. April 1940 vom 1. Senat des Volksgerichtshofs zum Tode verurteilt. Vgl. Abschrift des Urteils in der Strafsache gegen Buisson vor dem VGH vom 27. April 1940, in: BA Zwischenarchiv Dahlwitz-Hoppegarten, ZC 13262, Bl. 70–77.
13 Vgl. Anhang Nr. 20.

Nr. 89
Protokoll der Parteivorstandssitzung am 19. Mai 1937
SAPMO Berlin, ZPA, II 145/54, Bl. 206

Vorstandsbesprechung vom 19. 5. 37.

Anwesend: Wels, Vogel, Ollenhauer, Hertz, Stampfer, Arnold, Heine, später Crummenerl. Als Gäste H. Hedtoft-Hansen – Kopenhagen[1] und Nilsson[2] – Stockholm.

Wels dankt nochmals mündlich im Namen des Parteivorstandes für die Unterstützung unserer Arbeit und spricht besonders den beiden Gästen für ihre persönlichen Bemühungen den Dank aus. Er erklärt unsere Bereitwilligkeit, den Organisationen die Möglichkeit zu geben, Einblick in die Verwendung der Mittel zu nehmen.[3]

Hansen hält den Vorschlag Wels' für begrüßenswert und bittet darum, über die ganze Aktion strengstes Stillschweigen zu bewahren. Es ist unbedingt notwendig, nichts verlauten zu lassen. Wenn etwas durchdringt, würden sich die Parteien gezwungen sehen, entschieden zu dementieren.

---

1 Vorlage: Hedthoft-Hansen.
  Hedtoft-Hansen, Hans, 1903–1955, dänischer Sozialdemokrat, 1935–1940 SAI-Exekutive, ab 1936 SAI-Büro, 1939–1941 Vorsitzender des Sozialdemokratischen Bundes in Dänemark, 1945/46 Minister, 1947–1950 und 1953–1955 Ministerpräsident.
2 Vorlage: Nielsen.
  Nilsson, Torsten, geb. 1905, schwedischer Sozialdemokrat, 1934–1940 Leiter der sozialdemokratischen Jugend Schwedens, 1939/40 Vorsitzender SJI.
3 Vorlage: »geben«.

Wels erklärt sich absolut damit einverstanden. Wir waren entsetzt, als wir feststellen mußten, daß Gerüchte über diese Angelegenheit im Umlauf sind.[4]

Hertz: Bevor uns Wels Kenntnis von Hansens Brief mit den Zahlen gab, konnte ich hier mitteilen, was mir über diese Angelegenheit bereits aus Stockholm direkt mitgeteilt worden war. Nicht nur die genaue Höhe war bekannt, sondern auch, wie die Verteilung im Einzelnen erfolgt ist. Nicht wir, sondern Stockholm ist also Ursache für Indiskretion.

Hansen: Es wäre nützlich – unseren Parteigenossen gegenüber – bei ev. notwendig werdenden Dementis darauf hinzuweisen, daß Skandinavien wohl für humanitäre Zwecke = Emigrantenunterstützung[5] Aufwendungen gemacht hat, nicht aber für illegale Arbeit Summen nach Prag gegeben hat.

Er gibt dann im Anschluß noch eingehende Informationen über die Lage in Dänemark, die durch die Schwierigkeiten der Landwirtschaft, Absatzgebiete aufrechtzuerhalten und zu erweitern, gespannt ist und zu Gerüchten über einen Besuch Staunings[6] bei Hitler geführt hat.

---

4 Über Versuche des PV, seine Finanzlage zu verbessern, berichtete u. a. die Stapoleitstelle München am 28. April 1937; vgl. Auszug aus einer V-Meldung der Stapoleitstelle München vom 18. Februar 1937, in: BA Potsdam, St 3/416, Bl. 169: »Um die finanzielle Lage einigermaßen zu bessern, hat sich eine Delegation des PV in die nordischen Länder begeben und dort Vorträge gehalten mit dem Ziele, laufende Zuschüsse von diesen zu erhalten. Die Verhandlungen sind jedoch in jeder Hinsicht ergebnislos verlaufen. Nicht einmal in Belgien und Holland sind bindende Zusagen gemacht worden.«
5 Vorlage: Ab »hinzuweisen« hs. unterstrichen.
6 Stauning, Thorwald, 1873–1942, 1910–1939 Vorsitzender des Sozialdemokratischen Bundes in Dänemark, 1923–1924 und 1927–1929 SAI-Exekutive, 1924–1926 und 1929–1942 Ministerpräsident.

Nr. 90
Protokoll der Parteivorstandssitzung am 21. Mai 1937
SAPMO Berlin, ZPA, II 145/54, Bl. 217

Vorstandsbesprechung am 21. 5. 37.

Anwesend: Wels, Vogel, Crummenerl, Rinner, Ollenhauer, Hertz, Stampfer, Geyer, Arnold, Heine

Hertz berichtet über die Unterredung, die er gestern mit Maresch hatte, der ihn über die spanischen Vorgänge informierte und vorschlug, im Interesse der uns bewegenden (Rundfunk)-Fragen zunächst nach Genf zu fahren und dort mit del Vayo[1] u. a. zu sprechen. Asua, mit dem Hertz abends eine Unterredung hatte, hielt diesen Vorschlag nicht für zweckmäßig, da jetzt ein Linksrepublikaner das Außenministerium führe.[2] Er, Asua, werde in Genf

---

1 Alvárez del Vayo, Julio, 1891–1975, spanischer Sozialist, 1936/37 und 1938/39 republikanischer Außenminister, Emigration USA.
2 Am 16. Mai 1937 war im republikanischen Spanien die Regierung von Largo Caballero zurückgetreten. Neuer Außenminister unter Juan Negrin wurde Giral.
   Largo Caballero, Francisco, 1869–1946, 1918–1937 Generalsekretär des spanischen Gewerkschaftsverbandes UGT, 1932–1935 Vorsitzender der Spanischen Sozialistischen Arbeiterpartei,

die Anregung, deutsche Rundfunksendungen für die emigrierte Sozialdemokratie zu machen, als seinen Wunsch vorbringen. Hertz müsse sich dann aber im Falle der Zustimmung bereithalten, innerhalb 24 Stunden abzureisen und solange in Spanien zu bleiben, bis die Angelegenheit perfekt sei.

Die Mitteilungen wurden mit Befriedigung zur Kenntnis genommen.

1931–1933 Minister, 1936/37 Ministerpräsident, Emigration Frankreich, 1942–1945 KZ Oranienburg.
Negrín López, Juan, 1887–1956, 1936/37 spanischer Finanzminister, 1937–1939 Ministerpräsident, Emigration 1939.
Giral y Pereyra, José, 1879–1962, 1931 Gründer der »Acción Republicana«, 1936 Ministerpräsident, 1937/38 Außenminister der Spanischen Republik, Emigration 1939 Frankreich, dann Mexiko, 1945–1947 Ministerpräsident der spanischen Exilregierung, 1946 Frankreich.

Nr. 91
Protokoll der Parteivorstandssitzung am 25. Mai 1937
SAPMO Berlin, ZPA, II 145/54, Bl. 207

Vorstandsbesprechung am 25. Mai 1937.

Anwesend: Vogel, Crummenerl, Stampfer, Geyer, Heine.[1]

Crummenerl teilt mit, daß Genosse Nikolajewski[2] vorschlägt, für die Ausstellung historischer sozialistischer Dokumente in Paris einige Marx- und Engels-Manuskripte mitzuverwenden. Da sich diese Manuskripte in Kopenhagen befinden, will Nikolajewski hinfahren und sie holen, wenn der PV sein Einverständnis dazu gibt. Crummenerl schlägt vor, die Anregung von Nikolajewski zu akzeptieren unter der Voraussetzung jedoch, daß die Zurückschaffung dieser Manuskripte durch Nikolajewski selbst gewährleistet wird.

Stampfer und **Geyer** wünschen, daß eine Versicherung dieser Ausstellungsobjekte – zu Lasten des Ausstellers – erfolgt und die Sachen mit etwa 1 Million frfrs. gegen Diebstahl und Vernichtung versichert werden.

Crummenerl wird einen entsprechenden Passus in die Briefe aufnehmen.

---

1 Vorlage: Satz ms. unterstrichen.
2 Vorlage hier und im folgenden: Nikolajewsky.

Nr. 92
Mitteilung des Parteivorstandes an Vertrauensleute vom 31. Mai 1937 mit Bericht über die Parteivorstandssitzung am 26. Mai 1937[1]

AdsD Bonn, PV-Emigration, Mappe 10

An unsere Vertrauensleute!

W[erte] G[enossen]!

Das Zentralkomitee der Kommunistischen Partei Deutschlands hat uns in einem längeren Schreiben ohne Datum und ohne handschriftliche Unterschrift erneut Verhandlungen zwischen dem Zentralkomitee der KPD und dem Parteivorstand über die Schaffung einer »Deutschen Volksfront«[2] vorgeschlagen. Das Schreiben ist gleichzeitig an die »sozialdemokratischen Genossen, die Verfasser der Vorschläge zur Bildung der deutschen Volksfront« gerichtet. Form und Inhalt dieses neuen kommunistischen Briefes lassen erkennen, daß er in erster Linie zur Veröffentlichung bestimmt ist, um im Falle der Ablehnung der kommunistischen Vorschläge durch uns erneut die »volksfrontfeindliche Haltung« des Parteivorstandes anzuprangern.

Da in dem kommunistischen Schreiben wiederum die sogenannten Volksfrontvorschläge einer sozialdemokratischen Delegation aus dem Reich eine große Rolle spielen, sei zu dieser Delegation folgendes bemerkt:

Es ist richtig, daß im Januar dieses Jahres einige im Reich lebende Parteigenossen mit Mitgliedern des Parteivorstandes über die Frage der Zusammenarbeit mit den Kommunisten verhandelt haben.[3] Diese Genossen waren für die Zusammenarbeit mit den Kommunisten und im Laufe der Unterhaltung wurde den Mitgliedern des Parteivorstandes von einem Mitglied der Delegation ein Schriftstück überreicht, das in programmatischer Form die Aufgaben einer »Deutschen Volksfront« behandelt. Die Unterhaltung endete damit, daß den Mitgliedern der Delegation eine Prüfung ihrer Vorschläge durch den Parteivorstand zugesichert wurde. Die Beratungen des Parteivorstandes über diese Unterhaltung endeten mit der Feststellung, daß keine neuen und wesentlichen Gesichtspunkte oder Ereignisse vorliegen, die eine Änderung unserer ablehnenden Haltung gegenüber einer organisierten und ständigen Zusammenarbeit mit den Kommunisten rechtfertigen.

Wir haben über die Besprechung mit der Delegation aus dem Reich und über die Beratungen des Parteivortandes weder in der Presse noch in Rundschreiben berichtet, weil die Mitglieder der Delegation mit Recht den allergrößten Wert auf strengste Vertraulichkeit gelegt hatten. Am 28. Februar 1937 erschien aber in der Prager kommunistischen Wochenzeitung »Deutsche Volkszeitung« (früher »Gegenangriff«) ein spaltenlanger Bericht über die Besprechung zwischen den »illegalen SPD-Aktivisten« und dem Parteivorstand und gleichzeitig wurde das sogenannte Volksfrontprogramm veröffentlicht. Diese Veröffentlichung hat die Unmöglichkeit einer fruchtbaren und loyalen Zusammenarbeit mit den Kommunisten erneut so eindeutig unter Beweis gestellt, daß sich jedes weiteres Wort erübrigt.

---

1 Auch Hertz erwähnt in seinen Aufzeichnungen eine Sitzung am 26. Mai 1937 (IISG Amsterdam, NL Hertz, S. 20, Mappe XXIII) und nennt – allerdings nur in Stichworten – die behandelten Themen; danach stand im Mittelpunkt der Bericht Ollenhauers über eine Unterredung mit Taub, deren Verlauf er als »wenig befriedigend« einstufte; lt. Hertz gab Wels folgende Einschätzung: »Selten so ungünstigen Eindruck von Ohnmacht der hiesigen Parteien«.
2 Vorlage: »»Deutschen Volksfront«« hs. unterstrichen.
3 Gemeint ist die »Zehn-Punkte-Gruppe«; vgl. Nr. 83.

Zu dem jetzt vorliegenden Brief des Zentralkomitees der Kommunistischen Partei Deutschlands hat der Parteivorstand in seiner Sitzung vom 26. Mai einstimmig und ohne Debatte beschlossen, die Vorschläge des Zentralkomitees der KPD abzulehnen und das Schreiben des Zentralkomitees nicht zu beantworten.

Mit bestem Gruß
Der Parteivorstand

Nr. 93
Protokoll der Parteivorstandssitzung am 4. Juni 1937

SAPMO Berlin, ZPA, II 145/54, Bl. 214

Vorstandssitzung vom 4. 6. 37.

Anwesend: Wels, Vogel, Crummenerl, Rinner, Ollenhauer, Stampfer, Geyer, Arnold, Heine.

Stampfer schlägt die Absendung eines Telegramms an die Spanische Sozialistische Partei wegen der Bombardierung von Almeria vor.

Wels ist mit einem derartigen Telegramm einverstanden, wünscht aber, daß der Wortlaut nicht im »Neuen Vorwärts« veröffentlicht werde, da unter Umständen für uns Zensurschwierigkeiten entstehen könnten. Crummenerl und Ollenhauer haben keine Bedenken gegen eine Veröffentlichung im »N[euen] V[orwärts]«

Es wird mit Mehrheit beschlossen, das Telegramm auch im »N[euen] V[orwärts]« zu veröffentlichen.[1]

Crummenerl schlägt vor, die in der »Deutschen Volkszeitung« veröffentlichte Denkschrift der deutschen Industriellen nachzudrucken.[2]

Arnold: Sattler wünscht künftig Erhöhung des Druckpreises für den »N[euen] V[orwärts]«, da die Papierpreise gestiegen sind. Die Erhöhung würde ungefähr 150,- Kc. wöchentlich betragen.

Crummenerl hat die Sorge, daß dieser Preiserhöhung weitere folgen werden. Er schlägt vor, daß Arnold mit Sattler spricht und ihn bittet, von der Erhöhung abzusehen. Es wird so beschlossen.

Kuttner hat uns gebeten, in Spanien als Vertreter der Sopade designiert[3] zu werden. Es wurde beschlossen, ihm zu antworten, daß wir seine Initiative begrüßen und positiv dazu

---

1 Neuer Vorwärts, 13. Juni 1937.
2 Crummenerl meinte die »Stellungnahme der rheinisch-westfälischen Industriellen zur derzeitigen Wirtschaftslage« sowie den Artikel »Ein sensationelles Dokument. Sehr ernste Lage der deutschen Wirtschaft. Eine vertrauliche Denkschrift der Schwerindustrie«, erschienen zwei Tage nach der PV-Sitzung in der »Deutschen Volkszeitung« vom 6. Juni 1937. Entweder ist die PV-Sitzung falsch datiert oder der PV hatte schon im vorhinein von der Denkschrift erfahren. Richard Hansen, der dem PV den Zeitungsartikel zuschickte, nahm an, daß es sich um eine »geschickte Fälschung der KPD handelt. Einige Redewendungen entsprechen absolut deren Tonart. An sich wirkt diese Denkschrift, in Deutschland verbreitet, selbstverständlich zersetzend und tut somit ihre Dienste.« Vgl. Hansen an Hugo [d. i. Rinner], 5. Juli 1937, in: AdsD Bonn, Rinner-Korrespondenz, Mappe 14. Ob die Denkschrift in einer Publikation des PV nachgedruckt wurde, ist nicht bekannt.
3 Vorlage: »designiert« hs. eingebessert für »delegiert«.

Stellung nehmen. Da jedoch Paul Hertz zur Zeit nach Valencia unterwegs ist, wird vorgeschlagen, daß Kuttner sich mit ihm in Verbindung setzt.[4]

---

4 Vgl. Kuttner an Stampfer, 4. Juni 1937, in: *Matthias/Link*, Dok. 33, S. 293–295. Die Sopade-Vertretung Kuttners, der sich seit April 1937 für fünf Monate in Spanien aufhielt, endete jedoch schon nach einem Monat, als im »Neuen Vorwärts« vom 20. Juni 1937 zwei gegen die UdSSR gerichtete Artikel erschienen, die ihn – so Kuttners Meinung – gegenüber den Sowjetrussen unglaubwürdig machten; vgl. *Bast de Cort*, »Was ich will, soll Tat werden«. Erich Kuttner 1887–1942. Ein Leben für Freiheit und Recht, hrsg. v. Bezirksamt Tempelhof von Berlin, Red. *Kurt Schilde*, Berlin 1990, S. 72–74; *Zur Mühlen*, Spanien, S. 126; *Seebacher-Brandt*, Biedermann, Diss., S. 198, S. 531, Anm. 35 f.

Nr. 94
Protokoll der Parteivorstandssitzung am 14. Juni 1937
SAPMO Berlin, ZPA, II 145/54, Bl. 212

Vorstandssitzung vom 14. 6. 37.

Anwesend: Wels, Vogel, Crummenerl, Rinner, Ollenhauer, Stampfer, Geyer, Heine.

Crummenerl: Es liegt ein Antrag vor, eine Quarzlampe zum Preise von 2 850,– Kc. zu beschaffen.[1] Wir müssen dazu Stellung nehmen und uns entscheiden, ob wir diesen Betrag anwenden wollen.

Rinner bittet, den Vorschlag auf Anschaffung dieser Analysenlampe anzunehmen, um die Möglichkeit zu haben, Tinten auf ihre Verwendbarkeit zu prüfen. – Die Anschaffung wird beschlossen.

Crummenerl: Der Genosse Gerhard Neumann erbittet eine Unterstützung. Ich schlage vor, 200,– Kc[2] zu bewilligen. – Es wird so beschlossen.[3]

Crummenerl: Schließlich liegt noch ein Antrag der Mutter des in Deutschland verurteilten tschechoslowakischen Genossen Hrbek[4] vor. Es werden auch in diesem Falle Kc 200,[5] bewilligt.

---

1 Vgl. Anhang Nr. 20.
2 Vorlage: »200,– Kc« ms. unterstrichen.
3 Neumann, Gerhard, 1895–1943, SPD-Funktionär in Görlitz, 1934–1936 mit Ehefrau in Gestapohaft, Emigration 1936 CSR, Sopade-Grenzarbeit, 1939 Belgien, Leiter des ADG-Landesverbandes, 1940 Frankreich, an Gestapo ausgeliefert und hingerichtet.
Gerhard Neumann war am 25. September 1934 verhaftet worden mit der Begründung, in Verbindung mit der Emigration Hoch- und Landesverrat zu betreiben. Am 28. Juli 1936 wurde er nach mehr als 22 Monaten Untersuchungshaft vom zweiten Senat des Volksgerichtshofes Berlin aus Mangel an Beweisen freigesprochen. Vgl. Neuer Vorwärts, 11. Oktober 1936: Der Volksgerichtshof spricht frei. Die Geschichte eines Freispruchs – Ein Höllenweg des Leidens.
4 Vorlage: Hrbk. Es handelt sich um Katerina Jarová, die schon einmal – im Mai 1936 – eine Unterstützung beantragt und bewilligt bekommen hatte (vgl. Nr. 66). Hrbek wurde im Oktober 1937 aus der Berliner Haft entlassen; vgl. PV an Taub, 6. Oktober 1937, in: AdsD Bonn, PV-Emigration, Mappe 30.
5 Vorlage: »Kc 200,–« ms. unterstrichen.

Nr. 95

Protokoll der Parteivorstandssitzung am 18. Juni 1937

SAPMO Berlin, ZPA, II 145/54, Bl. 213

Vorstandssitzung 18. Juni 1937.

Anwesend: Wels, Vogel, Rinner, Ollenhauer, Stampfer, Geyer, Heine, als Gast Sander.

Sander berichtet über seine Rundreise in den verschiedenen Ländern, die nach seiner Meinung zu einem vollen materiellen und ideellen Erfolg geführt hat. In Schweden hat er vor allem Verbindung mit Jansson[1] aufgenommen, sich über die Lage der Emigration in Schweden informiert und wegen weiterer finanzieller Unterstützung vorgearbeitet. Er hofft, daß die Schweden jeweils auf Antrag halbjährlich 5 000,- Schwed[ische] Kr[onen] durch Vermittlung der Reichenberger Gewerkschaften für die hiesige Emigration zur Verfügung stellen werden. – In Oslo bestanden zunächst größere Schwierigkeiten. Es war vor seinem Eintreffen bereits ein ablehnender Beschluß erfolgt. Es ist aber erreicht worden, daß erneut Stellung zu dieser Frage genommen wird, so daß Aussicht besteht, ebenfalls einen Geldbetrag bewilligt zu erhalten. In Dänemark fand er größere finanzielle Schwierigkeiten, die die künftige Unterstützung der dortigen Emigration zu einer Neuregelung zwingt. Es erschien deshalb nicht opportun, bei den dänischen Gewerkschaften wegen einer Unterstützung für die Emigranten in der CSR vorstellig zu werden. In London hatte er mehrere Besprechungen mit dem Christlichen Hilfs-Komitee, in denen[2] sehr eingehend über die Frage der Columbiafahrer gesprochen wurde.

---

1 Vorlage: Janson. Jansson, schwedischer Sozialdemokrat.
2 Vorlage: der.

Nr. 96

Protokoll der Parteivorstandssitzung am 21. Juni 1937

SAPMO Berlin, ZPA, II 145/54, Bl. 216

Vorstandssitzung 21. 6. 1937.

Anwesend: Wels, Vogel, Crummenerl, Rinner, Stampfer, Geyer, Arnold, Heine.

Vogel verliest das bisher nur bei Taub eingegangene Rundschreiben Adlers an die angeschlossenen Parteien mit der Einladung zu einer Exekutivsitzung in Paris am 23. und 24. Juni.[1] Der Hauptpunkt wird die Besprechung der Rücktrittsgesuche von de Brouckère, Adler und Roosbroeck[2] sein.[3] Es wird beschlossen, die Genossen Wels und Hilferding zu delegieren.

---

1 Die Tagung der Exekutive fand am 25./26. Juni in Paris statt; am 24. Juni traten das SAI-Büro und der IGB-Vorstand zu einer gemeinsamen Beratung zusammen; vgl. Internationale Information 14. Jg., 28. Juni 1937, S. 259–261.
2 Vorlage: Roesbroek.
3 Zu den Demissionsschreiben vgl. Internationale Information 14. Jg., 23. Juni 1937, S. 257. Die angekündigten Rücktritte wurden jedoch nicht vollzogen; die Exekutive war überzeugt, »daß sie den Rücktritt ihres Präsidenten Louis de Brouckère, ihres Sekretärs Friedrich Adler und ihres Kassierers Joseph van Roosbroeck nicht annehmen kann, ohne der Aktion der Internationale selbst Abbruch zu tun.« Internationale Information 14. Jg., 23. Juni 1937, S. 257–259. Zum Verlauf der Sitzungen vgl. auch Neuer Vorwärts, 11. Juli 1937.

Nr. 97

Protokoll der Parteivorstandssitzung am 6. August 1937
SAPMO Berlin, ZPA, II 145/54, Bl. 219

Vorstandsbesprechung am 6. August 1937.

Anwesend: Vogel, Crummenerl, Rinner, Stampfer, Heine.

Crummenerl: In Karlsbad haben wir noch rund 20 000 Bücher vorrätig. Es besteht wohl keine Aussicht, sie in absehbarer Zeit zum regulären Preis zu verkaufen. Wir haben deshalb die Absicht, diesen Posten nach Möglichkeit zu verramschen. Frühere und eine kürzlich stattgefundene Besprechung mit dem Verleger Oprecht haben ergeben, daß es das Zweckmäßigste ist, wenn wir die Bücher, in Gruppen zusammengefaßt, zu 50 % des Verkaufspreises der Buchhandlungen den Stellen anbieten, die vielleicht Interesse für diese Publikationen haben. In Betracht kommen nach meiner Meinung die Bildungszentralen der Parteien in Prag und Wien; für Elsaß-Lothringen wird es zweckmäßig sein, mit Kirschmann in Verbindung zu treten.[1] Außerdem sollten wir uns an die Parteien in Holland, Schweden und Dänemark sowie an unsere Sekretäre wenden. Für den Vertrieb sollten 10 % einkalkuliert werden.

Rinner macht darauf aufmerksam, daß es wohl ein ungünstiger Zeitpunkt ist, da jetzt gerade Urlaubszeit ist und niemand anzutreffen ist.

Stampfer empfiehlt, Arnold hinzuzuziehen, ohne uns allerdings durch eventuelle Einwendungen von ihm beeinflußen zu lassen. – Es wird beschlossen, daß Crummenerl die entsprechenden Briefe diktiert, sie aber bis zur Rückkehr Arnolds liegenläßt und ihn dann von dem gefaßten Beschluß in Kenntnis setzt.

---

1 Kirschmann lebte seit Mitte 1936 im elsässischen Mülhausen, wo er maßgeblich an der Herausgabe der »Freiheit-Korrespondenz« beteiligt war; vgl. *Redmer*, S. 113, S. 115.

Nr. 98

Notiz von Paul Hertz über die Parteivorstandssitzung am 16. August 1937[1]
IISG Amsterdam, NL Hertz, S. 20, Mappe XXIII

Sitzung des PV.[2] **St[ampfer]** legt eine Erklärung vor, gegen die ich stärkste Bedenken geltend mache.[3] Die Debatte ist äußerst zugespitzt und läßt erkennen, daß bei negativem Aus-

---

1 Erwähnt wird die Sitzung am 16. August 1937 auch in: Hertz an Adler, 24. August 1937, in: IISG Amsterdam, NL Hertz, S. 16, 1g, Bl. 446 f.; vgl. *Adolph*, S. 313, Anm. 107.
2 Vorlage: »Sitzung des PV« hs. unterstrichen.
3 Stampfers Erwiderung (Neuer Vorwärts, 22. August 1937) auf die von der KPD in der Presse verbreitete Behauptung, im Vorstand der Sozialdemokratischen Partei bestehe »eine sogenannte ›reaktionäre Gruppe‹, die die Einigung des Proletariats im Kampfe gegen Hitler verhindere. Der Parteivorstand erblickt, wie er hiermit durch einstimmig gefaßten Beschluß feststellt, in dieser lügnerischen Behauptung einen Versuch, nach der alten Methode der Einheitsfrontmanöver einzelne Teile der Sozialdemokratischen Partei gegen andere auszuspielen und, statt wirklich die Einheit zu för-

gang der Bruch unvermeidlich ist. W[els] erhebt gegen mich den Vorwurf des Bruchs der Solidarität. Nimmt diesen Vorwurf später zurück, er habe nur festgestellt, daß es gegenüber den Angriffen der Kom[munisten] nicht möglich gewesen sei, zu einer einheitl[ichen] solidarischen Erklärung zu kommen. Schließlich muß eine Pause eingelegt werden. Nachher Annahme der Entschl[ießung], weil ich den Bruch in diesem Augenblick und aus diesem Anlaß nicht will.[4]

O[tto] W[els] berichtet über Verhandlungen mit Ziehm, [Arthur] Gross und Uhlig[5]. Sind fin[anziell] am Ende, wünschen Eingliederung in Sopade. Bereit, die Beziehungen zum Nachr[ichten]D[ienst] zu lösen. Behaupten 3 Grenzsekretäre in festen Diensten des N. D. Sollen zunächst Beschluß ihrer Körperschaften wegen Auflösung R[evolutionäre] S[ozialisten] herbeiführen.[6]

Cr[ummenerl] verliest Antwort auf B[rie]f von Hertel[7] wegen Nachzahlung. Ich weise auf die beiden Beschlüsse des PV hin. Alle übrigen PV sind sehr beklommen!

---

    dern, Zersetzung in das sozialdemokratische Lager zu tragen. Er ist einig in dem Entschluß, solche Manöver mit aller Schärfe zu bekämpfen.« Stampfers Stellungnahme bezog sich auf Artikel in der »Deutschen Volkszeitung« vom 27. Juni 1937: »Abrechnung mit der Antisowjethetze des ›Neuen Vorwärts‹«, wo es hieß: »Man muß es einmal offen aussprechen: wieder sind es solche reaktionären Führer im Prager Parteivorstand, wie Wels, Ollenhauer und Dr. Geyer, die allen Forderungen der sozialdemokratischen Arbeiter zum Trotz, den ›Neuen Vorwärts‹ für sich usurpiert haben, um alle Einheitsbestrebungen innerhalb der deutschen Opposition zu sabotieren«, und in der »Roten Fahne«, der von der »Deutschen Volkszeitung« am 11. Juli 1937 übernommen wurde.
4 Zum Ablauf der Auseinandersetzung, vor allem zwischen Stampfer und Hertz vgl. Hertz an Adler, 24. August 1937, in: IISG Amsterdam, NL Hertz, S. 16, 1g, Bl. 446 f.
5 Ziehm, Alfred, geb. 1896, SPD-Funktionär in Leipzig, Emigration 1933 CSR, Sopade-Stützpunktleiter in Brüx-Katharinenberg, Mitglied RSD, 1939 Großbritannien.
Uhlig, Kurt, 1888–1958, stellv. Vorsitzender des SPD-Unterbezirks Chemnitz, 1932/33 MdR, Emigration 1933 CSR, Redaktionsmitglied N[euer] V[orwärts], aktiv bei illegaler Tätigkeit der RSD in Sachsen, 1938 Schweden, 1952 Deutschland, Schulrat.
6 Vgl. Nr. 99; Anhang Nr. 22.
7 Vorlage: Härtel. D. i. Franz Bögler.

Nr. 99
Protokoll der Parteivorstandssitzung am 7. September 1937
SAPMO Berlin, ZPA, II 145/54, Bl. 220

Vorstandssitzung am 7. September 1937.

Anwesend: Wels, Vogel, Rinner, Ollenhauer, Hertz, Stampfer, Geyer, Arnold, Heine.

Wels informiert über den Fortgang der Besprechungen mit den Karlbader RS-Leuten, die sich in einer Sitzung in der vergangenen Woche entschlossen haben, wieder zur Partei zurückzukehren[1] und die nunmehr in einer zu veröffentlichenden Erklärung ausgeführt haben, daß sie ihre Tätigkeit im Rahmen der Partei ausüben wollen.[2] Es sind zur Bereinigung der Angelegenheit und zur Klärung der Einzelheiten Besprechungen erforderlich, in denen

---

1 Vorlage: Ab »RS«-Leuten hs. unterstrichen.
2 Vgl. Information der Revolutionären Sozialisten Deutschlands (RSD) über die Wiedereingliederung der RSD in die Sozialdemokratie, undatiert, in: IISG Amsterdam, SAI, Nr. 3517.

auch über die Aufnahme der Grenzmitarbeiter der RS-Leute in die Flüchtlingshilfe zu reden ist. Die abgegebene Erklärung hatte ursprünglich einen anderen Wortlaut, in dem es hieß, daß die Sopade diesen Entschluß begrüße. Da das eine Vorwegnahme unserer bisher noch nicht getroffenen Entscheidung bedeuten würde, hat Wels eine Änderung gewünscht und einen entsprechenden anderen Text vorgeschlagen. Die Karlsbader sind diesem Wunsch gefolgt und haben die Erklärung so angenommen, wie sie von Wels in Vorschlag gebracht wird. Wels schlägt vor, die Erklärung der Karlsbader mit einer entsprechenden Notiz im »Vorwärts« zu veröffentlichen und damit zu bekunden, daß wir uns mit dem Schritt der Revolutionären Sozialisten einverstanden erklären. Da kein Widerspruch erfolgt, wird das Einverständnis des PV festgestellt.[3]

Zur Erledigung der Einzelheiten wird eine Kommission des PV eingesetzt, die die weiteren Verhandlungen führen soll. Wels schlägt als Mitglieder der Kommission die Genossen Vogel, Crummenerl und Rinner vor. Der Vorschlag findet keinen Widerspruch.[4]

---

3 Neuer Vorwärts, 12. Sept. 1937: Auflösung der Gruppe »Revolutionäre Sozialisten«. Aufhäuser hatte sich bereits im Frühjahr 1936 aus der aktiven Arbeit zurückgezogen; Willi Lange war ungefähr zum gleichen Zeitpunkt aus den RSD ausgeschlossen worden. Gegen den einstimmigen Beschluß zur Auflösung und zur »politischen und organisatorischen Eingliederung in die Gesamtpartei« protestierte nur Karl Böchel, der zuvor jedoch bereits vom Vorsitz der Gruppe zurückgetreten war. Zur Auflösung der RSD vgl. *Freyberg*, S. 172–182; *Foitzik*, S. 151-155.
4 Vgl. Anhang Nr. 22.

Nr. 100
Protokoll der Parteivorstandssitzung am 24. Dezember 1937

AdsD Bonn, PV-Emigration, Mappe 3

Sitzung des Parteivorstandes am Freitag, den 24. Dezember 1937.

Anwesend:[1] Wels, Vogel, Stampfer, Hertz, Crummenerl, Geyer, Ollenhauer.

Ollenhauer berichtet über das Ergebnis der Besprechungen zwischen Hampl[2] und Taub auf der einen und dem Innenminister Cerny[3] auf der anderen Seite, über die der Genosse Taub die Genossen Wels, Vogel und Ollenhauer am Vortage informiert hat.[4] Am Schluß seines Berichts vertritt der Genosse Ollenhauer die Auffassung, daß unter den gegebenen Umständen es zweckmäßig ist, den Wunsch der beiden sozialdemokratischen Koalitionsparteien zu erfüllen und die Einstellung des »Neuen Vorwärts«[5] in der Tschechoslowakei zu beschließen, ohne ein formelles Verbot abzuwarten.

In der Diskussion über den Bericht vertritt insbesondere der Genosse **Wels** den Standpunkt, daß in unserer gegenwärtigen Lage ein offizielles Verbot der freiwilligen Einstellung des N[euer] V[orwärts] vorzuziehen sei. Man dürfe der tschechoslowakischen Regierung

---

1 Vorlage: »Anwesend« ms. unterstrichen.
2 Hampl, Antonin, 1874–1942, 1924 (1926)–1938 Vorsitzender der tschechoslowakischen Sozialdemokraten.
3 Cerny, Josef, 1885–1972, tschechoslowakischer Politiker, tschechische Bauernpartei, 1934–1938 Innenminister.
4 Vgl. Anhang Nr. 26.
5 Vorlage: Ab »Einstellung« hs. unterstrichen.

die Verantwortung für ihre Politik des dauernden Zurückweichens gegenüber den Deutschen nicht abnehmen. Sie müsse in aller Öffentlichkeit gezwungen werden, sich zu dieser Politik durch ein Verbot des N[euer] V[orwärts] zu bekennen. Unsere Lage ist im Augenblick außerordentlich deprimierend, aber die internationale Situation, die Auseinandersetzungen im Fernen Osten, die von größter weltpolitischer Bedeutung sind, lassen die Möglichkeit zu, daß schon in ganz kurzer Zeit eine völlig andere Situation gegeben ist, die auch uns wieder größere Wirkungsmöglichkeiten einräumt. Trotzdem ist es notwendig, durch unsere Taktik gegenüber dem Druck der hiesigen Regierungsstellen das Ansehen der Partei vor der Geschichte zu wahren. Es muß auch in der Zukunft für jedermann klar sein, daß wir hier zur Einstellung des N[euer] V[orwärts] gezwungen worden sind. Er verstehe den Wunsch der beiden sozialdemokratischen Parteien, einem solchen Verbot auszuweichen, aber wir müssen auch an die Position unserer eigenen Partei denken. Aus diesem Grunde neige er stärker dazu, es auf das Verbot ankommen zu lassen. Wenn er in seinem Entschluß noch schwankend sei, so lediglich mit Rücksicht auf die schwierige Position der deutschen Partei in der Tschechoslowakei, die in der aufopferndsten Weise sich für uns eingesetzt habe. Wenn es zu einer Abstimmung über diese Frage im PV kommt, würde er sich lediglich aus dieser Überlegung der Stimme enthalten.

Im weiteren Verlauf der Diskussion erklärt der Genosse **Hertz**, daß er bisher der Auffassung gewesen sei, daß man sich in der Frage der Einstellung des N[euer] V[orwärts] durch uns gegenüber den beiden sozialdemokratischen Parteien bereits festgelegt habe. Wenn eine solche Bindung nicht bestehe, dann schließe er sich der Stimmenthaltung des Genossen Wels an. Genosse Hertz vertritt die Auffassung, daß eine Entscheidung über unsere Haltung gegenüber der drohenden Einstellung des N[euer] V[orwärts] nicht als Einzelfrage gelöst werden kann. Wir müssen diese Beschlußfassung im Zusammenhang mit den übrigen Problemen sehen, die jetzt von uns gelöst werden müssen. Er verweist in diesem Zusammenhang auf unsere finanzielle Situation, und er unterstreicht die neuere Entwicklung in der sozialdemokratischen Emigration vor allem in Frankreich, die auf eine Zusammenfassung der sozialdemokratischen Kräfte hinlenkt[6], und wirft damit das Problem auf, ob unsere gegenwärtige Lage in der Tschechoslowakei nicht der Ausgangspunkt für eine Neuorientierung unserer Arbeit sein könne. Wir stehen vor der Frage, ob wir auf der schmalen Basis, die materiell und politisch uns geblieben ist, allein als Sopade arbeiten wollen oder ob es nicht an der Zeit ist, um die Sammlung der sozialdemokratischen Emigration unter unserer Führung vorzunehmen. Gelingt eine derartige Sammlung, dann wird das Ansehen der Emigration steigen, und es werden die Möglichkeiten für die zukünftige Finanzierung unserer Arbeit weitaus größer sein, als wenn wir weiterhin als Sopade unsere Arbeit fortführen. Man müsse auch in Betracht ziehen, daß die Wiederherausgabe der »Deutschen Freiheit«[7] durch Max Braun in Paris zu wenig angenehmen Konsequenzen führen könne, wenn neben der »Deutschen Freiheit« demnächst auch noch der »Neue Vorwärts« in Paris erscheint. Er wolle in diesem Zusammenhang nur den Gedanken einer derartigen Sammlungsaktion aufwerfen.[8] Man müsse sich sobald als möglich die Zeit nehmen, ihn soweit als

---

6 Vorlage: hinlenken.
7 Vom 3. Dezember 1937 bis April 1939 erschien in Paris unter der Redaktion von Max Braun die »Deutsche Freiheit« (»La Liberté Allemande«), in den Jahren 1937/38 als Wochenschrift; vgl. Maas, Bd. 1, S. 160.
8 In einem Brief an seinen Sohn glaubte Hertz jedoch nicht, daß man seiner Anregung folgen und die Gelegenheit nutzen werde, »um die Führung bei der Sammlung der sozialdemokratischen Kräfte zu ergreifen«. Er fuhr fort: »Es bestanden Absichten, mich abzuhängen. Ob sie noch bestehen, weiß ich nicht. Sie rühren von den jungen Burschen her, die zu dumm sind, um zu begreifen, wie schädlich es wäre, wenn man diese Absicht durchführte. Wels begreift das viel besser, obwohl er weiß, daß ich sachlich in scharfem Gegensatz zu ihm stehe.« Hertz an seinen Sohn Wilfried, 26. Dezember 1937, in: IISG Amsterdam, NL Hertz, S. 20, Mappe XXIII.

möglich durchzuberaten und nach dem Ergebnis dieser Beratungen zu einem Beschluß hinsichtlich der zukünftigen Fortführung des »Neuen Vorwärts« kommen.

Genosse **Crummenerl** gibt im Anschluß an diese Ausführungen eine Übersicht über die Ausgaben der Sopade in den ersten neun Monaten des Jahres 1937 und über unsere gegenwärtige finanzielle Situation.

Die übrigen Mitglieder des Parteivorstandes vertreten die Auffassung, daß eine Taktik, die das Verbot des N[euer] V[orwärts] durch die Regierung erzwingt, nicht den vom Genossen Wels erhofften Prestigegewinn bringen werde, unter Umständen aber die Verhandlungen über unsere sonstige Tätigkeit, insbesondere über das Weitererscheinen der Deutschlandberichte erschwere, wenn nicht aussichtslos mache. Für die Öffentlichkeit sei auch jetzt schon klar, daß, wenn der Neue Vorwärts hier sein Erscheinen einstellt, er mit dieser Maßnahme sich nur dem stärksten Druck beuge.

Nach einem Appell des Genossen **Vogel**, in dieser Frage nicht Stimmenthaltung zu üben, sondern möglichst einen einstimmigen Beschluß zu fassen, erklären sich die Genossen Wels und Hertz bereit, sich der Auffassung der Mehrheit des Vorstandes anzuschließen. Es wird einstimmig beschlossen, mit dem Ablauf dieses Jahres das Erscheinen des »Neuen Vorwärts« in der Tschechoslowakei einzustellen. Über das Weitererscheinen des N[euer] V[orwärts] und seinen zukünftigen Erscheinungsort soll am Montag, den 27. Dezember verhandelt werden.[9]

---

[9] Vgl. Nr. 101.

Nr. 101
Protokoll der Parteivorstandssitzung am 27. Dezember 1937

Historische Kommission zu Berlin, NL Adolph[1]

Sitzung des Parteivorstandes am Montag den 27. Dezember 1937

Anwesend: Wels, Vogel, Stampfer, Hertz, Crummenerl, Geyer, Ollenhauer

Zur Beratung steht die Frage des zukünftigen Erscheinens und des zukünftigen Erscheinungsortes des »Neuen Vorwärts«.

Genosse **Geyer** berichtet über seine Vorbesprechungen in Brüssel und Paris über die Möglichkeiten des Drucks des »Neuen Vorwärts« in diesen beiden Städten. Die Verhandlungen haben ergeben, daß Brüssel als neuer Erscheinungsort des N[euer] V[orwärts] nicht in Frage kommt, während die Herausgabe des N[euer] V[orwärts] in Paris möglich ist. Er schlägt am Schluß seines Berichtes vor, sofort die technischen Vorarbeiten in Paris aufzunehmen, damit der N[euer] V[orwärts] sobald als möglich, spätestens am 16. Januar in Paris erscheinen kann.

Genosse **Hertz** kommt noch einmal zurück auf seine Ausführungen in der Sitzung vom 24. Dezember, in der er eine Diskussion über die weitere Herausgabe des N[euer] V[orwärts] im Zusammenhang mit dem Gesamtproblem der Fortführung unserer Arbeit gewünscht hat. Er unterstreicht noch einmal, daß er heute die Voraussetzungen für eine Zusammenfassung der sozialdemokratischen Emigration und für ein einheitliches Handeln für günstiger ansieht als in der Vergangenheit. Er sei sich darüber klar, daß eine derartige

---

1 Zur Authentizität der Abschrift vgl. die Ausführungen in der Einleitung, S. LII.

Beratung des Gesamtproblems mehr Zeit erfordere als heute zur Verfügung stehe, aber trotzdem lassen sich die Beratungen in so kurzer Frist zu Ende führen, daß in dem Erscheinen des N[euer] V[orwärts] keine lange Unterbrechung einzutreten braucht, falls man sich am Abschluß dieser Gesamtberatung für ein weiteres Erscheinen des N[euer] V[orwärts] entscheidet. Wenn man aber heute ohne eine solche Gesamtdiskussion bereits positiv die Fortführung des N[euer] V[orwärts] von Paris aus beschließt, so fällt man eine Vorentscheidung, die eventuelle weitere Verhandlungen über ein engeres Zusammenarbeiten der verschiedenen Gruppen der sozialdemokratischen Emigration erschweren.

Genosse **Wels** vertritt die Auffassung, daß der Beschluß, den N[euer] V[orwrts] in Paris weiter herauszugeben, heute gefaßt werden könne und gefaßt werden müsse. Ein solcher Beschluß hindere keineswegs die Diskussion über die vom Genossen Hertz aufgeworfenen Fragen und über die organisatorischen Probleme, die sich aus unserer gegenwärtigen politischen und finanziellen Situation ergeben. Genosse Wels erklärt, daß er zu einer solchen Diskussion durchaus bereit sei, daß er auch jederzeit zu persönlichen Aussprachen über diese Fragen jedem Vorstandsmitglied zur Verfügung stehe.

Genosse **Crummenerl** setzt sich ebenfalls für das Weitererscheinen des N[euer] V[orwärts] in Paris ein. Der N[euer] V[orwärts] sei die Fahne der deutschen Sozialdemokratie, sie dürfe insbesondere in der gegenwärtigen Situation nicht eingezogen werden. Diesen Standpunkt vertrete er, obwohl er sich über die erhebliche finanzielle Belastung, die sich aus der Verlegung des N[euer] V[orwärts] ergibt, im klaren sei. Sie werde zu einer weiteren Schmälerung unserer finanziellen Basis führen.

Im Laufe der weiteren Diskussion setzten sich auch die Genossen **Vogel, Stampfer** und **Ollenhauer** für das Weitererscheinen des N[euer] V[orwärts] in Paris ein, während Genosse **Hertz** noch einmal unterstrich, daß er ebenfalls die Einstellung des N[euer] V[orwärts] nicht wünsche, daß er aber vor einem positiven Beschluß die Durchführung der von ihm angeregten allgemeinen Diskussion für zweckmäßig halte.

Es wird beschlossen, den »Neuen Vorwärts« sobald als möglich, das heißt am 9. oder 16. Januar in Paris herauszubringen und die Genossen Geyer und Crummenerl mit der sofortigen Durchführung der technischen Vorbereitungen in Paris zu beauftragen.[2]

---

2 Lt. Hertz an Schlesinger, 28. Dezember 1937, in: AdsD Bonn, NL Hertz, MF XXXIV, wurde in der PV-Sitzung zudem »als eine Selbstverständlichkeit« berichtet, »daß einer der Redakteure des ›Populaire‹, Gérant für den PV werde«; vgl. Aufzeichnungen Hertz vom 27. Dezember 1937, in: IISG Amsterdam, NL Hertz, S. 20, Mappe XXIII.
Schlesinger, Edmund, 1892–1968, Wiener Jurist, SDAP, vor allem Rechtsvertreter für Gewerkschafter und Sozialdemokraten, Emigration 1934 Frankreich, 1938 AVÖS, 1940 USA, Hochschullehrer.

Nr. 102
Protokoll der Parteivorstandssitzung am 8. Januar 1938

SAPMO Berlin, ZPA, II 145/55, Bl. 1–3

Vorstandssitzung vom 8. 1. 1938

Anwesend: Wels, Vogel, Rinner, Ollenhauer, Hertz, Stampfer, Arnold, Heine.

Wels teilt mit, daß zur Bürositzung der SAI eine Einladung vorliegt. Er nimmt an, daß in dieser Bürositzung eine ganze Reihe Fragen zu erledigen ist.[1] Es ist die Frage, ob wir Anre-

---

1 Vorlage: »sind«.

gungen geben sollen und ob wir uns positiv zu dem Tagesordnungspunkt »Internationale Lage« stellen sollen.

Stampfer hält es für wünschenswert, vor der Internationale darzustellen, wie die Entwicklung hier im Lande in bezug auf uns gegangen ist. Er glaubt, daß man daraus Schlußfolgerungen auf die Entwicklung der internationalen Lage ziehen kann, die geeignet seien, die Labour Party in ihrem Kampf gegen die konservative Regierung zu stärken.

Hertz ist im wesentlichen mit Stampfer einverstanden, glaubt aber, daß die Anregungen von Stampfer noch nicht ausreichend sind. Er schlägt vor, daß wir auch etwas über die Lage in Deutschland sagen. (Hertz macht ausführliche Mitteilungen über einen Bericht einer Berliner Gruppe[2], der in organisatorischer Hinsicht sehr optimistisch gehalten ist.) Nach seiner Auffassung hat es uns sehr geschadet, daß wir die Entwicklung in Deutschland als hoffnungslos geschildert haben. Wenn man so verfährt, dann kann man sich nicht wundern, wenn das Wirkungen hat. Wir haben neulich eine Entscheidung getroffen, die er für falsch hält: die Verlegung des »Neuen Vorwärts« nach Paris, die Mittel verschlingt, die für andere wichtige Dinge nützlicher wären. Er ist auch dafür, daß die Fahne, von der im Parteivorstand gesprochen worden ist, aufrechterhalten wird, aber dort, wo sie notwendig ist [...] in Deutschland. Das ist das, was auch in der Internationale Interesse findet, da die Dinge, die Deutschland selbst betreffen, auf Interesse in der SAI stoßen. Deshalb wünscht Hertz, daß über die Aussichten und Möglichkeiten der deutschen Sozialdemokratie in Deutschland in der Sitzung der SAI gesprochen wird.

Stampfer hält die Entscheidung, die der Parteivorstand im Falle des »Neuen Vorwärts« getroffen hat, im Gegensatz zu Hertz für richtig. Es scheint in der Beurteilung der Lage in Deutschland eine Meinungsverschiedenheit zwischen uns und dem Genossen Hertz zu bestehen. Stampfer ist erfreut über die von Hertz erwähnten wachsenden Verbindungen, die Berliner Genossen haben. Allerdings müssen auch da gewisse Fragezeichen gemacht werden. Es ist ja bedauerlich, daß genauere Informationen über diese Gruppe ja nicht einmal in unserem Kreis gegeben werden. Stampfer erklärt dann, daß er nicht in Andeutungen sprechen wolle, sondern daß ja wohl alle wüßten, daß er auf die Baskin-Konferenz anspiele, bei der sich einige der Teilnehmer scharf gegen den Parteivorstand ausgesprochen haben.[3]

Hertz und **Arnold** bestreiten, daß sich Teilnehmer an der Baskin-Konferenz gegen den Parteivorstand ausgesprochen haben.

Stampfer bleibt bei seiner Auffassung.

Wels: Niemand hat die Absicht, die Arbeit nach Deutschland einzustellen. Er ist auch der Meinung, daß es vielleicht zweckmäßig ist, den schon historisch gewordenen Titel der

---

2 Die »Berliner Gruppe«, auch »Zehn-Punkte-Gruppe« oder »Deutsche Volksfront« genannt, entwickelte sich ab 1935 und bestand aus Sozialdemokraten und Gewerkschaftern, die auch mit der KPD zusammenarbeiteten. Ende 1937 reiste ihr Leiter, Hermann Brill, nach Brüssel, um die Anerkennung der Gruppe durch die SAI zu erreichen. In der SAI-Sitzung am 16./17. Januar 1938 in Brüssel wurde eine Selbstdarstellung der Gruppe vorgelegt, die von der SAI vervielfältigt wurde. Sie befindet sich in: AdsD Bonn, PV-Emigration, Mappe 218; zur SAI-Sitzung vgl. ebd., Mappe 126. Die Anerkennung der Gruppe durch die SAI erfolgte nicht, insbesondere weil die Sopade ihr ablehnend gegenüber stand. Im September/Oktober 1938 wurde sie von der Gestapo zerschlagen. Vgl. *Niemann*, Geschichte, S. 396–398, S. 429; *Foitzik*, S. 211–213, S. 215 f.; *Rüdiger Griepenburg*, Volksfront und deutsche Sozialdemokratie. Zur Auswirkung der Volksfronttaktik im sozialistischen Widerstand gegen den Nationalsozialismus, Marburg o. J. [1971]; *Moraw*, S. 51.

3 Josef (oder Max) Baskin, Generalsekretär des »Workmen's Circle«, einer Arbeiterkranken- und -sterbekasse in den USA, traf sich im September 1937 sowohl mit Wels und Stampfer als auch mit Vertretern von »Neu-Beginnen« und bot an, zwischen beiden Seiten zu vermitteln. Vgl. Hertz an Friedrich Adler, 11. September 1937, in: AdsD Bonn, NL Hertz, MF XL; Hertz an Hilferding, 9. Januar 1938, in: Ebd., MF XLII.

»Sozialistischen Aktion« beizubehalten und eine Publikation dieser Art, in vielleicht etwas veränderter Form, auch weiterhin herauszugeben.

Ollenhauer ist mit den Anregungen von Stampfer einverstanden. Er betrachtet die Bemerkungen von Hertz als Ergänzungen und ist auch damit einverstanden, daß diese Ergänzungen in der Internationale dargestellt werden. Er hält es für einen Fortschritt, daß offenbar auch bei uns die Meinungsverschiedenheiten über die weitere Existenzberechtigung der Partei an sich – wie der Artikel von Paul Hertz in der »I[nternationalen] I[nformation]«[4] zeigt – überwunden worden sind.

Bei der Reorganisation unserer Arbeit müssen wir nicht nur unsere gegenwärtigen finanziellen Schwierigkeiten sehen, sondern auch die veränderte organisatorische Bedeutung berücksichtigen. Über die gegenwärtige optimistische Auffassung, die Hertz in bezug auf die Lage in Deutschland hat, freut er sich umsomehr, als Hertz ja noch vor einem Jahr im Gegensatz zu ihm ganz anderer Meinung war.

Hertz erwidert, daß Ollenhauer seinen Optimismus auf die Kraft von außen gestützt hat, er dagegen seinen Optimismus auf die Kraft von drinnen.

Ollenhauer bezweifelt, daß irgend eine Organisation in Deutschland zur Zeit in der Lage ist, aus den verschlechterten Bedingungen des Regimes wesentliche Fortschritte zu erzielen. Was die »Sozialistische Aktion« betrifft, so glaubt er nicht, daß sie unbedingt als periodische Zeitschrift erscheinen muß. Er ist aber dafür, diese Angelegenheit ernsthaft zu prüfen. Selbstverständlich müssen wir die Fahne in Deutschland aufrecht erhalten. Darüber besteht aber auch keinerlei Meinungsverschiedenheit.

Wels hat die Überzeugung, daß die Arbeiterschaft der sozialistischen Bewegung die Treue hält; nicht die Organisation, sondern die Idee ist das Fundament. Wir haben an dieser Auffassung festgehalten, ebenso wie an der, daß wir für Deutschland arbeiten und mit dem Gesicht nach Deutschland. Er glaubt, daß die SAI nicht bereit sein wird, den »Neuen Vorwärts« fallen zu lassen, und er ist überzeugt, daß wir Unterstützung erhalten.

Was den Besuch aus Berlin betrifft, so unterliegt es für ihn keinem Zweifel, daß dieser »Fritz« ein kommunistischer Agent ist und diese Arbeit im kommunistischen Dienst geleistet hat.[5] Er traut auch dem lancierten Bericht nicht.

Der Druck Hitlers auf die CSR ist eine Beweis dafür, daß wir wirksam sind.

Vogel kennt den Bericht, von dem Hertz erzählt, nicht in den Einzelheiten, aber er gesteht, daß er den Bericht ziemlich skeptisch beurteilt. Er hat mit einem Mann gesprochen, der diese Gruppe sehr gut kennt und der ihm Angaben gemacht hat, die ihn zu dieser Skepsis veranlassen.

Hertz: Ich kann mir unsere Weiterarbeit nicht vorstellen ohne die Verwirklichung der Sammlung und ohne die Voranstellung der Arbeit in Deutschland.

Wels geht die Tagesordnung der SAI durch und schlägt vor, den Versuch zu machen, das Interesse an unserer Arbeit in Deutschland zu stärken.

Es wird vereinbart, zur Tagung Wels, Hilferding und Crummenerl zu entsenden.

---

4 Internationale Information 15. Jg., 6. Januar 1938, S. 2–4: P. Hertz: »Aussichten und Aufgaben der Sozialdemokratie in Deutschland«. In dem Artikel konstatierte Hertz, daß die deutsche Aufrüstung seit Mitte 1937 wegen des Rohstoffmangels auf Schranken gestoßen sei und das NS-Regime in eine Krise gerate. Gerade jetzt sei daher die organisatorische Stärkung der Sozialdemokratie nötig. Die Hauptarbeit sei in Deutschland zu leisten, die Exilorganisation habe die innerdeutsche Arbeit zu unterstützen. Dazu müßten in der Emigration alle Kräfte zusammengefaßt werden.

5 »Fritz« dürfte mit Kurt Schmidt identisch sein, der nach Gestapo-Angaben diesen Decknamen führte. Im Gegensatz zu dem ebenfalls in Frage kommenden Fritz Michaelis war Schmidt Ende 1937 zu Besprechungen in Prag. Schmidt gehörte einer »Neu Beginnen«-Gruppe in Berlin an und nahm 1937 Kontakt zur Gruppe »Deutsche Volksfront« um Otto Brass und Hermann Brill in Berlin auf. Vgl. BA Zwischenarchiv Dahlwitz-Hoppegarten, NJ 1143, Bd. 1 und 8, NJ 5964, Bd. 1 und 2.

Stampfer fragt an, ob wir zum 5. Jahrestag Hitlers eine Erklärung abgeben wollen. Es wird zugestimmt und Stampfer mit der Ausarbeitung beauftragt.[6]
Schluß der Sitzung.

---

6 Am 30. Januar 1938 veröffentlichte der »Neue Vorwärts« den Aufruf »Nach fünf Jahren – Die Sozialdemokratie klagt an«.

Nr. 103
Protokoll der Parteivorstandssitzung am 27. Januar 1938

SAPMO Berlin, ZPA, II 145/55, Bl. 4 f.

Vorstandssitzung vom 27.[1] Januar 1938.

Anwesend: Wels, Vogel, Crummenerl, Rinner, Ollenhauer, Hertz, Stampfer, Stahl, Arnold, Heine.

Otto Wels leitet die Sitzung ein und erteilt
Erich Ollenhauer das Wort zur Berichterstattung über die Sitzung der SAI. Ollenhauer berichtet ausführlich über diese Sitzung, an der uns besonders der Vorschlag von Citrine bezüglich des Boykotts interessiert hat.[2] Außerdem standen spanische Angelegenheiten (auch der Fall Mark Rein[3]) zur Debatte. In der Aussprache über die Lage in der CSR hat Otto Wels über unsere Schwierigkeiten gesprochen, die durch Mitteilungen von Otto Bauer und einem Österreicher sowie Erklärungen von Stivin[4] und Ernst Paul ergänzt werden. Schließlich hat Dan über die Entwicklung in Rußland gesprochen. Danach wurden Einzelfragen behandelt (Staatenkonferenz[5], Anti-Terror-Konvention[6]). Es wurde beschloßen, den Danzigern eine entsprechende Summe für illegale Arbeit zur Verfügung zu stellen. Lettland und Estland sind von den skandinavischen Ländern unterstützt worden. Die norwegische Partei wird zur SAI zurückkehren. Es soll jedoch vorher noch eine Urabstimmung stattfinden. Eine Aussprache über die geplante Internationale Konferenz hat ebenfalls stattgefunden. Es wurde außerdem für Mitte April eine neue Exekutiv-Sitzung beschlossen.

---

1 Im NL Hertz befindet sich ein von ihm angefertigtes Kurzprotokoll einer Sitzung des PV am 28. Januar 1938, das aber in den Kernaussagen mit dem hier folgenden Protokoll vom 27. Januar 1938 identisch ist; vgl. IISG Amsterdam, NL Hertz, S. 20, XXIII, Aufzeichnungen II. Da Hertz sich mehrfach bei der Datierung von Sitzungen und Briefen irrte, kann das »offizielle« Protokoll als verläßlicher gelten.
2 Auf Initiative des IGB, dessen Vorsitzender Citrine war, beschlossen SAI und IGB am 15. Januar 1938 einen Aufruf zum Boykott aller japanischen Waren, solange Japan chinesisches Gebiet besetzt halte. Vgl. Internationale Information 15. Jg., 18. Jan. 1938, S. 12, S. 15.
3 Vorlage: »Mark Rein« hs. unterstrichen. Mark Rein, Sohn des Menschewiki-Führers Abramovitsch und Mitglied von NB, wurde 1937 in Spanien von der sowjetischen Geheimpolizei ermordet. Vgl. *Zur Mühlen*, Spanien, S. 192–199.
4 Stivin, Josef, tschechoslowakischer Sozialdemokrat, 1935–38 Mitglied der SAI-Exekutive.
5 Für den Februar 1938 hatte der Völkerbund eine »Internationale Staatenkonferenz zur Regelung der Rechtsstellung der deutschen Flüchtlinge« nach Genf einberufen. Vgl. Internationale Information 15. Jg., 18. Januar 1938, S. 16.
6 Im November 1937 trat auf Einladung des Völkerbunds eine Anti-Terrorismus-Konferenz zusammen, die zwei Konventionsentwürfe ausarbeitete. Die SAI kritisierte die Entwürfe, weil sie das Asylrecht bedrohten. Vgl. Internationale Information 14. Jg., 23. Oktober 1937, S. 429; 30. Dezember 1937, S. 486; Archiv der Gegenwart 7. Jg., 16. November 1937.

Ollenhauer berichtet dann über die Büro-Sitzung der SAI, in der Adler über den Besuch eines deutschen Genossen Mitteilungen gemacht hat. Der Bericht dieses Genossen, mit Angaben über die Situation in Deutschland, wurde vervielfältigt und sollte im Büro und der Exekutive vorgelegt werden.[7]

Bauer hatte eine Sammlung der deutschen sozialdemokratischen Gruppen gewünscht. Wels hat erst in der Sitzung von diesen Plänen Kenntnis erhalten. Er hat erklärt, daß es ihm nicht möglich sei, Stellung zu dem Vorschlag zu nehmen. (Es handelt sich um die gleiche Berliner Gruppe[8], über die wir bereits gesprochen haben.[9]) Er hat stärkste Bedenken gegen die Verbreitung des Berichtes geäußert. Es wurde darauf der Beschluß gefaßt, den Büromitgliedern dieses Schriftstück nur zur Kenntnis zu geben und es dann darauf wieder einzusammeln. Nach der Sitzung hat auf Wunsch von Wels eine Besprechung mit Adler und de Brouckère über diese Gruppe stattgefunden.

Crummenerl berichtet ausführlich über die erfolgte Sitzverlegung des »Neuen Vorwärts«.[10] Es haben sich bei der Herausgabe größte Schwierigkeiten herausgestellt. Ebenso war es außerordentlich schwierig, die Visumbeschaffung durchzusetzen. Auf den Namen von Crummenerl ist ein Bankdepot eingerichtet worden, für das Geyer Prokura hat. Als Druckerei wurde die Imprimerie Union gewählt. Ein Vertrag ist mit ihr nicht gemacht worden, da das nicht erforderlich war. Als Gérant für die Zeitung ist ein Redaktionssekretär des Populaire gefunden worden.[11] Als Umbruchhilfe ist vorläufig ein Genosse Fuchs engagiert worden. Ebenfalls ist die handelsgerichtliche Eintragung erfolgt und das Büro auf Geyers Namen für ein Jahr zum Preise von 3 600 Frs. und 75 Frs. monatliche Reinigung gemietet worden. Der Gesamtkostenpunkt bis 20. Januar einschließlich aller Unkosten und der Miete war ca. 5 200 frs.Frs. Er hofft, daß damit alles geregelt ist, befürchtet jedoch, daß erst noch Schwierigkeiten, und zwar erstens mit Hachette und zweitens mit der Zeitung von Max Braun, kommen.[12]

Adler hat von Huber wegen Konzentra-Fragen einen Brief bekommen. Man hat bei Huber angefragt, ob irgendwelche Ansprüche gestellt werden.[13] Eine Besprechung mit Dr. Löwenfeld hat zu dem Resultat geführt, daß dieser eine pessimistische Auffassung über die Möglichkeit, Geld auf diese Weise zu erhalten, geäußert hat.[14] Mit Nikolajewski hat ein Ge-

---

7 Vgl. Nr. 102, Anm. 2.
8 Vorlage: »Berliner Gruppe« hs. unterstrichen.
9 Vgl. Nr. 102, Anm. 2.
10 Vorlage: »Sitzverlegung des ›Neuen Vorwärts‹« hs. unterstrichen.
11 Lt. Impressum des »Neuen Vorwärts« war Maurice Coquet, Redakteur des SFIO-Organs »Le Populaire«, Gérant (Herausgeber) der Zeitung.
   Coquet, Maurice, 1895–1975, sozialistischer französischer Journalist, Redakteur des SFIO-Organes »Le Populaire«.
12 Braun war Chefredakteur der Pariser Wochenzeitung »Deutsche Freiheit«; vgl. *Maas*, Bd. 1, S. 160. Hachette ist Frankreichs wichtigster Presse-Grossist.
13 Man, Hendrik de, 1885–1953, belgischer Sozialist und Sozialpsychologe, 1933–1939 stellv. und 1939/40 Vorsitzender der Belgischen Arbeiterpartei, 1935/36 und 1936–40 Minister.
14 Der Brief konnte nicht aufgefunden werden. Mit »Konzentra-Fragen« sind die Ansprüche auf das 1933 beschlagnahmte Vermögen der »Konzentration AG. Sozialdemokratische Druckerei- und Verlagsbetriebe« gemeint; vgl. Nr. 150, Anm. 10. Der Rechtsanwalt Dr. Johannes Huber, St. Gallen, vertrat die »Aktiengesellschaft für Zeitungsunternehmungen«, Zürich, die letzte Besitzerin der »Konzentrations«-Aktien war. Am 4. Januar 1938 hatte das Schweizer Außenministerium Huber informiert, daß am 9. Dezember 1937 im deutschen Reichsgesetzblatt ein Gesetz über Entschädigungen bei der Einziehung von Vermögen veröffentlicht worden sei; vgl. IISG Amsterdam, SAI, Nr. 4052 f.
   Löwenfeld, Philipp, gest. ca. 1960/62, Rechtsanwalt in München, Mitglied und Anwalt der SPD, Emigration 1933 Schweiz.

spräch über die Archiv-Angelegenheiten stattgefunden. Es ist die Frage, ob wir doch nicht mit dem Internationalen Institut in Holland wegen des Verkaufes des Archivs verhandeln.

Vogel fragt, wie Crummenerl sich die Verwaltung des »Neuen Vorwärts« vorstelle. Crummenerl hält es für notwendig, daß sofort Maßnahmen ergriffen werden.

Wels gibt zu bedenken, daß wir in Frankreich noch Schwierigkeiten mit unserer Zeitung bekommen können, da eine Gesetzesvorlage eingebracht ist, die die Versendung von Zeitungen in fremder Sprache unterbinden würde.

Crummenerl hält es trotz dieser Besorgnisse für erforderlich, daß sofort etwas geschieht, und er schlägt vor, daß wir Heine mit der Geschäftsführung beauftragen.

Es wird so beschlossen und Heine beauftragt, alle Vorbereitungen zu treffen.
Schluß der Sitzung.

Nr. 104
Protokoll der Parteivorstandssitzung am 8. Februar 1938
SAPMO Berlin, ZPA, II 145/55, Bl. 6 f.

Vorstandssitzung vom 8. Februar 1938

Anwesend: Vogel, Crummenerl, Rinner, Ollenhauer, Hertz, Stampfer, Stahl, Arnold, Heine[1]

Wels:[2] Genosse Hertz wollte uns eine Ausarbeitung über unsere künftige Arbeit und die Konzentration der sozialdemokratischen Kräfte vorlegen und uns darstellen, in welcher Weise er sich die Entwicklung denkt. Ebenso sollte uns die dem Genossen Adler übergebene Denkschrift des Berliner Kreises[3] gesandt werden.[4] Bisher ist aber nur die zweite Hälfte dieser Denkschrift eingetroffen. Es ist notwendig, über gewisse schwelende Differenzen zwischen uns offen zu sprechen.

Hertz erklärt, daß seine Ausarbeitung nahezu fertig sei, daß er jedoch nicht über den genauen Termin der Sitzung informiert war und deshalb noch nicht soweit ist. Außerdem hält er es für erforderlich, daß das Dokument der Berliner vollständig vorliegt.

Es wird beschlossen, die Verhandlungen über diesen Punkt auf morgen zu vertagen.

Hertz wirft die Frage auf, ob wir nicht angesichts der Ereignisse in Deutschland[5] Stellung nehmen und unsere Leute in Deutschland durch die Herausgabe einer Nummer der »Sozialistischen Aktion« unterrichten sollen.

Wels hält die Information unserer Genossen für erforderlich.

Crummenerl ist der Ansicht, daß wir den Vorschlag von Rinner, für diesen Zweck unsere Maschine zu benutzen, akzeptieren sollten, da die Sache ja schnell herausgehen muß.[6]

---

1 Außerdem anwesend: Wels.
2 Hs. Randbemerkung: »10-Punkte-Gruppe«, Handzeichen und Datum unleserlich.
3 Vorlage: »Berliner Kreises« hs. unterstrichen.
4 Zur Denkschrift vgl. Nr. 102, Anm. 2.
5 Ende Januar/Anfang Februar 1938 wurden zuerst der Reichskriegsminister Blomberg, dann der Heeres-Oberbefehlshaber Fritsch abgesetzt und das »Oberkommando der Wehrmacht« unter Führung Hitlers gebildet.
Blomberg, Werner von, 1878–1946, General, ab 1933 Reichswehrminister, 1935–1938 Reichskriegsminister und Oberbefehlshaber der Wehrmacht.
Fritsch, Werner Frhr. von, 1880–1939, General, 1935–38 Oberbefehlshaber des Heeres.
6 Gemeint ist hier wahrscheinlich eine im Sopade-Büro befindliche Abzugsmaschine.

Ollenhauer schlägt vor, den Text in Karlsbad setzen zu lassen und wegen des Verbots der Publikation im Ausland zu drucken.

Hertz faßt seine Meinung über das Wesen der gegenwärtigen Krise dahin zusammen, daß Hitler den konservativen Elementen in der Armee einen tödlichen Schlag versetzt. Er hat ebenfalls durch die radikale Umstellung im Wirtschaftsministerium der Bürokratie eine Niederlage bereitet.[7]

Stampfer: Aus dem Beruf der Generale heraus muß es immer wieder zu einem Gegensatz zwischen Armee und NSDAP kommen. Die Verlagerung des Schwergewichts in der Armee nach unten, die Hertz annimmt, sieht Stampfer nicht.

Rinner stellt zwei Tatsachen in den Vordergrund; erstens: Hitler hat zwei Dutzend Generale absetzen können, zweitens: keines der sachlichen Probleme ist durch die Personalveränderungen gelöst. Es ist noch nicht zu übersehen, ob Hitler einen entscheidenden Erfolg hatte. Es ist möglich, daß die Verschärfung der sachlichen Gegensätze und Schwierigkeiten zu einem neuen Ausbrechen einer weiteren Krise führt, die dann vielleicht nicht mehr gelöst werden kann.

Wels: Hitler hat seit Hindenburgs Tod die totale Macht in Händen.[8] Da die Spuren des 30. Juni schrecken, hat man diesmal diesen Weg gewählt. Er ist ein Beweis dafür, daß die Reden von der Volksgemeinschaft allein noch keine Volksgemeinschaft selbst ist. Offenbar handelt es sich um Differenzen in außenpolitischen Fragen (Österreich, Rußland), wobei die Bemühungen der Wehrmacht sichtbar sind, nicht in weitere europäische Streitigkeiten zu geraten, aus Furcht vor innerpolitischen Schwierigkeiten. Wels wehrt sich aber gegen die Formulierung, daß Hitler nicht nur Beherrscher der unbewaffneten Bevölkerung, sondern auch des bewaffneten Teiles sei. Man muß auch die Ermüdungserscheinungen im Volk berücksichtigen. Besonders zu beachten ist auch, daß das Regime bisher zwei große Konflikte gehabt hat. Beide haben um denselben Komplex, die Reichswehr, gekreist.

Hertz: Es stimmt, daß beide große Konflikte um die Reichswehr gekreist haben. Man muß aber bedenken, daß ein wesentlicher Unterschied, ja ein Gegensatz zum 30. Juni besteht. Damals sind Reichswehrwünsche befriedigt worden, jetzt dagegen hat Hitler über die Reichswehr Entscheidungen treffen können, und zwar deshalb Entscheidungen treffen können, weil zum Unterschied zu damals die Wehrmacht ein Volksheer und nicht mehr eine Kader-Armee ist.

Der von Wels erwähnte Ermüdungsprozeß ist sicher sehr wichtig zu beobachten, aber er hat doch auch zwei Seiten. Er führt sehr leicht zu einer apolitischen Einstellung des Menschen, die das Regime bewußt herbeiführt.

---

[7] Ende November 1937 wurde Schacht als Wirtschaftsminister abgelöst; sein Nachfolger wurde der bisherige Pressechef der Reichsregierung, Funk. Gleichzeitig wurde das Wirtschaftsministerium grundlegend umorganisiert. Über den Personenwechsel hinaus bedeutete dieser Schritt das Ende der »Phase der noch stark marktwirtschaftlichen Orientierung der NS-Wirtschaftspolitik« und den Übergang zu einer »intensivere[n] Form staatlicher Planung und Lenkung, die zur Erreichung der rüstungs- und autarkiewirtschaftlichen Ziele des Vierjahresplans erforderlich war.« Dem Wirtschaftsministerium wurde »weitgehend die Essenz wirtschaftspolitischer Entscheidungen [entzogen]«. Vgl. *Martin Broszat*, Der Staat Hitlers, in: Deutsche Geschichte seit dem Ersten Weltkrieg, Bd. 1, Stuttgart 1971, S. 501–839, hier S. 770 f.
Schacht, Hjalmar, 1877–1970, deutscher Finanzpolitiker, 1933–39 Reichsbankpräsident, 1935–37 Reichswirtschaftsminister und Generalbevollmächtigter für Wehrwirtschaft, bis 1943 Minister ohne Geschäftsbereich, ab Juli 1944 KZ Flossenbürg, in Nürnberg freigesprochen, Finanzberater.
Funk, Walther, 1890–1960, 1933 Pressechef und Staatssekretär im Propagandaministerium, 1938–45 Reichswirtschaftsminister, 1939 Reichsbankpräsident, 1946 in Nürnberg zu lebenslanger Haft verurteilt.

[8] Hindenburg, Paul von Beneckendorff und von, 1847–1934, Generalfeldmarschall, 1925–34 Reichspräsident.

Rinner gibt zu bedenken, daß auf der anderen Seite durch die Entpolitisierung jede Mitwirkung der Massen für das Regime allmählich verhindert wird.

Hertz glaubt, von Mißstimmungen in Wellenbewegungen sprechen zu können. Die jetzige Verstärkung der Unzufriedenheit wird ihren Grund darin haben, daß in den letzten zwei Jahren kein wirklicher außenpolitischer Erfolg erzielt werden konnte. Er hält es für möglich, daß durch neue Erfolge diese Ermüdungserscheinungen abgelöst werden können. Er hat die Vorstellung, daß, solange das Regime allen Schwierigkeiten ausweichen kann, ohne daß die Massen in Rebellion geraten, daß Hitler solange existieren kann.
Schluß der Sitzung.

Nr. 105
Brief von Paul Hertz an Friedrich Adler vom 11. Februar 1938 mit Bericht über die Parteivorstandssitzungen am 9. und 10. Februar 1938

IISG Amsterdam, NL Hertz, S. 10, Mappe K, Nr. 7, maschinenschriftliche Durchschrift[1]

Lieber Genosse Adler,

meine Aufzeichnung über die Sammlung der deutschen Sozialdemokratie ist am 9. und 10. Februar im PV ausführlich erörtert worden.[2] Die erste Sitzung wurde mit der Stellungnahme von O[tto] W[els], S[iegmund] Cr[ummenerl], E[rich] O[llenhauer], H[ans] V[ogel] und E[rich] R[inner] ausgefüllt. In der zweiten Sitzung erwiderte ich. O[tto] W[els] ist in letzter Zeit gesundheitlich nicht auf dem Posten. Er mußte die zweite Sitzung vorzeitig verlassen, da er eine Grippe mit Fieber hat.

Aus den Erörterungen der beiden Tage möchte ich folgende wichtigen Gedankengänge hervorheben:

O[tto] W[els] bestritt, daß die Sopade ihren treuhänderischen Standpunkt aufgegeben habe. Unter Treuhänderschaft versteht er lediglich die Verpflichtung, gegen eine Assimilierung an nationalsozialistische Ideen zu wirken. Zu dem Dokument der 10 Punkte-Gruppe[3] nahm er sachlich nicht Stellung. Er erwähnte den Namen des Leiters im Zusammenhang mit dem Namen Josef Ernst, des früheren unabhängigen Reichstagsabgeordneten aus Westfalen. Ernst ist kürzlich von einem tschechischen Gericht wegen Spionage zu lebenslänglichem Zuchthaus verurteilt worden. Selbstverständlich wollte O[tto] W[els] den Führer der 10 Punkte-Gruppe damit nicht des gleichen Delikts beschuldigen. Es war wohl mehr ein unglücklicher Zungenschlag, um wenigstens einen Grund zu haben, seinen Standpunkt

---

1 Dem Brief von Hertz liegen 11 Seiten hs. Notizen zugrunde, die er offenbar während der Sitzung machte. Sie sind fälschlich von Hertz selbst auf den 9. Februar 1937 datiert. Eine inhaltliche Überprüfung ergab aber, daß sie die Sitzung vom 9. Februar 1938 betreffen. In einzelnen Formulierungen gibt es sogar wörtliche Übereinstimmungen zwischen den Notizen und dem Brief. Da die Notizen in Form von Stichworten oder unvollständigen Sätzen niedergeschrieben wurden, außerdem keine grundlegenden weiteren Informationen als der Brief enthalten, haben wir uns für den Abdruck des Briefes entschieden. Zudem ist in den Notizen nicht immer klar erkennbar, wo die Protokollierung von Diskussionsbeiträgen endet und das Notieren von Argumenten für Hertz' eigene Beiträge beginnt. Die Notizen in: IISG Amsterdam, NL Hertz, S. 20, Mappe XXIII, Aufzeichnungen II, Protokolle 1938.
2 Die Denkschrift von Hertz vom 7. Februar 1938 in: AdsD Bonn, NL Hertz, MF XI.
3 Vgl. Nr. 102, Anm. 2.

zu rechtfertigen, daß er der allerletzte sei, mit dem er sich zusammensetzen werde.[4] Den Gedanken der Sammlung lehnte er nicht grundsätzlich ab. Einmal äußerte er, wenn er auf den Plan eingehen solle, müsse ein Mindestmaß von Vertrauen bestehen. Der Schluß seiner Rede aber gipfelte in der Erklärung[5], Miles ist nicht die Sozialdemokratie, und ich habe nicht einmal das mindeste Maß von Vertrauen.

S[iegmund] Cr[ummenerl] hielt eine klare und durchdachte Rede, die beste, die ich seit Jahren von ihm gehört habe. Die Schäden, die die Zersplitterung hervorgerufen habe, seien unbestritten. Er zweifle jedoch, ob auf dem von mir vorgeschlagenen Wege eine größere Einheit erzielt werden könne, befürchte vielmehr, daß die bestehenden Gruppen verewigt und neue Gruppen gebildet würden. Er glaube auch nicht, daß die »Arbeitskörperschaft« arbeitsfähig sein werde. Zusammenarbeit sei nur möglich, wenn vorher volles Vertrauen geschaffen werde. Wenn unsere Mittel alle sind, dann gibt es nur Abbau. Wir können eben die organisatorischen Aufgaben nicht mehr durchführen, es ist auch nicht berechtigt, sie im bisherigen Ausmaß zu betreiben. Ich weiß, daß das ein negativer Standpunkt ist, aber ich sehe keine andere Möglichkeit.

E[rich] O[llenhauer] meinte, die Sozialdemokratie habe sich durchgesetzt, die Gruppen würden abgelehnt. Es könne aber keine Rede davon sein, daß Partei und Gruppen gleichberechtigt seien. Er äußerte auch Zweifel, ob eine Sammlung möglich sei. Innerdeutsche Verbindungen, die uns fern stehen (10 Punkte) sollen sich eingliedern. Als selbständige Gruppe existiere doch nur noch Neu Beginnen. Man weiß leider zu wenig über ihre politische Zielsetzung, über ihre organisatorischen Methoden und über ihre persönlichen Verbindungen. Er glaube auch, daß der Vorschlag von Hertz eine Konservierung der Gruppen bedeute. Zusammenarbeit sei nur bei Vertrauen möglich, jetzt habe es niemand. Man müsse zunächst Klärung darüber schaffen, ob die Milesgruppe auf ihre Selbständigkeit auch wirklich zu verzichten bereit sei.

H[ans] V[ogel] schloß sich den Auffassungen von S[iegmund] Cr[ummenerl] und E[rich] O[llenhauer] an. Hätte Hertz mit Willi Müller[6] gebrochen, bestände überhaupt das Problem der Sammlung nicht. In dem Dokument der 10 Punkte-Gruppe seien zwei Punkte besonders interessant: 1. der Wandel in der Haltung zu den Kommunisten, und zweitens die Bemerkung, die Gruppe habe weit mehr Bedeutung als der PV. In dieser Äußerung zeige sich dieselbe Überheblichkeit wie in der Bemerkung in dem Brief an die Volksfront in Paris, daß die Führung durch die Macht der Tatsachen auf die Gruppe übergegangen sei.

E[rich] R[inner] bezeichnet als Kernfrage, wie man die Milesgruppe einschätze. Man wolle nur unsere Einrichtungen benutzen, führe also einen Machtkampf. Das sei unmoralisch. Die Anregung von Hertz sei die Fortsetzung des Machtkampfes auf neuer Basis. Aber auch dieser Weg zur Verständigung ist nicht gangbar.

Bei den vier erstgenannten Genossen stößt zwar mein Vorschlag auch auf sehr starke sachliche Bedenken, die durch die persönliche Verbitterung verstärkt werden. Ihre Haltung ist nicht völlig einheitlich. E[rich] O[llenhauer] sprach in Frageform aus, was S[iegmund] Cr[ummenerl] als Feststellung äußerte. Das gilt insbesondere in der Frage, ob es möglich sei, eine Vertrauensbasis herbeizuführen. Völlig ablehnend war nur E[rich] R[inner], doch wird seine moralische Begründung von niemanden unterstützt. Das ist ja gerade der Punkt, den man bei den Auseinandersetzungen vermeiden will.

Die entscheidende Frage ist daher, ob man das Gefühl, es sei möglich, zu einer vertrauensvollen Zusammenarbeit zu kommen, stärken kann. Stampfer hat sich an der Debatte bisher nicht beteiligt. In einer persönlichen Aussprache mit mir nach der zweiten Sitzung

---

4 Vorlage: »werde« hs. ergänzt.
5 Vorlage: »Drohung« durchgestrichen und hs. durch »Erklärung« ergänzt.
6 D. i. Karl Frank.

hat er jedoch den Wunsch nach einer Unterhaltung mit Willi Müller geäußert. Die Unterhaltung wird in der nächsten Woche stattfinden.

In meiner Antwort habe ich mich nicht nur damit begnügt, die beiden Einwände, Verewigung der Gruppen und Fehlen der Vertrauensbasis zu widerlegen. Ich habe auch näher dargelegt, daß die Sammlung mit der schrittweisen Herstellung von Verständigung und Zusammenarbeit auf einzelnen Gebieten beginnen müsse und sich alles weitere daraus entwickeln werde. Ich könne mir nicht vorstellen, daß wir uns damit begnügen, nur in der einen Erkenntnis einig zu sein: die Zersplitterung ist schädlich. Möge in der Kritik zu meinem Vorschlag auch noch so viel Berechtigtes stecken, so sei doch entscheidend, daß niemand positiv gesagt habe, wie wir aus der Sackgasse herauskommen, in die wir durch die politischen und finanziellen Schwierigkeiten geraten seien. Der Standpunkt von S[iegmund] Cr[ummenerl], es bleibe uns überhaupt nichts anderes möglich als abzubauen, sei doch verhängnisvoll, zum ersten Mal eröffnet die Situation in D[eutschland] unserer Arbeit neue Aussichten. Da könne man doch nicht kapitulieren.

Die Fortsetzung der Aussprache wird stattfinden, wenn E[rich] O[llenhauer], der zu einer Tagung der Jugendinternationale nach Brüssel kommt, zurückgekehrt ist, also in etwa zehn Tagen.

Ich will Ihnen außerdem berichten, daß auch eine Entscheidung wegen der »S[ozialistische] A[ktion]« getroffen worden ist. Ich werde jetzt eine neue Nummer machen. Wie und wo sie hergestellt wird, wird in den nächsten Tagen entschieden. Daß ein selbständiges Organ für drinnen notwendig ist, war unbestritten. Eine Anregung, es technisch mit den Deutschlandberichten zu verbinden, wurde nicht beachtet. Der Plan, die »S[ozialistische] A[ktion]« aufzugeben, ist praktisch erledigt, wenn auch der Beschluß, sie regelmäßig fortzusetzen, erst mit dem Beschluß über unsere allgemeine Arbeit gefaßt werden wird.

Über meine weiteren Absichten werde ich Sie unterrichten.

Einen genauen Bericht über den Verlauf der Genfer Tagung[7] habe ich von dem Sekretär der Zentralvereinigung Deutscher Emigranten angefordert. Ich kann Ihnen wahrscheinlich in ein paar Tagen einen orientierenden Artikel schreiben.

Mit besten Grüssen

---

7 Vgl. Nr. 103, Anm. 5.

Nr. 106
Protokoll der Parteivorstandssitzung am 22. Februar 1938

SAPMO Berlin, ZPA, II 145/55, Bl. 8 f.

Vorstandssitzung vom 22. Februar 1938
Anwesend: Vogel, Crummenerl, Rinner, Ollenhauer, Hertz, Stampfer, Stahl, Arnold, Heine.
Genosse Wels ist erkrankt und kann an der Sitzung nicht teilnehmen,

Vogel: Die Frage der Gruppenzusammenfassung[1] muß vertagt werden, da die Lage in Österreich im Vordergrund aller Interessen steht und die Behandlung dieser Frage vordringlich ist. Es ist notwendig, die sich aus dieser Entwicklung ergebenden Zwangsläufigkeiten durchzuführen. Wir werden die Arbeit in der CSR umstellen müssen und uns auf

---

1 Vgl. dazu die Diskussionen in Nr. 105, Nr. 107 und Nr. 108.

eine illegale Form beschränken. Im Zusammenhang damit steht die Frage, ob wir noch für längere Zeit den Sitz des Parteivorstandes in Prag belassen sollen und können. Wir sollten heute dazu Stellung nehmen und einen entsprechenden Entschluß fassen. Die Entwickung spricht nach meiner Auffassung für eine Sitzverlegung. Schon jetzt den Zeitpunkt zu bestimmen, wird schwierig sein. Wir sollten vielmehr die Sache sukzessive[2] vornehmen und etwa so vorgehen, daß z. B. zunächst die Redaktion der »Grünen Berichte« übersiedelt. Die Gesamtumorganisierung sollte jedoch soweit forciert werden, daß spätestens am 30. Juni die Übersiedlung[3] abgeschlossen ist.

Der Sitz des Parteivorstandes wird in Zukunft wahrscheinlich Paris[4] sein. Jedenfalls halte ich das für das Zweckmäßigste. Ich schlage vor, zu beschließen, den Sitz des Parteivorstandes nach dem Westen zu verlegen und in denkbar kürzester Zeit die Umorganisierung auch hier in Angriff zu nehmen und vorher mit Adler und Brouckère über die Frage zu sprechen. Außerdem sollten wir Crummenerl beauftragen, die Dinge im Westen vorzubereiten und die notwendigen Gespräche durchzuführen.

Ollenhauer teilt die Besorgnisse von Hans Vogel und ist mit seinen Vorschlägen einverstanden. Es ist richtig: Österreich ist ein Gefahrenpunkt. Wir sollten nichts überstürzt machen und vor allen Dingen mit Taub eingehende Aussprachen halten.

Stampfer ist ebenfalls einverstanden mit dem Zusatz, daß eine Festsetzung des Termins auf den 30. Juni unter den heutigen Verhältnissen natürlich fragwürdig ist.

Crummenerl: Ich teile die Auffassung von Vogel. Auch ich glaube, daß wir damit rechnen müssen, daß »Deutschland-Berichte« und organisatorische Arbeit hier kaum auf die Dauer geduldet werden. Schwierigkeiten sehe ich besonders für die Grenzstützpunkte, und ich fürchte, daß sich diese Schwierigkeiten häufen werden. Ich halte es durchaus für möglich, daß in verhältnismäßig kurzer Zeit weitere Maßnahmen gegen unsere organisatorische Tätigkeit durchgeführt werden.

Für Paris spricht, daß der »Neue Vorwärts« bereits dort ist, dagegen spricht, daß die Sprachschwierigkeiten und die hohen Kosten des Aufenthalts in Paris gewisse Hemmungen für uns bedeuten. Die Frage aber ist, ob wir in Brüssel überhaupt unterkommen können. Entscheidend ist, wo können wir arbeiten und wo können wir es zweckmäßig tun.

Hertz: Crummenerl wünscht Reorganisation des Büros. Mir scheint es zweckmäßig zu sein, die Aussprache damit zu verbinden.

Vogel schlägt vor, das von einer Aussprache mit Taub abhängig zu machen. Es ist klar, daß nicht der gesamte Apparat überführt werden kann. Wir haben mit Taub seinerzeit darüber gesprochen. Er will rechtzeitig informiert sein und unter Umständen die hier verbleibenden Genossen da und dort unterbringen.

Crummenerl: Auch ich bin der Auffassung, daß wir, bevor etwas geschieht in bezug auf Übersiedlung, diese Fragen zu regeln haben.

Hertz gibt zu bedenken, daß jede Maßnahme gegen uns auch die hiesige Partei trifft. Er hält es deshalb für fraglich, ob Taub jetzt und in Zukunft überhaupt noch Möglichkeiten hat.

Vogel: Taub ist der Auffassung, daß ein freiwilliges Verlassen der CSR nicht zweckmäßig ist. Er faßt dann zusammen, daß Widerspruch gegen seinen Vorschlag: im Prinzip die Sitzverlegung nach Westen zu beschließen, Verhandlungen in Paris und Brüssel durch Crummenerl führen zu lassen und mit Taub zu sprechen, nicht erhoben wird.[5] Schluß der Sitzung.

---

2 Vorlage: »succesive«.
3 Vorlage: »Übersiedlung« hs. unterstrichen.
4 Vorlage: »Paris« hs. unterstrichen.
5 Vorlage: »werden«.

Nr. 107
Protokoll der Parteivorstandssitzung am 24. Februar 1938

SAPMO Berlin, ZPA, II 145/55, Bl. 10–16

Vorstandssitzung vom 24. Februar 1938

Anwesend: Vogel, Crummenerl, Rinner, Ollenhauer, Hertz, Stampfer, Stahl, Arnold, Heine.

Vogel bittet den Genossen Hertz, seine Vorschläge nochmals kurz präzisiert zu machen, da die letzte Sitzung keine Gelegenheit dazu bot.

Ollenhauer berichtet vorweg über ein Gespräch, das er mit Taub gehabt hat. Taub teilt unsere Auffassung über die Sitzverlegung. Er hält es jedoch für fraglich, daß uns so viel Zeit für die Abwicklung unserer Arbeit bleibt, wie wir vorgesehen haben. Er hat die größten Besorgnisse, daß wir mit die ersten Opfer der gegenwärtigen Entwicklung sind. Taub ist bereit, einige unserer Vertrauensleute, die in der CSR bleiben sollen, gegenüber den amtlichen Stellen zu halten und notfalls hiesige Parteigenossen für diese Dinge einzusetzen.

Hertz: Es ist notwendig, daß wir unsere Arbeit künftig unter anderen Gesichtspunkten als bisher fortsetzen. Unsere wesentliche Aufgabe im Westen wird es sein, die Arbeiten in Deutschland zu unterstützen. Wir müssen zu der Erkenntnis gelangen, daß wir vor der Aufgabe, die Sammlung der sozialdemokratischen Kräfte zu beginnen, stehen. Diese Sammlung ist bisher mit unzulänglichen Kräften und nicht mit dem nötigen Ernst betrieben worden. Das wird anders werden, wenn wir uns mit unserer Autorität in die Waagschale legen. Das Pariser Milieu wird uns etwas abdrängen von unserem Blick nach Deutschland, es wird aber auch notwendig sein, ein gutes Verhältnis zur dortigen Emigration und den dortigen Parteien herzustellen. Wenn wir nicht den Versuch machen, uns in die Sammlungsbewegung einzuspannen oder noch besser, diese Sammlungsbewegung zu führen, dann werden die westlichen Parteien sich für keine der streitenden Gruppen einsetzen und wir müßten losgelöst von der Partei des Gastlandes arbeiten. Die Übersiedlung muß verbunden sein mit dem festen Willen, sich mit den dort ansässigen Sozialdemokraten in Verbindung zu setzen. Einzelheiten jetzt anzugeben, scheint müßig. Die entscheidende Frage ist, ob wir überhaupt bereit sind, Verständigung mit den anderen Teilen zu suchen.

Die Gruppen sind notwendige Ergebnisse der Tatsache, daß es keine einheitliche Sozialdemokratie mehr gibt. Wenn es eine einheitliche Führung in der Partei gibt, dann ist die Liquidierung der Gruppen erforderlich. Im Westen ist es so, daß die dortige Emigration fast schon als die Sozialdemokratische Partei Deutschlands von unseren Bruderparteien angesehen wird. Hauptgesichtspunkt unserer Sammlungsbewegung muß nicht sein, daß wir eine Verständigung mit den Gruppen wegen der Gruppen suchen, sondern daß wir die Verständigung wegen der Einheitsbestrebungen in Deutschland suchen.

Stampfer: Wir haben alle den Wunsch, zur Übereinstimmung zu kommen und zu einem neuen Bund zu gelangen.[1] Aber es ist notwendig, die persönliche Seite der Sache zu beleuchten und die persönlichen Angelegenheiten zu bereinigen und auszuräumen. Sie, Paul Hertz, haben wertvolles über die Einigkeit gesprochen. Aber alle hier haben das Gefühl, daß Sie, Paul Hertz, die Einigkeit nicht gefördert, sondern die Zerrissenheit in unser Haus getragen haben. Sie haben uns in der vorigen Woche einen Bericht über die Tätigkeit einer Gruppe und Ihrer Mitarbeit daran gegeben. Wir haben in all diesen Jahren auch immer wieder etwas von dieser Tätigkeit dieser Gruppe gehört, aber alles, was wir hörten, war immer nur gegen uns gerichtet. Ich bin zu Ihnen gekommen, ich habe Sie gefragt, und Sie ha-

---

1 Vorlage: »einem neuen Bund zu gelangen« hs. unterstrichen.

ben mir Ihr Wort gegeben, daß Sie stets loyal sind und loyal bleiben werden. Ich bin danach zu den anderen Kollegen gegangen und habe ihnen das gesagt. Man hat es mir nicht geglaubt und man hat Recht gehabt. Sie, Paul Hertz, haben mich getäuscht. Ich habe mich mit meinem Glauben an Sie blamiert. Das habe ich nicht verdient.

Damit möge das Persönliche erledigt sein. Zum Sachlichen: Man hat den Punkt unseres Programm[s], der den Gruppen galt, mißbraucht und entstellt. Ganz eindeutig geht aus diesem Punkt dieses Programmes hervor, daß wir gegen die Selbstzerfleischung auf das schärfste Stellung nehmen. Im Geschäftsleben wäre das, was von den Gruppen getrieben wurde, Schmutzkonkurrenz und unlauterer Wettbewerb. Man redet soviel von angeblichen politischen Meinungsverschiedenheiten, die zu der Bildung der Gruppen und zu den Differenzen geführt haben. Ich sage rundheraus, daß ich das zu 99 % für Schwindel halte. Wo sind denn die Meinungsverschiedenheiten? Ich sehe nur den Willen, diese Dinge künstlich zu schaffen, um die persönliche Existenz zu erhalten.

Die Gruppe »Neu Beginnen« wäre die letzte, die sich auf unsere Januar-1934-Erklärung stützen könnte. Diese Gruppe besteht seit 1929 als Geheimbund, abgedeckt gegenüber dem Parteivorstand. Diese Gruppe hat unter der Parole der Einheitsfront kommunistische Zellenbildung geplant. Hätten wir von ihrer Existenz rechtzeitig Kenntnis gehabt, dann wären wir gegen sie genauso vorgegangen, wie wir gegen den Nelson-Bund[2] vorgegangen sind.

Worin bestehen eigentlich die großen grundlegenden Meinungsverschiedenheiten zwischen den Gruppen und uns? Willi Müller[3] ist zwar nicht für eine Einheitsfront Hals über Kopf, aber für eine bessere Verbindung (in Richtung auf die Volksfront) mit Italienern usw. usw. Das ist etwa die gleiche Auffassung, wie ich sie habe. Das rechtfertigt aber doch keinesfalls, diesen gehässigen Kampf zu führen, der von dieser Gruppe geführt wird. Ich frage mich, welchen Beitrag will die Gruppe »Neu Beginnen« zur Einigkeit leisten. Man hat uns hier gesagt, daß sie die Angriffe einstellen wolle und daß die Zeit der Heimlichkeiten vorbei sein solle.

Was sollen wir tun? Die Frage ist, ob wir nach dem, was ist, Konsequenzen aus den Vorgängen ziehen müssen. Ich finde, es ist sehr schwer zu rechtfertigen, daß wir Gewesenes gewesen sein lassen sollen. Es ist moralisch sehr schwer zu rechtfertigen, aber es ist m. E. politisch notwendig. Ich halte es für unmöglich, die Einigung mit einer Spaltung zu beginnen, und ich halte es für schwer möglich, eine Spaltung zu machen und dann nach Paris zu gehen. Ich komme deshalb zu dem Schluß, daß wir unter die Vergangenheit einen Strich ziehen sollen.

Der Vorschlag von Hertz, einen Arbeitskreis zu bilden, scheint mir nicht zweckmäßig zu sein. Hertz kann doch als Abgesandter[4] der Gruppe im PV gelten. Außerdem besteht hier in Prag ein Emigranten-Ausschuß[5] mit dem gleichen Ziel, das der Arbeitskreis verfolgen sollte.

Die Gruppen müssen verschwinden, vielleicht nicht von heute auf morgen, aber auf alle Fälle mit kurzen Terminen. Wir müssen den Grundsatz aufstellen, daß Mitglieder des Par-

---

2 D. i. der ISK.
 Nelson, Leonard, 1882–1927, Prof. in Göttingen, Theoretiker eines ethischen Sozialismus, 1917 Gründer des »Internationalen Jugend-Bundes«, 1925 Ausschluß aus SPD, ab 1925 »Internationaler Sozialistischer Kampfbund« (ISK).
3 D. i. Karl Frank.
4 Vorlage: »Ab-« hs. eingefügt.
5 Stampfer dürfte den Ausschuß gemeint haben, dessen Einrichtung eine Versammlung der deutschsprachigen sozialdemokratischen Emigranten in Prag am 2. Februar 1938 grundsätzlich beschlossen hatte, dessen Wahl aber vorerst vertagt worden war. Vgl. dazu die Notizen von Hertz in: IISG Amsterdam, NL Hertz, S. 20, XXIII, Aufzeichnungen II.

teivorstandes und Mitarbeiter des Parteivorstandes uns über alle ihre politische Tätigkeit vollkommen Aufklärung zu geben haben. Wenn nochmals ein Bund der Zusammenarbeit gegründet werden soll, dann scheint mir das die erste Voraussetzung dafür zu sein. Wir müssen vom bisherigen Gegner, der Miles-Gruppe, mehr Aktivität, mehr internationale Verbindungen usw. mitherübernehmen in die neue Gemeinschaft.

Vogel: Es ist selbstverständlich, daß wir uns an die Spitze der Sammlungsbewegung stellen. In der Emigration besteht der Wille zur Einigung. Das steht außer Frage. Ich bedauere sehr, daß Paul Hertz auf eine Voraussetzung der Zusammenarbeit in seiner Rede nicht aufmerksam gemacht hat: Auf Loyalität und Vertrauen. Bei »Neu Beginnen« hat es bisher außerordentlich daran gemangelt. Sie, Paul Hertz, sind der Hauptverantwortliche dafür. Es fällt mir sehr schwer, mich zu Stampfers Auffassung bereitzuerklären und einen Strich unter die Vergangenheit zu ziehen. Ich frage mich, ob diese Loyalität wiederhergestellt werden kann. Paul Hertz, Michel[6] und Bögler sollten sich selbst fragen, ob das, was sie bisher getrieben haben, vertretbar ist. Ich wollte in unserer heutigen Sitzung ihnen die Entscheidung überlassen, ob sie sich für diese oder die andere Richtung entschließen wollen. Ich wollte das nahelegen, ich tue es aber nicht, da ich die Auseinandersetzung nicht auf die Spitze treiben will. Aber ich muß gestehen, daß ich nicht sehe, wie die Vertrauensbasis mit »Neu Beginnen« herzustellen ist.

Crummenerl: Wir sind grundsätzlich alle gleicher Meinung über die Angelegenheit. Daneben aber steht die Frage des Status quo. Paul Hertz hat uns einiges über die Gruppe erzählt. Wir wissen aber noch nicht alles und vor allen Dingen, manches von dem, was wir wissen, haben wir nicht von ihm erfahren. Michel und Bögler haben z.B. an der Berliner Konferenz[7] teilgenommen. Beide haben bis heute keine Mitteilung davon gemacht. Der Parteivorstand weiß manches über Michel und Bögler. Es geht nicht an, daß wir derartige Dinge weiter zulassen. Als Reinbold einmal gewisse antisemitische Bemerkungen machte, hat Paul Hertz eine Aktion des Parteivorstandes verlangt.[8] Heute will er, daß wir Dinge, die mindestens so schlimm sind, akzeptieren. Auch ich will einen gewissen Schlußstrich unter die Dinge ziehen. Der Parteivorstand soll gegenüber Einigungsbestrebungen aufgeschlossen und führend sein. Der Parteivorstand soll aber auch sagen, daß die Einigung Loyalität voraussetzt. Der Vorschlag von Michel, um zum Praktischen zu kommen: bei Kurierbesprechungen Vertreter zu entsenden, erscheint mir noch nicht akzeptabel. Soweit sind wir noch nicht. Ich schließe mich im übrigen der Auffassung von Hans Vogel an.

Hertz: Ich teile die Auffassung von Stampfer, daß man nicht gespalten nach Paris gehen kann. Im Westen kursieren Gerüchte, daß der Parteivorstand sich spaltet. Ich muß aber ganz eindeutig erklären: Wer von mir die Anerkennung verlangt, daß ich unmoralisch gehandelt habe, der irrt sich. Wer mir das unterschiebt, braucht gar nicht erst Verhandlungen mit mir anzufangen. Das soll nicht heißen, daß ich nicht bereit bin, auch meinerseits unter Vergangenes einen Strich zu ziehen. Ich kann nur sagen, daß ich meinen eigenen Weg gegangen wäre, wenn ich 1933 geahnt hätte, in welch innere Konflikte ich kommen würde. Ich bestreite, daß ich durch meine Tätigkeit die Uneinigkeit gefördert und Zerrissenheit

---

6 D. i. von Knoeringen.
7 Nähere Informationen zu dieser Konferenz ließen sich nicht ermitteln.
8 Von Reinbold sind mehrfach antisemitische Äußerungen überliefert. Hier dürfte es sich um den Brief Reinbolds an einen »Werte[n] Freund« vom 26. Oktober 1935 handeln, in dem Reinbold u. a. schrieb: Wir [die SPD; d. Bearb.] leiden an einem Gift der Zersetzung durch undeutsche Strömungen, die hineingetragen werden durch eine Schar Intellektueller, die meistens nur als Juden denken können.« AdsD Bonn, PV-Emigration, Mappe 91. Hertz verurteilte diese Äußerungen in Briefen an Sollmann vom 6. November 1935, in: AdsD Bonn, NL Hertz, MF XXXV und vom 14. Januar 1936, in: HASt Köln, NL Sollmann, 562/IV-4-19, 19a, b; in keinem dieser Briefe forderte Hertz ein Einschreiten des PV. Vgl. Nr. 64, Anm. 7.

hineingetragen habe. Ich lasse mit mir über jede politische Differenz sprechen, aber ich lasse mir nicht Vorwürfe machen, daß ich unkorrekt gehandelt habe. Unsere politischen Meinungsverschiedenheiten gehen zurück auf den Herbst 1934, insbesondere auf die Stellungnahme zum Fall Aufhäuser-Böchel und zur Dreier-Konferenz der SAI.[9] Die Differenzen entstanden in dem Augenblick, in dem ich merkte, daß eine neue Parteipolitik vom Parteivorstand eingeschlagen wurde. Es war in dem Augenblick nicht mehr von Zusammenarbeit mit allen Gruppen die Rede, sondern nur noch von Zusammenarbeit mit denen, die sich unterwarfen. Als ich erklärte, daß das Januar-Programm und besonders der Passus in bezug auf die Gruppen[10] nur ein taktischer Schachzug war, da entstanden die ersten Differenzen. Auch im zweiten Konflikt mit Aufhäuser-Böchel und Willi Müller hatte ich eine andere Auffassung als die Mehrheit des Parteivorstandes, nicht weil ich mich mit den Auffassungen von Aufhäuser-Böchel und Willi Müller identifizierte, sondern weil ich sah, daß man auf dem Wege fortschritt, unter sich zu bleiben. In mir wurden die Zweifel verstärkt, ob eine Mitarbeit in dem von mir gewünschten Sinne möglich sei.

Ich möchte wiederholen, daß ich es mir nicht gefallen lasse, wenn etwa der Versuch gemacht werden sollte, auf der Basis der Moral mein Verhalten zu betrachten und zu kritisieren. Wer den Versuch machen sollte, der müßte sich mit mir auch über das Verhalten in der Pensionierungsangelegenheit[11] aussprechen. Sie, Stampfer, sind damals ja am tapfersten in Ihrem Leben gewesen. Sie haben es vorgezogen, nach Paris zu fahren.[12] Sie sind der letzte, dem ich das Recht zubillige, zu urteilen. Ich weiß nicht, was hier wirklich geschehen ist. Ich bin niemals darüber aufgeklärt worden. Nicht ich war es, der mit den Geheimkonferenzen begonnen hat. Wenn der Parteivorstand Sitzungen ohne mich durchführte, dann war das in Ordnung. Wenn ich dagegen mit Willi Müller Gespräche hatte, dann war das eine Geheimkonferenz. Ich weiß zwar über die Kasse der Gruppe »Neu Beginnen« Bescheid, ich weiß aber nicht, wie es bei uns steht. Wenn es[13] nach meinem Willen gegangen wäre, so hätte ich im Mai 1935 meinen Rücktritt vollzogen. Meine Gründe dafür, daß ich es nicht tat, waren: Ich hätte keine politischen Gründe für den Rücktritt anzugeben vermocht, und ich wollte den Parteivorstand nicht nach außen hin in diese Schwierigkeiten bringen. Ein zweiter

---

9 Gemeint ist die »Dreier-Kommission« der SAI, die zwischen PV-Mehrheit und Aufhäuser/Böchel vermitteln sollte. Vgl. Nr. 15, Anm. 15.
10 Im »Prager Manifest« vom Januar 1934 erklärte sich die Sopade zur Unterstützung aller Gruppen, die nicht gegen andere Parteien der Arbeiterklasse, sondern gegen die Diktatur kämpfen, bereit.
11 Im Mai 1935 beschloß der PV, daß Wels, Vogel und Stampfer zum 1. Juli 1935 als besoldete Vorstandsmitglieder ausscheiden und eine Abfindung erhalten, jedoch weiter an der Vorstandsarbeit teilnehmen sollten. Für die Teilnahme an den Sitzungen sollten sie eine Entschädigung erhalten, die mit 1 000 Kc pro Monat bei 50 % der künftigen Gehälter der verbleibenden besoldeten Vorstandsmitglieder liegen sollte. Auch letztere sollten Abfindungen erhalten. Der Beschluß führte – insbesondere wegen der als zu hoch empfundenen Abfindungen – zu viel Unruhe in der Prager sozialdemokratischen Emigration. Vgl. Nr. 42 und Anhang Nr. 16; Aufzeichnung Hertz, Ende April 1935, in: IISG Amsterdam, NL Hertz, S. 20, Mappe XXIII; PV an Crispien, 30. Juli 1935, in: AdsD Bonn, PV-Emigration, Mappe 27. Eine Auszahlung der Abfindungen findet sich in den Kassenunterlagen nicht, was nicht ausschließt, daß sie stattgefunden hat. Als per Juni 1936 die Gehälter der besoldeten Vorstandsmitglieder erneut, nun auf 1 500 Kc/Monat, gesenkt wurden, blieben die »Sitzungsgelder« unverändert, so daß der Unterschied zwischen den offiziell ausgeschiedenen und den besoldeten Vorstandsmitgliedern nur noch gering war. Vgl. AdsD Bonn, PV-Emigration, Sopade-Kassenbelege und Kassenjournale der Sopade.
12 Stampfer unternahm damals eine Reise nach Paris, Brüssel, Amsterdam, London, Kopenhagen und Stockholm. Dort besuchte er emigrierte Sozialdemokraten und sprach mit den jeweiligen sozialdemokratischen bzw. sozialistischen Parteizentralen. Vgl. die Briefe Stampfers an den PV während dieser Reise in: AdsD Bonn, PV-Emigration, Mappe 132.
13 Vorlage: »es« hs. eingebessert für »ich«.

Grund war, daß meine beiden politischen Freunde, Hilferding und Breitscheid, von mir verlangt haben, zu bleiben.

Die erste politische Aussprache, die ich mit Müller hatte, hat im Jahre 1935 stattgefunden. Es hat sich zunächst um eine sehr lose Fühlungnahme gehandelt. Die Besprechungen waren gelegentlich, und es gab keinerlei organisatorische Beziehungen. Der Grund für diese Besprechungen war, daß ich die Absicht hatte, geistige Kräfte an uns heranzuziehen. Diese Bemühungen habe ich ja nicht nur gegenüber Willi Müller, sondern auch gegenüber anderen durchgeführt. Ich habe nie versucht, die Gruppe aufzubauen und Macht zu gewinnen. Mein Ziel war, der Atomisierung Einhalt zu gebieten. Wenn die Gruppe Angriffe gegen den Parteivorstand richtete, so bin ich nicht verantwortlich dafür. Ich bin auch nicht beauftragt von der Gruppe. Es ist eigentlich wenig, was sich da an Angriffen gegen den Parteivorstand zutrug. Man wird zugestehen müssen, daß hinter der Gruppe und ihrer Arbeit ein sachliches Ziel steht. Ob dieses Ziel richtig war und ist, ist eine Sache der Auffassung. Zu der neuen Polemik[14] hat Willi Müller erklärt, daß er gewisse Formulierungen seines Mitarbeiters nicht billige (im »Informations-Brief«[15]). Ich wäre nicht so weit gegangen. Auch ich billige zwar die Formulierungen[16] nicht, aber ich berücksichtige dabei, daß es sich um einen Aufsatz von vielleicht 20 Seiten handelt, in dem nur einige Zeilen über den Parteivorstand enthalten sind. Der ganze Aufsatz verfolgt ganz andere Ziele als die, den Parteivorstand zu beschimpfen.[17]

Ich kann sagen, daß es mir gelungen ist, daß in der Gruppe das Verständnis für die Tatsache wächst, daß die Rolle der Gruppen zeitlich begrenzt ist. Deshalb bin ich nicht bereit, meine Tätigkeit zu bedauern oder sie gar als unmoralisch zu empfinden. Ich nehme für mich in Anspruch, absolut mit unseren Prinzipien in Übereinstimmung gehandelt zu haben. Was habe ich getan: Ich habe die heute aufgestellten Forderungen, Verbindung mit den Genossen im Westen, bessere Fühlungnahme, vorweggenommen. Die Gruppe hat eine große Zahl selbständiger Menschen drinnen und draußen. Es handelt sich um Leute, die seit 1933 ununterbrochen tätig sind. Das ist eine gewisse Leistung, die nicht unterschätzt werden darf. Wenn ich frage, wie die Dinge zu bessern sind, dann muß ich sagen, daß ein demokratisches Verhalten von Euch erforderlich ist. Die Aufgabe, die Emigration zu regieren, ähnelt der Aufgabe eines Heerführers über ein Heer, das nur aus Offizieren besteht.

Die Gruppe hat 30 Leute in London, die alle über feste Beziehungen zur Labour Party verfügen. Ebenso in Paris; ebenso woanders. Es ist wichtig, diese Leute zur Mitarbeit heranzuziehen.

Ich akzeptiere manches von den Schlußfolgerungen, die Stampfer zieht. Ich hänge nicht an der Bildung einer Arbeits-Körperschaft. Es ist mir gleichgültig, in welcher Form die Zusammenarbeit geschieht. Was die Frage der Publikationen betrifft, so liegt mir daran, den Dualismus zwischen der Zeitung von Max Braun und dem »Neuen Vorwärts« zu beseitigen. Ich habe die Sorge, daß wir in bezug auf die Zeitungen einmal nicht mehr als von Macht zu Macht Max Braun gegenübertreten können. Nur, wenn wir etwas bedeuten, dann können wir mit Max Braun und auch mit den Kommunisten eine gewisse Zusammenarbeit halten. Wenn wir keine Macht haben, dann werden wir betrogen werden.

Mit dem Prager Ausschuß bin ich voll einverstanden, aber dieser Vorschlag hat auch seine Begrenzungen. Die Führung der Einheitsbewegung muß der Parteivorstand unter-

---

14 Vorlage: »Polemik« hs. eingebessert, wahrscheinlich für »Politik«.
15 Vorlage: Anführungszeichen hs. ergänzt.
16 Vorlage: »–en« hs. ergänzt.
17 Es dürfte sich um den Artikel »Die Illegalen und ihre Auslandsbewegung« im »Sozialdemokratischen Informationsbrief«, Nr. 33, Mitte Januar 1938, S. 1–11, handeln; vgl. AdsD Bonn, PV-Emigration, Zeitungen, Mappe 109. Die erwähnte Erklärung von Müller [d. i. Karl Frank] konnte nicht aufgefunden werden.

nehmen, ist hier gesagt worden. Auch damit bin ich einverstanden. Es ist die Pflicht der Mitglieder des Parteivorstandes, Aufklärung über ihre Tätigkeit zu geben, ist gesagt worden. Auch damit bin ich einverstanden. Aber das setzt voraus, daß diese Berichterstattung allseitig erfolgt. Ihr seid auf dem Holzwege, wenn Ihr glaubt, daß ich der alleinige Sünder sei. Ich habe nicht die Absicht gehabt, Euch nichts zu sagen. Daß ich nichts sagte, lag daran, daß ich keine Möglichkeit dazu hatte. Ich möchte heute erklären, daß ich mich für alles verantwortlich fühle, woran ich beteiligt bin. Ich übernehme die Verantwortung für das, was die Milesgruppe und meine Beziehungen zu ihr betrifft. Was Michel und Bögler angeht, so muß ich schon sagen, es sind erwachsene Leute, sprecht mit ihnen selber. Sie werden sich rechtfertigen und sagen, warum sie es taten. Glaubt nicht, daß es sich etwa um »Verführte« handelt. Sprecht mit ihnen, sie weichen einer Unterhaltung nicht aus. Ich kann nur wiederholen, daß sie nicht »Verführte« sind, sondern daß sie sich als Beauftragte der deutschen Organisation drinnen fühlen. Nur so läßt sich ihr Verhalten erklären. Ich wiederhole, daß es kein moralisches, sondern ein politisches Problem ist. Die Leute drinnen haben verlangt, daß Michel und Bögler mit der Gruppe zusammenarbeiten sollen. Ich kann nicht anerkennen, daß etwa das Verhalten Michels und Böglers in einen Topf mit der Haltung von Reinbold geworfen wird.

Ich bin dafür, daß wir zu gewissen schriftlichen Feststellungen kommen. Eine Stellungnahme zum Problem der Sammlung schließt ein, daß wir uns darum bemühen, festzustellen und zu wissen, was in Zukunft getan werden soll. Ich will das an einem Beispiel erläutern: Meine Stellungnahme zur Sammlung ist eine andere, wenn etwa in Zukunft nur noch die Deutschlandberichte herausgegeben werden sollen und nicht mehr die S[ozialistische] A[ktion].

Ich bin durchaus einverstanden damit, daß wir unsere Stellungnahme konkret formulieren. Voraussetzung dafür ist natürlich, daß wir wissen, was geschehen soll.

Stahl: Hertz hat es für notwendig gehalten, mir Illoyalität dem Parteivorstand gegenüber vorzuwerfen. Das dürfte sich auf ein Gespräch beziehen, das ich mit Bögler gehabt habe. Ich kann nur erklären, daß ich auch in diesem Gespräch mich nicht gegen den Parteivorstand ausgesprochen habe. Aber zur Sache: Das Verhalten von Michel und Bögler ist illoyal. Ich bin der Meinung, daß der Parteivorstand beide Genossen seinerzeit hätte entlassen müssen.

Stampfer: In der Rede von Hertz sind einige Sätze, die zu einer tiefgreifenden Vergiftung der Atmosphäre führen müßten. Ich möchte deshalb nochmals deutlich fragen, was Sie gemeint haben. Ich habe Sie so verstanden, daß Sie sagten: Wenn Ihr mir Unmoral vorwerft, dann sage ich laut, daß Ihr Dreck am Stecken habt.

Hertz: Es handelt sich nicht um ein persönliches und nicht um ein moralisches Problem, sondern um die Frage des politischen Arbeitens. Ich lasse mir von niemandem Unmoral vorwerfen. Wer von mir glaubt, daß ich mit dem Revolver knacke, den kann ich nicht durch Worte überzeugen. Ich wiederhole, daß unsere Meinungsverschiedenheiten im Jahre 1934 mit politischen Differenzen begonnen haben. Mutet Ihr mir zu, daß ich stillhalte, wenn man über mich herzieht?

Es wird beschlossen, die Sitzung auf morgen, den 25. Februar 1938[18], zu vertagen.

---

18 Vorlage: »1939«.

Nr. 108

Brief von Paul Hertz an Friedrich Adler vom 27. Februar 1938 mit Bericht über die Parteivorstandssitzung am 25. Februar 1938

AdsD Bonn, PV-Emigration, Mappe 15

[...]¹ Die Sitzung am 25. Februar begann mit der Vorlegung der beiliegenden Entschließung.² Ich glaube annehmen zu dürfen, daß die Entschließung ursprünglich auch einen Satz enthielt, der bedauerte, daß ein Mitglied des PV, ohne Kenntnis des PV, Beziehungen zur Gruppe N[eu] B[eginnen] unterhalten habe. In der Sitzung selbst ist von dieser »Sanktion« nicht die Rede gewesen.

E[rich] O[llenhauer] leitete seine Rede mit der Bemerkung ein, daß die gestrige Sitzung eine gefährliche Zuspitzung gezeigt habe, die leicht zu einer Bedrohung der Einheit in unserem Kreise hätte führen können. Er erörterte sodann die Frage, welche Kräfte für die Zusammenfassung da seien und plädierte für ein sehr vorsichtiges Vorgehen. Es sei richtig, persönliche Informationen über die Gruppen einzuholen, um das Terrain für eine engere und planmäßige Zusammenarbeit zu sondieren. Daraus könnten sich dann von Fall zu Fall einzelne Lösungen ergeben. Ein lebenswichtiges organisatorisches Problem der Partei sei die unbedingte Bereitschaft zu loyaler Zusammenarbeit. Er sei überzeugt, daß mich sachliche-politische Beweggründe geleitet hätten und nicht persönliche, als ich die Zusammenarbeit mit N[eu] B[eginnen] begann. Aber er verstände nicht, daß ich das so lange als Geheimnis bewahrt hätte. Vielleicht hätte ich mein Ziel viel besser erreichen können, wenn ich diese Zusammenarbeit mit N[eu] B[eginnen] mit einer Aussprache im PV angefangen hätte. Er sei auch nicht überzeugt, daß der Gruppenegoismus bereits ganz überwunden sei. Der PV mache mit seiner Entschließung eine Vorleistung, die niemand größer erwarten und leisten könnte. Er erwarte daher, daß von nun an eine loyale Zusammenarbeit einsetze, sonst sei die Zersetzung des stärksten Zentrums der Bewegung unvermeidlich.

In einer Erwiderung legte ich dar, daß die Zusammenarbeit mit N[eu] B[eginnen] ohne festes Ziel begonnen und erst in einer sehr langen Zeit inniger geworden sei. Schon aus diesem Grunde hätte eine Information des PV nicht am Anfang dieser Fühlungnahme stehen können. Als Treuhänder der Bewegung hätte ich stets die Pflicht, allen Teilen der Partei mit Rat und Hilfe zur Seite zu stehen. Sobald das bei N[eu] B[eginnen] festere Formen angenommen habe, hätte ich den PV unterrichtet. Aussprache zwischen P[aul] H[ertz], Michel³, Hertel⁴ und dem PV wegen des Rundschreibens gegen N[eu] B[eginnen], Oktober

---

1 Im ersten Teil des Briefes schilderte Hertz den Verlauf der Vorstandssitzungen vom 22. und 24. Februar 1938.
2 Vgl. IISG Amsterdam, SAI, Nr. 3616. Die Entschließung lautete: »Der Vorstand der Sozialdemokratischen Partei Deutschlands sieht in der Zusammenfassung der sozialdemokratischen Kräfte in Deutschland und in der Emigration eine wesentliche Voraussetzung für einen Erfolg unseres Kampfes für ein freies, demokratisches und sozialistisches Deutschland. Der Vorstand der SPD begrüßt die Bestrebungen in der deutschen sozialdemokratischen Bewegung, die Zersplitterung zu überwinden und eine einheitliche sozialdemokratische Bewegung wieder herzustellen. Er erklärt seine Bereitschaft, diese Bewegung nachdrücklichst zu fördern und den Versuch zu unternehmen, eine Annäherung der verschiedenen sozialdemokratischen Gruppen mit dem Ziel der Liquidierung aller Gruppen zugunsten einer einheitlichen sozialdemokratischen Bewegung herbeizuführen.« Im endgültigen Text des Vorstandsbeschlusses fehlen die Worte: »mit dem Ziel der Liquidierung aller Gruppen«. Abweichend von Hertz' Brief ist der Beschluß in allen anderen Quellen auf den 26. Februar 1938 datiert. Vgl. z. B. PV-Rundschreiben vom 10. März 1938, in: AdsD Bonn, PV-Emigration, Mappe 155.
3 D. i. von Knoeringen.
4 D. i. Bögler.

1936.[5] In vielen Fällen sei es nicht möglich gewesen, den PV zu unterrichten, insbesondere in den Fällen, wo deutsche Genossen jede Verbindung oder Unterrichtung des PV abgelehnt haben. Die Kritik von E[rich] O[llenhauer] stände zudem im Widerspruch mit der Haltung des PV. Bis vor wenigen Monaten habe der PV jede Verbindung mit Kräften, die außerhalb seines Kreises arbeiten, abgelehnt. Die bedeutende Gruppe in Berlin[6] hätte wahrscheinlich nie den Weg direkt zur SAI gesucht, wenn der PV sich ihr gegenüber nicht völlig ablehnend verhalten habe. Es könne doch heute wohl nicht mehr bestritten werden, daß N[eu] B[eginnen] und ich sich ein großes Verdienst erworben haben, daß sie durch ihr positives Verhalten zu dieser Gruppe die sozialdemokratischen Tendenzen gestärkt habe. Über die Notwendigkeit, ein vertrauensvolles Verhältnis zu finden, bestände keine Meinungsverschiedenheit. Es müsse aber ein gegenseitiges Vertrauensverhältnis sein.

Vogel betonte in einer Schlußbemerkung, daß die Entschließung kein Schachzug sei. Er nehme mit Befriedigung von der Erklärung von P[aul] H[ertz] Kenntnis und stimmte zu, als **P[aul] H[ertz]** erklärte, daß nicht nur jedes Mitglied einer Körperschaft Pflichten habe, sondern auch Rechte. Nur, wenn die Körperschaft jedes Mitglied als gleichberechtigt anerkenne, und behandele, könne sie verlangen, daß die Erfüllung der Pflichten ohne Schwierigkeiten möglich sei.

Die Entschließung wurde einmütig gebilligt. Über Zeit und Art der Veröffentlichung wird noch gesprochen.

Darauf begann die Debatte über die Reorganisation. Sie wurde von **S[iegmund] Cr[ummenerl]** mit einer Uebersicht über die Finanzen von 1937 eingeleitet. Unsere Vermögenslage zwinge zu Einschränkungen des Apparats. Die Grenzstützpunkte könnten vermindert werden, ebenso die Leitung. An sachlichen Ausgaben blieben: der N[eue] V[orwärts] (vorläufig weiter wöchentlich), die S[ozialistische] A[ktion] (nach Bedarf, nicht mehr monatlich), die Grünen Berichte (evtl. in kleinerem Umfang und seltener). Der PV solle bestehen bleiben, doch könnten nicht alle Mitglieder den Wohnsitz am gleichen Orte haben. In der CSR und im Norden müsse man durch je 1 Mitglied eine engere Verbindung schaffen zu den Parteien und zur Emigration. Die kleine Arbeitskörperschaft könne bestehen aus den beiden Vorsitzenden, einem Genossen für Grüne Berichte und einem für Organisation und Kasse. Das seien aber nur Vorschläge, über die man diskutieren müsse.

Die Diskussion soll am 28. beginnen.

Ein Urteil über diesen Reorganisationsplan fällt mir sehr schwer. Ich habe den Eindruck, als ob der Plan zu einer Zeit aufgestellt worden ist, wo man weder mit einer Sammlung rechnete, noch mit einer etwaigen Funktionsunfähigkeit von O[tto] W[els]. Daß man ihn trotzdem unverändert vorgelegt hat, ließe sich mit mangelnder Elastizität erklären, obwohl auch andere Gründe, die vielleicht eher einleuchten, vorhanden sein mögen. Sehr peinlich berührt hat es mich, daß S[iegmund] Cr[ummenerl] ihn so vage vorgetragen hat, daß ich mir beim besten Willen nicht genau vorstellen kann, wie man sich jetzt seine Verwirklichung denkt. Noch unangenehmer ist, daß, obwohl man vorher eine Pause gemacht hatte, in der eine Aussprache im kleinen Kreis ohne mich erfolgte, – genau wie früher vor der Sammlungsdebatte – alle übrigen Mitglieder des PV den Plan verstanden, da sie nicht nur über Grundgedanken unterrichtet waren, sondern auch über alle personellen Einzelheiten.

Ich will deshalb zunächst verlangen, daß ich so unterrichtet werde, daß ich die Tragweite der Entscheidungen übersehen kann. Aber die Parallele zu den Reorganisationsvorschlägen von 1935 ist kaum von der Hand zu weisen. Es ist eine reine Fiktion, daß der PV als Körperschaft erhalten bleibt. Statt ihm die für die Lösung der Sammlungsaufgabe notwendige größere Autorität zu geben, wird seine Autorität verkleinert. Für die neuen Aufgaben,

---
5 Vgl. Nr. 76.
6 Vgl. Nr. 102, Anm. 2.

die nach F[riedrich] St[ampfer] lebensnotwendig sind, fehlt es überhaupt an irgendeiner Lösung. Wie man es sich vorstellt, daß ich erhöhte Verantwortung trage, aber verringerten Einfluß haben soll, weiß ich überhaupt nicht. Meinem Hinweis in der Sammlungsdebatte, daß eigentlich alle Schwierigkeiten letzten Endes darauf zurückgehen, daß wir jeden Versuch mit demokratischen Methoden unterlassen haben, hat man nur theoretisch Anerkennung gezollt. In dem Reorganisationsplan ist der Notwendigkeit, mit demokratischen Methoden zu regieren, ebensowenig Rechnung getragen wie dem Ziel der Sammlung. Alles steht rein mechanisch unter dem Gesichtspunkt Abbau.

Auch das Ergebnis der Sammlungsdebatte, das ich[7] zunächst positiv einzuschätzen geneigt war, beurteile ich jetzt wesentlich skeptischer. Es ist durchaus möglich, daß die Entschließung nur dem taktischen Ziel dient, der Strömung nach Einheit eine Konzession zu machen. Einstweilen bin ich nicht in der Lage, einen positiven Schritt als ernsthaften Beweis der Sammlungsabsicht angeben zu können. Sicher ist, daß meine Darlegungen über die organisatorische, geistige und finanzielle Bedeutung von N[eu] B[eginnen] und der Berliner Gruppe großen Eindruck gemacht haben. Man war so daran gewöhnt zu glauben, daß auch das ein Trümmerhaufen sei, daß man erst jetzt begriffen hat, daß die bisherige Taktik des Totschweigens, des Verkleinerns, des Verächtlichmachens nicht mehr geht. Ich bin auch überzeugt, daß die Debatten in der SAI nachgewirkt haben. Wüßte ich, ob und was Sie mit E[rich] O[llenhauer] bei seinem jüngsten Besuch gesprochen haben, so könnte ich das noch besser beurteilen. Natürlich spielt auch eine Rolle die Erkenntnis, daß ohne irgendeine Konzession an den Sammlungsgedanken die Trennung nicht zu vermeiden ist. Wie man das einschätzt, zeigt die Bemerkung von F[riedrich] St[ampfer], »mit neuer Spaltung könne man nicht nach Paris gehen«.

Ich unterrichte Sie, sobald etwas Neues vorliegt. Ich hoffe, meine Arbeiten hier so forcieren zu können, daß ich Ende März oder Anfang April nach Paris übersiedeln kann. Ich nehme an, daß Sie in der Unterhaltung mit S[iegmund] Cr[ummenerl] für Paris plädieren werden.

Mit besten Grüßen Ihr [Paul Hertz]

---

7 Vorlage: Hs. verbessert aus »sich«.

Nr. 109
Protokoll der Parteivorstandssitzung am 28. Februar 1938
SAPMO Berlin, ZPA, II 145/55, Bl. 17–20

Vorstandssitzung am 28. Februar 1938

Anwesend: Vogel, Crummenerl, Rinner, Ollenhauer, Hertz, Stampfer, Stahl, Arnold, Heine.

Vogel: Es ist notwendig, daß wir unsere Ausgaben verringern. Erforderlich ist nicht nur die Einsparung in sachlicher, sondern auch in persönlicher Hinsicht. Um zu einer Übereinstimmung und Klärung zu kommen, schlage ich vor, daß wir uns zunächst[1] und in erster Linie mit der prinzipiellen Seite der Angelegenheit beschäftigen und die Debatte nach Möglichkeit vollständig vom Personellen freihalten.

---

1 Vorlage: »zunächst« hs. ergänzt.

Crummenerl legt in einem ausführlichen Referat seine Auffassungen dar, in welcher Weise die notwendigen Ersparnismaßnahmen vorgenommen werden sollen. Sein Plan sieht vor, daß die Besetzung des Büros aus zwei Vorsitzenden, Organisation und Kasse, Grüner Bericht und »Neuer Vorwärts« besteht. Angestellte sollen, soweit sie für den Grünen Bericht notwendig sind, behalten werden. Es sollen sieben Grenz-Stützpunkte verbleiben, von denen künftig vier von uns besoldet werden. Der finanzielle Aufwand würde sich dann etwa so gestalten:

Für personellen Aufwand 13 000 Kc, für Sekretäre 4 000 Kc, Sachaufwand[2] 30 000 Kc, Prozesse und Emigrantenunterstützung 5 000 Kc, »Sozialistische Aktion« und »Deutschland-Berichte« 10 000 Kc, Miete, Porto 4 000 Kc, »Neuer Vorwärts« 14 000 Kc.

Ollenhauer: Die entscheidende Frage ist, ob wir das von Siegmund Crummenerl aufgestellte Ziel annehmen können und sollen. Paul Hertz hat seinerzeit gemeint, daß das Zusammenschließen der sozialdemokratischen Kräfte und die Einordnung der Gruppen in die Partei auch finanzielle Möglichkeiten, die sich der Sopade bisher verschlossen, zum Fließen bringen könnte. Vorläufig sind wir mit diesen Plänen jedoch noch nicht so weit. Außerdem könnte ein solcher finanzieller Erfolg auch sicher erst zu einem späteren Zeitpunkt, wenn überhaupt, zum Vorschein kommen. Wir können uns bei unserer heutigen Betrachtung also davon nicht leiten lassen und müssen uns jetzt entscheiden.

Hertz fällt die Stellungnahme sehr schwer. Crummenerl hat sehr viel Zahlenmaterial vorgebracht. Aber er (Hertz) hat die Vorschläge von Crummenerl nicht verstanden.

Stahl: Über den »Neuen Vorwärts« brauchen wir nicht zu reden. Es herrscht wohl Einmütigkeit darüber, daß wir ihn halten müssen. Sicher ist jedoch, daß das Interesse an der Zeitung nachläßt, wenn wir das Land verlassen. Er befürchtet für den Fall eine ziemlich starke Einbuße. Was die Deutschland-Berichte betrifft, so glaubt er, daß sie ohne Schaden eine Verminderung des Umfanges vertragen könnten. Zur Frage der »Sozialistischen Aktion«: Die Genossen, die von drüben kommen, haben heutzutage mehr Angst als früher, die S[ozialistische] A[ktion] mitzunehmen. Er hält es für ausreichend, wenn wir die »Soz. Aktion« in größeren Abständen, d. h. also zwei bis drei Monate, herausgeben. Die Publikationen des Verlags interessieren ebenfalls nicht mehr. Oranienburg war der große Schlager[3], alles andere jedoch zu teuer und ohne Interesse. Er glaubt nicht, daß es gelingt, die Mittel, die erforderlich sind, aufzutreiben.

Vogel: Wir waren bisher 7 hauptamtlich tätige Vorstandsmitglieder. Wenn ich dem Vorschlag von Crummenerl folge, dann sollen in Zukunft nur 4 Genossen als hauptamtlich tätige Vorstandsmitglieder amtieren. In sachlicher Beziehung habe ich gegen die Vorschläge von Crummenerl nichts einzuwenden. Die Frage ist, ob die personelle Besetzung ausreicht, um die Aufgaben zu lösen. Diese Frage ist es, die in erster Linie wohl zu diskutieren ist.

Crummenerl: Es steht fest, daß unser Apparat in der bisherigen Form nicht mehr lange aufrechterhalten werden kann. Eine Reduzierung ist deshalb erforderlich. Es ist nicht möglich, nur im Sachlichen zu sparen. Wir müssen eine Anzahl von Grenzstützpunkten aufgeben, und es ist unsere Pflicht, genauso wie wir in der Außenarbeit sparen, auch im zentralen Büro Einschränkungen auch in personeller Hinsicht vorzunehmen. Ich bin bei meinen Vorschlägen von der Vorstellung geleitet worden, daß 4 Mitglieder des Parteivorstandes hauptamtlich nach Paris gehen sollen.

Ich bin zu meinen vorhin dargestellten Vorschlägen gekommen, weil ich in bezug auf die Entwicklung in Deutschland pessimistisch sehe, wenigstens soweit es sich um kurzfristige

---

2 Vorlage: »und Reisen« hs. gestrichen.
3 *Gerhart Seger*, Oranienburg. Erster authentischer Bericht eines aus dem Konzentrationslager Geflüchteten. Mit einem Geleitwort von Heinrich Mann, Karlsbad (Graphia) 1934. Übersetzungen: Norwegisch 1934, Schwedisch 1934, Dänisch 1934, Holländisch 1934, Französisch 1934, Englisch 1935.

Perspektiven handelt. Weil ich glaube, daß wir auf längere Sicht arbeiten müssen, habe ich den Vorschlag gemacht, 3 Stützpunkte in der CSR zu halten und 2 bis 3 im Westen. Die ausscheidenden Parteivorstandsmitglieder sollten nach meiner Vorstellung zumindest zum Teil in den verschiedenen Ländern, in denen sie möglicherweise ihr Domizil nehmen, für uns tätig sein. Eine Finanzierung dieser Mitglieder des Parteivorstandes auf dem Wege über die Parteien der Gastländer sollte nicht unmöglich sein.

Vogel: Fraglich ist, ob wir nicht zunächst am zweckmäßigsten an die SAI herantreten, um zu sehen, ob und wie eine finanzielle Regelung möglich ist. Vogel schlägt vor, bis zur Klärung dieser Frage die Debatte zu vertagen.

Stampfer: Wir reden wie die Katze um den heißen Brei herum und keiner will so recht damit herausrücken, daß es sich trotz der Vorbemerkung von Vogel ja doch um eine Personenfrage handelt.

Hertz: Ich würde es für richtig halten, wenn wir jetzt diese Debatte nicht weiter fortsetzen, sondern vielleicht in privaten Aussprachen die Dinge soweit klären, daß wir morgen fortfahren können.

Stampfer: Der Vorschlag von Vogel mit der Vertagung der Angelegenheit bis zur Rücksprache mit der SAI scheint mir nicht zweckmäßig zu sein. Crummenerl wird vielleicht mit Versprechungen, sicher aber nicht mit Geld zurückkommen.

Crummenerl wendet sich gegen einen Abbruch der Diskussion mit der Feststellung, daß derjenige, der nach dem Westen fahren soll, um diese finanziellen Fragen weiterzutreiben, gewisse Direktiven haben muß und wissen muß, was wir nun eigentlich wollen. Er ist deshalb dafür, daß vor der Westreise ein Beschluß gefaßt wird.

Stampfer: Ich bin heute in der Absicht hergekommen, zu erklären, daß ich auf keinen Fall mit nach Paris übersiedele. Ich wollte diese Frage klären und die Debatte erleichtern. Für meine Person stehen die Dinge also klar. Ich bleibe hier, daran ist nichts zu ändern. Daß Wels nach Paris gehen muß, steht außer Frage. Ich halte es aber auch für notwendig, daß Vogel mitgeht. Ich halte es für unbedingt notwendig, daß Crummenerl, Rinner und Ollenhauer nach Paris gehen und ich halte es ebenso für notwendig, daß Paul Hertz mit nach Paris geht. Die Liquidierung der Gruppen ist ein Programmpunkt von Paul Hertz, und wir müssen ihm Gelegenheit geben, sein Versprechen einzulösen. Ich fürchte, daß – wenn Hertz nicht mit nach Paris gehen würde – das dann Anlaß zu Mißdeutungen geben würde. Es würde heißen, daß die beiden Leute, die im Parteivorstand mit den Einigungsbestrebungen (Volksfront oder Sozialdemokratische Konzentration) am lebhaftesten sympathisieren, ausgeschifft wären.

Das Resultat der Überlegungen ist also, daß es notwendig ist, daß der PV geschlossen, minus 1 (das bin ich) nach Paris geht. Man kann diesen Beschluß, wenn man es für notwendig hält, maskieren und nach außen hin erklären, daß ich nur vorläufig hierbleibe, um unsere Arbeit abzuwickeln. Es ist selbstverständlich, daß ich Euch wie bisher in Freundschaft verbunden bleibe. Zu der finanziellen Seite dieser Frage, daß 6 statt 4 Mitglieder, wie Crummenerl es vorsieht, nach Paris gehen, ist zu sagen, daß die Summe für diese beiden Mitglieder des PV schließlich kein entscheidender Betrag ist.

Vogel: Ich wollte die Erklärung, die Stampfer jetzt abgegeben hat, verhindern, um nicht schon vor Abschluß der sachlichen Debatte feststehende Tatsachen zu schaffen, und ich wollte verhindern, daß es schließlich darauf hinausläuft, daß Stampfer der einzige »Mohr« ist, der auf der Strecke bleibt. Da die Erklärung Stampfers nun doch erfolgt ist, so möchte ich Wert darauf legen, zu sagen, daß über die Frage des zweiten Vorsitzenden diskutiert werden sollte. Ihr wißt alle, daß Ihr mir mit der Delegation nach Paris keinen Gefallen tut.

Crummenerl: Ich möchte nochmals betonen: Ich will nicht, daß wir sachlich und personell Kosten im Grenzgebiet einsparen und im Zentralbüro keine personellen Einsparungen vornehmen. Deshalb bin auch ich der Meinung, daß ich nicht unbedingt hauptamtlich tätig sein muß. Ich habe die Vorstellung, daß Erich Ollenhauer Kasse und Organisation übernimmt, und ich leiste Euch, wenn Ihr dessen bedürft, meine Dienste auch weiterhin in irgendeiner Form und irgendwo, wo und wie Ihr es wünscht.

Es wird beschlossen, die Sitzung abzubrechen und die in der Debatte aufgeworfenen Fragen in persönlichen Aussprachen zu klären und die Sitzung morgen fortzuführen.
Schluß der Sitzung.

Nr. 110
Protokoll der Parteivorstandssitzung am 1. März 1938
SAPMO Berlin, ZPA, II 145/55, Bl. 21-25

Vorstandssitzung 1. 3. 1938

Anwesend: Vogel, Crummenerl, Rinner, Ollenhauer, Hertz, Stampfer, Stahl, Arnold, Heine

Vogel: Paul Hertz hat mit E[rich] Ollenhauer und mir eine mehrstündige Unterredung gehabt, die mit einer Übereinstimmung hätte abgeschlossen werden können. Ich wollte dem PV vorschlagen, die Anregung von Stampfer zu akzeptieren, dergestalt, daß alle PV-Miglieder nach Paris übersiedeln, zunächst mit Ausnahme von Stampfer, der als Tschechoslowake mit der Abwicklung der Dinge betraut wird.

Eben aber hat mir Paul Hertz mitgeteilt, daß er nach reiflicher Überlegung doch zu S[iegmund] Crummenerls Vorschlag neigt (nur 4 besoldete Vorstandsmitglieder). Paul Hertz möchte aber deutlich sichtbare Zeichen dafür sehen, daß es uns ernst um die Frage der Sammlung ist, während Erich Ollenhauer und ich es vorziehen, zunächst lose Fühlungnahme mit den in Frage kommenden Gruppen zu halten. Ich glaube, daß die Voraussetzungen für die weitergehenden Maßnahmen noch nicht gegeben sind.

Hertz: Nach unserer Aussprache ist mir erst klar geworden, daß Erich Ollenhauer der Meinung war, mein Ausscheiden aus dem engeren Gremium würde mißgedeutet werden und daß ich von meinem Verbleiben im PV meine Stellung zu ihm (zum PV) abhängig machen werde. Davon kann keine Rede sein.

Meine Grundgedanken sind: Der Abbau, der an sich notwendig ist, kann nur durchgeführt werden an nicht lebenswichtigen Stellen. Daher auch meine Bedenken gegen den Abbau der Deutschlandarbeit. Wenn wir jetzt eine Reorganisation unserer Arbeit vornehmen, bei der 33 1/3 % eingespart werden sollen und dabei den Außenapparat fast vollständig aufrecht erhalten, dann bedeutet das einen Abbau nach drinnen noch weit über diesen Prozentsatz hinaus. Wir müssen doch bedenken, daß unsere Geltung in Deutschland auch davon abhängt, in welchem Maße wir den Genossen drinnen helfen können.

Im Prinzip bin ich also mit Siegmund einverstanden, ich halte wegen der Notwendigkeit der Deutschlandarbeit Stampfers Vorschlag nicht für zweckmäßig.

Wichtig ist: Wir müssen das Problem lösen, wie kommen wir zur neuen Finanzierung. Lösen wir das Problem nicht, dann werden die Schwierigkeiten mit der Sammlung der Gruppen verstärkt. Ich habe nie ein anderes Ziel gehabt, als die Sammlung zu fördern. Ich bin überzeugt, daß die Sammlung nur durch den PV möglich ist.

Wenn man sich fragt, welcher Vorschlag der richtigere ist, der von Stampfer oder der von Crummenerl, dann muß man sagen, daß der Vorschlag Stampfers die Schwierigkeiten nur vertagt. Ich ziehe den Vorschlag von Siegmund aus zwei Erwägungen vor:
Die erste Erwägung ist: Mit unserer Aussprache war die Erkenntnis verbunden, daß die Führung der Einheitsbewegung dem PV obliegen muß, d. h. daß meine Tätigkeit vom PV

übernommen werden muß. Wenn wir nur mit dem Konzentrationsbeschluß, den wir faßten[1], nach Paris gehen, dann genügt das nicht. Wir müssen mehr tun. Es ist sehr die Frage, ob es richtig ist, daß von jedem sichtbaren Zeichen, daß die neue Ära eingeleitet ist, abgesehen wird. Ich denke mir zum Beispiel, daß mit der Verkündung unseres Beschlusses und der Übersiedlung nach Paris die Mitteilung verbunden wird, daß ein Gremium gebildet wird, in dem alle Einigungsfreudigen zusammengefaßt werden können. Ich habe den Eindruck, daß man peinlichen Situationen nur entgeht, wenn man etwas tut.

Die zweite Erwägung gipfelt in dem Vorschlag, daß ich nicht zu den hauptamtlich Tätigen zählen würde. Ich gehe davon aus, daß unsere Hauptaufgabe die ist, uns neu zu finanzieren. Wir können keine Verhandlungen führen, wenn der Gegenpart überzeugt ist, daß wir es nicht mehr lange durchhalten werden. Geld ist aber nur dann zu bekommen, wenn es nicht nur für einen Teil der Bewegung gegeben wird, sondern für die Gesamtheit. Wenn wir keinen wirklichen Schritt zur Einheit zur Zeit tun können, dann müssen wir wenigstens den Fraktionskampf einstellen. Wenn ich nicht mehr dem engeren Gremium angehöre, dann ist das als ernstes Zeichen für meinen festen Willen zur Einheit zu werten. Ich plädiere deshalb dafür, jetzt Sicherungen zu schaffen, damit nicht wieder Schwierigkeiten entstehen. Auch wenn ich nicht beim engeren Gremium bin, bedeutet das nicht, daß ich formell oder materiell ausscheiden will. Ich übernehme weiterhin alle Pflichten als Vorstandsmitglied und hoffe und bin überzeugt, daß mir alle Rechte gewährt werden.

Aber ich möchte betonen, daß ich gewisse Änderungen für notwendig halte, um die Finanzierung zu ermöglichen und die Sammlung zu fördern.[2]

Crummenerl: Ich möchte die finanziellen Dinge voranstellen, da sie die Grundlagen für unsere weiteren Maßnahmen bilden. Als sofortige Einsparungsmöglichkeiten kommen in Betracht: 1) Kc. 30 000,- für das Autokonto. 2) Das Spesen- und Reisekonto könnte um Kc. 60 000,- verringert werden.

Weitere Einsparungen: An der S[ozialistischen] A[ktion] Kc. 20 000,-; am Grünen Bericht 20–25 000,-; Unterstützungen 10 000,- bis 15 000,-; Sonstiges 30 000,-; für Organisationszwecke 40–50 000,-; insgesamt rund 240–250 000,- Kc. Ich nehme an, daß künftige Personalausgaben durch den Aufenthalt in Paris etwas höher werden. Hierzu kommt als unbekannte Größe der »N[eue] V[orwärts]«, der monatlich Kc. 30 000,- kostet. Die

---

1 Vgl. Nr. 108, Anm. 2.
2 Abweichend von dieser Wiedergabe von Hertz' Position protokollierte Hertz in einer eigenen Sitzungsniederschrift: »Er wolle deshalb noch einmal zwei Anregungen geben, die zusammen verwirklicht werden müßten: eine beratende Körperschaft für die Einleitung der Sammlung zu schaffen, dann könne man auch die Zahl der besoldeten Mitglieder des PV verkleinern. Er sei dann bereit, als *besoldetes* PV-Mitglied zurückzutreten.« Vgl. AdsD Bonn, NL Hertz, MF XVIII. [Hervorhebung im Text; d. Bearb.].
Zusätzlich kompliziert wird die Feststellung der korrekten Beschlußfassung in dieser Frage dadurch, daß sich Hertz selber in weiteren Äußerungen widersprach. Am 6. März 1938 schrieb er an Schifrin, er wolle »die Fesseln, die mir bisher durch die besoldete Tätigkeit des PV auferlegt waren, abstreifen«, wenn der PV nicht ernsthaft die »Konzentration« angehe, »wenn er nur Manöver macht«. AdsD Bonn, NL Hertz, MF XXXIV. Während er also nach dem Wortlaut seiner eigenen Niederschrift von der PV-Sitzung am 1. März 1938 dann aus dem Vorstand ausscheiden wollte, wenn dieser die »Konzentration« ernsthaft angehe, wollte Hertz ganz im Ggensatz dazu nach den Äußerungen gegenüber Schifrin den PV verlassen, wenn dieser die »Konzentration« nicht ernsthaft betreibe. Am 19. Juni 1940 schließlich schrieb Hertz aus Anlaß der Angriffe auf Karl Frank, daß er seine »besoldete Tätigkeit innerhalb des PV freiwillig aufgegeben habe.« Vgl. Hertz an »Werte Genossen«, 19. Juni 1940, in: AdsD Bonn, Sammlung Buttinger, Box 8; vgl. zu diesem Komplex auch die Briefe von Hertz an Beyer, 20. Juli 1938, und an Brost, 20. Juli 1938, in: AdsD Bonn, NL Hertz, MF XXX.

früheren Einnahmen betrugen Kc. 16 000,- monatlich, ich weiß nicht, wie die künftige Einnahmengestaltung wird.

Wenn wir jetzt nach den Mitteilungen von Paul Hertz zu meinem Vorschlag zurückkehren, dann glaube ich, daß wir dann mit Kc. 80 000,- monatlich auskommen. Was nun die Erweiterung des Vorschlages durch das Ausscheiden von Paul Hertz und Fr[iedrich] Stampfer betrifft, so muß berücksichtigt werden, daß wir bei Böswilligen in den Geruch kommen können, der PV habe sich judenrein gemacht. Ich gebe deshalb zu erwägen, ob ich nicht auch ausscheiden soll.

Das wichtigste ist, daß nun die Finanzierung vordringlich behandelt wird. Ich denke dabei sowohl an die SAI wie an den Verkauf des Archivs. Wir haben bisher nicht versucht, mit den Leuten in der Internationale zu reden und sie zu informieren. Wir müssen unsere Aktivität steigern und neue Verbindungen schaffen. Es ist deshalb auch die Frage, ob nicht nur Crummenerl, sondern auch Vogel jetzt die Informationsreise in den Westen machen sollen.

Stampfer: Es erhebt sich die Frage, ob nicht zu erreichen wäre, daß Erich Ollenhauer von der SJI finanziert werden könnte.

Ollenhauer: Sie, Paul Hertz, haben selbst ein wichtiges Argument für Ihr weiteres Verbleiben im PV gesagt. Ich bringe das zum Ausdruck, um zu sagen, daß es dieser – sachliche – Grund war, der für mein Verhalten ausschlaggebend war. Ich bin dafür, daß wir nach der Rede von Paul Hertz auf den Vorschlag von Crummenerl eingehen sollten und bei vier hauptamtlich tätigen Vorstandsmitgliedern verbleiben sollten.

Zu meiner persönlichen Situation möchte ich sagen, daß ich mit den Vorstandsmitgliedern der SJI reden werde und daß ich glaube, ihr Einverständnis zu finden. Man muß natürlich dabei bedenken, daß der Jahresetat der SJI unserem Monatsetat gleicht.

Was den Vorschlag von Paul Hertz wegen der zu bildenden Körperschaft betrifft, so müßten wir hören, welche praktischen Vorschläge Sie (P[aul] Hertz) in bezug auf Ingangsetzung haben.

Vogel: Ich sehe, daß wir uns auf der Basis des Crummenerlschen Vorschlages einigen. Ich würde empfehlen, daß Erich Ollenhauer versucht, mit der Jugend-Internationale über diese Dinge zu sprechen und daß dann Siegmund Crummenerl als einer der vier zu gelten hätte.

Es wäre also noch zu klären, wieweit wir den Vorschlag von Paul Hertz wegen des Beirats erfüllen können. Ich habe gestern bereits gesagt, daß ich zur Zeit noch keine Basis dafür sehe.

Unsere erste und wichtigste Aufgabe ist es, in Verbindung mit der französischen Partei zu kommen. Eine der wichtigsten Aufgaben ist ferner die Verbesserung unserer Verbindungen zur westlichen Emigration. Sie, Paul Hertz, wünschen Beweise für unsere neue Haltung. Ich bin der Meinung, daß unsere Erklärung (Konzentrationsbeschluß), die ja vorliegt, ein sehr starker Beweis für unsere ehrlichen Absichten ist. Es kommt jetzt auf die anderen an, loyal mitzuarbeiten.

Ich möchte den Vorschlag machen, lassen wir vier, acht Wochen oder ein Vierteljahr verstreichen. Setzen wir dann erneut eine Generalaussprache an und prüfen wir, ob wir unser Versprechen gehalten haben. Ich bitte Sie deshalb, Ihren Vorschlag zurückzustellen (an P[aul] Hertz gerichtet).

Hertz: Wenn wir nach Paris kommen, werden wir unseren Beschluß veröffentlichen. Die erste Erwägung bei jedem drüben ist: Der PV ist schwach. Wenn wir nicht nach Paris gehen würden, hätte die Erklärung ganz andere Bedeutung. Die zweite Erwägung hat Stampfer bereits erwähnt: Daß die beiden, die sich am lebhaftesten für neue Formen einsetzten, jetzt ausscheiden. Die dritte Erwägung ist, daß unsere Finanzierung brennend geworden ist. Das wissen die anderen, mit denen wir verhandeln wollen, auch. Deshalb erscheint mir der Vorschlag von Vogel nicht geeignet, die Situation zu erleichtern. Wir setzen damit alles auf eine

Karte, auf die Hilfe durch die SAI. Aber auch da wird man am besten fahren, wenn eine einheitliche Bewegung vorhanden ist. Diese Dinge sprechen meines Erachtens für meinen Vorschlag. Was Neu Beginnen betrifft, so soll es sich ja nicht um eine Einigung mit Neu Beginnen handeln, sondern um die größere Frage: die Sammlung der Sozialdemokratie. Aber berücksichtigen wir immer, es handelt sich nicht nur um eine Sammlung der Emigration, sondern um die Sammlung drinnen, die viel wichtiger ist.

In der von mir gedachten Körperschaft sollen Leute sitzen, die etwas hinter sich haben. Was wir machen müssen, ist, die Menschen und Organisationen zusammenzufassen, die Verbindungen mit drüben haben. Mir ist dabei gleich, in welcher Weise die Zusammensetzung erfolgt. Ich würde auf das Beratende, auf größere Wirksamkeit unserer Arbeit drinnen und draußen das Hauptgewicht legen. Schon um zu vermeiden, daß wir in Paris in den Kliquenstreit hineingezogen werden.

Wir müßten jene Menschen heranziehen, die nicht reine Emigrationsrepräsentanten sind, z. B. die Mülhausener[3], Schoettle, Neu Beginnen. Wer sonst dabei ist, ist nicht entscheidend, ob Max Braun, Breitscheid. Das ist nicht entscheidend, das ist ein Prozeß, der sich entwickeln muß. Wir wollen aktiv sein, aber nicht so, daß wir nur viele, rein persönliche Beziehungen anknüpfen. Die negativen Momente (daß wir in dem Augenblick für Einheit sind, in dem wir nach Paris gehen) müssen durch positive Momente paralysiert werden. Ich würde mich damit abfinden, es bei der Erklärung zu belassen, aber ich glaube nicht, daß es uns förderlich ist. Was den Genossen Wels betrifft, so glaube ich nicht, daß er sich Lebensnotwendigkeiten gegenüber widersetzen wird.

Vogel: Ich glaube, es ist das Richtigste, wenn wir die Entscheidung über die Beiratsfrage vertagen.

Crummenerl: Ich stelle nochmals zur Debatte, daß Vogel jetzt gemeinsam mit mir in den Westen fährt.

Nach einer kurzen Bemerkung von F[riedrich] Stampfer wird beschlossen, mit den ersten vorbereitenden Verhandlungen in bezug auf die Übersiedlung nach dem Westen die Genossen Vogel und Crummenerl zu betrauen.[4]

---

3 Gemeint ist die sozialdemokratische Gruppe um Emil Kirschmann, Hans Hirschfeld, Max Moritz Hofmann und Marie Juchacz, die in Mulhouse/Elsaß lebten. Vgl. *Mehringer*, S. 169.
4 In einem Brief an Adler vom 3. März 1938 schilderte Hertz die Sitzungen vom 28. Februar und 1. März 1938 aus seiner Sicht. Im wesentlichen stimmt sie mit dem hier abgedruckten Protokoll überein. Von Hertz wurde aber der Widerwille von Wels gegen die Konzentrationsbestrebungen deutlicher hervorgehoben. Zudem akzentuierte Hertz im Brief seine Forderung nach einem Gremium zur Herbeiführung der »Konzentration« stärker, als dies im Protokoll deutlich wird. Schließlich erklärte er dem Brief zufolge im PV, daß er weder Crummenerls Pläne noch die Ablehnung jeglicher Verkleinerung des besoldeten PV mittragen werde: »Die geeignete Form, das zum Ausdruck zu bringen, ist für mich die Niederlegung meiner besoldeten Funktion.« Hier scheint aber Hertz sich sprachlich unkorrekt ausgedrückt zu haben; er scheint vielmehr – wie alle anderen Quellen nahelegen – damit einen Rücktritt als besoldetes Vorstandsmitglied angedroht, aber nicht schon erklärt zu haben. Vgl. IISG Amsterdam, SAI, Nr. 3616.

Nr. 111
Protokoll der Parteivorstandssitzung am 7. März 1938
SAPMO Berlin, ZPA, II 145/55, Bl. 31–37

Vorstandssitzung am 7. 3. 1938

Anwesend: Vogel, Crummenerl, Rinner, Ollenhauer, Hertz, Stampfer, Arnold, Heine.

Ollenhauer berichtet über das Gespräch, das mit Michel[1] und Helmut[2] stattgefunden hat. Die beiden Sekretäre haben noch weitere Mitteilungen über ihr Verhältnis zur Gruppe Neu Beginnen gemacht. Michel ist in enge Beziehungen zu Willi Müller getreten, er hat sein Vertrauen gefunden und Fühlung mit den anderen Verbindungen der Gruppe – auch außerhalb seines Bezirks – genommen. So sei er allmählich der Vertrauensmann der Inlandsverbindungen der Neu Beginnen-Gruppe geworden.[3] Es sei nicht möglich, diese Dinge ad hoc aufzugeben. Michel wünscht jedoch, baldigst aus dieser Doppelstellung herauszukommen und sieht in der Liquidierung der Gruppe die Möglichkeit dazu. Willi Müller sei unterrichtet und billige sein Vorgehen. Michel halte es für zweckmäßig, baldigst mit W[illi] Müller direkte Verhandlungen aufzunehmen. Helmut hat unsere Vermutungen, daß er seit einigen Monaten Kassierer der Neu Beginnen-Gruppe sei, bestätigt. Beide geben an, aus ihren Gruppen-Funktionen keinerlei Entschädigung erhalten zu haben. – Das Ziel ihrer Arbeit sei gewesen, die Gruppe in Verbindung mit dem PV zu bringen. Beide wünschten, unsere Stellungnahme zur künftigen Zusammenarbeit kennenzulernen. Wir haben daraufhin erklärt, daß wir den gesamten PV zunächst von diesen Mitteilungen unterrichten müssen. Wir haben vereinbart, daß wir am Mittwoch mit den beiden Genossen abschließend sprechen wollen.

Meine Meinung ist, daß diese ergänzenden Mitteilungen der beiden Genossen beweisen, daß neben der Sopade eine Sonderorganisation bestanden hat, an der hervorragende Funktionäre von uns mitgearbeitet haben.

Entscheidend ist, ob diese Periode der Sondergruppen-Politik jetzt abgeschlossen ist. Die bedenkliche und eigenartige Situation, die bis jetzt bestand, muß gründlich geändert[4] werden.

Rinner: Der Entschluß, unter Geschehenes einen Schlußstrich zu ziehen, wird uns nicht leichter gemacht durch diese Methode der kleckerweisen Unterrichtung über solche Verbindungen. Es steht nun fest, daß Michel Organisationsleiter, Helmut Kassenführer der Gruppe war. Es ist die Frage, ob nicht in Verhandlungen mit W[illi] Müller erreicht werden kann, daß Doppelverbindungen vermieden und entsprechende Überführungen – an unsere zuständigen Vertrauensleute – vorgenommen werden.

Soll die bisherige Zusammenarbeit zwischen Michel und der spanischen Legation in gleicher Weise andauern? Da ist auch die besondere Frage des militärischen Nachrichtendienstes, bei der wir prüfen müssen, ob wir es zulassen können, daß einer unserer Sekretäre daran weiter mitarbeitet. Ich erbitte einen Vorstandsbeschluß über diese Frage.

Stampfer: Mein Standpunkt ist bekannt: Mitarbeiter des Parteivorstandes können nicht an militärischen Nachrichtendiensten mitarbeiten.

Vogel: Unsere illegale Arbeit kann nicht mit militärischen Nachrichtendiensten in Verbindung stehen. Glatte Trennung ist erforderlich. Wir müssen diese Frage besonders mit

---
1 Vorlage: »Michel« hs. unterstrichen. D. i. von Knoeringen.
2 D. i. Bögler.
3 Vorlage: Von »Vertrauensmann« bis »geworden« hs. unterstrichen.
4 Vorlage: »geändert« hs. eingebessert für »erörtert«.

Michel besprechen, wir müssen in diesem Punkt genauso verfahren, wie mit den Revolutionären Sozialisten.

Hertz: Im Prinzip besteht kein Gegensatz zwischen Ihrer und meiner Meinung, aber man muß natürlich einen gewissen Unterschied zwischen dem französischen und dem spanischen Nachrichtendienst machen. Die deutsche Bewegung soll Spanien helfen, das darf nicht außer Acht gelassen werden. Das bedeutet natürlich nicht Unterordnung unter spanische Interessen, das ist selbstverständlich. Wir müssen das Gespräch mit Michel fortführen. Eine Lösungsmöglichkeit sehe ich nur so, daß ein Zustand geschaffen wird, der eine allmähliche Überführung der Gruppenarbeit ermöglicht.

Besonders beachtet werden muß bei der Tätigkeit der beiden Genossen, daß sie keineswegs von materiellen Interessen geleitet waren und daß sich ihre Arbeit keineswegs gegen den PV gerichtet hat. Ihre Absicht war, den Einfluß, den Neu Beginnen in Deutschland hat, nicht mißbrauchen zu lassen zur weiteren Zersplitterung. Das allein war unser Ziel. Es gab natürlich auf diesem Wege Rückschläge, aber ich kann sagen, wir sind diesem Ziel näher als früher. Und daß wir es sind, ist mit auf diese Arbeit der beiden Genossen zurückzuführen.

Crummenerl: Wir müssen zur Kenntnis nehmen, was gesagt wurde. Wir werden bei unseren anderen Grenzmitarbeitern sehr schweren Stand haben, wenn wir ihnen die bisherige Tätigkeit dieser beiden Genossen begreiflich machen wollen. Wir haben Amnestie erteilt, ich habe allerdings dabei die Hoffnung, daß damit nun auch wirklich Schluß ist. Es wäre unmöglich, unseren übrigen Grenzsekretären die gleichen Vollmachten zu geben, wie sie sich die beiden Genossen genommen haben. Man sollte den beiden Genossen dringend raten, die ganze Tragweite ihrer Handlungen zu erkennen.

Was die Frage Spanien anbelangt, so teile ich die Meinung von Rinner und Stampfer. Wir haben den gleichen Standpunkt ja auch gegenüber Ziehm und den Rev[olutionären] Sozialisten getan.[5]

Es wird eine ungeheure Zeit bedürfen, bis es zu dem von uns allen gewünschten Vertrauensverhältnis zu den beiden Genossen wieder kommt. Wir dürfen auch nicht die Schwierigkeiten unterschätzen, die wir im Westen und Norden bekommen, wenn wir mit den anderen Genossen über diese Dinge sprechen. Über die künftige organisatorische Arbeit hier können wir erst nach unserer Rückkehr aus dem Westen reden.

Ollenhauer: Ich bin bereit, aus den Mitteilungen der beiden Genossen keine weiteren organisatorischen Konsequenzen zu ziehen. Das bedeutet, daß diese Konzentrations-Bereitwilligkeit eine großes Wagnis für uns ist. Ich habe für die Methoden, mit denen diese Genossen gearbeitet haben, kein Verständnis. Ich wiederhole, daß ich bereit bin, eine Erklärung der beiden, daß sie diese Arbeit liquidieren, anzunehmen und nicht daran zu zweifeln. Wenn sich aber in der Gruppe wieder Tendenzen zur Zersplitterung bemerkbar machen, dann torpedieren wir diese ganze Sammlungsbewegung. Wir übernehmen – wenn wir die Mitteilungen der beiden zur Kenntnis nehmen – gegenüber unseren anderen Mitarbeitern, die fünf Jahre lang loyal gearbeitet haben, eine große Verantwortung. Aber trotzdem bin ich bereit, den Versuch zu machen, die ehrliche Zusammenarbeit zu erproben.

Hertz: Ich gebe zu, daß das, was wir vorhaben, sehr schwierig ist. Aber es besteht noch eine Meinungsverschiedenheit, ob wir einen langsamen oder schnellen Weg zur Sammlung wählen sollen. Sollen wir theoretische Erwägungen anstellen oder praktische Schritte tun.

---

5 Stampfer hatte kurz vorher davon gesprochen, Mitarbeiter des Parteivorstandes könnten nicht für militärische Nachrichtendienste arbeiten. Bei Ziehm und den Revolutionären Sozialisten ging es darum, daß diese dem Parteivorstand die Zusammenarbeit mit dem französischen oder dem spanischen militärischen Nachrichtendienst vorgeschlagen hatten; der Parteivorstand hatte dies abgelehnt. So lassen sich jedenfalls die übrigen Äußerungen bei dieser Sitzung interpretieren, insbesondere die von Hertz.

Die früheren Argumente gegen die Sammlung, die kürzlich und die vor drei Monaten erhoben worden sind, sind ja wohl inzwischen preisgegeben. Ich erkenne an, daß heute eine andere Atmosphäre herrscht. Das aber hat doch Ursachen! Früher bestand die Auffassung, »hinter den Gruppen steht ja nichts«, wir brauchen also keine Sammlung. Ich habe wiederholt darauf hingewiesen, daß diese Anschauung irrig ist. Ich hatte mit meinen Hinweisen leider keinen Erfolg.

Im Fall Spanien hat die absolute Negation der Sopade zu selbständigem Handeln geführt. Ebenso liegt der Fall mit der 10-Punkte-Gruppe.[6] Ich habe in beiden Fällen versucht, die Aktivität der Sopade anzuregen.

Ollenhauer: Was die Spanienangelegenheit und den Vorwurf der Inaktivität betrifft, so war es doch so, daß wir seinerzeit mit Taub darüber verhandelt haben. Taub hat damals erklärt, laßt die Finger davon. Taub hat uns auch Ihre Mitteilung, Gen[osse] Hertz, über seine andere Haltung Ihnen gegenüber nicht bestätigt.

Rinner: Was mein Arbeitsgebiet betrifft, so kann von einer Inaktivität in der Spanienfrage nicht die Rede sein. Ich habe frühzeitig Verbindung zu Kulcsar[7] aufgenommen, ich wäre auch zur Intensivierung der Arbeit bereit gewesen. Leider wurden meine Absichten durchkreuzt durch Verhandlungen, die hinter meinem Rücken direkt mit K[ulcsar] geführt worden sind.

Ollenhauer: Was die Zehn-Punkte-Gruppe betrifft, so möchte ich betonen, daß kein Beschluß bestanden hat, nicht mit den Berlinern in Verbindung zu treten.

Hertz: Zu der Angelegenheit Spanienfrage und Taub möchte ich nur sagen, daß ich hier nicht gegen Taub polemisieren möchte. Aber alles das sind Probleme der Vergangenheit. Auch ich sehe Gefahren, daß die Sammlungsbestrebungen torpediert werden könnten. Wir müssen sofort an die Aufgabe herangehen, um Möglichkeiten dieser Art auszuschalten. Rinner hat fehlerhaft argumentiert, wenn er glaubt, daß Berichte, die hierher ins Büro gehören, hintenherum zur spanischen Gesandtschaft gebracht worden sind.

Schoettle, Michel und Helmut haben Vorleistungen getan, dadurch, daß sie Berichte von Leuten, die nicht zu uns gehören, uns zur Verfügung gestellt haben, das muß man doch auch bedenken.

Rinner: [. . .] und meine Vorleistung war, daß ich diese Berichte nicht unterdrückt habe, sondern sie gegenüber den Protesten anderer Mitarbeiter bevorzugt behandelt und gebracht habe.

Hertz: Sicher ist, daß die Basis unserer Arbeit durch diese Tätigkeit verbreitert wird. Sie kann weiter [ver]bessert werden und das ist die Aufgabe.

Wenn immer wieder hier Bedenken geäußert werden, so muß man Konsequenzen daraus ziehen. Ich begnüge mich nicht damit, daß man aus taktischen Erwägungen keine Sanktionen gegen die drei unternimmt. Das genügt mir nicht. Die heutige Debatte läßt erneut Zweifel in mir aufkommen, ob die Möglichkeit zur Verständigung überhaupt besteht.

Vogel: Ich habe ebenso bittere Gefühle bei den Eröffnungen, die uns Michel und Helmut gemacht haben, gehabt wie die anderen Genossen. Trotzdem habe ich Hoffnung auf günstigen Abschluß der Debatte. Unsere Kritik richtet sich nicht gegen die Tätigkeit an sich, sondern gegen die Tatsache der Nichtinformation des PV. Wir müssen sehen, wie wir unsere prinzipielle Erklärung in die Wirklichkeit umsetzen können. Es ist selbstverständlich, daß keine der Verbindungen, die heute zum Reich bestehen, durch die Konzentrationsbestrebungen gefährdet werden dürfen. Rinners Vorschlag, die Doppel-Verbindungen zu übertragen, scheint mir deshalb jetzt noch nicht durchführbar zu sein.

Notwendig wird sein, daß wir mit gewissem Optimismus an diese Arbeit herangehen und den Genossen unser Vertrauen entgegenbringen. Ich stelle mir zum Beispiel vor, daß wir zu

---

6 Vorlage: »10-Punkte-Gruppe« hs. unterstrichen.
7 Vorlage: »Kulcar«.

dem Ergebnis kommen könnten, Schlesien an Helmut und Bayern an Michel zu übergeben, wenn wir zu unserer Reorganisation kommen. Beide müßten sich dann doch sagen, daß sie die künftige Arbeit nur in engstem Kontakt mit uns führen können. Das wäre eine gewisse Sicherheit. Was die Spanienarbeit anbelangt, so bin ich bereit, unsere Haltung durch Beschlußfassung festzustellen.

Hertz schlägt vor, damit zu warten, bis die Besprechung mit Michel stattgefunden hat.
Vogel erklärt sich damit einverstanden.

Stampfer: Hertz muß doch sehen, daß diese Methode der stückweisen Enthüllungen geeignet ist, uns den Atem zu nehmen.

Ollenhauer: Es ist notwendig, innerhalb des PV offen über diese Dinge zu sprechen. Deshalb hatte ich keine Bedenken, meine Meinung hier offen zum Ausdruck zu bringen. Ich habe aber vorangestellt, daß an der prinzipiellen Haltung nichts geändert worden ist.

Zur praktischen Seite der Angelegenheit möchte ich vorschlagen, daß wir unsere Sekretäre schriftlich über unsere Absichten und die Ziele, die uns leiten, unterrichten. Es ist wichtig für uns, daß diese unsere Haltung Billigung auch aller anderen Genossen findet. In der Zwischenzeit sollten wir die Fühlungnahme mit Michel und Helmut so eng wie möglich gestalten. Ich halte es auch für möglich, mit W[illi] Müller Fühlung aufzunehmen.

Hertz: Ich möchte noch die Frage anschneiden, ob es nicht zweckmäßig ist, daß ich an der Aussprache mit der SAI beteiligt bin. Ich bitte, darüber offen zu sprechen.

Vogel: Wenn wir den Vorschlag von Hertz annehmen, dann wäre zu überlegen, ob es notwendig ist, daß wir diese Reise zu dritt machen. Ich bin bereit, hier zu bleiben.

Hertz: Ich möchte betonen, daß ich keinen Zweifel daran habe, daß Ihr bei der SAI objektiv berichten werdet über unsere neue Haltung. Aber ich halte es für besser, wenn der, über den berichtet wird, selbst dabei ist. – Bei der Weihnachtsreise sind die Genossen Geyer und Rinner delegiert worden.[8] Das ist bei einigen Leuten dahin mißverstanden worden, daß es eine Spitze gegen mich sei. Ich möchte das diesmal vermeiden.

Es wird beschlossen, diese Frage zu vertagen, die Sekretäre zu unterrichten und am Mittwoch eine neue Besprechung mit Michel und Bögler zu machen.

Ollenhauer berichtet über das Gespräch mit S[iegfried] Taub, der über unsere Umzugspläne unterrichtet worden ist. Taub ist nach wie vor der Auffassung, daß wir den Umzug betreiben sollten. Ebenso ist er dafür, daß wir ein PV-Mitglied hierlassen sollten. Er glaubt, daß für F[riedrich] Stampfer, der zunächst hierbleibt, eine Funktion gefunden wird, und zwar in Verbindung mit der DSAP. Taub ist ferner bereit, sich für Sander und unsere drei Grenzsekretäre einzusetzen und notfalls im Rahmen der DSAP Rückendeckung für die Genossen zu schaffen.

Taub hat dann weitere Informationen über die Lage in Österreich und in der CSR gegeben und mitgeteilt, daß die Frage der Emigration noch immer ungeklärt ist, ebenso wie die alten Absichten, die Emigration in der Provinz zu konzentrieren, noch immer geistern.[9]

---

8 Die genauen Reisedaten konnten nicht ermittelt werden; in den Kassenjournalen fehlen in der Regel Angaben zu Terminen und Reisezielen. Vgl. AdsD Bonn, PV-Emigration, Kassenbelege und Kassenjournale. Aus dem NL Rinner ergibt sich, daß Rinner zum Jahreswechsel 1937/38 Paris, Brüssel und London besuchte. PV an Alfred Braunthal, 21. März 1938, in: AdsD Bonn, NL Rinner, Mappe 4; PV an Brouckère, 9. November 1937, in: Ebd., Mappe 5.

9 Im Sommer 1937 hatte das tschechoslowakische Innenministerium – angeblich aus Gründen der staatlichen Sicherheit – beschlossen, die deutschen Emigranten in acht Bezirke der Böhmisch-Mährischen Höhe umzusiedeln. Aufgrund des massiven Protestes aus der Bevölkerung und der Intervention der DSAP wurde der Plan im Oktober 1937 wieder fallengelassen. Vgl. *Martin K. Bachstein*, Die Beziehungen zwischen sudentendeutschen Sozialdemokraten und dem deutschen Exil: Dialektische Freundschaft, in: *Peter Becher/Peter Heumos* (Hrsg.), Drehscheibe Prag. Zur deutschen Emigration in der Tschechoslowakei, München 1992, S. 41–52, hier S. 42; *Cerny*, S. 213–216; *Kveta*

Ollenhauer: Zum Parteitag der DSAP in Reichenberg liegt eine Einladung vor. Der Vorschlag, Stampfer und Ollenhauer zu delegieren, wird angenommen.

Ollenhauer: An mich sind verschiedene Genossen herangetreten wegen der Beschaffung eines Einreisevisums für Frankreich usw. Ich habe diese Dinge bisher liegengelassen, möchte die Sache auch jetzt nicht forcieren, da wir uns sonst die Möglichkeiten, die für unsere Arbeit wichtigen Genossen mitzunehmen, verschütten.

Hertz gibt Beispiele für die Schwierigkeiten, die bei der Beschaffung eines französischen Visums entstehen.

Es wird beschlossen, Ollenhauers Vorschlag in der Visum-Angelegenheit gutzuheißen.

Ollenhauer: Wir müssen den Fall Zienau[10] erledigen. (Gibt Darstellung des Falles.) Es ist nicht ganz klar, wie Zienaus Haltung in der letzten Zeit war.[11]

Hertz berichtet über den Briefwechsel, den er mit Zienau gehabt hat. Er stellt fest, daß Zienau nicht mit der Vertretung der 10-Punkte-Gruppe beauftragt war.

Ollenhauer: Kriedemann[12] bittet, für ihn gutzusagen in bezug auf seine parteipolitische Haltung und Tätigkeit gegenüber vielfachen Verleumdungen. Ähnlicher Brief liegt vom Gen[ossen] Saar[13] vor. Wir können diesen Fall nicht von hier aus erledigen. Ich schlage vor, die holländische Partei zu bitten, die Angelegenheit an Ort und Stelle zu überprüfen.[14]

Der Vorschlag wird angenommen.

Crummenerl: Tockus und Helperl[15] sind gekündigt.[16] Mit Tockus ist vereinbart worden, daß er für April und Mai die bisherige Entschädigung erhält. Für den Fall der Pensionierung würden wir ihm für das Nachkleben der erforderlichen Marken rund Kc. 2 000,– zur Verfügung stellen.

Einverstanden.

Crummenerl: Sander erbittet Unterstützung für 10 Bolivienfahrer[17], die am 22. 3. von hier fahren sollen. Ich schlage vor, 3–3 500,– Kc. insgesamt zu zahlen und an Maukert eine Sonderunterstützung von Kc, 800,– zu geben.[18]

Hyrslová, Die CSR als Asylland. Historisch-politische Voraussetzungen, in: *Peter Becher/Peter Heumos*, (Hrsg.), Drehscheibe Prag. Zur deutschen Emigration in der Tschechoslowakei, München 1992, S. 31–40, hier S. 35–37.

10 Vorlage: »Zienau« hs. unterstrichen.
 Zienau, Oswald, sozialdemokratischer Journalist, Korrespondent der »Kölnischen Volkszeitung« in Moskau, Emigration Frankreich, 1943 Schweiz.
11 Zienau wurde vorgeworfen, in Deutschland als Gestapospitzel tätig gewesen zu sein. Vgl. Korrespondenz Hertz – Zienau, in: AdsD Bonn, NL Hertz, MF XXXV.
12 Vorlage: »Kriedemann« hs. unterstrichen.
13 Vorlage: »Saar« hs. unterstrichen.
14 Kriedemann stand mit der Gestapo in Verbindung. Der PV lehnte es ab, Kriedemann in dieser Angelegenheit in Schutz zu nehmen, da alle Vorwürfe dessen Amsterdamer Zeit beträfen. PV an Kriedemann, 9. März 1938, in: AdsD Bonn, PV-Emigration, Mappe 67; Korrespondenz mit E. Schumacher, in: Ebd., Mappe 117; Korrespondenz mit der niederländischen Sozialdemokratie, in: Ebd., Mappe 122; außerdem die Darstellung des Falls Kriedemann in: *Röder/Strauss*, S. 397.
15 Vorlage: »Tockus« und »Helperl« hs. unterstrichen.
16 Beide hatten für den Graphia-Verlag, Karlsbad, gearbeitet. Tockus war für den Umbruch des »Neuen Vorwärts« zuständig gewesen. Vgl. AdsD Bonn, PV-Emigration, Mappe 53 und Mappe 138.
17 Neben Shanghai war Bolivien zu diesem Zeitpunkt das einzige Land/Territorium, das noch mittellose Flüchtlinge aufnahm. Insbesondere Sozialdemokraten, die bisher in der Tschechoslowakei Exil gefunden hatten, nutzten 1937/38 diese Möglichkeit. Vgl. *Hans-Albert Walter*, Deutsche Exilliteratur 1933–1950, Bd. 2: Europäisches Appeasement und überseeische Asylpraxis, Stuttgart 1984, S. 305–312.
18 Vermutlich Karl Maukert, geb. 1889, Parteifunktionär und Betriebsratsmitglied bei der Reichsbahn, Emigration CSR 1934.

Hertz: Ich bin mit den Vorschlägen von Siegmund einverstanden, mache aber darauf aufmerksam, daß manche Zuschüsse an die Ausreise noch in diesem Monat gebunden sind.

Es wird vereinbart, die Vorschläge von Crummenerl zu akzeptieren und für den Fall, daß es absolut notwendig sein sollte, in der Unterstützungssumme bis zu Kc. 4 000,– zu gehen.

Crummenerl: Gen[osse] Neumann erbittet nochmals Hilfe. (Es werden Kc. 200,– bewilligt.)

Dittmann erbittet einmaliges Darlehen von 1 000,– sFr. (Crummenerl erhält Vollmacht, mit Dittmann zu verhandeln und bis zu 1 000,– Frken zu gehen.)

Hrbek erbittet Unterstützung, da er Lagerhalter im Konsum werden kann. Wir können die geforderte Kaution nicht stellen. Wir sollten mit Taub verhandeln, daß dank seiner Hilfe die Kaution ermäßigt wird und sollten dann eine gewisse Summe beisteuern. (Einverständnis des PV)

Nr. 112
Protokoll der Parteivorstandssitzung am 8. März 1938
SAPMO Berlin, ZPA, II 145/55, Bl. 38 f.

Vorstandssitzung 8. 3. 38

Anwesend: Vogel, Crummenerl, Rinner, Ollenhauer, Hertz, Arnold, Heine.

Vogel: Paul Hertz hat gestern die Frage aufgeworfen, ob es nicht ratsam wäre, wenn er an der Westreise teilnehmen würde. Wir haben gestern keine Entscheidung herbeigeführt und wollen heute dazu Stellung nehmen, da inzwischen Siegm[und] Crummenerl mit Hertz über diese Frage gesprochen und seinen Standpunkt geäußert hat.

Crummenerl: Ich habe in diesem Gespräch meine Bedenken gegen eine Reise zu dritt vorgebracht. Die finanzielle Belastung scheint[1] mir zu groß zu sein. Paul Hertz hat seine Gründe dargelegt und die Auffassung vertreten, daß in diesem Fall die finanziellen Erwägungen, die er sonst teilt, zurückzustellen seien.

Was die Frage der Sitzverlegung selbst betrifft, so möchte ich nochmals betonen, daß ich nach wie vor der Auffassung bin, daß wir Brüssel ganz ernsthaft als Sitz des PV ins Auge fassen sollten. Es spricht[2] eine Reihe von gewichtigen Gründen dafür. Wir sollten deshalb in erster Linie sondieren, ob wir nicht in Brüssel unsere organisatorische Arbeit machen können. Da die Pariser Konferenz der SAI dazwischen kommt, so erscheint es mir fraglich, ob wir vorher noch nach Brüssel fahren können.[3]

Zur Frage: Teilnahme an der Exekutivsitzung glaube ich, daß 2 Vertreter von uns genügen. Ich schlage vor, Hilferding und Vogel zu beauftragen. Wir kommen dann nach Brüssel und treffen uns dort. – Einverständnis.[4]

Vogel: Ich schlage vor, zunächst über die Frage zu entscheiden, ob Paul Hertz an der Westreise teilnehmen soll. Ich will ganz offen erklären, daß mir daran liegt, daß wir die Sammlung nicht damit beginnen, nun Fraktionsbildungen vorzunehmen und etwa durch

---

1 Vorlage: »erscheint« hs. in »scheint« geändert.
2 Vorlage: »sprechen«.
3 Für den 15./16. März 1938 war eine gemeinsame Konferenz von SAI und IGB nach Paris einberufen worden. Vgl. AdsD Bonn, PV-Emigration, Mappe 126.
4 Vorlage: »– Einverständnis« hs. ergänzt.

die Reiseteilnahme von Hertz nach außen hin zu unterstreichen. Wenn aber Paul Hertz eine Erklärung abgeben kann, daß damit kein Präzedenzfall geschaffen werden soll und etwa Anspruch der N[eu] B[eginnen]-Gruppe auf Teilnahme an solchen Vertretungen erhoben wird, dann bin ich dafür, daß wir diese Fahrt zu dritt unternehmen.

Hertz: Mir ist überhaupt diese Idee nicht gekommen. Die Teilnahme an dieser Reise kann keinen anderen Sinn haben als den, personell diejenige Vertretung zu entsenden, die sachlich die besten Möglichkeiten bietet. Präzedenzfall damit zu schaffen, steht überhaupt nicht zur Diskussion.

Damit wird vereinbart, daß an dieser Westreise Vogel, Crummenerl und Hertz teilnehmen.

Vogel: Wir haben bisher noch keine Entscheidung darüber getroffen, ob Paris oder Brüssel als Domizil gewählt werden soll. Ich bin der Meinung, daß wir durch Besprechungen zunächst in Brüssel klären sollten, ob Belgien nicht einem ev. Druck Hitlerdeutschlands bald nachgibt, so daß wir erneut zum Umzug gezwungen sein würden. Wenn in dieser Richtung keine Sicherungen gegeben werden könnten, dann wäre es nötig, daß wir versuchen, nach Paris zu gehen.

Hertz: Ich habe mich s[einer] Z[ei]t offenbar in einem Irrtum befunden, als ich annahm, die Frage Brüssel oder Paris sei praktisch schon im Sinne Paris entschieden. Wir sollten aber in Brüssel auch eruieren, in welchem Ausmaß wir Bewegungsfreiheit erhalten können. Es ist möglich, daß die Zustimmung zu unserem Aufenthalt an Bedingungen geknüpft wird, die uns das Arbeiten sehr erschweren oder unmöglich machen.

Crummenerl stellt Überlegungen technischer Art an, welcher Zeitpunkt der geeignete für Besprechungen sein wird und schlägt vor, nach der SAI-Konferenz nach Brüssel zu fahren.

Hertz wirft die Frage auf, ob es nicht doch zweckmäßig ist, erst nach Paris zu fahren. Es ist ja möglich, daß wir auch in Paris auf größere Schwierigkeiten als erwartet stoßen, wenn wir mit 20–30 Personen umziehen wollen und wenn diese Schwierigkeiten uns dann zwingen würden, in Brüssel Bedingungen zu akzeptieren, die wir sonst nicht annehmen würden.

Crummenerl hält an Vorschlag: zuerst Brüssel, fest und argumentiert, daß wir uns bei der Auferlegung von Bedingungen in Brüssel ja durchaus noch nicht sofort entscheiden müßten, sondern uns sozusagen Bedenkzeit ausbitten und inzwischen in Paris Informationen einziehen könnten.

Es wird beschlossen, zunächst nach Brüssel zu fahren.

Nr. 113
Protokoll der Parteivorstandssitzung am 27. März 1938

SAPMO Berlin, ZPA, II 145/55, Bl. 43

Vorstandssitzung vom 27. März 1938

Anwesend: Crummenerl, Rinner, Ollenhauer, Stampfer, Arnold, Heine

Crummenerl berichtet ausführlich über die Ergebnisse der Westreise[1], und zwar zunächst über Brüssel. Adler vertritt die Auffassung, daß keine Möglichkeit bestehe, die Arbeit in Brüssel so durchzuführen, wie es unsere Absicht ist. Brouckère und Roesbroock sind ge-

---

1 Über die von Crummenerl in der Vorstandssitzung gemachten Angaben und die in der Sitzung am 8. März gegebenen Informationen hinaus waren keine Fakten zu dieser Reise zu ermitteln.

meinsam der Auffassung, daß uns das Gastrecht gewährt wird und daß die Frage eines Büros in Brüssel unter gewissen Kautelen möglich sei.

Die organisatorische Tätigkeit könnte mit Einschränkungen natürlich durchgeführt werden, eine publizistische Tätigkeit vorzunehmen, halten beide für ausgeschlossen. Sie befürchten außerdem, daß bei Bekanntwerden unserer Tätigkeit größte Schwierigkeiten für die Regierung entstehen, Schwierigkeiten, die möglicherweise zur Ausweisung führen könnten. Der Parteisekretär de Block hat sich etwas optimistischer geäußert, ist aber trotzdem zu den gleichen Schlußfolgerungen wie Brouckère: keine Publikationsmöglichkeit, Büro durch die Belgier, gekommen.

Außerdem hat eine Besprechung mit unseren Sekretären über die Konzentrationsbestrebungen[2] stattgefunden. Die Genossen waren sehr skeptisch und haben zur Vorsicht geraten.

Mit Adler haben außerdem Besprechungen wegen finanziellen Fragen stattgefunden. Adler nimmt an, daß die Exekutive wahrscheinlich den von uns gewünschten Beschluß, die Partei zu unterstützen, fassen würde. Er hält es aber für fraglich, ob die Exekutive fähig ist, interimistisch Geld zu geben.

Eine Besprechung mit Posthumus wegen des Archivs[3] hat gezeigt, daß das Institut zwar sehr interessiert ist, aber zur Zeit finanzielle Sorgen hat. Es ist die Frage, ob nicht die Summe dadurch verringert werden kann, daß ein bis zwei unserer Genossen vom Institut engagiert werden könnte[n]. Eine Entscheidung darüber ist noch nicht gefallen. Als Summe sind zunächst 100 000 hfl. genannt. Van de Lime[4] hat sich für den Ankauf des Archivs sehr interessiert, aber weitere Bedingungen gestellt.

Die Verhandlungen in Paris wurden durch Besprechungen mit Paul Faure eingeleitet, der volle Unterstützung zugesagt hat. Es wird schwer sein, in Paris die Wohnungsfrage zu lösen. Paul Hertz und Hans Vogel werden gemeinsam mit Schiff den Versuch machen, geeignete Vorbereitungen zu treffen. In bezug auf die Zollfragen werden wir nicht mit Erleichterungen rechnen können.

Schluß der Sitzung.[5]

---

2 Vgl. Nr. 108, Anm. 2.
3 Vorlage: »Posthumus wegen des Archivs« hs. unterstrichen.
4 Vermutlich Lieme, Nehemia de, 1882–1940, bis 1937 wichtige Person im Niederländischen Zionistenbund, Direktor der »Centrale Arbeiders Verzekerings- en Deposito-Bank« in s'Gravenhage, Vorsitzender des Internationalen Instituts für Sozialgeschichte.
5 Am 22. April 1938 traf sich der Vorstand zu einer Besprechung mit den Grenzsekretären. Thema war die Fortführung der Arbeit der Grenzsekretäre in der Tschechoslowakei nach der Übersiedlung des Vorstands nach Paris. Vgl. Anhang Nr. 29.

Nr. 114
Protokoll der Parteivorstandssitzung am 9. Juni 1938

SAPMO Berlin, ZPA, II 145/55, Bl. 44

Besprechung am 9. 6. 1938

Anwesend: Vogel, Crummenerl, Rinner, Ollenhauer, Stampfer, Geyer, Heine

Vogel: Stampfer ist aufgefordert worden, einen Artikel für den »Kampf«[1] zum Konzentrationsproblem zu schreiben. Es besteht wohl keine Meinungsverschiedenheit über den

---

1 Theoretische Zeitschrift der österreichischen Sozialdemokraten.

inzwischen von Stampfer vorgelegten Artikel. Es ist dann der Vorschlag gemacht worden, den Artikel und einen Auszug aus dem Richterschen Artikel[2] auch – gleichzeitig – im N[euen] V[orwärts] zu veröffentlichen. Auch darüber besteht wohl keine Meinungsverschiedenheit.

Stampfer: Ich möchte darauf hinweisen, daß es sich nicht um eine offizielle Stellungnahme des PV handeln soll, sondern um einen privaten Artikel.

Es besteht Übereinstimmung, daß der Artikel an den Kampf gegeben und auch im N[euen] V[orwärts] veröffentlicht werden soll, worüber Stampfer mit Bauer sprechen will.

Es wird auf Vorschlag **Crummenerls** vereinbart, in der nächsten Woche eine Vorstandssitzung zu machen.

---

2 Gustav Richter, Pseudonym für Joseph Buttinger. Der Artikel wurde auszugsweise zusammen mit Stampfers Artikel im »Neuen Vorwärts« vom 19. Juni 1938 abgedruckt; wieder in: *Matthias/Link*, Dok. 36, S. 300–307.
Buttinger, Joseph, 1906–1992, österreichischer Sozialist, 1935–38 Vorsitzender des ZK der RSÖ, Emigration 1938 Belgien, Frankreich, Vorsitzender AVÖS, 1939 USA, Mitglied SAI-Exekutive.

Nr. 115
Protokoll der Parteivorstandssitzung am 22. Juni 1938

SAPMO Berlin, ZPA, II 145/55, Bl. 45[1]

Bürobesprechung am 22. 6. 1938

Anwesend: Vogel, Crummenerl, Rinner, Ollenhauer, Geyer, Heine

Vogel und **Ollenhauer** berichten über die Schwierigkeiten, die sich aus der Arbeitsverteilung ergeben. Es sind nur noch drei Schreibmaschinenkräfte vorhanden, von denen zwei fast völlig für den Bericht benötigt werden. Für Organisation, Verlag, Redaktion, Graphia-Verlag und SJI steht nur eine Kraft – E[lse] Lehmann[2] – zur Verfügung, die mangels Vertrauen zu vielen Arbeiten nicht herangezogen werden kann.[3] Es muß eine Entscheidung getroffen und festgelegt werden, wie die Arbeit auf die drei Kräfte verteilt werden soll.

In der Debatte erklären **Rinner, Geyer** und **Heine**, daß es unmöglich ist, E[lse] Lehmann zu den Arbeiten heranzuziehen, da die Sicherheit besteht, daß alles Wissenswerte an Milesgruppe u. a. ausgeliefert wird. Das gilt auch für den Verlag und seine Adressen etc., die für die Milesgruppe, die jetzt die »Kampf«-Werbung[4] organisiert, von besonderem Wert sind. Auch Crummenerl und Ollenhauer halten es für unmöglich, E[lse] Lehmann für alle die Arbeiten zu verwenden, die für die Opposition von Interesse sind.

Die Schlußfolgerung, E[lse] Lehmann zu entlassen und eine neue Kraft für die SJI an ihrer Stelle anzustellen, wird von **Vogel, Crummenerl** und auch **Ollenhauer** abgelehnt, um nicht die Konzentrationsverhandlungen zu sprengen. Der Vorschlag, sie mit rein manuellen Arbeiten zu beschäftigen und eine andere Schreibkraft anzustellen, kann aus finanziellen Gründen nicht realisiert werden.

---

1 Eine Durchschrift befindet sich in: AdsD Bonn, PV-Emigration, Mappe 3.
2 Vorlage: »E. Lehmann« hs. unterstrichen.
3 Else Lehmann wurden Sympathien für »Neu Beginnen« zugeschrieben; vgl. *Seebacher-Brandt*, Biedermann, Diss., S. 241. Neben ihr arbeiteten noch M. Grafe und G. Hesse als Sekretärinnen; vgl. AdsD Bonn, PV-Emigration, Kassenjournal April 1938–Februar 1940.
4 Vgl. Nr. 114, Anm. 1.

Vogel stellt als Ergebnis der Aussprache fest, daß zunächst der bisherige Zustand aufrechterhalten werden soll und der Versuch gemacht werden muß, E[lse] Lehmann mit Arbeiten zu beschäftigen, bei denen sie nicht die Möglichkeit hat, sie mit Nutzen für ihre politischen Freunde weiterzuleiten.

Crummenerl macht Mitteilung über den finanziellen Status und stellt eine Rohbilanz für die kommenden Ausgaben auf.

Es wird beschlossen, den Gen[ossen] Klein[5] provisorisch mit 250 Fr. wöchentlich anzustellen, damit er die Botengänge und sonstige manuelle Arbeiten für die Kasse und das allgemeine Büro erledigt.

---

5 Vorlage: »Gen. Klein« hs. unterstrichen.

Nr. 116
Protokoll der Parteivorstandssitzung am 29. Juni 1938
SAPMO Berlin, ZPA, II 145/55, Bl. 46–49[1]

Vorstandssitzung vom 29. 6. 1938

Anwesend: Vogel, Crummenerl, Rinner, Ollenhauer, Hertz, Stampfer, Geyer, Heine

Vogel eröffnet die erste Sitzung[2] in Paris mit dem Bedauern, daß wir durch die Krankheit des Genossen Wels noch nicht vollständig sind. Wir hoffen auf gute Besserung und entbieten ihm unsere Wünsche und Grüße.

Wir haben große, zum Teil neue Aufgaben vor uns, von denen einige, wie das Konzentrationsproblem, langwierige Verhandlungen erfordern werden. Es wird notwendig sein, öfter zu gemeinsamen Beratungen zusammenzutreten. Der Erfolg unserer Bemühungen wird abhängen von unserer Arbeit und unserer Intensität. Notwendig wird sein, daß wir verständnisvoll zusammenarbeiten.

Für heute stehen zunächst nur geschäftliche Dinge auf der Tagesordnung.

Crummenerl referiert über den Umzug Prag-Paris und seine Kosten, über die Vermögenslage und die neue Gehaltsregelung. Zwischen Hertz und mir gibt es in der Frage der Zahl der hauptamtlichen Vorstandsmitglieder eine Meinungsverschiedenheit, die wir am besten gleich hier austragen. Während ich der Meinung bin, daß in Prag beschlossen wurde, daß in Zukunft 4 Mitglieder des PV, nämlich Wels, Vogel, Crummenerl und Rinner noch besoldet werden, sagt Hertz, es sei kein Beschluß gefaßt worden.

Vogel: Wir müssen sparen und sehen, daß wir vor Ablauf der holländischen Zahlungen neue Mittel flüssig machen können.[3] Was die Meinungsverschiedenheit mit Hertz betrifft, so bin ich der Auffassung, daß wir damals in Prag beschlossen haben, daß Stampfer, Ollenhauer und Hertz ausscheiden als besoldete Vorstandsmitglieder.

---

1 Eine Durchschrift ist vorhanden in: AdsD Bonn, PV-Emigration, Mappe 3.
2 Dies war zwar die erste »Vorstandssitzung« in Paris, die »Besprechungen« am 9. und 22. Juni 1938 hatten aber auch schon in Paris stattgefunden. Bis Mitte Mai 1938 waren die Vorstandsmitglieder mit Ausnahme von Ollenhauer und Wels in Paris eingetroffen. Vgl. Hertz an Hirschfeld, 15. Mai 1938, in: AdsD Bonn, NL Hertz, MF XXXI.
3 Von Mai 1938 bis Juni 1939 erhielt der PV aus dem Verkauf des Parteiarchivs an das Internationale Institut für Sozialgeschichte, Amsterdam, 72 000 hfl. Vgl. Korrespondenz PV mit de Lime, in: AdsD Bonn, PV-Emigration, Mappe 72.

Stampfer: Ich bin ab 1. Mai als Gehaltsempfänger entsprechend unserer Vereinbarung ausgeschieden, aber ich möchte im Interesse der Klarstellung wissen, wie es mit meiner literarischen Mitarbeit und ihrer Honorierung steht. Ich bin darauf angewiesen, durch journalistische Arbeit mein Leben zu bestreiten, werde ich für meine literarische Mitarbeit honoriert werden können?
Crummenerl: Selbstverständlich.
Hertz: Nach meiner Meinung haben wir in Prag nichts Endgültiges beschlossen, sondern wollten die Entscheidung davon abhängig machen, ob wir neue Mittel bekommen.[4] Was ich heute will, ist nichts anderes, als daß derartige Entscheidungen nicht im Teilgremium, sondern im Gesamt-PV entschieden werden.

Was den Archivverkauf betrifft, so behalte ich mir meine konkrete Stellungnahme über die Verwendung der Mittel noch vor. Ich habe ja schon nach Prag s[einer] Z[ei]t geschrieben, wie ich über diese Frage denke. Beachtlich erscheint mir, daß bei der Mittelverwendung zwei Gesichtspunkte im Vordergrund stehen müssen: die Frage der vermehrten Fürsorge und die Kosten der illegalen Arbeit.
Vogel: Über diese beiden letzten Fragen brauchen wir wohl doch heute keine Entscheidung treffen.
Crummenerl: Ich habe heute die Gehaltsvorschläge vorgelegt. Ich möchte, daß darüber beschlossen wird.[5]
Hertz: Alle Entscheidungen, die wir treffen wollten, sollten davon abhängig gemacht werden, daß unsere Finanzen neu geregelt würden. Das war unser Prager Standpunkt. Also war nichts Endgültiges beschlossen. Aber – wenn hier ein Mehrheitsbeschluß gefaßt wird – bin ich damit zufrieden.
Crummenerl: Ich bitte um Beschluß, daß die von mir vorgeschlagene Gehaltsregelung und der Ausgabenvoranschlag akzeptiert werden.
Ollenhauer: Wir sind in Prag zu festen Beschlüssen gekommen. Hätten wir kein Geld bekommen, dann wäre ja die ganze Umzugsfrage gegenstandslos gewesen.[6]
Hertz: Meine Erklärung in bezug auf Ausscheiden als besoldetes Vorstandsmitglied liegt vor. Aber danach erst kam der Beschluß, alles in Schwebe zu halten. Anders wäre ja nicht zu verstehen, daß ich mit nach Brüssel gegangen bin.[7]

Widerspruch von **Crummenerl, Vogel, Ollenhauer** und **Rinner**, daraufhin erklärt
Hertz: Ich habe damals darauf verzichtet, daß ich besoldetes Vorstandsmitglied bleibe.
Stampfer: Also Sie werden dementieren, wenn irgendwo das Gerücht auftaucht, Sie seien gemaßregelt worden.
Hertz: Natürlich. Ich plädiere nicht, daß ich das Gehalt bekomme, das spielt dabei keine Rolle. Das sachliche Argument ist das wichtigste: Die Zweiteilung zwischen PV und dem engeren Arbeitsgremium schafft nicht jene Atmosphäre, die erforderlich ist.
Crummenerl: Ich habe schon erklärt, daß keine Ausgabe ohne Billigung des Gesamt-PV erfolgen wird.
Vogel: Sie, Gen[osse] Hertz, haben den Anspruch zunächst angemeldet. Wir nehmen davon Kenntnis. Die Meinungsverschiedenheit besteht weiter. Es wäre besser, wenn heute kein Beschluß gefaßt würde, um nicht gleich in der ersten Sitzung Differenzen zu haben.

Nach kleiner geschäftsordnungsmäßiger Debatte über die Form der Beschlußfassung konstatiert **Vogel**, daß gegen die hauptamtliche Beschäftigung von 4 Vorstandsmitgliedern (Wels, Vogel, Crummenerl, Rinner) kein Widerspruch erfolgt. Ebenso wird ohne Wider-

---
4 Vgl. Nr. 110.
5 Crummenerls Gehaltsvorschläge waren nicht aufzufinden.
6 Vgl. Nr. 110.
7 Hertz meint damit die sogenannte »Westreise«, auf der geklärt werden sollte, ob der PV nach Brüssel oder nach Paris übersiedeln solle. Vgl. Nr. 109, Nr. 112, Nr. 113.

spruch die Gehaltsregelung der 4 besoldeten Vorstandsmitglieder und der Angestellten zur Kenntnis genommen. Es besteht auch Übereinstimmung, daß die nicht besoldeten Vorstandsmitglieder pro Sitzung 50,- Fr. erhalten sollen.

Crummenerl macht Mitteilung über die Entscheidung im Prozeß »Deutsche Freiheit«, der für uns gewonnen wurde.[8] – Ich möchte, daß wir außer der an Hirschfeld bereits gezahlten Summe kein weiteres Geld an Entschädigungen usw. zahlen, bevor wir nicht selbst unsere Unkosten vom Gericht erhalten haben.

Hertz berichtet ausführlich über die letzte Beiratssitzung in London[9], über die Frage der Emigration in Frankreich und über die kommende Eviankonferenz.[10] – »Ich habe mit Adler über diese Konferenz besprochen, daß voraussichtlich eine Sitzung der Kommission über die Lage der pol[itischen] Gefangenen zusammentritt und mich, ev. auch Seiler von den Österreichern delegiert. Dann würde die SAI die Hälfte der Kosten übernehmen.«

Es wird verabredet, daß, falls die SAI nicht zu den Kosten beitragen sollte, Hertz auf Kosten des PV an der Eviankonferenz teilnimmt.

Ollenhauer: Die Arbeiterwohlfahrt, Paris, wünscht, daß wir in der Sopade tätigen Genossen Mitglieder der AW werden.[11] Wir sollten unseren Genossen Mitgliedschaft empfehlen und uns, soweit wir können, an der Arbeit beteiligen.

Vogel schlägt vor, daß pro Mitglied 20–25 Fr. gezahlt werden und wir die Einzelmitgliedschaft aufnehmen.

Ollenhauer: Es ist die Frage aufgetaucht, ob wir der französischen Partei beitreten sollen.

Es wird verabredet, bei Gelegenheit Erkundigungen darüber einzuziehen, ob die Partei Wert darauf legt.

---

8 In dem Prozeß klagten Hertz und die Relevo-AG, Zürich, von 1935 bis 1938 gegen den Liquidator der »Volksstimme GmbH«, Saarbrücken, in deren Verlag 1933 bis 1935 die »Deutsche Freiheit« erschienen war, um einen Wechsel aus dem Mai 1934 in Höhe von ca. 1,9 Mio. FF, der Hertz als Treuhänder des PV übergeben worden war und den er im Januar 1935 an die Relevo-AG veräußert hatte. Die Staatsanwaltschaft Saarbrücken hatte den Wechsel beim Versuch, ihn einzulösen, beschlagnahmt, da der Liquidator der »Volksstimme GmbH« behauptete, Hertz habe den Wechsel unterschlagen. Im April 1938 gewannen Hertz und die Relevo-AG den Prozeß. Vgl. AdsD Bonn, NL Hertz, MF XXII; HASt Köln, NL Sollmann, 1120, 420, 1 f. Die dortigen Unterlagen bestätigen nicht die Interpretation von *Seebacher-Brandt*, Biedermann, Diss., S. 564 f., Anm. 43, Hertz habe einen großen Teil des Geldes nach erfolgreichem Prozeß »für seine Gruppe« – gemeint ist wohl »Neu Beginnen« – abgezweigt. In der PV-Sitzung am 22. Dezember 1938 einigte sich vielmehr Hertz mit den übrigen Vorstandsmitgliedern über die Aufteilung des Geldes. Nicht endgültig zu klären war die Frage, ob die Relevo-AG womöglich eine unter der Kontrolle der Sopade stehende Tarnfirma war, mit deren Hilfe Vermögenswerte der deutschen Sozialdemokratie gerettet werden sollten. Die Löschungsakten der Relevo-AG, die 1953 aufgelöst wurde, sind mittlerweile im Staatsarchiv des Kantons Zürich kassiert worden. Die erhalten gebliebenen Handelsregistereintragungen weisen nicht auf eine sozialdemokratische Tarnfirma hin. Vgl. Schreiben des Staatsarchivs des Kantons Zürich an die Bearbeiter vom 13. März 1992.

9 Hertz war sozialdemokratischer Vertreter im Beirat des Hohen Kommissars für die Flüchtlinge aus Deutschland beim Völkerbund. Vgl. *Röder*, Exilgruppen, S. 126 f.; *Herbert E. Tutas*, Nationalsozialismus und Exil. Die Politik des Dritten Reiches gegenüber der deutschen politischen Emigration 1933–1939, München 1975, S. 205–239; *Röder/Strauss*, S. 288.

10 Auf Initiative der US-Regierung fand im Juli 1938 in Evian eine internationale Konferenz zum Flüchtlingsproblem statt. Ergebnis war die Bildung eines »Intergovernmental Committee for Refugees« (ICR) mit Sitz in London. Vgl. *Tutas*, S. 235 f.

11 Das Schreiben der Arbeiter-Wohlfahrt Paris an den SPD-Parteivorstand vom 3. Juni 1938 befindet sich in: AdsD Bonn, PV-Emigration, Mappe 16.

Ollenhauer: Die Rechtsstelle für deutsche Flüchtlinge wünscht, daß wir uns an den Kosten des Büros beteiligen und Zuschuß leisten.[12]

Es wird verabredet, daß wir prinzipiell bereit sind, Zuschuß zu leisten und mit den Leuten zuvor über Einzelheiten reden werden.

Ollenhauer: Hertel[13] schlägt vor, das schlesische Sekretariat aufzulösen, die bisherige Arbeit auf Michel[14] zu übertragen und die Oberschlesien-Arbeit bei Kowoll[15] zu belassen und dafür 500,- Kc. monatlich wie bisher zu zahlen.

Es wird verabredet, daß Kowoll direkt von uns aus monatlich 500,- Kc. zur Verfügung gestellt werden sollen, unter der Voraussetzung, daß er direkt mit uns [in] Verbindung tritt und uns berichtet.

Was den 2. Vorschlag betrifft, so wird vereinbart, abzuwarten, welche Haltung Michel einnimmt und welche Pläne er hat. Er hat keinen Bericht gesandt und auch auf Mahnung nicht geantwortet.

Crummenerl: Tockus wünscht Übersiedlungs-Unterstützung. Ich schlage 1 000,- Kc. vor.

Es wird so beschlossen. Wenn es nicht möglich ist, die fehlenden weiteren 700,- Kc. aus anderen Quellen zu beschaffen, dann soll nochmals über weitere Unterstützung geredet werden.

Für Familie Elster werden Kc. 100,- Unterstützung bewilligt.[16]

Die von Hrbek[17] gewünschte weitere Unterstützung in Höhe von Kc. 1 000,- (Transportkosten für Möbel) wird abgelehnt.

Hertz berichtet über Schwierigkeiten im Dollarausschuß.[18] Es ist möglich, daß nach Prag keine Zahlungen mehr gehen, da sich zwei Stellen über die angebliche bevorzugte Behandlung von Sozialdemokraten beschwert haben.

»Außerdem möchte ich gern wissen, wann die nächste »S[ozialistische] A[ktion]« herauskommen soll und wie es mit der sonstigen Arbeitsverteilung steht.«

Wird auf die nächste Sitzung vertagt.

Arthur Gross, Karlsbad, der nach Bolivien auswandern will, wird wie die übrigen ausscheidenden Angestellten[19] drei Monatsgehälter bekommen.

---

12 Die »Rechtsstelle« (französischer Name: »Service juridique et social pour les réfugiés allemands«) bestand seit 1933, arbeitete eng mit der französischen »Liga für Menschenrechte« zusammen und befaßte sich hauptsächlich mit der Legalisierung des Aufenthalts von Flüchtlingen. Vorzugsweise betreute sie nach eigenen Angaben nichtkommunistische Flüchtlinge. Vgl. AdsD Bonn, PV-Emigration, Mappe 89.
13 D. i. Bögler.
14 D. i. von Knoeringen.
15 Vorlage: »Kowoll« hs. unterstrichen.
16 Vermutlich Josef Elster, geb. 1901, Arbeiter, für SPD-Bezirk Chemnitz-Zwickau tätig, zweimal in Schutzhaft, wegen Gefangenenbefreiung Emigration CSR.
17 Vorlage: »Hrbk«. Vgl. Nr. 94, Anm. 4.
18 »Dollar-Ausschuß« war eine Kurzbezeichnung für die »Selfhelp for German Emigrees« in New York, die seit Ende 1936 Mittel für reichsdeutsche Flüchtlinge in Europa aufbrachte. Die Verwaltung dieser Gelder geschah für die Tschechoslowakei durch einen Ausschuß, an dessen Spitze Hertz stand. Vgl. AdsD Bonn, NL Hertz, MF XXXIV und MF XXXV.
19 »ausscheidenden Angestellten« hs. ergänzt.

Nr. 117
Protokoll der Parteivorstandssitzung am 8. Juli 1938

SAPMO Berlin, ZPA, II 145/55, Bl. 50-54

Vorstandsbesprechung (8. 7. 38)

Anwesend: Vogel, Crummenerl, Rinner, Ollenhauer, Stampfer, Geyer, Heine.

Vogel berichtet über das Gespräch mit Braun und Wagner: Die Landesorganisation hat eine Verhandlungskommission eingesetzt, der Glaser, Braun, Wagner angehören.[1] Da es Braun fraglich erschien, ob Glaser opportun sei, ist zunächst diese Vorbesprechung vorgesehen gewesen. Verhandlungen sind fürs erste intern. Es gilt, verschiedene Fragen zu klären. Es ist ein unhaltbarer Zustand, auf die Dauer in Paris zwei Wochenzeitungen zu haben. – Die »Deutschen Mitteilungen«[2] würden zweckmäßig eine Zusammenarbeit mit den Grünen Berichten eingehen. – Dritte, wichtigste Frage: die künftige Zusammensetzung des PV. Die Landesorganisation wünscht Erweiterung des PV auf den Stand von 1933, bei Beginn der Emigration. Es wären also fünf Mitglieder (Juchacz, Sollmann, Aufhäuser, Böchel und Dietrich) zu ersetzen.

Wir haben sofort in dieser Frage unsere Einwendungen gemacht (das uns gegebene Mandat). Es entsteht die Frage, ob nicht Ausweg auf folgender Basis zu finden wäre: Genau wie Geyer und Heine an PV-Sitzungen teilnehmen kraft ihrer Funktionen, genauso M[ax] Braun als Leiter der Deutschen Mitteilungen und Wagner als Leiter der zentralen Fürsorge-Organisation an Sitzungen teilnehmen lassen. Fraglich, ob die beiden damit einverstanden.

In der Frage der Fürsorgeorganisation, die an sich für uns wichtiger wird, gibt es Rivalitäten. Außer Wagner sind[3] die Arbeiterwohlfahrt (Löwenstein/Hartig)[4], der Matteottifonds, Paul Hertz und W[ilhelm] Sander zu nennen, die sich für diese Fragen interessieren.

Außerdem wollen die Österreicher in unverbindliche Besprechungen mit uns treten. Bauer und Richter[5] waren als Unterhändler vorgesehen. Der Tod Bauers kommt außerordentlich ungelegen, die Dinge werden sich dadurch wesentlich verschieben.

Geyer beleuchtet die Hintergründe des Braunschen Konzentrationsverlangens. Er hat Gespräche mit Münzenberg gehabt, der ihm als erste Frage die nach der Konzentration stellte. Münzenbergs Formulierung: »Ihr habt das historische Prestige und M[ax] Braun die

---

1 Anfang Juli 1938 fanden mehrere Gespräche zwischen Ollenhauer und Vogel einerseits, Max Braun und Wagner von der »Landesgruppe deutscher Sozialdemokraten in Frankreich« andererseits über eine engere Zusammenarbeit statt. Vgl. Ollenhauer an Wels, 9. Juli 1938, in: AdsD Bonn, PV-Emigration, Mappe 79; *Seebacher-Brandt*, Biedermann, Diss., S. 257 und S. 558, Anm. 5. Die Landesgruppe war am 9. Januar 1938 auf Initiative Brauns gegründet worden, der auch zum Vorsitzenden gewählt wurde; vgl. AdsD Bonn, PV-Emigration, Mappe 73; *Paul*, S.168.
2 Gemeint sind die von Max Braun herausgegebenen »Deutschen Informationen vereinigt mit Deutsche Mitteilungen«, die ebenso wie die »Grünen Berichte« der Sopade (»Deutschland-Berichte«) ein Nachrichtendienst über die Lage in Deutschland waren. Vgl. *Maas*, Bd. 4, S. 347.
3 Vorlage: »ist«.
4 Vorlage: »Arbeiterwohlfahrt (Löwenstein/Hartig)« hs. unterstrichen.
5 D. i. Joseph Buttinger.

große Landesorganisation.« Braun und Münzenberg arbeiten nach wie vor aufs engste zusammen. Münzenberg finanziert ihn im beschränkten Maße.[6] Münzenberg hat dann das Projekt eines wirklich großen Emigrationsorgans, eine Art Ersatz für Basler Nationalzeitung[7], entwickelt: Es soll eine Tageszeitung werden, in Paris erscheinend, hinter die sich alle großen Emigrationsgruppen »von Otto Wels bis Otto von Habsburg« stellen.[8] Kein Parteiorgan, die Parteien nur durch Vertrauensmann im Aufsichtsrat vertreten. Finanzierung durch Aschberg, Rothschild-Gruppe, Legitimisten, ev. amerikanische und französische Gelder.

Kein Luftgebilde, sondern ein ernsthaftes Projekt, das Münzenberg damit unserer Entscheidung unterbreitet.

Ohne Otto Wels können wir weder Verhandlungen abschließen, noch sonstige schwerwiegende Entscheidungen treffen. Ich bin für die Absicht von Hans Vogel, erst mit O[tto] W[els] zu reden, bevor wir [eine] Verhandlungskommission einsetzen.

Was die Frage der Konzessionen an M[ax] Braun betrifft, so fürchte ich in bezug auf Redaktion weder M[ax] Braun, noch die Leute, die die Deutsche Freiheit tatsächlich machen.[9]

Der Vorschlag von H[ans] V[ogel] in der Frage der Hinzuziehung von Max Braun zum PV erscheint mir zweckmäßig, die große Frage ist, wie es möglich sein wird, Braun und O[tto] Wels zusammenzubringen.

Das Ganze bedeutet gewissen Kurswechsel. Er würde uns in Gegensatz zu unserer bisherigen Haltung bringen und unser Gewicht mehr als bisher auf eine Emigrantenorganisation legen.

Rinner: Wir müssen unterscheiden zwischen Gruppen und der Landesorganisation. Für Verhandlungen mit der Landesorganisation bin ich. Der Vorschlag Vogels, Braun und Wagner als Repräsentanten bestimmter Institutionen in den PV zu nehmen, stößt auf das Bedenken, daß andere Gruppen ebenfalls Anspruch erheben würden. Dagegen habe ich prinzipielle Bedenken. Das würde auch die Gefahr in sich bergen, daß wir überfremdet werden könnten. Wir haben bisher mit dem Gesicht nach Deutschland hin gearbeitet, wir könnten bei ungünstiger Entwicklung der Dinge Gefahr laufen, daß ein Januskopf daraus wird.

In der Frage der Berichte bin ich nicht bereit, Konzessionen zu machen. Wir müssen die Schrumpfung des Berichtsmaterials berücksichtigen. Wir haben bei der vorgeschlagenen Regelung nichts zu gewinnen. Ich fürchte Schwächung unserer organisatorischen Potenz im Laufe der nächsten Zeit.

Stampfer: Als Ersatz für die Schrumpfung des Berichtsmaterials könnte vielleicht die Zusammenfassung der hiesigen Emigranten und ihrer Verbindungen versucht werden.

Das organisatorische Problem hat sich wiederholt gewandelt. Ich würde es vorziehen, ne-

---

6 Vorlage: Von »Braun und« bis »Maße« hs. unterstrichen.
7 Heine schrieb am 10. Juli 1938 aus Paris an Wels nach Kopenhagen, es habe eine Besprechung zwischen Geyer und Münzenberg stattgefunden. Münzenberg wolle in Paris eine große antifaschistische Tageszeitung gründen, »die das Erbe der allmählich immer schwächer werdenden Basler Nationalzeitung antritt. (Die Nationalzeitung weicht zusehends dem Druck Mottas.)«; AdsD Bonn, PV-Emigration, Mappe 51.
Motta, Giuseppe, 1871–1940, katholisch-konservativer Außenminister der Schweiz 1920–40.
8 Habsburg-Lothringen, Otto von, geb. 1912, Sohn des letzten österreichisch-ungarischen Kaisers, 1938–40 aufgrund guter Beziehungen zu französischen Politikern eine Zentralfigur der österreichischen Emigration in Paris, Emigration 1940 USA.
9 Wie Geyer kurz vorher selbst erwähnt hatte, wurde die »Deutsche Freiheit« von Münzenberg finanziell unterstützt; dies geschah so lange, bis Münzenberg die »Zukunft« gründete. Vgl. *Grossmann*, S. 38.

ben dem PV einen ständigen Konzentrationsausschuß zu haben, der ja nur einen Debattierklub darstellen würde. Über diese Konzession möchte ich nicht hinausgehen.

Ollenhauer: M[ax] Braun hat in der Besprechung die politische Seite nicht berührt, er hat sich vorwiegend auf die technischen Fragen beschränkt. Was die Deutschen Mitteilungen betrifft, so muß man sich fragen, ob nicht doch eine 3. Einrichtung geschaffen werden sollte, die keine Konkurrenz für Grüne Berichte und N[euen] V[orwärts] sein muß und die die Verbindung mit den Emigranten schafft, also eine Art Mitteilungsblatt. Auf der anderen Seite bestehen eben nun einmal Einrichtungen, die wir nicht ignorieren können, das müssen wir auch sehen.

Wir müssen in bezug auf die Erweiterung des PV natürlich eine Grenze ziehen. Man muß eine Form finden, in der man Braun und Wagner heranziehen kann. M[ax] Braun könnte in einer Funktion – per Redaktion usw. – an den PV-Beratungen teilnehmen, nicht aber als Repräsentant der Landesgruppe, da dann sofort andere Gruppen die Folgerungen ziehen würden.

Wir müssen berücksichtigen, daß wir keine Einstimmigkeit erzielen, wenn wir die Frage im Gesamt-PV zur Entscheidung bringen. P[aul] Hertz hat schon in seinem Konzentrations-Artikel gegen die Blockbildung Stellung genommen[10], was sich natürlich gegen Sonderverhandlungen mit M[ax] Braun richtet.

Verhandlungen mit den Österreichern kommen hinzu. Da wirkt erschwerend, daß es sich ja tatsächlich um zwei verschiedene Parteien handelt. Die Österreicher sind offenbar nicht so einheitlich in der Beurteilung des Verhältnisses zu uns, wie Richters Artikel scheinen ließ.

Baldigste Besprechung aller Fragen mit O[tto] Wels ist erforderlich. Wir müssen die weiteren Besprechungen mit M[ax] B[raun] und anderen mit dieser Begründung noch etwas vertagen.

Vogel: Wir sind also wohl einig, daß unverbindliche Besprechungen zu machen sind. Wir sollten mit M[ax] Braun nochmals reden und fragen, welche konkreten Vorschläge er zu machen hat. Es erhebt sich auch die Frage, in welcher Form wir Hilferding und Breitscheid heranziehen.

Stampfer: Ich habe eine Unterhaltung mit Richter gehabt. Wir haben uns eigentlich viel besser verstanden, als ich vermutete. Er hat zugestimmt, daß jede Einmischung in die Angelegenheiten der anderen Partei vermieden werden sollte.[11] Richter wird einen Brief an H[ans] Vogel schreiben, worin er bitten wird, eine Aussprache zwischen den beiden Körperschaften herbeizuführen.

Crummenerl: Die Sache wird sehr schwierig. Es scheint bei uns Strömungen zu geben, die die Schwierigkeiten für so groß halten, daß sie lieber die Finger davon lassen wollen. Wir müssen aber diese gefährlichen Schritte tun, da wir keine andere Wahl haben. Durch Bauers Tod und die dadurch entstandene Uneinigkeit bei den Österreichern gewinnen wir Zeit.

Crummenerl: Wir müssen Hertz sagen, daß wir zunächst den ungesunden Zustand der Doppelarbeit (in bezug auf die Zeitung, die Berichterstattung usw.) beseitigen wollen. Geyer hat erklärt, daß er für seinen Teil bereit ist, Konzessionen zu machen, auch ich bin bereit, Konzessionen dort, wo sie notwendig sind, zu gewähren, d. h., ich bin auch in der Frage der Vorstandssitzungen und des PV selbst[12] zu Konzessionen bereit. Wenn Hertz anderer Auf-

---

10 Eine explizite Äußerung von Hertz in diese Richtung findet sich weder in Hertz' Papier »Die Sammlung der deutschen Sozialdemokratie« vom 7. Februar 1938 (vgl. Entwurf und endgültige Fassung in: AdsD Bonn, NL Hertz, MF XI) noch in seinem Artikel »Aussichten und Aufgaben der Sozialdemokratie in Deutschland« (vgl. Internationale Information 15. Jg., 6. Januar 1938, S. 2–4).
11 Näheres war über diese Unterredung nicht zu ermitteln.
12 Vorlage: »und des PV selbst« hs. ergänzt.

fassung ist und diese Konzessionen nicht akzeptieren will, dann müssen wir eben einen Mehrheitsbeschluß fassen. Für dringend erforderlich halte ich es, daß wir sofort mit Otto Wels reden und ihm ausführlich die Dinge darstellen. Der Gesichtspunkt unserer Arbeit muß sein, daß wir, wenn es irgend geht, die Einigung schaffen. Ich schlage vor, daß eine zweite unverbindliche Besprechung mit Braun und Wagner erfolgt, darauf Berichterstattung in unserem Kreis und Information von Otto Wels. Wir sollten es auch nicht unterlassen, mit Hilferding und Breitscheid Besprechungen aufzunehmen.

Zu der Frage der Fürsorgeaktion bin ich mit den Anregungen ebenfalls einverstanden. Ich halte es aber für zweckmäßig, in diesem Punkt Vorsicht zu üben, besonders soweit die Frage der internationalen Verbindungen eine Rolle spielt. Wir müssen im Auge behalten, daß wir die Absicht haben, Willi Sander für diese Dinge heranzuziehen.

Im übrigen bin ich dafür, daß die nächsten Verhandlungen durch zwei Genossen geführt werden.

Rinner warnt davor, die Schwierigkeiten zu unterschätzen. Die Konzentration ist nach seiner Auffassung nur die Fortsetzung der Volksfront auf sozialdemokratischem Sektor. Die Konzentration wird zu einem Fetisch erhoben, und er befürchtet, daß es mit dieser sozialdemokratischen Konzentration genauso gehen wird wie mit der Einheits- und Volksfront. Es fehle ihm nicht an der Aufgeschlossenheit gegenüber neuen Erfordernissen, er sei bereit zu verhandeln, sei aber skeptisch. Die Verhandlungen würden erschwert durch die Person von Max Braun. Er rät deshalb zu äußerster Vorsicht. Wichtig ist es, unsere organisatorische Potenz zu verstärken, da die Stärkung ein wertvolles Druckmittel für uns darstellen würde. Mit Ausnahme von Geyer sind offenbar alle der Auffassung, daß wir in der Frage der »Deutschland-Berichte« Konzessionen machen sollten. Er erläutert deshalb die technischen und prinzipiellen Schwierigkeiten, die eine Kooperation zwischen den Deutschland-Informationen von Max Braun und unseren »Deutschland-Berichten« erschweren. Er hält es für notwendig, daß der Parteivorstand die Leitung der Dinge behält, und zwar auch für die Deutschland-Informationen. Zur Überwindung der Schwierigkeiten schlägt er vor, daß der Fall »Deutschland-Informationen«/»Deutschland-Berichte« zunächst aus den Verhandlungen herausgenommen werden sollte.

Vogel erklärt, daß er auf der von Rinner u[nd] Stampfer[13] vorgesehenen Grundlage weitere Besprechungen mit Max Braun nicht führen möchte.

Geyer befürchtet, daß der Vorschlag von Stampfer Braun abstoßen und zu den anderen treiben wird.

Crummenerl verspricht sich von der Konzentration in politischer Beziehung zwar nichts, in psychologischer Hinsicht dagegen viel, er ist deshalb für die Konzentration.

Ollenhauer schlägt vor, die Diskussion für heute abzubrechen und Max Braun um die Konkretisierung seiner Vorstellungen zu bitten (besonders zur Frage der Zeitung und zur Frage des Nachrichtendienstes).[14] Er hält eine Besprechung in den nächsten Tagen für möglich und würde es vorziehen, danach mit Hilferding und Breitscheid zu reden. Daraufhin sollte entschieden werden, wann wir am zweckmäßigsten mit Otto Wels sprechen. Zwischendurch könnte unter Umständen eine Vorstandssitzung mit Hertz stattfinden.

Es wird so beschlossen.

Schluß der Sitzung.

---

13 Vorlage: »Rinner u. Stampfer« hs. eingebessert für »Stampfer«.

14 Ollenhauer meinte die eben diskutierte Kooperation von »Deutscher Freiheit« und »Neuem Vorwärts« sowie die Zusammenlegung der von Braun herausgegebenen »Deutschen Informationen, vereinigt mit Deutsche Mitteilungen« und der »Deutschland-Berichte« der Sopade. Vgl. *Maas*, Bd. 4, S. 347.

Nr. 118
Protokoll der Parteivorstandssitzung am 15. Juli 1938
SAPMO Berlin, ZPA, II 145/55, Bl. 55–59

Vorstandssitzung vom 15. Juli 1938

Anwesend: Vogel, Crummenerl, Rinner, Ollenhauer, Stampfer, Geyer, Heine.

Vogel berichtet über das Gespräch, das mit Max Braun stattgefunden hat.[1] Es hat sich herausgestellt, daß Meinungsverschiedenheiten über den Wunsch von Max Braun entstanden sind, der Erhöhung der Mitgliederzahl des Parteivorstandes auf 12 wünscht (die hinzuzuwählenden fünf Mitglieder sollen zunächst aus der Landesgruppe entnommen werden).[2] Wir haben ihm unseren Vorschlag unterbreitet, der von Max Braun als »sehr mager« bezeichnet worden ist. Bezüglich Hilferding haben wir mit ihm über unsere Absicht gesprochen[3]; eine Vereinbarung ist nicht erfolgt. Max Braun will Bericht erstatten und dann soll weitere Rücksprache mit dem Landesvorstand erfolgen. Wir haben ihm gesagt, daß wir auch mit Otto Wels über diese ganzen Fragen vorher zu sprechen die Absicht haben.

Vogel berichtet dann über den Besuch des Genossen Richter[4] (AVÖS), der nur als Höflichkeitsbesuch aufzufassen ist. Richters Vorstellungen bewegen sich etwa auf der folgenden Basis: Keine Fusionen, eine Art Kartell, das aus zwei Teilen besteht: Einem engeren Kreis (Sopade, Landesgruppe, Miles, Österreicher) und einem weiteren, in dem die SAP und andere Gruppen ebenfalls Aufnahme finden. Richter selbst will zu diesem weiteren Rahmen keine Stellung nehmen, da ihm die Verhältnisse in der deutschen Partei zu unbekannt sind. Als Aufgaben sieht er gemeinsame Verbindung zu den Grenzsekretären, gemeinsame Bearbeitung der Flüchtlings- und Organisationsfragen, gemeinsame Berichterstattung (etwa durch Anhang in den »Deutschland-Berichten«), eventuell auch gemeinsame Erklärungen, aber keine Majorisierung.

Ollenhauer ergänzt die Mitteilungen von Vogel durch Informationen über Gegensätze bei den Österreichern.

Vogel hält den Vorschlag von Max Braun, Zuwahl von fünf Leuten, zwar für indiskutabel, ist aber der Meinung, daß wir um Konzessionen nicht herumkommen. Er hält es deshalb für zweckmäßig, daß wir von uns aus neue Mitglieder kooptieren sollten und ist der Meinung, daß wir zwei bis drei Leute von der Landesgruppe aufnehmen, dann Hilferding, evtl. Breitscheid, wobei es jedoch fraglich ist, ob Breitscheid bereit wäre.

Stampfer: Wenn wir Max Braun als Vorstandsmitglied haben, dann heißt das, daß wir alle drei Wochen eine feierliche Sitzung einberufen, in der nichts verhandelt wird. Das ist keine entscheidende Frage. Die Frage ist nur, ob wir das Prinzip aufgeben sollten. Für Braun ist es offenbar das Wichtigste, daß er den Titel eines Parteivorstandsmitgliedes erhält. Gerade das aber ist für mich ein Grund, starke Bedenken zu erheben. Wir werden aber wohl nicht darum herumkommen. Die Entwicklung mit Paul Hertz ist mir gar nicht angenehm. Die seinerzeitige Baskin-Angelegenheit[5] war der richtige Zeitpunkt des Eingreifens. Man hätte ihm damals die Verantwortung für seine Geheimbündelei zuschieben müssen.

---

1 Vgl. Nr. 117, Anm. 1.
2 Vorlage: Klammern und »sollen« hs. ergänzt.
3 Über die vorausgegangenen »Absichten« des PV bezüglich Hilferding ließ sich nichts ermitteln; zum weiteren Verlauf der Debatte um eine Einbeziehung Hilferdings in den PV vgl. den folgenden Text.
4 D. i. Joseph Buttinger.
5 Vgl. Nr. 102, Anm. 3.

Statt dessen macht Ihr jetzt unter Ausschließung von Paul Hertz diese Dinge und gebt ihm dadurch den Vorwand zur Fortführung seiner Geheimbündelei.

Vogel stellt fest, daß unsere damaligen Beschlüsse in voller Einmütigkeit gefaßt worden sind. Er wendet sich an Stampfer und sagt ihm, daß er doch Schlüsse daraus ziehen müsse, wenn er derartige Dinge vorbringe.

Stampfer erklärt, daß er alles, was wir im Fall Paul Hertz getan haben, für falsch halte. Er bedauert auch, daß die Verhandlungen mit den Österreichern offenbar im Tempo der Echternacher Springprozession erfolgen.

Rinner: Es entspricht wohl nicht den Tatsachen, daß wir[6] Paul Hertz ausgeschlossen haben. Paul Hertz hat den Vorschlag selbst gemacht, aus der Geschäftsführung auszuscheiden.

Stampfer: Ich bin nicht der Auffassung, daß Paul Hertz gemaßregelt worden ist. Aber diese Art der »Zusammenarbeit« ist nicht geeignet, unsere Stellung zu stärken.

Crummenerl: Wie liegen die Dinge: Paul Hertz hat in der letzten Prager Sitzung[7] ganz eindeutig erklärt, daß er meinen ursprünglichen Plan aufgreift. Es ist deshalb besonders unverständlich[8], daß Paul Hertz jetzt von dieser Sache wieder herunterkommen will. Ich halte es für unbedingt erforderlich, daß wir uns hier in diesem Kreise einheitlich darauf festlegen, daß Hertz ausgeschieden ist, und zwar auf seinen Vorschlag hin ausgeschieden ist. Wenn wir Paul Hertz wieder als geschäftsführendes Vorstandsmitglied aufnehmen würden, dann würde sich an den inneren Konflikten nichts ändern, nur die Fassade würde geändert werden.

Praktisch erhebt sich wohl die Frage, ob wir, bevor wir zu Otto Wels fahren, auch Paul Hertz von den zur Zeit gepflogenen Verhandlungen mit der Landesgruppe usw. offiziell in Kenntnis setzen sollten. Ich muß gestehen, daß die Bemerkungen von Stampfer heute mir die Illusion geraubt haben, daß es möglich ist, eine solidarische Haltung der Parteivorstandsmitglieder für Beschlüsse des PV zu finden.

Stampfer erwidert, daß er keinen Vorschlag gemacht und keinen Antrag gestellt habe, sondern nur das Problem aufzeigen wollte.

Vogel hat nichts dagegen, daß wir Paul Hertz von diesen Dingen unterrichten. Was die Frage der Tätigkeit von Hertz betrifft, so muß doch auch in Betracht gezogen werden, daß Hertz während des ganzen Vierteljahres nicht einen Finger gerührt hat, um uns zu helfen. Er hat sich nicht um einen Arbeitsplatz im Büro gekümmert, was er hätte tun müssen, wenn er sich als eines der geschäftsführenden Parteivorstandsmitglieder betrachtet hätte.

Ollenhauer: Meine Erinnerungen an die letzte Prager Sitzung gehen dahin, daß seinerzeit der fragliche Beschluß mit Zustimmung von Paul Hertz erfolgt ist. Wenn wir jetzt Paul Hertz von unseren Verhandlungen informieren, dann informieren wir im Fall Max Braun die Gegenseite und verschlechtern damit unsere Verhandlungsbasis. Wir können Paul Hertz nur allgemein informieren, ihn aber nicht in den Einzelheiten ins Bild setzen.

Nach kurzer weiterer Aussprache über die Frage, ob Paul Hertz von der Reise zu Otto Wels vorher unterrichtet werden soll, wird vereinbart, ihn vor Antritt der Reise nicht zu informieren, wenn er nicht selbst ins Büro kommt.

Crummenerl weist noch auf die Möglichkeit hin, daß Hertz auf die Verwendung des Geldes aus dem Archiv-Verkauf noch besonderen Einfluß nehmen wird.

Rinner: Die Sache mit Max Braun ist mir an sich nicht sehr sympathisch. Ich habe immer so die Vorstellung, daß mich Max Braun übers Ohr hauen will. Ich halte uns auch nicht für so schwach, daß wir die Konzentration machen müssen. Aber, an mir soll es nicht schei-

---

6 Vorlage: »wir« in der Vorlage hs. unterstrichen.
7 Crummenerl kann damit nur die Sitzung vom 1. März 1938 gemeint haben; die letzte Prager Sitzung, von der ein Protokoll vorliegt, fand am 27. März 1938 statt.
8 Vorlage: »unverständlich« hs. eingebessert für »unverständig«.

tern. Allerdings scheint mir seine Forderung, Einsicht in das Berichtsmaterial[9] zu nehmen, nicht akzeptabel zu sein. Ich halte es taktisch auch nicht für klug, Max Braun auf diesem Gebiet entgegenzukommen. Ich bin dafür, in der Frage der »Deutschen Mitteilungen« es bei dem bisherigen Zustand dieser Publikation zu belassen, so daß wir keine Verantwortung übernehmen müssen. Ich glaube, daß Max Braun bereit ist, jedes Opfer zu bringen, wenn er nur in den Parteivorstand kommt.

Eine andere Frage ist die der Berichterstattung über Österreich. Wir können uns auf die Dauer von den Österreichern nicht hinhalten lassen.

Vogel nimmt an, daß Max Braun Rinners Auffassungen als Entgegenkommen betrachten wird. Er ist sicher eher interessiert, dieses Organ als eigenes zu behalten, denn[10] es uns zu überlassen.

Geyer: Ich war erstaunt, daß Max Braun so leicht bereit ist, auf seine Zeitung zu verzichten. Er scheint die Hoffnung zu haben, daß er sich mit den »Deutschland Mitteilungen« Subventionen erhandeln kann.

Ollenhauer: Tatsache ist: Max Braun hat uns ein Angebot gemacht. Wir müssen dazu Stellung nehmen, und ich bin der Meinung, wir können es nicht ablehnen.

Geyer: Wie wird sich das Verhältnis zwischen Landespartei und Parteivorstand gestalten?

Ollenhauer: Im Falle der Konzentration wird das Verhältnis zwischen beiden das vom Parteivorstand zu einer unter[ge]ordneten Organisation sein müssen. Man will darauf hinarbeiten, die Landesorganisation an dem PV zu beteiligen. Das Verhältnis 7 : 5 ist jedoch kein richtiges Verhältnis. Ich bin dafür, daß wir nur 2 Mann aufnehmen und uns diese nicht durch einen Beschluß der Landesorganisation oktroyieren lassen. Die Konzessionen, die wir machen müssen, sollten selbstverständlich so gering wie möglich sein. Wenn eine Erweiterung des Parteivorstandes in Betracht kommt, dann sollten wir dem Landesvorstand vorschlagen, unsere Absicht, zwei Mann zu kooptieren, anzunehmen. Außerdem sollten wir überlegen, ob wir die Erweiterung des Parteivorstandes um Hilferding und Breitscheid wünschen.

Stampfer: Man muß bei der Erweiterung des Parteivorstandes auch daran denken, daß Geyer bei einer Koordination Sitz und Stimme haben muß.

Geyer schlägt vor, ihm Sitz und Stimme nicht als PV-Mitglied, sondern per Funktion als Chef-Redakteur zu geben.

Ollenhauer: Es ist im Zusammenhang mit den Verhandlungen auch die Frage der internationalen Hilfsorganisation aufgetaucht. Es ist möglich, daß wir diese Frage bald zu entscheiden haben. Wir müssen jedenfalls dazu Stellung nehmen und uns auch über die Frage mit W[illi] Sander verständigen.

Es wird vereinbart, im Sinne der Vorschläge von Erich Ollenhauer vorzugehen.

Eine kurze Aussprache findet über den Vorschlag von Friedrich Stampfer statt, eine Denkschrift aus Anlaß unserer Übersiedlung nach Paris herauszugeben. Da dies zur Zeit nicht möglich ist, zieht Stampfer den ausgearbeiteten Entwurf zurück.[11]

Crummenerl wünscht, daß wir mit Longuet sprechen und anregen, vor Mitgliedern des französischen Parteivorstandes einen eingehenden informatorischen Bericht über unsere Aufgaben und Tätigkeit zu geben. Er bittet Stampfer auf Grund unseres Materials die Denkschrift in dieser Weise auszuarbeiten, um sie nutzbringend zu verwerten.

Es wird vereinbart, daß die Frage der Denkschrift zwischen dem Genossen Stampfer und Crummenerl weiter behandelt werden soll.

Schluß der Sitzung.

---

9 Vorlage: »Berichtsmaterial« hs. eingebessert für »Büromaterial«.
10 Vorlage: »denn« hs. eingebessert für »als«.
11 Stampfers Denkschrift trug den Titel »Die deutsche Sozialdemokratie im Exil«. Veröffentlicht ist sie in: *Matthias/Link*, Dok. 37, S. 309–321.

Nr. 119
Protokoll der Parteivorstandssitzung am 22. Juli 1938
SAPMO Berlin, ZPA, II 145/55, Bl. 60–62[1]

Vorstandsbesprechung am 22. 7. 1938

Anwesend: Crummenerl, Rinner, Ollenhauer, Stampfer, Geyer, Heine.

Es liegt ein Brief des Gen[ossen] Hertz vor, in dem er es als Maßregelung bezeichnet und dagegen protestiert, daß er nicht mehr zum geschäftsführenden Gremium gehört. Er hat Abschrift des Briefes an seine Freunde in der Partei und der SAI gesandt.[2]

Stampfer: Hertz' Brief ist natürlich eine Sprengbombe. Ich halte seinen Brief aber für sehr dumm und sehr ungeschickt. Ich bedaure heute mehr als bisher, daß wir nicht so rasch wie möglich nach unserer Ankunft eine Denkschrift herausgebracht haben. Jetzt wird unsere erste hiesige Kundgebung sich mit diesen unerfreulichen Dingen beschäftigen müssen.

Ich bin der Meinung, daß wir sofort handeln müssen. Hertz muß uns das Verzeichnis der Adressen, an die er seinen Brief gesandt hat, schicken, damit wir dann diesen Stellen ebenfalls unsere Auffassung übermitteln können.

Ollenhauer: Mir ist es lieber, wir machen die Beantwortung dieses Briefes gründlich, als daß wir sie schnell machen. Wir sollten Hertz einen Zwischenbescheid geben, dergestalt, daß wir erstaunt sind über diesen Schritt eines PV-Mitgliedes, an Außenstehende heranzutreten, ohne den Versuch auch nur zu machen, eine Besprechung mit uns herbeizuführen.

Auch ich bin der Meinung, daß wir ihn nach den Adressen fragen sollten, an die sein Brief ging.

Rinner: Wir müssen in unserem Antwortbrief auch darauf eingehen, daß Hertz die Frage von Stampfer, ob er die Entscheidung als Maßregelung empfindet, ausdrücklich verneint hat.

Geyer: Wir können Hertz nicht als Vorkämpfer der Konzentration anerkennen, wie er das mit seinem Brief versucht, den gleichen Mann, der selbst eine Gruppe[3] unterstützt und geleitet hat.

Außerdem muß ganz klar zum Ausdruck kommen, daß sich der PV keinesfalls vom Chef einer Gruppe vorschreiben lassen kann, mit wem er und wann er Konzentrationsverhandlungen beginnt.

Stampfer: Es ist notwendig, das Feuer sofort auszutreten und eine messerscharfe Antwort zu erteilen. Wir müssen ihm sagen, daß er nicht loyal gehandelt hat, trotz der Versprechungen, die er gegeben hat.

Ollenhauer: Wir müssen natürlich alle Argumente vorbringen, aber wir können das nicht sofort machen. Ich habe O[tto] W[els] und H[ans] V[ogel] Abschrift des Hertz'schen Briefes gesandt und H[ans] V[ogel] gebeten, uns heute vormittag anzurufen.

Rinner: Wir können die Sache aber auch nicht auf die lange Bank schieben. Ich schlage deshalb vor, F[riedrich] Stampfer mit der Ausarbeitung zu beauftragen.

Stampfer: Da der PV wegen der Abwesenheit der beiden Vorsitzenden nicht beschlußfähig ist, möchte ich einen anderen Vorschlag machen: Wir erteilen P[aul] Hertz nur eine kurze Antwort von seiten des PV aus und daneben schreibe ich ihm einen ausführlichen Privatbrief, in dem ich mit aller Schärfe mit ihm abrechne. Diesen Brief schicke ich dann in Abschrift an alle, die den Brief von P[aul] H[ertz] erhalten haben.

---
1 Eine Durchschrift befindet sich in: AdsD Bonn, PV-Emigration, Mappe 3.
2 Der Brief vom 20. Juli 1938 nebst Verteilerschlüssel in: AdsD Bonn, PV-Emigration, Mappe 53.
3 Gemeint ist wohl »Neu Beginnen«.

Rinner: Ich bin nicht der Ansicht, daß man das als Privatbrief Stampfers betrachten sollte. Ich bin dafür, daß alle hier anwesenden PV-Mitglieder den Brief unterzeichnen sollten.

Crummenerl: Ich bin damit einverstanden, daß Stampfer Hertz einen Brief schreibt, aber unser offizieller Brief darf nicht viel später kommen. Wir dürfen nicht den Eindruck aufkommen lassen, daß der PV Schwäche zeigt. Wir sollten ihm in unserem Brief ganz eindeutig aufzählen, was an Tatsachen vorliegt.

Es wird ein Antrag Geyer/Crummenerl vorgelegt, der drei Dinge beantragt:
1) Der PV ist einverstanden damit, daß Stampfer an Hertz schreibt.
2) Das offizielle Dokument des PV muß schnellstens fertiggestellt werden.
3) Hertz soll aufgefordert werden, die Adressen bekanntzugeben, an die er seinen Brief gesandt hat.

Ollenhauer gibt einen kurzen Bericht über das inzwischen stattgefundene Gespräch mit Hans Vogel. Er ist ebenfalls der Auffassung, daß der Brief von Hertz nicht unbeantwortet gelassen werden kann und daß er aufgefordert werden soll, die Adressen anzugeben. H[ans] V[ogel] wird morgen erneut anrufen.

Rinner: Ich bin dafür, daß wir per PV schreiben, da sowohl Stampfer wie der PV ja doch die gleichen Argumente gegen[4] Hertz vorbringen[5], und es unzweckmäßig ist, wenn nun zweimal das gleiche gesagt wird.

Geyer: Ich bin anderer Auffassung. Zwischen unserem und dem Brief von Stampfer gibt es viele Nuancen, die Briefe werden durchaus nicht gleichförmig sein. Hertz hat in seinem Brief gewisse Wendungen und Anspielungen gebraucht, auf die wir im offiziellen Brief nicht eingehen können, die aber Stampfer behandeln kann und wird.

Ollenhauer: Ich bin mehr dafür, daß wir nicht einen Privatbrief Stampfers schreiben, sondern einen Brief des PV.

Es bleibt dabei, daß Erich Ollenhauer, ev. gemeinsam mit Geyer, am Montagvormittag einen Entwurf für den Antwortbrief des PV an Hertz vorlegen wird und daß von dem Brief Stampfers abgesehen wird.

Rinner: Wir haben auch die Frage mit Michel[6] zu klären. Jaksch hat uns mitgeteilt, daß Michel ein wichtiger Informator von Voigt (Manchester Guardian) geworden ist.[7] Da wir beschlossen haben, daß alle Dinge, die bisher hinter dem Rücken des PV gemacht worden sind, nun aufzuhören haben, so müssen wir dazu Stellung nehmen. Mir ist es allerdings nicht lieb, es mit dem Fall Hertz zu verknüpfen.

Ollenhauer: Michel hat ja bisher auf unsere Aufforderung zu berichten nicht geantwortet. Das ist ja schon Anlaß, uns mit dem Fall zu beschäftigen.

Rinner: Ich habe Michel bereits mitgeteilt, daß wir die Zahlung des Sachaufwandes von der Berichtslieferung abhängig machen.

---

4 Vorlage: »gegeben«.
5 Vorlage: »vorbringt«.
6 D. i. von Knoeringen.
7 Voigt, Frederic A., vor 1933 Korrespondent des »Manchester Guardian« in Berlin, sammelte nach 1933 Berichte von Emigranten, die »an das Weiße Haus nach Washington gingen«. Vgl. *Grossmann*, S. 61.

Nr. 120

Protokoll der Parteivorstandssitzung am 25. Juli 1938

SAPMO Berlin, ZPA, II 145/55, Bl. 63-66

Vorstandsbesprechung am 25. 7. 1938

Anwesend: Crummenerl, Rinner, Ollenhauer, Stampfer, Geyer, Heine.

Es liegt ein Entwurf von Erich Ollenhauer vor: Antwort an Paul Hertz (mit Ergänzungsvorschlag von C[urt] Geyer).[1]

Ollenhauer berichtet über ein Telefonat mit Hans Vogel. Auch Otto Wels ist dafür, die Adressen von P[aul] Hertz zu verlangen, an die sein Brief gegangen ist. Er ist gleichfalls der Meinung, daß der Brief beantwortet werden muß. – Die Notizen, die Hans Vogel zu dem Hertz'schen Brief gemacht hat, sind in dem vorliegenden Entwurf sämtlich erwähnt.

Es entsteht die Frage, ob wir den Entwurf des Briefes nach Stockholm zu H[ans] V[ogel] senden, zumal Stampfer Bedenken gegen meinen Entwurf hat.

Stampfer: Ich bin mit E[rich] O[llenhauer]s Entwurf nicht einverstanden, obwohl ein Bedenken, das ich hatte, durch Aussprache hinweg geräumt ist. Wir haben während des ganzen Streits mit P[aul] Hertz stets ihm den Angriff überlassen und uns auf die Verteidigung beschränkt. Auch dieser Entwurf ist wiederum nur Verteidigung, während wir sofort zum Gegenangriff übergehen und darlegen müßten, wie es zum Konflikt gekommen ist. Wir müssen sagen, daß wir kein Vertrauen zu ihm haben, weil er gegen uns konspiriert.

Sie (Ollenhauer) machen – nehmen Sie es nicht übel – Ausreden in dem Entwurf. Man muß ganz deutlich sagen: Das Vertrauensverhältnis zu Hertz war schon seit langem gestört. Hertz war und ist Vertrauensmann einer Gruppe. Es wird zwar nicht leicht sein, dann einen Übergang zur Rechtfertigung unseres Verhaltens ihm gegenüber zu finden, aber wir müssen ihm auf dieser Basis antworten.

Paul Hertz war sich s[einer] Z[ei]t in Prag wohl nicht klar darüber, was sein Ausscheiden aus dem geschäftsführenden Gremium, dem er zugestimmt hat, eigentlich bedeutet: Daß er damit praktisch doch das wird, was wir in Berlin »Beischläfer« genannt haben (also Beisitzer im PV, die doch nur mehr oder minder das gutheißen konnten, was das geschäftsführende Gremium durchführte). Das ist selbstverständlich keine Rechtfertigung seines Verhaltens, das ich schändlich finde.

Für falsch halte ich u. a. auch die Bezugnahme auf den Beschluß von 1935 mit der Pensionierung. Er wird sofort dahinter haken und fragen: Wann wurde denn dieser Beschluß aufgehoben, denn zwei dieser pensionierten PV-Mitglieder sind ja doch jetzt im geschäftsführenden Gremium.[2]

Wir müßten unsere Antwort auf den Nenner bringen: P[aul] Hertz hat uns Grund zur Maßregelung gegeben, wir aber haben ihn nicht gemaßregelt.

Ollenhauer: (zu Stampfer) Ihr Vorschlag eines Briefentwurfs ist – praktisch – die Begründung einer politischen Maßregelung. Ich dagegen bin ausgegangen von dem Brief von Hertz und der Vorstellung, die ich von unserem seinerzeitigen Beschluß gehabt habe. Ich war der Meinung, daß unser Verhalten Hertz gegenüber keine Maßregelung ist und daß wir mit der ernsten Absicht an die Konzentrationsfrage gegangen sind, die Schwierigkeiten zu überwinden.

Ich sehe, daß eine sachliche Meinungsverschiedenheit besteht und halte es für richtiger, zuerst darüber zu diskutieren. Wenn Sie mit Ihrer Auffassung recht behalten, dann muß

---
1 Die Entwürfe befinden sich in: AdsD Bonn, PV-Emigration, Mappe 53.
2 Vgl. Nr. 107, Anm. 10.

selbstverständlich ein ganz anderer Entwurf gemacht werden. Dann müssen wir das Material, das gegen ihn vorliegt, zusammentragen und damit gegen ihn vorgehen.

Rinner: Entscheidend ist für mich die Frage, ob es noch ein Zurück gibt, ob wir noch zu einer Verständigung mit Hertz kommen können. Ich bezweifle, daß er an einer Verständigung mit uns noch interessiert ist. Wenn dem aber so ist, dann gewinnt das Argument von Stampfer, daß Hertz stets im Angriff war und ist und uns die Form des Kampfes vorschreibt, an Bedeutung.

Wenn die Auseinandersetzung weitergeht und unsere Anklagen erst zu einem späteren Termin kommen, dann werden alle Leute fragen, warum wir erst dann damit herausrücken. Jetzt haben wir es noch in der Hand, in welcher Form wir vorgehen wollen. Ich würde vorgehen, wie es Geyer in seinem Annex zu E[rich] O[llenhauer]'s Entwurf vorschlägt und P[aul] H[ertz] sagen, daß er kein Recht hat, uns vorzuwerfen, wir hätten ihn gemaßregelt. Wir müssen feststellen, was ist. Und wir müssen dazu sagen, daß wir trotzdem keine Maßregelung vorgenommen haben. Wichtig ist jedenfalls, daß wir uns unsere Taktik nicht von ihm vorschreiben lassen. Ich empfehle deshalb, die für uns günstigere Argumentation anzuwenden. Es kommt darauf an, im ersten Augenblick unserer öffentlichen Stellungnahme zu diesem Konflikt zu sagen, was geschehen ist.

Ollenhauer: Wenn wir einen derartigen Brief an Hertz schreiben, müssen wir uns darüber klar sein, daß dann etwa eine gemeinsame Sitzung mit ihm doch nicht mehr möglich ist.

Crummenerl: Wir hatten bei unseren ersten Beratungen keine bestimmte Konzeption, wie wir vorgehen sollten. Wir hätten im Oktober-November energisch gegen Hertz vorgehen müssen. Damals hätten wir ihn stellen und aus unserem Kreis entfernen müssen. Stattdessen haben wir uns auf eine unsäglich unangenehme und langwierige Verhandlungsgeschichte eingelassen und ihm zum Schluß Absolution erteilt.

Jetzt liegt dieser Brief von Hertz vor. Ich glaube, wir müssen uns zweierlei fragen:

Wird der Brief für so gravierend erachtet, daß es unmöglich ist, mit ihm weiter zusammenzuarbeiten, dann ist es richtig, einen Brief zu schreiben, wie Stampfer es vorhat. Damit ist dann die Zusammenarbeit mit ihm erledigt.

Ist aber der Brief von ihm ein Rückzugsgefecht, um aus der Sache herauszukommen und hält man den Brief für weniger gravierend als die früher von ihm geschaffenen Tatsachen, dann ist es richtiger, Ollenhauers Entwurf zu akzeptieren.

Geyer: Wir müssen berücksichtigen: Hertz hat von außen her einen Angriff auf den PV geführt. Daß er Konsequenzen ziehen will, ist klar. Das paßt auch in den Rahmen der Situation. Otto Bauer, der die Milesleute doch etwas gezügelt hat, ist tot. Im Lager der Österreicher tobt der Meinungs- und Richtungskampf. Es geht, auf längere Sicht gesehen, um die Frage der zweiten oder dritten Partei. Und da werden jetzt die Positionen bezogen.

Das, was hier von Hertz und der Gruppe gespielt wird, ist die alte kommunistische Weise: Man selbst begeht etwas und zieht den Gegner dafür zur Verantwortung. Jetzt wird Spaltungsarbeit in breiterem Maße als noch im vorigen Jahr geleistet, und wir sollen mit der Verantwortung dafür beladen werden. Es ist wichtig, in dieser Situation zwei Dinge nicht zu tun: 1) Wir dürfen nicht leisetreten. 2) Wir dürfen ihm auch nicht die Konsequenzen servieren. Nicht er muß von uns hinausgeschmissen werden, sondern wir müssen ihn veranlassen, selbst diesen Schritt zu tun.

Ich bin nicht der Meinung von E[rich] O[llenhauer], daß ein Entwurf, wie ihn Stampfer plant, organisatorische Konsequenzen haben muß.[4]

---

3 Vorlage: »erledigt« hs. eingebessert für »kaputt«.
4 Vorlage: »muß« ms. unterstrichen.

Wir müssen seinem Brief massive Anklagen entgegensetzen, ihm aber die weitere Führung des Angriffs überlassen. Wir dürfen unsere Anklage nicht mit der Vollziehung organisatorischer Konsequenzen beginnen.

Der Reihe nach werden Stampfer, Geyer, Rinner aufgefordert, einen anderen Entwurf auszuarbeiten.

Stampfer: Ich kann den Entwurf nicht ausarbeiten, weil ich die Taktik, die gegenüber Hertz angewendet wurde, nicht gebilligt habe und nicht billigen kann. Ich kann deshalb unsere Auffassungen auch nicht verteidigen, das müßt Ihr verstehen. Daher ja doch mein Vorschlag, ihm einen Privatbrief von mir aus zu schreiben.

Wir sind doch in einer schwierigen, taktisch ungünstigen Position ihm gegenüber. Nicht wir haben ihn seiner Spaltungsarbeit überführt, sondern er war derjenige, der uns alles erklärt hat, der die »Gratwanderung« gemacht hat, der alles auf sich genommen hat, [um] der Konzentration willen. Das erleichtert seine Position nach außen hin.

Ich bin jetzt zu der Überzeugung gekommen, daß er konsequent und seit Jahren gegen uns arbeitet und weiterarbeiten wird.

Es bleiben uns keine Möglichkeiten als die beiden: Es so zu machen, wie Ollenhauer es in seinem Brief tut und zu sagen: Es war ja alles nur ein Mißverständnis, es bestand und besteht kein Grund zur Maßregelung und Sie sind ja auch gar nicht gemaßregelt worden, oder aber: Wir sagen, was war, was er getan hat, daß er aber trotzdem nicht gemaßregelt worden ist. Ich sehe dann übrigens unsere anderen Freunde kommen und sagen: Was, nach alldem, was wir jetzt von Euch erfahren, habt Ihr ihn nicht längst hinausgesetzt? Wir werden da noch große Schwierigkeiten haben.

Ich schlage vor, daß Geyer den Entwurf macht. Ich kann es wirklich nicht machen. Ich war nicht mit unserer Haltung einverstanden.

Crummenerl: Wir anderen waren alle nicht damit einverstanden. Das ist kein Argument.

Stampfer: Es war ein ungeheurer Fehler, daß wir nicht nach Erteilung der Absolution zu Hertz gesagt haben: Du bleibst bei uns, behältst Deinen Arbeitsplatz, zeige Deine Loyalität.

Crummenerl: Ich wiederhole: Wollen wir den Absprung suchen, dann müssen wir Geyers und Stampfers Tendenz befolgen. Wollen wir versuchen, weiterhin mit Hertz in Konzentration zu machen, dann müssen wir E[rich] O[llenhauer]s Vorschlag akzeptieren.

Rinner: Wenn wir gemeinsam der Auffassung sind, daß eine Trennung doch unvermeidlich ist, dann müssen wir die Entscheidung in der Hand halten.

Es wird vereinbart, daß Rinner einen neuen Entwurf[5] macht, der am 26 7. nachm[ittags] durchgesprochen werden soll.

---

5 Der Entwurf befindet sich in: AdsD Bonn, PV-Emigration, Mappe 53.

Nr. 121
Protokoll der Parteivorstandssitzung am 26. Juli 1938

SAPMO Berlin, ZPA, II 145/55, Bl. 290–293

Vorstandsbesprechung vom 26. Juli 1938

Anwesend: Crummenerl, Rinner, Ollenhauer, Stampfer, Geyer, Heine.

Zu dem Entwurf, den Erich Ollenhauer (zum Fall Hertz) verfaßt hat, hat Rinner eine Ergänzung gemacht, die zur Debatte steht.

Rinner gibt eine Begründung für die Ergänzung, die er an dem Entwurf Ollenhauers vorgenommen hat. Er hat den Entwurf entgegen der ursprünglichen Absicht verwendet, ihn nur umgebaut und dazu etwa 3 Seiten neu hinzugefügt. Der Umbau ist deshalb vorgenommen worden, um eine systematische Darstellung der Argumentation zu ermöglichen. Rinner liegt sehr viel daran, daß der Entwurf heute noch herausgeschickt wird. Er ist deshalb dafür, ihn in dieser Form anzunehmen.

Stampfer: Meine Stellung zu dieser Frage ist bekannt. Ich kann nicht für den Entwurf stimmen, da ich ihn nicht decke. Ich bin einverstanden mit der Schlußfolgerung von Rinner, daß wir rasch handeln müssen. Ich will deshalb auch keine Obstruktion machen.

Crummenerl: Wenn Stampfer nicht für den Entwurf stimmen kann, dann müßte er einen eigenen Entwurf machen, damit wir sehen, wo die Differenzen zwischen ihm und uns liegen. Es handelt sich um eine folgenschwere Angelegenheit, in der wir einig sein müssen.

Rinner: Ich habe bei Stampfers Kritik nicht gewußt, wie ich ihr Rechnung tragen sollte. Stampfers Kritik richtet sich so sehr gegen das allgemeine, daß es schwer, wenn nicht unmöglich ist, zu sagen, was man ändern könnte.

Stampfer erklärt nochmals, daß auch er die rasche Erledigung für notwendig hält und daß er deshalb kein Hindernis bilden wolle. Er war mit der Haltung der Mehrheit in der Frage Hertz nicht einverstanden, und er ist noch heute der Auffassung, daß man das Ausscheiden von Hertz in Prag gar nicht hätte zulassen dürfen. Stampfer ist stets zu solidarischer Kollektivität bereit gewesen. Er wird das auch in diesem Falle tun und keine Schwierigkeiten machen.

Rinner schlägt vor, in Einzelberatungen einzutreten, um so den Versuch zu machen, den Standpunkt zu klären und ihn in Übereinstimmung mit unserem zu bringen. Er hat sich ausdrücklich gehütet, in dem Briefentwurf Konsequenzen zu ziehen.

Stampfer erläutert seine Vorstellungen; man müßte Hertz sagen:

Sie behaupten, daß Sie für die Konzentration sind. Das ist nicht richtig. Sie behaupten, sich loyal verhalten zu haben, das ist nicht richtig. Sie behaupten, gemaßregelt worden zu sein. Das ist nicht richtig. Wir hätten viel schärfer gegen Sie vorgehen sollen, als wir es getan haben. Wir haben Sie nicht gemaßregelt. Wir waren fest entschlossen, mit Ihnen zusammenzuarbeiten. Unabhängig davon jedoch sind Sparmaßnahmen geprüft worden. Am 28. Februar hatten wir uns entschlossen, daß Sie mit nach Paris gehen würden, um dort als honoriertes Mitglied des Parteivorstandes tätig zu sein. Zu unserer Überraschung haben Sie am 1. März dem fallengelassenen Plan zugestimmt. Nur deshalb wurde dieser schon fallengelassene Plan durchgeführt. Es ist deshalb ungeheuerlich, nun zu erklären, wir hätten Sie gemaßregelt. Unter diesen Umständen müssen wir zu der Auffassung gelangen, daß Sie die Zersetzungsarbeit weiter fortsetzen wollen.

So ungefähr stelle ich mit die Antwort an Hertz vor.

Crummenerl: Wenn wir einen solchen Brief schreiben würden, wie ihn Stampfer jetzt vorschlägt, dann würde das, besonders was den letzten Satz betrifft, bedeuten, daß wir die Brücken abbrechen wollen.

Geyer: Der Briefentwurf Stampfers überläßt aber die Entscheidung dem anderen Teil.

Crummenerl: Wenn das so ist, dann sollten wir aber auch den Entwurf neu formen. Es ist eine außerordentlich schwierige Situation, und sie wird noch schwieriger für uns werden. Wir werden sehr viele gegen uns haben. Das stört mich nicht. Aber Voraussetzung ist, daß wir unter uns einig sind. Wir können nur etwas machen, wenn wir einig sind. Ich bin dafür, daß wir Klarheit schaffen.

Ollenhauer: Wenn wir hier nicht einig werden, dann müssen wir Wels und Vogel hören. Wir müssen sie überhaupt hören, wenn über diesen Entwurf hinausgegangen wird. Wenn Stampfer in seinem Entwurf auch keine Konsequenzen ausspricht, so ist doch klar, was dieser Entwurf bedeutet. Ich habe an sich keine prinzipiellen Bedenken gegen den Plan von Stampfer. Akzeptiert man ihn, dann ist es aber unsere Pflicht, die beiden Vorsitzenden zu informieren. Ich möchte für diesen Fall bitten, daß Stampfer einen Entwurf macht, den wir morgen nach Stockholm schicken können.

Stampfer: Daß ich einen Entwurf machen soll, ist eine schwere Zumutung bei meiner Stellungnahme zu dieser Frage. Ich bin aber bereit, mich zu opfern.

Es wird vereinbart, daß Stampfer einen neuen Entwurf macht.

Die Sitzung wird unterbrochen[1], Stampfer legt nach Wiederbeginn der Sitzung seinen Entwurf vor.

Ollenhauer: Die Folge der Abschickung dieses Entwurfs wird sein, daß eine Zusammenarbeit mit Hertz unmöglich ist. Die Charakterisierung von »Neu Beginnen«, die geplant ist, schließt aus, mit ihr Konzentrationsverhandlungen zu führen. Wir haben hier unter uns zwei verschiedene Standpunkte. Ich bin nicht abgeneigt, mir den Standpunkt Stampfers zu eigen zu machen. Ich glaube aber, daß dazu dann die Zustimmung aller Vorstandsmitglieder erforderlich ist.

Geyer: Ich nehme den Entwurf in toto an, ich teile nicht die Auffassung, daß Konzentrationsverhandlungen mit »Neu Beginnen« damit zerschlagen seien. Ob sie erfolgreich sein können, ist eine andere Frage.

Crummenerl: Ich stelle mich auf den Boden des Entwurfs. Da Hertz doch die Absicht haben wird, sich von uns zu trennen, so ist es ziemlich gleichgültig, was wir schreiben.

Rinner: Stampfer schlägt die Prozedur vor, die ich eigentlich von Anfang an vorgeschlagen habe. Heute weiß ich jedoch nicht, ob es glücklich ist, so vorzugehen, wie geplant wird. Aber ich bin jedenfalls im Prinzip einverstanden.

Die anwesenden Mitglieder des Parteivorstandes erklären sich mit dem Entwurf einverstanden vorbehaltlich der Zustimmung der Genossen Wels und Vogel.[2]

Stampfer wirft die Frage auf, ob nicht einer von uns nach Brüssel zu Adler und de Brouckère fahren soll, um sie über unseren Streit zu unterrichten.

Crummenerl hält den Vorschlag für sehr geeignet und schlägt vor, daß Stampfer fährt.

Ollenhauer schlägt vor, daß Hans Vogel und Stampfer gemeinsam zu Adler und Brouckère gehen.

In zwangloser Aussprache wird festgestellt, daß Paul Hertz nach wie vor zu Vorstandssitzungen eingeladen werden soll. Erscheint er in der nächsten, dann werden wir natürlich schärfstens den Brief von Paul Hertz zur Debatte stellen.

Zur Frage, wie wir uns zu etwaigen Beeinflußungsversuchen von seiten der SAI stellen sollen, so ist die Meinung vorherrschend, das der SAI kein Recht zur Einflußnahme eingeräumt werden soll.

Es wird vereinbart, daß Stampfer am Sonntag nach Brüssel fährt, sich dort mit Vogel trifft und gemeinsam mit ihm Adler und de Brouckère aufsucht.

Schluß der Sitzung.

---

1 Vorlage: »Sitzung wird unterbrochen« ms. unterstrichen.
2 Entwürfe und beschlossener Text des Briefes in: AdsD Bonn, PV-Emigration, Mappe 53.

Nr. 122
Protokoll der Parteivorstandssitzung am 3. August 1938
SAPMO Berlin, ZPA, II 145/55, Bl. 67–69

Vorstandssitzung vom 3. August 1938.

Anwesend: Vogel, Crummenerl, Rinner, Ollenhauer, Stampfer, Geyer, Heine.

Vogel berichtet über die Reise nach dem Norden und die Gespräche mit Otto Wels. Er hat viel größeres Verständnis für unsere Situation bei ihm gefunden, als wir erwartet haben.

In einem Punkte zeigte es sich, daß er anderer Auffassung war, und zwar in der Frage der Aufnahme von Max Braun in den Vorstand, gegen die Otto Wels sich wandte, weil Max Braun moralisch nicht qualifiziert genug ist. Die Haltung von Otto Wels, mit dem ich auf der Rückfahrt von Stockholm nochmals sprach, hat sich jedoch geändert, vor allem verursacht durch das Verhalten von Heinig und Hansen. Otto Wels hatte bei dem letzten Gespräch mit mir wieder Fieber. Wahrscheinlich einen Folge der Auseinandersetzung, die er mit Hansen gehabt hat, der sich weigerte, für mich eine Versammlung einzuberufen. Der Gesundheitszustand von Otto Wels schien es mir nicht geraten sein zu lassen, ihm unseren Briefentwurf an Hertz zu geben. Ich habe den Eindruck, daß er sich unserem Standpunkt nähert. – In der Frage der Konzentration hat er mir erklärt, daß er das Vertrauen zu uns habe, daß wir schon das Richtige treffen. Er stehe den Dingen zur Zeit zu fern, um aktiv eingreifen zu können.

Hansen hat bei der Einberufung der Emigranten-Versammlung Schwierigkeiten gemacht und sich vor allen Dingen gegen die Konzentration und gegen die Aufnahme von Max Braun gesträubt. Wels war für die Versammlung, die dann auch durchgeführt worden ist. Heinig hat erklärt, daß er aus der Partei austreten werde, wenn Max Braun in den PV komme. Auch er war gegen die Emigranten-Versammlung, die nur Stunk geben würde. Ich habe trotzdem darauf bestanden. Hansen hat die Einberufung in einer Rücksprache mit Otto Wels zunächst verweigert, dann aber doch nachgegeben. Auch Hansen hat dann erklärt, daß er aus der Partei ausscheide, wenn die Konzentration komme. Er hat weiter mitgeteilt, daß er so viel mit Besprechungen zu tun habe, daß er nicht zur Arbeit kommen könne. Daß Berichte nicht geliefert werden, habe Gründe, die er bereits mitgeteilt habe.

An der Versammlung haben 80 Mann, d. h. fast alle Emigranten, teilgenommen. Ich habe die Kopenhagener Genossen über die Situation und die Aufgaben des PV informiert. In der Diskussion haben auch Tarnow[1], Raloff, Hansen und andere gesprochen. Die Versammlung selbst hat große Befriedigung ausgelöst.

Auch in Stockholm habe ich eine Emigranten-Versammlung abgehalten. Die Verhältnisse sind dort besonders ungünstig. Der übergroße Teil der Emigranten geht nicht mehr in die Veranstaltungen, da sie mit den Radau-Methoden der Schreiber-Leute nichts zu tun zu haben wünschen.[2] Die letzte Versammlung hat z. B. nur noch aus 9 Mann bestanden, während an meiner Versammlung 47 Genossen teilgenommen haben. Die deutsche Emigration ist in Stockholm unten durch und das nicht ohne Grund. Die Verhältnisse sind denkbar unerquicklich. Ich habe dann mit Lundberg auch über Karl Heinz gesprochen und ihn gebeten, daß für den Fall, daß Karl Heinz ausscheidet, ein deutscher Genosse genommen wird. Lundberg sieht Schwierigkeiten, das durchzusetzen, da kein geeigneter Genosse da ist. Thiele hat sich an Lundberg gewandt und ihn um einen falschen Paß gebeten mit der Begründung, daß er Devisenschiebungen zu machen gedenke, an denen die Sopade wie bisher mit 5 % beteiligt sei. Ich habe Lundberg sofort erklärt, daß das nicht stimmt und daß wir keine derartigen Geschäfte gemacht haben. Ich halte es für notwendig, Thiele zu schreiben und ihn um Aufklärung zu ersuchen.

---

1 Tarnow, Fritz, 1880–1951, Vorstandsmitglied ADGB, 1928–33 MdR (SPD), Mai 1933 verhaftet, Emigration 1933 Niederlande, Dänemark, ab 1935 beteiligt am Versuch zum Aufbau einer gewerkschaftlichen Auslandsorganisation, 1936 ADG-Vertreter für Dänemark und Skandinavien, 1938 Vorsitzender des ADG-Länderkomitees, 1940 Schweden, 1946 Deutschland.
2 In der Stockholmer Ortsgruppe der Sopade gab es massive Auseinandersetzungen zwischen Befürwortern und Gegnern einer Volksfrontpolitik. Fritz Schreiber, Befürworter der Volksfront, war im April 1937 als Ortsgruppenvorsitzender abgewählt worden, kehrte aber Ende 1937 in dieses Amt zurück. Vgl. *Helmut Müssener*, Exil in Schweden. Politische und kulturelle Emigration nach 1933, München 1974, S. 134–137.

Mit Schumacher hatte ich die unangenehmste Unterhaltung. Auch er erklärt, daß er aus der Partei ausscheide, wenn Max Braun PV-Mitglied wird. Er hat weiter bedauert, daß keine Sekretärkonferenz stattfindet. Ich habe ihm geantwortet, daß im PV bereits darüber gesprochen worden sei.

In Kopenhagen hat Buchwitz einen Brief von Paul Hertz in der Streitfrage erhalten, obwohl Buchwitz nicht auf der Liste der Leute steht, die uns Hertz als die Empfänger der Briefe bezeichnet hat. Ich habe es deshalb für notwendig gehalten, in Kopenhagen über diese Angelegenheit kurz zu sprechen.[3]

Wenn Otto Wels in 3 bis 4 Wochen hierher kommen könnte, dann wäre es wohl richtiger, wenn man mit der[4] Beschlußfassung in der Konzentrationsfrage warten würde bis zu seinem Eintreffen. Da die Krankheit aber wahrscheinlich doch noch einige Zeit dauern wird, ist es notwendig, daß wir uns auch ohne ihn mit dieser Frage weiter beschäftigen.

Rinner: Die geschilderten Vorgänge in Kopenhagen und Stockholm legen uns nach meiner Auffassung die Verpflichtung auf, Landesgruppen von uns aus zu gründen, damit derartige Dinge in Zukunft nicht wieder einreißen können.

Vogel: Auch ich glaube, daß wir uns mit der organisatorischen Zusammenfassung der Emigration beschäftigen müssen.

Rinner: Was Hansen betrifft, so müssen wir uns ihm gegenüber auf den Standpunkt stellen, daß er, wenn er unsere Anweisungen nicht befolgt, die Folgen dieser Resistenz in Kauf nehmen muß. Wir müssen mit Energie vorgehen und mit den dänischen Genossen über den Fall Hansen reden.

Vogel: Es besteht wohl Einmütigkeit in diesem Kreis, daß wir die bereits vorgesehene Sekretärkonferenz veranstalten.[5] Ich bin auch dafür, den Vorschlag, den E[rich] Ollenhauer gemacht hat, in der Angelegenheit Paul Hertz mit Adler und Brouckère zu sprechen, zu akzeptieren. Ich schlage vor, daß die Besprechung mit den beiden von den Genossen Stampfer und Crummenerl durchgeführt wird.

Crummenerl: Ich bin ganz der Auffassung. Es sollte der politische Mann hingehen, und wir sollten unsere alten bekannten und führenden Leute mit dieser Aufgabe betrauen.

Stampfer: Ich fühle mich als Offizial-Verteidiger in dieser Hertz-Angelegenheit nicht als geeignet. Ich schlage deshalb vor, daß Vogel und Crummenerl gehen.

Nach Bemerkungen von **Stampfer, Crummenerl** und **Vogel** über die Frage, ob unser seinerzeitiges Verhalten zum Fall Hertz richtig war, erklärt **Crummenerl**, daß es keinen Zweck habe, zu Brouckère zu fahren, wenn man sich zu entschuldigen gedenke.

Es wird dann beschlossen, daß Stampfer und Vogel die Besprechung mit Adler und Brouckère durchführen.

Schluß der Sitzung.

---

3 Buchwitz, Otto, 1879–1964, Sekretär des SPD-Bezirkes Niederschlesien, 1921–24 MdL Preußen, 1924–33 MdR, Emigration 1933 Dänemark, bis 1936 Mitarbeiter des Sopade-Grenzsekretariats Kopenhagen, Leiter eines dänischen Emigrantenheims, 1940 verhaftet, 1941 zu acht Jahren Zuchthaus verurteilt, 1945 SPD-Landesvorsitzender Sachsen, 1946 PV bzw. ZK SED, MdL Sachsen.
4 Vorlage: »mit der« hs. eingebessert für »über die«.
5 Die Konferenz kam wegen Problemen bei der Visabeschaffung nicht zustande. Vgl. AdsD Bonn, PV-Emigration, Mappe 131.

Nr. 123

Protokoll der Parteivorstandssitzung am 9. August 1938

SAPMO Berlin, ZPA, II 145/55, Bl. 70–73

Vorstandssitzung vom 9. August 1938.

Anwesend: Vogel, Crummenerl, Rinner, Ollenhauer, Stampfer, Geyer, Heine.

Nach einleitenden Bemerkungen über die Frage, in welcher Weise in der morgigen Vorstandssitzung zu dem Verhalten von Paul Hertz Stellung genommen werden soll, schlägt **Crummenerl** vor, daß wir in der Sitzung vortragen sollen, was sich ereignet hat. (Auf die Briefschreiberei eingehen und dann in der Sitzung den gesamten Sachverhalt darstellen, so wie er sich aus dem Ollenhauerschen Briefentwurf ergibt.)[1]

Vogel wirft die Frage auf, wie weit in dieser Darstellung gegangen werden soll.

Crummenerl erwidert, daß er es für zweckmäßig hält, sich auf die Punkte unserer Anklage zu beschränken, die sich seit unserer Anwesenheit in Paris ereignet haben. Es soll also den Anschuldigungen von Hertz unsere Antwort gegenübergestellt werden. Es muß dabei gesagt werden, daß wir nicht daran denken, den Aktenkrieg fortzusetzen. Wir müssen sein Verhalten mißbilligen und müssen uns überlegen, ob wir nicht sagen sollen, daß, wenn diese Briefschreiberei fortgesetzt wird, dann Schluß gemacht werden muß. Oder sollen wir schon jetzt gleich sagen, eine weitere Zusammenarbeit ist unmöglich?

Ollenhauer hält es für das Zweckmäßigste, nochmals an den Beschluß vom 1. März zu erinnern und zu erklären, daß mit diesem Beschluß das Mandat von Paul Hertz nicht aberkannt worden ist. Er formuliert eine diesbezügliche Erklärung, in der festgestellt wird, daß die Entscheidung des PV vom 1. März mit Zustimmung von Paul Hertz erfolgt ist und daß sein gegenwärtiges Verhalten unsere Mißbilligung verdient.

Geyer ist dafür, daß in der Mißbilligungserklärung des PV zum Ausdruck kommt, daß das Verhalten von Paul Hertz an Bruch der Parteidisziplin grenzt.

Da sich eine kurze Debatte über die Frage entspinnt, in welcher Weise Hertz 1933 in die Auslandsarbeit des PV einbezogen worden ist, schildert **Rinner**, der diese Vorgänge am besten in der Erinnerung hat, wie Hertz Deutschland verlassen hat. Er stellt fest, daß er nicht vom PV – wie die anderen Anwesenden – ins Ausland gesandt worden ist, sondern sich selbst delegiert hat. Das geschah in einer Form, die die hellste Empörung der zurückbleibenden illegalen Genossen hervorgerufen hat. Er hat in einer Sitzung in Berlin, an der u. a. auch Rinner, Klühs, Künstler usw. teilgenommen haben, mitten in der schwierigsten Situation, in der er der einzige war, der dank seines Namens und seiner Verbindungen zu amtlichen Stellen in bescheidenem Umfange noch hätte helfen können, plötzlich erklärt, er sehe seine Mission als beendet an und beabsichtige, ins Ausland zu gehen.

Ollenhauer steht auf dem Standpunkt, daß es in der Frage des Arbeitsplatzes bei der bisher getroffenen Regelung bleiben muß.

Ein Entwurf einer Mißbilligungserklärung des PV, den Geyer macht, findet keine Zustimmung, da die Formulierungen als zu scharf empfunden werden.

Stampfer verliest schließlich einen längeren Entwurf einer Erklärung des PV, in der ebenfalls die Mißbilligung über das Verhalten von Paul Hertz zum Ausdruck gebracht wird.[2] Er schlägt vor, diese Erklärung nach der Beschlußfassung dem Kreis von Leuten zu senden, die unseren ersten Brief erhalten haben.

---

1 Vorlage: Klammern hs. ergänzt.
2 Der Entwurf war nicht zu ermitteln.

Es entspinnt sich eine Debatte über diesen Entwurf Stampfers, in der **Ollenhauer** eine Änderung des Stampferschen Entwurfs vorschlägt, durch die auf die Darstellung des Konflikts mit »Neu Beginnen« verzichtet wird.

Stampfer erbittet Abstimmung, ob sein Entwurf zur Grundlage genommen werden soll.

Ollenhauer hält eine Beschlußfassung nicht für erforderlich, wenn die anderen Mitglieder des PV anderer Meinung als er sind. Es wird vereinbart, den Entwurf Stampfer vorzulegen.[3]

Es ergibt sich die Frage, in welcher Weise die morgige Vorstandssitzung durchgeführt werden soll. Soll die Mißbilligung nach dem Entwurf Stampfers als Basis der Verhandlungen gelten oder soll diese Mißbilligungserklärung an den Schluß der Debatte gestellt werden.

Rinner ist der Meinung, daß es richtiger ist, mit offenen Karten zu spielen, um Hertz jeden Vorwurf vorwegzunehmen und den Entwurf beim Beginn der Sitzung vorzulegen.

Nach kurzer Debatte stellt sich heraus, daß die Mehrheit zu der Auffassung neigt, daß zunächst durch Hans Vogel der Sachverhalt dargestellt und erklärt werden soll, aus welchen Gründen der PV das Verhalten von Paul Hertz mißbilligt.

Vogel weist darauf hin, daß morgen auch entschieden werden muß, ob offizielle Verhandlungen in der Konzentrationsfrage, sowohl mit der Landesorganisation wie mit den Österreichern eingeleitet werden sollen. Vogel berichtet in diesem Zusammenhang über die letzte unverbindliche Besprechung mit dem österreichischen Genossen Richter.[4]

Stampfer weist darauf hin, daß es sich bei der Frage der Konzentrationsverhandlungen zwischen den Österreichern und dem Landesvorstand um zwei ganz verschiedene Dinge handelt. Mit den Österreichern soll ja doch vorläufig eine Kartellform angestrebt werden, mit den anderen dagegen soll versucht werden, Konzentration durchzuführen. Er gibt auch zu bedenken, ob wir morgen in Gegenwart von Paul Hertz den Beschluß fassen können, mit Max Braun in offizielle Verhandlungen einzutreten. Er hält es aus verschiedenen Gründen für zweckmäßig, mit diesen offiziellen Verhandlungen nicht sofort zu beginnen, sondern erst die Angelegenheit Hertz zu bereinigen.

Geyer weist darauf hin, daß in der Verständigung mit der Landesorganisation auch noch personelle Fragen geklärt werden müssen. Er ist der Meinung, daß wir noch nicht ganz am Abschluß der Verhandlungen sind. So ist es z. B. unmöglich, mit Kaiser-Blüth[5] zusammenzuarbeiten, der dem Vernehmen nach für Max Braun den Deutschen Nachrichtendienst bearbeitet.[6]

Crummenerl fragt, warum wir jetzt offizielle Verhandlungen ablehnen sollten. Damit wird doch nichts Endgültiges entschieden. Stampfer und Geyer sind also offenbar der Auffassung, daß es jetzt noch zu früh sei, mit offiziellen Verhandlungen zu beginnen. Man müsse sich aber doch klar darüber sein, daß es gleichgültig ist, ob man diese Besprechungen offiziell oder inoffiziell nennt. Er teilt auch[7] Stampfers Meinung zu warten, bis Braun »billiger« geworden ist, nicht. – Die Haltung der Miles-Gruppe läuft doch auf eine Konzentration gegen die Sopade hinaus. Es ist deshalb notwendig, daß wir die Verhandlungen mit Max Braun offiziell aufnehmen. Er befürchtet, daß, wenn wir die Konzentrationsverhandlungen in der gleichen Weise wie bisher betreiben, wir nicht der Konzentration weiterhelfen, sondern nur den Quertreibereien der Miles-Gruppe.

---

3 Vorlage: Satz hs. ergänzt.
4 D. i. Joseph Buttinger.
5 Vorlage: »Kaiserblüth«.
6 Kaiser-Blüth, Kurt, 1903–1976, sozialdemokratischer Journalist, u. a. Mitarbeiter des »Vorwärts«, Emigration 1933 CSR, u. a. Mitarbeit »Graphia Verlag«, 1938 Frankreich, »Pariser Tageszeitung«, nach 1940 Résistance, ab 1950 Journalist in Belgien.
7 Im Original sinnentstellend hs. in »nicht« geändert.

Vogel: Wir müssen uns jetzt klar darüber sein, ob wir die Konzentration mit Max Braun wollen oder nicht. Das muß jetzt entschieden werden.

Ollenhauer hält es für unmöglich, offizielle Verhandlungen mit Braun abzulehnen. Unser Beschluß liege vor. Außerdem sei Braun an uns herangetreten. Deshalb müßten morgen vom PV Vollmachten für offizielle Verhandlungen verlangt werden.

(Es wird vereinbart, daß in der morgigen Vorstandssitzung darüber Beschluß gefaßt werden soll, daß der Vorstand offiziell mit der Landesgruppe verhandelt.)

Stampfer erklärt, daß seine Bedenken mit dieser Regelung der Angelegenheit nicht bereinigt seien, daß er aber keine Schwierigkeiten machen wolle.

Rinner erklärt sich mit der Aufnahme der offiziellen Verhandlungen unter der Voraussetzung einverstanden, daß er an den Verhandlungen, wenn es sich um Dinge aus seinem Arbeitsbereich handelt, teilnimmt.

Vogel erklärt dazu, daß man sich sowieso überlegen müsse, in welcher Weise und in welcher Besetzung offiziell verhandelt werden soll.

Ollenhauer teilt mit, daß Bögler jetzt zum zweiten Mal den Versuch gemacht habe, seine Verbindungen zur Pfalz zu aktivieren. Er hat uns mitgeteilt, daß er die Absicht habe, die Verbindungen auszubauen. Wir haben das bisher lediglich zur Kenntnis genommen.

Crummenerl gibt eine Darstellung der früheren Situation in den tschechischen Grenz-Sekretariaten. Es ist beschlossen worden, daß von den ursprünglich sechs Sekretariaten drei belassen werden sollen. Bögler hat seinen Posten freiwillig verlassen, obwohl wir ihn als einen dieser drei bestimmt hatten. Wenn er jetzt ein Sekretariat im Westen aufmachen will, so sollten wir ihm sagen, daß wir diese Absicht nicht akzeptieren können. Auch Rinner ist dafür, daß für ein so kleines Gebiet, wie für die Pfalz, nicht noch weitere Mittel aufgewendet werden können.

Ollenhauer weist darauf hin, daß die Absicht besteht, Ende August eine Sekretär-Konferenz zu veranstalten, an der die Sekretäre und die Vorstandsmitglieder, evtl. Stahl, Juchacz und natürlich auch Willi Sander teilnehmen sollen. Es ist notwendig, daß wir bei der Festsetzung des Termins Zeit für die Vorbereitungen lassen, da die Beschaffung der Pässe und der Visa Schwierigkeiten bereitet.

Crummenerl ist dagegen, daß schon in der morgigen Vorstandssitzung diese Sekretärsitzung beschlossen wird. Er empfiehlt, die Beschlußfassung darüber auf die nächste Sitzung zu vertagen.

(Es wird vereinbart, diesen Punkt bis zur nächsten Vorstandssitzung zurückzustellen.)

Vogel weist darauf hin, daß noch über die Forderungen von Marie Juchacz und Georg Dietrich, an den Arbeiten des PV mitverantwortlich beteiligt zu sein, gesprochen werden müsse.[8]

Rinner erklärt, daß in der Behandlung dieser beiden ein gewisser Unterschied gemacht werden müsse. Juchacz war bis 1933 besoldete Sekretärin im PV und wohnt jetzt im Lande, hat also keinerlei Paß-Schwierigkeiten usw. Dietrich war Beisitzer und wohnt in der Schweiz, hat also nicht nur die Paß-Schwierigkeiten, sondern auch hohes Fahrgeld.

Crummenerl schlägt vor, auch diese Angelegenheit zurückzustellen mit der Begründung, daß Hans Vogel ja sowieso in der nächsten Woche nach Mülhausen[9] fährt und dann mit Marie Juchacz persönliche Fühlung aufnehmen kann.

(Es wird vereinbart, in der morgigen Vorstandssitzung so vorzugehen.)

Schluß der Sitzung.

---

8 Am 6. August 1938 schrieben Juchacz, Mulhouse, und Dietrich, Basel, dem PV, daß er sie zur nächsten Sitzung einladen solle, um über eine dauernde Mitarbeit im PV zu beraten; vgl. AdsD Bonn, PV-Emigration, Mappe 58.

9 Vorlage: »Mühlhausen«.

Nr. 124

Protokoll der Parteivorstandssitzung am 10. August 1938

SAPMO Berlin, ZPA, II 145/55, Bl. 74–103, ms. Durchschrift[1]

Vorstandssitzung vom 10. August 1938[2]

Anwesend: Vogel, Crummenerl, Rinner, Ollenhauer, Hertz, Stampfer, Geyer, Heine.

Vogel: Als ersten Punkt wollen wir heute den Briefwechsel behandeln, der vom Gen. Hertz eingeleitet worden ist, der sich nicht darauf beschränkt hat, Briefe an uns zu schreiben, sondern auch an eine Reihe von Freunden in der SAI und den anderen Parteien.[3] Es ist auf das Schärfste zu verurteilen und zu mißbilligen, daß er diesen Weg eingeschlagen hat. Daß er damit der Idee, der er dienen will, keinen Dienst geleistet hat, muß er inzwischen selbst eingesehen haben.

Gen[osse] Hertz behauptet, im März dieses Jahres sei kein Beschluß gefaßt worden. Seiner Auffassung steht die unsrige gegenüber. Ich zweifle nicht daran, daß wir die bessere Erinnerung haben und bin darin auch anläßlich meines kürzlichen Besuches bei Stahl in Stockholm bestärkt worden. Ich habe über diese Frage auch mit Stahl gesprochen, der mir, ohne daß ich ihn irgendwie beeinflußt hätte, sofort die Tatsachen so schilderte, wie wir anderen sie in der Erinnerung haben.

Ich glaube, es ist gut, nochmals daran zu erinnern, wie sich die Dinge seinerzeit in Prag abgespielt haben: Crummenerl hat Einsparungsvorschläge gemacht, in denen u. a. vorgesehen war, daß der geschäftsführende Vorstand in Zukunft nur noch aus vier Mitgliedern bestehen soll. Gegen diesen Vorschlag sind – ganz besonders von Friedrich Stampfer – Bedenken erhoben worden. Auch Gen[osse] Hertz hat Bedenken gegen diesen Vorschlag gehabt. Er fürchtete zunächst, daß sein Ausscheiden aus dem PV auf die SAI den denkbar ungünstigsten Eindruck auslösen müsse und unsere Beschlußfassung über die Konzentration von vornherein ungünstig beeinflußen könnte. Um das zu verhindern, hat ja Paul Hertz auch nachher an der Westreise[4] teilgenommen, damit er selber in die Lage versetzt sei, seinen Freunden meinen Entschluß zu erklären. Infolge der angemeldeten Bedenken wurde der Vorschlag von Crummenerl in der Sitzung vom 28. Februar also zunächst fallen gelassen.

---

1 Eine zweite Durchschrift dieses Protokolls befindet sich auf den Bl. 104–133; darin befinden sich einige abweichende Unter- bzw. Anstreichungen, deren Urheber nicht festzustellen ist. Weitere Durchschriften befinden sich in: AdsD Bonn, PV-Emigration, Mappe 3; IISG Amsterdam, NL Hertz, S. 16, 1a. Das Protokoll ist abgedruckt in: *Matthias/Link*, Dok. 39, S. 323–353.
2 In einem Schreiben an Hertz vom 8. August 1938 nannte der Parteivorstand als Tagesordnungspunkte der Sitzung:
 1. Ihren Briefwechsel mit uns.
 2. Die Frage der sozialdemokratischen Konzentration.
 3. Die Einberufung einer Sekretärkonferenz.
 4. Flüchtlingsfragen.
 5. Verschiedenes.
 Vgl. AdsD Bonn, PV-Emigration, Mappe 53.
3 Am 20. Juli 1938 schrieb Hertz einen Brief an zahlreiche Mitglieder der SPD und anderer der SAI angehörenden Parteien, in dem er dem PV vorwarf, ihn gemaßregelt zu haben, weil er ohne seine Zustimmung aus dem Kreis der besoldeten PV-Mitglieder ausgeschlossen worden sei. Vgl. Brief und Adressatenliste in: AdsD Bonn, PV-Emigration, Mappe 53. Der PV antwortete ihm am 30. Juli 1938 und wies die Vorwürfe zurück. Vgl. ebd.
4 Vgl. zur »Westreise« Nr. 109, Nr. 112, Nr. 113.

Am nächsten Morgen, am 1. März, kam Genosse Hertz sehr früh ins Büro und hatte mit mir eine persönliche Aussprache, in der er erklärte, daß er zu der Überzeugung gekommen sei, daß der Vorschlag von Siegmund Crummenerl angenommen werden müsse. Auf meine Frage, ob er die Absicht habe, mit nach Paris zu gehen und wie er sich seinen Lebensunterhalt zu beschaffen gedenke, erklärte er, daß er die Absicht habe, mit nach Paris zu gehen und den Versuch machen wolle, als freier Schriftsteller zu leben.

In der daran anschließenden Parteivorstandssitzung gab ich einen Bericht über das soeben stattgefundene Gespräch und bat den Gen[ossen] Hertz für den Fall, daß ich nicht alles oder es nicht ganz richtig wiedergegeben habe, meine Ausführungen zu ergänzen. Gen[osse] Hertz hat meine Angaben bestätigt. Darauf ist auf der neuen Grundlage weiter verhandelt worden, und daß eine Übereinstimmung erzielt wurde, geht nach meiner Auffassung auch ganz klar aus der Haltung des Gen[osse] Hertz nach der Sitzung hervor. Hertz bestreitet das jetzt. Er erklärt, daß er sich vorbehalte, Protokollabschriften aus dieser Sitzung an einen engeren Kreis von Freunden zu verschicken. Ich möchte dazu erklären, daß es sich bei diesen Protokollabschriften nur um private Notizen handelt. Wenn Gen[osse] Hertz sich unter Berufung auf diese privaten Notizen an einen Kreis von Genossen wenden will, so wäre das eine neue Haltung. Hertz hat früher immer dagegen protestiert, daß, [wie] er sich ausdrückte, einseitig geführte Protokolle als Grundlage verwendet würden.

Daß sich die Dinge in der Sitzung vom 1. März so abgespielt haben, wie wir es darstellen, geht übrigens auch aus einem Brief hervor, den der Genosse Arnold geschrieben hat und in dem er bestätigt, daß Gen[osse] Hertz diese Verzichtserklärung abgegeben hat.[5]

Hertz schreibt uns, daß er erst durch den Beschluß vom 29. Juni 1938 erkannt habe, daß es sich um eine Maßregelung handelt. Als Stampfer ihn aber in dieser Sitzung vom 29. Juni fragte, ob er eventuell entstehende Gerüchte, er sei gemaßregelt worden, dementieren würde, erklärte Hertz: Selbstverständlich, es liegt ja keine Veranlassung vor, derartiges zu behaupten.

Ich wiederhole: Die Entscheidung in Prag ist auf Grund eines Vorschlages erfolgt, den Crummenerl gemacht hat und der erst durch die Anregung von Hertz realisiert werden konnte. Und am 29. Juni ist die Entscheidung über die gleiche Angelegenheit ebenfalls durch Hertz herbeigeführt worden. Siegmund Crummenerl hatte in dieser Sitzung den Etat vorgelegt, der u. a. für vier geschäftsführende Vorstandsmitglieder die Gehaltsregelung vorsah. Er wünschte, daß über diesen Etat abgestimmt werde, damit mit dieser Abstimmung der Beschluß vom 1. März über die vier geschäftsführenden Vorstandsmitglieder nochmals bestätigt werde. Ich war in dieser Sitzung als Verhandlungsleiter in einer etwas schwierigen Situation, und ich erklärte, daß es doch außerordentlich schwer sei, in eigener Sache abzustimmen. Gen[osse] Hertz war es, der mir und uns aus der Verlegenheit half, indem er vorschlug, die Abstimmung so vorzunehmen, daß ich feststelle, ob kein Widerspruch erfolgt. Ich folgte diesem Vorschlag. Widerspruch erhob sich nicht.

Daß der Parteivorstand keine Absicht hatte, Paul Hertz zu maßregeln, geht auch daraus hervor, daß für ihn, wie für die anderen Mitglieder des PV, die Übersiedlungskosten Prag –

---

5 Im AdsD Bonn, Bestand PV-Emigration, hat sich dieser Brief Arnolds nicht ermitteln lassen. Auszugsweise ist ein Brief von Arnold an Hertz vom 8. Juli 1938 in den »Materialien zur sozialistischen Konzentration«, vom Auslandsbüro von Neu Beginnen am 27. August 1938 publiziert, abgedruckt. Auf S. B 33 f. dieser Dokumentation wird Arnold so wiedergegeben, daß er – ganz im Gegensatz zu Vogels Ausführungen – Hertz' Schilderung der Vorstandsbeschlüsse zustimmt. Wörtlich steht dort: »Ihre Mitteilung, daß Sie nachträglich mit Wirkung ab 1. Mai abgebaut wurden, hat mich bestürzt. Wie aber kann man behaupten, daß ein derartiger Beschluß in der Sopade gefaßt worden wäre? [...] ich kann mich an einen Beschluß nicht erinnern. [...] Am andern Tag [in der PV-Sitzung am 1. März 1938; d. Bearb.] haben Sie dann Ihre Bereitwilligkeit erklärt, auf Ihre Besoldung zu verzichten. Beschlossen aber wurde, nach meiner Erinnerung, darüber nicht [...].« Zitiert nach dem Exemplar der »Materialien« in: AdsD Bonn, PV-Emigration, Mappe 206.

Paris getragen wurden und daß wir ihn zu der Flüchtlingskonferenz nach Evian[6] delegiert haben. Hätten wir den Genossen Hertz maßregeln wollen, dann hätten wir diese Delegation nicht vorgenommen.

Aber auch das Verhalten von Paul Hertz selbst seit seiner Ankunft in Paris ist ein weiterer Beweis dafür, daß er den Prager Beschluß genauso wie wir aufgefaßt hat. Hertz hat nicht den geringsten Versuch gemacht, uns bei der Überwindung der hier entstandenen großen Schwierigkeiten zu helfen. Auch sein Verhalten, nachdem wir das Büro bezogen hatten, spricht dafür, daß er von der Rechtmäßigkeit des Beschlusses überzeugt war. Vom Einzug in das Büro bis zur ersten Vorstandssitzung sind etwa 10 Tage vergangen. Hätte er sich als geschäftsführendes Vorstandsmitglied gefühlt, dann hätte er sich doch um einen Arbeitsplatz gekümmert, dann wäre er doch am ersten oder spätestens am zweiten Tage ins Büro gekommen.

Hertz kritisiert, daß wir keine Sitzung abgehalten haben, bevor wir ins Büro einzogen. Er hat weiter kritisiert, daß in in der Vorstandssitzung vom 29. Juni nach seiner Auffassung nur über Kassenfragen, nicht aber über politische Themen gesprochen worden sei. Daß dieser Vorwurf nicht stimmt, geht ja allein schon daraus hervor, daß wir in dieser Sitzung u. a. auch ein Referat von ihm über die Evian-Konferenz entgegengenommen haben. Hertz hat sich dann erkundigt, wann die nächste Vorstandssitzung sein werde, in der über politische Fragen gesprochen weden könne. Ich habe vorgeschlagen, die nächste Vorstandssitzung nach seiner Rückkehr aus Evian zu machen. Ich muß aber feststellen, daß Hertz es nicht für nötig gehalten hat, uns von seiner Rückkehr aus Evian überhaupt Mitteilung zu machen, noch uns über die Konferenz zu informieren. Er hat sich überhaupt nicht mit uns in Verbindung gesetzt und auch nicht den Versuch dazu gemacht.

Der nach seiner Meinung schwerste Vorwurf, den er in seinem Brief erhebt, ist der, daß er nicht an den Konzentrationsverhandlungen beteiligt worden sei. Ich stelle dazu fest, daß bisher noch keinerlei offizielle Verhandlungen über Konzentrationsfragen erfolgt sind. Ich habe sowohl mit österreichischen Genossen, wie mit Genossen vom Landesvorstand inoffizielle Besprechungen gehabt, in beiden Fällen sind sie nicht auf Wunsch des PV oder eines Vorstandsmitgliedes erfolgt, sondern haben – in beiden Fällen – auf Veranlassung des Gesprächspartners stattgefunden.

Wie haben sich die Dinge abgespielt? Braun und Wagner sind bei mir erschienen und haben vorgeschlagen, Konzentrationsverhandlungen zu beginnen. Beide haben bei Beginn des Gesprächs ausdrücklich erklärt, daß es sich um Vorbesprechungen inoffizieller Art handeln soll. Ebenso hat es sich bei den Gesprächen mit dem Gen[ossen] Richter[7] verhalten.

Max Braun, ebenso wie Richter, haben ausdrücklich erklärt, daß sie mit mir[8] sprechen wollen. Ich hatte keine Veranlassung, die Gespräche abzulehnen. Ich hatte aber auch keine Veranlassung, sie an ein anderes Vorstandsmitglied zu verweisen.[. . .][9] Wenn jemand eine Besprechung mit mir haben will, dann nehme ich[10] die Besprechung an und führe sie nicht anderen Genossen zu. Dieses selbstverständliche Recht als zweiter Vorsitzender steht mir doch wohl zu.

Im übrigen hat es ja doch wohl auch schon Aussprachen zwischen Paul Hertz und Max Braun gegeben, die, im Gegensatz zu unseren Gesprächen, nicht von Max Braun, sondern von Paul Hertz verlangt worden sind.

---

6 Vgl. Nr. 116, Anm. 10.
7 D. i. Joseph Buttinger.
8 Vorlage: »mir« in der Vorlage ms. unterstrichen.
9 In der Vorlage steht hier der offensichtlich auf einem Abschreibefehler beruhende Satz: »Wenn jemand sie an ein anderes Vorstandsmitglied zu verweisen.«
10 Vorlage: »ich« ms. unterstrichen.

Als wir in Prag über die Konzentration gesprochen gaben, war es außerdem der Genosse Hertz, der vorgeschlagen hat, lose Fühlungnahmen zu beginnen. Das, was wir bisher gemacht haben, ist nichts anderes gewesen, als das, was Hertz selbst vorgeschlagen hat. Weder dem PV noch dem Gen. Hertz sind bei diesen Fühlungnahmen Entscheidungen vorweggenommen.

Hertz macht uns den Vorwurf, daß mein Besuch bei Otto Wels in Kopenhagen ohne Beschluß des PV zustandegekommen ist. Otto Wels ist der Vorsitzende der Partei. Er liegt seit Monaten auf dem Krankenbett, und es ist ganz selbstverständlich, daß er über gewisse Dinge unterrichtet werden muß. Es hatte sich im Laufe der Zeit soviel angesammelt, daß diese Unterrichtung erfolgen mußte. Es ist klar, daß das nicht auf schriftlichem Wege erfolgen konnte. Im übrigen waren Sie, Paul Hertz, nicht immer dafür, daß der PV vorher Beschlüsse über Reisen faßt. Keinem von uns ist z. B. eingefallen, Ihnen Vorwürfe zu machen, als Sie ohne Beschluß des PV nach London gefahren sind.[11]

Sie machen uns ferner den Vorwurf, daß bezüglich der Fürsorge für die Emigration Verhandlungen geführt worden sind, die Sie als Ihr Aufgabengebiet betrachten. In diesen Angelegenheiten haben Besprechungen mit Wagner, Löwenstein, Hartig und Süss[12] stattgefunden. Alle diese Besprechungen sind nicht auf unsere, sondern auf Veranlassung der betreffenden Genossen erfolgt. Das Ziel, das diese Genossen bei ihren Gesprächen mit uns leitete, war, eine einheitliche Tätigkeit auf diesem Gebiet zu schaffen. Genosse Wagner hat mich außerdem über die Methoden seiner Arbeit informiert und mitgeteilt, daß die nach Deutschland gegebenen Mittel, die durch seine Freunde weitergeleitet worden sind, zumeist von der KPD gekommen sind. Da das heute aufgehört hat, droht die Gefahr, daß die Einrichtung stillgelegt werden muß, obwohl die Notwendigkeit zur Unterstützung nach wie vor besteht. Neben dieser Hilfe in Deutschland kommen neue Aufgaben, und Gen[osse] Wagner hat die Absicht, zur Erledigung dieser Aufgaben eine Einheitsorganisation zu schaffen, und zwar unter Mitwirkung des PV. Ich habe in dem damaligen Gespräch erklärt, daß mir die Dinge plausibel zu sein scheinen. Wenn eine leistungsfähige, einheitliche Organisation geschaffen werde, dann – so glaube ich – würde sich der PV zur verantwortungsvollen Mitarbeit bereitfinden. Eine Entscheidung des PV und eine Festlegung in irgendeiner Richtung ist damit noch nicht erfolgt. Wenn die Genossen eine solche Einheitsorganisation schaffen, dann ist es allerdings wahrscheinlich, daß der PV sich zur Mitarbeit bereit erklären kann. Gerade Gen[osse] Paul Hertz sollte über diese Bereitwilligkeit, sich stärker in diese Dinge zu vertiefen, froh sein. Statt dessen kommt er her und erklärt, daß das sein Arbeitsgebiet und er mit diesen Verhandlungen nicht einverstanden sei. Ich glaube, daß diese Behauptung, es handle sich um sein Arbeitsgebiet, über die Tatsachen hinausgeht, denn ebensogut könnte man doch sagen, daß es das Arbeitsgebiet von Willi Sander sei, der sich doch in einem viel, viel größeren Maße um diese Arbeit bemüht hat.

Dazu kommt, daß es sich bei den Absichten der Genossen Wagner usw. darum handelt, eine Aktion in Frankreich, für Frankreich, durchzuführen. Wo steht geschrieben, daß das das Arbeitsgebiet des Genossen Hertz ist? Seine Tätigkeit lag doch wohl im wesentlichen in unserer Vertretung bei dem Kommissar für das Flüchtlingswesen.

Nach dieser sachlichen Darstellung bleibt von allen Ihren Vorwürfen rein gar nicht[s]. Von uns ist bisher weder ein politischer noch ein organisatorischer Beschluß gefaßt worden, bei dem Sie ausgeschaltet worden sind. Wie kommen Sie dann dazu, von einer politischen Maßregelung zu sprechen? Die Entscheidung, daß Sie als geschäftsführendes Mit-

---

11 Diese Reise ließ sich nicht näher datieren.
12 Süß, Bruno, 1876–1940 (?), Funktionär des Afa-Bundes, Emigration 1933 Saargebiet, 1935 Niederlande, Frankreich, ab 1936 im Auftrag der ADG im gewerkschaftlichen Nachrichtendienst tätig, 1938 Sekretär ADG-Länderkomitee, Leiter des ADG-Landesverbandes Frankreich.

glied des Vorstandes ausscheiden, ist auf Ihre Anregung hin erfolgt und daraus haben Sie eine politische Maßregelung gemacht. Sie haben damit alle Zweifel, die einzelne von uns nach den Prager Verhandlungen über Ihre Tätigkeit und in Ihre Loyalität hatten, auf neue bestätigt. Wir müssen uns gegen Ihr Verhalten zur Wehr setzen und Ihnen unsere schärfste Mißbilligung zum Ausdruck bringen.

Hertz: Ich will nicht auf die Dinge eingehen, die in den Briefen bereits abgehandelt worden sind, sondern werde mich zu ein paar Bemerkungen äußern, die neu sind. Ich möchte meine Erwiderung mit der Feststellung einleiten, daß nach meiner Überzeugung die demokratische Erneuerung der Partei nicht mit internen Verhandlungen in diesem Kreise gefördert wird. Ich glaube, daß die Erweckung der Partei nur erfolgen kann, wenn es gelingt, die breiten Schichten der Parteigenossen – soweit man heute davon reden kann – daran zu beteiligen. Die Beteiligung der Parteigenossen ist erforderlich, um etwas zustandezubringen.

Ich möchte auch vorausschicken, daß ich keinen Kampf um persönliches Recht führe oder um persönlichen Einfluß. Mein Verhalten steht unter dem Gesichtspunkt, daß die Partei einem Zersetzungsprozeß ausgesetzt ist und daß es nötig ist, den Versuch zu machen, eine Erneuerung herbeizuführen. Eine Erneuerung, die nach drinnen und nach draußen wirken kann.

Die entscheidende Tatsache ist bereits im Briefwechsel zum Ausdruck gekommen. In Ihrem Brief[13] wird gesagt, daß Sie mich als Vertreter einer Gruppe und nicht als vollberechtigtes Mitglied des Parteivorstandes betrachten. Ich kann mich mit einem solchen Zustand nicht abfinden und werde es nicht tun. Da wir selber nicht imstande sind, diese Entscheidungen zu treffen, so müssen andere Kräfte sie treffen.

Vogel macht mir mein Verhalten hier in Paris zum Vorwurf. Ich weiß, daß ich als Mitglied dieser Körperschaft Pflichten habe, ich habe aber auch Rechte. Die Körperschaft hat die Pflicht, die Mitglieder dieser Körperschaft zur Mitarbeit heranzuziehen.

Daß ich mich hier im Büro nicht sehen ließ, lag nicht daran, daß ich mit persönlichen Dingen beschäftigt war. Ich habe meine persönlichen Dinge in all diesen Monaten zurückgestellt. Ich habe diese Zurückhaltung geübt, weil ich aus dem Verhalten der übrigen Genossen schließen mußte, daß meine gleichberechtigte Mitarbeit nicht erwünscht ist und ich abwarten wollte, wie sich das in der Praxis auswirkt.

Am 29. Juni ist von Besprechungen und Verhandlungen über die Konzentration nicht die Rede gewesen. Ich habe nichts dagegen, daß persönliche Besprechungen stattfinden, aber es ist natürlich die Frage, was persönliche Besprechungen sind. In dieser Sitzung vom 29. 6. ist auch im Gegensatz zu der Behauptung von Hans Vogel, mit Ausnahme des Punktes Evian, über Politik nicht gesprochen worden. Es bestand die Pflicht, über politische Dinge zu sprechen, wenn man nicht zwei Klassen von Vorstandsmitgliedern schaffen will.

Die Frage der Emigrantenhilfe betrachte ich insoweit als mein Arbeitsgebiet, soweit es sich um die Wahrnehmung der Interessen des PV im allgemeinen handelt. Ich stelle fest, daß ich in der Sitzung vom 29. 6. noch nicht über die Kenntnis verfügte, daß Unterhandlungen über diese Frage erfolgt sind.

In der gleichen Sitzung verfügte ich auch noch nicht über die Kenntnis, daß Verhandlungen in der Konzentrationsfrage stattgefunden haben. Weil ich nicht über diese Kenntnis verfügte, habe ich auch den Vorwurf der politischen Maßregelung zurückgewiesen. Erst nach der Sitzung habe ich Mitteilungen erhalten, daß der PV Verhandlungen mit Außenstehenden geführt hat. Ich erkläre, daß ich nicht meine Zustimmung dazu geben werde, wenn ohne vorherige Aussprache im PV Verhandlungen stattfinden, mit dem Ziel, Veränderungen in der Zusammensetzung des Parteivorstandes und sonstige weitgehende organisatorische Änderungen vorzunehmen.

---

13 PV an Hertz, 30. Juli 1938, in: AdsD Bonn, PV-Emigration, Mappe 53.

Was die Reise von Vogel zu Wels betrifft, so habe ich für die menschlichen Motive einer solchen Reise Verständnis. Die Kritik richtet sich aber nicht gegen die Reise an sich, sondern gegen die Geheimhaltung dieser Reise vor mir. Ein Vergleich zu meiner Londoner Reise ist nicht statthaft. In der Zeit, in der ich die Londoner Reise vornahm, hat es mir gegenüber keinen PV gegeben.

(Zwischenruf[14] von Crummenerl und anderen.)

Daß ich keinen Bericht über Evian gegeben habe, hängt mit den geschilderten Umständen zusammen. Wenn ich nach meiner Rückkehr von Evian hören muß, daß keine Parteivorstandssitzung stattfinden kann, weil Vogel verreist ist, so ist es ein unbilliges Verlangen, alle diese in der Zwischenzeit erfolgten Verhandlungen aus meinem Bewußtsein auszuschalten.

Im Brief des PV betrachte ich als die entscheidende Stelle das Bekenntnis, daß bei all dem, über was ich mich beklagt habe, eine wohlerwogene Absicht bestanden habe.

Der erste Vorwurf von Vogel war der, daß ich die Auseinandersetzung im Kreise der Partei vorgenommen habe. Das geht auf meine tiefe Überzeugung zurück, daß eine wirkliche Änderung nur zu erzielen ist, wenn wir uns bewußt werden, daß die Partei nicht nur aus einer Leitung besteht. Ich habe den Brief aus der Überzeugung geschrieben, daß die Partei die Summe der Energien ist, die in den Menschen steckt, die sich drinnen und draußen als unlösbar mit der Partei verbunden betrachten. Eine wirkliche Konzentration, die diesen Namen verdient, ist durch eine Diskussion in diesem engen Gremium nicht mehr zu erreichen. Dazu brauchen wir die lebendige Mitwirkung aller treuen Mitglieder der Partei. Davon bringt mich auch keine Mißbilligung ab, zumal nachdem das Echo meines Briefwechsels für mich tief befriedigend ist.

Stampfer: Als ich heute morgen zu der Sitzung ging, haben mich zwei Gedanken bewegt: Die sich verschärfenden Kämpfe im Fernen Osten und der Bericht über die brutalen Mißhandlungen in den Konzentrationslagern, der heute erschienen ist.[15] Ich habe mir gesagt, in dem Augenblick, in dem solche Dinge passieren, sollst Du in diese Sitzung gehen, um Dich mit diesem Emigrantenklatsch zu beschäftigen. Aber Ihr wißt, ich war immer Optimist, und ich hoffte im Grunde doch, daß sich eine Möglichkeit finden werde, um [um] unliebsame Auseinandersetzungen herumzukommen.

Paul Hertz hat mir mit seiner Rede in der kaltschnäuzigsten Weise eine Enttäuschung bereitet. Das, was er sagte, war nichts weiter als eine offene Kriegserklärung. Paul Hertz sagte, wir brauchen bei dem Streit, den wir haben, die Mitwirkung weiterer Kreise. Soll das heißen, daß der Krieg jetzt in Emigrantenversammlungen geführt wird? Ich muß das annehmen, und ich muß auch – wenn ich ihn recht verstanden habe – annehmen, daß der Krieg auch drinnen in Deutschland geführt werden soll.

Hertz: Ich habe kein Wort davon gesagt, daß die Debatte über diese Dinge in Deutschland weitergeführt werden soll.

Stampfer: Wie wollen Sie denn vermeiden, daß die Dinge nicht nach Deutschland kommen? Bitte erklären Sie das. Sie haben eine Kriegserklärung abgegeben, Sie wollen diesen Krieg gegen uns führen. Sie erklären, daß Sie sich davon überzeugt hätten, daß eine demokratische Erneuerung in diesem Kreise nicht mehr möglich sei. Sie wollen kämpfen mit der Behauptung, daß Sie gemaßregelt worden sind. Diese Behauptung ist eine Lüge, das erkläre ich Ihnen nach vierzigjähriger Parteitätigkeit und bei meinem Rufe in der Partei als anstän-

---

14 Vorlage: »Zwischenruf« ms. unterstrichen.
15 Über beide Themen erschienen in »Le Populaire«, dem Zentralorgan der französischen Sozialisten, in der Ausgabe vom 10. August 1938 Berichte: auf der Titelseite zu den fortgesetzten Kämpfen um Tchang-Kou-Feng in China, auf S. 3 ein Augenzeugenbericht über Mißhandlungen im KZ Buchenwald.

diger Mensch. Ich kann mir nicht vorstellen, daß dies eine unbewußte Wahrheitswidrigkeit ist. Erinnern Sie sich doch der aufregenden Verhandlungen vom 28. Februar. Damals ging es um Ersparungen. Ich habe mir damals gesagt, daß nach all dem, was vorgegangen war, Ersparnismaßnahmen, die Sie treffen würden, als eine Maßregelung ausgelegt würden. Deshalb habe ich meine ganze Energie aufgewandt, um das zu verhindern. Das ist mir gelungen. Aber am nächsten Tage haben Sie das, was ich mit schwerer Mühe errungen hatte, durch Ihre Verzichtserklärung zunichte gemacht. Trotzdem schreiben Sie in Ihrem Brandbrief:

»Trotz der Entziehung meines Gehalts und meines Arbeitsplatzes[...]«

Es ist eine Lüge, daß Ihnen Ihr Gehalt entzogen worden ist. Niemand hat Ihnen Ihr Gehalt entzogen, Sie haben freiwillig verzichtet, aber Sie haben jetzt die Stirn, zu sagen: »Trotz Entziehung meines Gehaltes [...]« Ich kann mir das nur als bewußte Wahrheitswidrigkeit erklären. Sie sagen weiter in Ihrem Brief: »Trotz Entziehung meines Arbeitsplatzes [...]« Sie wollen damit den Anschein erwecken, als hätten Sie nicht gewußt, daß mit der Verzichtserklärung auch zugleich der Verzicht auf den Arbeitsplatz ausgesprochen worden ist. Auch ich habe hier in diesem Büro keinen Arbeitsplatz mehr, auch ich empfinde es sehr bitter, daß ich keinen Raum und keinen Schreibtisch mehr hier habe, in dem ich meine Arbeiten erledigen, meine Besprechungen führen kann. Daß es so kommen würde, habe ich selbstverständlich gewußt, aber ich habe es auch für notwendig gehalten, weil die Einsparungen erforderlich waren und Opfer gebracht werden mußten. Ich war mir darüber vollkommen klar, und Sie waren sich auch vollkommen darüber klar, sonst wären Sie ja hierher gekommen, um sich um einen Arbeitsplatz zu kümmern.

Sie wollen den Krieg führen mit diesen beiden Unwahrheiten. Es ist keine Rede davon, daß Sie gemaßregelt worden seien. Sie sagen, Sie seien gemaßregelt, weil Sie von einigen Dingen nichts erfahren haben, die vorgegangen sind. Mit dem gleichen Recht kann jeder von uns – vielleicht mit Ausnahme von Vogel – sagen, er sei gemaßregelt worden. Denn jeder von uns hat in diesen oder jenen wichtigen Dingen vor der Entscheidung nichts erfahren. Es ist ganz selbstverständlich, daß nicht jeder alles wissen kann und an allem beteiligt sein kann. Aber ich muß auch sagen, daß hier ein Unterschied zwischen uns besteht, weil Sie hier jahrelang als Vertreter einer Gruppe im Parteivorstand gewirkt haben, ohne daß wir etwas davon erfahren haben. Sie haben uns diese Dinge absichtlich verschwiegen. Ich bin einmal zu Ihnen gekommen – noch als Freund – und habe Sie auf die Gefahr des Schwindens des Vertrauens hingewiesen. Ich habe Ihnen gesagt, daß bei einigen anderen Genossen der Verdacht entstanden sei, daß Sie mit der Gruppe »Neu Beginnen« hinter dem Rücken des Parteivorstandes zusammenarbeiten. Sie haben mir damals alles abgestritten und die feste Versicherung gegeben, daß kein Wort an diesen Redereien wahr sei. Sie haben mir Ihre volle Loyalität beteuert, und ich habe Ihnen geglaubt, und ich habe später aus Ihrem Munde erfahren, daß ich unrecht hatte, Ihnen zu glauben. Sie haben mir unter vier Augen ein Geheimnis aus diesen Beziehungen gemacht, Sie haben verschwiegen, daß unsere Sekretäre Michel[16] und Bögler Mitglieder dieser Gruppe sind. Sie sagen, Sie hätten aus den Beziehungen zu »Neu Beginnen« niemals ein Geheimnis gemacht. Ich sage, jawohl, Sie haben ein Geheimnis daraus gemacht. Und nach dieser jahrelangen Täuschung fordern Sie von uns ein hundertprozentiges Vertrauen und weil Sie nicht darauf stoßen, schicken Sie uns eine Kriegserklärung.

Warum haben Sie diesen Vorstoß gemacht? Einfach darum, weil es Ihnen nicht gepaßt hat, daß unverbindliche Besprechungen mit dem Landesvorstand gepflogen worden sind. Sie tun das vollkommen einseitig, Sie handeln nur als Vertreter dieser Gruppe. Sie befürchten taktische Nachteile für Ihre Gruppe, und daraus ziehen Sie sofort die weitreichende

---

16 D. i. von Knoeringen.

Konsequenz, einen öffentlichen Parteiskandal zu entfesseln, nur weil Sie taktische Nachteile für Ihre Gruppe befürchten. Ihre leidenschaftlich verblendete Teilnahme für die Gruppe zeigt, daß die Gruppe »Neu Beginnen« gar nicht die Absicht hatte, sich mit uns ehrlich zusammenzuschließen, sondern daß die konspirativen Absichten aus der Denkschrift vom September 1936[17] fortbestehen und daß man jetzt den Zeitpunkt für den offenen Krieg gekommen glaubt. Die Eröffnung für die Schande dieses Kampfes fällt ausschließlich auf Sie, Genosse Hertz. Und wir haben ganz sicher recht, wenn wir das durch unsere ausdrückliche Mißbilligung zum Ausdruck bringen.

Crummenerl: Ich hatte immer noch die Hoffnung, daß sich zwischen uns und Paul Hertz noch eine Brücke finden könnte. Nach den sehr eindeutigen Erklärungen von Paul Hertz habe ich die Hoffnung nicht mehr. Ich möchte deshalb einige Tatsachen in die Erinnerung rufen, die mir wichtig zu sein scheinen und die auch in der möglicherweise folgenden Auseinandersetzung noch eine Rolle spielen könnten:

In der Zeit vom 9. bis 11. Mai d[es] J[a]hr[e]s sind die Mitglieder des Parteivorstandes, mit einigen Ausnahmen, in Paris eingetroffen. Die bekannten, außerordentlich großen polizeilichen, technischen und sonstigen Schwierigkeiten haben dazu geführt, daß das Büro des PV erst am 20. Juni, also erst 6 Wochen später, eröffnet werden konnte. In dieser Interimszeit hatten wir aber ein anderes Büro zur Verfügung: Das Büro des »Neuen Vorwärts« in der Rue Meyran.[18]. Wir haben uns in diesem Büro täglich getroffen. Du, Paul Hertz, bist nicht ein einziges Mal dort gewesen. Weder ich, noch die anderen sind eingeladen worden und trotzdem sind alle, mit Deiner Ausnahme, täglich dahingekommen.

Du hast uns in der ganzen Zeit Deines Pariser Aufenthalts trotz Deiner guten Verbindungen und Kenntnisse keinerlei Vorschläge gemacht, wie die Schwierigkeiten, die wir hatten, schneller überwunden werden könnten. Wenn Du jetzt uns Vorwürfe machst, daß die erste Sitzung erst zwei Monate nach Eintreffen in Paris stattgefunden hat, so ist das zumindest ein unberechtigter Vorwurf.

Nach Deiner Rückkehr von Evian hast Du uns nicht informiert. Du hättest uns zumindest anrufen können. Du hättest zu uns kommen müssen, um Dich – wenn Du den Eindruck hattest – über Deine Zurücksetzung zu beschweren. Alles das hättest Du tun können, Du hättest Deinen Anspruch anmelden müssen. Statt dessen schreibst Du einen Brief und verschickst ihn an so und so viele Leute. Das ist zumindest ungehörig.

Du machst einen Vorwurf daraus, daß Du nicht zu den inoffiziellen Verhandlungen hinzugezogen worden bist. Auch ich habe an keiner einzigen dieser Verhandlungen teilgenommen. Ich habe weder mit Braun, noch mit Wagner, noch mit Richter, noch mit sonst jemand gesprochen. Ich habe diese Verhandlungen nie als offizielle Besprechungen aufgefaßt. Du beschwerst Dich über diese inoffiziellen Besprechungen. Du aber warst es, der seit zwei Jahren Berater der Gruppe »Neu Beginnen« war. Du hast die Abrechnungen der Gruppe geprüft. Du hast nach Deinen eigenen Mitteilungen mindestens dreißig bis vierzig Leute dieser Gruppe aus Deutschland getroffen. Du führst Adler in diese Besprechungen. Das alles hast Du jahrelang gemacht, ohne uns auch nur ein Wort von diesen Dingen zu erzählen, obwohl Du Mitglied des Parteivorstandes warst und obwohl Du Tag für Tag mit Ollenhauer in ein und demselben Zimmer gesessen hast. Du hast uns alle diese Dinge verschwiegen, obwohl das wirklich keine inoffiziellen Besprechungen waren.

Die Konzentrationsverhandlungen sind mit der Absicht geführt worden, daß der Parteivorstand seine Arbeit im Sinne des gefaßten Konzentrationsbeschlusses durchführen soll.

---

17 *Matthias/Link*, S. 331, Anm. 13, vermuten, daß damit die Denkschrift »Zu den neuen Aufgaben der internationalen Arbeiterbewegung«, verfaßt von der Auslandsleitung von Neu-Beginnen, gemeint war. Kliem, der sie in seiner Arbeit über Neu Beginnen abdruckt, datiert sie auf August 1936. Vgl. *Kliem*, S. 194–198.

18 Schreibweise unklar.

Die Verhandlungen mit der Landesorganisation als erste aufzunehmen, schien auch mir das Zweckmäßigste zu sein, weil die Landesorganisation ebenfalls volles Verständnis für die schwierige Situation zeigte, die sich durch die Doppelarbeit auf verschiedenen Gebieten – zwei Zeitungen am Ort[19], doppelte Organisation – ergeben hat.

Ich habe den Eindruck, daß Du Dich gegen die Verhandlungen mit der Landesorganisation wehrst, weil wir diese Verhandlungen nicht gleichzeitig mit »Neu Beginnen« und den Österreichern führen. Ich bin der Meinung, daß die Notwendigkeit besteht, zunächst die vordringlichen Dinge zu bereinigen. Würden wir diese vordringlichen Dinge nicht zuerst in Angriff nehmen, dann träfe uns ein großer Vorwurf. Hätte »Neu Beginnen« ähnliche Besprechungen mit Hans Vogel haben wollen, dann wäre niemand von uns da gewesen, der sich deshalb gegen Hans Vogel gewendet hätte. Du meinst, daß das Ausmaß der inoffiziellen Besprechungen zu weit gezogen sei, wenn dabei auch von Änderungen im Körper des Parteivorstandes geredet werde. Das Ausmaß dieser inoffiziellen Besprechungen hängt aber doch nicht allein von uns, sondern auch vom Partner ab, und das müßtest Du bedenken.

Dein Brief hat für uns alle, für die Partei, für uns, aber auch für Dich, ungeheuren Schaden angerichtet.

Was soll denn Deine Schlußbemerkung von der Parteidemokratie bedeuten? Das, was Miles getan hat, hat doch mit einer Herstellung einer Parteidemokratie auch nicht das geringste zu tun. Bei der Gruppe »Neu Beginnen« handelt es sich vielmehr um die Einleitung eines Machtkampfes, bei dem man schöne Worte vorschiebt. Diese Art von Demokratie mit konspirativen Zügen hat mit Demokratie nichts zu tun.

Der Brief, den Du geschrieben hast, hat die Partei geschädigt. Er hat darüber hinaus die gesamte Emigration geschädigt. Er hat die Parteigenossen viel weiter auseinandergebracht, als sie jemals in den letzten fünf Jahren gewesen sind.

Hertz: Das sachliche Problem ist, wie man zur Konzentration kommt. Ich habe Bedenken gegen die etappenweise Konzentration. Aber diese Bedenken haben wir alle gehabt. Wir haben in Prag Auseinandersetzungen über die Konzentration gehabt, und Erich Ollenhauer – der sich dieser Dinge noch am besten erinnern wird – wird genau wissen, daß wir in unserem damaligen Rundschreiben[20] mit Absicht nichts über die Form gesagt haben, in der die Konzentration erfolgen soll.

Ich kann mir vorstellen, daß sich eine Mehrheit für die etappenweise Lösung der Frage gefunden hätte. Ich hätte mich dieser Mehrheit, wenn sie ordnungsgemäß zustande gekommen ware, gefügt. Aber meine Kritik richtet sich dagegen, daß überhaupt keine Aussprache über diese Verhandlungen geführt ist. Ich möchte auch die Frage aufwerfen, ob man unverbindliche Besprechungen so weit treiben kann, daß von seiten des PV-Unterhändlers aus Veränderungen im PV-Körper angeboten werden. Ich möchte ferner die Frage aufwerfen, was man gesagt hätte, wenn ich derartige Dinge gemacht hätte.

Vogel macht eine Zwischenbemerkung, daß die Vorbesprechungen dem Parteivorstand zur Entscheidung vorgelegt werden.

Hertz: In der gestrigen Sitzung des Landesvorstandes[21] ist mitgeteilt worden, daß ein neuer Parteivorstand durch Zuwahl von Juchacz, Breitscheid, Hilferding und anderen gebildet werden würde. Über diese Vorgänge habe ich in der Sitzung des PV bisher noch nichts gehört.

Stampfer hat die Tonart, die er in seinem Brief angenommen hat, hier weitergeführt. Danach bin ich ein Verschwörer und ähnliches mehr. Ich glaube sagen zu können, daß es in der

---

19 »Deutsche Freiheit« und »Neuer Vorwärts«.
20 Rundschreiben der Sopade an die Vertrauensleute, 10. März 1939, in: AdsD Bonn, PV-Emigration, Mappe 115.
21 Gemeint ist der Vorstand der »Landesgruppe deutscher Sozialdemokraten in Frankreich«.

SAI niemanden gibt, der diese Meinung hat. Ich kann darauf nur antworten, daß ich jederzeit bereit bin, vor jedem objektiven Gremium den Beweis zu liefern, daß ich diese Zurücksetzung durch den PV seit 1934 erfahren habe, seit dem Konflikt mit Aufhäuser und Böchel und daß ein schärferes Stadium seit dem Mai 1935 herbeigeführt wurde.

Was meine Tätigkeit für »Neu Beginnen« betrifft, so möchte ich wiederholen, daß weder ich, noch Michel, noch Hertel[22] der Gruppe »Neu Beginnen« angehören.

Vogel: Wie konnten Sie denn dann leitende Funktionen für diese Gruppe ausüben?

Hertz (fortfahrend): Wie es mit unserer Verbindung zu dieser Gruppe gekommen ist, haben Michel und Helmut[23] in Prag eindeutig auseinandergesetzt. Beide Genossen haben Euch geschildert, wie die deutschen Genossen von den beiden Sekretären verlangt haben, daß sie sich mit der »Neu Beginnen«-Gruppe – die das Vertrauen dieser deutschen Genossen hat – in Verbindung setzen müssen. Von irgendwelchen Bindungen der beiden oder von mir an irgendeine Sonderorganisation kann keine Rede sein.

Vogel: Haben Sie uns nicht selbst gesagt, daß Sie die Kontrolle der Kassenführung der Gruppe gehabt haben, daß Michel der Reichsorganisationsleiter der Gruppe war?

Hertz: Alle diese Dinge haben bei unseren Auseinandersetzungen eine Rolle gespielt. Aber eine Tatsache werdet Ihr nicht aus der Welt schaffen: Am Ende der Diskussionen stand unsere gemeinsame Überzeugung, alles, was war, auf sich beruhen zu lassen. Warum ist das nicht eingehalten worden? Ich habe seit dieser Zeit nicht eine einzige Handlung begangen, die das Recht geben würde, daran zu zweifeln, daß ich loyal gehandelt habe.

Ich habe abgelehnt, auf der Landeskonferenz in Paris meine Auffassung zum Ausdruck zu bringen, obwohl mich meine Freunde darum gebeten haben. Ich habe abgelehnt, weil ich immer noch die Hoffnung hatte, daß das Gelöbnis, wir würden die Konzentration der sozialdemokratischen Kräfte erreichen, den größten Widerhall findet. Es hat hier Bestrebungen von Genossen gegeben, die in der Frage der Konzentration auf der anderen Seite stehen, um eine andere Zusammenfassung herbeizuführen. Ich habe es abgelehnt, an solchen Besprechungen teilzunehmen. Solange Hoffnung besteht, daß der Parteivorstand sein Gelöbnis loyal durchführen will, werde ich solche Besprechungen nicht führen. Man hat mir von verschiedenen Seiten den Vorwurf gemacht, daß ich mich von März bis Mai dieses Jahres inaktiv verhalten habe. Ich habe diesen Vorwurf getragen, um der Konzentration willen. Aus Eurem Brief geht das Bekenntnis hervor, daß Ihr mich nicht als vollwertiges Mitglied des PV betrachtet.

(Auf Wunsch Stampfers verliest Hertz den entsprechenden Abschnitt des PV-Briefes.)

Ich wende mich gegen den darin zum Ausdruck kommenden Standpunkt und bitte den PV, dazu Stellung zu nehmen, ob ich hier als Mitglied der Gruppe »Neu Beginnen« und nicht als Mitglied des PV angesehen werde. Ich verlange darüber beschlußmäßige Feststellung. Die erste Frage für mich ist, bin ich Mitglied des PV oder nicht.

Vogel: Sie sind Mitglied des PV, sonst wären Sie ja nicht hier und sonst hätten wir Sie auch nicht als Mitglied des PV nach Evian delegiert.

Hertz: Dann bitte ich um beschlußmäßige Feststellung, daß ich Mitglied des PV und nicht Vertreter der Gruppe bin. Stampfer und Crummenerl glauben, daß mein Vorstoß erfolgt sei, weil sonst zu befürchten wäre, daß die Neu-Beginnen-Gruppe ausgeschaltet würde. Die Tatsachen sind folgende: Es ist in Prag beschlossen worden, daß Verhandlungen mit »Neu-Beginnen« stattfinden sollten. Die Besprechungen sind wegen der beabsichtigten Übersiedlung vertagt worden. Bisher hat der PV diese vertagten Besprechungen noch nicht aufgenommen. Hinzu kommt, daß der PV für sich das Recht in Anspruch nimmt, bei den Konzentrationsverhandlungen die Inititative zu haben. Wenn er dieses Recht für sich beansprucht, dann ergibt sich daraus für ihn auch eine Verpflichtung.

---

22 D. i. Bögler.
23 D. i. Bögler.

Stampfer: Hertz schließt aus dem Passus unseres Briefes vom 30. 7., den er vorgelesen hat, daß er von uns nicht mehr als Mitglied des PV betrachtet werde. Vogel hat das bereits richtiggestellt. Ich mache folgenden Vorschlag: Wir beschließen eine Erklärung, in der es heißt: Der Brief des PV vom 30 7. beinhaltet nicht, daß Paul Hertz nicht mehr Mitglied des Parteivorstandes sei. Auf der anderen Seite erklärt Paul Hertz, daß er nicht gemaßregelt worden sei.

Vogel: Ich möchte die Frage aufwerfen, ob beabsichtigt ist, einen derartigen Beschluß zu publizieren. Ich frage deshalb, weil ich aus den Reden von Paul Hertz die Befürchtung ableite, daß er die Briefschreiberei fortsetzen wird.

Die zweite Frage, die Paul Hertz angeschnitten hat, ist die, daß die Erneuerung der Partei nur mit Hilfe der breiten Massen erfolgen könne. Das differiert mit der Haltung, die bisher eingenommen wurde und bei der unser Schwergewicht auf die Arbeit nach Deutschland gerichtet war. Es ist doch klar, daß die Genossen in Deutschland nicht oder kaum die Möglichkeit haben, zur Frage der Erneuerung der Partei zur Zeit Stellung zu nehmen. Daran denken doch auch wohl Sie nicht.

Sie haben durch Ihre Formulierung von der Gleichberechtigung der Vorstandsmitglieder eine weitere Frage aufgeworfen. Kann die Gleichberechtigung nur dadurch erfolgen, daß alle Mitglieder des PV im Büro sitzen? Zur Bejahung dieser Frage muß man nach Ihrer Haltung kommen.

Daß zwischen den Genossen, die die Geschäftsführung zu erledigen haben und denen, die im wesentlichen nur an den Sitzungen des PV teilnehmen, gewisse arbeitsmäßige Unterschiede bestehen, kann doch nicht bestritten werden. Wenn Sie aber glauben, daß für alle PV-Mitglieder gleiche Rechte und gleiche Pflichten bestehen, dann ist die logische Schlußfolgerung, daß alle PV-Mitglieder im Büro tätig sein müssen.

Sie setzen in Ihrem Brief auseinander, daß Sie keinen Anspruch auf Gehalt und Pension erheben. Paul Hertz, alles hätte ich von Ihnen erwartet, aber daß Sie sich in einem Briefe an die breite Masse in dieser Weise äußern, ist unerhört, zumal Sie damit gewissen Subjekten Vorschub leisten, die zu Ihren engen Freunden zählen und die in der Welt herumerzählen, daß der PV mit einem Riesenbetrag in eine Versicherung eingekauft worden sei.

Sie behaupten, daß wir in der Konzentrationsfrage eine falsche Haltung eingenommen haben. Bedenken Sie, zwischen uns und der Landesgruppe sind ganz andere Fragen zu lösen, als zwischen uns und »Neu Beginnen« und zwischen uns und den Österreichern. Bei der Landesgruppe handelt es sich um rein organisatorische Fragen. Ich wiederhole: Es ist von uns nach keiner Richtung hin irgendeine Entscheidung gefaßt worden. Es war beabsichtigt, hier offen über die Dinge zu berichten und die Verhandlungen dadurch weiterzuführen, daß wir hier eine Verhandlungskommission bestimmen wollten. Dabei bleibt natürlich immer noch die Frage offen, ob diese Konzentrationsverhandlungen überhaupt zu einem erfolgreichen Abschluß zu bringen sind.

Hertz: Wie steht es mit der Frage der Beteiligung von Marie Juchacz und Georg Dietrich an den Vorstandsberatungen? Ich besitze selbstverständlich kein Mandat von den beiden, ihre Interessen hier zu vertreten, aber ich stelle mir vor, daß die Lösung nur so erfolgen kann, daß man sie hierher ruft und mit ihnen darüber redet.

Stampfer: Paul Hertz, ich habe vorhin einen Vorschlag unterbreitet. Wie stellen Sie sich dazu?

Hertz: Ich kann mich zu dem Vorschlag erst äußern, wenn ich weiß, wie die Dinge weiterlaufen. Wir haben noch vier Tagesordnungspunkte zu erledigen.

Stampfer: Wollen Sie wirklich allen Ernstes die Behauptung aufrechterhalten, daß Ihnen Ihr Gehalt entzogen worden ist? Wollen Sie wirklich die Behauptung aufrechterhalten, daß Sie gemaßregelt worden sind? Beweisen Sie das, daß Ihnen Ihr Gehalt entzogen worden ist, beweisen Sie, daß Sie politisch gemaßregelt worden sind. Halten Sie es wirklich für eine politische Maßregelung, daß Sie, genauso wie andere Vorstandsmitglieder, zu gewissen unverbindlichen Besprechungen nicht hinzugezogen worden sind? Deswegen von Maßregelung zu sprechen, ist heller Wahnsinn! Erklären Sie sich doch über die Maßregelung!

Hertz: In diesem Augenblick kann ich die von Ihnen gewünschte Erklärung nicht abgeben. Ich bin durch den bisherigen Verlauf der Verhandlungen noch nicht überzeugt, daß die von mir erhobenen Vorwürfe nicht stimmen. Der Zeitpunkt ist noch nicht reif zur Entscheidung.

Crummenerl schlägt vor, daß auch noch der zweite Punkt der Tagesordnung zunächst beraten werden soll und daß man danach zum beschlußmäßigen Abschluß kommt.

Es wird darüber Einverständnis erzielt, gleichzeitig wird die Sitzung für eine Stunde Mittagspause vertagt.

Nach der Wiedereröffnung ergreift das Wort

Vogel: Er berichtet über die Besprechungen, die in der Frage der Konzentrationsverhandlungen stattgefunden haben. Der Genosse Richter von den Österreichern hat uns mitgeteilt, daß unter ihnen eine Besprechung stattgefunden habe, in der die Auffassung vertreten wurde, daß man zunächst ein großes Kartell bilden soll, das man enger oder weiter ziehen könnte. Die Funktionen dieses Kartells sollten nach Auffassung der Österreicher folgende sein:

Gemeinsame Verbindungen zu den Grenzsekretären, die gemeinsame Aufgaben erfüllen sollen. Die gemeinsame Fürsorge für die Emigranten und eventuell gemeinsame Berichterstattung. Rinner war ja bereits im März in Brünn[24], um mit Bauer darüber zu sprechen. Die Österreicher haben damals zunächst die Entscheidung zurückgestellt und uns dann dahingehend informiert, daß sie die Absicht hätten, die Berichterstattung selbst zu beginnen. Ich habe deshalb, als ich die Besprechung mit Richter hatte, auch den Genossen Rinner hinzugezogen. Rinner hat mitgeteilt, daß er gewisse Schwierigkeiten in der Frage der Berichterstattung sieht. Bisher hat er es vermieden, über Österreich zu berichten, es wird sich aber auf die Dauer ein derartiger Zustand nicht aufrechterhalten lassen. Rinner schlug vor, den Deutschland-Berichten einen besonderen Anhang beizufügen, der sich auf die Berichterstattung über Österreich beschränkt und dessen Redaktion in den Händen der österreichischen Genossen liegen soll. Rinner ist auch bereit, stets, d. h. in jedem Heft, bei diesem Abschnitt darauf hinzuweisen, daß es sich um die Berichterstattung von AVÖS handelt. Die Österreicher scheinen Schwierigkeiten bei ihrer Berichterstattungsarbeit bekommen zu haben, und ich habe den Eindruck, daß Genosse Richter dem Rinnerschen Gedanken zuneigt.

Richter sieht als eine Aufgabe des Kartells, daß gewisse politische Willenserklärungen bei entsprechender Gelegenheit abgegeben werden sollen, wobei er von vornherein darauf hingewiesen hat, daß keine Majorisierung erfolgen soll. Richter ist noch ein zweites Mal bei mir gewesen und hat sich nach unserer Stellungnahme erkundigt. Wir haben ihn auf unsere heutige Sitzung verwiesen. Die österreichischen Genossen werden voraussichtlich zwei Vertreter mit den Verhandlungen betrauen. Wieviel wir delegieren wollen, ist nach ihrer Auffassung unsere Sache. In den Besprechungen mit dem Genossen Richter hat die Frage »Neu Beginnen« ebenfalls eine Rolle gespielt. Genosse Richter hat darauf verwiesen, daß sie, obwohl sie eine einheitliche Partei bilden, trotzdem innerhalb der Partei Gruppierungen haben. Es gibt einen Teil von Genossen, die für direkte Zusammenarbeit mit uns sind, andere wieder, die mit der Gruppe »Neu Beginnen« Verbindung haben, wünschen, daß bei Verhandlungen mit uns auch die deutschen Genossen, die ihre Auffassungen vertreten, dem Kartell angehören. Auch in den Gesprächen mit dem Genossen Richter sind keinerlei

---

24 Bis zur Gründung der gemeinsamen Auslandsvertretung in Paris im April 1938 leitete Otto Bauer in Brünn das Auslandsbüro der österreichischen Sozialdemokraten. Vgl. *Matthias/Link*, S. 337.

Entscheidungen getroffen worden. Es kommt darauf an, was uns die österreichischen Genossen nunmehr als Ergebnis ihrer sonntäglichen Konferenz mitteilen werden.[25]

Mit Braun und Wagner haben insgesamt drei Besprechungen stattgefunden, die auf Anregung dieser beiden Genossen hin durchgeführt wurden. Die Genossen haben darauf aufmerksam gemacht, daß es sich ihrerseits nur um ganz inoffizielle Verhandlungen handeln könnte. Die gleiche Auffassung bestand bei uns. Auch ich habe erklärt, daß ich nicht ermächtigt sei, bindende Abmachungen zu treffen. Ich habe diese Verhandlungen nicht allein geführt, sondern Erich Ollenhauer hinzugezogen, erstens weil ich solche Besprechungen nicht gern allein führe und weil ich außerdem keine Notwendigkeit sah, ihn als meinen Zimmergenossen zu bitten, während dieser Verhandlungen in einem anderen Zimmer zu arbeiten. Braun hat darauf hingewiesen, daß es ein unmöglicher Zustand sei, wenn in Paris zwei sozialdemokratische Zeitungen erscheinen, zumal sich beide in ihrer politischen Haltung decken. Es würde draußen nicht verstanden werden, wenn wir uns den Luxus dieser zwei Zeitungen weiter leisten würden.

Als zweiten Punkt hat er auf die von ihm herausgegebenen Deutschland-Nachrichten hingewiesen.[26] Er hat mitgeteilt, daß sich diese Nachrichten gut entwickelt haben und sich selbst tragen. Er glaubt, daß eine Verständigung zwischen ihm und uns zur Folge haben könnte, daß dieser Nachrichtenapparat noch bald besser ausgebaut werden könnte. Er stellt sich die Zusammenarbeit so vor, daß er unser Material, das wir für die Deutschland-Berichte erhalten, für die Korrespondenz auswertet. Er hat sich aber auch bereit erklärt, die Korrespondenz auf Wunsch an uns abzugeben. Der dritte Punkt war der Wunsch des Landesvorstandes, Vertreter im Parteivorstand zu besitzen, der vierte Punkt war die Fürsorgefrage, über die ich vorhin bereits berichtet habe.

Ich habe den Kollegen hier über diese Besprechungen mit Braun Mitteilung gemacht, und es ist von allen Seiten der Wunsch geäußert worden, konkretere Angaben über die Absichten von Braun und Wagner zu erhalten. Es hat deshalb eine zweite Besprechung stattgefunden, in der wir ihn gefragt haben, wie er sich die Dinge im einzelnen vorstellt. Er hat uns darauf erklärt, daß er vorschlagen werde, die »Deutsche Freiheit« eingehen zu lassen und daß dann im Kopf des »Neuen Vorwärts« zwei Herausgeber zeichnen. Wir haben ihm das ausgeredet. In der Frage der redaktionellen und verwaltungsmäßigen Arbeit werden nach seiner Auffassung keinerlei Verpflichtungen für den PV oder den »Neuen Vorwärts« entstehen. Die Frage der Zusammenlegung der Zeitungen könnte, wenn wir uns mit diesen Vorschlägen einverstanden erklären, in einer nach meiner Meinung befriedigenden Weise geregelt werden.

Was die Frage der Deutschland-Nachrichten betrifft, so waren wir hier der Meinung, daß man keinen Wert auf die Übernahme dieser Korrespondenz legen sollte. Rinner hat sich bereit erklärt, das Material, das für Braun aus den »Deutschland-Berichten« in Betracht kommt, Braun weiterzuleiten.

Was die Vertretung des Landesvorstand[s] im PV betrifft, so hat Braun vorgeschlagen, daß die fünf Parteivorstandsmitglieder, die nach 1933 gewählt waren, ihr Amt aber nicht ausüben, ersetzt werden sollten, so daß wieder wie 1933 der Parteivorstand aus 12 Köpfen bestehe. Braun hat sich die Lösung dieser Frage so vorgestellt, daß an die Stelle der fünf

---

25 Am 21. August 1938 schrieb die »Auslandsvertretung der österreichischen Sozialisten (AVÖS) an die Sopade und schlug die Bildung eines Kartells der sozialdemokratischen Gruppen vor. Die Sopade lehnte dies ab, weil dabei Gruppen wie »Neu Beginnen« der Sopade gleichgestellt werden würden. Vgl. AdsD Bonn, PV-Emigration, Mappe 17; *Seebacher-Brandt*, Biedermann, Diss., S. 256–258, S. 267 f.
26 Gemeint sind die »Deutschen Mitteilungen«. Vgl. *Paul*, S. 174.

nicht ausgeübten Mandate fünf Mitglieder des [Landes]vorstandes[27] eintreten, die dann aus den anderen Gruppen und anderen Ländern gebildet würden und ihren Anspruch auf Sitz und Stimmen im PV erheben würden, zum Teil zurückgezogen werden sollten. Wir haben uns vor allem gegen die Anzahl der neuen Mitglieder und gegen die Art der Ergänzung des PV gewandt. Wir betrachten uns als die alleinzuständigen und rechtmäßigen Vertreter der Gesamtpartei. Wir sind nicht die Vertretung der Emigration, sondern die der gesamten Partei. Wir haben daher zunächst die Frage aufgeworfen, ob die Ergänzung nicht in anderer Form erfolgen könne und sind zuletzt zu der Auffassung gekommen, daß der PV kooptiert. D. h. also, der Landesvorstand kann wohl Vorschläge machen, der PV aber entscheidet und bestimmt die neuen Mitglieder. Gleichzeitig haben wir darauf hingewiesen, daß der Anspruch von 5 Sitzen für die Landesorganisation zu groß sei. Wir haben darauf aufmerksam gemacht, daß man ja auch daran denken könne, bekannte, in der Internationale angesehene Genossen in den PV mit hineinzunehmen. Wir haben dabei an den Genossen Hilferding gedacht. Braun hat geantwortet, daß wir ja gar nicht wüßten, ob nicht unter den Vorschlägen, die der Landesvorstand für die Ergänzung des PV machen werde, nicht auch Hilferding dabei sei. Er habe z. B. die Absicht, Hilferding mit vorzuschlagen, und er habe keinen Zweifel, daß der Landesvorstand sich diesen Vorschlag zu eigen machen werde. In der letzten Besprechung ist auch der Name des Genossen Breitscheid genannt worden.

Ich möchte aber immer wieder betonen, daß es sich bei all diesen Dingen um meine persönliche Meinung, nicht um die des PV handelt. Ich sage das ausdrücklich, weil es ja bekannt ist, daß es darüber auch in diesem Kreise Meinungsverschiedenheiten gibt. Ich habe mit dem Hinweis auf die eventuelle Hinzunahme von Marie Juchacz, Georg Dietrich, Hilferding und Breitscheid im übrigen auch den Anspruch der Landesorganisation auf 5 Mann zurückdrängen wollen. Braun und Wagner haben das Zugeständnis, das ich in Aussicht gestellt habe, als zu gering betrachtet.

In diesem Zusammenhang habe ich im übrigen auch das Verhältnis der Landesorganisation zu uns gestreift. Ich bin der Meinung, daß es z.B. in Zukunft nicht mehr möglich ist, daß Erklärungen im Namen der Sozialdemokratischen Partei vom Landesvorstand erfolgen können. Ich bin der Auffassung, daß Erklärungen nur noch vom Parteivorstand abgegeben werden können. Braun und Wagner sind darauf eingegangen und haben das als selbstverständlich angesehen. Beide haben betont, daß sich die Landesorganisation stets als Glied der deutschen Sozialdemokratie betrachtet habe und daß das natürlich auch im künftigen Verhalten der Landesorganisation zum Ausdruck kommen müsse.

Max Braun hat die Frage aufgeworfen, ob die Landesgruppe sich aufzulösen habe oder weiter bestehen könne. Wenn richtig ist, daß 1 500 deutsche sozialdemokratische Emigranten in dieser Landesorganisation vereint sind, dann ist das schon ein Faktor, auf den Rücksicht genommen werden sollte. Man kann wohl nicht wünschen, daß – wenn diese Verständigung zustande kommt – diese Landesgruppe aufgelöst werden soll. Ich glaube darüberhinaus sogar, daß wir darüber reden müssen, ob nicht auch in anderen Ländern ähnliche Gruppen geschaffen werden sollten. Ich habe die Auffassung vertreten, daß in den Vorstand der Landesorganisation allerdings auch Mitglieder des PV aufgenommen werden sollten. Auch das ist von den beiden Genossen begrüßt worden.

Bleibt die Frage der Fürsorgeorganisation. Ich habe darüber bereits gesprochen. Die Genossen haben uns über den gegenwärtigen Stand dieser Angelegenheit unterrichtet. Ich habe erklärt, daß wir infolge unseres noch zu kurzen Aufenthalts hier über diese Dinge noch nicht genug unterrichtet sind; ich habe vorgeschlagen, daß man den Versuch machen solle, sich zu verständigen, und ich glaube, daß wir zur verantwortungsvollen Mitarbeit und Führung bereit sein werden, wenn dieser Versuch der Verständigung gelingt. Ich habe

---

27 Vorlage: »Vorstandes«. Nach »des« beginnt in der Vorlage eine neue Seite. Offenkundig wurde ein Wortbestandteil dabei vergessen. Es muß richtig wohl »Landesvorstand« heißen.

auch erklärt, daß wir die Absicht haben, in der heutigen PV-Sitzung darüber zu sprechen und nach Möglichkeit zu entscheiden. Sie, Paul Hertz, werden zugeben, daß es sich nach diesen Darlegungen in der Frage der Konzentration zwischen uns und der Landesorganisation und zwischen uns und der »Neu Beginnen«-Gruppe um zwei ganz verschiedene Dinge handelt. Bei der Landesorganisation bestehen dringliche Notwendigkeiten zur Lösung. Bei den Österreichern ist es eine ganz andere Angelegenheit, die auch gar nicht eilig ist. Hinzu kommt, daß das Verhältnis der Gruppe »Neu Beginnen« zu uns sehr viel schlechter ist als das dieser Gruppe zu den Österreichern. Das ist schließlich ja bekannt.

Zu entscheiden ist nach meiner Meinung nur, ob anstelle der bisherigen losen Verhandlungen inoffizieller Art nunmehr offizielle Verhandlungen stattfinden sollen. Wenn wir der Meinung sind, daß wir das tun können, dann schlage ich vor, daß wir eine Verhandlungskommission bilden, die uns jedes Mal in den Vorstandssitzungen über den Fortgang der Verhandlungen Bericht erstattet.

Nach all dem, was ich jetzt in dieser Frage hier dargestellt habe, können Sie, Paul Hertz, die Behauptung, daß Sie ausgeschaltet worden sind, nicht weiter aufrecht erhalten.

Hertz: Was soll denn jetzt geschehen? Durch den gestrigen Beschluß des Landesvorstandes, der Ihr Angebot als zu gering betrachtet, und durch den heutigen Brief sind die bisherigen Voraussetzungen doch erledigt.[28]

Vogel: Die Genossen der Landesorganisation müssen uns meiner Meinung nach jetzt mitteilen, was sie an unseren Vorschlägen auszusetzen haben. Es muß weiter verhandelt werden, und das Ergebnis muß im PV beraten werden. Daß die bisherigen Voraussetzungen erledigt sind und keine Verhandlungsergebnisse erzielt wurden, bestreite ich. Das erste Verhandlungsergebnis ist: Die »Deutsche Freiheit« geht ein. Das zweite Verhandlungsergebnis ist: Die Landesorganisation wird nicht mehr als eine selbständige Organisation in Erscheinung treten. Das dritte Verhandlungsergebnis ist die Vereinbarung über den Presse-Dienst. Das vierte Verhandlungsergebnis ist die Vereinbarung über die Fürsorgeorganisation. Das fünfte Verhandlungsergebnis ist die Absicht, einige Vertreter der Landesorganisation in den PV und umgekehrt zu entsenden. D. h. natürlich, daß in der Sache selbst bisher kein Abschluß besteht, daß über diese Fragen aber gewisse erste Verständigungen erzielt worden sind. Wenn jetzt dem Landesvorstand nach der uns gewordenen Mitteilung unsere Zugeständnisse nicht weit genug gehen, wird er uns sagen müssen, inwiefern sie erweitert werden sollen. Es kann natürlich sein, daß es in der Gesamtfrage zu keiner Verständigung kommt. Ich brauche nicht zu betonen, daß ich das bedauern würde.

Aber, Paul Hertz, glauben Sie nicht doch, daß Sie mit Ihrer Behauptung über die politische Maßregelung nach all diesen Darlegungen im Unrecht sind?

Hertz: Wir können diese Auseinandersetzung über die Vergangenheit fortführen, wir können aber auch fragen: Steht das, was wir getan haben, in Übereinstimmung mit unserem Beschluß vom 26. Februar? Die Liquidierung aller Gruppen ist unser Ziel. Das geschieht nicht dadurch, daß man das auf einem Teilgebiet in Angriff nimmt. Die Bereinigung unseres Verhältnisses zur Landesorganisation, die einheitliche Organisation, die Beseitigung der zweiten Zeitung, alles das sind große Vorteile, die ich sehr hoch einschätze. Aber, die Gefahr ist, daß wir die Dinge nur als äußeres und nicht als inneres Problem ansehen. Ich sage mir, daß ich mir in der Richtung, in der Ihr die Verhandlungen bisher geführt habt, keinen Erfolg verspreche.

Personell: Niemand wird annehmen, daß ich Personen wie Hilferding und Breitscheid anders einschätze als früher. Aber über eins müßt Ihr Euch klar sein: Erfüllen diese Persön-

---

28 Der Vorstand der SPD-Landesgruppe Frankreich erklärte am 9. August 1938 in einem Schreiben an den PV, daß dessen »unverbindliche Vorschläge« zur Zusammenarbeit nicht ausreichend seien; deswegen solle der PV einen Termin für weitere, nun offizielle Verhandlungen vorschlagen. Vgl. AdsD Bonn, PV-Emigration, Mappe 123.

lichkeiten wirklich die Erwartungen, die Ihr an sie knüpft. Ihre Zweifel an dem Sinn der politischen Funktionen, denen wir dienen und an die wir alle glauben, sind von ihnen so deutlich ausgedrückt worden, daß wir der Sache den schlechtesten Dienst erweisen, wenn wir sie in den PV eingliedern. Breitscheid: Es vergeht keine Gelegenheit, die Breitscheid nicht benutzt, um jedem auseinanderzusetzen, daß alles, was gemacht wird, sinnlos ist und daß man das deutsche Volk seinem Schicksal überlassen muß. Hilferding drückt sich in dieser Beziehung etwas vorsichtiger aus. Aber sein Pessimismus an jeder Massenbewegung und an jeder illegalen Bewegung ist so groß, daß niemand eine Förderung dieser Arbeiten von ihm erwarten kann. Es ist ein fundamentaler Irrtum, wenn man sich von dem Ansehen dieser beiden Personen für unsere Arbeit einen besonderen Vorteil verspricht. Ihre Aufnahme in die Körperschaft würde nur als eine Verbeugung vor ihrem im Falle Breitscheid schon berüchtigten Pessimismus angesehen werden.

Aber wichtiger ist: Der PV bedarf für seine Arbeiten des Vertrauens. Illegale Arbeit ist gar nicht anders zu leisten. Wir verfügen über dieses Vertrauen nicht in ausreichendem Maße. Ich mache diese Erkenntnis zur Richtschnur für mein Handeln. Ich weiß auch, daß niemand anders das Vertrauen aller Genossen in Deutschland findet. Aber das veranlaßt mich nur zu der Schlußfolgerung, daß eine personelle Zusammensetzung gefunden werden muß, die dem entspricht, was wir in unserem seinerzeitigen Rundschreiben gesagt haben und die den größtmöglichsten Kreis von Genossen findet, der ihr Vertrauen entgegenbringt.

Das zweite Bedenken, das ich habe, ist organisatorischer Art. Die Gegensätze zu »Neu Beginnen« und zu den Österreichern sind viel größer als zur Landesorganisation, ist hier erklärt worden. Das ist natürlich richtig. Trotzdem sage ich, man muß das eine tun, nämlich, organisatorisch Ordnung schaffen, aber man kommt deshalb um die Aufgabe nicht herum, auch die anderen Dinge durchzuführen. Man kann nicht nur die eine Wohnung in Ordnung bringen, man muß das ganze Gebäude instandsetzen.

Genosse Vogel glaubt, daß die Verständigung mit »Neu Beginnen« viel schwieriger sei als mit der Landesorganisation. Ich erkenne das nicht an.

Vogel: Glauben Sie nicht auch, daß »Neu Beginnen« durch den Anschluß Österreichs an Deutschland bockbeiniger geworden ist? Daß »Neu Beginnen« glaubt, einen starken Verbündeten gewonnen zu haben?

Hertz: Heute steht das Zusammenwirken aller zur Diskussion. Das ist ein ganz anderer Zustand, als er im Februar 1938 war. Daß die Gruppe ihr Verhalten geändert hat, weil die Österreicher dazu gekommen sind, bestreite ich auf das Entschiedenste.

Wenn sie sich heute stärker fühlen, weil sie an den Österreichern einen starken Rückhalt zu haben glauben, so ist das eine Tatsache.

Crummenerl: Du sagst, wir haben das Vertrauen nicht. Meinst Du, daß Miles das Vertrauen hat?

Hertz: Kein Mensch kann heute behaupten, daß er das Vertrauen aller Genossen in Deutschland hat. Wenn die anderen es hätten, brauchten sie nicht um die Konzentration zu kämpfen. Die Körperschaft muß so aussehen, daß von ihren einzelnen Teilen die Anziehungsfähigkeit ausgeht, die alle mitreißt. Wenn Sie dabei jede kleinste Gruppe in der Emigration berücksichtigen wollen, so ist das natürlich ein unmögliches Vorgehen. Wenn aber die Organisation nach festumrissenen Gruppen erfolgt, so ist die Aufgabe viel einfacher. Eine Gruppe entsteht noch nicht, wenn irgendjemand im Ausland einen Freund in Deutschland hat, der ihm einen Brief schreibt. Eine Gruppe ist eine Vereinigung von Menschen, die eine gemeinsame geistige Vorstellung haben. Sie muß eine reale Tätigkeit innerhalb von Deutschland nachweisen können. Gehen Sie zu diesen konkreteren Vorstellungen über, dann haben Sie einen sehr festen Maßstab in der Hand, mit Sie gut arbeiten können.

Mein zweiter Gesichtspunkt ist organisatorisch. Was bisher gemacht wurde, war der Versuch, den Landesvorstand in den PV einzugliedern. Ich war nicht dagegen. Ich bin nicht gegen den Versuch einer Teillösung, aber das hat nichts mit der Konzentration zu tun. Was kann uns vorschweben als das, daß wir eine größere politische Bedeutung haben, und zwar nicht nur draußen, sondern auch drinnen. Von dem, was bisher gemacht worden ist, verspreche ich mir in dieser Beziehung gar nichts. Ich hätte nicht anerkennen können, daß dies ein Weg ist zur Verwirklichung von dem, was uns vorgeschwebt hat. Erforderlich ist eine wirklich offene Aussprache mit allen Kräften, die zu einer solchen Aussprache zur Verfügung stehen. Diese Aussprache muß zur Grundlage die Arbeit in Deutschland haben und nicht die Zusammensetzung des PV. Ich muß wiederholen, was ich in Prag gesagt habe: Es geht nicht, daß man das Personelle an die Spitze stellt und nur einen Teil heranzieht. Man muß das Ganze jetzt einschließlich der Österreicher in Angriff nehmen und die sachlichen Aufgaben zur Diskussion stellen. Ich bin überzeugt, daß man geeignete Wege findet.

Ich bin nicht erfreut von meinen Erfahrungen mit der französischen Partei, die ich hier gemacht habe. Persönlich habe ich mein Verhältnis verbessert, aber was wir an Förderung finden könnten, haben wir noch nicht erhalten. Davon sind wir weit entfernt.

Vogel: Unser Standpunkt deckt sich mit dem Standpunkt der österreichischen Genossen. Die Argumentation von Paul Hertz zeigt mir aber, daß meine Auffassung die richtige ist, daß wir zunächst mit der Landesorganisation verhandeln sollen.

Hertz: Genosse Richter hat mir gesagt, daß sich die Auslandsvertretung der Österreicher die Verhandlungen auf der Basis des Richterschen[29] Artikel im Kampf vorstellt.[30]

Am 26. Februar haben wir beschlossen, Verhandlungen mit allen Gruppen aufzunehmen. Wir müssen uns klar darüber sein, was wir wollen. Ich frage, steht der PV noch zu dem, was er am 26. Februar beschlossen hat?

Stampfer: Mir war diese Rede interessant. Die Einzelheiten haben mich sehr interessiert. Ich habe mich gefragt: Ist das die Sprache eines Gemaßregelten? Er sagt »wir«, »unser«, »unser«, »unser Ansehen«, »wir«, so als ob nichts gewesen wäre. Ist es denkbar, daß ein Gemaßregelter so mit uns diskutiert? Hertz bestreitet, daß unser Verhältnis zur Gruppe »Neu Beginnen« schlechter ist als das zum Landesvorstand. Ich habe mir die Augen gerieben. Mir hat also geträumt, daß ein Mann, den ich als hervorragenden Vorkämpfer von »Neu Beginnen« betrachte, der mit uns im schwersten Konflikt lebt, der die Behauptung verbreitet, daß er von uns gemaßregelt worden wäre, hier vor uns sitzt und nun höre ich von ihm, »unser Verhältnis zur Gruppe ›Neu Beginnen‹ ist nicht schlechter als das zum Landesvorstand«. Ich möchte nun fragen, ob dieser Briefwechsel, den Hertz eröffnet hat, die richtige Einleitung zu Verhandlungen ist? Ich wäre dankbar, wenn er bestätigte, daß unser Verhältnis zur Gruppe »Neu Beginnen« nicht so schlecht ist wie zu ihm, auch nach seinem Brief.

Hertz: Das ist meine Sache, das hat mit »Neu Beginnen« nichts zu tun.

Stampfer: Sie haben in schöner Weise davon gesprochen, daß wir die Kräfte drinnen ermuntern sollen. Stellen Sie sich vor, was diese Leute drinnen riskieren: Das Konzentrationslager, das Zuchthaus und das Schaffott. Und dann sollen sie erfahren, daß wir jetzt nichts anderes zu tun haben, als uns über die Frage zu unterhalten, ob Hertz gemaßregelt worden ist, weil er zu unverbindlichen Vorbesprechungen mit Braun und Wagner nicht zugezogen worden ist. Soll denn die Ermunterung damit beginnen? Sind die Wege, auf denen man zusammenkommen soll, mit diesem Briefwechsel beschritten worden? Das wäre mir neu. Er hat davon gesprochen, daß man das Ganze in Angriff nehmen soll. Was vor uns liegt, ist der Kampf aller gegen alle, ist Abstoßung aller anständigen Leute im Lande, ist der Weg, auf dem man immer weiter auseinanderkommt. Daher habe ich meinen Vorschlag gemacht, auf den der Genosse Hertz nicht mit einem Wort eingegangen ist. Der Verlauf der heutigen Sitzung hat bewiesen, daß Hertz von der irrigen Annahme ausgegangen ist, wir

---

29 Vgl. Nr. 114, Anm. 2.
30 Vorlage: »vorstellen«.

hätten ihn als PV-Mitglied abgesetzt. Wir sind bereit, öffentlich zu erklären, das[31] wäre falsch. Ich erwarte von Paul Hertz und beschwöre ihn, ich bitte ihn, ich bitte ihn eindringlich, daß er seinerseits erklärt, daß er bei der Aufstellung der Behauptung, er wäre gemaßregelt worden, von falschen Annahmen ausgeht und daß er diese Behauptung zurückzieht.

Vogel: Mit der Abgabe dieser beiderseitigen Erklärungen würde die Mißbilligung des Verhaltens des Gen[ossen] Hertz natürlich hinwegfallen.

Hertz: Ich bin ohne Antwort auf meine Frage: Was ist mit dem Beschluß vom 26. Februar?

Geyer: Was hat das mit der Maßregelung zu tun?

Vogel: Selbstverständlich bleibt der Beschluß aufrechterhalten.

Stampfer: Sie sagen, ich mache meine Stellung abhängig [...]

Hertz: »Ich mache meine Stellung nicht abhängig [...]«

Stampfer: Besteht eine Verbindung oder nicht? Wollen Sie auf den Boden meines Versöhnungsvorschlages treten?

Ollenhauer: Ich verstehe die Frage von Paul Hertz nicht. Unserem seinerzeitigen Beschluß hat die Denkschrift zugrunde gelegen, die Paul Hertz selbst ausgearbeitet hat.[32] In dieser Denkschrift haben Sie vor allen Dingen die Gruppe »Neu Beginnen« und die Landesorganisation als diejenigen bezeichnet, die in erster Linie für eine Konzentration in Betracht kommen. Sie selbst haben darauf hingewiesen, daß das Nebeneinander aufhören müsse. Was haben wir bis jetzt getan? Wir haben Verbindungen mit der Landesorganisation im Sinne unseres damaligen Beschlusses und damit der Denkschrift aufgenommen. Wie ist es da überhaupt möglich, auf den Gedanken zu kommen, daß wir den Beschluß nicht ausführen wollen. Wir sind auf die Anregungen der Landesorganisation eingegangen. Das ist doch zunächst das Wesentliche. Daß die Möglichkeit besteht, durch die Einreihung einer Gruppe einen Teil dieses Projektes, das Sie selbst angeregt haben, zur Durchführung zu bringen, ist doch ein Fortschritt. Sie haben aus der Darstellung von Vogel ersehen, wie außerordentlich vorsichtig wir gewesen sind, indem wir z. B. den Anspruch auf Stellung von 5 PV-Mitgliedern durch die Landesorganisation von vornherein abgelehnt haben.

Nachdem die Aussicht auf Lösung einer Teilfrage dieses Gesamtproblems besteht, fragen Sie noch, ob wir auf dem Beschluß vom 26. Februar bestehen. Selbstverständlich! Darüber hinaus sollen selbstverständlich auch Verhandlungen mit »Neu Beginnen« und den Österreichern erfolgen. Wir haben nicht die Absicht, diesen Verhandlungen auszuweichen. Aber wir kennen bisher die Basis der Verhandlungen mit »Neu Beginnen« nicht. Aus Ihren Bemerkungen kann man schließen, daß die Gruppe »Neu Beginnen« weitergehende Forderungen stellt. Zusammenfassend möchte ich sagen: 1) Es ist unsere ernste Absicht, zunächst diese eine Teilfrage zu lösen. 2) Wir sehen diese Teilfrage als Teillösung an. 3) Daß wir nicht daran gedacht haben, irgendeine Entscheidung herbeizuführen, ohne Sie heranzuziehen.

Crummenerl: Es liegt gar keine Veranlassung vor, anzunehmen, daß wir an dem Beschluß vom 26. Februar[33] nicht mehr festhalten. Wir halten daran fest, wir werden Verhandlungen führen und werden am Schluß der Verhandlungen sehen, ob eine Einigung tatsächlich möglich ist. Ich habe keinerlei Vorstellungen davon, daß wir bei der Debatte in Prag Entscheidungen über die Prozedur vorgenommen haben. Hertz scheint aber mehr Wert auf die Frage der Prozedur zu legen. Die Frage der Prozedur hat aber keine prinzipielle Bedeutung.

Stelle Dir vor: Hätten wir die Verhandlungen mit der Landesorganisation abgelehnt, dann hätte man uns mit Recht den Vorwurf machen können, daß wir die Konzentration gar

---

31 Vorlage: »dass«.
32 Denkschrift von Hertz über »Die Sammlung der deutschen Sozialdemokratie«; Entwurf der endgültigen Fassung, in: AdsD Bonn, NL Hertz, MF XI.
33 Vgl. Nr. 108, Anm. 2.

nicht wollen. Wenn man im PV über die Prozedur gesprochen hätte und eine Entscheidung erfolgt wäre, dann hättest Du Dich einem Mehrheitsbeschluß gefügt, wenn er gegen Dich ergangen wäre. Wenn dem aber so ist, dann ist die Frage der Prozedur keine prinzipielle Frage. Ich bin der Auffassung, daß der PV Vogel und Ollenhauer ermächtigt, diese Besprechungen mit der Landesorganisation in offizieller Form weiterzuführen und sie auch mit allen anderen Gruppen, die an uns herantreten, durchzuführen.

Rinner: Nach dem bisherigen Gang der Debatte kann ein objektiver Beurteiler zu dem Ergebnis kommen, daß uns prinzipielle Meinungsverschiedenheiten trennen. Niemand ist berechtigt, daran zu zweifeln, daß wir auch heute noch zu unserer Entschließung vom 26. Februar stehen und daß wir nach wie vor die Konzentration wollen. Es kann auch keine Meinungsverschiedenheit darüber geben, daß Vogel sich richtig verhalten hat. Selbst wenn Hertz über das Vorgehen bei der Konzentration anderer Meinung ist als wir, dann ist das doch nichts anderes als eine taktische Meinungsverschiedenheit. Taktische Meinungsverschiedenheiten bestehen jedoch in dieser Sache nicht nur zwischen Hertz und den anderen, sondern auch unter den anderen selbst. Solche taktischen Meinungsverschiedenheiten geben aber Hertz niemals das Recht, vorzugehen, wie er es getan. Anderseits müßte es, weil es sich ja nur um taktische Meinungsverschiedenheiten handelt, möglich sein, den Konflikt in der Weise zu beenden, wie es Stampfer vorgeschlagen hat.

Vogel: Ich würde es sehr begrüßen, wenn durch die beiderseitigen Erklärungen die Sache aus der Welt geschafft werden würde. Wenn die Auseinandersetzungen in der Öffentlichkeit dagegen weitergehen sollten, dann glaube ich, daß unsere Situation als Parteivorstand so gut ist, daß ich nichts für uns zu fürchten habe. Trotzdem würde ich es auf das Tiefste bedauern, wenn wir den Weg der öffentlichen Auseinandersetzung beschreiten würden. Es würden für uns alle, auch für Sie, Paul Hertz, nur allerschärfste Schwierigkeiten entstehen. Ich sehe keine Notwendigkeit, die Dinge weiterzutreiben. Paul Hertz, Sie haben versäumt, auf meine Frage einzugehen, ob Sie auf diesen Briefversand an den gleichen Kreis weitere Briefe folgen lassen wollen und ob Sie in dieser Sache weitergehen wollen?

Hertz: Was meinen Sie denn mit »Weitergehen«?

Vogel: Sie haben von anderen Faktoren gesprochen, von einem unparteiischen Schiedsgericht usw. Sie haben die Verschickung von Protokollabschriften in Aussicht gestellt.

Hertz: Die heutige Aussprache hat mich nicht von der Notwendigkeit überzeugt, diese Protokollabschriften irgend jemand zugänglich zu machen. Die Zwischenfrage, ob ich den Briefwechsel fortsetzen werde, hängt von dem Inhalt der Antwort ab, die ich von Euch bekommen werde. Wenn ich auch nur hätte ahnen können, daß Fritz Adler mich gegen die Diffamierung in Schutz nehmen würde, hätte ich den zweiten Brief für überflüssig gehalten.[34] Drittens: Die anderen Körperschaften. Ich kann auch mit meinen Argumenten bestehen, wenn ich sie vor einer unparteiischen Körperschaft vertreten müßte. Ich habe nicht die Absicht, eine objektive Körperschaft in Anspruch zu nehmen. Die SAI kann in unseren Streit nicht eingreifen, das haben alle bisherigen Erfahrungen gezeigt, wir müssen das unter unseren deutschen Genossen klären, wo, das wird sich im Lauf der Zeit ergeben.

Crummenerl: Wir wollen eine Erklärung, ob Hertz sich noch gemaßregelt fühlt oder nicht.

Hertz: Diese Erklärung kann ich erst abgeben, 1) wenn ich weiß und durch Tatsachen überzeugt werde, daß meine Annahme, daß ich ausgeschaltet worden bin und werden soll, keine Begründung mehr hat, daß meine bisherigen Arbeitsgebiete mir erhalten bleiben. Ich will damit nicht in den besoldeten Zustand von früher zurückkehren. Und 2) ob ich bei den

---

34 Adler nahm Hertz in einem Brief an Ollenhauer vom 6. August 1938 in Schutz; vgl. IISG Amsterdam, NL Hertz, S. 16, 1a. Hertz' zweiter Brief an den PV, datiert vom 4. August 1938, in: AsdD Bonn, PV-Emigration, Mappe 155.

Konzentrationsverhandlungen die Rolle spiele, die ich auf Grund meiner bisherigen Tätigkeit spielen kann, die nach meiner Überzeugung meine Pflicht ist. Ich kann mich mit einer Schattenrolle, wie sie mir Siegmund zuschreibt, nicht einverstanden erklären. Ich halte es für das wichtigste Prinzip einer demokratischen Körperschaft, daß beide Teile für ihre Anschauungen wirken können. Das ist das Prinzip, nach dem die Österreicher organisiert sind und auf dessen Grundlage sie auch nach dem Tode von Otto Bauer ihre Einheit bewahren. Das Fehlen dieses Prinzips ist der Grundmangel bei uns und der muß bereinigt werden. Auf anderer Basis ist eine gleichberechtigte Mitarbeit von mir nicht möglich. 3) hängt es davon ab, daß das Verhältnis von Juchacz und Dietrich geklärt wird, 4) ob ohne meine Kenntnis Verhandlungen mit der Internationale geführt werden können.

Vogel: Wenn unsere heutige Aussprache mit dem Genossen Hertz nicht mit einer Übereinstimmung abschließt, so behalten wir uns selbstverständlich vor, daß wir mit den Genossen Adler und de Brouckère und eventuell auch mit anderen Genossen der Internationale über diese Dinge sprechen.

Stampfer: Kommen wir heute zu einer Verständigung, so werden wir die vorgesehene Reise nach Brüssel natürlich nicht unternehmen. Was hat die Frage Juchacz-Dietrich damit zu tun, daß die Behauptung von Hertz, er sei gemaßregelt worden, auf falschen oder richtigen Voraussetzungen beruht. Wenn wir uns heute hier verständigen, dann werden sich hier im Kreise selbstverständlich Genossen finden, die zu einer loyalen Zusammenarbeit bereit sind. Genosse Hertz hat sich nun endlich zu äußern begonnnen. Er hat nicht ja und nicht nein gesagt. Er hat sich seine Antwort vorbehalten, wenn gewisse Fragen geklärt sein werden. Diese Fragen sind erstens: Ob er sein bisheriges Arbeitsgebiet behält, zweitens: Ob er bei den Konzentrationsverhandlungen gleichberechtigt dabei sein werde, drittens: Ob Marie Juchacz und Georg Dietrich in den PV kommen.[35] Was hat die letzte Frage damit zu tun, daß Hertz gemaßregelt worden sei? Auch sonst ist alles vollkommen unlogisch. Er sagt, ich kann zur Zeit nicht mehr behaupten, daß ich gemaßregelt worden bin, aber ich will doch probieren, ob ich vielleicht gemaßregelt werde. Wie sollen wir Ihnen denn genau umrissene Garantien für die Zukunft geben? Es handelt sich doch um Dinge, die sich auf die Vergangenheit beziehen. Ihre Behauptungen beziehen sich auf a) Entziehung des Gehalts, – das haben Sie selber gemacht –, b) Verkleinerung des Büros – damit waren Sie selbst einverstanden –, c) daß Sie nicht zu Besprechungen mit der Landesorganisation hinzugezogen worden sind. Es ist unmöglich, alle diese Behauptungen aufrechtzuerhalten. Was also die Vergangenheit anbetrifft, so läßt sich der Vorwurf der Maßregelung nicht aufrechterhalten. Ich frage Sie: Wollen Sie einen Vorwurf gegen uns, der sich für die Vergangenheit als unrichtig erwiesen hat, auf[36] jede Konsequenz hin aufrechterhalten? Oder wollen Sie auf unseren Vorschlag eingehen und wahrheitsgemäß erklären, daß Ihre Behauptung auf einem Irrtum beruht? Diese Antwort kann nur heute gegeben werden und muß klar ja oder nein sein.

Hertz: Ich habe meinen Standpunkt dazu klargelegt.

Vogel: Sie lassen also den Vorwurf der Maßregelung, der öffentlich erhoben wurde, gegen uns bestehen? Wenn das geschieht, dann müssen wir dazu Stellung nehmen und unsere Meinung sagen.

Hertz: Ich kann niemand daran hindern.

Stampfer : Sie behaupten nach wie vor, daß Sie gemaßregelt worden sind?

Hertz: Ich bleibe bei meinem Schreiben.

Stampfer: Sie machen Ausflüchte, das ist unwürdig. Sagen Sie klar: Ja oder nein.

---

35 Gemeint ist damit die Frage, ob Dietrich und Juchacz zu den Vorstandssitzungen eingeladen werden sollten; beide waren 1933 in den Parteivorstand gewählt worden.
36 Vorlage: »auf, auf«.

Hertz: Das müssen Sie mir überlassen. Ich scheue einen Vergleich mit Ihnen im Moralischen nicht.

Stampfer: Ich kann Ihnen das Moralische nicht überlassen. Sie setzen sich in eine moralisch unhaltbare Position, wenn Sie einen unwahrhaften Vorwurf aufrechterhalten. Ich würde meine Vorwürfe gegen Sie zurückziehen, wenn Sie erklären: Ich habe mich geirrt. Wenn Sie den Vorwurf aufrechterhalten, ist das in meinen Augen eine Nichtswürdigkeit, mit der Sie unserer Bewegung einen ungeheuren Schaden zufügen.

Hertz: Wenn ich zuspitzen wollte, dann würde ich Ihnen eine Antwort darauf geben.

Stampfer: Das will ich nicht. Ich bitte nochmals, nehmen Sie den Vorwurf als anständiger Mensch wieder zurück, und dann wird die Geschichte wieder in Ordnung kommen.

Vogel: Die Frage SAI habe ich ja bereits besprochen. Auch die Frage unseres Verhaltens zu Marie Juchacz und Dietrich habe ich bereits angeschnitten. Ich glaube, daß wir diese Fragen in einer Vorstandssitzung behandeln müssen.

Hertz: Was berechtigt uns, gegen den Anspruch der beiden Genossen auf Beteiligung an der PV-Arbeit Widerstand zu leisten?

Vogel: Zunächst ist von Widerstand keine Rede.

Hertz: Die beiden waren bisher nicht reisefähig. Also gibt es nichts anderes, als sie an der nächsten PV-Sitzung teilnehmen zu lassen.

Vogel: Sie haben die Angelegenheit durch Ihre Stellungnahme kompliziert, durch Ihre Unterscheidung zwischen PV-Mitgliedern ersten und zweiten Grades.

Hertz: Solange Marie Juchacz allein in den PV wollte, solange wolltet Ihr auch. Seitdem auch Dietrich will, wollt Ihr nicht.

Vogel: Davon kann gar keine Rede sein.

Hertz: Wir können diese Diskussion nur in kollegialer Diskussion mit den beiden klären, und sie müssen wir als Körperschaft führen.

Vogel: Bitte, Sie haben keine Auskunft auf meine Frage wegen der Komplizierung gegeben.

Crummenerl: Wenn wir über die juristischen Dinge reden wollen [. . .]

Vogel: Juchacz und Dietrich sind zur Erneuerung der Partei nötig, Hilferding und Breitscheid nicht?

Crummenerl: Dietrich war auf der Reichskonferenz gewählt worden und hat später noch einmal an einer Sitzung in Berlin teilgenommen, an der auch Rinner beteiligt war. Dietrich hat auf dieser Sitzung erklärt, daß er kein Interesse daran habe, als Mitglied des PV zu gelten. Nachdem er emigriert ist, sind wir wiederholt an ihn herangetreten und haben ihm vorgeschlagen, illegale Arbeiten für uns zu übernehmen. Wir haben ihm angeboten, ein Grenzsekretariat in Österreich mit dem Sitz in Innsbruck für uns zu leiten. Er hat abgelehnt, genauso wie er es damit abgelehnt hat, sich an den Arbeiten des Vorstandes zu beteiligen.[37] Etwa zur gleichen Zeit habe ich mit Marie Juchacz gesprochen, auch sie hat seinerzeit mitgeteilt, daß sie sich ja kaum noch an den Beratungen des PV beteiligen könne. Sie hat mir gegenüber in Saarbrücken resigniert. Ich will mit diesen Ausführungen nicht sagen, daß ich gegen eine Beteiligung der beiden bin. Darüber muß gesprochen und das muß entschieden werden, nach meiner Meinung allerdings erst nach Rücksprache mit Marie Juchacz. Was entscheidend ist, ist das folgende: Hertz sagt, wenn Juchacz und Dietrich nicht in den PV kommen, fühle ich mich gemaßregelt. Wenn ich eine Statistenrolle bei der Konzentration spielen soll, fühle ich mich gemaßregelt. Wenn eine Kommission gebildet wird, an der ich nicht beteiligt bin, dann fühle ich mich gemaßregelt. Das ist allerdings eine ultimative Erklärung, wie Geyer dazwischen gerufen hat. Das kannst Du bei jeder Gelegenheit wiederholen. Entweder bin ich gemaßregelt, dann bleibe ich dabei. Ich kann aber nicht sagen,

---

37 Vgl. dagegen *Matthias/Link*, Dok. 39, S. 348, Anm. 30, wo darauf hingewiesen wird, daß Dietrich schon 1934 den Wunsch geäußert hatte, an den PV-Sitzungen teilzunehmen.

wenn Ihr das nicht tut oder jenes nicht tut, fühle ich mich gemaßregelt. Dann gibt es überhaupt keinen Beschluß mehr, der nicht eine Maßregelung ist für einen von uns, dessen Ansicht nicht durchgeht. Dann hat jede Organisation aufgehört zu bestehen. Deshalb verstehe ich nicht, daß er die Dinge dilatorisch behandelt, daß er sagt, es bleibt bei meinem Brief. Ich hatte geglaubt, daß nach den Verhandlungen heute eine Möglichkeit wäre, eine Brücke zu finden. Wenn das so gemacht werden soll, dann bin ich der Überzeugung, das können wir nicht. Wir müssen zu einem Abschluß kommen. Wir erklären gemeinsam, eine Maßregelung besteht nicht, dann gut. Wenn nicht, wenn man bei den Behauptungen bestehen bleibt, müssen die Dinge ihren Weg nehmen.

Vogel: Nach dem Vorgehen von Hertz ist es eine Unmöglichkeit, nach dem Verlauf der heutigen Sitzung, daß wir uns von ihm heute unter neuen Druck setzen lassen können. Ich habe bisher von der Demokratie eine andere Auffassung gehabt wie Hertz. Wenn man einer Körperschaft zugehört, dann soll man versuchen, seine Auffassung durchzusetzen. Glückt das nicht, dann muß man sich der Mehrheit fügen. Es kommt darauf an, daß, wenn in der Körperschaft entschieden worden ist, daß man dann dem Verhandlungspartner als einheitlichem Körper gegenübertritt. Was Ihre Forderung, daß Ihnen Ihre Arbeitsgebiete erhalten bleiben sollen, betrifft, so wissen Sie doch auch, daß nicht wir in jedem Fall die Entscheidung haben, z. B. haben wir sie nicht in der Frage der Delegation durch die Zentralvereinigung.[38]

Hertz: Einverstanden.

Vogel: Über alle diese Dinge müssen wir sprechen. Hätte die Sitzung einen rascheren Verlauf genommen, dann wären auch noch die anderen vorgesehenen Fragen zur Verhandlung gekommen. Es liegt z. B. eine Vorschlag von Willi Sander vor, eine internationale Fürsorgezentrale in London zu schaffen.[39]

Zur Frage Juchacz-Dietrich: Sie (Hertz) haben die Sache kompliziert durch Ihre Stellungnahme. Sie wehren sich dagegen, ein Vorstandsmitglied zweiten Grades zu sein. Sollen also die beiden in das Büro hineingenommen werden? Oder sollen diese beiden Genossen zu PV-Mitgliedern zweiten Grades gemacht werden? Ich persönlich halte es für richtig, die beiden Genossen mit hereinzunehmen. Die Frage ist nur, kann zu den doch in Zukunft wahrscheinlich häufigeren Vorstandssitzungen auch der Gen[osse] Dietrich aus der Schweiz herüberkommen? Neben den Paßschwierigkeiten taucht doch dann auch die Kostenfrage auf.

Jedenfalls halte ich es, um das zu wiederholen, für ganz unmöglich, daß Sie uns einem neuen Druck aussetzen.

Hertz: Mir liegt gar nichts daran, einen Druck auszuüben. Ich stehe zu dem Wort: Entziehung des Gehalts. Ich habe den Verzicht ausgesprochen in einer Situation, die nachher wesentliche Veränderungen erfahren hat. Ich habe aber meinen Verzicht niemals ausgesprochen in bezug auf meinen Einfluß. In bezug auf mein Gehalt ist eine Erklärung ohne meine Zustimmung erfolgt. In beiden Fragen ist ohne meine Zuziehung eine Entscheidung getroffen worden.

Stampfer: Das ist unbegreiflich. Bitte erklären Sie mir das?

Crummenerl: Ich bin sehr erstaunt [...]

---

38 Die »Zentralvereinigung der deutschen Emigration« war im Juli 1936 von deutschen antifaschistischen Emigranten gegründet worden. In ihr arbeiteten Sozialdemokraten, Kommunisten und andere Emigranten zusammen. Vgl. AdsD Bonn, PV-Emigration, Mappe 149. Hertz war sozialdemokratischer Vertreter im Beirat des Hohen Kommissars für die Flüchtlinge aus Deutschland beim Völkerbund; das Delegationsrecht dafür lag bei der Zentralvereinigung. Vgl. *Röder*, Exilgruppen, S. 126 f.; *Tutas*, S. 205–229; *Röder/Strauss*, S. 288.

39 Diese Zentrale sollte sozialdemokratischen Flüchtlingen bei der Auswanderung helfen. Vgl. Sander an PV, 30. Mai 1938, in: AdsD Bonn, PV-Emigration, Mappe 108.

Hertz: Siegmund, Dein Erstaunen verstehe ich nicht.
Crummenerl: Du wirst mein Erstaunen verstehen. Du kannst doch nicht im Ernst behaupten, daß hier diese sechs Leute wie Pech und Schwefel zusammenhalten, um eine Lüge zu vertreten.
Hertz: Die Entscheidung ist seinerzeit vertagt worden bis zur Aussprache mit der SAI. Das ist überhaupt der eigentliche und wesentliche Unterschied in den Auffassungen zwischen uns.
Vogel: Die Unterhaltung zwischen Ihnen und mir ist nicht aus der Welt zu schaffen. Die Tatsache, daß ich diese Unterhaltung in der PV-Sitzung vorgetragen habe und daß Sie meine Darstellung in der PV-Sitzung bestätigt haben, ist ebenfalls nicht aus der Welt zu schaffen.
Crummenerl: Ich entsinne mich noch, wie Du zu mir[40] gesagt hast, daß Du mit nach Brüssel gehen willst, da sonst Dein Ausscheiden als eine Maßregelung hingestellt werden könnte, und Du hast mir damals gesagt: Das will ich nicht.
Hertz: Zur Frage Juchacz-Dietrich: Wer kann annehmen, daß ein Verlangen nach der Teilnahme am engeren Gremium gestellt werde. Heute braucht ja nicht über ihre Funktionen beschlossen werden, aber heute kann ihr Wunsch akzeptiert werden, daß sie wieder an den Sitzungen des PV teilnehmen.

Was die Konzentration anlangt, so vertrete ich nicht den Standpunkt, daß völlige Freiheit gewährt wird. Zugehörigkeit zur Körperschaft hat nicht nur Rechte, sondern auch Pflichten zur Folge. Aber keine Körperschaft ist aufrechtzuerhalten allein mit Mehrheitsbeschlüssen. Mir kommt es darauf an, daß wir in der Frage der Konzentration ein Stück vorwärts kommen. Ich will nicht, daß Teile der Bewegung ausgeschaltet werden. Die wesentlichste Voraussetzung für die Konzentration ist, daß nicht Teile der Bewegung das Gefühl haben, daß gerade diejenigen, die von Anfang an dem Gedanken der Sammlung alles untergeordnet haben, ausgeschaltet werden. Wenn ich wünsche, daß die Delegation so zusammengesetzt wird, leitet mich gar nichts anderes. Laßt Ihr mich ausgeschaltet, so kann ich die Verantwortung für Eure Beschlüsse nicht tragen. Dann belastet mich auch nicht mit der Verantwortung. Ich habe an der Fortsetzung des Briefwechsels kein Interesse. Wenn Ihr nicht antwortet, ist für mich die Angelegenheit erledigt. Aber verlangt nicht, daß ich nach außen hin die Verantwortung dafür trage. Die Verantwortung kann ich nur tragen, wenn die Voraussetzung erfüllt ist, daß ich mich als gleichberechtigt fühle, nicht als ausgeschaltet. Das Gefühl, ausgeschaltet zu sein, bin ich nicht losgeworden. Jede Körperschaft besteht aus Leuten mit beratenden Funktionen und solchen, die Beschlüsse in die Wirklichkeit umsetzen. Bei uns deckt sich diese Zweiteilung aber mit einer Teilung der politischen Auffassung. Ich habe zu Euch gegenwärtig nicht mehr das Verhältnis, daß ich überzeugt bin, daß meinen Gesichtspunkten in irgendeiner Weise Rechnung getragen wird. Dann müßt Ihr Euch auch damit abfinden, daß ich nicht die volle Verantwortung tragen kann.

Was die Frage der SAI anlangt, so lege ich keinen entscheidenden Wert darauf, an dieser Reise beteiligt zu sein. Es wäre mir an sich lieber, wenn ich meine Sache selbst vertreten könnte, aber das ist nicht entscheidend für mich.

Die Frage der Zugehörigkeit zum Londoner Beirat[41] ist in Wahrheit ein Differenzpunkt zwischen mir und den Kommunisten. Wagner ist Sekretär der Zentralvereinigung. Die Differenz besteht in der Tatsache, daß ich in der Zentralvereinigung Widerstand geleistet habe, kommunistische Interesssen im Beirat zu vertreten. Ich sage das nur, um mich vor der Gefahr zu schützen, für einen Schlepperdienst für die Kommunistische Partei ge-

---

40 Vorlage: »in die Kasse kamst und« an dieser Stelle hs. gestrichen.
41 Gemeint ist der Beirat beim Hohen Kommissar für die Flüchtlinge aus Deutschland beim Völkerbund.

braucht zu werden. Daß ich meine Arbeitsgebiete zu behalten wünsche, heißt selbstverständlich nicht, daß ich Veränderungen, die sich als notwendig herausstellen, ausweichen will.

Rinner: Hertz hat gesagt, in unserer Körperschaft gäbe es wie in jeder anderen eine Zweiteilung, gegen die er an sich nichts einzuwenden habe: in ausführende und beratende Mitglieder. Das ist nicht ganz zutreffend. Es liegt im Wesen der Kollegialverfassung, daß jedes Mitglied eines Kollegiums zugleich ausführende und beratende Funktionen hat: ausführende Funktionen in seinem Arbeitsbereich und beratende Funktion in bezug auf die Arbeitsbereiche der anderen und die alle betreffenden Fragen. So ist es bei einem jeden von uns, so ist es auch bei Ihnen. Auch Sie haben Ihren Arbeitsbereich und damit Ihre ausführenden Funktionen, die Ihnen niemand nehmen will.

Darüber hinaus haben Sie gemeint, daß jene Zweiteilung in ausführende und beratende Mitglieder bei uns in bedenklicher Weise zusammenfalle mit den politischen Differenzen. Dazu ist eine grundsätzliche Bemerkung am Platze:

Politische Differenzen unter uns sind nur erwünscht. Ein gewisses politisches Gefälle, ein gewisser Spannungszustand muß da sein. Wir sind eine demokratische Körperschaft und können uns über die Spannungszustände nicht beklagen, sondern müssen sie als notwendig hinnehmen. Es muß aber eine gewisse tragfähige Basis gemeinsamer Auffassungen vorhanden sein, das gehört zum Wesen der Demokratie, über die Ziele und über die Methoden, mit denen man sie erreichen will. Das ist der Punkt, wo ich so bedenklich ergriffen worden bin. Es scheint mir fraglich, ob in der Methode, in der man seine Ansichten durchzusetzen hat, nicht von Hertz ein Weg beschritten worden ist, durch den die gemeinschaftliche Basis unserer Kollegialverfassung erschüttert worden ist.

Vogel: Alle Versuche, eine Verständigung herbeizuführen, haben sich als hoffnungslos herausgestellt. Wir müssen daraus die Konsequenzen ziehen. Wir sind an einem Punkt angelangt, wo uns nichts anderes übrigbleibt, als die Besprechungen abzubrechen mit einer Erklärung unserer Mißbilligung des Verhaltens von Paul Hertz. Ich würde vorschlagen, abzuschließen mit folgendem Beschluß:

»Der Parteivorstand weist die Behauptung des Genossen Hertz, daß er ›politisch gemaßregelt‹ worden sei, als eine Unwahrheit zurück. Er spricht dem Genossen Hertz, der durch seinen Brief vom 20. Juli diese Unwahrheit in einen breiteren Kreis von Parteigenossen hinausgetragen hat, die schärfste Mißbilligung aus.«

Wir müssen darüber hinaus beschließen, ob wir uns in offizielle Verhandlungen mit der Landesgruppe einlassen wollen und eine Kommission bilden wollen. Wir müssen ferner darüber Beschluß fassen, daß wir die SAI informieren wollen und wen wir damit betrauen wollen.

Ebenfalls müssen wir zu der Frage Juchacz-Dietrich Stellung nehmen. Crummenerl hat dazu beantragt, daß wir diese Frage zurückstellen bis zu der Rücksprache zwischen mir und Marie Juchacz. Ich hatte die Absicht, mit den Genossen in Mülhausen[42] zu sprechen. Aber die Genossen Kirschmann und Hofmann[43] haben leider diese Besprechung nicht abgewartet, sondern sich in ihren Briefen an uns festgelegt.[44] Ich halte es deshalb nicht für erfolgreich, diese Zusammenkunft noch herbeizuführen.

Ich schlage vor, zunächst über die Mißbilligungerklärung abzustimmen, die ich nochmals verlese.

(Verliest die Erklärung.)

---

42 Vorlage: »Mühlhausen«.
43 Vorlage: »Hoffmann«.
44 Die Briefe waren im AdsD Bonn, Bestand PV-Emigration, nicht auffindbar. Kirschmann und Hofmann dürften sich für die Hinzuziehung von Dietrich und Juchacz zu den Vorstandssitzungen ausgesprochen haben.

Hertz: Ich behalte mir die Stellungnahme dazu vor.

Die Erklärung wird mit allen Stimmen, ohne die des Genossen Hertz, angenommen.

Vogel: Dann müssen wir über die Frage abstimmen, ob wir in offizielle Verhandlungen mit der Landesorganisation eintreten wollen.

Hertz stellt den Antrag, Verhandlungen mit allen drei Gruppen (Österreicher, »Neu Beginnen«, Landesorganisation) zu beginnen. In einem Ergänzungsantrag fordert er, für den Fall der Annahme des Antrages mit den drei Gruppen gleichzeitig über das allgemeine Problem zu verhandeln.

Hertz zieht den Ergänzungsantrag zurück, da wir, wie aus einer Zwischenbemerkung von Vogel hervorgeht, über die Stellungnahme der Österreicher auf der sonntäglichen Konferenz noch nicht unterrichtet sind.

Vogel verliest die heute eingegangene Aufforderung von »Neu Beginnen«, Verhandlungen mit der Gruppe durchzuführen.

Vogel schlägt vor, in offizielle Verhandlungen mit der Landesgruppe einzutreten.

Der Vorschlag wird einstimmig angenommen.

Hertz: Damit kein Mißverständnis entsteht, möchte ich feststellen, daß bei nächster Gelegenheit mit den Österreichern verhandelt wird. Es werden jetzt offizielle Verhandlungen mit dem Landesvorstand geführt. Sobald die Österreicher mitteilen, was sie auf der Konferenz beschlossen haben, dann müssen Verhandlungen mit den Österreichern erfolgen. Ich stimme nur zu unter der Voraussetzung, daß dann gleichzeitig mit allen dreien über das allgemeine Problem zu verhandeln ist.

Crummenerl: Damit es keine Meinungsverschiedenheiten wieder gibt: Angenommen, wir kommen zu einer Einigung mit der Landesgruppe, brauchen wir natürlich kein Kartell mit ihr. Ob wir mit den anderen zu einem Kartell kommen oder nicht zu einem Kartell kommen, ist am Ende der Verhandlungen erst zu diskutieren und zu entscheiden.

Geyer: Ich möchte von Hertz eine Interpretation, was er unter gleichzeitigen Verhandlungen versteht. Man kann montags die Österreicher laden und mit ihnen verhandeln und Dienstag »Neu Beginnen«. Man kann sie aber auch gleichzeitig gemeinschaftlich an den Verhandlungstisch setzen. Ich bitte um eine Interpretation.

Hertz: Gleichzeitig heißt natürlich mit allen zugleich gemeinschaftlich. Aber das ist die Interpretation meiner Abstimmung.

Vogel: Es ist der Vorschlag gemacht worden, für die Verhandlungskommission Ollenhauer und Vogel zu bestimmen. Ich bitte um Abstimmung.

Dem Vorschlag wird bei Stimmenthaltung von Ollenhauer, Vogel und Hertz zugestimmt.

Vogel: Crummenerl hat den Vorschlag gemacht, die Anträge von Juchacz und Dietrich zurückzustellen, bis ich mit Marie Juchacz gesprochen habe.

Dem Vorschlag wird zugestimmt.

Vogel: Ich bitte um Abstimmung darüber, daß die SAI informiert wird.

Wird einstimmig angenommen.[45]

Vogel: Es ist vorgeschlagen worden, daß Stampfer und Vogel mit der Information der SAI betraut werden.

Gegen die Stimme von Hertz angenommen.

Ollenhauer: Ich schlage vor, die Beratungen abzubrechen und Mitte nächster Woche eine neue Sitzung anzuberaumen.

Angenommen.

---

45 Stampfer und Vogel reisten daraufhin zur SAI nach Brüssel. Vgl. Nr. 126.

Nr. 125
Protokoll der Parteivorstandssitzung am 20. August 1938

SAPMO Berlin, ZPA, II 145/55, Bl. 134–140

Vorstandsbesprechung vom 20. August 1938

Anwesend: Vogel, Crummenerl, Rinner, Ollenhauer, Stampfer, Geyer, Heine.

Vogel: Wir müssen über die Frage der Beteiligung der Genossen Juchacz und Dietrich an den Vorstandssitzungen sprechen. Es waren zwei Möglichkeiten vorgesehen: 1) Wir stellen fest, die Forderung der beiden Genossen ist nicht aus sachlichen Motiven gestellt, sondern auf Initiative von Paul Hertz erfolgt. Da wir uns keinem Druck von Paul Hertz aussetzen lassen wollen, so muß die Frage der Teilnahme an den Vorstandssitzungen der beiden ruhen, bis der Fall Hertz geklärt ist, oder 2) der andere Vorschlag: Der Parteivorstand verhält sich wie in der CSR, d. h. die Parteivorstandsmitglieder, die im Lande wohnen, können an den Vorstandssitzungen teilnehmen; d. h. in diesem Falle würde also Marie Juchacz, nicht aber Dietrich teilnahmeberechtigt sein. Über diese Vorstellungen hinaus haben die Genossen Rinner und Stampfer noch die Kostenfrage in den Vordergrund gerückt. Es hat sich herausgestellt, daß eine nochmalige Vorbesprechung erforderlich ist.

Stampfer hat Bedenken dagegen, die Angelegenheit Juchacz-Dietrich mit dem Fall Hertz in Verbindung zu bringen. Auch er hält es für wahrscheinlich, daß die Forderungen der Genossen durch Hertz'[1] Initiative entstanden sind, aber wir werden keine Möglichkeit haben, das zu beweisen. Er warnt auch davor, zwischen Juchacz und Dietrich zu differenzieren, da man sagen würde, daß wir formaljuristische Vorwände gebraucht hätten, um den uns unbequemen Georg Dietrich von den Sitzungen fernzuhalten. Er ist für ein »Entweder-Oder[2]« und schlägt vor, den Genossen zu schreiben, daß wir ihr Recht auf Teilnahme an den Vorstandssitzungen anerkennen, aber der Meinung sind, daß es aus finanziellen Gründen unmöglich ist, sie zu jeder Sitzung heranzuziehen. Wir würden sie aber bei wichtigen Entscheidungen einladen.

Rinner teilt den Standpunkt von Stampfer und fragt an, wie es mit den Einladungen zur Sekretärkonferenz steht. Stahl ist eingeladen worden, man muß deshalb Juchacz und Dietrich einladen.

Vogel erklärt dazu, daß Juchacz-Dietrich noch nicht eingeladen sind, da die Angelegenheit auf Beteiligung an den Vorstandssitzungen noch nicht entschieden ist. Werden sie als aktive Mitglieder des PV angesehen, dann nehmen sie sowieso an den Sekretärkonferenzen teil. Mit dem Vorschlag Stampfers – Teilnahme nur an außergewöhnlichen Sitzungen – ist er einverstanden.

Ollenhauer erklärt, daß der Vorschlag der Differenzierung zwischen Juchacz und Dietrich von ihm stamme. Er befürchtet, daß das finanzielle Moment bei der Höhe unseres Gesamt-Etats keinen Eindruck auf die Betroffenen machen würde. Er hält deshalb seinen Vorschlag weiter aufrecht, zumal die Anregung von Stampfer – Teilnahme nur an wichtigen Sitzungen – sofort zu neuen Schwierigkeiten führen würde, da Hertz dann jede Sitzung, an der er teilnimmt, als wichtig bezeichnen würde und die Heranziehung der beiden Genossen fordern würde. Wir hätten dann also dauernd Krach.

Stampfer schlägt vor, auf der Sekretärkonferenz, an der die beiden ja doch teilnehmen werden, mit ihnen über diese Frage zu reden. Er warnt nochmals vor einer Differenzierung zwischen den beiden Genossen.

---

1 Vorlage: »Hertzs«.
2 Vorlage: »entweder oder«.

Rinner möchte den finanziellen Standpunkt nicht bagatellisiert wissen. Wenn zwei oder drei Vorstandssitzungen im Monat stattfinden, wie das ja vorgesehen ist, dann werden rund 3 bis 4 000 Frs. Mehrkosten durch die Teilnahme der beiden entstehen. Das sind aber die Kosten für zwei Grenzsekretariate. Nach seiner Meinung reicht das Argument aus, beide von der Teilnahme auszuschließen. Er schließt sich Stampfers Auffassung an und schlägt vor, die beiden nur zu Sekretärkonferenzen einzuladen.

Ollenhauer schlägt vor, die beiden Genossen zu informieren, daß ihr Mandat anerkannt wird, aus finanziellen Gründen aber keine Möglichkeit bestehe, sie heranzuziehen. Man werde sie in außerordentlichen Fällen, wie Sekretärkonferenzen etc., genauso einladen wie Stahl.

Crummenerl ist anderer Auffassung. Hertz hat den Anstoß dazu gegeben, daß die beiden ihre Forderungen gestellt haben. Hertz will einen Druck auf uns ausüben, das ist unsittlich, und wir sollten das ablehnen. Wir sollten es aber nicht nur ablehnen, sondern auch sagen, daß wir es aus diesem Grunde ablehnen.

Rinner hat im Gegensatz zu Crummenerl den Eindruck, daß Marie Juchacz auch ohne unseren Krach mit Hertz an uns herangetreten wäre, um ihren Anspruch anzumelden.

Crummenerl hält es nicht[3] für entscheidend, ob wir Marie Juchacz für unsere Vorstellungen gewinnen können oder nicht. Entscheidend ist, daß sie in dem Augenblick die Forderung stellt, in dem wir den Krach mit Paul Hertz haben. Wir sollten sagen, daß wir das für eine unsittliche Haltung ansehen und daß wir bereit seien, später in Ruhe, nach Erledigung des Falles Hertz, darüber zu diskutieren.

Vogel stellt fest, daß wohl Einmütigkeit darüber besteht, daß der Anspruch der beiden anerkannt werden soll. Erforderlich ist, daß heute in der einen oder anderen Form die Entscheidung getroffen wird.

Geyer findet, daß wir, wenn wir die grundsätzliche Berechtigung des Anspruches anerkennen, damit Paul Hertz das Argument aus der Hand nehmen. Unser zweites Argument: daß finanzielle Gründe uns daran hindern, die Genossen ständig heranzuziehen, erscheint ihm durchaus ausreichend.

Crummenerl erklärt, daß er keine Schwierigkeiten in den Weg legen will und deshalb am Montag, wenn über den Vorschlag diskutiert werden sollte, sich an der Diskussion über diesen Punkt nicht beteiligen würde. Er macht aber darauf aufmerksam, daß, was den Vorschlag der Teilnahme an Sekretärkonferenzen betrifft, sofort gefragt werden würde, wann denn die nächste Sekretärkonferenz stattfände. Zur Einberufung der ersten Sitzung hätten wir fünf Jahre gebraucht, so würde uns vorgehalten werden, und die Teilnahme an einer Sitzung alle fünf Jahre sei doch kein Anerbieten.

Es wird vereinbart, den zweiten Vorschlag von Ollenhauer, den beiden Genossen mitzuteilen, daß wir ihren Anspruch auf das Mandat als Vorstandsmitglieder anerkennen, daß wir aber aus finanziellen Gründen Einladungen zu allen Vorstandssitzungen nicht vornehmen können, sondern diese Einladungen nur auf außergewöhnliche Anlässe, wie Sekretärkonferenzen etc. beschränken müssen, in der Vorstandssitzung am Montag vorzulegen.

Vogel macht kurze Bemerkungen über die weiter vorgesehenen Punkte der nächsten Vorstandssitzung. (Vorschlag Sander betreffs Flüchtlingszentrale in London[4], Unterstützungsfälle usw.) und stellt fest, daß über diese Punkte Einmütigkeit herrscht.

Er verliest sodann ein neues Angebot der KPD, das an Stampfer gerichtet ist und in dem wiederum zu einheitlichen Aktionen aufgefordert wird.[5] Er erklärt dazu, daß wir bei der

---

3 Vorlage: »nicht« hs. ergänzt.
4 Vorlage: Von »Vorschlag« bis »London« hs. unterstrichen.
5 Das KPD-ZK machte am 16. August 1938 dem PV das Angebot, über die Bildung einer Aktionsgemeinschaft zu verhandeln. Zu dieser Frage vgl. das Rundschreiben des PV an »Werte Genossen«, 23. August 1938, in: AdsD Bonn, PV-Emigration, Mappe 10.

Beratung dieses Angebots berücksichtigen sollten, daß 1) zwischen der französischen Sozialistischen Partei und der französischen KP das denkbar schlechteste Verhältnis besteht und 2) daß Verhandlungen mit den Kommunisten im gegenwärtigen Moment unserer Konzentrationsverhandlungen ebenfalls nicht zweckmäßig erscheinen.

Stampfer glaubt, daß es nicht zweckmäßig ist, diesen Brief unbeantwortet zu lassen. Er schlägt vor, daß wir antworten: 1) Wir sind für Einigkeit der Arbeiterbewegung. 2) Wir sind unter gewissen Voraussetzungen und Garantien zu streng vertraulichen Verhandlungen bereit, daß wir zwischen diesen beiden Punkten aber in eingehender Weise eine ausführliche Darstellung setzen, die mit den Kommunisten abrechnet, ihnen ihr Verhalten in der Frage der Pariser Volksfront und ihr Verhalten zu uns vorwirft, um es ihnen unmöglich zu machen, diesen unseren Antwortbrief abzudrucken.

Rinner ist der Auffassung, daß die Kommunisten uns wieder einmal entlarven wollen. Er hält es deshalb für richtig, diese Angelegenheit zu benutzen, um zu sagen, daß wir zwar ehrliche Einheit wollen, daß dazu aber Voraussetzung ist, daß gewisse einheitliche Auffassungen bestehen, daß wir jedoch glauben, daß diese einheitlichen Auffassungen nicht vorhanden sind. Er hält es für nützlich, uns nicht darauf zu beschränken, taktische Fehler der Kommunisten anzuprangern, sondern unseren grundsätzlichen Standpunkt darzulegen. Er geht dabei davon aus, daß wir nicht immer nur daran denken sollen, was die Kommunisten zu unserem Verhalten sagen, sondern vielmehr daran, was unsere Leute dazu sagen.

Geyer ist anderer Meinung als Rinner. Er sieht im Augenblick keine Notwendigkeit zu grundsätzlichen Auseinandersetzungen. Er sieht auch keinen Anlaß, jetzt die Dinge in unsere Antwort aufzunehmen, die sich in der Vergangenheit zwischen uns und den Kommunisten und in der hiesigen Volksfront ereignet haben. Er schlägt vor, daß wir eine kurze, eiskalte, höfliche, freundliche Antwort geben, in der wir feststellen, daß uns zunächst die Vereinigung mit den Österreichern und andere Dinge mehr am Herzen liegen und daß wir dann, wenn wir diese Dinge bei uns geklärt haben, der Frage der Verständigung mit den Kommunisten näher treten können.

Stampfer ist gegen den Vorschlag Geyers, da man dann sofort erklären würde, mit dieser Antwort sei unsere Verhandlungsunfähigkeit erwiesen. Es ist wahrscheinlich, daß wir noch lange nicht zu einer Einigung mit den Österreichern kommen. Würden wir Geyers Vorschlag annehmen, dann würden wir uns also auf lange Zeit festgelegt haben, daß wir verhandlungsunfähig sind. Er wiederholt seinen Vorschlag und warnt insbesondere davor, Rinners Anregung aufzugreifen und jetzt eine grundsätzliche Polemik durchzuführen. Bei den Fragen Sowjetrußland und Bolschewismus handelt es sich um Dinge, die ihre zwei Seiten haben und bei denen es jetzt nicht zweckmäßig ist, sie anzuschneiden. Unsere grundsätzliche Stellungnahme gegen die Kommunisten wird doch dadurch sehr erschwert, daß 1) Hitler die Führung des antibolschewistischen Kampfes für sich mit Beschlag belegt hat und daß 2) der außenpolitische Faktor, den Rußland bildet, eine Rolle spielt. Keiner von uns denkt auch nur im Traum an eine Verschmelzung mit der KPD. Die Frage ist nur, ob man nicht doch eine Verständigung über taktische Fragen herbeiführen kann. Fühlungnahmen könnten nichts schaden.

Crummenerl hat den Eindruck, daß in Stampfers Entwurf zwei Dinge nebeneinander stehen, die sich nicht gut miteinander vertragen. Stampfers Entwurf lehnt zu Anfang aus vielen Gründen eine Zusammengehen mit den Kommunisten ab und läßt sich zum Schluß aber doch zu vertraulichen Aussprachen herbei. Das eine schließt das andere aus. Es glaubt doch wohl keiner von uns, daß wir mit den Kommunisten zu irgendwelchen tatsächlichen Übereinkommen gelangen können und daß die Kommunisten irgendwelche ehrliche Übereinkommen mit uns halten wollen. Man müsse die Dinge doch auch taktisch sehen und bedenken, daß wir durch die Konzentrationsverhandlungen schon Unruhe genug im Parteikörper haben. Er hält es nicht für zweckmäßig, die vorhandenen Schwierigkeiten noch zu vermehren. Er ist der Meinung, daß, wenn er den Briefentwurf des Genossen

Stampfer vorgelegt bekommt, daß er dann mit dem ersten Teil dieses Briefes wahrscheinlich einverstanden sein wird. Er ist auch nicht dagegen, daß wie bisher, private Besprechungen zwischen Stampfer und anderen Vorstandsmitgliedern und Kommunisten erfolgen. Er hält es aber nicht für zweckmäßig, darüber hinauszugehen und ist deshalb gegen die Aufnahme des zweiten Gedankens, den Kommunisten vertrauliche Besprechungen vorzuschlagen.

Rinner ist durch die Ausführungen von Stampfer noch nicht davon überzeugt, daß es zweckmäßig ist, sie durch taktische Mittel zu entlarven. Er ist der Meinung, daß das keine Bedeutung hat, sondern daß nicht taktische, sondern grundsätzliche Stellungnahme vonnöten ist.

Ollenhauer wirft die Frage auf, ob wir auf das Angebot überhaupt antworten sollen. Er sieht keine Notwendigkeit ein, von unserem bisherigen Standpunkt: keine Verhandlungen mit der KPD, abzuweichen. Es ist doch klar, daß eine praktische Zusammenarbeit mit der KPD unmöglich ist. Das Pariser Experiment der Volksfront ist absolut gescheitert, alle sozialistischen Gruppen (Miles, Landesorganisation, Revolutionäre Sozialisten) sind jetzt gegen Verhandlungen mit Kommunisten. Er hält es deshalb für falsch, in diesem Augenblick eine Antwort zu geben, in der wir eine Tür für Verhandlungen offen lassen. Ollenhauer ist mit schriftlicher Antwort einverstanden, wenn eine scharfe Ablehnung von Verhandlungen ausgesprochen wird. Er wendet sich dagegen, daß in der Antwort irgendwelche Argumente, weder die von Stampfer, noch die von Rinner, enthalten sind. Der Zufall, daß es den Kommunisten einmal wieder eingefallen ist, uns ein Angebot zu machen, sollte für uns nicht entscheidend sein.

Stampfer erklärt, daß die Frage der vertraulichen Besprechungen kein Punkt sei, auf den er sich versteife. Wir sollten aber bei unserer Antwort auch daran denken, daß die gegenwärtige Situation es in den Bereich der Möglichkeiten schiebe, daß einmal über kurz oder lang eine Zwangslage entstehen könnte, die uns zum Zusammengehen mit den Kommunisten zwingen würde. Würden wir uns jetzt auf ein »niemals Verhandlungen« festlegen, so könnte es sein, daß wir es in vier Wochen unter Umständen schon wieder bereuen müssen. Er meldet starke Bedenken dagegen an, den Vorschlag Ollenhauers zu befolgen oder überhaupt nicht zu antworten.

Geyer ist schon dagegen, daß wir in dem Antwortbrief auch nur schreiben, daß wir für die Einheit sind. Er ist aber auch nicht dafür, daß wir in dem Antwortbrief ein grundsätzliches »Niemals« aussprechen. Nach seiner Auffassung sollte in der Antwort einfach gesagt werden, daß jetzt nicht der Zeitpunkt zu Verhandlungen sei.

Crummenerl erklärt sich mit der Darstellung Geyers einigermaßen einverstanden. Auch er sieht keine Zwangsläufigkeit, zur Zeit mit der KPD zu verhandeln. Er ist auch mit einem neuen Entwurf Stampfers einverstanden, wenn er nur die Ablehnung enthält.

Stampfer zieht seinen ursprünglichen Briefentwurf zurück und **Vogel** stellt fest, daß drei Fragen zu lösen sind: 1) Soll der Brief der KPD beantwortet werden? 2) Soll er zustimmend oder ablehnend beantwortet werden? 3) Soll er ohne Begründung (kurz) oder mit Begründung (lang) beantwortet werden?

Er schlägt im übrigen vor, daß in künftigen Vorstandsbesprechungen nicht immer nur der Vorsitzende allein über die einzelnen Punkte referiert, sondern daß diese Aufgabe verteilt wird.

Stampfer bittet darum, daß in der Frage der Antwort an die KPD weder er (Stampfer) noch Ollenhauer zu Referenten bestimmt werden.

Die Mehrheit erklärt sich dafür, der nächsten Vorstandssitzung vorzuschlagen, daß die KPD eine Antwort erhält. Die vorgeschlagene Formulierung, daß wir »gegenwärtig nicht in der Lage sind, auf das Angebot einzugehen«, stößt auf den Widerspruch von **Rinner**, der gegen die Formulierung »gegenwärtig« ist. Es entspinnt sich eine kurze ergebnislose Debatte um eine Neuformulierung dieses Wortes.

Geyer empfiehlt, unter diesen Umständen keinen Brief zu schreiben.
Stampfer ist sehr dagegen, daß der Brief unbeantwortet gelassen werde.
Ollenhauer schlägt die Formulierung »unter den gegebenen Umständen nicht in der Lage« vor, die von Rinner akzeptiert, von Stampfer dagegen abgelehnt wird.
Crummenerl regt an, unsere Ablehnung mit den Erfahrungen, die wir in der Vergangenheit mit den Einheitsfront-Manövern gemacht haben, zu begründen.
Geyer regt an, die Antwort auf den Tenor zu bringen, im Moment passe uns das Angebot nicht. Schließlich wird der Vorschlag
Vogels, heute keine Entscheidung zu treffen, sondern die Angelegenheit in der Vorstandssitzung auszutragen, akzeptiert.
Geyer gibt Informationen über den Stand der Angelegenheit »Pariser Tageszeitung«. Max Braun, der seinerzeit abgeleugnet hat, von sich aus gegen Wolff[6] und Caro[7] eine Aktion bei den Behörden eingeleitet zu haben, hat nach dem 12.Juli Denkschriften an die Sûreté, Innenminister und Außenamt gesandt, in denen er als Präsident der Zentralkommission für die Vereinigung der Deutschen Sozialdemokraten feststellt, daß weder die Zentralkommission noch die deutsche Sektion der Liga für Menschenrechte, noch der AdG[8] sich in der Lage sähen, gegen die Ausweisung der beiden zu protestieren.[9] – Aus den Begleitumständen ergibt sich nach Geyers Auffassung, daß Braun uns nur deshalb so – wie es schien, leichtfertig – die »Deutsche Freiheit« hinwirft[10], weil er glaubt, via Parteivorstand-Münzenberg die »Pariser Tageszeitung« in seinen Besitz zu bekommen. Geyer hält es für mög-

---

6 Wolff, Fritz, 1897–1946, KPD, Publizist und Graphiker, Emigration 1933 Frankreich, Hrsg. des KPD-nahen Informationsdienstes »Inpress«, Beiträge für das »Pariser Tageblatt« und die »Pariser Tageszeitung«, 1939–40 Hrsg. »Pariser Tageszeitung«, 1942 Großbritannien, 1946 SPD London.
7 Caro, Kurt, geb. 1905, Chefredakteur der »Berliner Volkszeitung«, Emigration 1933 Frankreich, Redakteur »Pariser Tageblatt« bzw. »Pariser Tageszeitung«, 1939 Algerien, interniert, 1943 britische Armee, 1945 Österreich, 1950 Deutschland, in britischen Diensten, 1958 Schweiz.
8 Vorlage: »GdA«. Der erste Buchstabe ist handschriftlich über einen getippten Buchstaben eingebessert. Er könnte auch ein »S« sein. Korrekt müßte es aber »AdG« (Auslandsvertretung der deutschen Gewerkschaften) heißen; vgl. die folgende Anm.
9 Gegen den Verleger der »Pariser Tageszeitung« Fritz Wolff und deren Redakteur Kurt Caro erließ die Regierung Daladier im Zuge einer restriktiveren Handhabung des Asylrechts Ende Juni 1938 einen Ausweisungsbefehl per 4. Juli 1938. Dem folgte ein langer Rechtsstreit mit dem französischen Innenministerium, an dessen Ende im Juli 1939 der Ausweisungsbefehl aufgehoben wurde. Vgl. *Walter F. Peterson*, The Berlin Liberal Press in Exile: A History of the Pariser Tageblatt – Pariser Tageszeitung 1933–1940, Tübingen 1987, S. 221 f. Max Braun erklärte in der erwähnten Denkschrift, daß die Zentralkommission des Verbandes deutscher Sozialdemokraten in Frankreich es ablehne, gegen den Ausweisungsbefehl zu protestieren. »Eine entsprechende Haltung ist von der ›Centrale syndicale allemande A.D.G.‹ in Paris und der deutschen Sektion der ›Ligue des Droits de l'Homme‹ (Liga für Menschenrechte) eingenommen worden.« Deutsche Übersetzung der Denkschrift in: BA Potsdam, 61 Ta 1, Nr. 62, Bl. 68. Caro und Wolff widersprachen dem insofern, als sie nach Rücksprache bei Vorstandsmitgliedern der Liga für Menschenrechte erklärten, die Liga habe sich nie mit dem Fall befaßt. Die AdG sei zudem nur »eine kleine Nebenorganisation.« Vgl. ebd., Bl. 63. Weiteres Material zu diesen Vorgängen befindet sich ebd., Nr. 61 und 62. Mit der im Protokoll erwähnten »Zentralkommission für die Vereinigung der deutschen Sozialdemokraten« dürfte der Vorstand der Landesgruppe deutscher Sozialdemokraten in Frankreich gemeint gewesen sein, deren Vorsitzender Braun war.
Daladier, Edouard, 1884–1970, französischer Radikalsozialist, zwischen 1924 und 1940 Minister verschiedener Ressorts, 1933, 1934 sowie 1938–40 Ministerpräsident.
10 Die »Deutsche Freiheit« (Chefredakteur: Max Braun) erschien von Dezember 1937 bis April 1939 in Paris. In Nummer 41/1938 wurde über eine mögliche Fusion der »Deutschen Freiheit« mit dem »Neuen Vorwärts« geschrieben, was aber unterblieb. Hingegen fusionierte die »Deutsche Freiheit« für elf Ausgaben mit der »Zukunft« von Münzenberg. Vgl. *Maas*, Bd. 1, S. 160; Bd. 4, S. 354.

lich, daß in kürzester Frist wichtige Entscheidungen in bezug auf die »Pariser Tageszeitung« erfolgen. Er hält es auch für möglich, daß ihm schon am Montag Fritz Wolff den Vorschlag macht, die »Pariser Tageszeitung« zu übernehmen.

Stampfer verliest eine Stelle aus einem Brief Breitscheids an ihn, aus dem hervorgeht, daß die von Geyer angenommene enge Verbindung zwischen Münzenberg und Braun doch wohl nicht so eng ist.[11]

Rinner ist der Auffassung, daß für ihn eine neue Situation in bezug auf die Konzentrationsverhandlungen mit Max Braun entsteht, wenn die Darstellung Geyers richtig ist. Ist sie richtig, dann ist es nicht nur notwendig, nicht über unser Angebot, das wir bisher gemacht haben, hinauszugehen, sondern dann ist es notwendig, unser Angebot zurückzuziehen, da die bisherigen Voraussetzungen dann nicht mehr vorhanden sind.

Vogel ist der Meinung, daß, wenn das, was Braun über Wolff gesagt hat, richtig ist, er keine Notwendigkeit erkennen könne, für das Asylrecht von Wolff und Caro zu kämpfen. Man müsse auch bedenken, daß wir gegen diese Ausweisungs-Angelegenheit gar nicht Stellung nehmen können, da es sich um eine Entscheidung der Behörden handelt, daß wir also gegen Behördenmaßnahmen protestieren würden, während Max Braun, wenn er sich für diese Ausweisung einsetzt, sich genau umgekehrt verhält.

Crummenerl ist der Auffassung, daß wir heute nur eine Seite hören und daß deshalb heute keine Entscheidung getroffen werden könne oder auch nicht getroffen werden soll. Er hält es für richtig, abzuwarten und festzustellen, ob das, was wir noch zur Kenntnis bekommen, uns zwingt, unser Verhalten in der Konzentrationsfrage erneut zu überprüfen.

Stampfer ist dafür, keine vorschnellen Entschlüsse zu fassen. Er wünscht aber, daß das in keiner Beziehung geschieht, auch nicht in bezug auf die Entscheidung über die Aufnahme von Braun und Wagner in den PV.

Geyer meint, daß es doch nicht möglich sei, das Spiel von Münzenberg und Max Braun völlig zu durchschauen, daß wir aber wohl keine Lust haben, für Max Braun nur den Wegbereiter abzugeben. Er ist dafür, daß die Verhandlungen mit Wagner und Braun nicht überstürzt werden. Er für seine Person sieht Max Braun innerlich nicht mehr als Verhandlungspartner in Konzentrationsverhandlungen an.

Rinner stellt fest, daß er offenbar mißverstanden worden ist. Er hatte nicht die Absicht, heute eine Entscheidung darüber herbeizuführen, daß die Konzentrationsverhandlungen mit Max Braun-Wagner abgebrochen werden sollten. Er hat nur erklärt, daß, wenn das stimme, was Geyer sagt, dann eine neue Situation geschaffen sei. Auch er ist dafür abzuwarten.

Vogel nimmt an, daß seine Taktik im Kreise des PV bekannt sei. Er sei in den Verhandlungen viel zurückhaltender als im Anfang. Er sei aber nicht geneigt, seine Taktik zu ändern, bis er nicht Gewißheit habe.

Crummenerl ist mit dem Vorschlag von Vogel einverstanden, daß die Verhandlungen zunächst weitergehen sollen. Liegt ein Ergebnis vor, dann solle es dem PV unterbreitet werden, der dann in einer Sitzung darüber entscheidet.

Schluß der Sitzung.[12]

---

11 Im Nachlaß Stampfer im AdsD Bonn befindet sich dieser Brief nicht.
12 Vorlage: »Schluß der Sitzung« ms. unterstrichen.

Nr. 126
Protokoll der Parteivorstandssitzung am 22. August 1938
SAPMO Berlin, ZPA, II 145/55, Bl. 141–151

Vorstandssitzung vom 22. 8. 38

Anwesend: Vogel, Crummenerl, Rinner, Ollenhauer, Hertz, Stampfer, Geyer, Heine.

Vogel eröffnet die Sitzung mit der Feststellung, daß wir soeben erst die Vorschläge der österreichischen Genossen auf Bildung eines Kartells erhalten haben und daß es erforderlich ist, daß zunächst erst alle Vorstandsmitglieder von diesem Vorschlag Kenntnis nehmen, ehe dazu Stellung genommen werden kann.[1] Er teilt vor Eintritt in die Tagesordnung außerdem mit, daß ein Brief von Paul Hertz eingegangen ist, in dem er den Vorwurf erhebt, daß wir ihm die Antwort der Landesorganisation auf unsere Vorschläge[2] vorenthalten haben, und er verlangt, daß er den Briefwechsel, soweit er politisch von Bedeutung ist, stets 24 Stunden vor den Vorstandssitzungen zur Kenntnis erhält.[3] Vogel verweist darauf, daß er in der letzten Sitzung den Beschluß des Landesvorstandes sinngemäß zur Kenntnis gegeben habe. Er hat den Briefwechsel zusammen mit dem gesamten übrigen Briefwechsel in der Briefmappe gehabt, die vor und während der Sitzung offen und jedermann zur Einsicht auf dem Tisch gelegen habe. Nach seiner Auffassung ergibt sich aus dieser Angelegenheit nicht die Notwendigkeit, von unseren Gepflogenheiten abzugehen. Hertz hat wie alle anderen das Recht, sich den Posteingang täglich oder, wenn er nicht alle Tage herkomme, alle paar Tage anzusehen.

Hertz hält es im Augenblick nicht für nötig, dazu Stellung zu nehmen.

Stampfer berichtet kurz über die Reise der Genossen Vogel und Stampfer, die sie zur Information der SAI nach Brüssel unternommen haben. Er resümiert, daß Adler sich nicht davon habe überzeugen lassen, daß die Schuld an dem Konflikt nur bei Paul Hertz und nicht auch bei uns liege. Es ist über sein Verhältnis zu »Neu Beginnen« gesprochen worden. Adler hat außerdem mitgeteilt, aus welchen Gründen es ihm bisher unmöglich gewesen sei, zu uns zu kommen. De Brouckère hat betont, daß er natürlich volles Vertrauen in die Objektivität von Adler hat; er hat nach unseren Absichten gefragt und erklärt, daß kein Grund bestehe, die Vertretung der Partei in der Exekutive zu verändern. Er hat auch nochmals festgestellt, daß die SAI sich niemals in Streitigkeiten der einzelnen Parteien einmische, wenn sie nicht von den Parteivertretern in der Exekutive dazu aufgefordert werde.

Vogel: Es ist in der letzten Sitzung beschlossen worden, den Antrag der Genossin Juchacz und des Genossen Dietrich auf Hinzuziehung zu den Vorstandssitzungen zurückzustellen bis zu der zwischen Marie Juchacz und mir vorgesehenen Aussprache. Diese Aussprache hat stattgefunden. Ich habe ihr unseren Standpunkt in dieser Angelegenheit dargestellt. Sie hat erklärt, daß sie, wenn sie es sich leisten könne, in Paris zu wohnen[4], natürlich häufiger zu uns ins Büro kommen würde, daß sie dann auch Einsicht in den Briefwechsel nehmen würde usw. Da ihr das aber nicht möglich ist, so sieht sie ihre Tätigkeit in der Hauptsache darauf beschränkt, an wichtigen Vorstandssitzungen teilzunehmen. Sie hat ihren Anspruch gemeinsam mit Georg Dietrich wiederholt. Ich nehme deshalb an, daß er die gleiche Auffassung wie sie hat. Keiner von uns denkt wohl daran, das Mandat der beiden grundsätzlich bestreiten zu wollen. Beide können sich genauso wie wir auf das Mandat berufen, das sie in

---

1 Vgl. Nr. 124, Anm. 25.
2 Vgl. Nr. 124, Anm. 28.
3 Der Brief vom 11. August 1938 befindet sich in: AdsD Bonn, PV-Emigration, Mappe 53.
4 Juchacz lebte damals in Mulhouse/Elsaß.

der Reichskonferenz vom April 1933 erhalten haben. Grundsätzlich kann also ihr Anspruch nicht bestritten werden. Die Frage ist nur, wie ihr Anspruch in die Praxis umgesetzt werden kann. Ich darf da an die Handhabung erinnern, die wir in der CSR durchgeführt haben. Wir haben damals zu den Vorstandssitzungen nur die Mitglieder herangezogen, die im Lande wohnen. Die anderen sind nicht herangezogen worden, und es ist auch, soweit ich mich erinnere, von ihnen kein Einspruch auf Beteiligung erhoben worden. Man könnte sich also die Sache so denken, daß man Marie Juchacz, die im Lande wohnt, heranzieht und Dietrich, der in der Schweiz seinen Sitz hat, nicht zu den Sitzungen heranzieht. Hält man dieses Verfahren nicht für möglich, da Mülhausen[5] ja nur 20 Eisenbahnkilometer von Basel – dem Wohnort von Georg Dietrich – entfernt ist, so würde man das bisher gehandhabte Prinzip durchbrechen, und man müßte dann damit rechnen, daß auch sofort von Stahl der gleiche Anspruch gestellt wird. Im gleichen Augenblick erhebt sich aber die Frage, ob vom Standpunkt der vorsichtigen Kassenführung eine derartige Hinzuziehung noch zu rechtfertigen ist. Ich halte es für das Zweckmäßigste, wenn eine Verständigung auf der Grundlage gefunden würde, daß die nicht in Paris wohnenden Mitglieder des PV nicht zu allen Parteivorstandssitzungen herangezogen werden, sondern daß sie nur zu den wichtigsten einzuladen sind. Als Beispiel denke ich daran, daß man sie natürlich zu den Sekretärkonferenzen einladet. Man muß sich dann aber klar sein, daß man in diesem Falle nicht zwischen den drei Genossen differenzieren darf.

Hertz: Die Frage, wie unser Verhalten zu dieser Angelegenheit in der CSR war, ist niemals gestellt worden, und wir haben uns niemals auf einen bestimmten Grundsatz in dieser Richtung festgelegt. Die Sache ist doch einfach so, daß diejenigen, die in der CSR wohnten, reisefähig waren, während die anderen es nicht waren. Wenn das jetzt anders ist, dann muß man einen entsprechenden Beschluß fassen. Für mich ist es selbstverständlich, daß man Stahl dasselbe gewähren muß, was für Juchacz und Dietrich gewährt wird. Ich kann mir vorstellen, daß die Dinge für Dietrich etwas schwieriger sind als für Marie Juchacz. Die finanziellen Schwierigkeiten sind anzuerkennen, aber es ist doch klar, daß jeder der drei selbst genug Verantwortungsgefühl hat, um dem Rechnung zu tragen. Wir sollten aussprechen, daß wir grundsätzlich ihr Mandat anerkennen und sie zu allen Veranstaltungen einladen, daß wir sie aber bitten, in jedem Fall zu entscheiden, ob sie es selbst verantworten können, nach hier zu fahren.

Stampfer: Ich halte es für besser, daß wir als Körperschaft die Verantwortung übernehmen, welche Sitzungen für wichtig erachtet werden und welche es nicht sind. Ich halte es für besser, als diese Verantworung dem einzelnen Mitglied zu überlassen. Es wird das richtigste sein zu sagen, daß wir leider aus finanziellen Gründen nicht in der Lage sind, die nicht in Paris lebenden Genossen zu allen Sitzungen heranzuziehen. Wir sollten sie zu außerordentlichen Veranstaltungen wie Sekretärkonferenzen usw. selbstverständlich einladen. Aber wie gesagt, ich bin der Meinung, wir sollten von uns aus beschließen, zu welchen Sitzungen wir sie einladen.

Ollenhauer unterstützt den Vorschlag von Stampfer.

Hertz lehnt diese Erledigung aus grundsätzlichen Erwägungen ab. Er hält es für eine völlige Unmöglichkeit, so zu verfahren und könnte einer solchen Anregung nicht Folge leisten.

Crummenerl: In Berlin hat das Prinzip geherrscht, daß die Sekretäre des PV und die Beisitzer in Berlin selbst wohnen mußten. Das ist erfolgt, weil man Zeit und Kosten sparen wollte. Erst im April 1933 ist man von dieser Regelung abgewichen. Aber man hat auch damals die Auffassung vertreten, daß das nur deshalb zu machen sei, weil die einzelnen Genossen ihre Reichstagsfahrkarten hatten, so daß keine Fahrtkosten entstanden und da sie sowieso oft in Berlin waren. Die von Hertz vorgeschlagene Neuregelung würde einen gro-

---

5 Vorlage: »Mühlhausen«.

ßen Mehraufwand erfordern. Wenn im Monat zwei bis drei Sitzungen stattfinden sollten, dann würde das monatlich mindestens 5 bis 7 000 Frs. Kosten verursachen. Crummenerl kommt deshalb aus reiflicher Überlegung zu der Überzeugung, daß es unrichtig ist, wenn wir es den einzelnen Mitgliedern des PV überlassen würden, selbst zu entscheiden, ob und an welchen Sitzungen sie teilnehmen.

Hertz fragt, wer darüber entscheidet, ob die Genossen eingeladen werden sollen oder nicht.

Crummenerl: Wir hier.

Hertz: Das heißt, daß vorher stets eine Sitzung stattfinden muß, in der darüber beraten wird, ob die Sitzung wichtig ist oder nicht und ob die Genossen eingeladen werden sollen oder nicht. Ich würde aus einem derartigen Beschluß das Bestreben herauslesen, den PV immer weiter zu verengern. Ich hatte drei Punkte formuliert: 1) Daß wir das Recht auf Ausübung des Mandats anerkennen, 2) daß wir sie zu allen Sitzungen einladen, 3) daß wir ihnen überlassen, ob sie mit Rücksicht auf die Unkosten an den Sitzungen teilnehmen wollen oder nicht.

Stampfer: Mein Vorschlag ist, neben der grundsätzlichen Anerkennung ihres Mandats die Genossen Stahl, Juchacz und Dietrich nur in außerordentlichen Fällen einzuladen, da wir auf Grund unserer finanziellen Lage nicht fähig sind, sie zu allen Sitzungen heranzuziehen. Es könnte dabei festgelegt werden, daß die Genossen, wenn sie einen besonders dringenden Wunsch haben, an irgendeiner Sitzung teilzunehmen, daß wir ihnen dann diesen Wunsch nicht abschlagen.

Hertz: Das Recht der Vorstandsmitglieder, an den Sitzungen teilzunehmen, wird also umgewandelt in eine Bitte, an den Sitzungen in dringenden Fällen teilnehmen zu dürfen.

Vogel stellt fest, daß Einmütigkeit herrscht insofern, daß das Mandat der Genossen nicht umstritten ist. – Für den Vorschlag von Hertz stimmt nur Hertz, für den Vorschlag von Stampfer alle Stimmen ohne die von Hertz. Vogel ergänzt diese Abstimmung dahin, daß wir mit den Genossen in der vorgesehenen Sekretärkonferenz freundschaftlich sprechen und sie über unsere Gründe informieren.

Ollenhauer berichtet über einen Brief des ZK der KPD, in dem sie ein Angebot an den Parteivorstand und alle sozialdemokratischen Gruppen richten.[6] Er verliest den Brief des ZK und bemerkt dazu, daß dieses Schreiben offenbar nicht nur an uns, sondern auch an unsere Vertrauensleute in den anderen Ländern gegangen ist. Das spricht dafür, daß sie unsere Antwort ebenfalls veröffentlichen würden, um unseren Freunden unseren Standpunkt zur Kenntnis zu geben. Ollenhauer sieht keine Notwendigkeit, unsere Haltung im Augenblick zu ändern. Er ist der Meinung, daß wir uns darauf beschränken könnten, diesen Tatbestand mitzuteilen und zu sagen, daß wir deshalb dieses Angebot nicht annehmen können.

Stampfer fragt, was Ollenhauer denn darunter verstanden haben will.

Ollenhauer erklärt seine Stellungnahme dahin, daß wir sagen sollten: Wir haben das Angebot erhalten, wir sind aber unter den gegebenen Umständen nicht in der Lage, Verhandlungen mit den Kommunisten aufzunehmen.

Stampfer ist dafür, daß wir die »gegebenen Umstände« näher charakterisieren. Wenn die Kommunisten diesen Brief veröffentlichen, dann müssen wir sagen, warum wir diese Verhandlungen ablehnen. Stampfer ist dafür, vier Gründe anzuführen, warum wir von Verhandlungen mit Kommunisten nichts wissen wollen. Er nennt als die vier Gründe 1) die Erfahrungen mit der Pariser Volksfront, 2) den Streit zwischen der SFI und der KPF, 3) unsere eigenen Erfahrungen und 4) sollten wir sagen, daß wir trotz dieser Erfahrungen seinerzeit den Versuch gemacht haben, auf dem Gebiet der Spitzelbekämpfung dauernd mit den

---

6 Vgl. Nr. 125, Anm. 5.

Kommunisten Fühlung zu behalten, daß dieser Versuch aber durch das leichtfertige Verhalten der Kommunisten gescheitert ist und von den Kommunisten auch abgebrochen wurde.[7] Wir haben es nicht nötig, etwa aus Verlegenheit zu schweigen. Wir können eine sehr offene Antwort geben und den Kommunisten sehr unangenehme Dinge sagen.

Rinner ist der Auffassung, daß der Ausdruck »unter den gegebenen Umständen« doch etwas mehr umgreift, als Stampfer zum Ausdruck bringt. Er faßt die Formulierung so auf, daß darunter auch die grundsätzlichen Meinungsverschiedenheiten zu verstehen sind, die zwischen uns und den Kommunisten bestehen. Er ist der Meinung, daß, wenn wir uns schon auf Diskussionen einlassen wollen, wir uns dann nicht auf die Gründe zweiten Ranges beschränken können, sondern daß wir dann auch die grundsätzlichen Argumente anführen müssen. Wir sollten das besonders mit Rücksicht darauf tun, daß wir unsere eigenen Genossen auf diese Weise über unser Verhalten informieren könne, die von uns in dieser Angelegenheit nicht eine taktische, sondern eine grundsätzliche Stellungnahme wünschen. Er hält es deshalb für das Beste, wenn wir so vorgehen, wie das von Ollenhauer vorgeschlagen worden ist.

Ollenhauer erklärt, daß sein Vorschlag, nur eine kurze Antwort zu geben, begründet war durch die Vorstellung, daß dieses kommunistische Angebot ja nur rein zufällig uns erreicht hat. In Wahrheit ist die Frage des Zusammenarbeitens mit der KPD doch kein aktuelles Thema. Daß wir uns mit dieser Angelegenheit heute beschäftigen, verdanken wir doch nur dem Zufall, daß es den Kommunisten wieder einmal eingefallen ist, uns ein Einheitsfrontangebot zu machen. Er ist der Meinung, daß wir es nicht nötig haben, den ganzen Zimt wieder aufzuwärmen. Wir sollten uns hüten, Stampfers Vorschlag zu folgen und als Beispiel für das Verhalten der Kommunisten etwa auf die Volksfront-Affäre zurückzugreifen. Wir haben bisher in diese Sache nicht eingegriffen. Es erscheint nicht zweckmäßig, jetzt, nachdem das Fiasko eklatant ist, die Sache wieder aufzuwärmen. Noch stärkere Bedenken erhebt er dagegen, etwa die Frage des Verhaltens der Österreicher mit hineinzubringen. Unsere eigenen Erfahrungen mit den Kommunisten hält er allein nicht für ausreichend, um eine ausführliche Antwort damit zu begründen. Die kurze Antwort ist nicht aus dem Wunsch nach Bequemlichkeit entstanden, sondern es spreche eine Reihe von guten Gründen dafür, die Antwort so kurz wie möglich zu halten.

Vogel stellt fest, daß wohl Übereinstimmung darüber besteht, daß Verhandlungen mit der KPD nicht in Betracht kommen. Es handelt sich ja nur wohl darum, ob wir eine kurze oder eine begründete Antwort erteilen wollen. Er persönlich ist dafür, überhaupt nicht zu schreiben. Wenn aber die Mehrheit der Meinung ist, daß geantwortet werden soll, dann schließt er sich dem Vorschlag von Ollenhauer an.

Stampfer stellt fest, daß anscheinend die überwiegende Mehrheit dafür ist, eine kurze Antwort zu erteilen. Er erklärt, keine Schwierigkeiten machen zu wollen.

Der PV ist ohne die Stimme von Stampfer mit dem Vorschlag von Ollenhauer, den Kommunisten nur kurz zu antworten, daß wir unter den gegebenen Umständen nicht bereit sind, Verhandlungen mit ihnen aufzunehmen, einverstanden.[8]

Hertz berichtet ausführlich über die Flüchtlingskonferenz von Evian.[9] Als einen entscheidenden Fortschritt betrachtet er die Tatsache, daß das Flüchtlingsproblem künftig

---

[7] Seit Sommer 1936 hatten SPD-PV und KPD-ZK bei der Spitzelbekämpfung zusammengearbeitet. Nach einiger Zeit hatte sich aber herausgestellt, daß der kommunistische Kontaktmann selbst im Verdacht stand, Gestapo-Spitzel zu sein. Die KPD teilte den Verdacht, warnte aber die SPD nicht. Vgl. *Stampfer*, Emigration, S. 93–95.

[8] Am 23. August 1938 wurde dies dem KPD-ZK brieflich mitgeteilt. Vgl. Rundschreiben des PV, 23. August 1938, in: AdsD Bonn, PV-Emigration, Mappe 10.

[9] Vorlage: »Flüchtlingskonferenz von Evian« hs. unterstrichen. Vgl. zu dieser Konferenz Nr. 116, Anm. 10.

nicht mehr als ein privates Problem angesehen, sondern als öffentliches Problem anerkannt wird. Er habe auch den Eindruck, als wenn sich zwischen den Staaten, die als endgültige[s] und den Staaten, die als vorübergehendes Aufenthaltsland in Betracht kommen, so etwas wie eine Arbeitsteilung anbahnt. Die englische Regierung sehe den Zustrom von Flüchtlingen unter dem Gesichtspunkt der Bereicherung der heimatlichen Wirtschaft. Man betrachte es dort als Aufgabe, junge Leute und alle, die mit ihrer bisherigen Ausbildung für Übersee noch nicht in Betracht kommen, durch Schulung reif zu machen für das Arbeiten in Übersee. Eine ähnliche Haltung haben[10] auch Schweden und die Schweiz eingenommen. Übersee ist die eigentliche Zufluchtstätte geworden, da Palästina weitgehend ausscheidet. Große Schwierigkeiten entstehen dadurch, daß es sich bisher noch nicht übersehen läßt, welchen Umfang die Zwangsemigrationen annehmen. Es besteht die große Gefahr, daß mit Deutschland so eine Art neuer Palästinatransfer vereinbart werden könnte, oder aber, daß man einen Handel mit Deutschland auf der Basis eingeht, daß eine stärkere Unterdrückung der Tätigkeit politischer Flüchtlinge als Zugeständnis an Deutschland gemacht wird. Evian[11] ist Dauer-Konferenz geworden mit dem Sitz in London, wo sich Präsidium und Büro befinden.[12] Der Konferenz sind im wesentlichen drei Aufgaben gestellt: 1) Die Aushandlung von Bedingungen über die Auswanderung aus Deutschland, 2) die Erleichterung der Einwanderung, 3) Verbindung mit den privaten Organisationen.

Vogel hält es für gut, daß Hertz so eingehend Bericht gegeben hat, da uns ein Vorschlag von Sander[13] vorliegt, eine Sozialdemokratische Flüchtlingsstelle in London zu schaffen.[14]

Ollenhauer berichtet über diesen Vorschlag von Sander, der uns bereits seit längerer Zeit vorliegt. Man kann annehmen, daß in kurzer Zeit die sozialdemokratische Emigration in der CSR nicht mehr größer sein wird als die von den anderen Ländern. Daraus ergibt sich eine neue Situation auch für Sander. Ollenhauer sieht als das wichtigste an, daß Sander vorschlägt, die Hilfe für die Emigranten, ihre Wiedereingliederung in den Arbeitsprozeß, ihre Ausreise nach Übersee usw. durch eine mehr zentral gelegene Stelle zu betreiben. Ollenhauer verliest den Brief Sanders, der in dem Vorschlag gipfelt, eine Zentrale Sozialdemokratische Flüchtlingsstelle und Auswanderungsstelle zu schaffen. Als Sitz schlägt er London vor. Er erbittet vom PV für diese Zwecke für eine gewisse Zeit die Mittel, die dazu erforderlich sind. Ollenhauer ist der Meinung, daß es für uns sehr wichtig sein kann, wenn wir eine derartige Stelle haben. Er schlägt vor, mit Sander darüber zu reden, aber heute bereits einen prinzipiellen Beschluß im zustimmenden Sinn zu fassen.

Hertz erklärt, daß wir uns fragen müssen, ob dieser Vorschlag nicht nur aus der Atmosphäre der CSR gemacht worden ist. Das besondere Kennzeichen der Situation in der CSR ist die große Arbeitslosigkeit. Man konnte sich in der CSR keine gesunde Basis für einen Lebensunterhalt schaffen. Das kann man aber in Frankreich, in Schweden und in anderen Ländern. Der zweite Punkt ist, daß wir mit unserer Auswanderung ganz auf Übersee abgestellt sind. Es werden wahrscheinlich insgesamt rund 100 unserer Genossen demnächst dort versammelt sein. Die Frage ist, ob wir die bisherigen Erfolge in Bolivien weiterhin erzielen können.[15] In den übrigen Ländern werden wir keine Möglichkeit zur Einwanderung haben, ebensowenig werden wir dort Hilfe finden. Diese Bemerkungen sollen sich nicht gegen die grundsätzliche Frage richten, aber es muß gesagt werden, daß der Versuch, die Leute nach Übersee zu bringen, sich auf die Leute beschränken muß, die die nötigen Eigen-

---

10 Vorlage: »hat«.
11 Vorlage: »Evian« hs. unterstrichen.
12 Vorlage: Von »Sitz« bis »befinden« hs. unterstrichen.
13 Vorlage: »Vorschlag« und »Sander« ms. unterstrichen.
14 Vgl. Nr. 124, Anm. 39.
15 Vgl. Nr. 111, Anm. 17.

schaften dafür mitbringen. Dieses Projekt wird uns möglicherweise sehr viel kosten. Ich habe keine Hoffnungen, daß wir von anderer Seite Gelder erhalten werden. Noch eine Bemerkung in bezug auf den Sitz dieser Stelle. Wenn überhaupt eine Möglichkeit bestehen soll, die Evian-Stelle auszunützen, dann muß das durch eine internationale Autorität geschehen. Die Tendenz wächst, sich nicht mit den Emigranten und ihren Organisationen selbst in Verbindung zu setzen. Die einzige Möglichkeit, Einfluß zu gewinnen, scheint mir nur auf dem Wege über internationale Organisationen für Emigranten zu liegen. Wenn man trotzdem etwas machen will, dann muß man sich wohl zunächst an Ort und Stelle über die Möglichkeiten informieren.

Crummenerl: Ich habe Sander ziemlich genau beobachten können, und ich gestehe, daß er seine Arbeit mit großem Eifer und großer Sachkenntnis durchgeführt hat. Er hat verstanden, für karitative[16] Zwecke in erheblichem Umfange Gelder zusammenzubekommen. Daß er so viele Leute von der CSR weg nach dem Ausland und nach Übersee bringen konnte, das liegt auch in der Tatsache begründet, daß er so zähe gearbeitet hat. Ich glaube, daß es Sander gelingen wird, die Arbeit, die mit dem Geringerwerden der deutschen politischen Emigration in der CSR langsam zu Ende geht, auf anderer Basis erfolgreich fortzusetzen. Es ergibt sich also die Frage, ob man die Fähigkeiten Sanders verwerten kann und soll und ob er die Interessen der Emigranten auch weiterhin vertreten kann. Ich bejahe beide Fragen. Paul Hertz hat eingewendet, daß es schwer sein wird, an das Evian-Komitee heranzukommen. Ich glaube das auch, soweit es sich um die direkte Fühlungnahme handelt. Aber ich glaube es nicht, soweit die indirekte Fühlungnahme in Betracht kommt. Die Erfahrung, die wir bisher mit der Hilfe durch die internationalen Organisationen auf diesem Gebiet gemacht haben, waren nicht so, daß sie die Arbeit von Sander überflüssig machten. Die Organisationen haben wohl den besten Willen. aber sie haben soviel andere Probleme zu lösen, daß sie sich diesen Fragen nicht mit der genügenden Intensität widmen können. Ich komme zu der Überzeugung, daß wir im Prinzip der Sache nähertreten und daß wir durch Rücksprache mit Sander Umfang der Arbeit und Kosten dieser Tätigkeit ermitteln sollten. Sander glaubte seinerzeit in der Besprechung mit mir, daß, wenn wir ihm sein Gehalt bis Ende Dezember weiterzahlen könnten, er dann die Arbeit aufnehmen könne. Über zusätzliche Kosten hat er mit mir nicht gesprochen. Ich hatte den Eindruck, daß er den Versuch machen will, die übrigen Kosten durch andere Stellen zusammenzubekommen. Wir sollten mit Sander die Fragen durchsprechen. Das ist wohl dasjenige, was wir heute tun können.

Hertz: Daß die Körperschaften, die mit Evian zusammenhängen, mit Einzelfragen weder jetzt noch in Zukunft behelligt werden können, ist eine feststehende Tatsache. Was wir auf diesem Gebiet zu tun haben, ist zahlenmäßig viel geringer als das, was die Österreicher zu tun haben. Das Problem kann nur gelöst werden in Verbindung mit den Österreichern. Man kann nicht gut zwei Stellen, eine von uns und eine von den Österreichern, errichten. Ich bin mit dem Vorschlag von Crummenerl einverstanden, die Sache nach Umfang und Kosten hin zu prüfen.

Vogel: Ich halte es für selbstverständlich, daß die Bedenken von Hertz nach allen Richtungen hin geprüft und miteinbezogen werden müssen. Im übrigen können wir uns wohl mit der Maßgabe, wie sie von Siegmund Crummenerl formuliert worden ist, einverstanden erklären.

Es wird so vereinbart.

Hertz gibt einen kurzen Bericht über Besprechungen, die er gehabt hat:

Zwischen der Zentral-Vereinigung und uns besteht ein alter Streit. Er bezieht sich auf die Frage, in welcher Eigenschaft ich Mitglied des Genfer Flüchtlingsamtes bin. Die Zentral-Vereinigung hat uns am 3. November 1936 mitgeteilt, daß sie mich als Vertreter der So-

---

16 Vorlage: »charitative«.

pade vorschlage. Wir hatten uns seinerzeit damit einverstanden erklärt; das war ein Kompromiß auf beiden Seiten. Wir haben immer den Standpunkt vertreten, daß durch diese Vertretung keinerlei wie immer geartetes Verhältnis zur Zentralvereinigung entstanden sei.[17] Ein neuer Streitpunkt bezieht sich auf mein praktisches Verhalten, über das man sich mit dem Ziel beschwert, mir die Vertretung der Sozialisten in diesem Beirat zu entziehen. Man wirft mir in einem Falle Stimmenthaltung vor und zweitens beschwert man sich darüber, daß ich mich in Evian als Delegations-Mitglied der SAI und nicht der Zentral-Vereinigung verhalten habe und daß drittens die Zentral-Vereinigung von mir über einen bestimmten Briefwechsel nicht unterrichtet worden sei. Dazu ist zu sagen, daß ich zu 1) von einem gefaßten Beschluß nichts gewußt habe, zu 2) daß tatsächlich die Verbindung zwischen mir und den Vertretern der Zentral-Vereinigung nicht besonders gut war; die Schuld lag auf beiden Seiten. Was den Briefwechsel betrifft, so empfand ich es nicht als meine Aufgabe, die Zentral-Vereinigung davon zu unterrichten. Es hat inzwischen eine Sitzung der sozialistischen Mitglieder der Zentralvereinigung stattgefunden, auf der ich meine Darstellung gegeben habe. Niemand hat danach noch ein Wort gesagt. Löwenstein hat in dieser Sitzung vorgeschlagen, es bei der bisherigen Regelung zu belassen und daran zwei Voraussetzungen geknüpft:

1) Daß ich mich mit den übrigen Mitgliedern der Zentral-Vereinigung über die entsprechenden Fragen verständige, 2) daß ich bereit wäre, bei bestehenden Differenzen an den Sitzungen des Präsidiums der Zentral-Vereinigung teilzunehmen. Ich habe mich mit dem Punkt 1) einverstanden erklärt, bei dem zweiten Punkt habe ich erklärt, daß wir darüber im PV sprechen müßten.

Auf Zwischenfrage von Ollenhauer erklärt Hertz, gegenüber dem Beirat tritt die Zentral-Vereinigung als eine einheitliche Delegation auf. Die strittige Frage ist: Haben wir irgendwelche Beziehungen zur Zentral-Vereinigung oder nicht?

Vogel: Unser Grundsatz, nicht in Organisationen zu sitzen, in denen wir mit der KPD zusammenarbeiten müssen, ist damit wohl durchbrochen.

Hertz klärt das als unrichtig auf.

Vogel: Die Frage ist also, ob Paul Hertz sich an den Präsidial-Sitzungen der Zentral-Vereinigung beteiligen soll.

Ollenhauer ist damit einverstanden unter der Voraussetzung, daß sich aus der fallweisen Teilnahme an den Sitzungen keine Änderung unseres Verhaltens zur Zentral-Vereinigung ergibt.

Crummenerl: Wir haben uns seinerzeit stillschweigend mit der Zentral-Vereinigung abgefunden. Ich würde heute an diesem Verhältnis nichts ändern. Unsere Stellung ist gewissermaßen gegeben. Müssen wir denn heute unbedingt unser Verhältnis zur Zentral-Vereinigung klären? Dazu liegt doch keine bestimmte Veranlassung vor. Ich bin dafür, den latenten Zustand weiter aufrechtzuerhalten.

Hertz: Mit dieser Haltung kommen wir nicht durch. Wir stehen vor den Tatsache, daß damals aus unserem Freundeskreis heraus eine starke Ablehnung gekommen ist. Wir müssen damit rechnen, daß die Kommunisten unsere geänderte Haltung ausnützen werden und wir dann Vorwürfe von unseren Freunden bekommen können.

Vogel: Man könnte vorschlagen, daß die Teilnahme an den Sitzungen der Zentral-Vereinigung nur für die Probleme in Betracht kommt[18], die im Zusammenhang mit dem Beirat stehen.

Mit dem letzteren Vorschlag erklärt sich der PV einverstanden.

Ollenhauer: Wir haben uns hier im Büro über die Frage unterhalten, ob es nicht zweckmäßig ist, wenn wir eine Besprechung mit den Sekretären vornehmen. Es scheint mir not-

---

17 Vgl. Nr. 124, Anm. 38.
18 Vorlage: »kommen«.

wendig zu sein, daß wir diese Frage klären. Da noch technische Schwierigkeiten bestehen, so würde es für heute genügen, wenn wir nur einen grundsätzlichen Beschluß fassen. Einer späteren PV-Sitzung könnten wir dann die Klärung der übrigen Fragen vorbehalten.

Hertz: Wer soll an einer derartigen Konferenz teilnehmen?

Ollenhauer: Die Mitglieder des PV und die Sekretäre.

Hertz: Und was ist mit denen, die nicht in besoldeter Funktion stehen, die aber praktisch Grenzarbeit leisten?

Crummenerl: Aus finanziellen Gründen scheint es mir unmöglich zu sein, den Kreis der Teilnehmer zu erweitern. Wir müssen bedenken, daß wir allein im Gebiet von Kurt Weck ca. 15 Leute[19] haben, die für diesen Fall in Betracht kommen.

Hertz: Nicht jeder, der für uns gelegentlich an der Grenze tätig ist, kann natürlich teilnehmen, das ist klar. Aber Leute, die gleiche Funktionen haben wie die besoldeten Sekretäre – ich denke z. B. an Schoettle, an Mülhausen[20], an Ludwig und schließlich an Hertel[21] – sollten wir doch zu dieser Konferenz einladen. Entscheidender Gesichtspunkt müßte sein, daß die Leute die gleiche sachliche Tätigkeit ausüben wie ein besoldeter Grenzsekretär.

Ollenhauer: Gehen wir über diesen Kreis hinaus, den ich vorgeschlagen habe, dann müssen wir die Zahl der Leute mindestens verdoppeln. Das bedeutet eine finanzielle Belastung, die wir nicht zu tragen vermögen.

Vogel: Der Vorschlag von Ollenhauer hat auch den Vorteil, daß er eine feste Begrenzung bedeutet.

Hertz: Ich sehe ein, daß jede Abgrenzung Schwierigkeiten hat, und die Form, die vorgeschlagen wird, hat die wenigsten Schwierigkeiten. Die Frage ist die, was wir mit der Konferenz wollen. Es ist schlecht, in einer solchen Konferenz Schoettle auszuschalten, der doch immer wieder bewiesen hat, daß er sich Gedanken über seine Arbeit macht.

Rinner: Zwischen Schoettle und Ludwig besteht ein wesentlicher Unterschied. Schoettle hat seine Mitarbeit von gewissen Voraussetzungen abhängig gemacht. Er hat auch mehrmals die Verbindungen zu uns unterbrochen. Das war sein gutes Recht. Aber man kann doch nicht an dieser Tatsache vorbeigehen, daß er in einem etwas anderen Verhältnis zu uns steht als die Grenzsekretäre.

Vogel: Genosse Hertz hat seine Einwände vorgebracht. Aber ich bin doch der Meinung, daß wir es bei dem Vorschlag belassen, den Erich Ollenhauer gemacht hat.

Es wird so vereinbart.

Ollenhauer: Genosse Hertel hat von uns seinerzeit den Vorschlag erhalten, in der CSR als einer der drei Sekretäre zu verbleiben. Er hat das zunächst akzeptiert, uns dann aber am 16. Juni mitgeteilt, daß er keine Möglichkeit mehr sieht, von Prag aus weiter zu arbeiten. Er hat seine Arbeiten auf Michel[22] und Kovoll übertragen und die Absicht geäußert, nach Frankreich zu übersiedeln. In seinem Brief war nicht davon die Rede, daß er an eine Fortsetzung seiner Arbeit für uns denkt. Er hat dann, ohne unseren Brief vom 29. Juni abzuwarten, mitgeteilt, daß er daran denkt, von Elsaß-Lothringen aus die Pfalz zu bearbeiten, und er wünschte von uns die Unterstützung in der bisherigen Form. – Über die politischen Bedingungen, die Hertel gestellt hat, brauchen wir uns nicht zu unterhalten. Sie sind durch die letzte PV-Sitzung erledigt. Für uns steht jetzt die Frage so: Sollen wir dem Antrag von ihm zustimmen, daß er in Frankreich für uns die Pfalz als Grenzsekretär bearbeitet? Ich bin nicht dafür, noch weitere finanzielle Mittel für diesen Zweck einzusetzen. Es besteht bereits Verbindung nach der Pfalz, und ich sehe deshalb keine Notwendigkeit dafür ein.

---

19 Vorlage: »Weck« und »15 Leute« hs. unterstrichen.
20 Vorlage: »Mühlhausen«.
21 D. i. Bögler.
22 D. i. von Knoeringen.

Paul Hertz: Hertel hat keinen Zweifel daran gelassen, daß die Arbeit nach der Pfalz hin mit oder ohne die Mittel der Sopade gemacht wird.

Dem Vorschlag von Ollenhauer wird zugestimmt, Hertel keine Mittel für die Bearbeitung der Pfalz zur Verfügung zu stellen.

Ollenhauer: Otto Schönfeldt in Prag hat für die Prager Emigration 30 Exemplare des Briefwechsels zwischen uns und Paul Hertz verlangt. Wir haben das abgelehnt. Uns ist im übrigen bekannt, daß ein Teil der Denkschriften vervielfältigt und in Prag an die Emigration weitergeleitet worden ist.

Crummenerl: Ich habe noch einige Unterstützungsfragen: Schumacher hat für Unterstützungen den Betrag von 40 hfl.[23] gewünscht, den ich bereits gegeben habe. Ich bitte um nachträgliche Zustimmung.

Der PV ist damit einverstanden.

Crummenerl: In Hannover ist[24] eine ganze Reihe von Genossen verurteilt worden[25]; etwa 20 Familien sind dadurch in größte Not gekommen. Schumacher schlägt vor, für diesen Fall 300,- RM[26] zu bewilligen.

Der Vorschlag von Crummenerl, den Zuschuß auf 200,- RM zu beschränken[27], wird angenommen.

Crummenerl: Der Genosse Markscheffel[28] hat vorgeschlagen, für einen kranken Tischler, den Genossen Weber, eine einmalige Unterstützung zu zahlen.[29] Insgesamt handelt es sich um eine Summe von 600,- Frs., ich schlage vor, von uns aus 200,- Frs.[30] dazuzugeben.

Der PV ist damit einverstanden.

Crummenerl: Der Genosse Altmann hat ein Gesuch um Unterstützung gestellt. Ich schlage vor, 200,- Frs.[31] zu bewilligen.

Der PV ist damit einverstanden.

Vogel: Ich habe schon erwähnt, daß wir eine Zuschrift der österreichischen Genossen erhalten haben. Wie wollen wir in dieser Angelegenheit verfahren?

Crummenerl: Es ist mir unmöglich, so zwischen Tür und Angel eine Entscheidung zu treffen. Man sollte den Genossen sagen, daß wir darüber in der nächsten PV-Sitzung sprechen werden.

Vogel schlägt vor, noch in dieser Woche eine weitere Sitzung des PV abzuhalten.

Es wird vereinbart, Freitag 10 Uhr die nächste PV-Sitzung einzuberufen.

Schluß der Sitzung.

---

23 Vorlage: »40 hfl.« ms. unterstrichen.
24 Vorlage: »sind«.
25 Crummenerl dürfte den »Prozeß gegen Spengemann und 230 Genossen« gemeint haben, der vor dem Volksgerichtshof und vor dem Sondergericht Hannover stattfand. Vgl. Deutschland-Berichte Jg. 5, Nr. 8, August 1938, S. A 62–A 65 (= Reprint S. 860–863).
26 Vorlage: »300,- RM« ms. unterstrichen.
27 Vorlage: »200,- RM zu beschränken« ms. unterstrichen.
28 Vorlage: »Marktscheffel«.
   Markscheffel, Günter, geb. 1908, sozialdemokratischer Journalist, Emigration 1933 Saargebiet, 1935 Frankreich, 1936–38 Vorsitzender der SAJ Paris, Mitarbeit bei der kommunistischen Gewerkschaftszeitschrift »Trait d'union«, Arbeit für die SPD-Grenzstelle Forbach, ab 1938 Vorstandsmitglied des Landesverbandes der Deutschen Sozialdemokraten in Frankreich, 1945 Deutschland, 1950–57 MdL Rheinland-Pfalz.
29 Vielleicht Wilhelm Weber, geb. 1909, Frankfurter, Modellschreiner, Endabnehmer der Sozialistischen Aktion, 1936 zu 10 Monaten Gefängnis verurteilt wegen »Beihilfe zur Vorbereitung eines hochverräterischen Unternehmens«.
30 Vorlage: »200-, Frs.« ms. unterstrichen.
31 Vorlage: »200-, Frs.« ms. unterstrichen.

Nr. 127
Protokoll der Parteivorstandssitzung am 26. August 1938
SAPMO Berlin, ZPA, II 145/55, Bl. 152-158

Vorstandssitzung vom 26. August 1938.

Anwesend: Vogel, Crummenerl, Rinner, Ollenhauer, Hertz, Stampfer, Geyer, Heine.

Vogel: Genosse Hertz hat den Antrag gestellt, die Genossen Stahl, Dietrich und Juchacz telegraphisch zu laden. Wir sind diesem Antrag nicht nachgekommen, einmal, weil die Visen-Schwierigkeiten nicht in so kurzer Zeit zu überwinden sind, zum anderen deshalb, weil mir die heutige Sitzung nicht so wichtig zu sein scheint, wie Genosse Hertz annimmt. Es handelt sich nach meiner Auffassung heute nur um die Klärung einer Vorfrage. Genosse Richter[1] von der österreichischen Partei hat immer wieder erklärt, daß sie es ablehnen müßten, sich in die innerdeutschen Verhältnisse einzumischen. Er hat erklärt, daß den Österreichern die Verhältnisse mit der SAP z. B. viel zu wenig bekannt sind, als daß sie sich ein Urteil darüber bilden könnten. Auf der anderen Seite ist auch die Äußerung von Friedrich Adler bemerkenswert, der sich mit einer gewissen Verbitterung darüber beschwert hat, daß sich alle Fetzen von deutschen Organisationen an die Österreicher hingen.

Trotz all dieser Vorbehalte, die die Österreicher machten, haben sie doch jetzt das gerade Gegenteil getan. Der Vorschlag, den die Genossen uns unterbreitet haben, bedeutet nicht nur direkte Einmischung in reichsdeutsche Verhältnisse, sondern auch, die Führung in dieser Frage auf die Österreicher zu übertragen. Unser Februar-Beschluß war auf Überwindung der Gruppen gerichtet. Der Vorschlag der Österreicher zieht das gerade Gegenteil vor. Wir sind der Meinung, daß die Gruppen überwunden werden müssen und haben damit einen Anfang mit der Gruppe der R[evolutionären] S[ozialisten] gemacht.

Die Österreicher haben sich jetzt auch an die Landesorganisation gewendet, obwohl ihnen doch bekannt sein muß, daß wir uns in aussichtsreichen Verhandlungen mit der Landesorganisation befinden. Sie haben das gemacht, ohne uns verständigt zu haben. Es wäre das richtigste gewesen, die Österreicher hätten die Fühlungnahme mit uns gemacht und nicht zugleich mit den anderen Verbindungen aufgenommen. Ich bin dafür, daß wir sagen sollten, daß wir die ursprüngliche Haltung der Österreicher hinsichtlich der Nichteinmischung für absolut richtig gehalten haben. Zwischen uns und den Österreichern muß in irgendeiner Form eine Zusammenarbeit gefunden werden. Es ist dabei selbstverständlich, daß die Österreicher ihre Unabhängigkeit noch auf längere Zeit aufrechterhalten. Die Vereinigung der Reichsdeutschen dagegen ist unsere ureigene Angelegenheit. Darüber muß ganz rückhaltlos gesprochen werden.

Es muß festgestellt werden, ob die Österreicher als Voraussetzung für die Zusammenarbeit mit uns das vorgeschlagene Kartell betrachten. Wenn sie darauf bestehen sollten, dann müssen sie den Versuch ohne unsere Mitarbeit machen. Ich würde vorschlagen, einige Genossen zu benennen, die die Verhandlungen mit den Österreichern zu führen haben und die dann in der nächsten Sitzung darüber berichten.

Hertz: Das ist ein rein negativer Standpunkt. Mich würde der positive Standpunkt interessieren.

Vogel: Man muß versuchen, eine Verständigung zu finden.

Hertz: Ich habe keine Veranlassung, Sprachrohr der Österreicher zu sein.

Vogel: Halten Sie das Vorgehen der Österreicher für richtig?

Hertz: Die Schuld an diesem Vorgehen trifft uns. Der Beschluß von Prag ist in einer Zeit

---
1 D. i. Joseph Buttinger.

gefaßt, als das österreichische Problem noch nicht bestand. Wir haben uns die Liquidation der Gruppen nicht so vorgestellt, daß wir sie negieren. Die Liquidation ist ein Entwicklungsprozeß, der nicht durch Befehl eingeleitet und abgeschlossen werden kann. Meine Auffassung ist, man muß die Sache beginnen mit der konkreten Zusammenarbeit. Das ist in dem Vorschlag der Österreicher enthalten und das wird weitgehenden Widerhall finden. Das Tempo unserer Konzentrationsverhandlungen ist dem Ernst der Situation nicht angepaßt. Für uns können sich hier in Frankreich noch außerordentliche Schwierigkeiten herausstellen, Schwierigkeiten, zu denen wir das bißchen Autorität, das wir zusammen haben würden, dringend brauchten. Wenn wir aber in dieser jetzigen Verfassung bleiben, befürchte ich das Schlimmste. Ich glaube, die Aussprache mit den Österreichern sollte dazu benutzt werden, nicht um Kompetenzstreitigkeiten hervorzurufen, sich nicht nach der Vergangenheit zu orientieren, sondern um uns darüber zu freuen, daß ein Stück sozialistischer Bewegung einige Ergebnisse aufzuweisen hat und daß wir nur wünschen könnten, die gleichen Erfolge zu haben. Wir sollten uns nicht in einen Streit darüber einlassen, ob sie oder wir die Vorhand haben. Ich habe Sorge, daß wir über diesen Streit dann überhaupt nicht hinauskommen.

Ollenhauer: Ich kann mich nicht ganz der Auffassung von Hertz anschließen, daß wir die Lage in Frankreich als entscheidend für unseren Standpunkt in der Konzentrationsfrage anzusehen haben. Wenn sich hier eine ernste Zuspitzung ergeben sollte, dann kann man sich für einen derartigen konkreten Fall durchaus eine Zusammenarbeit vorstellen.

Hier geht es aber darum, auf welchem Wege wir die Zersplitterung in der deutschen Emigration überwinden wollen und wie wir mit den Österreichern in Verbindung kommen wollen. Es kommt darauf an, daß zwischen uns eine Art Arbeitsgemeinschaft hergestellt wird. Darüber gibt es in unserem Kreis nur eine einheitliche positive Auffassung. Die Frage der Bereinigung der reichsdeutschen Schwierigkeiten ist unsere Sache. Wir wollen das Verhältnis zu den Österreichern nicht damit belasten; die Österreicher wollen selbständig bleiben, Genosse Richter hat das ganz eindeutig erklärt.

Was uns heute vorliegt, ist der Versuch einer Gesamtlösung der deutschen Parteifragen, durch die Österreicher in Gang gesetzt. Es ist nicht nur eine Frage, wer die Dinge in Gang setzt, es ist auch eine prinzipielle Frage. Ich kann mich nicht damit einverstanden erklären, daß neben der österreichischen Partei eine Reihe von Gruppen völlig gleichberechtigt neben der Sopade erscheint.[2] Wir müssen unseren Standpunkt, daß wir etwas anderes sind, als eine von den vielen Gruppen, aufrechterhalten. Die SAP ist noch ein Problem für sich. Auch Genosse Hertz wird Zweifel haben, ob eine praktische Zusammenarbeit mit der SAP möglich ist.

Ich möchte wiederholen, daß ich es nicht für richtig halte, uns von den Sorgen leiten zu lassen, die uns augenblicklich beeindrucken, weil wir hier in Paris sind. Ich bin nicht einverstanden, daß wir uns auf der Basis eines Kartell-Vorschlages verständigen, so wie er von den Österreichern vorgelegt ist. Wir müssen feststellen, ob das von uns und den Österreichern gewünschte Kartell nur dann möglich ist, wenn wir den Vorschlag der Österreicher akzeptieren.

Crummenerl: Ich beurteile die Situation in Frankreich etwas anders als Paul Hertz. Ich glaube nicht, daß in Frankreich in nächster Zeit der Faschismus ausbricht. Ich halte es für möglich, daß die Fremdenfeindlichkeit sich stärker durchsetzt als bisher. Aber das braucht keine Veranlassung für uns zu sein, uns Hals über Kopf in Verhandlungen hineinzuzwängen, die nur von langer Hand vorbereitet sein können. Es ist möglich, daß außenpolitische Schwierigkeiten hinzukommen, die uns veranlassen könnten, mit anderen Gruppen, außerhalb der Konzentrationsverhandlungen, in irgendeiner Weise eine Verständigung zu suchen.

---

2 Vorlage: »erscheinen«.

Was den Vorschlag der Österreicher anbetrifft, so kann ich mir unsere Antwort nur so vorstellen, daß eine Aussprache zwischen uns und den Österreichern stattfindet, in der über die Differenzpunkte gesprochen wird. Ich muß sagen, ich hätte es für selbstverständlich gehalten, daß die Österreicher sich zunächst mit uns in Verbindung setzten. Das, was jetzt von den Österreichern angekurbelt worden ist, kann nicht dazu führen, daß wir zur Konzentration kommen. Auch ein wie immer gearteter Zustand hier im Lande kann uns nicht dazu veranlassen, uns zu Dingen zu treiben, die wir nicht verantworten können. Ich bin damit einverstanden, daß mit den Österreichern so gesprochen wird, wie Hans Vogel es vorgeschlagen hat.

Hertz: Crummenerl hat dafür plädiert, daß uns irgendwelche politische[n] Verhältnisse hier nicht zu tangieren brauchen. Wir haben sehr darunter gelitten, daß wir bisher glaubten, äußere Schwierigkeiten überwinden zu können, ohne zu sehen, daß große Schwierigkeiten daraus für uns entstehen.

Wenn ich den Brief des Genossen Ludwig einsehe und daran denke, wie er sich zwei, drei Jahre vergeblich darum bemüht hat, uns davon zu überzeugen, wie notwendig es sei, unsere Aktivität zu entfalten, dann ist das nur eine Beispiel für eines unserer vielen Versäumnisse. Es hätte kein Problem Landesorganisation gegeben, wenn der PV den Versuch gemacht hätte, Verbindung mit Menschen im Westen zu halten. Alle diese Dinge sind notwendig entstanden, weil die Mehrheit des PV geglaubt hat, sich auf die Tradition zurückziehen zu können.

Ich habe nicht davon gesprochen, daß morgen hier der Faschismus kommt. Die Dinge brauchen sich nur zuzuspitzen, um für uns schon außerordentlich schwierig zu werden. Wie engherzig und kurzsichtig ist die Auffassung von Ollenhauer, sich im Augenblick der Zuspitzung mit den anderen Organisationen zu verständigen. Die deutsche Emigration wird die Aufgabe haben, ein politischer Faktor zu sein. Sie muß dazu aber über ein Mindestmaß von Ansehen verfügen. Wir können es nur bekommen als einheitliche Bewegung. Aber ich habe nicht die Überzeugung, daß meine Rede dazu beiträgt, das Verständnis hierfür zu vergrößern. Ich wollte aber meine Pflicht getan haben.

Vogel: Es hat keinen großen Sinn, über die Vergangenheit zu reden. Wir hatten im PV eine ganz bestimmte Auffassung, die dahin ging, daß unsere Arbeit in der Hauptsache nach Deutschland gerichtet ist. Die Emigration hat sich in den Jahren ungeheuer vermehrt. Damit hat sich für uns auch ergeben, daß wir unser Haltung einer Korrektur unterziehen. Wir wollen aber trotzdem unsere Aufgabe, die Arbeit nach Deutschland, nicht verfälschen und vernachlässigen. Der Genosse Breitscheid, auf den sich Hertz wiederholt bezogen hat, ist übrigens jetzt der Meinung, daß die Emigration heute keinerlei Bedeutung mehr hat. Die Auffassungen ändern sich also nicht nur bei uns. Daß die Zersplitterung bei uns nicht zur Hebung unseres Ansehens beiträgt, ist auch meine Meinung. Auch bei uns wehrt sich niemand gegen eine Einigung. Wir sind der Auffassung, daß die Einigung zwischen der österreichischen Parteileitung und uns herzustellen ist. Wenn den Gruppen die Einheit genauso am Herzen läge, dann müßten sie daraus die Schlußfolgerungen ziehen. Ich kann nur bedauern, daß offenbar nicht überall das gleiche Verständnis dafür zu sein scheint. Anders ist z. B. das Störungsfeuer bei der Landesorganisation nicht zu verstehen, das von gewisser Seite angefacht worden ist. Wenn wir normale Verhältnisse hätten, dann wären die Dinge viel leichter zu bereinigen, so haben wir aber große Schwierigkeiten und müssen mit entsprechender Vorsicht zu Werke gehen.

Ich bin nach wie vor der Auffassung, daß wir einige Genossen beauftragen müssen, mit den Österreichern zu reden und sie zu fragen, inwieweit sie unseren Bedenken entgegenkommen wollen. Ich schlage vor, daß wir zu der Verhandlungskommission auch Stampfer hinzuziehen und daß Ollenhauer daran teilnimmt. Wenn Sie der Meinung sind, daß drei Genossen notwendig sind, dann würde ich mich nicht ausschließen.

Stampfer: Ich stimme in den Grundlinien mit Vogel und Ollenhauer überein. Auch ich habe den Wunsch, mit den Österreichern in ein gutes Verhältnis zu kommen.

Rinner: Es spricht vieles dafür, daß die beiden Genossen, die die Verhandlungen mit der Landesorganisation führen, auch mit den österreichischen Genossen reden.

Hertz: Ich bringe keinen Antrag auf Änderung in der Zusammensetzung der Kommission ein, weil Vogel selbst gesagt hat, daß die Delegation die Auffassung der Mehrheit vertreten soll. Ich stelle nur fest, daß der PV damit einen neuen Beweis geliefert hat, daß er nicht den Interessen der Gesamtpartei dient, sondern den Interessen einer bestimmten Gruppe.

Vogel: Der PV vertritt die Auffassung des PV.

Stampfer: Können Sie mir sagen, auf welche Weise Sie die Verhandlungen mit den Österreichern führen würden?

Hertz: Wenden Sie sich an die österreichischen und die französischen Genossen. Von ihrem Beispiel können Sie lernen.

Stampfer: Ich danke Ihnen für die Aufklärung.

Vogel: Die Auffassung der Mehrheit des PV steht fest. Es ist festgestellt worden, daß Sie von dieser Auffassung abweichen. Es ist doch selbstverständlich, daß die Genossen, die Verhandlungen führen müssen, die Auffassung der Mehrheit vertreten.

Ollenhauer: Ich weiß nicht, ob auch in der österreichischen Delegation alle Strömungen vertreten sind, die die Österreicher haben.

Geyer: In jeder Demokratie gilt, daß der allgemeine Willen durch die Mehrheit festgestellt wird. Geht man nach einem anderen Prinzip vor, dann ist das nicht mehr Demokratie, sondern irgendeine andere Form, aber eben keine Demokratie mehr. Der Wille der Körperschaft ist gleichbedeutend mit dem Willen der Mehrheit. Wenn eine Person einer Gruppe nicht mehr anerkennen will, daß der Mehrheitswillen nicht mehr allgemeiner Willen ist, dann schaltet sie sich damit aus dieser Gruppe aus. Wenn man keine Partei, sondern eine Dachorganisation ist, dann kann man darüber diskutieren, aber selbst in solchen Dachorganisationen geht man in keiner anderen Weise vor, als den Mehrheitswillen festzustellen und dann danach zu handeln.

Hertz: Das wäre alles richtig, wenn die Voraussetzung richtig wäre. Wenn der allgemeine Willen feststehen und nicht hier von 6 Genossen diktiert würde. Die Mehrheit geht davon aus, daß ihr Wille die Auffassung der Partei ist. Das ist mindestens erst zu beweisen. Weil es aber erst zu beweisen ist, so würde es mehr dem wirklichen Sinn der Demokratie entsprechen, wenn man sich nicht auf die Mehrheit verbeißt oder gar eine Mehrheit zu schaffen sucht. Niemand kann sich darüber wundern, wenn es einmal einem größerem Kreis bekannt werden wird, daß diese Körperschaft hier auf dem Standpunkt steht, daß Recht ist, was ihr nützt.

Geyer: Solange der Mehrheitswillen nicht von neuem festgestellt werden kann und festgestellt worden ist, hat der PV das Recht, den Mehrheitswillen zu repräsentieren.

Stampfer: Hertz hat mit erfreulicher Klarheit gesagt, wie er den Feldzug gegen uns zu führen gewillt ist. Er wird den Leuten draußen erzählen, daß wir Angst vor Marie Juchacz oder Georg Dietrich haben. Das ist lächerlich. Wir haben uns einmal gegen die Mehrheitsprinzipien vergangen. Das war auf der Reichskonferenz, als Böchel in den PV gewählt wurde, obwohl er eigentlich gar keine Mehrheit für sich hatte.[3] Wir haben das damals mit Absicht getan. Ich glaube, daß das Prinzip, das wir anwenden, das richtige Prinzip ist. Es ist einfach unwahr, wenn behauptet wird, daß wir die beiden Leute von uns fernhalten wollen. Wie unmöglich Ihr Standpunkt, Paul Hertz, ist, müßten Sie bei ruhiger Überlegung selbst einse-

---

3 Vgl. Anm. 49 der Einleitung.

hen. Wenn Sie als Verhandlungsführer für die Verhandlung mit den Österreichern bestimmt würden, dann müßten Sie den Standpunkt der Mehrheit vertreten.

Wir können mit vollkommener Ruhe abwarten, in welcher Weise Sie den weiteren Kampf gegen uns führen wollen.

Vogel: Ich versuche, den Interessen der Partei zu dienen und nicht den Interessen einer Gruppe. Davon gehe ich aus und nur davon können wir uns leiten lassen.

Es wird beschlossen, daß die Genossen Vogel, Ollenhauer und Stampfer die Verhandlungen mit den Österreichern führen sollen.

Hertz: Ich möchte meinen Antrag für die nächste Sitzung wiederholen, der darauf hinausläuft, die Genossin Juchacz und die Genossen Dietrich und Stahl zur nächsten Sitzung zu laden. Der Einwand, daß die Zeit zu kurz sei, wird ja für die nächste Sitzung nicht erhoben werden können. Ich bitte deshalb, bereits heute die Vorbereitungen zu treffen, damit die drei hier anwesend sein können.

Stampfer: Ich lehne diesen Antrag mit Rücksicht auf die Kosten ab.

Crummenerl: Das tue ich auch. Außerdem wissen wir ja noch nicht einmal, wie weit wir in der nächsten Sitzung mit den Verhandlungen mit den Österreichern sind.

Hertz: Ich bleibe bei meiner prinzipiellen Haltung. Ich stelle fest, daß mindestens die Wirkung Eueres Beschlusses ist, daß die Ausschaltung der Genossen Tatsache bleibt.

Vogel: Ich wäre an sich bereit, die drei Genossen zu laden. Aber ich lasse mich nicht unter Druck setzen. Das habe ich schon damals gesagt und sage das auch heute.

Hertz: Die von Dietrich gewünschte Haltung des PV ist nicht erfolgt.

Vogel: Dietrich hat uns geschrieben: »Man kann, wenn man will, mit uns reden.« Wir haben den beiden Genossen geschrieben und unsere Auffassungen dargelegt.

Geyer: Steht denn schon fest, wann die nächste Sitzung stattfinden wird? Und welche Tagesordnung sie haben soll? Der engere Parteivorstand muß sich doch vorher darüber entscheiden, was in dieser Sitzung beraten werden soll. Heute schon den Antrag zu stellen, die drei Genossen zu laden, obwohl noch nicht[s] feststeht, ist doch reine Agitation. Hertz hat doch die Tendenz, die drei Genossen möglichst bei jeder Sitzung dabei zu haben, während andererseits durch Mehrheitsbeschluß festgestellt worden ist, daß die Mehrheit des Parteivorstandes nicht dieser Auffassung ist. Er braucht deshalb doch nicht durch stets erneute Anträge feststellen, daß diese Differenzen bestehen.

Ollenhauer zitiert unser Schreiben an Juchacz und Dietrich.[4]

Hertz: Ja, aber inzwischen liegt eine Antwort Dietrichs vor, der unseren Beschluß ablehnte.[5]

Crummenerl: Ich habe nichts dagegen, daß wir in einer späteren Sitzung nochmals über unseren Beschluß reden.

Stampfer: Ich möchte wissen, was wir in Emigrantenkreisen darüber hören würden, wenn bekannt würde, daß für jede Parteivorstandssitzung rund 5 000 Frs. an Fahrgeldern und Spesen ausgegeben werden müßten, wenn der von Hertz gewünschte Beschluß Tatsache würde.

Vogel: Wenn wir in wirklich sachlicher Weise zu diesen Fragen Stellung nehmen können, dann bin ich mit Verhandlungen darüber einverstanden. Aber ich habe schon erklärt, daß ich nicht die Absicht habe, mich unter Druck setzen zu lassen. Ich bin bereit, in einer der nächsten Sitzungen auch zu dem Briefwechsel Juchacz-Dietrich Stellung zu nehmen.

Schluß der Sitzung.

---

4 Am 23. August 1938 schrieb der PV an Juchacz und Dietrich, daß eine regelmäßige Mitarbeit beider im PV wegen »praktische[r] und finanzielle[r] Schwierigkeiten nicht möglich« sei; vgl. AdsD Bonn, PV-Emigration, Mappe 58.

5 Dietrich bestand in seinem Schreiben an Vogel vom 24. August 1938 darauf, zu den PV-Sitzungen eingeladen zu werden; vgl. AdsD Bonn, PV-Emigration, Mappe 31.

Nr. 128
Protokoll der Parteivorstandssitzung am 12. Oktober 1938
SAPMO Berlin, ZPA, II 145/55, Bl. 160–164

Vorstandssitzung vom 12. 10. 1938

Anwesend: Wels, Vogel, Crummenerl, Rinner, Ollenhauer, Stampfer, Geyer, Hilferding, Heine

Vogel gibt der Freude der Versammelten darüber Ausdruck, daß Otto Wels wieder an den Sitzungen des PV teilnimmt.

In Brüssel finden in der nächsten Woche drei Tagungen der SAI statt. Wir müssen entscheiden, wer uns dort vertreten soll. U. a. ist auch eine Sitzung der Kommission für die Politischen Gefangenen. Hertz ist Mitglied dieser Kommission neben Wels. Bisher hat er sich bei uns nicht gemeldet und noch nicht erkennen lassen, ob er an dieser Sitzung teilnimmt. Es ist aber sehr wahrscheinlich, daß er von Brüssel aus direkt zu dieser Sitzung der Kommission eingeladen worden ist und daß er daran teilnimmt. Wir werden das schwer verhindern können, ich sehe aber keinen Grund, ihn auch als unseren Vertreter zur Sitzung der[1] Exekutive zu benennen. Sein Verhalten in der letzten Zeit, die Denkschriftenverschickerei usw., waren so unkorrekt, daß keine Veranlassung besteht, ihn als Vertreter zu benennen. Es kommt noch etwas anderes Persönliches hinzu: Paul Hertz ist das einzige Vorstandsmitglied, das zum 65. Geburtstag von Otto Wels keine Glückwünsche übermittelt hat und sich nicht sehen ließ. Daß er das nach der schweren Krankheit von Otto Wels nicht getan hat, ist ein weiterer Beweis dafür, daß er keine Gemeinschaft mit uns mehr erstrebt.

Mit der Frage der Delegation von Hertz ist auch die Frage aufgeworfen, wie wir uns die weitere Zusammenarbeit mit ihm vorstellen. Ich halte es für ausgeschlossen, daß bei Sitzungen des PV, an denen er teilnimmt, noch von einer vertraulichen Behandlung der debattierten Fragen die Rede sein kann. Andererseits müssen wir aber auch den augenblicklichen Zustand, daß wir anstelle von Vorstandssitzungen Bürobesprechungen durchführen, ändern. Es ist also die Frage, wie wir in Zukunft prozedieren. Wir können ihn einfach ohne jede weitere Förmlichkeit nicht mehr einladen oder aber wir können ihn zur nächsten Sitzung einladen und mit ihm eine Aussprache haben, in der wir ihm darstellen, daß wir auf weitere Zusammenarbeit keinen Wert mehr legen. Darüber müssen wir reden, und zwar sollten wir sofort nach Brüssel klare Verhältnisse schaffen.

Was die Brüsseler Konferenz selbst betrifft, so halte ich es für richtig, unseren Vertretern keine bestimmte Marschroute mit auf den Weg zu geben.

Da Otto Wels nicht nach Brüssel fahren kann, werden Vogel und Hilferding als Vertreter der Partei an den Sitzungen des Büros bzw. der Exekutive teilnehmen. Vogel wird den Genossen Wels außerdem in der Kommission für die Politischen Gefangenen vertreten.

Stampfer, Hilferding und **Wels** machen kurze Bemerkungen zu den Ausführungen von Vogel. Meinungsverschiedenheiten über unsere Haltung auf den Tagungen der SAI bestehen nicht. Es wird festgestellt, daß es weder wünschenswert wäre, eine Internationale Staatenkonferenz noch eine Internationale Konferenz der SAI durchzuführen.

Es wird vereinbart, gegen die Teilnahme von Hertz an der Sitzung der Kommission für die Politischen Gefangenen keine Einwendungen zu erheben, dagegen aber gegen die Teilnahme von Hertz an der Exekutive zu protestieren.

Ollenhauer referiert über die Lage der Emigration in der Tschechoslowakei, die trostlos und außerordentlich besorgniserregend geworden ist. Die DSAP ist nicht mehr in der Lage,

---
1 Vorlage: »zu«.

irgendeine Hilfe zu leisten. – Weck ist in außerordentlich großen finanziellen Schwierigkeiten. Es sind deshalb gestern telegraphisch mehrere tausend franz. Frs. an ihn überwiesen worden, um die größte Not zu lindern. Es ist nicht mehr möglich, die sozialdemokratischen Emigranten noch in der CSR zu belassen. Wir müssen die Leute herausziehen, da sie sonst Gefahr laufen, nach Deutschland ausgeliefert zu werden, wie das in Brünn schon jetzt angedroht wurde. Aber selbst, wenn diese Besorgnis nicht vorhanden wäre, so wäre es unmöglich, sie in der CSR zu belassen, da keine Unterstützungsmöglichkeiten mehr bestehen. Die Frage der Verbringung in andere Länder erweist sich als außerordentlich schwierig. Praktisch ist Schweden das einzige Land, das für unsere Genossen übrigbleibt. Die Schweden haben sich bereit erklärt, 15 Personen zu übernehmen, und 40 Genossen müssen aber herausgeschafft werden. Ein schwedischer Genosse wird nach Prag fliegen, um die Situation gemeinsam mit Weck, Taub und Paul zu besprechen, um zu helfen und zu raten. Es ist vielleicht möglich, noch einige weitere Genossen nach Belgien zu bringen, und zwar einige, die dauernd Aufenthalt in Belgien nehmen sollen, und einige, die nur für kürzere Zeit dort bleiben, solange nämlich, bis ihre Ausreise nach Bolivien möglich ist.

Es ergibt sich die Frage, was mit Weck geschehen soll. Es wird notwendig sein, ihm zu sagen, daß er selbst den Zeitpunkt seiner Abfahrt bestimmen soll, daß er also dann reisen soll, wenn er es für richtig hält. Es wird nicht möglich sein, ihm von hier aus in dieser Richtung Vorschläge zu machen.

In diesem Zusammenhang hat Hertel[2] bei seinem letzten Besuch einige Wünsche geäußert. Beim Dollarausschuß[3] sind eine Reihe von Anforderungen aus Prag wegen Gewährung eines Reisezuschusses eingelaufen. U. a. befindet sich [darunter] das Gesuch von Michel.[4] Es ist wohl klar, daß wir in diesem Fall die Kosten übernehmen müssen. Der Fall Brocke ist bereits erledigt.[5] Außerdem hat Hertel Mitteilung gemacht, daß auch Schönfeld heraus will und Unterstützung erwarte. Ich habe ihm erklärt, daß wir keine Verpflichtungen für Schönfeld haben und nicht bereit seien zu zahlen. Hertel hat mir darauf erwidert, daß die Situation sich ja inzwischen gewandelt habe und ein neues Moment eingetreten sei. Schönfeld sei anstelle des erkrankten Schrader eingesprungen und habe in einer Reihe von Fällen die Paßangelegenheiten für verschiedene Emigranten in zufriedenstellender Weise erledigt, so daß eine gewisse Verpflichtung für uns bestehe. Ich bringe das hier vor. Ich glaube aber[6], daß im Notfall die Miles-Gruppe die Fahrkarte zahlen wird.

Wels und **Crummenerl** machen zum Fall Schönfeld ergänzende Bemerkungen, indem sie ebenfalls den Anspruch Schönfelds ablehnen.

Es wird vereinbart, für Michel einen Reisezuschuß zu gewähren, für Schönfeld dagegen nicht.

Ollenhauer: Wir hatten vorgesehen, eine Sekretärkonferenz zu veranstalten, die wir aber in Anbetracht der Krise vertagen mußten. Ich bin dafür, daß wir an dem Plan einer Konferenz festhalten und den Versuch machen sollen, sobald als möglich unsere Sekretäre nach hier zu bekommen. Wir haben noch große Schwierigkeiten in der Visa-Frage. Wir sollten deshalb eine vorläufige Mitteilung an die Sekretäre richten, damit sie informiert sind.

Stampfer gibt eine Darstellung seiner Tätigkeit im sogenannten Thomas-Mann-Ausschuß[7]:

---

2 D. i. Bögler.
3 Vgl. Nr. 116, Anm. 18.
4 D. i. von Knoeringen.
5 Materialien dazu gibt es zumindest im AdsD Bonn, PV-Emigration, nicht. Es könnte sich handeln um Paul Brocke, Mitarbeiter des Sopade-Grenzsekretariats Trautenau, oder um Richard Brocke, geb. 1883, Verbandsangestellter, Emigration CSR, später Schweden.
6 Vorlage: »aber« hs. ergänzt.
7 Vorlage: »Thomas-Mann-Ausschuß« hs. unterstrichen. Zum Thomas-Mann-Ausschuß vgl. Nr. 131, Anm. 10.

Thomas Mann hat mich und einige andere Leute zu einer Besprechung eingeladen, an der u. a. Thomas Mann[8], Heinrich Mann[9], Erika Mann[10], Dahlem[11], Braun, Münzenberg, Rauschning[12], Spiecker[13] und ich teilgenommen haben. Thomas Mann hat in dieser ersten Besprechung erklärt, daß ihm von englischer Seite ein größerer Betrag (20 000) zur Verfügung gestellt worden sei mit der Auflage, dieses Geld zum Kampf gegen das Hitler-Regime zu verwenden. Voraussetzung für die Hergabe des Geldes soll eine Verständigung der oppositionellen Richtungen über die Verwendung der Gelder[14] sein. Es ist ein engerer und ein weiterer Ausschuß gebildet worden. Dem engeren Ausschuß gehören Dahlem, Spieker, Max Braun und ich an. Schon in den ersten Sitzungen haben sich eine Reihe von Schwierigkeiten und Mißdeutungen ergeben, die mich fast veranlaßt hätten, aus dem Ausschuß auszuscheiden. Ich habe mich aber entschlossen, noch eine gewisse Zeit mitzuarbeiten und den Versuch zu machen, eine vernünftige Verteilung und Verwendung der Gelder zu organisieren.

Vogel weist darauf hin, daß diese Einladung von Thomas Mann an Stampfer eine persönliche Einladung war, daß Stampfer über die Angelegenheit im PV berichtet habe und daß Einstimmigkeit herrschte, daß dadurch keine politischen und sonstigen Bindungen für uns entstehen würden.

Crummenerl: Die Arbeiterwohlfahrt teilt mit, daß sie aus Mangel an Mitteln nicht in der Lage ist, ihre Arbeiten in erforderlichem Maß fortzusetzen. Sie bittet deshalb um einen Zuschuß. Ich sehe keine Möglichkeit, in Anbetracht unserer finanziellen Situation, diesen Zuschuß zu gewähren.

Der Vorschlag Crummenerls, einen Zuschuß abzulehnen, wird angenommen.

Crummenerl: Bögler wünscht eine weitere finanzielle Hilfe, und zwar für drei Monate Gehalt und Reisebeihilfe für die Familie. Den ersten Anspruch habe ich sofort abgelehnt, was die zweite Angelegenheit betrifft, so schlage ich vor, 800 bis 1 000 Frs. zu bewilligen.

Rinner: Ich bin nicht der Meinung von Crummenerl. Bögler ist auf eigene Faust hier herübergekommen. Bei unserer angespannten Finanzlage sollten wir diesen Betrag einsparen.

Nach einer Erwiderung Crummenerls wird vereinbart, Bögler 1 000 Frs. zu bewilligen.

---

8 Mann, Thomas, 1875–1955, Schriftsteller, Nobelpreisträger, Emigration 1933 Schweiz, 1938 USA, 1952 Schweiz.

9 Mann, Heinrich, 1871–1950, politisch engagierter Schriftsteller, Präsident der Sektion Dichtkunst der Preußischen Akademie der Künste, 1933 Berufsverbot, Emigration 1933 Frankreich, Präsident der deutschen Volksfront, 1940 USA.

10 Mann, Erika, 1905–1969, Schauspielerin, Journalistin und Schriftstellerin, Tochter von Thomas Mann, Emigration 1933 Schweiz, Leiterin des Kabaretts »Die Pfeffermühle«, Emigration 1936 USA, später Schweiz.

11 Dahlem, Franz, 1892–1981, Mitglied im Polit-Büro und ZK-Sekretär der KPD, 1928–33 MdR, Emigration CSR, Frankreich, Spanien, UdSSR, Politischer Leiter der Internationalen Brigaden im Spanischen Bürgerkrieg, Spitzenfunktionär der illegalen Exil-KPD, 1942 von französischen Stellen ausgeliefert, bis 1945 KZ Mauthausen, SED-Funktionär, 1953 aller Ämter enthoben, 1956 rehabilitiert, 1957 ZK der SED.

12 Rauschning, Hermann, geb. 1887, Landwirt, 1931 NSDAP Danzig, SS-Standartenführer, Senatspräsident, ca. 1935 Parteiausschluß, 1935–38 Mitarbeiter von »Der Deutsche in Polen«, Herbst 1936 Flucht aus Danzig, Emigration 1937 Schweiz, 1938 Frankreich, 1939 Großbritannien, 1941 USA, Zusammenarbeit mit bürgerlich-konservativer Emigration, Farmer, Schriftsteller.

13 Vorlage: Spieker.
    Spiecker, Carl, 1888–1953, 1930/31 Sonderbeauftragter des Reichsinnenministeriums zur Bekämpfung des Nationalsozialismus, Emigration 1933 Frankreich, Volksfrontbefürworter, 1937/38 Initiator der »Deutschen Freiheitspartei«, 1940 Großbritannien, 1941 Kanada, 1945 Deutschland, Zentrum, später CDU.

14 Vorlage: »über die Verwendung der Gelder« hs. ergänzt.

Crummenerl: Es liegt ein Antrag von Schönfeld vor, ihm einen Zuschuß für die Übersiedlung nach Frankreich zu gewähren. Wir haben vorhin bereits bei dem Bericht von Erich Ollenhauer zu dem Fall Schönfeld Stellung genommen und den Wunsch des Dollarausschuss[es], die Reisekosten für Schönfeld ganz oder teilweise zu übernehmen, abgelehnt. Mit dieser ersten Entscheidung ist nach meiner Auffassung auch die Entscheidung über diesen Antrag von Schönfeld gefällt worden. Ich bitte deshalb um Ablehnung.
Einverstanden.
Heine: Hansen, Kopenhagen hat die ganzen fünf Jahre hindurch den Vorwärts-Vertrieb auf der Basis vorgenommen, daß er die vereinnahmten Gelder abgeführt hat, während vom Verlag aus ihm jeweils Rechnungen über 1,20 Kc pro Exemplar gesandt wurden. Er hat diese Rechnungen stets unbeachtet gelassen und seine eigenen Aufstellungen zugrundegelegt. Aus Anlaß eines neuen Briefwechsels hat er sich jetzt auf den Standpunkt gestellt, daß er nur verpflichtet sei, 1,20 Kc. pro Exemplar abzuliefern. Er hat für die letzten 5/4 Jahre ausgerechnet, daß er 450,- Dän.Kr. auf diese Weise zuviel gezahlt hat, die er sich jetzt bei der letzten Abrechnung abgezogen hat. Da der Verlag mit ihm vereinbart hat, daß er 1,20 Kc. zahlen soll, so haben wir keine rechtliche Handhabe, ihn zu zwingen, alles abzuliefern, was er eingenommen hat. Ich schlage vor, Hansens Abrechnung zu akzeptieren, ihm aber mitzuteilen, daß wir künftig direkt mit den Beziehern verkehren wollen.
Crummenerl: Ich bin anderer Auffassung. Hansen ist Funktionär wie jeder andere. Er wird von uns bezahlt und hat seine ganze Kraft uns zur Verfügung zu stellen. Der N[eue] V[orwärts] ist ein Unternehmen des PV. Hansen kann nicht das Recht für sich in Anspruch nehmen, als privater Zwischenhändler gewertet zu werden. Wir sollten die unverschämte Forderung von Hansen nicht akzeptieren, sondern von ihm verlangen, daß er alles abliefert, was er vereinnahmt.
Wels: Wir müssen Hansen[15] auch noch darauf aufmerksam machen, daß das Gehalt[16], das er ja nicht von uns direkt, sondern von der dänischen Partei[17] bezieht, nicht ihm gilt, sondern eine Unterstützung der dänischen Partei für unsere Arbeit und somit für uns ist.
Rinner: Wir müssen über den Fall Hansen sowieso ausführlicher reden. Er macht, was er will. Ich stehe auf dem Standpunkt, daß er, ebenso wie Schumacher, bei der demnächst wohl stattfindenden Aufrollung des Gesamtproblems abgehalftert werden muß. Er leistet so gut wie nichts und nimmt sich dabei Dinge heraus, die kein anderer macht. So hat er kürzlich für uns bestimmtes Berichtmaterial, bevor er es uns gegeben hat, einer anderen Stelle zur Veröffentlichung zugeleitet. In dem Streit zwischen dem Vorwärts und Hansen bin ich der Meinung, daß nicht vom Verlag aus geschrieben wird, sondern daß Siegmund vom PV aus Hansen zur Rückerstattung des Geldes auffordert.
Ollenhauer: Der Verlag ist in einer ungünstigen Position Hansen gegenüber. Er hat Hansen die Exemplare zu 1,20 Kc geliefert und kann jetzt nicht von ihm verlangen, daß er mehr abliefert. Ich halte es deshalb auch für notwendig, daß Siegmund den Brief schreibt.
Es wird so vereinbart.
Heine: Wir haben in Karlsbad die weitaus größte Zahl der Bücher der Verlagsanstalt gelassen, da wir die Transportkosten scheuten. Der vor vier Wochen unternommene Versuch, die Bücher oder wenigsten die drei wichtigsten: Stampfer, Rosenberg und Konzentrationslager[18], zu retten, ist trotz eifriger Bemühungen von Weck gescheitert, weil Sattler sich

---

15 Vorlage: »Hansen« hs. unterstrichen.
16 Vorlage: »Gehalt« hs. unterstrichen.
17 Vorlage: »von der dänischen Partei bezieht« hs. unterstrichen.
18 *Friedrich Stampfer*, Die 14 Jahre der ersten deutschen Republik, Karlsbad 1936; *Arthur Rosenberg*, Geschichte der deutschen Republik von 1918–1930, Karlsbad 1935; *Gerhart Seger*, Oranienburg. Erster authentischer Bericht eines aus dem Konzentrationslager Geflüchteten. Mit einem Geleitwort von Heinrich Mann, Karlsbad 1934.

geweigert hat, die Bücher herauszugeben. Er hat das damit begründet, daß der PV noch nicht seine Schulden bezahlt habe. Wir stehen jetzt also vor der Tatsache, daß wir von den wichtigen Publikationen nur noch ein halbes Dutzend oder weniger Exemplare haben. Trotzdem ist es erforderlich, daß wir jetzt, nach der Besetzung Karlsbads, in Paris eine neue Verlagsanstalt gründen, um die Außenstände der Verlagsanstalt eintreiben zu können.

Crummenerl: Das wird nicht gehen, da sich die Graphia, d. h. Sattler und de Witte, immer dagegen gewendet haben. Die Schwierigkeiten dürften nicht zu überbrücken sein.

Heine: Sattler hat sich nach einem Briefwechsel mit mir einverstanden erklärt, daß wir hier eine neue Verlagsanstalt aufmachen.[19]

Schluß der Sitzung.

---

19 Dieser Briefwechsel war nicht zu ermitteln.

Nr. 129
Protokoll der Parteivorstandssitzung am 2. November 1938

SAPMO Berlin, ZPA, II 145/55, Bl. 165–171 und Bl. 172–188 (Anlage)

Vorstandssitzung vom 2. 11. 1938[1]

Anwesend: Vogel, Crummenerl, Rinner, Ollenhauer, Stampfer, Geyer, Hilferding, Heine.[2]

Ollenhauer referiert über die Rundfrage, die die SAI an die angeschlossenen Parteien gerichtet hat (Ob die Parteien eine Internationale Konferenz bzw. SAI-Kongreß befürwor-

---

1 SAPMO Berlin, ZPA, II 145/55, Bl. 159, enthält eine Tagesordnung, die in der Vorlage auf den 2. Oktober 1938 datiert ist, ihrem Inhalt nach aber eindeutig die Tagesordnung für die Sitzung am 2. November 1938 darstellt. Sie lautet:
»Sitzung am 2. Oktober 1938
  1. Stellungnahme zum Rundschreiben der SAI. (Internationale Konferenz oder Internationaler Kongreß)
  2. Deutsche Opferhilfe [Die »Deutsche Opferhilfe« sollte »ein einheitliches sozialdemokratisches Hilfswerk für die Opfer des Faschismus in Deutschland und in der Emigration« sein. Initiator war F. W. Wagner. Vgl. PV an Ott, 13. September 1938, in: AdsD Bonn, PV-Emigration, Mappe 86.]
  3. Arbeitsgemeinschaft Julius Deutsch
  4. Vollmacht Hertz – Freiheitsprozeß
  5. Gesuch Hoover-Institut
  6. Vorschläge Rinner für Berichterstattung Brost
  7. Wiederaufnahme Berger-Stockholm
  8. Abänderung unseres Beschlusses über Entschädigung an Bögler
  9. Unterstützung SAJ-Paris
 10. Antrag Ilgner auf Zuschuß
 11. Auseinandersetzung Richard Hansen – NV-Verlag
 12. Winterhilfe Arbeiterwohlfahrt
 13. Unsere zukünftigen Arbeitsmöglichkeiten im Hinblick auf die veränderte allgemeine Lage und im Hinblick auf unsere finanzielle Situation

ten). Früher haben wir die Auffassung vertreten, daß wir als emigrierte Partei nicht den Entscheidungen der lebenden Parteien vorgreifen sollten. Wir kommen mit dieser Auffassung heute nicht mehr aus. Die Rundfrage gliedert sich in zwei Punkte: 1) Soll eine Internationale Konferenz veranstaltet werden, in der man sich hauptsächlich mit Spanien beschäftigt, 2) soll ein Kongreß der SAI stattfinden, auf dem man sich mit Fragen internationaler Art beschäftigt. Ich bin gegen die Durchführung eines derartigen Kongresses, würde aber gegen die Internationale Spanien-Konferenz keine Einwendungen erheben. Ich könnte mich notfalls mit einem Kongreß einverstanden erklären, auf dem über gewisse Grundfragen gesprochen wird.

Vogel: Ich kann zusammenfassen, daß Ollenhauer sich gegen einen SAI-Kongreß ausgesprochen hat, jedoch mit einem Kongreß einverstanden wäre, in dem über gewisse Grundfragen, Stellung zur Demokratie usw., debattiert würde.

Crummenerl: Ich verspreche mir sehr wenig von all den drei von Ollenhauer erwähnten Veranstaltungen. Es wäre nur die Frage, ob wir das offen heraus sagen sollen.

Hilferding: Derartige Konferenzen dienen praktisch nur dazu, die Ohnmacht der SAI zu dokumentieren. Wir sollten sagen, daß wir uns der Stellungnahme enthalten. An einer Konferenz, auf der sozialistische Probleme behandelt würden, müßten wir uns natürlich beteiligen und in diesem Fall allerdings Wert darauf legen, daß man über diese Grundfragen ausführlich und ohne Überstürzung spricht. Wir sollten in diesem Sinn an die SAI auch schreiben.

Der PV erklärt sich mit Hilferdings Vorschlag einverstanden.

Ollenhauer referiert über den Plan der Deutschen Opferhilfe von Wagner, der eine Zentralisierung der Emigrationsfürsorge vorsieht.[3]

Rinner: Wir sollten einen Vorbehalt machen derart, daß wir unsere Zustimmung von der Zustimmung des Matteotti-Komitee[s][4] abhängig machen.

Der PV erklärt sich mit den Richtlinien der Opferhilfe einverstanden, wenn der von Ollenhauer gemachte Zusatz und der von Rinner erhobene Vorbehalt berücksichtigt wird.[5]

Vogel schlägt vor, Crummenerl in die Zentralstelle zu delegieren. Crummenerl hält das nicht für zweckmäßig. Es wird beschlossen, als Vertreter zur Opferhilfe für die Zentrale Vogel und für den Beirat Ollenhauer zu benennen.

---

    14. Die sozialdemokratische Konzentration
        a) Der Fall Hertz
        b) Landesorganisation Frankreich
        c) Auslandsvertretung der österreichischen Sozialisten
        d) Milesgruppe
    15. Neue organisatorische Zusammenfassung der sozialdemokratischen Emigration«.
        Ott, Jakob, 1904–1966, Zimmermann, sozialdemokratischer Kommunalpolitiker in Mannheim und Gewerkschafter, Mai 1933 verhaftet, bis September KZ Heuberg, Sopade-Verbindungsmann für illegale SPD-Gruppen in Baden, Pfalz und Hessen, Emigration 1934 Saargebiet, 1935 Frankreich, 1940 als angeblicher französischer Kriegsgefangener nach Deutschland verbracht, Kommunalpolitiker.
2 Am Nachmittag außerdem anwesend: Wels.
3 Wie Anm. 1.
4 Das »Matteotti-Komitee« hieß seit 1935 »Internationaler Solidaritätsfonds des IGB und der SAI für die Länder der Demokratie (Matteotti-Fonds)«. Sein Zweck war die Unterstützung exilierter Antifaschisten. Vgl. Internationale Information, 12. Jg., 5. Januar 1935, S. 2, Nr. 8, Anm. 12. *Jacques Omnès*, L'accueil des émigrés politiques (1933–1938). L'example du Secours Rouge, de la Ligue des Droits de L'Homme et du Parti Socialiste, in: *Gilbert Badia u. a.*, Les bannis de Hitler. Accueil et lutte des exilés allemands en France 1933–1939, Paris 1984, S. 65–103, hier S. 67; AdsD Bonn, PV-Emigration, Mappe 74 und 126.
5 Vorlage: »werden«.

Ollenhauer referiert über die Besprechung, die Julius Deutsch mit uns über die Arbeitsgemeinschaft[6] gehabt hat. Es haben drei Sitzungen stattgefunden, in denen man sich mit Emigrationsfragen, mit dem Problem der Spanien-Rückkehrer und in der dritten Sitzung, die mehr allgemeinen Charakter hatte, mit einem Referat von Sering beschäftigt hat. Deutsch wünscht, daß wir uns an diesen Veranstaltungen beteiligen. Er legt Wert darauf, festzustellen, daß kein Kartell mit dieser Gründung beabsichtigt ist und daß der diesbezügliche Vorschlag der Österreicher zurückgezogen wurde. Wir haben ihm unsere Bedenken auseinandergesetzt und ihm erklärt, daß wir darin den Versuch sehen, eine bestimmte Richtung durchzusetzen.

Stampfer: Ich bin der Auffassung, daß es sich da um zwei verschiedene Dinge handelt: erstens um den Versuch eines gemeinsamen Rechts- und Sozialschutzes für die Flüchtlinge und zweitens um Club-Abende mit Aussprachemöglichkeit. Warum wir uns von diesem zweiten Punkt ausschließen wollen, sehe ich nicht ein. Auch beim ersten Punkt bin ich nicht für eine grundsätzliche Ablehnung.

Ollenhauer: Diese sogenannte Arbeitsgemeinschaft ist nicht ganz so harmlos, wie es Julius Deutsch dargestellt hat. Ich bin der Meinung, daß wir keine Hilfsstellung leisten sollten und den Vorschlag ablehnen müssen. Was die Club-Abende betrifft, so bin ich nicht dagegen, wenn einzelne Mitglieder des Vorstandes, die Interesse an diesen Vorträgen haben, sich daran beteiligen.

Hilferding: Was die Unterstützungsfrage betrifft, so ist das doch eine Angelegenheit der jetzt neuzugründenden Opferhilfe.[7] Was die Frage der geistigen Arbeitsgemeinschaft betrifft, so erhebt sich die Frage, was richtig ist, Abstinenzpolitik oder nicht. Ich bin dafür zu sagen: Ladet uns ein.

Rinner: Ich empfehle, die Formel zu akzeptieren, daß Einzeleinladungen an die Parteivorstandsmitglieder erfolgen, daß dann den einzelnen Mitgliedern freisteht, ob sie diesen Einladungen Folge leisten wollen oder nicht. Nach Bemerkungen von **Hilferding, Crummenerl** und **Stampfer** wird vereinbart, daß eine Beteiligung des PV als Korporation an dieser Arbeitsgemeinschaft nicht in Frage kommt, daß Einladungen zu Diskussionsabenden in der Form erfolgen sollten, daß die PV-Mitglieder als Einzelpersonen eingeladen werden.

Crummenerl referiert über den Freiheits-Prozeß.[8] Der Rechtsanwalt hat mitgeteilt, daß noch kein Geld da ist, da es aus verschiedenen Gründen noch nicht zur Verfügung steht. Der Prozeß hat uns bisher rund 100 000 Kc. Unkosten verursacht. Wir haben in diesen Tagen einen Brief unseres Rechtsanwalts bekommen, in dem er von dem gegenwärtigen Stand Mitteilung macht und erwähnt, daß Hertz ihn aufgefordert hat, Auszahlungen nur an ihn oder an die von ihm benannte Stelle zu leisten. Wir haben mit dem Rechtsanwalt telefoniert und soeben eine Abschrift der Antwort des Rechtsanwalts an Hertz sowie eine Ab-

---

6 Nachdem eine Zusammenfassung (»Konzentration«) aller deutschen und österreichischen sozialdemokratischen Kräfte in der Emigration nicht zustande gekommen war, konstituierte sich am 16. September 1938 die »Arbeitsgemeinschaft für Innenarbeit«, die kurz darauf in »Arbeitsgemeinschaft für sozialistische Inlandsarbeit« umbenannt wurde. Ihr gehörten die »Auslandsvertretung der österreichischen Sozialisten«, Neu Beginnen, die Sozialistische Arbeiterpartei und die »sozialdemokratische Grenzarbeitsgruppe Mulhouse/Elsaß (Emil Kirschmann, Hans Hirschfeld, Max Moritz Hofmann)«, nicht aber der SPD-Landesverband Frankreich an. Im Oktober 1938 verband sich die Arbeitsgemeinschaft, die für die Inlandsarbeit weiter bestand, mit der Auslandsorganisation des Internationalen Sozialistischen Kampfbundes und den »Freunden der sozialistischen Einheit Deutschlands« um Münzenberg zum »Arbeitsausschuß deutscher Sozialisten und der Revolutionären Sozialisten Österreichs«, dessen Vorsitzender Julius Deutsch wurde. Vgl. *Mehringer*, S. 169 f.; *Röder/Strauss*, S. 720.
7 Vorlage: »neuzugründenden Opferhilfe« hs. unterstrichen.
8 Vgl. Nr. 116, Anm. 8.

schrift einer Vereinbarung zwischen dem PV, Hertz und der Relevo erhalten.[9] Ich muß sagen, ich habe niemals von einem solchen Vertrag, der Hertz ermächtigt, über das Geld zu verfügen, Kenntnis erhalten. Wir müssen dem Rechtsanwalt mitteilen, daß der PV von diesem Vertrag, den Hertz »im Auftrag des PV« abgeschlossen hat, niemals Kenntnis erhalten haben, und wir müssen ihm weiter mitteilen, daß Treuhänder der Partei der Kassierer, Crummenerl, ist.

Nach Bemerkungen von **Geyer, Rinner, Hilferding** und **Crummenerl** wird vereinbart, noch drei Tage auf die Antwort, die Hertz uns versprochen hatte, zu warten und ihn dann notfalls zu einer Sitzung zu laden, in der über diese Angelegenheit gesprochen wird.

Ferner wird vereinbart, den von Crummenerl vorgeschlagenen Brief an den Rechtsanwalt zu schreiben.

Rinner: Die Hoover-Bibliothek[10] wünscht die Protokolle der Volksbeauftragten zur Verwendung zu erhalten. Sie sind offenbar nur bereit, die technischen Unkosten zu zahlen.

Crummenerl: Die Protokolle gehören nicht mehr uns, sondern sind an das Posthumus-Institut verkauft.

Rinner referiert über Berichterstattungsfragen und teilt mit, daß wir die CSR verlieren, Schwierigkeiten in Südwestdeutschland und in Oberschlesien haben und daß Schumacher demnächst ausfällt[11] und daß auf Schoettle kaum zu rechnen ist. Als gewissen Ersatz für diesen Ausfall schlägt er vor: 1) Seidel in Prag zu ermöglichen, die Arbeit weiterzuführen und ihm zunächst 1 000 Frs. Fr. zur Verfügung zu stellen; 2) mit Brost regelmäßig zusammenzuarbeiten und ihm 500 Frs. Fr. monatlich zu zahlen; 3) mit Reinbold wegen der Berichterstattung aus Österreich zu verhandeln und dafür 250,- Frs. Fr. zu zahlen. Das reicht nicht aus, die Ausfälle auszugleichen, aber es füllt zunächst eine Lücke.

Der PV ist mit den Vorschlägen einverstanden.

Ollenhauer: Berger, Stockholm, ist seinerzeit aus der Prager Ortsgruppe der Partei ausgeschlossen worden. Er hat sich offenbar in der Zwischenzeit gewandelt. Ich bin deshalb der Meinung, daß wir ihn wieder aufnehmen sollten, wenn Sander keine Bedenken dagegen hat.

Einverstanden!

Crummenerl: Wir hatten in der letzten Sitzung beschlossen, Bögler einen Zuschuß von 1 000 Frs. zu zahlen. Wir haben inzwischen neue Informationen über die Einnahmen der

---

9 Die Relevo-AG Zürich war letzte Erwerberin eines von Hertz 1933 auf die »Volksstimme GmbH«, Saarbrücken, ausgestellten Wechsels. Vgl. Nr. 116. Hertz hatte – wie er sagte als Treuhänder der Sopade – eine Vereinbarung mit der Relevo-AG geschlossen, nach der Zahlungen aus Erlösen Gewinn des Prozesses gegen die »Volksstimme GmbH« nur an ihn oder von ihm benannte Vertreter zu leisten seien. Diese Vereinbarung war den übrigen Parteivorstandsmitgliedern unbekannt. Sie erhielten den Text der Vereinbarung am 1. November 1938 von Rechtsanwalt Meyer zugesandt. Vgl. zu diesem Vorgang AdsD Bonn, NL Hertz, MF XXII. In der PV-Sitzung am 22. Dezember 1938 einigten sich Hertz und der Rest des Vorstandes über die Aufteilung des Prozeßerlöses.

10 Während des Ersten Weltkriegs vom späteren US-Präsidenten Hoover ins Leben gerufen, sammelte die »Hoover Library on War, Revolution and Peace« in Stanford/Cal. zeitgeschichtliches Material.
Hoover, Herbert, 1874–1964, US-Amerikanischer Republikaner, 1929–33 31. Präsident der USA.

11 Vorlage: »Schumacher demnächst ausfällt« hs. unterstrichen. Schumacher teilte dem PV am 31. Oktober 1938 mit, daß er als Grenzsekretär aufhören und nach Bolivien auswandern wolle, da er in die Niederlande nur illegal einreisen könne, so aber die Arbeit als Grenzsekretär nicht ordentlich erledigt werden könne; vgl. AdsD Bonn, PV-Emigration, Mappe 118. Schumacher war Ende 1933 wegen illegaler Arbeit aus den Niederlanden ausgewiesen worden und lebte seither in Belgien.

Miles-Gruppe, deren Kassierer Bögler ist, erhalten, die uns veranlassen sollten, unseren damaligen Beschluß zurückzuziehen und ihm den Betrag nicht zu zahlen.

Einverstanden!

Ollenhauer: Die SAJ, Paris, wollte Mitte dieses Jahres ein Heim für jüngere Emigranten schaffen. Wir hatten uns damals bereit erklärt, für diesen Zweck 1 500 Frs. zur Verfügung zu stellen. Der Plan ist nicht durchgeführt worden. Die Genossen wollen nun gewissen Ersatz dafür schaffen, daß sie Saalveranstaltungen durchführen; sie wünschen den ursprünglichen Betrag zu erhalten. Ich bin nicht dieser Meinung, sondern würde vorschlagen, anstatt der vorgesehenen 1 500 Frs. den Betrag von 500 Frs. zu geben.

Einverstanden!

Ollenhauer: Ilgner hat vor seiner Ausreise nach Schweden noch verschiedene Ausgaben für Grenzfahrten gehabt, die insgesamt einen Betrag von 163,– Kc ausmachen.[12] Er bittet darum, ihm dieses Geld zurückzuerstatten. Ich bin dafür.

Einverstanden!

Crummenerl: In dem Streit zwischen N[euem] V[orwärts] und Hansen habe ich jetzt eine Antwort auf meinen Brief erhalten. Hansen weigert sich, das Geld zu zahlen. Ich möchte ihm schreiben, daß es zwar juristisch ihm gehört, daß wir ihn aber doch dringend ersuchen müssen, das Geld zurückzuzahlen.

Heine: Hansen hat mir geschrieben, daß er die Vertretung für den N[euen] V[orwärts] abgeben möchte und er auf der Suche nach einem Ersatzmann ist. Ich bin der Meinung, wir sollten mit Hansen Schluß machen und keinen Ersatzmann dafür einstellen. Wir kommen in allen anderen Ländern ohne diesen Mittelsmann aus und werden es auch in Dänemark können.

Crummenerl: Hansen verbraucht 2 800 Frs. Agitationszuschuß. Seine Ausgaben sind viel zu hoch, es ist das teuerste Sekretariat, das wir haben.

Vogel: Ich habe es allmählich auch satt, mich mit ihm herumzustreiten. Er versucht, sich an uns die Schuhe zu putzen. Schließlich zahlt die dänische Partei den Zuschuß nicht für Hansen, sondern für die deutsche Partei.

Rinner: Wir müssen über den Fall Hansen noch reden. Wir sollten mit der dänischen Partei in Verbindung treten und zunächst auf diesem Wege versuchen, ihn zur Räson zu bringen.

Crummenerl: Ich bin der Meinung, daß wir die hohen Zahlungen für Eduard[13] einstellen sollten.

Ollenhauer: Wir sollten den Vorschlag Rinners bis zum Punkt 15 der Tagesordnung zurückstellen.

Es wird so vereinbart!

Ollenhauer: Die Arbeiterwohlfahrt will eine Winterhilfe organisieren und fordert ihre Mitglieder auf, einen Tagesverdienst abzuführen. Die Frage ist, beteiligen wir uns daran? Zu berücksichtigen ist, daß wir schon einen wesentlich höheren Betrag als alle anderen zahlen.

Crummenerl: Unsere Gehälter sind so niedrig, daß wir davon nicht leben können. Wir können es den Angestellten nicht zumuten, einen ganzen Tagesverdienst zusätzlich abzugeben. Ich kann nicht auf der einen Seite die ständigen Wünsche nach Vorschüssen ablehnen und auf der anderen Seite verlangen, daß die Genossen einen Tagesverdienst zahlen. Ich bin dann schon eher dafür, 400 bis 500 Frs. Zuschuß aus der Parteikasse zu zahlen, aber auch damit noch zuzuwarten.

---

12 Ilgner, Karl, 1895–1965 (?), Jurist, Leiter der Rechtsabteilung des Reichsbanners, Emigration 1933 CSR, Sopade-Stützpunktleiter in Mährisch-Ostrau, 1938 Schweden, Mitglied der SPD-Ortsgruppe Stockholm.

13 Vorlage: »Eduard« hs. unterstrichen; d. i. wahrscheinlich Richard Hansen.

Rinner schlägt vor, anstelle eines Tagesverdienstes für einen Monat den doppelten Beitrag zur A[rbeiter-]W[ohlfahrt] zu bezahlen.
Crummenerl schlägt vor, aus der Parteikasse 250 Frs. zu entnehmen und als Beitrag zur Winterhilfsaktion der A[rbeiter-]W[ohlfahrt] zu geben.
Einverstanden!
Die Sitzung wird unterbrochen und beginnt am Nachmittag wieder im Beisein von Otto Wels.[14]
Vogel: Wir haben noch drei Punkte in dieser Nachmittagssitzung zu erledigen, wobei es noch sehr fraglich ist, ob wir über den ersten Punkt hinauskommen. Wir müssen über unsere Situation Klarheit schaffen und unsere nächsten Schritte beraten.
Crummenerl referiert ausführlich über die finanzielle Situation des PV.[15] Er gibt zunächst eine eingehende Übersicht über das, was ausgegeben worden ist und nimmt als Basis seiner Darstellung die Ausgaben und Einnahmen im dritten Quartal 1938, da sonst ein schiefes Bild entstehen würde. Er schildert die Situation, wie sie ist, um damit eine Basis für die weitere Diskussion zu geben und stellt als Zukunftsaussichten dar, daß wir aus unserem Restvermögen noch etwa zwei Monate Arbeitsmöglichkeiten haben und außerdem noch acht Monatsraten aus dem Verkauf des Archivs[16] zu erhalten haben. Er kommt zu der Schlußfolgerung, daß wir alles tun sollten, um mit dem Geld länger als 10 Monate auszukommen, zumal er keine Möglichkeiten sieht, zur Zeit andere Mittel zu erhalten. Er hält auch nicht für zweckmäßig, jetzt an unsere Freunde in den skandinavischen Ländern heranzutreten.
Heine gibt eine ausführliche Darstellung über die geschäftliche Situation des »N[euen] V[orwärts]«.
Rinner gibt eine Darstellung der Einnahmen und Ausgaben der »Deutschlandberichte« und der »Germany Reports«.
Vogel: Die drei Berichterstatter haben sich vorwiegend mit den wirtschaftlichen Fragen beschäftigt und uns einen Einblick in die finanzielle Situation gegeben. Es ist selbstverständlich, daß dieser Einblick auch zu politischen Konsequenzen führen muß. Wir müssen uns fragen, welche Wirkungen wir noch in unserer politischen Arbeit in Deutschland erzielen können und die Frage erheben, ob wir uns so stellen können, als sei in München und nach München nichts geschehen.
Wels: Es sind erhebliche Summen durch Sammlungen aufgebracht worden für Hilfsaktionen in bezug auf die Tschechoslowakei. Wir haben bisher nichts davon abbekommen. Wir sollten den Versuch machen, ob wir nicht auch einen Teil dieser Beträge erhalten und sollten uns mit der SAI in Verbindung setzen. Ich habe mir auch Gedanken gemacht, wie wir unsere Tätigkeit in Deutschland wieder forcieren könnten. Es ist wahrscheinlich möglich, daß wir aus der CSR künftig nach einer gewissen Beruhigung der Lage wieder Nachrichten erhalten werden. In Dänemark scheint es mir im wesentlichen eine Personenfrage zu sein, wenn wir nur geringe Erfolge erzielen. Auch die von Ferl erwähnten Schwierigkeiten im Westen scheinen mir vorübergehender Natur zu sein.[17]
Rinner: Ich teile die Auffassung von Wels durchaus. Organisatorisch sind unsere Möglichkeiten nicht wesentlich geringer geworden. Die Schwierigkeiten sind vorübergehender

---
14 Vorlage: Satz ist in der Vorlage ms. unterstrichen.
15 Vgl. die Anlage zu diesem Protokoll.
16 Vorlage: »Archivs« hs. unterstrichen.
17 In einem Schreiben an Ollenhauer vom 12. Oktober 1938 berichtete Ferl aus Belgien von großen Schwierigkeiten, politische Flüchtlinge aus der Tschechoslowakei dort unterzubringen, da derzeit wöchentlich Tausende von Flüchtlingen, nicht nur politische, aus Österreich nach Belgien kämen; vgl. AdsD Bonn, PV-Emigration, Mappe 41. Hinweise auf andere Schwierigkeiten waren nicht zu ermitteln.

Art. Wir haben mehr Möglichkeiten organisatorischer und politischer Art, als wir finanziell bedecken können; also ist es doch wieder ein finanzielles Problem.

Ollenhauer: Den Vorschlag von Wels, die Hilfe der SAI für unsere Leute in Anspruch zu nehmen, sollten wir akzeptieren. Obwohl ich kaum Aussichten auf Erfolg sehe, sollten wir einen entsprechenden Antrag an den Matteotti-Fonds stellen.

Wels und Rinner haben sicher recht in ihrer Auffassung, den Ausfall an organisatorischen Möglichkeiten könnte man wettmachen. Aber ich bin der Meinung, daß ein grundsätzlicher Unterschied zwischen dem, was ist, und dem, was sein wird, besteht. Aber wenn kein Unterschied bestünde und wir die Möglichkeit hätten, dann könnten wir das Problem finanziell trotzdem nicht lösen. Ich sehe jedenfalls keine Möglichkeit, Geld zu erlangen. Aber entscheidend scheint mir zu sein, daß wir uns klar machen, daß München nicht nur den Verlust einer Position, sondern einen Erdrutsch bedeutet. Die Kapitulation der Demokratien hat sich erwiesen, und sie macht den prinzipiellen Unterschied zwischen früheren und der jetzigen Erschütterung aus. Wir müssen uns klar sein, daß Organisation und Berichterstattung nicht Selbstzweck unserer Arbeit sind. Auch wenn wir heute nicht über den Etat sprechen müßten, müßten wir uns fragen, ob es noch gerechtfertigt ist, so wie bisher zu arbeiten. Heute halte ich es für notwendig, daß wir unsere sachliche Arbeit ganz wesentlich einschränken. Wir können vielleicht noch etwas Geld bekommen. Dann müssen wir aber klar herausstellen und unseren Freunden begreiflich machen, daß wir es nicht mehr auf der bisherigen breiten Basis zu verwenden gedenken.

Crummenerl: Wir können es, glaube ich, nicht mehr verantworten, auch jetzt noch – nach München – monatlich über 110 000 Frs. auszugeben. Ich bin der Meinung, daß wir mit unserem Etat auf fast die Hälfte herunterkommen müssen und dann im Januar versuchen müssen, mit unseren Freunden im Norden zu sprechen. Unsere Arbeit muß sich nach unserer Finanzlage richten, und wir müssen sie ihr anpassen.

Geyer: Das Finanzielle und das Politische stehen[18] natürlich in einem gewissen Zusammenhang. Ollenhauer und Crummenerl haben ein Maximal-Programm umrissen, das nun mal durchgerechnet werden müßte. Ich rege deshalb an, daß Ollenhauer und Crummenerl berechnen sollten, was unter Zugrundelegung des Programms die Weiterführung der Arbeit nach ihren Vorstellungen kosten würde.

Rinner: Ich hatte aus den Worten von Ollenhauer geschlossen, daß die Arbeit auf längere Sicht durchgeführt werden soll. Ich kann noch nicht klar sehen, ob das eine prinzipielle Änderung unserer Arbeit bedeuten soll oder nicht.

Crummenerl: Heute sollte hauptsächlich die Basis für die künftige Debatte geschaffen werden. Wir wollten uns klar darüber werden, was ist und was erforderlich ist. Weitere Beratungen sollen folgen. Ich bin der Meinung, daß auch die sachliche Arbeit im Prinzip wahrscheinlich geändert wird, weil ich glaube, daß es notwendig ist.

Schluß der Sitzung.[19]

---

18 Vorlage: »steht«.
19 Vorlage: »Schluß der Sitzung« ms. unterstrichen.

[Anlage]

Reinausgaben N[euer] V[orwärts]

	Frs.
Januar	28 199,70
Februar	19 044,40
März	32 896,50
April	28 921,55
Mai	33 936,10
Juni	37 253,45
Juli	28 200,05
August	46 683,25
September	37 384,45
Gesamt	292 519,45
pro Monat	Frs. 32 500,-

Ausgaben-Aufteilung

	9 Mon.	1 Mon.
Druck u. Expedition	165 000,-	18 300,-
Honorare	40 000,-	4 400,-
Gehälter	30 000,-	3 300,-

Expeditions- u. Druckkosten N[euer] V[orwärts]

	Frs.
Januar	6 277,10
Februar	16 357,80
März	22 566,40
April	18 149,55
Mai	22 464,55
Juni	20 809,40
Juli	17 199,40
August	22 531,40
September	18 473,90
Zus.	164 829,50
pro Monat	18 300,-
pro Nummer	4 400,-

Honorare N[euer] V[orwärts]

	Frs.	
Januar	750,-	
Februar	1 110,35	F[riedrich] St[ampfer]
März	1 497,-	Hi[lferding]
April	3 098,55	

Mai	4 163,50	
Juni	4 163,50	1 000,-
Juli	7 390,-	2 000,-
August	9 370,-	2 000,-
September	7 900,-	3 000,-
Zus.	39 442,90	

Monatsdurchschnitt	Frs.	4 400,-
ohne F[riedrich] St[ampfer], Hi[lferding] =		31 442,90
Monatsdurchschnitt	Frs.	3 500,-
u. ohne Fuchs (6 000,-)		25 442,90
Monatsdurchschnitt	Frs.	2 830,-

Einnahmen N[euer] V[orwärts]

Monat	Frs.	Zus. Frs
Januar	155,60	
Februar	3 118,20	
März	5 781,70	
April	632,49	
Mai	9 024,83	
Juni	8 890,19	
Juli	29 763,25	
August	22 785,71	
September	9 228,64	89 180,61[1]

Auslandskonten:

Prag	Kc.	2 886,-	Fr. 3 600,-	
Warschau	Zl.	1 148,49	” 8 000,-	
Zürich	Fr.	144,29	” 1 200,-	
Bukarest		31 196,-	” 6 000,-	
Belgrad	Din.	590,-	” 300,-	19 100,-
				Frs. 108 280,61
in 9 Monaten, ergibt einen Monatsdurchschnitt von				Frs. 12 000,-

Zuschüsse PV

	Frs.
Januar	41 931,10
Februar	15 239,90
März	15 725,65

---

[1] Summe rechnerisch falsch, muß 89 380,61 heißen.

April   48 038,-
Mai   26 676,-
Juni   18 160,-
Juli   -,-
August   21 000,-
September   31 000,-
Gesamt   217 770,65
pro Monat Frs. 24 200,-

N[euer] V[orwärts] Jan.–Sept.

Ausgaben   Frs. 292 000,-
Einnahmen   "   108 000,-
Zuschüsse   "   217 000,-

Monatlicher Durchschnitt

Ausgaben   Frs. 32 500,-
Einnahmen   "   12 000,-
Zuschuß   "   24 200,-

Verlust CSR

Stand am   30. 6.   1 285 Ex.
   "   "   1.10.   462 "
Verlust   823 Ex.

Angenommen, wir verlieren die CSR völlig:
Einnahmen aus der CSR März[2]/Sept. 1938 Frs. 23 200,-
oder pro Monat Frs. 3 300,-[3]
Einsparung durch Druck- u. Portoersparung pro Monat 2 700,- !!
(pro Nr. bisher) Frs. 4 300,-
(jetzt = 400 CS) "   3 875,-
(künftig oh. ") "   3 675,-
Ersparnis pro Nr.   625,- mal 4 1/3

Rentabilitätsrechnung

in 9 Monaten 190 000 Exemplare
reine Druck- u. Expeditonskosten
dafür 165 000,- Frs. pro Ex. -,87 Frs.

---

2 Vorlage: »Jan.« hs. durchgestrichen, »März« hs. eingebessert
3 Vorlage: »2 500« hs. durchgestrichen, »3 300,-« hs. eingebessert

Brutto-Ausgaben des N[euen] V[orwärts]
[29]2 000,- Frs.[4] pro Ex. 1,54 "
Gesamt-Einnahmen in den 9 Monaten
108 000,- Fr. pro Ex. -,57 Frs.

wir nehmen also pro Ex. nur etwas mehr als ein Drittel dessen ein, was wir ausgeben.
Einnahme s. o. pro Ex. Frs. -,57, in Wirklichkeit aber ca. Frs. 1,50 (höhere Auslandspreise, Währungsdifferenzen usw.)
ev. Beispiele.

Das heißt, daß wir nur etwas mehr als ein Drittel der Auflage auch wirklich verkaufen.
Ein Ansatzpunkt für Verbesserung des Etats.

Auflage-Verteilung

Jan.–Apr.	Nr. 239–254	je 5 300 Ex.
April–Sept.	Nr. 255–276	je 5 000 "
Sept–Okt.	Nr. 277–280	je 4 100 "
Nov.–	Nr. 281–	je 4 000[5]

Verteilung z. Zt.:

Wiederverkäufer	2800 Ex.
Frei-Exemplare	250 "
Abonnenten (direkt)	290 "
Abonnenten (d. Wiederverk.)	330 "
Rest	430 "
	4000 Ex.[6]

Rest:

Archiv	50 Ex.
Belege	40 "
Büro	30 "
Werbung	250 "
Reserve	80 "
	430 Ex.[7]

Frei-Exemplare

Angleterre	7
Argentine	2
Belgique	10

---

4 Die ersten beiden Ziffern der Zahl sind durch Lochung unleserlich; 292 000,- Frs. ergibt sich aus 190 000 x 1,54 Frs (gerundet).
5 Diese Zeile ist in der Vorlage hs. gestrichen
6 Die Zahl für »Rest« ist hs. von 330 in 430 geändert, die Addition ergibt dann 4100 Ex.
7 Die Zahl für »Werbung« ist hs. von 150 in 250 geändert, die Addition ergibt dann 450 Ex.

Bulgarie	1
Danemark	35 (31 u. 4)
Espagne	8
Etats Unis	11
Finlande	1
France	62
Islande	1
Luxembourg	2
Norvege	1
Palestine	2
Pays Bas	15
Pologne	5
Roumanie	1
Suede	14
Suisse	40
Uruguay	1
Tchechoslovaq.	29
	248 Exemplare

Abonnenten

	direkt	indirekt	zus.
Argentine	1	–	1
Angleterre	5	2	7
Belgique	3	28	31
Bresil	1	–	1
Bulgarie	12	–	12
Canada	2	–	2
Chili	1	–	1
Chine	1	–	1
Danemark	3	122	125
Esthonie	1	1	2
Espagne	2	–	2
Finlande	4	3	7
Etats Unis	27	20	47
France	43	7	50
Hongrie	2	–	2
Indes angl.	1	–	1
Indes neerl.	1	–	1
Iran	5	5	10
Japon	3	–	3
Libanon	1	–	1
Lithouanie	1	–	1
Luxembourg	1	–	1
Norvege	4	1	5
Palestine	4	1	5
Pays Bas	10	102	112
Pologne	22	11	33
Roumanie	6	–	6
Russie	–	14	14

Suede	12	13	25
Suisse	18	4	22
Tanger	1	–	1
Turquie	2	–	2
Union d'Afrique	9	–	9
Venezuela	2	–	2
Yougoslavie	18	–	18
Tchechoslovaquie	60	–	60
	291	333	624[8]

Wiederverkäufer

z. Zt. werden geliefert   2800 Ex.
nicht feststellbar, wieviel davon verkauft u. wieviel von den verkauften auch an uns bezahlt (dazu statist. Abtlg. erforderlich)
gewisse Anhaltspunkte sprechen dafür, daß von diesen 2800 nur zwischen 800 und 1300 Ex. verkauft werden.
(Beweis: v. d. 620 Abonnenten haben bisher regelmäßig gezahlt 550, u. zwar mindestens Frs. 1,50. Das sind 550 Ex. mal 37 Nrn. = rund 30 000,- Frs. – eingenommen 108 000,- Frs.
Verbleiben für Wiederverkäufer rund 70 000,- Frs.
70 000,- Frs. sind bei Durchschnittserlös von 1,50 Frs. 47 000 Ex. oder (bei 37 Nrn.) pro Woche 1270 Exemplare. Wahrscheinlich noch zu hoch gegriffen.

Remittenden sicher über 50 %

Bisherige Maßnahmen. Kostet Zeit.

Beispiele.

Hohe Remittenden

Beispiel Einleger, Tarnopol:
bezieht seit 1936 insgesamt 640 Ex.
                  remitt.   596 "
7 % oder = verkauft 44 "
Rechnungen gesandt über   Zl. 224,-
gezahlt   "   6,30
Schulden   "   9,-
(Uns kostet jedes Ex. brutto 1,54 Frs sind – mal 640–985,- Frs. eingenommen rd. 50,- Frs.
Unsere Geschäfte)

Kein Einzelfall: 1938

---

[8] Richtige Ergebnisse der Addition wären: direkt 289, indirekt 334, zusammen 623.

	gel[iefert]	rem[ittiert]
Pachmann	68	60
Rochlitz	510	314
Puchalsky	300	236
Mankowski	1 500	850
Abramcyck	580	447
Jirikowsky	90	57
Kreyza	150	118
Hieke	150	130
Hachette	20 000	12 000

Einsparungen

1) Senkung der Druckauflage von jetzt 4 100 auf ca. 2 000–2 500 Ex.

(Wiederverkäufer	1 500	statt	2 800
Freiexempl.	20	”	190
Austausch	30	”	40
Abonnenten	570	”	620
Rest f. Büro	1 330	”	430
	2 450	”	4 050[9]

bedeutet finanziell Ersparnis von Frs. 300–400 pro Nummer

2) Übergang zu anderer Druckerei. 2 Angebote vorliegen.
Bedeutet finanziell Ersparnis von Frs. 350 bis 500 pro Nummer

3) Durch verminderten Versand vermindertes Porto
bedeutet finanziell Ersparnis von Frs. 75,– bis 150,– pro Nrn.
insgesamt Ersparnis von 700–1 000 Frs. pro Nummer.

D. h. bisherige Durchschnittsausgabe

Druck- und Expedition	4 300,– Frs.
jetzt	3 900,– ”
künftig	2 900 bis 3 200,– ”
pro Nr.	

oder monatlich zwischen 12 500,– u. 14 000,– gegen bisher 18 300,–

Mehr-Einnahmen

1) Abonnenten-Werbung

Jetzt begonnen. 3 Wochen. Wöchentlich 100–150 Adressen. Ganz schlechtes Resultat [. . . .]
Inserat P[ariser] T[ageszeitung] 130 Interessenten.
Abwarten.
Freiexemplar-Bezieher
aufgefordert 10–20 Bezieher
insgesamt anzunehmen, daß noch vor Jahresende ca. 50 neue Bezieher

2) Wiederverkäufer-Werbung
Adressen-Beschaffung. Briefe.
Hoffentlich wöchentlich ebenfalls 50 Exemplare verkauft.
Zusammen 100 Bezieher. Sind monatlich Frs. 600,–

---

9 Richtiges Ergebnis der Addition wäre: 4 080.

3) Inserate.
in zwei Monaten rund 22 000,- Frs. Inserataufträge. Langfristig. Gegenwärtig wöchentlich zwischen 4–500,- Frs. Inserate. 35 % Provision. Verbleiben monatlich Frs. 1 400,- Dürfte noch steigen. (wahrscheinlich auf 2 000,-)

Jedenfalls: Es ist möglich, aber nicht sicher, daß wir ab 1. Jan. monatlich 2 000,- bis 2 500,- Frs. Mehreinnahme haben.

Zusammenfassung

Durchschnittsausgabe bisher	32 500,-	
künftig zwischen	26 800 u. 28 200,-	
Durchschnittseinnahme bisher	12 000,-	
Einnahme-Ausfall CSR	3 300,-	
		8 700,-
Mehreinnahme zwischen	2 500 u. 2 000,-	
		10 700,-
künftiger Zuschuß also im günstigen Fall	14 800,-	
im ungünstigen Fall	16 700,-	
statt wie bisher	20 000,-	

Nr. 130
Protokoll der Parteivorstandssitzung am 16. November 1938

SAPMO Berlin, ZPA, II 145/55, Bl. 189–192

Vorstandssitzung vom 16. November 1938.

Anwesend: Wels, Vogel, Crummenerl, Rinner, Ollenhauer, Stampfer, Geyer, Hilferding, Heine.

Vogel: Wir müssen uns heute über den Fall Hertz unterhalten. Wir haben Hertz aufgefordert, zu dem Brief von Dr. Meyer Stellung zu nehmen. Hertz sollte uns antworten. Wir haben diese Antwort angemahnt und einen Termin zum 14. November gestellt. Hertz hat nicht reagiert. Wir müssen uns also jetzt entscheiden, was wir tun wollen. Soweit ich sehe, stehen zwei Auffassungen zur Diskussion. Die erste Auffassung ist, das Verhalten von Hertz macht eine künftige Zusammenarbeit mit ihm unmöglich, die zweite Auffassung geht dahin, Hertz zu einer Sitzung zu laden. Ich habe mich für die erste Auffassung entschieden. Auch ohne den Fall Dr. Meyer halte ich es für notwendig, Schluß zu machen.

In diesem Zusammenhang mag auch interessant sein, daß auf Dans Vorschlag eine gemeinsame Emigranten-Kommission, bestehend aus Österreichern, Russen, Italienern, uns und Neu Beginnen, gebildet werden soll. Innerhalb dieser Kommission ist ein engeres Komitee geplant, in das jede Partei ein Mitglied entsenden soll. Obwohl Hertz in diesen Fragen bisher für Neu Beginnen zuständig gewesen ist, haben die Neu Beginnen-Leute als ihren Vertreter Willi Müller und als Ersatzmann für Müller Bernhard vorgeschlagen.

Stampfer: Was gewinnen wir durch die Briefschreiberei an Hertz. Ich bin auch der Meinung, daß sein Verhalten unverständlich ist, aber ich bin dafür, daß wir ihn zu einer Sitzung laden und mit ihm persönlich die Angelegenheit bereinigen. Wir können es ja doch nicht verhindern, mit Hertz zusammenzutreffen. Hertz ist in verschiedenen Komitees, und wir werden immer wieder Gelegenheit haben, ihm zu begegnen.

Vogel: Ich halte es für ausgeschlossen, daß wir diesen Schwebezustand aufrechterhalten. Wir müssen klare Verhältnisse schaffen, wie auch der Fall Bögler zeigt.

Crummenerl: Von einer Zusammenarbeit mit Paul Hertz kann keine Rede mehr sein. An dem Fall Hertz ist nichts mehr zu ändern. Was wollen wir mit einem Brief an Hertz denn erreichen? Wie soll die Angelegenheit Meyer erledigt werden? Sollen wir klagen? Crummenerl gibt dann eine Darstellung der Entwicklung dieses Streitfalls und kommt zu der Schlußfolgerung, daß wir in einem Prozeß gegen Hertz gewinnen würden.

Stampfer ist anderer Auffassung. Wenn Hertz den Rechtsanwalt Meyer auf Zahlung verklagt, dann kommt er mit seiner Klage durch.

Crummenerl beharrt auf seiner Meinung. Er glaubt zwar, daß der Prozeß lange dauern und Kosten verursachen würde, daß wir ihn aber schließlich gewinnen würden. Wie dem aber auch sei; sollen wir das Geld etwa schwimmen lassen? Das kommt nach Crummenerls Auffassung nicht in Frage. Er ist deshalb dafür, daß eine Sitzung mit Hertz stattfindet, daß Hertz in dieser Sitzung gestellt werden muß und mit Ja oder Nein antworten soll. Crummenerl läßt keinen Zweifel darüber, daß das Verhältnis Hertz/Parteivorstand, wie Hertz sich in dieser Frage auch verhalten möge, zerbrochen ist.

Rinner wirft einige juristische Fragen auf. Es handelt sich um einen Zessionsvertrag. Die Frage ist, ob dieser Vertrag für nichtig erklärt werden kann. Der Grundsatz von Treu und Glauben spielt nicht eine so große Rolle wie Laien annehmen; Rinner zieht die Schlußfolgerung, daß es das Beste sei, über die Aussichten eines evtl. Prozesses Meyer zu hören.

Geyer sieht in dem eventuell notwendig werdenden Prozeß gegen Hertz vor allem eine politisch-moralische Frage. Er ist der Meinung, daß wir uns dieses Druckmittel nicht entgehen lassen sollen.

Hilferding hält den Vorschlag von Vogel nicht für praktisch. Beginnen wir mit dem Ausschluß Hertz' aus dem PV, so verschieben wir die Debatte zugunsten von Hertz. Das würde taktisch eine Stärkung seiner Position bedeuten. Hilferding ist dafür, mit Hertz in einer Sitzung zu sprechen und gleichzeitig mit dem Rechtsanwalt darüber zu verhandeln, wie unsere eventuellen Prozeß-Aussichten wären. Wir haben auch noch andere Druckmittel in der Hand. Es ist doch zweifelsfrei, daß Adler sich eingemischt hat. Hilferding glaubt nicht, daß Adler in dieser Sache anders denkt als wir, und er könnte sich vorstellen, daß es uns möglich wäre, auf dem Wege über Adler Hertz zum Zurückweichen zu zwingen. Er ist deshalb dafür, daß heute nicht auf vollständigen Bruch mit Hertz taktiert wird, sondern daß eine Besprechung mit ihm über diese Spezialfrage der Relevo-Gelder herbeigeführt wird.[1]

Stampfer: Hertz will offenbar eine gewisse Erpressung ausüben. Wenn wir zunächst die Geldangelegenheit erledigen wollen, dann scheint es mir das Beste zu sein, wenn wir zunächst nicht eine Besprechung mit Hertz durchführen, sondern uns der Vermittlung Friedrich Adlers bedienen.

Ollenhauer: Dieser letzte Fall Hertz/Relevo ist ja nur ein Fall von vielen in der Angelegenheit Hertz. Das Verhältnis von Hertz zum PV ist nicht mehr zu reparieren. Selbst wenn Hertz in diesem einen Punkt zurückweicht, dann bleiben genug andere Sachen übrig. Es müssen auch folgende Punkte berücksichtigt werden: 1) Hertz hat uns die Abschließung des Vertrages verschwiegen, 2) der Brief von Hertz an Meyer wegen der Sperrung der Gelder, 3) die Tatsache, daß er auf die Aufforderung des PV, sich zu äußern, keine Antwort erteilt hat.

---

1 Vgl. Nr. 129, Anm. 9.

Stampfers Vorschlag, die Sache in der Schwebe zu lassen, ist nicht möglich. Es ist nun erforderlich, daß klargestellt wird, daß Hertz nicht mehr Vertreter des Parteivorstandes ist. – **Ollenhauer** ist für den Vorschlag von Crummenerl, zumal wir an Hertz noch nicht die konkrete Frage gestellt haben und das noch tun müssen. Eine Vermittlung durch Adler lehnt er ab. Es ist nicht die Aufgabe anderer, in diesem Streit zu vermitteln, das könnte zu leicht eine Handhabe bieten und einen Präzedenzfall[2] schaffen.

Vogel fragt, ob mit Hertz Schluß gemacht werden soll, auch wenn eine Vereinbarung mit ihm über die Geldfrage zustande kommt. Er ist für den Vorschlag, Adler zu informieren, ist allerdings skeptisch, wie Adler sich dazu stellt.

Crummenerl ist gegen Interventionen durch Adler, nicht nur aus dem gleichen Grunde wie Erich Ollenhauer, sondern auch deshalb, weil wir in dieser Frage so sehr im Recht sind, daß wir diese Intervention nicht nötig haben. Er wünscht nochmals, daß wir Hertz auffordern, eine konkrete Antwort zu geben.

Rinner: Der Bruch mit Hertz ist irreparabel, auch dann, wenn eine Vereinbarung in der Relevo-Angelegenheit mit ihm zustande kommt. Er ist für eine Sitzung mit Hertz, um dessen Argumente kennenzulernen. Der Vorschlag Hilferdings, Adlers Intervention nachzusuchen, war ihm zunächst sympathisch. Die Gegenargumente sind jedoch nicht ohne Eindruck auf ihn geblieben. Der Versuch könnte gegen uns ausschlagen. Wir sollten den Vorschlag von Hilferding deshalb zurückstellen und Hertz zunächst laden.

Stampfer ist gegen Eklat und dafür, daß alles versucht wird, den Skandal zu vermeiden. Er fragt sich, wie das nach außen wirken wird und ist deshalb noch immer für den Vorschlag, die Intervention von Adler anzustreben.

Hilferding: Über die moralische Seite des Falles Hertz ist keine Meinungsverschiedenheit zwischen uns. Diese Sache ist für Hertz so sehr kompromittierend, daß wir nicht zuerst mit dem Ausschluß kommen sollen. – Er ist ebenfalls für die Auseinandersetzung mit Hertz. Gegen den Vorschlag, die Vermittlung Adlers zu suchen, sind so starke Argumente vorgebracht. Man könnte sie vielleicht entkräften dadurch, daß ein Privatbrief Hilferdings an Adler geschrieben würde. Das würde den PV nicht festlegen.

Wels: Die Frage ist, können wir auf das Geld verzichten? Wir können es nicht, weil wir es nicht dürfen. Ich weiß nicht, welcher moralische Einfluß stärker auf Hertz wirkt, der von Adler oder der von Willi Müller. Warum sollen wir einen Brief an Adler schreiben? Adler ist am 27. November in Paris. Wir sollten ihn mündlich in einer Weise informieren, so daß er von sich aus Hertz veranlaßt, zurückzuzucken. Wir sollten deshalb auch vor dem 27. November Hertz nicht vorladen und brieflich konkrete Fragen stellen.

Geyer ist gegen jeden offiziellen Schritt bei Adler. Wir haben mit Adler unsere Erfahrungen. Zwischen Adler und uns gibt es in der Frage Miles/Hertz keine gemeinsame moralische Basis mehr. Allenfalls käme ein Privatgespräch Hilferdings mit Adler in Frage.

Crummenerl erhebt keinen Widerspruch gegen eine Vertagung, obwohl ursprünglich gemeinsam eine andere Auffassung geherrscht hat. Er wendet sich vor allen Dingen dagegen, daß Hertz die Zurverfügungstellung des Geldes an Bedingungen knüpfen könnte. Damit wäre er keinesfalls einverstanden.

Vogel erinnert daran, daß wir Hertz einen Termin zum 14. 11. gestellt haben.

Crummenerl verliest den Wortlaut unserer Briefe an Hertz.[3]

---

2 Vorlage: »Präzidenz-«
3 Der PV hatte am 26. Oktober 1938 an Hertz geschrieben und um Aufklärung über die Vereinbarung mit der Relevo AG gebeten. Vgl. Nr. 129, Anm. 9. Am 9. November 1938 wurde Hertz aufgefordert, bis zum 14. November 1938 zu der mittlerweile beim PV eingetroffenen Vereinbarung Stellung zu nehmen. Der PV bestritt Hertz das Recht zur Verfügung über die Erlöse aus dem Prozeß gegen die »Volksstimme GmbH« Saarbrücken. Vgl. Nr. 116, Nr. 129; der Briefwechsel zwischen dem PV und Hertz in: AdsD Bonn, NL Hertz, MF XXII.

Ollenhauer ist gegen eine schriftliche Auseinandersetzung und würde für die Vertagung der Angelegenheit bis nach der Anwesenheit von Adler in Paris nur deshalb sein, weil ein anderer Beschluß heute hier nicht durchzudrücken ist. Sachliche Gründe für die Vertagung sind nicht vorhanden. Er äußert ganz offen Bedenken, ob Friedrich Stampfer unsere Haltung in allen Punkten teilt, und er ist der Auffassung, daß eine gemeinsame Linie erforderlich ist.

Rinner ist für den Vorschlag Wels deshalb, weil er den Prozeß vermeiden möchte. Er ist dafür, daß inzwischen von Meyer Gutachten angefordert werden.

Stampfer erinnert daran, daß niemand sich in der Angelegenheit Hertz mehr exponiert habe als er selbst. Seine Beweggründe, in dieser Angelegenheit vorsichtig zu sein, sind diktiert von dem Wunsche, einen öffentlichen Skandal zu vermeiden.

Es wird vereinbart, die Angelegenheit zwei Wochen hinauszuschieben, um eventuellen privaten Interventionen bei Adler Zeit zu lassen.

Crummenerl: Genosse Altmann wünscht von uns einen weiteren Zuschuß von 250 FFrs. Er hat 50 FFrs. erhalten und bittet, daß wir ihm noch weitere 200 FFrs. geben.

Der Wunsch wird abgelehnt.

Schluß der Sitzung.

Nr. 131
Protokoll der Parteivorstandssitzung am 28. November 1938
SAPMO Berlin, ZPA, II 145/55, Bl. 193–197

Parteivorstandssitzung vom 28. November 1938.

Anwesend: Wels, Vogel, Crummenerl, Rinner, Ollenhauer, Stampfer, Geyer, Hilferding, Heine.

Vogel gibt einen Bericht über die gemeinsame Sitzung der SAI und des IGB. Er berichtet u. a. über die Vorschläge der Internationale, Aktionen für den Weltfrieden und Einber[uf]ung einer Weltkonferenz vorzunehmen.[1] Gegen die Vorschläge auf die Delegierung von internationalen Gewerkschaftskommissionen, die zu den einzelnen Länderregierungen gehen sollten, sind Bedenken erhoben worden. Akzeptiert wurde die Anregung, eine internationale Delegation zunächst bei der Regierung vorstellig werden zu lassen. Der Vorschlag von Mertens wegen einer Vermittlungsaktion für Spanien wurde in der von den Spaniern vorgeschlagenen Fassung akzeptiert.[2] Der vorgeschlagene Internationale Kongreß (Weltkongreß) beruht auf einer Anregung von Schevenels. Es ist vereinbart worden, daß zunächst der IGB dazu Stellung nehmen soll. Inzwischen sind auch bei der Internationale die Antworten der Parteien auf die Rundfrage eingegangen. Aus den Antworten ergibt sich, daß Vorschläge auf Abhaltung eines Kongresses abgelehnt, auf Einberufung der Konferenz dagegen von der Mehrheit der antwortenden Parteien angenommen werden.

In der Internationale ist darauf hingewiesen worden, daß de Brouckère am 31. Mai 70 Jahre alt wird und die Absicht hat, als Präsident zurückzutreten.

---

1 Bei einer gemeinsamen Sitzung von SAI- und IGB-Exekutive am 25. November 1938 in Paris hatte der IGB die Einberufung einer »Weltfriedenskonferenz« vorgeschlagen. Die Entscheidung darüber wurde vertagt. Vgl. Internationale Information 15. Jg., 30. November 1938, S. 502 f.
2 Mertens, Corneille (Cornelis), 1880–1951, belgischer Gewerkschafter.

Der Bericht des Gen[ossen] Vogel wird ohne Aussprache zur Kenntnis genommen.

Es wird vereinbart, das Büro am Mittwoch wegen des französischen Generalstreiks zu schließen.[3]

Crummenerl äußert Sorgen über die täglich schwieriger werdende Situation.

An die Bemerkungen von Crummenerl schließt sich eine kurze Aussprache über die Situation in Frankreich [an], die ohne Beschlüsse endigt.

Crummenerl begründet die Notwendigkeit, Sparmaßnahmen durchzuführen. Als Argument führt er den Stand unserer Vermögenslage an, die er skizziert, und ferner die politische Konstellation. Er will seine Vorschläge einteilen und sieht folgendes vor:

1) Keine Änderung der Gehaltspositionen und des Personals.
2) Keine Möglichkeiten, bei den Büroausgaben zu sparen.
3) Gewisse Ersparnismöglichkeiten bei Fahrgeldern und Spesen (4 500 statt 6 000 Frs. monatlich).
4) Verringerung des Unterstützungskontos (von 8 000 auf 4 000 Frs.).
5) Porto- und Telefon-Gebühren usw. (keine Ersparnisvorschläge).
6) Zeitungen und Bücher (keine wesentliche Ersparnismöglichkeit).
7) Miete usw. (keine Ersparnis).
8) Kleinausgaben (Es ist zwar Auflageverringerung nach Rücksprache mit Rinner vorgesehen, eine wesentliche Ersparnis wird aber nicht erzielt).
9) Agitationskonto (Auf diesem Konto wird die beste Ersparnismöglichkeit bestehen).

Durch Streichung des Zuschusses an Hansen von 3 500,– auf 1 000 Frs. monatlich, durch Einsparung bei Schumacher Frs. 1 500,–; Ferl Frs. 1 200,– statt 1 400,–, Reinbold keine Ersparnis, Sander ebenfalls nicht. Bögler fällt weg, ebenso Stahl, Michel[4]. Für Wecks Position sind monatlich künftig 2 000,– statt 8 000 Frs. vorgesehen, so daß die Gesamtersparnis mit 23 000,– Frs. anzunehmen ist.

Für den »Neuen Vorwärts« schlägt Crummenerl vor, daß er statt wöchentlich in Abständen von 14 Tagen erscheint.

Nachmittagssitzung[5]

Heine ist für eine radikale Lösung der Frage. Er geht von der noch zur Verfügung stehenden Summe aus und schlägt vor, sie so zu verteilen, daß sie für etwa fünf Jahre ausreicht. Innerhalb dieser 5 Jahre müßte es möglich sein, weitere Mittel für [einen] entsprechend längeren Zeitraum zu beschaffen. Die Streckung der Mittel auf fünf Jahre hat zur Voraussetzung, daß eine prinzipielle Umstellung in der Arbeit vorgenommen wird. Er stellt sich die Lösung in folgender Weise vor:

Aufgabe des Büros (anstelle dessen ein Einzelzimmer, in dem abwechselnd Dienst gemacht wird und das als Zentrale erhalten werden muß).

Einstellung des »N[euen] V[orwärts]«, der »Deutschland-Berichte« und des illegalen Materials. Als Publikationsorgan zur Aufrechterhaltung der Verbindungen mit der Emigration, die forciert werden müßten, eine kleine, monatlich erscheinende vervielfältigte Zeitschrift. Die Entlassung der Grenzsekretäre bis auf Reinbold und Ferl, deren Aufgaben wesentlich[6] beschnitten werden sollten. Aufrechterhaltung des früheren Personalstandes

---

3 Am 30. November fand ein Generalstreik gegen den Abbau von sozialpolitischen Errungenschaften aus der ersten Volksfront statt.
4 D. i. von Knoeringen.
5 Vorlage: »Nachmittagssitzung« ms. unterstrichen.
6 Vorlage: »wesentlich« hs. eingebessert für »im«.

(also ohne Langendorf, Preiss, Klein; evtl. ohne Else Lehmann[7]). Alle Mitarbeiter sollen den Versuch machen, sich (mit Hilfe des Parteivorstandes) Verdienstmöglichkeiten zu erschließen und für ihre wesentlich verringerte Tätigkeit in der Sopade eine monatliche Entschädigung von 700 bis 800 Frs. erhalten.

Anstelle der »Deutschland-Berichte« sollen von Zeit zu Zeit erscheinende zusammenfassende Darstellungen über die deutschen Fragen treten, die im Subskriptionswege verkauft und ohne Verlust abgesetzt werden. Er macht noch ins einzelne gehende Vorschläge für die Weiterarbeit.

Geyer hat andere Vorstellungen als Heine. Er stellt als Hauptgesichtspunkt heraus, daß nicht die zur Verfügung stehende Summe gestreckt werden müßte, sondern daß man neue Mittel suchen müsse. Die Fortführung der Arbeit sei nach der Darstellung von Crummenerl für ein Jahr gesichert. Es müsse in dieser Zeit versucht werden, neue Mittel zu beschaffen. Auf jeden Fall wünscht er, daß nicht heute eine Entscheidung gefällt wird. Die Umstellung des »N[euen] V[orwärts]« auf 14-tägiges Erscheinen bedeute bei dem Gesamt-Etat des Parteivorstandes, daß die politische Arbeit einen Monat früher aufhören müsse, als wenn der »N[eue] V[orwärts]« wöchentlich herauskommt. Das sei nicht entscheidend und wiege die großen Nachteile, die mit der Umstellung des »N[euen] V[orwärts]« auf eine Halbmonatsschrift verbunden sind, nicht auf. Die Änderung in der Erscheinungsweise sei ein bedeutendes Schwächezeichen, gegen das er sich entschieden wende.

Rinner stellt dar, wie sich die Ersparnismaßnahmen bei dem Grünen Bericht auswirkten (durch Auflageverminderung und Verminderung des Seitenumfangs). Außerdem beabsichtigt er, an die bisherigen Freiexemplar-Bezieher heranzutreten und sie zur Zahlung aufzufordern. Er schlägt außerdem vor, Hansen ganz abzubauen und Klein zu entlassen und durch Preiss zu ersetzen (500.– Frs. Ersparnis).

Stampfer setzt sich für den Vorschlag von Geyer ein und bittet, den Beschluß über den »N[euen] V[orwärts]« bis Mitte Februar zurückzustellen und ihn erst ab 1. April 1939 in Wirksamkeit treten zu lassen. Bis dahin wird man klarer sehen, ob Möglichkeiten zur Finanzierung bestehen. Was die 14-tägige Erscheinungsweise betrifft, so hat er auch Bedenken wegen der Konkurrenz mit dem »Kampf«[8].

Ollenhauer hält es für unmöglich, aus dem Vorschlag von Crummenerl Einzelteile herauszunehmen, so wie es Geyer will. Er hält es aber auch nicht für notwendig, den Vorschlag von Fritz Heine zu akzeptieren. Eine Einschränkung der Arbeit ist gewiß notwendig und auch durch die politische Situation bedingt, er ist aber im Augenblick nicht für die vorgeschlagene radikale Lösung. Gegen Geyer gewendet, erklärt er, daß das Agitationskonto in ganz außerordentlichem Maße abgebaut worden ist und daß man nicht auf der anderen Seite dem »N[euen] V[orwärts]« einen monatlichen Zuschuß von 20 000 Frs. gewähren könne. Wir kommen um den Beschluß, den »N[euen] V[orwärts]« in Abständen von 14 Tagen erscheinen zu lassen, doch nicht herum. Wir müssen die Arbeit als Ganzes sehen. Er ist deshalb dafür, den neuen Etat in seiner Gesamtheit zu betrachten und zu akzeptieren.

Vogel glaubt, daß heute keine Entscheidung gefällt werden könne. Er ist dafür, daß bei einer derartigen Entscheidung Wels dabei sein muß. Die Verbindung mit der Emigration hält er für wichtig. Es ist aber doch so, daß sie uns finanziell nicht helfen kann. Die vorgeschlagenen Einschränkungen bei den Frei-Exemplaren müssen geprüft werden. Er hat nichts gegen die neue Finanzierung der Arbeit, aber er sieht keine Möglichkeiten. Er stellt fest, daß sich unser Büro-Apparat gegenüber 1933 nicht geändert hat. In der Welt dagegen sind ganz wesentliche Änderungen in diesen Jahren erfolgt, und es ist notwendig, uns anzupassen. Er wirft auch die Frage der Wirksamkeit des »N[euen] V[orwärts]« auf die Öffentlichkeit auf.

---

7 Vorlage: Von »Langendorf« bis »Lehmann« hs. unterstrichen.
8 Vgl. Nr. 114, Anm. 1.

Crummenerl: Bisher sind in der Debatte nur zwei Gesichtspunkte vorgebracht worden. Der Vorschlag von Fritz Heine und der meinige. Ich weiche heute noch von Heines Vorschlägen ab. Er will als Basis die nächsten 5 Jahre nehmen. Das scheint mir undurchführbar in einer Zeit, in der man nicht einmal weiß, wie es in drei Monaten aussieht.

Crummenerl befürchtet, daß der PV auseinanderfallen würde. Er ist auch der Meinung, daß man die Veränderungen, die bei uns, bei unseren Arbeitsmöglichkeiten und in der Welt geschehen sind, berücksichtigen muß. Trotzdem möchte er jetzt noch nicht das tun, was Heine vorschlägt. Er wendet sich dagegen, daß davon gesprochen wird, es werde nur auf dem N[euen] V[orwärts] herumgetreten. Es sind wirkliche Ersparnisse auch auf anderen Gebieten vorgesehen. Wir müssen den Notwendigkeiten, Ersparnisse durchzuführen, ins Auge sehen und dürfen die Dinge nicht treiben lassen.

Geyer gibt eine kurze Darstellung der Lage, so wie er sie sieht. Er schlußfolgert daraus, daß wir unsere Arbeit nicht auf lange Frist abstellen können, da wir das nicht in der Hand haben. In einem gewissen Sinne betreiben wir eine Art Glücksspiel. In solcher Situation aber spielt die Frage des politischen Prestiges eine ebenso große Rolle wie die sachliche Arbeit. Zum politischen Prestige aber gehört, daß keine Änderung in der Erscheinungsweise des N[euen] V[orwärts] eintritt.

Der vorgelegte Plan ist nicht so schlüssig und ist vor allen Dingen nicht, wie das von Erich Ollenhauer dargestellt worden ist, ein unteilbares Ganzes. Im Plan sind Kompromisse gemacht und Geyer verlangt, daß solche Kompromisse auch mit dem N[euen] V[orwärts] gemacht werden. Stampfers Vorschlag zielt darauf ab, 20 000 Frs. mehr auszugeben, was ist damit verloren?

Man könnte sich mit einem 14tägigen Erscheinen abfinden, wenn wir im sozialdemokratischen Faktor[9] allein wären. Wir sind es aber nicht, und Geyer würde es für verhängnisvoll halten, wenn wir in den nächsten Wochen, in denen wieder eine Weltkrise droht, erkennen lassen, daß wir nicht mehr weiter können. Er möchte deshalb um Vertagung bitten, und er hält diesen Antrag für eine unbedingt gebotene sachlich-politische Notwendigkeit. Was die Frage des Aktionsradius' betrifft, so gehört auch diese zu dem erwähnten »Glücksspiel«, wie alles dazu gehört, was wir treiben. Bei Anwärtern auf Macht und Zukunft, wie wir es sind, läßt sich Gewicht und Stimme nicht so leicht berechnen. Es ist hier von der Fahne gesprochen und angezweifelt worden, ob das heute noch von Bedeutung sei. Man soll auch das nicht verkennen. Es ist doch bei all diesen Dingen eine Art von Magie, und man kann diese Frage nicht unter rein rechnerischen Gesichtspunkten sehen.

Stampfer: Es ist nicht so, daß wir nur auf organisatorischem Gebiet Opfer gebracht haben. Wir haben auf geistig-kulturellem Gebiet sehr viele Opfer gebracht. Er erinnert nur daran, daß der Buchverlag praktisch eingegangen ist. Vor allen Dingen möchte er nicht den Tod des N[euen] V[orwärts] proklamieren, bevor nicht das Geheimnis des Thomas-Mann-Ausschusses geklärt ist.[10]

Vertagung der Sitzung auf den 1. Dezember 1938.

---

9 Muß wohl »Sektor« heißen.
10 Stampfer vermutete, daß der Thomas-Mann-Ausschuß von der Komintern finanziert wurde; vgl. undatierte hs. Notiz von Stampfer, in: AdsD Bonn, NL Stampfer, Mappe 11. Offiziell blieb der Geldgeber stets anonym. In Thomas Manns Tagebüchern findet sich nur der Hinweis, daß das Geld aus England kam. Auch in Erika Manns Aufzeichnungen und Briefen hat der Herausgeber der Mann-Tagebücher keine Aufklärung des Sachverhalts gefunden; vgl. *Mann*, Tagebücher, S. 263, S. 268, S. 722; *Matthias/Link*, S. 376, Anm. 3.

Nr. 132
Protokoll der Parteivorstandssitzung am 1. Dezember 1938

SAPMO Berlin, ZPA, II 145/55, Bl. 198–201

Vorstandssitzung vom 1. Dezember 1938

Anwesend: Wels, Vogel, Rinner, Ollenhauer, Stampfer, Geyer, Hilferding, Heine

Vogel: In der N[euen] V[orwärts]-Angelegenheit ist es vielleicht möglich, zu einem Kompromiß zu kommen. Es ist der Vorschlag gemacht worden, zu dieser Frage im Februar erneut Stellung zu nehmen, in der Erwartung, daß Stampfer dann keinen Widerstand mehr leistet, wenn eine Finanzierung des »N[euen] V[orwärts]« in der von ihm vorgesehenen Weise unmöglich ist. Vogel ist für diesen Kompromiß, wenn auch Stampfer dieser Formulierung zustimmt. Er hofft allerdings, daß es nicht bei platonischen Erklärungen bleibt.

Stampfer wird sich mit allen Kräften für die Aufbringung neuer Mittel mit Hilfe des Thomas-Mann-Ausschusses einsetzen. Er hofft, daß es bis Februar möglich ist, Mittel zu beschaffen.

Hilferding ist mit der Vertagung bis Februar einverstanden. Er würde eine Änderung der Erscheinungsweise des »N[euen] V[orwärts]« in ein Halbmonatsblatt als einen schweren Schlag ansehen. Die Frage der Geldmittel hängt auch mit unserem Auftreten zusammen. Münzenberg bezieht seine Mittel nicht so sehr aus Parteikreisen als vielmehr daraus, daß er immer wieder versteht, links-bürgerliche Kreise heranzuziehen. Die Folgerung für uns ist, daß, wenn wir Geldmittel haben wollen, wir dann eine anderes Verhalten an den Tag legen müßten. Wir müßten versuchen, Verbindungen zu schaffen, uns an Organisationen zu beteiligen, in denen wir mit Bürgerlichen, vor allen Dingen auch mit englischen Leuten, in Verbindung kommen.

Heine: Für den Fall, daß eine Änderung in der Erscheinungsweise des »N[euen] V[orwärts]« geplant ist, setzt er sich nicht für ein Halbmonatsblatt, sondern für eine Monatsschrift ein, da die Halbmonatszeitung nicht Fisch noch Fleisch ist.

Stampfer: Es ist nicht möglich, jetzt diesen Schritt auf vier Wochen zu machen.

Rinner glaubt nicht, daß wir um den Schritt herum kommen werden, da er nicht an neue Einnahmemöglichkeiten glaubt.

Geyer: Die ganze Frage ist doch die, daß es notwendig ist, monatlich 30–50 zu beschaffen. Es ist sehr schwer zu sagen, daß wir den Versuch, dieses Geld zu bekommen, nicht machen wollen. Er ist einverstanden mit Vertagung.

Vogel ist skeptisch gegenüber der Meinung von Hilferding. Er hat die gleiche Auffassung von den Dingen wie Rinner, möchte aber nicht den Möglichkeiten im Wege stehen.

Geyer: Unser Prestige kommt nicht von unserem Geld, sondern wir müssen unser Prestige in Geld umwechseln. Ich habe die Absicht, im Januar nach England zu fahren und den Versuch zu machen, Geld zu beschaffen. Ich halte es für möglich, daß wir die Differenzsumme von 600 erhalten und bin deshalb für Vertagung.

Wels: Die ganze Debatte über diese Frage ist eine Quälerei für uns alle. Im Grunde genommen und brutal gesprochen ist es doch nur ein persönliches Entgegenkommen, das wir den Genossen Geyer und Stampfer machen.

Es wird eine Verständigung darüber erzielt, daß die Entscheidung über den »N[euen] V[orwärts]« bis Februar 1939 hinausgeschoben wird, damit in der Zwischenzeit der Versuch gemacht werden kann, Gelder zu beschaffen.

Damit sind die Ersparnisvorschläge von Crummenerl angenommen.

Rinner kommt auf seinen Wunsch in der letzten Vorstandssitzung zurück, eine Entscheidung im Fall Hansen zu treffen.

Ollenhauer wünscht, daß erst mit den Dänen gesprochen wird und schlägt deshalb vor, den Wunsch von Rinner zurückzustellen.

Vogel ist sachlich mit Rinner einverstanden, ist aber auch der Meinung, daß zunächst mit den Dänen gesprochen werden muß.

Rinner wünscht eine baldige Entscheidung, erklärt sich aber ebenfalls mit dem Vorschlag einverstanden.

Es wird vereinbart, daß die erste persönliche Zusammenkunft mit dänischen Genossen dazu benutzt werden soll, mit ihnen über die Angelegenheit Hansen zu sprechen.

Vogel: Wir haben noch über den Fall Beyer zu sprechen. Beyer wünscht ein Schiedsgericht unter dem Vorsitz eines vom PV ernannten Genossen. Es ist eine unangenehme Sache.[1]

Stampfer: Es ist vor allen Dingen auch eine Geldfrage. Stampfer hat Hemmungen aus Sparsamkeitsgründen, er wäre sonst dafür. Es ist wahrscheinlich, daß [die] Beyers Gespenstersehereri treiben, aber es ist unsere Pflicht, uns um die Angelegenheit zu kümmern.

Geyer hat den Eindruck, daß es sich weniger um eine Angelegenheit für ein Parteischiedsgericht, als um eine Angelegenheit zur Behandlung nervöser Menschen handelt.

Rinner: Das Schlimmste und für uns Entscheidenste ist wohl die Ausweisungsangelegenheit. Die Frage ist, wie das feststellbar ist. Er glaubt nicht, daß die Möglichkeit besteht nachzuweisen, daß Max Braun dafür verantwortlich ist.

Vogel: Wenn eine Feststellung in dieser Richtung möglich ist, dann bestände für uns eine Verpflichtung einzugreifen. Vogel hält es aber nicht für möglich, eine konkrete Feststellung zu treffen.

Wels: Wir haben wiederholt solche Differenzen in der Emigration gehabt. Er erinnert an den Konflikt Dittmann/Crispien.[2] Wir haben es immer abgelehnt, uns da zu Schiedsrichtern zu machen.

Geyer: Der Fall Poliakow, Pariser Tageszeitung[3] sollte für uns eine Lehre sein. Es ist doch so, daß die Leute nicht zu ihren Worten und Aussagen stehen.

Stampfer: Wir müssen jedenfalls in irgendeiner Form Stellung nehmen und dürfen uns nicht totstellen.

Ollenhauer: Wir müssen auf den Beginn der Angelegenheit zurückkommen. Am Anfang dieser Auseinandersetzung steht die Tatsache, daß Max Braun ein Schiedsgericht in Sachen Klein/Beyer gewünscht hat. Beyer war mit dem Schiedsgericht einverstanden, hat aber die Bedingung daran geknüpft, daß erstens der PV den Vorsitzenden bestimmt und daß zweitens das Schiedsgericht auch die Frage der Denunziation zu untersuchen hat. Ol-

---

1 Ende 1938 warf Emil Klein, aus dem Saarland nach Frankreich emigrierter sozialdemokratischer Gewerkschafter, dem früheren Herausgeber der »Deutschen Freiheit« (Saarbrücken), Georg Beyer, vor, im französischen Exil mit Franco-Anhängern zusammenzuarbeiten und sich durch falsche Angaben über seine finanziellen Verhältnisse Unterstützungsleistungen zu erschleichen. Beyer reagierte darauf seinerseits mit dem Vorwurf, auf Max Braun gingen Versuche der französischen Fremdenpolizei zurück, ihn und seine Familie auszuweisen. Vgl. AdsD Bonn, PV-Emigration, Mappe 19; die Korrespondenz zwischen Hertz und Beyer in: AdsD Bonn, NL Hertz, MF XXX.
2 Dittmann meinte, Crispiens Schwiegersohn habe ihn 1933/34 beim Verkauf seines Hauses in Berlin nach der Emigration betrogen und Crispien habe das Verhalten seines Schwiegersohns verteidigt. Vgl. AdsD Bonn, PV-Emigration, Mappe 34.
3 Durch die falsche Anschuldigung, mit den Nazis zusammenzuarbeiten, war Poljakows »Pariser Tageblatt« 1936 von konkurrierenden Emigranten, die die »Pariser Tageszeitung« gründeten, ruiniert worden. Vgl. *Maas*, Bd. 4, S. 165–172.
Poliakow (Poliakoff) Vladimar (Wladimir), russischer Emigrant, Geschäftsmann in Paris, 1933–1936 Verleger des »Pariser Tageblattes«.

lenhauer ist der Auffassung, daß wir die Anschuldigungen Beyers gegen das Saar-Office[4] Max Braun zuleiten sollten. Das Schiedsgericht wegen der Denunziationsangelegenheit durchzuführen, erscheint ihm unmöglich. Daß ein Schiedsgericht in der Angelegenheit Beyer/Klein stattfindet, erscheint ihm dagegen nicht notwendig.

Es wird beschlossen, Ollenhauers Vorschlag zu akzeptieren.

Stampfer: Hertz hat dem Genossen Deutsch mitgeteilt, daß er erfahren habe, daß drei Briefe aus Spanien, die für Hertz bestimmt, aber an die Sopade gesandt worden sind, nicht in seinen Besitz gelangt sind. Er hat erst einen vierten Brief, der ihm über Blum zugeleitet wurde, erhalten und daraus ersehen, daß er die ersten drei Briefe nicht bekommen hat.

Heine stellt fest, daß wir in den letzten Monaten keinen einzigen Brief für Hertz bekommen haben. Es sind in früherer Zeit einige Male Briefe für Hertz bei uns eingegangen, die mit einem kurzen Anschreiben an ihn weitergegeben wurden.

Wels gibt die Unterredung wieder, die er mit Adler in der Angelegenheit Hertz gehabt hat. Er hat im gleichen Sinne mit Adler gesprochen, wie er das vorher hier mitgeteilt hat. Schluß der Sitzung.

---

4 Das »Office Saarrois« wurde 1936 von der Volksfrontregierung eingerichtet. Paritätisch mit Franzosen und Deutschen besetzt, sollte es in Streitfällen über die Anerkennung von Saarländern als politische Flüchtlinge entscheiden. Vgl. *Badia u. a.*, Les barbelés, S. 53; *Paul*, S. 119–122; *Seebacher-Brandt*, Biedermann, Diss. S. 235 f.

Nr. 133
Protokoll der Parteivorstandssitzung am 16. Dezember 1938

SAPMO Berlin, ZPA, II 145/55, Bl. 202–207

Vorstandssitzung vom 16. Dezember 1938.

Anwesend: Wels, Vogel, Crummenerl, Rinner, Ollenhauer, Stampfer, Geyer, Hilferding, Heine.

Ollenhauer berichtet, daß am 14. und 15. Januar eine Tagung der SAI in Brüssel stattfinden soll. Die Parteien sind aufgefordert worden, eine schriftliche Darstellung zu den in Frage stehenden Programmpunkten einzusenden.[1] Es erhebt sich die Frage, ob wir ebenfalls schriftliche Mitteilung machen sollen.

Wels: Die Ereignisse, die uns möglicherweise in Kürze bevorstehen, scheinen ganz dazu angetan zu sein, uns an der Ausarbeitung von Thesen zu verhindern. Wir sollten jedenfalls davon absehen, eine schriftliche Darstellung zu geben.

Vogel: Wir müssen schon jetzt wegen der Beschaffung der Visa zu der Frage der Delegation Stellung nehmen. Es wird wahrscheinlich zweckmäßig sein, wenn Wels und Vogel an der Tagung teilnehmen.

Crummenerl schlägt vor, die Paßvorbereitungen für drei Delegierte in Ordnung bringen zu lassen, damit, falls Wels nicht fahren kann, ein anderer dafür einspringt.

Hilferding: Wenn wir auf der Tagung der SAI reden, dann sollten wir es ganz eindeutig tun und erstens eine Klärung des Verhältnisses zur KP verlangen und zweitens die Stellungnahme zum Kriege präzisieren.

---

1 Die Mitgliedsparteien konnten zum Thema »Der Kampf für die Demokratie und den Frieden« Positionspapiere einreichen. Vgl. AdsD Bonn, PV-Emigration, Mappe 127.

Ollenhauer gibt Kenntnis von dem Brief Adlers in der Angelegenheit Paul Hertz/Deutsche Freiheit.[2]

Wels: Wir haben in den PV-Sitzungen wiederholt über den Prozeß gesprochen. Hertz hat uns immer versichert, daß wenigstens unsere Ausgaben gedeckt würden. Das ist das Mindeste, was wir verlangen können. Mir ist nicht in Erinnerung, daß wir den Saarleuten etwas versprochen haben.

Rinner: Die Frage ist, was wir nun zu tun gedenken. 1) Hertz bestreitet nicht, daß der Vertrag ohne unsere Kenntnis geschlossen ist, 2) die Anweisung Crummenerls an Rechtsanwalt Meyer hält er für »rechtlich unerheblich«; 3) behauptet er, daß seine Treuhänderschaft nicht aufgehoben werden könne. Wir müssen uns fragen, ob wir ihn seiner Treuhänderschaft entkleiden können. Wie wollen wir diese Frage klären? Ich bin der Meinung, daß wir Hertz laden müssen und ihn zu fragen haben, wie die Angelegenheit geregelt werden soll. Außerdem müssen wir das Treuhänderverhältnis kündigen.

Crummenerl: Hirschfeld hat tatsächlich das Postscheckkonto zur Verfügung gestellt und deshalb einen Anspruch auf Vorabzahlung. Hertz hat seinerzeit versichert, der Prozeß würde uns etwa 1 000 Schw. Frs. = 6 500 Kc. kosten. Nur unter dieser Voraussetzung haben wir diesen Prozeß begonnen. Jetzt müssen wir feststellen, daß der Prozeß weit über 100 000 Kc gekostet hat. Die Saaremigranten haben uns seinerzeit geschrieben, daß sie zunächst das Verfügungsrecht über das Geld beanspruchen. Wir haben deshalb seinerzeit ein Abkommen getroffen, das vorsah: Zuerst werden die Ansprüche Hirschfelds befriedigt, dann werden die Prozeßkosten des PV gedeckt und für den übrigbleibenden Betrag wird ein gerechter Modus zur Verteilung des restlichen Geldes gefunden. Es ist selbstverständlich, daß wir unser gegebenes Versprechen halten. Aber was soll nun geschehen. Wir haben die Prozedur über Adler nun einmal eingeschlagen und müssen nun das Ergebnis dieser Aktion abwarten. Ich bin mit dem Vorschlag von Rinner einverstanden. Rinner ist dafür, daß wir 8 Tage warten. In dieser Zeit hat Hertz die Möglichkeit, Adler auf unseren Brief an Adler zu antworten.

Vogel: Ich verstehe den Vorschlag von Siegmund dahin, daß, wenn die Antwort von Hertz nicht innerhalb 8 Tagen einläuft oder wenn sie unbefriedigend ausfällt, daß dann der Vorschlag von Rinner durchgeführt wird.

Stampfer: Ich weiß nicht, warum wir es so eilig damit haben sollen. Warum sollen wir uns selbst ein Ultimatum stellen? Wir brauchen doch das Geld in den nächsten 8 Tagen noch nicht.

Wels: Adler schreibt in einer Nachbemerkung, daß es leicht zu sein scheint, eine Regelung mit Hertz zu treffen. Ich möchte nicht an dieser Äußerung, die ja doch nicht zufällig in dem Brief steht, vorübergehen. Ich schlage deshalb vor, daß wir einen Brief an Hertz schreiben und ihn auffordern, die Summe zu benennen, die Hirschfeld zu bekommen hat und ihm mitzuteilen, daß wir nach wie vor bereit sind, unser Versprechen zu halten. Ich bin gegen die Festsetzung eines Termins. Ich bin aber auch andererseits fest entschlossen, der Geschichte ein Ende zu machen.

Rinner: Ich sehe nicht ein, warum wir die Sache auf die lange Bank schieben sollen. Wir können kein Interesse daran haben. Die Sache ist doch so, daß Hertz uns ja gar keine Antwort geben muß. Ich bin gegen den Aufschub, auch dagegen, daß wir die Sache um 8 Tage vertagen, denn dann kommt Weihnachten, die Reisen von Stampfer und Geyer und andere Dinge hinzu. Das würde eine Verschiebung ins Endlose bedeuten. Ich bin auch dagegen,

---

2 Friedrich Adler unternahm es, im Streit zwischen Hertz und dem restlichen PV über die Verwendung der Erlöse aus dem Prozeß gegen die »Volksstimme GmbH« Saarbrücken zu vermitteln. Vgl. Nr. 116, Anm. 8, Nr. 129, Anm. 9, Nr. 130, Anm. 3; Adler an Wels, 6. Dezember 1938, in: AdsD Bonn, NL Hertz, F XXXII.

daß wir in dieser Sache Adler dazwischenschieben. Die Auseinandersetzung mit Hertz bleibt uns doch nicht erspart.

Stampfer: Ich will offen zugeben, daß ich um jeden Preis einen Skandal vermeiden will. Wenn ich die Wahl zwischen Skandal und Geld habe, dann verzichte ich lieber auf das Geld. Wir müssen sehen, daß wir uns mit Hertz verständigen. Es würde durchaus ausreichen, wenn wir die Angelegenheit auch nach meiner Rückkehr erledigen.

Rinner: Ich sehe nicht ein, wieso wir in 4 Monaten mit Hertz besser vorankommen. Lassen wir ihm diese Zeit, dann hilft ihm das nur, die Parteispaltung besser vorzubereiten. Der Versuch, Hertz durch Adler weich zu machen, ist doch offenbar mißlungen. Wir müssen also handeln.

Hilferding: Ich verspreche mir gar nichts vom Warten. Ich bin gegen Verschiebung der Angelegenheit. Wir haben alles Interesse daran, die Sache zu beschleunigen. Wir müssen darüber reden und dazu brauchen wir Hertz. Ich schlage deshalb vor, Hertz zu laden und mit ihm ausschließlich über diese Frage zu sprechen.

Crummenerl: Mit einigen Abänderungen wäre ich mit dem Vorschlag Hilferdings einverstanden. Ich möchte die Schlußfolgerung ziehen, noch 8 Tage zu warten, ob ein Brief von Hertz über Adler eintrifft. Wenn das nicht der Fall ist, dann sollten wir Hertz direkt schreiben. Er verliest einen Entwurf.

Geyer: Der Brief von Hertz an Adler hat zwei Teile.[3] Das Wichtigste scheint mir zu sein, daß er sich auf die Treuhänderschaft versteift und auf diesem Umwege eine Kontrolle zu erlangen sucht. Er will diesen Topf am Kochen erhalten. Zur praktischen Seite der Angelegenheit schließe ich mich dem Vorschlag einer kurzfristigen Terminierung an.

Ollenhauer: Ich bin für den Vorschlag Crummenerls, d. h. wenn Hertz nicht über Adler antwortet, ihn dann vorzuladen.

Stampfer: Wenn Ihr mit dieser Einladung eine Verständigung über diesen Spezialfall schneller erzielen wollt, dann bin ich mit der Einladung einverstanden. Ich wiederhole aber, daß ich auf alle Fälle gegen einen Skandal bin.

Rinner: Ein entscheidender Punkt scheint mir zu sein, von wem das Geld gezahlt wird, von Hertz oder Crummenerl. Entscheidend ist doch, ob Hertz bereit ist, nach Befriedigung von Hirschfeld das Geld an Crummenerl zu zahlen. Es ist notwendig zu sagen, daß wir ihn der Treuhänderschaft entheben. Ich schlage nochmals vor, nicht zu warten, sondern Hertz zu schreiben, daß er zu uns kommen soll und uns dann mit ihm darüber zu unterhalten. Ich bin auch dafür, daß diese Unterhaltung nicht von ein, zwei Genossen geführt wird, sondern in einer Sitzung zum Austrag kommt.

Hilferding: Ein Brief von Hertz ist nicht zu erwarten. Es hat deshalb keinen Sinn, noch auf diese Antwort zu lauern. Ich schlage vor, einen formalen Brief mit Einladung ohne sachlichen Inhalt zu schreiben. Im Gespräch mit Hertz muß unser Standpunkt dargelegt werden. Die Prozedur, die wir vorzuschlagen haben, ist dann die folgende: Es muß ein Brief an Meyer geschrieben werden, unterzeichnet von Crummenerl und Hertz, in dem Meyer aufgefordert wird, zunächst die 1 500 Schw. Frs. an Hirschfeld zu zahlen und das übrige Geld zunächst zur Deckung der Unkosten zu verwenden.

Vogel: Es besteht also Einmütigkeit, daß mit Hertz verhandelt werden soll und daß die Verhandlung nicht auf spätere Zeit zu vertagen ist. Es bestehen Differenzen, ob mit der Besprechung mit Hertz gewartet werden soll, bis eine Antwort von Hertz an Adler erfolgt ist. Die zweite Differenz ist, wer die Aussprache mit Hertz führen soll. Zum zweiten Punkt würde ich es vorziehen, die Aussprache mit Hertz in einer Sitzung vorzunehmen. Zum ersten Punkt schlage ich vor, daß wir Hertz zum Donnerstag nächster Woche zu einer Sitzung einladen, wenn bis Montag nächster Woche keine Antwort von Hertz über Adler einläuft.

---

3 Der Brief vom 5. Dezember 1938 in: AdsD Bonn, NL Hertz, MF XXII.

Sollte bis Montag eine Antwort eintreffen, die unsere Entscheidung umstößt, dann findet Montag unter uns eine Besprechung statt.

Der Vorschlag Vogels wird akzeptiert.[4]

Ollenhauer berichtet über ein Gespräch mit einem Genossen Schocken aus Spanien.[5] 60 deutsche und österreichische Mitglieder der Internationalen Brigaden sind zu einer Gruppe deutsch-österreichischer Sozialdemokraten zusammengefaßt worden. Sie haben den Wunsch, eine engere Verbindung mit der spanischen Partei zu schaffen. Wir sollen dabei behilflich sein.[6] Sie wünschen offenbar Anerkennung durch die SAI, die ihnen lieber ist als eine Anerkennung durch die Sopade. Wir sollen ihnen jedenfalls Empfehlungen geben. Außerdem wünschen sie die Bestellung eines Vertreters der SAI zur Betreuung der Internationalen Brigaden. Da Ollenhauer von anderer Seite sehr Ungünstiges über diese Gruppe gehört hat, schlägt er vor, in der Angelegenheit nichts zu unternehmen und keine Vorschläge an Adler zu richten.

Einverstanden.

Stampfer berichtet über die letzten Verhandlungen im Thomas-Mann-Ausschuß, in denen beschlossen wurde, 300 000 Frs. anzufordern und sie zur Förderung illegaler Arbeit zu verwenden. In einer Besprechung mit Julius Deutsch hat dieser den Vorschlag gemacht, nach jeder Sitzung der sogenannten Arbeitsgemeinschaft[7] zu uns zu kommen und uns Bericht zu erstatten. Stampfer berichtet dann über die Vorbereitungen für die Amerika-Reise. Er hat einen Brief an Thomas Mann geschrieben, aber keine Antwort erhalten. Er stellt die Frage, ob die Reise unternommen werden soll.

Vogel: Wir müssen das Angebot von Deutsch natürlich annehmen. Was die Reise betrifft, so kommen wir durch den Vorschlag von Stampfer in eine neue Situation. Wir haben unseren Widerspruch gegen das Erscheinen des »N[euen] V[orwärts]« als Wochenzeitung zurückgestellt, weil Stampfer und Geyer Finanzierungsmöglichkeiten sahen. Wenn jetzt Stampfer selbst pessimistisch ist, dann bedeutet das Umstoßung unseres Planes.

Stampfer: Das ist ein Mißverständnis. Ich bin selbstverständlich bereit, zu fahren. Ich wollte nur zum Ausdruck bringen, daß ich keine Garantie für das Gelingen der Reise übernehmen kann.

Crummenerl: Die Situation hat sich nach meiner Auffassung nicht geändert. Ich bin dafür, daß wir den Versuch machen, daß Stampfer fährt.

Rinner: Ich bin doch der Meinung, daß die Situation sich etwas geändert hat. Das, was heute hier geschehen soll, ist doch nichts anderes, als daß wir Stampfer ein Alibi schaffen sollen für den Fall, daß er ohne Erfolg bleibt. Ich bin der Meinung, daß es gerade bei einer solchen Reise sehr darauf ankommt, ob man an einen Erfolg selbst glaubt oder nicht. Ich kann aus den Worten Stampfers nicht entnehmen, daß er sich etwas von der Reise verspricht.

Wels: Ich fürchte, daß aus der Reise nichts herauskommt als ein großer Katzenjammer. Wäre ich in der Sitzung gewesen, dann hätte ich mich gegen den positiven Beschluß zu fahren im Interesse Stampfers gewehrt.

Stampfer: Ich werde natürlich alles tun, was in meinen Kräften steht und ich hoffe, daß es einigen Erfolg hat.

---

4 Am 17. Dezember 1938 schrieb der PV entsprechend diesem Beschluß an Hertz und lud für den 22. Dezember 1938 zu einer Aussprache ein.

5 Schocken, Thomas, deutscher Sozialdemokrat, Mitarbeiter in der Informationsabteilung der Spanischen sozialistischen Arbeiterpartei, Offizier im spanisch-republikanischen Heer, später in den USA.

6 Vgl. *Zur Mühlen*, Spanien, S. 132–134, mit weiteren Informationen.

7 Vgl. Nr. 129, Anm. 6.

Geyer: Wir müssen die amerikanische Karte spielen. Was der Erfolg sein wird, kann man ja heute noch nicht sagen. Aber niemand wird nachher sagen können, daß, wenn es ein Mißerfolg wird, es sei ein Mißerfolg Stampfers.

Hilferding: Ich halte das nicht für zweckmäßig, die Reise so vorzunehmen, wie sie geplant ist. Eine solche Reise muß, um erfolgreich zu sein, gründlich vorbereitet werden.

Stampfer: Ich habe ein Telegramm an Thomas Mann geschickt mit der Mitteilung, daß ich ihn aufsuchen werde. Ich möchte die Entscheidung von der Antwort Thomas Manns abhängig machen.

Crummenerl: Ich weiß nicht, ob die für das Frühjahr angekündigte Krise kommt. Es ergibt sich aber die Frage, ob wir nicht bestimmte Schlußfolgerungen aus den Sturmzeichen ziehen sollen. Wir haben im Depot in Zürich noch Aktien.[8] Ich schlage deshalb vor, daß wir nach der Schweiz fahren, um unser Vermögen nach London zu bringen.

Rinner: Ich halte diese Fahrt für überflüssig. Der Bankdirektor hat uns wiederholt erklärt, daß im Augenblick der Gefahr eine Übertragung der Konten auf die Londoner Filiale erfolgt. Wenn uns das nicht ausreicht, können wir ja nochmals schreiben. Eine mündliche Absprache halte ich nicht für erforderlich.

Hilferding: Ich glaube, ich kann sagen, daß ich in dieser Frage Sachverständiger bin. Ich habe wirklich Tausende von Gesprächen über diesen Punkt gehabt. Eine absolute Sicherheit gibt es nicht. Auch andernorts kann uns eine Beschlagnahme treffen. Ich bin der Meinung, daß wir Hoch[9] schreiben sollten und mit ihm wegen der eventuellen Übertragung auf ein Londoner Konto verhandeln sollen.

Crummenerl: Ich ziehe aus den Antworten der Genossen Rinner und Hilferding die Schlußfolgerung, daß die Genossen glauben, es sei nicht notwendig, mit dem Schweizerischen Bankverein[10] persönlich zu verhandeln.[11]

Heute war der Genosse Maret hier, der auf der Durchreise nach der Schweiz ist und uns um das Fahrgeld nach Genf gebeten hat.

Es wird beschlossen, ihm das Fahrgeld zu geben.

Schluß der Sitzung.

---

8 Dieser Satz ist in der Vorlage hs. unterstrichen.
9 Vorlage: »Hoch« hs. unterstrichen.
10 Vorlage: »Schweizerischen Bankverein« hs. unterstrichen.
11 Der PV hatte beim Schweizerischen Bankverein 200 Aktien (50 Stück »Air-Redaction«, 50 Stück »General Motors«, 100 Stück »Int. Nickel«) deponiert. Am 30. Januar 1939 ermächtigte Crummenerl Hilferding, diese zu verkaufen, wenn er es wegen der politischen Lage für nötig halte. Die erlösten Dollars sollten an Crummenerl gesandt werden. Vgl. AdsD Bonn, PV-Emigration, Mappe 28.

Nr. 134
Protokoll der Parteivorstandssitzung am 22. Dezember 1938
SAPMO Berlin, ZPA, II 145/55, Bl. 208–211

Vorstandssitzung vom 22. 12. 38.

Anwesend: Wels, Vogel, Crummenerl, Rinner, Ollenhauer, Hertz, Heine.
Im Verlauf der Sitzung trafen ein: Hilferding, Geyer.

Wels: Ich habe dem Genossen Adler seinerzeit Mitteilung gemacht, daß mir das Verhalten von Hertz unverständlich erscheint und habe Adler gegenüber deutlich zum Ausdruck gebracht, daß Hertzens Verhalten ein Bruch des Treuhänder-Verhältnisses sei, ja, daß es das Tollste sei, was mir bisher vorgekommen ist.

Adlers Antwort ist bekannt. Daraus hat sich ein Briefwechsel zwischen den Genossen Hertz und Adler ergeben.[1] Ich möchte dazu sagen, daß ich von dem ganzen Vertrag mit der Relevo[2] nichts gewußt habe und, wie ich wohl mit Recht annehme, hatten auch die anderen keine Kenntnis davon. (Wels zitiert aus dem Brief von Hertz die Stelle, daß der Versuch gemacht worden sei, Hertz von der Verfügung über das Geld auszuschalten.)[3] Das ist ein großer Irrtum von Hertz. Das ergibt sich ja schon aus den zeitlichen Differenzen. Wenn die Absicht bestanden hätte, Hertz auszuschalten, dann hätte man ja nicht mehr im Juni die Akten an ihn auszuhändigen brauchen.[4] Daß allerdings der PV alleiniger Empfangsberechtigter der Gelder ist, war uns eben selbstverständlich. Zwischen den anderen Genossen und mir hat es allerdings gewisse Meinungsverschiedenheiten in bezug auf die Hinzuziehung der Saargenossen zu der Verteilung eingehenden Geldes gegeben. Der Vorgang war doch wohl der, daß vor geraumer Zeit ein Berner Rechtsanwalt fünf bevorzugte Forderungen angemeldet hat, die nach seiner Auffassung noch den Vorrang vor der Kostenrückerstattung für uns hätten.[5] Soviel ich mich erinnere, hat Hofmann[6] die Forderung für sich persönlich zurückgezogen. Ich bin der Meinung, daß wir den Saargenossen keine Versprechungen gemacht haben, daß sie nach Abdeckung unserer Kosten von den verbleibenden Geldern etwas erhalten sollten. Die Kollegen sind allerdings anderer Meinung. Sie stimmen in diesem Punkt mit Ihren ([...]Hertz)[7] Auffassungen überein und sagen, daß wir uns bereit erklärt hätten, nach Abdeckung unserer Kosten eine gerechte Abfindung der Saaremigranten durchzuführen. Da ich mit meiner anderen Auffassung in diesem Punkt allein stehe, so will ich mich bescheiden und auf meiner Meinung nicht bestehen. Ich möchte aber doch zur Kenntnis bringen, daß ich über diese Frage eine andere Auffassung habe. Was für Meinungsverschiedenheiten bleiben nun noch? Soviel ich sehe, ist genug Geld da, um die Forderung von Hirschfeld zu befriedigen. Es besteht Einmütigkeit darüber, daß als erste die Forderung von Hirschfeld befriedigt wird. Wir sollten deshalb nach meiner Meinung jetzt eine Vereinbarung über das jetzt vorhandene Geld durchführen und nicht erst warten, bis alles Geld eingegangen ist. Ich möchte nur nochmals wiederholen, daß keine Rede davon sein kann, daß im April dieses Jahres eine Intrige gegen Sie gespielt worden ist. Die Aktenauslieferung, die zu einem späteren Termin erfolgte, beweist das zur Genüge.

Hertz: Ich bin nicht so überzeugt, daß die Dinge im April so harmlos waren, wie Wels sie hier dargestellt hat. Aber wir wollen die Dinge auf sich beruhen lassen. Ich habe meinen Standpunkt zu der Angelegenheit in meinem Brief an Adler dargelegt. Es erübrigt sich deshalb, daß ich das hier nochmals ausführe. Was den Vertrag mit der Relevo betrifft, so stammt er aus dem Jahre 1935 und ist von den Rechtsanwälten Löwenfeld/Züercher/ Meyer entworfen worden. Als ich Zürich verließ, besaß ich kein Exemplar dieses Vertrages.

---

1 Adler versuchte, den Streit zwischen Hertz und dem restlichen PV zu schlichten; vgl. Hertz an Adler, 5. Dezember 1938, Adler an Hertz, 6. und 17. Dezember 1938, in: AdsD Bonn, NL Hertz, MF XXII; vgl. weiter Nr. 116, Nr. 129, Nr. 130, Nr. 133.
2 Vgl. Nr. 129, Anm. 9.
3 Vorlage: Klammern hs. eingefügt.
4 Hertz hatte die Akten über den Prozeß gegen die »Volksstimme GmbH« Saarbrücken erhalten; vgl. PV an Hertz, 11. August 1938, in: AdsD Bonn, PV-Emigration, Mappe 53.
5 Die Identität dieses Anwalts war nicht zu klären. Der für die Sopade und Hertz in der Angelegenheit »Deutsche Freiheit/Relevo« tätige Rechtsanwalt Meyer wohnte in Zürich, der von Hertz zusätzlich konsultierte Anwalt Brandt, für dessen Identität mit dem »Berner Rechtsanwalt« einige Protokollpassagen sprechen, in St. Louis/Haut Rhin (Frankreich).
6 Vorlage: »Hoffmann«.
7 Vorlage: Klammer hs. ergänzt, durch Lochung z. T. unleserlich.

Ich habe es erst angefordert und nachträglich erhalten. Crummenerl ist seinerzeit in Zürich mündlich darüber unterrichtet worden.

Die Erinnerung trügt Wels nicht. Dr. Brandt ist seinerzeit tatsächlich von den Saargenossen beauftragt worden, uns zu schreiben und uns aufzufordern, die Gehaltsforderungen der Saarleute zu erfüllen, wenn wir uns nicht einem gerichtlichen Vorgehen aussetzen wollten. Wir haben es damals vorgezogen, nicht darauf zu antworten. Ich habe nun Max Hofmann[8] persönlich von der Angelegenheit informiert und meine Verwunderung darüber ausgesprochen. Hofmann hat geantwortet, daß er nichts damit zu tun hat und auch nichts damit zu tun haben wolle.

Im Falle Hirschfeld liegt die Sache anders. Wir brauchten damals die Hilfe von Hirschfeld und wir haben übrigens auch von Hofmann Hilfe erhalten. Wir haben mit den Saargenossen vereinbart, daß das übrigbleibende Geld nicht für allgemeine Zwecke verwendet wird, sondern für die Saar Verwendung fände. Max Hofmann hätte[9] seinerzeit die Möglichkeit gehabt, mit einem der Hauptschuldner, der Firma Hachette, eine Vereinbarung zu treffen und Geld zu erlangen. Er hat das nicht getan.

Wels: Das deckt sich also mit der Auffassung von Crummenerl.

Hertz: Die Frage ist, wie soll der Erlös nun praktisch verteilt werden.

Crummenerl: Ich habe seinerzeit in Zürich nichts von dem Vertrag erfahren, weder mündlich noch schriftlich. Praktisch denke ich mir die Sache so, daß Hirschfeld sein Geld, das sind noch ungefähr 1 500 Schw. Frs., erhält.

Hertz: Ich habe eine andere Summe in Erinnerung. Hirschfeld hätte das Geld selbst eintreiben können. Das Geld, um das es sich bei Hirschfeld handelt, ist praktisch nur uns geliehenes Geld.

Wels: Ich bin der Meinung, wir sollten so vorgehen, daß wir dem Rechtsanwalt mitteilen, er solle den vorhandenen Betrag an uns zahlen und daß wir uns verpflichten, von Hirschfeld festzustellen, was er zu fordern hat und ihm dann die Summe überweisen.

Hertz: Ich bin etwas anderer Meinung. Wir sollten den Rechtsanwalt beauftragen, den Betrag, den Hirschfeld zu erhalten hat, direkt an ihn zu zahlen.

Wels verliest einen Vorschlag für eine schriftliche Formulierung, die einen Brief an den Rechtsanwalt, unterschrieben von Crummenerl und Hertz, darstellt. Der Entwurf sieht vor, daß von dem Gesamterlös vorab die Forderungen von Hirschfeld beglichen werden sollen und daß von dem übrigen Geld die dem PV entstandenen Kosten zunächst zu zahlen sind, die etwa 100 000 Tschechen-Kronen betragen, umgerechnet zum gegenwärtigen Devisenkurs.

Hertz: Wenn wir so verfahren, dann ist unser Verhalten gegenüber Hirschfeld einwandfrei. Es bedeutet aber, daß die Saarleute dann keinen Heller kriegen. Man wird in jenen Kreisen diese Vereinbarung beanstanden und die Höhe der Kosten anzweifeln. Außerdem wird man sich dagegen wenden, daß der gegenwärtige Devisenkurs zur Anrechnung gebracht wird. Ich fühle mich auch als Treuhänder gegenüber Hofmann und möchte deshalb meine Zustimmung davon abhängig machen, daß Hofmann mit der von Euch vorgeschlagenen Regelung einverstanden ist.

Wels: Sie sind nicht nur Treuhänder von Hofmann, sondern Sie sind ein dreifaches Treuhänderverhältnis eingegangen: Hofmann/Hirschfeld/PV.

Crummenerl: Ich möchte nochmals feststellen, daß ich den Vertrag nie gekannt habe. Deshalb war es mir auch unbekannt, daß die Geldmittel an Paul Hertz abzuführen seien. Ich habe schon 1937 den Rechtsanwalt Meyer gebeten, das Geld auf unser Konto zu überweisen.

---

8 Vorlage hier und im weiteren Text: »Hoffmann«.
9 Vorlage: »hätte« hs. eingebessert für »hat«.

Genosse Wels hat schon gesagt, daß ich die Akten an Paul Hertz habe ausfolgen lassen und daß das ein Beweis dafür ist, daß ich keine anderen Absichten hatte. Außerdem haben wir uns ja auch noch im Juni 1938 verständigt, einen Teilbetrag an Hirschfeld zu zahlen. Ich bin mit dem Vorschlag von Wels einverstanden. Wir haben eine Verpflichtung gegenüber Hirschfeld, wir sind gewillt, sie zu erfüllen. Mit den Saarleuten haben wir seinerzeit eine mündliche Vereinbarung getroffen, die dahin ging, daß wir nach Abdeckung der dem PV entstandenen Kosten eine gerechte Verteilung des noch überschießenden Geldes vornehmen würden. Was den von Hertz beanstandeten Devisenkurs betrifft, so ist die von uns vorgeschlagene Regelung die für die Saarleute günstigste. Der heutige Kurs ist viel schlechter als früher. Wenn wir diesen heutigen Kurs rechnen, dann erleiden wir eine Einbuße. Aber ich bin trotzdem dafür, daß wir so verfahren. Wir müssen selbstverständlich darauf bestehen, daß wir zuerst unsere Kosten ersetzt bekommen. Wir müssen uns ja auch in die Erinnerung zurückrufen, daß wir den Prozeß nur angestrengt haben, weil Paul Hertz aufgrund der Versicherungen der Rechtsanwälte glaubte, daß wir mit 1 000 Schw. Frs. insgesamt auskommen würden. Unsere Kosten setzen sich zusammen aus den Kosten des Rechtsanwalts Meyer, aus den Kosten für den französischen Anwalt, aus Kosten für Wechselkopien usw. usw. Selbst wenn wir gar keine Fahrgelder berechnen, dann kommt nach meiner Meinung noch immer ein Betrag von über 100 000 Kc heraus. Ich bin deshalb der Auffassung, daß wir in der Weise vorgehen, einen Brief mit den Unterschriften von Hertz und mir an den Anwalt zu schreiben, in dem es heißt, daß zunächst Hirschfeld sein Geld bekommt und dann unsere Kosten bezahlt werden und erst dann die Saarleute Zahlungen erhalten.

Wels: Im Vertrag von 1935, Absatz 4 ist auch von einer zweiprozentigen Beteiligung der Relevo und von einem Betrag von 250 Schw. Frs. die Rede.

Crummenerl und **Hertz** geben Aufklärung[10], daß es sich um eine getroffene Vereinbarung handelt, die in der Summe nicht ins Gewicht fällt.

Hertz: Es besteht also, soweit ich sehe, nur noch ein Streit um die Frage, wie hoch sich die Kosten belaufen. Ich kann nur wiederholen, daß, wenn diejenigen, denen gegenüber ich Treuhänder bin, mit dieser von Crummenerl genannten Höhe der Prozeßkosten einverstanden sind, dann auch für mich die Sache erledigt ist.

Crummenerl: Unsere Kosten müssen wir doch wiederhaben ohne Rücksicht darauf, ob Hofmann einverstanden ist oder nicht.

Hertz: Er muß aber davon überzeugt werden, daß die Prozeßkosten tatsächlich so hoch sind.

Wels: Verliest nochmals den Entwurf der Vereinbarung.

Hertz: Der Vorschlag fixiert die Kosten in einer solchen Höhe, für die keine Beweise zu erbringen sind.

Wels schlägt vor, daß an Hirschfeld geschrieben werden soll, um festzustellen, welche Forderungen er hat. Gleichzeitig sollen wir hier gemeinsam unsere Ausgaben feststellen und in dem Entwurf den Vermerk »in der Höhe der entstandenen Kosten« einsetzen.

Hertz: Wir sind also einig, die Reihe ist: erst Hirschfeld, zweitens Kosten des PV, drittens Saar. Wir müssen Meyer gemeinsam sagen, was zu geschehen hat. Wir müssen außerdem Hirschfeld anfragen und unter uns feststellen, welche Kosten entstanden sind.

Wels stellt fest, daß im Prinzip keine Meinungsverschiedenheiten mehr vorhanden sind.

Hertz bekräftigt das und erklärt, daß Einigkeit bestehe.

Schluß der Sitzung.[11]

---

10 Vorlage: »Aufklärung« hs. eingebessert für »Ausdruck«.
11 Vorlage: »Schluß der Sitzung« ms. unterstrichen.

Nr. 135
Protokoll der Parteivorstandssitzung am 6. Januar 1939
SAPMO Berlin, ZPA, II 145/55, Bl. 212–216

Vorstandssitzung vom 6. Januar 1939.

Anwesend: Wels, Vogel, Crummenerl, Rinner, Ollenhauer, Geyer, Hilferding, Heine.[1]

Vogel verliest das Rundschreiben der SAI über die geplante Sitzung. Aus dem Rundschreiben ergibt sich, daß diesmal keine gemeinsame Beratung mit dem IGB stattfindet.

Da Genosse Wels krankheitshalber nicht an der Sitzung teilnehmen kann, genügt es nach Vogels Auffassung, wenn Hilferding fährt. Das ist auch im Interesse der geplanten Sparmaßnahmen notwendig.

Crummenerl ist der gegenteiligen Auffassung. Er hält es für notwendig, daß auch Vogel mitfährt.

Wels: Auch er ist, ebenso wie Ollenhauer, dafür, daß Vogel an der Delegation teilnimmt.

Es wird deshalb beschlossen, daß Vogel und Hilferding an den Sitzungen am 14., 15. I. in Brüssel teilnehmen.

Ollenhauer stellt dar, daß eine gewisse Zusammenfassung der sozialdemokratischen Emigration nach seiner Auffassung erforderlich ist. Durch die Vorgänge in der CSR hat sich die Emigration auf eine größere Anzahl von Ländern verteilt. Wir haben in Schweden, England und anderen Ländern starke Gruppen von sozialdemokratischen Emigranten, die wir zusammenfassen sollten. Ollenhauer ist dafür, daß wir die organisatorische Zusammenfassung der Flüchtlinge, die mit uns in Verbindung bleiben wollen, auf eine andere Basis stellen sollten. Er schlägt als organisatorische Maßnahme dafür vor, daß wir die alte rote Mitgliedskarte durch einen neuen Ausweis ablösen. Die früheren Bedenken gegen eine auf den Namen ausgestellte Mitgliedskarte[2] können jetzt wohl als erledigt angesehen werden, eine Änderung dieser Praxis wäre erwünscht. Ebenso schlägt er vor, daß die Karten nicht mehr durch die Landesorganisationen, sondern durch die Zentrale direkt ausgestellt werden. Ferner wünscht er die Bestimmung eines politischen Vertrauensmannes des Parteivorstandes in den wichtigsten Emigrationsländern.

Außerdem bleibt noch das Problem Frankreich. Wir haben bisher in dieser Frage nichts getan. Wir wollten die Angelegenheit ursprünglich über die Landesorganisation gehen lassen. Es hat sich aber inzwischen herausgestellt, daß die Landesorganisation von Max Braun im wesentlichen eine Fiktion ist. Wir müssen uns deshalb auch über diese Frage erneut unterhalten. Es ist selbstverständlich, daß nach Möglichkeit die Lösung dieses Problems in Übereinstimmung mit der Landesorganisation erfolgen sollte. Es soll heute keine Entscheidung über diese Fragen getroffen werden. Ollenhauer hat diese Anregungen gemacht, um eine Grundlage für eine Diskussion zu schaffen. Sollte sich in der Sitzung eine Einmütigkeit der Auffassungen ergeben, dann könnte man der nächsten PV-Sitzung nähere Details vorlegen.

Vogel: Es ist nicht das erste Mal, daß diese Frage angeregt wird. Schon bei meiner damaligen Nordlandreise[3] stellte sich die Notwendigkeit der hier vorgesehenen Maßnahmen her-

---
1 Anwesend außerdem: Stampfer.
2 Vorlage: »Mitgliedskarte« hs. unterstrichen.
3 Es dürfte sich um Vogels Reise nach Skandinavien in der zweiten Juli-Hälfte 1938 handeln. U. a. war er in Kopenhagen und Stockholm. Vgl. Ollenhauer an Wels, 9. Juli 1938, in: AdsD Bonn, PV-Emigration, Mappe 79; Nr. 122 und Nr. 124 sowie die Anwesenheitsvermerke bei den Sitzungen im Juli und August 1938, denen zufolge Vogel am 15. Juli 1938 und dann erst wieder am 3. August 1938 an den Sitzungen teilnahm.

aus. Es ist auch richtig, daß die Frage Frankreich einer Lösung zugeführt werden muß. Die Landesorganisation ist eine Fiktion. Es ist deshalb notwendig, daß wir unsere Maßnahmen ergreifen, natürlich möglichst in Übereinstimmung mit Max Braun. – Die von Ollenhauer gemachten Vorschläge sind nicht nur organisatorisch notwendig, sondern auch politisch. Die Zusammenfassung der Milesgruppe, der Österreicher usw. in der Arbeitsgemeinschaft[4] erfordert Gegenmaßnahmen.

Crummenerl kann aus den Darlegungen von Ollenhauer noch kein klares Bild über die beabsichtigten Maßnahmen gewinnen. Wenn er die bisherige Debatte recht versteht, besteht zwischen dem, was Ollenhauer und was Vogel will, ein gewisser Unterschied. Ollenhauer will eine Art Bestandsaufnahme der Emigration, während Vogel aktive Emigrantenpolitik will. Die Mitgliedskarten-Änderung ist doch ein rein organisatorischer Vorgang.

Vogel erläutert seine Absicht an dem Beispiel der Kopenhagener Gruppe.

Crummenerl will sich nicht gegen das Projekt an sich wehren, sieht aber Schwierigkeiten und hat auch Sorgen wegen der Gastländer.

Wels fürchtet, daß eine Änderung der Mitgliedskarten in Namens-Karten[5] zu einem Mißbrauch durch Nachdruck führt. Bei den Nummern-Karten sind wir nicht so sehr von der Absicht ausgegangen, unsere Genossen in den Gastländern davor zu schützen, daß sie wegen politischer Tätigkeit Schwierigkeiten haben. Die Nummern-Karten haben vielmehr den Zweck verfolgt, die mißbräuchliche Benutzung auszuschalten. Die Frage ist auch, ob unsere Grundsätze über die Aufnahme von Mitgliedern bestehen bleiben. Sollte eine Einziehung der alten Karten durchgeführt werden, dann würde das allerdings eine Kontrolle, ob die Zahlung erfolgt ist, ermöglichen. Auch die Frage der Landes- und Ortsgruppen kann heute noch nicht entschieden werden. Man muß sich diese Dinge noch reiflich überlegen.

Ollenhauer: Die vorgebrachten Anregungen sollen keinen revolutionären Plan darstellen. Es ist eine praktische Notwendigkeit, die sich aus unserer bisherigen Arbeit ergeben hat. Wir müssen zu solchen Fragen Stellung nehmen. Verschiedene Vorkommnisse zwingen uns dazu. So ist z. B. das Problem der Danziger, das während unserer Beschlußfassung 1933 noch nicht bestand, aufgetaucht.[6] Ebenso muß über die Frage der Einfügung jüngerer Genossen gesprochen werden. Auch die Frage der sudetendeutschen Emigration muß gelöst werden. Ollenhauer verkennt nicht, daß es eine sehr schwierige Aufgabe ist. Er möchte zwar an dem bisherigen Prinzip der Aufnahme festhalten, aber Ausnahmen machen können, wenn wir zu der Überzeugung gelangen, daß es zweckmäßig ist, diese Ausnahmen zu machen. Andererseits möchte er bei der Ausstellung der neuen Karte auch nicht jedem, der 1933 Mitglied war, eine Karte geben. Es ergibt sich neben all diesen organisatorischen Fragen selbstverständlich auch die der geistigen Verbindung mit den Emigranten.

Vogel: Es ist selbstverständlich mit dem, was Ollenhauer vorgeschlagen hat, keine Überrumpelung geplant. Wir haben die Absicht gehabt, über diese Frage schon auf der geplanten Sekretärkonferenz zu sprechen.

Crummenerl will gegen die Ausgabe einer neuen Karte keine Einwendungen erheben, möchte aber nicht das Prinzip der Gewerkschaften übernehmen.[7] Er ist der Meinung, daß aus der Kartenherausgabe keine Gesinnungsfrage gemacht werden soll. Er ist ebenfalls bereit, auch denjenigen Karten auszustellen, die 1933 zu jung waren, um die Bedingungen des neuen Statuts zu erfüllen. Er ist jedoch gegen eine zentrale Kartenausstellung.

---

4 Vgl. Nr. 129, Anm. 6.
5 Vorlage: »Mitgliedskarten in Namens-Karten« hs. unterstrichen.
6 Bei ihnen wie bei den nachfolgend erwähnten sudetendeutschen Sozialdemokraten ging es um die Frage, ob sie nun in die Exil-SPD eintreten könnten. Zu den 1933 beschlossenen Regelungen für die Ausstellung von Mitgliedskarten vgl. Rundschreiben des PV, 12. Juli 1933, in: AdsD Bonn, NL Hertz, MF XI, Nr. 2, Anm. 15.
7 Es war nicht zu klären, was unter dem »Prinzip der Gewerkschaften« zu verstehen ist.

Ollenhauer: Wir haben noch die Frage des Sekretariats in Holland zu lösen. Schumacher wird auswandern. Ich werde in einer Besprechung mit Vorrink und Woudenberg in der nächsten Woche den Versuch machen, die finanziellen Wünsche Schumachers durchzusetzen. Als Ersatz für Schumacher ist von diesem Reißner[8] vorgeschlagen worden.

Rinner hat gegen Reißners Wahl Bedenken. Er stellt dar, daß er mit Schumacher über die Nachfolgefrage einen Briefwechsel geführt habe. Er zweifelt nicht an der Loyalität Reißners, hält ihn aber aus verschiedenen Gründen für die vorgesehene Tätigkeit nicht für geeignet.[9]

Wels betont, daß Reißner absolut loyal uns gegenüber ist.

Vogel hofft, durch die Beauftragung Reißners unter Umständen mehr Berichtsmaterial als bisher erhalten zu können.

Es wird vereinbart, daß Ollenhauer auf Grund der Aussprache im PV mit den Genossen in Holland und mit Schumacher sprechen wird.

Crummenerl: Weck hat in die Kasse der Flüchtlingshilfe in Prag Beträge von ausreisenden Emigranten übernommen, von denen jetzt noch 19 600 Kc zurückzuzahlen sind. Zu dieser von Weck gemachten Aufstellung kommt noch eine Forderung von Waage, die dieser direkt bei uns angemeldet hat.[10] Es ist wahrscheinlich, daß wir den größten Teil dieser Beträge zu zahlen haben werden. Weck war zwar ursprünglich der Auffassung, daß das nicht Sache des PV sei. In seinen letzten Briefen hat er jedoch seine Auffassung geändert und tritt jetzt dafür ein, daß wir die Zahlungen vornehmen. Wir brauchen heute über dieser Frage noch nicht endgültig zu entscheiden, vor allen Dingen noch nicht, welchen Zahlungsmodus wir anwenden und in welcher Höhe die Beträge zurückzuzahlen sind. Crummenerl wünscht jedoch Aussprache darüber und die Autorisation des Parteivorstandes an ihn, daß er Verhandlungen mit den betreffenden Genossen aufnehmen kann. Die Aufnahme dieser Verhandlungen würde allerdings die prinzipielle Zustimmung des PV, die Gelder in einer noch zu bestimmenden Höhe zurückzuzahlen, beinhalten.

Wels und **Vogel** werfen die Frage auf, ob wir den Genossen das Geld nicht in Kc (in der CSR oder im Ausland) geben können.

Stampfer wendet sich dagegen und ist für eine möglichst gerechte Lösung im Interesse der Genossen.

Crummenerl schlägt vor, Verhandlungen mit dem Ziel zu führen, den Genossen einen Satz von etwa 70 % ihrer eingezahlten Beträge zur Verfügung zu stellen.

Ollenhauer schließt sich dem Vorschlag von Crummenerl an.

Rinner schlägt vor, erstens die Fahrtkosten abzuziehen, dann einen durchschnittlichen Prozentsatz festzusetzen und danach zu variieren. Bei den kleineren Beträgen bis 1 000 Kc etwa 100 % zu zahlen, bis 2 000 Kc 80–90 % usw., so daß in der Gesamtsumme der von Crummenerl vorgesehene Betrag herauskommt.

Crummenerl beabsichtigt, sich zunächst mit den einzelnen Genossen in Verbindung zu setzen und ihnen die Schwierigkeiten darzustellen. Auch er ist dafür, daß die Fahrtkosten abgerechnet werden.

Crummenerl wird ermächtigt, die Verhandlungen aufzunehmen.

Crummenerl: Rechtsanwalt Wille ist emigriert und mittellos in Paris. Er hat sich an uns gewendet und unter Berufung auf die zahlreichen Prozesse für unsere Genossen gefordert,

---

8 Vorlage: »Schumacher« und »Reißner« hs. unterstrichen.
9 Schumacher schrieb am 28. Dezember 1938 an Rinner, daß er Reißner für den geeigneten Nachfolger Schumachers hielte. Der PV-Vertrauensmann in Amsterdam »muß der beste von unseren guten Freunden in Amsterdam sein. Meine Meinung ist, daß es Anton Reißner sein müßte.« Vgl. AdsD Bonn, PV-Emigration, Mappe 36.
10 Waage, Kurt, geb. 1888, RSD, Mitglied der illegalen Bezirksleitung Leipzig, für Grenzsekretariat Karlsbad tätig.

daß wir ihm die Prozeßgebühren, die ihm zustehen, zahlen, soweit er sie nicht in Berlin erhalten hat. Crummenerl hat das Prinzip der Verpflichtung nicht anerkannt, schlägt aber vor, ihm eine einmalige Zahlung von 4 000 FFrs. zu gewähren.

Rinner wünscht, daß wir ihm 5 000 FFrs. zahlen.

Es wird vereinbart, daß ihm 4 000 FFrs. gezahlt werden.

Crummenerl: Rechtsanwalt Meyer ist angewiesen worden, an Hirschfeld eine Akontozahlung[11] von 500 Schw.Frs. zu leisten. Rechtsanwalt Meyer hat mitgeteilt, daß gegen Hertz ein Polizeisteckbrief laufe, der einen Rekurs erforderlich mache.[12] Crummenerl schlägt vor, daß dieser Rekurs eingeleitet und die Prozeßkosten von uns übernommen[13] und in unsere Kostensumme eingerechnet werden.

Einverstanden.

Ollenhauer: Die Genossin Inge Arzt wünscht von uns zur Zahlung dringender Verpflichtungen ein Darlehn in Höhe von 2 000 FFrs. Da die Spanische Gesandtschaft verpflichtet ist, für die Genossin Arzt aufzukommen, schlägt Ollenhauer die Ablehnung des Gesuchs vor.[14]

Einverstanden.

Schluß der Sitzung.

---

11 Vorlage: »à-Conto-Zahlung«.
12 Die Schweizer Staatsanwaltschaft hatte das von der »Volksstimme GmbH«, Saarbrücken, gegen Hertz angestrengte Verfahren wegen falschen Zeugnisses eingestellt, da Hertz nicht in der Schweiz wohnte und die Aktenlage auch kein Auslieferungsbegehren der Schweiz rechtfertigte. Dies hatte aber zur Folge, daß Hertz nun in der Schweiz zur Fahndung ausgeschrieben wurde und die Untersuchung wieder aufgenommen worden wäre, wenn die Schweizer Hertz im Lande gefaßt hätten. Rechtsanwalt Meyer, Zürich, erreichte, daß der Steckbrief aufgehoben und das gesamte Verfahren am 16. Februar 1939 eingestellt wurde. Vgl. dazu die Korrespondenz mit Dr. Meyer, in: AdsD Bonn, NL Hertz, MF XXII.
13 Vorlage: »übernehmen«.
14 Inge Arzt war bei der spanischen Gesandtschaft in Prag beschäftigt. Vgl. Wilhelm Sander an Arthur Arzt, 17. August 1938, in: AdsD Bonn, PV-Emigration, Mappe 17.
Arzt, Inge (Ingeborg), geb. 1905, geb. von Braunmüller, SPD-Sekretärin, Frau von Fritjof Arzt.

Nr. 136
Protokoll der Parteivorstandssitzung am 26. Januar 1939

SAPMO Berlin, ZPA, II 145/55, Bl. 217–221

Vorstandssitzung vom 26. Januar 1939.

Anwesend: Wels, Vogel, Crummenerl, Rinner, Geyer, Heine.[1]

Vogel berichtet über die Sitzung der SAI in Brüssel (Büro und Exekutive der SAI). Hervorzuheben ist, daß im April dieses Jahres die Neuwahl des Büros stattfinden soll. Die Parteien werden aufgefordert, Vorschläge zu machen. Außerdem ist eine Rundfrage wegen eventueller Sitzverlegung der SAI vorgesehen. Es erhebt sich die Frage, ob wir zu diesen Dingen im einzelnen Stellung nehmen.

---

1 Außerdem anwesend: Ollenhauer.

Wels: Die schwierigste Frage wird die der Neuwahl des Präsidenten sein. Wenn der Sitz der SAI nach Paris verlegt würde, dann würde selbstverständlich der Name Léon Blum auftauchen, der ja der einzige französische Genosse ist, der für dieses Amt in Frage kommen könnte. Trotzdem glaube ich nicht, daß Léon Blum dafür in Betracht kommt, da seine Überbeanspruchung und auch seine sehr französische Einstellung gewisse Hemmnisse für seine Wahl bilden würden. Von den Belgiern wäre der bekannteste Hendrik de Man, der sicher jedoch keine Aussicht hat, gewählt zu werden. Es ist der Plan aufgetaucht, Albarda zum Präsidenten vorzuschlagen. Ich kann mir jedoch nicht vorstellen, daß bei der so verschiedenen politischen Auffassung zwischen Albarda und Adler eine gute Zusammenarbeit zwischen Sekretär und Präsident möglich ist. Von den Engländern käme vielleicht Noël-Baker in Frage;[2] sonst wüßte ich wirklich auch niemanden. Daß Adler sein Amt zur Wahl stellt, ist wohl mehr eine Formsache. Wir werden uns auch für die Zukunft mit ihm als Sekretär abfinden müssen.

Was die Sitzverlegung betrifft, so wäre mir als Sitz der SAI England lieber als Frankreich. Ich würde es vorziehen, als Präsidenten einen englischen Genossen zu wählen und Adler als Sekretär zu belassen. Für die Kommission für die Politischen Gefangenen besteht keine Notwendigkeit, Hertz zu benennen. Unsere Vertreter in der Exekutive können wohl die gleichen wie bisher bleiben.

Ollenhauer hat ein Gespräch mit den Skandinaviern gehabt und erfahren, daß sie ursprünglich gewünscht haben, Albarda solle Präsident werden. Albarda selbst ist jedoch nicht mehr in gleichem Maße wie früher dazu bereit. Ollenhauer hat den Eindruck, daß die Skandinavier unter keinen Umständen für einen Franzosen zu haben sind; eine Entscheidung ist jedoch noch nicht getroffen. Sie wollen selbst wahrscheinlich ebenfalls keinen eigenen Präsidenten-Kandidaten benennen. Ollenhauer ist mit Wels übereinstimmend in der Auffassung, daß wir mit unserer Haltung zunächst zuwarten sollen.

Vogel teilt mit, daß im Februar Büro-Sitzung der SAI ist und hält es für das Zweckmäßigste, daß wir uns ohne besondere Festlegung zunächst im Sinne der Wels'schen Ausführungen verhalten.

Crummenerl betont, daß er es für notwendig hält, an unserer bisherigen Haltung festzuhalten: daß wir als Emigrationspartei keine Entscheidung in der SAI treffen und die lebenden Parteien überstimmen. Er ist der Meinung, daß dieses Prinzip auch für die Neuwahlen gelten muß.

Ollenhauer ergänzt die Mitteilungen von Vogel noch durch einige Bemerkungen über die Darstellung, die Hilferding in der SAI gegeben hat und über die Auffassungen, die besonders von Albarda zum Ausdruck gebracht wurden. (Gefahr einer nahen Krise in Westeuropa; große Sorgen darüber, daß Holland Kriegsschauplatz wird.)

Ollenhauer berichtet dann über Gespräche, die er mit verschiedenen Genossen in Holland geführt hat. – Schumacher wünscht für seine Ausreise nach Bolivien 1 000 hfl. von der holländischen Partei zu erhalten. Ollenhauer hat mit den maßgebenden Genossen gesprochen, die sich für die Bewilligung des Betrages einsetzen werden. Die Zustimmung ist noch nicht erteilt, sie ist jedoch sicher. Wegen der künftigen Grenzarbeit über Holland hat er ebenfalls mit den verschiedenen Genossen gesprochen. Mit dem Genossen van der Lende von den Gewerkschaften hat er die Schwierigkeiten der Ausreise unserer Genossen aus der CSR diskutiert. Es steht fest, daß die Holländer 5 000 hfl. für die reichsdeutschen und österreichischen Genossen bewilligen, die aus der CSR heraus müssen und nach Belgien kommen sollen. Van der Lende will sich ebenfalls dafür einsetzen, daß Schumacher von den Gewerkschaften 250 hfl. bekommt. Mit Tempel und Reißner hat Ollenhauer ein Ge-

---

[2] Noël-Baker, Philip John, 1889–1982, britischer Politiker, 1929–31 und 1936–70 Unterhausabgeordneter der Labour-Party.

spräch über die Gewerkschaftsarbeit gehabt. Reißner legt größten Wert darauf, daß die Arbeit in engstem Einvernehmen mit uns erfolgt. Er ist mit der Anregung von Rinner, die Berichterstattung zu dezentralisieren, einverstanden. Unseren Vorschlag, als unser Vertrauensmann nach dem Abgang von Schumacher zu fungieren, wird er erfreut akzeptieren.

In Brüssel hat Ollenhauer mit de Bloch[3] gesprochen, der sich bereit erklärt hat, für die Einreise unserer Genossen aus der CSR zu wirken. Es sind 15 neue Visa in Aussicht genommen. Damit stehen rund 80 neue Visa in kurzer Zeit zur Verfügung. Wenn wir diese Genossen aus der CSR herausbekommen, dann ist unsere politische Emigration von dort verschwunden.

Mit Schumacher hat Ollenhauer außerdem über die Frage seiner Entschädigung durch uns gesprochen. Schumacher hat eine Ausgabenaufstellung über 2 905,– belg. Frs. eingereicht, die er von uns bezahlt zu erhalten wünscht. (Wir haben ihm schon vor einiger Zeit 800 belg. Frs. bezahlt.) Ollenhauer ist der Auffassung, daß dieser Wunsch von Schumacher etwas zu weit geht, da er ja außerdem von uns die 3-Monats-Entschädigung, die wir ihm zugesichert haben, zu erhalten wünscht.

Crummenerl: Wir haben uns Schumacher gegenüber bereit erklärt, ein Vierteljahres-Gehalt zu zahlen, das sind etwa 5 000 frsfrs. Wir sollen es damit genug sein lassen. Wir können nicht mehr zahlen, schon der Konsequenzen wegen, die das für andere hätte.

Rinner: Wenn wir Schumacher noch drei Monate das Gehalt zahlen, dann ist das schon sehr viel. Wir müssen ja auch in Rechnung stellen, daß Schumacher in den letzten[4] Jahren sehr wenig geleistet hat.

Vogel ist ebenfalls dafür, den Vorschlag, drei Monate zu zahlen, zu akzeptieren. Nach kurzen Bemerkungen von

Crummenerl, Wels und **Ollenhauer** wird verabredet, Schumacher 4 000 belg. Frs. zu zahlen, d. h. ein Gehalt von einem Vierteljahr, ohne die noch geforderte zusätzliche Zahlung der Unkosten.

Ollenhauer berichtet über den Plan zur Zusammenarbeit der Sozialistischen Jugend, 1938 haben Besprechungen mit verschiedenen Genossen stattgefunden, in denen es sich um die Berichterstattung über die Situation in Deutschland drehte. Es wurden Vorschläge gemacht, einheitliche Richtlinien zu verfassen. Durch die Schaffung der Arbeitsgemeinschaft (der Österreicher, der Milesgruppe usw.) ist jedoch eine neue Situation entstanden. Ollenhauer wünscht deshalb, die Auffassung des PV zu hören. Er schlägt vor, die geplante Zusammenarbeit auf das rein sachliche Gebiet zu beschränken und sonst nichts ohne vorherige Stellungnahme des PV zu unternehmen.

Vogel erinnert daran, daß Genosse Deutsch in der Arbeitsgemeinschaft einen Programm-Entwurf vorgelegt hat.[5] Er hält es für besser, die Anregung von Ollenhauer zurückzustellen, bis diese Frage erledigt ist.

Ollenhauer glaubt, daß, wenn die notwendigen Sicherungen eingeschaltet sind, daß dann absolut kein Präzedenzfall in der Kartellfrage geschaffen sei. Unter diesen Voraussetzungen sei er dafür, diese Zusammenarbeit zu beginnen.

Rinner hat keine Bedenken. Er wünscht aber nicht nur politische, sondern auch sachliche Sicherungen. Er möchte verhindern, daß diese Jugend-Arbeitsgemeinschaft nun[6] mit unserer Arbeit ihre Reklame bestreitet.

Ollenhauer hält es für selbstverständlich, daß Voraussetzung für die Zusammenarbeit die selbständige Arbeit der einzelnen Gruppen ist.

---

3 D. i. August de Block, Belgische Arbeiterpartei.
4 Vorlage: »letzten« hs. eingebessert für »zwei«.
5 Der Entwurf war nicht zu ermitteln.
6 Vorlage: »nun« hs. eingebessert für »nur«.

Wels glaubt, daß wir bei einem Austausch von Informationen die alleingebenden sind, da die anderen ja politisch doch nichts haben. Er vermutet, daß sich die anderen mit fremden Federn schmücken wollen.

Nach Bemerkungen von **Geyer, Ollenhauer** und **Wels** wird vereinbart, daß Erich Ollenhauer noch ein Gespräch mit den Genossen, die die Zusammenarbeit wünschen, haben soll und daß dann später erneut über die Frage berichtet wird.

Crummenerl schlägt vor, das Gehalt von Sander auf 2 000 frs.Frs. monatlich festzusetzen und ihm außerdem einen kleinen Sachaufwand für Miete und Fahrgeld in Höhe von 2 £ zu gewähren.

Einverstanden.

Crummenerl: Es liegt ein Antrag des Genossen Schmidt aus Prag auf Unterstützung vor.

Ollenhauer ist dafür, daß in all diesen Fällen nichts von hier aus gegeben wird, sondern daß die Frage über Kopacek zu regeln ist.

Es wird vereinbart, daß der Antrag des Genossen Schmidt, ebenso wie der des Genossen Tille, an die Flüchtlingshilfe in Prag weitergegeben wird.

Crummenerl: Michel[7] erbittet von uns einen Zuschuß. Crummenerl ist dafür, ihm 500 Frs. zu gewähren.

Rinner: Michel könnte, wenn er wollte, unter Beweis stellen, daß er von uns nicht nur nehmen will, sondern auch zu helfen bereit ist. Leider hat er bis jetzt seine Bereitwilligkeit zur Mitarbeit noch nicht erkennen lassen. Wäre das geschehen, dann wäre über eine Unterstützung für ihn leichter zu reden.

Der Vorschlag Crummenerls wird akzeptiert.

Crummenerl: Genosse Beyer hat den Antrag auf Fortzahlung seines Honorars gestellt. Crummenerl ist der Auffassung, daß wir für das nächste Vierteljahr nicht darum herumkommen[8], ihm das Honorar zu zahlen.

Geyer: Infolge der Krankheit Beyers hat die Mitarbeit praktisch aufgehört. Es ist aber schwer, in diesem Fall Ja oder Nein zu sagen.

Der PV ist einverstanden damit, das Honorar für Beyer noch ein Vierteljahr weiter zu zahlen.

Crummenerl berichtet über den Stand des Freiheitsprozesses und schlägt vor, bis Anfang Februar auf die Abrechnung des Rechtsanwalts Meyer zu warten.

Einverstanden.

Ollenhauer: Die Deutsche Sozialistische Arbeiterpartei in Polen hat uns gebeten, sie finanziell zu unterstützen oder uns für Hilfe einzusetzen. Sie haben große Schwierigkeiten mit ihrer Zeitung und wünschen außerdem von uns die Weitersendung der »Grünen Berichte« und des »Neuen Vorwärts«.

Crummenerl: Es ist ausgeschlossen, daß wir den Genossen finanziell helfen können. Wir stehen ja selbst vor der Notwendigkeit, den Etat unserer Zeitung zu kürzen.

Es wird vereinbart, daß wir den Genossen schreiben und ihnen den »N[euen] V[orwärts]« und den »Grünen Bericht« vorläufig kostenlos weiter zustellen.

Schluß der Sitzung.

---

7 D. i. v. Knoeringen.
8 Vorlage: »darum herumkommen« hs. eingebessert für »drumrumkommen«.

Nr. 137
Protokoll der Parteivorstandssitzung am 10. Februar 1939
SAPMO Berlin, ZPA, II 145/55, Bl. 222

Besprechung vom 10. Februar 1939.

Ollenhauer berichtet über ein Telefonat von Deutsch. Das ZK der KPD hat der Arbeitsgemeinschaft Vorschläge unterbreitet.[1] Es soll in einer gemeinsamen Sitzung mit den Kommunisten verhandelt werden. Deutsch fragt an, ob wir uns daran zu beteiligen gedenken.
Der PV beschließt nach kurzen Bemerkungen, daß eine Beteiligung nicht stattfinden soll. Die Nichtteilnahme soll mit der Haltung von Brouckère[2] begründet werden u. mit dem Hinweis darauf, daß es sich um ein internationales Problem handelt.
Ollenhauer: Deutsch hat ferner mitgeteilt, daß die Arbeitsgemeinschaft gewisse Thesen aufgestellt hat, die er mit uns zu besprechen wünscht.[3]
Einverstanden.
Schluß der Besprechung.

---

1 Die Vorschläge bezogen sich auf die Zusammenarbeit im illegalen Kampf. Vgl. *Findeisen*, in: *Niemann u. a.*, S. 228. Mit der »Arbeitsgemeinschaft« ist der »Arbeitsausschuß deutscher Sozialisten und der Revolutionären Sozialisten Österreichs« gemeint.
2 Für die KPF hatte Marcel Cachin dem SAI-Präsidenten Brouckère am 23. Januar 1939 eine gemeinsame Tagung von SAI und Kommunistischer Internationale über die Situation in Spanien vorgeschlagen. Brouckère hatte dies am 27. Januar 1939 abgelehnt. Vgl. SAI-Rundschreiben vom 31. Januar 1939, in: SAPMO Berlin, ZPA, I 6/2/64, Bl. 74 f.
3 Die Thesen waren nicht auffindbar.

Nr. 138
Protokoll der Parteivorstandssitzung am 13. März 1939
SAPMO Berlin, ZPA, II 145/55, Bl. 223 f.

Vorstandssitzung vom 13. 3. 1939

Anwesend: Vogel, Crummenerl, Rinner, Stampfer, Geyer, Heine.

Crummenerl berichtet über seinen Besuch in Toulouse und die Rücksprache, die er mit Beyer genommen hat. Die Angelegenheit dürfte zur beiderseitigen Zufriedenheit geregelt sein.
Geyer schlägt vor, 2 000 Exemplare seines Manuskriptes gegen Bauer »Die illegale Partei« drucken zu lassen.[1]
Crummenerl hält Bauers Buch für gefährlich. Er hat das Manuskript von Geyer gelesen. Es sind einige Härten darin, die gemildert werden könnten, im allgemeinen aber ist er für die Herausgabe.
Geyer verliest einen Brief Hilferdings, der zu dem Manuskript Stellung nimmt.[2]
Stampfer betont, daß er seine Meinung in seinem seinerzeitigen Brief niedergelegt habe.[3]

---

1 *Curt Geyer*, Die Partei der Freiheit, Paris 1939.
2 Der Brief war nicht zu ermitteln.
3 Der Brief war im AdsD Bonn weder im NL Stampfer noch im Bestand PV-Emigration zu ermitteln.

Er halte die Dinge, um die es in dieser Auseinandersetzung geht, nicht mehr für wichtig. Er sieht keinen Nutzen in der Veröffentlichung, möchte aber keine Einwendungen erheben.

Vogel: Es handelt sich ja nicht nur um einen Streit um den Marxismus. Es ist eine Kampfansage gegen uns, die in dem Bauerschen Buch zum Ausdruck kommt. Läge Geyers Manuskript nicht vor, dann müßten wir so oder so zu Bauers Buch Stellung nehmen. Die Frage ist, unter welchem Namen das Buch herausgegeben werden soll. Soll Geyer zeichnen oder soll das Buch unter der Verantwortung des PV erscheinen?

Stampfer: Dieser ganze Streit interessiert nicht mehr. Besonders wird es in Amerika ungünstig wirken, wenn die Genossen dadurch auf unsere Auseinandersetzungen gestoßen werden.

Rinner: So geht es nicht. Wenn es um geistige Auseinandersetzungen geht, dann kann man eben heute am Marxismus nicht mehr vorbeigehen, und es ist notwendig, Stellung zu nehmen.

Vogel weist darauf hin, daß in der SAI offen Bestrebungen im Gange sind, die auf eine großdeutsche Partei und ihre Führung durch gewisse Kreise abzielen.

Rinner wirft zwei Fragen auf: Soll das Manuskript erscheinen? Und in welcher Form soll es erscheinen? Er hat einige Bemerkungen kritischer Art gemacht, die wahrscheinlich in der Richtung der Stampferschen Aussetzungen liegen. Er hätte es an sich vorgezogen, bei der Abfassung dieser Schrift vom Grundsätzlichen auszugehen, aber das ist Ansichtssache. Er möchte die Verantwortung des PV bei der Herausgabe des Buches darauf beschränken, daß die Gelder zur Verfügung gestellt werden. Die Angelegenheit ist auch eine Kostenfrage. Er glaubt, daß die Publikation in der Form der Berichte ca. 3 000 frs.Frs. kosten würde.

Stampfer weist darauf hin, daß er ebenfalls eine Broschüre geschrieben habe und daß er diese Broschüre ebenso behandelt wissen möchte wie Geyers Schrift. Er wirft im Anschluß daran die Frage der Wiederbelebung des Graphia-Verlages auf, wobei er auch an die Herausgabe des Manuskripts von Frenkel[4] denkt.

Geyer: Was die Bindung des PV betrifft, so verweist er auf die Schlußzeilen des Vorworts, in denen dazu Stellung genommen wird. Auf den Fall Hertz bezieht sich nur eine einzige kleine Stelle, die er zitiert.

Crummenerl weist darauf hin, daß gewisse Schwierigkeiten rechtlicher Art bei der Wiederbelebung des Graphia-Verlages bestehen würden. Entscheidend aber ist, daß es finanziell unmöglich ist, diese Wiederbelebung ins Auge zu fassen. Er gibt zu bedenken, daß gegen Stampfers Buch auch Opposition innerhalb des PV bestand und daß es trotzdem herausgegeben wurde.

Stampfer ist nicht für Unterdrückung der Meinung, aber er möchte sagen, was er von der Publikation halte.

Crummenerl wendet sich gegen das von Stampfer angeregte Junktim. Er verweist darauf, daß Stampfers Schrift ja schon erschienen ist (Die 14 Jahre) und bemerkt, daß das Buch von Bauer nun einmal da ist und daß man darauf antworten muß.

Vogel wendet sich dagegen, daß eine Blanko-Vollmacht verlangt wird, indem man sagt, daß auch die andere Broschüre in der gleichen Form herausgegeben werden müsse.

Geyer setzt sich dafür ein, daß sein Manuskript nicht vervielfältigt, sondern gedruckt wird.

Rinner weist darauf hin, daß Druck die öffentliche Herausgabe bedeuten würde, während eine Vervielfältigung einen mehr internen Charakter verleihen würde.

Es wird vereinbart, das für die Drucklegung benötigte Geld in Höhe von etwa 7 500 frs.Frs. zu bewilligen.

---

4 Wahrscheinlich war das Manuskript von Ernst Fraenkel für das Buch »Der Doppelstaat« gemeint.

Nr. 139
Protokoll der Parteivorstandssitzung am 25. März 1939
SAPMO Berlin, ZPA, II 145/55, Bl. 225 f.

Vorstandsbesprechung vom 25. März 1939.

Anwesend: Vogel, Crummenerl, Rinner, Ollenhauer, Geyer, Stampfer, Heine.

Ollenhauer gibt Mitteilungen von Sander über die Flüchtlinge aus der CSR wieder, die sich zur Zeit in Polen befinden.[1]

Crummenerl erörtert die Frage der Geldtransferierung verschiedener Emigranten. Er schlägt vor, den Genossen Neumann, Waage, Seifert[2] und Mebert, die ihr Geld dem Genossen Weck in Prag zur Verfügung gestellt haben, das Geld in Höhe von 70 % zurückzuvergüten. Für den Fall Fischer schlägt er vor, 1 900 Kc. für Fahrtkosten abzuziehen und von dem verbleibenden Rest ebenfalls 70 % zu zahlen. Wenn das bewilligt wird, werden uns dadurch[3] Unkosten in Höhe von 15 600 Frs. entstehen.

Wird bewilligt.[4]

Crummenerl berichtet über die Sitzung, die mit den italienischen, spanischen, österreichischen und tschechischen Genossen stattgefunden hat. Von uns waren Vogel und Crummenerl anwesend, von der Milesgruppe Hertz. Nenni hat in dieser Sitzung angefragt, ob es zweckmäßig sei, eine gemeinsame Erklärung der Parteien vorzunehmen, deren Völker unter dem Faschismus leben. Er hält eine derartige Erklärung für nützlich. Außerdem hat er die Frage des kollektiven Eintritts in die französische Armee angeschnitten.

Winter hat darauf hingewiesen, daß sich die tschechischen Genossen von Frankreich und von der SFIO betrogen gefühlt haben.[5] Er glaubt an einen heftigen Abwehrkampf der Tschechen und weist darauf hin, daß in USA anderthalb Millionen Tschechen leben. Er nimmt an, daß Frankreich im Falle eines Krieges auf 10 000 tschechische Soldaten rechnen kann, die hier leben. Er vermutet, daß demnächst eine tschechische Zeitung in Europa herauskommen wird.

Pollak[6] von den Österreichern ist an sich nicht gegen eine politische gemeinsame Deklaration, wirft aber die sehr schwierige Frage der Teilnahme an militärischen Aktionen auf. Es ist für die Österreicher nicht wie für die Tschechen eine nationale Frage. Außerdem ist es nicht »unser[7] Krieg«.

Vogel hat den Versuch der Zusammenfassung begrüßt. Der PV hat zu der Frage der Be-

---

1 Es dürfte sich um das Schreiben von Sander an Vogel vom 19. März 1939 handeln; vgl. AdsD Bonn, PV-Emigration, Mappe 110.
2 Vermutlich Wilhelm Seifert, 1893–1970, SPD-Sekretär in Ostsachsen, Emigration 1933 CSR, später Schweden, 1943/44 Gründungsmitglied FDKB Schweden, Dezember 1944 Vorsitzender der SPD-Landesleitung, nach 1945 Typograph, Mitglied der schwedischen sozialdemokratischen Partei.
3 Vorlage: »dadurch« hs. eingebessert für »dann noch«.
4 Vorlage: »Wird bewilligt« ms. unterstrichen.
5 Winter, Gustav, tschechoslowakischer Sozialdemokrat, 1937/38 Mitglied SAI-Exekutive.
6 Vorlage hier und im weiteren Text: »Pollack«.
Pollak, Oscar, 1893–1963, österreichischer Journalist, Chefredakteur der »Arbeiter-Zeitung«, SDAP-PV, Emigration 1935 CSR, 1936 Österreich, Belgien, 1938 Frankreich, 1940 Großbritannien, führender Vertreter der RSÖ, ALÖS, AVÖS, 1945 Österreich, Chefredakteur der »Arbeiter-Zeitung«, PV SPÖ.
7 Vorlage: »unser« ms. unterstrichen.

teiligung an militärischen Aktionen noch nicht Stellung genommen. Auf keinen Fall kann es sich um irgendwie zahlenmäßig bedeutende Menschenmassen[8] handeln.

Hertz hat erklärt, daß seine Freunde ungefähr gleicher Auffassung wie Pollak seien.

Nenni hat vorgeschlagen, sich über diese Frage innerhalb der Parteien auszusprechen und wieder zusammenzukommen.

Der spanische Genosse hat vorgeschlagen, zu versuchen, den kommenden Krieg in einen antifaschistischen Kampf umzuwandeln.

Stampfer berichtet über ein Gespräch, das er mit dem Genossen Stolz wegen der Konferenz der Gewerkschaften in USA gehabt hat.[9] Stolz ist scheinbar geneigt, uns zu unterstützen. Er berichtet außerdem über ein Gespräch, daß er mit Comert gehabt hat und das mit dem Vorschlag endete, mit Jaques Kayser zu sprechen.[10] Er wird diese Besprechung wahrnehmen.

Vogel hält es für wichtig, daß die Aktionseinheit hergestellt wird und schlägt vor, nächste Woche darüber zu beraten, was wir in einer eventuellen weiteren Sitzung der Parteien, deren Völker unter dem Faschismus leben, als Beschluß der Partei vorbringen wollen.

Crummenerl berichtet über ein Gespräch, das[11] er mit Herrn Roux von der Préfecture[12] gehabt hat. Er habe ihm unsere Tätigkeit geschildert und unseren Standpunkt klargelegt und versprochen, ihn wieder aufzusuchen.

Es wird vereinbart, Herrn Roux die Spitzellisten zu übermitteln.[13]

Stampfer berichtet über einen Brief des Genossen Katz aus New York, in dem der Wunsch vorgebracht wird, für das Geldbeschaffungskomitee[14] Empfehlungsbriefe des IGB und der englischen Gewerkschaften zu besorgen.[15] Stampfer schlägt vor, mit Citrine wegen dieses Empfehlungsschreibens zu sprechen, da er fürchtet, daß der IGB nicht bereit ist, ein derartiges Schreiben für die Genossen auszustellen.

Geyer fragt, warum wir denn nicht in diesem Falle den Weg über Adler wählen, wenn wir an Citrine herankommen wollen.

Ollenhauer und **Rinner** äußern sich skeptisch über diesen Vorschlag.

Es wird vereinbart, daß Stampfer versuchen soll, die Besprechung mit Citrine durchzuführen.

Rinner teilt mit, daß bei ihm Frau Ruth Oesterreich[16] gewesen ist und ihre Mitarbeit an-

---

8 Vorlage: »Menschenmassen« hs. eingebessert für »Mengen«.
9 Nicht zu ermitteln war, um welche Konferenz es sich handelte.
10 Comert, Pierre, französischer Politiker, 1939/40 Minister.
11 Vorlage: »dass«.
12 Vorlage: »Roux von der Préfecture« hs. unterstrichen.
13 Vorlage: Von »Roux« bis »übermitteln« hs. unterstrichen. Im Archives de la Préfecture de Police, Paris, befindet sich – wahrscheinlich aufgrund von Kriegseinwirkungen – keinerlei Material über die oder von der Sopade. Es mag sein, daß entsprechende Unterlagen in den kürzlich bekannt gewordenen Beständen der Sûreté Générale im Zentralen Staatsarchiv Moskau vorhanden sind. Vgl. *Bernd Wegner*, Deutsche Aktenbestände im Moskauer Zentralstaatsarchiv. Ein Erfahrungsbericht, in: VfZ 40, 1992, H. 2., S. 311–319, hier S. 313.
14 Gemeint ist die spätere »German Labor Delegation«. Vgl. *Seebacher-Brandt*, Biedermann, Diss., S. 278. Der Brief von Katz vom 11. März 1939 ist abgedruckt in: *Matthias/Link*, Dok. 51, S. 383–387.
15 Katz, Rudolf, 1895–1961, sozialdemokratischer Jurist und Kommunalpolitiker, 1933–35 im Auftrag des Völkerbundes in China, 1935 USA, 1936–38 Assistent an der Columbia-Universität in New York, Mitarbeiter bzw. Redakteur »Neue Volks-Zeitung«, 1939 Mitgründer der »German Labour Delegation«, 1946 Deutschland, 1947–50 Justizminister in Schleswig-Holstein, Vizepräsident des Bundesverfassungsgerichtes.
16 Oesterreich, Ruth, 1894–1943, kaufmännische Angestellte, bis 1924 u. a. Mitarbeiterin des Westeuropa-Büros der III. Internationalen, nach KPD-Ausschluß SAP, nach 1933 NB, Emigration

geboten habe. Er habe die Absicht, sie mit einigen anderen Stellen zusammenzubringen, die für gewisse Teile ihrer Arbeit Interesse haben könnten. Da sie auch einige Berichte geliefert hat, die für uns von Interesse sind, hat er mit ihr vereinbart, daß sie zunächst drei Monate lang auch mit uns in den uns interessierenden Fragen zusammenarbeitet und dafür eine Honorierung von 500 Frs. im Monat erhält.
Einverstanden.
Schluß der Sitzung.

1933 CSR, um 1939 Frankreich, später Belgien, April 1941 in Brüssel von der Gestapo verhaftet, hingerichtet.

Nr. 140
Protokoll der Parteivorstandssitzung am 27. März 1939
SAPMO Berlin, ZPA, II 145/55, Bl. 227

Vorstandsbesprechung vom 27. März 1939.

Anwesend: Vogel, Rinner, Stampfer, Geyer, Heine.

Vogel berichtet über die Bürositzung der SAI.

Gillies hat die Entwicklung seit der letzten Sitzung geschildert. Er glaubt, daß in London die Periode der Befriedung endgültig vorbei ist. Die Frage der Wehrpflicht sieht er zur Zeit als unzweckmäßig an.

Blum hat sich dahingehend geäußert, daß hier im Lande immer noch Hoffnungen auf eine Trennung zwischen Hitler und Mussolini bestehen.[1] Der Gewaltakt in Prag hat allgemein überrascht. Bonnet ist betrogen worden.[2] Innenpolitisch ist die Entwicklung in Frankreich recht eigenartig. Daladiers Vollmachten waren ein geschickter Schachzug.[3] Blum glaubt, daß die Bevölkerung über die Kriegsgefahr ziemlich ununterrichtet ist. Die Partei setzt sich für eine Regierungsbeteiligung auf breitester Grundlage ein. Die Spanienfrage wird als abgeschlossen betrachtet.

Gillies gibt Ergänzungen zur Spaniendebatte.

Vogt, Schweden, hat sich gegen die Annahme einer Resolution gewendet und gedroht, bei Beschluß in der Öffentlichkeit eine Erklärung dagegen abzugeben. (Von einer Resolution ist Abstand genommen worden.)

Grimm hat über die politische Situation in der Schweiz eingehend berichtet.

Blum hat zu der Neutralitätspolitik der kleinen Staaten gesprochen und darauf hingewiesen, daß sie einerseits Respektierung der Neutralität, andererseits Beistand verlangen.

Gillies hat dann noch über die Regierungsbeteiligung von England gesprochen.

Auf der weiteren Tagesordnung standen organisatorische Fragen: (1. Spanien-Differenzen, 2. 50-Jahrfeier in Schweden[4], 3. Sitzverlegung.) Gillies ist in bezug auf die Sitzverle-

---

1 Mussolini, Benito, 1883–1945, faschistischer italienischer Diktator.
2 Bonnet, Georges, 1889–1973, französischer Radikalsozialist, zwischen 1925 und 1940 Minister verschiedener Ressorts, 1937/38 Finanz-, 1938/39 Außen-, 1938/39 Justizminister.
3 Am 18. März 1939 gewährte das französische Parlament der Regierung Daladier unbeschränkte Vollmachten bis zum 30. November 1939. Daladier hatte die Forderung nach Vollmachten damit begründet, daß nur so die französische Demokratie sich gegen die Drohungen seitens der Diktaturen schützen könne. Vgl. Archiv der Gegenwart 9. Jg., 19. März 1939.

gung der SAI dafür eingetreten, daß sie nach London kommt und daß Albarda Präsident wird. Er wünscht scharfe Begrenzung der Aufgaben. Außerdem ist die Frage der Sitze und Rechte der illegalen Parteien angeschnitten worden.

Die Geschäftskommission soll sich mit der Frage der Bibliothek und des Archivs der SAI beschäftigen.

Schluß der Besprechung.

---

4 1939 feierte Schwedens Sozialdemokratie den 50. Jahrestag ihrer Gründung.

Nr. 141
Protokoll der Parteivorstandssitzung am 5. April 1939 (Teil I)

SAPMO Berlin, ZPA, II 145/55, Bl. 228–230

Vorstandssitzung vom 5. 4. 1939

Anwesend: Wels, Vogel, Crummenerl, Rinner, Ollenhauer, Stampfer, Hilferding, Geyer, Heine.

Wels eröffnet die Sitzung und gibt die Tagesordnung bekannt.

Ollenhauer berichtet über seine Skandinavienreise. Der Bericht ist zum Teil durch die neuen Ereignisse überholt. In Oslo hat er die Genossen veranlassen wollen, die Flüchtlingshilfe in Prag zu unterstützen. Dieser Punkt ist inzwischen durch die Besetzung Prags erledigt. Er hat ferner mit den skandinavischen Genossen über die Flüchtlingsfragen gesprochen. – Willi Müller hat im Rahmen der Arbeitsgemeinschaft von den Norwegern Unterstützung erbeten, aber einen negativen Bescheid erhalten. Ollenhauer hat mehrere Gespräche mit Emigranten in Oslo gehabt. In Norwegen ist eine schwierige Situation durch die Meinungsverschiedenheiten der Parteigenossen und die Spaltung in viele Gruppen. Geplant ist die Gründung einer Ortsgruppe. In Stockholm hat die Frage der 200 £-Unterstützung eine gewisse Rolle gespielt.[1] Seit dem Juni 1938 sind 80 reichsdeutsche Genossen neu in Schweden, ferner 120 Sudentendeutsche und 40 Österreicher. Es zeigt sich also, daß wir doch nicht so schlecht abgeschnitten haben. Er weist darauf hin, daß der Unterstützungs-Etat der schwedischen Genossen jährlich 500 000 Schw. Kr. beträgt. Über eine evtl. finanzielle Unterstützung unserer Arbeit durch die schwedischen Genossen hat Ollenhauer mit Möller gesprochen.[2] Möller muß die Entscheidung dem schwedischen PV überlassen und wünscht außerdem, Fühlung mit den Dänen aufzunehmen. Außerdem hat E[rich] O[llenhauer] auch mit Nielsson verhandelt.

In Kopenhagen hat er Gespräche mit H[ans-]C[hristian] Hansen und Hedtoft Hansen über die finanzielle Unterstützung gehabt.[3] Die Gestapo-Umtriebe in Kopenhagen sind

---

1 Die CSR-Regierung stellte aufgrund eines Übereinkommens mit der britischen und der französischen Regierung bedürftigen politischen Flüchtlingen, die das Land verlassen mußten, 200 englische Pfund zur Verfügung. Diese Summe sollte das in den meisten Ländern erhobene »Landungsgeld« abdecken. Vgl. Rundschreiben der SAI (»Streng vertraulich«) vom März 1939, in: SAPMO Berlin, ZPA, I 6/2/64, Bl. 79–82; Sander an Vogel, 19. März 1939, in: AdsD Bonn, PV-Emigration, Mappe 110.
2 Möller, Gustav, schwedischer Sozialdemokrat, 1926–32 SAI-Exekutive und -Büro, 1926–40 Sekretär der Sozialdemokratischen Arbeiterpartei.
3 Hansen, Hans-Christian, 1906–1960, dänischer Sozialdemokrat, 1935–39 Vorsitzender der SJI.

sehr beachtenswert. Der Schluß ist wohl zulässig, daß die Gestapo ebenso geheim und erfolgreich in anderen Ländern arbeitet. Die allgemeine Situation wird in Schweden[4] auch durch Angriffe auf die Flüchtlingspolitik der Regierung gekennzeichnet. Es ist deshalb eine Zählung vorgenommen worden, die ergab, daß in ganz Schweden nur 980 politische Flüchtlinge leben.

Der Wahlkampf in Dänemark[5] hat im Vordergrund des Interesses gestanden. Besonders schwierig ist das Problem Sonder-Jütland[6]. Ollenhauer hat in Stockholm in einer Flüchtlingsversammlung gesprochen und zahlreiche Einzelgespräche mit schwedischen Genossen und deutschen, österreichischen[7] und sudentendeutschen Emigranten gehabt. Er hält es für erforderlich, besser Verbindung mit unseren Genossen zu halten und zu diesem Zweck mehr als bisher den »N[euen] V[orwärts]« und die Berichte, notfalls kostenlos, zu senden.

Aus seiner Berichterstattung ergibt sich, daß wir
1) dem Genossen Möller Unterlagen für die Beratung über eine Beihilfe an uns senden[8] und
2) daß wir besseren Kontakt mit der sozialdemokratischen Emigration aufnehmen und
3) unsere Genossen mehr und besser als bisher informieren.

Wels begrüßt die Haltung Möllers und erteilt das Wort **Stampfer**, der über den Fortgang der Besprechungen in Amerika berichtet.

Er rekapituliert kurz das bisher Erreichte. Danach hat Jewish Labour[9] 10 000 Dollar für dieses Jahr bewilligt. Es ist ein Konto eingerichtet worden. Es besteht die Aussicht, daß möglicherweise noch weitere 5 000 Dollar in diesem Jahr gezahlt werden. Aus Amerika ist der Wunsch laut geworden, Bestätigungsschreiben auch für die Gewerkschaften zu erhalten. Er schlägt deshalb vor, den Genossen Tarnow nach Paris kommen zu lassen und mit ihm über die Fragen zu sprechen. Als das zweckmäßigste würde er es ansehen, wenn es uns gelänge, Tarnow und Reißner ganz an uns heranzuziehen.

Wels erklärt sich mit dem Vorschlag, Reißner und Tarnow zu einer Besprechung einzuladen, durchaus einverstanden. Auch **Ollenhauer** ist dafür, weist aber darauf hin, daß wir natürlich die Kosten[10] dafür übernehmen müssen.

Crummenerl ist ebenfalls für die Einladung Tarnows.[11]

Wels schlägt vor, daß Stampfer den Kontakt mit dem Komitee in New York so eng wie möglich knüpft und uns auf dem laufenden hält.

Es wird beschlossen, Tarnow und Reißner nach Paris zu bitten.

Crummenerl nimmt das Wort zur Frage der Haltung der Partei im Kriegsfall. Er gibt nochmals einen kurzen Bericht über die Besprechung, die von Vertretern der Parteien der unter dem Faschismus lebenden Völker stattgefunden hat.

Stampfer hält es für notwendig, diese Besprechungen fortzuführen. Er ist sehr dafür, daß wir uns an künftigen Beratungen beteiligen. Er ist auch dafür, daß eine gemeinsame Erklärung abgegeben wird. In der Militärfrage (Eintritt in die französische Armee) ist er dafür, sich der Haltung von Pollak[12] anzuschließen.

---

4 Vorlage: »Schweden« hs. unterstrichen.
5 Vorlage: »Dänemark« hs. unterstrichen.
6 Nordschleswig.
7 Vorlage: »österreichern«.
8 Vgl. Brief vom 15. November 1939, in: SAPMO Berlin, ZPA, II 145/55, Bl. 237–240.
9 Jewish Labour Committee, gegründet 1934 in New York. In ihm schlossen sich Organisationen der jüdischen Arbeiterbewegung in den USA zusammen, um u. a. die Widerstandsbewegung gegen die Nationalsozialisten in Deutschland zu unterstützen.
10 Vorlage: »Kosten« hs. eingebessert für »Reisen«.
11 Vorlage: »Tarnows« hs. eingebessert für »Tarnungs«.
12 Vorlage: »Pollack«.

Hilferding ist mit diesen Zusammenkünften der erwähnten Parteien nicht einverstanden. Er ist der Auffassung, daß keine gemeinsame Basis unter diesen Parteien bestehe. Zur Frage des Eintritts in die Armee erklärt er, daß das gar nicht von unserer Stellungnahme abhängt. Es ist einfach eine Angelegenheit der französischen Regierung. Wir würden gezwungen werden, uns dieser Entscheidung zu fügen. Er ist nicht dafür, daß in dieser Frage eine Erklärung erfolgt. Ihm wäre es am liebsten, wenn sich die SAI mit dieser Angelegenheit beschäftigt. Er empfiehlt äußerste Zurückhaltung.

Vogel ist eine gemeinsame Haltung erwünscht, um nicht die eine gegen die andere Emigration ausspielen zu können. Es ist allerdings die Frage, ob eine Basis für eine derartige Gemeinschaftserklärung vorhanden ist.

Wels weist darauf hin, daß die Italiener und Tschechen eine ganz andere Gruppe bilden als die Deutschen und die Österreicher.

Geyer: Von der Emigration erwartet man in französischen Kreisen doch eben nur die eine Erklärung: daß sie sich bereit erkläre, Heeresdienst zu leisten.

Stampfer: Wir müssen immer wieder betonen, daß wir uns als Vertreter der Sozialdemokratischen Partei betrachten und daß wir darauf bestehen müssen, die Politik zu treiben, die wir verantworten können. Wir müssen diesen Anspruch durchsetzen, auch wenn er uns persönlich in größte Schwierigkeiten bringt.

Crummenerl hält die Frage für noch ungeklärt. Er schlägt vor, an der nächsten Besprechung teilzunehmen und heute dahingehend zu entscheiden, daß wir uns für eine gemeinsame Erklärung interessieren, daß wir aber nicht glauben, daß es möglich sein wird, einen gemeinsamen Nenner zu finden. Im übrigen sollten wir in dieser Frage eine abwartende Haltung einnehmen.

Wels konstatiert allgemeines Einverständnis mit diesem Vorschlag.

Nr. 142
Protokoll der Parteivorstandssitzung am 5. April 1939 (Teil II)
SAPMO Berlin, ZPA, II 145/55, Bl. 231–233

Teil II des Protokolls über die Vorstandssitzung vom 5. April 1939

Vogel weist darauf hin, daß er bereits über die Pläne berichtet hat, die auf eine Sitzverlegung der SAI[1] hinzielen. Wir sind jetzt aufgefordert worden, Vorschläge dazu und zu den Wahlen selbst schriftlich einzureichen. Vogel empfiehlt, von einer schriftlichen Stellungnahme jetzt abzusehen und unseren Vertretern in der Sitzung die Entscheidung zu überlassen.

Der Vorschlag wird akzeptiert.

Ollenhauer referiert über die Organisation der sozialdemokratischen Emigration. Er wünscht, nicht die allgemeine Frage anzuschneiden, sondern sich zunächst auf zwei Probleme zu beschränken. In den Ländern Schweden und England ist die parteigenössische Emigration so erstarkt, daß man es verantworten kann, je einen Vertrauensmann vom Parteivorstand aus in diesen beiden Ländern einzusetzen. Er schlägt vor, Sander für England und Stahl für Schweden zu betrauen. Wir sollten den beiden Genossen gewisse Ermächtigungen geben u. a. auch die, in bezug auf das Informationsmaterial (Neuer Vorwärts und

---
1 Vorlage: »Sitzverlegung der SAI« hs. unterstrichen.

Grüner Bericht) selbständig vorzugehen und ihnen einen gewissen Spielraum in der Verteilung dieses Materials[2] zu lassen.

Heine weist darauf hin, daß Sander in England bereits ein Rundschreiben in dieser Richtung erlassen hat und nach Vereinbarung mit dem Verlag ein ermäßigtes Abonnement von 3 Schilling statt 4 Schilling im Vierteljahr vorgeschlagen hat. Eine andere Regelung zu treffen, sei also nicht notwendig. Auch aus Schweden haben sich einige Gruppen an den Parteivorstand und den »Vorwärts« gewandt und die Zurverfügungstellung von Zeitungen erbeten. Er habe den Genossen in der Regel vorgeschlagen, für eine gewisse Zeit lang die Zeitung als Freiexemplar zu liefern und sie dann mit entsprechend ermäßigten Abonnementsgebühren abzugeben. Bisher sei nur in einem einzigen Fall eine Ablehnung erfolgt, ein Freiexemplar zu gewähren. Er hält die bisherige Regelung für die geeignete.[3]

Crummenerl ist der gleichen Auffassung und schlägt vor, Heine zu autorisieren, die Freiexemplare und ermäßigten Abonnements zu vergeben und ihm dabei aufzugeben, daß er einen geeigneten Ausgleich zwischen den geschäftlichen Notwendigkeiten und den Wünschen des Parteivorstandes[4] auf Information der Genossen findet.

Rinner bedauert, daß das Ergebnis von Auslandsreisen der Vorstandsmitglieder immer nur der Wunsch nach Frei-Exemplaren sei. Er habe die Zahl der Freiexemplare sehr eingeschränkt; er wolle jedoch in Zukunft nicht kleinlich sein und von Fall zu Fall prüfen, was sich machen läßt.

Crummenerl schlägt vor, auch in der Frage der Grünen Berichte die gleiche Entscheidung zu akzeptieren wie die für den »Neuen Vorwärts« vorgeschlagene.

Vogel und **Ollenhauer** erklären sich mit dem Vorschlag einverstanden und weisen nochmals darauf hin, daß die organisatorischen Gesichtspunkte und Notwendigkeiten berücksichtigt werden sollen.

Danach erklärt sich der Parteivorstand mit den Vorschlägen Ollenhauers einverstanden, die Genossen Stahl und Sander als unsere Vertrauensleute für die Beitragssammlung usw. zu bestimmen.

Ollenhauer regt an, auch für Frankreich wieder eine Beitragsregelung durchzuführen.

Crummenerl weist darauf hin, daß nicht die Frage der Beiträge, sondern das Prinzip an sich wichtig ist. Man kann nicht die bisherige Beitragshöhe, so wie sie in Prag bestand, übernehmen, da die finanzielle Situation der Mitarbeiter sich so sehr verschlechtert hat, daß auch diese relativ kleine Zahlung auf Schwierigkeiten stößt. Er schlägt deshalb vor, den Monatsbeitrag auf 2 Frsfr. festzusetzen.

Einverstanden.

Es wird vereinbart, daß die Festsetzung des Beitrages in den einzelnen Ländern nach Rücksprache mit dem PV erfolgen soll.

Ollenhauer: Von Willi Sander liegt ein ausführlicher und sehr beachtlicher Brief vor, in dem er insbesondere auf die Frage unserer politischen Vertretung in London aufmerksam macht.[5] Es erscheint zweckmäßig, über diese Frage mit Sander persönlich zu sprechen. Crummenerl hat Sander deshalb eingeladen, nach hier zu kommen. Man muß Sander hören und danach ein Urteil fällen. Vorläufig hat Ollenhauer noch keine Vorstellung darüber, wer für diesen Zweck geeignet wäre.

Wels hält es für das Zweckmäßigste, wenn man in diesem Fall eine Personal-Union vornimmt.

---

2 Vorlage: »dieses Materials« hs. eingebessert für »von diesem Material«.
3 Vorlage: »und als ausreichend« hs. gestrichen.
4 Vorlage: »und« hs. gestrichen.
5 Sander schlug in einem Brief an Vogel vom 19. März 1939 vor, daß ein PV-Mitglied nach London übersiedeln solle, da sich das politische Zentrum immer mehr nach London verlagere; vgl. AdsD Bonn, PV-Emigration, Mappe 110.

Ollenhauer und **Stampfer** machen darauf aufmerksam, daß Sander besonderen Wert darauf legt, daß nicht irgendeine Hilfskraft kommt, sondern daß eine erste Kraft mit parlamentarischer Erfahrung und Ansehen nach London entsandt wird.

Crummenerl schlägt vor, ausführlich mit Sander über diese Angelegenheit zu sprechen und danach unter uns die Entscheidung zu fällen.

Der Parteivorstand erklärt sich damit einverstanden, Sander nach Paris zu bitten und mit ihm darüber zu verhandeln.

Ollenhauer: Gustav Ferl hat zwei Vorschläge gemacht. In dem einen wünscht er, daß nach Möglichkeit eine Sicherung der Genossen in den gefährdeten Ländern vorgesehen wird und in dem anderen bringt er in Vorschlag, einen Aufruf gegen Hitler zu erlassen.[6] Der zweite Vorschlag fällt zusammen mit der Anregung von Brost auf größere Aktivität in Deutschland durch Publikationen.[7]

Stampfer weist darauf hin, daß unsere Möglichkeit[en] zur Verbreitung zu sehr begrenzt sind. Er hält es deshalb für richtig, zunächst davon Abstand zu nehmen.

Crummenerl erklärt, daß die Geschehnisse dieser Tage an sich so wichtig sind, daß eine Verbreitung in Deutschland sich rechtfertigen würde. Er macht auch darauf aufmerksam, daß gewisse technische Möglichkeiten zur Verbreitung bestehen, daß es aber auch eine Frage des Geldes ist.

Rinner erklärt dagegen, daß er zur Zeit weder die technische Möglichkeit zur Massenverbreitung in Deutschland sehe, noch daß er den gegenwärtigen Zeitpunkt für geeignet halte, größere Materialmengen in Deutschland zu verbreiten. Er weist auch darauf hin, daß Brost in dieser Frage kein geeigneter Kronzeuge ist.

Geyer bemerkt, daß nicht unsere Argumente zur Zeit in Deutschland wirken, sondern die Tatsachen. Wir würden nur auf eine kleine Oberschicht Eindruck machen können.

Ollenhauer teilt in bezug auf Deutschland die Meinung von Rinner, räumt aber auch andererseits ein, daß Aufrufe auch dann Bedeutung haben, wenn nicht weitgehende Verbreitung erfolgt.

Es wird vereinbart, daß eine Materialverbreitung in Deutschland zur Zeit nicht erfolgen solle und daß bezüglich eines Aufrufes zunächst eine Klärung der Situation abzuwarten sei.

Die Sicherung der Emigration in den gefährdeten Ländern zu organisieren, geht über unsere Mittel und Möglichkeiten hinaus.

Es liegt eine Einladung von Budzislawsky zur Besprechung über die Bildung einer einheitlichen politischen Leitung der deutschen Emigration[8] und ein Vorschlag des Zentralkomitees der KPD[9] an uns vor.[10]

---

6 Am 22. März 1939 schlug Ferl dem PV einen Aufruf gegen Hitler vor, am 24. März 1939 plädierte er dafür, Emigranten aus den Niederlanden und Luxemburg nach Frankreich oder Großbritannien zu bringen, um sie vor einem Schicksal wie dem der Emigranten in der Tschechoslowakei zu schützen; vgl. AdsD Bonn, PV-Emigration, Mappe 41.

7 In der im AdsD Bonn befindlichen Korrespondenz zwischen dem Parteivorstand und Brost konnte kein derartiger Brief ermittelt werden.

8 Budzislawsky hatte im Namen des »Aktions-Ausschusses Deutscher Oppositioneller« am 31. März 1939 ein Rundschreiben verschickt, in dem zu einer Besprechung über engere Kontakte »innerhalb der zersplitterten deutschen Opposition« gesprochen werden sollte. Dazu sei am 25. März 1939 der erwähnte Ausschuß gegründet worden. Das Rundschreiben befindet sich in: AdsD Bonn, PV-Emigration, Mappe 15.

9 Am 3. April 1939 forderte das ZK der KPD die Sopade auf, »sich im Kampf gegen den drohenden Krieg über die wichtigsten politischen Fragen zu verständigen«. Vgl. *Niemann*, Geschichte, S. 433.

10 Budzislawsky, Hermann, 1901–1978, Sozialdemokratischer Journalist, Emigration 1933 Schweiz, 1934 CSR, Hrsg. und Chefredakteur von »Die neue Weltbühne«, 1938 Frankreich, Vorsitzender des »Deutschen Volksfrontausschusses«, 1940 USA, 1948 Deutschland (SBZ), SED, Zeitungswissenschaftler, Mitglied der DDR-Volkskammer.

Nach kurzen Bemerkungen einigt sich der Parteivorstand darauf, diese beiden Einladungen bzw. Vorschläge ohne Debatte als erledigt anzusehen.

Der 10. Punkt: Neugestaltung des Neuen-Vorwärts-Verlags wird zurückgestellt. Schluß der Sitzung.

Nr. 143
Protokoll der Parteivorstandssitzung am 7. April 1939
SAPMO, ZPA, II 145/55, Bl. 234 f.

Vorstandsbesprechung vom 7. April 1939.

Anwesend: Wels, Vogel, Crummenerl, Rinner, Ollenhauer, Hilferding, Stampfer, Geyer, Heine und Dr. Schlesinger.

Dr. Schlesinger referiert über die ihm gestellten Fragen: Ist der »Neue Vorwärts« als kaufmännisches Unternehmen anzusehen und wenn ja, kann er dieses Charakters entkleidet werden. Er kommt zu der Schlußfolgerung, daß es unzweckmäßig ist, den »Neuen Vorwärts« als wissenschaftliches Unternehmen zu führen, er empfiehlt die Gründung einer G.m.b.H. Er hält es für wichtig, daß die Firma französischen Charakter hat.

Crummenerl wendet ein, daß die praktische Auswirkung dieses Vorschlages ist, daß mindestens ein Franzose in die Gesellschaft einbezogen werden müßte. Er hält es für schwierig, jemanden zu finden.

Wels ist der Meinung, daß man die Umformung nur dann machen sollte, wenn sie unbedingt notwendig erscheint. Um einem französischen Gesellschafter die Gewähr zu geben, daß er in Ruhe seine Zustimmung erteilt, wird es notwendig sein, den Anteil des Gesellschaftskapitals, der auf ihn entfällt, sicherzustellen.

Dr. Schlesinger weist darauf hin, daß die G.m.b.H. ja nur mit ihrem Kapital haftet und daß der Gerant mit seinem persönlichen Vermögen darüber hinaus nicht haftbar ist.

Heine ist der Meinung, daß mit der Gründung der G.m.b.H. sehr viel technische Arbeit verbunden ist, die er sich gern ersparen möchte. Trotzdem ist er der Ansicht, daß es notwendig ist, die Umwandlung des »Neuen Vorwärts« in eine G.m.b.H. vorzunehmen: 1) um die Steuer, die im Minimum 6 000 Frs. pro Jahr betragen würde, herabzusetzen, 2) um Geyers und seine Tätigkeit zu legalisieren, 3) um die Firma selbst zu legalisieren.

Geyer ist der Meinung, daß die Hereinnahme von Franzosen in eine G.m.b.H. eine politische Frage sei. Er ist deshalb für die Gründung einer solchen Firma unter Ausschluß von Fremden.

Dr. Schlesinger weist darauf hin, daß es notwendig ist, mindestens einen Franzosen hereinzunehmen oder aber einen Nichtfranzosen, der die Carte Commerçante[1] besitzt. Er bemerkt, daß er den Genossen Dr. Strauss für den Fall, daß wir damit einverstanden sind, sicherlich veranlassen könnte, in die Gesellschaft einzutreten.

Crummenerl ist dagegen, uns unbekannte Personen in die Firma einzubeziehen. Er schlägt vor, noch 14 Tage zu warten und hofft, daß wir in dieser Zeit die carte d'identité für Geyer und Heine erhalten. Wenn das gelingen sollte, dann ist er dafür, daß wir nicht eine G.m.b.H. gründen, sondern Heine als Eigentümer der Firma benennen. Gleichzeitig soll

---
1 Vorlage: »Karte Commercant«.

versucht werden, mit unserem Geranten zu sprechen und ihn zu fragen, ob er notfalls bereit ist, in die G.m.b.H. einzutreten.²
Der Vorschlag von Crummenerl wird akzeptiert.
Schluß der Sitzung.

---

2 Vgl. Nr. 103.

Nr. 144
Protokoll der Parteivorstandssitzung am 15. April 1939
SAPMO Berlin, ZPA, II 145/55, Bl. 236

Vorstandsbesprechung vom 15. April 1939

Anwesend: Wels, Vogel, Crummenerl, Ollenhauer, Geyer, Heine[1]

Crummenerl verliest die Bedingungen der Organisation der »Gesellschaft der Freunde der französischen Republik«[2] sowie einen Auszug aus den Statuten und teilt mit, daß Wagner uns diese Dinge übermittelt hat.[3]
Wels berichtet, daß uns vorgeschlagen worden ist, dieser Gesellschaft als Korporation oder als Person beizutreten.
Stampfer ist dafür, den Beitritt nur als Person und nicht als Körperschaft zu vollziehen.
Ollenhauer wünscht die weitere vorgesehene informatorische Besprechung abzuwarten und möchte vor allen Dingen die Stellungnahme der französischen Genossen zu dieser Organisation kennenlernen. Er ist dafür, einen Konflikt mit der SFIO aus diesem Grunde auf jeden Fall zu vermeiden. Er empfiehlt
1) persönliche Fühlungnahme mit der Organisation durch Wels und Crummenerl abzuwarten,
2) die Angelegenheit mit der SFIO zu besprechen,
3) der Organisation nicht als Körperschaft beizutreten.
Stampfer glaubt, daß die Organisation politisch wichtig ist. Wir sollten die Angelegenheit benutzen, ausführlich über die Stellung zum Kriege zu sprechen.
Wels ist der Meinung, daß der Beitritt im einzelnen nutzen kann. Er legt an sich nicht besonderen Wert auf den korporativen Beitritt. Eine Befragung der SFIO scheint nicht unbedingt erforderlich, da ja Mitglieder SFIO auch Mitglieder der Vereinigung sind.
Vogel wünscht zunächst, daß die Besprechung Wels [–][4] Crummenerl mit dem Generalsekretär der Organisation durchgeführt werden soll.

---

1 Außerdem anwesend: Stampfer.
2 Vorlage: »Gesellschaft der Freunde der französischen Republik« hs. unterstrichen.
3 In einem undatierten Rundschreiben der Zentralvereinigung österreichischer Emigranten hieß es, daß auf Initiative von Robert Lange, früherer Vizepräsident der Radikalen Partei in Frankreich, die »Association des amis de la République Française« gegründet worden sei. Sie wolle »zwischen Ausländern in Frankreich und den Franzosen Brücken [...] schlagen.« Die Zentralvereinigung empfahl den Beitritt. Vgl. BA Potsdam, 61 Ta 1, Nr. 484, Bl. 83. Erich Ollenhauer trat der Gesellschaft am 22. Mai 1939 bei. In seinem Mitgliedsausweis sind die Statuten auszugsweise abgedruckt, in: AdsD Bonn, NL Ollenhauer, Mappe 1. Auch Hans Vogel wurde Mitglied der Gesellschaft; vgl. AdsD Bonn, PV-Emigration, Mappe 149.
4 Die Vorlage hat statt des Bindestrichs ein Komma.

Crummernerl stellt fest, daß in der heutigen Sitzung nur entschieden werden soll, ob wir die Besprechung mit dem Generalsekretär der Organisation vornehmen wollen oder nicht.
Der Parteivorstand erklärt sein Einverständnis, diese Besprechung herbeizuführen.
Ollenhauer wünscht eine Aussprache über die Kriegsfrage.
Es wird besprochen, am Mittwoch eine Sitzung über dieses Thema durchzuführen.

Nr. 145
Protokoll der Parteivorstandssitzung am 19. April 1939
SAPMO Berlin, ZPA, II 145/55, S. 241–243

Vorstandssitzung vom 19. April 1939

Anwesend: Wels, Vogel, Crummenerl, Ollenhauer, Stampfer, Geyer, Hilferding, Heine; (als Gast Rechtsanwalt Dr. Schlesinger, anwesend im ersten Teil der Sitzung).[1]

Wels teilt mit, daß wir Herrn Dr. Schlesinger gebeten haben, uns über die neuen Dekret Loi[2] zu informieren. Er erteilt das Wort Herrn Schlesinger, der ausführliche Informationen über die Dekrete, soweit sie die Einzelpersonen betreffen, macht.[3] Nach Bemerkungen von **Crummenerl, Wels, Hilferding** und **Heine** berichtet **Schlesinger** über die Decret Loi in bezug auf die Associationen.[4] Er macht den Vorschlag, zur Préfecture zu gehen und die Situation darzustellen.

Wels wirft die Frage auf, ob die Zusammenfassung der Emigranten zweckmäßig sei.

Hilferding geht auf unsere politische Situation[5] ein und äußert sich sehr pessimistisch über die Möglichkeiten. Im Falle eines Krieges wird eine Aufforderung an unsere Leute, sich zur Verfügung zu stellen, erforderlich sein. Geschieht das nicht, dann wäre eine politische Existenz während des Krieges unmöglich.

Crummenerl wünscht zu unterscheiden: unsere Stellungnahme nach außen und die Stellungnahme, die wir als Körperschaft im Kriege einnehmen. Die Situation ist so, daß bei der Mobilisation alle außer Wels, Vogel, Hilferding und Stampfer eingezogen würden. Das bedeutet rein technisch, daß alle bisherigen Arbeiten unmöglich werden aus Kräftemangel. Die Berichte müßten zunächst eingehen, der Verteilungsapparat des »Neuen Vorwärts« wäre stillgelegt. Es ist die Frage, ob wir nicht bereits jetzt mit unseren Freunden in der SFIO und französischen Stellen über die Fortführung reden sollen. Auch die Frage der Geldbeschaffung ist wesentlich.

---

1 Vorlage: »anwesend im ersten Teil der Sitzung« hs. eingefügt; außerdem anwesend: Rinner.
2 Richtig: »décrets-lois« = Verordnung mit Gesetzeskraft.
3 Das Decret-Loi vom 12. April 1939 bestimmte u. a., daß Staatenlose und dem Asylrecht unterworfene Ausländer zwischen dem 20. und dem 48. Lebensjahr den gleichen militärischen Verpflichtungen unterlagen wie Franzosen. Vgl. *Barbara Vormeier*, Dokumentation zur französischen Emigrantenpolitik (1933–1944). Ein Beitrag, in: *Hanna Schramm*, Menschen in Gurs. Erinnerungen an ein französisches Internierungslager (1940–1941), Worms 1977, S. 155–384, hier S. 208–210; der Text des Decret-Loi ebd., S. 309.
4 Das Decret-Loi vom 12. April 1939 unterwarf die ausländischen Vereinigungen in Frankreich einer Pflicht zur Anmeldung beim Innenminister und einer schärferen Aufsicht als bisher. Vgl. *Barbara Vormeier*, Législation répressive et émigration (1938–1939), in: *Gilbert Badia u. a.*, Les barbelés de l'exil. Etudes sur l'émigration allemande et autrichienne (1938–1940), Grenoble 1979, S. 161–167, hier S. 166; *Hélène Roussel*, Editeurs et publications des émigrés allemands (1933–1939), in: Ebd., S. 137–417, hier S. 368.
5 Vorlage: »Situation« hs. eingebessert für »Stellung«.

Stampfer stimmt in den wichtigsten Punkten mit Crummenerl überein und beurteilt die Situation nur etwas optimistischer. Wir sollten an unsere Freunde herantreten und ihnen unsere Vorstellungen unterbreiten. Vor allen Dingen sollten wir sie darauf hinweisen, daß es einen Propagandakrieg wie noch nie geben wird und daß es zweitens notwendig und möglich ist, gegen die Achse eine Zermürbungspropaganda durchzuführen. Wir sollten uns für diesen Propagandakrieg zur Verfügung stellen, und zwar mit Beiträgen, die unserer Auffassung entsprechen. Wir sollten versuchen, unsere Anerkennung als quasi exterritorial zu erhalten und den Leuten hier begreiflich machen, daß sie uns als Vertreter einer befreundeten Macht anerkennen. Wenn das nicht möglich ist, müßten wir versuchen, in ein anderes Land zu gehen.

Rinner hält das, was Crummenerl vorgebracht hat, für sehr beachtlich. Es stimmt, daß den Jüngeren die Einziehung droht. Damit ist die politische Aktivität der Körperschaft sehr eingeschränkt. Er ist pessimistisch in bezug auf die Haltung der Franzosen. Die Ausländerverordnung, die jetzt neu erlassen ist, zeigt deutlich, daß man den Ausländern nur Pflichten und keine Rechte zubilligen will. Das wird sich besonders im Kriegsfalle bemerkbar machen. Die psychologische Einstellung der Franzosen bei längerer Kriegsdauer wird auf eine Zerstückelung Deutschlands tendieren. Daraus werden sich für uns Konflikte ergeben, die für die Körperschaft sowohl wie auch für den Einzelnen tragisch sein können. Es ergibt sich deshalb die Frage, ob wir hier am rechten Ort sind. Wir müssen uns fragen, wo wir das möglichste Maximum an Freiheit während des Krieges haben. Rinner ist der Meinung, daß das in England möglich sei. Es entsteht die Frage, ob man die befürchteten Erfahrungen erst machen soll oder ob wir nicht vorher den Versuch machen, nach England zu gehen. Unsere Beziehungen zur SFIO sind nicht so günstig wie die Beziehungen, die wir zur Labour Party haben könnten. Außerdem muß auch die verschiedene Potenz dieser beiden Parteien berücksichtigt werden. Er folgert daraus, daß ernsthaft überlegt werden sollte, ob wir nicht eine Sitzverlegung vornehmen.

Wels äußert sich zum Kriegsziel und formuliert, daß er nicht bereit sei, für Frankreich zu kämpfen oder kämpfen zu lassen. Wir sind zwar zum Kampf gegen Hitler bereit, aber gegen Hitler für Deutschland. Wir sind auch gegen eine Atomisierung Deutschlands. Er glaubt, daß ein solcher Kampf nicht aussichtslos ist. Um die Arbeitsfähigkeit der Körperschaft zu erhalten, hält er es für notwendig, daß die jüngeren Mitglieder des Parteivorstandes reklamiert werden. Er schätzt die Möglichkeiten einer Irredenta[6] nicht so sehr gering ein. Von einem Ressentiment bei der SFIO gegen uns ist ihm nichts bekannt, er glaubt auch nicht daran. Die Hoffnung, zur Labour Party bessere Beziehungen zu haben, hat er nicht, er befürchtet eher das Gegenteil. So wie die Situation heute ist, ist er der Überzeugung, daß keine anderen Maßnahmen notwendig sind als die, die schon in Angriff genommen wurden (mit Paul Faure sprechen usw.). Er schließt mit der nochmaligen Darstellung unserer Kriegsziele[7], die er in die Schlagworte: »Für Deutschland gegen Hitler, gegen Atomisierung Deutschlands, für[8] Eingliederung in die europäische Völkerfamilie« zusammenfaßt.

Vogel will nicht gegen die Anregung, nach England zu gehen, polemisieren. Ihm scheinen aber die Schwierigkeiten zu groß zu sein. Auch befürchtet er, keine größeren Arbeitsmöglichkeiten zu haben. Die Vorschläge von Crummenerl hält er für wichtig für die Besprechung mit französischen Stellen und mit Paul Faure. Die Frage des Kriegsdienstes der Emigration ist durch die Entscheidung der französischen Behörden für Frankreich gelöst; man muß aber auch für andere Länder Entscheidungen treffen und unsere Entscheidung hat auch Bedeutung für unsere Genossen im Reich. Es ist eine ungeheuer schwierige Frage, und Vogel glaubt, daß der September-Aufruf in dieser Richtung ganz zweckmäßig gewesen ist.

---

6 Vorlage: »Irridenda«.
7 Vorlage: »nochmaligen Darstellung unserer Kriegsziele« hs. unterstrichen.
8 Vorlage: An dieser Stelle »kulturelle« hs. gestrichen.

Ollenhauer: Was den Militärdienst betrifft, so ist er gleicher Meinung wie Vogel. Wir sollten politisch keine weitergehende Erklärung als im September abgeben. Was unsere Tätigkeit betrifft, so müssen wir Wert darauf legen, als politische Körperschaft anerkannt zu bleiben und den Versuch zu machen, uns eine gewisse Selbständigkeit zu sichern. Er glaubt, daß das möglich ist. Sehr skeptisch beurteilt er die Frage der Sitzverlegung. Im Kriegsfall glaubt er nicht, daß die Bewegungsfreiheit in England größer ist als in Frankreich. Wir sollten uns darauf beschränken, bei der Partei und darüber hinaus bei geeigneten Stellen in Frankreich wegen Arbeitsmöglichkeiten zu sondieren. Er kommt zu der Schlußfolgerung, die Sitzverlegung abzulehnen.

Stampfer ist dafür, hier zu bleiben, solange wir hier politisch selbständig aktiv sein können. Wenn das nicht mehr der Fall ist, sollten wir in ein anderes Land gehen.

Hilferding schließt sich der Auffassung von Vogel an. Er befürchtet, daß England im nächsten Krieg aggressiver sein wird als jedes andere Land. Er hält es für eine Utopie, jetzt Kriegsziele aufzustellen.

Schluß der Sitzung.

---

9 Der PV hatte am 14. September 1938 einen Aufruf erlassen, in dem es u. a. hieß: »Als verbündete Kraft an der Seite aller Gegner Hitlers, die für die Freiheit und die Kultur Europas kämpfen, werden wir im Kriege in diesem Sinne wirken. [...] Wir rufen dem deutschen Volke zu: Erkämpfe deine Freiheit! Der Sturz des Systems verkürzt den Krieg, bewahrt Millionen vor dem Tode, rettet das Volk!« Vgl. Internationale Information 15. Jg., 5. Oktober 1938, S. 337.

Nr. 146
Protokoll der Parteivorstandssitzung am 26. April 1939

SAPMO Berlin, ZPA, II 145/55, Bl. 244–248

Vorstandssitzung vom 26. April 1939.

Anwesend: Wels, Vogel, Crummenerl, Rinner, Ollenhauer, Stampfer, Geyer, Hilferding, Tarnow, Heine.

Vor Eintritt in die Besprechung informiert **Otto Wels** Hilferding über die Besprechung, die gestern mit Tarnow stattgefunden hat. Diese Besprechung hat damit geendet, daß Tarnow die Genossen Schevenels und Citrine bitten wird, sich für die Amerika-Aktion einzusetzen und die Finanzierung zu empfehlen.[1] Nach kurzen Bemerkungen von **Tarnow** und **Stampfer** wird vereinbart, daß Tarnow einen Brief an Katz, New York, schreibt, in dem er zum Ausdruck bringt, daß es sich um eine gemeinsame Aktion der deutschen Arbeiterbewegung handelt.

Die Idee von Katz, Bestätigungsbriefe von Schevenels und Citrine schreiben zu lassen, hält er nicht für zweckmäßig, da das Ausland doch nicht über die deutsche Arbeiterbewegung entscheiden solle und könne. Er zieht es vor, zu erklären, daß die betreffenden amerikanischen Personen und Institutionen sich bei Schevenels und Citrine über unsere Bonität erkundigen können, wenn sie Zweifel an uns hätten.

---

1 In der »Amerika-Aktion« sollten Geldmittel für die Sopade beschafft werden; die Aktion führte zur Gründung der »German Labor Delegation« in den USA. Vgl. *Seebacher-Brandt*, Biedermann, Diss., S. 278.

Wels rekapituliert die Besprechung, die die Parteien der unter dem Faschismus lebenden Völker kürzlich veranstaltet haben und berichtet außerdem kurz über die Verhandlungen, die der Parteivorstand mit französischen Stellen in Angriff genommen hat und gibt einen kurzen Bericht über die letzte Parteivorstandssitzung.

Ollenhauer ergänzt diese Mitteilungen und weist darauf hin, daß wir vor die Frage gestellt waren, ob wir unseren Genossen im Ausland neue Anweisungen für den Kriegsfall geben sollen. Wir haben uns entschlossen, über den Septemberaufruf[2] nicht hinauszugehen, sondern etwa in der Richtung vorzugehen, daß wir den Genossen sagen, sie sollen die Gesetze der Gastländer befolgen und im übrigen für Deutschland gegen Hitler kämpfen.

Tarnow: In Dänemark herrscht zur Zeit noch Ruhe. Es läßt sich über die Situation dort wenig berichten. Zu der Frage der Beteiligung der Emigration am Kriege weist er auf die entstehenden Schwierigkeiten hin. Er zieht es vor, daß jeder das mit sich selbst abmachen muß und hält es für unzweckmäßig, eine Entscheidung des Parteivorstandes herbeizuführen. Er befürchtet von einer Entscheidung des Parteivorstandes, daß sie die Bewegung sehr schädigen könnte und möglicherweise eine Keimzelle für eine neue Dolchstoßlegende bilden würde. Er empfiehlt für den Fall einer Publikation vorsichtige Formulierung und schlägt vor, nichts in einen solchen Aufruf hineinzuschreiben, was so ausgelegt werden könne, als ob der Parteivorstand zum Kampf mit der Waffe in der Hand gegen das Regime auffordern würde. Er empfiehlt, sich um die Beantwortung der Frage, ob die deutschen Soldaten kämpfen sollen oder nicht, herumzudrücken.

Wels erwähnt, daß im Parteivorstand die Frage aufgeworfen worden sei, ob wir hier in Frankreich am rechten Platz seien. Es sei der Vorschlag gemacht worden, nach England zu gehen. Noch weitergehender wäre ja natürlich die Vorstellung, Europa zu verlassen und nach Amerika zu gehen.

Tarnow: Nach Amerika zu gehen, würde natürlich die Flucht bedeuten, Flucht aus der aktiven Politik und Selbstausschaltung. Der Kriegsausbruch wirft selbstverständlich auch sofort die Frage des Kriegsendes auf und damit beginnt ja eigentlich erst unsere große Aufgabe. Wir müssen die Situation nüchtern sehen. Nach dem Sturz Hitlers wird wahrscheinlich nichts mehr da sein, was als Auffangstellung dienen könnte. 1918 war das anders. Die Parteien waren vorhanden und intakt. Heute ist keine Partei da, kein Name, der allgemeine Bedeutung hat. Vorhanden sind lediglich in der Erinnerung die alten Parteien, die alten Namen, deren Tätigkeit während der Hitlerzeit geruht hat.[3] Meine große Sorge ist das Verhalten der Kommunisten bei Kriegsende. Ich fürchte, daß Rußland zwar nicht die Weltrevolution, wohl aber die Kontinental-Europa-Revolution im Augenblick des Zusammenbruchs Hitlers erzwingen will. Ein gewisser Trost und ein gewisser Schutz ist darin zu erblicken, daß diese Gefahr erkannt worden ist.

Crummenerl: Der Kriegsausbruch ist sehr wahrscheinlich. Ich glaube nicht mehr an eine friedliche Lösung. Für Frankreich ist uns die Entscheidung über die Kriegsbeteiligung der Emigranten abgenommen worden. Die Deklaration des Parteivorstandes würde so aussehen, daß die Unterscheidung zwischen Hitler und Deutschland herausgearbeitet wird. Wir legen größten Wert darauf, daß wir als politischer Faktor im Kriegsfall angesehen werden. Der Dolchstoßvorwurf wird sicher nicht die gleiche Rolle spielen wie 1918. Außerdem ist zu bedenken, daß der Vorwurf auch dann gegen uns erhoben werden könnte, wenn wir nicht einen Kampf mit der Waffe gegen Hitler führen, sondern uns nur auf Propaganda-Aktionen beschränken. Kriegsdienst ist in diesem Falle alles, was wir auch unternehmen würden. Unsere Situation, das muß gesagt werden, ist ganz anders und viel tragischer als etwa die Situation der Tschechen 1914.

---

2 Vgl. Nr. 140, Anm. 9.
3 Vorlage: »haben«.

Selbstverständlich ist die Kriegsfrage und alles, was damit zusammenhängt, auch für uns die wichtigste von allen, und wir sind natürlich besonders daran interessiert, gerade in dieser Frage uns in Übereinstimmung mit den Gewerkschaften zu befinden.

Was die Besorgnisse des Genossen Tarnow auf die kommunistische Gefahr nach Hitlers Zusammenbruch betrifft, so sehe ich da nicht so schwarz. Ich glaube, unsere Aussichten sind diesmal günstiger als die der Kommunisten. Das Volk hat nach 6 Jahren brauner Diktatur sicher keine Sehnsucht nach einer roten Diktatur.

Rinner: Die Freiwilligenfrage ist natürlich vor allen Dingen eine persönliche Frage. Daß die Angelegenheit besonders hier in Frankreich eine so große Rolle spielt, hat wohl seinen Grund darin, daß sich die Emigranten – besonders die in den kleinen Städten und Dörfern – mit Recht sagten, daß bei Kriegsausbruch eine ungeheure Deutschfeindlichkeit eintreten würde. Sie befürchten – wahrscheinlich mit Recht - daß sie möglicherweise die ersten Opfer dieser Stimmung sein würden. Schutz davor schien ihnen einzig die freiwillige Meldung zu sein, die erkennen ließ, daß die Emigranten gewillt sind, sich einzusetzen.

Was unser Verhalten im Kriegsfall betrifft, so denkt selbstverständlich keiner daran, aus der politischen Tätigkeit fliehen zu wollen. Im Gegenteil, die höchste Aktivität wird notwendig sein. Die wichtigste Frage ist, was wird nach dem Kriege? Ich fürchte, daß nach Kriegsende zwischen uns und den Kommunisten ein Kampf auf Leben und Tod folgen wird.

Die KPD wird nicht als Freundin einer Diktatur auftreten, sondern in Demokratie heucheln und doch versuchen, alle entscheidenden Machtmittel in die Hand zu bekommen. Wir müssen den Tatsachen ins Auge sehen und den Kampf aufnehmen.

Einen Vergleich zwischen der Situation der Polen und Tschechen und unserer können wir nicht ziehen. Polen und Tschechen kämpfen für ihre nationale Sache, wir für politische und soziale Ziele. Außerdem muß berücksichtigt werden, daß die Anerkennung der Tschechen jahrelang gedauert hat, daß es ihnen sehr schwer war, sich durchzusetzen. Unsere Anerkennung wird noch schwieriger sein.

Die Dolchstoßlegende halte ich nicht für so ganz gefährlich wie Tarnow. Innerhalb des künftigen Parteiensystems wird nicht die gleiche Differenzierung wie 1918 eintreten. Die neue Reaktion wird sich schwerer als damals sammeln, da heute auch die Konservativen in Opposition zu diesem Regime stehen. Ich ziehe daraus die Schlußfolgerung, daß wir den Versuch machen sollten, die Zusammenfassung der Hitlergegner im Ausland zu organisieren. Ich weiß, daß das große Schwierigkeiten bereitet. Ich setze auch voraus, daß wir die Kommunisten von dieser Zusammenfassung ausschließen müssen. Gelingt die Zusammenfassung bis weit in die Kreise der Konservativen, dann ist die Dolchstoßlegende nicht so zu befürchten.

Ich halte es für wichtig, die Frage des Standortes zu prüfen und unter dem Gesichtspunkt zu entscheiden, wo man das größtmöglichste Maß an Arbeitsmöglichkeiten hat. Ich sehe nicht die Möglichkeit, in Frankreich während des Krieges erfolgreich tätig zu sein. Die ungünstigen Erfahrungen, die wir bisher sammeln mußten, sprechen dagegen. Es kommt hinzu, daß sich das französische Kriegsziel im Laufe des Kampfes verschärfen wird und daß wir notwendig mit unseren Auffassungen in Gegensatz zu denen der Franzosen kommen werden.

Wir würden dann vor die Wahl gestellt, uns zu fügen oder ins Konzentrationslager zu kommen. Deshalb bin ich dafür, daß wir, und zwar aus politischen Gründen, nach England gehen. Ich halte es auch für zweckmäßig, auch aus organisatorischen Gründen diese Übersiedlung vorzunehmen. Hier trifft man keine Vorbereitungen von langer Hand, um den Propagandakrieg durchzuführen. In England dagegen sind die Vorbereitungen bereits über das Anfangsstadium hinaus. Es kommen auch noch finanzielle und moralische[4] Gründe

---

4 Vorlage: »und moralische« hs. ergänzt.

dazu. Das System der Franzosen beruht im Prinzip darauf, daß sie ihre Mitarbeiter als Agenten behandeln, als bezahlte Agenten, und sie verachten. Wir würden zwangsläufig hier in eine Art Kuratelverhältnis kommen. In England ist es etwas ganz anderes. Dort handelt es sich um eine Mitarbeit aus Gesinnung. Die Mitarbeiter dieser Büros sind und bleiben angesehene Leute. Aus all diesen Gründen bin ich dafür, daß die Übersiedlung nach England erfolgt.

Tarnow: An den Überlegungen Rinners in bezug auf den Standort mag manches richtig sein. Ich habe aber fast den Eindruck, als wenn es bereits zu spät für die Übersiedlung ist. Es kommt auch hinzu, daß in dem kommenden Krieg die Zusammenarbeit zwischen England und Frankreich viel enger als früher sein wird.

Als wichtigste Frage sehe ich an, welche Einstellung wir zu den kriegführenden Mächten einnehmen. Ich wende mich gegen eine Beteiligung an der allgemeinen Kriegspropaganda. Macht eine deutsche sozialistische Organisation derartige Sachen mit, dann ist sie für später in Deutschland erledigt. Wir müssen uns auf die These festlegen, daß wir bereit sind, für ein neues Deutschland zu arbeiten, aber dürfen nicht so weit gehen, die deutschen Soldaten aufzufordern, die Waffen niederzulegen und Sabotage an der deutschen Kriegsführung zu üben. Die Gefahr, sich für die Zeit nach dem Kriege selbst zu erledigen, ist zu groß und steht in keinem Verhältnis zu dem möglichen Nutzen. Außerdem gebe ich zu bedenken, daß die Propaganda nicht kriegsentscheidend ist. Meine Besorgnisse bezüglich der Erfolge der KPD nach dem Zusammenbruch sind nicht kleiner geworden. Man muß sich in die Kriegsschluß-Situation versetzen. Das Volk wird wieder wie 1918 verrückt spielen. Die Kommunisten können den Massen Tod und Teufel versprechen. Man wird mit dem Argument arbeiten, daß Rußland und Deutschland gemeinsam unüberwindlich sind und sich aufs beste ergänzen. Die Kommunisten haben glänzende Möglichkeiten der Argumentation.

Ich bin ebenfalls für eine Zusammenfassung all derjenigen Kräfte, die auf ein Mindestprogramm, das wir akzeptieren können, sich verständigen. Ich würde mich für ein überparteiliches Komitee einsetzen, an dessen Spitze einige Leute mit Namen stehen, die auch heute noch Bedeutung haben.

Die Lösung der ökonomischen Fragen sehe ich nach dem nächsten Krieg im Prinzip als leichter, in der praktischen Durchführung als schwieriger an.

Stampfer: Vor zwei Jahren wäre ich im großen und ganzen mit all dem einverstanden gewesen, was Tarnow sagt. Ich habe damals immer das Wort von Chamisso angeführt, daß diese Zeit für mich kein Schwert geschmiedet hat.[5] Jetzt bin ich anderer Auffassung.

Wenn die Dolchstoßlegende auch nach dem nächsten Kriege noch eine Rolle spielen könnte, dann würden ihre Verbreiter schon jetzt, nach 6 Jahren der Emigration, genug Material anführen können, um uns des Dolchstoßes zu bezichtigen. Man kann uns heute durchaus vorwerfen, daß wir uns für die »Einkreisung« eingesetzt haben.

Notwendig ist, daß wir als selbständige politische Kraft in Erscheinung treten. Wir müssen sagen, daß wir für Deutschland und gegen Hitler kämpfen. Wer Deutschland retten will, kann es nur dadurch retten, daß er für Abkürzung des Krieges eintritt. Denn jede Verlängerung des Krieges vermindert die Möglichkeit eines erträglichen Friedens und die Wahrscheinlichkeit des Wiederaufbaus Deutschlands. Verkürzung des Krieges ist aber nur durch den Sturz Hitlers zu erzielen. In meiner Stellung zu den Kommunisten unterscheide ich mich in taktischer Beziehung von meinen Kollegen, ohne daß ich deshalb weniger entschiedener Antibolschewist bin als die anderen.

---

5 Korrekt lautet das Zitat aus Chamissos »Reise um die Welt«: »Die Zeit hatte kein Schwert für mich.« Chamissos gesammelte Werke. Neu durchgesehene und vermehrte Ausgabe in vier Bänden. Mit biographischer Einleitung, hrsg. v. *Max Koch*, hier Bd. 3: Reise um die Welt, 1. Teil, Stuttgart, o. J., S. 12.

Hilferding: Ich halte es für sinnlos, mit Dahlem zu reden. Dahlem führt nur aus, was Stalin will, und Stampfer müßte schon mit Stalin reden, wenn er einen Partner sucht.

Um Zukunftsaussichten zu haben, ist es notwendig, daß man fest bei seiner Gesinnung bleibt und nicht schwankt. Das tun die Kommunisten nicht, sie pendeln von einem Extrem ins andere. Ich sehe deshalb keine Möglichkeit, sie zur Mitarbeit heranzuziehen.

Es hat keinen Sinn, jetzt zu den vielen Möglichkeiten während und nach dem Kriege Stellung zu nehmen. Wir können nur über das diskutieren, was bekannt ist. Wir können nur eine politische Rolle spielen, wenn wir eine klare Stellung zum Kriegsproblem einnehmen. Das schließt in sich, daß wir notwendigerweise gegen einen Teil des deutschen Volkes kämpfen müssen. Sicher ist es ein tragisches Geschick, aber es ist ein Faktum.

Die Zusammenfassung der Opposition im Ausland wird auf größte Schwierigkeiten stoßen, weil kein Partner vorhanden ist.

Vogel hat keine Besorgnis, daß unsere Stellungnahme im Kriegsfall nicht nachträglich auch vom deutschen Volk gerechtfertigt und bestätigt wird.

Wels sieht in dem Roosevelt-Telegramm schon eine Vorbeugungsmaßnahme gegen die künftige Dolchstoßlegende.[6] (Er gibt dann Reminiszenzen[7] an die Situation im Krieg und in der Nachkriegszeit in bezug auf die Dolchstoßlegende wieder.) Uns fällt es furchtbar schwer, zu dem eventuellen Krieg eine präzise[8] Stellung einzunehmen. Trotzdem können wir nicht darum herumkommen. Es ist richtig, daß wir nicht vorhersehen können, wie die Entwicklung läuft. Wir müssen daran festhalten, daß wir, mit wem wir auch kämpfen, für Deutschland kämpfen. Die Situation der Emigration in den einzelnen Ländern ist so verschieden, daß wir in einer eventuellen Erklärung hervorheben würden, daß sich die Emigranten den Gesetzen des betreffenden Landes anpassen müssen.

Schluß der Sitzung.

---

6 US-Präsident Roosevelt sandte am 15. April 1939 eine Botschaft an Hitler und Mussolini, in der er sie aufforderte, ihm als Präsidenten einer neutralen Macht eine Erklärung zu geben, keine anderen Staaten in Europa und im Nahen Osten anzugreifen. Italien und Deutschland sollte im Gegenzug von diesen Staaten ebenfalls eine Nichtangriffsgarantie gegeben werden.
7 Vorlage: »Reminiscenzen«.
8 Vorlage: »präzisse«.

Nr. 147
Protokoll der Parteivorstandssitzung am 3. Mai 1939
SAPMO Berlin, ZPA, II 145/55, Bl. 249

Vorstandsbesprechung vom 3. Mai 1939.

Es stehen einige finanzielle Maßnahmen zur Debatte.[1]

Rinner schlägt vor, dem Genossen Wickel für seine Mitarbeit an der Berichterstattung den Betrag von 3 000,- Frs. für drei Monate zur Probe zu geben.

Es wird so beschlossen.

Crummenerl bringt dann das Gesuch von Adolf Fuchs vor, der eine Unterstützung durch den Parteivorstand erbittet. Er schlägt vor, 200,- Frs. zu bewilligen.

Einverstanden.

---

1 In der Vorlage ist der Satz ms. unterstrichen.

Crummenerl berichtet über einen Antrag von Weckel, ihm eine Sonderbeihilfe zu gewähren.²

Der Antrag wird auf Vorschlag von Crummenerl abgelehnt.

Rinner schneidet die Unterstützungsangelegenheit für den Genossen Georg Fuchs an. Es werden 200,- Frs. bewilligt.

Stampfer: Ernst Fränkel hat den Antrag gestellt, die erforderliche Buch-Garantie in Höhe von 750,- Dollar vom Parteivorstand zu erhalten.³

Es wird auf Veranlassung von Rinner vereinbart, ihm mitzuteilen, daß wir bis jetzt keine Mittel aus Amerika haben. Wenn wir Geld erhalten sollten, wären wir bereit, evtl. eine illegale Ausgabe für Deutschland herzustellen. Die Garantiesumme können wir nicht übernehmen.

---

2 Weckel, Curt, 1877-1956, sozialdemokratischer Lehrer, Präsident des Sächsischen Landtages, Emigration 1933 CSR, Grenzarbeit in Teplitz für SPD-Bezirk Dresden, 1939 Großbritannien, im Vorstand der SPD-Ortsgruppe London, SBZ, Lehrer, 1952 Entlassung, Bundesrepublik.
3 Fraenkel, Ernst, 1898-1975, sozialdemokratischer Jurist und Politologe, 1926-38 Rechtsanwalt in Berlin, Syndicus des Deutschen Metallarbeiterverbandes, Emigration 1938 USA, 1951 Deutschland, Hochschullehrer.

Nr. 148
Protokoll der Parteivorstandssitzung am 4. Mai 1939

SAPMO Berlin, ZPA, II 145/55, Bl. 250

Vorstandsbesprechung vom 4. Mai 1939.

Vogel berichtet über die gestrige Sitzung mit den anderen Emigrations-Parteien. In dieser Sitzung ist besonders auf die neue Dekret Loi¹ Bezug genommen worden und auf die Bestimmungen über die Anmeldefrist der Association. Dan hat den Vorschlag gemacht, eine Kommission aus den verschiedenen Parteien zusammenzusetzen und zu Blum zu entsenden. Vogel hat angeregt, bei Evrard anzufragen, ob wir bereits in den Kreis der von Blum und Sarraut erwähnten Organisationen einbezogen sind.² In der Sitzung ist weiter bekanntgeworden, daß Sarraut die Zusammenfassung der Emigration begrüßen würde. Nenni hat eine Anfrage wegen der Erweiterung der Aufgaben und der Zusammenfassung dieses gestern versammelten Kreises gerichtet. Eine Entscheidung ist noch nicht getroffen und vertagt worden, bis klar ist, ob die Parteien sich anmelden müssen oder nicht.

---

1 Vgl. Nr. 140, Anm. 3 und 4.
2 Vermutlich Raoul Evrard, 1879-1944, französischer Sozialist (SFIO).
Sarraut, Albert, 1872-1962, französischer Radikalsozialist, 1926-1940 Senator, zwischen 1914 und 1940 Minister verschiedener Ressorts, 1933 und 1936 Ministerpräsident, 1944/45 im KZ, 1950-1958 Präsident der Französischen Union.

Nr. 149
Protokoll der Parteivorstandssitzung am 5. Mai 1939
SAPMO Berlin, ZPA, II 145/55, Bl. 251–253

Vorstandssitzung vom 5. Mai 1939.

Anwesend: Wels, Vogel, Crummenerl, Rinner, Ollenhauer, Stampfer, Geyer, Hilferding, Heine.

Wels eröffnet die Sitzung und weist darauf hin, daß wir über die in den nächsten Tagen stattfindenden Sitzungen der SAI beraten müssen. Er erteilt das Wort

Hans Vogel, der eine zusammenfassende Darstellung über die Aufgaben der kommenden SAI-Sitzungen (Büro und Exekutive) gibt. Zur Beratung steht u. a. eine Revision des Statuts. Dabei soll die Frage der Vertretung der Parteien auf dem SAI-Kongreß aufgeworfen werden. Der Vorschlag der Kommission sieht eine Reduzierung der Stimmen für uns auf vier vor. Wir können uns damit einverstanden erklären. Wir haben schon bei der ursprünglichen Verringerung unserer Stimmenzahl dafür plädiert, daß unser Anteil noch weiter verringert wird. Anders verhält es sich mit unserer Vertretung im Büro der SAI. Es ist vorgesehen, daß das Büro der SAI wie früher aus 11 Genossen bestehen soll. Davon sollen im Höchstfall zwei Vertreter der illegalen Parteien sein. Gillies ist gegen eine Vertretung der illegalen Parteien (im Büro der SAI) überhaupt. Wir sind gegen Gillies' Auffassung und wünschen, einen Vertreter im Büro zu behalten. Vogel schlägt als Vertreter wiederum Wels vor. Für die Exekutive ist ein Mitglied für uns vorgeschlagen. Wir sollten uns damit einverstanden erklären. Was die Wahl der Vertreter in die Kommission für die Politischen Gefangenen betrifft, so haben wir bisher Wels und Hertz entsandt. Für den Fall, daß auch in dieser Kommission unsere Sitze verringert werden sollten, schlage ich vor, daß wir Wels als einzigen Vertreter benennen. Zur Diskussion steht außerdem noch die Frage der Besetzung des Internationalen Solidarität-Fonds.[1]

Im allgemeinen sollten wir unseren Vertretern zu der kommenden Büro- und Exekutiv-Sitzung Vollmacht erteilen, damit sie an Ort und Stelle entscheiden können, wie wir am zweckmäßigsten vorgehen.

Hilferding bespricht die latente Krise der SAI und fürchtet, daß sie sich diesmal manifestieren wird. Er hält es für sehr wichtig, daß wir einen Sitz in der SAI behalten. Der Wunsch auf Entpolitisierung der SAI wird von den Skandinaviern und Engländern sehr stark zum Ausdruck gebracht. Das wird auch bei der eventuellen Sitzverlegung eine ausschlaggebende Rolle spielen. Hilferding wägt die Möglichkeiten, die sich aus der Sitzverlegung ergeben, ab und kommt zu dem Schluß, daß es zweckmäßig ist, für das Verbleiben der SAI in Brüssel[2] einzutreten.

Wels: Nach Hilferding ist eine sozialistische Außenpolitik nicht möglich. Das ist in Wahrheit das ganze Elend der SAI. Wenn es aber so ist, warum dann die Anklagen gegen die skandinavische Neutralitätspolitik? Wels kann den skandinavischen Genossen daraus keinen Vorwurf machen.

Im übrigen teilt er die Haltung Vogels. Auch er ist dafür, daß unsere Vertretung im Büro der SAI aufrechterhalten bleibt und legt großen Wert darauf, daß wir an dieser Forderung festhalten. Zur Frage der Vertretung der Österreicher im Büro gibt er zu bedenken, daß das »Österreichertum« im Sekretariat sehr stark ist und in der Person Adlers mehr als genügen-

---
1 Seit 1935 hieß der »Matteotti-Fonds« »Internationaler Solidaritäts-Fonds des I.G.B. und der S.A.I. für die Länder der Demokratie (Matteotti-Fonds)«; vgl. Internationale Information 12. Jg., 5. Januar 1935, S. 2.

den Ausdruck findet. Er schildert sodann die Entwicklung, die die SAI nach ihrer Wiederbelebung – nach dem Weltkrieg – genommen hat. Zur Frage der Neuwahl des Vorsitzenden und der Wahl des Sekretärs machte er darauf aufmerksam, daß es in der ersten Zeit der SAI nach 1889 überhaupt keinen Präsidenten gegeben hat. Er wirft die Frage auf, ob die Präsidentenwahl so entscheidend ist und meint: »Wäre Adler ein Mann des allgemeinen Vertrauens, dann wären alle diese Fragen leichter zu lösen.«

Die Sitzung wird unterbrochen, da die Nachricht vom Tode Dr. Kurt Löwensteins eintrifft. Die Anwesenden erheben sich von ihren Plätzen. Wels widmet dem Toten Worte des Gedenkens.

Wels ist nicht direkt gegen die Sitzverlegung der SAI nach London, ist selbstverständlich auch nicht gegen die Wiederwahl de Brouckère[s], wirft aber erneut die Frage auf, ob man bei einer Ablehnung von Brouckère nicht an einen Engländer, und zwar an Noël-Baker, denken sollte. Auch er setzt sich dafür ein, daß das Sekretariat in Brüssel verbleibt und ist keinesfalls dafür, daß das Sekretariat nach hier verlegt wird. Er befürchtet in Frankreich für die SFIO große Schwierigkeiten, die ihre Rückwirkungen auf die SAI haben könnten. Jedenfalls erklärt er sich mit dem Vorschlag von Vogel einverstanden, das Entscheidungsrecht unserer Delegierten auf der Tagung zu wahren.

Hilferding ist einverstanden mit dem Verlangen, im Büro vertreten zu sein, womit ja dann zwei Mitglieder in der Exekutive wären. Er hält es für unwahrscheinlich, daß man Noël-Baker als Präsidenten wählt, da das schon auf den Widerstand englischer Kreise stoßen würde. In bezug auf Adler teilt er Wels' Meinung in vielen Dingen. Er macht aber darauf aufmerksam, daß die Frage der Ersetzung von Adler völlig unklar ist und er keine Vorstellungen hat, wer dafür in Betracht kommen könnte. Er hofft, daß die politische Entwicklung in Europa in einem halben Jahr genug Klärung geschaffen hat, und er wünscht bis dahin als Zwischenlösung Brüssel als Sitz der Internationale beizubehalten.

Stampfer möchte nur zwei Randbemerkungen machen. Er wendet sich gegen die immer häufiger werdende Formulierung von den »lebenden und toten Parteien«. Außerdem bittet er darum, in der Kommission für die Politischen Gefangenen keine Debatte zu entfesseln, wenn Hertz wieder nominiert würde.

Crummenerl: Aus Hilferdings Worten geht nicht klar hervor, ob er der Meinung ist, daß mit der Sitzverlegung nach London unbedingt eine Schwächung der SAI verbunden sein muß.

Hilferding: Heute würde London eine Lähmung bedeuten und außerdem den Gegensatz zwischen der französischen und englischen Partei verschärfen.

Crummenerl gibt zu bedenken, daß sich England wahrscheinlich stärker[3] als alle anderen Mächte für die kollektive Sicherheit einsetzen werde. Er hält es für möglich, daß die Engländer sich bei ihren Bemühungen der SAI bedienen wollen, und glaubt, daß auf diese Weise Möglichkeiten für die Förderung der Bestrebungen der SAI auch in England vorhanden sind.

Hilferding gibt das zu, aber er bleibt dabei, daß die Übergangszeit am besten in Brüssel verbracht werden sollte.

Es liegen keine weiteren Wortmeldungen vor. Die Debatte über diesen Punkt wird geschlossen. Der PV ist mit dem Vorschlag Vogels, unsere Vertreter zu bevollmächtigen, einverstanden.

Wels verliest ein Rundschreiben des IGB, in dem der IGB auf die neuen »Dekret Loi«[4]

---

2 Vorlage: »in Brüssel« hs. ergänzt.
3 Vorlage: »stärker« hs. eingebessert für »am stärksten«.
4 Vgl. Nr. 140, Anm. 4.

bezüglich der ausländischen Vereinigungen in Frankreich bezug nimmt und den in Frankreich bestehenden Stellen des ADG empfiehlt, sich nicht anzumelden.[5]

Crummenerl berichtet über Besprechungen, die er mit Genossen von der SFIO gehabt hat (Sander, Einreisevisum und anderes). Er stellt mit Dank fest, daß Paul Faures Hilfe für uns sehr wichtig und nützlich ist. Er gibt sodann Informationen wieder, die Genosse Livian über die carte d'identité für unsere Genossen gegeben hat. In der Frage der Association ist Livian der Meinung, daß wir als Association zu betrachten sind und uns anmelden müssen. Was die Frage des »Neuen Vorwärts« betrifft, so ist er dafür, daß der gegenwärtige Zustand möglichst beendet wird. Er wendet sich gegen die Schaffung einer G.m.b.H. und erklärt, daß Mitglieder des PV, die hier arbeiten, eine Arbeitskarte haben müssen, wenn sie nicht in Schwierigkeiten kommen wollen.

Schluß der Sitzung[6]

---

5 Das Rundschreiben war nicht zu ermitteln. Vgl. im übrigen zu diesem Problemkreis Nr. 140.
6 Vorlage: »Schluß der Sitzung« ms. unterstrichen.

Nr. 150
Protokoll der Parteivorstandssitzung am 19. Mai 1939
SAPMO Berlin, ZPA, II 145/55, Bl. 254–259

Vorstandssitzung vom 19. Mai 1939.

Anwesend: Wels, Vogel, Crummenerl, Rinner, Ollenhauer, Stampfer, Geyer, Hilferding, Sander, Heine.

Vogel erstattet ausführlich Bericht über die Sitzung des Büros und der Exekutive. Die Krise der SAI ist sichtbar geworden. Die Wahl des Sekretärs mußte verschoben werden. Politische Referate wurden nicht gehalten. All das sind Anzeichen für die krisenhafte Zuspitzung. Besonders bemerkenswert ist die Forderung, die Parteien aus Ländern ohne Demokratie nicht mehr an den Entscheidungen zu beteiligen. Der Vorschlag der Kommissions-Mehrheit, Deutschland, Österreich und Italien je einen Sitz zu gewähren, wurde schließlich akzeptiert. Die Mehrzahl der auf die Rundfrage antwortenden Parteien hat[1] sich für die Beibehaltung des Sitzes Brüssel ausgesprochen. Es wurde so beschlossen. Eine heftige Debatte über die Finanzgebarung der SAI hat eingesetzt und zu einer Sondertagung Veranlassung gegeben. Auch die Wahl des Präsidenten hat Schwierigkeiten bereitet und war im übrigen eine sehr peinliche Angelegenheit. Albarda hat den Vorsitz mit Vorbehalt angenommen und den Vorschlag in die Debatte geworfen, einen Vizepräsidenten zu bestimmen. Zum Schluß ist noch eine Spanien-Resolution angenommen worden[2], und Albarda hat sich bereit erklärt, die Mark[3] Rein Angelegenheit[4] weiter zu verfolgen.

Hilferding ergänzt die Informationen, die Vogel gegeben hat, durch einen kurzen Bericht über die Sitzung bezüglich der Finanzgebarung der SAI.

Zu der allgemeinen Situation der SAI macht er Ergänzungen und geht auf die Struktur-Wandlungen ein.

---

1 Vorlage: »haben«.
2 Die Resolution ist abgedruckt in: Internationale Information 16. Jg., 19. Mai 1939, S. 274 f.
3 Vorlage: »Marck«.
4 Vgl. Nr. 103, Anm. 3.

Wels: Die Opposition der Engländer gegen Adler ist nicht von heute. Sie ist begründet in den Differenzen zwischen Adler und der Labour Party, die entstanden sind, als die SAI ihr Sekretariat noch in London hatte. Wäre die SAI in England geblieben, würden die Beziehungen zwischen SAI und England heute wahrscheinlich besser sein. Sicher wäre die SAI auch stärker, als sie es jetzt ist. Nicht schuldlos ist Adler mit seiner Tendenz, das Österreichertum zu fördern.

Ollenhauer bespricht den Konflikt zwischen Adler und Gillies und erwähnt den Vorstoß der Norweger. Die skandinavische Einheit ist durch die schwierige Situation Dänemarks gesprengt.[5] Die Folgen machen sich auch in der SAI bemerkbar. Der Fall Adler ist kaum noch reparabel. Es ist nicht wahrscheinlich, daß Adler noch weiter Sekretär bleibt. Ollenhauer nimmt dann zu der Kandidatur Braatoys Stellung und schildert den Mann und seine Tätigkeit.[6]

Die Sitzung wird auf Nachmittag vertagt.[7]

Die Nachmittag-Sitzung wird von **Wels** eröffnet[8], der Sander das Wort erteilt.

Sander dankt dafür, daß ihm der PV die Möglichkeit verschafft hat, nach London zu übersiedeln. Er hält es für zweckmäßig, daß diese Übersiedlung erfolgt ist und gibt einen Überblick über die Emigration in London. In England befinden sich ca. 45 000 Flüchtlinge, von denen 1 bis 2 000 als politische Emigranten anzusprechen sind, unter denen sich wieder nur höchstens 50–70 reichsdeutsche Sozialdemokraten befinden. Trotzdem ist der Einfluß der Sozialdemokraten weitaus stärker, als die Zahl vermuten läßt.

Sander spricht dann ausführlich über die politische Arbeit und die Möglichkeiten der politischen Arbeit in England und regt an, mehr als bisher Wert auf die politische Beeinflussung zu legen. Er hält es für zweckmäßig, daß die Sopade nach London übersiedelt. Er würde das sowohl vom politischen wie vom finanziellen Standpunkt aus für zweckmäßig halten. Sollte die Übersiedlung des Gesamtbüros nicht möglich sein, dann schlägt er vor, wenigstens einen Teil des Büros, z. B. die Grünen Berichte, nach London [zu] verlegen. Eine weitere Bitte Sanders geht dahin, besseren Kontakt als bisher mit der Emigration zu pflegen. Überall wird über die grenzenlose politische Vereinsamung der einzelnen Genossen geklagt. Es ist notwendig, bessere Verbindungen herzustellen. Als zweckmäßig sieht er es an, wenn in jedem Lande Vertrauensleute beauftragt werden, die in wirklich engem Kontakt mit dem PV stehen und von ihm ständig unterrichtet werden. Diese Vertrauensleute ihrerseits sollen die Informationen des PV an die Ortsvertrauensleute weitergeben. Sander schlägt die Herausgabe eines Rundbriefes in Abständen von etwa 14 Tagen vor.

Rinner gibt zu, daß ein Bedürfnis besteht, die Emigranten zu unterrichten. – Die von Sander vorgeschlagene Sitzverlegung wird von ihm lebhaft begrüßt. Er stimmt auch in den Argumenten mit Sander überein. Er glaubt, daß es möglich sein wird, in bessere Verbindung mit den Engländern zu kommen, als es uns hier mit den Franzosen gelungen ist, wie er auch im allgemeinen der Auffassung ist, daß für unsere Arbeit in England ein günstigerer Boden als in Frankreich vorhanden ist. Vor allen Dingen ist er der Überzeugung, daß die Situation im Kriege in England günstiger ist, wie er sich auch eine materiell bessere Situation in London verspricht. Er schildert die Verhältnisse in Frankreich, soweit sie uns betreffen, die ebenfalls dafür sprechen, den Sitz zu verlegen. Für den Fall, daß der PV als Körper-

---

5 Unter deutschem Druck sah sich Dänemark im Frühjahr 1939 veranlaßt, mit Deutschland einen Nichtangriffspakt zu schließen, während Finnland, Norwegen und Schweden dies ablehnten. Vgl. Archiv der Gegenwart 9. Jg., 19. Mai 1939.
6 Braatoy, Bjärne, 1900–1957, nahm 1923 für den norwegischen sozialdemokratischen Jugendverband am Gründungskongreß der SJI in Hamburg teil, 1928 Bürochef der SAI in Zürich, 1931 Zeitungskorrespondent in London, 1940–48 in amerikanischen Diensten.
7 Vorlage: »Die Sitzung wird auf Nachmittag vertagt« ms. unterstrichen.
8 Vorlage: »Wels eröffnet« ms. unterstrichen.

schaft nicht zu übersiedeln gedenkt, würde er dafür sein, daß der Vorschlag von Sander aufgegriffen und die Herstellung der Berichte nach England verlegt wird. Er ist der Überzeugung, daß es dadurch möglich ist, finanzielle und moralische Erfolge zu erzielen, umsomehr, als die Auflage der deutschen Ausgabe der Berichte stagniert, während die »Germany Reports« zwar langsam, aber doch immerhin stetig, größere Verbreitung finden.

Ollenhauer wendet sich gegen die Darlegung von Sander und Rinner. Er gibt zu bedenken, daß die englische Stellungnahme zu den Flüchtlingen eine andere sein wird als die zu einer politischen Körperschaft. Die Haltung der Labour Party uns gegenüber bezeichnet er als unklar und hält es nicht für sicher, daß wir dort bessere Vorbedingungen vorfinden als hier. Vor allen Dingen fragt er, mit welcher Motivierung wir dieses Land verlassen könnten und welche Gründe für die Übersiedlung nach England wir angeben sollten. Er kommt zu der Überzeugung, daß der Vorschlag abgelehnt werden muß.

Was die Teilung des PV betrifft, die durch eine Übersiedlung der Berichte nach England praktisch werden würde, so glaubt er, daß das Problem vielleicht technisch zu lösen wäre. Er ist aber dagegen, da eine solche Teilung eine Schwächung unserer politischen Kraft bedeutet. Was die Beziehungen zur Emigration betrifft und die von Sander geforderte bessere Information dieser Genossen, so verweist er auf die schwierige Situation, in der wir uns dadurch befinden, daß die Emigration sich mehr als früher auf die verschiedensten Länder verteilt. Für die beiden wichtigsten Länder haben wir inzwischen dem Übelstand der mangelnden Verbindung etwas abzuhelfen versucht und Vertrauensleute ernannt. Wir beschäftigen uns mit der Frage, ob eine Änderung der Mitgliedskarten erfolgen soll, um eine neuerliche Siebung durchführen zu können. Bei der Zusammenfassung der Emigration in den verschiedenen Ländern müssen die gesetzlichen und rechtlichen Schwierigkeiten einer solchen Zusammenfassung sorgfältig beobachtet werden. Der Wunsch, regelmäßig Informationen auszusenden, ist ein alter Diskussionsgegenstand. Ollenhauer zählt einige Schwierigkeiten, die sich der Publikation bisher entgegenstellten, auf, erklärt aber, daß er sich nicht gegen einen Versuch wehren würde, wenn die Mehrheit dafür ist, daß wir solche Informationen herausgeben.

Wels erinnert daran, daß es in manchen Fällen schwierig oder fast unmöglich ist, Informationen herauszugeben. So hat beispielsweise die Debatte über die Frage der Einheitsfront fast 4 Jahre gedauert. Er gibt zu bedenken, wieviel Rundbriefe wir da hätten herausgeben müssen.

Crummenerl: Die Frage der Sitzverlegung stellen, heißt die Frage stellen, ob man an einen Krieg glaubt oder nicht. Es ist möglich, daß der Krieg zunächst noch vermieden wird. In diesem Falle ist es gleichgültig, wo wir sitzen. Kommt aber der Krieg, dann ist es selbstverständlich, daß die Entente zwischen England und Frankreich viel enger wird als 1914 und daß dann auch ein viel engeres Verhältnis zwischen den beiden sozialistischen Parteien vorhanden sein wird. Wenn wir das Land verlassen wollen, dann müssen wir ein eklatantes Argument dafür haben, da wir sonst Gefahr laufen, daß wir uns zwischen zwei Stühle setzen und bei einer Rückfrage, die die Labour Party todsicher bei der SFIO vornehmen würde, in eine peinliche Situation kämen. Es ist gesagt worden, daß es fraglich sei, ob wir im Falle des Krieges hier gleich unsere Auffassung zum Kriegsproblem vorbringen können. Darauf ist die Gegenfrage zu stellen, welche Sicherheit wir in dieser Beziehung in England haben. Unter Umständen würde unsere Situation in England viel schwieriger sein, als einige von uns hier annehmen. Es sind zwei Voraussetzungen klarzustellen, ehe überhaupt über eine solche Übersiedlungsfrage gesprochen werden kann. Die erste ist der Nachweis, daß unsere politische Tätigkeit hier unmöglich ist, und die zweite ist die Gewähr, daß wir in England aufgenommen werden. Es würde den denkbar schlechtesten Eindruck in der SAI hervorrufen, wenn man allgemein zu der Überzeugung käme, daß wir beabsichtigen, unser Gewerbe sozusagen im Umherziehen zu betreiben. Damit soll nicht gesagt werden, daß nichts geschehen soll; im Gegenteil, an Sander ist die Frage zu stellen, ob es ihm möglich ist, zwischen englischen Stellen und uns Ansatzpunkte zu schaffen und Verbindungen für uns vorzubereiten und zu organisieren. Die vorgeschlagene Teilung des Parteivorstandes ist unmöglich. Etwas anderes wäre es, wenn es Sander gelingen würde, mit Engländern zusammenzukommen und ihnen unsere politische Tätigkeit und unsere Absichten näherzubringen. Sollten solche Verbindungen fruchtbar werden und greifbare Formen annehmen, dann könnte man daran denken, zwischen diesen Leuten und uns persönliche Verbindungen durch Reisen etc. herzustellen. Crummenerl fragt Sander, welche Möglichkeiten er in bezug auf Informationen sieht und in welcher Beziehung er an finanzielle Unterstützung evtl. auch durch bürgerliche Kreise glaubt. Er würde es nicht ablehnen, Delegationen für einige Tage nach England zu entsenden. Er erkundigt sich des weiteren nach den Möglichkeiten einer Vergrößerung unserer Berichtsauflage und stellt die Frage, ob wir gewisse Ansatzpunkte in England gewinnen könnten.

Stampfer ist der Überzeugung, daß die heutige Aussprache außerordentlich nützlich war. Er hält es für dringend notwendig, sozusagen »Gesandtschaften« in den wichtigsten Hauptstädten einzurichten. In New York haben wir einen Ansatzpunkt gefunden. Ebenso müssen wir in London durch Sander einen ähnlichen Ansatzpunkt schaffen. Die Übersiedlung nach England hält er in dem Augenblick für aktuell, in dem sich herausstellt, daß wir hier keine praktische Arbeit mehr leisten können. Die Frage ist, ob Sander jetzt und für die Zukunft nicht mehr politische Arbeit leisten kann unter Zurückstellung gewisser fürsorgerischer Tätigkeiten. Stampfer ist an sich gegen eine Teilung des Parteivorstandes, hält es aber für denkbar, daß einer von uns dauernd nach London gehen würde. Er erwägt die Schwierigkeiten, die z. B. mit der technischen Herstellung der »Deutschland-Berichte« dort verbunden wären.

Vogel: Wir haben uns in Prag für die Sitzverlegung entschieden, als sich diese Verlegung als zwingend notwendig erwies. Wir sollten dieses Prinzip auch für die Debatte der Übersiedlung nach London zugrunde legen. Er kann sich vorstellen, daß die Notwendigkeit einer Sitzverlegung eintritt, und er hält es für möglich, daß man dann weniger Zeit hat, als in Prag vorhanden war. Deshalb ist er jetzt für eine vorsichtige Sondierung in dieser Richtung, und er erwähnt, daß sich sowohl die Milesgruppe wie die Österreicher bereits seit einiger Zeit bemühen, nach England zu kommen.

Wels stimmt dem Urteil Sanders über die Persönlichkeit von Gillies zu. Er erklärt dann, daß die Versprechungen der Engländer durchaus nicht immer als bare Münze zu nehmen sind. Wir haben das am besten 1933 erfahren, als die Engländer uns den wahrhaft großzügigen Vorschlag machten, den »Vorwärts« in London auf Kosten des »Daily Herald« herauszugeben.[9]

Crummenerl erinnert in diesem Zusammenhang an die Konzentra-Aktion durch die Engländer, die ebenfalls schmählich im Sande verlaufen ist.[10]

Rinner: Niemand verlangt, daß wir von einem Land ins andere ziehen. Es ist hier der Vergleich mit der Tschechoslowakei gezogen worden und dazu ist zu sagen: Wir haben in der CSR vier Monate gebraucht, um aus dem Land herauszukommen, ohne daß wir damals über die Frage der Sitzverlegung geteilter Meinung waren. Es ist nicht anzunehmen, daß es jetzt rascher geht. Der entscheidende Grund für die Sitzverlegung ist der, daß in England eher eine politische Arbeit möglich ist, als es hier der Fall ist. Die Politik der Westmächte

---

9 Vgl. den Brief Crummenerls an Franz Neumann, 2. Juni 1933: »Ursprünglich hieß es, die englischen Genossen wollten eine Zeitung unentgeltlich für uns herausgeben. Später jedoch wurde gesagt, daß nur eine finanzielle Beteiligung in Frage käme.« AdsD Bonn, PV-Emigration, Mappe 77. Die finanzielle Beteiligung erfolgte dann nicht. Vgl. Nr. 2, Anm. 6.
10 Vgl. dazu Nr. 2, Anm. 32, und die »Denkschrift über die Partei-Arbeit vom April bis Ende November 1933«, verfaßt von Crummenerl, in: IISG Amsterdam, SAI, Nr. 3524.

wird in London entschieden werden und nicht in Paris. Unsere Kriegszielvorstellungen werden eher in England als in Frankreich Gehör finden. Er ist deshalb dafür, jetzt Sondierungen vorzunehmen, ohne daß man offizielle Schritte einleiten muß. Es ist hier von der Frage der Teilung des Parteivorstands gesprochen worden. Wenn 5 bis 6 Mitglieder des Parteivorstandes hier bleiben und ein einziger nach London geht, wieso kann man dann das als Teilung bezeichnen? Er sieht keine Schwierigkeiten, die »Deutschland-Berichte« in England zu machen, ohne daß die organisatorische Zusammenarbeit darunter leiden müßte.

Crummenerl findet die Argumente Rinners nicht stichhaltig genug. Rinner setzt Hypothesen für Tatsachen an; eine Hypothese beispielsweise ist, daß London das Zentrum der Politik bilden wird. Er erinnert an Frankreichs Redressement[11] und an die Rolle, die Frankreich jetzt wieder spiele und auch daran, daß es Frankreich war, das die Wehrpflicht in England erzwungen habe, und daß es schließlich Frankreich sein wird, das den Russenpakt durchsetzt. Eine wichtige Frage bleibt nach wie vor ungeklärt: Welche Argumente könnten wir der SFIO gegenüber für unseren Übersiedlungswunsch nach London anführen? Er hält es nicht für richtig, daß das Schwergewicht der Entscheidung in England liegt, im Gegenteil, Frankreich hat die Armee, Frankreich ist die Kontinentalmacht und deshalb wird die Entscheidung bei Frankreich, das die Lasten zu tragen hat, liegen.

Geyer erklärt, er sei konservativ und deshalb gegen Standortverlegung. Das politische Schwergewicht in Europa sei eine noch nicht entschiedene Frage. Wichtig sei die Klärung des deutsch-französischen Verhältnisses. Er ist dagegen, erkennen zu lassen, daß wir nach Kriegsende etwa mit England zusammen eine antifranzösische Politik zu treiben beabsichtigen. Es ist auch nicht erwiesen, daß in England ein größeres Interesse für unsere Publikationen besteht.

Rinner: Der Beweis für ein größeres Interesse an unseren Publikationen in England ist, daß wir zwar in der Lage sind, die »Germany Reports« herauszugeben, daß wir aber keine Interessenten für eine französische Ausgabe finden.

Sander: Für mich ist die große Sorge die, daß alle anderen Gruppen nach England kommen und wir nicht. Das von Siegmund Crummenerl vorgezeichnete Arbeitsprogramm geht fast über die Kräfte eines Einzelnen hinaus, zumal ja doch nach wie vor die Fürsorgearbeit geleistet werden muß.

Vogel (der in einer Zwischenbemerkung erwähnt hatte, daß Jaksch nach Rücksprache mit ihm, jedoch ohne seinen Auftrag, eine Sondierung in London vornehmen würde, war auf Widerspruch von Crummenerl gestoßen): Wenn die von Siegmund Crummenerl vorgebrachten Bedenken gegen die Sondierungsaktion von Jaksch von den übrigen Genossen geteilt werden, dann werde ich den Genossen Jaksch bitten, seine Bemühungen einzustellen.

Stampfer: Wir sollten uns damit einverstanden erklären, daß Jaksch ohne unseren Auftrag diese Sondierung vornimmt.

Auf Vorschlag von **Wels** wird vereinbart, daß die Angelegenheit so laufen gelassen werden soll.

Schluß der Sitzung.

---

11 Wörtlich: Berichtigung, Wiederaufbau. Die bürgerlichen Kräfte in Frankreich verstanden 1938/39 darunter, daß Frankreich nach dem Ende der Volksfrontregierungen einen ökonomischen und moralischen Wiederaufschwung nehme, was die internationale Position des Landes wieder stärke. Vgl. dazu die Leitartikel in »Le Figaro«, 1. Dezember 1938 und 11. Januar 1939, und den Artikel mit dem Titel »La France est en pleine période de redressement économique et moral« in der Ausgabe vom 4. Januar 1939.

Nr. 151
Protokoll der Parteivorstandssitzung am 14. Juni 1939
SAPMO Berlin, ZPA, II 145/55, Bl. 260-265

Vorstandssitzung vom 14. 6. 1939

Anwesend: Wels, Vogel, Crummenerl, Rinner, Ollenhauer, Stampfer, Geyer, Hilferding, Heine.

Vogel berichtet über die Arbeitsgemeinschaften der Emigration in Frankreich. Aus Nennis Vorschlag, den er vor vier Monaten gemacht hat und der auf eine engere Zusammenfassung abzielt, ist in dem Sinne von Nenni nichts geworden. Der Wunsch des Innenministers Sarraut auf Schaffung einer Dachorganisation der Emigration ist in dem Kreis der emigrierten Parteien besprochen worden. Diese Parteien sind am letzten Sonnabend zusammengekommen. Man hat einen Satzungsentwurf vorgelegt und angenommen. Zum provisorischen Präsidenten ist Dan, zum provisorischen Sekretär Vogel gewählt worden. Als vorläufiger Name wurde »Bund der sozialistischen Gruppen in Frankreich« gewählt.[1]

Vogel berichtet weiter über verschiedene Vorbesprechungen zur Bildung einer Gesamtvertretung der deutschen Emigration gegenüber dem Innenministerium.[2]

Hilferding: Die Angelegenheit hat sicher gewisse Bedeutung. Es erhebt sich nur die Frage, welcher Natur diese Gesamtvertretung sein soll. Wenn der Gesamtvertretung politische Aufgaben gesetzt würden, dann gäbe es doch nur eine Zersplitterung, und es würde nichts aus der Sache werden.

Crummenerl gibt Aufklärung darüber, daß diese Gesamtvertretung nur Flüchtlingsfragen zu besprechen und zu beraten habe.

Hilferding hält es für notwendig, daß wir uns in dieser Gesamtvertretung genügenden Einfluß sichern. In diesem Zusammenhang berichtet er über ein Gespräch, das er mit Professor Demuth gehabt hat.[3]

Geyer übersetzt die Statuten des Bundes der ausländischen sozialistischen Gruppen in Frankreich.

Crummenerl: Die Gesamtvertretung der deutschen Emigration würde bedeuten, daß Sozialdemokraten, Kommunisten, Juden, evangelische und katholische Emigranten zusammengefaßt würden. Aufgabe dieses zu bildenden Komitees wäre reine Gutachtertätigkeit. Daneben würde dann auf anderem Gebiet die Dan-Organisation existieren. Es ist selbstverständlich, daß in dieser geplanten Gesamtvertretung der deutschen Emigration, in der auch Kommunisten sitzen würden, politische Fragen natürlich nicht besprochen werden könnten.

Auf Vorschlag **Hilferdings** soll eine Besprechung Vienot/Vogel arrangiert werden.[4]

Vogel berichtet über den Wunsch der Genossen der Arbeiterwohlfahrt[5], aus den Reihen des Parteivorstandes einen Präsidenten für die Arbeiterwohlfahrt zu stellen. Zunächst sei Vogel gebeten worden. Er habe abgelehnt. Süss, der die Bitte überbracht hat, hat dann Ollenhauer vorgeschlagen. Auch das sei zunächst abgelehnt worden; die Sache müsse aber hier besprochen werden. Die Schwierigkeit wird noch erhöht dadurch, daß der Präsident

---
1 Vorlage: »Bund der sozialistischen Gruppen« hs. unterstrichen. Zu dieser Organisation konnten keine weiteren Informationen ermittelt werden.
2 Zu diesem Vorgang fanden sich keine näheren Informationen.
3 Demuth, Fritz, 1876-1965, linksliberaler Wirtschaftspolitiker (DDP), Emigration 1933 Schweiz, Mitgründer der »Notgemeinschaft deutscher Wissenschaftler im Ausland«, 1936 Großbritannien.
4 Vienot, Pierre, 1897-1944, französischer Politiker, seit 1937 SFIO.
5 Vorlage: »Arbeiterwohlfahrt« hs. unterstrichen.

der Arbeiterwohlfahrt zugleich in der Zentralvereinigung[6] sitzt, in der auch Kommunisten sind, so daß wir unseren seinerzeitigen Beschluß, nicht mit Kommunisten zusammen in einer Organisation zu sitzen, umstoßen müßten.

Ollenhauer gibt zu bedenken, daß keiner von uns genug Zeit hat, sich der Sache ganz anzunehmen. Außerdem würden sich für uns daraus Konsequenzen ergeben, die wir vorher prüfen müßten; so käme nicht nur die Übernahme der Vertretung in der Zentralvereinigung, sondern wahrscheinlich auch in der Opferhilfe[7] in Betracht. An sich hält es Ollenhauer für notwendig, daß die Arbeiterwohlfahrt fortgeführt wird. Wir müßten, wenn wir uns bereitfinden würden, den Präsidenten zu stellen, unsere Haltung zur Frage der Zentralvereinigung revidieren, was jetzt leichter sei dadurch, daß Wagner der Leiter der Zentralvereinigung geworden ist. Eine weitere Schwierigkeit besteht darin, daß wir uns bisher aus örtlichen Dingen herausgehalten haben.

Wels sieht keine Notwendigkeit dafür vorliegen, daß wir unsere bisherige Haltung ändern sollen. Die Zusammenarbeit mit den Kommunisten in gemeinsamen Organisationen ist nach wie vor nicht erwünscht. Es kommt auch hinzu, daß jeder von uns so sehr mit Arbeit überlastet ist, daß auch schon aus diesem Grunde eine Ablehnung erfolgen müsse.

Rinner ist mit Wels einer Meinung und wendet sich ebenfalls gegen eine Zusammenarbeit mit den Kommunisten. Er befürchtet auch, daß dadurch, daß einer von uns der Präsident der Arbeiterwohlfahrt werden würde, die Zahl der Besuche hier im Büro überhand nehmen würde. Er ist auch gegen eine neue Arbeitsbelastung für Erich Ollenhauer und fragt, warum wir nicht jemanden anders, z. B. Hirschler, in Vorschlag bringen würden.[8]

Stampfer: Die Beteiligung an einer karitativen[9] Organisation ist natürlich immer eine zweischneidige Angelegenheit. Hier ist die grundsätzliche Frage der Zusammenarbeit mit den Kommunisten angeschnitten worden. Ich muß deshalb erklären, daß ich ebenfalls Mitglied eines solchen Hilfskomitees bin, und zwar des Hilfskomitees für die Spanien-Flüchtlinge.[10] Ich muß deshalb um prinzipielle Entscheidung bitten, ob ich in diesem Komitee, für das ich bisher nur den Namen hergegeben habe, weiterarbeiten soll auch dann, wenn, wie es jetzt der Fall ist, weitere Anforderungen an mich gestellt werden.

Wels wendet sich gegen die Ausführungen von Stampfer. Wir sind nicht gefragt worden, als Stampfer in das Hilfskomitee eintrat, und Stampfer verlangt jetzt von uns, daß wir einen Beschluß darüber fassen, daß er aus dem Komitee austreten soll. Er lehnt es ab, hier über diesen Beschluß zu sprechen.

Stampfer hält es für notwendig, daß wir uns um die Spanienkämpfer kümmern und verlangt nicht, daß ein derartiger Beschluß, wie Wels es meint, gefaßt wird.

Hilferding äußert Bedenken gegen die Ablehnung der Präsidentschaft für die Arbeiterwohlfahrt.

Ollenhauer erklärt, daß die sachlichen Schwierigkeiten zu groß seien und spricht sich deshalb gegen die Annahme des Vorschlags der Arbeiterwohlfahrt aus.

Der Vorschlag von Wels auf Ablehnung der Übernahme der Präsidentschaft der Arbeiterwohlfahrt wird angenommen.

Vogel gibt einen Bericht über eine Besprechung, die mit Wagner und Max Braun stattgefunden hat. Es ist der Wunsch zum Ausdruck gekommen, zu den in Frankreich lebenden

---

6 Vgl. Nr. 124, Anm. 38.
7 Vgl. Nr. 129, Anm. 2.
8 Vermutlich Franz Sali Hirschler, 1881–1956, Rechtsanwalt, sozialdemokratischer Stadtverordneter in Frankfurt, Emigration 1933 Saargebiet, 1934 Frankreich, 1940 Argentinien.
9 Vorlage: »charitativen«.
10 Anfang 1939 wurde in Paris das überparteiliche »Hilfskomitee für die ehemaligen deutschen und österreichischen Kämpfer in der spanischen Volksarmee« gegründet, in dem Kommunisten und Sozialdemokraten (J. Deutsch, Breitscheid, Stampfer) wirkten. Vgl. *Zur Mühlen*, Spanien, S. 295.

deutschen Sozialdemokraten bessere Beziehungen herzustellen; das könne evtl. auch durch Umbildung oder Auflösung der Landesorganisation erfolgen. Konkret ist bisher über die Angelegenheit nicht gesprochen worden.

Ollenhauer schlägt vor, eine neue Besprechung mit den beiden Genossen durchzuführen. Er würde bereit sein, die hier lebenden Sozialdemokraten genau so zu behandeln wie die Genossen in den anderen Ländern, vielleicht mit der Abänderung, daß anstatt eines Vertrauensmannes wie in Schweden und England ein kleiner Ausschuß gebildet würde. Er wünscht jedenfalls prinzipielle Ermächtigung zur Fortführung der Besprechung.

Crummenerl weist darauf hin, daß Braun bereits sein Einverständnis damit erklärt hat, daß die Sopade die Verhandlungen mit den in Frankreich lebenden Sozialdemokraten aufnehme. Man müsse also einen Schritt weiter gehen und fragen, welche Vorstellungen wir haben. Es ist nicht so, wie Ollenhauer meint, daß wir erst noch Vorbesprechungen mit Braun über das Prinzip haben sollten, vielmehr ist das Prinzip von Braun aus angenommen. Braun scheint froh zu sein, die Verantwortung los zu werden. Es wird deshalb notwendig sein, schon jetzt über die praktischen Dinge, die sich aus dem Vorschlag von Braun ergeben, zu reden.

Wels ist der Meinung, daß Braun jetzt von der Verantwortung loskommen will. Die Sache ist doch aber so, daß die Landesorganisation über einen 18-köpfigen Vorstand verfügt, der sicher nicht gleicher Meinung mit Braun und Wagner ist. In dem Augenblick, in dem Braun die Angelegenheit auch nur in seinem Vorstand zur Sprache bringt, wird der Krach losgehen. Sollen wir uns in diese Auseinandersetzung hineinziehen lassen? Wels sieht keine Veranlassung dazu. Er glaubt, daß Braun den »Verein«[11] (Landesorganisation) verhökern will und befürchtet, daß wir die Schwierigkeiten bekommen werden. Wenn es zu einer Besprechung kommen sollte, dann sollte man von Braun zunächst verlangen, daß er erst einmal einen Beschluß des Landesvorstandes herbeizuführen sucht.

Crummenerl ist der Auffassung, daß wir auf dieser Basis nicht weiterkommen. Wenn dieser Beschluß gefaßt wird, dann muß Braun vorher wissen, ob wir dann auch überhaupt zur Aufnahme der Genossen bereit sind, die einen solchen Beschluß fassen sollen. Vor einem Jahr waren wir der Auffassung, daß wir uns um die Leute im einzelnen bekümmern müßten, wenn eine Landesorganisation nicht bestehen würde. Die Frage ist also die: Sind wir bereit, mit den in Frankreich lebenden Gnossen in den einzelnen Orten in Beziehung zu treten oder nicht?

Vogel weist auf die gesetzlichen Schwierigkeiten hin, die einer Zusammenfassung entgegenstehen, glaubt aber, daß es Möglichkeiten gibt, darüber hinwegzukommen. Auch er ist der Auffassung, daß die Fragestellung die ist: Wollen wir die hier lebenden Genossen politisch-moralisch erfassen oder wollen wir es nicht?

Rinner schlägt vor, die einzelnen Genossen zu erfassen zu suchen, sich dagegen um den Vorstand der Landesorganisation gar nicht zu kümmern. Was Braun selbst betrifft, so kann verhandelt werden, soweit diese Fragen in Betracht kommen. Sollte es sich jedoch darüber hinaus um Dinge handeln oder um Ansprüche von Braun, dann würde sich Rinner dagegen wehren.

Ollenhauer ist dafür, mit Braun zu sprechen und ihm zu sagen, daß wir denselben Zustand hier einführen wollen wie in den anderen Ländern.

Crummenerl weist darauf hin, daß wir in dieser Frage nicht Taktik machen sollen, sondern daß wir die feste Absicht haben müssen, mit den Genossen auch tatsächlich in Verbindung zu treten.

Der Vorschlag, mit Braun weitere Besprechungen zu führen mit dem Ziel, eine möglichst große Zahl von Sozialdemokraten in Frankreich hinter uns zu bringen, wird angenommen.

---

11 Vorlage: Anführungszeichen hs. eingefügt.

Ollenhauer weist auf den Entwurf für die erste Ausgabe des regelmäßigen »Mitteilungsblattes« hin.[12]

Stampfer schlägt einige kleine Änderungen vor.

Der Entwurf wird angenommen, ebenso die vorgelegte Empfängerliste.

Crummenerl weist auf die Schwierigkeiten der Genossen und Mitarbeiter im Büro hin, die durch die Teuerung in Frankreich entstanden sind. Zur Überwindung der Schwierigkeiten gibt es zwei Möglichkeiten: entweder eine Sonderbeihilfe zu gewähren oder eine Gehaltsaufbesserung vorzunehmen. Der erste Weg, der noch dazu undemokratisch wäre, würde zu Schwierigkeiten und zu Ungerechtigkeiten führen. Er ist deshalb abzulehnen.

Crummenerl schlägt deshalb vor, ab 1. Juni 1939 eine Gehaltserhöhung um 20 % vorzunehmen, die auch für die Außensekretäre gilt. Er weist aber darauf hin, daß er es für unmöglich halte, daß darüberhinausgehende Wünsche zu erfüllen seien. Sollte einer unserer Genossen in besondere Schwierigkeiten kommen, dann sei es unmöglich, diesen Schwierigkeiten ohne Beschluß[13] Rechnung zu tragen. Es müßte in jedem Fall darüber in einer Vorstandssitzung gesprochen werden, bevor eine Entscheidung getroffen werden könnte.

Wels schließt sich der Auffassung von Crummenerl an. Auch er sieht keinen anderen Weg als den, auf Crummenerls Anregungen einzugehen. Er hofft, daß die Anträge auf Vorschüsse damit nun aufhören und sieht es als Bedingung an, daß in jedem Fall, in dem noch einmal Vorschüsse erbeten oder Sonderwünsche geäußert werden, die Angelegenheit in einer Vorstandssitzung zur Sprache kommt.

Der Vorschlag von Crummenerl auf Gehaltserhöhung und die von Wels daran geknüpfte Bedingung werden[14] angenommen.

Ollenhauer teilt mit, daß Hertha Gotthelf[15] angeregt hat, [ein] Manuskript für die Herausgabe einer Materialsammlung (Thema: Das Verhalten der gegnerischen Parteien in der Weimarer Republik) zur Verfügung zu stellen. Sie wolle dann einen englischen Verlag dafür suchen.[16]

Crummenerl bemerkt, daß wir von uns aus die Herausgabe und die Manuskriptlieferung schwerlich vornehmen können. Er schlägt vor, daß Hertha Gotthelf den Versuch macht, daß der englische Verlag einen von uns auffordert, das Manuskript zu liefern.

Wels ist der Überzeugung, daß ein derartiges »Schuldbuch der Anderen« eine sehr nützliche Angelegenheit sein könnte.

Der Parteivorstand erklärt sich mit der Herausgabe einer solchen Materialsammlung einverstanden, wenn unsere Kasse nicht belastet wird.

Genosse Stampfer wird gebeten, einen Entwurf vorzulegen, in dem die Gedankengänge kurz skizziert werden.

Crummenerl weist darauf hin, daß Weck noch über 20 000 Kc verbraucht hat, die er von verschiedenen Personen bekommen hat. Sander kann die Angelegenheit nicht völlig regeln. Er wünscht aber, eine Teilzahlung vorzunehmen und erbittet von uns einen Zuschuß in Höhe von £ 10 6.–. Sollten wir damit einverstanden sein, dann wäre er in der Lage, den fünf in Frage kommenden Genossen 25% ihres Geldes zurückzuerstatten.

Einverstanden.

---

12 Vorlage: »Mitteilungsblattes« hs. unterstrichen. Ab Juni 1939 gab der PV die »Mitteilungen des Parteivorstands« heraus. Sie erschienen bis April 1940, mit einer Pause von Oktober bis Dezember 1939.
13 Vorlage: »ohne Beschluß« hs. ergänzt.
14 Vorlage: »wird«.
15 Vorlage: »Hertha Gotthelf« hs. unterstrichen.
16 Das Schreiben Hertha Gotthelfs an Ollenhauer vom 4. Juni 1939 befindet sich, wie auch die weitere Korrespondenz, in: AdsD Bonn, PV-Emigration, Mappe 45.

Crummenerl: Sander wünscht eine Beihilfe für englischen Sprachunterricht in Höhe von £ 1.10.0 monatlich bis zum Dezember 1939 bewilligt zu erhalten.
Einverstanden.

Crummenerl: Der in Südamerika lebende Genosse Rodenberg[17], der außerordentliche Schwierigkeiten hat, wünscht eine Unterstützung durch den Parteivorstand.
Der Antrag wird abgelehnt.

Crummenerl: Genosse Taub hat mit uns einen Briefwechsel angefangen. Er glaubt, daß wir der Deutschen Sozialdemokratischen Arbeiterpartei noch 18 000 Kc. für Umzugsbeihilfen schuldig sind. Es muß sich da um einen Irrtum handeln, da keiner von uns für diesen Zweck Geld angenommen oder auch nur gewagt hätte, es zu fordern.[18]
Schluß der Sitzung.

---

17 Vorlage: »Rodenberg« hs. unterstrichen.
18 Taub konnte seine Behauptung nicht belegen, so daß er die Angelegenheit als erledigt ansah. Vgl. die Korrespondenz in dieser Angelegenheit in: AdsD Bonn, PV-Emigration, Mappe 134.

Nr. 152
Protokoll der Parteivorstandssitzung am 18. Juni 1939
SAPMO Berlin, ZPA, II 145/55, Bl. 266 f.

Vorstandsbesprechung vom 18. Juni 1939.

Anwesend: Vogel, Crummenerl, Rinner, Stampfer, Geyer, Heine

Crummenerl verliest einen neuen Brief von Taub über die angeblichen Schulden der Sopade an die sudetendeutschen Genossen. Crummenerl stellt fest, daß der Brief verletzend[1] sei und er ihn sich nicht gefallen lassen könne. Er hätte es niemals gewagt, sich an die Genossen der DSDAP zu wenden, um von ihnen für unsere Zwecke Gelder [...][2] zu erhalten, da uns allen zu genau bekannt ist, wie sehr sich die DSDAP für die Flüchtlinge aufgeopfert hat.

Nach Bemerkungen von **Stampfer, Geyer** und **Rinner** wird Crummenerl beauftragt, sich nochmals mit Taub in Verbindung zu setzen.

Stampfer: Die Broschüre von Geyer soll, wie ich aus einem Korrekturabzug entnehme, von der Verlagsanstalt Graphia herausgegeben werden. Ich habe seinerzeit bei unserer ersten Besprechung erklärt, daß ich dagegen sei, diese Broschüre im Namen der Verlagsanstalt herauszubringen. Jetzt sehe ich, daß das doch anders gemacht wird. Ich halte das für ungehörig und wünsche eine Sitzung des Gesamtvorstandes, in der die Angelegenheit nochmals besprochen wird.[3]

Vogel: Ich bin ebenfalls dafür, daß wir diese Frage in einer Vorstandssitzung im Beisein aller Genossen besprechen.

Geyer setzt sich ebenfalls dafür ein, teilt aber mit, daß Stampfer Einsicht in Abzüge genommen hat, die nicht in Ordnung sind und nicht mit unserem Manuskript übereinstim-

---

1 Vorlage: »verletzend« hs. eingebessert für »beleidigend«; Lesart nicht eindeutig.
2 Vorlage: »von ihnen«.
3 Geyer, Curt: Die Partei der Freiheit, erschien 1939 in Paris im Selbstverlag. Auf dem Umschlag stand: »In der Schriftenreihe der Verlagsanstalt Graphia«. Angaben nach: Deutsches Exilarchiv, S. 184.

men. Er erinnert daran, daß in der Besprechung, von der Stampfer redet, kein Beschluß gefaßt worden ist, daß dagegen Stampfer gesagt habe, man müsse Geyer auf seine Bereitwilligkeit, die Broschüre im Selbstverlag herauszubringen, festnageln. Geyer hat nichts dagegen, daß die Broschüre im Selbstverlag erscheint. Er hält es nur nicht für zweckmäßig, da das nach außen hin die Konstituierung[4] einer »Richtung Geyer« im Parteivorstand bedeuten würde.

Es kommt zu einer heftigen Auseinandersetzung zwischen **Vogel** und **Stampfer**, die dazu führt, daß Vogel es ablehnt, diese Debatte fortzuführen und das Zimmer verläßt.

Crummenerl stellt fest, daß keinerlei Absicht bestanden habe, hinter dem Rücken der anderen Kollegen Entscheidungen zu treffen. Er hält die von Geyer vorgeschlagene und von den Genossen Wels, Vogel und Ollenhauer akzeptierte Lösung für annehmbar und das Ganze überhaupt nicht für eine so entscheidende Tatsache. Auch er sei mit der Angelegenheit nicht befaßt worden, ohne daraus gleich Konsequenzen zu ziehen.

Rinner wünscht sich nur formell zum Verfahren zu äußern. Formell unterstützt er die Auffassung von Stampfer. Sachlich wahrscheinlich nicht.

Stampfer bleibt dabei, daß er das Verfahren für unzulässig hält. Er wünschte, daß die Broschüre nochmals durchberaten wird, wenn sie unter Verlagsanstalt erscheint.

Geyer meint, daß die Haltung Stampfers darauf hinauslaufe, Sand in die Maschine zu werfen.

Crummenerl wünscht, einen Unterschied zwischen der Formalität, die die Verlagsanstalt darstellt, und dem Inhalt der Schrift zu machen. – Über den Inhalt der Schrift ist nicht mehr zu diskutieren, da wir diese Diskussion bereits beschlußmäßig beendet haben. Zu diskutieren ist nur noch über die Formalität der Verlags-Namensgebung.

Stampfer bleibt dabei, daß, wenn die Broschüre unter dem Namen der Verlagsanstalt Graphia erscheint, dann der Inhalt wichtig ist, und er deshalb unter den neuen Gesichtspunkten die Broschüre nochmals zu lesen wünsche.

Es wird vereinbart, die Angelegenheit in der Vorstandssitzung zur Sprache zu bringen.

---

4 Vorlage: »Konstuierung«.

Nr. 153
Protokoll der Parteivorstandssitzung am 28. Juni 1939
SAPMO Berlin, ZPA, II 145/55, Bl. 268–272

Vorstandsbesprechung vom 28. 6. 1939

Anwesend: Vogel, Crummenerl, Rinner, Ollenhauer, Stampfer, Geyer, Hilferding, Heine.

Ollenhauer berichtet über die Exekutivsitzung der SAI. An der Bürositzung der Internationale hat Wels teilgenommen, dessen Notizen vorliegen.[1] Die Bürositzung hat sich jedoch im wesentlichen nur mit finanziellen Fragen beschäftigt und der sachliche Inhalt dieser Beratungen ist in der Exekutivsitzung wiederbehandelt worden, so daß sich eine besondere Berichterstattung über die Bürositzung erübrigt. Festgestellt wurde von allen Seiten

---

1 Die SAI-Exekutive hatte am 18. Juni 1939 getagt; vgl. SAI-Rundschreiben vom 24. Juni 1939, in: AdsD Bonn, PV-Emigration, Mappe 127. Die Notizen von Wels konnten im AdsD Bonn nicht ermittelt werden.

als Ergebnis der Bürositzung, daß Adlers persönliche Sauberkeit außer Zweifel steht. In der Exekutive hat de Block einen Bericht über die Umorganisation der SAI und andere schwebende Fragen gegeben. (Erweiterung der Geschäftskommission; Gehaltsfestsetzung; neue Regelung der Kontrolle der Finanzgebarung; SAI-Kommission zur Prüfung der Lage.) Der Kassenbericht des Sekretariats wurde zur Kenntnis genommen und Entlastung erteilt. Die Wahl des Büros ist erfolgt. In der Kommission für die Politischen Gefangenen sind wir künftig mit einem Mitglied (Wels) vertreten. Wels hat vorgeschlagen, de Brouckère weiter zur Mitarbeit heranzuziehen. Nach längerer Debatte ist de Brouckère eingeladen worden, künftig an allen Exekutiv-Sitzungen teilzunehmen. Nach Erstattung des Berichts von de Block hat Adler eine Erklärung zu der finanziellen Situation gegeben.

Crummenerl erinnert bei dieser Gelegenheit daran, daß Adler seinerzeit, als die Genossen Aufhäuser und Böchel eine Kassenprüfung bei uns verlangt hatten, nicht die gleiche Rücksichtnahme und die gleiche Empfindsamkeit gezeigt habe, die er jetzt für sich verlangt.

Ollenhauer fährt fort in der Berichterstattung über die SAI-Sitzung. Die Erklärungen von Gillies und Adler wurden zur Kenntnis genommen. Bei den Wahlen setzte eine längere Diskussion über die Wahl des Sekretärs ein. Der Antrag der Franzosen, die ganze Angelegenheit zu vertagen, wurde mit 90 zu 86 Stimmen abgelehnt. Der Antrag der Engländer, die Demission Adlers anzunehmen, wurde ebenfalls abgelehnt, und zwar mit 100 zu 78 Stimmen bei 16 Enthaltungen. Adler hat sich auf Grund dieses Wahlresultats dafür eingesetzt, daß in der nächsten Sitzung die Neuwahl des Sekretärs vorgenommen wird. Nach Resolutionsvorschlägen gegen die Judenverfolgungen in Deutschland[2], einem Bericht über Spanien und die Situation in den französischen Flüchtlingslagern und einer Erklärung von Richter[3] über die Wahl des Sekretärs wurde die Exekutivsitzung geschlossen.

Vogel hält es für das richtigste, den Bericht einfach zur Kenntnis zu nehmen.

Hilferding fragt an, ob wir zu dem Konferenzvorschlag[4] Stellung nehmen sollen.

Ollenhauer ist dafür, die Entscheidung über die Konferenz den Parteien in den demokratischen Ländern zu überlassen.

Hilferding äußert sich zu der Kandidatur Braatoys und hat auf Grund eines Artikels, den Braatoy geschrieben hat[5], große Bedenken gegen seine Wahl zum Internationalen Sekretär.

Crummenerl ist in der Konferenzfrage der Auffassung von Ollenhauer. Er hält es auch für unzweckmäßig, daß wir Vorschläge für den Sekretär der Internationale machen. Wir können in diesen Fragen nur Zuschauer sein. Der Vorschlag von Vogel, die Entscheidung über die Frage der Internationalen Konferenz den Parteien in den demokratischen Ländern zu überlassen, wird akzeptiert.

Stampfer gibt einen kurzen Bericht über die Tätigkeit des Spanien-Hilfausschusses[6], dessen Mitglied er ist. Genosse Deutsch wird in den nächsten Tagen diese Mitteilungen ausführlicher machen, so daß er sich auf kurze Bemerkungen beschränken kann. Im Hilfskomitee sind Differenzen über die Verteilung der Arbeit und der Verantwortung zwischen

---

2 Die Vertreter des polnischen-jüdischen »Bund« und aus Palästina legten der SAI-Exekutive bei deren Sitzung am 18. Juni 1939 Mitteilungen über die Judenverfolgungen, insbesondere in Deutschland, vor. Es wurde beschlossen, das Problem in der nächsten Sitzung zu behandeln. Vgl. Internationale Information 16. Jg., 20. Juni 1939, S. 328.
3 D. i. Joseph Buttinger.
4 Bei der Tagung der SAI-Exekutive am 18. Juni 1939 beantragten die französischen Sozialisten, eine Konferenz über die Lage der SAI einzuberufen. Die Mehrheit der Mitgliedsparteien lehnte dies ab; die Sopade enthielt sich der Stimme. Vgl. AdsD Bonn, PV-Emigration, Mappe 127.
5 Der Artikel war nicht zu ermitteln. Insbesondere befindet sich in der »Internationalen Information« in der ersten Jahreshälfte 1939 kein Artikel von Braatoy.
6 Vorlage: »Spanien-Hilfsausschusses« hs. unterstrichen.

Kommunisten und Sozialdemokraten ausgebrochen. Der sozialdemokratische Untersekretär Schocken hat die Kassenführung durch Rau kritisiert.[7] Nach heftigen Auseinandersetzungen in der Komitee-Sitzung ist es zum Rücktritt des Generalsekretärs Rau gekommen, der durch die beiden Sekretäre Schocken (SPD) und Schaul (KPD) ersetzt wird.[8]

Stampfer berichtet dann noch über die Differenzen im Lager Gurs, die zu der Bildung einer Sonder-Kompagnie geführt haben, deren Auflösung gewünscht wird.[9]

Ollenhauer ist dafür, daß eine Besprechung mit Deutsch stattfindet. Die Angelegenheiten in den Flüchtlingslagern werden für uns stets wichtiger. Wir müssen uns um die Genossen kümmern, die durch die Verbrechen der Kommunisten in Spanien genug gelitten haben. Die Lage der Kämpfer in den Flüchtlingslagern ist grauenvoll. Es sollte der Versuch gemacht werden, im Gespräch mit Deutsch zu gewissen Klarstellungen zu kommen.

Am Freitag vormittags 10 Uhr wird eine Aussprache mit den Genossen Julius Deutsch und Wagner im Büro stattfinden.

Vogel gibt zu erwägen, ob nicht einer unserer Genossen die Flüchtlingslager aufsucht und sich an Ort und Stelle informiert.

Vogel erklärt, daß wir unsere Stellungnahme zur Zentralvereinigung der Deutschen Emigration[10] unter Umständen[11] einer Revision unterziehen müssen. Bekannt ist, daß die Zentralvereinigung das Ernennungsrecht für die Beisitzer beim Hohen Kommissar[12] hat. Gegen dieses Ernennungsrecht wird von verschiedenen Seiten Sturm gelaufen. Besonders in England wird dagegen opponiert. Es hat sich dort eine »Organisation deutscher Ausgewanderter«[13] gebildet, die losgelöst von und gegen die politischen Vertreter Sitze im Beirat zu erhalten wünscht.[14] Da diese Organisation offenbar Einfluß gewonnen hat und die Gefahr einer Änderung besteht, so hat die Zentralvereinigung die Absicht, in verschiedenen Ländern Landesgruppen einzurichten. Das soll auch geschehen, um den von Professor Demuth geförderten Plan einer neuen internationalen Vereinigung, ohne Beteiligung von Politikern, zu durchkreuzen.

Wir haben unsere Vertretung durch die Zentralvereinigung bisher gewähren lassen, und wir müssen uns jetzt fragen, wie wir uns gegenüber der neuen Situation verhalten wollen. Es ist unmöglich, den Plan von Wagner zu realisieren, in allen Ländern mit nennenswerter Emigration Landesgruppen der Zentralvereinigung einzurichten. Das können wir nicht machen, da dem die Beschlüsse der befreundeten Parteien, z. B. in Holland, entgegenstehen. Etwas anderes ist es, ob wir für England die Zusammenarbeit mit der Zentralvereini-

---

7 Rau, Heinrich, 1899–1961, kommunistisches MdL Preußen, Sekretär für Landwirtschaft beim ZK der KPD, Mai 1933 bis Juni 1935 in Haft, Emigration 1935 CSR, 1936 UdSSR, 1937 Westeuropa, Leiter der XI. Internationalen Brigade im Spanischen Bürgerkrieg, 1938/39 Mitglied der KPD-Landesleitung Frankreich, 1942 an Gestapo ausgeliefert, bis Mai 1945 KZ Mauthausen, Spitzenfunktionär der SED, diverse Ämter in der DDR-Staatsführung.

8 Schaul, Hans, geb. 1905, Berliner Rechtsanwalt, Emigration Frankreich, 1936 Spanien, Offizier der Internationalen Brigaden, 1937 KPD, 1939 Frankreich, in Nord-Afrika interniert, 1944 UdSSR, 1948 Ost-Berlin, Hochschullehrer, Chefredakteur des SED-Organs »Einheit«.

9 Im Lager Gurs am Nordhang der Pyrenäen, wo ehemalige Interbrigadisten interniert waren, bildete sich eine »9. Kompanie«, in der sich Gegner einer engen Zusammenarbeit mit der KPD zusammenfanden. Vgl. *Zur Mühlen*, Spanien, S. 289–291.

10 Vgl. Nr. 124, Anm. 38.

11 Vorlage: Von »Zentralvereinigung« bis »Umständen« hs. unterstrichen.

12 Gemeint ist der Beirat beim Hohen Kommissar für die Flüchtlinge aus Deutschland beim Völkerbund. Vgl. *Röder*, Exilgruppen, S. 126 f.; *Tutas*, S. 205–239; *Röder/Strauss*, S. 288.

13 Vorlage: Anführungszeichen hs. eingefügt; »Organisation deutscher Ausgewanderter« hs. unterstrichen.

14 Nähere Informationen zu dieser Organisation konnten nicht ermittelt werden.

gung, d. h. mit anderen Gruppen, akzeptieren wollen, um eine Landesgruppe England der Zentralvereinigung zu ermöglichen. Voraussetzung wäre selbstverständlich, daß die Labour Party ihre Zustimmung dazu gibt. Es ist also die Frage, daß wir uns überlegen müssen, ob wir der Gründung einer Landesgruppe der Zentralvereinigung in England zustimmen wollen oder nicht.

Stampfer erklärt sich mit Vogels Ausführungen einverstanden. Für England stellt sich die Frage, wie sich die Labour Party und wie sich unsere Genossen zu einer derartigen Landesgruppe stellen würden. Wir sind ja da nicht federführend, könnten aber, wenn in England Zustimmung erteilt wird, auch unser Einverständnis geben.

Ollenhauer: Die Zentralvereinigung besetzt die Sitze beim Hohen Kommissar. Man befürchtet in der Zentralvereinigung eine Schwächung der Position und ist deshalb für eine englische Zweigstelle und wäre wohl auch geneigt, einen[15] englischen Vertreter in den Beirat anstelle eines bisherigen Mitglieds der Zentralvereinigung zu entsenden. Das ist die Situation. Da Willi Sander kürzlich den Wunsch geäußert hat, daß wir darauf dringen sollten, daß er als Beisitzer zum Hohen Kommissar ernannt wird, so wäre es für uns zweckmäßig, wenn wir der von Vogel vorgeschlagenen Lösung zustimmen und den Versuch machen, Sander als Beisitzer zu ernennen.

Der Vorschlag von Vogel: Der Gründung einer Landesgruppe England der Zentralvereinigung zuzustimmen, wenn unsere Genossen in England und die Labour Party keine Einwendungen erheben, wird angenommen.

Rinner: Der Genosse Bergmann[16] hat uns den Vorschlag unterbreitet, in Deutschland die Parole »Langsamer arbeiten«[17] zu lancieren.[18] Die Propagierung[19] dieser Parole, die den Zwecken der passiven Resistenz dient, soll ohne Gründung von Einheits-Komitees usw. erfolgen. Ähnliche Anregungen sind von anderer Seite gegeben[20] worden. Das Thema und der Vorschlag liegen in der Luft. Wir sollten uns überlegen, ob wir uns nicht ebenfalls in dieser Richtung einsetzen, unsere Sekretäre entsprechend informieren und durch unsere Publikationen auf die Frage hinweisen sollten.

Rinner macht den Vorschlag, Bergmann in der einen oder anderen geeigneten Weise mit heranzuziehen.

Nach kurzen Bemerkungen von **Geyer** und anderen Genossen wird der Vorschlag von Rinner akzeptiert.

Stampfer schlägt vor, aus Anlaß des 14. Juli eine Feier zu veranstalten.

Vogel teilt mit, daß er mit Wagner und Breitscheid über diese Frage Gespräche geführt habe. Breitscheid hat sich bereit erklärt, als Festredner zu wirken, wenn die Landesorganisation nicht beteiligt ist.

Nach kurzer Debatte, an der sich **Stampfer, Ollenhauer, Hilferding, Heine** beteiligen, stellt **Vogel** fest, daß überwiegend die Auffassung vertreten ist, diese Feier nicht zu veranstalten.

---

15 Vorlage: »einen« hs. eingebessert für »den«.
16 Vorlage: »Bergmann« hs. unterstrichen.
 Bergmann, Maurice, geb. 1908, 1931/32 Mitarbeiter »Gewerkschaftsarchiv« und »Berliner Tageblatt«, nach NS-Machtübernahme 6 Monate Gestapo-Haft, Emigration 1937 Frankreich, 1939 Norwegen, 1940 Schweden.
17 Vorlage: »Langsamer arbeiten« hs. unterstrichen.
18 Maurice Bergmann, Paris, schlug Rinner in einem Brief vom 10. Juni 1939 diese Parole für ein einheitliches Vorgehen aller linken Widerstandsgruppen in Deutschland vor; vgl. AdsD Bonn, NL Rinner, Mappe 2.
19 Vorlage: »Propagierung« hs. eingebessert für »Propagandierung«.
20 Vorlage: »gegeben« hs. eingebessert für »ausgegeben«.

Crummenerl: Wir haben früher dem Juristischen Komitee[21] 500 Frs. monatlich gegeben und diesen Zuschuß auf eine gewisse Zeit begrenzt. Genosse Wagner wünscht, daß wir diesen Zuschuß weiterzahlen und bittet, die Summe von 3 000 Frs.[22] für sechs Monate zu gewähren. Da wir die juristischen Fragen, die bisher an uns herangetreten sind, an diese Stelle weitergeleitet haben, so wäre es wohl auch zweckmäßig, wenn wir diesem Antrag Wagners zustimmen.

Einverstanden.

Crummenerl gibt eine Mitteilung von Sander wieder, wonach dieser eine weitere Zahlung an die fünf Genossen vornehmen will, die insgesamt rund 20 000 Kc im November/Dezember vorigen Jahres an die Flüchtlingshilfe in Prag gegeben haben und bisher nur eine kleine Abschlagszahlung erhielten.

Schluß der Sitzung.

---

21 Vorlage: »Juristischen Komitee« hs. unterstrichen. Es dürfte sich um den »Service juridique et social pour les réfugiés allemands« handeln. Vgl. AdsD Bonn, NL Löwenstein, Nr. 7; Nr. 116, Anm. 12.
22 Vorlage: »3 000 Frs.« ms. unterstrichen.

Nr. 154
Protokoll der Parteivorstandssitzung am 5. Juli 1939
SAPMO Berlin, ZPA, II 145/55, Bl. 273–277

Vorstandssitzung vom 5. Juli 1939.

Anwesend: Vogel, Crummenerl, Rinner, Ollenhauer, Stampfer, Hilferding, Heine; als Gast Höltermann[1]

Vogel begrüßt Höltermann und erteilt ihm das Wort.
Höltermann stellt fest, daß trotz der langen Trennung in vielen Punkten Übereinstimmung in den beiderseitigen Auffassungen besteht. Vor uns allen steht die große Frage: Was wird nach Hitler aus Deutschland werden? Man muß damit rechnen, daß die Alliierten nach Kriegsende zu dem Entschluß kommen: diesmal alles zu tun, was geeignet ist, eine Wiederholung der deutschen Aggression zu verhindern. Im Falle eines Krieges wird es kaum möglich sein zu erreichen, daß der Status quo von Weimar erhalten bleibt. Es wird den härtesten Kampf kosten, um dieses Ziel zu erreichen. Eine Voraussetzung für die Erreichung ist aber, daß wir unsere Ziele präzisieren und schon heute sagen, wie wir uns das andere Deutschland vorstellen. Wir sollten schon vor dem Kriege für die Unabhängigkeit Österreichs, der Tschechoslowakei usw. eintreten.

Höltermann hat den Eindruck, daß zumindest in England das Ansehen der reichsdeutschen Emigration im Steigen begriffen ist, während das der Österreicher und Sudetendeutschen stark fällt. Als Ursache dafür führt er u. a.[2] die Denkschrift von Jaksch[3] an. Gerade

---

1 Vorlage: »als Gast Höltermann« hs. unterstrichen. Außerdem anwesend: Geyer.
2 Vorlage: »u. a.« hs. ergänzt.
3 Jaksch schrieb im Frühjahr 1939 die Denkschrift »Was kommt nach Hitler?«, abgedruckt in: *Friedrich Prinz*, (Hrsg.), Wenzel Jaksch – Eduard Benesch. Briefe und Dokumente aus dem Londoner Exil 1939–1943, Köln 1973, S. 55–79.

gegenüber dieser Denkschrift ist es notwendig, daß wir deutlich sagen, wie wir uns die künftigen deutschen Grenzen vorstellen.

Stampfer stellt fest, daß keine wesentlichen Meinungsverschiedenheiten vorhanden sind. Der Kriegsfall wird wahrscheinlich Deutschlands Niederlage bedeuten. Ebenso fraglich wie entscheidend ist: wann und wie das Kriegsende erfolgt. Davon wird vieles abhängen. Unsere moralische Position wird zunächst sicher sehr schlecht sein. Erste Sorge muß es daher sein, daß wir unser moralisches Gewicht verstärken und den Versuch machen, bei Friedensschluß eine gewisse Macht darzustellen. Der Sturz Hitlers muß als unsere Aufgabe proklamiert werden. Wir müssen uns in stärkstem Maße am Propaganda-Krieg – in dieser Richtung – beteiligen. Wir sollten jetzt jedoch noch nicht sagen, wie ein Deutschland nach dem Kriege aussehen soll.

Höltermann insistiert, daß wir doch jetzt schon unsere Auffassung über die territorialen Grenzen sagen müssen.

Stampfer führt an, daß starke Gegenargumente gegen eine Festlegung von Anbeginn an sprechen. Wir sollten uns insbesondere darauf einstellen, daß die alten Grenzen das Höchste wären, was wir erreichen könnten. Das aber jetzt schon zu sagen, würde er für taktisch ungeschickt halten.

Geyer ist der Meinung, daß die Diskussion nur teilweise Realität sei, sich teilweise dagegen in luftleerem Raum bewege. Die Partei hat seinerzeit die Versailler Grenzen anerkannt. Das, was Höltermann sagt, wäre also eine Fortsetzung der Tradition. Jetzt dagegen das laut zu sagen, ist gefährlich und würde ein großes Engagement bedeuten. Das, was Stampfer meint, ist ein Wunschtraum. Wir haben ja schon deutlich genug gesagt, daß wir für die alten Grenzen genüber der CSR sind. Wir haben deshalb ein taktisches Unterpfand in der Hand. In bezug auf Österreich haben wir uns nicht öffentlich festgelegt. Aber innerhalb unseres Kreises sind wir ebenfalls gegen die Einbeziehung Österreichs gewesen. Wenn das aber so ist, dann ergibt sich die Frage, warum man das nicht sagen solle. Es bildet die Basis für den Propagandakrieg und Geyer ist der Auffassung, daß wir Höltermanns Anregung ernstlich prüfen sollten.

Hilferding: Wie werden sich die Dinge entwickeln? Ich bin seit 1919 Anschlußgegner, seit 1922 bin ich dagegen, daß wir den Versailler Vertrag bekämpfen.

Was wird dieser Krieg sein? Er steht unter einem merkwürdigen Vorzeichen. Denn anders als 1914–18 haben die Alliierten zunächst noch kein Kriegsziel. 1914 war die Parole: gegen das zaristische Regime; für die Demokratie; für den Völkerbund. Das jetzige Kriegsziel könnte höchstens sein, die Macht Deutschland zu zerstören. Der Glaube an die Demokratie ist verflogen. Der Krieg wird mit Brutalität geführt werden, und das wird größte Wirkungen haben. Die Regierungen werden hart in ihrem Entschluß zum Siege sein und sich gegen jeden Internationalismus wenden. Das Eintreten für Großdeutschland würde heißen, daß wir eine Position einnehmen wollten, die unmöglich für uns ist. Schon deshalb müssen wir von den österreichischen Vorstellungen abrücken.[4] Hilferding meint, daß wir hier in unserem Kreise zur Übereinstimmung kommen können. Viel schwieriger ist es jedoch schon, zu einer Übereinstimmung im Kreise der Emigration zu kommen. Man wird sich darüber hinwegsetzen müssen. Man wird Verbindung suchen und um Publizität ringen müssen. Auch Hilferding hat Sorge vor allzu weitgehenden programmatischen Bindungen.

Rinner: In der Sache sind wir alle einig, nicht einig dagegen in der taktischen Behandlung der Frage. Stampfer geht vom propagandistischen Standpunkt aus. Das ist nicht unzweck-

---

4 Nach dem Anschluß Österreichs traten die Revolutionären Sozialisten Österreichs dafür ein, auch nach einem Sturz Hitlers die Vereinigung des Landes mit Deutschland beizubehalten. Vgl. *Seebacher-Brandt*, Biedermann, Diss., S. 593, Anm. 5; *Kliem*, S. 233.

mäßig, wir sollten uns aber auch hüten, die Möglichkeit zu überschätzen. Er weist auf die Nazipropaganda hin, die für ein künftiges Deutschland gefährlich wird, da im Denken der Kriegsgegner nur ein Entweder-Oder entsteht. Die künftige Stellung Deutschlands in Europa ist heute schwer abzuschätzen. Wir sollten unsere Aufmerksamkeit darauf richten, daß Deutschland in den Grenzen von Versailles erhalten bleibt, um zugleich einen Beitrag zu geben [zu] suchen in bezug auf die Lösung der Gesamtfrage.

Crummenerl: Daß wir den Kampf gegen Hitler fortsetzen wollen, darüber besteht Einigkeit. Nicht nur unter uns. Das ist wohl auch die Gesamtauffassung der Emigration, soweit sie sich aus der Arbeiterbewegung rekrutiert. Bisher sind die territorialen Fragen nicht entschieden und auch noch nicht angeschnitten worden. Der Wunschtraum von wohl allen ist, daß die Grenzen von 1933 erhalten bleiben. Mein Eindruck ist, daß das deutsche Volk für Großdeutschland war und ist. Auch wir Sozialdemokraten haben das mitgemacht. Die psychologische[5] Situation ist so, daß wir vielleicht in Schwierigkeiten kommen, wenn wir einseitig Stellung nehmen. Am Ende wird es doch wahrscheinlich so kommen, daß Hitler und das deutsche Volk besiegt sind. Polen wird in Ostpreußen sitzen und nicht wieder herausgehen; die Tschechen werden vielleicht bis nach Sachsen eingerückt sein. Auf alle Fälle werden Fakten geschaffen sein. Der Kriegsfall wird sicherlich den Verlust Ostpreußens und des Rheinlandes bedeuten. Ich brauche nicht zu versichern, daß ich, wie wohl alle anderen hier, bereit bin[6], meine Kräfte auch dann dem deutschen Volke zu leihen, wenn ihm andere Grenzen aufgezwungen werden als die von Weimar. Wir müssen klar erklären, daß wir für Deutschland von 1933 sind. Wir können das in vorsichtiger Form unter Kenntnis der Dinge in Deutschland tun, sollten aber mehr und mehr auf diese Frage hinarbeiten.

Organisatorisch sollten wir uns festlegen und keine gemeinsame Organisation und keine gemeinsamen Erklärungen mit den Österreichern und den Sudetendeutschen machen.

Stampfer: Warum wurde nach dem letzten Krieg die Propaganda für den Anschluß Österreichs vorgenommen? Das war ein Mittel der friedlichen Revision im Gegensatz zu den Methoden Hitlers.

Die Meinungsverschiedenheit besteht im wesentlichen wohl darüber, ob wir unsere Auffassung proklamieren sollen oder nicht. Auch ich bin der Meinung, daß die Frage des Anschlusses von Österreich gelöst ist. Hitler hat den Anschluß von Österreich durch die Okkupation unmöglich gemacht.

Vogel stimmt mit den Auffassungen von Hilferding überein, stellt fest, daß im Parteivorstand sachliche Übereinstimmung herrscht, daß aber über die Taktik Meinungsverschiedenheiten bestehen. Die Aussprache war jedoch bisher fruchtbar und interessant.

Höltermann: Die Situation in London hat sich durch Österreich geändert. Ich bin der einzige Reichsdeutsche, der die hier vorgetragenen Auffassungen seit Jahren vertreten hat. Auch ich bin der Meinung, daß in der Sache selbst kein Streit zwischen uns besteht. Ich bin befriedigt darüber, daß Übereinstimmung unter uns herrscht. Das Telegramm an Beneš[7] war für mich klar, aber es hatte nicht die genügende Beweiskraft.[8] In der Frage der Formulierung bin auch ich der Meinung, daß man ruhig vorsichtig sein sollte. Richtig ist, daß im Kriegsfalle alles anders wird, wir können heute noch nicht sagen, wie die Situation werden

---

5 Vorlage: »phsychologische«.
6 Vorlage: »sind«.
7 Vorlage: »Benesch«
8 In diesem Telegramm, verfaßt nach der Annektion der Tschechei durch Deutschland, bekannte sich der PV zur Wiederherstellung der Rechte des tschechoslowakischen Volkes, lehnte also indirekt größere Grenzänderungen ab. Abgedruckt in: Neuer Vorwärts, 26. März 1939, und in: *Matthias/Link*, S. 114.

wird. Ich erinnere daran, daß es Ludendorff war, der Polen geschaffen hat.[9] Ich polemisiere in London gegen die Österreicher und Sudetendeutschen und ihre Bundesgenossen in unseren eigenen Reihen. Wir sollten unsere Auffassungen zu diesen Fragen so klar wir möglich sagen. Wie das geschieht, ist nicht entscheidend. Mein Wunsch bei dieser Debatte ist, daß, wenn ich nach London komme und diese Auffassungen wiedergebe, ich nicht von Euch desavouiert[10] werde. Für wünschenswert würde ich es halten, wenn wir einen Brief an die Exekutive der SAI richten würden. Notwendig sind auch mündliche Aussprachen mit Engländern und Franzosen über dieses Thema. Sehr begrüßen würde ich es, wenn Ihr einen Genossen nach London schickt, der dort über unsere Ansichten informiert. Wenn es soweit ist, dann sollten wir auch unseren Genossen in Deutschland sagen, wie wir über diese Fragen denken. Wenn wir jetzt nicht um dieses bißchen Deutschland kämpfen, dann ist es verloren. Tut was möglich ist, um über unsere Ziele Aufklärung zu schaffen.

Vogel: Genosse Höltermann wünscht, daß er nicht im Stich gelassen wird, wenn er die Auffassungen wiedergibt, die wir heute hier vertreten haben. Er kann dessen versichert sein, daß wir zu unseren Auffassungen stehen, daß wir aber auch nur diese und nicht weitergehende decken.

Nach kurzen Bemerkungen von **Höltermann** und **Vogel** wird die Debatte geschlossen.

Ollenhauer: Wir haben die Anregung auf Verbreitung des Aufrufs der Labour Party erhalten.[11] Ollenhauer schlägt vor, 10 bis 12 000 Exemplare anzufordern und auf die Grenzvertrauensleute aufzuteilen und den Genossen entsprechende Mitteilung zu machen. Mehr zu tun hält er bei dem gegenwärtigen Stand nicht für zweckmäßig.

Rinner möchte Ollenhauers Skepsis unterstreichen. Zur Zeit ist die Situation nicht so, daß es lohnt, wegen dieses Aufrufs Opfer zu bringen.

Höltermann ist ebenfalls dagegen, die Genossen deshalb in Gefahr zu bringen.

Vogel schlägt vor, mit Gillies zu korrespondieren und 10 bis 15 000 Exemplare zu verlangen.

Vogel wirft die Frage der SAI-Konferenz auf, über die schon wiederholt in der SAI gesprochen wurde. Wir sollten anregen, daß auf einer solchen Konferenz über internationale Fragen gesprochen wird.

Crummenerl ist dafür, diese Angelegenheit zurückzustellen.

Hilferding schlägt vor, der SAI zu schreiben, daß, falls der SAI-Kongreß stattfindet, genügend Zeit für die internationalen Fragen zur Verfügung gestellt wird.
Schluß der Sitzung.

---

9 Ludendorff, Erich, 1865–1937, General, auf dem völkischen Flügel der Rechten, 1923 Teilnahme am Hitlerputsch, 1924–1928 MdR Nationalsozialistische Freiheitspartei bzw. fraktionslos, 1925 nationalsozialistischer Kandidat bei der Reichspräsidentenwahl.
10 Vorlage: »deavouiert«.
11 Vorlage: Von »Anregung« bis »Party« hs. unterstrichen. Der Aufruf »An das deutsche Volk« erschien im »Neuen Vorwärts« vom 9. Juli 1939. Er wurde auch durch den britischen Rundfunk in deutscher Sprache verbreitet. In dem Aufruf wurde Hitler als Kriegstreiber gebrandmarkt. In den »Mitteilungen des Parteivorstandes«, Nr. 3, Mitte Juli 1939, wurde angekündigt, daß der Aufruf in Deutschland verbreitet werden solle.

Nr. 155
Protokoll der Parteivorstandssitzung am 12. Juli 1939

SAPMO Berlin, ZPA, II 145/55, Bl. 278–280

Vorstandssitzung vom 12. Juli 1939

Anwesend: Vogel, Crummenerl, Rinner, Ollenhauer, Stampfer, Hilferding, Heine.

Vogel teilt mit, daß auf der Tagesordnung die Besprechung der von Sander übermittelten Fragen eines englischen Kreises über eine konstruktive England-Europa-Politik vorgesehen sei.

Ollenhauer nimmt das Wort und berichtet ausführlich über die von Sander übermittelten Fragen, in denen gefragt wird
1) welcher Art die britische Politik gegenüber Deutschland sein soll und
2) welches Programm der deutschen Nation zugemutet werden könne mit der Aussicht auf Billigung durch sie.

Es ist nicht ganz klar, wer hinter diesen Fragen steht. Genannt sind uns die Namen Seton Watson und Wickham Steed.[1]

Hilferding: Die beiden genannten Leute sind schon sehr wichtige Persönlichkeiten in England und die Sache verdient, besprochen zu werden. Eine Beantwortung der Fragen bedeutet eine gewisse Festlegung. Hilferding weist dann darauf hin, daß ähnliche Bestrebungen auch in Frankreich kursieren.

Stampfer bemerkt, daß das Risiko einer Festlegung für uns nicht sehr groß sei. Es handele sich um eine anonyme Antwort, die noch dazu nicht von uns direkt, sondern von Sander gegeben werden soll. Stampfer ist der Auffassung, daß man sich mit allgemeinen Formulierungen begnügen soll und 1) als Aufgabe der britischen Politik die Propaganda gegen Hitler zu unterstützen betrachten solle. Zu 2) solle man sagen, daß, wenn Hitler gestürzt sei, daß dann dem deutschen Volke ein Programm vorgeschlagen werden müsse, das eine internationale Verständigung vorsieht.

Rinner ist der Meinung, daß die Hauptschwierigkeit bei dieser Angelegenheit die Zeitnot sei. Die Antwort müsse eigentlich schon heute gegeben werden, man könne jedoch eine solche Antwort nicht aus dem Ärmel schütteln. Er ist dagegen, daß die Anfrage mit der linken Hand erledigt werde. Es liege den Fragenden nicht daran, Gemeinplätze zu erhalten. Es könne sein, daß hinter der Anfrage mehr steht, und er hält es für zweckmäßig, wenn wir uns in diese Aktion einschalten.

Hilferding ist ebenfalls der Auffassung, daß unsere Antwort einen konkreten Inhalt haben muß.

Stampfer schlägt vor, daß Hilferding einen Entwurf macht und daß wir dann am Montag[2] erneut dazu Stellung nehmen.

Ollenhauer ist ebenfalls dafür, die Fragen als eine ernsthafte Angelegenheit zu betrachten. Er entnimmt den Gesprächen mit Höltermann, daß auch er über die Angelegenheit unterrichtet ist, denn sein kürzlicher Hinweis, daß man schon vor dem Kriege versuchen müsse, unsere Vorstellungen festzulegen und durchzusetzen, liege doch in der gleichen Richtung.

---

1 Vorlage: »Seaton«.
  Steed, Henry Wickham, 1871–1956, britischer Journalist und Historiker, ab 1938 außenpolitischer Kommentator der BBC.
  Seton-Watson, Robert William, 1879–1951, britischer Historiker, Ost- und Südosteuropaexperte.
2 Dies wäre der 17. Juli 1939 gewesen.

Ollenhauer macht auf die außerordentlich schwierigen Probleme der Grenzziehung aufmerksam.

Hilferding ist ebenfalls der Überzeugung, daß die Grenzziehung in Mitteleuropa eine der schwierigsten Fragen sein wird, daß es wohl darauf ankomme, die Schaffung einer zweiten Mitteleuropäischen Macht als Gegengewicht gegen Preußen-Deutschland vorzusehen. Er hält es für nützlich, auf diese Fragen anzuspielen.

Stampfer ist ebenfalls für eine Konkretisierung unserer Kriegspolitik. Er ist immer dafür gewesen, ist aber in der letzten Zeit skeptisch geworden, würde es aber nach wie vor begrüßen, wenn uns diese Konkretisierung gelänge.

Vogel stellt als allgemeine Auffassung fest, daß die vorgelegten Fragen nicht ignoriert werden sollen. Er hält es ebenfalls für das Wichtigste, daß einer aus unserem Kreis einen Entwurf macht, anhand dessen man dann in die Einzelberatung eintreten kann.

Es wird beschlossen, die Sitzung am nächsten Mittwoch fortzusetzen.[3] Zu dieser Sitzung soll Hilferding einen Entwurf der Antwort vorlegen.

Ollenhauer stellt die Frage, ob wir Höltermann beauftragen können, mit Sander über die Gespräche, die wir mit Höltermann gehabt haben, zu reden.

Rinner schlägt vor, an Sander lieber einen ausführlichen Brief zu schreiben, da die Möglichkeit besteht, daß Höltermann dem Bericht eine sehr persönliche Note gibt und dadurch unsere Auffassung vielleicht nicht präzise[4] genug für Sander zum Ausdruck komme.

Einverstanden.

Ollenhauer erinnert an den Vorschlag, den Hertha Gotthelf in bezug auf eine in englischer Sprache erscheinende Broschüre über die Deutsche Nachkriegspolitik[5] gemacht hat. Hertha Gotthelf hat mitgeteilt, daß der Book Service[6] im Prinzip bereit wäre, das Manuskript zu übernehmen. Wir sollen einen Antrag stellen, den Namen des Verfassers nennen und das ganze über Hertha Gotthelf an den Book Service weiterleiten.

Da Stampfer aus Zeitmangel nicht in der Lage ist, das Manuskript zu schreiben, so entschließt sich der Parteivorstand, den Genossen Hoegner[7] zur Manuskriptabfassung aufzufordern.[8]

Ollenhauer: Die Genossen in Mont-Luçon wünschen, daß wir ihnen Mitgliedskarten ausstellen.[9] Ollenhauer schlägt vor, diesem Antrag stattzugeben, jedoch damit zunächst noch keine prinzipielle Regelung für Frankreich zu schaffen. Wir sollten all den Genossen, die sich an uns direkt wenden und die die Bedingungen, die wir früher gestellt haben, erfüllen, die Mitgliedskarte ausstellen. In bezug auf die Beitragsleistung macht er den Vorschlag, daß wir die gleiche Regelung wie in Paris annehmen.

Einverstanden.

Stampfer: Ich habe dem Genossen Staudinger geschrieben, daß ich bereit bin, am 20.

---

3 Vgl. Nr. 156; dies war ein Mittwoch.
4 Vorlage: »prässise«.
5 Gemeint war die Politik nach dem Ersten Weltkrieg.
6 Es handelt sich um den »Labour Book Service«. Vgl. PV an Hoegner, 13. Juli 1939, in: AdsD, PV-Emigration, Mappe 55.
7 Vorlage: »Hoegner« hs. unterstrichen.
8 Hoegner wurde vom PV am 13. Juli 1939 brieflich gebeten, ein derartiges Manuskript abzufassen; vgl. AdsD Bonn, PV-Emigration, Mappe 55; dort auch eine Disposition Stampfers für das Buch. Hoegner antwortete am 16. Juli 1939, daß er dazu bereit sei, und übersandte gleich eine Disposition für das Buch. Weiteres Material zu diesem Thema befindet sich weder im AdsD Bonn noch im IfZ München, NL Hoegner. Auch verzeichnen weder der English Catalogue of Books noch das Deutsche Exilarchiv eine entsprechende Veröffentlichung von Hoegner.
9 Über diesen Vorgang sind im AdsD Bonn, PV-Emigration, keine Unterlagen überliefert.

September nach New York zu kommen.¹⁰ Ich möchte nochmals formell das Einverständnis des Parteivorstandes zu meiner Amerikareise einholen.
Einverstanden

Crummenerl verliest einen Brief, den er von Geyer erhalten hat und in dem dieser ein Darlehn oder einen Zuschuß wünscht.¹¹ Crummenerl schlägt vor, daß Geyer 2 200 Frs. gegeben werden.
Einverstanden

Hilferding berichtet über eine Besprechung mit Blum, die er mit ihm wegen der Frage der SAI und der Lösung der Schwierigkeiten des Sekretariats der SAI hatte. Er hat außerdem mit ihm über allgemeine politische Fragen und über die Haltung der Revolutionären Sozialisten zur Anschlußfrage gesprochen.
Schluß der Sitzung.

---

10 Zu ermitteln war nur die Antwort Staudingers vom 1. August 1939, in der er den Eingang von Stampfers Brief vom 12. Juli 1939 mit dem von Stampfer in der Sitzung dargestellten Inhalt bestätigte; vgl. AdsD Bonn, NL Stampfer, M 15.
Staudinger, Hans, 1889–1980, Staatssekretär, Aufsichtsratsvorsitzender der preußischen Staatsunternehmen, 1932/33 MdR (SPD), Emigration 1933 Westeuropa, 1934 USA, ab 1934 Prof. für Wirtschaftswissenschaften in New York, GLD.
11 Im Bestand AdsD Bonn, PV-Emigration, nicht zu ermitteln.

Nr. 156
Protokoll der Parteivorstandssitzung am 19. Juli 1939
SAPMO Berlin, ZPA, II 145/55, Bl. 281

Vorstandssitzung vom 19. Juli 1939

Anwesend: Vogel, Crummenerl, Rinner, Ollenhauer, Stampfer, Hilferding, Geyer, Heine.

Vogel teilt mit, daß in dieser Woche noch eine zweite Sitzung stattfinden wird, da Genosse Jaksch den Wunsch geäußert hat, mit uns zu reden. Es ist selbstverständlich, daß, auch wenn Jaksch den Wunsch nicht ausdrücklich geäußert hätte, wir daran interessiert wären, mit ihm zu sprechen.
Hilferding hat den Entwurf der Antwort fertiggestellt, die durch Sander an Seaton-Watson und Wickham Steed als Erwiderung auf deren Rundfrage gegeben werden soll. Er erläutert den Entwurf im einzelnen und verliest ihn.
Nach kurzen Bemerkungen von **Geyer, Vogel, Crummenerl** u. a. wird festgestellt, daß der Entwurf allgemeines Einverständnis findet.
Geyer teilt mit, daß die Genossin Dhonau angerufen und 6 Exemplare des CSR-Artikels, der im »Neuen Vorwärts« erschienen ist, verlangt hat.¹ Sie hat bei dieser Gelegenheit als Wunsch von Gillies mitgeteilt, daß wir ihm einen diplomatischen Brief zum Aufruf des Labour Council² schicken sollen. In dem Aufruf ist die Rede von »Verhandlungen mit Deutschland«. Gillies wünscht, daß wir dazu erklären, daß wir es lieber sehen würden, wenn diese Stelle des Aufrufs klarer gefaßt würde, damit deutlich daraus hervorgeht, daß es

---

1 In dem Artikel, publiziert am 16. Juli 1939, trat Geyer für die Wiederherstellung der Tschechoslowakischen Republik in den Grenzen vor dem Münchener Abkommen ein.
2 Vgl. Nr. 154, Anm. 11.

sich um Verhandlungen nach³ dem Sturz Hitlers handeln soll. Geyer hat auf Wunsch einen Entwurf vorbereitet, den er vorlegt.

Nach einer von **Stampfer** vorgeschlagenen Änderung findet der Entwurf Einverständnis.⁴

---

3 Vorlage: »nach« hs. unterstrichen.
4 Am 19. Juli 1939 schickte der PV einen entsprechenden Brief an die Labour Party; vgl. AdsD Bonn, PV-Emigration, Mappe 68.

Nr. 157
Protokoll der Parteivorstandssitzung am 21. Juli 1939

SAPMO Berlin, ZPA, II 144/55, Bl. 282–288

Vorstandssitzung vom 21. Juli 1939

Anwesend: Vogel, Crummenerl, Rinner, Ollenhauer, Hilferding, Geyer, Jaksch, Heine.

Vogel eröffnet die Besprechung mit der Mitteilung, daß Genosse Jaksch eine kurze politische Aussprache mit uns zu haben wünscht. Wir begrüßen den Genossen Jaksch auf das herzlichste und freuen uns über seine Anregung. Es ist selbstverständlich, daß wir auch von uns aus den Wunsch haben, diese Aussprache mit dem Genossen Jaksch herbeizuführen.

Jaksch: Wir haben beschlossen, den Kontakt mit den deutschen Parteien aufzunehmen, soweit sie der SAI angeschlossen sind. Ich möchte mich dieses Auftrags heute entledigen, der Besprechung aber einige Mitteilungen vorausschicken, die ich während meines Londoner Aufenthalts erfahren habe. London bietet ja außerordentlich viele Möglichkeiten, Nachrichten zu erlangen. (Jaksch gibt dann eine Reihe von Informationen, die sich auf die politische Entwicklung in der nahen Zukunft beziehen.) Er stellt fest, daß in London großes Interesse für deutsche und österreichische Fragen besteht. Besonders die österreichischen Kreise finden viel Sympathien und Interesse. Die Miles-Gruppe und die Leute um die Zukunft¹ machen große Reklame für sich. Aus der Situation ergab sich für uns Sudetendeutsche die Notwendigkeit, unsere Stellungnahme darzulegen. Ich habe deshalb ein Memorandum abgefaßt, das unsere Haltung und Situation klarstellt.² Es besteht unter Umständen die Möglichkeit, daß die in dem Memorandum niedergelegten Auffassungen in einem Heft der Pinguin-Serie noch ausführlicher und in englischer Sprache dargestellt werden.

Auch für uns ist die Frage der Gestaltung der SAI von großem Interesse. Wir sind der Meinung, daß die Entwicklung im wesentlichen von der Haltung der britischen und schwedischen Partei bestimmt wird. Da wir in sehr starkem Maße auf diese Parteien angewiesen sind, so haben wir auf die Teilnahme an der letzten Sitzung verzichtet. Wir sind Adler gegenüber in einer schwierigen Situation. Wir halten es für das Zweckmäßigste, wenn wir zur Lösung verschiedener Fragen anläßlich der nächsten Exekutiv-Sitzung in Brüssel eine Sonderbesprechung der deutschen sozialdemokratischen Parteien durchführen. Wir sind sehr gern bereit, auf dieser Besprechung auch die Stellung, die wir zur Miles-Gruppe einnehmen, darzulegen. Für uns ist eine Voraussetzung für die Zusammenarbeit[ung] unter den

---

1 Die Zeitschrift »Die Zukunft« wurde 1938–1940 von Willi Münzenberg herausgegeben und hatte neben der Hauptredaktion in Paris auch ein Büro in London. Vgl. *Maas*, Bd. 4, S. 245–247.
2 Vgl. Nr. 154, Anm. 3.

deutschen sozialdemokratischen Parteien der Bruch mit Miles. In diesem Zusammenhang spricht Jaksch sein Einverständnis mit der Broschüre von Geyer aus.[3]

Vogel schlägt vor, die Diskussion zu teilen. Es wird zunächst mit der Aussprache über das SAI-Problem begonnen.

Ollenhauer macht einige Bemerkungen zur letzten Exekutiv-Sitzung und schildert unsere Haltung zur Demission von Adler. Wir stellen ähnliche Erwägungen wie Jaksch an und haben deshalb auf eine Abstimmung verzichtet. Das Memorandum von Adler[4] wird sicher keine Mehrheit finden. Die Frage der Miles-Gruppe ist nicht mehr so wichtig, als daß wir sie zur Kernfrage unseres Verhaltens Adler gegenüber machen möchten. Ollenhauer ist dafür, daß wir die Entscheidung über die Neuwahl des Sekretärs in erster Linie den legalen Parteien überlassen.

Crummenerl befürchtet, daß bei einer Zusammenkunft der sozialistischen deutschen Parteien mehr ein Auseinanderreden als eine Verständigung herauskommen wird. Die Frage des internationalen Sekretärs hält er für sehr schwierig, und er spricht sich gegen die Sonderzusammenkunft aus.

Hilferding: Der Vorschlag von Jaksch soll sich ja doch wohl nicht mit der Frage des Sekretariats und des Sekretärs der SAI beschäftigen, sondern soll der Diskussion zwischen den drei deutschen Parteien erstens über ihr Verhältnis zur KP und zweitens über das Verhältnis zu den Gruppen dienen. Was die Sekretariatsfrage betrifft, so ist es klar, daß die Franzosen sich für Adler einsetzen werden. Es ist notwendig, daß eine Verständigung zwischen Franzosen und Engländern gefunden wird. Auch Hilferding ist der Auffassung, daß das Memorandum von Adler wenig Anhänger finden wird. Wir müssen uns vergegenwärtigen, daß, wer auch immer der Nachfolger von Adler sein wird, er viel geringeren Einfluß haben wird. Das wird zwangsläufig zu einer Verminderung der Bedeutung der SAI führen. Unser Wunsch kann nicht auf die Beseitigung Adlers gerichtet sein.

Vogel: Zu den Bedenken, die sich der Neuwahl des Sekretärs der SAI entgegenstellen, kommt hinzu, daß diese Änderung in der Person des Sekretärs auf einen Wechsel in der Person des Präsidenten folgt. Es kommt ferner hinzu, daß offenbar eine Verschiebung der Kompetenzen innerhalb der SAI durchgeführt wird. Es scheint so, als wenn mit Absicht auf eine Verlagerung der Kompetenzen in der SAI hingearbeitet wird. Das Büro hat bisher die Entscheidungen der Exekutive vorbereitet. Es besteht offenbar die Absicht, das Büro in weitgehendem Maße von diesen Funktionen auszuschalten und sie der Geschäftskommission zu übertragen.

Die von Jaksch vorgeschlagene Besprechung der deutschen Parteien könnte doch viel zweckmäßiger in Paris als in Brüssel stattfinden, allerdings dürften die Aussichten, zu einer Verständigung unter den drei Parteien zu kommen, sehr gering sein.

Crummenerl: Dem Genossen Deutsch wird daran liegen, den ganzen Fragenkomplex aufzurollen, zumindest würde er den Versuch dazu machen. Crummenerl wendet sich gegen derartige Besprechungen, da sie der Verständigung nicht förderlich sind, sondern nur zum Auseinanderreden führen. Der Versuch, eine derartige Besprechung in Paris durchzuführen, würde bedeuten, daß die Gruppen zu dieser Besprechung hinzukommen.

Vogel bemerkt, daß die Österreicher inzwischen schon ihre Erfahrungen mit den Gruppen gemacht haben.

Jaksch stellt fest, daß der Ausgangspunkt zu diesem Vorschlag der Wunsch der sudetendeutschen Funktionäre war und daß er es übernommen habe, den Versuch zu machen, die-

---

3 *Curt Geyer*, Die Partei der Freiheit, Paris 1939.
4 Adler legte am 18. Juni 1939 der SAI-Exekutive ein Memorandum über »Die Lage der SAI« vor. Vgl. Internationale Information Jg. 16, 20. Juni 1939, S. 327 f. Hintergrund war, daß Adlers Wiederwahl als SAI-Sekretär umstritten war.

sen Wunsch zu realisieren. Selbstverständlich kann man den Wunsch nur soweit erfüllen, als Neigung dazu bei den anderen Parteien besteht. Auch er ist der Meinung, daß das personale Problem der SAI aus einer derartigen Besprechung ausgeschaltet bleiben muß. In politischer Beziehung sollten wir den Dingen nicht freien Lauf lassen.

Vogel teilt mit, daß wir immer für eine Arbeitsgemeinschaft der drei Parteien gewesen sind, daß wir es aber ablehnen, die Gruppen als gleichberechtigt heranzuziehen.

Jaksch meint, daß die Erklärung von Vogel zwar eine bescheidene, aber doch reale Basis abgeben könne.

Hilferding ergreift das Wort, um zu den politischen Bemerkungen von Jaksch Stellung zu nehmen. Er fragt sich, wie weit wir uns festlegen können. Otto Bauer habe sich festgelegt. Wir lehnen diesen Standpunkt ab. Wir sanktionieren weder die Okkupation Österreichs noch die des Sudetengebiets. Wir sind uns völlig bewußt, daß alle Spekulationen über diese Dinge in der Luft schweben. Wir vermeiden in unseren Auslassungen eine Festlegung auf eine großdeutsche Lösung. Solche Lösungen hätten nicht die geringste Aussicht auf Durchführung. Hilferding wendet sich gegen die Aufstellung von Kriegszielen, die uns von allen Beratungen ausschließen würden.

Jaksch erklärt, daß das Problem der großdeutschen Frage nun einmal bestehe. Hilferdings Auffassung würde bedeuten, daß wir uns aus den Vorbereitungen ausschalten würden, die die künftige Gestaltung Mitteleuropas zum Ziele haben.

Rinner fragt Jaksch, ob es denn so etwas wie eine großdeutsche Frage überhaupt gäbe?

Geyer richtet an Jaksch die Frage, ob er unsere in dem »Neuen-Vorwärts«-Artikel »Die Zukunft der Tschechoslowakei« wiedergegebene Auffassung zu diesem Teil der großdeutschen Frage gelesen habe. Da Jaksch den Artikel infolge seiner Reise nicht kennt, verliest Geyer die wichtigsten Passagen dieses Artikels.[5]

Jaksch erklärt, daß, wenn hier von seiten der Sopade einseitig Entscheidungen in so wichtigen und die Sudetendeutschen so unmittelbar betreffenden Fragen gefällt werden, daß dann jede Diskussion aufhöre. Er habe den Eindruck, daß die Sudetendeutschen glatt verkauft würden, ohne gehört zu werden.

Rinner ist der Meinung, daß wir von verschiedenen Gesichtspunkten ausgehen. Er hält Jakschs Gesichtspunkt nicht für ganz richtig. Er verneint das Vorhandensein einer gesamtdeutschen Frage und verweist darauf, daß es »Sudetenfragen« überall gebe und nicht nur an den Grenzen Deutschlands. Das Selbstbestimmungsrecht der Völker ist eine sehr zweifelhafte Sache. Die Wählenden können zwar aus einem Staatsverband ausscheiden, praktisch aber haben sie überhaupt nicht mehr die Möglichkeit, in einer neuen Wahl ihre Entscheidung rückgängig zu machen und in den alten Staatsverband zurückzukehren. Das heißt aber, daß es ein Selbstbestimmungsrecht nicht gibt. Wir müssen uns davon freimachen, gewisse Dinge als Axiome zu betrachten. Er ist nicht der Meinung, daß Deutschland zwei Drittel Europas beherrschen muß. Rinner stimmt deshalb auch nicht überein mit Jakschens Meinung, die im Memorandum niedergelegt ist. Wie soll man das von Jaksch gewünschte Mitteleuropa organisieren, ohne daß Deutschland eine vorherrschende Stellung einnimmt. In einem mitteleuropäischen Staat von 150 Millionen Menschen, in denen die Deutschen 80 Millionen, also über die Hälfte, verkörpern, wird es nicht möglich sein zu verhindern, daß die Deutschen eine Vormachtstellung einnehmen.

Auf einen Einwurf von **Jaksch** erwidert **Hilferding**, daß es die Deutschen waren, die mit der Autarkie-Politik angefangen haben.

Rinner fragt sich, ob wir die Position des deutschen Nationalismus einnehmen sollen. Er hat den Eindruck, daß die sudetendeutschen Genossen sehr unter der Wirkung der gegenwärtigen Situation stehen und deshalb nur diesen Ausweg sehen. Er erinnert daran, daß

---

5 Vgl. Nr. 156, Anm. 1.

während der großen Wirtschaftskrise alle Welt unter dem Eindruck stand, die Wirtschaft werde sich davon nicht mehr erholen. Er folgert daraus, daß man sich hüten müsse, die gegenwärtige Situation als unabänderlich anzusehen. Wir sollen nicht vergessen, daß der Einfluß der machtpolitischen Ideen, die jetzt auf uns wirken, nicht unabänderlich ist.

Geyer teilt die Auffassung von Rinner. Die Staaten kämpfen gegeneinander. Wir müssen eine realpolitische Perspektive haben. Es wird erforderlich sein, daß wir die Grenzfragen konservativ behandeln. Wir müssen aus der Situation das Beste machen, was möglich ist. Wir sollten an den Gleichgewichtszustand von vor 1914 anknüpfen. Wenn man solchen realpolitischen Gedankengängen nachgeht, dann gliedert sich auch das Problem der Tschechoslowakei.

Jaksch ist der Auffassung, daß die deutsche Partei eine Vorleistung auf Kosten der Sudetendeutschen geben wolle.

Geyer: Man muß überhaupt erst einmal einen Haltepunkt finden. Es ist zu befürchten, daß die Forderungen der Siegermächte maßlos sein werden. Unsere Vorstellungen, die Situation von vor Hitler wiederherzustellen, werden in den Augen der Völker sicher einen solchen Haltepunkt bedeuten. Allerdings darf es dann nicht wieder ein hochschutzzöllnerisches Deutschland geben. Jaksch fordert größeren Lebensraum für die Sudetendeutschen. Dieser Raum muß in den Verhandlungen zwischen Deutschland und der Tschechoslowakei nach dem Kriege gefunden werden. Wir brauchen Grenzen in der Art, wie sie vor 1914 bestanden haben: aufgeweichte Grenzen, kaum mehr sichtbare Grenzen. Die neuen Grenzen in Europa dürfen nicht wieder den Keim zu drei oder vier Kriegen schaffen.

Auf einen Einwurf von **Jaksch** erwidert **Geyer**, daß das »Subjekt Deutsches Volk« ein zu nebelhafter Begriff sei. Wie verhält es sich etwa mit den Deutschen in den Vereinigten Staaten, wie mit den Enklaven? Es gibt kein »Subjekt Deutsches Volk«.

Hilferding stellt fest, daß das Selbstbestimmungsrecht der Nationen keine sozialdemokratische Forderung ist. Er erinnert in diesem Zusammenhang an Renner.[6] Er fragt sich, welchen Grund wir als Sozialisten haben, dafür einzutreten, daß alles, was deutsch spricht, in einem Staat vereinigt sei. Er sieht keine Notwendigkeit dafür, und er verweist auf das Beispiel der Schweiz und des alten Österreichs. Selbstverständlich ist ein internationales Minoritätenrecht notwendig. Die Schwierigkeiten eines Großraum-Mitteleuropas nach einem verlorenen Kriege sind doch wohl unüberwindlich. Es wird daher notwendig sein, daß man sich in territorialen Konstruktionen für die Zeit nach dem Kriege die größte Beschränkung auferlegt. Er weist Jaksch eindringlich darauf hin, daß Jaksch mit einem Memorandum praktisch einen Großraum Mitteleuropa schaffe, in dem die Deutschen die Vorherrschaft haben.

Vogel: Verständnis für die sudetendeutsche[n] Wünsche besteht durchaus angesichts der früheren Erfahrungen der Sudetendeutschen. Aber niemand wird glauben, daß die Alliierten den Status quo anerkennen werden. Man muß doch die Dinge sehen, wie sie sein werden und damit rechnen, daß Tschechen und Russen in Deutschland einmarschieren werden. In einem solchen Stadium der Entwicklung kann man nicht fordern, daß Sudetendeutschland zu Deutschland kommt. Wir müssen jetzt für die Stimmung sorgen, daß Deutschland nicht zerschlagen wird und daß die Grenzen der Weimarer Republik erhalten bleiben. Das läge auch im Interesse der europäischen Arbeiterschaft. Vogel verweist auf das Beispiel der Schweiz und betrachtet das Selbstbestimmungsrecht der Völker ebenfalls als ein sehr zweischneidiges Schwert.

---

6 Renner, Karl, 1870–1950, österreichischer Sozialdemokrat, 1920–1934 Mitglied und 1931–1933 Präsident des Nationalrates, 1934 vorübergehend verhaftet, votierte 1938 für den Anschluß Österreichs, nach dem Krieg maßgeblich an der Gründung der SPÖ beteiligt, erster Bundespräsident Österreichs.

Jaksch glaubt, daß es heute nicht möglich sein wird, zu einem Abschluß zu kommen. Er stellt fest, daß wir in den Grundfragen nicht ganz einig sind. Das rührt wahrscheinlich auch daher, daß wir Erfahrungen haben, die voneinander verschieden sind. Wir müssen den Versuch machen, einen gemeinsamen Ausgangspunkt zu finden. Wir sollten auch den Versuch revolutionärer Erhebungen im künftigen Nachkriegseuropa nicht ganz außer Acht lassen. Geyer hat die klare Parole herausgegeben: Zurück zu Versailles. Die Reichsdeutschen werden darüber sicher nicht ganz einig sein. Vielleicht sind sie es in bezug auf Österreich, sicher aber nicht in bezug auf die Ostfragen, auch nicht, soweit es sich um Sozialdemokraten handelt.

Geyer stellt fest, daß die Partei immer für ein Ostlocarno war.[7]

Jaksch erwidert darauf, daß es keine Übereinstimmung in der deutschen Partei gegeben habe. Es ist doch kein Geheimnis gewesen, daß Otto Braun z. B. mit den Ostgrenzen nicht zufrieden war. Das groß- und kleindeutsche Problem ist doch schließlich keine Erfindung[8] der Sudetendeutschen. Es besteht und kann nicht wegdiskutiert werden. Er befürchtet, daß die deutschen Sozialisten ohnmächtig sein werden, wenn sie mit dem deutschen Nationalismus in Widerstreit geraten. Das Selbstbestimmungsrecht der Völker ist ein Faktum, wie es das Beispiel Italiens zeigt. Italien ist in den Krieg gegen Österreich eingetreten, auch und vor allem wegen Trentino. Die jungen Völker drücken die Deutschen an den Grenzen an die Wand. Mit dem Minderheitenschutz können wir Sudetendeutschen uns nicht beruhigen. Wir haben damit unsere Erfahrungen gemacht. Die von Geyer vorgesehene konservative Lösung kann sich auch furchtbar für die Arbeiter in Deutschland auswirken. Wenn man das Prinzip verläßt, daß Deutschland, wie die anderen Völker, das Selbstbestimmungsrecht haben soll, wie kann man dann vor dem deutschen Volk noch bestehen?

Crummenerl verweist darauf, daß eine revolutionäre Erhebung nicht das Ende des Krieges bedeuten würde, im Gegenteil. Wenn wir Jakschs Konzeption annehmen würden, dann schalten wir uns damit überhaupt aus der Aktion aus. Das, was war, muß wieder hergestellt werden – diese These gibt uns möglicherweise eine Basis, auf der wir uns an den Gerechtigkeitssinn der Völker wenden können.

Hilferding ist skeptisch. Er befürchtet, daß alles nicht mehr als ein sehr schönes Gedankenspiel sei, aber er fragt sich, was dabei herauskomme. Er sei Nihilist.

Geyer hält es doch für wichtig, einige Termini zu klären. Er gibt geschichtliche Rückblicke und geht auch nochmals auf die Frage des Selbstbestimmungsrechts ein. Er stellt fest, daß die Abtrennung Ostpreußens für Deutschland nicht von entscheidendem wirtschaftlichen Gewicht gewesen ist. Er ist sicher, daß die von Hitler geschaffenen Fakten keinen Bestand haben werden. Wenn das aber so ist, dann wird es doch das günstigste für uns sein, wenn die Grenzen des Versailler Vertrages bleiben.

Rinner erklärt, daß wir unsere Position nicht aus taktischen Rücksichten beziehen. Uns trennt doch wohl mehr als diese taktischen Fragen. Unsere gemeinsamen Erfahrungen veranlassen uns zu der Überzeugung, daß man Außenpolitik im allgemeinen nicht für sehr lange Zeiträume, sondern höchstens für 20, 30 Jahre machen kann. Wir können uns nicht zu Vollstreckern des Nationalismus hergeben. Wir müssen für die Freiheit der Völker und für die Verständigungspolitik eintreten. Er gibt zu, daß der Nationalismus der kleinen Staaten noch unsympathischer ist als der deutsche.

Wir müssen unsere Überlegungen gemeinsam darauf konzentrieren, wie man Südosteuropa so organisieren kann, daß nicht wieder eine Minderheit unterdrückt wird.

Vogel schließt die Sitzung mit einigen Bemerkungen.

---

7 Im Vertrag von Locarno hatte Deutschland 1925 seine neuen Westgrenzen endgültig anerkannt, ebenso die Entmilitarisierung des Rheinlands.
8 Vorlage: »Erfindung« hs. eingebessert für »Forderung«.

Nr. 158

Protokoll der Parteivorstandssitzung am 24. Juli 1939

SAPMO Berlin, ZPA, II 145/55, Bl. 289

Vorstandsbesprechung vom 24. Juli 1939

Anwesend: Vogel, Crummenerl, Rinner, Ollenhauer, Geyer, Heine

Crummenerl teilt mit, daß Gillies einen Scheck über 26 000 Frs. gesandt habe. Er macht den Vorschlag, daß wir jedem unserer Sekretäre 2000 bis 2 500 Frs. davon zur Verfügung stellen, um die Verbreitung des Aufrufes der Labour Party zu sichern.

Rinner wirft ein, ob es nicht besser sei, zunächst zurückzufragen und die Sekretäre aufzufordern, die benötigten Beträge zu nennen.

Der Vorschlag **Crummenerls**, insgesamt 11 500 Frs. von dem von Gillies gesandten Geld an die Sekretäre weiterzuleiten, wird akzeptiert.

Crummenerl: Hertz hat auf unsere Aufforderung, die Zahlungsanweisung in Höhe von 4 000 Schw.Frs. an uns gegenzuzeichnen (die wir dann Dr. Meyer weitergeben wollen), nicht geantwortet. Crummenerl verliest einen Entwurf eines zweiten Briefes, in dem diese Anweisung von 4 000 Schw.Frs. verbunden wird mit einer Anweisung von 700 Schw.Frs. an Hans Hirschfeld. Hertz wird aufgefordert, diese zweite Anweisung unterschrieben zurückzusenden und die erste zu vernichten.[1]

Der Parteivorstand erklärt sich mit dem Vorschlag Crummenerls einverstanden.

---

1 Die Schreiben des PV an Hertz vom 17. Juli 1939 und – nach der Vorstandssitzung – vom 24. Juli 1939 befinden sich im IISG Amsterdam, NL Hertz, S. 16, Bl. 1 f.

Nr. 159

Protokoll der Parteivorstandssitzung am 29. Juli 1939

SAPMO Berlin, ZPA, II 145/55, Bl. 294 f.

Vorstandsbesprechung vom 29. 7. 1939.

Anwesend: Vogel, Rinner, Stampfer, Geyer, Heine

Vogel teilt mit, daß Caspari[1] mit ihm eine Rücksprache genommen und seine finanzielle Situation geschildert hat. Genosse Vogel schlägt vor, Caspari eine Unterstützung von 2 400 Frs.Fr. zahlbar in drei Monatsraten à 800,- Frs. zu gewähren. Er teilt mit, daß die Notlage Casparis so groß gewesen sei, daß er sich veranlaßt gesehen habe, ihm eine Akontozahlung von 500 Frs. bereits zu geben.

Rinner sieht keine Möglichkeit, Caspari zur Mitarbeit heranzuziehen und ihm auf diese Weise Mittel zu verschaffen. Er betrachtet es als reinen Unterstützungsfall. Da Genosse Vogel erwähnt hat, daß Caspari von einer anderen Seite ebenfalls eine Unterstützung bekommt, schlägt er vor, nicht drei Monate 800,-, sondern drei Monate à 400,- Frs. zu gewähren.

Geyer: Auch er sieht keine Möglichkeit, Caspari zur Mitarbeit heranzuziehen. Er setzt sich jedoch dafür ein, daß Vogels Vorschlag angenommen wird, um Caspari die Möglich-

---

1 Vorlage: »Caspari« hs. unterstrichen.

keit zu schaffen, sich in dieser Zeit eine Existenz zu suchen, ohne dringliche Nahrungssorgen zu haben.

Rinner beharrt auf seinem Vorschlag.

Stampfer stellt fest, daß es eine reine Unterstützungsangelegenheit ist und daß auch er keinen Widerspruch erheben wolle.

Vogel stellt fest, daß Widerspruch gegen die Auszahlung einer Unterstützung an sich nicht erfolgt, und er bittet um Beschlußfassung über die Höhe.

Es wird beschlossen, Caspari eine Unterstützung von dreimal 800,- Frs. zu gewähren.

Heine berichtet über die von Wagner gemachten Mitteilungen über die im »Neuen Vorwärts« beschäftigte Aushilfskraft Schubert.[2] Wagner hat Bedenken gegen den Mann. Er hat Gerüchte über ihn gehört, die es unzweckmäßig erscheinen lassen, Schubert weiter zu beschäftigen. Wenn auch das Gerücht, daß Schubert Gestapospitzel sei, nicht beweisbar ist, so läßt sein früherer Lebenslauf ihn nicht geeignet erscheinen, im »N[euen] V[orwärts]« beschäftigt zu werden. Heine gibt zu bedenken, daß es sich um Gerüchte aus kommunistischer Quelle handelt und daß bisher nicht Konkretes vorliegt.

Vogel hat durchaus Verständnis für eine gewisse Rücksichtnahme, hält es jedoch für notwendig, daß größte Vorsicht geübt wird.

Rinner ist dafür, daß nach beiden Seiten hin, sowohl was die Darstellungen Wagners betrifft wie die Beschäftigung Schuberts, Vorsicht geübt wird.

Es wird vereinbart, die weiteren Ermittlungen Wagners abzuwarten und Schubert bis dahin hinzuhalten.

Schluß der Sitzung.

---

2 Vorlage: »Schubert« hs. unterstrichen.

Nr. 160
Protokoll der Parteivorstandssitzung am 4. August 1939
SAPMO Berlin, ZPA, II 145/55, Bl. 296

Vorstandssitzung vom 4. 8. 39.

Anwesend: Vogel, Rinner, Ollenhauer, Stampfer, Geyer, Hilferding, Brost[1], Heine

Vogel begrüßt den Genossen Brost und bittet ihn, uns über seine Auffassungen und Eindrücke zu berichten.

Brost beginnt mit der Berichterstattung über Danzig[2] und schildert die Ursachen und Umstände, die zu der Gleichschaltung von Fraktionsmitgliedern geführt haben.[3] Er zeigt

---

1 Vorlage: »Brost« hs. unterstrichen.
2 Vorlage: »Danzig« hs. unterstrichen.
3 Am 28. Januar 1938 erklärte der Vorsitzende der SPD-Fraktion im Danziger Volkstag dem Volkstagspräsidenten, daß die SPD-Fraktion sich auflösen und der NSDAP-Fraktion als Hospitanten anschließen werde. Bis zur Veröffentlichung dieser unter Druck erfolgten Erklärung im Juni 1938 gelang es dem in Warschau lebenden früheren Redakteur der Danziger SPD-Zeitung, Erich Brost, mehrere SPD-Abgeordnete zum Mandatsverzicht zu bewegen, so daß schließlich nur drei Sozialdemokraten zur NSDAP wechselten. Vgl. die Korrespondenz des PV mit Brost in: AdsD Bonn, PV-Emigration, Mappe 24, und das Schreiben Heines an Geyer vom 20. Januar 1938, in: Ebd., Mappe 51.

die Situation in der Partei auf, berichtet über die Haltung der Genossen und die Stimmung in Danzig.

Er berichtet sodann ausführlich über die Situation in Polen, wo die Memelaffäre allen Leuten die Augen geöffnet hat.[4] Er schildert die Stellung der Deutschen in Polen und die getroffenen Polonisierungsmaßnahmen. Der polnische Radau-Antisemitismus ist im Verschwinden, aber noch heute existiert ein auch von den Behörden geförderter Antisemitismus, der vor allen Dingen das Herausdrängen der Juden aus der Wirtschaft zum Ziele hat. Brost bespricht die polnische innerpolitische Situation und geht auf das Verhältnis zu Rußland ein. Zum Schluß macht er noch Mitteilungen über die illegalen Beziehungen, die zu Ostpreußen bestehen.[5]

Vogel dankt Brost für die interessanten Ausführungen und meint, daß es kaum möglich sein wird, über sie zu diskutieren.

Brost teilt mit, daß von polnischer Seite an ihn das Ersuchen gerichtet worden ist, im Rahmen der polnischen Propaganda, insbesondere der Rundfunkpropaganda, zu wirken. Er ist sich über seine Entscheidung noch nicht klar und würde gern von uns hören, wie wir über diese Angelegenheit denken.

Vogel berichtet über unsere Besprechungen, die wir in dieser Frage hatten.

Es folgen Bemerkungen von **Rinner, Hilferding, Ollenhauer, Vogel** und **Stampfer** zum selben Thema.

Vogel berichtet über die Einladung des Prinzen Hubertus von Loewenstein[6], zur Verfassungsfeier.

Es wird vereinbart, daß einige Mitglieder, die Einladungen erhalten haben, hingehen.

Vogel berichtet über das nochmalige Gespräch zwischen ihm und Wagner über den Fall Schubert.

Es wird beschlossen, Heine zu beauftragen, an Schubert noch eine Entschädigung in Monatshöhe zu zahlen.

---

4 Deutschland zwang Litauen durch militärischen Druck, am 22. März 1939 einen Vertrag über die Rückgabe des Memelgebiets zu unterzeichnen.
5 Vorlage: Von »illegalen« bis »bestehen« hs. unterstrichen.
6 Löwenstein, Hubertus Prinz zu, 1906–1984, Zentrum, Journalist, Emigration 1933 Österreich, 1934 Saargebiet, 1935 USA, 1937 Korrespondent in Spanien, Hochschullehrer Kanada, USA, Generalsekretär »American Guild for German Cultural Freedom«, 1946 Deutschland, 1953–1957 MdB FDP, 1958 CDU.

Nr. 161
Protokoll der Parteivorstandssitzung am 18. August 1939

SAPMO Berlin, ZPA, II 145/55, Bl. 297–299

Vorstandssitzung vom 18. August 1939

Anwesend: Vogel, Crummenerl, Ollenhauer, Stampfer, Geyer, Hilferding, Heine.

Crummenerl berichtet über den gegenwärtigen Stand der Freiheits-Prozeß-Angelegenheit. Er rekapituliert, daß wir Paul Hertz aufgefordert hatten, eine Anweisung auf 4 000 Schw.Frs. zu unterschreiben, die an uns zu zahlen sind. Da Hertz uns keine Antwort gegeben hatte, so haben wir ihm einen neuen Brief zur Unterschrift übermittelt, in dem nicht nur 4 000 Schw.Frs. für uns, sondern auch 750 Schw.Frs. für Hirschfeld angewiesen werden. Hertz hat diesen Brief unterzeichnet, die Auszahlung ist erfolgt. Zur Zeit hat Rechtsanwalt Meyer noch etwa 3 400 Schw.Frs. in Verwahrung, von denen nach Abzug gewisser Ausgaben wohl noch 3 000 Schw.Frs. für uns übrig bleiben. Wir haben unter Einrechnung aller Kosten etwa 12 000 Schw.Frs. bezahlt; 4 000 Schw.Frs. davon erhalten und 3 000 Schw.Frs. werden wir voraussichtlich noch bekommen (wenn Hertz unterzeichnet).

Der Bericht Crummenerls wird ohne Debatte zur Kenntnis genommen.

Crummenerl: Der Genosse Beyer, Toulouse[1], bittet, das Quartalshonorar diesmal vorweg ausgezahlt zu erhalten. Crummenerl wünscht dazu durch einen Beschluß des Parteivorstandes ermächtig zu werden.

Der Parteivorstand beschließt so.

Crummenerl: Bei Oprecht & Helbling werden die Erinnerungen von Otto Braun erscheinen.[2] Wir sind aufgefordert worden, eine Subskriptionsbestellung[3] vorzunehmen. Crummenerl schlägt vor, 30 Bücher zu bestellen.

Hilferding spricht sich dagegen aus und wünscht, daß wir nur 2 oder höchstens 10 Bücher anfordern.

Ollenhauer und **Stampfer** treten für Crummenerls Vorschlag ein.

Stampfer hatte erwartet, daß wir noch mehr subskribieren[4] würden.

Auf Vorschlag von **Vogel** wird der Antrag Crummenerls akzeptiert.

Crummenerl macht Bemerkungen über die finanzielle Situation des Parteivorstandes, die zur Kenntnis genommen werden.

Crummenerl: Die SAI teilt in einem Brief mit, daß beschlossen worden sei, die Parteien in den faschistischen Ländern aus der allgemeinen Beitragsliste zu streichen und sie zu ersuchen, einen symbolischen Beitrag zu leisten.

Nach einigen Bemerkungen von **Vogel, Hilferding, Crummenerl** und anderen wird beschlossen, der SAI mitzuteilen, daß wir zur Zahlung eines symbolischen Beitrags bereit sind. Wir werden nach der Exekutiv-Sitzung, die sich mit dieser Frage beschäftigt, endgültig über die Höhe usw. Stellung nehmen.

Stampfer schlägt vor, den Versuch zu machen, uns in den Propagandakrieg nach Deutschland hin einzuschalten. Er hält es für das zweckmäßigste, wenn wir diesen Versuch in England unternehmen und sondieren, ob der englische Rundfunk einen Aufruf des Parteivorstandes verbreiten würde. Zur Vereinfachung der Debatte hat er bereits einen Entwurf gemacht.

Geyer ist mit dem Vorschlag im Prinzip einverstanden.

Stampfer verteilt Exemplare seines Entwurfs und gibt Erläuterungen.

Ollenhauer ist ebenfalls im Prinzip mit dem Versuch einverstanden, mit dem englischen Rundfunk in Verbindung zu treten. Er sieht jedoch die Situation in bezug auf den Rundfunk nicht klar und weiß nicht, in welcher Weise am besten an die geeignete Stelle heranzukommen ist.

Geyer: Diese Frage muß man klären. Man sollte zunächst versuchen, briefliche Informationen zu erlangen.

Stampfer ist der Meinung, daß wir den Entwurf sofort mitschicken sollen, damit die Leute gleich wissen, um was und um wen es sich handelt.

Ollenhauer und **Hilferding** nehmen zu dem Stampferschen Entwurf Stellung und kritisieren einige Passagen. Hilferding schlägt vor, Wickham Steed zu bitten, sich der Angelegenheit anzunehmen. Beide äußern die Auffassung, daß das Manuskript zu lang ist und um die Hälfte gekürzt werden muß.

Der Parteivorstand ist einig in dem Grundsatz, den Versuch zu machen, einen Aufruf

---

1 Vorlage: »Beyer, Toulouse« hs. unterstrichen.
2 »Von Weimar zu Hitler« erschien zwecks Umgehung der schweizerischen Militärzensur nicht im Züricher Europa-Verlag, dessen Leiter Emil Oprecht war, sondern im Europa-Verlag New York; vgl. *Schulze,* Braun, S. 801 f.
3 Vorlage: »Subscriptionsbestellung«.
4 Vorlage: »subscripieren«.

durch den englischen Rundfunk verbreiten zu lassen. Stampfer erhält den Auftrag, den Entwurf zu ändern und zu kürzen.[5]

Stampfer schlägt vor, unter diesen Aufruf nicht nur »Parteivorstand«, sondern auch die Namen der Vorstandsmitglieder zu setzen.

Dieser Vorschlag wird zurückgestellt.

Heine: Das Hilfskomitee für die Spanien-Kämpfer[6] hat den Genossen Stampfer gebeten, darauf hinzuwirken, daß die 25 Abonnements des Hilfs-Komitees in Zukunft kostenlos und nicht mehr wie bisher zum halben Preise gegeben werden.

Der Wunsch des Hilfs-Komitees wird abgelehnt.

Geyer berichtet über den Inhalt der Broschüre »Der Kommende Weltkrieg«, die von dem hiesigen »Arbeitsausschuß« herausgegeben worden ist.[7]

Schluß der Sitzung.

---

5 Am 21. August 1939 schrieb der PV an Höltermann, der damals in London lebte: »Wir möchten den beifolgenden Aufruf des Parteivorstandes durch die deutsche Sendung des britischen Rundfunks verbreitet haben. Kannst Du uns dabei behilflich sein?«; vgl. AdsD Bonn, PV-Emigration, Mappe 55. Dem Durchschlag des Briefes liegt der Entwurf des Aufrufs nicht bei. Höltermann antwortete am 22. August 1939 in einem Brief an Ollenhauer: »Im Hinblick auf die Ereignisse Moskau – Berlin [der Abschluß des Deutsch-Sowjetischen Nichtangriffspaktes; d. Bearb.] ist Euer Aufruf nicht mehr ganz der Lage entsprechend.« Der PV formulierte daraufhin einen neuen Text, der – am 1. September erschienen – auf den Überfall auf Polen einging. Er wurde am 5. September 1939 auf englisch über den britischen Sender Daventry und stark gekürzt in deutsch vom Sender Warschau ausgestrahlt. Vgl. BA Potsdam, PSt 3, Nr. 257, Bl. 115, Bericht des Gestapa vom 11. September 1939. Der »Neue Vorwärts« druckte ihn am 10. September 1939 ab. Der ursprüngliche Entwurf des Aufrufs ist vermutlich identisch mit dem im AdsD Bonn, PV-Emigration, Mappe 181, befindlichen Text, der mit der handschriftlichen Notiz »1940, Paris« versehen ist. Der Text des Aufrufs (sein Titel ist: »Der Vorstand der Sozialdemokratischen Partei Deutschlands wendet sich mit folgendem Aufruf an das deutsche Volk«) enthält nur Tatbestände, die vor dem 21. August 1939 eingetreten waren; der deutsch-sowjetische Nichtangriffspakt wird nicht erwähnt.
6 Vgl. Nr. 151, Anm. 10.
7 »Der kommende Weltkrieg. Aufgaben und Ziele des deutschen Sozialismus. Eine Diskussionsgrundlage«, Selbstverlag der Verfasser, Paris 1939. Die Deutsche Bibliothek, Frankfurt/Main, nennt als Verfasser Joseph Buttinger, Karl Frank, Richard Löwenthal und Josef Podlipnig.
Podlipnig, Josef, geb. 1902, österreichischer Sozialdemokrat, Funktionär des SAJ-Verbandes Deutschösterreichs, NB-Anhänger innerhalb der SDAP, Funktionär RSÖ, mehrfach in Haft, Emigration 1938 Belgien, Frankreich, Funktionär AVÖS, 1940 USA, später Österreich.
»Arbeitsausschuß«: Arbeitsausschuß deutscher Sozialisten und der Revolutionären Sozialisten Österreichs. Vgl. Nr. 129, Anm. 6.

Nr. 162
Parteivorstands-Mitteilungen von Anfang Oktober 1939 mit Bericht über Parteivorstandssitzungen im September 1939

PV-Mitteilungen, Nr. 6, Anfang Oktober 1939, S. 2

[...]

5. Die Partei im Krieg[1]

Der Parteivorstand hat seit Kriegsbeginn mehrere Sitzungen abgehalten, in denen er sich mit den Aufgaben der Partei im Krieg beschäftigt hat. In einstimmigen Beschlüssen wur-

---

1 Vorlage: »Die Partei im Krieg« ms. unterstrichen.

den die praktischen Aufgaben der Partei in der gegenwärtigen Situation festgelegt. Der Parteivorstand hat außerdem die Verbindung mit den Leitungen der Sozialistischen Partei Frankreichs (SFIO) und der Labour Party Großbritanniens aufgenommen, um eine enge Zusammenarbeit mit den beiden Bruderparteien während des Krieges herbeizuführen.

Nr. 163
Brief von Erich Ollenhauer an Siegfried Taub vom 21. November 1939 mit Bericht über die Parteivorstandssitzung am 20. November 1939

AdsD Bonn, PV-Emigration, Mappe 134

Lieber Genosse Taub,

Ihr Rundschreiben vom 12. September bezw. vom 30. Oktober haben wir erhalten und unser Vorstand hat sich in seiner Sitzung vom 20. November mit Ihrem Vorschlag beschäftigt, in Verbindung mit der nächsten Sitzung der Exekutive der SAI eine Besprechung der Vertreter der österreichischen, sudetendeutschen und unserer Partei abzuhalten. Unser Vorstand hat beschlossen, unseren Vertreter in der Exekutive, den Genossen Hans Vogel zu beauftragen, an dieser Besprechung teilzunehmen. Wir sind dabei von der Überzeugung ausgegangen, daß es sich bei dieser Besprechung um eine informatorische Aussprache über die Auffassungen der drei Parteien über die gegenwärtige Situation in Mitteleuropa handelt. Der Vorstand hat sich vorbehalten, nach der Berichterstattung über den Verlauf dieser Aussprache erneut zu der Frage einer ständigen Zusammenarbeit der drei Parteien Stellung zu nehmen.

Wir hoffen, daß Sie uns Ort und Termin dieser Besprechung noch mitteilen, sobald der Ort und der Termin der Sitzung der Exekutive der SAI endgültig feststehen.

Ich hoffe, daß auch ich als Vertreter unserer Jugend-Internationale zur Sitzung der Exekutive komme, und Hans Vogel und ich freuen uns sehr, daß wir Sie bei dieser Gelegenheit wieder sehen werden.

In den Monaten seit unserer Trennung in Prag haben sich außerordentlich wichtige Veränderungen ergeben, so daß wir das dringende Bedürfnis haben, auch außerhalb der von Ihnen vorgesehenen Besprechung wieder einmal mit Ihnen ausführlich zu sprechen.

Mit den besten Grüßen, auch von Hans Vogel, Ihr [Ollenhauer]

Nr. 164

Brief von Erich Ollenhauer[1] an Emil Stahl[2] vom 30. Dezember 1939 mit Bericht über die in den letzten Tagen stattgefundene Parteivorstandssitzung

AdsD Bonn, PV-Emigration, Mappe 131

Liebe[r] Emil,

Hans und ich sind unmittelbar vor Weihnachten aus London zurückgekehrt. Wir haben dort eine Reihe von interessanten und wichtigen Unterhaltungen gehabt, über die wir in diesen Tagen im Parteivorstand berichtet haben.[3] In London haben wir uns übrigens auch kurz mit der dortigen Vertretung der Gewerkschaften unterhalten. Die Genossen legen auf eine engere Zusammenarbeit mit uns und unserer Londoner Vertretung großes Gewicht, und ich glaube, daß diese Zusammenarbeit in Zukunft noch fruchtbringender sein wird als bisher. Nach unseren Informationen hat übrigens Fritz Tarnow die Absicht, nach London zu gehen, aber wir haben nicht erfahren können, ob er bereits das Visum erhalten hat. Die Einreise nach England für dauernden Aufenthalt ist zur Zeit außerordentlich schwierig. Die sieben Programmpunkte, von denen Du in Deinem Brief im Zusammenhang mit einem Memorandum von Tarnow schreibst, kennen wir nicht. Wir werden aber voraussichtlich in Kürze hier mit Bruno Süss zusammentreffen, und wir werden uns dann ausführlich über die Situation in der Auslandsvertretung der deutschen Gewerkschaften unterhalten. Offensichtlich gibt es auch dort eine Reihe von internen Schwierigkeiten, die wohl in erster Linie auf die räumliche Trennung der einzelnen Mitglieder der A[uslandsvertretung der] D[eutschen] G[ewerkschaften] zurückzuführen sind.

Wir haben uns wiederholt mit der Frage einer Sitzverlegung nach London beschäftigt, aber dieser Plan ist zurzeit nicht zu realisieren. Dagegen werden wir uns demnächst schlüssig werden müssen, ob wir nicht einen bekannteren Genossen mit unserer Vertretung in London neben Wi[lhelm] Sa[nder][4] beauftragen. Wir werden aber erst in den nächsten Tagen über diesen Punkt im Parteivorstand sprechen, und ich kann Dir daher jetzt noch keine definitive Entscheidung mitteilen. Wenn wir uns für diese Regelung entscheiden, glauben wir, daß es uns möglich sein wird, unsere Interessen in London, das zweifellos sehr wichtig ist, genügend stark zur Geltung zu bringen.

Deine Mitteilungen über die Situation in Schweden decken sich durchaus mit anderen Informationen, die wir während unseres Aufenthalts in London von unseren schwedischen Freunden und auch von Parteigenossen, die in der Emigration in Schweden leben, erhalten haben. Der Widerstand der Finnen gegen ihre bolschewistischen Angreifer ist erstaunlich und bewundernswert, und ich kann mir sehr gut vorstellen, welche tiefe Wirkung diese Ereignisse auf die schwedische öffentliche Meinung haben.[5] Es ist müßig, über die weitere

---
1 Die Urheberschaft Ollenhauers ergibt sich aus der Tatsache, daß er zusammen mit dem im Brief erwähnten Hans Vogel Ende 1939 in London Gespräche mit britischen Politikern geführt hatte. Vgl. Anthony Glees, Exile Politics during the Second World War. The German Social Democrats in Britain, Oxford 1982, S. 31, S. 37.
2 Die Durchschrift des Briefes befindet sich in der Korrespondenz mit Emil Stahl im AdsD Bonn, PV-Emigration.
3 Auf Einladung der Labour Party hatten Vogel und Ollenhauer dort Gespräche mit Vertretern dieser Partei, des TUC und des Foreign Office geführt. Die Labour Party hatte ihnen finanzielle Unterstützung zugesagt. Vgl. Glees, S. 31, S. 37.
4 Vorlage: »Wisa«.
5 Vorlage: »hat«.

Entwicklung zu diskutieren, da sie für uns alle völlig im Dunklen liegt, aber zweifellos ist die Möglichkeit sehr groß, daß ganz Europa in den neuen Krieg einbezogen wird. Wir haben die Nummern der »Welt« erhalten, aber wahrscheinlich bleibt es bei dieser ersten Sendung, denn hier ist in diesen Tagen die Meldung verbreitet worden, daß diese Zeitschrift verboten und ihre Herausgeber verhaftet worden seien.[6] Ist das richtig?

Siegmund [Crummenerl] ist leider immer noch krank. Sein Zustand hat sich in den letzten Wochen auch nicht wesentlich gebessert, sodaß noch nicht abzusehen ist, wie lange er noch liegen muß, und wann eine neue Operation möglich sein wird. Du kannst Dir denken, daß Siegmund unter dem langen Krankenlager sehr leidet, zumal er geistig außerordentlich rege ist und in dieser Zeit das erzwungene Nichtstun[7] ihn doppelt belastet.

Stampfer geht es wieder besser, ebenso meiner Frau. Sie haben zwar beide noch ihre Erkältung, aber das ist die chronische Krankheit aller Leute während des nassen Winterwetters, das wir hier haben.

Mit Toni Wels[8] waren wir wie in jedem Jahr am Heiligen Abend zusammen. Sie ist bei uns gewesen, und wir haben uns mit Vogel und ihr den Abend so gut als möglich angenehm gemacht, wie es unter den gegenwärtigen Umständen möglich ist. Wir waren froh, daß sie [...][9] über das erste Weihnachten ohne Otto hinweggekommen ist, als wir zunächst angenommen haben. Es geht ihr auch gesundheitlich wieder besser, obwohl ihr Herz ihr dauernd Sorge macht, und sie bei allen Anstrengungen außerordentlich vorsichtig sein muß. Hoffentlich hat sich auch Dein Gesundheitszustand wieder gebessert, damit Du in etwas besserer Verfassung in das Neue Jahr gehen kannst. Du hast recht, dieses neue Jahr wird uns sicher viele Sorgen bringen, aber wir müssen weiter versuchen, so gut es geht, durchzukommen, denn schließlich haben wir doch die Hoffnung auf den Sieg unserer Ideen nicht aufgegeben. Ich übermittle Dir auch im Namen von Hans und den anderen Freunden unsere besten Wünsche für Dich und Deine Frau für ein gesundes Neues Jahr und verbleibe mit den besten Grüßen
Dein [Erich]

---

6 Die »Welt. Zeitschrift für Politik, Wirtschaft und Arbeiterbewegung« erschien von 1939 bis 1943 in Stockholm als Nachfolgerin des in Basel verlegten Komintern-Organs »Rundschau über Politik, Wirtschaft und Arbeiterbewegung«. Die erste Nummer wurde für die Woche vom 18. bis 24. September 1939 herausgegeben. Vgl. *Maas*, Bd. 2, S. 596.
7 Vorlage: »Nichts tun«.
8 Wels (geb. Reske), Antonie, 1874–1942, Frau von Otto Wels, Emigration 1940 USA.
9 Durch Lochung unleserlich; möglicherweise »leichter«.

Nr. 165
PV-Mitteilungen von Anfang Februar 1940 mit Bericht über die Parteivorstandssitzung am 22. Januar 1940[1]

PV-Mitteilungen, Nr. 2/1940, Anfang Februar 1940, S. 1 f.

[...]

2. Gegen den Hitlerterror in Polen und in der Tschechoslowakei.[2]
Der Parteivorstand hat in seiner Sitzung vom 22. Januar 1940 eine Kundgebung gegen

---

1 Ollenhauer notierte in seinem Taschenkalender unter dem 22. Januar 1940: »¹/₂ 11 PV«; vgl. AdsD Bonn, NL Ollenhauer, Mappe 3.
2 Vorlage: Von »Gegen« bis »Tschechoslowakei.« ms. unterstrichen.

den Hitlerterror in Polen und in der Tschechoslowakei beschlossen, die wir in der Nr. 346 des »Neuen Vorwärts« vom 4. Februar veröffentlicht haben.[3] Den Wortlaut der Kundgebung haben wir auch unter anderem der polnischen Regierung und dem Nationalrat der Tschechoslowakischen Republik mit einem Begleitschreiben übermittelt, in dem es heißt:

»Wir sind sicher, daß unsere Kundgebung sowohl bei unseren Parteigenossen in Deutschland als auch in weiteren Kreisen des deutschen Volkes, die sich das Gefühl für Recht und Menschlichkeit bewahrt haben, lebhafte Zustimmung finden wird. Wir sind überzeugt, daß wir im Namen dieses wahren Deutschland sprechen, wenn wir Sie bitten, trotz des schrecklichen Schicksals, das jetzt Ihr Volk unter dem Terror der Hitlerdiktatur zu erleiden hat, diese Kundgebung als einen Beweis dafür ansehen zu wollen, daß große Teile des deutschen Volkes nichts gemein haben mit den Schandtaten ihrer Unterdrücker, sondern daß sie sich mit Ihnen verbunden fühlen in dem Kampf für die Freiheit und die Selbständigkeit Ihres Volkes.

Indem wir gemeinsam mit unseren Freunden in Deutschland für die Befreiung des deutschen Volkes von der Gewaltherrschaft des Hitlerismus und für ein freies und gerechtes Deutschland in einem freien Europa kämpfen, wollen wir auch mithelfen an der Wiederherstellung eines freundschaftlichen Verhältnisses zu Ihrer Nation, das die tiefen Wunden zu schließen vermag, die jetzt Ihrem Volke durch die verbrecherische Politik Hitlers zugefügt werden.[«]

---

3 Vogel schrieb am 23. Januar 1940 an Jaksch zu dieser PV-Sitzung: »Lieber Jaksch, Wie schon in meinem letzten Brief an Dich vorvermerkt, hat unsere gestrige Vorstandssitzung sich gegen die Unterzeichnung eines Aufrufs gemeinsam mit Rauschning ausgesprochen.« Vgl. AdsD Bonn, PV-Emigration, Mappe 58.

Nr. 166
Brief von Curt Geyer an Friedrich Stampfer vom 8. März 1940 mit Bericht über die Parteivorstandssitzung am 7. März 1940[1]

AdsD, NL Stampfer, Mappe 17

Lieber Stampfer,

ich brauche Ihnen nicht zu sagen, daß mich der Beschluß des Vorstands über den Neuen Vorwärts genau so hart trifft wie Sie. Ich verste[he] wohl, wie prekär unsere finanzielle Lage ist, und daß wir nur noch bis Ende April durchkämen, aber der Antrag, die Publikation am 31. März einzustellen, kam mir in der Sitzung völlig überraschend. So blieb mir nichts anderes übrig, als die Einstellung bis zum 21. April zu kanalisieren, so daß im 14tägigen Abstand noch drei Nummern erscheinen, und zwar am 24. März, 7. April und 21. April.[2] Ich

---

1 Geyer datierte den Brief handschriftlich auf »Paris, 8. Feb. 40«. Die im Brief genannten verbleibenden Erscheinungstermine des »Neuen Vorwärts« legen aber den 8. März als korrektes Datum nahe, ebenso die Tatsache, daß Rinner in einem Brief vom 8. März 1940 an Stampfer ebenfalls die Vorstandssitzung, in der über die Einstellung des »Neuen Vorwärts« beschlossen wurde, behandelt. Dieser Brief ist abgedruckt in: *Matthias/Link*, Dok. 91, S. 447 f. Da in Ollenhauers Taschenkalender für 1940, in: AdsD Bonn, NL Ollenhauer, Mappe 3, unter dem 7. März 1940 die Eintragung »10 1/2 PV-Sitzung« steht, datieren wir die von Geyer erwähnte Sitzung ebenso.

2 Ollenhauer schrieb am 30. März 1940 an Stampfer, man habe sich »heute dahin verständigt, daß ab nächste Woche der Neue Vorwärts wieder wöchentlich erscheint.« Vgl. *Matthias/Link*, Dok. 95, S. 456.

bin dabei von der Hoffnung ausgegangen, daß bis Ende April eine Überbrückung wahrscheinlicher ist als bis zum 31. März.

Allerdings ist mit dieser Kanalisierung ein gefährlicher Präzedenzfall geschaffen, und Erich [Ollenhauer oder Rinner] hat mir schon angedeutet, daß das 14tägige Erscheinen auch bei einer Neufinanzierung zur Regel werden sollte. Ich habe sofort erklärt, daß ich damit keinesfalls einverstanden bin, und ich werde mich auch entschieden dagegen zur Wehr setzen.

Augenblicklich ist die Lage aber so: wenn im Laufe des April kein finanzielles Wunder geschieht, so sind diese drei Nummern des Neuen Vorwärts die letzten, die erscheinen werden. Über meine Gefühle dabei, über interne und politische Dinge will ich Ihnen aus den bekannten Gründen nicht schreiben. Aus Briefen meiner Verwandten habe ich von Ihrem schönen politischen Optimismus gehört, und wir haben uns sehr gefreut, daß sie dort waren.

Recht herzliche Grüße
Ihr Curt Geyer

Nr. 167
Brief von Erich Ollenhauer an Friedrich Stampfer vom 13. März 1940 mit Bericht über die Parteivorstandssitzung am 12. März 1940

AdsD Bonn, NL Stampfer, Mappe 18[1]

Lieber Genosse Stampfer,

ich bin bis jetzt noch nicht dazu gekommen, Ihnen für Ihren Brief vom 13. Februar zu danken.[2] Aber das ist einfach darauf zurückzuführen, daß wir nach unserer Rückkehr aus Brüssel hier eine Menge Besprechungen über politische, organisatorische und finanzielle Angelegenheiten zu erledigen hatten. Ich habe mich außerdem damit getröstet, daß Sie in der Zwischenzeit eine ganze Reihe von Briefen von den anderen Freunden im Büro erhalten haben.

[...][3]

Was nun unsere allgemeinen Sorgen angeht, so werden Sie ja inzwischen die Briefe von Rinner und Geyer erhalten haben, in denen sie Ihnen ausführlich unsere sehr prekäre Situation dargelegt haben. Wir sind wirklich schweren Herzens an diese Beschlüsse gegangen[4], aber bei dem gegenwärtigen Stand blieb uns keine Wahl. Wir haben Ihnen deshalb heute auf Ihr Telegramm vom 8. März wieder telegraphisch geantwortet[5], und wir hoffen, daß es Ihnen möglich ist, unsere Wünsche doch noch zu erfüllen. Wir sind heute auch insofern wieder etwas optimistischer, als wir heute Ihren Brief vom 3. März[6] mit der Abschrift des Rundschreibens von Green[7] erhalten haben. Das ist doch wenigstens ein Anfang, und vielleicht regt das gute Beispiel, das Green selbst gegeben hat, seine Kollegen in den einzelnen Gewerkschaften auch an. Das Schlimme ist nur, daß das alles so schrecklich lange dau-

---
1 Auszugsweise abgedruckt in: *Matthias/Link*, Dok. 93, S. 452 f.
2 Stampfer hielt sich damals in New York auf.
3 Im nicht abgedruckten Text äußert sich Ollenhauer kritisch über die sozialistische Jugendorganisation in den USA.
4 Ollenhauer dürfte die Beschlüsse über die Einstellung des »Neuen Vorwärts« meinen. Vgl. Nr. 166.
5 Abgedruckt in: *Matthias/Link*, S. 452, Anm. 2.
6 Abgedruckt in: *Matthias/Link*, Dok. 90, S. 446 f.
7 Abgedruckt in: *Matthias/Link*, Dok. 89, S. 445 f.

ert, und daß Sie dadurch gezwungen sind, viel länger von hier wegzubleiben, als es ursprünglich Ihre und unsere Absicht war. Wir können uns nach Ihren Schilderungen ungefähr vorstellen, wie schwer Ihre Aufgabe ist, und vor allem, mit welchen großen Strapazen für Sie persönlich sie verbunden ist. Umso mehr sind wir erfreut, immer wieder zu hören, mit welcher Zähigkeit Sie Ihre Aufgabe verfolgen, und vor allem zu hören, daß sie bis jetzt die große Anstrengung körperlich so gut überstanden haben. Vielleicht kommt doch noch alles zu einem guten Ende. Das wäre ein großer Erfolg, und es gäbe uns vor allem die Möglichkeit, in einer Zeit weiter zu arbeiten, in der unsere Tätigkeit mehr und mehr politische Bedeutung erhält. Wir haben hier jetzt eine große Reihe von Besprechungen mit französischen und englischen Freunden gehabt. Die Diskussionen bewegen sich meistens um die Frage der Gestaltung Deutschlands nach dem Kriege. Wir sind nicht immer einer Meinung, verständlicherweise, aber wir stellen auf der anderen Seite fest, daß sich die ernsthaften Leute mehr und mehr darüber klar werden, daß eine befriedigende Lösung in Deutschland nach dem Kriege ohne die deutsche Sozialdemokratie nicht möglich sein wird.

Augenblicklich[8] beschäftigen wir uns auch mit der Ausarbeitung von Vorschlägen und Richtlinien für die Arbeit einer Kommission, die die SAI eingesetzt hat und die die Aufgabe haben soll, ein internationales Friedensprogramm auszuarbeiten. Wir werden noch einige Zeit[9] brauchen, ehe wir zu einem Resultat kommen, aber eine Stellungnahme der Partei zu diesen Problemen wird allmählich dringend, weil wir immer wieder um Auskunft über unsere Haltung gefragt werden, sowohl von englischen und französischen Genossen, als auch von unseren eigenen Genossen.

In unserer heutigen[10] Sitzung hat uns **Breitscheid** auf einen kurzen Bericht im »Aufbau«, der in New York erscheint, aufmerksam gemacht, der ein Referat von Hertz über den Verfall des Asylrechts in Frankreich wiedergibt. Nach diesem Bericht hat Hertz in diesem Vortrag der deutschen Emigration in Frankreich den Vorwurf gemacht, daß sie aus reiner Opportunität nichts gegen die Maßnahmen der französischen Regierung gegen die politischen Flüchtlinge unternähme. Es ist kein Zweifel, daß dieser Vorwurf in erster Linie gegen uns gerichtet ist, und daß wir uns vielmehr seit Kriegsbeginn, vor allem Breitscheid, bemühen, die Lage der Emigration zu erleichtern, während auf der anderen Seite die jetzigen Vertreter der Gruppe Neu Beginnen in Paris es an jeder Aktivität in dieser Frage fehlen lassen. Schließlich ist es ja auch eine eigene Sache, wenn jemand gegen die in Frankreich verbliebene Emigration derartige Vorwürfe erhebt, der selbst unmittelbar nach Kriegsausbruch Frankreich verlassen hat, ohne vor seiner Abreise die Haltung einzunehmen, die er jetzt von der politischen Emigration in Frankreich fordert.

Wir wünschen selbstverständlich keine Polemik über diese Auffassungen von hier aus zu treiben, aber Sie haben vielleicht die Möglichkeit, in einer Ihnen geeignet erscheinenden Form diese Gesichtspunkte herauszustellen. Es wäre sehr nützlich, wenn Sie dort in einer Ihnen geeignet erscheinenden Form öffentlich Stellung nehmen würden, da die Haltung von Hertz in hiesigen französischen Kreisen viel böses Blut macht.[11]

[...][12]

Mit besten Grüßen Ihr E[rich] Ollenhauer

---

8 Vorlage: »lich« hs. eingefügt.
9 Vorlage: »Zeit« hs. eingefügt.
10 Mehrfach gibt es in der Sekundärüberlieferung Diskrepanzen von einem Tag bei der Datierung von Vorstandszusammenkünften. Dies wird in der Weise interpretiert, daß die Briefe z. T. erst einen Tag nach dem Diktat geschrieben wurden, so daß der Begriff »heute« in die Irre führt. Im vorliegenden Fall ist aus diesem Grund die Datierung in Ollenhauers Taschenkalender als zutreffend anzusehen, in dem unter dem 12. März 1940 »$^1/_2$ 11 PV« steht; vgl. AdsD Bonn, NL Ollenhauer, Mappe 3.
11 Dieser Satz ist hs. eingefügt.
12 Im letzten Teil des Briefes informierte Ollenhauer Stampfer über Crummenerls Erkrankung.

Anhangdokumente

Anhangdokument Nr. 1
Bericht über die Besprechung von Parteivorstands-Mitgliedern mit Vertretern der deutschen Partei in der Tschechoslowakei am 17. Juni 1933

SAPMO Berlin, ZPA, II 145/54, Bl. 6-7

Besprechung mit Vertretern der deutschen Partei in der Tschechoslowakei am 17. Juni im Parlament

Anwesend:[1] von der deutschen Partei in der Tschechosl[owakei] Taub, Paul und die Vertreter der Kreise[2]
vom PV Vogel, Ollenhauer, Heine

Die Besprechung beschäftigte sich zunächst mit der Schaffung eines Informationsdienstes in den deutschen Gebieten in der Tschechoslowakei über die Nazibewegung. **Reitzner**, Bodenbach, fordert die Schaffung einer besonderen Kommission zur Erledigung der aus dem Informationsdienst sich ergebenden Spezialaufgaben. **Kessler**, Bodenbach, fordert einen eigenen Nachrichtendienst, die Zusammenarbeit mit dem offiziellen Nachrichtendienst muß abgelehnt werden. Es ist nicht unsere Aufgabe, uns um die tschechischen Faschisten zu kümmern, die »Volkssportorganisation« besteht weiter.[3] Ihre Übungen erfolgen anhand des reichsdeutschen SA-Handbuches. Die deutschen Turnvereine sind vorwiegend nationalsozialistisch, dasselbe gilt für die Grenzlandjugend. Mit den reichsdeutschen Genossen muß engste Verbindung gehalten werden. Der Personalstand der reichsdeutschen Zollämter wird ständig erweitert, in Bodenbach sind 42 junge Beamte eingestellt worden, die vorwiegend der SA angehören. In der NSDAP besteht eine straffe Arbeitsteilung, es gibt eine besondere terroristische Abteilung, den Nachrichtendienst und die Propagandaabteilung. Unsere Aufgabe ist es, die Namen der Abteilungsleiter festzustellen. Auch die NSBO arbeitet sehr stark. In verschiedenen Bezirken werden Sammellisten für die Auslandpropaganda ausgegeben. Die Arbeitslager müssen wir besser beobachten und die Teilnehmer feststellen. Die Lieferung des »Neuen Vorwärts« nach Deutschland ist von Bodenbach aus nicht allzu schwierig. Schwieriger dagegen ist die Weiterleitung in Deutschland selbst, hier müssen noch Kontrollstellen geschaffen werden. **Paul** weist darauf hin, daß der Nachrichtendienst sehr umständlich und zeitraubend sein wird und die Partei vor eine völlig neue Aufgabe stellt. Wir müssen nicht nur die Nazis, sondern auch die anderen gegnerischen Parteien beobachten. Unsere Arbeit sollte sich zuerst auf Nordböhmen beschränken. **Palm**, Trautenau, berichtete über Schwierigkeiten, die sich aus den Differenzen zwischen

---

1 Vorlage: »Anwesend« ms. unterstrichen.
2 Im Protokoll erwähnt: Richard Reitzner (Bodenbach), Fritz Kessler (Bodenbach) und Palm (Trautenau).
  Kessler, Fritz, 1891-1955, DSAP, 1933-1938 Bürgermeister von Bodenbach, ab 1935 Vorsitzender Reichspropagandaausschuß der DSAP, Mitglied PV der DSAP, Emigration 1938 Großbritannien, TG-Mitglied, 1939 Neuseeland, 1946 CSR, Deutschland.
3 Der »Volkssport« war die dem Vorbild von SA und SS angenäherte paramilitärische Organisation der DNSAP, die am 29. Februar 1932 vom tschechischen Innenministerium verboten worden war. Vgl. *Jörg K. Hoensch*, Geschichte der Tschechoslowakischen Republik 1918-1978, 2. Aufl., Stuttgart etc. 1978, S. 54; *Cerny*, S. 187 f.; *Hasenöhrl*, S. 27; *Johann Wolfgang Brügel*, Tschechen und Deutsche 1918-1938, München 1967, S. 299-231.

Berlin und Prag ergeben, trotzdem glaubt er an die Möglichkeit der Verbreitung des »Neuen Vorwärts« in Deutschland. Aus Schweidnitz liegt ihm eine Meldung vor, wonach dort sogar ein Verkauf des »Vorwärts« möglich sein soll.

Aus Eger wird berichtet, daß die Verbindung mit Bayern Schwierigkeiten bereitet, da die Parteimitglieder drüben sehr vorsichtig sind. Einzelne Stützpunkte sind jedoch vorhanden. Im Braunauer Gebiet sind die Verbindungen mit den reichsdeutschen Genossen ebenfalls[4] sehr dürftig, da auch die dortigen reichsdeutschen Genossen aus Furcht vor Repressalien keine Mitteilungen machen.

Im Glatzer Gebiet sowie im Neuroder Gebiet bestehen zur Zeit keine Arbeitsmöglichkeiten.

Es wird beschlossen, den Nachrichtendienst aufzubauen, die Festlegung der Einzelheiten wird einer besonderen Kommission übertragen.

Im Zusammenhang mit der Besprechung über die Verbreitung des »Neuen Vorwärts« jenseits der Grenze dankt Genosse **Vogel** für die bereitwillige Unterstützung und berichtet kurz über die Differenzen, die zur Zeit zwischen Berlin und Prag bestehen. Er sagt zu, daß die den deutsch-böhmischen Genossen entstehenden Auslagen für die Herstellung von Verbindungspunkten jenseits der Grenze und für den reichsdeutschen[5] Nachrichtendienst erstattet werden.

4 Vorlage: »ebenfalls« hs. eingebessert für »jedenfalls«.
5 Vorlage: »reichsdeutschen« hs. ergänzt.

Anhangdokument Nr. 2
Bericht über die Besprechung mit den Genossen List, Weber, Lehmann und Fröhbrodt über die illegale SAJ-Arbeit am 29. und 30. Juli 1933

SAPMO Berlin, ZPA, II 145/54, Bl. 14–16

Besprechung mit den Genossen List, Weber, Lehmann, Fröhbrodt in Bodenbach am 29. und 30. 7.1933[1]

Die Genossen gaben einen Bericht über die Lage in den einzelnen Bezirken, soweit die SAJ-Arbeit[2] in Frage kommt. Sie sind nach dem Parteiverbot in allen Bezirken gewesen und haben dabei, soweit es notwendig war, neue Verbindungsmänner, zum Teil für die Jugendarbeit, zum Teil aber auch für die Partei bestellt. Im einzelnen ergab ihr Bericht folgendes Bild:

Die Bezirke Oberschlesien[3] und Regensburg[4] sind zunächst nicht besucht worden, da sie wegen ihrer Kleinheit von geringerer Bedeutung sind. Es war ferner nicht[5] möglich, mit dem Bezirk Zwickau[6] in Verbindung zu kommen, da dort die Verhaftungen sehr zahlreich und der Druck außerordentlich stark ist.

1 Nach *Seebacher-Brandt*, Biedermann, Diss., S. 126, handelt es sich um die SPD-Funktionäre Fritz List, Käthe Fröhbrodt und Gustav Weber. Vgl. Anhang Nr. 6.
2 Vorlage: »SAJ-Arbeit« ms. unterstrichen.
3 Vorlage: »Oberschlesien« ms. unterstrichen.
4 Vorlage: »Regensburg« ms. unterstrichen.
5 Vorlage: »nicht« ms. unterstrichen.
6 Vorlage: »Zwickau« ms. unterstrichen.

Im Bezirk Hessen-Nassau[7] /Frankfurt/ arbeitet der Genosse Rothe[8] von Frankfurt aus. Er ist gleichzeitig der Vertrauensmann der Partei, da Röhle[9] nicht mehr in Frankfurt ist. Rothe berichtete über einen starken Stimmungsumschwung unter den Bauern, die von der Hitler-Politik sehr enttäuscht seien. Bei dieser Gelegenheit erfuhren die Genossen auch den Anlaß der Verhaftung[10] der Genossen Mierendorff[11] und Haubach[12]. Haubach wollte Mierendorff mit seinem Wagen an die Grenze bringen. Auf der Fahrt erlitten sie einen Zusammenstoß mit einem anderen Wagen, und bei der Feststellung der Personalien durch die Gendarmerie wurden beide verhaftet.[13] Mierendorff ist im Konzentrationslager schwer mißhandelt worden. Er befindet sich im Krankenhaus in Worms.

Im Bezirk Offenbach[14] arbeitet der Genosse Drott[15], der bisher Unterbezirkssekretär im Unterbezirk Worms gewesen ist.

In Baden[16] hat der Genosse Vossler, Mannheim[17], Verbindung mit Reinbold-Straßburg[18].

In der Pfalz[19] ist der bisherige Bezirksvorsitzende der SAJ, Ernst Kern[20], vor seiner drohenden Verhaftung ins Ausland gegangen. Augenblicklich bestehen neue Verbindungen mit Funktionären der Ortsgruppe Frankenthal[21].

---

7 Vorlage: »Hessen-Nassau« ms. unterstrichen.
8 Vorlage: »Kothe« hs. verbessert in »Rothe« und ms. unterstrichen.
    Vermutlich Knothe, Wilhelm, 1888–1952, SPD-Sekretär in Wetzlar und Leiter SAJ in Hessen-Nassau, 1934 verhaftet und zu zwei Jahren Zuchthaus und zehn Monaten Gefängnis verurteilt, 1944 erneut verhaftet, konnte nach vier Wochen aus dem Frankfurter Polizeigefängnis fliehen, nach dem Krieg an der Spitze der Frankfurter SPD, Landesvorsitzender SPD Hessen, Mitbegründer der »Frankfurter Rundschau«.
9 Röhle, Paul, 1885–1958, MdNV, ab 1919 Bezirkssekretär SPD Hessen-Nassau, 1925–1933 MdL Preußen.
10 Vorlage: »Verhaftung« ms. unterstrichen.
11 Vorlage: »Mierendorf« ms. unterstrichen.
    Mierendorff, Carlo, 1897–1943, 1926 Sekretär der SPD-Reichstagsfraktion, 1928 Pressechef im Innenministerium Hessens, 1930–1933 MdR, 1933–1938 in KZ-Haft, zusammen mit Haubach Aufbau einer sozialdemokratischen Widerstandsgruppe, kam bei einem Luftangriff zu Tode.
12 Vorlage: »Haubach« ms. unterstrichen.
13 Lt. Darstellung seines Biographen wurde Mierendorff am 13. Juni 1933 bei einem konspirativen Treffen im Frankfurter Café Excelsior mit dem Rechtsanwalt und Sozialdemokraten Otto Sturmfels festgenommen; vgl. *Richard Albrecht*, Der militante Sozialdemokrat – Carlo Mierendorff 1897–1943. Eine Biographie, Bonn 1987, S. 139. Die Angaben werden bestätigt durch Mierendorffs Tagebuch; vgl. *Albrecht*, Sozialdemokrat, S. 154–156, S. 287, Anm. 1. Zur Verhaftung Haubachs, der 1934/35 in das KZ Esterwegen eingeliefert wurde, findet sich bei Albrecht kein Hinweis; vgl. *Albrecht*, Sozialdemokrat, S. 169.
14 Vorlage: »Offenbach« ms. unterstrichen.
15 Vorlage: »Drott« ms. unterstrichen.
    Drott, Karl, 1906–1971, Vorsitzender SAJ und SPD-Jugend- und -Bildungssekretär in Hessen, nach 1933 Handelsvertreter, Kaufmann, technischer Angestellter.
16 Vorlage: »Baden« ms. unterstrichen.
17 Vorlage: »Vossler, Mannheim« ms. unterstrichen.
    Voßler, Adolf, 1907–1976, SAJ-Funktionär in Mannheim, in Baden im SAJ- und SPD-Landesvorstand, Kurierdienste für illegale SPD, nach dem Krieg Kommunalpolitiker in Schwäbisch-Gmünd.
18 Vorlage: »Reinbold« ms. unterstrichen.
19 Vorlage: »Pfalz« ms. unterstrichen.
20 Vorlage: »Kern« ms. unterstrichen.
21 Vorlage: »Ortsgruppe Frankenthal« ms. unterstrichen.

In Württemberg[22] leiten die Genossen Wurm[23] und Schaub[24] die Arbeit. Sie haben Verbindung mit dem Genossen Schoettle[25], und sie haben auch Motorradfahrten nach Nürnberg[26] und München[27] unternommen, um mit den dortigen Genossen in Verbindung zu kommen. – In Nürnberg[28] ist die Arbeit im Augenblick sehr schwierig, da eine große Zahl von Funktionären verhaftet wurde.

Im Bezirk Oberrhein[29] besteht Verbindung zum Genossen Heidkamp[30]. Außerdem ist der Unterbezirkssekretär Dauster[31] in Aachen noch frei und hat einige Bewegungsfreiheit.

Im Bezirk Niederrhein[32] war die Herstellung neuer Verbindungen nach dem Fortgang Schumachers schwierig, da Gnoß[33], Essen, für die neue Arbeit nicht geeignet erscheint. Es ist jedoch mit einem Düsseldorfer Funktionär[34] eine neue Verbindung hergestellt worden.

Im Bezirk westlich Westfalen[35] sind Klupsch[36] und Beuster[37] ausgefallen. Die Arbeit hat der Genosse Renner[38] übernommen.

Im Bezirk östlich Westfalen[39] hat Karl Schreck[40] sein Reichstagsmandat und seine Funktion als Bezirksvorsitzender niedergelegt[41], da ihn sein Bezirksvorstand zu der Maisitzung des Reichstags mit einem gebundenen Mandat, das die Ablehnung der Regierungsentschließung forderte, schicken wollte.[42] Neue Vertrauensleute sind Rothenberg, Heitmeier[43] und Ladenbeck[44]. Bielefelder Genossen[45] sind mit einer größeren Radfahrerko-

---

22 Vorlage: »Württemberg« ms. unterstrichen.
23 Vorlage: »Wurm« ms. unterstrichen.
24 Vorlage: »Schaub« ms. unterstrichen.
25 Vorlage: »Schoettle« ms. unterstrichen.
26 Vorlage: »Nürnberg« ms. unterstrichen.
27 Vorlage: »München« ms. unterstrichen.
28 Vorlage: »Nürnberg« ms. unterstrichen.
29 Vorlage: »Oberrhein« ms. unterstrichen.
30 Vorlage: »Heidkamp« ms. unterstrichen.
31 Vorlage: »Dauster« ms. unterstrichen.
32 Vorlage: »Niederrhein« ms. unterstrichen.
33 Vorlage: Genoss.
  Gnoß, Ernst, 1900–1949, 1924–1930 Jugend-, 1930–1932 Bildungssekretär der SPD, als Parteisekretär Leiter einer illegalen Widerstandsgruppe in Essen, August 1935 verhaftet und vom VGH zu vier Jahren Zuchthaus verurteilt, nach 1945 SPD-Bezirksvorsitzender Niederrhein, 1946 SPD-PV.
34 Vorlage: »Düsseldorfer Funktionär« ms. unterstrichen.
35 Vorlage: »westlich Westfalen« ms. unterstrichen.
36 Klupsch, Franz, 1874–1957, Zimmermann, bis 1933 hauptamtlicher Sekretär des SPD-Bezirkes westliches Westfalen, MdL Preußen, im lokalen Widerstandd aktiv.
37 Beuster, Willi, geb. 1908, Vorsitzender des SAJ-Unterbezirkes Dortmund-Sauerland, nach 1945 SPD Dortmund, MdB.
38 Vorlage: »Renner« ms. unterstrichen.
39 Vorlage: »östlich Westfalen« ms. unterstrichen.
40 Vorlage: »Schreck« ms. unterstrichen.
  Schreck, Carl, 1873–1956, 1919–1933 MdR (SPD), 1933 für einige Wochen in Schutzhaft.
41 Vorlage: »niedergelegt« ms. unterstrichen.
42 Schreck, verhaftet am 2. April 1933, war am 15. Mai 1933 aus der Schutzhaft entlassen worden mit der Warnung, »daß er bei nochmaligen Angriffen gegen die Reichsregierung mit sofortiger erneuter Verhängung der Schutzhaft zu rechnen habe«; am 16. Mai legte er sein Reichstagsmandat und seine Parteiämter nieder; vgl. *Schumacher*, S. 510.
43 Vorlage: »Rothenberg, Heitmeier« ms. unterstrichen.
44 Vorlage: »Ladenbeck« ms. unterstrichen.
45 Vorlage: »Bielefelder Genossen« ms. unterstrichen.

lonne in Charloray⁴⁶ gewesen. Eine ähnliche Fahrt nach Holland, um mit Schumacher Verbindung herzustellen, wurde verpfiffen.

Im Bezirk Hannover⁴⁷ wird in der Stadt⁴⁸ Hannover gute Arbeit geleistete. Flugblätter der Partei wurden 4mal in einer Auflage von 2 500 Stück verbreitet. Fritz Schultze⁴⁹ hält Verbindung mit Gruppen im Bezirk.

In Braunschweig⁵⁰ konnte ein fester Stützpunkt noch nicht wieder gefunden werden, da die Verfolgungen dort besonders krass durchgeführt wurden. Neddermeyer⁵¹ ist noch einmal verhaftet und wiederum mißhandelt worden. Er liegt zur Zeit im Krankenhaus.

Im Bezirk Magdeburg-Anhalt arbeiten Wellhausen, Bruschke und Lehmann.⁵² Der Bezirksvorsitzende der Partei in Magdeburg, Bank⁵³, hat sich das Leben genommen. Seine Frau wollte sich vergiften, sie liegt im Krankenhaus. Die Nazis haben in der Parteidruckerei⁵⁴ eine neue Zeitung⁵⁵ herausgebracht, die jedoch ein völliges Fiasko⁵⁶ erlitten hat. Geschäftsführer des Verlags ist weiterhin Voigt, der bisherige Geschäftsführer der Parteidruckerei. Ellermann hat für die Nazipresse einen Artikel geschrieben, in dem er seinen Übertritt zu den Nazis begründet.

Im Bezirk Halle⁵⁷ konnte eine dauernde neue Verbindung noch nicht hergestellt werden.

In Leipzig arbeitet der Genosse Willi Gleitze.⁵⁸ Die Jugendfunktionäre im Unterbezirk Groß-Leipzig stehen noch in ständiger Verbindung und arbeiten. Daneben besteht die Gruppe Zorn-Berenz⁵⁹, die jedoch nicht sehr stark sein soll. Es fehlt⁶⁰ in Leipzig eine zentrale Zusammenfassung⁶¹ der verschiedenen Gruppen, da die Partei infolge der vielen Verhaftungen ohne Führung ist.

In Dresden⁶² hatten die Genossen noch am Sonnabend morgen eine Rücksprache mit

---

46 Vorlage: »Charloray« ms. unterstrichen. Es könnte sich um Charleroi in Belgien handeln.
47 Vorlage: »Hannover« ms. unterstrichen.
48 Vorlage: »Stadt« ms. unterstrichen.
49 Vorlage: »Schultze« ms. unterstrichen.
50 Vorlage: »Braunschweig« ms. unterstrichen.
51 Vorlage: »Neddermeyer« ms. unterstrichen.
   Neddermeyer, Hermann, 1895–1972, sozialdemokratischer Lehrer, Gründer und Leiter der »Kinderfreunde« Braunschweig.
52 Vorlage: »Magdeburg-Anhalt«, »Wellhausen«, »Bruschke« und »Lehmann« ms. unterstrichen.
   Bruschke, Werner, geb. 1898, Schlosser, SPD, 1927–1933 hauptamtlicher Parteisekretär, nach 1933 in Haft, 1939–1945 KZ, SED-Funktionär in Magdeburg, MdL Sachsen-Anhalt, 1950–1954 ZK der SED.
   Wellhausen, Ludwig, 1884–1940, Maschinenmeister, Mitarbeiter des »Deutschen Werkmeisterverbandes«, Januar 1933 SPD-Bezirkssekretär Magdeburg-Anhalt, arbeitete danach als Maschinist im In- und Ausland, 1939 verhaftet, im KZ Sachsenhausen gestorben.
53 Bank, Gustav, 1883–1933 (Selbstmord), Heizungsmonteur, Angestellter des Deutschen Metallarbeiterverbandes. Ob Bank 1933 oder vorher SPD-Bezirksvorsitzender war, ist zweifelhaft.
54 Vorlage: »Parteidruckerei« ms. unterstrichen.
55 Vorlage: »neue Zeitung« ms. unterstrichen.
56 Vorlage: »Fiasko« ms. unterstrichen.
57 Vorlage: »Halle« ms. unterstrichen.
58 Vorlage: »Leipzig« und »Willi Gleitze« ms. unterstrichen.
59 Vorlage: »Gruppe Zorn-Berenz« ms. unterstrichen.
   Zorn, Werner, geb. 1906, Student, SAJ-Funktionär, 1933 SPD-Stadtverordneter Leipzig, Mitbegründer der illegalen Gruppe Zorn, 1935 vom Oberlandesgericht Dresden zu 1 Jahr und vier Monaten Gefängnis verurteilt.
60 Vorlage: »fehlt« ms. unterstrichen.
61 Vorlage: »zentrale Zusammenfassung« ms. unterstrichen.
62 Vorlage: »Dresden« ms. unterstrichen.

Rüdiger[63], der zusammengebrochen ist. Gegen Seifert[64] ist ein Steckbrief erlassen worden. Die Liebermann-Gruppe[65] hat Verbindungen mit der SAJ gesucht. Sie hat sehr stark an Mitgliedern verloren.

Im Bezirk Chemnitz[66] besteht gute Verbindung mit Chemnitz-Stadt[67]. Dagegen ist eine Arbeit im Erzgebirge zur Zeit völlig unmöglich.

Im Bezirk Pommern[68] arbeiten die Genossen Guth und Wischmann[69]. Das Fortgehen von Hartwig wird verurteilt[70], da bisher trotz der Ernennung Heines'[71] in Stettin keine starken Verfolgungen unserer Funktionäre eingetreten sind.

In Mecklenburg arbeiten Jesse und Beese.[72]

In Thüringen[73] mußte ebenfalls ein neuer Vertrauensmann[74] gesucht werden, da Dietrich in der Schweiz ist und der Parteikassierer Willi Eberling für die Arbeit nicht mehr in Frage kommt. Das Ferienheim der SAJ Tennich[75] steht nach wie vor leer. Bei Ilmenau hat die SAJ eine Sonnenwendfeier mit 140 Teilnehmern veranstaltet.

In Hamburg[76] wird gut gearbeitet. Schönfelder[77] ist wieder frei. Alle übrigen befinden sich noch in Untersuchungshaft.

---

63 Vorlage: »Rüdiger« ms. unterstrichen.
 Vermutlich Werner Rüdiger, geb. 1901, Mitarbeiter des Bezirksvorstandes der SPD in Berlin, nach 1933 illegale Arbeit, zeitweise in Haft, 1945 2. Vorsitzender des SPD-Bezirksverbandes Berlin, 1949-1965 Abgeordnetenhaus Berlin (West), 1949-1954 in DDR-Haft.
64 Vorlage »Seifert« ms. unterstrichen.
65 Vorlage: »Liebermann-Gruppe« ms. unterstrichen.
 Liebermann, Kurt, SAPD-Funktionär, nach 1933 Leiter einer illegalen SAPD-Gruppe in Ostsachsen, Emigration 1933 CSR, 1934 Niederlande, während der Gründungskonferenz einer neuen kommunistischen Jugend-Internationale verhaftet und nach Deutschland ausgeliefert, zu sechs Jahren Zuchthaus verurteilt, nach 1945 SBZ bzw. DDR, Stadtverordneter in Dresden.
66 Vorlage: »Chemnitz« ms. unterstrichen.
67 Vorlage: »Stadt« ms. unterstrichen.
68 Vorlage: »Pommern« ms. unterstrichen.
69 Vorlage: »Guth« und »Wischmann« ms. unterstrichen.
 Guth, Erich, 1902–1972, Bürogehilfe, SPD, Stadtverordneter in Stettin, 1939–1945 Wehrmacht, 1947–1950 SED-PV, 1948–1950 im Finanzministerium Mecklenburg, 1951 Hauptabteilungsleiter im DDR-Finanzministerium.
70 Vorlage: »Hartwig« und »verurteilt« ms. unterstrichen.
71 Heines, Edmund, 1897–1934, SA-Obergruppenführer, Preußischer Staatsrat und MdR, später Polizeipräsident von Breslau, wurde laut Deutsche Freiheit vom 5. Juli 1933 als Sonderbeauftragter zur Durchführung der »nationalen Revolution« in Pommern eingesetzt. Er wurde am 30. Juni 1934 in Bad Wiessee im Zusammenhang mit dem »Röhm-Putsch« erschossen.
72 Vorlage: »Mecklenburg«, »Jesse« und »Beese« ms. unterstrichen.
 Jesse, Willy, 1897–1971, ab 1923 Bezirkssekretär SAJ Rostock, ab 1931 SPD-Bezirkssekretär Mecklenburg-Lübeck, MdL, nach 1933 Lebensmittelhändler, Mitglied der Widerstandsgruppe um Julius Leber und Wilhelm Leuschner, 1944 Flucht nach Schweden, 1945 Rostock, SPD-Landessekretär für Mecklenburg und Pommern, SED-Funktionär in Mecklenburg, 1946 von Sowjets verhaftet, Haft in SBZ/DDR und Sibirien, 1954 Bundesrepublik, Abteilungsleiter beim SPD-PV.
73 Vorlage: »Thüringen« ms. unterstrichen.
74 Vorlage: »neuer Vertrauensmann« ms. unterstrichen.
75 Vorlage: »Ferienheim« und »SAJ Tennich« ms. unterstrichen.
76 Vorlage: »Hamburg« ms. unterstrichen.
77 Vorlage: »Schönfelder« ms. unterstrichen.
 Schönfelder, Adolf, 1875–1966, sozialdemokratisches Mitglied der Hamburger Bürgerschaft, seit 1925 Senator.

In Kiel leitet Lill[78] die Arbeit. An einem Treffen in Dänemark[79] haben eine Reihe von Jugendgenossen des Bezirks teilgenommen.

Im Bezirk Oldenburg-Ostfriesland[80] konnte ebenfalls eine neue Verbindung hergestellt werden.

Im Bezirk Berlin[81] waren am letzten Sonntag alle Werbebezirksleiter[82] der SAJ zusammen. Die Zahl der von der SAJ noch regelmäßig erfaßten Genossen beträgt rund 400[83]. Mit der Gruppe Schmidt[84] wurde die Verbindung aufgenommen. Schmidt selbst ist wieder frei, will sich jedoch aus der Arbeit zurückziehen. Die Absicht ist, in den einzelnen Kreisen weiter getrennt zu arbeiten, aber eine gegenseitige Verständigung herbeizuführen. Die Schmidt-Gruppe hat jedes Zusammenarbeiten mit den Kommunisten abgelehnt. Der »Rote Stoßtrupp« erscheint wöchentlich.[85] Rathmann[86] will ab 1. Oktober im Protteverlag eine neue Zeitschrift[87] mit jungen, nicht parteimäßig gebundenen Nationalsozialisten herausgeben. Pahl[88] ist entlassen worden. Furtwängler[89] ist selbst ausgeschieden. Ihm ist eröffnet worden, daß die Nazis mit Renegaten nichts zu tun haben wollen. Es besteht gute Verbindung mit Maschke[90]. Bedauert wurde, daß in Berlin noch keine zentrale Führung der verschiedenen Arbeitskreise hergestellt werden konnte. In dem Arbeitskreis, der die Zeitschrift »Blick in die Zeit« herausgibt, haben sich Differenzen zwischen Mendel auf der einen und Gayk-Weinberger auf der anderen Seite ergeben.[91] Beide sollen aus der Mitar-

---

78 Vorlage: »Kiel« und »Lill« ms. unterstrichen.
79 Vorlage: »Dänemark« ms. unterstrichen.
80 Vorlage: »Oldenburg-Ostfriesland« ms. unterstrichen.
81 Vorlage: »Berlin« ms. unterstrichen.
82 Vorlage: »alle Werbebezirksleiter« ms. unterstrichen.
83 Vorlage: »rund 400« ms. unterstrichen.
84 Vgl. Nr. 2.
85 Dies war die Zeitschrift des illegalen, von Berlin aus agierenden »Roten Stoßtrupps«, dem Ende 1933 schätzungsweise rund 3 000 Personen angehörten. Die Zeitschrift erschien regelmäßig alle acht bis zehn Tage in einer Auflage von zuletzt 3 000 Exemplaren; vgl. *Hans-Joachim Reichhardt*, Möglichkeiten und Grenzen der Arbeiterbewegung, in: *Walter Schmittthenner/Hans Buchheim* (Hrsg.), Der deutsche Widerstand gegen Hitler. Vier historisch-kritische Studien, Köln etc. 1966, S. 119–142, hier S. 177–179; *Niemann u. a.*, S. 123–128. Zerschlagen wurde die Gruppe um Rudolf Küstermeier im Dezember 1933; vgl. Franz Herings »Bericht über die Tätigkeit des Roten Stoßtrupps« als Anlage zum Brief Hering an Adler, 23. Dezember 1933, IISG Amsterdam, SAI, Nr. 3491; Deutsche Freiheit, 24. Mai 1934: Der »Rote Stoßtrupp«; Nr. 7.
86 Vorlage: »Rathmann« ms. unterstrichen.
Rathmann, August, geb. 1895, Schriftleiter der »Neuen Blätter für den Sozialismus«, als Mitgesellschafter einer metallverarbeitenden Firma nach Berlin, für Wissenschaft und nationalsozialistische Ideologie zuständiger Mitarbeiter der Zeitschrift »Blick in die Zeit«.
87 Vorlage: »Zeitschrift« ms. unterstrichen.
88 Vorlage: »Pahl« ms. unterstrichen.
Pahl, Walther, 1896–1969, Nationalökonom, Redakteur »Die Gewerkschaft« (Gesamtverband), 1932/33 Angestellter ADGB-Bundesvorstand, Emigration 1933 Niederlande, 1950–1954 Chefredakteur der »Gewerkschaftlichen Monatshefte« in Düsseldorf.
89 Vorlage: »Furtwängler« ms. unterstrichen.
Furtwängler, vermutlich Franz-Josef Furtwängler, 1894–1966, Sekretär des ADGB-Vorstandes, Emigration 1934 Ungarn, 1938 Deutschland, Dienstverpflichtung im Auswärtigen Amt, Mitglied des Kreisauer Kreises, 1946–1949 Leiter der Akademie der Arbeit in Frankfurt/Main, 1950–1958 SPD-MdL Hessen, Hochschullehrer, Schriftsteller und Journalist.
90 Vorlage: »Maschke« ms. unterstrichen.
91 Zum »Blick in die Zeit« vgl. Nr. 11.
Gayk, Andreas, 1893–1954, sozialdemokratischer Kommunalpolitiker, Redakteur »Schleswig-Holsteinische Volkszeitung«, engagiert bei »Kinderfreunde«, Mitinitiator und eigentlicher Chefredakteur von »Blick in die Zeit« (Juni 1933 bis August 1935), danach als Vertreter in der Pharma-Industrie tätig.

beit ausscheiden. Der Herausgeber, Ristow[92], ist ein ehemaliger Polizeibeamter, der noch heute bei der Polizei ein- und ausgeht. Die Gewerkschaftsjugend hat jetzt wieder das Recht erhalten, Zusammenkünfte durchzuführen. Sie kann die Jugendherbergen wieder benützen und erhält auch wieder Fahrpreisermäßigungen. Buchmann[93], der wieder frei ist, hat berichtet, daß noch in der letzten Bezirksvorstandssitzung der Berliner, 2 Tage vor dem Verbot der Partei, Löbe und Westphal im Auftrag des Parteivorstands den Standpunkt vertreten haben, daß illegale Arbeit nicht geleistet werden dürfe und daß die Parteigenossen auch das Prager Material nicht verbreiten dürften.[94] Sie sollen diesen Standpunkt auch noch nach ihrer Verhaftung in Spandau vertreten haben.

In Ostpreußen unterhält Alfred Metz[95] Verbindungen mit den wichtigsten Ortsgruppen.

In Danzig[96] haben sich die Gewerkschaftsfunktionäre sehr gut[97] gehalten. Sie haben eine Mitarbeit an den gleichgeschalteten Gewerkschaften abgelehnt.

In Mittelschlesien sind Seidel und Stephan[98], Breslau noch frei. Sie haben jetzt auch die Parteiarbeit übernommen.

Im Bezirk Görlitz[99] sind in Görlitz selbst alle bekannten Funktionäre verhaftet. Neuer Verbindungsmann ist Willi Beiersdorf[100] Görlitz.

Im Bezirk Brandenburg[101] bestehen Verbindungen zu Erich Schelz[102]. – Szillat und Spiegel[103], Potsdam, befinden sich im Konzentrationslager, Oranienburg.

Max Barthel[104] ist Lektor der gleichgeschalteten Büchergilde.[105] Die Büchergilde veröffentlicht jetzt ein Buch von ihm »Mein Weg zurück«.[106]

Der Volksfunk ist verboten worden.[107] Die Abonnenten des »Volksfunk« erhalten die nationalsozialistische Funkzeitschrift.

Mendel, Kurt Hermann, geb. 1900, seit 1925 SPD, Werbefachmann für ADGB, Besitzer der »Berolina-Druckerei«, Initiator der Zeitschrift »Blick in die Zeit« (Juni 1933 bis August 1935).

Weinberger, Hans, geb. 1898, hauptamtlicher Sekretär »Kinderfreunde«, mitverantwortlich für den Vertrieb der Zeitschrift »Blick in die Zeit«.

92 Ristow, Alfred, ehemaliger preußischer Polizeioffizier, Inhaber eines fernmeldetechnischen Betriebes, auf Betreiben Gayks und Mendels Hrsg., Verleger und verantwortlicher Redakteur der Zeitschrift »Blick in die Zeit«.

93 Vorlage: »Buchmann« ms. unterstrichen.

94 Über eine Bezirksvorstandssitzung zwei Tage vor dem Parteiverbot ist nichts bekannt.

95 Vorlage: »Ostpreußen« und »Alfred Metz« ms. unterstrichen.

96 Vorlage: »Danzig« ms. unterstrichen.

97 Vorlage: »Gewerkschaftsfunktionäre sehr gut« ms. unterstrichen.

98 Vorlage: »Mittelschlesien«, »Seidel« und »Stephan« ms. unterstrichen.

99 Vorlage: »Görlitz« ms. unterstrichen.

100 Vorlage: »Willi Beiersdorf« ms. unterstrichen.

101 Vorlage: »Brandenburg« ms. unterstrichen.

102 Vorlage: »Erich Schelz« ms. unterstrichen.

103 Vorlage: »Szillat« und »Spiegel« ms. unterstrichen.

Vermutlich Georg Spiegel, 1895–1960, Redakteur, Vorsitzender der SPD-Potsdam, 1933 illegale Arbeit, 1933–1945 im KZ, ab 1945 Bürgermeister von Potsdam, im Vorstand der SPD bzw. SED Brandenburg, MdL, Abteilungsleiter im Ministerium für außer- und innerdeutschen Handel der DDR.

104 Vorlage: »Max Barthel« ms. unterstrichen.

Barthel, Max, 1893–1975, sozialistischer Schriftsteller und Journalist, vorübergehende Annäherung an den NS.

105 Vorlage: »Büchergilde« ms. unterstrichen.

106 Hiermit dürfte Barthels Werk »Das unsterbliche Volk«, Berlin 1933, gemeint gewesen sein. Dieses Buch, das den Übergang Barthels zum Nationalsozialismus markierte, erschien auch in der Büchergilde Gutenberg.

107 Vorlage: »Volksfunk« und »verboten« ms. unterstrichen.

Setzer[108] hat in einem nationalsozialistischen Zeitungsvertrieb eine Redakteurstelle angenommen.

Baake[109] ist weiterhin Vorsitzender der Volksbühne in Berlin, die dem nationalsozialistischen Bühnenbund angeschlossen ist. Er hat mit Goebbels verhandelt und sich mit ihm verständigt.

Im Haus der Freidenker[110] befindet sich eine Beratungsstelle für den Wiedereintritt in die evangelische Kirche.

Es wurde vereinbart, bei der nächsten Reise durch die Bezirke die Vertrauensleute der SAJ noch stärker als bisher darauf hinzuweisen, daß, nachdem eine besondere Jugendarbeit nicht mehr möglich ist, die Funktionäre der SAJ die Aufgabe haben, politische Arbeit zu leisten und den Wiederaufbau der Partei zu unterstützen. Soweit die Vertrauensleute der SAJ nicht identisch sind mit den Vertrauensleuten der Partei, soll zwischen beiden die engste Verbindung hergestellt werden.

Für die Internationale sozialistische Jugend-Konferenz wird Gustav Weber einen Bericht über die Lage der Jugend in Deutschland schreiben, außerdem soll den Mitgliedern des Büros der Internationale ein vertraulicher Bericht über die gegenwärtige Arbeit in Deutschland vorgelegt werden. Ferner wird in Aussicht genommen, daß ein Mitglied des Hauptvorstandes aus Deutschland an der Exekutiv-Komitee-Sitzung der Internationale in Paris teilnimmt.[111]

Zum Internationalen Jugend-Tag Anfang Oktober soll ein Aufruf des Hauptvorstands an die Mitglieder der SAJ und an die arbeitende Jugend herausgegeben und in Deutschland verbreitet werden.

Nach der Internationalen Konferenz in Paris soll eine neue Zusammenkunft stattfinden, in der über die Weiterarbeit gesprochen werden soll.

---

108 Vorlage: »Setzer« ms. unterstrichen.
109 Vorlage: »Baake« ms. unterstrichen.
    Baake, Curt, 1864–1938, Mitbegründer der Volksbühne Berlin, 1918/19 Leiter der Reichskanzlei der Revolutionsregierung, Kabinettschef bei Reichspräsident Ebert, Unterstaatssekretär, 1920–1933 Vorsitzender des »Verbandes der deutschen Volksbühnen-Vereine«.
110 Vorlage: »Freidenker« ms. unterstrichen.
111 Sitzung der SAI-Exekutive am 19./20. August 1933; über die offizielle Teilnahme eines Mitglieds des Hauptvorstandes neben Ollenhauer, Stampfer und Wels ist nichts bekannt; vgl. Internationale Information 10. Jg., 4. September 1933, S. 502.

Anhangdokument Nr. 3
Bericht über die Konferenz der Grenzsekretäre in der Tschechoslowakei am 14. August 1933
SAPMO Berlin, ZPA, II 145/54, Bl. 21

Anwesend:[1] Wels, Vogel, Stampfer, Hertz, Crummenerl, Ollenhauer, Lemke, Heine. Dill, Lange, Sander, Tröndle, Thiele, Stahl, Bögler.

In der Sitzung gab der Genosse **Wels** zunächst eine Übersicht, in der auf die außenpolitische Isolierung hingewiesen [wurde] und in der [er] die augenblickliche Situation in

---

1 Vorlage: »Anwesend« ms. unterstrichen.

Deutschland, vor allem in der nationalsozialistischen Bewegung, nach den hier vorliegenden Nachrichten schilderte. Er beschäftigte sich dann im einzelnen mit den Aufgaben der Internationalen Konferenz in Paris und erläuterte die in dieser Frage vom PV gefaßten Beschlüsse.[2]

Genosse **Crummenerl** berichtete über die vom PV beschlossenen organisatorischen Maßnahmen und über die nächsten Aufgaben der Grenzsekretäre für die Deutschlandarbeit.[3]

Diesen Ausführungen folgte ein Bericht der Genossin **Lemke** über die Arbeit in Deutschland.

Die Diskussion beschäftigte sich vor allen Dingen mit der Ausgestaltung der Deutschlandausgabe des »Neuen Vorwärts«. Hier wurden mehr grundsätzliche Artikel gefordert. Weitere Hauptpunkte in der Debatte waren die Fragen des Boykotts[4] und des Präventiv-Krieges.

---

2 Vgl. Nr. 4.
3 Vgl. Nr. 4.
4 Vorlage: Bojkotts. Gemeint ist die Frage eines internationalen Boykotts gegen Deutschland.

Anhangdokument Nr. 4
Bericht über die Konferenz der Grenzsekretäre in der Tschechoslowakei am 18. Oktober 1933

SAPMO Berlin, ZPA, II 145/54, Bl. 27

Konferenz der Grenz-Sekretäre in der Tschechoslowakei am 18. Okt[ober] [19]33 in Prag

Anwesend: vom PV: Wels, Vogel, Stampfer, Hertz, Ollenhauer, Böchel, Stahl, Aufhäuser, Geyer, Rinner.[1]
Sekretäre: Dill, Lange, Sander, Bögler, Tröndle, Kunze, Thiele.

Wels berichtet über die allgemeine politische Lage nach dem Austritt aus dem Völkerbund und erläutert die Beschlüsse, die der PV am Vormittag für die Wahl am 12. November gefaßt hat. Er bespricht ferner die Beschlüsse, die hinsichtlich der Trennung des Deutschlandvorwärts vom Auslands-Vorwärts gefaßt wurden.[2] Die Beschlüsse des PV wurden von den Grenz-Sekretären gebilligt.

Crummenerl berichtet über die nächsten Veröffentlichungen des PV (6 Monate Hitlerherrschaft, Reichstagsbrandprozeß-Broschüre, Deutschlandausgabe des Vorwärts, Wahlmaterial und über die Verhandlungen in Straßburg über die Saarfragen). An der Diskussion über diese Beschlüsse beteiligen sich die Genossen **Tröndle, Lange** und **Sander, Bögler** und **Dill**. Die Diskussion dreht sich vor allem um die Frage der zweckmäßigen Tarnung und um die Erscheinungsweise der Deutschlandausgabe des Vorwärts. Es wird beschlossen, den Deutschlandvorwärts unter einem neuen Titel getarnt erscheinen zu lassen entsprechend den Beschlüssen des PV. Dagegen wird der Vorschlag, den kleinen Vorwärts zunächst nur 14täglich herauszubringen, abgelehnt. Es bleibt bis auf weiteres beim 8tägigen Erscheinen.[3]

---

1 Außerdem anwesend: Crummenerl.
2 Vgl. Nr. 6.
3 Unter dem Titel »Sozialistische Aktion« erschien die Deutschlandausgabe des »Neuen Vorwärts« vom 29. Oktober 1933 bis zum 4. Februar 1934 wöchentlich, vom 18. Februar 1934 bis Anfang Juli 1935 vierzehntägig und von August 1935 bis Dezember 1937 monatlich; danach erschien noch eine Nummer im März 1938; ab November 1936 trug sie den Untertitel »Organ der Sozialdemokratischen Partei«; vgl. *Maas*, Bd. 2, S. 537; Anhangdok. Nr. 5.

Ollenhauer berichtet über die Lage der Emigranten und über die Beschlüsse des Völkerbundes bezüglich des Flüchtlingsamtes. Er beschäftigt sich im einzelnen mit der besonderen Situation der Emigranten in der Tschechoslowakei. Hier sind in allerkürzester Zeit erhebliche finanzielle Schwierigkeiten zu erwarten, da die deutsche Partei am Ende ihrer Kraft ist.[4] Sie hat allein für den Monat September aus zentralen Mitteln 63 000,- Kc aufgewendet, das ist mehr, als sie in einem Monat an Parteibeiträgen einnimmt. Insgesamt beträgt der Aufwand der deutschen Partei in der Tschechoslowakei bisher über Kc 300 000,-, bei einer Einnahme von Kc 55 000,- pro Monat an Parteibeiträgen für die Zentrale. Es ergeben sich noch eine Reihe von politischen Schwierigkeiten. Die Lage in der Tschechoslowakei ist sehr gespannt. Die politische Betätigung der Emigranten kann zu neuen Komplikationen führen. Die Zusammenkünfte der Emigranten müssen auf eine Mindestmaß beschränkt werden. Die deutsche Partei in der Tschechoslowakei hat den Wunsch, über die Lage der Emigration mit den Emigranten in besonderen Versammlungen in den wichtigsten Orten der Emigration zu sprechen. Es sind eine Reihe derartiger Versammlungen deshalb für die nächste Zeit in Aussicht genommen. Die Ausführungen Ollenhauers werden durch Darlegungen von Sander und Lange ergänzt.

---

4 Ollenhauer meinte die Deutsche Sozialdemokratische Arbeiterpartei (DSAP) in der Tschechoslowakei.

Anhangdokument Nr. 5
Protokoll der Sitzung der Grenzsekretäre in der CSR am 26. Januar 1934

SAPMO Berlin, ZPA, II 145/54, Bl. 35–37

Protokoll der Sitzung der Grenzsekretäre in der CSR am 26. Januar 1934.
Anwesend: Wels, Vogel, Stampfer, Crummenerl, Hertz, Ollenhauer, Rinner, Geyer, Arnold, Stahl, Bögler, Lange, Sander, Dill und Michel[1], Wien.
Entschuldigt: Thiele
Tagesordnung:[2] 1. Das Manifest. Referent: Geyer.
2. Die »Sozialistische Aktion« Referent: Hertz
3. Die Emigrantenfürsorge. Referent: Ollenhauer.

Geyer berichtet über die Entstehung des Manifests und erläutert ausführlich die Grundgedanken dieser Kundgebung.
In der Diskussion spricht zunächst **Lange**. Er betrachtet den Entwurf lediglich als eine Kundgebung der Genossen, die jetzt den Parteivorstand bilden. Es ist wenig darin aufgenommen worden von den Gedanken, die drinnen diskutiert werden. In entscheidenden Punkten muß er die Kundgebung ablehnen. 1. Die Führung ist in dem Manifest zu stark verankert worden. 2. Die Forderung nach der Demokratie und vor allem nach der Wahl einer Volksvertretung wird abgelehnt. 3. Ist nicht anzunehmen, daß die Differenzen innerhalb der Arbeiterbewegung durch die veränderte Situation selbst ausgelöscht werden. Es fehlt auch ein Absatz, der die internationalen Fragen behandelt. Die Spaltung muß durch internationale Initiative überwunden werden.

---

1 D. i. von Knoeringen.
2 Vorlage: »Tagesordnung« ms. unterstrichen.

Crummenerl: Die Diskussion über die Zielsetzung der Partei beginnt jetzt erst. Durch das Manifest ist dafür eine brauchbare und gründliche Basis gegeben. Wir haben Auseinandersetzungen zu erwarten mit den Liquidatoren[3], die mit der Tendenz des Aufrufs sicher nicht einverstanden sein werden. Die Frage ist auch, ob wir diese Erklärung nicht auch in den Kreisen der Emigranten diskutieren, um sie geistig stärker zusammenzuführen. Auch an Auseinandersetzungen mit den Gruppen links von uns müssen wir denken. Die neue Führung wird sich im Kampfe selbst entwikeln, und wir werden neue führende Kräfte einschalten müssen. Ähnliche Diskussionen, wie wir sie hier führen, werden wir auch mit den Sekretären im Westen und mit den illegalen Mitarbeitern veranstalten, damit wir das Echo unserer Kundgebung in Deutschland selbst feststellen können.

Bögler: Die Tatsache, daß ein Programm vorliegt, ist ein großer Gewinn. Die Kundgebung ist eine geeignete Diskussionsgrundlage. Einzelfragen müssen gesondert behandelt werden. So die Frage der proletarischen Wehrorganisation und ihre Uniform; so die Vorbereitung von Gesetzentwürfen und Dekreten, die wir nach der Machtübernahme in Kraft setzen wollen. Dazu ist die Heranziehung von Sachbearbeitern notwendig. Für die Führung liegen neue praktische Vorschläge nicht vor, es wäre aber gut, wenn aus dem Kreise des PV neue Namen herausgestellt würden, etwa bei der Vertretung in der Internationale. Die Zusammenfassung der Emigranten ist wünschenswert, und zwar sowohl der führenden Leute und dann auch der Gesamtheit der Emigranten. Die Zusammenfassung der führenden Emigranten ist deshalb notwendig, damit das Gegeneinanderarbeiten ein Ende nimmt. Bögler erinnert hier an den Fall Höltermann.[4]

Stahl: Die Emigranten in meinem Bezirk beurteilen die Kundgebung positiv. Eine Aussprache über das Programm in den Emigrantenversammlungen ist notwendig. Das Programm wird auch drüben fruchtend und anregend wirken.

Stampfer weist darauf hin, daß der PV in Prag nicht mehr der alte PV ist. Er arbeitet hier in einer anderen Zusammensetzung, die bestimmt worden ist durch die Reichskonferenz am 26. April. Dort ist der neue Parteivorstand gewählt worden auf der Grundlage einer neuen aktivistischen Politik, wie sie Wels in seinem Referat auf dieser Konferenz begründet hat.

Sander: Das Programm ist eine geeignete Grundlage für die Diskussion. Seine Besprechung in Emigrantenversammlungen ist zweckmäßig. Das Urteil in Deutschland über die Führung ist so unterschiedlich, es mehren sich die Fälle, in denen in Deutschland Löbe und andere Genossen, die in Deutschland in Haft waren, mit starker Sympathie genannt werden, während man von den ins Ausland gegangenen Genossen mit einer gewissen Geringschätzung spricht.

Bögler regt an, die Grenz-Sekretariate regelmäßig mit Nachrichten über die Arbeit des PV zu versorgen.

Lange: Eine Ergänzung der Führung ist notwendig durch Mitarbeiter der illegalen Bewegung.

Geyer: Es kommt darauf an, Legenden zu zerstören. Eine solche Legende ist die Behauptung, daß das Reichsbanner am 7. März[5] kampfbereit gewesen sei und nur durch die Partei

---

3 Damit dürften die Kräfte gemeint sein, die die Weiterexistenz der SPD aufgrund ihres angeblichen Versagens vor und während des Jahres 1933 in Frage stellten.

4 Zum Verhältnis Höltermanns zur Sopade vgl. *Karl Rohe*, Das Reichsbanner Schwarz Rot Gold. Ein Beitrag zur Geschichte und Struktur der politischen Kampfverbände zur Zeit der Weimarer Republik, Düsseldorf 1966, S. 471 ff.

5 Einen Tag nach den Reichstagswahlen vom 5. März 1933 wurden in Thüringen Reichsbanner und Eiserne Front verboten; bis Ende März schlossen sich die anderen Länder an. Zudem wurde zwischen dem 6. und 10. März in den meisten Ländern die Wahrnehmung der Regierungsbefugnisse auf die Reichsregierung übertragen; die sozialdemokratischen Minister wurden zum Rücktritt gezwungen.

am Losschlagen gehindert worden sei. Geschichtsklitterung wird auch getrieben in dem Buch von Frey bezüglich der Rolle der Gewerkschaften.[6] Frey ist das Pseudonym für Pahl, der noch am 1. Mai einen gleichgeschalteten Mai-Artikel in der Gewerkschaftszeitung veröffentlichte.[7] Auch die reinen Stimmungen müssen zerstört werden. Die ständige Diskussion über die Führung hängt nicht zuletzt zusammen mit der Führer-Ideologie, die von den Nationalsozialisten ständig propagiert wird.

Crummenerl beweist anhand von Tatsachen, daß Höltermann weder am 20. Juli noch am 6. März losschlagen wollte. An beiden Tagen war die Führung des Reichsbanner zum Losschlagen weder bereit noch entschlossen. Eine Ergänzung der Führung ist notwendig, aber die alte Führung darf nicht desertieren.

Wels: In der Sitzung des Bundesvorstandes des ADGB am 20. Juli, an der Crummenerl und ich teilnahmen, erhielt ich die Nachricht über die Vorgänge in Preußen.[8] Auf meine Frage, ob die Gewerkschaften, vor allem die Eisenbahner, zum Generalstreik bereit und entschlossen seien, erklärten die Eisenbahner, daß sie den Generalstreik ablehnen müßten. Man einigte sich auf die Parole der Sicherung der Wahlen am 31. Juli. Bei dieser Entscheidung spielte auch die Taktik der österreichischen Partei im Vorjahre in einer ähnlichen Situation eine Rolle.[9] Nach dem 20. Juli erfolgte die zunehmende Isolierung der Partei durch Gewerkschaften und Reichsbanner. In Gewerkschaftskreisen spielte der Gedanke einer selbständigen Gewerkschaftspartei [eine Rolle], und das Reichsbanner trennte sich in der Frage des Reichs-Kuratoriums von der Partei.[10] Das Reichsbanner verfügte im März nicht einmal über einen regelmäßigen Kurierdienst im Reich, während die Partei 40 Kurzwellensender besaß.[11] Die Mitglieder des PV waren vom 7. März bis Mitte Mai ständig in Berlin, während die Führung des R[eichs-] B[anners] kaum zu erreichen war. Am Tage vor der Reichskonferenz am 26. April beschloß die Kontrollkommission einstimmig, nach nochmaliger Prüfung der Belege, alle Bücher und Belege zu vernichten, um dem Regime keine Möglichkeit zur Feststellung des Parteivermögens zu geben. Die Partei hat damals schon den Weg in die Illegalität betreten. Im übrigen wird die Geschichte über die Politik der Partei und ihrer Führer urteilen. Jetzt gilt es nicht, Schuldfragen zu erörtern, sondern alle Kräfte im Kampf gegen Hitler zu sammeln. Wir haben seit 1914 fast immer zwangsläufig

---

6 Vermutlich *Lothar Frey*, Deutschland wohin? Bilanz der nationalsozialistischen Revolution, Zürich 1934.
7 *Walther Pahl*, Der Feiertag der Arbeit und die Sozialistische Arbeiterschaft, in: Gewerkschaftszeitung. Organ des Allgemeinen Deutschen Gewerkschaftsbundes, 43. Jg., Nr. 17, 29. April 1933, Reprint Berlin-Bonn 1983.
8 Zum Ablauf der Sitzung mit dem ADGB vgl. Aufzeichnung von Otto Wels zum 20. Juli 1932, undatiert, veröffentlicht in: *Schulze*, Anpassung, Dok. 1, S. 3–14, hier S. 7–10.
9 Wels bezieht sich auf den gescheiterten Putschversuch des Führers der steierschen Heimwehr, Walther Pfriemer, am 12. September 1931; vgl. Aufzeichnung von Otto Wels zum 20. Juli 1932, undatiert, veröffentlicht in: *Schulze*, Anpassung, Dok. 1, S. 3–14, hier S. 9 mit Anm. 22.
10 Wels spielte auf die Auseinandersetzung zwischen Parteivorstand und Reichsbanner über die Mitarbeit im »Reichskuratorium für Jugendertüchtigung« an. Das im September 1932 gegründete Kuratorium – eine Einrichtung des Reichsministers des Innern unter Aufsicht der Reichswehr und unter der Präsidentschaft des Generals Edwin von Stülpnagel – sollte in erster Linie der Führerausbildung der Wehrverbände und deren Integration in die Reichswehrpläne zur Errichtung einer einheitlichen Miliz dienen. Während die Reichsbanner-Bundesleitung unter Karl Höltermann an einer Zusammenarbeit Interesse bekundete, lehnte der SPD-Parteiausschuß die Milizpläne ab; vgl. *Schulze*, Anpassung, S. XXI–XXIII, sowie Sitzung des Parteiausschusses am 10. November 1932, Protokoll veröffentlicht in: Ebd., Dok. 2, S. 15–94, hier S. 72–94, und Sitzung des Parteiausschusses mit der Kontrollkommission am 16. Dezember 1932, veröffentlicht in: Ebd., Dok. 3, S. 95-130, hier S. 112-130.
11 Vorlage: Ab »während« hs. unterstrichen.

handeln müssen, trotzdem müssen wir uns hohe Ziele setzen, und das neue Programm enthält diese hohen Ziele, deren Erfüllung uns ein großes Stück weiterbringen würde.

Hertz berichtet über die bisherige Entwicklung der Auflage der »Sozialistischen Aktion« und über die Grundsätze, die der Redaktionsführung bisher zugrunde lagen. Jetzt stehen die Fragen der Erscheinungsweise und einer weiteren Tarnung zur Diskussion. Wir empfehlen mit Rücksicht auf die gesteigerten Schwierigkeiten das vierzehntägige Erscheinen, aber Beibehaltung des bisherigen Titels, da eine Tarnung nach den bisherigen Erfahrungen keine größere Sicherheit für die Verteiler bedeutet.

Lange: Der Inhalt der »Sozialistischen Aktion« befriedigt nicht. Es müssen mehr grundsätzliche Fragen diskutiert werden. Die Namensänderung ist gut.[12] Die Finanzierung der illegalen Literatur ist schwierig; die Leipziger z. B. wollen nicht zahlen, sie berufen sich auf entsprechende Anweisungen der Berliner Zentrale.

Dill wünscht, daß die Bezahlung der illegalen Literatur einheitlich geregelt wird. In Nürnberg und München werden für die »S[ozialistische] A[ktion]« Lesegebühren erhoben.

Crummenerl: Die Bezahlung der illegalen Literatur ist anzustreben. Er empfiehlt für die »S[ozialistische] A[ktion]« 0,10 RMk., für ein Heft der »Zeitschrift f[ür] Soz[ialismus]« 0,50 RMk., für Broschüren den Auslandspreis. Ein Drittel der eingehenden Beträge soll an den PV abgeliefert werden, zwei Drittel verbleiben den Grenzsekretariaten.

Bögler ist für vierzehntägiges Erscheinen. Er empfiehlt eine getarnte Ausgabe der Reichstagsbrand-Broschüre.[13]

Es wird beschlossen, die »S[ozialistische] A[ktion]« in Zukunft vierzehntägig unter dem bisherigen Titel erscheinen zu lassen. Der Vorschlag Crummenerls über die Preisgestaltung wird angenommen.[14]

Ollenhauer berichtet über die Lage der Emigration in der CSR. Es werden zur Zeit 297 Flüchtlinge unterstützt, dazu kommen noch 59 Kinder. Der Gesamtaufwand der deutschen Partei in der CSR für die Flüchtlinge beträgt nach den bisherigen Feststellungen über Kc 500 000,-. Die Partei ist jetzt am Ende ihrer Kraft. Aus dem Matteottifonds erhält sie einen Zuschuß von Schw. Frs. 5 000,-. Die tschechische Partei hat jetzt zum ersten Mal für den Monat Februar einen Zuschuß von Kc 20 000,- in Aussicht gestellt. Der Monatsbedarf beträgt jedoch rund Kc 60 000,-. Eine Einschränkung in der Zahl der Unterstützten und in der Höhe der Unterstützung ist unbedingt notwendig. Das Flüchtlingskomitee wird alle leichteren Fälle der Emigration aus der Fürsorge ausschalten müssen. In der Fürsorge sollen solange als möglich verbleiben die ernsthaften Fälle der Emigration und die Mitarbeiter in der illegalen Arbeit.

Lange wünscht eine Benachrichtigung der Grenzsekretäre in den Fällen, in denen Emigranten ausgeschieden werden. Die Partei soll angeregt werden, die Kreis-Sekretariate wenn möglich zu neuen Leistungen zu veranlassen.

Stahl: In Reichenberg werden von den 18 bisher unterstützten Emigranten 9 abgeschoben, da bei ihnen eine Notwendigkeit einer dauernden Unterstützung nicht anerkannt werden kann.

---

12 Lange bezog sich auf die Trennung des »Neuen Vorwärts« in die Auslandsausgabe unter Beibehaltung des Namens und in die Kleinausgabe für Deutschland unter dem neuen Titel »Sozialistische Aktion«; vgl. Nr. 6, Nr. 7.

13 *Justinian* [d. i. *Erich Kuttner*], Reichstagsbrand. Wer ist verurteilt?, Karlsbad 1934 (= Probleme des Sozialismus 4). Bei *Hans Gittig*, Illegale antifaschistische Tarnschriften 1933 bis 1945, Leipzig 1972, findet sich kein Hinweis auf eine getarnte Ausgabe.

14 Die Umstellung auf ein 14tägiges Erscheinen erfolgte zum 18. Februar 1934; vgl. *Maas*, Bd. 2, S. 537, und PV-Rundschreiben, 30. Januar 1934, in: AdsD Bonn, PV-Emigration, Mappe 7, in dem die Grenzsekretäre und Vertrauensleute über die Beschlüsse informiert wurden.

Bögler: Es muß der Versuch gemacht werden, die lokalen Zahlstellen der Gewerkschaften zu bewegen, aus ihren Mitteln Emigranten zu unterstützen.

Michel, Wien, erklärt, daß in Österreich alle neuankommenden Emigranten sofort ausgewiesen werden. Selbst der Aufenthalt der jetzt in Wien unterstützten 11 Emigranten ist gefährdet.

Vogel berichtet zum Schluß über die Vorfälle in Bodenbach, die sich um Edel, Tröndle und Kunze abgespielt haben.[15]

Schluß der Sitzung 18 Uhr.

---

15 Vgl. Nr. 7, Nr. 10.

Anhangdokument Nr. 6
Bericht von Siegmund Crummenerl[1] über seine Westreise vom 22. Februar bis 29. März 1934

SAPMO Berlin, ZPA, II 145/54, Bl. 67–76

Bericht über die Westreise vom 22. Februar bis 29. März [19]34[2]

Als ich am 22. Februar in Zürich ankam, lag Adler mit Fieber zu Bett, so daß die Abrechnung nicht erfolgen konnte. Die Besprechung über die Realisierung einiger Wertpapiere und die Abrechnung über unser Konto mußte vertagt werden bis zu meiner Rückkehr. Ich traf zunächst Gerda[3], die mir die Verhaftungen im Roten Vorstoßkreis[4] auseinandersetzte. Sie teilte mit, daß zunächst die Genossin Schütze verhaftet worden sei, die für den P[roletarischen] P[resse] D[ienst][5] auf der Schreibmaschine Sachen hergestellt habe, die beschlagnahmt worden seien.

Daraufhin wurde die Genossin Schlingmann, die mit Schütze zusammenwohnt, gleichfalls verhaftet. Bei den Leuten vom Roten Vorstoßkreis hat man Listen gefunden und Verhaftungen im früheren Arbeiterjugendkreis durchgeführt (Fritz List, Gustav Weber, Käthe Fröhbrodt usw.) Auch Verhaftungen in Deutschland. So wurde[n] in Stuttgart Wurm, Lehmann, Bruschke – Magdeburg, Heitmeier in Bielefeld, Gnoß – Essen[6] verhaftet. List, Weber [sind] furchtbar zerschlagen worden. Fröhbrodt hat schlapp gemacht und illegale Ju-

---

1 Vgl. Nr. 10, Nr. 11, wonach Crummenerl und Hertz nach Saarbrücken zur Gesellschaftersitzung am 26. Februar 1934 delegiert wurden und auch gefahren sind. Die finanziellen Themen, die in dem Reisebericht angesprochen werden und über die der Berichterstatter in Ich-Form berichtet, lassen auf den Kassierer Crummenerl als Berichterstatter schließen. Vgl. insb. auch Bl. 72, wo auf eine Besprechung mit den Saarbrücker Sozialdemokraten eingegangen wird und es u. a. heißt: »Anwesend waren Hertz, Rinner und ich«, so daß Rinner und Hertz als Berichterstatter ausscheiden. Bleibt Crummenerl. Ebenso heißt es auf Bl. 74: »In Brüssel hatte ich eine Unterredung mit den belgischen Genossen zusammen mit Hertz.«
2 Vorlage: »34« hs. ergänzt. Unklar ist, ob die Ergänzung erst im ZPA erfolgte. Vgl. Nr. 10, Nr. 11.
3 D. i. wahrscheinlich Lotte Lemke.
4 Vgl. Nr. 7. Die Verhaftungen fanden bereits im Dezember 1933 statt; vgl. *Reichhardt*, Möglichkeiten, S. 177–179.
5 Vgl. Nr. 7.
6 Vorlage: Genos.

gendarbeit zugegeben. Es ist nachgewiesen worden, daß Verbindung zu Ollenhauer bestand.[7]

Die Zentrale hat es noch sehr schwer. Sie ist eigentlich nur noch ein Stützpunkt, da sie durch die Verhaftungen sehr geschwächt ist. Alfred ist noch bei der Versicherungsgesellschaft beschäftigt.[8] Treffpunkt ist Sonnabend Sonntag. Reisen in die Bezirke konnten in letzter Zeit nur wenig durchgeführt werden. Kriedemann. Geldfrage.[9]

Die Gefangenenhilfe ist aufgezehrt. Es sind vom Arbeiterwohlfahrtskonto 5 000 M neu gegeben worden.[10] Man hofft, bis Ende Herbst mit diesem Betrage auszukommen. Unterstützt werden nur solche, die illegal arbeiten und verhaftet wurden. Des weiteren ist ein Betrag von 2 000 M für illegale Arbeit gegeben worden. In den Bezirken arbeitet man weiter z. T. auch ohne zentrale Verbindungen noch recht gut. Dauernde Zusammenkünfte finden noch in Ostpreußen statt, in Brandenburg desgleichen, ebenfalls an der Waterkante. Die Verbindung zu Frankfurt und zum hessischen Bezirk ist noch gut. In den nächsten Wochen soll eine neue Reise unternommen werden und alle bestehenden Verbindungen nachkontrolliert werden.

Mit den Genossen Farbstein und Löwenfeld hatten wir eine Unterredung wegen der Konzentra AG. Der Prozeß hat bereits vorm Bezirksausschuß Berlin stattgefunden.[11] Die Entscheidung ist zu unseren Ungunsten erfolgt. Die Kosten belaufen sich auf 6 1/2 Tausend Franken. Wir haben die Einspruchfrist zu wahren. Einspruch eingelegt. Werden uns aber überlegen, welche Schritte noch unternommen werden können. Auf dem Prozeßwege wird wenig zu machen sein. Ob eine Intervention seitens behördlicher Auslandstelle möglich ist, wird geprüft.

Eine längere Unterredung hatte ich mit den führenden Leuten des Miles-Kreises, und zwar am Freitag, dem 23. und am Sonntag, dem 25. Februar.[12] M[iles] entwickelte seine Auffassung, sie hätten den Faschismus kommen sehen, obgleich sie nicht der Auffassung wären, daß er hätte kommen müssen. Das sei vielmehr abhängig gewesen von bestimmten

---

7 Zu den Verhaftungen in Berlin vgl. auch *Hans-Rainer Sandvoß*, Widerstand in einem Arbeiterbezirk, Berlin 1983, S. 34 f.
8 Dies ist Alfred Nau, der als Versicherungsinspektor bei der Berliner Verwaltungsstelle der »Leipziger Verein Barmenia« arbeitete; vgl. Bericht von Kriminal-Sekretär Rikowski über den Kurierdienst der illegalen SPD, 10. Juli 1934, in: BA Zwischenarchiv Dahlwitz-Hoppegarten, NJ 13630/5, Bl. 5; *Seebacher-Brandt*, Biedermann, Diss., S. 488, Anm. 46.
9 Dies betraf vermutlich die Erstattung der Kosten für die Benutzung seines privaten Pkw bei Reisen ins Reich und in die CSR; vgl. BDC, Anklageschrift ORA beim VGH gegen Herbert Kriedemann, 7. August 1941, S. 7 ff. In einer Besprechung mit Alfred Nau am 21. Mai 1934 im Riesengebirge, in: SAPMO Berlin, ZPA, II 145/56, Bl. 96–98, wurde vereinbart, »daß in Zukunft die finanziellen Angelegenheiten für Herbert [Kriedemann] direkt mit Prag geregelt werden, so daß unsere Vertrauensleute in Berlin damit nicht mehr belastet sind.«
10 Dies war wahrscheinlich das Konto der Tarnorganisation der AWO, das »Deutsch-ausländische Jugendwerk«; vgl. Nr. 4.
11 Vgl. Nr. 2, Nr. 15. Die Zürcher Rechtsanwälte Farbstein und Frank hatten die Vertretung der AG für Zeitungsunternehmungen bei ihrer Klage gegen die Beschlagnahme der Aktien der Konzentration AG übernommen; Dr. Philipp Löwenfeld, Zürich, hatte sich Ende 1933 in einem Gutachten pessimistisch über den Erfolg einer Klage beim Preußischen Bezirksausschuß geäußert; vgl. Korrespondenz in: IISG Amsterdam, SAI, Nr. 4055.
12 Die beiden Gespräche werden bestätigt in Beilage 2 zum Antrag der Einsetzung eines Schiedsgerichtes durch die Geschäftsleitung der SAI wegen des Konflikts des Prager Sopade-Büros mit der Organisation »Neu Beginnen«, undatiert [Eingangsstempel: 5. März 1935], unterzeichnet von Gerhard Paulsen und Willi Müller [d. i. Karl Frank], in: IISG Amsterdam, SAI, Nr. 3469; als Termin für das zweite Gespräch wird hier jedoch der 26. Februar 1934 genannt. Am 3. März 1934 fand ein weiteres Gespräch im Beisein von Adler statt; vgl. Aktennotiz über die beiden Besprechungen am 23. und 26. Februar 1934, in: IISG Amsterdam, Neu Beginnen, Mappe 4.

Verhältnissen, Bedingungen, Fehlern der Nazis und der anderen Parteien. Aber ihre Arbeit sei bestimmten Gesetzen unterworfen, die man aus der ganzen Struktur der Nazipartei und ihren bisherigen Verlautbarungen hätte ableiten können. Sie hätten sich sehr lange mit diesen Dingen beschäftigt und dann erst mit der praktischen Arbeit begonnen. Das Buch »Neu beginnen!« sei der Niederschlag einer langen mehrmonatigen Arbeit. Es sei ihre Absicht gewesen, das Buch viel größer, breiter und viel ausgereifter herauszubringen. Die Übernahme der Staatsmacht durch Hitler habe sie aber gehindert. Sie hätten schon vor Jahr und Tag versucht, alle besonders charakterfeste[n] jüngeren Genossen zu gewinnen. Das sei ihnen auch gelungen, inbesondere sei ihnen zu verdanken, da sie sich gegen jede Absplitterung wehren und immer die Auffassung vertreten hätten, daß alle zweckmäßigsten Arbeiten mit der Sozialdemokratie gemacht werden könnten, die Berliner Arbeiterjugend bei der Spaltung der SAP von einem Hinüberschwenken abzubringen. Sei es ihnen von vorneherein nicht darauf angekommen, sehr viele Menschen zu gewinnen. Um bestimmte Leute hätten sie Monate lang gerungen. Die einzigste expansive Arbeit bestünde zur Zeit darin, daß man die Stützpunkte vermehre, Schulungsarbeiten durchführe und eine scharf zentralistische Organisation aufbaue. Sie lehnen jede Spontaneität[13] ab, das plötzliche Aufbäumen könne nur wertvolle Menschen vernichten. Damit würde nichts erreicht. Die Leute würden drei bis viermal geschlagen und werden meist erledigt. Auch in der Emigration erwarteten sie nicht viel, sie rechneten damit, daß viele innerlich verlumpen würden und sich anpaßten. Sie erinnerten an den italienischen Parteitag in Paris 1928, daß eine Resolution vorgelegt worden sei, die besagte, man wolle wieder nach Italien zurückkehren, wenn Mussolini ihnen das Leben garantiere. Zwar hätte man über diese Resolution nicht abgestimmt, aber es sei doch ein Zeichen für den Entwicklungsgang in der Emigration, daß man nach 12 Jahre[n] Kampf überhaupt eine solche Resolution hätte vorlegen können. Im übrigen käme es für den Anfang nicht so sehr auf große Massen an, das bewiese das Beispiel der russischen Revolution im Jahre 1905. Die Bolschewiki hätten seinerzeit 915 Mitglieder gehabt. Das Gewinnen der einzelnen wertvollen, die in schöpferischen Arbeiten ihre Aufgabe sehen, die gut beobachten könnten und die die Widerstände im Faschismus geschickt ausnutzen könnten zur weiteren Stützpunktvermehrung, sei das Entscheidende. Jede kleine Zirkelbildung, die nur theoretisieren wolle, sei Unsinn, sie lehnten sie ab. Es sei ihnen gelungen, sehr viele Genossen aus der früheren KPD und SAP sowie selbstverständlich auch aus sozialdemokratischen Kreisen für ihre Auffassung zu gewinnen. Eine frühere qualifizierte Frau aus der kommunististischen Spitze sei jetzt bei ihnen. Ihnen wäre es möglich, die wertvollen Menschen auch aus der KPD zu gewinnen, uns sei das kaum möglich. Sie lehnten eine regelmäßige Materialverbreitung ab, da diese Art extensive Arbeit nach ihrer Meinung falsch wäre. Genossen aus dem Roten Vorstoßkreis hätten zweimal mit ihnen verhandelt und die Eingliederung angeboten. Sie hätten es abgelehnt. Dagegen hätten sie selbstverständlich einige wertvollere Leute vom Roten Vorstoßkreis für ihre Arbeit gewonnen. Übergehend zu den praktischen Dingen meinten die Genossen, daß eine Kooperation mit uns nicht in Frage käme, aber ein Zusammenarbeiten. Sie würden ihren selbständigen Standpunkt nicht aufgeben. Die Broschüre, die im Graphiaverlag erschienen sei[14], sei ihnen in Deutschland sehr übel genommen worden, da man darin ein Zeichen der Liierung mit uns erblicke, das sei ihnen aber egal. Ihr Wunsch war, wir möchten erwägen, ob nicht zu wichtigen Sitzungen des PV ein Beobachter von ihnen hinzugezogen werde. Gleichzeitig sollte der PV jemand bestimmen, der die dauernde Verbindung zu ihnen unterhielt und über alle wichtigen Dinge unterrichtet würde. Die Verantwortung für unsere Arbeit könnten sie damit aber nicht übernehmen, wie wir[15] ja auch nicht die Verantwortung für ihre Arbeit über-

---

13 Vorlage: Spontanietät.
14 Die von Walter Loewenheim verfaßte Broschüre »Neu Beginnen!«. Vgl. Nr. 5.
15 Vorlage: »wir« hs. eingebessert für »sie«.

nehmen könnten und sollten. Weiter meinten sie, ob es nicht möglich wäre, daß ein Vertreter von ihnen in die Exekutive der SAI eintreten könne, da ihre Stimme in der SAI doch sehr wertvoll sein würde, denn sie arbeiteten in Deutschland, sie sammelten dort die Erfahrungen, die wieder ausgewertet werden könnten. Und drittens sei es erforderlich, daß der PV ihre Arbeit finanziell unterstütze, und zwar für einen längeren Zeitpunkt. Wir möchten mitteilen, was wir ihnen für das nächste Halbjahr an Mitteln übergeben könnten. Sie glaubten, daß diese Forderung nicht abgelehnt werden könnte. Ihre Verluste seien bisher durch die Art ihrer Arbeit sehr gering. Etwa 5 Prozent. Verrat sei bisher nirgends aufgetaucht. Verbindungen hätten sie zur Zeit in Thüringen (Wochenendparteischule), an der Wasserkante, im Ruhrgebiet. Eine weitere Vermehrung der Stützpunkte sei im erheblichen Umfang eine Geldfrage. Die Leute, die bei ihnen mitarbeiteten, würden verpflichtet, die stärksten finanziellen Opfer zu tragen. Sie lebten nur für die Bewegung. Sie sehen eine geschichtliche Chance. Ob sie sie voll ausnutzen könnten, wüßten sie nicht. Eine gelegentliches Zusammenarbeiten könnte möglicherweise in fliegenden Parteischulen des Auslandes stattfinden, wo besonders sorgfältig ausgewählte Genossen zwei bis drei Tage lang über konspirative und technische Dinge unterrichtet würden. Sobald ich wieder in Prag wäre, wünschten sie eine Besprechung mit den Parteivorstandskollegen zunächst im kleinen Kreise, um zu hören, wie wir zu ihren Vorschlägen stünden. Ich habe zugesagt, daß ich wahrscheinlich am 20. oder 21. März wieder in Prag sei.

Am Mittwoch, dem 28. Februar, fand in Zürich im Gewerkschaftshaus eine Besprechung mit unseren Leuten aus der Schweiz statt. Anwesend waren Dittmann, Crispien, Dietrich, Schoettle, Göring[16], Hoegner, Richter, Hommes[17], Hilferding, Hirschfeld, Gerda und ich. Hilferding hielt zunächst einen Vortrag über die Plattform. In der Diskussion wurde bemängelt, daß die Plattform die Form eines Manifestes angenommen hätte. Schoettle bemängelte außerdem, daß sie keine abschließende Perspektive über den Weltkapitalismus gebe und daß die deutschen Ereignisse zu wenig international gesehen werden. Einen größeren Umfang nahm die Debatte über die Führungsfrage ein. Schoettle war der Auffassung, daß keine Palastrevolution eingeleitet werde und keine Gruppenleitung, die aus PV-Mitgliedern bestehe. Die zukünftige Führung müsse bestehen aus einem Teil von PV-Mitgliedern, einem Teil von Gruppenleitern und einem Teil von geistig tätigen Genossen. In der Diskussion äußerten sich noch zu dieser Frage Dietrich, der der Auffassung war, daß wir das Treuhänderverhältnis vorläufig beibehalten sollten, dann Dittmann und Crispien, die für die Kontinuität eintraten. Ich habe den organisatorischen Teil dieser Frage auch angeschnitten und den Eindruck gehabt, daß man ruhiger den ganzen Fragenkatalog beurteilte. Hilferding wies im Schlußwort darauf hin, daß es unmöglich sei, zur Zeit einen Überblick über den Weltkapitalismus zu geben. Das sei eine Arbeit, die Monate erfordere. Er wünsche auch, daß sie gemacht werde. Die Veränderungen in den letzten zehn Jahren sei[en] ungeheuer. Der Kapitalismus in Frankreich sei ein anderer wie derjenige in Deutschland. Das gelte für eine Reihe von Ländern. Hinzu komme, daß ökonomische Gesetze durch politische Entscheidungen umgebogen würden. Er verweise nur auf das Rooseveltsche Experiment.[18] Hinzu komme, daß die Agrarfrage eine grundstürzende Änderung seit den letzten 40 Jahren erfahren hätte. Eine Analyse des Weltkapitalismus sei also nicht leicht und könne nicht innerhalb der Plattformdebatte gegeben werden.

---

16 Entweder Schreibfehler und gemeint ist Anton Döring, der 1933 in die Schweiz ausgewandert war, oder Bernhard Göring, 1897–1949, 1922–1933 Sekretär im Bundesvorstand des AfA, Emigration 1933 Niederlande, Kontakte zu NB, seit 1938 maßgeblicher Leiter der illegalen Angestelltenorganisationen, 1946 2. Vorsitzender FDGB, Mitglied im SED-PV.
17 Hommes, Rudolf, 1894–1955, kommunistischer Journalist, Ende der 20er Jahre Übertritt zur SPD, Emigration Schweiz, nach 1939 Kolumbien.
18 Damit dürfte die Politik des »New Deal« gemeint gewesen sein.

Nach dieser Konferenz hatte ich noch eine Zusammenkunft mit den Genossen Richter und Hommes, die mir mitteilten, daß sie viele Dinge jetzt anders sehen, es begrüßten, daß solche Zusammenkünfte stattfänden, in denen sachlich alle Fragen besprochen werden könnten, was übrigens auch der Eindruck der Teilnehmer an der Konferenz war. Sie hätten Verbindung gehabt mit einigen Amsterdamer Leuten, insbesondere mit [Emil] Gross. Es sei für den 8. März eine Zusammenkunft in Paris geplant gewesen, an der sie teilnehmen wollten. Sie seien Gegner der Milesgruppe und wehrten sich dagegen, daß diese Gruppe bei der Reorganisierung der Leitung etwa bedacht würde.

Der Genosse Hoegner, der mit seiner Familie nunmehr in Zürich weilt, nachdem er in Innsbruck nicht bleiben konnte, möchte eine Geschichte der Gegenrevolution schreiben und insbesondere die Funktion der Reichswehr aufdecken. Er sei der Berichterstatter im bayrischen Landtag gewesen beim Kapp-Putsch. Die Stellung der Reichswehr sei wenig bekannt, da die Sitzungen vertraulich gewesen seien. Das Material besitze er. Ob der PV nicht in der Lage wäre, ihm für sechs Monate lang einen Betrag von 200 Schw. Fr. zur Verfügung zu stellen. Er würde das Buch uns dann geben. Ob wir es drucken wollten, könne später überlegt werden. In diesem Falle müßten wir einen Vertrag, wie wir sie sonst mit Schriftstellern aufmachten, mit ihm eingehen. Wenn wir an der Drucklegung kein Interesse hätten, gehöre die Arbeit selbstverständlich ihm.[19] Die Genossen Crispien und Dittmann teilten mir mit, daß sie die Absicht hätten, sich in der Nähe von Bordeaux anzusiedeln. Es ist dort eine Siedlergenossenschaft gegründet worden, die weiter Siedler aufnehme. Das Kapital, das investiert werden müsse, betrüge etwa 10 000 Mark. Ihnen fehle noch ein kleinerer Betrag. Ob der PV bereit wäre, ihnen zu helfen, da sie eine praktische Arbeit aufgreifen möchten, um für die nächsten Jahre eine Existenz zu haben. Die benötigte Summe beträgt pro Person etwa 2000 Mark. Bei Dittmann wird sie etwas höher sein, da Crispien ein größeres erspartes Vermögen besitzt.[20]

Über die beiden Gesellschaftersitzungen in Saarbrücken berichtet Paul Hertz.

Am 6. März fand in Luxemburg eine Besprechung mit den Saarbrücker Genossen, mit unseren Westsekretären und einigen Genossen aus Deutschland statt. Anwesend waren: Sollmann, Hertz, Rinner, Decker, Ferl, Ludwig (aus der Pfalz), Runge, Beyer, Stollberg[21], Braun, Kirschmann, Schumacher, Reinbold, Harisch[22] und ich. In der Diskussion über die Plattform war Sollmann der Auffassung, daß besser die Unterschrift des PV nicht gegeben worden wäre. Er kam dann auf die Kritik an der Vergangenheit zu sprechen und sagte, daß die Partei in der Vergangenheit gute Verwaltungsbeamte, aber keine Revolutionäre erzogen habe. Er hielt es für falsch, daß wir keine positive Einstellung zur Masse gefunden hätten, daß uns die Kenntnis der Massenbehandlung und Massenbehauptung abgegangen sei.

---

19 Crummenerl an Hoegner, 12. April 1934, in: IfZ München, ED 120, Bd. 13: »In der letzten Parteivorstandssitzung haben wir uns mit Ihrem Vorschlag, ein Standardwerk über die deutsche Gegenrevolution zu schreiben, beschäftigt.« In den vorliegenden Protokollen findet sich kein Hinweis auf Hoegners Vorschlag. Von April bis Oktober 1934 sollten Hoegner 1 200 Schweizer Franken ausgezahlt werden. Eine Drucklegung im Graphia-Verlag scheint nicht zustande gekommen zu sein. Zu weiteren Publikationsversuchen Hoegners vgl. diverse Briefe in: IfZ München, ED 120, Bd. 13 f., und AdsD Bonn, PV-Emigration, Mappe 55.
20 Vgl. Wels an Adler, 2. März 1934, in: AdsD Bonn, PV-Emigration, Mappe 15: »Der Genosse Crispien möchte eine Reise nach Bordeaux unternehmen, da er eventuell beabsichtigt, sich anzusiedeln. Wir hatten seinerzeit mit Ihnen einen Reisebetrag festgesetzt, der noch nicht ganz aufgezehrt ist. Ich habe nichts dagegen, dem Genossen Crispien die Reise zu bezahlen, obgleich ich nicht annehme, daß viel dabei herauskommt.«
21 Dies dürfte die Stadt Stolberg bei Aachen sein; bei *Bludau*, S. 24, wird ein Ludwig Lude aus Stolberg erwähnt, der u. a. an dem Treffen Ende Mai/Anfang Juni 1934 in Brüssel teilgenommen hat; vgl. Anhang. Nr. 9.
22 Vorlage: »Harisch« hs. eingebessert für »Harsch«.

Die Revolution müsse in uns beginnen, die Sprache des Manifests sei zu ledern und zu rational. Schumacher war der Auffassung, daß die Form des Manifests nicht richtig sei, im übrigen aber der Inhalt in Deutschland gut beurteilt würde. Ein deutscher[23] Genosse beschwor uns, nicht zu viel theoretische Quacksalbereien zu machen, die praktische Arbeit sei das wertvolle. Er brachte eine Reihe von Mitteilungen über die Stellung der Nazis in der katholischen Gegend, wies darauf hin, daß unter den Geschäftsleuten und den Bauern die Enttäuschung sehr groß sei. Ursache große Bettelei, zentrale Milchbelieferung, pro Liter 10 Pf. Verlust und Erbhofgesetz, das sich gerade im Westen sehr böse auswirke, weil die katholischen Bauern zahlreiche Kinder hätten. Die Arbeiter in den Betrieben, er nannte einen Steinbruch und eine Zinkfabrik, stünden fest zu ihren bisherigen Auffassungen. Die Opposition arbeite in der Form, daß sie die NSBO-Leute aufstachele, sie zur Direktion schicke mit Forderungen, die meist abgelehnt würden und zum Teil dem Vortragenden noch Unannehmlichkeiten bereite[ten]. Die Arbeiter wiesen dann die NSBO-Leute auf Theorie und Praxis hin. In der Eifel könne man bereits an vielen Stellen wieder offen diskutieren. Auch Reinbold war der Meinung, daß wir die theoretische Debatte nicht uferlos werden lassen dürfen, während Decker den Wert der theoretischen Auseinandersetzungen hervorhob. Der Genosse Runge aus Deutschland wünschte knappes Material für die Zukunft und die Möglichkeit der Schulung für gewisse Funktionäre im Auslande. Im übrigen hatten die Genossen aus Deutschland einen für uns etwas unbegreiflichen Optimismus. In den organisatorischen Fragen wies man darauf hin, daß wir mit unseren Zeitungsunternehmungen Freiheit und Vorwärts am besten nicht mehr mit der Firma Hachette[24] arbeiteten. Es sei mit zähen klugen Leuten, die sicher gefunden werden könnten, mehr zu machen für den Vertrieb der Zeitungen als mit Hachette. Der Remittendenstand bei Hachette sei immer sehr hoch, bei 78 000 Lieferungen Deutsche Freiheit im Monat Dezember für Elsaß-Lothringen etwa 43 000 Remittenden. Dabei gäbe es noch Verschiebungsmöglichkeiten der Remittenden von einem Ort zum anderen. Nach genauester Durchprüfung seien sie der Überzeugung, daß z. B. die Freiheit in Elsaß-Lothringen ein Zuschußgeschäft wäre.

Hingewiesen wurde dann auf die besonderen Schwierigkeiten, die Frankreich den Emigranten in Elsaß-Lothringen mache. Unser Grenzsekretär in Strasbourg ist angewiesen worden, in das Innere Frankreichs zu gehen. Gustav Eckhardt[25] ist mit seiner Frau sogar aus Frankreich ausgewiesen worden, trotzdem seine Mutter Französin ist und seine Geschwister desgleichen und in Strasbourg wohnen. Es ist zwar gelungen, die Ausweisung zurückzunehmen, ob es aber gelingen wird, ihn in Strasbourg zu halten, ist eine andere Frage. Wenn wirklich das Saargebiet einmal nach Deutschland käme, und wir für die Deutsche Freiheit einen neuen Verlag in Frankreich aufnehmen wollten, wäre es zweckmäßig, die Genehmigung vom Innenministerium zu haben, und zwar bevor wir beginnen, da Fälle bekannt wären, wo man deutschen Emigranten die Geschäfte abgenommen habe, nachdem sie zu florieren beginnen. Man weist dann die Leute einfach in das Innere Frankreichs. Schumacher wünschte, daß der Vorwärts nicht zu stark parteimäßig abgestempelt würde, wir müßten immer bedenken, daß im Westen eine Reihe von Leuten ihn lesen, ohne an theoretischen Diskussionen interessiert zu sein. Hertz[26] wies darauf hin, daß Fränkel[27] der

---

23 Vorlage: »deutscher« hs. unterstrichen.
24 Hachette ist Frankreichs wichtigster Presse-Grossist.
25 Eckhardt, Gustav, 1880 bis vor 1947, 1925 Sekretär beim SPD-PV, Emigration 1933 Frankreich, 1934 Dänemark, 1940 Schweden, Mitglied der Sopade-Ortsgruppe Stockholm, 1945 Dänemark.
26 Vorlage: Hs. verbessert, vermutlich »Hertz«.
27 Möglicherweise Erich Fraenkel, geb. 1899, Parteifunktionär Bezirk Halle-Merseburg (?), März 1933 Schutzhaft, Flucht ins Saargebiet, 1935 (?) Belgien, Vertrieb von Exilzeitungen, 1935 Brasilien.

ungeeignetste Mann wäre für den Vertrieb der Deutschen Freiheit, da er ein Defraudant sei. Wir haben Fränkel den Verkauf des Vorwärts abgenommen. Es ist möglich, daß die Deutsche Freiheit sich einen neuen Vertreter für Fränkel sucht, und es kann sein, daß Ferl in Aussicht genommen wird. Wir würden dann den Stützpunkt in Belgien nicht mehr besetzen, da ja sowieso Ende des Jahres eine Reihe von Stützpunkten zusammengelegt werden müßten. Runge wünscht, daß wir weniger Material nach Deutschland schicken sollten und knapper in der Darstellung. Er habe in seinem Kreis mit 30 Orten Verbindung, es ist dann mit den Genossen aus Aachen, Mönchengladbach vereinbart worden, daß eine zusammenhängende Arbeit für den ganzen linken Niederrhein eingeleitet werden soll. Die Genossen wünschen, wenn wir das nächste Mal wieder im Westen zu tun haben, daß die entscheidenden Leute in Deutschland zusammengezogen werden, um Erfahrungen auszutauschen und ein größeres Blickfeld zu bekommen. Das Schwergewicht sei von der Materialverteilung zur Eliteschulung zu verlegen. Auch Reinbold ist derselben Meinung für das Badenser Gebiet. Zwei Fragen waren es also, die unsere Arbeit berühren und hier in Zukunft entschieden werden müssen, erstens einmal die Frage der Materialmenge und zweitens die Frage der fliegenden Parteischulung.

In Brüssel hatte ich eine Unterredung mit den belgischen Genossen zusammen mit Hertz wegen einer evt. Sitzverlegung, falls wir in der Tschechoslowakei nicht mehr weiter arbeiten könnten und wegen der Sicherung der Druckerei Volksstimme bei einer Rückgliederung des Saargebiets. Der Genosse Vandervelde teilte mit, daß er in vorsichtiger Form sich mit dem Innen- und dem Justizminister in Verbindung setzen wollte. Er wies aber darauf hin, daß in der Zeit, als er noch Justizminister gewesen sei, man den Weißrussen und der Kaiserin Zita jede politische Arbeit untersagt habe. Es könne sein, daß sich der Justizminister jetzt auf diese Verordnung, die er herausgebracht habe, berufe. Wenn aber der Druck des Vorwärts nicht in Belgien zu geschehen brauche, so sähe er kaum Schwierigkeiten. Es wäre zu überlegen, ob man Antwerpen Brüssel vorziehen würde, da es hier immerhin noch möglich wäre mit der deutschen Sprache auszukommen.

Nach einer kurzen Unterrichtung der Genossen in Brüssel im Peuple[28] über den Stand der illegalen Arbeit in Deutschland fuhr ich nach Amsterdam. Der Genosse van der Veen von Het Volk begleitete mich nach Hilversum, wo ich erfuhr, daß Zwertbroek nicht mehr direkt für die Vara tätig sei.[29] In Hilversum befinden sich zur Zeit 5 Lautsprecherwagen von uns, darunter der große Klangtonfilmwagen. Es ist gelungen, unter größten Schwierigkeiten im Juni 1933 die Wagen nach Holland zu bringen und sie pro forma an die Vara zu verkaufen. Die Vara hatte den Auftrag, die Wagen für uns so schnell wie möglich umzusetzen. Die Beträge sollten für Radio-Angelegenheiten verwandt werden.[30] Bis jetzt ist es nicht gelungen, die Wagen zu verkaufen. Ein einziger konnte für drei Wochen vermietet werden, pro Tag für 20 Gulden. Insgesamt sind uns in Holland (Zoll, Steuer, Garage) 3 565,74 Gulden Unkosten erwachsen. Das sind mehr als 5 000 Mark. Die Genossen drängen auf Zahlung, da sie sonst Schwierigkeiten bekämen[31]. Ich habe ihnen a cto 2 000 Gulden anweisen

---

28 Das war entweder die Zeitung oder das Volkshaus, in dem die belgischen Sozialisten ihr Parteibüro hatten.
29 Die »Vereenigung van Arbeiders Radio Amateurs«, die sozialistische Rundfunkorganisation in Holland, war 1925 von Gerrit Jan Zwertbroek und Levinus van Looi gegründet worden. Anfang 1934 wurde Zwertbroek aus den Vorständen der Vara und auch der Sozialdemokratischen Arbeiterpartei der Niederlande entlassen. Zu den Gründen vgl. *Langkau-Alex*, Emigration, S. 105, Anm. 42; Biografisch Woordenboek. Van Het Socialisme en de Arbeidersbeweging in Nederland, 5. Bde., Amsterdam 1986–1992, Bd. 1, S. 165–167; Vorrink an PV, 4. Mai 1934, in: AdsD Bonn, PV-Emigration, Mappe 122.
30 Vgl. Nr. 2.
31 Vorlage: »bekämen« hs. eingebessert für »erwachsen«.

müssen. Die Möglichkeiten, die Autos in Holland zu verkaufen, sind gering. In den angrenzenden Ländern konnten sie deshalb nicht verkauft werden, weil ein Gewichtszoll besteht, in Belgien pro 100 Kilo 1 100 Belg. Franken. Der Genosse van der Veen hat die Autos zunächst von der Vara übernommen. Er ist nach meinen Eindrücken ein besserer Geschäftsmann als die Genossen der Vara. Innerhalb von 5 Wochen will er uns Nachricht zukommen lassen, ob es gelungen ist, die Wagen zu verkaufen. Wenn das nicht möglich sein sollte, rate ich dazu, sie um jeden Preis irgendwo unterzubringen, da wir unmöglich weitere Unkosten haben dürfen. Van der Veen hat sich an Kirmesleute gewandt, ferner brieflich an Interessenten für Lautsprecherwagen. Er wird sein möglichstes tun.

Der Genosse Schwabe, der anwesend war, hat in Amsterdam von mir 35 Gulden bekommen. Ich habe nicht lange mit ihm geredet, da ich die Interna[32] nicht kannte und begreiflicherweise mit ihm nichts zu tun haben wollte.[33]

Von Amsterdam bin ich nach Kopenhagen geflogen, habe zunächst das Archiv besichtigt, drei neue große Koffer gekauft. Es handelt sich um den gesamten Marx-Engels-Nachlaß.[34] Fünf Briefe fehlen. Aus der Korrespondenz ist ersichtlich, daß sie J[acob] P[eter] Mayer besitzen muß. Er hat früher im Archiv bei uns ein halbes Jahr gearbeitet. Es kann sein, daß Hinrichsen oder Kampffmeyer[35] ihm die Briefe zur Verfügung gestellt haben. Das Archiv ist im Safe der Arbeiterbank untergebracht. Schwierigkeiten bestehen nicht.[36] Dann habe ich mich über finanzielle Angelegenheiten mit den Genossen des Büros und einigen Bankleuten unterhalten. Das Ergebnis war, daß wir unser Guthaben in Kopenhagen im Laufe eines halben Jahres abheben werden. In der Konferenz in Kopenhagen waren anwesend Genosse Raloff, Wurbs, Hansen, Reinowski[37], Tarnow, ein Vertreter des Eisenbahnverbandes, der Krankenkassenvorsitzende von Lübeck, drei Genossen aus Flensburg. Emigration in Dänemark. Die Genossen im Norden wünschen keine Fortsetzung der Programmdebatte im Vorwärts. Sie wünschen stärkste Fortsetzung der bisherigen Arbeit und glauben, daß der PV einige Mittel suchen muß für die Genossen in Deutschland, die illegal arbeiten, da die bisherigen Einnahmen bei weitem nicht ausreichen. Bei meiner Rückreise hatte ich die Konferenz in Amsterdam. Anwesend waren der Genosse Kröger, Tempel, Gellert, Voigt[38], Landsberg[39], Meyer vom Butab[40], Schreiner[41], Genosse Auerbach[42], zwei

---

32 Vorlage: Internas.
33 Vgl. Nr. 12.
34 Zum Transport des Marx-Engels-Nachlasses von Berlin nach Dänemark vgl. *Paul Mayer*, Geschichte, S. 85–89.
35 Kampffmeyer, Paul, 1864–1945, sozialdemokratischer Historiker und Journalist, 1885–1933 Mitarbeiter der »Sozialistischen Monatshefte«, ab 1921 Archivleiter und literarischer Berater des Dietz-Verlages, lebte ab 1933 zurückgezogen. Das Schicksal von Jonny Hinrichsen, Mitarbeiter in Parteiarchiv und -bibliothek konnte nicht geklärt werden.
36 Weitere Stücke des Parteiarchivs gelangten nach Paris und Amsterdam; vgl. *Paul Mayer*, Geschichte, S. 90–97.
37 Reinowski, Hans, 1900–1977, Parteifunktionär und Journalist, 1923–1933 SPD-Bezirkssekretär Braunschweig, Emigration 1933 Dänemark, 1940 Schweden, 1945 Dänemark, 1947 Deutschland, Zeitungsverleger.
38 Vermutlich Franz Vogt.
39 Landsberg, Otto, 1869–1957, sozialdemokratischer Jurist, 1912–1918 MdR, MdNV, 1924–1933 MdR, Emigration 1933 Niederlande, nach dem Krieg Mitarbeiter des »Neuen Vorwärts«.
40 Bund der technischen Angestellten und Beamten.
41 Schreiner, Gerth, 1892–1940, SPD, »Volkzeitung« Düsseldorf, Emigration 1933 Niederlande, Redakteur u. a. bei »Freie Presse«, Selbstmord bei deutscher Besetzung.
42 Auerbach, Walter, 1905–1975, sozialdemokratischer Sozialpolitiker und Gewerkschaftsfunktionär, Emigration 1933 Niederlande, bis 1946 Generalsekretär der »Internationalen Transportarbeiter-Föderation«, 1939 Großbritannien, 1946 Deutschland, Staatssekretär im niedersächsischen bzw. Bundes-Arbeitsministerium.

Genossen aus Köln, ein früherer Redakteur aus Emden[43]. Bemängelt wurde die Form des Manifests, gewünscht wurde, ob nicht ein illegaler Parteitag stattfinden könne. Die Parteidemokratie müsse mehr eingeschaltet werden, besonders im geistigen Sinne. Konferenzen wie die heutige müßten bei allen Gelegenheiten stattfinden, damit die Genossen unterrichtet würden über die Arbeiten, die die Prager Stelle vornehme. Im übrigen wünschte man, daß Führung sich weiter als Provisorium betrachte und daß keine Schwierigkeiten gemacht würden, wenn irgendeine Möglichkeit sich ergebe, die Vertrauensbasis zu erweitern. Sehr eingehend wurde über die Informierung besonderer Vorgänge in Westdeutschland gesprochen. Mitgeteilt wurde, daß Sievers vom Freidenkerverband der SAP Gelder gegeben habe.[44] Angeregt wurde, die Emigration im Ausland stärker zusammenzufassen und zentrale Vertrauensmänner bestimmen zu lassen, die notwendigenfalls im Westen zusammengeholt werden könnten. Landsberg wünschte in knapper Form eine Diffamierung der Richter unter Namensnennung, die Schreckensurteile fällen, eine Kartothek aller Schandtaten nationalsozialistischer Verwaltungsbeamter und die Herausbildung eines zunächst sehr kleinen Körpers, der gewaltmäßig auftreten könne im Falle irgendwelcher Überraschungen in Deutschland.

In Paris wurde mitgeteilt, daß die Gruppe, die in der Freiheit eine längere Veröffentlichung hatte, aufgeflogen ist.[45] Rechtsanwalt Venedey[46] als Führer der Gruppe ist mit drei Leuten zu den Trotzkisten übergetreten. Schiff bleibt in Paris. Schifrin, der mit Thormann[47] zusammen ein Pressebüro hat, wünschte, daß wir diese politische Stelle stärker nutzbar machen sollten. Ob nicht in einem gewissen Rahmen eine finanzielle Unterstützung in Frage kommen könnte.[48]

---

43 Alfred Mozer.
44 Bei *Kaiser*, Sievers, gibt es keinen Hinweis auf finanzielle Unterstützung der SAP.
45 Der Sachverhalt konnte nicht geklärt werden.
46 Venedey, Hans, 1902–1969, sozialdemokratischer Rechtsanwalt, Stadtverordneter in Konstanz, Emigration 1933 Frankreich, 1942 Schweiz, 1945 Deutschland, ab Oktober 1945 Innenminister in Hessen, wegen seiner Befürwortung einer Zusammenarbeit mit der KPD Parteiausschluß und Verlust des Ministeramtes.
47 Thormann, Werner, geb. 1894, Sekretär des Zentrumspolitikers Joseph Wirth, Chefredakteur »Deutsche Republik«, Emigration 1933 Frankreich, in Paris Korrespondent und Mitarbeiter der Presseabteilung der österreichischen Botschaft, ab 1938 Chefredakteur »Die Zukunft«, Sprecher »Deutscher Freiheitssender«, 1940 USA.
48 Eine finanzielle Unterstützung wurde seitens des PV nicht in Erwägung gezogen; vgl. *Langkau-Alex*, Volksfront, Bd. 1, S. 75.

Anhangdokument Nr. 7

Protokoll der Besprechung des Parteivorstandes mit den Grenzsekretären in der Tschechoslowakei am 13. April 1934.

SAPMO Berlin, ZPA, II 145/54, Bl. 77–80

Protokoll der Besprechung der Grenzsekretäre in der Tschechoslowakei am 13. April 1934 in Prag.

Anwesend: vom Parteivorstand:[1] Wels, Vogel, Hertz, Ollenhauer, Crummenerl, Stampfer, Geyer, Rinner, Arnold;
von den Sekretären:[2] Lange, Groß, Stahl, Dill, Michel[3], Bögler, Sander.

Wels eröffnet die Sitzung und teilt mit, daß ursprünglich eine frühere Einberufung der Sitzung beabsichtigt war, da wir annahmen, daß noch eine Paroleausgabe für die Wahl für die Vertrauensräte möglich sein würde. Inzwischen sind aber diese Wahlen zum größten Teil bereits durchgeführt, und es liegen auch schon aus einzelnen Städten Resultate vor. Auf Beschluß des Parteivorstandes ist die letzte Nummer der »Sozialistischen Aktion« als Mainummer erschienen, und sie ist den Grenzsekretären auf ihre Anforderung hin zum Teil in größerer Auflage zugestellt worden.

Die heutige Sitzung hat sich vor allem zu beschäftigen mit der augenblicklichen politischen Situation und den sich daraus ergebenden Aufgaben. Nach allen uns vorliegenden Berichten aus Deutschland ist in Deutschland unter unseren Anhängern zur Zeit eine starke optimistische Stimmmung festzustellen. Der lähmende Druck der ersten Monate ist geschwunden und vielfach werden optimistische Auffassungen über die Lebensdauer des Regimes geäußert. Nach unserer Beurteilung der Situation ist diese optimistische Auffassung sachlich nicht berechtigt. Die Berichte stützen sich fast ausnahmslos auf die Tatsache, daß in den verschiedensten Gruppen der Bevölkerung, unter den Bauern, im Mittelstand, in der Beamtenschaft, in den Kirchen und auch in der SA eine wachsende Unzufriedenheit vorhanden ist. Dagegen wird über eine Aktivierung der Arbeiterschaft selbst kaum etwas gesagt. Sie ist nach wie vor der passivste Teil. Da aber eine Umwälzung in Deutschland ohne eine Aktion der Arbeiterschaft nicht denkbar ist, können aus der Unzufriedenheit der übrigen Bevölkerungsschichten nicht die weitgehenden Schlüsse gezogen werden, wie es vielfach in den Berichten aus Deutschland durchklingt. Wir wollen die Hoffnungen unserer Mitarbeiter in Deutschland nicht enttäuschen, aber unsere Taktik muß weiter damit rechnen, daß wir zunächst nur auf einen kleinen Teil der Arbeiterschaft als aktive Mitarbeiter in unserer illegalen Arbeit rechnen können. Unsere Arbeit wird sich in der nächsten Zeit darauf konzentrieren müssen, die Sammlung der Parteigenossen stärker zu forcieren, unsere illegalen Mitarbeiter nach einem einheitlichen Plan zu schulen und gemeinsam mit unseren Grenzsekretären und Vertrauensleuten zu überlegen, in welcher Form wir die Aktivität der Jugend stärker als bisher einspannen können. Es gibt sicher eine ganze Reihe von Aufgaben, die für junge Menschen anziehend und reizvoll sind. So können wir uns denken, eine genaue Registrierung aller Verräter in den einzelnen Orten, die namentliche Feststellung der Justizorgane, die an den Bluturteilen mitwirken und der Ausbau unserer Zerstörungspropaganda unter der SA, im Bürgertum, unter den Bauern und vor allem in den Betrieben. Ob und wie weit diese Möglichkeiten heute schon durchführbar sind, das ist eine andere Frage, zu der wir auch die Meinung der Grenzsekretäre hören möchten. Wir sind

---

1 Vorlage: »Anwesend: vom Parteivorstand:« ms. unterstrichen.
2 Vorlage: »von den Sekretären« ms. unterstrichen.
3 D. i. von Knoeringen.

der Auffassung, daß wir selbstverständlich die Aufgabe haben, jedes Bedürfnis nach Aktivität zu fördern, daß aber das Maß unserer Tätigkeit letzten Endes davon abhängt, wie weit diese Aktivität in Deutschland selbst in Erscheinung tritt.

Crummenerl berichtet über die in der letzten Zeit erfolgten Westreisen von Parteivorstandsmitgliedern und über das Ergebnis der damit verbundenen Gruppenbesprechungen. Es haben Konferenzen in Zürich, Amsterdam, Luxemburg und Kopenhagen stattgefunden, an denen insgesamt etwa 80 Genossen beteiligt waren, darunter an einigen Konferenzen auch Genossen, die in Deutschland illegal tätig sind. Alle Konferenzen beschäftigten sich erstens mit der programmatischen Erklärung des Parteivorstandes und zweitens mit Fragen der Organisation. Soweit die Diskussion über die programmatische Erklärung in Frage kommt, hat sich herausgestellt, daß Methoden und Formen dieser Arbeit in den verschiedenen Teilen Deutschlands durchaus verschieden sind, wie auch die politische Orientierung der Parteigenossen unter den heutigen Verhältnissen keineswegs einheitlich ist. Im Zusammenhang damit ergeben sich auch Meinungsverschiedenheiten über Bedeutung und Umfang der Materialverbreitung und die Schaffung von Kaderorganisationen. Als allgemeine Überzeugung kann festgestellt werden, daß die Notwendigkeit der Materialverbreitung bejaht wird und daß man bemüht ist, Kaderorganisationen anzustreben. Sehr begrüßt wurde die Schaffung von Schulungskursen für die illegalen Arbeiter, um Technik und Form der illegalen Arbeit und ihre politische Ausrichtung auszubauen und zu vereinheitlichen. Inwieweit für die jüngeren Jahrgänge die Schaffung von besonderen militanten Gruppen heute möglich und wünschenswert ist, ist eine umstrittene Frage. Zweifellos ist aber nötig, daß wir sie weiterhin verfolgen.

Stahl bittet, bei der Herausgabe von Broschüren vorsichtig zu sein, da in der letzten Zeit sehr viel Material herausgebracht wurde, das bei den schwierigen Lebensverhältnissen der hiesigen Parteimitgliedschaft nur sehr schwer untergebracht werden kann. Die Einrichtung von Schulungskursen für die illegalen Mitarbeiter hält er für sehr wünschenswert.

Lange beschäftigt sich mit den Möglichkeiten einer Steigerung der Auflage des »Vorwärts« während der Saison. Jedoch glaubt er nicht, daß es in diesem Jahr gelingen wird, den Absatz auf dieselbe Höhe zu bringen als im Jahre vorher. Der Vertrieb der Broschüren ist verhältnismäßig schwer, denn die Broschüren sind für hiesige Verhältnisse sehr teuer.

Michel, Dill und **Bögler** besprechen die Möglichkeiten eines stärkeren Vertriebs der Zeitung und der Broschüren in ihrem Arbeitsbezirk.

Lange hält es für nötig, daß die militanten Aufgaben, von denen Wels und Crummenerl gesprochen haben, angepackt werden. Wenn sie auch heute erst in engem Rahmen durchgeführt werden können, so müssen wir doch verhüten, daß neben der Parteiorganisation eine neue selbständige Organisation entsteht. Es ist daher notwendig, eine Kommission zu bilden, die alle diese Fragen klärt und die in Angriff zu nehmenden Aufgaben unter der politischen Verantwortung der Partei übernimmt. Lange spricht sich dafür aus, daß die Schulungskurse nicht nur für die Mitarbeiter in Deutschland, sondern auch für die Grenzsekretäre durchgeführt werden. Entgegen den optimistischen Berichten aus Deutschland ist festzustellen, daß wir in der letzten Zeit keine wesentlichen Fortschritte in unserer Arbeit erzielen konnten. Auch das Manifest hat nicht die auffrischende Wirkung gehabt, die man sich von ihm versprochen hat. Das Material muß weiter verbreitet werden. Es ist jedoch notwendig, daß die S[ozialistische] A[ktion] früher fertiggestellt wird, damit sie rechtzeitig zum Wochenende versandfertig vorliegt.

Bögler wünscht eine bessere Information der Grenzsekretäre über wichtige Ereignisse. Er unterstützt die Auffassung Langes, daß die Schulungskurse auch für die Sekretäre durchgeführt werden. Es muß rechtzeitig dafür gesorgt werden, daß bei der Bildung von militanten Gruppen die Partei die Führung behält.

Michel berichtet über seine Verbindungen mit Südbayern. Die dort arbeitenden Genossen waren zuerst sehr kritisch gegen den Parteivorstand eingestellt. In ausführlichen Besprechungen wurden ihre Bedenken überwunden, und jetzt verlangen sie eine straffe Führung der illegalen Organisation mit Anweisungen für die praktische Arbeit. So bestehen bei ihnen Unklarheiten, ob die neue Organisation auf den Betrieben oder auf den Wohnbezirken aufgebaut werden soll[en]. Sie wollen ferner wissen, wie sie sich gegenüber den Kommunisten zu verhalten haben, die wiederholt Angebote zur Zusammenarbeit gemacht haben. Es ist die Frage, ob die kleinen Ausgaben der Broschüren noch notwendig sind, da doch nur eine kleine Anzahl dieser Broschüren in den einzelnen Gruppen gelesen werden kann[4] und diese kleine Anzahl kann auch in dem großen Format über die Grenze gebracht werden. Die Frage der Schaffung einer militanten Organisation ist heute noch nicht akut. Wichtiger ist die Schulung der illegalen Arbeiter.

Dill begrüßt die Absicht, Schulungskurse durchzuführen. Er wünscht, daß sie in jedem Grenzbezirk stattfinden. Der Zeitpunkt für die Schaffung einer militanten Organisation ist noch nicht gekommen. Wenn sie aber gebildet wird, darf sie nicht als selbständige Organisation neben der Partei entstehen.

Hertz hält die Frage der militanten Organisation noch nicht für akut, da nach dem bisherigen Stand unserer Arbeit in Deutschland ihm die Voraussetzungen für die Aufnahme einer derartigen Arbeit noch nicht gegeben erscheinen. Soweit die Aktivität der Jugend nutzbar gemacht werden soll, so bietet unsere jetzige illegale Arbeit dafür schon ausreichende Möglichkeiten. Gegenüber den Kommunisten haben wir bisher eine große Zurückhaltung geübt. Aber nachdem die Kommunisten ihre Taktik uns gegenüber in keiner Weise geändert haben und uns in der schärfsten Weise angreifen, erscheint es notwendig, in sachlicher ruhiger Form auch in unserer »Sozialistischen Aktion« ihnen gegenüber unseren Standpunkt zu vertreten.

Vogel beschäftigt sich mit den Ausführungen des Genossen Michel und des Genossen Bögler. Er weist darauf hin, daß im Gegensatz zu dem Verlangen der südbayrischen Genossen nach einer starken Führung auf der anderen Seite Tendenzen bestehen, die auf eine völlige Atomisierung der Partei, auf die Auflösung der Partei in Einzelgruppen hindrängen. Der Wunsch des Genossen Bögler nach besserer Information der Grenzsekretäre kann dadurch erfüllt werden, daß die Konferenzen in kürzeren Zeitabständen stattfinden.

Crummenerl beschäftigt sich in seinem Schlußwort mit den in der Diskussion aufgeworfenen Fragen. Er stellt fest, daß in der Frage der Veranstaltung von besonderen Schulungskursen Übereinstimmung besteht und daß die Sekretärkonferenzen nach Möglichkeit in kürzeren Zeitabständen stattfinden sollen, um die Informationen schneller an die Sekretäre heranzubringen. In der Frage der militanten Organisation kam es ihm darauf an, auf die Bedeutung des Problems hinzuweisen und die Vorarbeiten für die Inangriffnahme dieser Aufgabe, die in absehbarer Zeit sicher an uns herantreten wird, anzuregen.

Die Sitzung beschäftigt sich dann mit der Frage, ob zur Unterstützung unserer politischen Arbeit unser illegales Material an führende Funktionäre der Parteien in der Sozialistischen Arbeiter-Internationale, an die ausländische sozialistische Presse und an andere interessierte ausländische Zeitungen weitergegeben werden soll oder ob wir uns wie bisher auf den Standpunkt stellen sollen, daß im Interesse der Sicherung unserer Mitarbeiter in Deutschland dieses Material an Außenstehende nicht abgegeben wird. Die Diskussion ergibt, daß mit Ausnahme des Genossen Lange alle Teilnehmer der Sitzung mit der Weitergabe des Materials an die obenbezeichneten Stellen einverstanden sind, da sie sich davon eine wertvolle progagandistische Wirkung versprechen.

Ollenhauer berichtet über die Situation in der Emigrantenfürsorge. Die Lage ist seit dem letzten Bericht schwieriger geworden, da die Mittel der Flüchtlingsstellen in fast allen Ländern erschöpft sind, so vor allem in Frankreich und Belgien. Besonders schwierig ist die

---

4 Vorlage: können.

Lage in der Tschechoslowakei durch den Zustrom der österreichischen Flüchtlinge. Neben den 220 Parteimitgliedern werden jetzt in der Tschechoslowakei noch rund 700 österreichische Flüchtlinge unterstützt. Es sind außerdem gewisse Gegensätze zwischen der österreichischen und der deutschen Emigration aufgetreten, so zum Beispiel in der Belegung des Flüchtlingsheims Zbraslav. Im Augenblick ist noch nicht zu übersehen, ob die Mittel für die reichsdeutschen Flüchtlinge, die im Monat April notwendig sind, aufgebracht werden können.

Auch die allgemeine Situation ist außerordentlich trübe. Möglichkeiten der Arbeitsbeschaffung bestehen in keinem Land in Europa. Die Paßfrage ist nach wie vor ungeklärt. In den nächsten Tagen ist der Besuch des Kommissars MacDonald in Prag zu erwarten. Bei dieser Gelegenheit werden die Flüchtlingskomitees der Tschechoslowakei eine Reihe von Forderungen auf dem Gebiet der Arbeitsbeschaffung, der Unterstützungsfrage, der Paßfrage und der Sicherung der Ansprüche der Emigranten an die Sozialversicherung vortragen.[5] In dieser letzten Frage hat der Parteivorstand eine ausführliche Denkschrift direkt beim Kommissar eingereicht.[6] Es ist in Aussicht genommen, nach den Besprechungen mit dem Kommissar und nach der nächsten Sitzung des zentralen Flüchtlingskomitees in den wichtigsten Orten der Tschechoslowakei neue Emigrantenversammlungen abzuhalten.

Der Bericht wird zur Kenntnis genommen.

Schluß der Sitzung 17 Uhr.[7]

---

5 Vgl. das Memorandum des »Tschechoslowakischen Nationalkomitees für die deutschen Flüchtlinge« an MacDonald, Hoher Kommissar der Flüchtlingskomitees, undatiert, in: AdsD Bonn, PV-Emigration, Mappe 171.
6 Die »ausführliche Denkschrift« der Sopade war am 4. April eingereicht worden; vgl. Neuer Vorwärts, 22. April 1934.
7 Vorlage: Satz ms. unterstrichen.

Anhangdokument Nr. 8
Bericht über die Neunkirchener Konferenz vom 2. bis 4. Juni 1934
SAPMO Berlin, ZPA, II 145/54, Bl. 88–102[1]

Neunkirchener Konferenz vom 2., 3. und 4. Juni [19]34.

27 Anwesende, davon 19 aus D[eutschland][2], und zwar aus den Bezirken Pfalz, Baden, Württemberg, Hessen-Offenbach. Es waren folgende 13 Städte vertreten: Frankfurt, Stuttgart, Heilbronn, Offenbach, Landau, Pforzheim, Mannheim, Heidelberg, Ludwigshafen, Freiburg, Lörrach, Pirmasens und Kaiserslautern. Außerdem waren anwesend Crummenerl, Denicke[3], Dietrich, Heine, Hertz, Ludwig, Reinbold, Sollmann, Stift[4].

---

1 Auf dem Vorblatt zum Protokoll (SAPMO Berlin, ZPA, II 145/54, Bl. 87) finden sich neben der maschinenschriftlichen, doppelt unterstrichenen Zeile »Neunkirchener Konferenz« noch die hs. Anmerkungen »3. u. 4. Juni 1934« sowie »Schwarz«, was möglicherweise ein Hinweis auf den Protokollanten oder auf den für Neunkirchen zuständigen Grenzsekretär sein könnte. Schwarz war das Pseudonym von Reinbold.
2 Vorlage: »19 aus D.« hs. unterstrichen.
3 Vorlage hier und im folgenden: Dennicke; d. i. Georg Decker.
4 D. i. Emil Kirschmann.

Reinbold eröffnet und erteilt Hertz das Wort zum Referat. **Hertz** schildert die wirtschaftliche Situation, die Finanzlage der Außenpolitik, behandelt die oppositionellen Gruppen und zieht pessimistische Perspektiven. Er glaubt nicht an eine schnelle Entwicklung und vermutet, daß, wenn sie kommt, sie dann ohne uns erfolgen werde. Seinen Optimismus gründet er auf den stillen Heroismus der deutschen Arbeiter, die nicht, wie in Österreich, aus Mitteln der Internationale unterstützt, unter viel schwierigeren Bedingungen viel aufreibendere Arbeit leisten müssen.

Reinbold: Ich habe die Konferenz seit langem herbeigesehnt, sie war dringend notwendig, es gilt, viele Fragen zu klären, Kritiken zu üben, unsere Weiterarbeit, ihre Basis und Programmatik durchzusprechen. Das soll in freier Aussprache ohne früher übliche Hemmungen geschehen.

1. Diskussionsredner: Nr. 70. (Mannheimer, Eisenbahner, ca. 40 Jahre, Partei- und Gewerkschaftsfunktionär):

Der Referent hat den Nagel auf den Kopf getroffen. Er gibt einen Rückblick über die Situation in Mannheim. Die Polizei ist bei uns nicht gar so marxistenfresserisch wie in den anderen Gebieten. Wir sind in den Betrieben häufig durch die Verwaltungsbürokratie vor Entlassungsforderungen der NSBO geschützt worden. Die Unzufriedenheit ist groß, sie reicht aber nicht aus, uns Aktionsmöglichkeiten über die bisherige Arbeit hinaus zu verschaffen. – Der Autostraßenbau bei Mannheim ist in Angriff genommen, es werden Hundelöhne gezahlt (Mk. 21,– pro Woche), die Schinderei ist unvorstellbar, es herrscht ein schreckliches Antreibesystem, die Furcht schafft ein nie gekanntes Arbeitstempo; man wird an altrömische Darstellungen erinnert, wenn man die Arbeitsaufseher auf kleinen Hügeln stehend die Arbeit beobachten und die Arbeiter anschnauzen sieht. Trotz dieser Bedrückungen sind diese Arbeiter nicht in der Lage, das System abzuschütteln. – Die SA-Übungen leiden unter schlechtem Besuch. Am Sonntag vor 8 Tagen sollten in einer Gruppe 60 antreten, 2 davon sind erschienen, die übrigen haben sich unter verschiedensten Vorwänden gedrückt. Sämtliche fehlenden sollten ihre Uniformen abliefern. Sie weigerten sich, da sie die Uniformen selbst bezahlt hätten. Darauf Beschluß der Ortsgruppe: Es bleibt bei der Ablieferung der Uniformen. – In Mannheim kann man intensive Kriegsrüstungen beobachten, kein Mensch macht sich wahrscheinlich Vorstellungen, in welchem Maße aufgerüstet wird. So etwas ist noch nie dagewesen. Die Schrottlieferungen, die wir als Eisenbahner beobachten, sind ungeheuerlich. Autos werden zu hunderten mit Stahlplatten und M[aschinen]G[ewehr]-Ständen ausgerüstet geliefert. – Aber wir sind trotzdem überzeugt; je mehr Bajonette verteilt werden, umso schlimmer ist es für das System. – Das Streben nach Autarkie ist unverkennbar. Wir werden uns den Hungerriemen noch viel enger schnallen müssen, die Alten wird man elend krepieren lassen, die Jüngeren taugen ja zum Kanonenfutter. – Es hilft nichts, wir werden ohne direkte Aktionen nicht herumkommen. Es gilt Auge um Auge. – Bei Diskussionen mit SA-Leuten immer noch stärkster Haß gegen uns bemerkbar. Ein SA-Mann erklärt unter Zustimmung seiner Freunde: Wenn in Deutschland wirklich 20 Millionen Menschen zuviel sind, dann seid ihr Marxisten die ersten von diesen 20. – In den Betrieben werden neue Gefahren beobachtet: SA-Leute verschwinden von ihrer Arbeitsstelle für 6–8 Wochen, ohne sich abzumelden und mitzuteilen, wohin sie gehen. Sie kommen dann wieder, als sei nichts geschehen und arbeiten weiter. Im Betrieb munkelt man, daß es sich um Totschlägertrupps handelt, man glaubt auch Beweise dafür zu haben, daß die Leute in fremde Städte gebracht und dort auf politische Gegner losgelassen werden. – Daß es zum Zusammenbruch kommt, steht für uns außer Frage. Wir müssen aber überlegen, ob wir allein mächtig genug sind. Wir dürfen freiheitlich gesinnte Teile des Bürgertums jetzt nicht abstoßen, wobei man durchaus nicht in die alte Koalitionspolitik zu verfallen braucht. – Unsere Freunde sind unerschüttert. Keiner von uns in der Ortsgruppe ist abgesprungen. Wären sie aufgefordert worden, dann wären viele andere an meiner Stelle hier erschienen. – Noch ein Beispiel über Hungerlöhne, die an japanische

Verhältnisse grenzen. In einer Mannheimer Färberei bekommt ein 18jähriger Arbeiter pro Woche Mk. 2,50. –

2. Diskussionsredner: Nr. 71. (Aus Mannheim, ca. 30 Jahre alt, Eindruck qualifizierter Arbeiter oder Angestellter, Gruppenleiter, 5 Monate Konzentrationslager hinter sich)[5]:

Die Tarnung unserer Konferenz ist sicher notwendig und Vorsicht ist immer gut. Aber ihr müßt euch auch in unsere Lage versetzen. Es wäre uns lieb, wenn auch der Rahmen dieser Konferenz sozialistischen Eindruck machte. Ihr könnt euch nicht vorstellen, was es für uns bedeutet, einmal legal rote Fahnen in Ruhe ansehen zu dürfen und in solchem Kreise offen aussprechen zu können. (Dem Wunsch ist selbstverständlich Rechnung getragen worden). – Wir wünschen mehr Aufschlüsse über die Vorgänge in der Welt und die in der Internationale. – M. E. war es die einzige Schuld der Führung, wenn man von einer Schuld sprechen will, die illegale Arbeit nicht vorzubereiten. Zum Teil sind die Stimmungen allerdings viel ablehnender. In meinem Bereich haben sich Gruppen aus Partei- und Gewerkschaftsresten gebildet, die zum Teil Prag ablehnen und zum Teil sogar Anschluß an die III. Internationale fordern. – Wir haben »Selbstrasieren« gelesen und diskutiert, sind aber mit einzelnen Punkten nicht einverstanden.[6] So begreifen wir nicht, was die Formulierung »Koalitionsfreiheit der Arbeiterschaft« unter den heutigen Verhältnissen bedeuten soll. Wie soll man das schaffen. – Ich möchte noch Auskunft haben, ob nicht eine Zusammenarbeit der beiden Internationalen möglich ist. Man sollte sich in dieser Richtung doch mehr bemühen.

3. Diskussionsredner: Nr. 62. (Aus Karlsruhe, ca. 30 Jahre, Buchdrucker, wiederholt verhaftet gewesen):

Die Sozialdemokratie in alter Form ist völlig unmöglich. Eine neue Organisationsform ist unbedingt erforderlich. Wir müssen aus den Erfahrungen lernen, d. h., keine Massenorganisation, klare Blickrichtung auf das Ziel. Es existieren viele Gruppen mit verschiedenen Tendenzen, wird müssen versuchen, sie auf einen Nenner zu bringen. – Auf keinen Fall darf es noch Kompromisse mit dem Bürgertum geben. Die Parole: Ausschließlich revolutionärer Kampf gegen alles, was Bürgertum heißt. Energischer Kampf auch gegen die Kirche. – Schwerpunkt der Arbeit und der Organisationsleitung nach Deutschland legen. – Nicht wieder wie 1918 statt Sachwerte Wertsachen erfassen, sondern vollendete Tatsachen schaffen. Großer Teil der Genossen, und zwar nicht nur die Intellektuellen, fordern Diktatur des Proletariats. Bei den meisten herrscht Ablehnung gegen die Emigranten. Als ich mitteilte, daß ich zur Konferenz gehen wolle, hörte ich von vielen, was willst du da, da kommen doch nur die alten Bonzen hin. – Diese Einstellung gegen die alte Organisation wird genährt duch die beinahe gleichgeschalteten ehemaligen Bonzen drinnen, die, besorgt um ihre Existenz, sich gegen die illegale Arbeit wenden und uns, wenn wir nicht aufhören, mit Anzeige bei der Polizei drohen.

4. Diskussionsredner: Nr. 51. (Ca. 28 Jahre, aus Freiburg, Maurer):

Die kapitalistische Wirtschaft wird durch den internationalen Kapitalismus gestützt. – Wir erhoffen von einem Krieg nichts. Der Prolet wird auf jeden Fall der zahlende sein. – Die Internationale muß ihr Verhältnis zum Krieg klarstellen. – Die Kirche ist und bleibt unser gemeinster Feind, sie muß energisch bekämpft werden. – Es ist nicht so, daß die Kritik nicht an Hitler herankommen kann. Man kann sie üben, indem man seine Reden zerpflückt. 8 Tage nach jeder seiner Reden müssen wir ein Flugblatt verbreiten können, das seine Behauptungen und die Tatsachen gegenüberstellt. – Die 14 Jahre, das sehen auch meine Freunde ein, waren notwendig, sonst gebe es heute kein Deutschland mehr. – Die il-

---

5 Wahrscheinlich Jakob Ott, 1904–1966, Zimmermann; er war von Mai bis September 1933 in Haft gewesen; vgl. *Matthias/Weber*, S. 182, Anm. 297; *Röder/Strauss*, Bd. I, S. 545.
6 Die Tarnausgabe des »Prager Manifests« trug den Titel »Die Kunst des Selbstrasierens«.

legale Arbeit muß ausgedehnt werden auch auf die anderen Länder und eine gemeinsame Kampffront geschaffen werden. – Unsere Gruppe ist sich einig, daß es keine alten Parteien mehr geben kann, wir wollen das Neue, wir wollen proletarische Demokratie durch Diktatur des Proletariats.

5. Diskussionsredner: Nr. 66. (Ca. 40 Jahre, aus einem Mannheimer Vorort, ehemaliger Stadtrat, jetzt arbeitslos)[7]:

Wir sind vollgepackt mit Optimismus, ohne daß wir begründen könnten, warum. Richtig ist, daß Mittelstand und Bauern am meisten schimpfen. Die Bauern schimpfen auch gegen Hitler, sie haben sich die alten Flugblätter der Nazis aufgehoben, die sie jetzt hervorholen und vergleichen. – Die Bauern haben allen Grund, wütend zu sein. Die Krise wirkt sich bei ihnen außerordentlich stark aus. Der Doppelzentner Gerste kostet noch ganze Mk. 17,–, trotzdem ist kein Absatz zu erzielen. Ein Drittel des ehemaligen Exportquantums kann nicht mehr ausgeführt werden. Seit 2 Jahren sitzen die Bauern auf dem Tabak und werden ihn nicht los. – Wir haben organisatorisch gesündigt und Dinge aufgebaut, von denen wir jetzt wissen, daß sie keinen Wert hatten. Es hat vieles zerschlagen, daß vor dem 5. März noch hunderttausende mit der Eisernen Front marschiert sind und am 6. März diese Riesenarmee nicht einmal in der Lage war, einen zerschlagenen Proleten zu schützen. – Ich lehne es ab, einzelne für die Katastrophe verantwortlich zu machen. – Wir müssen mit den Emigranten zusammenarbeiten. Wir haben nichts gegen sie. – Unsere Organisationsarbeit befindet sich im Aufbau. Wir sind dabei, Schulungskurse für Jüngere einzurichten und haben schon einige Erfahrungen und Fortschritte erzielt. Allerdings wagen sich einzelne Kader recht weit vor. Wichtig ist, daß die Romantik der Jugend uns zu Hilfe kommt. Unsere Aufgabe wird nicht sein, große Massenaktionen oder Massenorganisationen zu schaffen, sondern Funktionärs-Kader zu bilden. Der Vertrieb der Literatur hat starken Zusammenhalt gebracht. Wir können uns jetzt über Weg und Ziel orientieren und müssen unsere größte Aufmerksamkeit der Frage zuwenden, was hinterher geschehen soll. Soll nach der Diktatur des Dritten Reichs eine neue Diktatur kommen? Der Kampf gegen den Faschismus ist doch wegen der Unfreiheit aufgenommen worden. Wir lehnen bolschewistische Diktatur ab, sagen aber auch ganz eindeutig, daß in der Übergangszeit kein Parlamentarismus möglich ist. Die Verbindung mit den übrigen oppositionellen Gruppen kann uns nicht viel helfen: Die SAP ist stur wie früher, die KPD hat wiederholt Denunziationen bei der Polizei vorgenommen. Im Moment des Losgehens müssen wir Verbindung mit allen oppositionellen Kräften suchen. – Die katholischen Arbeiter sind ungeheuer empört über die Fortnahme des Fronleichnamstags.[8] Die Diskussionen darüber sind im vollen Gange. – Differenzen zwischen Nazi und Katholiken sind an der Tagesordnung. Ein Beispiel aus einer Nachbarschaft: Eine katholische Mädchengruppe marschiert mit dem Kaplan an der Spitze durch den Ort. Der vorübergehende NSBO-Leiter glossiert diesen Umzug laut, so daß es alle hören: »Ach, die leben ja auch noch.« Der Kaplan darauf, schlagfertig und voll Wut: »Ja, wenigstens einige Stunden länger als ihr.« – Wir müssen die große Linie sehen und uns nicht in Splitterrichterei über dies und jenes verlieren. – Die Aufrüstung sollte mehr beachtet werden. Bei uns trägt sogar die Schupo Luftschutzaufnahmescheine herum, deren letzter Satz lautet: »Nichtbeitritt ist Landesverrat.« Dieser Satz, noch dazu dick unterstrichen, veranlaßt viele, klein beizugeben.

---

[7] Es könnte sich um Georg Gräber handeln, 1892-1960, Schlosser, Mannheimer SPD-Stadtrat 1931–1933; vgl. *Matthias/Weber*, S. 141, Anm. 149; 100 Jahre SPD in Mannheim. Eine Dokumentation, hrsg. v. SPD Kreis Mannheim, Mannheim 1967, S. 60.

[8] Das Feiertagsgesetz vom 27. Februar 1934 berücksichtigte den Fronleichnamstag nicht. Erst die Durchführungsverordnung vom 18. Mai 1934 bestimmte, daß in Gemeinden mit überwiegend katholischer Bevölkerung der Fronleichnamstag gesetzlicher Feiertag war.

6. Diskussionsredner: Nr. 68. (Aus Frankfurt, 30 Jahre alt, Intellektueller, wahrscheinlich ehemaliger Student, früher in der Arbeiterjugend, Mitglied der Rechberg-Gruppe)[9]:

Wir kommen über die Dinge: Prag, Bonzen, Emigration nicht so hinweg. Wir sollen doch nicht übersehen, daß hinter dem Schimpfen noch etwas mehr steckt als das bloße Nörgeln. Es geht nicht an, daß wir die Dinge totschweigen, dadurch schaden wir nur der Bewegung. Die Auseinandersetzung muß doch einmal erfolgen; selbstverständlich kameradschaftlich. Wir müssen uns fragen, warum ist das so gekommen. Wir dürfen nicht verheimlichen, daß Prag für viele die Vergangenheit bedeutet. Ich will nicht untersuchen, ob Recht oder Unrecht mit dieser Meinung ausgesprochen wird, aber wir müssen uns damit vertrautmachen, daß die Tatsache dieser Überzeugung bei vielen besteht. – Es kommt nicht darauf an, möglichst große Zahlen von S[ozialistische-] A[ktion]-Lesern zu gewinnen, sondern darauf, daß die Zeitung verdaut wird. – Die Frage der Einheit der Gruppen ist ganz dringlich. Die Genossen drinnen wollen die Einheit. Das ist für sie das Wichtigste. Wir haben keine Sympathie für irgend welche Richtungen, wir wissen, daß wir ohne die Einheit nicht zum Ziele kommen. – Wir müssen uns aber auch wenden gegen gewisse Marx-Dogmatiker, die jeden Einwand und Einwurf mit irgend einem Zitat aus ihrem Marx belegen, dem dann mancher hilflos gegenübersteht. Wir müssen erkennen, daß es neben der rein ökonomischen Lage auch noch andere Dinge gibt, auf die wir Wert legen müssen. Das dürfte uns der faschistische Umsturz besonders deutlich gezeigt haben. – Was die Lage in Deutschland betrifft, so ist die Meinung meiner Freunde so: Wenn dieser Vertrauensschwund auch nur noch Wochen weitergeht in diesem Tempo, dann muß etwas geschehen. Was geschieht, darüber läßt sich streiten. Die äußerste Grenze ist jedenfalls bald erreicht. Die Kritik macht auch vor Hitler nicht mehr Halt.

7. Diskussionsredner: Nr. 53. (Ca. 30 Jahre, Handarbeiter, aus Lörrach oder Freiburg):

Ich kann mich den Ausführungen des Vorredners in bezug auf die Situation Prag und der Emigration nur anschließen. Was wir über Emigrantengruppen hören, ist nicht gerade erfreulich. Das ist ja die gleiche Gruppenbildung wie früher, nur mit leerem Raum. Es ist deshalb notwendig, die Arbeit drinnen zu forcieren und das Hauptgewicht nach Deutschland zu verlegen. Drinnen darf es keine Richtungen geben. – Verbindungen zur KPD halten wir für schädlich, wir haben sie auch nicht aufgenommen. Was die Frage Prag betrifft, so möchte ich sagen, daß der alte PV seine Schuldigkeit noch nicht getan hat, er hat noch Pflichten gegen die illegale Arbeit.

8. Diskussionsredner: Nr. 61. (Aus Hessen, ca. 37 Jahre, Führer der Rechberg-Gruppe, Intellektueller, Schriftsteller)[10]:

Ich habe den Eindruck, daß Prag durch das vom Kriege her bekannte Meldesystem falsch über die Situation in der Arbeiterschaft unterrichtet wird. Es wird in den meisten Fällen nicht böser Wille sein, sondern aus den objektiven und subjektiven Verhältnissen erklärt werden müssen. Selbstverständlich gibt es eine Reihe von Gruppen mit älteren sogenannten Linientreuen. Wir jüngeren haben alle Hochachtung vor ihnen und ihren Kenntnissen, wir müssen aber Prag doch ganz eindeutig sagen, daß diese Gruppen sich in der Minderheit befinden. Den wesentlichen Kern der neuen Bewegung, soweit wenigstens das westliche Gebiet hier in Frage kommt, bilden jüngere sozialistische Gruppen, die aus der früheren Bewegung hervorgegangen sind. Ihre Stellungnahme ist zumeist scharf radikal. In vielen Fällen ist man sich sicher noch nicht ganz klar über den Weg, der gegangen werden soll. Einigkeit herrscht aber darüber, daß die Diktatur des Proletariats eine der Grundforderungen ist. Die KPD ist in meinem Bereich organisatorisch sehr, sehr schwach, sie verfügt über kleine, sehr tapfere Funktionärkörper, wir dürfen aber nicht darüber hinwegsehen, daß

---

9 Dies könnte Karl Neunreither sein; vgl. *Matthias/Weber*, S. 182, Anm. 293.
10 Emil Henk; vgl. *Henk; Matthias/Weber*, S. 170 ff.

hinter den Kommunisten eine breite Massenbasis von selbstverständlich höchst indifferenten, höchst unklaren Arbeitern steht. – Wir brauchen sozialistische Kaderorganisationen, eingehende Funktionärschulung, theoretische Arbeit. Die »S[ozialistische] A[ktion]« wird von weiten Kreisen unserer Freunde abgelehnt, es wird theoretische Darstellung, Diskussion usw. für die »S[ozialistische] A[ktion]« gewünscht. Wir wollen uns klar sein, daß der neue künftige Funktionärkörper der Bewegung nicht nur diszipliniert wie früher, sondern auch revolutionär sein wird.

9. Diskussionsredner: Nr. 60. (Aus Hessen, ca. 32 Jahre, ehemaliger Student, Sohn eines Universitätsprofessors, jetzt Betriebsarbeiter gegen elenden Lohn, im Gefängnis und Konzentrationslager gewesen, Schulungsleiter der Rechberg-Gruppe)[11]:

Der Referent hat uns vor Illusionen gewarnt und sieht den Zusammenbruch für die nächste Zeit noch nicht als gegeben an. Ich bin anderer Meinung. Wir müssen für 1934 mit der Katastrophe rechnen. Ursachen gibt es verschiedene: Die wirtschaftliche Situation, Inflation, Saargebiet, Krieg, wer kann wissen, was an neuen Explosivstoffen noch dazu kommt. Wir sind dann, fürchte ich, noch nicht vorbereitet, wir stehen der Entwicklung, die plötzlich hereinbrechen wird, fassungslos und ohne Direktiven gegeüber. Es hat schon zwei oder drei Gelegenheiten in der Geschichte der Sozialdemokratie gegeben, in der sie den Absprung verpaßt hat. Wir werden es uns nicht leisten können, auch noch diese Gelegenheit vorübergehen zu lassen, ohne den Versuch zu machen, sie auszunutzen. Es wird absolut notwendig sein, die wichtigsten Industriegebiete bis zum Anfang des Winters eingehend zu organisieren und sich über die Kräfteverteilung und Arbeitsnotwendigkeiten klar zu werden. Geschieht das nicht, dann sind wir ein Spielball in der Hand der anderen. Kommt es zum Kriege, dann darf es nicht auch zum Chaos in unserer Organisation kommen. Wir sind uns doch wohl einig, daß in diesem Augenblick die aktivsten der Genossen einrücken müssen, wir sind uns sicher auch einig, daß Kriegsdienstverweigerung heute eine pure Illusion ist. Jeder zieht den vielleicht ungewissen Tod auf dem Schlachtfeld dem gewissen bei der standrechtlichen Erschießung vor. Wir müssen für diesen Fall also zweite Garnituren haben, wir müssen, wenn die Verbindung von der Zentrale her erschwert oder abgerissen ist, in der einzelnen Gruppe wissen, was zu tun ist. Es muß nach einem einheitlichen, wenn auch nicht schematischen Plan gearbeitet werden. Wir müssen die Parolen für den Kriegsfall herausgeben. Daß ihre Tendenz nur die sein kann, Gewehre umkehren, ist wohl klar, wobei ich mit dieser Formulierung noch nichts über den Zeitpunkt gesagt haben will, wann die Gewehre umgekehrt werden können. – Wir benötigen eine Zusammenfassung und engste Verbindung zwischen den Industriegebieten und unserer Reichszentrale. Alles ist verloren, wenn wir, ohne Klarheit gewonnen zu haben, im Besitz der Macht sind und nichts damit anzufangen wissen. – Es hilft auch nichts, wir müssen uns über einige wichtige Fragen vorher auseinandergesetzt haben. Geklärt werden muß das Verhältnis: Arbeiter und Bauern. Geklärt werden muß die Frage: Sozialismus – Katholizismus. – Wir müssen versuchen, Klarheit und Einheit zu schaffen und die neben uns bestehenden noch so vielen anderen Gruppen geistig und vielleicht organisatorisch zu erfassen. Wir stoßen uns nicht an dem Namen, auch nicht bei den kommunistischen Gruppen, obwohl wir kaum glauben, mit ihnen in fruchtbare Verbindung zu kommen. Es muß zum mindesten möglich sein, daß die nicht kommunistischen Gruppen ein gemeinsames Kartell bilden, das der KPD abwartend gegenüberstehen muß, das versuchen muß, ein Bündnis mit den Kommunisten zu erzielen. Gelingt das nicht und ist die Unehrlichkeit der Kommunisten erwiesen, dann allerdings Kampf bis aufs Messer, dann müssen wir rücksichtslos sein. Die Frage eines Bündnisses mit den Kommunisten ist eine Frage der Machtkonzentration. Wenn ich die Macht

---

11 Otto Calvi, geb. 1902, Diplomvolkswirt; vgl. *Matthias/Weber*, S. 142, Anm. 153. Bei *Henk*: Rüdiger Peter Calvi.

habe, kann ich auch die KPD zum Bündnis zwingen. – Wir haben das Programm gelesen und müssen gestehen, daß sich da zwischen uns und dem vorgelegten Plan eine Kluft auftut. Gewiß, es ist ein wirtschaftlich radikales Programm, aber im übrigen, muß ich sagen, habt ihr nichts hinzugelernt. Und dann das Wichtigste. Dieses ganze Manifest ist so nüchtern, so ohne Impuls, ihr müßt doch erkennen, daß es nicht nur um das Wirtschaftliche geht, sondern daß da noch etwas ist, was in dem Programm so ganz und gar nicht zum Ausdruck kommt. Ich möchte fast sagen, es fehlt ihm die Seele. – Noch ein Wort zur Frage Demokratie und Diktatur: Wir müssen auch dieses Problem zwischen uns klären. Es wird nicht möglich sein, Demokratie zu machen. Wir sollen uns nicht täuschen und keine Illusionen hegen. Die Ereignisse werden uns zur Diktatur zwingen. Es wird eine ungeheure Machtkonzentration sein. Sie muß es sein, wenn wir erfolgreich sein wollen. Auf der anderen Seite fürchte ich schon jetzt und sehe es durchaus, daß die Gefahren des bürokratischen Sektors überwiegen. Wir müssen unsere ganze Aufmerksamkeit diesen Problemen schenken und müssen versuchen, Gegengewichte zu schaffen, vielleicht durch einen energischen und neuartigen Ausbau bei den Selbstverwaltungskörpern, vielleicht auch bei der Behandlung der Frage des Bauerntums, das ja von Natur aus ein Gegengewicht zu den bürokratische Tendenzen bildet.

10. Diskussionsredner: Wilhelm Sollmann: Hertz ist zu pessimistisch. Sicher hat er in vielem recht, sicher werden seine Zahlen stimmen, seine Kenntnisse größer sein. Aber ich fürchte, daß er die wirtschaftlichen Schwierigkeiten des Regimes nicht genügend hoch einschätzt. Man wird von rechts her, von der Wirtschaft her, den Versuch machen, das Regime zu unterminieren und zu stürzen. – Ich möchte die Diskutierenden, die der Meinung sind, wir könnten von hier nicht fortgehen, ohne ein einheitliches neues Programm zu haben, warnen. Ich glaube nicht, daß wir jetzt schon zu einer einheitlichen sozialistischen Auffassung gelangen können, auch der Rahmen dieser Konferenz und ihrer Aufgaben lassen es nicht zu, auf eine solche grundlegende Programmatik hinzuarbeiten. Was wir tun können, ist eine bessere Klarstellung der auch vom Vorredner angeschnittenen Fragen unter uns zu ermöglichen. In bezug auf die Programmkritik stimme ich dem Vorredner absolut zu. Auch ich bin der Meinung, daß die Menschen nicht für die Ökonomie, sondern für die Metaphysik zu sterben bereit sind. – Mein Vorredner hat auch recht, die Auseinandersetzung mit dem Katholizismus zu fordern. Wir können den religiösen Fragen nicht aus dem Weg gehen. Diese Dinge sind von großer Bedeutung für die künftige Entwicklung. Man soll sich doch einmal klar machen, welch ungeheuren Einfluß auf gewisse Teile des Volkes beispielsweise Professor Barth[12], der evangelische Theologe, hat. Die Wandlung der soziologischen Struktur steckt in so vielen Menschen, an die wir nicht herankommen, es ist schade darum, daß es uns nicht gelingt, ich hatte gehofft, daß das Programm den Versuch machen werde, aber ich gestehe, daß ich wie mein Vorredner fühle. Das Programm ist – kalt, und es läßt kalt. – Wir sollten auch den Versuch machen, uns über die künftige Entwicklung Vorstellungen zu verschaffen. Wir stehen sicher erst am Anfang ganz ungeheuer grundlegender Umwälzungen in Deutschland, wir haben vieles nachzuholen, und es wird sicher nachgeholt werden, aber noch kein Mensch kann ahnen, in welcher Richtung und mit welchen Ergebnissen die Dinge laufen. – So wenig jetzt sicher Zeit ist, Schriften zu lesen, so möchte ich doch empfehlen, sich für Trotzki zu interessieren, da wesentliches und auch für uns interessantes über die Revolutionstechnik in seinen Schriften zu finden ist.

11. Diskussionsredner: Georg Dietrich: Übt Kritik an dem Referat, das nach ihm manches vermissen läßt. Gewiß sei es nötig, auf Sicht gesehen zu arbeiten, wir müssen aber auch

---

12 Karl Barth, 1886–1968, Schweizer reformierter Theologe, bis 1933 Prof. in Bonn, danach in Basel. Barth hatte maßgeblichen Anteil an der Formulierung der im Mai 1934 herausgegebenen »Barmer Theologischen Erklärung« der Bekennenden Kirche.

gleichzeitig auf eine schnelle Wandlung der Dinge gerüstet sein und dürfen die Labilität des Regimes nicht unterschätzen. Wir sollen uns nicht zu positiv gegenüber den Kirchen einstellen, sondern immer bedenken, daß es sich bei dem Kampf der Kirchen nicht um einen Kampf prinzipieller Art gegen das System handelt, sondern daß die Kirche um ihr Recht, innerhalb des Systems zu leben, kämpft. – Wir dürfen auch nicht die außenpolitische Isolierung Deutschlands unterschätzen und müssen die daraus folgende Kriegsgefahr sehen. Das verlangt, daß wir unsere Stellung zur Landesverteidigung präzisieren. – Dietrich geht dann noch auf die Frage der Internationale und ihrer Hilfsleistung zu Österreich ein, er schildert, welche Aktivität und finanzielle Unterstützung die Februarschlacht ausgelöst hat.

12. Diskussionredner: Crummenerl: Ich hatte nicht die Absicht, während der politischen Debatte zu sprechen, der Verlauf der Diskussion nötigt mich aber dazu, da ich glaube, einiges zu den angeschnittenen Themen sagen zu können. – Ich stimme Sollmann zu. Es ist sicher nicht möglich, heute hier Probleme, die da angeschnitten sind, zu lösen. Es ist aber auch nicht so, daß wir etwa nicht wissen, was wir wollen, wir haben unsere bestimmten Vorstellungen über Weg und Ziel, müssen aber bedenken, daß wir in diesem gewaltigen Ringen nur einen kleinen Teil der Kontrahenten darstellen, daß deshalb die Verhältnisse nicht von vornherein und schematisch festgelegt werden können. Ich sehe, wie der jüngere Genosse, die ungeheuren Kriegsgefahren und seine Folgen und bin der Meinung, daß wir auf jeden Fall gegen den Krieg sein müssen, da wir, wie er auch verläuft, die Verlierenden sein würden. – Unser Verhältnis zu den separatistischen Bestrebungen müssen wir klären und uns entsprechend abgrenzen. – Klären müssen wir auch die Situation zwischen uns und den anderen oppositionellen Strömungen. Das Richtigste wird sein, wenn wir formulieren: Mit ihnen bis zum Sturz Hitlers, aber nicht weiter, da wir Sozialisten bleiben wollen. – Auch zur Frage der Religiosität müssen wir Stellung nehmen. Ich habe Verständnis für die hier vorgebrachten Argumente. – Bei der Haltung der Internationale müssen wir bedenken, daß die II. Internationale praktisch doch nur eine Arbeitsgemeinschaft sozialistischer Landesparteien darstellen kann, von denen die eine Hälfte, einmal grob gesprochen, den revolutionären und die andere Hälfte den reformistischen Weg gehen muß. Die Dinge sind sehr schwierig, die weitere Entwicklung noch unklar.

13. Diskussionsredner: Denicke
Ich habe »Neu beginnen« gelesen. Manches daran war gut, manches völlig falsch, am besten und treffendsten der Name. Wir müssen uns klar werden, daß es für uns tatsächlich gilt, neu[13] zu beginnen und daß die Ereignisse des letzten Jahres nicht spurlos an den Menschen drinnen vorüber gegangen sind. – Die Nationalsozialisten sind an die Macht gekommen, weil sie sich mit ganzer Kraft und ausschließlich auf den einen Feind gestürzt haben, weil sie in nie gekanntem Maße gehaßt haben. Das Dritte Reich wird nur beseitigt werden können von einer Kraft, die voll erfüllt von Haß ist und den einen Feind sieht, dessen Niederringung und restlose Zertrampelung sie zur Lebensaufgabe hat. – Mit dem Referat bin ich im großen Ganzen einverstanden. – Denicke zieht dann Perspektiven zu den Revolutionsentwicklungen und Diktaturerscheinungen in Rußland und Italien. – Selbstverständlich sind wir gegen Terrorismus und despotisches System, aber es ist ebenso selbstverständlich, daß im Augenblick der Revolution ohne viel Gerichtsbarkeit Tausende fallen müssen, das ist eben ein Teil der Kampfperiode, ohne die es keine echte Revolution gibt. – Am Kirchenstreit interessiert nicht die theologische Seite dieses Streites, sondern die Tatsache, daß in den Kirchengemeinden der Oppositionsgeist steckt, der die Pastoren antreibt, sie zum Widerstand zwingt. Er bedauert, daß der PV sich so firmiert und nicht wie viele andere Emigrationen als Auslandsvertretung auftritt. – Ich sehe in Prag die Verwaltung unse-

---

13 Vorlage: »neu« ms. unterstrichen.

res Munitionslagers. Ich bin mit vielem, was Prag macht, nicht einverstanden und hätte viel Kritisches zu sagen. Aber eines möchte ich doch einschränkend bemerken. Das Vertrauen in die ehrliche Munitionsverwaltung habe ich, obwohl großes Vertrauen notwendig ist, da öffentliche Klarstellung über die Verwendung doch nicht erfolgen darf. Hat man dieses Vertrauen, dann lehnt man jeden mehr oder minder zweifelhaften Ersatz ab, und es geht doch nicht an, das Depot völlig fremden Menschen auszuliefern, von denen man aus Gründen der Illegalität nicht einmal den Namen kennt. Etwas anderes ist es mit dem späteren Recht auf Kooptierung. – Denicke macht dann einige Ausführungen über das Saarproblem, das infolge der vorgerückten Zeit jedoch an den Schluß der politischen Debatte verlegt werden soll. Er schließt deshalb seine Ausführungen über die Saarfrage mit der Bemerkung, daß die Sozialdemokratie des Saargebiets entschlossen ist, den Sieg zu erringen: »Schaffen wir es nicht, dann wollen wir nicht den reichsdeutschen, sondern den österreichischen Weg gehen.«

Schluß der Freitag-Sitzung.

Dr. Hertz: Wir haben die Diskussion gestern abend unterbrochen. Ich will sie mit den nachfolgenden Worten nicht abschließen, sondern einige Mißverständnisse aufklären. Er nimmt dann Stellung zu den angeschnittenen Fragen, umreißt die Aufgabe der »S[ozialistischen] A[ktion]«, schildert ihre Entstehung und macht den Unterschied zwischen Zeitung und Zeitschrift klar. Der Referent bespricht dann die in der Diskussion angeschnittenen Fragen bezüglich einer Art Sozialistischen Ordens, nimmt Stellung zur Milesgruppe und geht auf das Problem Prag ein. Er schildert ganz kurz, warum das Wort »Parteivorstand« verwendet wurde, erklärt aber, daß er sich mit der Denicke-Formulierung »Munitionsverwalter zu sein« nicht begnügen könne, wäre das der Fall, dann würde ein Kassenmensch genügen und er jedenfalls nicht seine Zeit daran setzen. Er skizzierte kurz die Tätigkeit und ging auf die Fragen Österreich-Deutschland, Internationale, Vertrauensratswahlen, Kirchen und Begriffsbestimmung Proletariat ein. – Zu der Programmdebatte gab er eine Darstellung der Entwicklung, wendet sich gegen automatisierende Auffassungen und arbeitet die Grundgedanken der Plattform heraus.

14. Diskussionsredner: Nr. 60. (Bereits vorerwähnter Schulungsleiter der Rechberg-Gruppe):

Ich habe gestern abend das Gefühl gehabt und ich war froh darüber, daß wir drinnen und ihr draußen unsere Auffassungen einander etwas angeglichen haben und daß wir nicht mehr so weit voneinander entfernt sind. Jetzt, nach der zweiten Rede des Referenten, bin ich erschüttert und habe das Gefühl, daß wir wieder am Anfang stehen und noch einmal von vorn beginnen müssen. Ich habe den Eindruck, daß ihr, insbesondere Sie, Genosse Hertz, es nicht begreifen, worauf wir hinaus wollen, daß wir mit zwei verschiedenen Zungen reden, daß ihr euch in die Stimmung drinnen nicht hineindenken könnt. Bezüglich des Programms möchte ich euch in aller Deutlichkeit sagen, daß wir es für ein in gewissen Teilen radikales, aber fürchterlich engstirniges Programm halten und daß es uns schlechterdings unmöglich ist, da mitzuarbeiten. Wir können hier nicht in eine Programmdebatte eintreten, ich möchte nur auf das Beispiel, das gestern von einem anderen Genossen angeschnitten wurde, zurückgreifen und fragen, was es denn heißen soll, unter diesem System Koalitionsfreiheit zu erringen. Aber das sind alles Detailfragen, die zurücktreten vor dem deprimierenden Gefühl des einander Nichtmehrverstehens. Ihr müßt erkennen und begreifen, daß von dem Augenblick an, als die Arbeiterschaft kampflos das Feld geräumt hat, nicht etwa, weil sie feiger als unsere österreichischen Freunde war, daß von diesem Augenblick an der Gegensatz zwischen der alten und der neubeginnenden Arbeiterbewegung sichtbar geworden ist.

Die leidenschaftliche Rede hinterläßt bei allen Beteiligten tiefen Eindruck. Sie führt zu einem Zwiegespräch und einer Art Geschäftsordnungsdebatte, in der Sollmann vorschlägt, eine Programmdebattenkommission zu bilden, um eine Synthese zwischen den offenbar ausgeprägt vorhandenen zwei verschiedenen Typen der Theoretiker und der Praktiker zu finden. Crummenerl regt an, erst sein Referat mit anzuhören und danach weiter zu sehen, weil er glaubt, daß damit viele der Unklarheiten und Meinungsverschiedenheiten sich klären ließen. Dietrich dagegen, der zur Diskussionsrede von Hertz Stellung nimmt, wünscht Fortsetzung der Debatte, weil sie von außerordentlicher Wichtigkeit sei. Das gleiche wünscht ein Mannheimer Genosse, der allerdings in direktem Gegensatz zu den Ausführungen von Nr. 60 steht und aus diesem Grunde um Fortsetzung der Diskussion bittet. Denicke hält es für ausgeschlossen, zu einer Verständigung und gemeinsamen Plattform zu kommen. Es wird dann vereinbart, die vorangemeldeten Diskussionsredner bis zum Mittagessen noch sprechen zu lassen und dann Crummenerls Referat entgegenzunehmen.

15. Diskussionsredner: Nr. 66. (Älterer Parteifunktionär, bereits zu Beginn charakterisiert):

Ich bin erstaunt über die Ausführungen von Nr. 60. Ich muß sagen, wir halten die Rede von diesem Genossen für das Suchen von Gegensätzen, die nicht vorhanden sind und künstliche Aufrichtung von Schranken. Er soll doch noch einmal klar sagen, was er will. Ich habe kein Verständnis für juristische Sophismen.

16. Diskussionsredner: Nr. 68. (Rechberg-Gruppe, bereits vorher charakterisiert):

Ich bin erschüttert über die Ausführungen, die mein Vorredner, aber auch über die, die der Referent gemacht hat. Sie zeigen mir, wieviel zwischen uns zu liegen scheint. Die gemeinsame Haltung scheint uns noch nicht gegeben zu sein. – Dabei möchte ich von vornherein betonen, daß es sich hier nicht um irgendwelche Gegensätze über die Frage der Berechtigung und der Notwendigkeit der Emigration handelt. Wir stehen auf dem Standpunkt, daß die Emigration, natürlich nur die wirklich tätige, nicht die Auch-Emigranten, unbedingt erforderlich ist. Ich gehe noch weiter und erkläre, hätten wir keine Emigration, dann müßte man sie direkt schaffen und eine Anzahl Genossen ins Ausland dirigieren. Diese Frage ist es also nicht, die uns auseinanderbringt. Wir müssen wissen, wie es um uns steht, wie wir die Verbindung zwischen uns und euch gestalten können. In vielen Dingen sind wir doch mit euch einig, auch in manchen organisatorischen Fragen denken wir wie ihr. So sehen wir beispielsweise in der Kader-Organisationsfrage nicht die Auffassung von Miles. Wir sind für Kader-Organisationen, aber für solche, die mit allen Fasern in den Massen verankert sind.

17. Diskussionsredner: Nr. 71. (Aus Mannheim, bereits gesprochen):

Es erscheint mir nicht zweckmäßig, hier jetzt im Namen dieser oder jener Gruppe aufzutreten und für bestimmte Richtungen zu sprechen. Wir sind ja noch eine kleine Minderheit, die Mehrzahl der Genossen ist noch nicht erfaßt. Ich glaube, wir können feststellen, daß wir eine gewisse erforderliche Klärung erreicht haben und daß es notwendig ist, konkrete Formen zu finden. Im Organisatorischen bleibt es Hauptaufgabe, die Kader-Organisation nach unten zu vertiefen und Material dazu zur Verfügung zu stellen.

18. Diskussionsredner: Nr. 51. (Bereits gesprochen):

Unsere Hauptaufgabe muß sein, die arbeitende Klasse zusammenzuführen und zum Sieg zu bringen. Wir dürfen nicht glauben, daß es leicht ist und müssen berücksichtigen, daß die Propaganda-Aktionen der Nazis nicht unberührt an der Arbeiterbewegung vorübergegangen sind. Der Fall Severing ist doch wohl das beste Beispiel für die psychologisch geschickte Propaganda-Art.[14] – Notwendig wird sein, auf die Eigenart der Arbeiter in den lokalen Organisationen einzugehen und ihnen Rechnung zu tragen. Dort, wo eine radikale

---

14 Die kommunistische »Deutsche Volkszeitung« in Saarbrücken hatte Ende März 1934 berichtet, daß Severing angeblich ein Buch mit dem Titel »Mein Weg zu Hitler« schreibe, ein Gerücht, das – so Severing – »seinen Weg in verschiedene Nachrichtenagenturen und damit in die Weltöffentlichkeit« nahm; vgl. *Severing*, Lebensweg, S. 400–402.

Stimmung herrscht, soll man durch Übernahme gewisser äußerer Formen den Versuch machen, die Kraft in die richtigen Bahnen zu lenken. Viel geschädigt wird die junge Bewegung noch durch das Verhalten mancher ehemaliger sozialdemokratischer Führer durch ihren jetzigen Lebenswandel.

19. Diskussionsredner: Nr. 60. (Bereits gesprochen):

Wir stehen in einer ungeheuer schwierigen Situation zwischen Bolschewismus und Faschismus, vor Kriegsgefahren und Chaos. Ich fürchte, daß ihr die Gefahr nicht so groß einschätzt. Zu der Diskussion möchte ich abschließend noch sagen, daß wir uns im Äußeren einander genähert haben. Ich fürchte aber, daß im Innern noch ein gewisser Abstand vorhanden ist. Das hindert natürlich weder mich noch meine Freunde, die Arbeit weiter fortzusetzen. Den besten Beweis für unser Bereitwilligkeit und zur loyalen Zusammenarbeit könnt ihr doch wohl daraus ersehen, daß wir alle aktiv mitarbeiten. Ich verbreite wie meine Freunde Woche für Woche die auf mich entfallende Anzahl der »S[ozialistischen] A[ktion]«, die ich mit dem Fahrrad in die verschiedensten Orte austrage. Aber ich möchte bemerken, ich verbreite das Material, aber ich identifiziere mich nicht damit.

Wir sind mittellos und benötigen für die Steigerung der Arbeit eure Unterstützung; aber wir sind nicht bereit, dafür Bedingungen zu akzeptieren. Unsere feste Überzeugung ist, daß Deutschland und Europa nur zu retten sind, wenn in Deutschland eine neue sozialistische Bewegung entsteht.

Referat **Crummenerl**: Darstellung der Entwicklung der illegalen Arbeit. Die Differenzen nach der Reichskonferenz und dem 17. Mai. Die Vorbereitung der illegalen Arbeit, die Tätigkeit der Sopade, die Arbeit im Ausland, die Verbindung mit Deutschland: 300 Stützpunkte, vielleicht 20 000 illegale Arbeiter, die über das Lesen der »S[ozialistischen] A[ktion]« hinausgeht. Unsere Verbindungen zusammengenommen sind sicher vier bis fünfmal so groß wie die aller anderen oppositionellen Gruppen insgesamt. Schilderung der Schwierigkeiten, Verhaftungswelle, Darstellung der Materialverbreitung, allein 40 000 »Selbstrasieren« in Deutschland. Darstellung der oppositionellen Parteigruppen und der übrigen Strömungen, Gewerkschaftsfragen, Schilderung unserer künftigen Arbeit: Monatsberichte, Nachrichtenschema, Materialtechnik.

Reinbold: Anschließend daran eingehende Darstellung der Verhältnisse im Grenzgebiet. Fragen illegaler Grenztechnik, Grenzverkehr, Warnung vor französischem Spionagedienst.

1. Diskussionsredner: Nr. 53. (Bereits gesprochen):

Mit der Auswanderung der Sopade nach Prag sind wir einverstanden. – Es ist gut, daß ihr den kleinen »Vorwärts« nicht mehr herausgebt, es hätte ihn auch kein Mensch mehr genommen. – Wir benötigen von den großen Ausgaben der Broschüren kleine Mengen. – Die heutige Konferenz hat uns viele Anregungen gebracht, wir wünschen von Zeit zu Zeit Wiederholung, hatten auch schon den Wunsch und die Möglichkeit zur Durchführung. Das Materialherüberschaffen bei uns ist nicht allzu schwierig, wir wünschen deshalb auch einige Exemplare der großen Ausgabe der Zeitschrift, da die kleine ja nicht alle Artikel enthält. – Ein Teil der Emigration schadet uns sehr. Emigranten, die nicht draußen bleiben müssen, sollten zurückgezwungen werden und ihre Arbeit bei uns wieder aufnehmen. – Splittergruppen in unserem Gebiet sind viel zu schwach, als daß wir sie ernst zu nehmen brauchen.

2. Diskussionsredner: Nr. 62. (Bereits gesprochen):

Ich habe mich gefreut, von Crummenerl zu hören, was im Auslande getan wird. Wir haben einen ganz guten Überblick bekommen. – Er stellt dann einen Spitzelfall eingehend dar, verweist auf Haussuchungsmethoden und erinnert daran, daß die Büchergilde Gutenberg eine Mitteilung veröffentlicht hat, daß politische Bücher bei Haussuchungen nicht beschlagnahmt werden, wenn sie in einem besonderen Schrank (»Giftschrank«) geschlossen aufbewahrt werden. – Für das Schreibpapier empfiehlt er die Verwendung von sogenanntem Programmpapier, das knisterfrei sei. Er fordert dann auf, Kampffonds zu bilden und Geldmittel zu sammeln.

3. Diskussionsredner: Nr. 51 (Bereits gesprochen):

Schildert den Aufbau ihrer illegalen Organisation. Sie haben sie nach dem Muster der Österreicher »Roter Schutzbund« genannt und ihre Ortsgruppe, um die kommunistisch tendierenden Arbeiter zu gewinnen, »Liebknechtbrigade« getauft. – Die Organisation hat militärischen Charakter, sie haben eine straffe Form gewählt, haben Mitgliederkartotheken, besonderes Ausweis- und Kuriersystem. – Wir wären schon heute in der Lage, die Macht auszuüben und den Ort zu beherrschen, wenn es zum allgemeinen Umsturz käme. – Bei genauer Durchsicht der Tageszeitungen haben wir festgestellt, daß die Nazis zur Abschreckung politische Verurteilungen im Zeitraum von einigen Wochen wiederholt veröffentlichen. – Ich erneuere den schon geäußerten Wunsch, den Flugblattdruck von außen her vorzunehmen und uns Material zur Verfügung zu stellen. Wir haben mit Flugblattverbreitung gute Erfahrungen gemacht, so haben wir vor einiger Zeit ein gefälschts Naziflugblatt einer oppositionellen Nazigruppe hergestellt, worauf prompt 4 NSDAP-Mitglieder verhaftet wurden. – In unserer Gruppe haben wir einen Aufruf geschrieben und ihn durch unsere Schweizer Freunde an die beiden Internationalen, an die SAP und verschiedene sozialistische Parteien weitergeleitet.

4. Diskussionsredner: Grenzsekretär Ludwig

Wir haben in der Pfalz zweimal eine Flugblattverbreitung mit gutem Erfolg durchgeführt. Das erste richtete sich an die 3 000 Wohlfahrtsarbeiter, die unter erschwerten Bedingungen gegen geringe Entschädigung arbeiten mußten. Es enthielt scharfe Angriffe gegen die Stadtverwaltung. Das Flugblatt wurde verteilt, bevor die Arbeiter auf ihre Plätze gingen. Es wurde dankbar entgegengenommen und sehr interessiert und beifällig gelesen. Obwohl doch die Auflage ziemlich groß war, ist keiner unserer Verteiler gefaßt worden. Dagegen sind einige SA-Leute verhaftet, da diese sich am meisten gefreut hatten. Wir führen auf die Wirkung des Flugblattes zurück, daß die angegriffenen Stadtoberhäupter bis auf einen inzwischen abgesetzt sind. Aber auch dieser eine steht auf der Kippe und dürfte bald fliegen. – Es ist notwendig, immer wieder davor zu warnen, wenn Verhaftete sich mit anderen Gefangenen, die sie nicht genau kennen, in Gespräche einlassen. Eine jüngere Genossin ist einer Polizeispitzelin auf diese Weise in die Hände gefallen und zu zwei Jahren Zuchthaus verurteilt worden. – Vor einiger Zeit waren bei uns alle aktiven Kommunisten, insgesamt etwa 50 Mann, verhaftet worden. Dadurch war die ganze Arbeit der KPD lahmgelegt. Dann kam unsere Flugblattverbreitung, die die Polizei zu der Überzeugung verleitete, daß die verhafteten Kommunisten doch wohl unschuldig seien, da ja auch während ihrer Verhaftung Flugblätter verbreitet würden. Sie wurden deshalb entlassen. Wir haben uns das gemerkt und haben jetzt, wenn einige unserer Genossen wegen Flugblattverteilung verhaftet worden sind, die Flugblattverteilung wiederholt, bzw. in die Briefkästen der Verhafteten getan und die Frauen dieser Genossen dann mit diesen Flugblättern zur Polizei geschickt, um die Unschuld der Verteiler zu beweisen. – Auch die Störungspropanganda ist von uns wiederholt mit gutem Erfolg angewandt worden. Wir haben Nazis mit Material beliefert und sie dann verpfiffen.

5. Diskussionsredner: Nr. 69. (Aus Ludwigshafen, 28 Jahre, Handarbeiter):

Bei uns herrscht ausgesprochen optimistische Stimmung. In den letzten 8 Wochen ist das Arbeiten sehr viel leichter als früher. Im Dezember wurde die illegale Zeitung noch abgelehnt. Jetzt wird sie mit Heißhunger verlangt. Flugblätter werden sehr gern genommen und nicht zerrissen, wie das früher mit Flugblättern geschah. Manche Flugblätter zirkulieren noch nach 14 Tagen. Das Bezeichnendste war wohl, daß mir meine eigene Mutter nach etwa 10 Tagen das Flugblatt angeboten hat, das ich selbst zur Verteilung gebracht habe. – So sehr wir uns auch bemüht haben, so war es doch nicht möglich, in der Anilinfabrik ein Wahlergebnis von der Vertrauensratswahl festzustellen.

6. Diskussionsredner: Nr. 71. (Bereits gesprochen):
Die Flugblattverbreitung ist in erster Linie keine Frage des Mutes, sondern der Zweckmäßigkeit. Wenn wir jetzt bei uns Flugblätter verbreiten, dann laufen wir unter Umständen Gefahr, unsere doch immer noch in den Anfängen steckende und mühsam aufgebaute Organisation unnötig preiszugeben. Wir wollen erst einmal in jedem Großbetrieb Zellen schaffen und unser Organisationsnetz verdichten. – Die Nachrichten aus den Betrieben sind für uns sehr wichtig, sie kennzeichnen die Stimmung in der Arbeiterschaft am besten. Ein bezeichnender Vorfall trug sich vor einigen Tagen in einer großen Gießerei zu. Der Amtswalter der NSDAP besichtigt den Betrieb, ein junger Gießer (Sozialdemokrat) verzehrt sein Frühstück während der Arbeit, woraufhin der Amtswalter fragt: »Volksgenosse, warum gehst du nicht zum Frühstück in den Eßraum?« Der Gießer dreht sich wütend um und fährt ihn an: »Da möchte ich deinen Vertrauensrat sehen, wenn ich das riskieren würde.« Der Amtswalter nimmt mit dem Vertrauensrat Rücksprache, dieser verpetzt unseren Genossen als Miesmacher und will ihn herausbringen. Unser Genosse hat sich aber inzwischen bei all seinen Kollegen Rückendeckung verschafft, sie informiert und eine Einheitsfront gegen den Vertrauensrat hergestellt, so daß die Entlassung nicht vorgenommen wird. Das ist ein kleines Beispiel für Möglichkeiten bei der Betriebsarbeit. – Vor allzu enger Verbindung mit der KPD ist zu warnen. Wir haben es wiederholt erlebt, daß die Kommunisten nach einiger Zeit der Zusammenarbeit Forderungen aufgestellt haben, entweder überzutreten oder an die Polizei ausgeliefert zu werden. – Aus meinen leider vielfachen Erfahrungen bei Verhören ziehe ich den Schluß, daß es immer zweckmäßig ist, bei Vernehmungen vor der Polizei eine Kleinigkeit zuzugeben, das befriedigt die Leute und lenkt sie ab. Vorsicht ist vor allem bei den leutseligen Polizeibeamten geboten, die sich als halbe Genossen erkennen lassen und bloß ausspionieren wollen. – Die häufigste und vorläufig noch wirkungsvollste Form des Kampfes gegen das Regime ist die Verbreitung von Witzen. Wir sollten ihnen mehr Beachtung schenken und für ausreichende Verbreitung sorgen.

7. Diskussionsredner: Georg Dietrich: Bei der Verbreitung des illegalen Materials, insbesondere bei Flugblattverbreitungen, muß sehr überlegt vorgegangen werden. In vielen Orten ist es so, daß zu einer bestimmten Zeit des Tages während der Ablösungen kein Schupo zu sehen ist. Das muß ausgekundschaftet werden. Das Zweckmäßigste wäre es, wenn künftig Flugblätter auf dunkelrotem Papier hergestellt werden, das zugleich den Druck durchschlagen läßt. Derartiges Papier kann in der Nacht leichter gestreut werden, ohne daß es sich in der Dunkelheit von der Erde abhebt. Wenn der Druck durchschlägt, kann es auch ruhig auf die falsche Seite fallen und wird trotzdem beachtet und aufgehoben werden. – Das Inverbindungtreten mit KPD-Gruppen, soweit es sich um stalintreue Kommunisten handelt, ist direkt lebensgefährlich. Diese Leute verraten unsere Genossen. Ein drastisches Beispiel bot in den letzten Tagen die schweizerische KPD-Zeitung, die es fertig gebracht hat, Namen und genaue Angaben ehemaliger Mitkämpfer, die jetzt zu den Oppositionellen übergetreten sind, so zu publizieren, daß mit ihrer Verhaftung gerechnet werden muß. – Von dem ehemaligen Redakteur der Frankfurter kommunistischen Zeitung (Name des Mannes noch unbekannt), ist zu warnen. Er ist Polizeispitzel geworden. (Er war früher in Stuttgart für die KPD tätig). – Es hat sich in unserer Arbeit als zweckmäßig erwiesen, dort eine sogenannte neutrale Zone zu schaffen und nicht mit Publikationen hervorzutreten, wo das Material herübergeschafft wird, um die Aufmerksamkeit der Behörden nicht unnötig wachzurufen.

8. Diskussionsredner: Sollmann: Er unterstreicht Crummenerls Wunsch nach Berichterstattung und stellt sehr ausführlich dar, wie notwendig und wichtig es ist, daß jedes kleine Ereignis, jeder Witz gemeldet werden muß. – Ein bezeichnendes Beispiel für die Dummheit mancher nationalsozialistischer Stellen ist ein Briefwechsel mit der kurhessischen Nazizeitung in Kassel. Die »Deutsche Freiheit« hatte eine Notiz veröffentlicht und als Quelle die Kurhessische Zeitung angegeben. Diese schrieb darauf an die Redaktion der »D[eutschen] F[reiheit]«: Sehr geehrte Parteigenossen! Wie uns die Geheime Staatspolizei in Berlin mitteilt, haben Sie in ihrer Ausgabe vom [...] ein Zitat von uns veröffentlicht. Wir können den Artikel in unseren Spalten nicht finden und bitten sie um die Freundlichkeit, uns doch noch einmal den fraglichen Artikel zu schicken. – Die Berichterstattung über jedes Ereignis ist auch deshalb sehr wichtig geworden, weil der PV sich entschlossen hat, Monatsberichte herauszugeben. Ich habe den ersten Bericht erhalten und finde ihn so hervorragend, daß ich diese 53 Seiten fast ausnahmslos in der »D[eutschen] F[reiheit]« nachgedruckt habe. Wenn der PV nichts weiter getan hätte und tun würde, als diesen Bericht herauszugeben, er hätte damit die Berechtigung für seine weitere Tätigkeit allein schon gefunden. Wie diese Berichte wirken, bewies mir der Anruf eines bürgerlichen Herrn (Dr. Thalheimer), der mich erfreut und erstaunt ganz impulsiv fragte, woher ich denn auf einmal all diese Informationen habe.

9. Diskussionsredner: Reinbold: Schildert, aus welchen Gründen die Berichterstattung bisher nicht forciert worden war. Es ist jetzt Abhilfe geschaffen und eine Zentralstelle errichtet worden, die die Weitergabe an die Grenzstelle vornimmt. Zu dem Zweck wurde auch eine Fotozentrale eingerichtet, die die notwendigen technischen Arbeiten leistet.

10.[15] Diskussionsredner: Nr. 67. (Aus Mannheim, 40 Jahre, Betriebsarbeiter im größten Mannheimer Werk, ehemaliger Betriebsratsvorsitzender bei dieser Firma)[16]:

Ich kann nur sagen, daß unser Betrieb marxistisch durchsetzt ist. Es ist fast so, daß nur die neuen Leute, die später eingestellt wurden, zur NSBO gehören. Von unseren Vertrauensmännern im Betrieb ist keiner übergegangen. Als der Reichsstatthalter Wagner[17] bei uns erschien und eine große Rede hielt, in der er ausführte, er wisse, daß ein Großteil der Arbeiter dieses Betriebes noch nicht umgelernt habe, er rechne aber doch darauf, daß die Arbeiter Vernunft annehmen und sich umstellen würden, um nicht länger abseits zu stehen. Es sei nicht mehr wie früher, daß der Betriebsführer unantastbar [sei], auch der Arbeiter habe jetzt Recht im Staate und sei den Unternehmern gleichgestellt. Die Arbeiter haben diese Rede ohne jeden Beifall und ohne sonstige Zustimmungserklärung einfach zur Kenntnis genommen. – Als vor einiger Zeit die neue Arbeitsschlacht mit einer Rede des Werkleiters eröffnet wurde, sagte dieser: »Früher haben wir 1 800 Arbeiter beschäftigt, jetzt sind es über 3 000. Zwar mußte die Lohnsumme etwas herabgesetzt werden, sie ist aber praktisch doch erhöht worden, da jetzt wieder voll und nicht mehr Kurzarbeit geleistet wird. Es geht also wieder aufwärts, wie das eigene Beispiel zeigt. Freilich, so setzte der Betriebsführer gleich hinzu, muß schon jetzt betont werden, daß die Firma ein Saisonbetrieb ist und daß daher mit einem Abbau zum Winter wieder gerechnet werden muß. Sie müssen sich darauf einstellen.« – Der Verdienst im Werk ist sehr gering geworden, besonders wenig erhalten die jungen Ledigen, während Spezialarbeiter auch heute noch auf Mk. 1,– pro Stunde kommen, wenn sie routiniert sind und günstige Bedingungen vorliegen. Trotzdem gehen viele ältere Leute, Familienväter mit Mk. 18,– bis Mk. 24,– brutto pro Woche nach Hause. Bei Spezialakkorden[18] kommen besonders die neuen Kräfte überhaupt nicht zu ihrem Geld, sie stehen sich dann sehr schlecht. – Unsere Genossen machen sich einen Spaß daraus, den neuen Vertrauensrat bei jeder Gelegenheit aufzuhetzen, damit er gegen Mißstände vorgeht. Er macht dann auch starke Worte: »Es muß hier noch ganz anders werden.« Gemacht wird aber nichts. – Im Betrieb gibt es viele Diskussionen, man kann schon ganz ruhig und offen reden. So habe ich wiederholt in Gesprächen mit Kollegen und Meistern auf Hitlers nicht gehaltene Versprechungen hingewiesen und ganz frei erklärt, Hitler hat doch gesagt,

---

15 Vorlage: Fehler in der Zählung »9.« statt »10.«.
16 Es könnte sich um Jakob Baumann, 1893–1951, handeln, Dreher, Mannheimer SPD-Stadtrat 1930–1933; vgl. 100 Jahre SPD, S. 60; *Matthias/Weber*, S. 192 ff.
17 Vorlage: Wagener. Wagner, Robert, 1895–1946, seit 1933 Reichsstatthalter von Baden.
18 Vorlage: Spezialaccorden.

wenn er 24 Stunden an der Macht sei, würde alles anders. Und wie ist es jetzt? In den Straßen Mannheims hängen jetzt nach fünf Vierteljahren überall Transparente: »Schafft Arbeit! Der Führer will es!« – Zu Neujahr war der Betriebs-Abteilungsleiter erstmalig im Betrieb bei den einzelnen Arbeitern, er gab jedem einzelnen die Hand und sprach Neujahrswünsche aus. Das ist natürlich nur eine Kleinigkeit, aber auf manche Leute wirkt sie doch. Sie schreiben es dem neuen Regime gut. – Weitere Beispiele für die offenen Diskussionsmöglichkeiten: Der ehemalige Betriebsratsvorsitzende kommt mit dem neuen Amtswalter, der in Uniform ist, in eine Auseinandersetzung und sagt ihm ins Gesicht: »Vor dir hat ja hier doch keiner Achtung, nicht mal deine eigenen Leute.« – Der deutsche Gruß wird ständig und absichtlich nicht erwidert, deshalb hatte die nationalsozialistische Betriebsvertretung im Vorjahr den Antrag an die Betriebsleitung gestellt, den ehemaligen Betriebsratsvorsitzenden als Marxistenführer und Saboteur zu entlassen. Es gab eine Vorladung, bei der der Betriebsführer zunächst unter vier Augen erklärte: »Sie müssen sich umstellen oder doch wenigstens so tun, wir mußten es doch auch tun.« Die Entlassung wurde dann nach einigem Hin und Her nicht ausgesprochen, später hat aber der Nazivertrauensrat zu hören bekommen: »Ihr als Arbeiter habt unsere Entlassung beantragt, das werden wir euch nicht vergessen, wir werden ja auch einmal wieder an die Reihe kommen.« – Die Vertrauensratswahl in unserem Betrieb mit seinen 3 000 Arbeitern ist sicher nicht zum Vergnügen der »Arbeitsfront« ausgegangen. Aufgestellt waren ganze zwei Arbeiter, alles andere waren Ingenieure und schließlich der Syndikus des Werkes selbst. Es sind etwa 82 % der Stimmen abgegeben, die Wahl war verhältnismäßig offen. Das Resultat ist bis heute noch nicht bekanntgegeben und wird wahrscheinlich auch nicht veröffentlicht werden. Ich habe aber durch eingehende Umfragen im Betrieb festgestellt, daß der Syndikus von allen am meisten gestrichen worden ist. Eine Reihe von anderen ist[19] jedoch stehengelassen worden, da es sich bei ihnen um »unpolitische Elemente« handelte. Anzunehmen ist, daß die Niederlage außerordentlich groß war. Hätte die Belegschaft in freier Wahl entscheiden können, dann wären 80 % sozialdemokratische Vertrauensleute gewählt worden. – Der Festanzug ist von Betriebsleitung und Mehrzahl der Arbeiter abgelehnt. – Im Vorjahr sind etwa 500 Mann zum Maiumzug erschienen, diesmal dagegen fast alle, da Kontrolle und Zwang bestand. Die Belegschaft war jedoch schon bis zum Aufstellungsplatz zu etwa 65 % verduftet. Unsere Genossen selbst stehen sicher zu 90 % zur Partei. Es ist wirklich nicht so, daß niemand mehr hinter der Partei steht. Gewiß, es ist geschimpft worden und wird weiter geschimpft werden. Auch ich habe geschimpft, daß Reinbold so früh herausgegangen ist, als ich aber erfuhr, weshalb das geschah, habe ich damit aufgehört und mit der Arbeit begonnen. So wird es auch mit den anderen gehen. – In der Nazibewegung selbst werden alte Kräfte zum Teil aus den verschiedensten Gründen abgestoßen. Es ist aber nicht so, daß sie nicht auch weiterhin noch neue hinzubekommen. Man stellt gelegentlich alte P[artei]g[enossen] auch deshalb kalt, weil sie zu radikal sind. Manche dieser Leute, besonders in der SA, erklären auch gegenüber Parteifreunden, wenn der Führer nicht das tut, was wir wollen, dann gehe die SA in Opposition. Das ist durchaus keine Einzelstimmung, sondern kann schon als Massenauffassung betrachtet werden. – Aus Kreisen der Mittelständler hört man häufig Äußerungen wie die: »So haben wir es nicht gewollt, wenn es nochmals zur Abstimmung kommt, wählen wir Stahlhelm.«

    Schlußwort **Crummenerl**: Er geht kurz auf die angeschnittenen Fragen ein.
    Reinbold: Erläuterung grenztechnischer Fragen.
    Denicke: Eingehendes Referat über das Saarproblem, ausführliche Darstellung der Entwicklung, der vorgefundenen Situation, der Arbeit der Partei, der Aussichten für den Ab-

---

19 Vorlage: sind.

stimmungskampf. Er hofft, daß es gelingt, entweder die Mehrheit zu erringen oder doch dazu beizutragen, daß es nicht zur Abstimmung kommt.

Diskussionsredner: Nr. 60. (Bereits gesprochen):

Ein Konflikt im Saargebiet, der doch sehr wohl möglich ist, kann auch einen der Auslösungspunkte für kriegerische Verwicklungen geben. – Stellungnahme zur Organisation.

Crummenerl: Denicke hat vielleicht bei manchen Illusionen geweckt, vor denen ich warnen möchte. Seine Darstellung der Dinge, der Entwicklung war sehr gut, ich bin mit vielem einverstanden. Ob die Entwicklung aber so läuft, wie Denicke sie sieht, steht durchaus noch nicht fest. Es kann sehr wohl auch anders kommen. Wir dürfen uns nicht nur auf den einen Fall vorbereiten.

Reinbold: Es war notwendig, diese Saardebatte zu beginnen, da sie in Deutschland sicher eine große Rolle spielen wird, und unsere Genossen über die Dinge unterrichtet sein müssen. Auch ich möchte vor Illusionen warnen, wir hoffen alle, daß der Kampf einen günstigen Verlauf nimmt, aber wir sollen auch nicht erschreckt sein und wissen, weshalb es auch andersherum kommen kann.

Sollmann: Hier wird soviel vom Kriegsausbruch und davon gesprochen, wie wir uns im Falle des Krieges verhalten sollen. Ich glaube, wir müssen darüber unsere Auffassungen revidieren und uns klar machen, daß im Falle des Kriegsausbruches die Situation eine unerhört schwierige sein wird. Das wird sich doch nicht in den alten Formen mehr abspielen. Die Bevölkerung wird in einem heute noch unvorstellbaren Maße aufgeputscht werden. Es wird doch wohl so kommen, daß einige Stunden, bevor Göring seine Luftflotte nach Frankreich starten läßt, er ein Geschwader abkommandiert, das Hamburg, Berlin und Hannover mit Bomben belegt und so die erforderliche Stimmung schafft. Wer an die ersten Tage 1914 denkt, wird diese Vorstellung nicht für fantastisch halten, zumal, wenn man sich vorstellt, wie skrupellos die Nationalsozialisten sind. – Sollmann geht dann recht eingehend auf das Saarproblem ein und grenzt sich ebenfalls in seinen Auffassungen von Denicke ab.

Crummenerl: Macht vertrauliche Mitteilungen über die französische Außenpolitik und gibt die Spannungen im französischen Kabinett, die daraus entstandenen Schwankungen in der französischen Außenpolitik und ihre Wirkungen auf die internationale Politik anhand von Gesprächen führender französischer und belgischer Politiker wieder.

Denicke hält ein Schlußwort im Saarproblem. Geht auf Einwände ein und erklärt, daß mit aller Macht und aller Anstrengung gekämpft werde und daß auch eine Minderheit von 40 % für den Status quo eine Niederlage Hitlers bedeute und daß wir alles daran setzen, diese Niederlage so groß wie irgend möglich zu gestalten.

Reinbold schließt die Konferenz mit einigen Worten.

Anhangdokument Nr. 9
Protokoll der Lütticher Besprechung am 9. August 1934
SAPMO Berlin, ZPA, II 145/54, Bl. 109–113

Besprechung am 9. August 1934 in Lüttich

Anwesend: Ferl, Schumacher, Haas[1], Schröder-Amsterdam, Moers[2], Köln a. Rh., Aachen, Stolberg[3] und Amsterdamer Kurier (Niemöller).[4]

Genosse **Wels** hält das einleitende Referat, in dem er besonders auf die außenpolitische Situation Deutschlands und auf die Ergebnisse der Sitzung des Internationalen Büros in Brüssel eingeht. In der Diskussion spricht zunächst **Moers**:

Die größte Schwierigkeit für unsere Arbeit bedeutet die mangelnde Information über die wirklichen Vorgänge in Deutschland und über die tatsächliche außenpolitische Lage Deutschlands. Der Genosse kritisiert in diesem Zusammenhang die Meldungen des Straßburger Senders über Deutschland, die nach seiner Meinung oftmals übertrieben sind und dadurch stark entwertet werden. Vor dem 30. Juni bestand tatsächlich eine ungeheure Spannung und eine große Aktivität auch in den sogenannten konservativen Kreisen. In Moers haben die Stahlhelmleute Verbindung gesucht mit den Sozialdemokraten, um die Stellung der Sozialdemokraten für den Fall eines Zusammenbruchs des Hitler-Systems kennenzulernen. Der 25. Juli hat nach seinen Beobachtungen keine besondere Wirkung gehabt; auch die Schwenkung Italiens wurde ohne besonderes Aufsehen hingenommen.[5] Der Tod Hindenburgs hat bei einem Teil unserer Genossen übertriebene Hoffnungen auf die Reichswehr zerstört, so daß jetzt in diesen Kreisen eine gewisse Depression zu verzeichnen ist. Der Genosse wendet sich dann gegen die Sonderbestrebungen, die von Kern-Amsterdam ausgingen und die die Arbeit unserer Gruppen im Niederrhein erschwerten.[6] Gegen derartige Sonderbestrebungen müsse entschieden Stellung genommen werden. Die Herstellung einer Einheitsfront mit den Kommunisten ist nach allen Erfahrungen in der illegalen Arbeit nicht möglich. Man müsse vielmehr jeden Kommunisten als Lumpen betrachten. Es werden immer wieder Fälle festgestellt, in denen unsere Leute durch Kommunisten bespitzelt werden. In Moers sind wir durch einen Kommunisten direkt vor dieser Bespitzelung gewarnt worden. Bisher ist nicht festzustellen, daß die Ereignisse vom 30. Juni und 25. Juli Hitler einen Verlust an Macht und Ansehen gebracht hätten. In der ersten Zeit wurde sogar das Durchgreifen Hitlers anerkannt. Unsere Aufgabe ist es, unsere Organisation und unsere Verbindungen so aufzubauen, daß wir uns im Falle des Zusammenbruchs einschalten können.

---

1 Haas, Nikolaus, geb. 1891, Gewerkschaftsfunktionär, Emigration 1933 Belgien, Organisator illegaler SPD-Arbeit im belgisch-deutschen Grenzgebiet.
2 Wahrscheinlich Hermann Runge; vgl. *Steinberg*, S. 73.
3 Vorlage hier und im folgenden: Stollberg.
4 Außerdem anwesend: Wels. Unter Bezugnahme auf eine Aussage Hermann Runges vor dem Volksgerichtshof nennt *Steinberg*, S. 73, auch Ollenhauer und Crummenerl als Teilnehmer.
5 Gemeint ist der nationalsozialistische Putschversuch in Österreich mit der Ermordung des österreichischen Bundeskanzlers Engelbert Dollfuß. Mussolini ließ am Brenner Truppen aufmarschieren, um gegebenenfalls die Unabhängigkeit Österreichs wiederherzustellen.
6 Helmuth Kern lehnte jegliche Zusammenarbeit mit dem PV in Prag ab, während andere Amsterdamer Emigranten wie Fritz Schröder, Franz Vogt, Alfred Mozer, Erich Kuttner, Fritz Saar und Toni Reißner trotz der politischen Meinungsverschiedenheiten eine Zusammenarbeit mit dem PV nicht grundsätzlich ausschlossen; vgl. *Peukert/Bajohr*, S. 81.

Köln. Wir machen immer wieder die Erfahrung, daß unsere Leute für die illegale Arbeit zunächst schlecht geeignet sind, da sie über ihre Tätigkeit sehr viel reden. Es bedarf hier einer gründlichen Schulung. Wir werden uns niemals mit den Kommunisten in Verbindung setzen, da wir bei ihnen vor Verrat oder Bespitzelung nicht sicher sind. Aus dem Kreis der organisierten Sozialdemokraten und freien Gewerkschaftler sind weniger Leute abgesplittert. In Köln wird jetzt besonders stark für den Luftschutz geworben, und man zwingt alle Bewohner, sogenannte Informationsblätter zu kaufen. Außerdem werden jetzt wieder ausführliche Fragebogen vorgelegt, in denen auch nach der früheren Organisationszugehörigkeit gefragt wird. In vielen Fällen werden die Zettel nicht mehr ausgefüllt und auch der Kauf der Informationsblätter wird verweigert. Das Flaggen läßt im allgemeinen nach. In der Beflaggung nimmt in der letzten Zeit schwarz-weiß-rot stark zu. In der Bevölkerung ist eine wachsende Erbitterung über die rigorose Einziehung der Steuern fühlbar. So werden jetzt Invalidenrentner mit mehr als 51 RM Rente zur Zahlung der Bürgersteuer herangezogen. Unmittelbar nach dem Tode Hindenburgs bemerkte man eine deprimierte Stimmung bei vielen Arbeitern, die für den Fall des Todes von Hindenburg ihre Hoffnungen auf einen Widerstand der Reichswehr gesetzt hatten. Trotzdem hat unsere illegale Arbeit keinen Rückschlag erlitten, zumal bei näherer Überlegung deutlich wird, daß die objektiven Schwierigkeiten für das System fortbestehen.

Stolberg beschäftigt sich zunächst mit der Frage der Einheitsfront. Die Kommunisten handelten nach wie vor auf Befehl, man muß daher ihrem neuen Einheitsfrontmanöver sehr kritisch gegenüberstehen.[7] In Stolberg ist von einer kommunistischen Arbeit so gut wie nichts zu bemerken. Dagegen wurde kürzlich festgestellt, daß ein früherer kommunistischer Landtagsabgeordneter als Spitzel tätig ist, der einige seiner früheren Parteigenossen an die Polizei verraten hat. Die Zusammenarbeit mit den Kommunisten müssen wir auf Grund unserer Erfahrungen ablehnen.

Die Diskussionen über die zukünftige politische Zielsetzung unserer Bewegung dauern unter den aktiven Genossen an. Ihre Meinung ist im wesentlichen, daß wir wieder zu einem demokratischen und freiheitlichen Regime kommen müssen, aber die neue Demokratie darf gegenüber ihren Gegnern und Kritikern nicht so loyal sein wie die alte.

Ebenso darf sie die Zersplitterung der Parteien in der alten Form nicht wieder zulassen. Die Unzufriedenheit in der Bevölkerung ist am stärksten unter den Mittelschichten. Sie ist so groß, daß die Nazi-Redner in den Versammlungen vielfach nur noch unter SS-Bedeckung erscheinen. In der Eifel ist der Hitlergruß so gut wie nicht mehr zu hören, obwohl auch die Eifelbauern vor dem 30. Januar begeisterte Nazis waren. Die Katholiken arbeiten sehr geschickt, vor allem mit ihren Kultur- und Sportorganisationen. In der Metallindustrie macht sich ebenfalls der Rohstoffmangel bemerkbar. In Einzelfällen ist man deshalb zu Entlassungen geschritten. Man plant, auch in dieser Industrie die 36-Stunden-Woche durchzuführen. Das allgemeine Gefühl ist, daß es nicht mehr lange so weiter gehen kann.

---

7 Am 1. August 1934 hatte das ZK der KPD eine Resolution verabschiedet, in der es für die »Schaffung der Einheitsfront der werktätigen Massen im Kampf gegen die Hitlerdiktatur« eintrat und »hervorhob, daß die Partei trotz der richtigen Generallinie die wirtschaftlichen und politischen Entwicklungen der letzten Zeit nicht richtig eingeschätzt habe.« Vgl. *Duhnke*, S. 99; *Niemann u. a.*, S. 207. Anfang August folgte ein Aufruf »An alle sozialdemokratischen Mitglieder, Funktionäre und Gruppen«, in dem die KPD-Führung konkrete Vorschläge für die Aktionseinheit und den Aufbau gewerkschaftlicher Organisationen machte. Vgl. *Niemann u. a.*, S. 217. Möglicherweise wird aber auch Bezug genommen auf einen gemeinsamen Aufruf mehrerer kommunistischer Parteien, u. a. auch der deutschen, an die sozialdemokratischen Parteien, am 1. August – dem 20. Jahrestag des Ausbruchs des Ersten Weltkrieges – gemeinsame Antikriegsaktionen durchzuführen (vgl. *Herbert Mayer*, S. 43) oder auf das am 27. Juli 1934 beschlossene Einheitsfrontabkommen zwischen den französischen Kommunisten und Sozialisten.

Unsere Propaganda muß den Lesern einfache Tatsachen mitteilen, die ihnen schnell einleuchten, z. B. die Golddeckung der Reichsbank bei Hilters Machtantritt und heute. In Stolberg ist am 3. August der Befehl zur Entwaffnung der SS gegeben worden. Die Waffen müssen an die Sturmführer abgeliefert werden. Offiziell wird diese Entwaffnung damit begründet, daß mit den Waffen zuviel Unfug getrieben werde.

Die große Frage ist, was nach Hitler kommt? Hier müßten wir mit positiven Vorschlägen kommen. Das neue muß eine völlige Abkehr vom heutigen System sein, und die neue Regierung muß vor allem Deutschland wieder in die Welt und die Weltwirtschaft eingliedern. Es ist zu befürchten, daß die Sozialdemokratie auch diesmal wieder bei einem völligen Zusammenbruch in die Bresche springen muß. Aber wir dürften das nicht wieder tun, ohne Bedingungen zu stellen. Notwendig ist, daß wir durch unsere Propaganda dem Bolschewistenschreck entgegenwirken. Allmählich setzt sich auch in Deutschland eine kritische Beurteilung des 30. Juni durch. Man kritisiert vor allem, daß so viele an der Röhm[8]-Revolte Unbeteiligte ohne jedes Verfahren ermordet wurden. In der Arbeitsfront muß eine völlige Desorganisation bestehen, denn man geht jetzt wieder dazu über, freigewerkschaftliche Funktionäre oder Angestellte in Gewerkschaftsbüros einzustellen. So ist ein Delegierter der letzten Konferenz in Brüssel heute in der Arbeitsfront beschäftigt. Es herrscht dort ein überaus großer Mangel an fähigen Kräften. Die organisierte Arbeiterschaft ist nicht gleichgeschaltet. Sie beginnt auch jetzt wieder stärker aktiv zu werden. Vor allem verlangt sie Informationen.

Haas berichtet über ein Gespräch mit einem Amtsgerichtsrat, der der Überzeugung Ausdruck gab, daß das System Hitler sich nicht wird halten können, der aber sofort die Frage aufwarf: Was kommt nach Hitler? Heute ist die Verbreitung unseres illegalen Materials wichtiger als je. Es ist außerdem notwendig, feste organisatorische Verbindungen zu schaffen, damit wir im Augenblick des Zusammenbruchs zur Stelle sind.

Schumacher berichtet über die Zusammenarbeit mit der sogenannten Amsterdamer Gruppe und über die Angelegenheit Kern.[9] Ein Großhändler, mit dem er in Antwerpen eine längere Unterhaltung hatte, sprach von einer Sanierung des Elends in Deutschland. Die gesunkene Kaufkraft der Bevölkerung zeige sich auch im Rückgang der Umsätze der Waren des täglichen Bedarfs. Auch dieser Grossist brachte seine Sorge um die zukünftige Entwicklung zum Ausdruck. Allgemein könne man feststellen eine weitgehende Ablehnung der Zusammenarbeit mit den Kommunisten und ein langsames Wachsen des Ansehens der Sozialdemokratie über die Kreise unserer früheren Anhänger hinaus.

Schröder – Amsterdam wünscht ebenfalls, daß wir zu konkreteren Vorstellungen über unsere Aufgaben im Falle eines Zusammenbruches des Hitlerregimes kommen. Er beschäftigt sich dann im einzelnen mit Fragen der Berichterstattung über die Lage in Deutschland.

Niemöller berichtet über seine Eindrücke von seiner Reise ins Ruhrgebiet, nach dem Rheinland, Westfalen und nach Hannover. Er hat den Eindruck gewonnen, daß unsere illegale Arbeit noch verhältnismäßig kleine Gruppen erfaßt. Es sei aber auch nur wenig von einer kommunistischen Arbeit zu bemerken. In Hannover haben unsere Genossen eine illegale Zeitung in einer Auflage von 1100 Exemplaren herausgegeben.[10] Notwendig ist, daß das Gegen- und Nebeneinanderarbeiten der verschiedenen Gruppen beseitigt wird.

Niemöller bringt dann Zahlen über die wachsende Teuerung der Lebensmittel, die im einzelnen bereits vorliegen. Anfang August hat ein Genossenschaftstag in Hamburg statt-

---

8 Röhm, Ernst, 1887–1934, Stabschef der SA, im Zuge des sogenannten »Röhmputsches« ermordet.
9 Vgl. Anm. 6.
10 Die »Sozialistischen Blätter« der in Hannover illegal arbeitenden »Sozialistischen Front« unter Werner Blumenberg erschienen von April 1933 bis August 1936, erreichten allerdings nur kurzzeitig eine Auflage von 1 000 Exemplaren. Vgl. *Schmid*, Widerstand, S. 30.

gefunden, der völlig ergebnislos verlief, da die Redner dieser Tagung keinerlei konkrete Angaben über die zukünftigen Wirtschaftspläne der Regierung Hitler machen konnten."In den Kreisen der Intellektuellen ist eine schnell wachsende Ernüchterung festzustellen. Sie sehen vor allem die wirtschaftlichen Schwierigkeiten und die außenpolitische Isolierung, die zu einer Katastrophe führen müssen.

Bei der Besprechung der organisatorischen Fragen stellte Haas zunächst fest, daß nach seiner Auffassung die Frage der Firmierung unseres Werbematerials nicht einheitlich geregelt werden kann. Teilweise wurde das Material mit der Unterschrift »Freiheit!« begrüßt, teilweise schnitten die Genossen die Unterschrift »Freiheit« ab, um einen Zugriff der Polizei auf unsere Genossen zu vermeiden. Haas kritisiert die späte Zustellung des Materials. So sind die Flugblätter zum 30. Juni erst Ende Juli in den Besitz der Gruppen in Deutschland gekommen, so daß eine Verbreitung kaum noch möglich ist. Notwendig ist eine einheitliche Regelung der Bezahlung der Soz[ialistischen] Aktion. Haas wünscht einen einheitlichen Aufbau der illegalen Organisation, um die verschiedenen Gruppenbildungen zu verhindern. Die Aktivität unserer Genossen nimmt zu. In seinem Verteilungsgebiet ist die Zahl der verbreiteten Soz[ialistischen] Aktion von etwa 200 auf 700 gestiegen. Die Verantwortung für die Arbeit in Deutschland muß in erster Linie den in Deutschland tätigen Genossen selbst überlassen bleiben. Notwendig ist auch eine Abgrenzung der Bezirke und die Trennung zwischen politischer Leitung und dem Materialversand.

Die weitere Diskussion beschäftigte sich im wesentlichen mit internen organisatorischen Fragen im Niederrhein, Oberrhein und im Ruhrgebiet, da sich hier eine Reihe von Grenzstreitigkeiten ergeben hat[11].

Zum Schluß wird vereinbart, daß Ferl und Schumacher in Verbindung mit den Hauptmitarbeitern regelmäßig in kurzen Abständen sich gegenseitig über ihre Verbindungen informieren und sich über die Benutzung der Verbindungen von Fall zu Fall verständigen.

---

11 Vorlage: haben.

Anhangdokument Nr. 10
Protokoll der Saargemünder Besprechung am 11. und 12. August 1934

SAPMO Berlin, ZPA, II 145/54, Bl. 114–117

Besprechung in Saargemünd am 11. und 12. August 1934

Anwesend: Reinbold, Ludwig – Frankfurt a. M., Mannheim, Ludwigshafen, Landau, Pirmasens, Stuttgart, Lörrach, und Roth-Straßburg, Basel.[1]

Das einleitende Referat über die politische Lage erstattete Genosse **Wels**.

Mannheim I hält derartige informatorische Vorträge wie den des Genossen Wels für die Arbeit drinnen für außerordentlich wichtig. Die Stimmung in der Arbeiterschaft ist seit geraumer Zeit umgewandelt. In den Betrieben haben heute die früheren freigewerkschaft-

---

1 Nach *Matthias/Weber*, S. 160, nahmen vom PV Wels und Ollenhauer teil, aus Mannheim Georg Gräber und Friedrich Schölch, aus Stuttgart der Vertrauensmann Wilhelm Braun; vgl. Aussage Wilhelm Braun, 13. Februar 1936, ORA in der Strafsache gegen Hans Heilig u. a., in: BA Zwischenarchiv Dahlwitz-Hoppegarten, NJ 871/2, Bl. 63–65, der zudem noch Jakob Ott als Teilnehmer anführt.

lichen Vertrauensleute eine starke Position. Die »Soz[zialistische] Aktion« wird sehr gern genommen. Ihre Leserzahl ist weit größer als die Zahl der verbreiteten Exemplare. Die regelmäßigen Bezieher werden ungeduldig, wenn die neue Nummer nicht rechtzeitig kommt. Die Arbeiterschaft beginnt jetzt, die heutigen Zustände mit den früheren zu vergleichen. Sie ist in ihrem Kern keineswegs gleichgeschaltet. Besonders erfreulich ist das Verhalten unserer Mitarbeiter, die verhaftet worden sind, weil sie im allgemeinen über ihre illegale Tätigkeit nichts verraten. Abgelehnt werden kleine Sondergruppen, so auch die Rechberggruppe[2]. Die Meinungen über die Klebezettelaktionen gehen auseinander. In Mannheim wurden sie gegen den Willen des Leiters unserer illegalen Organisation durchgeführt, und zwar mit großem Erfolg. Zu den Lesern unseres Materials gehören auch Schu[tz]po[lizei]-Beamte.[3] Es ist jetzt die Zeit gekommen, wo wir Besprechungen der verantwortlichen Leiter unserer Arbeit im Innern durchführen können. In der Bevölkerung herrscht nach wie vor eine große Unsicherheit. Man kann heute selbst mit SA- und SS-Leuten offen diskutieren, ohne befürchten zu müssen, daß sie Verrat üben. Notwendig ist die Verbindung mit anderen oppositionellen Gruppen. Die Katholiken sind sehr rührig und verfügen in ihren Kultur- und Jugendorganisationen über gute Arbeitsmöglichkeiten. Wir könnten heute die Zahl der verbreiteten Soz[ialistische] Aktion von 1 000 auf 2 000 steigern, aber wir müssen bei diesem Aufbau vorsichtig vorgehen, sonst gefährden wir die gesamte Arbeit. Das Material der Kommunisten ist nach wie vor hanebüchen. Die Funktionäre der KPD verfolgen die alte Linie, man muß feststellen, daß bei den kommunistischen Anhängern eine starke Sehnsucht nach Einigkeit vorhanden ist. Eine Zusammenarbeit der Kommunisten ist wegen der Spitzelgefahr nicht möglich. Wir rechnen damit, daß Hitler an den wirtschaftlichen Schwierigkeiten scheitert. In der Übergangszeit können wir nicht mit demokratischen Mitteln arbeiten, sondern müssen zunächst das neue System sichern. Es ist notwendig, daß wir uns auf diesen Zeitpunkt durch den Ausbau unserer Organisation schon vorbereiten.

Mannheim II: Wir stellen heute eine starke Ernüchterung vor allem in den Kreisen des Mittelstandes, aber auch unter den Mitgliedern der NSDAP und der SA fest. Die Propaganda des 30. Juni ist nicht ohne Wirkung geblieben. Erst jetzt setzt sich die Erkenntnis von dem Verrat Hitlers durch. Die SA muß bis zum 11. August alle Waffen abliefern. Im allgemeinen ist die Stimmung unter der Arbeiterschaft die, daß es gleichgültig ist, wer Hitler ablöst, wenn nur die Hitlerdiktatur zunächst verschwindet. Die Frage der Zusammenarbeit mit anderen Gruppen, auch mit den Kommunisten, müssen wir im Auge behalten. Die Anhängerschaft der Sozialdemokratie ist nicht gleichgeschaltet, aber in den breiteren Bevölkerungsschichten besteht das Mißtrauen gegen die Sozialdemokratie und gegen die Demokratie noch fort.

Stuttgart: Wir haben die Hetze gegen die Emigranten, die sowohl von Goebbels wie von den Kommunisten getrieben wurde, nicht mitgemacht. Wir sehen eine Lösung der zukünftigen Aufgaben nur so, daß wir auf wirtschaftlichem Gebiete diktatorisch vorgehen, aber politisch und geistig demokratische Freiheiten gewähren. Die Parteigenossen sind festgeblieben, wenn auch nach dem Umsturz zunächst eine allgemeine Desorganisation bestand und die Sorge um die Erhaltung des Arbeitsplatzes alle anderen Überlegungen zurückdrängte. Unter den Bauern besteht starke Mißstimmung wegen der Zentralisierung der Eier- und Milchbewirtschaftung und des Erbhofgesetzes. Wir müssen stärker als bisher Zersetzungspropaganda treiben.

Frankfurt: Wir rechnen damit, daß der Schwindel der Hitlerdiktatur in sechs Monaten zu Ende ist. Wir propagieren auch diese Auffassung, um die Unsicherheit zu verstärken. In der letzten Zeit machen sich die Kommunisten bemerkbar. Sie haben an unsere Bezirkslei-

---

2 Vgl. Nr. 15.
3 Vorlage: Satz hs. unterstrichen.

tung einen Brief gerichtet, in dem sie die Einheitsfront vorschlagen. Punkt 1 des Angebots lautet: Aufgehen der SPD in die KPD. An eine wirkliche Einheitsfront mit den Kommunisten ist nicht zu denken. Es kommt höchstens eine gelegentliche Zusammenarbeit in Frage. Wir glauben nicht daran, daß wir die nationalsozialistische Diktatur ablösen werden. Wenn es zu einer Militärdiktatur kommt, sollten wir Gewehr bei Fuß stehen, damit zunächst die Hitlerdiktatur beseitigt wird, und wir gewisse Möglichkeiten für den Aufbau unserer neuen Organisation erhalten.

Mannheim III: Die vielen Diskussionen und die kritische Einstellung vieler Genossen zu Prag ist vor allem darauf zurückzuführen, daß den jüngeren Genossen die politische Schulung fehlt. Es wird immer wieder verlangt, daß wir mit einem Symbol und einer neuen Parteibezeichnung in Erscheinung treten. Aber die Genossen haben auch keine konkreten Vorschläge. Die Rechberggruppe spielt keine wesentliche Rolle mehr, weil sie zwar kritisiert, aber nichts aufzubauen vermag. Auch bei den Kommunisten ist ein Klärungsprozeß zu beobachten. Der Apparat vertritt allerdings nach wie vor die Moskauer Linie, und es ist auch heute noch äußerst gefährlich, mit Kommunisten in Verbindung zu treten. Die SAP bedeutet nichts.[4]

Basel: Wir müssen dankbar dafür sein, daß in Prag eine Zentrale der illegalen Arbeit vorhanden ist. Die Stimmung gegen Prag ist verständlich, da hier immer noch der Eindruck der Niederlage nachwirkt. Aber wir müssen dieser Stimmung entgegenwirken, indem wir die Leistungen von Prag aufzeigen.

Landau: Die Rechberg-Gruppe verfügt auch über Verbindungen in das Ruhrgebiet und nach Württemberg. Wir müssen sie weiter beobachten. Das Menschenmaterial dieser Gruppe ist schlecht. Das Material der Kommunisten wird abgelehnt. Die Genossen sind froh, wenn sie die »Soz[ialistische] Aktion« erhalten. Das Material der SAP ist besser. Unser Material wird auch in nichtsozialistischen Kreisen, so unter den Zoll- und Finanzbeamten, in größerer Anzahl verbreitet.[5]

Lörrach: Wir haben mit einer Militärdiktatur im Herbst gerechnet. Eine proletarische Diktatur zur Ablösung der braunen Diktatur ist nicht möglich. Gegen eine Einheitsfront mit den Kommunisten bestehen grundsätzliche Bedenken. Die Arbeit der SAP ist ernsthafter, aber sie verfügt über wenige Verbindungen. Die Rechberg-Leute sind für praktische Arbeit nicht zu gebrauchen.

Ludwigshafen: Die Kritik an Prag ist zu beseitigen, wenn man die Genossen über die Arbeit des Prager Parteivorstandes aufklärt. Wir wollen auch den Bestrebungen, die Sozialdemokratie aufzugeben, entgegentreten. Die Sozialdemokratie hat für die deutsche Arbeiterschaft so große Verdienste, daß sie ihren Namen weiterführen kann. Unsere Niederlage ist nicht nur unsere eigene Schuld. Die Entwicklung der oppositionellen Stimmung in der Arbeiterschaft macht in der letzten Zeit starke Fortschritte, auch das Zentrum arbeitet sehr stark.

Am Sonntag wird in der Konferenz vorwiegend über organisatorische Fragen gesprochen. Die Diskussion leitet Reinbold ein.

Lörrach bittet bei der Herstellung von Karikaturen, die in Deutschland verbreitet werden, darauf zu achten, daß diese Karikaturen so gehalten sind, daß sie die Furcht unserer Leute nicht noch vergrößern (Hitler-Karikatur). Wir müssen vor allem auf Hitlers gebrochene Versprechungen hinweisen und die Stellung Hitlers im Ausland behandeln. Die Emigration darf die Arbeit in Deutschland nicht stören. Sie soll sich zunächst einmal einigen und die Genossen in Deutschland mit ihren politischen Streitigkeiten in Ruhe lassen.

---

4 Zur SAP in Mannheim und Südwestdeutschland vgl. *Matthias/Weber*, S. 207–231.
5 Vorlage: Ab »so« hs. unterstrichen.

Mannheim: Es ist notwendig die Zusammenfassung der leitenden Funktionäre im Reiche, damit wir im gegebenen Augenblick über gut funktionierende Verbindungen zu allen Bezirken Südwestdeutschlands verfügen. Die Verbreiterung unserer Arbeit ist heute möglich, aber sie muß mit der größten Vorsicht erfolgen. Die theoretischen Diskussionen in der Zeitschrift klären nicht, sondern sie schwächen die Widerstandskraft unserer Leute. Wir halten heute diese Diskussionen auch noch nicht für erforderlich. Unsere politische Aufgabe ist es, dem Bolschewistenschreck das Wasser abzugraben. Es sind auch Terrorandrohungen nötig, denn wir wissen, wie diese Drohungen der Nazis vor ihrer Machtergreifung auf breite Schichten gewirkt haben. Die Zusammenarbeit mit Funktionären der Gewerkschaften und des Reichsbanners kann nur begrüßt werden.

Die weitere Diskussion beschäftigt sich vor allem mit der Organisierung der Wahlarbeit für den 19. August[6] und mit der Kontrolle der Wahlhandlung und der Feststellung des Abstimmungsergebnisses.

---

6 An diesem Tag fand die Volksbefragung zur Übernahme der Funktion des Reichspräsidenten durch Hitler statt.

Anhangdokument Nr. 11
Protokoll der Sitzung der SAI-Kommission für Organisationsfragen mit dem Parteivorstand am 9. Oktober 1934

SAPMO Berlin, ZPA, II 145/54, Bl.118–122

Sitzung der SAI-Kommission für Organisationsfragen mit dem PV am 9. Okt[ober] 1934 im Büro der Sopade

Es besteht Einmütigkeit darüber, daß Genosse Brouckère den Vorsitz führt. Die Verhandlungen sollen deutsch geführt werden. Genosse Adler wird die französische Übersetzung vornehmen. Brouckère eröffnet die Sitzung um 10 Uhr.

Adler: Ich möchte, bevor wir in die Verhandlungen eintreten, einige Vorbemerkungen machen und die Ursachen schildern, die zur Konstituierung der Kommission geführt haben. Die Kommission wurde in Brüssel beschlossen, ihr Zweck ist, Klarheit zu schaffen über die Lage der emigrierten Parteien.[1] Die Kommission hat sich entschieden, zwei Sitzungen durchzuführen, die in den Zentren der Emigration stattfinden sollen. Als erster Tagungsort wurde Prag gewählt; gestern fanden die Verhandlungen mit den österreichischen Genossen statt. Der heutige und der morgige Tag ist den deutschen Fragen gewidmet; Donnerstag wollen wir mit den Ukrainern eine Besprechung abhalten.[2]

Die deutsche Frage ist ohne Zweifel die heikelste. Bei gewissen Gruppen ist die Hoffnung geweckt worden, daß sie mit ihren Wünschen zur Kommission kommen können und dort Unterstützung finden würden. Wir haben diese Gruppen wissen lassen, daß wir uns nicht

---

1 Vgl. Nr. 15, Anm. 15.
2 Die Dreierkommission hatte 22 Fragebogen versandt, von denen 13 ausgefüllt zurückkamen. Außer den mündlichen Nachfragen in Prag fanden am 27./28. Oktober 1934 in Paris Gespräche mit Vertretern aus Armenien, Georgien, Italien, Palästina und Rußland statt; vgl. Bericht der Dreierkommission der SAI für Organisationsfragen, vorgelegt auf der Exekutivsitzung am 13. November 1934, in: IISG Amsterdam, SAI, Nr. 3397.
3 Sekretariat SAI an »Neu Beginnen«, 24. September 1934, in: IISG Amsterdam, SAI, Nr. 3469.

in die internen Angelegenheiten der Partei einzumischen gedenken. Der Fragebogen der deutschen Partei erwähnt zwei Gruppen, an die wir die Aufforderung gerichtet haben, uns einen Bericht über ihre Tätigkeit zu geben.[3] Eine dieser Gruppen, der »Rote Stoßtrupp«[4], konnte uns keinen Bericht geben und hat uns auf den Baseler Vertreter verwiesen.[5]

Die Antwort der Miles-Gruppe[6] ist eingegangen.[7] Wir haben es für richtig gehalten, mit gar niemand vorher in Verbindung zu treten, bevor wir mit dem PV in Verbindung getreten sind. Soweit ist die Lage also ganz klar gewesen.

Gestern ist nun ein Brief von den Genossen Aufhäuser-Böchel[8] eingegangen, in dem sie als Parteivorstands-Minderheit den Antrag stellen, von der Kommission gehört zu werden.[9] Wir werden, da es sich um Mitglieder des PV handelt, diesem Ersuchen Folge leisten.

Vorher ist noch ein Brief von Aufhäuser eingegangen mit einer Mitteilung, daß Böchel einen Brief über seinen Streitfall schicken wird.[10] Böchel hat den Brief an mich gerichtet; ich habe mich darauf beschränkt, den Eingang des Briefes zu bestätigen.

Außerdem ist vom Genossen Lange aus Karlsbad ein Brief eingegangen, in dem er um Gehör bittet. Um nicht in eine uferlose Debatte zu kommen, wird die Kommission diesem Ersuchen nur stattgeben, wenn der PV dem zustimmt. Anders ist es mit den Differenzen mit der Minderheit im PV. Ich habe mit Aufhäuser telefoniert und erfahren, daß er zu dieser Besprechung eingeladen ist.

Es ist absolut nicht Aufgabe der Kommission, sich in die internen Angelegenheiten der Parteien einzumischen. Das Problem ist sowieso schon zu groß. Trotzdem tauchen erhebliche Schwierigkeiten auf. Wenn Böchel nicht eingeladen wurde, so müßten wir ihn doch wohl gesondert anhören.

Ich hebe nochmals hervor, daß die Aufgabe dieser Kommission darin gesehen wird, das Verhältnis der Parteien zur Internationale zu regeln.[11] Wir müssen uns ein Bild von den objektiven Kräften, die die Bewegung darstellt, machen. Durch den Bericht, den sie ausgegeben haben, ist eine Reihe von Dingen bereits geklärt worden.

Brouckère: Die erste Frage ist die Frage der Vertretung. Ein Mitglied des PV ist nicht eingeladen und nicht erschienen.

Wels: Wir sind entschlossen, den Genossen Böchel nicht zu laden.

Aufhäuser: Ich bitte, eine Erklärung abgeben zu dürfen. Was Böchels und meine Anwesenheit betrifft, so möchte ich erklären, ohne auf die materielle Seite der Dinge einzugehen, daß ich nicht in der Lage bin, an der Sitzung teilzunehmen, wenn Genosse Böchel nicht ebenfalls an dieser Sitzung teilnehmen kann. Ich bestreite entschieden, daß die Bürogemeinschaft das Recht hat, hier als PV aufzutreten.

Brouckère: Wir sind nicht gesonnen, über diese Angelegenheit hier eine Debatte stattfinden zu lassen.

---

4 Vorlage: »Rote Stoßtrupp« hs. unterstrichen.
5 Die Identität des »Baseler Vertreters« konnte nicht geklärt werden.
6 Vorlage: »Miles-Gruppe« hs. unterstrichen.
7 Beantwortung der Fragen der Dreierkommission der SAI, überreicht von der Auslandsvertretung »Neu Beginnen«, wobei »Neu Beginnen« aus dem hektographierten Exemplar ausgeschnitten ist; Ergänzung durch einen Abschnitt »Kritik der illegalen Arbeit und positive Vorschläge« sowie durch Überlegungen »Über die heutige Lage der Arbeiterbewegung in Deutschland«, alle in: IISG Amsterdam, SAI, Nr. 3468.
8 Vorlage: »Aufhäuser-Böchel« hs. unterstrichen.
9 Aufhäuser und Böchel an die Dreierkommission der SAI, z. Zt. Prag, 7. Oktober 1934, in: AdsD Bonn, PV-Emigration, Mappe 17; vgl. auch Denkschrift der PV-Minderheit, Anlage 5, in: AdsD Bonn, PV-Emigration, Mappe 208.
10 Böchel an Adler, 11. Oktober 1934, in: AdsD Bonn, PV-Emigration, Mappe 19.
11 Vorlage: Ab »das« hs. unterstrichen.

Wels: Ich weise zurück, daß fortgesetzt von der Bürogemeinschaft geredet wird. Von den gewählten 20 Mitgliedern des PV sind 10 im Ausland. Wenn die Situation so liegt, dann haben zwei davon nicht das Recht, die übrigen acht als Bürogemeinschaft zu titulieren. Wir hatten schon früher Differenzen wegen des Namens PV. Um die Angelegenheit zu bereinigen, will ich deshalb den Absatz der Erklärung verlesen, die wir an die Teilnehmer der vorjährigen Berliner Konferenz gerichtet haben. Diese Konferenz hat uns seinerzeit unserer Ämter entsetzen wollen.[12] Wir haben darauf die seinerzeit formulierte Erklärung abgegeben. (O[tto] Wels verliest den betreffenden Absatz dieser Erklärung.)[13] Trotz dieses Beschlusses wurde der PV für abgesetzt erklärt. Wir haben uns dem Beschluß nicht gefügt, und die Ereignisse haben uns sehr rasch recht gegeben.

Genosse Wels gibt dann eine Darstellung der Entstehung des Streits mit dem Genossen Böchel und zitiert einige Briefstellen.

Brouckère konstatiert, daß die Kommission nicht in die Interna[14] einzugehen gewillt ist. Die Kommission hat nur die Kompetenz der Institution zu prüfen.

Aufhäuser: Die Entscheidung darüber, ob ein PV-Mitglied ausgeschaltet werden kann, kann nicht von den hier Anwesenden erfolgen. Die Ausführungen des Genossen Wels zu diesem Punkt sind absolut unerheblich.

Der Streit geht nicht darum, ob der PV ein Mandat hat; das bestreite ich nicht, wir aber als Minderheit sind seit einigen Wochen von der Mitarbeit ausgeschlossen. Es gibt nur zwei Möglichkeiten: Entweder ein Auslandsbüro zu schaffen oder als PV in Erscheinung zu treten. Aber dann hat auch nur der Gesamtvorstand und nicht nur eine Bürogemeinschaft das Recht der Entscheidung. Zu den Mitgliedern der Kommission gewendet, möchte ich erklären, daß ich ihre Bereitwilligkeit, uns anzuhören, dankbar zur Kenntnis nehme. Ich achte die Kommission und bitte, das Verlassen dieser Sitzung nicht als gegen die Kommission gerichtet zu betrachten.

Vogel: Genosse Aufhäuser, Sie haben gesagt, daß bis zum 22. Juni die Möglichkeit bestanden hat, Vorstandssitzungen abzuhalten. Sie irren! Diese Möglichkeit hat auch später noch bestanden; nur haben Sie eine Einladung zur Vorstandssitzung ausgeschlagen. Genosse Vogel verliest sodann zum Beweis dafür die Niederschrift über die Einladung zu einer Vorstandssitzung zum 3. August.[15]

Brouckère: Es ist zweckmäßig, über diese Angelegenheit hier nicht mehr zu sprechen. Am Nachmittag bietet sich vielleicht Gelegenheit, nochmals darauf zurückzukommen.

Aufhäuser: Die Angelegenheit, die Gen[osse] Vogel hier eben vorgebracht hat, war zu unwichtig, sie bedurfte gar keiner Vorstandssitzung. (Aufhäuser verläßt die Sitzung).

Brouckère: Es ist die Frage, ob wir Referate entgegennehmen oder Fragen stellen sollen.

Crummenerl: Wir stellen es der Kommission anheim. Wir können in beiden Formen Aufklärung geben. Wir würden vorschlagen, daß die Genossen nacheinander referieren und daß dann Fragen gestellt werden.

---

12 Auf der sogenannten Reichskonferenz der Löbe-SPD am 19. Juni 1933 war die Forderung erhoben worden, den am 26. April gewählten Parteivorstand abzusetzen; vgl. Niederschrift über die Reichskonferenz im Preußischen Landtag in Berlin, 19. Juni 1933, abgedruckt in: *Schulze*, Anpassung, Dok. 13, S. 194–198; *Matthias/Link*, Dok. 4, S. 182–184.
13 Vgl. Nr. 2, wo ausdrücklich betont wird, daß die in Berlin abgehaltene Konferenz zu den von ihr gefaßten weitgehenden Beschlüssen nicht befugt gewesen sei. Bei *Osterroth/Schuster*, Bd. 2, S. 319, wird eine Erklärung der Auslandsvertretung der SPD zitiert, wonach sie die Verantwortung für ihr Tun allein trage und daß keine Organisation oder Körperschaft in Deutschland dafür mitverantwortlich gemacht werden könne. »Wir stellen unser Verhältnis zu unseren Genossen in Deutschland auf den Boden vollkommenster Freiwilligkeit. Niemand ist durch Parteidisziplin verpflichtet, sich zu uns zu bekennen.«
14 Vorlage: Internas.
15 Vgl. Nr. 17.

Es wird so beschlossen. Es folgen dann Referate von **Ollenhauer, Dr. Rinner, Arnold, Dr. Hertz** und **Crummenerl**.[16]

Brouckère dankt für die außerordentlich umfangreichen und aufschlußreichen Ausführungen.

Adler: Kann man das Nachrichtenschema, das Sie aufgestellt haben, nicht erhalten?

Wels: Wir stellen es Ihnen selbstverständlich gern zu Verfügung. Bitte beachten Sie bei den Darlegungen, die der Gen[osse] Crummenerl gemacht hat, daß wir der Miles-Gruppe fast ebensoviel an Zuschüssen gegeben haben wie unserem gesamten Verlag mit seinen zahlreichen Publikationen.[17]

Adler macht Mitteilungen über den Saarkampf, über Rundschreiben der Internationale und über die Verhandlungen des IGB in London und fragt dann, in welcher Form die Beratungen fortgesetzt werden sollen. Abends findet eine Besprechung mit der Miles-Gruppe statt. Ich verstehe sehr gut, daß wir keinen Versuch machen können, den PV zu veranlassen, bei dieser Besprechung zugegen zu sein. Die Kommission fragt aber doch an, ob man sich nicht über gewisse politisch-prinzipielle Fragen mit der Miles-Gruppe in Gegenwart der Kommission unterhalten wolle, weil davon eine Klärung von Zweifelsfragen zu erwarten sei.

Wels: Besonders Ersprießliches verspreche ich mir nicht von einer Aussprache über diese Fragen in der Kommission.

Wir haben einen Unterschied zwischen Aufhäuser und Böchel gemacht und Aufhäuser deshalb zu dieser Sitzung heute vormittag eingeladen. Böchel hat durch seinen Brief klargestellt, was er will.[18]

Es ist klar, daß sich in der Lage, in der wir uns befinden, über die Dauer unserer Legitimation Streitigkeiten und Zweifel entstehen. Wir sind bereit, einer neuen Reichskonferenz in ähnlich umfassender Zusammensetzung wie der vom April 1933 Rechenschaft abzulegen. Vorderhand sehen wir jedoch aus zwingenden Gründen der Sicherheit keine Möglichkeit dazu, eine solche Reichskonferenz zu veranstalten. Es fehlen die notwendigen Voraussetzungen dazu. Man muß bedenken, daß es selbst in der harmloseren Periode des Sozialistengesetzes mehr als 2 Jahre gedauert hat, bis die erste Auslandstagung stattfinden konnte, von der wir auch nachträglich erfahren haben, daß die Polizei ihre Spitzel in diese Konferenz lanciert hatte.[19] Das können wir uns heute unter den viel schwereren Verhältnissen nicht mehr leisten. Wir haben gerade in diesen Tagen auf unsere Anfrage bei der Berliner Zentrale bezüglich einer Reichskonferenz einen ablehnenden Bescheid bekommen, dessen

---

16 Grundlage für Crummenerls Referat könnte der Bericht vom Oktober 1934 »Ausgaben in der Zeit vom 1. Juli 1933 bis 31. August 1934«, in: IISG Amsterdam, SAI, Nr. 3575, gewesen sein. Vgl. Bericht über die Verhandlungen mit der Dreier-Kommission in Prag sowie die damit zusammenhängenden Fragen (ohne Verfasser), in: IISG Amsterdam, SAI, Nr. 3468.

17 Die Miles-Gruppe hatte 317 772,- Kc erhalten; für Druckerzeugnisse waren insgesamt 315 834,75 Kc ausgegeben worden; vgl. Ausgaben in der Zeit vom 1. Juli 1933 bis 31. August 1934, Bericht Oktober 1934, in: IISG Amsterdam, SAI, Nr. 3575.

18 Wahrscheinlich Böchel an Wels, 22. September 1934, in: AdsD Bonn, PV-Emigration, Mappe 19, in dem Böchel Stellung nahm zu den Vorfällen der vergangenen Wochen und festhielt, daß, »wenn auf einer neuen Basis der Verständigung die Möglichkeit einer dauerhaften Zusammenarbeit geschaffen werden soll, sowohl die Kompetenzgrenzen zwischen Parteivorstand und Bürogemeinschaft der Sopade festgelegt wie auch die bisherige erschreckend illusionäre Politik einer scharfen Korrektur unterzogen werden müssen.«

19 Wels meinte den ersten geheimen Kongreß der Sozialdemokraten nach Erlaß des Sozialistengesetzes in Wyden im Kanton Zürich vom 20. bis 23. August 1880; vgl. *Osterroth/Schuster*, Bd. 1, S. 61 f.

Wortlaut ich im Nachstehenden mitteilen werde. (O[tto] Wels verliest den Wortlaut des Berliner Briefs.[20]) Wir wissen, daß unsere Aufgabe zeitlich befristet ist.

Grimm[21]: Ich erkläre für mich, daß ich mit den Ausführungen der Genossen zufriedengestellt bin. Der wichtigste Punkt scheint mir zu sein, daß der Genosse Adler auch nähere Aufklärung über die finanziellen Dinge erhält.

Crummenerl: Wir haben dem Genossen Adler stets hundertprozentige Einsicht in unsere Bücher gewährt und sind gern bereit, ihm ins einzelne gehende Darlegungen unserer finanziellen Situation zu geben.

Wir würden es für zweckmäßig halten, daß dieser Weg gewählt wird und bei dem diffizilen Charakter der Kassenangelegenheiten nicht die ganze Kommission, sondern nur der Genosse Adler informiert wird.

Brouckère: Wir verlangen keinen Gesamteinblick in die einzelnen Interna[22] und sind mit dem Vorschlag des Genossen Crummenerl einverstanden.

Adler: Ich habe immer wieder Gelegenheit gehabt, von den einzelnen Phasen der finanziellen Entwicklung der deutschen Partei Kenntnis zu nehmen. Ich will die Gelegenheit gern benutzen, die Dinge noch einmal mit dem Gen[osse] Crummenerl zu besprechen. Ich habe stets volle und erschöpfende Auskunft erhalten.

Das Ziel unserer Kommission liegt ja auch weniger auf finanziellem Gebiet, als darin, Kenntnis von dem organisatorischen Aufbau der illegalen Partei zu erhalten. Ich möchte deshalb nochmals auf meinen Vorschlag zurückkommen und anregen, daß vielleicht je drei Vertreter des PV und der Miles-Gruppe zusammen mit der Kommission über diese organisatorisch-prinzipiellen Fragen beraten.

Wels: Die Frage des Organisationsproblems ist viel zu vielfältig, als daß sie sich auf solcher Basis in kontradiktorischer Form klären ließe. Differenzen haben schon früher bestanden. Es kann für eine Gruppe gut und zweckmäßig sein, sich abzuschließen, um im engeren Kreis Arbeit zu leisten. Wir müssen neben dieser internen Arbeit auch die Massenarbeit pflegen und mit den Massen in Verbindung kommen, dort, wo es möglich ist. Ich möchte feststellen, daß ich es als Aufgabe der Kommission betrachte, das Recht der Parteien auf Sitz in der Exekutive und im Büro der Internationale zu klären. Die Kommmission wird auf Grund ihrer Informationen ihre Beschlüsse fassen und dann der Internationale Bericht erstatten. Wir werden ebenso Stellung nehmen zu den Beschlüssen der Kommission.

Grimm: Wels hat das Problem der Aufgaben der Kommission richtig dargestellt. Ich sehe aber eine gewisse Schwierigkeit für die Kommission darin, wenn wir hier sozusagen als Briefträger zwischen der Miles-Gruppe und dem PV auftreten. Das wird unsere Lage nicht erleichtern.

Wels: Die Kommission wird sich, davon bin ich überzeugt, schon ihr Bild machen. Mir liegen gewisse Dinge auf der Zunge, die es mit unmöglich machen, den Anregungen von Adler und Grimm bezüglich einer Besprechung mit der Miles-Gruppe Rechnung zu tragen. Wir können uns schlecht über prinzipiell-organisatorische Fragen mit der Miles-Gruppe unterhalten, wenn diese auf der anderen Seite im Lande umherzieht und durch ihre Funktionäre bei den Gruppen, die mit uns in Verbindung stehen, Verleumdungen über den PV, über seine

---

20 Der Brief konnte nicht aufgefunden werden.
21 Vorlage hier und im folgenden: Grimme.
22 Vorlage: Internas.

Finanzierung und die Verwendung der Mittel ausstreut. (Gen[osse] Wels verliest den Brief mit der Schilderung des Hamburger Besuchs durch die Miles-Leute.[23])

Crummenerl: Zu den Anregungen der Genossen Adler und Grimm ist ja auch zu bemerken, daß ich sehr häufig mit Miles zusammen bin und daß sich also oft genug Gelegenheit ergibt, über diese Fragen mit Miles zu einer direkten Aussprache zu gelangen.

Wels: Wir haben unsere Legitimation aus Deutschland, die wir uns nicht streitig machen lassen. Da kann nicht einfach eine Gruppe herkommen, von der wir nichts oder nur sehr wenig wissen und sagen: Drei Mann von euch und drei Mann von uns setzen sich als gleichberechtigte Partner an einen Tisch.

Hertz: Was die Frage der Organisations-Prinzipien betrifft, so ist ja auch zu bedenken, daß auch die Miles-Gruppe nicht stets ein und denselben unveränderten Standpunkt eingenommen hat und daß sie ihre Auffassungen über diese Fragen in neuerer Zeit auch ein wenig geändert [hat] und in gewissem Umfange zu einer Art Massenarbeit übergegangen ist.

Brouckère: Es scheint mir nicht zweckmäßig zu sein, die Debatte über diesen Punkt jetzt noch fortzusetzen. Wenn wir heute nachmittag nach Rücksprache mit Aufhäuser-Böchel bzw. der Miles-Gruppe noch Gelegenheit zu einer Besprechung mit dem PV haben, dann wäre das wohl vorzuziehen.

Schluß der Besprechung.[24]

---

23 Mitte August 1934 war aus Hamburg berichtet worden, daß Vertreter der Miles-Gruppe versucht haben sollen, »die Leitung der weit über 1000 aktive Mitglieder zählenden illegale[n] Gruppe der Partei abzuspalten und sie für die Gruppenarbeit zu gewinnen. Der Versuch scheiterte zwar völlig. Bemerkenswert für die Art der Miles-Agitation ist jedoch, daß ›hohe Gehälter und Verschwendung in Prag‹ als Argumente gedient haben.« Vgl. Denkschrift des PV über die Miles-Gruppe [1934], S. 6, in: AdsD Bonn, PV-Emigration, Mappe 206.
24 In ihrem Bericht, vorgelegt auf der SAI-Exekutivsitzung am 13. November 1934, in: IISG Amsterdam, SAI, Nr. 3397, ging die Dreierkommission nicht auf die einzelnen Gespräche ein.

Anhangdokument Nr. 12
Fragebogen über die Verhältnisse der der SAI angeschlossenen illegalen Parteien

SAPMO Berlin, ZPA, II 145/54, Bl. 123–128

C.68/34 (d–f)

Fragebogen[1]

über die Verhältnisse der der S.A.I. angeschlossenen illegalen Parteien[2]

1. Land: Deutschland
2. Name der Partei: Sozialdemokratische Partei Deutschlands
3. In welchem Jahre begann
   a) Halbillegalität: 30. Januar 1933
   b) Ganzillegalität: 10. Mai 1933 (Beschlagnahme d. Parteivermögens)
                          23. Juni 1933 (Verbot der Partei)

---

1 Vorlage: »Fragebogen« ms. unterstrichen.
2 Vorlage: »illegale Parteien« ms. unterstrichen.

4. Angaben über die Zeit vor Eintritt der Illegalität:
   a) Mitgliederzahl der Partei: 31. Dezember 1932: 980 000
   b) Stimmenzahl bei Wahlen für Volksvertretung:
      Reichstagswahl   6. Nov. 1932: 7 248 000
      do.   5. März 1933: 7 181 600
   c) % der abgegebenen Stimmen:
      Reichstagswahl   6. Nov. 1932: 20,03 %
      do.   5. März 1933: 18,3 %
   d) Vertreterzahl in Volksvertretung:
      Reichstagswahl   6. Nov. 1932: 121
      do.   5. März 1933: 120
   e) Presse (Zahl der Zeitungen, Auflage pro Woche, Erscheinungsform):
      102 Tageszeitungen (ohne Kopfblätter) mit einer Tagesauflage von 1 200 000 Exemplaren (Stand am 31. Dezember 1932).

A. Reste der legalen Organisation[3]

5. Bestehen noch Reste der legalen Organisation?
   Nein. Die Verbindungen der Genossen untereinander stützen sich in der Hauptsache auf die persönlichen Beziehungen im Wohnbezirk.
6. Bestehen noch Möglichkeiten der Betätigung in getarnten Organisationen (Kulturvereine, philantropische Vereine, Vergnügungsvereine usw.)?
   In den gleichgeschalteten Vereinen halten Gruppen unserer Genossen enge Verbindung untereinander, besonders in den Arbeitersportorganisationen, Arbeitergesang- und -musikvereinen, in Siedlungsgenossenschaften, Kleingärtenvereinen, bei den Naturfreunden usw.
7. Welcher Prozentsatz der ehemals Organisierten kann schätzungsweise heute noch als mit der illegalen Bewegung sympathisierend betrachtet werden?
   Zahlenmäßig nicht festzustellen. Nach den übereinstimmenden Berichten aus Deutschland steht jedoch fest, daß die Zahl der Überläufer aus den Reihen der Parteimitgliedschaft außerordentlich gering ist. Man kann annehmen, daß mindestens 80 Prozent der Parteimitglieder bis heute ihrer sozialistischen Gesinnung treu geblieben sind.
8. Bestehen noch Gewerkschaften oder Gruppen in Gewerkschaften, auf die sich die illegale Bewegung stützen kann?
   Alle deutschen Gewerkschaften sind gleichgeschaltet. Die früher freigewerkschaftlich organisierten Arbeiter und Angestellten haben in der Regel ihre Mitgliedschaft in den gleichgeschalteten Gewerkschaften aufrechterhalten, so daß hier noch bestimmte Einwirkungsmöglichkeiten gegeben sind.

B. Emigrantenorganisationen.[4]

9. In welchen Ländern bestehen Organisationen von Emigranten?
   Feste organisatorische Zusammenschlüsse von sozialdemokratischen Emigranten bestehen nur in einigen Ländern, so in der Tschechoslowakei und in Frankreich. In allen übrigen Ländern halten die emigrierten Parteigenossen zwar die Parteimitgliedschaft aufrecht, aber ihre Zusammenfassung in feste Organisationen ist infolge der großen räumlichen Zersplitterung der deutschen Emigration und infolge der strengen Bestimmungen vieler Gastländer über die politische Betätigung der Emigranten nicht möglich.

---

3 Vorlage: »A. Reste der legalen Organisation« ms. unterstrichen.
4 Vorlage: »B. Emigrantenorganisationen.« ms. unterstrichen.

Soweit die Voraussetzungen für Zusammenkünfte und Aussprachen mit den Emigranten über fürsorgerische und politische Fragen unter diesen Umständen möglich sind, werden sie vom Parteivorstand gefördert.

10. Die Mitgliederzahlen der Emigrantenorganisationen, wenn möglich pro Land:
Die Zahl der im Ausland befindlichen Mitglieder der SPD ist aus den unter 9. genannten Gründen nicht genau festzustellen. Sie dürfte Ende September 1934 etwa 1 500–2 000 betragen.

11. Welche dieser Emigrantenorganisationen sind als politische Parteiorganisationen anzusehen, welche dienen bloß kulturellen oder Unterstützungszwecken?
—

12. Besteht eine Zentralorganisation aller Emigrantenorganisationen der verschiedenen Länder?
—

13. Hat diese Zentralorganisation der Emigranten einen Vorstand und wo ist sein Sitz?
—

14. Hat diese Zentralorganisation der Emigranten Beziehungen mit der illegalen Organisation im Lande und welche?
—

15. Welche Presseorgane erscheinen in der Emigration, wie ist ihre Erscheinungsweise (wöchentlich, monatlich usw.) und ihre Auflage?
»Deutsche Freiheit«, täglich, Auflage 14 000
»Neuer Vorwärts«, wöchentlich, Auflage 12 000
»Zeitschrift für Sozialismus«, monatlich, Auflage 1 600
Neben den hier genannten Zeitungen und Zeitschriften sind in unserer Verlagsanstalt Graphia bis September 1934 folgende Broschüren und Schriften erschienen:
Revolution gegen Hitler (Auflage 15 000), Neu beginnen (12 000), Volk in Ketten (6 000), Reichstagsbrand (6 000), Oranienburg (200 000 in 6 Sprachen), Bürgerkrieg in Österreich (6 000), Revolte und Revolution (6 000), Der Faschismus und die Intellektuellen (6 000), Konzentrationslager (15 000), Der Faschismus als Massenbewegung (6 000), Grenzen der Gewalt (6 000), Putsch oder Revolution? (6 000).

16. Welche dieser unter 15. genannten Presseorgane werden von Parteiinstanzen herausgegeben und geleitet?
Alle.

17. Wie viele Nummern der unter 16.) hervorgehobenen Presseorgane sind erschienen, an welchem Datum erschien die erste Nummer und an welchem Datum die bisher letzte?
»Deutsche Freiheit«, 382 Ausgaben, erste Nummer 21. Juni 1933, letzte Nummer 22. September 1934,
»Neuer Vorwärts«, 67 Ausgaben, erste Nummer 20. Juni 1933, letzte Nummer 23. September 1934,
»Zeitschrift für Sozialismus«, 11 Ausgaben, erste Nummer 1. Oktober 1933, letzte Nummer August 1934.

18. Wann haben Kongresse der Emigration stattgefunden?
—

19. Bestehen andere Organisationen in der Emigration? (kommunistische, bürgerliche, sozialistische anderer Richtung?)
Kommunistische Partei Deutschlands, Sozialistische Arbeiterpartei, Kommunistische Parteiopposition (Trotzkisten).

20. Bestehen Verbindungen mit den unter 19. genannten Organisationen und welche? Werden gemeinsame Presseorgane herausgegeben?
Nein.

21. Besteht eine »Regierung in der Emigration« und welche Parteien sind in ihr vertreten?
    Nein.
22. Bestehen Verbindungen der Emigration mit den Emigrationen anderer Länder oder einzelnen emigrierten Politikern anderer Länder? Wenn ja, Angabe von deren Namen.
    Ja, Verbindungen zu den emigrierten Parteien innerhalb der SAI.
23. Werden gemeinsame Presseorgane durch die unter 22. genannten Organisationen herausgegeben?
    Nein.

C. Illegale Organisation.[5]

24. Inwieweit ist der Aufbau der illegalen Organisation gelungen?
    Es bestehen Verbindungen zu allen früheren Bezirken der Parteiorganisation. Die Durcharbeitung der Bezirke ist noch nicht gleichmäßig. Die Art der Organisationen ist unterschiedlich. Die illegale Arbeit wird entweder geleitet von Vertrauensleuten in den einzelnen Orten oder Bezirken oder von kleineren aktiven Gruppen, die das illegale Material verbreiten, die Parteimitgliedschaft informieren und die aktiven Mitarbeiter in der illegalen Bewegung informieren.
    Neben dem illegalen Apparat der Parteiorganisation wird von verschiedenen Berufsgruppen eine illegale Gewerkschaftsbewegung aufgebaut (Metallarbeiter, Fabrikarbeiter, Holzarbeiter, Eisenbahner, Buchdrucker, Angestellte). Die Arbeit erfolgt im engsten Einvernehmen mit den illegalen Parteiarbeitern und mit derselben politischen Zielsetzung.
    Illegale Arbeitskreise bestehen ferner unter den Mitgliedern des früheren Reichsbanners, der SAJ und den Arbeitersportlern.
25. Besteht eine einzige illegale Organisation oder verschiedene selbständige Organisationen? Wie heißen sie?
    Innerhalb der sozialdemokratischen illegalen Organisation bestehen kleinere Gruppen, die in ihrer Ideologie und in ihren Methoden ihrer illegalen Arbeit von den allgemeinen Auffassungen abweichen. Ihr Wirkungskreis ist aber in der Regel örtlich oder bezirklich begrenzt (Milesgruppe, Roter Vorstoßkreis).
26. Besteht ein Zentralkomitee im Lande? Aus wieviel Vertretern besteht es?
    Ja, 5 Personen.
27. Besteht eine von der illegalen Organisation beauftragte Auslandsvertretung und wo hat sie ihren Sitz?
    Die illegale sozialdemokratische Arbeit in Deutschland wird zusammengefaßt und gefördert durch den Vorstand der SPD, Sitz Prag.
28. Auf wie viele Mitglieder, die in direkter oder indirekter Beziehung zu ihr stehen, kann die illegale Bewegung im Lande geschätzt werden? Wie viele Ortsgruppen bestehen?
    Angaben über die Zahl der in Deutschland erfaßten Mitglieder sind unter den in Deutschland herrschenden Bedingungen der illegalen Arbeit nicht möglich.
29. Wieviel Literatur (Zeitungen, Flugblätter, Broschüren, Bücher) werden pro Jahr aus dem Ausland illegal eingeführt?
    Die bedeutsamste illegale Veröffentlichung des PV ist die »Sozialistische Aktion«, die in der ersten Zeit wöchentlich vierseitig, seit Februar d[es]J[ahres] aber 14 täglich achtseitig herausgebracht wird. Insgesamt wurden vom Juli 1933 bis September 1934 1 460 000 Exemplare der »Sozialistischen Aktion« in Deutschland verbreitet.
    Daneben wurden acht Broschüren in illegalen Ausgaben in einer Gesamtauflage von 80 000 Exemplaren nach Deutschland gebracht. Die höchste Zahl von 40 000 erzielte

---

5 Vorlage: »C. Illegale Organisation.« ms. unterstrichen.

die illegale Ausgabe der programmatischen Erklärung des Parteivorstandes vom 30. Januar 1934.
Zu den verschiedenen aktuellen Anlässen wurden Flugblätter herausgegeben und illegal über die Grenze gebracht. Die Gesamtauflage betrug ca. 950 000 Exemplare. Aus Anlaß der sogenannten Wahlen im November 1933, nach dem 30. Juni 1934 und aus Anlaß der Volksabstimmung vom 19. August 1934 wurden Streu- und Klebezettel verbreitet, insgesamt ca. 400 000 Stück.

30. Wieviel Literatur (Zeitungen, Flugblätter usw.) werden im Inland pro Jahr hergestellt?
Die Herstellung von Flugblättern, Streuzetteln und periodischen Veröffentlichungen hat mit dem Erstarken der illegalen Organisationen in den letzten Monaten erheblich zugenommen. Es handelt sich dabei teils um gedrucktes, vorwiegend aber um vervielfältigtes Material. Die Gesamtmenge dieses Materials kann nicht beziffert werden.

31. Bestehen regelmäßige Beziehungen zwischen dem Zentralkomitee und dem Auslandskomitee? In welchen Zeitabständen laufen Berichte im Auslande ein?
Ja. Über den Umfang der Berichterstattung der deutschen Bewegung und über die Lage in Deutschland unterrichten die grünen Monatsberichte, die der Vorstand der SPD seit April 1934 herausgibt.

32. Wann fanden Kongresse der illegalen Organisation im Inlande statt? Wieviel Vertreter waren jeweils anwesend?
Konferenzen der illegalen Organisation in Deutschland beschränken sich zur Zeit auf Aussprachen zwischen den örtlichen und bezirklichen Vertrauensleuten und auf persönliche Verbindungen zwischen den Mitgliedern der Zentrale oder den Grenzsekretären und den Vertrauensleuten der Bezirke.

33. Wann fanden Kongresse im Ausland statt, die von Vertretern der illegalen Organisation aus dem Inlande beschickt waren und wieviel solcher Vertreter waren jeweils anwesend?
Im Auslande finden Konferenzen mit den Vertrauensleuten der Bezirke oder mit Vertretern von Gruppen mehrerer Bezirke regelmäßig statt. Diese Konferenzen werden von den Grenzsekretären organisiert und in der Regel nehmen an ihnen auch Vertreter des Parteivorstandes teil.

34. Waren die Kongresse der Emigrantenorganisation von Vertretern der illegalen Organisation beschickt und wie viele von deren Vertretern waren anwesend?
--

D. Andere illegale Organisationen[6]

35. Bestehen andere illegale Arbeiterorganisationen und welche?
Kommunistische Partei Deutschlands, Kommunistische Parteiopposition (Trotzkisten), Sozialistische Arbeiterpartei.

36. Bestehen illegale Organisationen bürgerlicher Richtung?
Schwarze Front (Strasser-Gruppe), Volksmonarchisten, Stahlhelm-Opposition, konfessionelle Gruppen.

E. Besondere Bemerkungen[7]

37. Weitere Mitteilungen über in den früheren Punkten nicht aufgeworfene Fragen und eventuelle Ergänzung zu einzelnen Punkten:

---

6 Vorlage: »D. Andere illegale Organisationen« ms. unterstrichen.
7 Vorlage: »E. Besondere Bemerkungen« ms. unterstrichen.

Weitere Einzelheiten über Ziel, Umfang und Methode der illegalen sozialdemokratischen Arbeit in Deutschland enthält die Denkschrift, die wir den Kommissionsmitgliedern unterbreiten und mündlich ergänzen werden.[8]

---

8 »Die Sozialdemokratische Partei Deutschlands. Ihre Organisation und ihre Tätigkeit unter der Hitler-Diktatur. Bericht des Parteivorstandes, Sitz Prag (Sopade)« [1934]; auf Blatt 1 des Exemplars im Nachlaß Hertz, in: AdsD Bonn, NL Hertz, MF XVII, findet sich die hs. Anmerkung »Vorgelegt der von der SAI eingesetzten Dreierkommission, Okt. 1934«; im Bestand AdsD Bonn, PV-Emigration, Mappe 164, ist die Anmerkung nur unvollständig zu entziffern. Die Denkschrift ist in großen Teilen abgedruckt in: Deutschland-Berichte, August/September 1934, S. 452–469.

Anhangdokument Nr. 13

Protokoll über die Besprechung von Parteivorstands-Mitgliedern mit den Grenzsekretären am 30. Oktober 1934

SAPMO Berlin, ZPA, II 145/54, Bl. 137-139

Besprechung mit den Grenz-Sekretären am 30. Oktober 1934, vorm[ittags] 10 Uhr im Büro der Sopade.

Anwesend:[1] die Genossen Wels, Vogel, Crummenerl, Rinner, Ollenhauer, Michel[2], Dill, [Arthur] Gross, Sander, Stahl, Bögler, Arnold, Heine[3].

Genosse **Wels** eröffnet die Sitzung und referiert über die Lage in Deutschland und die internationale Situation. Als erster Diskussionsredner erhält das Wort
Genosse **Gross**: Die Kriegsfurcht ist groß bei unseren Genossen. Die entscheidende Frage ist, wie stehen[4] im Falle des Krieges Partei und Internationale? Werden sie zusammenbrechen? Die Genossen hoffen, daß das in der Plattform gegebene Versprechen gehalten wird.[5] Allerdings haben sie in dieser Beziehung kein Vertrauen zu Prag. Als Beweis für ihr Mißtrauen führen sie an, daß bis vor kurzem in unseren Organen nichts über die Rüstungen publiziert wurde. Die Genossen wünschen eine entschiedene Stellungnahme, sie wollen, daß die Frage der Legionenbildung[6] geklärt und unversöhnlicher Kampf gegen das

---

1 Vorlage: »Anwesend:« ms. unterstrichen.
2 D. i. von Knoeringen.
3 Außerdem anwesend: Paul.
4 Vorlage: steht.
5 Vgl. den Abschnitt »Abrüstung und Kriegsgefahr« des Prager Manifests »Kampf und Ziel des revolutionären Sozialismus. Die Politik der Sozialdemokratischen Partei Deutschlands«, 28. Januar 1934, wo es u. a. heißt: »Sollte der Krieg, den Festigkeit und wachsame Entschlossenheit der Demokratien unter dem Einfluß ihrer Arbeiterparteien heute noch verhüten können, trotzdem ausbrechen, so werden die deutschen Sozialdemokraten der Despotie in unveränderter, unverhohlener Feindschaft gegenüberstehen. Die Einheit und Freiheit der deutschen Nation kann nur gerettet werden durch die Überwindung des deutschen Faschismus. Die Sozialdemokratie wird sich mit Entschiedenheit gegen jeden Versuch von außen wenden, einen kriegerischen Zusammenbruch der Despotie in Deutschland zu einer Zerstückelung Deutschlands auszunutzen. Sie wird keinen Frieden anerkennen, der zur Zerreißung Deutschlands führt und eine Hemmung seiner freiheitlichen und wirtschaftlichen Entwicklungsmöglichkeiten bedeutet.« Zitiert nach *Lange*, Manifest, S. 870 f.
6 Gross bezieht sich auf die Freiwilligenlegionen, die die Tschechen und Slowaken im Ersten Weltkrieg in Frankreich, Italien und Rußland aufbauten. Diese Legionen stellten nicht zuletzt den Ein-

Regime ausgesprochen wird. Dem Terror stehen sie im allgemeinen ablehnend gegenüber, in bestimmten Fällen würden sie ihm aber zustimmen.

Vieles, was Genosse Wels sagte, ist für uns sehr beachtlich, aber über eure Auffassung über die Einheitsfront muß ich mich wundern. Unsere passive Haltung in dieser Frage ist mit schuld am Zurückgehen unseres Einflusses. Ich wünschte, daß die Strömungen in der SAI die Mehrheit erhielten, die für ein zeitweiliges Zusammengehen mit den Kommunisten eintreten.

Wels schildert zur Frage der Einheitsfront die Situation auf dem vorjährigen SAI-Kongreß.

Bögler: Die Genossen erwarten, daß wir die deutschen Arbeiter auffordern, überzulaufen. Ihre Parole ist: Nicht Kampf gegen Deutschland, sondern Kampf für Deutschland gegen Hitler. Ich schließe mich diesen von drinnen kommenden Auffassungen an.

Dill: Derartige Gedankengänge werden auch mir unterbreitet. Ich habe sie aber nicht weitergegeben, weil ich die Beantwortung stets selbst übernommen habe.

Es ist doch unmöglich, eine Parallele zur Gründung der CSR zu ziehen. Machen wir dasselbe (Legionenbildung usw.), dann sind wir für alle Zeiten als Sozialdemokraten erledigt. Bilden wir Legionen und verliert Deutschland den Krieg, dann gibt es trotzdem für uns kein Zurück nach Deutschland.

In der Einheitsfrontfrage soll man alles tun, um die SAI solange wie möglich zu halten und nicht die Hände dazu bieten denen, die den Tod der Internationale verschulden könnten. Die Arbeitsmöglichkeiten für die Emigration in der CSR müssen als sehr trist beurteilt werden. Es wird kaum noch lange möglich sein, hier zu arbeiten.

Crummenerl: Wir denken nicht daran, für Hitlerdeutschland im Kriegsfalle einzutreten, was später kommt, darauf können wir uns jetzt nicht festlegen. Wir müssen auch bedenken: Siegt Frankreich, dann ist das nicht der Sieg des Sozialismus, sondern der des französischen Imperialismus. Unsere Parole muß sein: Gegen Krieg und Hitlerdeutschland.

Michel: Es war nötig, diese Gedanken aufzuwerfen. Auch in meinem Gebiet ist über diese Frage eingehend diskutiert worden, jedoch hat man das Problem anders aufgefaßt. Bei uns denkt man nicht an Legionen von draußen her, sondern an Kampf in Deutschland, im deutschen Heer. Der Kampf gegen Hitlerdeutschland ist mit aller Schärfe erforderlich, aber, wie er geführt werden muß, ist jetzt noch nicht vorauszusehen.

Gross: Auch ich bin der Meinung, die Parole heißt: Gegen den Krieg, aber wenn er kommt, dann muß versucht werden, die Situation auszunutzen. Die Unruhe muß aufs höchste gesteigert werden. Ich weiß, daß es zu einem Kampf Deutscher gegen Deutsche kommt, und kenne die Vorwürfe, die erhoben werden. Aber die Auffassung unserer Genossen ist, daß »Vaterlandsverrat«, so wie ihn die Nazis uns vorwerfen, kein Verrat und kein Problem für unsere Genossen ist. Ich verweise da auf das Beispiel Eberts, dem seine ganze Haltung nichts genützt hat, er ist doch vor deutschen Gerichten als Hochverräter bezeichnet worden.[7] Ich bin der Meinung, uns ist gegenüber dem Regime alles erlaubt.

Stahl: Niemand von unseren Genossen hegt Zweifel an der Ehrlichkeit unserer Erklärung vom 28. 1.[8] Wir werden in allen Situationen Stellung nehmen gegen Hitlerdeutsch-

---

fluß und bald auch das Mitspracherecht des von Masaryk im französische Exil gegründeten Nationalrates (Conseil National des pays tchèques) bei den Entscheidungen der Alliierten über die Zukunft des politischen Zusammenschlusses von Tschechen und Slowaken sicher; vgl. *Hoensch*, S. 16–18.

7 Ebert, Friedrich, 1871–1925, 1913 einer der Vorsitzenden der SPD, November 1918 Reichskanzler, 1919–1925 Reichspräsident. Ein Magdeburger Schöffengericht beschuldigte ihn in einem Urteil vom 23. Dezember 1924, im Januar 1918 durch seine Beteiligung am Berliner Munitionsarbeiterstreik im strafrechtlichen Sinne Landesverrat begangen zu haben.

8 Stahl meinte das »Prager Manifest«; vgl. Nr. 9.

land. Die Frage der Legionen ist doch eine Fantasie. Krieg heute in Deutschland bedeutet Revolution. Über Einzelterror kann man nicht reden.

Vogel: Ich glaube nicht an eine akute Kriegsgefahr. Deutschland hat im Kriegsfalle keinerlei Chancen. Die Aufrüstung, so fieberhaft sie auch betrieben wird, verfolgt ganz andere Ziele.

Jetzt schon eine Entscheidung zu treffen für den Kriegsfall scheint mir gänzlich verkehrt. Es muß auch die Frage aufgeworfen werden, ob eine Kampfparole im Kriegsfalle befolgt wird. Ich glaube nicht.

Rinner: Man kann unseren Genossen nur den einen Rat geben, nicht auf die Kriegspsychose hineinzufallen. Ich glaube, daß diese Kriegsstimmung amtlicherseits gefördert wird im Hinblick auf die Saarabstimmung. Die Saarleute sollen unter Druck gesetzt werden, sie sollen Sorge haben, daß im Falle einer Entscheidung gegen Deutschland die Saar Kriegsschauplatz wird. Daß Deutschland sich auf den Krieg vorbereitet, ist sicher. Aber es wird sicher nicht vor 2–3 Jahren voll gerüstet sein; es wird dann aber möglicherweise den Krieg siegreich beenden.[9]

Wels: Die Taktik der Engländer, den Beschluß auf Kriegsdienstverweigerung[10] nicht zu erneuern, ist ein Beweis ihrer Stärke.[11] Er bedeutet, daß sie sich auf die Machtübernahme vorbereiten.

Bezüglich der Terrorakte muß ich ganz eindringlich sagen: Warnt unsere Genossen vor solchen Plänen, denkt daran, daß die Lockspitzelgefahr außerordentlich groß ist. – Die Rüstungen Hitlerdeutschlands zu denunzieren und sie an die große Glocke zu hängen, ist nicht zweckmäßig. Wichtiger ist doch, daß die Nachrichten im »Vorwärts« nicht untergehen, sondern, daß sie so lanciert werden, daß sie an die richtige Stelle kommen.

Was die pessimistische Haltung der Chemnitzer Genossen in bezug auf die Ehrlichkeit unserer Plattform betrifft, so muß ich mich auf das Entschiedenste gegen solche Behauptungen wehren. Schließlich ist doch unsere ganze Arbeit Zeuge für unsere ehrlichen Absichten.

Bezüglich der Legionen kann man keine Analogien zu den tschechischen ziehen. Die Voraussetzungen sind ganz andere gewesen. Wir müssen doch zudem immer bedenken, daß wir nicht Subjekt, sondern Objekt der Weltgeschichte sind. Alle diese Fragen sind für uns nicht dringlich.

Ernst Paul referiert über die politische Situation in der CSR unter besonderer Hervorhebung der Dinge, die uns direkt berühren.

Sander: Es ist klar, daß durch die verschiedenen Emigranten Gefahren für die ganze Arbeit drohen. Lockspitzeleien in oppositionellem Gewand sind durchaus keine Seltenheit. Eine Darstellung der verschiedenen Fälle, Cammerer usw., beweist die Richtigkeit dieser Behauptung.[12] Eine größere Siebung ist erforderlich.

Gross: Auch von zentraler Seite wird mitunter nicht zweckmäßig gehandelt. Der Fall des Komotauer Mannes[13], der trotz gegenteiliger Auffassung der zuständigen Stelle für den Genossen Sander verwendet wurde, beweist das.

---

9 Vorlage: Ab »es wird« hs. unterstrichen.
10 Vorlage: »Kriegsdienstverweigerung« hs. eingebessert für »Kriegsdienstverweigerer«.
11 1934 erneuerte die Labour Party nicht den Vorjahresbeschluß, gegen jeden Krieg mit allen Mitteln, einschließlich des Generalstreiks, aufzutreten. Nun wurde beschlossen, daß es möglich sein könne, gegen Friedensbrecher auch militärisch vorzugehen; vgl. *Ralph Miliband*, Parliamentary Socialism. A study in the politics of Labour, London 1961, S. 220 f.
12 Zum Fall Cammerer vgl. Nr. 26.
13 Ein Hinweis auf Komotau findet sich bei *Cerny*, S. 207; danach könnte es sich um einen Hans Hartmann, der von Richard Köppel für den CSR-Nachrichtendienst angeworben worden war, handeln. Vgl. Anhang Nr. 15.

Sander: Die Dinge sind nicht richtig dargestellt und nur unvollständig bekannt. Die Situation war eine andere. (Erklärung der tatsächlichen Sachlage.)

Crummenerl: Wir müssen auch bei der Hilfeleistung in Paßfragen[14] vorsichtig sein, daß uns nicht durch Gutmütigkeit und Leichtsinn Gefahren drohen.

Wels spricht dem Genossen Paul für seine interessanten Ausführungen den Dank der Versammelten aus.

Ollenhauer referiert über die organisatorische Situation der Partei drinnen und draußen.

Bögler: Unsere Genossen drinnen wünschen Streuzettel. – Über die Frage der Emigrantenarbeit für den Nachrichtendienst[15] muß einmal gesprochen und eine Entscheidung gefällt werden.[16]

Gross: Zurückziehung von der Zusammenarbeit mit dem Nachrichtendienst ist außerordentlich schwierig. Man setzt sich unter Umständen großen Gefahren und der Unmöglichmachung der Arbeit aus. Bezüglich des geplanten Bezirksrates[17] bestehen Bedenken. Die Gefahr der Verhaftung ist zu groß. Man sollte davon absehen.

Sander: Auch wir sind für Streuzettel und haben wiederholt Anforderungen in dieser Richtung gestellt. Bezüglich verdächtiger und unsicherer Emigranten bin auch ich für energische Durchführung der Versetzung.

Ollenhauer geht im Schlußwort auf die angeschnittenen Fragen ein.

Rinner referiert eingehend über Berichterstattung und Nachrichtenorganisation.

Gross: Was ist mit dem Bericht C[18]; warum wird er nicht geliefert? Ist es nicht möglich, den Grenzsekretären bei der Berichterstattung über solche Dinge wie dem Organisationsbericht der Sopade in den letzten Grünen Blättern vorher Kenntnis zu geben.[19] Wir können uns mit diesem Bericht nicht vollständig einverstanden erklären.

Wels: Es ist ist nicht mehr zu ertragen, daß uns dauernd Vorwürfe gemacht werden; als wenn wir hier Heimlichkeiten hätten und hintenherum arbeiteten.

Rinner: Die Auffassung des Genossen Gross über den C-Bericht ist falsch. Die Herausgabe ist durch arbeitstechnische Gründe und mangelnde Berichterstattung bisher unterblieben.

Bögler berichtet über organisatorische Differenzen mit Stahl.

Schluß der Sitzung: 18 Uhr.

---

14 Vorlage: »Paß« hs. unterstrichen.
15 Vorlage: Ab »Emigrantenarbeit« hs. unterstrichen.
16 Allgemein zur Haltung der Sopade zur Mitarbeit im tschechoslowakischen Nachrichtendienst vgl. *Cerny*, S. 195, 206.
17 Vgl. Nr. 23.
18 Vorlage: »Bericht C« hs. unterstrichen. Bei den C-Berichten handelte es sich um »Berichte, die sich aus den Verbindungen der Grenzsekretäre zu den illegalen Gruppen ihres Bezirks im engeren Sinne speisten und sich mit dem Stand der illegalen Arbeit, den Inlandsverbindungen der Grenzsekretariate und den illegalen Organisationen selbst befaßten.« *Mehringer*, S. 93; vgl. auch ebd., S. 424, Anm. 16.; Anhang Nr. 15.
19 In den Deutschland-Berichten, August/September 1934, S. 452–469, war der Beitrag: »Die Sozialdemokratische Partei Deutschlands. Ihre Organisation und ihre Tätigkeit unter der Hitler-Diktatur« veröffentlicht worden. Vgl. Anhang Nr. 12.

Anhangdokument Nr. 14

Bericht über die Besprechung mit Mitgliedern der Berliner Zentrale vom 3. bis 6. November 1934

SAPMO Berlin, ZPA, II 145/54, Bl. 140 f.

Bericht über Besprechung mit Berliner Zentrale vom 3. bis 6. November [19]34.

Ich[1] habe mit Paul, Alfred und Walter gesprochen.[2] Bruno[3] war unterwegs, ich konnte seine Rückkehr nicht abwarten.

Brunos Brief wegen der Transaktion war so zu verstehen, daß sie bezüglich der Überführung keine Bedenken sehen. Ob das Einverständnis von C. H. bereits eingeholt war, war nicht festzustellen. Die Berliner sind der Meinung, daß zunächst ein Versuch gemacht werden sollte.

Walter erklärt, daß es ihnen nicht möglich sei, an der Westkonferenz teilzunehmen.[4] Beide haben Bedenken, daß zuviel Bekannte von ihrer Tätigkeit erfahren würden. Ich habe zugeredet und die Vereinbarung getroffen, daß sie ihre endgültige Entscheidung noch vertagen.

Walter hat die Absicht, zwischen Weihnachten und Neujahr zur Grenze zu kommen, wo sich ein längeres Treffen möglich machen würde. Bezüglich des Parteirats war ein Mißverständnis entstanden[5]. Walter hatte geglaubt, die Delegation solle zur Westkonferenz erfolgen.

Mein allgemeiner Eindruck ist, daß sich die Zentrale wieder sicherer fühlt. Der Schock durch die Gewerkschaftsverhaftung ist überwunden.[6] Die Erklärung der Gestapobesuche wird in dem Wiedervorlegen der Akten[7] Verlagsangelegenheit Schwabe[8] vermutet. Diese Vermutung hat Wahrscheinlichkeit, weil der zweite Teilhaber, Genosse T., ebenfalls mit einem Besuch beglückt[9] werden sollte. Mit Ausnahme von Alfred sind jedenfalls alle optimistisch und aktiv tätig.

Alfred hat eine Besprechung mit Fritz und Gerda gehabt[10], in der sie eingehend über die jetzige Art der Arbeit geredet haben. Sie sind sich einig in der Sorge, daß es in dieser Form nicht lange gut gehen kann. Fritz hat Bedenken gegen die Ausdehnung des Materialvertriebs geäußert. Gerda wünscht mit Siegmund [Crummenerl] zusammenzutreffen, um mit

---

1 Die Identität des Verfassers konnte nicht mit letzter Sicherheit geklärt werden. Denkbar ist Heine; vgl. Anm. 2.
2 Dies sind wahrscheinlich die Mitglieder des wiederaufgebauten Bezirksvorstands der Berliner Sozialdemokraten Paul Siebold, Alfred Markwitz und Walter Riedel, die sich Mitte Oktober 1934 mit Heine im Riesengebirge getroffen haben sollen; vgl. Anklageschrift gegen Alfred Markwitz u. a., 27. Mai 1936, S. 32, in: BA Zwischenarchiv Dahlwitz-Hoppegarten, NJ 13630/1. Riedel, Walter, geb. 1893, Steindrucker, Mitglied SPD und Reichsbanner Berlin, aushilfsweise bei der AOK beschäftigt, 1935 verhaftet, wegen Krankheit aus der Haft entlassen.
3 Die Identität von »Bruno« wie mehrerer im folgenden Text mit Namenskürzeln genannten Personen war nicht zu klären.
4 Westkonferenz in Antwerpen Ende November/Anfang Dezember 1933. Vgl. Nr. 26.
5 Vorlage: »entstanden« hs. eingebessert für »erfolgt«. Zum Parteirat vgl. Nr. 23.
6 Zu den Verhaftungen vgl. *Beier*, S. 42.
7 Vorlage: »Akten« hs. ergänzt.
8 Bis 1933 erschien unter Schwabes Leitung die Zeitschrift des Arbeiterradiobundes, »Der Volksfunk«.
9 Vorlage: »beglückt« hs. eingebessert für »begrüßt«.
10 Wahrscheinlich Fritz List und Lotte Lemke.

ihm über diese Sorgen zu sprechen und sich gleichzeitig über Reinbold bzw. seine[11] hartherzige Art zu beschweren. Ein Zusammentreffen zwischen Gerda und Bruno-Walter[12] ist erfolgt.

Die Besprechung mit den Groß-Berliner Leuten im Riesengebirge hat starken Eindruck hinterlassen. Neuer Auftrieb ist ohne Zweifel festzustellen. Der Materialvertrieb könnte sehr gut den doppelten Umfang annehmen, wenn nicht von Paul gebremst würde. Der Ausweg wird in einer Verbreiterung der Lesegruppen gesucht. – Die Berliner wünschen Übermittlung von Verlagsbroschüren. Eine neue Gruppe ist zu ihnen gestoßen, bei der demnächst Bruno referieren soll.

Paul berichtet über eine Veranstaltung des »Jungen Chor«, bei der demonstrativ 1 000 Besucher ohne Abzeichen lebhaft Anteil genommen haben. Paul denkt auch daran, eine Berichterstatterorganisation aus den Betrieben aufzubauen. Er glaubt, daß es ihm bald gelingt, 20 Vertrauensleute zu sammeln. Ich habe den Wunsch ausgedrückt, vorsichtiger zu arbeiten und Experimente, wie solche mit dem Zentralen Nachrichtendienst (Sid) zu unterlassen, ohne daß ich allerdings die Auffassung endgültig erschüttert habe.[13]

Paul berichtet dann noch über das Gespräch mit Otto. Er habe ihn zur Rede gestellt und gesagt, daß er seine Kompetenz überschreite. Otto hat das bestritten. Paul glaubt nicht recht an die »T.V.«-Besprechung[14]. Otto hat ihm gesagt, daß er demnächst ganz nach Berlin komme und die Reise den Nebenzweck habe, sich nach einer Existenz umzusehen.[15]

Auf die Unsinnigkeit dieser Auffassung hingewiesen, da das doch mindestens 6 Jahre Zuchthaus zur Folge habe, hat Otto gemeint: Na wenn schon, dann sitze ich sie eben ab. Paul hält eine derartige Auffassung für unernst.

Von allen wurde übereinstimmend Besorgnis wegen der Saarabstimmung geäußert. Man fragt, was werden wird und befürchtet einen Krieg. Walter wünscht, daß die Saarinformation über das Gespräch mit Bürckel[16] nicht weitergegeben wird, da man leicht auf die Quelle schließen könne.

In christlichen und freigewerkschaftlichen Kreisen besteht wegen Leuschner Sorge. Man befürchtet, daß man ihn zwingen wird, eine Erklärung für die Rückgliederung der Saar zu unterschreiben.[17] Sollte er das nicht tun wollen, fürchtet man um sein Leben.

Mit dem Plan bezüglich Schlie. sind die Berliner einverstanden. Auch A. B. ist gleicher Auffassung. Wegen technischer Einzelheiten ist Rücksprache zwischen Walter und Schlie.

---

11 Vorlage: »seine« hs. ergänzt.
12 Möglicherweise Bruno Neumann und Walter Riedel.
13 Vgl. Gestapa-Bericht (Rikowski) über den Kurierdienst der illegalen SPD, 10. Juli 1934, in: BA Potsdam, St 3/328, Bl. 15. Demnach soll Kriedemann im Verdacht gestanden haben, auf seinem Grundstück in Bralitz eine »SID-Anlage (Sendestation)« errichtet zu haben, die demnächst in Betrieb genommen werden sollte.
14 Vorlage: »T.V.« hs. eingebessert für »PV«.
15 Weder zur »T.V.«-Besprechung noch zu Otto konnte Näheres gefunden werden.
16 Bürckel, Josef, 1895–1944, ab Januar 1933 Saarreferent der NSDAP, 10. August 1934 Saarkommissar der Reichsregierung, 11. Februar 1935 bis 31. März 1941 Reichskommissar für die Rückgliederung des Saargebietes.
17 Es existierten Gerüchte, daß einige frühere SPD-Mitglieder – unter ihnen Husemann, Severing und Löbe, Leuschner wurde nicht genannt – einen Aufruf an die Saarbevölkerung richten wollten. Severing gab der »Kölnischen Zeitung« Ende Dezember 1934 ein Interview, in dem er die Gerüchte um einen Aufruf zurückwies, zugleich aber erklärte, »daß der Tag der Abstimmung eine imposante Mehrheit für die Rückgliederung des Saargebietes an Deutschland ergeben möge.« Vgl. *Severing*, Bd. II, S. 407–409. Der »Neue Vorwärts«, 6. Januar 1935, glaubte an eine »plumpe Fälschung«.
Husemann, Fritz, 1873–1935, 1. Vorsitzender des Bergarbeiterverbandes, SPD, MdL Preußen, 1924–1933 MdR, nach 1933 mehrmals verhaftet, bei der Einlieferung in das KZ Esterwegen von SA-Leuten erschossen.

gelegentlich erforderlich. Das Zusammentreffen habe ich zugesagt. Die Nachrichtenübermittlung soll durch uns erfolgen. Die Mitteilung über den Dresdner Vertrauensmann T. hat sehr interessiert. Er wird sie an A. B. weitergeben.[18]

Schevenels hat mit keinem bekannten Gewerkschaftler in Berlin gesprochen, auch nicht mit den Metallarbeitern und den Afaleuten. Als merkwürdig wird die Haltung der Internationalen Sekretariate bezeichnet. Spiekmann[19] ist längst überfällig, zwei Berufssekretariate haben Besuche abgesagt.

Wegen Stettin sind einige Schwierigkeiten entstanden. Alfred hat die Verbindungen mit Schotte, Bruno mit M. Der Wunsch, beide zusammenzubringen, ist vorläufig gescheitert, da Brunos Mann von seiner Aversion gegen Schotte nicht läßt. Walter soll den Versuch machen, über seinen Vertrauensmann zu einer Information oder Einigung zu kommen. Schotte, der ein wenig ungeduldig wird, soll nach meinem Vorschlag nicht fallengelassen werden. Zunächst müssen wir beide halten, bis klare Verhältnisse geschaffen sind. Ein Treffen mit ihm soll durch Alfred verabredet werden.

W. N. berichtet über die neueste Ley-Entgleisung. Ley hat vor einer Woche eine größere Rede gehalten, in der er das Neuartige der Deutschen Arbeitsfront dargestellt hat.[20] Die Gewerkschaften seien nur Versicherungen gewesen, und Versicherung sei bekanntlich Betrug, da man immer mehr einzahle, als man ausgezahlt bekomme. Daraufhin große Empörung in Versicherungskreisen, die hinter den Kulissen vorstellig zu werden entschlossen sind.

---

18 »Schlie« ist Heinrich Schliestedt, »A. B.« Alwin Brandes, »T.« Richard Teichgräber, alles DMV-Funktionäre.
19 Spiekmann, Wim, 1899–1975, Sekretär des Internationalen Bundes der Privatangestellten in Amsterdam.
20 Dieser Sachverhalt konnte nicht eindeutig geklärt werden. Vermutlich handelt es sich um eine Rede im Zusammenhang mit der von Hitler am 24. Oktober 1934 auf Zuarbeit von Ley, aber unter Umgehung der zuständigen Reichsministerien veröffentlichten »Verordnung über das Wesen der DAF«; vgl. *Andreas Kranig*, Lockung und Zwang. Zur Arbeitsverfassung im Dritten Reich, Stuttgart 1983, S. 31 f.
Ley, Robert, 1890–1945, NS-Politiker, 1934 Reichsorganisationsleiter der NSDAP und Leiter der Deutschen Arbeitsfront, 1945 Selbstmord.

Anhangdokument Nr. 15

Protokoll der Konferenz der Stützpunktleiter des Karlsbader Bezirks am 7. Februar 1935

SAPMO Berlin, ZPA, II 145/54, Bl. 38–51

Konferenz der Stützpunktleiter des Karlsbader Bezirks am 7. Februar 1935[1] in Karlsbad[2]

Beginn: 1/2 10 Uhr.

Die Sitzung wird von Arthur Gross geleitet, der dem Mitglied der Dreierkommission[3], dem Genossen Seidel, das Wort erteilt.

---

1 Vorlage: 1934.
2 Vgl. Lange an Genossen, 2. Februar 1935, in: IISG Amsterdam, Neu Beginnen, Mappe 6, betr. Einladung zur Grenzmitarbeiterbesprechung am 7. Februar 1935.
3 Zur »Klärung« der organisatorischen Konflikte« zwischen der PV-Mehrheit und der PV-Minder-

Seidel verliest den schriftlichen Bericht der Kommission über ihren Besuch in der Sopade und beim Genossen Taub.[4] Er schildert die Behandlung, die die Kommissionsmitglieder beim PV erfahren hätten, und stellt die Dinge so dar, als ob auf sie als einfache Genossen ein Donnerwetter herniedergegangen sei. In seinem Bericht verflicht er neben der Darstellung der Vorgänge Eindrücke von der Sitzung und Werturteile über die Haltung und die Tätigkeit des PV. U. a. verliest er:

Die Verwaltung des Geldes im Sinne der 7 Mann ist von uns nicht anzuerkennen; daß hinter dem PV die Mehrheit der illegalen Arbeiter steht, ist nur eine Behauptung, für die ein Beweis noch nicht erbracht ist.

Wir können in dem Streitfall nicht anerkennen, daß der PV Ankläger und Richter zugleich sein kann.

Das bringt für die illegale Arbeit das Ende der Meinungsfreiheit. Von allen Fehlern, die der Genosse Böchel auch gemacht hat, war es der größte, daß er am Anfang der Emigration den Artikel: »Der Apparat ist tot« geschrieben hat.[5]

Das Verhältnis der österreichischen illegalen Genossen und der Emigration zur Leitung ist ein ganz anderes, als das bei uns der Fall ist. Die österreichischen Genossen haben auf die Situation Rücksicht genommen und ihre Leitung »Auslandsbüro« genannt.

Die illegalen Menschen in Deutschland haben kein Verständnis für die Spaltung. Wenn es überhaupt abgelehnt wird, irgendein Schiedsgericht anzuerkennen, dann hat das die schwersten Folgen für die Situation in Deutschland. Wir fordern deshalb nicht nur, sondern bitten leidenschaftlich um die Einsetzung eines Schiedsgerichts.

Wir verließen die Sopade um die Erfahrung reicher, daß keinerlei Verständigungswille beim PV zu erwarten ist.

Wir haben dann den Genossen Taub aufgesucht, weil es uns unmöglich erschien, ohne ein Ergebnis fortzugehen und die Schwierigkeiten dadurch zu verstärken. Wir haben dem Genossen Taub unsere Argumente vorgetragen und auch geschildert, in welcher Weise Genosse Wels uns behandelte. Wir baten den Genossen Taub, die gescheiterten Bemühungen aufzunehmen. Gen[osse] Taub erwiderte, daß er gern bereit sei, gemeinsam mit den tschechischen Genossen den Versuch zu machen. Voraussetzung ist, daß keine weiteren Differenzen hinzukommen.

Gross: Nach Eröffnung der Sitzung sind als Vertreter des PV die Genossen Vogel und Ollenhauer erschienen. Ich glaube, im Namen aller Grenzarbeiter zu sprechen, wenn ich die Anwesenheit lebhaft begrüße.

Wir haben von dem Bericht der Kommission Kenntnis genommen. Nach der Sitzung am vorigen Mittwoch kam die als »Materialsammlung« bezeichnete Darstellung des PV und die[6] Kündigung des Gen[ossen] Lange als Grenzsekretär.[7] Wir haben die Kommission in

---

heit sowie dem Karlsbader Grenzsekretariat hatten sich am 30. Januar 1935 21 Mitarbeiter des Karlsbader Grenzsekretariats für die Einsetzung einer Dreierkommission mit Seidel, Weck und Ziehm ausgesprochen. Die Versammlung verlangte, daß die organisatorischen Streitfragen unverzüglich einer objektiven Instanz oder der Internationale zur Entscheidung vorgelegt werden; vgl. Entschließung, 30. Januar 1935, in: AdsD Bonn, PV-Emigration, Mappe 19.

4 Das Zusammentreffen der Karlsbader Dreierkommission mit dem PV fand am 31. Januar oder 1. Februar 1935 statt, das Gespräch mit Taub am 1. Februar 1935; vgl. Sekretariat der SPD für die Parteibezirke Chemnitz, Zwickau, Leipzig, Thüringen an den Parteivorstand der DSAP, 5. Februar 1935, S. 8, in: AdsD Bonn, PV-Emigration, Mappe 70.

5 Neuer Vorwärts, 2. Juli 1933 (Der Apparat ist tot – es lebe die Bewegung!) und 23. Juli 1933 (Revolution gegen Hitler – und was dann?). Vgl. Deutsche Freiheit, 7. Juli 1933, wo der Artikel unter der Überschrift »Von Ebert zur Emigration« abgedruckt wurde.

6 Vorlage: »die« hs. ergänzt.

7 PV an Lange, 30. Januar 1935, in: AdsD Bonn, PV-Emigration, Mappe 70. Vgl. auch Nr. 30.

aller Eile noch davon verständigen können. Was das Material des PV betrifft, so haben wir festgestellt, daß die Versendung dieses Materials im gewöhnlichen Brief versandt wurde, so daß dadurch Schwierigkeiten eintreten können, wenn die Zusammenstellung in unrechte Hände kommt. Aus dem Bericht habt ihr entnommen, daß die Kommission auf dem Standpunkt steht, daß die Parteispaltung unbedingt verhindert werden muß. Die Kommission war (siehe Besprechung mit Gen[osse] Taub) bestrebt, die Bemühungen um die Verhinderung der Spaltung fortzusetzen. Wir haben an den PV der hiesigen Partei eine längere Darstellung geschickt, die die Darstellung der Genossen Lange und Böchel enthält.[8] Ich schlage vor, daß diese Darstellung noch zur Verlesung kommt und dann eine ausführliche Meinungsäußerung durch den PV erfolgt, dem sich dann die Auslassungen der Grenzarbeiter anschließen würden.

Gen[osse] Uhlig verliest die schriftliche Darstellung, die an den Genossen Taub gegeben wird (und auch uns zur Verfügung gestellt werden soll).

Gross: Wir haben aus dem Schreiben des Gen[ossen] Lange eine andere Darstellung bekommen, als sie der PV verschickt hat. Ich würde vorschlagen, daß jetzt ein Vertreter des PV das Wort ergreift.

Gen[osse] Vogel teilt mit, daß der Gen[osse] Ollenhauer im Anschluß daran eine Darstellung des ganzen Verlaufs anhand des Materials geben wird und daß er sich auf die Auseinandersetzung mit einigen wichtigen hier angeschnittenen Themen beschränken wird.

Gen[osse] Ziehm: Nach den Andeutungen, die hier vom Gen[ossen] Vogel gemacht sind, halte ich es für notwendig, eine Erklärung abzugeben:

Ich habe das, wie sich jetzt herausstellt, Unglück, mich mit dem Fall Köppel[9] zu beschäftigen und habe den Eindruck, daß aus dieser Angelegenheit eine Denunziation gegen mich als Gestapo-Mann entstanden ist, die dem PV zugestellt wurde. Ich habe hier von den Dingen Kenntnis gegeben und eine Untersuchung gegen mich gewünscht und auch bei der zuständigen Behörde den Versuch gemacht, eine Selbstanzeige zu erstatten. Man hat mich aber damit abgewiesen und diese Angelegenheit für haltloses Gerede erklärt. Ich möchte aber auf keinen Fall Veranlassung dafür sein, daß irgendwelche Schwierigkeiten entstehen und bitte deshalb die Genossen, rückhaltlos und offen ihre Meinung zu sagen. Wenn die Genossen es wünschen, verlasse ich sofort die Sitzung, ohne daß ich darüber empört sein würde, weil ich weiß, daß man in heutigen Zeit mit anderen Maßstäben rechnen muß. Ich bitte also die Genossen, sich deutlich zu erklären.

Ich kann jetzt auch die Andeutungen, die anläßlich des Kommissionsbesuchs gefallen sind, verstehen. Aber ich meine, daß es die Pflicht des PV gewesen wäre, mich sofort von den weiteren Verhandlungen auszuschließen.

Gen[osse] Gross: Eine Verschärfung der Besprechung zwischen der Kommission und dem PV wäre sicher vermieden worden, wenn der PV bei einem derartigen Verdacht nur mit zwei Genossen verhandelt hätte; vielleicht wäre dann auch eine ersprießlichere Lösung gefunden worden.

Gen[osse] Vogel: Ihr müßt einsehen, daß uns das schon gar nicht möglich war. Wenn wir den Gen[ossen] Ziehm als den Wortführer der Kommission abgelehnt hätten, dann wäre es erst recht zu einer Verschärfung gekommen, und wir hätten gerade das erreicht, was wir

---

[8] Sekretariat der SPD für die Parteibezirke Chemnitz, Zwickau, Leipzig, Thüringen an den Parteivorstand der DSAP, 5. Februar 1935, in: AdsD Bonn, PV-Emigration, Mappe 70.
[9] Der Emigrant Richard Köppel, geb. 1907 in Plauen, ehemaliges SPD-Mitglied und selbst für den tschechoslowakischen Geheimdienst tätig, verdächtigte deutsche Emigranten der Spionage für das Deutsche Reich und nahm Stellung gegen den von der Sopade finanzierten Nachrichtendienst, der angeblich ausschließlich vom Standpunkt des Vorteils der Partei bzw. einzelner Personen an ihrer Spitze betrieben werde und daher des öfteren mit den Interessen der CSR in Widerspruch stehe; vgl. *Cerny*, S. 206 f.

nicht erreichen wollten. Im übrigen kann ich zu der Anregung des Gen[ossen] Ziehm nur sagen, daß wir noch während der Sitzung mit der Kommission übereinstimmend zu der Überzeugung gekommen sind, daß die Vorwürfe gegen ihn unberechtigt sind.

Gen[osse] Gross: Damit dürfte die Angelegenheit erledigt sein. Das Wort hat der Gen[osse] Ollenhauer.

Gen[osse] Ollenhauer referiert anhand des vorliegenden Materials über Entstehung der Differenzen mit den Genossen Aufhäuser/Böchel/Lange und schildert die Gründe, die den PV zu seiner Haltung veranlaßt haben.

Gen[osse] Gross: Bevor wir in die Mittagspause eintreten, möchte ich noch eine Sache berichtigen. Es handelt sich um das Gerücht, daß Gen[osse] Lange über Gelder verfüge, über die er dem PV keine Abrechnung gegeben hat, ein Gerücht, das auch heute wieder vom Gen[ossen] Ollenhauer der Konferenz wiedergegeben ist. Weil ich mir schon denken konnte, daß dieses Gerücht, das wiederholt und energisch dementiert wurde, heute wieder vorgebracht wird, habe ich mir die diesbezüglichen Akten von oben mit herunter gebracht und möchte deshalb den Brief des Gen[ossen] Lange, den er im Oktober 1933 (?) an den Genossen Crummenerl geschrieben hat, zur Verlesung bringen.[10] In diesem Brief, in dem er Bericht gibt über die Kassenlage des Bezirks, schildert er, welche Gelder vorhanden sind und in welcher Weise sie verausgabt wurden und teilt mit, daß in Deutschland sich noch Gelder befinden, die fest angelegt sind und an die nicht heranzukommen ist. Trotzdem wird immer und immer wieder behauptet, daß Gen[ossen] Lange über größere Summen verfüge. Gen[osse] Vogel hat vorhin von der Bitternis gesprochen, die ihm angekommen ist. Ich muß sagen, daß auch wir manchmal mit Bitternis den Kopf geschüttelt und die Dinge in uns hineingefressen haben. Der PV hat seinen engsten Mitarbeitern keinerlei Mitteilung über seine Vermögenslage und Kassenverhältnisse gegeben, aber er verlangt vom Bezirk Chemnitz die Offenlegung der Vermögenslage. Das ist geschehen, ohne daß die Gerüchte nachgelassen haben. Und zwar geschah es, obwohl Chemnitz das Geld nicht wie andere Bezirke in unzweckmäßiger Weise verwendet hat, sondern die Grenzarbeit finanzierte. Ollenhauer hat jedenfalls in der Geldangelegenheit erneut den Beweis gebracht, wie man nicht darüber sprechen darf. Mittagspause[11]

Gen[osse] Böchel erklärt, daß es sich um politische Meinungsverschiedenheiten handelt und daß der vom Gen[ossen] Ollenhauer verlesene Brief von ihm an den Genossen Wels der beste Beweis dafür sei, daß er den Versuch gemacht habe, loyal mit den übrigen Parteivorstandsmitgliedern zusammenzuarbeiten. Wenn er in dem ein Jahr später geschriebenen Privatbrief eine völlig veränderte Haltung gegenüber dem PV zum Ausdruck bringt, dann ist das auf die Tatsache zurückzuführen, daß mit dem PV trotz des besten Willens keine Möglichkeit zusammenzuarbeiten gegeben ist.[12] Das trifft nicht nur auf ihn, Böchel, zu, sondern auch auf die anderen außerhalb Prags weilenden Vorstandsmitglieder. So hat der Prager PV lange versucht, den Genossen Aufhäuser von Prag fernzuhalten und gehofft, ihn mit der Abschiebung auf die undankbare Aufgabe, den Pariser Emigranten gegenüber den Vertrauensmann des PV zu spielen, aus der direkten Mitarbeit im PV herauszuhalten. Als Aufhäuser dann nach Prag gekommen ist, hat schon die erste Unterredung mit dem Gen[ossen] Wels gezeigt, daß eine Bereitwilligkeit zur Zusammenarbeit nicht zu erkennen war.

---

10 Lange an Crummenerl, 6. Oktober 1933, in: AdsD Bonn, PV-Emigration, Mappe 70.
11 Vorlage: »Mittagspause« ms. unterstrichen.
12 Böchel an Glaser, 10. August 1934, auszugsweise zitiert in: Materialzusammenstellung, 30. Januar 1935, Bl. 3 f., in: AdsD Bonn, PV-Emigration, Mappe 8.

Ebenso verhält es sich mit dem Gen[osse] Dietrich, von dem er einen Brief an den PV verliest, in dem Dietrich Beschwerde über die Ausschaltung von der Mitarbeit führt.[13] Wenn das selbst Dietrich, einem Mann, der keinerlei Differenzen mit dem PV hatte, wenn selbst er solche Erfahrungen machen mußte, dann kann man sich vorstellen, wie weit es mit den Worten des PV auf Zusammenarbeit her ist.

Wie steht es um die Arbeit des Karlsbader Bezirks? Da wird z. B. gegen uns der Vorwurf erhoben, daß wir eine Konferenz veranstaltet hätten, an der auch PV-Mitglieder teilnahmen und bei der wir zuvor eine Vorkonferenz durchgeführt hätten. Eine solche Behauptung wird aufgestellt, aber die Wirklichkeit ist eine ganz andere. Die Genossen, die von Deutschland kamen, waren so mit Aversionen gegen den PV geladen, daß sie nicht mit ihm zusammenarbeiten wollten und uns die schwersten Vorwürfe gemacht haben, daß wir mit dem PV, der die Niederlage verschuldet habe, zusammenarbeiten.

Vogel: Was hast du getan, um die Leute aufzuklären über die Schuld an der Niederlage?

Böchel: Ich habe das erklärt, was ich immer wieder bei jeder anderen Gelegenheit gesagt habe: Es ist kein persönliches Verschulden, es ist ein Versagen der deutschen Arbeiterschaft. Das habe ich nicht nur damals gesagt, sondern auch noch vor 8 Tagen, hier in diesem Kreis, ohne mich durch die inzwischen erfolgte persönliche Maßregelung darin beeinflußen zu lassen. Diese damalige Vorkonferenz war also der Versuch, ein Zusammenarbeiten mit den illegalen Genossen und euch überhaupt erst zu ermöglichen und die Spannungen zu verringern, und sie diente nicht zu dem Zweck, den ihr hinter ihr vermutet habt.

Was den Brief vom Juni vorigen Jahres an einen Freund in Paris betrifft[14], so würde ich über den Ton vor einem objektiven Forum durchaus eine Rüge hinnehmen. Man klammert sich u. a. an das Wort »Gespensterkabarett«, obwohl doch jeder Einsichtige erkennen muß, daß damit weniger die anwesenden Vorstandsmitglieder als vielmehr die wiederauftauchenden Gespenster gemeint sein konnten. – Bis heute hat man noch nicht den Mut gefunden, Aufklärung darüber zu geben, wer den Privatbrief geöffnet hat. Ich stelle fest, daß dieser Brief mit Manuskripten von mir und vom Karlsbader Sekretariat in einem größeren Briefumschlag an die Sopade gesandt wurde, so daß ohne weiteres zu erkennen war, woher die Sendung kam. In diesem größeren Briefumschlag befand sich, ebenfalls verschlossen, der kleinere, der den widerrechtlich geöffneten Privatbrief enthielt. Bis heute hat man mir den Umschlag noch nicht zurückerstattet.

Zur Frage der Opposition: Ihr habt die Opposition unterdrückt. Ihr tut das in einer Weise, die in der Sozialdemokratie nie üblich war. Wenn ich daran denke, wie August Bebel Ludwig Frank gegenüber gehandelt hat[15], der eine Stunde Redezeit beantragte und von

---

13 Wahrscheinlich Dietrich an PV, 29. Januar 1934, in: AdsD Bonn, PV-Emigration, Mappe 31, wo Dietrich Kritik an der Art der Veröffentlichung des Prager Manifests äußerte: »Ich stelle fest, daß ich von der Absicht, einen Aufruf herauszubringen, nicht unterrichtet wurde, ich habe aber auch keinen Entwurf zu Gesicht bekommen. [...] Habt doch den Mut, wenn ich euch nicht passe, mich durch Beschluß auszuschalten [...].«

14 Böchel meinte seinen Brief an Kurt Glaser vom 10. August 1934; vgl. Anm. 12.

15 Böchel dachte vermutlich an die Auseinandersetzung des badischen Reichstags- und Landtagsabgeordneten Ludwig Frank mit Bebel auf dem Magdeburger Parteitag 1910 wegen der Zustimmung der badischen SPD-Landtagsabgeordneten zum Landeshaushalt; vgl. *Osterroth/Schuster*, Bd. 1, S. 143 f.

Bebel, August, 1840–1913, 1866 Mitbegründer der Sächsischen Volkspartei, 1867 Vorsitzender des Verbandes der Deutschen Arbeitervereine, Mitbegründer der Sozialdemokratischen Arbeiterpartei, ab 1867 MdR, 1881–1891 MdL Sachsen.

Frank, Ludwig, 1874–1914, Jurist und sozialdemokratischer Politiker, 1904 Gründer der sozialistischen Arbeiterjugendbewegung, ab 1905 MdL Baden, ab 1907 MdR, im Ersten Weltkrieg gefallen.

August Bebel die gleiche Redezeit wie er selbst zugebilligt erhielt, so muß ich euer Verhalten damit vergleichen und etwa an den Leipziger Parteitag denken. Es hat peinlicher Kämpfe bedurft, um ein Korreferat der Opposition durchzusetzen. Es wurde verweigert, und mit Mühe und Not hat man Seydewitz 20 Minuten Redezeit zugebilligt.[16] Seydewitz hat damals schlecht gesprochen, er hat das selbst zugegeben, aber nur ein kleiner Kreis weiß, aus welchen Gründen. Genau wissen es die, die im Volkshaus-Garten unter dem Lautsprecher saßen und alle paar Sätze deutlich vernehmbar Zwischenrufe »son Quatsch«, »der ist noch in der Partei« usw. fielen. Gen[osse] Wels, der am Vorsitzendentisch hinter Seydewitz saß, hatte vergessen, sein Mikrophon abzustellen, er machte dauernd diese Bemerkungen, die es Seydewitz unmöglich machten, sich zu konzentrieren und sein Referat so durchzuführen, wie es im anderen Falle möglich gewesen wäre. Das nennt man Meinungsfreiheit in der Sozialdemokratie. Aber das ist nur ein Beispiel, man könnte tagelang darüber berichten, in welcher Art der PV seine Ansichten durchgesetzt hat.

Die Bezirke waren selbständig. Solange die Maßnahmen im Rahmen des Parteistatuts blieben, konnten die Bezirke allein entscheiden und Aufrufe usw. herausgeben. Als ich dagegen im Auftrage illegaler Genossen aus Deutschland im Mai 1934[17] einen Aufruf schrieb, der mit keinem Wort gegen den PV Stellung nahm, kam es zu Szenen im PV.[18] Gen[osse] Wels warf das Flugblatt vor mich auf den Tisch und belegte es mit den abfälligsten Bemerkungen. Daraus entspann sich eine Differenz zwischen Hertz und mir. Und ausgerechnet Stahl, der nicht aus organisatorischen Gründen vor dem Umsturz nahe vor dem Ausschluß aus der Partei stand, sagte mir, dann können wir nicht mehr an einem Tisch zusammensitzen.

Der PV dagegen veröffentlichte am 30. Juni einen Aufruf[19], der von vielen Genossen in Deutschland entrüstet zurückgewiesen wurde und der, wenn er zur Verteilung gelangt wäre, unter Umständen tausenden und abertausenden Gefängnis und Zuchthausstrafen eingebracht hätte. Dieser Aufruf, der geradezu gefährliche Illusionen enthielt, wurde veröffentlicht und beschlossen, ohne daß die nicht im Büro tätigen Mitglieder des PV vorher oder nachher auch nur Kenntnis erhielten.[20] Wir haben auch nach der Herausgabe des Aufrufs ihn noch nicht einmal zugeschickt erhalten.

Es gibt nicht nur Privatbriefe, sondern es gibt auch Privatunterhaltungen. Ich habe lange geschwankt, ob ich nicht von bestimmten Privatunterhaltungen in der Notwehr Gebrauch machen soll. Bisher habe ich es noch nicht getan, aber ich erinnere daran, daß es Unterredungen gibt im Beisein von Vorstandsmitgliedern und mit ihnen, so z. B. in der Wohnung von Seydewitz, in denen sehr deutlich gesprochen wurde. Ich kann nur sagen, die Spaltung ist nicht auf meinem Mist gewachsen. Nachdem sich der Gen[osse] Ollenhauer hier als Staatsanwalt betätigt, hätte ich nicht übel Lust, mich dieser Dinge zu erinnern. Ich habe mich jedenfalls nicht von materiellen Erwägungen bei meinen Handlungen leiten lassen.

Gen[osse] Vogel, ich darf daran erinnern, daß ich nicht das erste Mal gemaßregelt werde. Ich habe 1914 als einziger Redakteur gegen die Kriegs-Kredite geschrieben. Meine Rekla-

---

16 Auf dem Parteitag der SPD vom 31. Mai bis zum 5. Juni 1931 wurde das uneinheitliche Verhalten der Reichstagsfraktion bei der Panzerkreuzerabstimmung am 20. März 1931 verurteilt. Neun Abgeordnete, darunter Max Seydewitz, hatten den Fraktionsbeschluß mißachtet und mit Nein votiert; vgl. *Osterroth/Schuster*, Bd. 2, S. 227, S. 229.
17 Vorlage: hs. Randbemerkung »1933«.
18 Dies war ein Maiaufruf der Karlsbader Sozialdemokraten; vgl. Nr. 14, wo allerdings von »Szenen im PV« keine Rede ist.
19 Nieder mit Hitler! Ein Aufruf des Vorstandes der SPD; u. a. veröffentlicht in: Deutsche Freiheit, 4. Juli 1934.
20 Ein Protokoll über eine Sitzung, auf der der Text des Aufrufs beschlossen wurde, liegt nicht vor; vgl. Nr. 16.

mation wurde darauf[hin] zurückgezogen, das Generalkommando zog mich ein, ich ging an die Front, der PV setzte an meine Stelle einen anderen, der ihm genehmere Politik machte. Ich habe das damals überstanden und werde auch diese Maßregelung überstehen.

Mir Spaltungsabsichten vorzuwerfen ist geradezu ungeheuerlich. Schließlich stammt die Formulierung »VSPD« von mir. Ich habe sie als erster in einem Artikel verwendet. Ich habe mich immer für die Einheitspartei eingesetzt und mein ganzes Leben dafür gekämpft. Schließlich bin ich einige 25 Jahre in der Partei tätig und habe die Einheit der Partei stets als das Höchste angesehen. Wie oft hat man mich beschimpft und gesagt, daß mir die Unabhängigen zwölfmal in meine ausgestreckte Hand spucken würden und ich würde trotzdem ein dreizehntes Mal die Hand ausstrecken. Ich habe darauf erklärt, und wenn das 50 Mal der Fall ist, werde ich das immer wieder tun, denn was kommt schon auf diese eine armselige Hand an, wenn es sich um dieses große Ziel handelt.

Aber ist es nicht geradezu grotesk, die Genossen, die jetzt im PV sitzen und die aus allen Parteien, der KPD, der USPD[21] und der SPD zusammengekommen sind, die sich gegenseitig herausgeschmissen haben, von denen Hertz Hilferding, Geyer Hertz usw. den Stuhl vor die Tür gesetzt haben, bis sie selber flogen; ausgerechnet diese Genossen werfen jetzt den Gen[ossen] Böchel heraus.

In welcher Weise man versuchte, mir das Leben schwer zu machen, dafür ist meine Tätigkeit als Umbruchredakteur das beste Beispiel. Zwar habe ich jahrelang die »Chemnitzer Volksstimme« geleitet, und so viel auch der PV gegen die politische Linie der »Volksstimme« einzuwenden hatte, so eindeutig stand auch fest, daß die Aufmachung des Blattes allen anderen Parteizeitungen bei weitem überlegen war. Das zwang den PV sogar dazu, mich auf einem Redakteurkursus über dieses Thema reden zu lassen. Interessant ist, daß als Korreferent ausgerechnet jener F[ritz] O[tto] H[ermann] Schulz[22] bestellt wurde.

Das hat nicht gehindert, daß man nach meiner Anstellung als Umbruchredakteur für den »Neuen Vorwärts« den Versuch machte, mich nach Kräften in meinen Arbeitsmöglichkeiten zu beschneiden und zu demütigen. Damit nur ja keine revolutionäre Auffassung durch die Umstellung von Artikeln oder durch die Verwendung einer Antiqua statt Frakturschrift zum Ausdruck kommen konnte, bekam ich Woche für Woche ein genaues Umbruchmuster übermittelt, nach dem ich mich zu richten hatte. Fein säuberlich war aufgezeichnet, wo dieser Artikel und jenes Bild zu stehen hatten.

(Böchel zeigt einige Muster von Umbruchanweisungen, die Ausrufe und Gelächter bei den Teilnehmern hervorrufen.) Aber nicht genug damit, im vorigen Jahr erhielt ich einen Brief des Genossen Arnold, in dem mir sogar Vorschriften gemacht wurden, ob ich halbfette oder fette Überschriften verwenden soll. (Böchel verliest Arnolds Brief, der ebenfalls Entrüstung hervorruft.) Hinter dem Ganzen steckte die Tendenz, mir die Arbeit so zu verekeln, daß ich den Kram hinschmeißen soll. Ich habe das wohl bemerkt, aber gerade deshalb habe ich ihnen den Gefallen nicht getan. Wenn ich so etwas merke, bekomme ich eine Rhinozeroshaut und sage: Nun erst recht.

Die Friedenssitzung[23], von der der Genosse Ollenhauer berichtet hat, bot denn doch ein wesentlich anderes Bild, als er es darstellt. In derselben Sitzung zeigte es sich, daß es nicht auf die Worte, sondern auf die Tat ankam. Die Delegierten zur Exekutivsitzung der Inter-

---

21 Vorlage: USP.
22 Vorlage: Schultz. Fritz Otto Hermann Schulz, ehemals SPD-Redakteur in Halle und Düsseldorf, dann Überläufer zum Nationalsozialismus, veröffentlichte 1934 das Buch »Jude und Arbeiter. Ein Abschnitt aus der Tragödie des deutschen Volkes«, das von der Reichsschrifttumkammer ausgezeichnet wurde; vgl. Sozialistische Aktion, Anfang Dezember 1934, »Ein Schüler Streichers. F. O. H. Schulz in der antijüdischen Front«.
23 Vgl. Nr. 21.

nationale sollten bestimmt werden. Dem PV standen drei Delegierte zur Verfügung. Um der Verständigung sichtbaren Ausdruck zu geben, schlug ich als erster vor, daß Genosse Wels delegiert werde und beantragte, als zweiten den Genossen Aufhäuser zu nominieren. Auch der Genosse Crummenerl hatte den Wunsch, an der Exekutivsitzung teilzunehmen. Es wäre im Sinne der Verständigung gewesen, wenn neben Wels und Crummenerl auch Aufhäuser an der Tagung teilgenommen hätte. Das wurde aber verweigert und als Begründung angegeben, daß die Kosten für eine derartige Besetzung der Delegation zu hoch seien und daß wir als emigrierte Partei nicht mit einem solch hohen Aufgebot von Delegierten kommen könnten. Als aber die Exekutivsitzung tagte, waren nicht weniger als sechs PV-Mitglieder unterwegs, während man kein Geld für einen oppositionellen Delegierten hatte. So sah die Friedensgeste in Wirklichkeit aus.

Was nun die Materialsammlung betrifft, die der Gen[osse] Ollenhauer hier benutzt hat, so möchte ich zunächst feststellen, daß nicht nur sinnentstellende Kürzungen vorgenommen wurden, sondern auch direkte Fälschungen. Über die Tatsache, daß man durch bestimmte Unterstreichungen den Eindruck hervorruft, als habe der Briefschreiber selbst die Wichtigkeit dieses betreffenden Absatzes oder Wortes hervorzuheben gewünscht, will ich nicht einmal reden, obwohl jeder sorgfältige Publizist in einem Nachwort[24] bemerkt, daß es sich nicht um Originalunterstreichungen handelt. Aber man hat auch zu Fälschungen gegriffen. So wird an einer Stelle, die im Original »Aussprache« heißt, das Wort »Aufgabe« gesetzt. Das ist ganz etwas anderes, es ist eine Verschärfung und Verzerrung des Sinnes. Aber ich bin so fair, daß ich annehme, daß es sich nicht um eine objektive Fälschung, sondern um eine Fehlleistung gehandelt hat, die dem Berichterstatter unterlief, eben weil er in dieser Richtung dachte. Noch schlimmer sind die willkürlichen Auslassungen. Mein letzter Brief an den Genossen Aufhäuser ist einfach umretuschiert worden. Es wird der ganze Brief zitiert, in dem ich meine Vorschläge mache und damit der Eindruck erweckt, als wenn es sich um organisatorische Maßnahmen handelt, die hinter dem Rücken des PV erfolgen würden. Ausgerechnet der letzte Satz aber, aus dem hervorgeht, daß es sich um einen Antrag an den PV für die nächste PV-Sitzung handeln soll, ausgerechnet dieser entscheidende Satz ist fortgelassen worden. Aus dem letzten Brief von Aufhäuser ist nur ein Auszug gebracht worden und unterschlagen, daß es sich um unsere Plattform handelt. Man will den Eindruck erwecken, als handele es sich um hier um illegale innerorganisatorische Bestrebungen, während es sich in Wirklichkeit um den Vertrieb unserer Plattform handelt.

Über Seydewitz heißt es, er habe die Aufnahme in die Partei »glatt abgelehnt«. Daraus wird mir dann weiter vorgeworfen, daß ich mit einem Nichtparteimitglied, mit Seydewitz, Besprechungen abhalte. Ich muß sagen, ich bewundere den Mut, die Dinge so völlig falsch darzustellen. Wie war es: Ich habe auf Wunsch des Genossen Seydewitz den Antrag eingebracht, den Genossen S[eydewitz] wieder aufzunehmen. Es ist nicht entschieden, sondern eine Kommission, ich glaube aus den Gen[ossen] Crummenerl und Hertz, gebildet worden. Als ich später danach fragte, was diese Kommission mit dem Genossen Seydewitz vereinbart habe, wurde mir erklärt, daß man in der Aussprache mit S[eydewitz] festgestellt habe, daß es unzweckmäßig sei, ihn offen wieder aufzunehmen und daß er außerhalb der Partei wirkungsvoller an der Einheit der Bewegung arbeiten könne. Daraus macht der Berichterstatter die glatte Ablehnung Seydewitz'.[25]

Uns werden die Verhandlungen mit den Kommunisten zum Vorwurf gemacht. Dazu zunächst eine Vorbemerkung. Wels hat, ich glaube, in Zürich, zugegeben, mit Leuten von der äußersten Rechten Besprechungen und Verhandlungen gehabt zu haben, ohne daß wir als

---

24 Vorlage: »Nach-« hs. ergänzt.
25 Vgl. Nr. 5, Anm. 16.

Vorstandsmitglieder davon Mitteilung erhielten. Wenn Stampfer 1933 das Recht hatte, mit Torgler über eine Art Bündnis zu verhandeln, dann steht auch uns das Recht zu.[26]

Vogel: Aber der Unterschied ist, daß Stampfer dem PV vorher Mitteilung von seinem Vorhaben gemacht und die Billigung des PV gefunden hat.

Böchel: Wir haben niemals vorher mit kommunistischen Vertretern verhandelt. Wie loyal wir uns verhalten haben, das brauchen wir nicht selbst darstellen, sondern da haben wir die besten Kronzeugen in den Kommunisten selbst, die uns in der Rundschau und in der Zeitschrift »Unsere Zeit« wegen unserer Haltung maßlos angegriffen haben. (Böchel verliest die entsprechenden Zitate.) Die Kommunisten haben uns dann den Vorschlag bezüglich der gemeinsamen Erklärung herübergegeben, und ich habe heute noch lebhaft das Bild vor Augen, welchen peinlichen Eindruck diese Szene bereitet hat. Aufhäuser gab nämlich die Erklärung wieder zurück, die Kommunisten schoben sie wieder herüber und so ging das Spiel etwa fünfmal hin und her. Man wirft uns vor, mit den Kommunisten gegen den PV zu konspirieren, und wir haben nicht einmal ein Stück Papier von ihnen angenommen.[27]

Ollenhauer hat die Sätze weggelassen, daß wir im PV einen Antrag wegen der Einheitsfront einbringen wollten. Dieser Antrag war notwendig, um die zwei Organisationsspitzen überhaupt erst einmal zur Verhandlungsbereitschaft zu bringen.

In der PV-Sitzung[28] haben Wels und Crummenerl berichtet, und unsere sogenannte Kartellerklärung[29] richtete sich nicht gegen den PV, sondern gegen die beiden Delegierten, was ja wohl ein Unterschied ist.

Ollenhauer: In diesem Fall stimmt das nicht.

Böchel: Die deutschen Delegierten haben sich auf der Sitzung des Büros der Internationale[30] weder pro noch contra ausgesprochen, da kein Angebot der Komintern vorliegt. Ein PV-Miglied versucht, auf einem Umweg die Kommunisten zu einem Angebot zu veranlassen, aber der PV nimmt keine Stellung zu der Frage, weil kein Angebot der Kommunisten erfolgt ist.

Ich weiß, daß die konspirativen Gruppen große Hemmungen haben, sich mit den Kommunisten zu verbinden; ich weiß aber auch, daß diese Genossen dringend wünschen, daß sich die Organisationen finden.

---

26 Stampfer hatte Ende 1932 mit Wissen, jedoch nicht im Auftrag des Parteivorstandes Kontakte mit der russischen Gesandtschaft in Berlin aufgenommen, um auf dem Umweg über die Komintern zu einem besseren Verhältnis zur KPD zu kommen; ein Treffen mit Ernst Torgler, dem Vorsitzenden der KPD-Reichstagsfraktion, wurde durch den Reichstagsbrand vereitelt; vgl. *Schulze*, Anpassung, S. 163, Anm. 9.

27 Böchel und Aufhäuser waren am 8. November 1934 mit Mitgliedern des ZK der KPD zusammengetroffen; vgl. Nr. 26. Die »Rundschau« schrieb damals: »Die sozialdemokratischen Führer Aufhäuser und Böchel, die als Beteiligte an der Plattform des ›Arbeitskreises revolutionärer Sozialisten‹ und in verschiedenen Artikeln ihre Bereitschaft zur Aktionseinheit erklärt hatten, lehnten aber die Annahme des konkreten Kampfangebotes des ZK der KPD ab, mit der Begründung, die ihnen nahestehende Richtung sei lediglich eine Gruppe innerhalb der deutschen Sozialdemokratie und keine Körperschaft. Sie wären daher weder beschluß- noch verhandlungsfähig.« Zitiert in: Denkschrift der PV-Minderheit, S. 5, in: AdsD Bonn, PV-Emigration, Mappe 208.

28 Vgl. Nr. 26.

29 Eine Kartellerklärung wird u. a. in dem in Böchels Aktentasche gefundenen Schreiben Willi Müllers (d. i. Karl Frank) an Karl Böchel und Willi Lange, 6. Dezember 1934, in: AdsD Bonn, PV-Emigration, Mappe 76, erwähnt. Diese Erklärung, die im Mittelpunkt einer Vorbesprechung am 20. November 1934 stand, kritisierte das Verhalten der Prager PV-Delegierten auf der SAI-Exekutivsitzung vom November 1934 und unterstützte die dort verfaßte Erklärung der sieben Parteien zur Einheitsfront; vgl. Durchschlag »Werte Genossen«, 20. November 1934, ohne Unterschrift, in: IISG Amsterdam, SAI, Nr. 3514.

30 SAI-Exekutivsitzung vom 13. bis 16. November 1934; vgl. Nr. 26.

Die Anfänge der illegalen Arbeit sind ohne eine Anregung oder irgendeine Direktive durch den PV begonnen [worden]. Wir haben hier in Mitteldeutschland zuerst die Arbeit aufgenommen. Uns wird immer wieder vorgeworfen, daß wir die Dinge einseitig und unter einem engen Gesichtswinkel sehen. Daß dem nicht so ist, zeigt ein Bericht des PV vom Juni vorigen Jahres, der die gleiche Haltung, wie sie unsere Genossen drinnen einnehmen, aus allen Bezirken meldet. (Böchel zitiert Stellen aus dem Bericht C.[31]) Aber dieses Material, so aufschlußreich es auch ist, ist den Sekretären nicht zur Kenntnis gegeben worden.

Vogel: Glaubst du, daß die Auffassung die gleiche geblieben ist?

Böchel: Ich glaube, daß die Genossen einige Zeit schwankend geworden sind, jetzt unter dem Eindruck der Depressionen werden sie stärker als früher wiederkehren[32].

Ich werde den Faden mit dem PV nicht mehr zusammenknüpfen. Ich bin froh, aus dieser Verbindung herausgekommen zu sein und der tragischen Verantwortung entronnen zu sein. Die tragische Entwicklung, die aus der Haltung des PV und seiner Politik folgen muß, ist unausbleiblich. Ich habe hier eine Anzahl Nummern des »Vorwärts«, die in erschreckender Deutlichkeit ein Bild dieses Kurses geben. Ich will das Material hier nicht in jeder Einzelheit vortragen, weil es zu viel Zeit kosten würde, und mich nur auf einige Einzelheiten beschränken, aus denen sich ergibt, daß das militärische Potential der Arbeiterklasse den Generälen als Handelsgeschäft angeboten ist. (Böchel zitiert aus einigen Artikeln, besonders den Artikel Heer und Hakenkreuz von Symmachos[33] und aus einem Brief aus Deutschland, der ein Echo auf diese Haltung des Vorwärts darstellt.) Das, was die Sopade als reaktivierte Partei bezeichnet, ist nichts weiter als die paar hundert Genossen, die Berichte erstatten und bezahlt werden. Ich will nicht sagen, daß sie es deshalb tun, aber die Sopade glaubt, daß das die Partei ist. Wir dagegen wissen, daß in Deutschland Gruppen bestehen, Gruppen, die teils gegen, teils ohne, teils auch mit dem PV arbeiten. Aus eurem Programm ergibt sich etwas anderes als wie ihr hier darstellt. Mit dem Programm ist es so eine Sache. Immer, wenn ich das Programm zitiere, greift ein Vorstandmitglied zum Text, um sich zu überzeugen, ob das auch wirklich drinsteht. (Zitiert Programm.) Mit keinem Wort steht darin, daß das Ziel des Kampfes die Reaktivierung der Partei ist.

Es ist ganz klar, daß es sich um politische Differenzen handelt. Wir nehmen diesen Kampf auf. Ganz ohne Frage. Im Interesse der deutschen sozialdemokratischen Bewegung, wenn es sein muß, auch gegen eine Führung. Das ist unsere Antwort.

Vogel: Eine Frage, Genosse Böchel: Wie steht es mit dem Aktenfund? Hältst du deine Behauptung aufrecht? Gib eine ganz konkrete Antwort.

Böchel: Ich halte die Darstellung, die ich dem PV gegeben habe, bis zum letzten Wort aufrecht.[34] Ich habe damit keine persönlichen Vorwürfe verbunden. (Böchel gibt, teilweise durch Zwischenrufe Vogels unterbrochen und richtiggestellt, eine Darstellung des Vorgangs und teilt dann mit, daß ihm schon damals aufgefallen sei, daß Crummenerl, als er ihn in die Kasse nahm und über die Chemnitzer Geldgeschichte sprach, auffallend nervös war und mir Dinge erzählte, die er sonst sicher nicht erzählt hätte. Zu der Geldaffäre erklärte

---

31 Böchel zitierte wahrscheinlich aus dem C-Bericht vom 30. Juni 1934, in dem Stellungnahmen aus einzelnen illegalen Parteibezirken zum Prager Manifest und zur Einheitsfrontfrage zusammengestellt sind, der jedoch »nur in wenig Handexemplaren verteilt und für die Öffentlichkeit sofort zurückgezogen worden« ist; auszugsweise zitiert in: Denkschrift der PV-Minderheit, S. 18 f., in: AdsD Bonn, PV-Emigration, Mappe 208; zum C-Bericht vgl. Anhang Nr. 13.
32 Vorlage: »wiederkehren« hs. eingebessert für »werden«.
33 Vorlage: Symarus; *Symmachos* [d. i. *Karl Kautsky*], Heer und Hakenkreuz, in: Deutsche Freiheit, 28. Juli 1933.
34 Erklärung Böchels, undatiert, zum Verschwinden seiner Aktenmappe in der PV-Sitzung am 18. Dezember 1934, in: AdsD Bonn, PV-Emigration, Mappe 19. Vgl. Nr. 27.

Böchel, Taub habe gestern einem bekannten Genossen erklärt: »Hört denn dieses törichte Gerücht noch immer nicht auf.«)

Gross: Die Feststellung kann schon jetzt gemacht werden, auf Grund der Darlegungen des Gen[ossen] Böchel, daß die Entscheidungen des PV ohne eine Untersuchung erfolgt sind. (Zwischenbemerkungen und Rufe: Laß doch erst die Stützpunktleiter sprechen, nimm keine Meinungen vorweg.) Als erster Stützpunktleiter spricht Genosse

Otto: Er erklärt, daß er das erste Mal Gelegenheit habe, nach der illegalen Arbeit in Deutschland wieder an einer Konferenz teilzunehmen. Wir seien genau dort stehengeblieben, wo wir vor dem Beginn der illegalen Arbeit gestanden hätten. Nach dem 5. März hat jeder vor der Entscheidung gestanden: Hat es noch Zweck, für die Partei zu arbeiten? Wenn man heute die Sache hier so sieht, muß man sich erneut und dringlich fragen: Hat es wirklich noch Zweck?

Auf beiden Seiten muß man doch Vernunft annehmen. Nicht überall und immer sind auf beiden Seiten die Grenzen eingehalten worden. Aber weshalb geschah das? Es geschah doch nur aus Liebe zur Partei. Das sollte man doch vor allem bedenken und seine Handlungen davon beeinflussen lassen. Schlimm ist der Fall Käseberg[35], der unbedingt sofort bereinigt werden muß. Über den Aktenfund will ich mich nicht auslassen, er mag sein, wie er will, aber ich bin der Meinung, daß man manches nicht hätte schreiben sollen, aber man hätte auch keine Abschriften machen sollen. Auch die Denkschrift[36] hätte man nicht machen sollen. Mit dem geschriebenen Wort, wenn es in unrechte Hände gerät, kann Unfug angerichtet werden. Vor allen Dingen bedenkt den Eindruck an der Grenze und in Deutschland. Die größte Gefahr ist die, daß die Genossen von diesem Streit erfahren. Das wird viele veranlassen, die Arbeit niederzulegen. Wir müssen auf alle Fälle versuchen zu verhindern, daß der Streit nach Deutschland getragen wird.

Weidenmüller[37]: Die Milesgruppe und die Genossen Aufhäuser, Böchel und Lange sind gemaßregelt von einer Körperschaft, die einmal als PV und einmal als Treuhänderschaft firmiert. Der PV hat nicht das Recht, eine politische Linie als die gültige herauszukristallisieren und eine politische Richtung auszuschalten. Der PV hat auch nicht das Recht, einen derartigen Beschluß auf Maßregelung zu fassen. Wenn heute das Schiedsgericht angerufen wird, dann ist es jetzt die Pflicht, die Lage einmal genau zu prüfen und Rechte und Pflichten abzugrenzen.

Was die Frage der Einheitsfront betrifft, so können die Delegierten zur Exekutive nicht im Namen der Gesamtbewegung Entscheidungen treffen. Die Verwirklichung der Einheitsfront mit den beiden alten Organisationsleitungen ist nicht möglich. Aber der Weg

---

35 Der PV hatte den Anfang 1934 in die CSR emigrierten Alfred Käseberg (Deckname: Lux) als Nachfolger Langes auf den Posten des Karlsbader Grenzsekretärs berufen, mußte ihn jedoch nach wenigen Wochen wieder absetzen. Seitens des Karlsbader Grenzsekretariats und der innerdeutschen Bewegung war Käseberg unkorrektes Verhalten gegenüber Genossen und leichtfertige Gefährdung von illegal in Zwickau arbeitenden Sozialdemokraten vorgeworfen worden. Willi Lange hatte Käsebergs »sofortige Ausschaltung« aus der Grenzarbeit noch vor seiner eigenen Suspendierung gefordert und – im Falle einer Weiterbeschäftigung – die Einschaltung der SAI angekündigt; vgl. Lange an PV, 23. Januar 1935 und 26. Januar 1935, in: AdsD Bonn, PV-Emigration, Mappe 70; Protokoll über eine Unterredung mit Käseberg im Parteibüro Eibenberg, 28. Februar 1935, in: AdsD Bonn, PV-Emigration, Mappe 46; »Wer ist Lux?«, ca. Oktober 1935, in: AdsD Bonn, PV-Emigration, Mappe 59.
36 Materialzusammenstellung über organisatorische Sonderbestrebungen in der Partei, 30. Januar 1935, in: AdsD Bonn, PV-Emigration, Mappe 8.
37 Weidenmüller ist Fritz Weidmüller, d. i. Karl Fritz Abicht, geb. 1912, SPD, Emigration 1933 CSR, Mitorganisator des illegalen Druckschriftenvertriebes von der CSR nach Deutschland, 1938 Frankreich, Schweden, Mitglied der »Landesgruppe deutscher Gewerkschafter in Schweden« und FDKB, ab 1943 Ortsvorstand Stockholm, ab 1946 Landesvorstand SPD-Gruppe Schweden.

führt über die Einheitsaktion zur Einheitsfront. Die Maßregelung von Lange und Böchel betrifft nicht nur die beiden, sondern uns alle. Der PV hat uns den Fehdehandschuh hingeworfen. Wir müssen ihn aufnehmen. Dem PV muß das Recht abgesprochen werden, solche Entscheidungen zu treffen.

Nordbauer: Zunächst die organisatorische Frage. Die Partei ist zertrümmert, und es kann sich auch der PV nicht mehr so nennen. Die Partei ist ein Torso, der PV ist ebenfalls ein Torso. Wir müssen erkennen, daß wir in Deutschland wieder ganz klein anfangen müssen und mit manchen alten Vorstellungen Schluß machen müssen. Unsere Hauptsorge muß den Genossen in Deutschland gelten. Auf alle Fälle muß die Spaltung vermieden und den Genossen drüben die Auseinandersetzung erspart werden. Ich stelle mir vor, daß auf diese Weise eine Verständigung kommen muß. Wollen wir der KPD oder der SAP die Genossen ausliefern? Was wir empfinden, ist, daß es nicht zur Spaltung kommen darf. Wir dürfen beiderseits nicht engherzig sein, sondern müssen auf beiden Seiten nachgeben. Die Politik der Treuhänder der Partei, wie ich sie mal nennen möchte, muß eingestellt sein auf eine Politik, die elastisch genug ist, alle Wege zu gehen. Der eine Weg, Verbindung mit dem Bürgertum. Vielleicht gibt er uns ein Stück Freiheit, wenn wir mit den Leuten des Liberalismus oder den Konservativen in gewisser Weise zusammenarbeiten. Aber das ist doch nicht unser Endziel. Es wird sicher niemand dem PV einen Vorwurf daraus machen, daß er versucht, alle möglichen Wege, die den Druck mildern könnten, zu gehen. Deshalb ist es aber auch notwendig, daß er auch die andere Seite im Auge behält und sich darüber klar ist, daß, wenn es zu einer sozialen Revolution kommen sollte, dann das ganze Bürgertum zerbrochen wird.

Der einzige Augenblick loszuschlagen, war der 20. Juli. Danach loszuschlagen, wäre ein Verbrechen gewesen. Es hat keinen Zweck, jetzt die Schuld von einander abzuschieben.

Die Gruppen, die keine Verbindung mit dem PV haben wollen, sind doch auch Sozialdemokraten, mit denen wir rechnen müssen, um die wir uns bemühen müssen.

Ich möchte sagen, es ist notwendig, daß jeder ein Stück zurücksteckt.

Wir müssen aber auch ein Wort zu der positiven Seite sagen. Daß es uns in Deutschland so ging, liegt daran, daß wir kein Aktionsprogramm haben, da haben wir viel gesündigt und sollten an dem Beispiel von den Nationalsozialisten lernen. Ein aktuelles, eindeutiges und klares Aktionsprogramm zu schaffen, das ist vielleicht schwieriger als diesen Hausstreit zu führen, aber es ist unbedingt notwendig, daß wir darin unsere Aufgabe sehen.

Sorg[38]: Ich will mich mit ein paar Verstandessachen beschäftigen. Wir haben in unserer Resolution kein Urteil gefällt, sondern einen Gedanken niedergelegt. Der Erfolg ist, daß ihr heute hier seid. Wir sind mit eurer Haltung absolut nicht einverstanden. Ihr maßregelt hier zwei Genossen oder noch mehr, ohne daß ihr sie gehört habt. Auch hier gilt es doch, gleiches Recht für alle.

Die Opposition ist der Auffassung, daß die große Mehrheit der Genossen in Deutschland hinter ihr steht.

Ihr habt hier von Treuhänderschaft gesprochen, aber wann hört denn diese Treuhänderschaft auf, es muß doch da ein Endpunkt gesetzt werden.

Damit wir nicht wieder in die gleiche Situation kommen, wie sie früher war, deshalb wollen wir uns mit euch auseinandersetzen. Ihr habt der Opposition die Möglichkeit zu geben, mit euch zu ringen. Wenn ihr die Opposition so tot macht, wie ihr es tut, dann liegen klare

---

38 Sorg, Heinrich, 1898-1963, Arbeitersportfunktionär, Kampfleitung »Eiserne Front« Frankfurt, Emigration 1933 CSR, tätig für den Graphia-Verlag und die Arbeitersportinternationale, 1939 Großbritannien, 1946 Deutschland, Sportfunktionär.

Verhältnisse vor, dann ist eindeutig erwiesen, daß die Schuld am eventuellen Versagen der Emigration bei euch liegt.

In einer demokratischen Organisation ist Vertrauen das wichtigste. wenn ich von allen Seiten so abgelehnt würde, wie ihr es werdet, dann würde ich daraus die Konsequenzen ziehen. Ihr habt nicht nur Material zu liefern und die bürolichen Dinge zu erledigen, sondern ihr müßt auch das Vertrauen der Emigration zu erwerben suchen.

Ihr wollt die günstige Gelegenheit, die sich euch gibt, gegen die Opposition ausnützen. Dagegen wehren wir uns.

Wickel: Ich bewundere die Virtuosität, mit der sich die Vertreter des PV auf den auswechselbaren Boden der Tatsachen stellen. Sie haben einen doppelten Standpunkt in der Einheitsfrontfrage, in der Internationale, in der illegalen Arbeit usw. Ihr verlangt, daß man euer Programm richtig und vollständig zitiert, um euren Standpunkt nicht zu verfälschen. Ja, wenn ich das Programm ganz zitieren würde, dann könnte ich 8 verschiedene Standpunkte feststellen.

Für die Meinungsfreiheit, die ihr gebt, führt ihr als Beweis an, daß in der Zeitschrift mehr als die Hälfte aller Beiträge gegen euch gerichtet sind. Ich glaube, daß das noch zu bescheiden ist, daß es mehr als dreiviertel sind, die gegen euch schreiben. Aber dazu ist schwer etwas zu sagen, denn man weiß ja nicht, wie ist denn eure Meinung. Ihr habt ja keinen einheitlichen Standpunkt.

Ehe der PV Führungsansprüche stellt, muß er seine klare Meinung feststellen. Ihr wendet euch gegen die Gruppenarbeit. Wir dagegen sagen: Anders als durch Gruppen ist der Aufbau der illegalen Arbeit gar nicht möglich. Daß wir früher als der PV die Grenzarbeit genommen haben, ist nicht zufällig, sondern weil wir eben früher die klare Erkenntnis hatten; das gleiche gilt auch für die Milesgruppe.

Ihr redet von Tradition. Welche Tradition wollt ihr denn vertreten? Etwa die der 14 Jahre Weimar? Worin besteht die Politik des PV jetzt? Im Abwarten? Auf die Idee, die Kader aufzubauen und die Masse zu erfassen, ist der PV noch nicht gekommen. Bisher vertröstete er mit Abwarten.

Wenn der PV eine Aufgabe hat, dann ist es die, die Gruppenarbeit zu fördern und zu sammeln.

Lange: Zunächst will ich meine politische Meinung äußern. Wo hat der PV seinen Plan für die verschiedenen Möglichkeiten der Entwicklung? Wenn ich die Lage richtig beurteile, dann brauchen wir mehrere Etappen, um zum Ziel zu kommen. Die Verhältnisse sind aber so, daß man sagen kann: Es kann auch ganz anders kommen.

Außerordentlich wichtig sind aber die Vorbereitungsarbeiten, die für den einen wie für den anderen Fall getroffen werden müssen.

Ihr werdet es kaum glauben, daß ich derjenige war, der in der ersten Zeit, als Gen[osse] Crummenerl vom PV noch von der Milesgruppe begeistert war, gegen die Milesleute stand.

Zu meinem Fall äußere ich mich nicht, und zwar nicht, weil ich mich erst dann verteidigen kann, wenn ich die Anklageschrift habe. Ich fühle mich durchaus nicht schuldig oder wie ein Angeklagter. Man muß das Ganze auch ein wenig humoristisch nehmen, und ich bin wiederholt nicht wegen politischer Dinge angeklagt worden, aber so wohl wie heute habe ich mich nie gefühlt.

Es besteht kein Zweifel darüber, daß wir die ersten waren, die mit der illegalen Arbeit begonnen haben. Nach der Reichskonferenz habe ich die mitteldeutschen Genossen zusammengenommen und ihnen gesagt, daß ich bisher geglaubt hätte, daß der PV in der Mehrheit für die illegale Arbeit sei, aber nach der Konferenz, die mich in der Richtung sehr enttäuscht hat, habe ich einen anderen Eindruck gehabt. Auf dieser Konferenz hat man noch Illusionen gehegt, und sogar ein Redner des PV hat die Kommunisten der Reichstagsbrandstiftung angeklagt.

Die Dinge, die gegen mich vorgebracht werden, sind sehr leicht zu zerpflücken. Da ist

z. B. der K[äseberg] I[nformations] D[ienst], hinter dem der PV eine Pressekorrespondenz vermutet.[39] Wer war es in Wirklichkeit? Der Genosse Käseberg, der viel für den Volkswillen mitarbeitete, wollte seine Artikel honoriert haben. Um die Dinge auseinanderzuhalten, wurden die Artikel von Käseberg extra bezeichnet und die Sachen, die vom Sekretariat kamen, mit dem Signum K[äseberg] I[nformations] D[ienst] versehen. Das war die ganze Pressekorrespondenz.

Dann geben wir den Grenzmitarbeitern Auszüge aus den wichtigsten im Ausland erscheinenden Publikationen, um sie zu informieren und die Genossen, die von Deutschland zu ihnen kommen, zu unterrichten. Dieses Verfahren wird seit längerer Zeit geübt, ich hätte es auch schon in einer Sekretärsitzung in Prag vorgetragen, wenn ich die Möglichkeit dazu gehabt hätte, weil ich die Sache auch den anderen Sekretären empfehlen wollte. Wir haben leider nicht Geld genug, um unseren Stützpunkten die Originalzeitungen und Zeitschriften zur Verfügung zu stellen, sonst würden wir uns die Arbeit des Herausschreibens nicht machen. Daß diese Zusammenstellungen nicht dem PV eingeschickt sind, ist ohne Absicht, wahrscheinlich nur durch ein Versehen, geschehen. Ganz sicher habe ich jeweils ein Exemplar der Zusammenstellungen in das für den PV bestimmte Fach gelegt, und ich kann mir es nicht anders erklären, als daß irgendjemand, weil er noch ein Exemplar brauchte, dieses genommen hat. Vielleicht ist es auch doch nach Prag gekommen und dort nur nicht beachtet worden. Die Auszüge enthielten nichts Geheimnisvolles, sondern nur das, was in den Zeitschriften steht, die ja auch im PV gelesen werden. Ich kann jedenfalls mit Bestimmtheit erklären, daß die Auszüge niemals auch nur einer Redaktion zugesandt sind.

Genosse Vogel ist der Meinung, daß die Auffassung der Genossen in Deutschland bezüglich ihrer Stellung zu Prag usw. eine andere ist als in Chemnitz. Gen[osse] Böchel hat ja hier schon Zitate verlesen, die zeigen, daß dem nicht so ist, sondern, daß die Stimmung ziemlich einheitlich ist. Diese Zitate stammen aus dem sogenannten C-Bericht, der den Grenzsekretären bisher noch nicht zugestellt ist. Interessant ist, daß in diesem Bericht auch ein Ostsachsen-Beitrag veröffentlicht wird, der von einem außerhalb der Partei stehenden Mann stammt.

Wie ihr die Dinge auch entscheidet, ich bin mir keiner Schuld bewußt. Man kommt vom Rathaus schlauer herunter, als man heraufgegangen ist, das hat auch Gen[osse] Böchel mit der Aktenmappe erlebt, und auch ihr werdet es erleben, daß ihr hierhergekommen seid, um mit den Grenzmitarbeitern zu sprechen. Ich muß sagen, ich bin froh darüber, daß ihr gekommen seid. Obwohl ich auswärts wichtige Verhandlungen hatte, habe ich sie abgebrochen und bin hierhergekommen.

Ich bin ein sehr loyaler Bursche, ich fühle keine Schuld. Bange ist mir nur darüber, wie sich die Dinge in Deutschland auswirken. Wir sind uns hundertprozentig einig, wenn Gen[osse] Vogel meint, daß wir in der Frage der künftigen Parteiführung die Entscheidung der Genossen von drinnen anerkennen.

Ich hoffe, daß auch ihr klüger seid, wenn ihr vom Rathaus kommt und die Dinge mit Humor aufnehmt.

Uhlig: Ich muß an die Genossen vom PV einen Appell richten und wünschen, daß sie sich äußern, welchen Eindruck sie gewonnen haben und wie sie zu der Sache stehen. Ich stehe vor einem Rätsel. Wie kam der PV dazu, gegen die Genossen Böchel und Lange und vor allem die Art, in der es geschehen ist, vorzugehen. Ich hatte angenommen, daß ihr noch anderes schwerwiegendes Material habt. Aber Genosse Ollenhauer hat nur das vorgetragen, was schon bekannt ist. Es liegt also nichts weiter vor. Man hätte annehmen sollen, daß ihr ein Verfahren eröffnet hättet. Man hat die primitivsten Formen der Gerechtigkeit ver-

---

39 Vgl. Materialzusammenstellung, 30. Januar 1935, Bl. 6, in: AdsD Bonn, PV-Emigration, Mappe 8.

letzt. Die Genossen, das kam aus der Diskussion zutage, wünschen vom PV, seine Konzeptionen dargelegt zu erhalten. Ich habe beinahe den Eindruck, daß im PV eine Strömung herrscht, daß man auf Gedeih und Verderb mit gewissen bürgerlichen Schichten Hitler zu schwächen oder zu stürzen sucht. Ich habe mir die Begründung des Verhaltens des PV gegenüber den Genossen Böchel/Lange nur so erklären können. Ich hoffe, daß die Genossen aus Prag einen sehr tiefen Eindruck von den Stützpunktmitarbeitern hier übermittelt bekommen haben.

Über die Frage der Einheitsfront möchte ich sagen, daß nach dem Beschluß der Internationale es den Ländern freisteht, die Verhandlungen aufzunehmen. Auch das müssen wir im Auge behalten.

Wenn der PV nicht einsieht, daß er mächtig daneben gehauen hat, und die Dinge nicht repariert, dann muß zumindest eine Untersuchung eingeleitet werden, in der die Schuldfragen erörtert werden. Wenn es zu keiner Verständigung kommt, wenn hier stur durchgeboxt werden sollte, dann müßte das die schwersten Folgen für die illegale Arbeit haben. Wenn es so bleibt, wenn so weiter geredet werden soll, dann sehe ich für die Folgezeit das Schlimmste für die Parteiarbeit in Deutschland. Ich beschwöre deshalb die Genossen vom PV und appelliere wiederholt an sie.

Weidenmüller: Wir haben aus den Reden der Genossen hier ersehen, daß die Grenzmitarbeiter das Verhalten des PV verurteilen. Ich schlage deshalb vor, folgende Entschließung anzunehmen: (Liest Entwurf einer Entschließung vor, in der der PV aufgefordert wird, die Maßnahmen zurückzunehmen.)

Böchel: Ich möchte auch hier wieder genau wie beim vorigen Mal einen Weg zur Verständigung suchen und abschwächen. Ich schlage deshalb vor, einige Änderungen vorzunehmen, die die Schärfe der Entschließung mildern. (Böchel verliest seinen Gegenentwurf.)

Vogel: Ich möchte die konkrete Frage stellen, ob alle hier anwesenden Genossen Stützpunktleiter des Bezirks Karlsbad sind oder nach welchen Gesichtspunkten die Auswahl der Konferenzteilnehmer getroffen worden ist.

Gross: Diese Frage kann am besten der Genosse Lange beantworten.

Lange: Einberufen ist der Kreis der direkten Grenzmitarbeiter, die gemeinsam mit uns in der illegalen Arbeit tätig sind. Außerdem ist noch ein Genosse hier, der aus familiären Gründen nach Karlsbad gekommen ist und an der Konferenz teilnimmt.

Gross: Es ist hier eine Resolution und ein Abänderungsantrag vorgelegt worden. Außerdem ist von den Genossen hier mit besonderer Betonung die Frage aufgeworfen, in welcher Weise nun in den nächsten Tagen die illegale Arbeit weiter fortgesetzt werden soll. Es kann doch nicht angehen, daß wir die Genossen, die von drüben kommen, mit leeren Händen wieder zurückschicken müssen. Diese Frage ist für uns das Wichtigste. Ich bitte deshalb die Genossen vom PV um Mitteilung, wie sie sich zu der Frage des sachlichen Arbeitsaufwandes stellen und ob sie sich nicht dafür einsetzen wollen, daß keine Unterbrechung der illegalen Arbeit eintritt, d. h. also, daß die tatsächlichen Unkosten für den Monat Februar noch gezahlt werden.

Ziehm: Ich glaube, daß es der Verständigung am dienlichsten ist und die Entscheidung des PV über die Bereitstellung der Sachunkosten erleichtert, wenn ich vorschlage, die Abstimmung sowohl der Resolution wie auch des Abänderungsantrages von Böchel solange auszusetzen, bis eine Klärung der ganzen Angelegenheit erfolgt ist.

Böchel: (Auf einen Zuruf des Genossen Vogel) Ich möchte ausdrücklich erklären, daß es sich um die sachlichen Unkosten für den Materialtransport, die Kurierentschädigung usw. handelt, die weiter geleistet werden sollen.

Vogel: Ich erkläre, zugleich auch im Namen des Gen[ossen] Ollenhauer, daß wir uns hier nicht entscheiden können, sondern die Entscheidung dem PV überlassen müssen. Wir sind aber bereit, beim PV dafür einzutreten, daß die sachlichen Unkosten für den Monat Februar gezahlt werden, um die illegale Arbeit in diesem Grenzabschnitt nicht zu gefährden.

Gross: Es ist inzwischen ¼ 7 Uhr geworden, und wir müssen bis ½ 7 Uhr den Sitzungssaal geräumt haben. Ich habe mit den hiesigen Genossen verhandelt und erreicht, daß wir bis ¾ 7 Uhr hier bleiben können. Wir müssen uns deshalb sehr kurz fassen, da ¾ 7 Uhr mir als der äußerste Termin bezeichnet wurde. Ich bitte jetzt einen Vertreter des PV, das Wort zu ergreifen.

Vogel: Die Zeit ist zu kurz bemessen, so[40] daß ich mich nur noch auf einige Ausführungen beschränke und nur zu einigen der wichtigsten der hier angeschnittenen Punkte äußern kann. (Gen[osse] Vogel geht dann auf einige Fragen ein und wird etwa 6.40 Uhr von Gen[ossen] Gross daran erinnert, daß die Zeit schon sehr weit vorgeschritten ist. Gen[osse] Vogel schließt deshalb seine Ausführungen vorzeitig ab.)

Seidel: Ich hatte eigentlich die Absicht, als Berichterstatter der Kommission noch ausführlicher zu sprechen, ich will mich aber in infolge der vorgeschrittenen Zeit nur noch auf wenige Dinge beschränken. Zunächst möchte ich der Überzeugung Ausdruck geben, daß sicher an Schärfe viel gemildert worden wäre, wenn ihr schon voriges Mal[41] gekommen wäret. Ich möchte an alle appellieren, daß das Positive bei allen beachtet und vorangestellt werden muß. Also scheiden wir uns nicht in Richtungen, sondern arbeiten wir für das eine Ziel: Den illegalen[42] Kampf zu fördern, gemeinsam.

Es handelt sich nicht nur um diesen Streit. Ich hoffe, daß diese Differenzen beigelegt werden, aber ich bin überzeugt, daß andere kommen werden. Schafft deshalb eine Reichsinstanz, wo derartige Streitigkeiten geschlichtet werden.

Gen[osse] Vogel hat sich bereiterklärt, dafür einzutreten, daß der sachliche Aufwand noch für Februar gezahlt wird. Ich möchte den Vorschlag machen, daß er erweitert wird auf die Zeit, in der der Streit läuft.[43] (Gen[osse] Vogel: Begnügt euch erst mal mit dieser Erklärung bis Ende Februar.)

Wickel: Gen[osse] Vogel hat vorhin von den Gruppen gesprochen und das gleiche Wort kehrt auch in unserer Resolution wieder. Wir wollen uns nach Kräften verständigen, und ich schlage deshalb vor, daß dieses anstoßerregende Wort aus der Resolution ausgemerzt und durch das Wort Arbeitskreise ersetzt wird.

Ziehm: Ich glaube, daß es der Verständigung am dienlichsten ist und die Entscheidung des PV über die Bereitstellung der Sachkosten erleichtert, wenn ich vorschlage, die Abstimmung sowohl der Resolution wie auch des Abänderungsantrages von Böchel solange auszusetzen, bis eine Klärung der ganzen Angelegenheit erfolgt ist.

Gross: Es ist hier der Vorschlag gemacht worden, die Abstimmung über die beiden vorliegenden Entschließungen auszusetzen, um der Verständigung zu dienen. Erhebt sich dagegen Widerspruch? Das ist nicht der Fall. Ich schließe die Sitzung.

---

40 Vorlage: »so« hs. ergänzt.
41 Gemeint ist das Karlsbader Grenzsekretärstreffen am 30. Januar 1935.
42 Vorlage: »illegalen« hs. eingebessert für »idealen«.
43 Vorlage: Satz hs. geändert; ursprünglich: »Ich möchte den Vorschlag machen, daß er weiter auf die Zeit, in der der Streit läuft, gezahlt wird.«

Anhangdokument Nr. 16
Protokoll der Sekretär-Besprechung am 29. Mai 1935
SAPMO Berlin, ZPA, II 145/54, Bl. 163–165

Sekretär-Besprechung vom 29. 5. 1935

Anwesend: Wels, Vogel, Crummenerl, Rinner, Ollenhauer, Hertz, Arnold, Geyer, Stahl, Dill, Michel[1], Bögler, Weck, Sander, Thiele, Heine

Wels eröffnet die Sitzung und teilt mit, daß die Absicht bestand, einen führenden Genossen der hiesigen Partei vor den Sekretären über die politische Lage in der CSR sprechen zu lassen. Das ist jedoch nicht möglich, da die ungeklärte politische Situation keine Zeit dazu läßt.[2] Genosse Ollenhauer ist jedoch über den Stand der Dinge unterrichtet und wird deshalb einige Informationen geben.

Als zweiter Punkt ist die Berichterstattung über die beiden Bürositzungen der SAI vorgesehen. Außerdem soll über den Fall Lampersberger gesprochen werden.

Ollenhauer referiert über die gegenwärtige Lage in der CSR und schildert die Situation der Emigration und ihre finanzielle Unterstützung durch die hiesige Partei.

Sander ergänzt die Mitteilungen durch Wiedergabe eines Gesprächs, daß er mit dem Genossen Berger hatte. Berger beurteilt die Situation für die Emigranten genau so wie die deutsche Partei. Über die Rückführung einer Anzahl Emigranten teilt Sander mit, daß etwa 20–25 Genossen nach Deutschland zurückgegangen sind, von denen die meisten festgenommen wurden. Berger verhält sich unseren Sorgen gegenüber nicht mehr so zurückhaltend und erhebt auch nicht mehr die Forderung auf Rückkehr einer größeren Zahl Emigranten. Er wünscht jedoch, daß mehr als bisher die internationalen Stellen für die Unterstützung interessiert werden.

Wels: Bei Besprechungen mit den tschechischen Genossen sollte man immer wieder darauf hinweisen, daß es das Beste wäre, wenn für eine Anzahl Emigranten die Arbeitserlaubnis erteilt würde. Wir müssen immer wieder auf diesen Punkt hinweisen. Vielleicht könnte dann auch der Hohe Kommissar unter stärkeren Druck gesetzt werden. Hertz hat ja mit ihm wiederholt verhandelt. Vielleicht kann er uns einige Auskünfte geben.

Hertz: Wir dürfen uns über die Möglichkeiten einer Unterstützung durch den Hohen Kommissar keinen Illusionen hingeben. Wir haben den Hohen Kommissar wiederholt angesprochen, die Bemühungen waren jedoch nur von geringem Erfolg.

Wels berichtet ausführlich über das Ergebnis der beiden Sitzungen des Büros der SAI, die in der Berichtszeit stattgefunden haben.[3]

Crummenerl referiert über die erforderlichen Maßnahmen für die Umgestaltung der Arbeit.[4] Die Entscheidungen bezüglich des Umbaues der Sopade sind nicht politischer, son-

---
1 D. i. von Knoeringen.
2 Bei den tschechoslowakischen Parlamentswahlen am 19. Mai 1935 hatte die »Sudetendeutsche Partei« (Nachfolgeorganisation der Sudetendeutschen Heimatfront) unter Konrad Henlein zwei Drittel aller deutschen Stimmen erhalten und als Partei einer nationalen Minderheit mehr Stimmen auf sich vereinigen können als die Agrarier, die Partei des Ministerpräsidenten; die SPD wurde jedoch bei der Regierungsneubildung, die am 3. Juni 1935 mit der Ernennung der dritten Regierung Malypetr abgeschlossen wurde, nicht berücksichtigt; vgl. *Hoensch*, S. 61–63; *Hasenöhrl*, S. 28 f.; zum Wahlausgang vgl. Internationale Information 12. Jg., 8. Juni 1935.
Henlein, Konrad, 1898–1945, sudetendeutscher Politiker, betrieb in Zusammenarbeit mit den Nationalsozialisten den Anschluß des Sudetenlandes.
3 Vgl. Nr. 38, Nr. 41.
4 Vgl. Nr. 42.

dern finanzieller Art. Er teilt mit, daß die Genossen Wels, Vogel, Stampfer, die rein finanziell gesehen am 1. Juli ausscheiden[5], selbstverständlich in politischer Hinsicht mit dem Büro und der Arbeit wie bisher auf das Engste verbunden bleiben.

Wir haben für die Streckung der Gelder einen Plan aufgestellt, der u. a. vorsieht, daß die »Sozialistische Aktion« ab 1. Juli monatlich herausgegeben wird, wobei natürlich eine entsprechende Änderung des Inhalts erfolgen muß. Ob die »Zeitschrift« noch weiter erscheinen soll, ist noch nicht entschieden.

Was die Grenzsekretäre betrifft, so bleibt es praktisch bei dem Plan, den wir im November 1934 bereits besprochen haben. Es wird das Beste sein, wenn wir über die Einzelregelung in den Bezirken mit jedem einzelnen sprechen. Bezüglich der Weiterarbeit möchte ich vorderhand nur soviel sagen, daß keine Beunruhigung einzutreten braucht.

Dringend erforderlich ist es, Einnahmen zu erzielen und zu sparen. Wir müssen in diesem Zusammenhang auch an die Bemühungen, für die Grünen Berichte Bezieher und Einnahmen zu werben, denken. Zusammenfassend ist zu sagen: Es werden organisatorische Maßnahmen mit tief einschneidender Wirkung erfolgen. Die Regelung in den Grenzsekretariaten wird so geschehen, wie ich es euch gesagt habe. Darüber hinaus werden wir alle Hebel in Bewegung setzen müssen, um durch Erzielung von Einnahmen die Arbeit möglichst weiter zu strecken.

Wels: Wünscht jemand das Wort? Es ist nicht der Fall. Es wird zur Kenntnis genommen.

Geyer referiert in zweieinhalbstündigen Ausführungen über den Fall Lampersberger, dessen Entwicklung er anhand der uns vorliegenden Dokumente eingehend und präzis darstellt.[6]

Michel: Genosse Geyer hat in hervorragender Weise den Fall Lampersberger[7] entrollt. Ich habe dem nichts hinzuzusetzen, sondern will ihn nur noch durch einige neuere Mitteilungen aus unserem südbayrischen Bezirk ergänzen: Nach den letzten Mitteilungen sind von dieser Gruppe 14 Genossen verhaftet worden. Weitere Verhaftungen sind bisher noch nicht gemeldet, aber eine ungeheure Beunruhigung in meinem Bezirk ist eingetreten. Aber noch eine andere Schlußfolgerung wäre zu ziehen: Ich habe dem PV im vorigen Sommer Mitteilungen von den Differenzen mit Lampersberger gemacht. Leider hat der Ausbruch des Konflikts zwischen Karlsbad und Prag die Entscheidung hinausgeschoben. Wir müssen deshalb in solchen Fällen energisch zugreifen. Die unqualifizierte Arbeit von Lampersberger hat zu diesen Schwierigkeiten geführt.

Vogel: Die Kompetenzen des Genossen Lampersberger sind ganz genau festgelegt worden. Die Praxis zeigt, daß uns Verabredungen nicht geschützt hätten, weil sich in Lange der Mann gefunden hatte, der mit Lampersberger zusammenarbeitete.

Crummenerl: Der PV hat nicht die Macht, dem oder jenem die Arbeit unmöglich zu machen. Wenn wir die Arbeit der mit der Nachrichtenstelle zusammenhängenden Emigranten[8] zu unterbinden suchen, dann haben wir es unter Umständen mit dieser Stelle und ihrer Feindschaft zu tun.

Bögler: Ich möchte nur zwei Fälle aus meinem Bezirk anführen. Der Fall Müller ist euch ja allen bekannt.[9] Er ist inzwischen erledigt. Der zweite Fall ist die Angelegenheit Löbe[10],

---

5 Vorlage: »Wels, Vogel, Stampfer« und »1. Juli ausscheiden« hs. unterstrichen.
6 Vgl. Nr. 40.
7 Vorlage: »Lampersberger« hs. unterstrichen.
8 Vorlage: Ab »der mit« hs. unterstrichen.
9 Der Sachverhalt war nicht zu klären.
10 Vorlage: »Löbe« hs. unterstrichen.
Herbert Löbe, 1899–1938, Neffe des ehemaligen Reichstagspräsidenten Paul Löbe und SAJ-Funktionär in Schlesien, war Ende 1933 aus einem Breslauer Krankenhaus in die CSR geflohen; vgl. Flüchtlingsliste [Ende 1934], in: AdsD Bonn, PV-Emigration, Mappe 173; er wurde für den tsche-

der in dem Braunauer Parteivorsitzenden seine stärkste Stütze findet. Ich habe gegen Löbe einen eindeutigen Beweis. Vielleicht können wir jetzt die Gelegenheit benutzen und Löbe von Braunau fortbringen.

Dill: Es ist fraglich, ob es überhaupt möglich war, diese Arbeit des Lampersberger zu verhindern. (Er schildert dann ausführlich den Werdegang von Lampersberger.)

Thiele schildert einige Vorfälle aus der Praxis, u. a. den Fall Winkler.[11]

Weck: Die ganze Angelegenheit Lampersberger läuft ja eigentlich doch über zwei Jahre. Man kann deshalb bei diesem ungeheuren Komplex nur in Stichworten dazu Stellung nehmen. Wenn man die Entwicklung im Karlsbader Gebiet verfolgt, muß man sagen, Lampersberger hat ja in einer Weise gehandelt, die haarsträubend ist. Ich kann allerdings dem PV den Vorwurf auch nicht ersparen, daß er nicht energisch genug durchgedrungen ist und Lampersberger aus der Arbeit nicht rechtzeitig entfernt hat. Das war seine Pflicht, das hätte er tun müssen.

Vogel: Der wahre Charakter Lampersberger[s] ist uns doch erst durch dieses Material, das wir erst jetzt bekommen haben, bekanntgeworden. Lampersberger war ein Mannn von Lange, mit Lange standen wir in Konflikt. Diesen Konflikt wollten wir nicht auf die Spitze treiben (er schildert dann den Verlauf der Differenzen mit Lange). Es wird notwendig sein, die sachlichen Aufwendungen ab 1. 6. an Lange zu sperren und die Unterbindung jeder Materiallieferung an Lange vorzunehmen.[12] Es ist keine Gelegenheit vorübergegangen, daß Lange sich nicht gegen die Verwendung von Emigranten mit dem Nachrichtendienst gewendet hat. Jetzt wissen wir, warum, nämlich, weil er selbst die Verbindung in der Hand behalten wollte.

Crummenerl erinnert den Genossen Weck noch an die Geldangelegenheit der Chemnitzer, die offenbar 100 000 Mark[13] hinter dem Rücken des PV für sich behalten haben.[14]

Sander: In der Herausgabe des illegalen Materials liegt eine der wichtigsten Stützen des PV. Wenn wir in diesem Fall die Materiallieferung sperren, dann haben wir vielleicht für einige Zeit gewisse Schwierigkeiten, aber auch das wird sich einrenken.

Die Schwierigkeiten bezüglich verschiedener Emigranten sind noch nicht behoben. Wir haben zwar eine Zusage vom Genossen Taub, nach der es eigentlich möglich sein müßte, einen Fall wie den des Genossen Löbe in 24 Stunden zu erledigen, trotzdem sind die Dinge in der Praxis nicht so einfach.

Wels: Mir kommt es lediglich darauf an, klarzustellen, welche ungeheuren Schwierigkeiten und Gefahren für unsere Genossen entstehen, die sich mit dem Nachrichtendienst verbinden. Es ist nicht möglich, den Fall Lampersberger vor einem größeren Kreis von Emigranten auszubreiten. Dieser Fall ist eines der Schulbeispiele dafür, wie der PV leiden muß, ohne sich wehren zu können.

Schluß der Sitzung.

---

choslowakischen Nachrichtendienst gewonnen und fand Beschäftigung im Sekretariat der DSAP in Braunau; vgl. *Cerny*, S. 201; *Hasenöhrl*, S. 46.

11 Möglicherweise handelt es sich um die Weigerung von Heinz Winkler, geb. 1912, sich an die Vorgaben des Zentralen Flüchtlingskomitees zu halten und in das Flüchtlingsheim nach Höragrund überzusiedeln; vgl. Beschlüsse des Zentralen Flüchtlingskomitees, 19. März 1935, 25. Februar 1936, 24. März 1936, sowie Sander an Mitglieder des Zentralen Flüchtlingskomitees, 11. Juni 1936, alle in: AdsD Bonn, PV-Emigration, Mappe 173.

12 Vgl. PV an Lange, 1. Juni 1935, sowie Langes Darstellung der Vorgänge an die Adresse der DSAP, 11. Juni 1935, in: AdsD Bonn, PV-Emigration, Mappe 30.

13 Vorlage: Ab »Chemnitzer« hs. unterstrichen.

14 Vgl. Anhang Nr. 15.

Anhangdokument Nr. 17

Bericht Erich Ollenhausers vom 10. September 1935 über seine West- und Skandinavienreise im September 1935

SAPMO Berlin, ZPA, II 145/54, Bl. 172

Berichterstattung **E[rich] Ollenhauer** über West- und Skandinavienreise

10. 9. [19]35.:

Ich habe mit den dänischen Genossen gesprochen, daß sie sich bereiterklären, die Hälfte des Gehalts von Richard Hansen zu übernehmen. Sie haben zugestimmt und vorgeschlagen, daß wir einen Brief an die Schweden richten mit der Bitte, die andere Gehaltshälfte zu zahlen.

Mit Hansen ist vereinbart, daß er sich in Zukunft im Rahmen der finanziellen Möglichkeiten hält, der auch für die übrigen Sekretäre gilt.

In Dänemark haben bisher 20 Emigranten Arbeitserlaubnis erhalten. Der Einreise Wekkels steht man ablehnend gegenüber, da man nur noch Emigranten aufnehmen kann, die direkt aus Deutschland kommen.

In einer Aussprache mit Tarnow und den übrigen Gewerkschaftern wurde Aufklärung über die Reichenberger Konferenz[1] gegeben, über die falsche Auffassungen herrschten.

Zu der ITF-Tagung in Kopenhagen hatte Fimmen auch Jahn[2] mitgebracht, der dort eine ähnliche Rede hielt wie in Paris, aber vor Beendigung des Kongresses nach Amsterdam zurückgesandt wurde, da sich in seinen Angaben über die Freilassung aus der Haft, über die Informationen bedrohter Genossen Unrichtigkeiten herausstellten.

Die Reichenberger Besprechung hat drei Berufssekretariate veranlaßt, bei Schevenels Protest einzulegen.[3]

In einer Besprechung mit den übrigen Emigranten wurde der Wunsch geäußert, eine Aktualisierung der Grünen Berichte vorzunehmen; es wurden Beschwerden über die Haltung des N[euer] V[orwärts] vorgebracht, Buchwitz[4] hat programmatische Wünsche geäußert und Stellungnahme zur Einheitsfront gewünscht.

Raloff hat eine Broschüre über 2 Jahre Naziherrschaft geschrieben, die die dänische Partei in größerer Auflage herausgegeben hat.[5]

---

1 Vgl. Nr. 44, Anm. 6.
2 Vorlage: »Jahn« hs. unterstrichen.
3 Der Sachverhalt war nicht aufzuklären.
4 Vorlage: »Buchwitz« hs. unterstrichen.
5 *Karl Ehrlich* [d. i. *Karl Raloff*], To Aars Nazistyre: bvordan lever det tyske Folk i dag, Kobenhavn o. J. [1935].

Anhangdokument Nr. 18

Protokoll der Besprechung des Parteivorstandes mit den Grenzsekretären am 22. Oktober 1935

SAPMO Berlin, ZPA, II 145/54, Bl. 175

Besprechung mit den Grenzsekretären 22. 10. 35.

Anwesend: Wels, Vogel, Crummenerl, Rinner, Ollenhauer, Hertz, Michel[1], Dill, Weck, Kiss, Thiele, Sander, Stahl, Hertel[2], Arnold, Heine.

Wels eröffnet die Sitzung, gibt die Tagesordnung bekannt und erteilt Ollenhauer das Wort zur Berichterstattung.

Ollenhauer berichtet ausführlich über die Tagung der Exekutive der SAI (Abessinienkonflikt, Einheitsfront).[3]

Im Anschluß daran schildert er die Bemühungen der deutschen Kommunisten, mit Sozialdemokraten in Verbindung zu kommen. (Vorstoß der Roten Hilfe in Prag, Parallel-Aktion in Brüssel, Volksfrontmanöver in Paris[4] und Prag, Partei-Archiv-Übernahme[5]).

Hertz: Wer sich das Problem überlegt, muß für die jetzige Situation die gleiche Schlußfolgerung ziehen wie Ollenhauer. Aber wir müssen uns fragen, ob die Situation so bleibt. Wir müssen die allgemeine Entwicklung und die parteipolitische Lage berücksichtigen.

Wenn es nicht gelingt, in einer künftigen Schwierigkeit des Regimes die Arbeiterklasse als einigen, politischen Faktor in Front zu bringen, dann haben wir außerordentlich an Terrain verloren. Wenn sich die Kommunisten unsere Forderungen zu eigen machen, werden sich dann unsere Genossen nicht fragen: »Warum dann noch Todfeindschaft?«

Wir müssen überlegen, wie wir uns taktisch einstellen. Dazu müssen wir wissen, wie die Stimmung, die wirkliche Stimmung in den Kreisen, mit denen wir zusammenarbeiten wollen, zu dieser Frage ist.

Was geschieht, wenn sich die Situation ändert? Meine Befürchtung ist, daß wir in unserer Stellung zu dieser Frage in Gegensatz zu den Genossen drinnen kommen.

Hertel: Ich mache jetzt seit 1 1/2 Jahren zum ersten Mal einige Erfahrungen über neu aufflammende kommunistische Arbeit in meinem Bezirk. Sie bemühen sich um Einheitsfront, geben Flugblätter, Briefe und Zeitungen heraus usw. Wir werden diese Frage nicht mehr los, besonders dann nicht, wenn wir uns taub stellen.

Wels: Wir haben durch unsere Abstimmung in der SAI mit ermöglicht, daß Brouckère und Adler Kontakt nehmen. Wenn die Kommunisten Kontrahenten wären, könnte man durchaus mit ihnen in Verbindung treten. Ich bin nicht der Meinung von Hertz, daß die Arbeiterschaft in Deutschland keine Anziehungskraft auf andere Schichten ausübt.

Was die Archivsache betrifft, so müssen wir, wenn die Situation in der Internationale sich ändert und es zu einem Kontakt mit Moskau kommt, ev. erneut Stellung nehmen.

---

1 D. i. von Knoeringen.
2 D. i. Franz Bögler.
3 Vgl. Nr. 48.
4 Es ging hierbei um die Aktivitäten im Zusammenhang mit einer Versammlung im Pariser Hotel »Lutetia« am 26. September 1935, an der auf Einladung Willi Münzenbergs und im Einvernehmen mit dem seit Juli 1935 bestehenden »(Vorläufigen) Ausschuß zur Vorbereitung einer deutschen Volksfront« Kommunisten, Sozialdemokraten und bürgerliche Demokraten teilnahmen; vgl. dazu sowie zur Bildung des »Lutetia Comités« und den nachfolgenden Reaktionen *Langkau-Alex*, Volksfront, Bd. 1, S. 86–90.
5 Vgl. Nr. 47.

Zur Einheitsfrontfrage sei gesagt, daß wir gar kein Recht haben, Beschlüsse auf dem Rücken der deutschen Genossen zu fassen, sondern wir müssen unsere Stellungnahme in Zusammenklang mit den Wünschen und den Möglichkeiten unserer Genossen drinnen bringen.

Crummenerl: Wir müssen unsere Haltung auch und vor allen Dingen in Übereinstimmung mit der SAI bringen. Wir dürfen nicht die geringste Konzession an die Diktatur machen.

Organisatorische Bindung mit den Kommunisten in Deutschland ist sinnlos und würde ungeheure Gefahr bedeuten. Wir müssen festhalten an unseren Grundsätzen, an der Idee der Freiheit und der Humanität.

Aber um unsere Arbeit fortsetzen zu können, müssen wir Mittel haben. Ich bin da bezüglich des Archivs nicht einer Meinung mit den anderen Genossen.

Dill: Wir werden die Diskussion bezüglich der Einheitsfront nicht mehr loswerden. Wir können die Kommunisten nicht zur politischen Ehrlichkeit bringen. Man kann auch die Stimmung drinnen und draußen nicht auf einen einheitlichen Nenner bringen. Wir sollten die Entwicklung abwarten und keine Entscheidungen fällen.

Michel: Die Auffassung in meinem Bezirk ist etwa[s] anders. Man nimmt an, daß der Bolschewismus so oder so kommt. Die KPD ist nicht in der Lage, die günstige Situation auszunützen. Die größte Sehnsucht unserer Genossen ist die Einheitsfront, aber nicht eine organisatorische Bindung.

Sander berichtete ausführlich über den Einheitsfrontversuch via Emigrantenzentralen in Prag.

Rinner: Ich möchte davor warnen, bei der Beurteilung der Frage der Einheitsfront eine öffentliche Meinung in Deutschland zu konstruieren. Man darf das Verhältnis zu den Kommunisten nicht nur als ein organisatorisches sehen. Das Problem kann nur gelöst werden in der gleichen Weise, in der es entstanden ist – die geistige Auseinandersetzung muß zu einer einheitlichen geistigen Grundhaltung führen.

Wels: Die Debatte war durchaus fruchtbar. Wir können nicht in die Zukunft sehen, sondern müssen Geduld haben.

Vogel erstattet ausführlichen Bericht über den internen Parteistreit und die Situation in den verschiedenen Gruppen.

Hertel: Die Gen[ossen] Lange und Berger setzen Verleumdungen über mich in die Welt, – ich frage mich, ob ich das nicht doch richtigstellen soll.

Hertz: Ich habe vor einiger Zeit mit Vanek[6] über eine Unterstützungsaktion für deutsche Genossen gesprochen und dabei festgestellt, daß zunächst erst einmal eine Übersicht über die Zahl der Opfer vorliegen muß, damit man den Umfang der notwendigen Arbeit überprüfen kann. Gen[osse] Heine hat jetzt eine Zusammenstellung der sozialdemokratischen Terroropfer hergestellt, von der ich jedem Sekretär ein Exemplar übergebe, mit der Bitte, die Angaben zu ergänzen und richtigzustellen.

---

6 Vanek, tschechoslowakischer Sozialdemokrat, außenpolitischer Redakteur von »Pravo lidu«.

Anhangdokument Nr. 19

Notiz von Otto Wels über die Sekretärkonferenz am 21. Januar 1936

AdsD Bonn, PV-Emigration, Mappe 162

Sekretärkonferenz. **Ollenhauer** Referat. Allgemeine Zustimmung zur Ablehnung der Kom-[munisten] und roten Hilfe. Verpflichtung überall dagegen einzutreten. Betriebsrätewahl. Beschluß: Stimmzettel ungültig machen. (**Michel**[1] erklärt Vogel, daß er ganz auf Boden der Beschlüsse steht und sich dafür einsetzen wird.)

---

1 D. i. von Knoeringen.

Anhangdokument Nr. 20

Protokoll über die Sekretärsitzung am 28. Mai 1937

SAPMO Berlin, ZPA, II 145/54, Bl. 208–211

Sekretär-Sitzung am 28. 5. 37. vormittags 1/2 11 Uhr.

Anwesend:[1] Wels, Vogel, Crummenerl, Rinner, Ollenhauer, Hertz, Stampfer, Geyer, Arnold, – Michel[2], Weck, Helmut[3], Stahl, Thiele, Schliestedt, Heine.

Wels: Die Vorgänge in der CSR in bezug auf das Verhältnis zur Emigration haben uns veranlaßt, Besprechungen mit den hiesigen Parteien zu suchen.[4] Diese Unterredungen waren nur von geringem Erfolg gekrönt. Es erscheint uns aber notwendig, die Grenzmitarbeiter darüber zu unterrichten. Genosse Ollenhauer wird die Berichterstattung übernehmen.

Vogel: Genosse Dill ist inzwischen Sekretär geworden und wird seine Tätigkeit für uns nebenamtlich weiterführen.[5] Er ist heute leider verhindert, an dieser Sitzung teilzunehmen.

Ollenhauer erstattet ausführlich Bericht über die augenblickliche Situation der sozialdemokratischen Emigration in der CSR, die polizeilichen Maßnahmen zum 1. Mai und unsere Bemühungen, die Eingriffe in unsere Tätigkeit zu verhindern. Es ist notwendig, sich nach wie vor auf Überraschungen gefaßt zu machen. Es ist sehr wohl möglich, daß es aus irgendeinem Anlaß zu einem erneuten Vorgehen gegen uns kommt und daß Verhaftungen und auch Haussuchungen erfolgen. Es ist deshalb erforderlich, daß soweit als irgend möglich kein illegales Material in Büros oder Wohnungen aufbewahrt wird. Besonders die Erfahrungen vom 1. Mai haben gezeigt, daß es Illusionen sind, wenn man hofft, daß eine Verbindung mit unteren und selbst höheren Polizeistellen hierzulande davor schützt, daß Ein-

---

1 Vorlage: »Anwesend:« ms. unterstrichen.
2 D. i. von Knoeringen.
3 D. i. Franz Bögler.
4 Es zeigte sich immer deutlicher, daß man in tschechoslowakischen Regierungskreisen über die deutsche Emigration nicht einheitlicher Meinung war; vgl. *Hyrslová*, S. 34 f. Im Verlauf des Jahres 1937 mehrte sich die Kritik an der Tätigkeit der Sopade; vgl. *Bachstein*, S. 52.
5 Hans Dill war seit 1936 Sekretär der DSAP in Winterberg/Westböhmen; vgl. *Röder/Strauss*, Bd. I, S. 131.

griffe in unsere Tätigkeit und die persönliche⁶ Freiheit erfolgen. Besonders bedenklich und bedauerlich ist das Vorgehen des Nachrichtendienstes, der die Emigranten für seine Zwecke einspannt und sie dadurch in Gefahr bringt. Der Berichterstatter erläuterte dann ausführlich die Fälle Buisson⁷ und Spier⁸.

Im Zusammenhang damit berichtet Erich Ollenhauer über unser Verhältnis zum spanischen Freiheitskampf und die Unterstützung dieses Kampfes durch die Bruder-Parteien. Wir haben hier oft über die Anregungen von Einzelpersonen und Gruppen, aktiv zur Unterstützung der Spanier beizutragen, gesprochen. Unsere Einstellung ist eindeutig. An unserer Sympathie für die Genossen in Spanien ist kein Zweifel. Eine aktive Unterstützung der spanischen Genossen ist jedoch für uns nicht möglich. Wir müssen in erster Linie darauf bedacht sein, daß die Fortsetzung unserer Tätigkeit hier nicht gefährdet wird. Offizielle Aktionen für die Spanier würde[n] sie notwendigerweise gefährden. Um unser Möglichstes in dieser Richtung zu tun, haben wir uns mit der DSAP in Verbindung gesetzt, um über Mittel und Wege zu beraten. Wir haben bei den Genossen der DSAP jedoch sehr starke Zurückhaltung gefunden, die aus dem schroffen Vorgehen der hiesigen Behörden in dieser Frage resultiert. Wir müssen deshalb alles vermeiden, was uns oder unsere Grenzsekretäre in den Verdacht bringen kann⁹, die Nichtinterventionsabmachungen dieses Staates zu sabotieren.

Eine andere Frage ist, ob die Möglichkeit besteht, aus Spanien Rundfunksendungen in deutscher Sprache zu veranstalten. Es schweben darüber noch Verhandlungen.

Stahl ergänzt die Ausführungen Ollenhauers über die Verhaftungen zum 1. Mai durch Darstellung der Vorgänge in Reichenberg.

Helmut: Bei mir ist als einziger nur Schulze¹⁰ von der Grenze nach Sternberg versetzt worden, aber selbst das dürfte andere Ursachen haben und nicht im Zusammenhang mit diesen allgemeinen Maßnahmen stehen.

Thiele: Auch bei uns ist die Angelegenheit verhältnismäßig günstig abgelaufen. Es wurde niemand verhaftet. Nur zwei, ein anderer Emigrant und ich, mußten uns zur Verfügung der Polizei halten. Thiele macht dann noch ergänzende Angaben zum Fall Spier.¹¹

Schliestedt: Ich habe Spier zweimal gesehen, bin mit ihm durch Kretzschmar zusammengekommen. Spier hat mich mit einigen Leuten aus Deutschland zusammengebracht. Ich habe mich über ihn bei verschiedenen Freunden erkundigt. Da ich nichts Genaues über ihn in Erfahrung bringen konnte, habe ich mich ihm gegenüber sehr zurückgehalten. Er hat von mir nichts erfahren und auch keinen Auftrag erhalten.

Wels: Unsere Mitarbeiter dem Nachrichtendienst nicht zur Verfügung zu stellen, geschieht nicht aus einer Aversion gegen den hiesigen Staat, sondern weil wir die Erfahrung gemacht haben, daß selbst leitende Leute des Dienstes unter Umständen auch für die Gegenseite arbeiten. Wir können unsere Mitarbeiter in Deutschland dieser Gefahr nicht aussetzen.

Wir haben über die Verfolgungen, denen unsere Mitarbeiter in der CSR ausgesetzt sind und die Erschwerungen unserer Arbeit, die uns bisher widerfuhren und weiter in Aussicht

---

6 Vorlage: der persönlichen.
7 Vgl. Nr. 88.
8 Vorlage: Spiehr; vgl. Anm. 11.
9 Vorlage: können.
10 Vielleicht Karl Schulze, geb. 1882 Berlin, SPD, Redakteur, im Mai 1933 verhaftet, Grenzsekretär in Troppau.
11 Gemeint ist wahrscheinlich Fritz Spier. Gegen ihn existiert eine Anklageschrift vom Januar 1938, in: BA Potsdam, St 3/437; dazu ein Auszug aus der Vernehmung des Schutzhaftgefangenen Fritz Spier, durchgeführt von der Stapostelle Dresden am 24. Januar 1937, in: BA Potsdam, PSt 3/256 Bl. 115–119, Bl. 125; in der Vernehmung lieferte Spier Informationen zu den Grenzsekretariaten.

gestellt sind, in der deutlichsten Weise mit wichtigen Leuten gesprochen. Wir haben ihnen unsere Sorge unterbreitet und auch darauf hingewiesen, welch' schlechten Eindruck es auf das Ausland machen würde, wenn die demokratische CSR uns Schwierigkeiten in den Weg legte.

Wir haben vom Zentral-Komitee der KPD ein neues Angebot zur Bildung einer Volksfront erhalten. Wir haben uns im PV mit dieser Frage ganz kurz befaßt und sind zu der Meinung gelangt, es abzulehnen.[12]

Schliestedt: Die Kommunisten versuchen auch auf dem Wege über die Gewerkschaften zur Volksfront zu gelangen. Hauptführend ist dabei der Kommunist Merker[13]. Sie haben beschlossen, ein Gewerkschaftsorgan herauszugeben, das von dem Sozialdemokraten Markscheffel[14] redigiert werden soll. Bei dieser Gewerkschaftsarbeit der Kommunisten stützen sie sich vorwiegend auf die Hilfe der französischen Gewerkschaften.

Interessant war mir, daß Merker in einem langen Brief an mich mitteilte, daß er über meine Beteiligung an einer Sitzung der Sopade unterrichtet war. Er wußte, daß ich hier über gewerkschaftliche Fragen gesprochen habe. Ich frage mich, wie das kommen kann und ob dieser Kreis noch vertraulich ist. Das, was ich zu sagen habe, kann zwar jeder wissen, aber immerhin bleibt die Tatsache doch interessant.

Michel referiert über Fragen der Nachrichtentechnik und der Organisation. Er wünscht, daß es zu einer engeren Zusammenarbeit zwischen den Grenzmitarbeitern und dem PV komme und möchte Vorschläge für die Verbesserung unserer Tätigkeit machen. Er geht davon aus, daß unsere ursprüngliche Auffassung, nur Propaganda in Deutschland zu treiben, der Überzeugung gewichen ist, daß planmäßige Organisationsarbeit notwendig sei. Wir haben durch die Berichterstattungsarbeit eine wichtige Tätigkeit aufgenommen. Aber diese Nur-Berichterstattung genügt nicht mehr. Der Schwächeperiode und Stagnation in Deutschland ist – wenigstens in Michels Bezirk – eine neue Periode der Aktivität der Genossen drinnen gewichen.

Wir müssen berücksichtigen, daß eine neue Gefährdung unserer Arbeit durch die Entwicklung der deutschen Gegenspionage eingetreten ist, die die politische Emigration als Filiale der ausländischen Nachrichtendienste denunziert und damit Eindruck auf gewisse Kreise macht. Aus all diesen Gründen ist es notwendig, Verbesserungen unserer Technik und Tätigkeit vorzunehmen. Er fordert Verbesserung der Nachrichtenübermittlung und stellt dar, was bisher geschehen ist. Daneben fordert er Tarnungsmaterial für Großtransporte. Notwendig ist ein weiterer Ausbau unseres technischen Spezialbüros. Ein wichtiger Gesichtspunkt scheint ihm die Kurierausbildung und die Ausbildung von Grenzhelfern zu sein. Wir benötigen Sammlung und Auswertung des Erfahrungsmaterials über die Methoden der Gestapo, über das Verfahren bei Verhören, in Prozessen und über die Ursachen von Verhaftungen. Er wünscht, daß in Zukunft solche Arbeitsbesprechungen, wie sie früher bereits zweimal stattgefunden haben, wieder aufgenommen und regelmäßig durchgeführt werden. Für notwendig hält er auch die Errichtung einer Stelle, die sich ständig mit den Organisationfragen beschäftigt. Seine Anregungen faßt er in 5 Wünschen zusammen:

---

12 Vgl. Nr. 92.
13 Merker, Paul, 1894–1969, MdL Preußen 1924–1932, ZK und Politbüro KPD, 1931–1933 im Auftrag der Komintern in den USA, 1934/35 illegale Aktivitäten in Deutschland, Emigration 1935 UdSSR, später CSR, Dänemark, Frankreich, 1942 Mexiko, Hrsg. und Chefredakteur »Deutsche Gewerkschaftsinformationen«, bedeutender Aktivist für die exil-kommunistische Gewerkschaftsarbeit und Volksfrontbestrebungen, 1946–1950 PV SED, Parteiausschluß, 1952–1956 in Haft, später rehabilitiert.
14 Vorlage: Marktscheffel.

1) daß der PV die Kosten für die Arbeit des technischen Spezialbüros übernehme, insbesondere die Beschaffung einer Quarzlampe und die Schaffung eines besonderen gesicherten Arbeitsraumes für diese Zwecke bewillige;
2) daß dem Genossen E[rhard] Dill die Möglichkeit gegeben wird, sich mit den Grenzmitarbeitern über diese Fragen auszusprechen und auch den Grenzmitarbeitern für diese Zwecke zur Verfügung stehe;
3) daß eine regelmäßige Aussprache der Grenzmitarbeiter über diese Fragen untereinander erfolge;
4) daß eine ständige Überwachung der gegnerischen Methoden vorgenommen wird;
5) daß eine ständige Bearbeitung der Organisationsfragen, ähnlich wie bei der Berichterstattung, erfolge.

Rinner: Michel scheint mir eine ganze Reihe von offenen Türen eingerannt zu haben. Ich will die Dinge mal ganz aus der Praxis darstellen und sagen, wie es sich überhaupt abgespielt hat. Michel ist vor etwa 1/4 Jahr zu mir gekommen mit der Bitte, sich über technische Fragen zu informieren. Ich habe diese Anregung begrüßt und akzeptiert und ihm mitgeteilt, daß wir bereits seit einiger Zeit diesem Teil unserer Aufgaben besondere Beachtung geschenkt haben, und zwar von dem Zeitpunkt an, an dem Himmler zum Chef der deutschen Polizei ernannt wurde und damit die Gefahr besteht, daß die Technik und die Methoden der Gestapo so vereinheitlicht und vervollkommnet werden, daß wir ins Hintertreffen geraten. Ich habe die Mitarbeit Michels um so lieber angenommen, als dadurch Michel als Mann der Praxis mit dem Genossen Dill in engere Verbindung kommt und ihn anregen kann. Diese Zusammenarbeit besteht jetzt seit 1/4 Jahr; sie steckt noch in ihren Anfängen. Abschließendes ist noch nicht zu sagen. Ich liebe es nicht, schon großartige Referate über noch nicht abgeschlossene Versuche zu halten und ziehe es vor, zunächst die Dinge fertigzustellen. Aber ich möchte feststellen, daß alles was Michel vorgetragen hat, das Ergebnis der vierteljährlichen Zusammenarbeit zwischen uns und ihm ist, d. h. daß diese Dinge nicht Neues für uns sind, sondern wir uns zumindest so früh wie Michel mit diesen Dingen beschäftigt haben. Im Gegenteil, es ist doch so, daß ich bereits vor zwei Jahren hier in diesem Kreise Vorschläge in ähnlicher Richtung gemacht habe und auch damals z. B. schon den Antrag auf Beschaffung einer Quarzlampe gestellt habe. Damals hat allerdings weder ein Vorstandskollege noch einer der Grenzsekretäre Interesse gezeigt und meine Bemühungen unterstützt. Er schildert dann im einzelnen die bisherigen Ergebnisse der Versuche.

Michel antwortet in einigen Schlußbemerkungen, wird aber vom Gen[ossen] **Wels** unterbrochen, der nochmals hervorhebt, daß es sich ja schließlich um unsere Arbeit handelt, bei der wir die Initiative und zum größten Teil auch die Ausführung haben. Er erinnert in diesem Zusammenhang an die großsprecherischen Erklärungen von Miles, weist darauf hin, daß wir über die Tätigkeiten und Beziehungen der verschiedenen Persönlichkeiten viel besser unterrichtet sind, als es den Anschein hat, und hofft, daß die Gerüchtemacherei um Miles und unsere Sekretäre ein Ende hat.

Nach weiteren Bemerkungen von **Weck** und **Schliestedt** erklärt **Crummenerl** seine Bereitwilligkeit, im Rahmen des Möglichen Mittel für die Ausdehnung der Arbeit zur Verfügung zu stellen.

Anhangdokument Nr. 21
Protokoll über die Sekretärsitzung am 20. Juli 1937
SAPMO Berlin, ZPA, II 145/54, Bl. 218

Sekretärsitzung am 20. Juli 1937.

Anwesend: Wels, Vogel Crummenerl, Rinner, Ollenhauer, Hertz, Stampfer, Geyer, Thiele, Michel[1], Hertel[2], Sander, Stahl, Weck, Schliestedt, Arnold, Heine.

Vogel referiert über die Schwierigkeiten, die uns durch die Maßnahmen und Ankündigungen der hiesigen Regierung auf Abschiebung der Emigranten aus den Grenzgebieten und aus Prag entstanden sind und noch bevorstehen.[3]

Hertel schildert die Ausweisung des Gen[ossen] Fuchs[4] aus dem Grenzgebiet und berichtet über eine Unterredung mit zwei Herren von einer hiesigen besonderen Organisation, die ihn zu gewissen Diensten engagieren wollten, was er strikt abgelehnt hat. Wenn weitere Maßnahmen gegen unsere Tätigkeit erfolgen, wie das ja wahrscheinlich ist, dann dürfen wir nicht warten, bis diese Dinge an uns herantreten, sondern müssen jetzt dazu Stellung nehmen und uns in zwecksprechender Weise darauf vorbereiten.

Thiele: Sicher ist doch wohl, daß vom Innenministerium Anweisungen über das Verhalten gegenüber den Emigranten ergangen sind, die im Gegensatz zu den Erklärungen Cernys stehen, die er Taub gegenüber gemacht hat. Thiele berichtete Einzelheiten über das Auftreten der Henleinleute in Bodenbach und die Tätigkeit der Staatspolizei diesem provokatorischen Treiben der Faschisten gegenüber.

Stahl schildert seine Vernehmung im Reichenberger Präsidium, die mit der Aufforderung geendet hat, Reichenberg sofort zu verlassen. Auch aus Reichenberg ist ein sehr aktives Auftreten der Henleinleute zu berichten. Man merkt deutlich, daß die Leute nicht mehr von der Polizei im Zaum gehalten werden.

Wels: Vorderhand scheint der Angriff auf die Emigration zurückgeschlagen zu sein. Wir haben verschiedene Wege gesucht, um unser Weiterarbeiten hier zu ermöglichen.

Vogel: Wir dürfen uns keinen Hoffnungen hingeben über die Möglichkeiten, durch die hiesigen Genossen unsere Arbeit fortsetzen zu lassen.

Wels berichtet über die Konferenz der SAI und des IGB über den spanischen Bürgerkrieg und über die Sitzung der SAI, in der über die Rücktrittsgesuche der drei führenden Funktionäre der Internationale verhandelt wurde.[5]

Ollenhauer berichtet ausführlich über seine Spanienreise.[6]

Hertz ergänzt die Ausführungen über Spanien, die Ollenhauer gemacht hat. Er beurteilt die Aussichten der spanischen Regierung günstiger als vorher, weil sich ein Zug zur Organisation entwickelt hat. Gewisse Schwierigkeiten ergeben sich daraus, daß die Materialver-

---

1 D. i. von Knoeringen.
2 D. i. Franz Bögler.
3 Im Sommer 1937 hatte das tschechoslowakische Innenministerium – angeblich aus Gründen der staatlichen Sicherheit – beschlossen, die deutschen Emigranten in acht Bezirke der Böhmisch-Mährischen Höhe umzusiedeln. Aufgrund des massiven Protestes der Öffentlichkeit und der Intervention der DSAP wurde der Plan im Oktober 1937 wieder fallengelassen; vgl. *Hyrslová*, S. 35–37; *Bachstein*, S. 52; *Cerny*, S. 213–216.
4 Vermutlich Ernst Fuchs, geb. 1891, SPD-Funktionär in Oberschlesien, ADGB-Sekretär, Emigration 1933 CSR, Mitarbeiter Sopade-Grenzsekretariat Jägerndorf, ca. 1938 Bolivien.
5 Vgl. Nr. 96.
6 Zur Reise der SJI-Spaniendelegation vom 28. Juni bis 5. Juli 1937 vgl. *Seebacher-Brandt*, Biedermann, Diss., S. 201–204.

sorgung (Waffen und anderes) stockt. Besonders in den letzten Wochen macht sich dieser Lieferungsmangel stark bemerkbar. Bedenklich sind auch die Spannungen in den Parteien, die sich möglicherweise schon vor einem siegreichen Ende des Bürgerkriegs entladen könnten. Erstaunlich sei das gewaltige Wachsen der KP Spaniens. Er berichtet abschließend über die Umstände des Verschwindens von Abramovitschs Sohn[7], referiert dann über die Schwierigkeiten, in der Radio-Angelegenheit Fortschritte zu machen oder Erfolge zu erzielen. Trotzdem sollten wir unsere Bemühungen in dieser Frage nicht aufgeben.

---

7 Vorlage: Ab »Verschwindens« hs. unterstrichen. Gemeint ist Mark Rein; zum Schicksal Reins vgl. *Zur Mühlen*, Spanien, S. 192–199.

Anhangdokument Nr. 22
Niederschrift über die gemeinsame Sitzung von Parteivorstands-Mitgliedern mit den Vertretern der Leitung der ehemaligen RS-Gruppe in Karlsbad am 14. September 1937
SAPMO Berlin, ZPA, II 145/54, Bl. 221 f.

Niederschrift über die gemeinsame Sitzung mit den Vertretern der Leitung der ehemaligen RS-Gruppe in Karlsbad am 14. 9. 1937

Anwesend: Vogel, Crummenerl, Rinner, Weck, Müller, Uhlig, Gross, Ziehm.

Rinner faßt das Ergebnis der Vorverhandlungen über die organisatorische Eingliederung der RS-Gruppe in das Grenzsekretariat Karlsbad der Sopade folgendermaßen zusammen:
1) Finanzielle Regelung[1]:
Aus der Eingliederung der Genossen aus der RS-Leitung und der Grenzmitarbeiter der RS-Gruppe wird sich ein monatlicher Mehraufwand von rund 2 700 Kc für das Grenzsekretariat Karlsbad ergeben. Dieser Mehraufwand soll zu einer Hälfte von der Sopade getragen, zu[r] anderen Hälfte aus den Mitteln der ehemaligen RS-Gruppe bestritten werden. Die Vorverhandlungen haben ergeben, daß es unzweckmäßig wäre, wenn die finanzielle Beteiligung der ehemaligen RS-Gruppe nach sachlichen oder personellen Gesichtspunkten spezifiziert würde. Statt dessen wird aus den Mitteln der ehemaligen RS-Gruppe monatlich 1 350,- Kc dem Grenzsekretariat Karlsbad als Einnahme überwiesen. Diese Regelung gilt für 3 Monate, vom 1. Oktober 1937 an gerechnet. Im Monat Dezember werden erneut Besprechungen darüber stattfinden, wie die finanzielle Beteiligung der ehemaligen RS-Gruppe in Zukunft geregelt werden soll. Im übrigen werden die noch vorhandenen Mittel der ehemaligen RS-Gruppe von den Genossen der ehemaligen Leitung dieser Gruppe weiter verwaltet. Es wird aber dem Parteivorstand jederzeit Einblick über die Verwendung dieser Mittel gewährt.
2) Organisatorische Regelung[2]:
Der Genosse Gross tritt in das Grenzsekretariat Karlsbad der Sopade ein. Über die Zusammenarbeit mit dem Genossen Weck und dem Genossen Müller werden folgende Richtlinien vereinbart:

---

1 Vorlage: »Finanzielle Regelung« ms. unterstrichen.
2 Vorlage: »Organisatorische Regelung« ms. unterstrichen.

a) Die Genossen Weck und Gross besuchen in den nächsten Monaten gemeinsam die einzelnen Stützpunkte des Grenzsekretariats Karlsbad und der ehemaligen RS-Gruppe, so daß Weck die bisherigen Mitarbeiter der ehemaligen RS-Gruppe und Gross die Mitarbeiter des Grenzsekretariats Karlsbad kennenlernt. Im Anschluß daran werden sich Weck und Gross über eine sachlich zweckmäßige Aufteilung in der Bearbeitung der einzelnen Stützpunkte verständigen.
b) Die Kassenführung und die Erstattung der monatlichen Kassenabrechnungen an den Parteivorstand liegt weiter in den Händen des Genossen Weck. Die Kassenabschlüsse und Abrechnungen werden durch den Genossen Gross gegengezeichnet.
c) Auf dem Gebiet der Berichterstattung erfolgt eine Zusammenarbeit von Weck, Gross und Müller in der Weise, daß jeweils ein einheitlicher Monatsbericht erstattet wird. Über die zweckmäßigste Verteilung der Berichtsarbeit werden sich die drei Genossen von Fall zu Fall verständigen. Alle Anfragen des Parteivorstandes an das Grenzsekretariat Karlsbad ergehen an den Genossen Weck.

Rinner schließt mit der Ermahnung, daß nur die so beschlossenen Richtlinien für die gemeinsame Arbeit die Grundlage eines reibungslosen Zusammenarbeitens abgeben können, daß aber darüber hinaus von beiden Seiten der gute Wille vorhanden sein muß, alle etwa auftauchenden Schwierigkeiten im Geiste des gegenseitigen Vertrauens zu überwinden. Die vom Parteivorstand eingesetzte Kommission zur Eingliederung der ehemaligen RS-Gruppe wird ihre Aufgabe erst dann als erledigt betrachten, wenn es gelungen ist, ein dauerndes reibungsloses Zusammenarbeiten zwischen den bisherigen und den neuhinzutretenden Gliedern der Organisation zu sichern.

Nach Schlußworten der Genossen **Crummenerl, Vogel** und **Uhlig**, in denen ebenfalls die Bereitwilligkeit zur vertrauensvollen Zusammenarbeit betont wird, wird die Sitzung geschlossen.

Anhangdokument Nr. 23
Kassennotiz vom 14. September 1937

SAPMO Berlin, ZPA, II 145/54, Bl. 223 f.

Kassennotiz:[1]

Aus der Sitzung vom 14. September 1937 in Karlsbad:

Neben den politischen Ausführungen wurde eine Reihe von kassentechnischen Dingen behandelt.

Solange Willy Lange noch in der »Graphia« wohnt, ist es nicht möglich, unser Büro, einschließlich des »Neuen Vorwärts«-Büros vom 2. Stock in den 3. Stock zu verlegen. Der Genosse Gross teilte mit, daß sie für ihre gesamten Räume im 3. Stock, einschl[ießlich] der Wohnung Langes, Kc 570,- zahlen. Die Räume, in denen sich das Büro der R[evolutionären] S[ozialisten] befindet, sind vom Genossen Sattler mit Kc 270,- berechnet worden. (Wir zahlen für unsere beiden Räume Kc 500,-[2].) Der Betrag von Kc 270,- ist inclus[ive] Lichtgeld. Da Genosse Sattler nicht anwesend war, muß später mit ihm über die verschiedenartige Behandlung gesprochen werden. Wenn Lange nicht auszieht, will Gross seine Wohnung baldmöglichst kündigen und sich ein Zimmer außerhalb der Graphia suchen. Bis

---
1 Vorlage: »Kassennotiz« ms. unterstrichen.
2 Vorlage: »500,-« hs. für »600,-« eingebessert.

zur Abwicklung dieser Sache wird Gross vorläufig noch in seinem eigenen Büro sitzen. Im übrigen will er aber in kürzester Zeit in unser Büro übersiedeln.

An Belastung[3] würde für uns insgesamt zunächst hinzukommen:
1. Für Grenzstützpunktleiter:
a. für Zuschuß zur Unterstützung
b. für Sachaufwand

	a	b
Schubert	120,–	100,–
Mugrauer	–,–	100,–
Mebert	80,–	80,–
Barufe[4]	80,–	70,–
Ritter[5]	50,–	20,–
Radelli[6]	80,–	70,–
Meindl[7]	80,–	100,–
Waage[8]	50,–	30,–
Richter	80,–	30,–
	620,–	600,–
insgesamt	1 220,– Kc	

Dazu kommt noch die Entschädigung
für Gross   650,– Kc
für Ziehm   850,– Kc

insges.   2 720,– Kc

Von diesen 2 720,– Kc wird die RS aus ihren Mitteln Kc 1 350,– beisteuern. Die Summe soll als Eingang in unserm Karlsbader Kassenbuch gebucht werden. Die Ausgaben würden insgesamt dann in unserem Buch für die bisherigen zwei Gruppen erscheinen. Es ist möglich, daß in der Übergangszeit für gemeinsame Reisen von Weck und Gross zum Besuch der Grenzstützpunktleiter der von uns gegebene Betrag von Kc 1 800,– Monatssachaufwand nicht ausreicht und der Betrag etwas überschritten wird. Es ist von uns zugesagt worden, dann die Überschreitung zu zahlen. Das Kassenbuch führt Weck, es wird von Gross gegengezeichnet. Weck wird uns auch die Monatsabrechnung liefern.

Über das Vermögen macht Gross folgende Mitteilungen:

Sie besitzen Sparbücher, von dem das eine 15 000 Kronen enthält. Ob der Rest von ebenfalls 15 000 Kronen auch auf Sparbüchern steht, kann ich erst sagen, wenn wir die Prüfung vorgenommen haben. Außerdem soll noch ein Betrag von 11 000 Kronen den Naturfreunden als Darlehen gegeben worden sein, der zurückgefordert werden müßte. Ob die Gelder, die in Deutschland liegen (vielleicht 15 000 Kronen), den Genossen in Karlsbad abgeliefert werden, ist mehr als fraglich. Über die eigene Vermögensgestaltung und über den Verbrauch usw. führen Gross und Genossen selbst Kassenbuch. Wir sind aber berechtigt, alle 1/4 Jahre Einblick in Bücher und Quittungen zu nehmen.

---

3 Vorlage: »An Belastung« ms. unterstrichen.
4 Vorlage: Baruffe.
   Barufe, Max, geb. 1915, Grenzsekretär in Karlsbad.
5 Ritter, Ewald, geb. 1887, bei der Grenzstützpunktleitung in Asch-Eger-Graslitz; weitere Angaben zur Person konnten nicht ermittelt werden; vgl. *Freyberg*, S. 151.
6 Radelli, Fritz (Friedrich), geb. 1897, Mitarbeiter der illegalen Parteiorganisation in Leipzig.
7 Wahrscheinlich Otto Meinel.
8 Vorlage: Wage.

Der Genosse Böchel hatte ehrenwörtlich behauptet, ebenso wie auch der Genosse Lange, daß die RS keine eigenen Mittel hätte. In der Sitzung in Karlsbad wurde auch das Protokoll verlesen, das im Jahre 1933 aufgestellt worden war und das 1935 bestätigt wurde, in dem verfügt wurde, daß keinerlei Mittel, die der Bezirk Karlsbad besitzt, an den Parteivorstand abgegeben werden dürften, sondern das Geld sollte verbraucht werden, um den Bezirk Chemnitz aufzubauen. Damit wird also bestätigt, daß Böchel und Lange gelogen haben, daß sie nicht nur den Parteivorstand angelogen, sondern auch die Dreierkommission der Internationale, Genossen Adler, Brouckère und Grimm, beschwindelt haben.[9]
Prag, den 15. September 1937.[10]

---

9 Vgl. Anhang. Nr. 15.
10 Vorlage: Hs. abgezeichnet »Crl«; die folgenden Bl. 225–228 enthalten hs. Notizen Crummenerls für die Abfassung der obenstehenden Kassennotiz.

Anhangdokument Nr. 24
Protokoll der Besprechung von Parteivorstands-Mitgliedern mit Vertretern der DSAP in der Tschechoslowakei am 3. Dezember 1937

AdsD Bonn, PV-Emigration, Mappe 3

Besprechung am 3. Dezember 1937.

Anwesend: Taub, Paul und zeitweise Jaksch – DSAP.
           Wels, Vogel, Ollenhauer – Sopade.

Taub berichtet: In der Woche vom 21. bis 27. November rief mich der Genosse Hampl an und teilte mir mit, daß der Innenminister Cerny den Wunsch habe, mit mir zu sprechen. Ich erwiderte Hampl, daß ich auf Grund früherer Erfahrungen annehmen müsse, daß bei dieser Unterhaltung mit dem Innenminister wieder Emigrantenfragen zur Sprache kommen würden und daß ich deshalb Wert darauf legen müßte, daß Hampl oder Dundr[1] an der Besprechung teilnehmen. Ich sagte Hampl, daß ich mit Dundr zu Cerny gehen würde, und Dundr und ich haben dann tatsächlich an einem der darauf folgenden Tage eine Unterhaltung mit Cerny gehabt.

In der Besprechung handelte es sich zunächst um das Verbreitungsverbot der österreichischen »Arbeiter-Zeitung«[2]. Wir führten darüber Beschwerde, daß entgegen einer früheren Zusage Cernys weder die tschechische Sozialdemokratie noch die deutsche Sozialdemokratie vor dem Erlaß dieses Verbots gehört oder informiert worden seien. Es liege also hier eine offensichtliche Verletzung dieser Abmachung durch den Innenminister vor. Cerny

---

1 Dundr, Vojtech, 1926–1938 Sekretär der Tschechoslowakischen Sozialdemokratischen Arbeiterpartei.
2 Die »Arbeiter-Zeitung«, Organ der österreichischen Sozialdemokraten, erschien zuerst wöchentlich, ab 1935 14tägig vom 25. Februar 1934 bis Nr. 5, 1938 in Brünn bzw. in Paris; Herausgeber war das Auslandsbüro der österreichischen Sozialdemokraten Brünn, seit 9. März 1934 das Zentralkomitee der Revolutionären Sozialisten; vgl. *Eberlein*, Bd. 1, S. 97; *Joseph Buttinger*, Am Beispiel Österreichs. Ein geschichtlicher Beitrag zur Krise der sozialistischen Bewegung, Köln 1953 (Neudruck unter dem Titel: »Das Ende der Massenpartei. Am Beispiel Österreichs«, Frankfurt/Main 1972), S. 625; *Hardt/Hilscher/Lerg*, S. 456.

stellte diese Verletzung nicht in Abrede. Er erklärte aber, daß er wie in früheren Fällen auf höhere Weisung handele. Die Maßnahme entspreche nicht seiner persönlichen Auffassung. Er wisse die Bedeutung der österreichischen »Arbeiter-Zeitung« und des »Neuen Vorwärts«³, insbesondere die Verdienste beider Parteien für die Tschechoslowakische Republik zu schätzen, aber er sei gezwungen, als zuständiger Ressortminister diese Maßnahme durchzuführen, und er werde sie selbstverständlich auch gegenüber der Öffentlichkeit decken. Cerny betonte, daß er nicht in der Lage sei, weitere Erklärungen in dieser Angelegenheit abzugeben und daß auch eine längere Aussprache ihn nicht bewegen könne, diese Erklärung zu ergänzen. Cerny empfahl, [um] eine Unterredung mit Hodza⁴ nachzusuchen, da vielleicht Hodza in der Lage und bereit sei, die Beweggründe des neuen Verbots zu erläutern.

Einige Tage nach dieser Unterhaltung mit Cerny informierte mich Hampl, daß der Präsident es begrüßen würde, wenn ich bei ihm um eine Unterhaltung nachsuche. Ich habe das nicht getan, aber ich wurde dann von einem der Sekretäre des Präsidenten um einen Besuch bei Beneš⁵ am Montag, den 29. November gebeten. Die Unterhaltung mit Beneš dauerte fast drei Stunden. Beneš legte mir dar, daß ihn die außenpolitische Situation der Tschechoslowakei zwinge, jetzt auch gegen die Veröffentlichungen der deutschen sozialdemokratischen Emigration, »Neuer Vorwärts« und »Sozialistische Aktion«⁶, vorzugehen. Beneš begründete seine Entscheidung damit, daß die Tschechoslowakei einem ständig wachsenden Druck sowohl durch die deutsche Regierung als auch durch die englische Regierung ausgesetzt sei. Die deutsche Regierung verlange seit langem die Einstellung aller Veröffentlichungen der Emigration, und in der letzten Zeit habe auch die englische Regierung in offiziellen Demarchen der tschechoslowakischen Regierung nahegelegt, jede Verschlechterung der Beziehungen zwischen der Tschechoslowakei und Deutschland zu vermeiden und durch die Einstellung der Emigrantenzeitungen einen Beweis des guten Willens zu geben. In ähnlicher Weise habe in letzter Zeit auch eine dritte europäische Großmacht auf die hiesige Regierung eingewirkt.⁷

Beneš setzte mir weiter auseinander, daß er sich zu diesem Schritt nur schweren Herzens entschlossen habe, aber er handle hier als Diener des Staates, und es sei seine Pflicht, alle Maßnahmen zu treffen, die geeignet sind, den Interessen des Staates zu dienen. Er sei davon überzeugt, daß die jetzt in Aussicht genommenen Maßnahmen in Anbetracht der internationalen Situation im Staatsinteresse notwendig sind, und er sei daher auch entschlossen, sie zur Durchführung bringen zu lassen. In diesem Zusammenhang verwies Beneš auch darauf, daß alle bisherigen Maßnahmen gegen die Emigration mit seinem Wissen und

---

3 Vorlage: »Neuen Vorwärts« hs. unterstrichen.
4 Hodza, Milan, 1878–1944, Tschechische Bauernpartei, ab 1919 wiederholt Minister, 1935–1938 Ministerpräsident der CSR.
5 Vorlage: Benesch (gilt für das gesamte Dokument).
6 Vorlage: »Sozialistische Aktion« hs. unterstrichen.
7 Dies könnte Frankreich gewesen sein. Ende November 1937 hatte der britische Premierminister Chamberlain, der bestrebt war, die britische Appeasementpolitik gegenüber Deutschland fortzusetzen, in London Gespräche mit seinem französischen Kollegen Chautemps und dem Pariser Außenminister Delbos geführt. U. a. ging es darum, Frankreich für eine passive Haltung gegenüber territorialen Revisionen in Osteuropa zu gewinnen; vgl. *Hermann Graml*, Europa zwischen den Kriegen, 4. Aufl., München 1979, S. 355.
Chamberlain, Arthur Neville, 1869–1940, britischer konservativer Politiker, 1923/1924–1929 Gesundheitsminister, 1931–1937 Schatzmeister, 1937–1940 Premierminister.
Chautemps, Camille, 1885–1963, französischer Radikalsozialist, zwischen 1924 und 1940 Minister verschiedener Ressorts, 1933/34 und 1937/38 Ministerpräsident, 1940 stellv. Ministerpräsident, Emigration USA.
Delbos, Yvon, 1885–1956, französischer Radikalsozialist, 1936–1938 Außenminister.

zum Teil auf seine Anregung hin durchgeführt worden seien und daß er jede dieser Maßnahme[n] decke.

Im Laufe der Unterhaltung machte ich den Präsidenten noch einmal auf die Bedenken aufmerksam, die nach unserer Auffassung gegen die Maßnahmen der Regierung sprechen. Auf meinen Hinweis darauf, daß wir über die Haltung der englischen Regierung anders informiert seien, als es der Präsident dargestellt habe, legte mir der Präsident zwei amtliche Schriftstücke vor, aus denen hervorging, daß tatsächlich die hiesige englische Gesandtschaft auf Anweisung der Londoner Regierung zweimal wegen eines Verbots der Emigrantenzeitungen vorstellig geworden ist. Auf meine weitere Bemerkung, daß der Präsident sich bei seinem Vorgehen wohl kaum auf eine Empfehlung des Außenministers stützen könne, erwiderte Beneš, daß Krofta[8] bis zum letzten Augenblick die Sache der sozialdemokratischen Emigration mit der größten Wärme vertreten habe, daß er aber jetzt ebenfalls gezwungen sei, die höheren staatlichen Interessen anzuerkennen.

Ich warf im Laufe der Unterhaltung ferner die Frage auf, ob die Politik des Entgegenkommens gegen Hitler das gewünschte Resultat haben würde oder ob nicht ein solches Entgegenkommen zu neuen, weitergehenden und für die Tschechoslowakei unerfüllbaren Forderungen führen würde. In seiner Antwort verwies Beneš auf die gegenwärtige internationale Lage, die es ratsam erscheinen lasse, durch die Vermeidung von neuen Zwischenfällen Zeit zu gewinnen und dadurch Europa vielleicht vor der Gefahr eines neuen Krieges zu bewahren. Er verwies dabei besonders auf die englische Außenpolitik, die seit langem auf dieser Linie arbeite und die aus dieser Einstellung heraus jetzt auch der tschechoslowakischen Regierung das nunmehr in Aussicht genommene Vorgehen der tschechoslowakischen Regierung gegen die Veröffentlichungen der Emigration angeraten habe.

Aus dem weiteren Verlauf der Unterhaltung ergab sich ferner, daß tatsächlich zwischen Berlin und Prag Verhandlungen über eine Art Pressefrieden, analog der Abmachung zwischen Deutschland und Österreich, schon seit längerer Zeit im Gange sind. Der tschechoslowakische Gesandte in Berlin, Mastni, hat vor einigen Wochen eine Unterhaltung mit Göring gehabt, und kürzlich hat hier in Prag auch eine Besprechung zwischen Beneš und dem Prager deutschen Gesandten, Dr. Eisenlohr, stattgefunden.[9] Die Beratungen wären wahrscheinlich schon früher zum Abschluß gekommen, wenn nicht die Teplitzer Zwischenfälle zu einer Unterbrechung der Besprechungen geführt hätten.[10] Nachdem die Auseinandersetzungen über diesen Zwischenfall vorüber sind, sind die Verhandlungen wieder aufgenommen worden, und die tschechoslowakische Regierung ist entschlossen, mit einem Verbot der Emigrantenzeitungen einen Beweis ihres guten Willens zu erbringen.

---

8 Krofta, Kamil, 1876–1945, tschechoslowakischer Historiker, leitender Sektionschef im Außenministerium, 1936–1938 Außenminister der CRS.

9 Vgl. Aufzeichnung des deutschen Gesandten in Prag, Ernst Eisenlohr, 10. November 1937, über sein Gespräch mit Staatspräsident Beneš vom Vortag, u. a. zur Frage der Emigrantenpresse: Beneš »[...] sagte, wie sicherlich zutrifft, daß es schwierig sein werde, die Mittel und Wege zu finden, um diesen Unternehmungen beizukommen und daß es Zeit kosten werde. Auch dürfe es nicht so aussehen, als ob sein Einschreiten unter deutschem Druck erfolge. Aber er mache keine prinzipiellen Schwierigkeiten und werde sofort ans Werk gehen.« Zitiert nach: Akten zur deutschen auswärtigen Politik 1918–1945. Serie D (1937–1945), Band II: Deutschland und die Tschechoslowakei (1937–1938), Baden-Baden 1950, S. 35.
Eisenlohr, Ernst, 1882–1959, Berufsdiplomat, 1936–1938 deutscher Gesandter in Prag.

10 Der »Zwischenfall von Teplitz-Schönau« ereignete sich am 17. Oktober 1937; Karl Hermann Frank, führendes Mitglied der Sudetendeutschen Partei, war in ein bewußt gesuchtes Handgemenge mit der tschechoslowakischen Polizei geraten und geschlagen worden, woraufhin Goebbels einen Pressesturm gegen die CSR inszenierte; vgl. *Hoensch*, S. 69; Politischer Bericht des deutschen Gesandten in Prag, Ernst Eisenlohr, über den Zwischenfall in Teplitz-Schönau und seine Auswirkungen, 22. Oktober 1937, in: Akten zur deutschen auswärtigen Politik, S. 18–21.

Ich stellte an den Präsidenten die Frage, in welchem Zeitraum die Einstellung der Zeitungen erfolgen würde. Es sei doch für mich notwendig, zunächst mit den tschechischen Sozialdemokraten und dann auch mit meinen deutschen Freunden zu sprechen. Beneš erwiderte, daß das Verbot der »Deutschen Revolution« von Strasser bereits ergangen sei, daß das Verbot der »Deutschen Volkszeitung« folge und daß demnächst auch die »Neue Weltbühne« ihren Erscheinungsort aus der Tschechoslowakei verlege.[11] Im übrigen sei es nicht erforderlich, mit den tschechischen Sozialdemokraten über die Angelegenheit noch zu sprechen, da Hampl über die Absichten der Regierung bereits informiert sei und sie zur Kenntnis genommen habe. Beneš bemerkte dazu, daß er in allen bisherigen Unterhaltungen mit den maßgebenden Parteiführern über diese Frage sich habe darauf beschränken können, die nackten Tatsachen mitzuteilen, und man habe in jedem Falle seine Darstellung zur Kenntnis genommen. Aber er sei sich von vornherein darüber klar gewesen, daß die Unterhaltung mit mir schwieriger sein würde und daß er es deshalb für erforderlich gehalten habe, ganz offen seine Situation zu schildern. Er könne von dem Verbot der Zeitungen, auch der sozialdemokratischen, nicht länger Abstand nehmen, und er erwarte spätestens innerhalb drei Wochen eine Mitteilung von mir über das Ergebnis meiner Unterhaltungen in dieser Frage.

Im Laufe der Besprechung unterstrich Beneš wiederholt mit stärkstem Nachdruck, daß selbstverständlich das Asylrecht unter keinen Umständen angetastet werden würde. Es blieb aber die Frage offen, wie weit in diesem Fall der Begriff des Asylrechts gefaßt werden soll, ob er noch eine politische Betätigung der Emigration ermögliche oder ob es sich um die nackte Aufenthaltsgewährung für die einzelnen Emigranten handle. Ich habe in der Unterhaltung mit dem Präsidenten die Überzeugung gewonnen, daß wir mit dem Verbot des »Neuen Vorwärts« und der »Sozialistischen Aktion« als mit einer unabänderlichen Tatsache rechnen müssen, und wir müssen nunmehr überlegen, was uns unter diesen Umständen zu tun bleibt.

In der Diskussion setzte Otto **Wels** auseinander, daß es nach unserer Auffassung in erster Linie notwendig ist, Klarheit darüber zu bekommen, in welchem Umfang die Maßnahmen gegen uns erfolgen sollen. Handelt es sich bei dem Verbot der Zeitungen nur um ein Druckverbot in der Tschechoslowakei oder denkt man daran, diesem Druckverbot auch ein Verbreitungsverbot in der Tschechoslowakei folgen zu lassen, nachdem man jetzt auch ein Verbreitungsverbot für die in Paris erscheinende »Arbeiter-Zeitung« erlassen hat? Richtet sich die Maßnahme ferner auch gegen die »Deutschlandberichte der Sopade«?[12] Diese Deutschlandberichte fallen nach unserer Überzeugung nicht unter den Begriff der Zeitschriften oder der Korrespondenzen. Sie sind als Manuskript gedacht und können nicht abonniert werden, sondern sie werden nur nach unserem Ermessen an einen engen Kreis interessierter Persönlichkeiten weitergegeben.[13] Eine weitere Frage ist, ob dem Verbot der Zeitungen auch ein Verbot unserer politischen Arbeit folgen soll, das heißt, denkt man daran, unser Prager Büro[14] aufzulösen und unsere Grenzsekretäre[15], die das Rückgrat un-

---

11 Vgl. Weisungen des Präsidenten Beneš an Außenminister Krofta, 16. November 1937, betr. deutsche Emigrantenpresse, in: IfZ München, MS 159, Bl. 101 f.
12 Vorlage: »Deutschlandberichte der Sopade« hs. unterstrichen.
13 Lt. Aufzeichnung des deutschen Gesandten in Prag, Ernst Eisenlohr, 10. November 1937, über sein Gespräch mit Staatspräsident Beneš vom Vortag, nannte die Liste, die er Beneš übergab, »nicht nur die in der Tschechoslowakei erscheinenden Emigrantenblätter, sondern auch solche, die anderswo herauskommen und hier vertrieben werden, ferner die Emigranten-Korrespondenzen, darunter die mechanisch vervielfältigten Deutschlandberichte der ›Sopade‹ und den ›Graphiaverlag‹. Dabei wies ich besonders auf die Gefährlichkeit dieses Verlages und der Sopadeberichte hin.« Vgl. Akten zur deutschen auswärtigen Politik, S. 34 f.
14 Vorlage: »Prager Büro« hs. unterstrichen.
15 Vorlage: »Grenzsekretäre« hs. unterstrichen.

serer Verbindungen nach Deutschland darstellen, aus dem Grenzgebiet auszuweisen? Es ist unbedingt notwendig, daß über diese Punkte volle Klarheit geschaffen wird, denn von der Beantwortung dieser Fragen hängt unsere Entscheidung, wie wir uns zu den beabsichtigten Maßnahmen der Regierung stellen, wesentlich ab. Wenn man sich zunächst darauf beschränken will, ein Druckverbot für beide Zeitungen zu erlassen und unsere übrige politische Tätigkeit zu tolerieren, so ist es für uns leichter, durch eine Verlegung des Druckortes unserer Zeitungen der Regierung entgegenzukommen und ihr ein formelles Verbot zu ersparen. Bedeutet aber die Einstellung der Zeitungen die Einleitung einer Unterbindung jeder politischen Tätigkeit der sozialdemokratischen Emigration, so müssen wir uns überlegen, ob wir dann nicht das formelle Verbot der Zeitungen und unserer politischen Arbeit abwarten, damit vor der internationalen Öffentlichkeit die volle Verantwortung der tschechoslowakischen Regierung für diese Emigrationspolitik klargestellt wird. Wenn wir unter diesem äußersten Zwang aus diesem Land gehen, dann fällt die Schuld ausschließlich auf die tschechoslowakische Regierung. Wir haben uns bisher für keine dieser beiden Möglichkeiten entschieden, weil wir selbstverständlich die schwierige außenpolitische Situation verstehen, in der sich die Tschechoslowakei gegenwärtig befindet und weil wir auch in Rechnung stellen, daß wir es mit einer Koalitionsregierung zu tun haben, an der Sozialdemokraten beteiligt sind. Wir wissen, welche Bedeutung diese Absicht der Regierung insbesondere für die deutsche sozialdemokratische Partei in der Tschechoslowakei hat, aber auf der anderen Seite tragen wir ebenfalls vor der Geschichte eine große Verantwortung. Wir müssen deshalb wissen, ob man an ein generelles Verbot unserer Tätigkeit hier denkt und das Maß unserer Intransigenz wird wesentlich von dem Maß der Intransigenz abhängen, mit der die Regierung gegen uns vorzugehen beabsichtigt.

Wels schlägt weiter vor, daß man zunächst eine Besprechung mit den tschechischen Genossen herbeiführt, da man nach dem Verlauf der Unterhaltung zwischen Beneš und Taub annehmen müsse, daß die tschechischen Genossen mehr über die Absichten der Regierung wissen, als Taub in der Besprechung mit Beneš erfahren konnte. Auf jeden Fall muß in dieser Besprechung der Versuch gemacht werden, die tschechischen Genossen zu bewegen, daß sie die notwendige Klarheit über die Absichten der Regierung herbei[zu]führen.

Nach einer weiteren Diskussion über verschiedene Möglichkeiten, dem in Aussicht genommenen Verbot unserer Zeitungen zu begegnen, wird vereinbart, daß Taub die Unterhaltung mit den tschechischen Genossen vermittelt.[16]

---

16 Vgl. Anhang Nr. 25.

Anhangdokument Nr. 25

Protokoll der Besprechung von Parteivorstands-Mitgliedern mit Vertretern der DSAP in der Tschechoslowakei am 7. Dezember 1937

AdsD Bonn, PV-Emigration, Mappe 3

Besprechung am 7. Dezember 1937.

Anwesend: Hampl, Taub, Wels, Vogel, Ollenhauer.

Wels legt einleitend dar, aus welchen Gründen wir nach der Information des Genossen Taub über seine Unterhaltung mit Beneš[1] die Besprechung mit den tschechoslowakischen

---

1 Vorlage: Benesch.

Genossen gewünscht haben.[2] Die Mitteilungen des Präsidenten an Taub lassen den Umfang der gegen die sozialdemokratische Emigration geplanten Maßnahmen[3] nicht erkennen. Wels zählt im einzelnen noch einmal die Fragen auf, die geklärt werden müssen, ehe wir zu einer Entscheidung über unser Verhalten kommen können. Er erklärt, daß er den Eindruck habe, daß die tschechischen Genossen näher über die Absichten der Regierung unterrichtet seien, und er bittet den Genossen Hampl, ihn ganz ehrlich über die wahre Lage zu informieren. Genosse Wels verweist den Genossen Hampl insbesondere auf die Bedeutung der »Deutschland-Berichte«, an deren Erhaltung und weiteren Herausgabe nicht nur die illegale sozialdemokratische Bewegung in Deutschland, sondern auch alle amtliche Stellen des Auslands, inbesondere auch in der Tschechoslowakei, stark interessiert seien. Es sei deshalb notwendig, immer wieder darauf hinzuweisen, daß es sich bei den Deutschlandberichten nicht um eine Zeitschrift oder eine Korrespondenz handle, die der behördlichen Genehmigungspflicht unterliege, sondern um eine innere Information, die durch die behördlichen Maßnahmen nicht unterbunden werden kann. Die tschechische Sozialdemokratie müsse sich auch über die internationale Bedeutung der in Aussicht genommenen Maßnahmen klar sein. Mitte Januar findet in Brüssel eine Sitzung der Exekutive der SAI statt, und es sei selbstverständlich, daß die Vertreter der deutschen Sozialdemokratie die SAI über das Schicksal der Emigration in der Tschechoslowakischen Republik informieren müßten[4]. Wir unterschätzen die Schwierigkeiten, in denen sich die tschechoslowakische Republik gegenwärtig befindet, keineswegs, aber die tschechischen Genossen müssen verstehen, daß wir trotz unserer gegenwärtigen Einflußlosigkeit nicht in der Lage sind, die uns zugedachten Maßnahme[n] ohne weiteres zur Kenntnis zu nehmen und daß wir auch von den hiesigen sozialdemokratischen Parteien jede mögliche Anstrengung erwarten, um eine Fortsetzung unserer politischen Tätigkeit zu ermöglichen.

Hampl betonte in seiner Erwiderung einleitend, daß es ein Irrtum sei, wenn man annehme, daß die tschechische Partei mehr über die Absichten der Regierung wisse als Taub. Er habe speziell in dieser Frage mit Taub stets die engste Verbindung gehabt, und er habe mit ihm in diesen Fragen einen engeren Kontakt als mit vielen seiner Vorstandskollegen. Hampl verwahrte sich auch gegen die Bemerkung von Wels, er möge ehrlich den wahren Sachverhalt darstellen. Diese Bemerkung lasse darauf schließen, daß bei den deutschen Genossen die Vorstellung vorherrsche, die tschechische Sozialdemokratie nehme die Behandlung der Emigrationsfragen nicht ernst. Das sei absolut falsch. Die tschechische Sozialdemokratie kenne aus eigener Erfahrung die Bedeutung der politischen Emigration, und selbst wenn man die geschichtlichen Erfahrungen außer Betracht lasse, so müsse heute jeder bedenken, daß auch die tschechischen Sozialdemokraten noch einmal in die Lage kommen können, als emigrierte Partei zu wirken. Solange die deutsche Emigration dau[e]re, habe die tschechische Sozialdemokratie das Ziel verfolgt, das Leben der Emigranten so erträglich zu gestalten, daß später bei einem Umsturz in Deutschland alle die, die in der Tschechoslowakei als Emigranten gelebt haben, ohne Bitterkeit an ihr Gastland zurückdenken.

Hampl setzte dann in längeren Ausführungen seine Auffassung über die gegenwärtige internationale Lage auseinander. Er schilderte die Zwangslage, in der sich die Tschechoslowakei zur Zeit befindet. Es komme darauf an, jede neue Spannung in Europa zu vermeiden,

---

2 Vgl. Anhang Nr. 24.
3 Vorlage: Ab »gegen« hs. unterstrichen.
4 Vorlage: müsse. Gemeint ist die Sitzung der SAI-Exekutive am 16./17. Januar 1938 in Brüssel, in deren Verlauf Stivin für die tschechoslowakischen Sozialdemokraten und Taub für die DSAP versicherten, » [. . .] daß die wesentlichen Rechte der politischen Flüchtlinge in der Tschechoslowakei gewahrt bleiben würden.« Vgl. Internationale Information 15. Jg., 18. Januar 1938, S. 15 f.

um Zeit zu gewinnen. Das sei vor allem die Politik Englands. Die englischen Konservativen erstreben in Europa ein Gleichgewicht der Kräfte, das es ihnen ermöglicht, wieder wie früher die Schiedsrichterrolle in Europa zu übernehmen. Die tschechoslowakische Republik müsse auf diese Haltung Englands Rücksicht nehmen. Hampl äußerte die Überzeugung, daß diese Politik des Stillhaltens nur noch eine beschränkte Zeit notwendig sein würde, nachdem man damit rechnen könne, daß Italien am Ende seiner wirtschaftlichen Kräfte stehe und nicht mehr die aggressive Politik fortsetzen könne, die zum Krieg in Abessinien und in Spanien geführt habe. Auch diese Entwicklung muß man abwarten. Man dürfe schließlich auch die schwierige innerpolitische Lage der Tschechoslowakei nicht übersehen. Die Vorfälle in Teplitz-Schönau wurden hier außerordentlich ernst genommen.[5] Man rechnete vorübergehend mit dem Schlimmsten, so daß unmittelbar nach den Teplitzer Vorfällen bereits entsprechende Anweisungen an die Armee für den Ernstfall gegeben wurden. Diese Gefahr ist heute beseitigt. Aber die internationale Lage bleibt nach wie vor sehr ernst.

Hampl hält diese allgemeinen politischen Gesichtspunkte für die Absichten der Regierung für ausschlaggebend, da weder Hodza noch Cerny eine besondere Gegnerschaft gegenüber der Emigration empfinden. Eine emigrantenfeindliche Stimmung herrscht lediglich in den Kreisen der bedeutungslosen Rechtsgruppen. Das habe sich auch bei der Diskussion über die Evakuierung der Flüchtlinge gezeigt. Dieser Plan ist durch unser Einwirken fallengelassen worden.[6] Der einzige, der sich überhaupt für diesen Plan eingesetzt hat, war der jetzt verstorbene Handelsminister Najman[7], der die Maßnahme für notwendig hielt, um eine Schädigung des Kleinhandels und des Kleingewerbes durch gewerbetreibende Emigranten zu verhindern. Wir haben demgegenüber die sachlichen Gesichtspunkte in den Vordergrund geschoben, und Sie wissen, daß dieser Plan erledigt ist.

Hampl schlägt vor, daß er und Taub gemeinsam noch eine Unterredung mit Cerny und Hodza herbeiführen, um die von Wels gestellten Fragen über den Umfang der gegen uns geplanten Maßnahmen klarzustellen. Im Anschluß an diese Unterredung soll dann eine weitere gemeinsame Besprechung stattfinden.

Es folgt dann noch eine kurze Diskussion über einige wenige wichtige Einzelfragen, und Hampl schließt die Besprechung mit der Zusage, die Unterhaltung mit Cerny und Hodza sobald als möglich herbeizuführen.[8]

---

5 Vgl. Anhang Nr. 24.
6 Vgl. Anhang Nr. 21.
7 Najman, Josef V., 1882–1937, Tschechische Gewerbepartei, 1926–1929 Eisenbahnminister, 1935–1937 Handelsminister CSR.
8 Vgl. Anhang Nr. 26.

Anhangdokument Nr. 26
Protokoll der Besprechung von Parteivorstands-Mitgliedern mit Vertretern der DSAP in der Tschechoslowakei am 23. Dezember 1937

AdsD Bonn, PV-Emigration, Mappe 3

Besprechung am Donnerstag, den 23. Dezember 1937.

Am Donnerstag, den 23. Dezember informierte der Genosse **Taub** in seinem Büro die Genossen Wels, Vogel und Ollenhauer über die Besprechungen, die auf Vorschlag des Genossen Hampl zwischen Hampl und Taub und dem Innenminister Cerny über die Fortsetzung unserer Tätigkeit in der Tschechoslowakei geführt wurden[1].

Genosse Taub berichtet insbesondere über die abschließenden Besprechungen zwischen ihm und Hampl und Cerny. Die Unterhaltung drehte sich zunächst um die Frage der weiteren Herausgabe unserer Veröffentlichungen. Cerny stellte sich in dieser Unterhaltung auf den Standpunkt, daß die Frage der Einstellung aller Veröffentlichungen der Sopade[2], das heißt, einschließlich der Deutschlandberichte der Sopade, bereits entschieden sei. Bezüglich der weiteren Verbreitung des N[euer] V[orwärts] in der Tschechoslowakei vertrat Cerny die Auffassung, daß er in dieser Angelegenheit keine Erklärung abgeben könne. Er verwies nur darauf, daß die Absicht bestünde, für einige im Ausland erscheinende deutschsprachige Zeitungen, wie etwa das Neue Tagebuch[3], ein Verbreitungsverbot zu erlassen. Er empfahl über diese Frage eine neuerliche Unterhaltung mit dem Präsidenten. Den gleichen Vorschlag machte er in bezug auf die weitere Herausgabe der Deutschlandberichte der Sopade von der Tschechoslowakei aus.

Hinsichtlich der Aufrechterhaltung der Organisation vertrat Cerny den Standpunkt, daß die organisatorische Arbeit der Sopade durch das in Aussicht genommene Abkommen mit Deutschland nicht berührt werde, da es sich hier um eine interne Angelegenheit handle. Genosse Taub berichtete zu dieser Frage ergänzend, daß er nach seiner Unterhaltung mit Cerny von der Burg[4] angerufen worden sei, und es sei ihm mitgeteilt worden, daß der Präsident den Standpunkt Cernys hinsichtlich der weiteren organisatorischen Tätigkeit der Sopade teile. Genosse Taub legte im einzelnen dar, mit welchen Argumenten die Genossen Taub und Hampl sich gegen die beabsichtigte Einstellung des N[euer] V[orwärts] eingesetzt haben. Er unterstrich dabei besonders, daß der Genosse Hampl nachdrücklich seine Bedenken gegen die Einstellung des N[euer] V[orwärts] zur Geltung gebracht habe. Er habe den Innenminister darauf verwiesen, daß keine Nummer des N[euer] V[orwärts] eine Handhabe biete, um mit den geltenden gesetzlichen Bestimmungen gegen das Blatt vorzugehen. Mit der Einstellung des N[euer] V[orwärts] verliere man aber auf der anderen Seite eine ernsthafte Zeitung, die den Kampf, den die Tschechoslowakei für die Demokratie führe, nachdrücklichst unterstützt habe. Hinsichtlich der Deutschlandberichte stellten sich sowohl der Genosse Hampl wie der Genosse Taub auf den Standpunkt, daß das Weitererscheinen der Deutschlandberichte in der Tschechoslowakei unbedingt notwendig sei. Die Deutschlandberichte stellen eine so wertvolle Informationsquelle dar, daß weder die Presse noch die offiziellen Stellen auf diese Berichterstattung verzichten können. Außerdem handle es sich bei den Deutschlandberichten nicht um eine Veröffentlichung, die unter das geplante Presseabkommen falle, sondern um eine interne und private Information, gegen deren Erscheinen nicht vorgegangen werden kann.

Genosse Taub schilderte die allgemeine politische Situation. Nach seiner Auffassung besteht zwischen den französisch-deutschen Besprechungen über ein Kulturabkommen und den tschechisch-deutschen Verhandlungen kein Zusammenhang. Die Verhandlungsführer der Tschechoslowakei berufen sich in ihren Besprechungen auf die Zusage des deutschen Gesandten, daß die deutsche Regierung beim Abschluß eines solchen Abkommens auch

---

1 Vorlage: »wurden« hs. eingebessert für »haben«.
2 Vorlage: Ab »Einstellung« hs. unterstrichen.
3 Das Neue Tage-Buch, herausgegeben von Leopold Schwarzschild, erschien wöchentlich vom 1. Juli 1933 bis zum 11. Mai 1940 in Paris; im Reprint erschienen: Das Neue Tage-Buch. Nendeln/Liechtenstein 1975; vgl. *Maas*, Bd. 2, S. 384 f.
Schwarzschild, Leopold, 1891–1950, Mitgründer und später Alleininhaber des Tagebuch-Verlages, Emigration 1933 Paris, 1940 USA.
4 Die Prager Burg (Hradschin) war der Sitz der CSR-Regierung.

darauf achten werde[n], daß die Angriffe der deutschen Presse gegen die Tschechoslowakei unterbleiben. Delbos ist über die Verhandlungen zwischen der Tschechoslowakei und Deutschland informiert worden. Er hat den Vertragsentwurf, der den Verhandlungen zugrunde liegt, gebilligt und den Präsidenten in seiner Auffassung von der Richtigkeit und der politischen Notwendigkeit dieser Verhandlungen bekräftigt.

In der Diskussion über die praktischen Schlußfolgerungen, die aus dem Ergebnis der Unterhaltung mit Cerny zu ziehen sind, ergibt sich, daß sowohl die Regierung wie auch die beiden sozialdemokratischen Parteien wünschen, daß der »Neue Vorwärts« und die »Sozialistische Aktion« durch uns eingestellt werden, damit die Regierung nicht gezwungen wird, ein formelles Verbot zu erlassen. Genosse Taub wünscht zu wissen, ob Hampl und er sich in der Unterhaltung mit Beneš für das Weitererscheinen der Deutschlandberichte in der Tschechoslowakei einsetzen sollen. Diese Frage wird von uns bejaht. Taub bekundet seine Absicht, in der Unterhaltung mit Beneš erneut eine direkte Besprechung zwischen Beneš und Wels anzuregen, obwohl er kaum Hoffnung hat, daß Beneš eine derartige Anregung akzeptieren wird.

Anhangdokument Nr. 27

Protokoll der Besprechung des Parteivorstandes mit Grenzsekretären am 5. März 1938

SAPMO Berlin, ZPA, II 145/55, Bl. 26–30

Besprechung mit Sekretären 5. 3. [19]38[1]

Anwesend: Vogel, Crummenerl, Rinner, Ollenhauer, Hertz, Arnold, Michel[2], Bögler, Heine.

Nach einleitenden Worten von **Vogel** gibt

Michel eine Darstellung, wie es zu der Verbindung zwischen ihm und Neu Beginnen gekommen ist. Erste Fühlungnahme mit N[eu] B[eginnen] ist in Deutschland erfolgt, die dort befindlichen N[eu] B[eginnen]-Leute haben sich mit seinen Freunden ins Einvernehmen gesetzt:

Alles, was ich in dieser Richtung seit 1935 getan habe, hat der Überwindung der Zersplitterung gedient. Wenn ich auch mit der Auslandsorganisation von N[eu] B[eginnen] Verbindung aufnahm, so deshalb, weil ich von ihr Unterrichtung und Belehrung erfuhr. Ich bin überzeugt, daß in der Gruppe die Auffassung vorherrscht, daß einheitliche Arbeit im Rahmen der Partei das Gebot der Stunde ist. Hätte ich früher gesagt, daß ich mit der Gruppe zusammenarbeite, dann wäre das für die Bezirksarbeit unzweckmäßig gewesen, da der PV das Zusammenarbeiten untersagt hätte. Den Weg, den ich gegangen bin, gehe ich weiter. Für mich hat bisher auch enges Zusammenarbeiten mit der österreichischen Partei bestanden.

(Er beruft sich auf zahlreiche Berichte und Briefe an den PV, in denen er seine Stellungnahme zur Konzentrationsbewegung in der Partei und zur Deutschlandarbeit dargelegt hat.)

---

1 Nicht zu klären war, ob diese Besprechung identisch ist mit der von Hertz auf den 4. März 1938 datierten Sitzung, von der Bleistiftnotizen Hertz' vorliegen, die aber zu dieser Frage kein klares Bild geben. Vgl. AdsD Bonn, NL Hertz, MF XLIV.
2 D. i. von Knoeringen.

Wenn der PV sich ernstlich bemüht, die Sammlung durchzuführen, dann fallen unsere Vorbehalte selbstverständlich fort. Ich erkläre mich bereit, mit meiner ganzen Kraft zu arbeiten, damit unser Ziel erreicht wird. Gerade jetzt ist es erforderlich, alle Kräfte zu mobilisieren. Der PV muß erkennen, was für innerdeutsche Organisation erforderlich ist. Der PV hat die Sammlungsaktion übernommen, er möge sie ehrlich durchführen. Es liegt auch uns daran, daß die Zusammenfassung der Kräfte unter Führung des PV erfolgt.

Bögler: Ich habe diesen Tag der Aussprache seit langem herbeigesehnt. Ich identifiziere mich absolut mit den politischen Darlegungen von Michel und kann mich deshalb auf zusätzliche Bemerkungen beschränken. Ich habe von Beginn meiner Tätigkeit an sehr eindeutig zum Ausdruck gebracht, wie ich über den PV denke. Immer wieder habe ich gefordert, daß der PV seine Mitarbeiter unterrichte. Immer waren meine Appelle vergeblich. Deshalb kam es zu Verbindungen mit der Gruppe N[eu] B[eginnen]. Zu den Rev[olutionären] Soz[ialisten] habe ich niemals irgendwelche Verbindungen gehabt. Ich habe es aber schmerzlich empfunden, daß offenbar auch im PV geglaubt wurde, ich hätte Beziehungen zu gewissen Nachrichtenstellen gehabt. Meine Verbindungen zu diesen Stellen waren dem PV immer zur Gänze bekannt. Ich glaube, sie waren einseitig, und wir haben den Vorteil daraus gehabt. – Ich bin auch heute noch, trotz des Briefes des Genossen Wels an mich, fest davon überzeugt, daß ich aus politischen Gründen finanziell schlechter als andere Grenzsekretäre gestellt wurde.[3] Die erste Verbindung mit Willi Müller erhielt ich über einen Breslauer Spitzelfall[4]. Ich habe den PV damals darüber informiert. Ich wurde dann später ständig von N[eu] B[eginnen] mit Material und Informationen unterstützt, Dinge, die ich vom PV nicht erhielt. Darauf baute sich allmählich gewisses Vertrauensverhältnis und Zusammenarbeit auf. Diese Verbindung werde ich weiter halten. Die Breslauer N[eu] B[eginnen]-Gruppe wurde mir übergeben, die Genossen von N[eu] B[eginnen] haben mir niemals irgendwelche Schwierigkeiten gemacht, meinen Anspruch als alleinigen Beauftragten der Breslauer Genossen anerkannt. Ich habe mich immer mehr als Vertrauensmann der innerdeutschen Genossen gefühlt. Hätte ich dem PV von diesen Dingen vorzeitig Mitteilung gemacht, dann hättet Ihr kategorisch die Verbindung, die ich mit der Auslandsorganisation der N[eu] B[eginnen] hatte, unterbunden.

Ich habe daneben auch an der Arbeit für X.[5] teilgenommen und war der für den ganzen Osten Europas verantwortliche Mann für die Transporte. Das sage ich heute hier, werde es aber an anderer Stelle selbstverständlich abstreiten. Ich bin s[einer] Z[ei]t auch in das Informationsbüro der [...] eingetreten und habe dort mehrere Monate mitgearbeitet.

Vogel: Von der Tätigkeit Bö[gler] für X. höre ich heute zum ersten Mal. Bist Du Dir auch über die Verantwortung klar gewesen, die Du damit übernommen hast und die möglichen Folgen, nicht nur für Dich?

Draußen wie drinnen ist ein gewisser Klärungsprozeß im Gange. Der PV hat kein geringes Verdienst daran. Man muß auch mal die Geschichte der letzten 5 Jahre Revue passieren lassen. Was wäre geschehen, wenn der PV kapituliert hätte vor den Forderungen auf Reorganisation, Abwendung von der Demokratie, Änderung des Namens der Partei usw. Der Partei-Vorstand hat sich niemals zur Wehr gesetzt gegen Zusammenarbeit der Genossen drinnen in der Einheitsfrontfrage, Voraussetzung ist natürlich Vertrauen zueinander.

---

3 Ein entsprechender Brief Böglers an den PV vom 11. August 1937 und die Antwort des PV vom 20. August 1937, in: AdsD Bonn, PV-Emigration, Mappe 22.
4 Hierzu konnten keine näheren Informationen ermittelt werden.
5 Der weitere Text und das Protokoll der PV-Sitzung vom 7. März 1938 legen nahe, daß hier ein Mitarbeiter der spanischen Gesandtschaft in Prag, wahrscheinlich Kulcsar, gemeint war. Kulcsar war ab 1937 Pressechef der spanischen Botschaft in Prag (*Röder/Strauss*, S. 403), die als »Nachrichtenzentrale der spanischen Regierung für den gesamten westeuropäischen Raum« galt. Vgl. *Mehringer*, S. 148.

Da zwischen uns und dem ZK der KPD kein Vertrauensverhältnis besteht, so sehen wir deshalb z. Zt. auch keine Möglichkeit zur Zusammenarbeit.

Wir haben die ganzen Jahre über das Gefühl, aber keine zuverlässigen Tatsachen dafür gehabt, daß Ihr in engster Verbindung mit N[eu] B[eginnen] gestanden habt, d. h. mit der gleichen Gruppe, die uns am schärfsten bekämpfte. Ihr werdet zugeben, daß unter solchen Umständen Vertrauen nicht möglich ist. Ich kann nur hoffen, daß es gelingt, für die Zukunft das notwendige Vertrauen wiederherzustellen.

Ollenhauer: Ich will die Schuldfrage nicht aufrollen, sondern nur feststellen, daß wir niemals den Gruppen in Deutschland Vorschriften gemacht haben, welche Verbindungen sie unterhalten dürfen oder nicht. Deshalb kann ich das nicht als Argument für Michel verwenden. Wir sehen in den Sammlungsbestrebungen kein taktisches Mittel. – Es ist zuzugeben, daß wir unsere Sekretäre nicht immer zureichend über die Verhältnisse informiert haben. Es lagen aber zumeist objektive Schwierigkeiten vor. Das alles gilt aber nur bis Ende 1936. Für 1937 gilt es nicht, da wir zu diesem Zeitpunkt gewiß waren, daß wir in Euch beiden Vertreter einer konkurrierenden Organisation zu sehen haben.

Wir haben ein elementares Interesse daran, daß die illegale Arbeit jegliche Förderung erhält, und ich kann wohl sagen, daß wir Michel, wo wir konnten, geholfen haben.

Michel muß noch erst den Beweis dafür erbringen, daß wir in irgendeinem Fall in bezug auf praktische Arbeit und Unterstützung seiner Tätigkeit versagt haben. Was die Frage der unzulänglichen Information der Sekretäre betrifft, so haben wir andererseits auch Dutzende Male gesagt: Kommt nach Prag, informiert Euch persönlich bei uns.

Ich nehme von vornherein an, daß Eure Mitteilungen über Eure Verbindungen zur Gruppe N[eu] B[eginnen] stimmen. Aber ich frage: Warum habt Ihr uns nicht schon früher davon Mitteilung gemacht? Das, was Ihr getan habt, war in der Wirkung Zersetzung und nicht Aufbau. Wenn das Ziel Eurer Arbeit die Konzentration der Kräfte war, dann mußte Voraussetzung dafür sein, daß Ihr den PV informiert. Eure Methode halte ich vom Standpunkt der Organisation aus für unmöglich.

Zum Verhältnis zur Gesandtschaft vermag ich überhaupt nicht Stellung zu nehmen. Ich kann da nicht mitkommen. Ich verstehe die Gründe der Genossen, aber daß nicht einer von Euch zu einem der beiden Vorsitzenden gekommen ist, ist völlig unverständlich.

Crummenerl: Die Handlungsweise der Genossen kann so nicht fortgesetzt werden. Habt Ihr etwa die Vorstellung, daß das, was Ihr in der Vergangenheit getan habt, in gleicher Form weiter gemacht werden kann? Ich teile diese Vorstellung nicht.

Die Ursachen für unser Mißtrauen liegen auf politischem Gebiet. Es bestehen seit langem Meinungsverschiedenheiten in der Frage der Einheitsfront usw. Eure Meinung will Euch ja auch niemand nehmen. Aber Handlungsfreiheit könnt Ihr Euch nicht nehmen. Das führt zur Sprengung.

Ursache der ersten Differenzen mit der Milesgruppe war die Diebstahlsangelegenheit.[6] Es ist klar, daß bei solchen Methoden von Zusammenarbeit und Vertrauen keine Rede sein kann. Wenn Ihr nun bei der Gruppe verantwortliche Führungsstellen innehabt und diese selbe Gruppe gegen uns noch in letzter Zeit zu Felde zog (verliest aus dem letzten »Informations-Brief« der Gruppe[7]), dann müßt Ihr doch zugeben, daß das ein unmögliches Verhal-

---

6 Otto Schönfeld, Mitarbeiter von Otto Wels, aber zugleich auch Mitarbeiter von »Neu Beginnen«, entwendete im Sommer 1934 die interne Denkschrift des Parteivorstandes über »Neu Beginnen« aus dem Schreibtisch von Wels und gab sie über Hertz an die SAI. Vgl. *Mehringer*, S. 433, Anm. 20; *Seebacher-Brandt*, Biedermann, Diss., S. 220; *Foitzik*, S. 133.

7 Vom Inhalt her kann es sich nur um den Artikel »Die Illegalen und ihre Auslandsbewegung« im Sozialdemokratischen Informationsbrief, Nr. 33, Mitte Januar 1938, S. 1–11, handeln; dies war aber zum Zeitpunkt der Sekretärsbesprechung die vorletzte Nummer des Sozialdemokratischen Informationsbriefs.

ten war. Ebenso unmöglich war Euer Verhalten in der Baskin-Angelegenheit.[8] Ihr wart verpflichtet, uns davon Mitteilung zu machen. Auch ich bin bereit, so schwer es mir fällt, unter die Vergangenheit [einen] Schlußstrich zu ziehen. Aber ich hoffe, daß es zur Einigung mit der Gruppe kommt. Bis jetzt befindet Ihr Euch in einer Zwitterstellung. Wie soll, praktisch, das Vertrauen wieder hergestellt werden?

Zu Helmuts[9] Behauptung, wir hätten ihn gegenüber anderen Sekretären schlechter gestellt, muß ich erklären, daß das nicht stimmt. Wir haben niemals eine bewußte Schädigung vorgenommen. (Es wird zwischen Hertz und Crummenerl vereinbart, in persönlichem Gespräch diese Angelegenheit zu klären.)

Rinner: Was Ihr beiden an Argumenten vorgebracht habt, reicht nicht aus, Eure Haltung zu rechtfertigen. Die politischen Meinungsverschiedenheiten, die Euch von uns trennen sollen, sind – glaube ich – nicht so groß, daß sie Eure Mitarbeit in der Gruppe N[eu] B[eginnen] rechtfertigen. Eine Beteiligung an der Gesamtarbeit sollte man davon abhängig machen, daß die gemeinsame Plattform vorhanden ist und daß hinreichende Bewegungsfreiheit gewährt wird. Beides war in ausreichendem Maße vorhanden.

Ich fühle mich durch die eingetretene Entwicklung persönlich sehr betroffen, da ich glaube, mit Euch – zumindest zeitweilig – besonders eng zusammengearbeitet zu haben. Soweit ich unterrichtet bin, habt Ihr für [. . .][10] besondere Berichte geliefert. Es handelt sich nicht darum, daß derartige Berichte nicht geliefert werden sollen. Aber Ihr wißt, daß ich mich s[einer] Z[ei]t mit dem verantwortlichen Mann der Gesandtschaft in Verbindung gesetzt habe und ihm die Lieferung derartigen Materials in Aussicht gestellt habe. Ihr habt hinter meinem Rücken mit ihm Sonderverbindungen aufgenommen.

Wir wollen unter Vergangenes Strich machen. Deshalb aber sind klare Verhältnisse notwendig. Ich erbitte deshalb Beantwortung folgender drei Fragen:
1) Gehen Durchschläge der bei mir einlaufenden Berichte von Euch auch an andere Stellen?
2) Gebt Ihr anderen Stellen Berichtsmaterial, das nicht in den an uns gehenden Berichten enthalten ist?
3) Fließen Euch aus der Verwertung der Berichte an anderen Stellen finanzielle Mittel zu?

Hertz: Die Spanienfrage sieht heute anders aus als vor 1 1/2 Jahren. Im PV hat damals die Meinung überwogen, daß wir Spanien nicht helfen und uns auch nicht mit dem Volksfront-Spanien identifizieren können. In dieser damaligen Situation haben wir drei (Mich[el], Helm[ut] u[nd] ich) wiederholt Besprechungen mit dem Thema Spanien gehabt. Damals war gar keine Möglichkeit zu helfen, da überall Kommunisten saßen. Kulcsar[11] verdankt seine Anstellung bei der Legation Willi Müller, er ist sein treuer Anhänger gewesen. Müller hat die Bresche in Paris und Prag geschlagen. Er hat die gefährlichste Arbeit getan, dann ist er nach Amerika gegangen. Es entstand die Frage, ob die Arbeit versacken sollte. Da keine Möglichkeit einer Aussprache im PV bestand, mußte so gehandelt werden. Asua hat mich damals gefragt, ob ich Müllers Nachfolge antreten würde. Ich mußte ablehnen und habe Helm[ut] vorgeschlagen. Deshalb habe ich die Verantwortung für sein Tun in dieser Beziehung übernommen.

Natürlich bestand die Gefahr, daß solche Transporte für uns zu Schwierigkeiten geführt hätten. Ich habe den PV s[einer] Z[ei]t nicht informiert, da mir nicht die Sicherheit gegeben schien, daß andere Stellen völlig uninformiert über diese Sache bleiben würden, wenn ich sie hier zur Sprache bringe. Aber ich habe mir Rückendeckung verschafft. Die Verbindun-

---

8 Vgl. Nr. 102, Anm. 3.
9 D. i. Franz Bögler.
10 Vgl. Anm. 5.
11 Vorlage: »Kulcar«.

gen sind entstanden, sie sind aber auch zu Ende gegangen. Auch das Kapitel ist interessant. Eine kritische Stellungnahme zu Spanien sollte für die Mitarbeiter bei dieser Arbeit unmöglich sein, das war der Einfluß Kulc[sars]. Ich wollte nicht kapitulieren, deshalb habe ich zeitweilig die Beziehungen unterbrochen. In bezug auf finanzielle Fragen habe ich zum Prinzip erhoben: Erstattung der Arbeitsauslagen, aber nicht Finanzierung der deutschen Arbeit. Zur Frage der Berichterstattung glaube ich nicht, daß einer meiner Freunde für Berichte Bezahlung entgegengenommen hat oder Berichte an eine andere Stelle gegeben hat.

Helmut: Kulc[s]ars Mitteilung an Hugo[12] ist nicht richtig. Als ich für ihn tätig war, habe ich die ganz wenigen Berichte, die ich in dieser Angelegenheit aus Schlesien erhielt, direkt mit in die Gesandtschaft genommen. Meine Öst[erreich]-Reise hat ebenfalls mit diesen Fragen im Zusammenhang gestanden. Ich habe für diese Berichte keinerlei Bezüge empfangen. Ich gebe einen Durchschlag meines Berichtes zu Archivzwecken an N[eu] B[eginnen] und werde das auch weiter tun. Sonst erhält niemand Berichte von mir. Ich erhalte von niemandem Entschädigungen für Lieferung meiner Berichte. Während meiner Tätigkeit für die Legation war ich wöchentlich etwa 4 Tage in Prag.

Michel: Auf Wunsch der Genossen habe ich Berichte, die doch nicht im Grünen Bericht verarbeitet würden, direkt an die Legation gegeben. Ebenso habe ich Mitteilungen, die die Gruppe gesammelt hat, der Gesandtschaft übermittelt. Das Geld, das ich dafür in Empfang genommen habe, habe ich vollständig weitergeleitet. – Berichte, die im Vollzug meiner Arbeit für die Sopade entstanden sind, sind nicht an die Legation weitergegeben worden. Ebenso wie Helmut gebe ich – seit 2 Monaten – Abschrift meiner Berichte an Sopade an N[eu] B[eginnen] unter der Voraussetzung, daß sie nicht veröffentlicht werden. An andere Stellen habe ich nichts gegeben.

Vogel: Ich bin von den Eröffnungen, die heute gemacht worden sind, sehr bedrückt. Es wäre manches dazu zu sagen. Ich bin bereit, das zu unterdrücken, wenn allseitig als Voraussetzung anerkannt wird, daß es für Mitarbeiter des PV keinerlei politische Verbindungen zu Richtungen oder Gruppen geben darf, ohne daß der PV nicht bis ins einzelne informiert worden ist.

Helmut: Heißt das das Aufhören unserer Beziehungen zu N[eu] B[eginnen]?

Hertz: Über das von Vogel aufgestellte Prinzip gibt es keine Meinungsverschiedenheit. Aber die Frage ist, – wie kommen wir zur Praxis? Über diese Frage können wir heute nicht das letzte Wort sprechen. Wir sollten diese Sache vertagen.

Crummenerl: Michel und Helmut haben Verbindungen zu N[eu] B[eginnen]. Das Ziel muß Liquidierung der Gruppen sein. Erforderlich ist vor allem, daß der PV über alle Dinge informiert wird.

Helmut: Je rascher der PV mit N[eu] B[eginnen] in Verbindung kommt, um so rascher ist unsere Zwitterstellung beendet. **Vogel**: Ich möchte mit der Erklärung abschließen, die ich vorhin formuliert habe. Ich hoffe, daß nunmehr diese unglückselige Periode abgeschlossen ist.

---

12 D. i. Rinner.

Anhangdokument Nr. 28
Protokoll der Besprechung des Parteivorstandes mit Grenzsekretären am 9. März 1938
SAPMO Berlin, ZPA, II 145/55, Bl. 40–42

Besprechung von Vorstandsmitgliedern mit Grenz-Sekretären am 9. März 1938.

Anwesend: Vogel, Rinner, Ollenhauer, Hertz, Arnold, Helmut[1], Michel[2], Heine.

Ollenhauer berichtet über die Stellungnahme des Parteivorstands[3] zu den Mitteilungen der beiden Grenzsekretäre[4] in bezug auf ihre Tätigkeit für die Gruppe »Neu Beginnen«. Voraussetzung für künftige Mitarbeit ist Loyalität der Genossen. Ollenhauer macht Mitteilung über Verhandlungen mit Taub, wonach die DSAP für die Zukunft das Patronat für drei Sekretäre übernimmt. Für den Fall, daß diese Absicht nicht zu legalisieren[5] ist, dann soll die Arbeit in Verbindung mit der DSAP erfolgen. Wir müssen abwarten, bis unsere Vertreter aus dem Westen zurückkommen und können dann über die Dinge konkret reden. Er stellt fest, daß die prinzipielle Bereitschaft des Parteivorstandes, Helmut und Michel zwei von den Sekretariaten, die geplant sind, zu übertragen, feststeht.

Rinner schneidet die Frage der Mitarbeit dieser beiden Genossen bei der spanischen Gesandtschaft[6] an. Er möchte wissen, ob und inwieweit militärische Nachrichten[7] an sie gegeben werden. Das ist für ihn keine moralische Frage, sondern eine Frage der politisch-organisatorischen Verantwortung. Der Parteivorstand ist der Auffassung, daß wir uns mit der Sammlung von militärischen Nachrichten nicht abgeben können. Rinner hält es für möglich, daß gerade Michel für diese Haltung des Parteivorstandes besonderes Verständnis hat, da er seinerzeit im Falle Lampersberger gegen diese Art von Nachrichtensammlung protestiert hat.[8]

Michel erklärt es für ganz natürlich, daß die verschiedenartigsten Nachrichten im Zuge unserer Arbeit beim Grenzsekretariat eintreffen. Er ist der Auffassung, daß diese Nachrichten nicht unterdrückt, sondern weitergeleitet werden sollten. Eine direkte Spionage ist von ihm weder beabsichtigt noch durchgeführt worden.

Die spanischen Genossen haben ein Interesse daran, das Verhalten der Nazis in bezug auf Spanien genau zu kennen. Z. B. interessiert es die Spanier, zu beobachten, ob, welche und wieviel Transporte durch Österreich geleitet werden. An dieser Beobachtungsarbeit, mit der er zu tun hat, sind österreichische Genossen beteiligt. Otto Bauer billigt diese Tätigkeit und ist daran interessiert. Michel glaubt, daß eine derartige Tätigkeit weiter durchgeführt werden sollte.

Rinner: Entscheidend ist, ob es sich um Nachrichten handelt, die in Deutschland als Hochverrat angesehen werden und außerdem ist entscheidend, ob wir die Verantwortlichkeit für die Sammlung oder Weiterleitung derartiger Nachrichten übernehmen[9] können.

---

1 D. i. Franz Bögler.
2 D. i. von Knoeringen.
3 Vgl. Nr. 111.
4 Vgl. Anhang Nr. 27.
5 Muß wohl »realisieren« heißen.
6 Vorlage: »spanischen Gesandtschaft« hs. unterstrichen.
7 Vorlage: »militärische Nachrichten« hs. unterstrichen.
8 Lampersberger hatte für den tschechoslowakischen Nachrichtendienst gearbeitet; vgl. Nr. 40 und *Cerny*, S. 195.
9 Vorlage: »übernommen«.

Michel fragt nach der näheren Begriffsbestimmung von militärischen Nachrichten, die ja im Bereiche unserer Arbeit nicht so leicht zu präzisieren sind. Er führt Beispiele für seine Auffassung an und erklärt, daß solche Meldungen im Zug der allgemeinen Berichterstattung ankommen, aber nicht besonders angefordert werden.

Rinner: Was nicht besonders angefordert wird, kann man weiterleiten. Das Problem ist, ob besondere Aktionen angesetzt werden, dieses oder jenes speziell zu erfahren. Das ist einer der Fälle, in denen wir uns auf (zu Michel und Helmut gewendet) Eure Loyalität verlassen müssen.

Michel erklärt, er sei sich durchaus darüber klar, was es bedeuten würde, wenn wir einen Landesverratsprozeß angehängt bekommen. Er glaubt, daß in diesen Fragen keine besonderen Meinungsverschiedenheiten bestehen und betont, daß wir uns immer als deutsche Sozialdemokraten fühlen müssen und nicht als spanische Spionageorganisation.

Rinner: Wenn wir uns im Grundsatz einig sind, bestehen wohl keine Bedenken gegen die Fortführung der Arbeit mit den beiden Genossen. Er würde es für zweckmäßig halten, zumindest Abschrift des nach Spanien gegebenen Materials zu bekommen.

Michel erklärt, daß das auf Schwierigkeiten stoßen würde. Er halte es nicht für zweckmäßig, Abschriften herzustellen und abzugeben. Diese Tätigkeit müsse so vorsichtig gehandhabt werden, er benutze z. B. eine andere Maschine für diese Dinge, um nicht Gefahr zu laufen, auf diese Weise überführt zu werden.

Vogel: Wir würden diese Schwierigkeiten einsehen[10], könnten aber vielleicht einen Ausweg darin finden, daß wir von den Genossen mündliche Informationen erhalten.

Michel weist darauf hin, daß die Spanienarbeit uns ja nichts nützt, im Gegenteil, daß sie uns eher belastet. Was den Vorschlag von Vogel betrifft, so müßte man das erst mit den Spaniern klären.

Rinner: Korrekterweise müßten diese Nachrichten durch uns laufen. Ich verzichte darauf, ich will nur wissen, was vor sich geht, weil wir uns von der Verantwortung durch Nichtwissen nicht freisprechen können. Wenn es nicht möglich ist, Abschriften anzufertigen, dann kann man vielleicht den Ausweg wählen, daß man einem unserer Genossen, etwa dem Genossen Stampfer, das Material vorlegt.

Hertz: Landesverrat wird von deutschen Gerichten sicher in 99 % aller Fälle bei unseren Spanienberichten angenommen werden. Davor können wir uns nicht schützen. Dem zweiten Vorschlag von Rinner, die Nachrichten zuvor an den PV zu geben, könnte man im Prinzip zustimmen. Er hält es jedoch technisch für sehr schwierig und umso schwieriger, da Spanien daran beteiligt ist. Wenn wir nach dem Westen übersiedeln, dann ist auch die Frage des Postweges über Deutschland zu prüfen. Es ist klar, daß der spanische Nachrichtendienst nur Interesse an Nachrichten hat, die er allein erhält. Die Prüfung sollte auch unter dem Gesichtspunkt der Zweckmäßigkeit der Ausdehnung unserer Verbindung zur spanischen Legation erfolgen.

Rinner ist der Meinung, daß seine Wünsche nicht eine Frage des Mißtrauens, sondern des Prinzips sind.

Helmut erklärt, daß er es für notwendig halte, Voraussetzungen für den gesicherten Postverkehr zu schaffen. Er erklärt, daß er keine Berichte an die Adresse von Geyer sende, da ihm das zu gefährlich erscheine.

Ollenhauer hält es für wichtig, daß Rinner, solange wir hier sind, informiert sein müßte von den Dingen, die an andere Stellen gegeben werden. Das Material könne ja sofort vernichtet werden.

---

10 An dieser Stelle »müssen« hs. gestrichen.

Michel ist damit einverstanden, möchte aber darauf hinweisen, daß er auch die Nachrichten, die die Gruppe »Neu Beginnen« für Spanien sammelt, weitergebe. Er möchte eine Verständigung finden, ist aber nicht bereit, die Berichte von »Neu Beginnen« ohne weiteres und ohne Einverständnis dieser Gruppe an den Parteivorstand auszuliefern.

Vogel hält es für das Beste, wenn zwischen Rinner und Michel direkt verhandelt würde, da im Grundsätzlichen eine Übereinstimmung erzielt worden ist.

Michel wünscht, daß die Bereinigung der Fragen recht bald erfolgt, um den Schwebezustand zu beseitigen. Erforderlich sei dazu aber, daß der Parteivorstand mit den Exponenten der Gruppe selbst verhandele.

Schluß der Sitzung.

Anhangdokument Nr. 29

Protokoll der Besprechung des Parteivorstandes mit Grenzsekretären am 22. April 1938

AdsD Bonn, PV-Emigration, Mappe 3

Besprechung am Freitag, den 22. April 1938.

Anwesend:[1] Crummenerl, Ollenhauer, Rinner, Stahl, Hertel[2], Michel[3], Sander, Weck.

Gegenstand der Besprechung ist die Fortführung[4] der Arbeit der Grenzsekretariate der Sopade in der Tschechoslowakei[5] nach der Übersiedlung der Sopade nach Paris.

Für die Tschechoslowakei werden solange als möglich drei Grenzsekretariate aufrechterhalten: Weck-Karlsbad für Sachsen, Hertel-Prag für Schlesien, Michel-Prag für Bayern.[6] Im Interesse einer kontinuierlichen Arbeit der drei Sekretariate im Hinblick auf die besonderen Verhältnisse in der Tschechoslowakei ist eine gegenseitige Fühlungnahme und Information der Sekretariate notwendig. Als zentraler Vertrauensmann der Sopade in der Tschechoslowakei wird der Genosse Wilhelm Sander[7] benannt, der durch seine Funktion als Sekretär der Sozialdemokratischen Flüchtlingshilfe[8] voraussichtlich auch dann noch eine gewisse Bewegungsfreiheit in der Tschechoslowakei behalten wird, wenn die politische Tätigkeit der Emigration noch mehr als bisher eingeschränkt werden sollte.

---

1 Vorlage: »Anwesend:« ms. unterstrichen.
2 D. i. Franz Bögler.
3 D. i. von Knoeringen.
4 Vorlage: »Fortführung« hs. unterstrichen.
5 Vorlage: »Tschechoslowakei« hs. unterstrichen.
6 Vorlage: »Weck«, »Hertel« und »Michel« hs. unterstrichen. Schon im Sommer 1938 emigrierte Bögler nach Frankreich; das schlesische Grenzsekretariat wurde daraufhin von Knoeringen übernommen. Dieser ging Ende Oktober 1938 nach Frankreich. Weck blieb noch bis Anfang Dezember 1938 in der Tschechoslowakei; vgl. *Mehringer*, S. 153, S. 164; AdsD Bonn, PV-Emigration, Mappe 148.
7 Vorlage: »Sander« hs. unterstrichen.
8 Die »Sozialdemokratische Flüchtlingshilfe« wurde im Juni 1933 in Prag ins Leben gerufen; vgl. AdsD Bonn, PV-Emigration, Mappe 106; *Cerny*, S. 182; *Vojtech Blodig*, Die tschechoslowakischen politischen Parteien und die Unterstützung der deutschen und österreichischen Emigranten in den 30er Jahren, in: München 1938. Das Ende des alten Europas, hrsg. im Auftrag der Deutsch-Tschechoslowakischen Gesellschaft für die Bundesrepublik Deutschland e.V. von *Peter Glotz u. a.,* Essen 1990, S. 251–270, hier S. 263.

Die Zusammenarbeit zwischen den Grenzsekretären und dem Genossen Sander soll in der Weise erfolgen, daß die Grenzsekretäre den Genossen Sander über alle Vorgänge organisatorischer oder politischer Art von allgemeiner Bedeutung in ihrem Arbeitsbezirk informieren. Zur Information der Grenzsekretäre sollen je nach Bedarf durch den Genossen Sander Besprechungen mit den Grenzsekretären abgehalten werden. Genosse Sander ist ferner beauftragt, die Verbindung mit den Zentralen der tschechoslowakischen Arbeiterorganisationen aufrechtzuerhalten und eventuelle notwendig werdende Verhandlungen mit diesen Stellen zu führen.

Es wird vereinbart, in Zukunft die Monatsberichte der Grenzsekretariate an den Genossen Sander zu liefern, der dann die Übermittlung an das Büro der Sopade in Paris übernimmt. Jeder Monatsbericht soll in drei Exemplaren abgeliefert werden.

Die Finanzierung der Grenzsekretariate erfolgt in der Weise, daß jeder der Grenzsekretäre ein Bankkonto errichtet, auf das die für die Arbeit erforderlichen Beträge durch die Sopade überwiesen werden.

Anhangdokument Nr. 30
Protokoll der Besprechung von Parteivorstands-Mitgliedern mit der Auslandsvertretung der österreichischen Sozialisten am 31. August 1938

AdsD Bonn, PV-Emigration, Mappe 3

Besprechung über den Kartellvorschlag der AVÖS am 31. August 1938

Anwesend für die Sopade: Vogel, Stampfer, Ollenhauer, für die AVÖS: Richter und Pollak.[1]

Vogel eröffnet die Sitzung, begrüßt insbesondere den Genossen Pollack und teilt dann die Stellungnahme des Parteivorstandes zu dem Kartellvorschlag der österreichischen Genossen[2] mit.

Dieser Vorschlag war sowohl in der Form, in der er uns zur Kenntnis gebracht wurde, als auch in seinem sachlichen Inhalt für uns eine große Überraschung. Der Kartellvorschlag bewegt sich in seinen wichtigen Punkten in den Gedankengängen, die der Genosse Richter in seinem ersten Artikel über die Probleme der Konzentration entwickelt hat.[3] Wir waren durch die in der Zwischenzeit erfolgten, mehrfachen persönlichen Unterhaltungen mit dem Genossen Richter der Auffassung, daß er sich im Gegensatz zu seinem Standpunkt im ersten Artikel davon überzeugt habe, daß für die österreichischen Genossen in bezug auf die deutschen Verhältnisse das Prinzip der Nichteinmischung gelten müsse. Er hat selbst in diesen Unterhaltungen darauf hingewiesen, daß eine andere Stellungnahme auch die organisatorische Einheit der österreichischen Partei gefährden müsse. In diesen Unterhaltungen hat auch der Genosse Richter selbst die Frage aufgeworfen, ob man für das Kartell einen engeren oder einen weiteren Rahmen in Aussicht nehmen solle. Er hat dabei Bedenken gegen eine Hinzuziehung weiter abseits stehender Organisationen, wie die SAP und den ISK geäußert. Die österreichischen Genossen seien über die inneren Verhältnisse und

---

1 Richter, d. i. Joseph Buttinger. Vorlage hier und im folgenden: Pollack.
2 Zum Kartellvorschlag vgl. AdsD Bonn, PV-Emigration, Mappe 17.
3 In Auszügen abgedruckt in: *Matthias/Link*, Dok. 36, S. 300–304.

die Bedeutung dieser Gruppen zu wenig im Bilde. Die Regelung dieser Frage müsse in erster Linie der deutschen Partei überlassen bleiben. Auch aus einer Unterhaltung, die Stampfer und ich kürzlich mit dem Genossen Adler hatten, glaubten wir entnehmen zu können, daß die österreichische Partei nicht mit den Auseinandersetzungen im reichsdeutschen Lager belastet werden möchte. Es ist für uns selbstverständlich, daß wir mit der österreichischen Partei sobald als möglich eine enge Zusammenarbeit herbeiführen möchten, aber wir wünschen keine Einmischung der österreichischen Genossen in die reichsdeutschen Angelegenheiten.

Der jetzige Vorschlag für das Kartell stellt die Sopade in eine Reihe mit einigen anderen deutschen Gruppen. Diese Einschränkung unserer Position können wir nicht anerkennen. Wir betrachten uns nach wie vor als die Vertretung der Gesamtpartei. Wir halten es daher nicht für möglich, jetzt ein Kartell zu schaffen, in dem[4] deutsche Gruppen als selbständige Partner[5] neben uns auftreten können, wie das hier für die Landesgruppe Frankreich und die Gruppe Neu Beginnen vorgesehen ist. Wir haben uns durch unseren Beschluß vom Februar bereit erklärt, die Führung in der deutschen Konzentration zu übernehmen mit dem Ziel, die Gruppen zu liquidieren, und wir haben schon vor diesem Beschluß praktisch in dieser Richtung gearbeitet, wie es die Eingliederung der Revolutionären Sozialisten in die Partei beweist. Jetzt führen wir Verhandlungen mit der Landesgruppe Frankreich, um zu erreichen, daß diese Gruppe wieder als Teil der Partei in die Partei eingegliedert wird. Wir müssen annehmen, daß Euch die Tatsache dieser Verhandlungen bekannt ist, und es befremdet uns daher, daß Euer Kartellvorschlag auch die Landesgruppe als selbständiges Mitglied dieses Kartells vorsieht. Darin liegt der prinzipielle Unterschied zwischen Euch und uns. Wir wollen durch unsere Bemühungen die Gruppen in der reichsdeutschen Bewegung liquidieren, während sie bei der Annahme Eures Vorschlages für das Kartell galvanisiert und weiter selbständig erhalten bleiben. Unser Verhältnis zu den Gruppen ist ganz anders als das Verhältnis zwischen Euch und uns. Hier handelt es sich um zwei bisher selbständige Parteien der SAI, die unter geänderten Verhältnissen eine Arbeitsgemeinschaft eingehen. Wir sind für diese Zusammenarbeit. Aber wir sehen die Liquidierung der Gruppierungen im reichsdeutschen Lager nicht als die Aufgabe des Kartells an, sondern als die ausschließliche Aufgabe der bis jetzt selbständigen reichsdeutschen Partei.

Richter: Ich kann einen Widerspruch zwischen meinen schriftlichen Äußerungen und meinen persönlichen Bemerkungen über die Frage der Konzentration nicht anerkennen. Ein solcher Eindruck ist vielleicht entstanden, weil Ihr, wie es sich aus der Darstellung des Genossen Vogel ergibt, das Problem der Konzentration wesentlich anders betrachtet als wir. Die Zentralfrage, die durch die Bemerkung des Genossen Vogel aufgeworfen ist, ist die Frage der Einmischung oder der Nichteinmischung. Wir können uns nicht auf den Standpunkt der Nichteinmischung in der deutschen Frage stellen. Wir können uns nicht desinteressiert verhalten, nachdem wir durch den Gang der Entwicklung ein Teil der gesamtdeutschen Bewegung geworden sind. Wenn wir von Nichteinmischung sprechen, dann verstehen wir darunter, daß wir uns in die inneren Verhältnisse der einzelnen Gruppen und in ihre inneren Auseinandersetzungen nicht einmischen wollen. Aber wir sind an den Gruppen als solche interessiert, und wir sind an der Zusammenarbeit mit ihnen interessiert. Wir müssen diesen Standpunkt einnehmen, wenn wir nicht unsere eigene Einheit gefährden wollen. Wir wollen die Überwindung der Gruppenzersplitterung im deutschen Lager, und unser Kartellvorschlag soll dieses Ziel erreichen helfen.

Zwischen uns und Euch gibt es noch einen fundamentalen Unterschied. In der österreichischen Bewegung haben wir seit 1934 dieselben Tendenzen des Auseinanderstrebens beobachten können, die in der deutschen Bewegung zu den Gruppenbildungen geführt ha-

---

4 Vorlage: An dieser Stelle »selbst« hs. gestrichen.
5 Vorlage: »Partner« hs. eingebessert für »Parteien«.

ben. Wir haben vor allem in der ersten Zeit eine ganze Reihe von Sonderbestrebungen, wie die Gruppe der Febristen, die Funkgruppe und die Rote Front[6], zu verzeichnen gehabt, aber wir haben sie innerhalb der Partei liquidiert. Wir sind sozusagen eine »konzentrierte Partei«. Bei unseren Bemühungen, die wir jetzt unternehmen, schwebt uns das gleiche Ziel für die deutsche Bewegung vor, und wir haben deshalb eine andere Einschätzung der deutschen Gruppen als die Sopade. Gegen unseren Kartellvorschlag ist eingewendet worden, daß in diesem Kartell die Sopade nicht anders vertreten sein wird als andere deutsche[n] Gruppen. Unser Kartellvorschlag soll nichts anderes sein als die Herstellung von Arbeitsbeziehungen, und die Vertretungen der Gruppen sollen deshalb nicht das Stärkeverhältnis der einzelnen Gruppen repräsentieren. Daß wir uns bei diesem Vorschlag nur[7] von diesen Erwägungen haben leiten lassen, geht schon daraus hervor, daß wir für uns selbst in diesem Kartell neben den vier reichsdeutschen Gruppen auch nur eine Vertretung von zwei Genossen beanspruchen. Unser Vorschlag soll nicht mehr sein als ein Weg, um eine komplizierte Aufgabe zu lösen. Wir glauben allerdings, daß die Frage der Konzentration nur auf dem Wege des Kartells gelöst werden kann.

Auf den Vorschlag von Vogel, zunächst eine Arbeitsgemeinschaft zwischen Sopade und der österreichischen Partei zu bilden, möchte ich bemerken, daß wir in diesem Punkt stets den Standpunkt vertreten haben, daß wir die Zusammenfassung aller bestehenden Gruppierungen wünschen.

Eure Beschwerden gegen die Form unseres Vorgehens erscheinen uns nicht berechtigt, denn wir haben in unserem Begleitbrief ausdrücklich erklärt, daß wir zunächst mit Euch uns über das weitere Vorgehen verständigen wollen, ehe wir in Verhandlungen mit den anderen Organisationen eintreten. Wir wollen diese Aufgabe mit Euch gemeinsam betreiben. Die Landesorganisation hatten wir genannt, weil wir nach den uns gewordenen Mitteilungen annehmen mußten, daß die Ablehnung Eurer Vorschläge durch die Leitung der Landesorganisation die Verhandlungen auf einen toten Punkt gebracht hat.[8]

Nach Eurer jetzigen Stellungnahme müssen wir annehmen, daß unser Kartellvorschlag keine Basis für eine Verständigung zwischen Euch und uns darstellt. Wir sind allerdings der Meinung, daß das Ziel, das Ihr erstrebt, nämlich die Konzentration im reichsdeutschen Lager, trotz des Kartells erreicht werden kann und daß das Kartell auf der Linie einer solchen Entwicklung liegt.

Wir würden es bedauern, wenn unsere Besprechung negativ ausgeht, denn wir müssen uns demnächst über eine Reihe von praktischen Maßnahmen schlüssig werden, die wir sehr gern als gemeinsame Einrichtungen durchgeführt hätten. So tragen wir uns mit dem Plan der Herausgabe einer Nachrichten-Korrespondenz und mit der Verwendung des uns aus dem Inland zugehenden Nachrichtenmaterials. In beiden praktischen Fragen könnte sich das Kartell als außerordentlich nützlich erweisen.

Stampfer: Die heutige Besprechung kann und darf kein anderes Ergebnis haben als die engste Zusammenarbeit zwischen der deutschen und der österreichischen Partei. Wir sind dazu seit der Annexion Österreichs durch Hitler mit Freuden bereit. Schon in den ersten Tagen nach dem Einmarsch Hitlers in Österreich habe ich in einer Unterhaltung Bauer gegenüber diesen Standpunkt vertreten und alle Gründe sprachen dafür, diesen Plan so

---

6 Die »Febristen« standen der deutschen KPO nahe, die »Funkgruppe« war von »Neu Beginnen« beeinflußt, die »Rote Front« kooperierte mit der SAP. Nach und nach vereinigten sie sich mit den RSÖ; vgl. *Walter Wisshaupt*, Wir kommen wieder – Eine Geschichte der Revolutionären Sozialisten Österreichs 1934–1938, Wien 1987, S. 17–19; *Otto Bauer*, Die illegale Partei, Paris 1939 (aus dem unveröffentlichten Nachlaß), in: *Otto Bauer*, Werkausgabe, Bd. 4, Wien 1974, S. 347–584, hier S. 415.
7 Vorlage: »nur« hs. ergänzt.
8 Vorlage: »hat« hs. eingebessert für »haben«.

schnell als möglich zu verwirklichen. Euer Kartellvorschlag ist aber nach unserer Auffassung keine geeignete Basis, denn er kompliziert in unnötiger Weise eine einfache Sache. Ihr müßt unsere besondere Lage berücksichtigen. Unsere Beziehungen zu den einzelnen Gruppen sind sehr schwierig. Ihre Ansprüche an uns gehen so weit, daß wir sie nicht erfüllen können. So zum Beispiel, wenn sich etwa die Gruppe Neu Beginnen eine Regelung vorstellt, in der wir und sie als völlig Gleichberechtigte und gleichwertige Faktoren mitwirken. Zu der SAP, die schon lange vor Hitler durch die Absplitterung von der Partei entstanden ist, haben wir nur lose Beziehungen. Wir kennen die jetzige Bedeutung und den Umfang ihrer Arbeit nicht, zumal inzwischen auch hier eine neue Spaltung eingetreten ist.[9] Mit der Landesorganisation führen wir zur Zeit Verhandlungen, um wenigstens mit dieser Organisation zu einer Verständigung zu kommen. Unter diesen Umständen müßt Ihr verstehen, daß wir uns durch die Versendung Eures Vorschlages an die von Euch genannten Organisationen vor eine vollendete Tatsache gestellt sehen mußten. Wir glauben, das ist nicht das Mittel, das die wünschenswerte Einigung fördert. Wir fürchten, daß mit Eurem Vorschlag die Frage der Konzentration weiter kompliziert wird. Euer Vorschlag ist für uns unannehmbar, und Ihr müßt Euch überlegen, was man weiter tun kann, wenn wir Euch jetzt erklären müssen, daß wir das Kartell nicht akzeptieren können. Ich hoffe, daß wir trotzdem schrittweise weiterkommen werden. Auf keinen Fall darf die Zusammenarbeit zwischen uns und Euch dadurch eine Beschränkung erfahren, und sie darf auch nicht belastet werden durch Spannungen, die vielleicht aus unserer jetzigen Meinungsverschiedenheit entstehen können.

Pollak bedauert, wenn aus der Form des Schreibens und aus der Art der Weitergabe des Vorschlages Mißverständnisse und unnötige Schwierigkeiten entstanden sein sollten. Wir haben den Vorschlag zwar allen darin genannten Organisationen unterbreitet, aber wir haben gleichzeitig allen mitgeteilt, daß wir zunächst mit Euch verhandeln wollen. Die bisherige Aussprache hat die prinzipiellen Standpunkte klar herausgestellt. Wir können uns in dieser Frage zur Zeit nicht treffen. Ihr vertretet die Meinung, daß man die bestehenden Gruppen ignorieren muß, wenn man sich nicht mit ihnen verständigen kann. Dieser Standpunkt ist uns in der österreichischen Bewegung immer fremd gewesen, wir haben immer wieder versucht, auseinanderstrebende Kräfte zusammenzuführen.

Ich habe hier nicht die Absicht, die Interessen von Neu Beginnen zu vertreten. Aber ich glaube, wenn man wie Ihr den Standpunkt der Treuhänderschaft gegenüber allen Teilen der Partei vertritt, dann kann man keinem Teil der Partei, der an dieser Treuhänderschaft beteiligt sein will, die Mitarbeit verweigern.

Ich glaube nicht, daß diese prinzipielle Diskussion zu einem Resultat führt, und ich möchte deshalb einige praktische Fragen stellen: 1. Ist es Euch möglich, über einen Kartellvorschlag zu verhandeln? 2. Wenn Ihr diese Möglichkeit seht, wie soll das Kartell nach Euren Vorstellungen aussehen? 3. Welchen Kreis von Organisationen soll dieses Kartell umfassen?

Vogel: Die Fragen von Pollak sind eigentlich durch die bisherige Diskussion schon beantwortet, und wir haben bereits erklärt, daß wir zur Zusammenarbeit mit der österreichischen Partei, ob in der Form eines Kartells oder einer Arbeitsgemeinschaft jederzeit bereit sind, und sie wünschen[10], daß wir aber ein Kartell nach dem jetzigen Vorschlag nicht akzeptieren können. Bei unserer Stellungnahme spielen[11] nicht nur die Form, in der dieser Vorschlag an uns herangebracht wurde, sondern auch die Motive, die Euch bei Eurem Vor-

---

9 *Foitzik*, S. 116, erwähnt für den Sommer 1938 Ausschlüsse aus der SAP in Prag, Kopenhagen und Oslo.
10 Muß wohl »wissen« heißen.
11 Vorlage: »spielen« hs. eingebessert für »spielt«.

schlag geleitet haben mögen, eine Rolle. Wir haben den Eindruck, als ob mit diesem Vorschlag die österreichische Partei einen Führungsanspruch für die gesamtdeutsche Bewegung geltend machen möchte. Richter hat schon in seinem ersten Artikel davon gesprochen, daß sich die österreichischen Genossen »automatisch auf den Standpunkt jener deutschen Sozialisten stellen, die den Führungs- und Totalitätsanspruch der Sopade bestreiten«. In derselben Richtung lagen auch einige Bemerkungen, die der Genosse Bauer in der letzten Sitzung der Exekutive der SAI aus Anlaß einer Debatte über eine Neuregelung der Mandate der illegalen Parteien gemacht hat, in denen er davon sprach, daß die österreichischen Genossen gerne bereit seien, in der Frage der Konzentration der deutschen Bewegung die Führung zu übernehmen und daß er hoffe, dabei die Unterstützung der Internationale zu finden. Die österreichischen Genossen werden verstehen, wenn unter diesem Gesichtspunkt unsere Ablehnung des Kartellvorschlags eine weitere Berechtigung erhält.

Ollenhauer: Wenn wir hier den Standpunkt vertreten, daß in dem zu bildenden Kartell die Sopade nicht in eine Linie gestellt werden kann mit anderen deutschen Gruppierungen, so stützen wir uns dabei nicht auf eine reine Formalität. Der Parteivorstand ist die von der Reichskonferenz 1933 als der letzten legalen Konferenz der Gesamtpartei gewählte Führung der Partei. Diese Konferenz fand statt in einem Zustand der halben Illegalität der Partei, und die Wahl des Vorstandes erfolgte schon damals unter dem Gesichtspunkt, der Partei auch für die Zeit eine sichtbare und aktionsfähige Gesamtvertretung zu sichern, wenn die Partei in die volle Illegalität gedrängt und eine Vertretung der Partei im Lande selbst nicht mehr möglich sein sollte. Unter diesem Gesichtspunkt hat damals die Reichskonferenz auch einen Vorstand gewählt, der alle damals bestehenden politischen Auffassungen in der Partei berücksichtigte. Von Neu Beginnen war allerdings zu dieser Zeit nicht die Rede, denn diese Gruppe war in der Partei unbekannt. In der Folgezeit haben wir dann viele Anstrengungen unternommen, um die in der ersten Zeit nach dem Verbot der Partei entstandenen einzelnen Gruppen zusammenzufassen und zu fördern. Neben Neu Beginnen gab es eine ganze Reihe derartiger Gruppen, aber die Gruppe, die am meisten von dieser Tendenz unserer Arbeit durch Jahre hindurch profitiert hat, war die Gruppe Neu Beginnen. Wenn wir später die materielle und moralische Unterstützung der Gruppe eingestellt haben, dann wurden wir zu dieser Maßnahme durch das Verhalten der Gruppe Neu Beginnen selbst gezwungen, die einen wesentlichen Teil ihrer Anstrengungen auf die Konspiration innerhalb der Partei verwendete. Die jetzige Einstellung der Gruppe, daß sie unter Anerkennung des Mandats des Parteivorstandes und unter Verzicht auf früher von ihr erhobene Forderungen nach Einberufung einer Reichskonferenz als Teil der sozialdemokratischen Bewegung gelten wolle, ist noch nicht sehr alt. Es ist noch nicht zwei Jahre her, seitdem die Leitung der Gruppe ein Rundschreiben versandte, das Richtlinien für die »Eroberung der Sopade« von innen her enthielt.[12] – Auf einen Zuruf von **Pollak**, daß diese zurückliegenden Dinge und die moralische Bewertung einzelner Handlungen der Milesgruppe bei der jetzt zur Diskussion stehenden Frage unwesentlich seien, daß man jetzt nur die Tatsachen sehen müsse, führt **Ollenhauer** aus, daß auch über den jetzigen Umfang und die jetzige Bedeutung der Gruppe Neu Beginnen verschiedene Meinungen vertreten werden können[13]. Von dem ursprünglichen Bestand der Organisation Neu Beginnen im Inland ist heute nicht mehr viel vorhanden. Die Gruppe selbst hat in der Zwischenzeit eine Spaltung durchgemacht und frühere Anhänger der Gruppe sind heute ihre schärfsten Gegner. Erst eine genauere Untersuchung könnte eine gewisse Klärung darüber bringen, was die Gruppe als Sektor der innerdeutschen Bewegung heute bedeutet. Jedenfalls kann sie auch

---

12 Abgedruckt ist dieses Rundschreiben bei *Kliem*, S. 194–198. Das von Ollenhauer herangezogene Zitat ebd., S. 197.
13 Vorlage: »werden können« hs. eingebessert für »worden waren«.

heute nicht, wie zu keinem früheren Zeitpunkt, in bezug auf die Stärke ihrer illegalen Verbindungen in eine Linie gestellt werden mit der Sopade. Bei der Landesorganisation in Frankreich liegen die Dinge ähnlich. Hier handelt es sich im wesentlichen überhaupt nur um eine organisatorische Zusammenfassung eines Teils der deutschen sozialdemokratischen Emigration. Sie kann also noch weniger Anspruch darauf erheben, gleichberechtigt neben der Sopade in einem Kartell vertreten zu sein. Die Bereinigung dieser Gruppendifferenzen muß Angelegenheit der deutschen Partei bleiben, und ebenso müßt Ihr anerkennen, daß wir aus sachlichen Gründen daran festhalten müssen, daß die Sopade als die Gesamtvertretung der deutschen Partei anerkannt wird.

Richter: Das Kartell, das wir im Auge haben, soll die Kräfte, die in ihm vertreten sind, nicht werten, sondern es soll lediglich die organisatorische Form sein, in der Arbeitsbeziehungen zwischen den einzelnen Gruppen hergestellt werden können. Wir haben das bereits in der Form zum Ausdruck gebracht, daß wir alle Gruppen zahlenmäßig gleichmäßig berücksichtigen wollen. Wir wollen auch nicht die Schuldfrage untersuchen. Wir haben unsere Meinung über die Bedeutung der einzelnen Gruppen, aber sie steht bei unserem Kartellvorschlag nicht zur Diskussion. Sie wird[14] erst eine Rolle spielen, wenn man die Frage einer organisatorischen Einigung ins Auge fassen wollte. Es ist eine gegebene Tatsache, daß heute neben der Sopade andere Gruppen selbständig bestehen, und aus dieser Tatsache haben wir mit unserem Vorschlag die Konsequenz gezogen. Wir halten eine andere Lösung des Kartellvorschlags nicht für möglich, wir können Euren Vorschlag in dieser Frage nicht annehmen. Die Sopade wünscht eine Zusammenarbeit zwischen uns und Euch. Das ist nach unserer Meinung keine wirkliche Lösung. Denn es geht jetzt nicht um die zwangsläufige und notwendige Zusammenarbeit zwischen uns und Euch, sondern was die Genossen in Deutschland interessiert, ist die Frage der innerdeutschen Konzentration. Mit unserem Vorschlag wollten wir an der Lösung dieses Problems mitarbeiten. Nichts anderes war unsere Absicht. Uns leiten auch nicht die Motive, von denen Vogel gesprochen hat.

Stampfer: Entscheidend ist für unsere Stellungnahme der Inhalt Eures Vorschlages. Wir wollen die Liquidierung und die Eingliederung der Gruppen. Wir meinen, daß euer Vorschlag die Erreichung dieses Ziels verhindert, und wir können uns deshalb nicht zu dem von Euch vertretenen Kartellgedanken bekennen. Schließlich ist aber der Begriff Kartell auch nur ein Wort. Zwischen Euch und uns besteht praktisch schon ein Kartellverhältnis. Wir unterhalten nicht nur die normalen Beziehungen zwischen zwei Parteien der SAI, sondern wir wissen, daß wir praktisch zusammengehören, und wir sind bereit, die engste Zusammenarbeit mit Euch herbeizuführen. Für diese Zusammenarbeit besteht heute unter den gegebenen Umständen für uns eine zwingende Verpflichtung und nichts kann geschehen, was uns von dieser Verpflichtung entbinden könnte. Wir müssen zusammenarbeiten, und wir möchten, daß diese Zusammenarbeit zustandekommt, auch wenn eine Verständigung über Euren Kartellvorschlag nicht möglich ist.

Wir kommen beide bei dem jetzigen Stand der Dinge in eine schwierige Situation. Die Opposition derer, die für die Einigung werben, ist immer leichter als die derjenigen, die einen praktischen Vorschlag in dieser Richtung nicht akzeptieren. Das ist klar. Aber auf der anderen Seite müßt auch Ihr überlegen, ob Ihr nach unserer Ablehnung an Eurem Kartellvorschlag festhalten wollt. Wie soll das Kartell ohne uns aussehen? Wollt Ihr es bilden ohne uns, aber mit Neu Beginnen und SAP? Ihr müßt Euch darüber klar sein, daß ein solches Kartell den Eindruck einer Sammlung gegen uns erwecken kann. Wir sind überzeugt, daß Ihr das nicht wollt, aber wir möchten Euch auf diese Gefahr hinweisen. Wir müssen die Dinge im deutschen Lager in erster Linie selbst ordnen, und wenn Ihr uns bei diesem Bemühen durch Eure Verbindungen zu den anderen Gruppen dabei helfen könnt, sind wir

---

14 Vorlage: »wird« hs. eingebessert für »werden«.

Euch dankbar. Unsere Meinung ist, daß ein Freundschaftsverhältnis zwischen uns Beziehungen zu anderen deutschen Gruppen nicht ausschließen muß. Aber wir wünschen, daß auch diese Beziehungen unsere Aufgaben nicht erschweren.

Vogel: Unser Standpunkt ist klar: Wir sind zur Zusammenarbeit mit der österreichischen Partei bereit. Aber wir sind nicht in der Lage, mit den von Euch genannten deutschen Gruppen ein gemeinsames Kartell zu bilden. Die Verhandlungen mit der Landesgruppe stehen nicht so ungünstig, wie Richter es angenommen hat. Wir halten einen erfolgreichen Abschluß für möglich, und es ist selbstverständlich, daß dann die Landesgruppe nicht mehr als selbständiger Partner im Kartell vertreten sein kann. Dann bleiben aber nur Neu Beginnen und SAP übrig, und Ihr müßt Euch fragen, ob ein Kartell zwischen Euch und diesen beiden Gruppen den Gedanken stärken kann, den Ihr hier durch Euren Vorschlag realisieren wolltet. Ein solches Kartell wird auch nicht die Wirkung in Deutschland auslösen, die Ihr von ihm erwartet.

Richter unterstreicht noch einmal, daß er eine völlig andere Auffassung von der deutschen Konzentration habe. Die Überwindung der Spaltung im deutschen Lager sei das entscheidende Problem. Wir können selbstverständlich in den verschiedensten Formen mit Euch zusammenarbeiten, wenn das Kartell nicht zustande kommt, aber wir behalten uns vor, auch Arbeitsverbindungen mit allen anderen Gruppen aufrechtzuerhalten.

Stampfer bittet die österreichischen Genossen, die Gefahren zu sehen, die entstehen können, wenn ein Kartell ohne uns gebildet würde, das als ein Kartell gegen uns angesehen werden müßte. Das wäre eine Entwicklung, die niemand von uns wünscht.

Richter: Wir sind durch unsere Initiative in dieser Frage gebunden, und wir können durch Eure Haltung in eine Lage kommen, in der es den Anschein erwecken könnte, als wenn wir gegen Euch stehen. Wir sind aber nicht in der Lage, unseren Vorschlag nach Eurem Einspruch zurückzuziehen. Wir werden jetzt die beteiligten Organisationen über das Ergebnis Eurer Haltung informieren müssen, da wir ihnen Verhandlungen über den Vorschlag in Aussicht gestellt hatten. In unserer Auslandsvertretung werden wir überlegen, was wir nun tun können, ob wir noch einen neuen Vorschlag auf anderer Basis der Sopade unterbreiten oder ob wir das Kartell in Form von Arbeitsbeziehungen zwischen allen Gruppen, die mit uns arbeiten wollen, verwirklichen sollen. Wir können aber unsere Bemühungen nach Eurer Ablehnung nicht aufgeben. Dabei werden auch wir das Bestreben haben, eine Verschärfung der Situation und Spannungen soweit als möglich zu vermeiden.

Pollak erklärt abschließend als Richtlinie für die weitere Stellungnahme der österreichischen Genossen, daß für sie alle Vorschläge tragbar sein werden, die im Zeichen einer wirklichen Konzentration stehen, daß sie aber keinen Vorschlag annehmen werden, der die Konzentration aller Kräfte nicht fördert, sondern hemmt.

Quellen- und Literaturverzeichnis

1. Quellen

Archiv der sozialen Demokratie (AdsD), Bonn
Dep. Sander
Internationale Transportarbeiter-Föderation
NL Buttinger
NL Dittmann
NL Hertz
NL Höltermann
NL von Knoeringen
NL Löbe
NL Löwenstein
NL Ollenhauer
NL Raloff
NL Salomon
NL Schoettle
NL Ernst Schumacher
NL Stampfer
PV-Emigration
Rinner-Korrespondenz
Sammlung Personalia: Herbert Kriedemann, Hans Vogel, Otto Wels
Sozialistische Jugendinternationale

Internationale Information, 1933–1940
Neuer Vorwärts, 1933–1939
Sozialistische Aktion
Zeitschrift für Sozialismus

Berlin Document Center (BDC), Berlin
Anklageschrift des Oberreichsanwalts beim Volksgerichtshof gegen Herbert Kriedemann, 7. August 1941

Bundesarchiv (BA), Koblenz
R 58 (Reichssicherheitshauptamt)

Bundesarchiv (BA), Abteilungen Potsdam
61 Ta 1(Pariser Tageszeitung)
PSt 3 und St 3 (Reichssicherheitshauptamt)
ORA/VGH (Oberreichsanwalt beim Volksgerichtshof)

Bundesarchiv-Zwischenarchiv Dahlwitz-Hoppegarten
NJ (NS-Justiz)

Historisches Archiv der Stadt Köln
NL Sollmann

Institut für Zeitgeschichte (IfZ), München
Deutsche Emigration in der Tschechoslowakei 1933–1938 (Ms 159)
Fa 117/35
FB 207
NL Hoegner
NL Grossmann
Zs 2288

Internationales Institut für Sozialgeschichte (IISG), Amsterdam
Internationaler Gewerkschaftsbund
Neu Beginnen
NL Fr. Adler
NL Karl Frank
NL Hertz
NL Kautsky
Sozialistische Arbeiter-Internationale
Sozialistische Jugendinternationale

Niedersächsisches Hauptstaatsarchiv, Hannover
Ermittlungssache gegen Spengemann wegen Verbrechen gegen die Menschlichkeit

Politisches Archiv des Auswärtigen Amtes (PA im AA), Bonn
A III 1b8 sdbd
Inland II A/B

Stiftung Archiv der Parteien und Massenorganisationen der DDR im Bundesarchiv (SAPMO), Berlin
ZPA I (KPD)
ZPA II (SPD)
ZPA IV

2. Literatur

Hans J. L. Adolph, Otto Wels und die Politik der deutschen Sozialdemokratie. Eine politische Biographie, Berlin 1971

Akten zur deutschen auswärtigen Politik 1918–1945. Aus dem Archiv des deutschen Auswärtigen Amtes. Serie D (1937–1945), Band II: Deutschland und die Tschechoslowakei (1937–1938), Baden-Baden 1950

Richard Albrecht, Der militante Sozialdemokrat – Carlo Mierendorff 1897–1943. Eine Biographie, Bonn 1987

Richard Albrecht, Exil-Forschung – Studien zur deutschsprachigen Emigration nach 1933, Frankfurt/Main 1988

Peter Altmann u. a., Der deutsche antifaschistische Widerstand 1933–1945 in Bildern und Dokumenten, Frankfurt/Main 1975

Arbeiterwohlfahrt Bundesverband Bonn (Hrsg.), Helfen und Gestalten. Beiträge und Daten zur Geschichte der Arbeiterwohlfahrt, o. O. [Bonn] 1979

Archiv der Gegenwart, Jg. 1 ff., 1931 ff.

Martin K. Bachstein, Die Beziehungen zwischen sudetendeutschen Sozialdemokraten und dem deutschen Exil: Dialektische Freundschaft, in: Peter Becher/Peter Heumos (Hrsg.), Drehscheibe Prag. Zur deutschen Emigration in der Tschechoslowakei, München 1992, S. 41–52

Gilbert Badia u. a., Les bannis de Hitler. Accueil et lutte des exilés allemands en France 1933–1939, Paris 1984

Gilbert Badia u. a., Les barbelés de l'exil. Etudes sur l'émigration allemande et autrichienne (1938–1940), Grenoble 1979

Ulrich Bauche u. a. (Hrsg.), »Wir sind die Kraft«. Arbeiterbewegung in Hamburg von den Anfängen bis 1945. Katalogbuch zu Ausstellungen des Museums für Hamburger Geschichte, Hamburg 1988

Otto Bauer, Die illegale Partei, Paris 1939 (aus dem unveröffentlichten Nachlaß), in: Kurt Klotzbach (Hrsg.), Drei Schriften aus dem Exil, Berlin 1974, S. 89–198; auch in: Otto Bauer, Werkausgabe, Bd. 4, Wien 1976, S. 347–584

Gerhard Beier, Die illegale Reichsleitung der Gewerkschaften 1933–1945, Köln 1981

Wolfgang Benz/Hermann Graml (Hrsg.), Biographisches Lexikon zur Weimarer Republik, München 1988

Biografisch Woordenboek. Van Het Socialisme en de Arbeidersbewegung in Nederland, 5 Bde., Amsterdam 1986-1992

Vojtech Blodig, Die tschechoslowakischen politischen Parteien und die Unterstützung der deutschen und österreichischen Emigranten in den 30er Jahren, in: München 1938. Das Ende des alten Europa, hrsg. im Auftrag der Deutsch-Tschechoslowakischen Gesellschaft für die Bundesrepublik Deutschland e.V. von Peter Glotz u. a., Essen 1990, S. 251–270

Kuno Bludau, Gestapo – geheim! Widerstand und Verfolgung in Duisburg 1933–1945, Bonn 1973

Wolfgang Borgert/Michael Krieft, Die Arbeit an den »Deutschland-Berichten«. Protokoll eines Gesprächs mit Friedrich Heine, in: Werner Plum (Hrsg.), Die »Grünen Berichte« der Sopade. Gedenkschrift für Erich Rinner (1902–1982), Bonn 1984, S. 49–119

Günter Braun, Georg Reinbold. Grenzsekretär der Sozialdemokraten für Baden und die Pfalz, in: Michael Bosch/Wolfgang Niess (Hrsg.), Der Widerstand im deutschen Südwesten 1933–1945, Stuttgart etc. 1984, S. 163–171

Julius Braunthal, Geschichte der Internationale, 3 Bde., Hannover 1961 und 1963, Berlin etc. 1971

Jörg Bremer, Die Sozialistische Arbeiterpartei Deutschlands (SAP). Untergrund und Exil 1933–1945, Frankfurt/Main etc. 1978

Hermann Brill, Gegen den Strom, Offenbach 1946

Martin Broszat, Der Staat Hitlers, in: Deutsche Geschichte seit dem Ersten Weltkrieg, Bd. 1, Stuttgart 1971, S. 501-839

Johann Wolfgang Brügel, Tschechen und Deutsche 1918-1938, München 1967

Siegfried Bünger/Hella Kaeselitz, Geschichte Großbritanniens von 1918 bis zur Gegenwart, Berlin/DDR 1989

Joseph Buttinger, Am Beispiel Österreichs. Ein geschichtlicher Beitrag zur Krise der sozialistischen Bewegung, Köln 1953 (ND u.d.T. »Das Ende der Massenpartei. Am Beispiel Österreichs«, Frankfurt/Main 1972)

Ulrich Cartarius, Sozialdemokratisches Exil und innerdeutscher Widerstand, in: Michael Grunewald/Frithjof Trapp (Hrsg.), Autour du »Front populaire allemand«. Einheitsfront-Volksfront, Bern etc. 1990, S. 41-54

Bohumil Cerny, Der Parteivorstand der SPD im tschechoslowakischen Asyl (1933-1938), in: Historica (Prag) 14, 1967, S. 175-218

Chamissos gesammelte Werke. Neu durchgesehene und vermehrte Ausgabe in vier Bänden. Mit biographischer Einleitung, hrsg. v. Max Koch, Bd. 3: Reise um die Welt, 1. Teil, Stuttgart o. J.

Bart de Cort, »Was ich will, soll Tat werden«. Erich Kuttner 1887-1942. Ein Leben für Freiheit und Recht, hrsg. v. Bezirksamt Tempelhof von Berlin, Red. Kurt Schilde, Berlin 1990

Ralf Deppe, Sozialdemokratisches Exil in Dänemark und der innerdeutsche Widerstand: Das Grenzsekretariat Kopenhagen der Sopade – Unterstützung der Widerstandsarbeit in Deutschland, in: Hans-Uwe Petersen (Hrsg.), Hitlerflüchtlinge im Norden. Asyl und politisches Exil 1933-1945, Kiel 1991, S. 207-213

Julius Deutsch, Ein weiter Weg. Lebenserinnerungen, Zürich etc. 1960

Deutschland-Berichte der Sozialdemokratischen Partei Deutschlands (Sopade), Bde. 1-7, 1934-1940, ND Salzhausen etc. 1980

Dieter Dowe/Kurt Klotzbach (Hrsg.), Programmatische Dokumente der deutschen Sozialdemokratie, 2. Aufl., Berlin 1984

Hanno Drechsler, Die Sozialistische Arbeiterpartei Deutschlands. Ein Beitrag zur Geschichte der deutschen Arbeiterbewegung am Ende der Weimarer Republik, Hannover 1983

Drehscheibe Prag. Deutsche Emigranten 1933-1939. Ausstellungskatalog, hrsg. v. Adalbert Stifter Verein München, München 1989

Horst Duhnke, Die KPD von 1933-1945, Köln 1972

Alfred Eberlein, Die Presse der Arbeiterklasse und der sozialen Bewegungen. Von den dreißiger Jahren des 19. Jahrhunderts bis zum Jahre 1967. Bibliographie und Standortverzeichnis der Presse der deutschen, der österreichischen und der schweizerischen Arbeiter-, Gewerkschafts- und Berufsorganisationen (einschließlich der Protokolle und Tätigkeitsberichte). Mit einem Anhang: Die deutschsprachige Presse der Arbeiter-, Gewerkschafts- und Berufsorganisationen anderer Länder, Frankfurt/Main 1968

Lewis J. Edinger, Sozialdemokratie und Nationalsozialismus. Der Parteivorstand der SPD im Exil von 1933–1945, Hannover etc. 1960

100 Jahre SPD in Mannheim. Eine Dokumentation, hrsg. v. SPD Kreis Mannheim, Mannheim 1967

Deutsches Exilarchiv 1933–1945. Katalog der Bücher und Broschüren, Red. Mechthild Hahne, Stuttgart 1989

Otto Findeisen, Zu den Einheitsfrontverhandlungen am 23. November 1935 in Prag, in: BzG 8, 1966, S. 676–694

Otto Findeisen, Zur Entwicklung der deutschen Sozialdemokratie 1933–1939, in: 1917–1945. Neue Probleme der Geschichte der deutschen Arbeiterbewegung in Forschung und Lehre, Berlin/DDR 1965, S. 153–163

Wolfram Fischer (Hrsg.), Europäische Wirtschafts- und Sozialgeschichte vom Ersten Weltkrieg bis zur Gegenwart, Stuttgart 1987

Jan Foitzik, Zwischen den Fronten. Zur Funktion und Organisation linker politischer Kleinorganisationen im Widerstand 1933 bis 1939/40 unter besonderer Berücksichtigung des Exils, Bonn 1986

Jutta von Freyberg, Sozialdemokraten und Kommunisten. Die Revolutionären Sozialisten Deutschlands vor dem Problem der Aktionseinheit 1934–1937, Köln 1973

Jutta von Freyberg/Bärbel Hebel-Kunze, Die deutsche Sozialdemokratie in der Zeit des Faschismus (1933–1945), in: Jutta von Freyberg u. a. (Hrsg.), Geschichte der deutschen Sozialdemokratie: Von 1863 bis zur Gegenwart, 3. Aufl., Köln 1989, S. 191–261

Hans-Jürgen Friederici, Zum Differenzierungsprozeß in der deutschen Sozialdemokratie im Kampf gegen Faschismus und Kriegsgefahr (1935–1937), in: Hallesche Studien zur Geschichte der Sozialdemokratie, Bd. 1, 1978, S. 129–148

Peter-Michael Gawlitza, Die sozialistische Konzentration. Über Bestrebungen zur Sammlung der politisch-organisatorisch zersplitterten Sozialdemokratie in der Emigration zwischen November 1937 und August 1938, Diss. Berlin/DDR 1986

Heinz Gittig, Illegale antifaschistische Tarnschriften 1933 bis 1945, Leipzig 1972

Johannes Glasneck, Die Sozialistische Arbeiter-Internationale zwischen antifaschistischem Kampf und antikommunistischer Reaktion in den Jahren 1935 bis 1937, in: Hallesche Studien zur Geschichte der Sozialdemokratie, Bd. 4, 1980, S. 39–85

Anthony Glees, Exile Politics during the Second World War. The German Social Democrats in Britain, Oxford 1982

Hermann Graml, Europa zwischen den Kriegen, 4. Aufl., München 1979

Peter Grasmann, Sozialdemokraten gegen Hitler 1933–1945, München etc. 1976

Rüdiger Griepenburg, Volksfront und deutsche Sozialdemokratie. Zur Auswirkung der Volksfronttaktik im sozialistischen Widerstand gegen den Nationalsozialismus, Marburg o. J. [1971]

Bruno Groppo, Die gelähmte Internationale. Zur politischen Entwicklung der sozialistischen Parteien in Europa nach 1933, in: GG 17, 1991, S. 220–241

Kurt R. Grossmann, Emigration. Geschichte der Hitler-Flüchtlinge, Frankfurt/Main 1969

Helmut Gruber, The German Socialist Executive in Exile, 1933–1939: Democracy as Internal Contradiction, in: Wolfgang Maderthaner/Helmut Gruber (Hrsg.), Chance und Illusion. Labor in Retreat. Studien zur Krise der westeuropäischen Gesellschaft in den dreißiger Jahren. Studies of the Social Crisis in Interwar Western Europe, Wien etc. 1988, S. 185–245

Hanno Hardt/Elke Hilscher/Winfried B. Lerg, Presse im Exil. Beiträge zur Kommunikationsgeschichte des deutschen Exils 1933–1945, München etc. 1979

Adolf Hasenöhrl (Hrsg.), Kampf, Widerstand, Verfolgung der sudetendeutschen Sozialdemokraten. Dokumentation der deutschen Sozialdemokraten aus der Tschechoslowakei im Kampf gegen Henlein und Hitler, Stuttgart 1983

Bärbel Hebel-Kunze, SPD und Faschismus. Zur politischen und organisatorischen Entwicklung der SPD 1932–1935, Frankfurt/Main 1977

Fritz Heine, »Illegale« Reichsleitung der SPD 1933–1934, in: Neue Gesellschaft 30, 1983, S. 767–768

Emil Henk, Sozialdemokratischer Widerstand im Raum Mannheim, in: 100 Jahre SPD in Mannheim. Eine Dokumentation, hrsg. v. SPD Kreis Mannheim, Mannheim 1967, S. 68–73

Wilhelm Hoegner, Der schwierige Außenseiter. Erinnerungen eines Abgeordneten, Emigranten und Ministerpräsidenten, München 1959

Wilhelm Hoegner, Flucht vor Hitler. Erinnerungen an die Kapitulation der ersten deutschen Republik 1933, München 1977

Jörg K. Hoensch, Geschichte der Tschechoslowakischen Republik 1918–1978, 2. Aufl., Stuttgart etc. 1978

Maria Hunink, De Papieren van de Revolutie. Het Internationaal Instituut voor Sociale Geschiedenis 1935–1947, Amsterdam 1986

Kveta Hyrslová, Die CSR als Asylland. Historisch-politische Voraussetzungen, in: Peter Becher/Peter Heumos (Hrsg.), Drehscheibe Prag. Zur deutschen Emigration in der Tschechoslowakei, München 1992, S. 31–40

Institut für Marxismus-Leninismus beim Zentralkomitee der SED (Hrsg.), Geschichte der deutschen Arbeiterbewegung, Bd. 5: Von Januar 1933 bis Mai 1945, Berlin/DDR 1966

Institut für Marxismus-Leninismus beim Zentralkomitee der SED (Hrsg.), Geschichte der internationalen Arbeiterbewegung in Daten, Berlin/DDR 1986

Peter Jahn (Bearb.), Die Gewerkschaften in der Endphase der Republik 1930–1933, Köln 1988

Wenzel Jaksch, Europas Weg nach Potsdam. Schuld und Schicksal im Donauraum, Stuttgart 1958

Jochen-Christoph Kaiser, Max Sievers in der Emigration 1933–1944, in: IWK 16, 1980, S. 33–57

Kurt Kliem, Der sozialistische Widerstand gegen das Dritte Reich, dargestellt an der Gruppe »Neu-Beginnen«, Diss. masch. Marburg 1957

Johannes Klotz, Das »kommende Deutschland«. Vorstellungen und Konzeptionen des sozialdemokratischen Parteivorstandes im Exil 1933–1945 zu Staat und Wirtschaft, Köln 1983

Kurt Klotzbach (Hrsg.), Drei Schriften aus dem Exil, Berlin etc. 1974

Andreas Kranig, Lockung und Zwang. Zur Arbeitsverfassung im Dritten Reich, Stuttgart 1983

In Sachen Kriedemann, o. O., o. J. [Frankfurt/Main 1949]

Claus-Dieter Krohn, Exilierte Sozialdemokraten in New York. Der Konflikt der German Labor Delegation mit der Gruppe Neu Beginnen, in: Michael Grunewald/Frithjof Trapp (Hrsg.), Autour du »Front populaire allemand«. Einheitsfront-Volksfront, Bern etc. 1990, S. 81–98

Rudolf Küstermeier, Der Rote Stoßtrupp, hrsg. v. Informations-Zentrum Berlin. Gedenk- und Bildungsstätte Stauffenbergstraße, 3. Aufl., Berlin 1981

Ernst Kunkel, »Für Deutschland – gegen Hitler«. Die Sozialdemokratische Partei des Saargebietes im Abstimmungskampf 1933/1935, Saarbrücken 1968

Evelyn Lacina, Emigration 1933–1945. Sozialhistorische Darstellung der deutschsprachigen Emigration und einiger ihrer Asylländer aufgrund ausgewählter zeitgenössischer Selbstzeugnisse, Stuttgart 1982

Dieter Lange, Die Haltung des sozialdemokratischen Parteivorstandes (Sopade) bei Ausbruch des zweiten Weltkriegs, in: ZfG 12, 1964, S. 949–967

Dieter Lange, Das Prager Manifest von 1934, in: ZfG 19, 1972, S. 843–872

Dieter Lange, Probleme der politischen Entwicklung in den Reihen der emigrierten sozialdemokratischen Führer (vom Ausbruch des zweiten Weltkrieges bis zur Schlacht an der Wolga), in: 1917–1945. Neue Probleme der Geschichte der deutschen Arbeiterbewegung in Forschung und Lehre, Berlin/DDR 1965, S. 173–182

Ursula Langkau-Alex, Die deutsche sozialdemokratische Emigration in den Niederlanden nach 1933. Ein Überblick am Beispiel der Stadt Amsterdam, in: Kathinka Dittrich/Hans Würzner (Hrsg.), Die Niederlande und das deutsche Exil 1933–1940, Königstein/Taunus 1982, S. 91–106

Ursula Langkau-Alex, Zur Politik des Sozialdemokraten Paul Hertz im Exil: »Es gilt, die Menschen zu verändern...«, in: Exilforschung. Ein internationales Jahrbuch, Bd. 8, 1990, S. 142–156

Ursula Langkau-Alex, Zwischen Tradition und neuem Bewußtsein. Die Sozialdemokraten im Exil, in: Manfred Briegel/Wolfgang Frühwald (Hrsg.), Die Erfahrung der Fremde. Kolloquium des Schwerpunktprogramms »Exilforschung« der Deutschen Forschungsgemeinschaft. Forschungsbericht, Weinheim etc. 1988, S. 61–77

Ursula Langkau-Alex, Volksfront für Deutschland? Bd. 1: Vorgeschichte und Gründung des »Ausschusses zur Vorbereitung einer deutschen Volksfront« 1933–1936, Frankfurt/Main 1977

Detlef Lehnert, Vom Widerstand zur Neuordnung? Zukunftsperspektiven des deutschen Sozialismus im Exil als Kontrastprogramm zur NS-Diktatur, in: Jürgen Schmädeke/Peter Steinbach (Hrsg.), Der Widerstand gegen den Nationalsozialismus. Die deutsche Gesellschaft und der Widerstand gegen Hitler, München etc. 1985, S. 497–519

Joachim G. Leithäuser, Wilhelm Leuschner. Ein Leben für die Republik, Köln 1962

Peter Lempert, »Das Saarland den Saarländern!« Die frankophilen Bestrebungen im Saargebiet 1918–1935, Köln 1985

Paul Löbe, Der Weg war lang. Lebenserinnerungen, 4. Aufl., Berlin 1990

Peter Lösche/Michael Scholing, In den Nischen des Systems: Der sozialdemokratische Pressespiegel »Blick in die Zeit«, in: Jürgen Schmädeke/Peter Steinbach (Hrsg.), Der Widerstand gegen den Nationalsozialismus. Die deutsche Gesellschaft und der Widerstand gegen Hitler, 2. Aufl., München etc. 1986, S. 207–224

Peter Lösche/Michael Scholing, Solidargemeinschaft im Widerstand: Eine Fallstudie über »Blick in die Zeit«, in: IWK 19, 1983, S. 517–561

Richard Löwenthal, Konflikte, Bündnisse und Resultate der deutschen politischen Emigration, in: VfZ 39, 1991, S. 625–636

Lieselotte Maas, Handbuch der deutschen Exilpresse 1933–1945, hrsg. v. Eberhardt Lämmert, München etc. 1976/1990

Thomas Mann, Tagebücher 1937–1939, hrsg. v. Peter de Mendelssohn, Frankfurt/Main 1980

Manfred Marschalek, Der Wiener Sozialistenprozeß 1936, in: Karl R. Stadler (Hrsg.), Sozialistenprozesse. Politische Justiz in Österreich 1870–1936, Wien etc. 1986, S. 429–490

Erich Matthias, Die Sozialdemokratische Partei Deutschlands, in: Erich Matthias/Rudolf Morsey (Hrsg.), Das Ende der Parteien 1933. Darstellungen und Dokumente, 2. Aufl., Düsseldorf 1979, S. 101–278

Erich Matthias, Der Untergang der Sozialdemokratie, in: VfZ 4, 1956, S. 179–286

Erich Matthias, Sozialdemokratie und Nation. Ein Beitrag zur Ideengeschichte der sozialdemokratischen Emigration in der Prager Zeit des Parteivorstandes 1933–1938, Stuttgart 1952

Erich Matthias/Werner Link (Bearb.), Mit dem Gesicht nach Deutschland. Eine Dokumentation über die sozialdemokratische Emigration. Aus dem Nachlaß von Friedrich Stampfer, Düsseldorf 1968

Erich Matthias/Hermann Weber (Hrsg.), Widerstand gegen den Nationalsozialismus in Mannheim, Mannheim 1984

Herbert Mayer, Die Sozialistische Arbeiter-Internationale und die Aktionseinheit mit den Kommunisten. Über die Haltung der SAI zur kommunistischen Bewegung 1933/35, Halle/Saale 1981

Paul Mayer, Die Geschichte des sozialdemokratischen Parteiarchivs und das Schicksal des Marx-Engels-Nachlasses, in: AfS 6/7, 1966/67, S. 9–198

Paul Mayer, Der Stockholmer Dokumentenfund, in: IWK 8, 1972, S. 46–48

Hartmut Mehringer, Waldemar von Knoeringen. Eine politische Biographie. Der Weg vom revolutionären Sozialismus zur sozialen Demokratie, München etc. 1989

Olaf Meiler, Die Deutsche Sozialdemokratische Arbeiterpartei in der Tschechoslowakei (DSAP) im Spannungsfeld zwischen tschechischen Sozialdemokraten und Kommunisten 1918–1929, München 1989

Hermann Mendel, »Blick in die Zeit« 1933–1935, hrsg. v. Informationszentrum Berlin. Gedenk- und Bildungsstätte Stauffenbergstraße, Berlin 1983

Ralph Miliband, Parliamentary Socialism. A study in the politics of Labour, London 1961

Frank Moraw, Die Parole der »Einheit« und die Sozialdemokratie. Zur parteiorganisatorischen und gesellschaftspolitischen Orientierung der SPD in der Periode der Illegalität und in der ersten Phase der Nachkriegszeit 1933–1948, Bonn 1973

Patrik von zur Mühlen, »Schlagt Hitler an der Saar!« Abstimmungskampf, Emigration und Widerstand im Saargebiet 1933–1935, Bonn 1979

Patrik von zur Mühlen, Spanien war ihre Hoffnung. Die deutsche Linke im Spanischen Bürgerkrieg 1936–1939, Bonn 1983

Roland Müller, Stuttgart zur Zeit des Nationalsozialismus, Stuttgart 1988

Helmut Müssener, Exil in Schweden. Politische und kulturelle Emigration nach 1933, München 1974

Werner Nachtmann, Erwin Schoettle. Grenzsekretär der Sozialdemokraten für Württemberg, in: Michael Bosch/Wolfgang Niess (Hrsg.), Der Widerstand im deutschen Südwesten 1933–1945, Stuttgart 1984, S. 153–161

1917–1945. Neue Probleme der Geschichte der deutschen Arbeiterbewegung in Forschung und Lehre, Berlin/DDR 1965

Heinz Niedrig u. a., Arbeiterwohlfahrt. Verband für soziale Arbeit – Geschichte, Selbstverständnis, Arbeitsfelder, Daten, Wiesbaden 1985

Heinz Niemann (Hrsg.), Geschichte der deutschen Sozialdemokratie 1917 bis 1945, Berlin/DDR 1982

Heinz Niemann, Zur Vorgeschichte und Wirkung des Prager Manifests der SPD, in: ZfG 13, 1965, S. 1355–1364

Heinz Niemann/Otto Findeisen/Dietrich Lange/Karlheinz Wild, SPD und Hitlerfaschismus. Der Weg der deutschen Sozialdemokratie vom 30. Januar 1933 bis zum 21. April 1946. Kollektiv-Diss. masch. am Institut für Gesellschaftswissenschaften beim ZK der SED, Berlin/DDR 1965

Jacques Omnès, L'accueil des émigrés politiques (1933–1938). L'example du Secours Rouge, de la Ligue des Droits de l'Homme et du Parti Socialiste, in: Gilbert Badia u. a., Les bannis de Hitler. Accueil et lutte des exilés allemands en France 1933–1939, Paris 1984, S. 65–103

Franz Osterroth/Dieter Schuster, Chronik der deutschen Sozialdemokratie, 3 Bde., 2. Aufl., Berlin etc. 1975–1978

Gerhard Paul, Max Braun. Eine politische Biographie, St. Ingbert 1987

Uta Petersen, Das Prager Manifest der SPD von 1934, in: Ergebnisse. Zeitschrift für demokratische Geschichtswissenschaft 20, März 1983, S. 10–130

Walter F. Peterson, The Berlin Liberal Press in Exile: A History of the Pariser Tageblatt – Pariser Tageszeitung 1933–1940, Tübingen 1987

Detlev Peukert/Frank Bajohr, Spuren des Widerstands. Die Bergarbeiterbewegung im Dritten Reich und im Exil. Mit Dokumenten aus dem IISG Amsterdam, München 1987

Peter Pistorius, Rudolf Breitscheid 1874–1944. Ein biographischer Beitrag zur deutschen Parteiengeschichte, Diss. Köln 1970

Günter Plum, Volksfront, Konzentration und Mandatsfrage. Ein Beitrag zur Geschichte der SPD im Exil, in: VfZ 18, 1970, S. 410–442

Werner Plum (Hrsg.), Die »Grünen Berichte« der Sopade. Gedenkschrift für Erich Rinner (1902–1982), Bonn 1984

Friedrich Prinz (Hrsg.), Wenzel Jaksch – Eduard Benesch. Briefe und Dokumente aus dem Londoner Exil 1939–1943, Köln 1973

[Protokoll] Vierter Kongreß der Sozialistischen Arbeiter-Internationale. Wien. 25. Juli bis 1. August 1931. Berichte, Verhandlungen und Beschlüsse, Zürich 1932, ND Glashütten/Taunus 1974

[Protokoll] Internationale Konferenz der Sozialistischen Arbeiter-Internationale. Paris. Maison de la Mutualité, 21.–25. 8. 1933, Paris 1933, ND Glashütten/Taunus 1976

Protokoll über die Verhandlungen des außerordentlichen Parteitages in Halle. Vom 12. bis 17. Okt. 1920 [Rechte USPD], in: Protokolle der Parteitage der Unabhängigen Sozialdemokratischen Partei Deutschlands, Bd. 3, 1920, Unveränderter ND Glashütten/Taunus 1976

Bernd Rabe, Die »Sozialistische Front«, Hannover 1984

Georg von Rauch, Geschichte der Sowjetunion, 8. Aufl., Stuttgart 1990

Axel Redmer, »Wer draußen steht, sieht manches besser«. Biographie des Reichstagsabgeordneten Emil Kirschmann, Birkenfeld 1987

Hans-Joachim Reichhardt, Möglichkeiten und Grenzen des Widerstandes der Arbeiterbewegung, in: Walter Schmitthenner/Hans Buchheim (Hrsg.), Der deutsche Widerstand gegen Hitler. Vier historisch-kritische Studien, Köln etc. 1966, S. 169–213

Werner Röder, Emigration und innerdeutscher Widerstand – Zum Problem der politischen Legitimation des Exils, in: Widerstand, Verfolgung und Emigration, hrsg. v. Forschungsinstitut der Friedrich-Ebert-Stiftung, Bad Godesberg 1967, S. 119–142

Werner Röder, Die deutschen sozialistischen Exilgruppen in Großbritannien. Ein Beitrag zur Geschichte des Widerstandes gegen den Nationalsozialismus, 2. Aufl., Bonn 1973

Werner Röder/Herbert A. Strauss (Bearb.), Biographisches Handbuch der deutschsprachigen Emigration nach 1933, Bd.1: Politik, Wirtschaft, öffentliches Leben, München etc. 1980

Karl Rohe, Das Reichsbanner Schwarz Rot Gold. Ein Beitrag zur Geschichte und Struktur der politischen Kampfverbände zur Zeit der Weimarer Republik, Düsseldorf 1966

Hélène Roussel, Editeurs et publications des émigrés allemands (1933–1939), in: Gilbert Badia u. a., Les barbelés de l'exil. Etudes sur l'émigration allemande et autrichienne (1938–1940), Grenoble 1979, S. 357–417

Wolfgang Runge, Das Prager Manifest von 1934. Ein Beitrag zur Geschichte der SPD, Hamburg 1963

Wolfgang Saggau, Faschismustheorien und antifaschistische Strategien in der SPD. Theoretische Einschätzungen des deutschen Faschismus und Widerstandskonzeptionen in der Endphase der Weimarer Republik und in der Emigration, Köln 1981

Hans-Rainer Sandvoß, Widerstand in einem Arbeiterbezirk, Berlin 1983

Jürgen Schmädeke/Peter Steinbach (Hrsg.), Der Widerstand gegen den Nationalsozialismus. Die deutsche Gesellschaft und der Widerstand gegen Hitler, 2. Aufl., München etc. 1986

Hans-Dieter Schmid, Leipziger Sozialdemokratie und Nationalsozialismus, in: Sächsische Heimatblätter 38, 1992, S. 312–323

Hans-Dieter Schmid, Sozialdemokratischer Widerstand, in: Herbert Obenaus u. a., Widerstand im Abseits. Hannover 1933–1945. Beiträge zur Ausstellung, Hannover 1992, S. 15–38

Erich R. Schmidt, Meine Jugend in Groß-Berlin. Triumph und Elend der Arbeiterbewegung 1918–1933, Bremen 1988

Erich Schmidt, Der Berliner Jugendkonflikt vom April 1933, in: Erich Matthias, Die Sozialdemokratische Partei Deutschlands, in: Erich Matthias/Rudolf Morsey (Hrsg.), Das Ende der Parteien 1933. Darstellungen und Dokumente, 2. Aufl., Düsseldorf 1979, S. 101–278

Hagen Schulze, Otto Braun oder Preußens demokratische Sendung. Eine Biographie. Frankfurt/Main etc. 1977

Hagen Schulze (Hrsg.), Anpassung oder Widerstand? Aus den Akten des Parteivorstands der deutschen Sozialdemokratie 1932/33, Bonn 1975

Martin Schumacher (Hrsg.), M.d.R. Die Reichstagsabgeordneten der Weimarer Republik in der Zeit des Nationalsozialismus. Politische Verfolgung, Emigration und Ausbürgerung 1933–1945, Düsseldorf 1991

Brigitte Seebacher-Brandt, Biedermann und Patriot. Erich Ollenhauer – Ein sozialdemokratisches Leben, Diss. masch. Berlin 1984

Brigitte Seebacher-Brandt, Ollenhauer. Biedermann und Patriot, Berlin 1984

Carl Severing, Mein Lebensweg, Bd. II: Im Auf und Ab der Republik, Köln 1950

Max Seydewitz, Es hat sich gelohnt zu leben. Lebenserinnerungen eines Arbeiterfunktionärs, Berlin/DDR 1976

William Thomas Smaldone, Rudolf Hilferding, Diss. State University of New York at Binghampton 1990

Friedrich Stampfer, Erfahrungen und Erkenntnisse. Aufzeichnungen aus meinem Leben, Köln 1957

Friedrich Stampfer, Die dritte Emigration. Ein Beitrag zu ihrer Geschichte, in: Erich Matthias/Werner Link (Bearb.), Mit dem Gesicht nach Deutschland. Eine Dokumentation über die sozialdemokratische Emigration. Aus dem Nachlaß von Friedrich Stampfer, Düsseldorf 1968, S. 61–169

Hans-Josef Steinberg, Widerstand und Verfolgung in Essen 1933–1945, 2. Aufl., Bonn 1973

Bernd Stöver, Volksgemeinschaft im Dritten Reich. Die Konsensbereitschaft der Deutschen aus der Sicht sozialistischer Exilberichte, Düsseldorf 1993

Petr Stojanoff, Reichstagsbrand. Die Prozesse in London und Prag, Wien etc. 1966

Herbert E. Tutas, Nationalsozialismus und Exil. Die Politik des Dritten Reiches gegenüber der deutschen politischen Emigration 1933–1939, München 1975

Michael Voges, Politische Opposition als Organisationsprozeß gesellschaftlicher Erfahrung. Zum Widerstandskonzept der Sopade im Dritten Reich, in: Aus Politik und Zeitgeschichte, 1984, B 26, S. 13–24

Klaus Voigt (Hrsg.), Friedenssicherung und europäische Einigung. Ideen des deutschen Exils 1939–1945, Frankfurt/Main 1988

Barbara Vormeier, Dokumentation zur französischen Emigrantenpolitik (1933–1944). Ein Beitrag, in: Hanna Schramm, Menschen in Gurs. Erinnerungen an ein französisches Internierungslager (1940–1941), Worms 1977, S. 155–384

Barbara Vormeier, Législation répressive et émigration (1938–1939), in: Gilbert Badia u.a., Les barbelés de l'exil. Etudes sur l'émigration allemande et autrichienne (1938–1940), Grenoble 1979, S. 161–167

Jonathan F. Wagner, The Hard Lessons of a Political Life: The Career of Socialist Hans Dill (1887–1983), in: IWK 29, 1993, S. 194–207

Hans-Albert Walter, Deutsche Exilliteratur 1933–1950, Bd. 2: Europäisches Appeasement und überseeische Asylpraxis, Stuttgart 1984

Hans-Albert Walter, Deutsche Exilliteratur 1933–1950, Bd. 4: Exilpresse, Stuttgart 1978

Bernd Wegner, Deutsche Aktenbestände im Moskauer Zentralen Staatsarchiv. Ein Erfahrungsbericht, in: VfZ 40, 1992, S. 311–319

Günther Weisenborn, Der lautlose Aufstand. Bericht über die Widerstandsbewegung des deutschen Volkes 1933–1945, Hamburg 1953

Jost Nikolaus Willi, Der Fall Jacob/Wesemann (1935/36). Ein Beitrag zur Geschichte der Schweiz in der Zwischenkriegszeit, Frankfurt/Main 1972

Heinrich August Winkler, Der Weg in die Katastrophe. Arbeiter und Arbeiterbewegung in der Weimarer Republik 1930 bis 1933, Berlin etc. 1987

Walter Wisshaupt, Wir kommen wieder. Eine Geschichte der Revolutionären Sozialisten Österreichs 1934–1938, Wien 1987

Personenregister

Die Seitenzahlen mit biographischen Angaben sind kursiv hervorgehoben.

Abicht, Karl Fritz (Pseudonym: Fritz Weidmüller) *487*, 491
Abramczyk 329
Abramovitsch, Raphael Rein *4*, 108, 127, 129, 155, 212, 504
Adler, Friedrich *XV*, XVIII, XXIII, XXIX, LIX, 3 f., 8, 12, 16, 18, 23, 25–27, 29 f., 50 f., 53–56, 62–67, 73, 77 f., 82, 84, 87, 93, 97, 99, 101, 107–109, 114 f., 118, 125, 127, 129–131, 138 f., 146, 149–151, 155, 162, 164 f., 167, 169 f., 174, 176, 203–205, 210, 213 f., 216, 219, 226, 234, 241 f., 246, 261, 263, 274, 285 f., 298, 307, 331–333, 339–344, 351, 357, 374 f., 377, 387, 397 f., 427 f., 431, 461 f., 464–466, 497, 507, 524
Adolph, Hans J.L. LII, LVII f.
Agnes, Lore *116*
Albarda, Johan Willem *54* f., 63, 81 f., 84, 109, 126 f., 130, 351, 359, 376
Alfringhaus, Erich *96*
Altmann 306, 333
Alvarez del Vayo, Julio 195, *198*
Andersen, Alsing *53*, 81 f., 107, 109, 126 f.
Arnold, Arthur (auch Arthur Müller) *XXV* f., XXXI, XXXVII f., XLIV, 25 f., 29, 31, 34, 37, 41, 43 f., 46, 52, 61, 65, 80, 97 f., 101 f., 104, 106 f., 112–114, 116, 119, 126 f., 129, 132, 134, 136–138, 142 f., 146, 149, 151, 154, 157–160, 162, 166, 168–170, 175, 179, 182 f, 192, 194, 197 f., 201, 203–205, 209 f., 212, 214, 218, 220, 228, 231, 235, 240 f., 268, 423, 436, 464, 471, 483, 493, 497, 499, 503, 515, 520
Arzt, Arthur 26, *38*, 43, 153 f., 161, 350
Arzt, Fritjof Helmut 26, *37*, 43, 350
Arzt, Inge *350*
Aschberg 249
Asua, Luis Jiménez de, siehe: Jiménez de Asua, Luis
Attlee, Clement *108*
Auchter, Erwin Anton *90*
Auerbach, Walter *434*
Aufhäuser, Siegfried *XIV* f., XX–XXIV, XXVI, XXVIII f., XL f., XLII–XLV, L, LVII, 1, 10, 12 f., 16, 18, 20, 22, 25, 29, 31–36, 38, 40–43, 46–52, 55, 58–69, 72–74, 76–80, 84–88, 90, 92 f., 95–100, 110–112, 120, 125, 144, 147, 151, 206, 223, 248, 276, 387, 422, 462–464, 480, 484 f., 487
Auriol, Vincent *80*

Baake, Curt *421*
Balleng, Karl 105, 155, *156*
Bandmann, Eugen *160*
Bang, Paul *10*
Bank, Ehefrau von Gustav Bank 417
Bank, Gustav *417*
Barth, Karl *445*
Barthel, Max *420*
Barufe, Max *506*
Baskin, Josef *210*
Bauer 156
Bauer, Otto *53*–55, 76, 83 f., 109, 115, 126 f., 130, 212 f., 243, 248, 250, 258, 278, 286, 354 f., 399, 520, 525 f.
Baumann, Jakob *452*
Baurichter, Kurt 4
Bebel, August *481* f.
Beese 418
Beiersdorf, Willi *420*
Bender, Karl (Pseudonym) siehe: Rix, Hermann
Beneš, Eduard *129*, 392, 508–511, 515
Berenz 417
Berger 316, 319, 493, 498
Bergmann, Maurice *389*
Bergmann, Peter (Moische) *191*
Berndt, Eva *191*
Bernhard 330
Bernhard, Georg *163*
Bernhard, Nikolaus *91*
Bertram, Adolf Johannes 9
Bettelheim, Josef 168
Beuster, Willi *416*
Beyer, Georg *23*, 232, 338 f., 353 f., 405, 431
Bieligk, Fritz *48*
Bienstock, Gregor *48*
Birnbaum, Immanuel *141*, 166

543

Block, August de 242, 352, 387
Blomberg, Werner von *214*
Blum, Léon *44*, 53 f, 81, 108, 115, 139, 165, 339, 351, 358, 373, 396
Blumenberg, Werner *147* f., 176, 457
Böchel, Erika 65
Böchel, Karl *XIV* f. XX–XXIV, XXVI, XXVIII f., XXXII, XL–XLV, L, LVII, 2, 5, 7, 10 f., 13, 15 f., 18–20, 22, 24–29, 31 f., 33–35, 38, 40 f., 43, 46–49, 51 f., 55, 58–66, 68–70, 73 f., 78–80, 86 f., 92–100, 110–112, 125, 142, 144, 151, 167, 171–173, 206, 223, 248, 276, 310, 387, 421, 462–464, 478–481, 483, 485–488, 490–492, 507
Bögler, Franz (Pseudonym: Helmut Hertel) *XXXII*, XXXIV, 13, 40, 46, 93 f., 168–172, 174, 176, 192, 205, 222, 225 f., 237 f., 247, 266, 273, 276, 305 f., 313 f., 316, 319 f., 331, 334, 421–424, 426 f., 436–438, 471 f., 474, 493 f., 497–500, 503, 515 f., 518–522
Bögler, Magdalena 172
Bonnet, Georges *358*
Braatoy, Bjärne *377*, 387
Bracke, Alexandre *68*, 138 f.
Brandes, Alwin 476 f.
Brandström, Elsa *17*
Brandt 344 f.
Brass, Otto *182*, 185, 211
Brauer, Max *132*, 135–137
Brault, Eliane 162
Braun, Ernst *34*
Braun, Max *XVIII*, XXV, 23, 31, 34 f., 80, 116, 127, 147, 181, 207, 213, 224, 234, 248–254, 262 f., 265 f., 269, 274, 279 f., 283, 296 f., 314, 324, 338 f., 347 f., 382 f.
Braun, Otto *17*, 401, 405
Braun, Wilhelm *88*, 458
Braunthal, Alfred *36*, 45, 78, 238
Breitscheid, Rudolf XX, *XXI*, XXV f., XXXII, LIX, 4, 13, 16, 23, 36, 65, 78, 119 f., 126, 128, 143, 147, 153, 174, 181, 192, 224, 234, 251 f., 275, 280–282, 287, 297, 309, 382, 389, 412
Breitscheid, Tony 13
Brill, Hermann *182*, 185, 210 f.
Brocke, Paul *313*
Brocke, Richard *313*

Brost, Erich Eduard *XXXVI*, 232, 316, 319, 363, 403 f.
Brouckère, Louis de *54*, 63, 80–82, 107, 109–111, 115, 126 f., 130, 132 f., 155, 163, 176, 203, 213, 219, 238, 241 f., 261, 263, 286, 298, 333, 354, 375, 387, 461–466, 497, 507
Brügel, Johann Wolfgang *39*
Brüning, Heinrich *9*, 93
Bruschke, Werner *417*, 427
Bucharin, Nicolai Iwanowitsch *149*
Buchinger, Emmanuel *83*
Buchmann 420
Buchwitz, Otto *263*, 496
Budzislawsky, Hermann *363*
Buisson, Ehefrau von Friedrich-Wilhelm Buisson 45
Buisson, Friedrich-Wilhelm *29*, 44 f, 98, 113, 196 f., 500
Bünning (Pseudonym) siehe: Rix, Hermann
Bürckel, Josef *476*
Burgemeister, Otto 7, *8*
Buttinger, Joseph (Pseudonym: Gustav Richter) *243*, 248, 250, 252, 265, 269, 274, 278, 283, 307 f., 387, 406, 523 f., 527–529

Cachin, Marcel *67*, 84, 354
Calvi, Otto *444*, 447–449, 454
Cammerer, Manfred Rudolf 78, *89*, 473
Caro, Kurt *296* f.
Caspari, Johann (John) *193*, 402
Cerny, Josef *206*, 503, 507 f., 513 f.
Chamberlain, Arthur Neville *508*
Chamisso, Adelbert von 371
Chautemps, Camille *508*
Citrine, Walter *8*, 212, 357, 368
Claus, Rudolf *144*
Comert, Pierre *357*
Compton, Joseph *130*
Coquet, Maurice *213*
Crispien, Arthur *1* f., 16, 28, 36, 117, 125, 148, 156, 223, 338, 430 f.
Croner, Frau 195
Crummenerl, Siegmund (Pseudonym: Krieger) *XV*, XVIII–XXII, XXVI–XXXIII, XXXVII, XL, XLIII–XLVIII, 1–10, 13, 15, 17–20, 22–31, 34 f., 36, 40 f., 47, 51, 54–56, 58–65, 73–80, 84 f., 87 f., 91–93, 96–98, 101, 104, 106 f.,

111–114, 116–122, 124–127, 129, 132–136, 138–140, 142, 146, 148–151, 154, 156–162, 166–170, 173, 175, 179 f., 185, 187, 194, 197–199, 201–206, 208 f., 211–214, 216–220, 222, 227–236, 239–248, 250–261, 263 f., 267 f., 272, 274, 276, 278, 282, 284–300, 303–309, 311–322, 330–336, 339–343, 345–357, 359–369, 372–376, 378–381, 383–387, 390, 392–394, 396–398, 401 f., 404 f., 409, 412, 421–427, 431, 436–439, 446, 448 f., 451, 453–455, 463–466, 471 f., 474 f., 480, 484–486, 489, 493–495, 497–499, 502–505, 507, 515, 517–519, 522
Czech, Ludwig 5

Dahlem, Franz 141, *314*, 372
Daladier, Eduard *296*, 358
Dallas, George *129* f.
Dan, Theodor 54, *83*, 109, 114, 138 f., 150, 212, 330, 373, 381
Dauster 416
Decker, Georg (Pseudonym: Georg Jury Denicke) *18* f., 26, 60, 147, 431 f., 439, 446–448, 453 f.
Delbos, Yvon *508*
Demuth, Fritz *381*, 388
Denicke, Georg Jury (Pseudonym) siehe: Decker, Georg
Deutsch, Julius *39*, 316, 318, 339, 342, 352, 354, 382, 387 f., 398
Dhonau 396
Diels, Rudolf 27
Dietrich, Georg *XX*, XXII f., XXV f., XLV, 36, 95, 148, 164, 248, 266, 277, 280, 286–292, 298–300, 307, 310 f., 418, 430, 439, 445 f., 448, 451, 481
Dill, Erhard *XXXI*, 502
Dill, Hans *XXII*, XXXII, XXXIV, 13, 43 f., 136, 421–423, 426, 436–438, 471 f., 493, 495, 497–499
Dimitroff, Georgi M. *70*, 129, 182
Dittmann, Wilhelm 36, 240, 338, 430 f.
Döring, Anton 36, 156, 164, 430
Dollfuß, Engelbert 455
Drott, Karl *415*
Dundr, Vojtech *507*

Ebel, Ludwig *94*
Eberling, Willi 418

Ebert, Friedrich *472*
Eckhardt (Ehefrau von Gustav Eckhardt) 432
Eckhardt (Mutter von Gustav Eckhardt) 432
Eckhardt, Gustav *432*
Edel, Otto *14*, 26, 37 f., 43, 427
Eden, Robert Anthony *108*
Efferoth, Hugo *98*
Einleger 328
Eisenlohr, Ernst *509* f.
Ellermann 417
Elster, Joseph *247*
Ercoli, s. Togliatti, Palmiro
Ernst, Josef 216
Evrard, Raoul *373*

Farbstein 428
Faure, Paul *127*, 242, 367, 376
Fechner, Max *4*
Ferl, Gustav *XXXII*, XXXV, 1, 5, 13, 36, 56, 65, 88, 147, 161 f., 164, 170, 321 f., 334, 363, 431, 433, 455, 458
Fimmen, Edo *124*, 496
Findeisen, Otto LV
Finn, Moe 192
Finsterbusch, Hans *14*
Fischer 156
Fischer, Hermann 356
Fraenkel, Erich *432* f.
Fraenkel, Ernst 355, *373*
Frank (Rechtsanwalt) 428
Frank, Karl (Pseudonyme: Paul Hagen, Willi Müller) *XXIX*, XXXIX, 51 f., 57 f., 62 f., 77, 92 f., 95, 99, 110, 112, 125, 152, 171–175, 191, 194 f., 217 f., 221, 223 f., 232, 235, 238, 330, 332, 359, 406, 428, 485, 516, 518
Frank, Karl Hermann 509
Frank, Ludwig *481*
Franke 112 f., 132, 136
Franken, Paul *112*
Frey, Lothar (Pseudonym) siehe: Pahl, Walther
Friedländer, Otto *48*
Friedländer, Walter Andreas *153*
Fritsch, Otto *161*
Fritsch, Werner Freiherr von *214*
Fröhbrodt, Käthe 15, *46*, 414, 427
Fuchs, Adolf 372
Fuchs, Ernst 213, *503*

Fuchs, Georg *48*, 97, 146, 213, 373
Funk, Kurt (Pseudonym) siehe: Wehner, Herbert
Funk, Walther *215*
Furtwängler, Franz-Josef *419*

Gayk, Andreas *419*
Gehlem (Pseudonym) siehe: Rix, Hermann
Geiser, Hans *169*
Gellert, Kurt 147, *148*, 434
Gerda (Pseudonym) siehe: Lemke, Lotte
Geyer, Curt (Pseudonym: Max Klinger) *XIX*, XXV f., XXXI, XXXIII, XXXIX f., XLIV, XLVI–XLIX, 4, 9–11, 13, 18, 20, 22, 25, 29, 31–36, 38, 40–43, 46, 51 f., 59–61, 65, 73 f., 78–80, 88, 97, 101–107, 111–114, 116 f., 119, 122, 126, 129, 132, 136, 140, 142, 146, 149–151, 154, 157, 160–162, 168–175, 179, 184, 194, 198 f., 201–203, 205 f., 208 f., 213, 238, 242–244, 248–252, 254–261, 264 f., 267, 284, 287, 291–298, 307, 310–312, 316, 319, 322, 330–333, 335–343, 347, 350, 353–356, 358 f., 361, 363–366, 368, 374, 376, 380 f., 385 f., 389–391, 396–404, 406, 410 f., 422–424, 436, 483, 493 f., 499, 503, 521
Gillies, William *53* f., 83, 107, 109, 114 f., 126, 155, 167, 358, 374, 377, 379, 387, 393, 396, 402
Giral y Pereyra, José 198, *199*
Glaser, Emmy *65*
Glaser, Kurt XXIV, 59, *60*, 65, 248, 481
Gleitze, Willi 417
Gnoß, Ernst *416*, 427
Goebbels, Josef 421, 459, 509
Göring, Bernhard *430*
Göring, Hermann 12, *15*, 21 f., 24, 31, 454, 509
Gotthelf, Herta *96*, 384, 395
Gräber, Georg *442*, 448, 458
Grafe, Marie *XXXI*, XXXIII, 117, 243
Grimm, Robert *54*, 63, 83 f., 130, 358, 465 f., 507
Grötzsch, Robert *170*
Gross, Emil 147, *148*, 431
Groß, Arthur *151*, 171, 205, 247, 436, 471–474, 477–480, 487, 491 f., 504–506
Grossmann, Kurt *124*, 190

Grumbach, Salomon *127*
Grunow, Heinrich *193*
Grützner, Alfred 94, *117*
Grzesinski, Albert *155*, 163, 174, 181
Guildemester 50
Gurland, Arkadij *131*
Guth, Erich *418*
Gvardjaladzé, Constantin *83*

Haas, Nikolaus *455*, 457 f.
Habsburg-Lothringen, Otto von *249*
Habsburg-Lothringen, Zita von *433*
Hagen, Paul (Pseudonym) siehe: Frank, Karl
Hahnewald, Edgar William *14*
Hallgarten, George Wolfgang *142*
Hammerstein-Equord, Kurt Freiherr von *9*
Hampl, Antonin *206*, 507 f., 510–515
Hansen, Hans-Christian *359*
Hansen, Richard *XXXII*, XXXV, 1, 13, 40, 65, 105, 137, 156, 185, 198, 201, 262 f., 315 f., 320, 334 f., 337 f., 434, 496
Harisch 431
Hartig, Valentin *164*, 248, 270
Hartmann, Hans 473
Hartmeyer 34
Hartwig, Theodor *137*, 418
Haubach, Theodor *78*, 415
Heckert, Fritz Karl *86*
Hedtoft-Hansen, Hans *197*, 359
Heiden, Konrad *127*
Heidkamp 416
Heilig, Hans *88*, 458
Heine, Fritz *XIX*, XXIV–XXVI, XXVIII, XXX f., XXXIII, XXXIX, XL, XLIV, LVI, 1, 18, 44 f., 56, 63, 65, 78–80, 92, 94, 97, 102, 104–107, 112, 114, 116 f., 126, 129, 132, 136, 138, 142, 146, 149, 151, 154, 157, 160–162, 166–170, 175, 179, 194, 197–199, 201–205, 209, 212, 214, 218, 220, 228, 231, 235, 240–244, 248 f., 252, 255, 257, 259, 261, 264, 267, 292, 298, 307, 312, 315 f., 320 f., 330, 333–337, 339, 343, 347, 350, 354, 356, 358 f., 362, 364–366, 368, 374, 376, 381, 385 f., 389 f., 394, 396 f., 402–404, 406, 413, 421, 439, 471, 475, 493, 497–499, 503, 515, 520
Heines, Edmund *418*
Heinig, Kurt *126*, 262
Heinz, Karl *1*, 39, 262

Heitmeier 416, 427
Helbling 405
Helmut (Pseudonym) siehe: Bögler, Franz
Helperl 239
Henk, Emil (Pseudonym: Rechberg) 56, 443
Henlein, Konrad *493*, 503
Hermann (Pseudonym) siehe: Tikhomirnov, German A.
Hertel, Helmut (Pseudonym) siehe: Bögler, Franz
Hertz, Johanna *194*
Hertz, Paul *XV*, XVII f., XX–XXVI, XXIX–XXXI, XXXIII f., XXXVII–XLI, XLIII–XLVII, LII, LVII–LIX, LXI, 2, 7, 10, 13, 18 f., 22 f., 25 f., 29, 31 f., 34–36, 40 f., 46, 48–52, 54–57, 59–65, 74 f., 78–80, 91 f., 94–104, 106 f., 110–114, 116–122, 124 f., 128 f., 132–136, 138 f., 141 f., 145 f., 149–154, 157–167, 170–175, 177–180, 182 f., 185, 187, 190 f., 194–198, 200, 202, 204–212, 214–222, 225–242, 244–248, 250–253, 255–265, 267–272, 274–278, 281–293, 298–312, 316, 318 f., 330–333, 339–341, 343–346, 350 f., 355–357, 374 f., 402, 405, 412, 421–423, 426 f., 431–433, 436, 438–440, 444, 447 f., 464, 466, 482–484, 493, 497–499, 503, 515, 517–521
Hertz, Wilfried 207
Hesse, Gertrud *XXXI*, XXXIII, 243
Heymann 180
Hieke 329
Hilferding, Rose *137*
Hilferding, Rudolf (Pseudonym: Richard Kern) *XXV* f., XXXII, XXXVII, XLIII, XLVI, XLVIII, LI, LV, 7, 10–13, 16, 18 f., 23, 31–33, 36, 51, 54–56, 59 f., 65, 76, 78, 88, 93 f., 97 f., 101, 104, 107, 117, 119–121, 124, 131, 138 f., 141, 143, 152 f., 155, 159, 169, 176, 182, 187, 203, 210 f., 224, 240, 251 f., 275, 280–282, 287, 312, 316–319, 323 f., 330–333, 337, 339, 341, 343, 347, 351, 354, 359, 361, 364, 366, 368, 372, 374–376, 381 f., 386 f., 389–401, 403–405, 430, 483
Hiller, Kurt *143*
Himmler, Heinrich 502
Hindenburg, Paul von Beneckendorff und von *215*, 455 f.
Hinrichsen, Jonny 434
Hirsch, Helmuth *193*
Hirschfeld 344
Hirschfeld, Hans *164*, 166, 180 f., 234, 244, 246, 318, 340 f., 344–346, 350, 402, 404, 430
Hirschler, Franz Sali *382*
Hitler, Adolf XIII, XXVI, XLVII, 9, 20–22, 96, 109, 115, 118, 121, 145, 183–186, 198, 204, 211 f., 215, 294, 358, 363, 367–372, 390–394, 397, 400 f., 410, 415, 425, 429, 441–443, 446, 452, 454 f., 457–461, 472, 477, 491, 509, 525 f.
Hoch 343
Hodza, Milan *508*, 513
Hoegner, Wilhelm *3*, 26, 37, 127, 395, 430 f.
Höglund, Zeth *187*
Höltermann, Karl *XLVIII*, 390–395, 406, 424 f.
Hofmann, Max Moritz *24*, 57, 181, 192, 234, 290, 318, 344–346
Holle 34
Hommes, Rudolf *430* f.
Hoover, Herbert *319*
Hrbek, Jaroslaw 160, 202, 240, 247
Huber, Johannes *213*
Hugenberg, Alfred *10*
Hugo (Pseudonym) siehe: Rinner, Erich
Huhnholtz, Gertrud XXXI
Hull, Cordell *193*
Hünlich, Oskar *98*, 136
Hungerbühler, Werner 180 f.
Husemann, Fritz *476*
Huysmans, Camille *29*

Ilgner, Karl 316, *320*
Illner (Pseudonym) siehe: Bögler, Franz

Jacob, Berthold *105*, 180
Jahn, Hans *124*, 496
Jaksch, Wenzel *XLVII* f., 38, 97, 256, 380, 390, 396–401, 410, 507
Jansson 203
Jaro, Otto 160
Jarova, Katharina 160, 202
Jesse, Willy *418*

Jiménez de Asua, Luis *176*, 190 f., 195, 198, 518
Jirikowsky 329
Jouhaux, Léon *70*, 80
Juchacz, Marie *XX*–XXIII, XXV f., 17, 234, 248, 266, 275, 277, 280, 286–293, 298–300, 307, 310 f.
Jürgensen, Jürgen *27*, 31
Jüttner 23, 34
Jung, Franz *193*
Justinian (Pseudonym) siehe: Kuttner, Erich

Käseberg, Alfred *XXXIV*, 94, 146, 487, 490
Kaiser-Blüth, Kurt *265*
Kamenew, Leo Borisowitsch *167*
Kampffmeyer, Paul *434*
Kapp, Wolfgang *71*
Katz, Rudolf *357*, 368
Kautsky, Karl (Pseudonym: Symmachos) *LVIII*, 76, 178, 486
Kautsky, Luise LVIII, *LIX*, 178
Kayser, Jaques 357
Keller, Robert *46*, 132, 135, 148 f., 173, 190, 195
Kern, Ernst 415
Kern, Helmuth *1*, 8 f., 14, 36, 57, 105, 455, 457
Kern, Richard (Pseudonym) siehe: Hilferding, Rudolf
Kessler, Fritz *413*
Kirschmann, Emil (Pseudonym: Stift) *XX*, XXII f., XXXV, 23, 31, 34, 51, 127, 164, 181, 192, 204, 234, 290, 318, 431, 439
Kiss, Alfred *38*, 142, 497
Klein, Emil *338* f.
Klein, Joseph *XXXIII* f., 244, 335
Klepper, Otto *191*
Klinger, Max (Pseudonym) siehe: Geyer, Curt
Klopfer, Ernst *23*, 31, 34 f., 57
Klühs, Franz *4*, 28, 45, 160, 264
Klupsch, Franz *416*
Knippmann 143
Knoeringen, Waldemar Freiherr von (Pseudonyme: Michel, Nagel) *XXXIV*, 30, 40, 94, 112, 145, 166, 170–172, 174, 192, 196, 222, 225 f., 235–238, 247, 256, 273, 276, 305, 313, 334, 353, 423, 427, 436–438, 471 f., 493 f., 497–499, 501–503, 515–522
Knothe, Wilhelm *414*
Kober 161
Koenen, Wilhelm *130*, 179 f.
Köppel, Richard 473, *479*
Komendtinski, Marcel (Pseudonym) siehe: Rix, Hermann
Kopacek, Alois *XXXI*, 353
Kowoll, Johann *XXXVI*, 247, 305
Krafft, Walter Andreas, siehe: Friedländer, Walter Andreas
Krebs, Martin *193*
Kreiss 166
Kretschmar 54
Kretzschmar 500
Kreyssig, Gerhard *36*, 153, 164
Kreyza 329
Kriedemann, Herbert *XXVII*, XXXI, LI-II f., 1, 4, 94, 117, 168, 176, 239, 428, 476
Krieger (Pseudonym) siehe: Crummenerl, Siegmund
Kröger 434
Krofta, Kamil *509* f.
Krüger, Wilhelm *45*
Künder, Paul Christian 192, *194*
Künstler, Franz *XX*, XXII, 2, 264
Küstermeier, Rudolf 27
Kulcsar, Leopold (Pseudonym: Paul Maresch) *191*, 194 f., 198, 237, 516, 518 f.
Kun, Béla *71*
Kunze 26, 37 f., 43, 166, 422, 427
Kuttner, Erich (Pseudonym: Justinian) *LIV* f., 24, 26, 35 f., 147, 201 f., 426, 455

Ladenbeck 416
Lampersberger, Josef *110*, 112 f., 493–495, 520
Landsberg, Otto *434* f.
Lange, Dietrich LV
Lange, Marianne *XXXII*, 94, 142
Lange, Robert 365
Lange, Willi XXVIII, *XXIX*, XXXII, XXXIV, 13, 28, 30, 51, 77, 92–95, 99, 101, 106, 112 f., 206, 421–424, 426, 436 f. 462, 477–480, 485, 487–491, 494 f., 498, 505, 507
Langendorf, Ernst *XXXIII*, 335
Largo Caballero, Francisco *198*
Lautsch, Marie XXXI

Leeb, Rudolf *XXVII*, XXXI, XXXIII, 94, 117
Lehmann 414, 417, 427
Lehmann, Eduard *23*
Lehmann, Else *XXXI*, XXXIII, 243 f., 335
Leichter, Otto (Pseudonym: Pertinax) *141*
Lemke, Lotte (Pseudonym: Gerda) *17*, 40, 148, 421 f., 427, 430, 475
Lende, van der 351
Lenin, Wladimir Iljitsch 71
Lenk, Johann *192*
Lenke 34
Lerch (Pseudonym) siehe: Kulcsar, Leopold
Leuschner, Wilhelm 9, 12 f., 476
Ley, Robert *477*
Liebermann, Hermann *108*, 130
Liebermann, Kurt, *418*
Lieme, Nehemia de *242*
Lill 419
Lindstroem, Rickard *130*
Lipschitz, Siegfried *25* f., 126
List, Fritz 4, 15, 27, 46, 414, 427, 475
Litke, Karl *XX*, XXII
Livian 376
Löbe, Herbert *494* f.
Löbe, Paul *XIII*, XX, XXII, 2, 9, 31, 420, 476
Löwenfeld, Philipp *213*, 344, 428
Loewenheim, Walter (Pseudonyme: Miles) *XLIII*, 62 f., 429
Löwenstein, Hubertus Prinz zu 404
Löwenstein, Kurt *164*, 248, 270, 304, 375
Löwenthal, Richard (Pseudonym: Paul Sering) *141*, 155, 318, 406
Longuet, Jean *68*, 138 f., 155, 163, 254
Looi, Levinus Johannes van *168*, 433
Lorenz, Kurt *XXXI*, 14, 44 f., 78 f., 94, 117, 157
Lude, Ludwig 431
Ludendorff, Erich *393*
Ludwig, Adolf *164*, 169, 305, 309, 431, 439, 450, 458
Lundberg, Gunnar *155*, 262

MacDonald, James Grover *23*, 49, 439
MacDonald, James Ramsey *126*, 129
Malypetr 493
Man, Hendrik de *213*, 351
Mankowski 329
Mann, Erika *314*, 336

Mann, Heinrich 162, 229, *314*
Mann, Thomas *314*, 336, 342 f.
Maresch, Paul (Pseudonym) siehe: Kulcsar, Leopold
Maret 343
Markscheffel, Günter *306*, 501
Markwitz, Alfred *62*, 147, 475
Masaryk, Jan 472
Maschke, Walter *4*, 94, 419
Mastni 509
Matteotti, Giacomo *30*
Maukert, Karl *239*
Mayer, Jacob Peter 434
Mebert 356, 506
Meinel, Otto 506
Mendel, Kurt-Hermann 419, *420*
Mendelsohn, Kurt *36*
Merker, Paul *501*
Mertens, Corneille *333*
Metz, Alfred 420
Meyer (Butab) 434
Meyer (Rechtsanwalt) 319, 330 f., 333, 340 f., 344–346, 350, 353, 402, 404
Michaelis, Fritz 179, 182, 211
Michel (Pseudonym) siehe: Knoeringen, Waldemar von
Mierendorff, Carlo *415*
Miles (Pseudonym) siehe: Loewenheim, Walter
Mischler, Richard *79*
Misgeld, Klaus LVI
Modigliani, Guiseppe E. *107*, 109, 115, 126, 139, 165
Moehrmann 161
Möller, Gustav *359* f.
Molt, Karl *156*
Mössinger, Karl *1*, 23
Motta, Guiseppe *249*
Mozer, Alfred 147, *148*, 153, 156, 168, 435, 455
Müller 494, 504 f.
Müller, Arthur, siehe: Arnold, Arthur
Müller, Heinrich 16
Müller, Willi (Pseudonym) siehe: Frank, Karl
Münzenberg, Willi *XLII*, 12, 130 f., 248 f., 296 f., 314, 318, 337, 397, 497
Mugrauer, Hans *169*, 506
Mussolini, Benito *358*, 372, 429, 455

Najman, Josef *513*

549

Nathan 126
Nau, Alfred *4*, 15, 78 f., 92, 428
Neddermeyer, Hermann *417*
Negrin López, Juan 198, *199*
Nelke, Günter *58*
Nelson, Leonard *221*
Nemitz, Anna *XX*, XXII
Nenni, Pietro *82*, 126, 130, 155, 356 f., 373, 381
Neubecker, Franz 45
Neumann, Frau 62
Neumann, Bruno *4*, 92, 106, 476
Neumann, Franz 3, 8, *12*, 36, 45, 125, 137, 156, 379
Neumann, Gerhard *202*, 240, 356
Neunreither, Karl 443, 448
Niemann, Heinz LV
Niemöller 455, 457
Nikolajewski, Boris 128, 131–133, 136, 138 f., 165, 177, 199, 213
Nilsson, Torsten *197*, 359
Noël-Baker, Philip John *351*, 375
Nordbauer 488

Ochmann, Peter *90*, 151 f., 154, 156
Oesterreich, Ruth *357*
Ollenhauer, Erich *XVIII*–XXII, XXVI, XXVIII, XXXI, XXXIII, XXXIX f., XLIV f.,XLV, XLVII, LIX f., 1 f., 7, 13, 15 f., 18, 20, 23, 25 f., 28–31, 34, 38–41, 46, 49, 51 f., 59 f., 62, 64 f., 75, 78, 80, 88, 95–100, 102, 104, 106 f., 111–114, 116–118, 122, 124 f., 129, 132–134, 136, 138, 142, 144, 146–149, 151 f., 154 f., 157, 160–162, 166, 168–170, 173, 175 f., 185, 194, 196 f., 198, 200–203, 205 f., 208 f., 211–220, 226–231, 233, 235–248, 250–261, 263–267, 274 f., 279, 284 f., 291–293, 295 f., 298–302, 304–313, 315–320, 322, 330, 332 f., 335–343, 347–354, 356 f., 359–366, 368 f., 374, 376–378, 381–384, 386–390, 393–398, 402–413, 421–423, 426, 428, 436, 438, 455, 458, 464, 471, 474, 478–480, 482–485, 490 f., 493, 496 f., 499 f., 503, 507, 511, 513, 515, 517, 520–523, 527
Ollenhauer, Martha 409
Oprecht, Emil 7, 204, 405
Ossowski, Waldemar *90*

Ott, Jakob 316, *317*, 441, 448, 451, 458
Otto 487

Pachmann 329
Pahl, Walther (Pseudonym: Lothar Frey) *419*, 425
Palm 413
Palme 46
Palmer, Karl *90*
Paul, Ernst *38* f., 146, 161, 212, 313, 413, 471, 473 f., 507
Paulsen, Gerhard 428
Pertinax (Pseudonym) siehe: Leichter, Otto
Pfriemer, Walther 425
Pick, Anton *38*
Pieck, Wilhelm 69, *70*, 162, 182
Pilsudski, Josef *108*
Plettl, Martin *26*
Podlipnig, Josef *406*
Pokorny, Frantisek *XXXI*
Poliakov, Vladimir *338*
Pollak, Oscar *356* f., 360, 523, 526 f., 529
Posthumus, Nicolaas Wilhelmus *140*, 167, 242, 319
Preiss 335
Prieto y Tuero, Indalecio *80*
Puchalsky 329
Puls 37
Puppe 8
Puttkamer, Franz von 180

Quast, Rudolf 147, *148*

Rackova, Frau XXXI
Radelli, Fritz *506*
Raloff, Karl *35*, 262, 434, 496
Rathmann, August *419*
Rau, Heinrich *388*
Rauschning, Hermann *314*, 410
Rechberg (Pseudonym) siehe: Henk, Emil
Reese, Maria *12*
Reichardt, Albert *156*
Rein, Mark *212*, 376, 504
Reinbold, Georg (Pseudonym: Salomon Schwarz) XIX, XXVI, *XXXII*, XXXV, 5, 13, 23, 36, 47, 49, 58, 65, 88, 134 f., 148, 155, 160, 164, 169 f., 176, 222, 225, 319, 334, 415, 431–433, 439 f., 449, 452–454, 458, 460, 476
Reinowski, Hans *434*

Reißner, Anton *XXXV*, 147, 156, 349, 351 f., 360, 455
Reitzner, Richard *37*, 413
Renner 416
Renner, Karl *400*
Richter 506
Richter, Paul oder Willi 38
Richter, Georg *36*, 430 f.
Richter, Gustav (Pseudonym) siehe: Buttinger, Joseph
Riedel, Walter *475* f.
Riepekohl, Wilhelm *XXXI*, 94
Rikowski (Gestapa) 45, 428, 476
Rinner, Erich (Pseudonym: Hugo) *XVIII* f., XXI–XXVI, XXX–XXXIII, XXXVII, XL, XLIII–XLV, XLVII, LIII, 1 f., 4 f., 7, 10, 13, 18, 20 f., 29, 31 f., 34, 36–38, 40 f., 45 f., 51 f., 59–62, 65 f., 78–80, 88, 92, 96–98, 100, 102, 104–107, 111 f., 114, 116–118, 121, 129, 132–136, 138, 142, 146, 149–152, 154, 157 f., 160–162, 168–170, 172, 174 f., 177, 179 f., 194 f., 198, 201–206, 209, 212, 214–218, 220, 228, 230 f., 235–238, 240–245, 248 f., 251–261, 263–267, 278 f., 285, 287, 290, 292–298, 301, 305, 307, 310 f., 314–322, 330–335, 337–343, 347, 349 f., 352–359, 362–364, 367 f., 370–374, 376–383, 385 f., 389–391, 393–397, 399–404, 410 f., 422 f., 427, 431, 436, 464, 471, 473 f., 493, 497–499, 502–505, 515, 518–522
Ristow, Alfred *420*
Ritter, Ewald *506*
Rix, Hermann (Pseudonyme: Karl Bender, Bünning, Gehlem, Marcel Komendtinski) 16
Rochlitz 329
Rodenberg 385
Röhle, Paul *414*
Röhm, Ernst *457*
Roosbroeck, Joseph van *12*, 53, 203, 241
Roosevelt, Franklin D. 176, 372, 430
Röpke, Erna XXXI, 79, 92
Rosenberg, Alfred *109*
Rosenberg, Arthur 76
Roth, Ernst *164*, 458
Rothenberg 416
Rothschild 249
Roux 357

Rüdiger, Werner *418*
Runge, Hermann *56*, 431–433, 455
Ryneck, Elfriede *XX*, XXII

Saar, Fritz *168*, 239, 455
Sachs, Hans (Pseudonym) siehe: Schumacher, Ernst
Sailer, Karl Hans 146, *147*, 246
Sander, Wilhelm *XXXI*, XXXVI, 1, 13 f., 23, 90, 143, 151 f., 154, 166, 203, 238 f., 248, 251, 254, 266, 270, 288, 293, 302 f., 319, 334, 350, 353, 356, 359, 361–363, 376–380, 384 f., 389 f., 395 f., 408, 421–424, 436, 471, 473 f., 493, 495, 497 f., 503, 522 f.
Sarraut, Albert *373*
Saternus, Artur *35*
Sattler (Gestapa) 89, 168
Sattler, Ernst *27*, 98, 142, 158, 201, 315 f., 505
Schacht, Hjalmar *215*
Schäfer, Valentin *57*
Schaul, Hans *388*
Scheinhardt, Willi *176*
Schelz, Erich *420*
Schevenels, Walter *12*, 90 f., 124 f., 333, 368, 477, 496
Schiff, Victor *36*, 65, 131, 147, 187, 242, 435
Schifrin, Alexander *36*, 164, 232, 435
Schlesinger, Edmund LII, *209*, 364, 366
Schliestedt, Heinrich *91*, 94, 106, 169, 476 f., 499–503
Schlimme, Hermann *9*, 12 f.
Schlingmann, Erna *27*, 427
Schmidt 353
Schmidt, Erich *5*, 419
Schmidt, Kurt 211
Schocken, Thomas *342*, 388
Schölch, Friedrich *458*
Schönfeld, Otto *XXXI*, 78, 94, 117, 306, 313, 315, 517
Schönfelder, Adolf *418*
Schoettle, Erwin *XXXV*, 36, 95, 125, 132, 134 f., 148, 156, 160, 164, 166, 193, 234, 237, 305, 319, 416, 430
Schorsch, Johann *81*
Schotte 477
Schrader 196, 313
Schreck, Carl *416*
Schreiber, Fritz *177*, 262

Schreiner, Gerth *434*
Schröder 94
Schröder, Fritz *89*, 91, 455, 457
Schubert 403 f., 506
Schütze 427
Schultze, Fritz *417*
Schulz, Fritz Otto Hermann *483*
Schulze, Karl *500*
Schumacher, Ernst (Pseudonym: Hans Sachs) *XXII*, XXXII, XXXV, 5, 13, 16, 36, 65, 137, 145, 147, 153, 156, 163, 168, 239, 263, 306, 315, 319, 334, 349, 351 f., 416 f., 431 f., 455, 457 f.
Schütt 169
Schwabe, Reinhold *29* f., 43–45, 79, 89, 92, 94, 105 f., 168, 176, 434, 475
Schwarz 113
Schwarz, Salomon (Pseudonym) siehe: Reinbold, Georg
Schwarzschild, Leopold *514*
Seebacher-Brandt, Brigitte XXXIX, LI, LVI, LIX, 95, 246
Seger, Gerhart *XXXVIII*, 25 f., 124, 126
Seidel 12 f., 319, 420, 477 f., 492
Seifert, Wilhelm *356*, 418
Sender, Toni *36*, 78
Sering, Paul (Pseudonym) siehe: Löwenthal, Richard
Seton-Watson, Robert William *394*, 396
Setzer 421
Severing, Carl 17, 448, 476
Seydewitz, Max *XIV*, XLI, 19 f., 24, 47, 52, 58 f., 65, 125, 144, 482, 484
Shaw, Tom *72*
Siebold, Paul *4*, 78 f., 92, 475
Siegle, Karl *182*
Sievers, Max 180, *181*, 435
Sinowjew, Grigori *71*, 167
Sollmann, Wilhelm *XX*–XXIII, XXVI, XXXVIII, 10, 23, 40, 56 f., 65, 88, 117, 127, 132, 136, 155 f., 164, 169, 180, 222, 248, 431, 439, 445–447, 451, 454
Sorg, Heinrich *488*
Soukhomline, siehe: Suchomlin, Vassilij
Soukup, Frantisek *82*, 108, 130, 155
Souvarine, Boris *137* f.
Suchomlin, Vassilij *83*
Spengemann, Walter 306
Spiecker, Carl *314*
Spiegel, Georg *420*
Spiekmann, Wim *477*

Spier, Fritz 500
Stahl, Sohn von Emil Stahl 31
Stahl, Elisabeth 27, 409
Stahl, Emil *XX*, XXII f.,XXVI, XXXII, XXXIV, XXXVIII, XLIV, 13, 20, 25, 27–29, 31, 34, 38, 41, 46, 51 f., 60 f., 65, 91, 104 f., 157 f., 160 f., 166, 187, 212, 214, 218, 220, 225, 228 f., 231, 266, 292 f., 299 f., 307, 311, 334, 361, 408, 421–424, 426, 436 f., 471 f., 474, 482, 493, 497, 499 f., 503, 522
Stalin, Josef 83, 137, 372
Stampfer, Charlotte 3
Stampfer, Friedrich *XVIII*–XXII, XXVI, XXX f., XXXIII, XL, XLIV–XLVII, 3, 5, 10 f., 13, 16, 18–20, 22, 25, 29, 31–34, 36, 38, 41, 43 f., 46, 48, 52, 59–61, 64 f., 69, 74, 80, 93, 97, 99, 101–103, 107, 111–114, 116 f., 120, 124, 126, 129, 132–134, 136, 140–142, 145 f., 149–151, 154, 157–162, 165, 167, 175, 177, 179–186, 190–192, 194, 196–199, 201–206, 208–212, 214 f., 217–225, 228, 230 f., 233–236, 238 f., 241–245, 248–261, 263–267, 272, 275–277, 283 f., 286–288, 291–301, 307, 309–314, 316, 318, 323 f., 330–333, 335–343, 347, 349, 354–361, 363–368, 371–376, 379–382, 384–392, 394–397, 402–406, 409–412, 421–424, 436, 485, 494, 499, 503, 521, 523–525, 528 f.
Stampfer, Marianne 3
Stark 50
Staudinger 395, *396*
Stauning, Thorwald *198*
Steed, Henry Wickham *394*, 396, 405
Stelling, Johannes *XX*, XXII, 2
Stephan 420
Stift (Pseudonym) siehe: Kirschmann, Emil
Stivin, Josef *212*, 512
Stolper, Toni *190*
Stolz 164, 357
Strasser, Otto *90*, 127, 164, 178, 181, 193, 510
Strauss, Dr. 364
Streicher, Otto 132, *135*
Stülpnagel, Edwin von 425
Sturmfels, Otto 415
Sturmthal, Adolf *53*
Suchomlin, Vassilij *83*
Süß, Bruno *270*, 381, 408

Symmachos (Pseudonym) siehe: Kautsky, Karl
Szillat, Paul 2, *3*, 420

Tarnow, Fritz *262*, 360, 368–370 f., 408, 434, 496
Taub, Siegfried *XXIX*, 45, 89, 93, 98, 114, 118, 144, 146, 152, 168 f., 197, 200, 202 f., 206, 219 f., 237 f., 240, 313, 385, 407, 413, 478 f., 487, 495, 503, 507, 511–515, 520
Teichgräber, Richard 476 f.
Tempel, Hermann *36*, 147, 156, 351, 434
Tesch, Carl *148*
Thalheimer, Siegfried *34*, 452
Thiele, Otto *XXXII*, XXXIV, 26, 38, 43, 94, 161, 262, 421 f., 493, 495, 497, 499 f., 503
Thomas, Norman 176
Thorez, Maurice *67*, 82, 84
Thormann, Werner *435*
Tikhomirnov, German Aleksandrovitch (Pseudonym: Hermann) *128*
Tille 353
Tockus, Max *XXXII*, 93 f., 142, 239, 247
Togliatti, Palmiro *182*
Tomás Tengua, Pascual *176*
Torgler, Ernst *11* f., 485
Treviranus, Gottfried *93*, 96
Trimm (Pseudonym) siehe: Strasser, Otto
Tröndle 26, 37 f., 43, 421 f., 427
Trotzki, Leo 445

Uhlig, Kurt *205*, 479, 490, 504 f.
Ulbricht, Walter *69*, 97, 138, 141
Ullbrich 137

Vandervelde, Emile *12*, 53 f., 67, 81, 84, 107 f., 433
Vanek *498*
Vansittart, Robert *XIX*
Veen, Ybele Geert van der *37*, 433 f.
Venedey, Hans *435*
Vienot, Pierre *381*
Vogel, Hans *XVIII*, XXI–XXIII, XXV f., XXXI, XXXIII, XL, XLII–XLVII, LVII, 1, 2, 6–8, 10, 13, 16, 18, 20, 25 f., 29, 31, 34, 37 f., 41, 43–46, 48, 50, 52, 60–65, 72, 75, 78–80, 89, 92, 97–99, 101–104, 106 f., 111–114, 116–118, 121, 126 f., 129, 132, 134–136, 138, 141–143, 146, 149, 151 f., 154, 156 f., 160 f., 166, 168–170, 172, 175, 179–186, 194, 197–199, 201–206, 208 f., 211 f., 214, 216–220, 222 f., 227–231, 233–235, 237 f., 240–246, 248–257, 260 f., 263–268, 271–273, 275–278, 281–293, 295–298, 300–307, 309–312, 314, 316 f., 320 f., 330–335, 337–343, 347–352, 354–359, 361 f., 364–368, 372–376, 379–383, 385–390, 392–405, 407–410, 413 f., 421–423, 427, 436, 438, 463, 471, 473, 478–482, 485 f., 490–495, 497–499, 503–505, 507, 511, 513, 515 f., 519–524, 526, 529
Vogt 358
Vogt, Franz 147, *148*, 169, 434, 455
Voigt 417
Voigt, Frederic A. *256*
Vorrink, Koos *7*, 116, 147, 168, 349
Voska, Emanuel 6
Voßler, Adolf *415*

Waage, Kurt *349*, 356, 506
Wachenheim, Hedwig *17*
Wagner, Friedrich-Wilhelm *164*, 248–251, 269 f., 274, 279 f., 283, 289, 297, 316 f., 365, 382 f., 388–390, 403 f.
Wagner, Robert 452
Walter, siehe: Ulbricht, Walter
Weber, Gustav *4*, 15, 27, 46, 414, 421, 427
Weber, Wilhelm *306*
Weck, Kurt *XXXIV*, 136, 142, 305, 313, 315, 334, 349, 356, 384, 478, 493, 495, 497, 499, 502–506, 522
Weckel, Curt *373*, 496
Wehner, Herbert (Pseudonym: Kurt Funk) *163*
Weidmüller, Fritz (Pseudonym) siehe: Abicht, Karl Fritz
Weinberger, Hans 419, *420*
Wellhausen, Ludwig *417*
Wels, Antonie 409
Wels, Otto *XVI*, XVIII f., XXI–XXIII, XXVI, XXVIII, XXXI, XXXIII, XXXIX f., XLIII–XLVII, LIV f., 1–5, 7, 10 f., 13, 16, 18–21, 25, 27–29, 31, 33–35, 38, 40 f., 43 f., 46–49, 51 f., 55–58, 60–80, 84–90, 92 f., 96–105, 108–111, 114–117, 120–122, 124–134, 136, 138–141, 143, 145 f., 149–154, 156–162, 166–171, 173–175, 177, 179,

182 f., 186f, 191, 194–198, 200–203, 205–216, 218, 223, 227, 230, 234, 244 f., 248–251, 253, 255, 257, 260–263, 270, 272, 312 f., 315, 317, 321 f., 330, 332 f., 335, 337–340, 342–353, 359–362, 364–369, 372, 374–384, 386 f., 409, 421–425, 431, 436 f., 455, 458, 462–466, 471–474, 478, 480, 482, 484 f., 493–495, 497–500, 502 f., 507, 510–513, 515–517
Wendel, Hermann *170*
Werner, Karl *88*
Wesemann, Hans *105*, 156
Westphal, Max *XX*–XXII, 2, 31, 420
Wickel, Helmut *166*, 372, 489, 492
Wild, Karlheinz LV
Wille 349

Winkler, Heinz 495
Winter, Gustav *356*
Wischmann 418
Witte, Eugen de *142*, 316
Wolff, Fritz *296* f.
Woudenberg 45, 106, 349
Wurbs, Kurt *35*, 434
Wurm 416, 427

Zepik (Gestapa) LIII
Ziehm, Alfred *205*, 236, 478–480, 491 f., 504, 506
Zienau, Oswald *239*
Zorn, Werner *417*
Zürcher, Emil *161*, 344
Zwertbroeck, Gerrit Jan *7* f., 433
Zyromski, Jean *83*, 155

Geographisches Register

Die Kurzbiographien wurden bei der Erstellung des geographischen Registers nicht berücksichtigt.

Aachen 416, 431, 433, 455
Abessinien 126, 129, 133, 533
Almeria 201
Altona 137
Amerika, siehe: USA
Amsterdam 5, 7 f., 16, 35 f., 94, 132, 147, 156, 168, 176, 180, 223, 239, 244, 431, 433 f., 437, 455, 457, 496
Andorra 44
Antwerpen XXXVI, 75, 80, 88, 137, 175, 433, 457, 475
– siehe auch Grenzsekretariat Antwerpen
Argentinien 326f
Armenien 461
Arnheim, siehe: Grenzsekretariat Arnheim
Ascona 105
Asturien 67
Aussig 38, 169

Baden XXXV, 56, 176, 415, 433, 439
Basel XXII, 69, 148, 181, 266, 299, 409, 458, 460, 462
Bayern 238, 414, 522
-Südbayern 437
Belgien 36, 45, 53, 108, 198, 313, 319, 322, 326 f., 351, 433, 438
Belgrad 324
Berlin XIII, XIX, XXI, XXIII, XXXI, XXXIII, XXXVII, LIII, 2–4, 8 f., 19–21, 27, 30, 43–46, 62, 69, 78, 82, 90 f., 106, 128, 132, 147, 155, 173, 179 f., 211, 257, 287, 299, 338, 406, 413 f., 419, 421, 425, 428, 434, 454, 463, 476 f., 485, 509
-Brandenburg 144
-Charlottenburg 27
-Friedrichshain 27
-Lichtenberg 39
-Neukölln 27
-Spandau 420
-Wedding 27
Bern 18
Bielefeld 416, 427
Bodenbach 2, 15, 26, 37, 39, 94, 137, 161, 413, 427, 503

– siehe auch: Grenzsekretariat Bodenbach
Böhmen, Nordböhmen 44
-Böhmisch-Mährische Höhe 238, 503
-Nordböhmen 413
Bolivien 239, 247, 302, 313, 319, 351
Bonn LVI
Bordeaux 431
Bralitz 476
Brandenburg XXXIV, 41, 420, 428
Brasilien 327
Bratislava 39
Braunau 414, 495
Braunschweig 417
Bremen 40, 56
Bremerhaven 34
Breslau 9, 420, 516
Brünn 46, 278, 313, 507
Brüssel XXXIII, 12, 25, 29, 35, 45, 51–56, 62, 67, 77, 82, 85, 104, 107, 111, 114, 125 f., 129, 132, 136, 146, 153, 162, 208, 210, 218 f., 223, 238, 240–242, 245, 261, 286, 289, 291, 298, 312, 339, 347, 350, 352, 374–376, 397 f., 427, 431, 433, 455, 457, 497, 512
– siehe auch: Grenzsekretariat Brüssel
Buchenwald, Konzentrationslager 272
Bukarest 324
Bulgarien 327

Charleroi 417
Chemnitz 27, 77, 95, 473, 478–480, 486, 490, 495, 507
Chemnitz-Erzgebirge XXXIV, 418
Chemnitz-Stadt 418
Chile 327
China 272, 327
CSR, siehe: Tschechoslowakei

Dänemark 30, 53, 83, 105, 150, 156, 198, 203, 320 f., 327, 360, 369, 377, 419, 434
Danzig XXXVI, 12, 106 f., 165 f., 403 f., 420
Daventry 406
Detroit 108

Deutsche Demokratische Republik (DDR) LVI
Deutschland XVII, XXII, XXXII, XXXIII, XXXVI, XXXVII, 1, 4 f., 7, 9–11, 14 f., 20–22, 27 f., 30, 32 f., 37, 40, 44 f., 48, 50, 56, 64, 70 f., 75, 77, 80 f., 85, 88–91, 93 f., 99 f., 102 f., 105, 108–110, 112, 115, 117, 121, 130, 133 f., 145, 156, 173, 183–186, 195, 201 f., 210 f., 213 f., 218, 220, 229, 236, 241, 249, 264, 270, 272, 274, 277, 282 f., 302, 309, 313, 320, 352, 363, 367, 369, 371–373, 377, 387, 389–395, 399–401, 404, 410, 413, 421 f., 424, 427–438, 440 f., 443, 446 f., 449, 454 f., 457 f., 460 f., 463, 466, 472 f., 478, 480, 482, 486–488, 490 f., 493, 496–498, 500, 508 f., 511 f., 514 f., 517, 520 f.
Dresden 38, 43, 417, 477
Düsseldorf 16, 416
Duisburg 16

Eger 78, 112, 414
Eibenberg 487
Eifel 432, 456
Eisenstein 110
Elsaß XXII
Elsaß-Lothringen 204, 305, 432
Emden 435
England, siehe: Großbritannien
Essen 416, 427
Esterwegen, Konzentrationslager 415
Estland 212, 327

Ferner Osten 273
Finnland 327, 377
Flensburg 434
Forbach 166
– siehe auch: Grenzsekretariat Forbach
Franken XXXIV
Frankenthal 415
Frankfurt/Main 415, 428, 439, 443, 451, 458 f.
Frankreich XXXIII, XLI, XLV, XLVI, LIX, 12, 36, 53, 68, 70, 81, 105, 108 f., 115, 126, 153, 176, 239, 270, 302, 305, 308, 315, 327, 334, 338, 347 f., 351, 356, 358, 362 f., 365, 367–371, 375 f., 377 f., 380–384, 394 f., 412, 430, 432, 438, 454, 467, 471 f., 508, 522
Freiburg 439, 441, 443

Gdingen 35, 124
Genf 12, 23, 31, 50, 86, 129, 143, 152 f., 163, 195 f., 198, 343
Georgien 130, 461
Glatz 414
Görlitz XXXIV, 420
Großbritannien XVII, XXVI, XXXIII, XLI, 8, 83, 105 f., 108 f., 115, 129, 137, 156, 326 f., 336 f., 347, 351, 361–363, 367–371, 375, 377–380, 383, 388–390, 394, 408
-Commonwealth 302 f.
Groß-Leipzig 417
Gurs 388

Halle 68, 132, 135, 417
Hamborn 160
Hamburg 25, 40, 100, 137, 155, 185, 418, 454, 457, 466
-Hamburg-Nordwest XXXV
Hannover 153, 156, 167, 176, 306, 417, 454, 457
Heidelberg 439
Heilbronn 439
Hessen XXXV, 428, 443 f.
-Freistaat 56
-Nassau 56, 415
-Offenbach 439
Hilversum 22, 30, 89, 433
Holland, siehe: Niederlande

Ilmenau 418
Innsbruck 287, 431
Iran 327
Island 327
Italien 40, 80, 109, 126, 372, 401, 429, 446, 455, 461, 471

Japan 108, 212, 327
Jugoslawien 115, 328

Kaiserslautern 439
Kanada 327
Karibik (britisch) 327
Karibik (niederländisch) 327
Karlsbad XXXII, 15, 18, 27 f., 30, 52, 66, 74, 76, 95, 112 f., 127, 142, 204–206, 215, 247, 315 f., 462, 477, 491, 494 f., 505–507, 522
– siehe auch: Grenzsekretariat Karlsbad
Karlsruhe 441

Kattowitz XXXVI
Kiel 419
Köln XXXV, 435, 455 f.
Königsaal, siehe: Zbraslav
Komotau 124, 473
Kopenhagen XXXIII, XXXIX, 35, 40, 137, 180, 194, 197, 199, 223, 249, 262 f., 270, 315, 347, 359, 434, 437, 496
– siehe auch Grenzsekretariat Kopenhagen

Landau 439, 458, 460
Leipzig 12, 27, 45, 95, 417, 426, 478 f., 482
Lettland 80, 212
Libanon 327
Linksrheinische Gebiete 56
Litauen 327, 404
Lörrach 169, 439, 443, 458, 460
London XVIII, XIX, XXVI, LVI, 3, 8, 11, 36, 45, 50, 53, 93, 125, 137, 147, 166, 187, 203, 223 f., 238, 246, 270, 272, 288, 293, 302, 343, 358 f., 362 f., 375, 377, 379 f., 392 f., 397, 406, 408, 464, 508
Los Angeles 155
Ludwigshafen 439, 450, 458, 460
Lübeck 434
Lüttich XXXVI, 62, 455
Luxemburg XXII, 22, 36, 45, 106, 327, 363, 431, 437
– siehe auch: Grenzsekretariat Luxemburg

Magdeburg 417, 427, 481
Magdeburg-Anhalt 417
Mannheim 415, 439–442, 448, 452 f., 458–461
Marienbad 124
Marseille 25
Mecklenburg 40, 418
Memelgebiet 404
Mies, siehe: Grenzsekretariat Mies
Mitteldeutschland 43, 486
Mittelrhein XXXV
Mittelschlesien XXXIV, 420
Mönchengladbach 433
Moers 455
Mont-Luçon 395
Moskau 22, 41, 69, 128, 130, 132, 138, 151, 176, 185, 406, 497
München 113, 166, 198, 321 f., 416
Mulhouse 204, 234, 266, 290, 298 f., 305
– siehe auch: Grenzsekretariat Mulhouse
Nancy 180

Neuern 29, 78
– siehe auch: Grenzsekretariat Neuern
Neunkirchen 56, 439
Neurode 414
New York 25 f., 78, 108, 357, 360, 368, 379, 396, 405, 412
Niederbayern XXXIV
Niederlande 37, 45, 54, 82, 88 f., 105, 109, 130, 161, 198, 214, 319, 327, 349, 351, 363, 388, 417, 433 f.
Niederrhein XXXV, 416, 455, 458
Niederrhein, linker 433
Nordböhmen 44
Nordwestdeutschland 145
Norwegen 327, 359, 377
Nürnberg 416

Oberbayern XXXIV
Oberpfalz XXXIV
Oberrhein 416, 458
Oberschlesien XXXIV, 247, 319, 414
Offenbach 415, 439
Oldenburg XXXV, 56
Oldenburg-Ostfriesland 419
Oppeln 90
Oranienburg, Konzentrationslager 25, 420
Österreich XLVIII, 21, 35, 38–40, 53, 197, 215, 218 f., 238, 278, 287, 319, 322, 390–392, 400 f., 427, 440, 446 f., 455, 509, 520, 525
Oslo 203, 359
Ostpreußen XLVIII, 392, 401, 404, 420, 428
Ostsachsen XXXIV, 26, 38, 490

Palästina 302, 327, 461
Paris XVII, XXIII, XXVI, XXXII, XXXIII, XXXIV, XXXVII, XL, L, LIII, LIV, LVI, 12 f., 16 f., 29, 31, 35, 41, 68, 73, 78, 85, 87, 116, 124, 127 f., 137, 139, 147, 153, 155, 160–164, 175, 177, 195, 199, 203, 207–210, 217, 219–224, 228–234, 238, 240–242, 244 f., 248 f., 260, 264, 268 f., 271, 274, 276, 279, 296, 298 f., 316, 320, 332 f., 349, 351, 360, 363, 380, 395, 397 f., 406, 412, 429, 431, 434 f., 481, 496 f., 507, 518, 522 f.
Pfalz XXXV, 56, 266, 305 f., 415, 431, 439, 450
Pforzheim 439

Pirmasens 439, 458
Plauen 34
Polen XXXVI, 327, 356, 392 f., 404, 406, 409 f.
Pommern XXXV, 418
Portugal XIX
Potsdam 420
Prag XVI, XVII, XVII, XXI, XXIII, XXVI, XXX, XXXIV, XXXVI, XL, XLIII, XLVI, L, LVI, 1, 3, 6, 8 f., 11, 14, 16, 20, 24, 27, 29 f., 32, 35, 38 f., 44–47, 61–63, 65 f., 69, 77, 88, 91, 95 f., 118, 125, 127, 170, 195, 198, 204, 211, 219, 221, 244 f., 257, 260, 267 f., 270, 275 f., 283 f., 305–307, 313, 319, 324, 349 f., 353, 356, 358 f., 362, 379, 390, 407, 413 f., 421 f., 424, 428, 430, 439, 441, 443, 446 f., 449, 455, 460 f., 469, 471, 480, 490 f., 494, 497 f., 509, 516 f., 518, 522
Preußen 425

Regensburg 414
Reich, siehe: Deutschland
Reichenberg XXIII, 41, 124 f., 161, 166, 203, 239, 426, 496, 500, 503
– siehe auch: Grenzsekretariat Reichenberg
Rheinland XLVIII, 392, 457
Riesengebirge 428, 475 f.
Röhrsdorf 46
Rom 126
Ruhrgebiet XXXV, 145, 430, 457 f., 460
Rumänien 115, 327
Rußland, siehe: UdSSR

Saar 16, 57, 80, 94
Saarbrücken XXI, XXXVIII, 5, 9, 16, 26, 31, 35, 51 f., 80, 131, 246, 287, 427, 431, 448
– siehe auch: Grenzsekretariat Saarbrücken
Saargebiet 12, 19, 57, 432 f., 454
Saargemünd XXXVI, 458
Saarland XXII, 338
Sachsen XLVIII, 45, 89, 392, 522
Schlesien 89, 238, 519, 522
Schleswig-Holstein XXXV, 40
Schwaben XXXIV
Schweden XXIII, 150, 166, 203, 302, 313, 320, 327 f., 347, 358–362, 377, 383, 408
Schweidnitz 413
Schweiz 16, 18, 36, 51, 53, 84, 105, 130, 134, 195, 266, 288, 299, 302, 327 f., 343, 350, 358, 400, 418, 430
Shanghai 239
Skandinavien 51, 68, 88, 116, 130, 135, 187, 198, 321, 347, 359
Sofia 24
Sonder-Jütland 360
Spanien XIX, 80, 83, 166, 169, 176, 190, 195, 199, 201 f., 212, 236–238, 317, 327, 333, 339, 342, 354, 376, 387 f., 500, 503, 513, 518–522
St. Gallen 213
St. Louis (Frankreich, Haut Rhin) 344
– siehe auch: Grenzsekretariat St. Gallen
Sternberg 500
Stettin 58, 137, 418, 477
Stockholm XVIII, LVI, 69, 137, 150, 197 f., 223, 257, 260, 262 f., 267, 316, 319, 347, 359 f., 409
Stolberg 431, 455 f.
Straßburg 19, 23, 36, 415, 422, 432, 458
– siehe auch: Grenzsekretariat Straßburg
Stresa 109
Stuttgart 34, 427, 439, 451, 458 f.
Südafrika 328
Südamerika 137, 385
Südbayern 494
Süddeutschland, westliches XXXV
Südosteuropa 401
Südwestdeutschland 319, 460 f.

Tanger 328
Tarnopol 328
Tennich 418
Teplitz 95
Teplitz-Schönau 509, 513
Thüringen 418, 424, 430, 478 f.
Toulouse 354, 405
Trautenau 46, 413
– siehe auch: Grenzsekretariat Trautenau
Trentino 401
Trier 14
Troppau 127
Tschechoslowakei XIII, XIV, XVII, XVIII, XXII, XXXV, XXXVI, XLVIII, 5 f., 15, 28 f., 38–40, 49, 82, 90, 112, 115, 124, 130, 167 f., 206–208, 211 f., 218–220, 227, 230, 238, 247, 292, 299, 302 f., 305, 313, 319, 321 f., 325, 327 f., 330, 347, 349, 351 f., 356, 363, 379, 390–392, 396, 399 f., 409 f., 413,

421–423, 426, 428, 433, 436, 439, 467, 472 f., 479, 487, 493, 499–501, 508–515, 522
Türkei 328

UdSSR XLVI, 49 f., 55, 83, 108 f., 115, 129, 186, 202, 211, 215, 294, 327, 369, 371, 404, 446, 461, 471
Ungarn 107, 327
Uruguay 327
USA XVIII, XIX, XXII, XXVI, 3 f., 25 f., 50, 63, 108, 114, 126, 156, 327, 342, 355–357, 360, 368 f., 373, 396

Valencia 194–196, 202
Venezuela 105, 328
Versailles XLIX
Verviers 5

Warschau XXXVI, 108, 324, 403, 406
Wasserkante 430

Waterkante 428
Weidenau 177
Westdeutschland 435
Westfalen XXXV, 216, 457
 -Nordwest 145
 -Westfalen-Ost 145, 416
 -Westfalen-West 145, 416
Wien 16, 18, 24 f., 30, 53, 146, 163, 204, 423, 427
Winterberg 499
Worms 415
Württemberg XXXV, 56, 125, 134 f., 416, 439, 460
Wyden 464
Wuppertal 160

Zbraslav (Königsaal) 6, 39, 439
Znaim 39
Zürich XXVI, XXXII, 5, 7, 11, 26, 36, 40, 93, 104, 107, 114, 170, 324, 343–345, 350, 405, 427 f., 430 f., 437, 464, 484
Zwickau 27, 95, 414, 478 f., 487

Sachregister

Die Kurzbiographien wurden bei der Erstellung des Sachregisters nicht berücksichtigt.

Abessinien-Konflikt 126, 129, 497
ABS-Programm – siehe: Revolutionäre Sozialisten Deutschlands, Plattform
Archiv der sozialen Demokratie, Bonn XL, LI f., LVI, LVIII f., LXI
Archives Nationales Paris LIX
Aktiengesellschaft für Zeitungsunternehmungen (Zürich) 8, 56, 213, 428 (siehe auch: Konzentrationsprozeß)
Aktions-Ausschuß Deutscher Oppositioneller 363
Allgemeiner Deutscher Gewerkschaftsbund (ADGB) 9, 425
Allgemeiner freier Angestelltenbund (AfA) 477
Amerikanische Arbeiterpartei 176 (siehe auch: Sozialisten, amerikanische)
Amnestie – siehe: Europäische Amnestiekonferenz; Ständige Kommission
Annexion – siehe: Besetzung
Anschluß – siehe: Besetzung
Antisemitismus 155, 222, 404
Anti-Terrorismus-Konferenz – siehe unter: Völkerbund
Arbeiterwohlfahrt (AWO) XXVII, 17, 164, 428 (siehe auch: Deutsch-ausländisches Jugendwerk)
Arbeiterwohlfahrt Paris 153, 155, 246, 314, 316, 320 f., 381 f.
Arbeiter-Zeitung (Hrsg.: SDAP Österreich bzw. ALÖS) 53, 507 f., 510
Arbeitsausschuß deutscher Sozialisten und der RSÖ – siehe: Arbeitsgemeinschaft für sozialistische Inlandsarbeit
Arbeitsgemeinschaft für Innenarbeit – siehe: Arbeitsgemeinschaft für sozialistische Inlandsarbeit
Arbeitsgemeinschaft für sozialistische Inlandsarbeit XLII, 318, 342, 348, 352, 354, 406
Arbeitskreis revolutionärer Sozialisten – siehe: Revolutionäre Sozialisten Deutschlands
Archivverkauf XXX, 128, 130–133, 136–139, 146–151, 157, 160, 164, 167, 177, 187, 214, 233, 242, 244 f., 253, 321, 497 (siehe auch: Internationales Institut für Sozialgeschichte; Marx-Engels-Lenin-Institut; Marx-Engels-Nachlaß; Parteivorstand, Finanzen)
– Internationales Sozialistisches Forschungsinstitut 136 f., 146, 150
– Organisationskomitee zur Förderung marxistischer Forschung 136–139, 160
Asturischer Bergarbeiteraufstand 67, 80, 84, 108
Asylrecht 165, 177, 212, 296, 510
Asylrechtskonferenz (Juni 1936) 161–163
Aufbau. Nachrichtenblatt des German-Jewish Club (New York) 412
Aufhäuser-Böchel-Seydewitz-Programm (ABS-Programm) – siehe: Revolutionäre Sozialisten Deutschlands, Plattform
Aufrüstung 54, 103, 108, 126, 211, 442, 473
Ausländergesetzgebung – siehe unter: Regierung: französische, tschechoslowakische
Auslandsbüro österreichischer Sozialdemokraten Brünn (ALÖS) 278, 478, 507 (siehe auch: Sozialdemokraten, österreichische)
Auslandsvertretung der deutschen Gewerkschaften (ADG) 203, 296, 376, 408 (siehe auch: Gewerkschaften)
– Reichenberger Konferenz 124 f., 496
Auslandsvertretung österreichischer Sozialisten (AVÖS) XLII, 248, 250, 252 f., 258, 265, 269, 275, 277–279, 281–284, 286, 291, 294, 298, 301 f., 306–311, 317 f., 348, 352, 376, 379, 396, 407, 515, 523–529
– Kartellvorschlag XLII, 252, 265, 278 f., 298, 307 f., 318, 352, 523–529 (siehe auch: Sozialdemokratische Konzentration)
Auswanderung, Auswanderungsfragen 50, 288, 302

Baseler Nationalzeitung 249
Baskin-Konferenz 210, 252, 518

Bebelfonds – siehe unter: Sozialistische Arbeiter-Internationale
Belgische Arbeiterpartei (POB/BWP) 108, 223 (siehe auch: Sozialdemokraten, belgische)
Bergarbeiterinternationale 169
Bergarbeiterverband (Saargebiet) 35
Berliner Volksfrontgruppe – siehe: Zehn-Punkte-Gruppe
Berliner Vorstandsgruppe – siehe: Reichskonferenz Löbe
Berliner Zentrale – siehe unter: Parteivorstand
Berufsinternationale der Angestellten 43
Besetzung
– Benelux-Länder XXXVI
– Frankreich XVIII, XXVI, XXXVI, LIX f.
– Memelgebiet 404
– Österreich XLVII f., 218, 282, 391 f., 399, 525
– Polen 406
– Rheinland 148
– Sudetenland XLVII, 399
Betriebsarbeit – siehe unter: Gewerkschaftsarbeit in Deutschland
Bezirksvertrauensleute – siehe: Parteivorstand, Vertrauensleute
Blick in die Zeit 41, 419
Blutgesetze – siehe: Gesetz zur Gewährleistung des Rechtsfriedens
Boykott
– Internationaler Städtetag 1936 155
– japanische Waren 212
– Kongreß für Freizeitgestaltung 1936 155
– Olympische Spiele 1936 155
– Wirtschaftsboykott gegen Deutschland 102 f., 155, 422
Broschürenreihe der Sopade – siehe: Probleme des Sozialismus
Brüsseler Konferenz – siehe unter: Kommunistische Internationale
Bund (Allgemeiner Jüdischer Arbeiter-Bund in Rußland, Litauen und Polen) 85, 387
Bund der ausländischen sozialistischen Gruppen in Frankreich 381
Bundesarchiv LII, LVI

C-Berichte – siehe unter: Deutschland-Berichte

Centre de Liaison pour les status des emigrés en France 163
Chemnitzer Volksstimme 483
Christliches Hilfskomitee London 203
Columbiafahrer 203

Daily Herald 3, 78, 109
Danziger Volkstag 403
– Wahlen 1935 106 f., 165 f.
Denkschrift der deutschen Industriellen 201
Deutsch-ausländisches Jugendwerk 17, 428 (siehe auch: Arbeiterwohlfahrt)
Deutsche Arbeitsfront (DAF) 17, 72, 457, 477
Deutsche Freiheit (Paris) 207, 213, 224, 249, 251, 275, 278, 281, 296
Deutsche Freiheit (Saarbrücken) XXXVIII, 14, 19, 22 f., 26, 31, 34 f., 40, 51, 57, 94, 107, 116, 338, 435, 451 f., 468
– »Freiheitsprozeß« (Prozeß Deutsche Freiheit/Relevo-AG) 131, 161, 177, 246, 316, 318 f., 331 f., 340 f., 344–346, 353, 404, 432 f.
Deutsche Informationen vereinigt mit Deutsche Mitteilungen 248, 250 f., 254, 265, 279
Deutsche Mitteilungen – siehe: Deutsche Informationen vereinigt mit Deutsche Mitteilungen
Deutsche Nationalsozialistische Arbeiterpartei in der Tschechoslowakei (DNSAP) 413
Deutsche Opferhilfe 316–318, 382
Die Deutsche Revolution. Organ der Schwarzen Front 127, 177, 510
Deutsche Sozialdemokratische Arbeiterpartei in der Tschechoslowakei (DSAP) XXIII, XXV, XXVIII f., XXXIV, XXXVII, LII, 5, 39, 46, 95, 112 f., 118, 121, 144, 161, 195, 206 f., 219, 238 f., 312, 385, 407, 413, 423, 426, 478 f., 493, 495, 499 f., 503, 507–515, 520 (siehe auch: Sozialdemokraten, sudetendeutsche)
Deutsche Sozialistische Arbeiterpartei in Polen XXXVI, 353
– siehe auch: Sozialisten, polnische
Deutsche Volkszeitung (Prag) 200 f., 205, 510

561

Deutsche Volkszeitung (Saarbrücken) 448
Deutscher Metallarbeiter-Verband (DMV) 477
Deutsches Zentralarchiv in Potsdam XL, LIV
Deutschland-Berichte der Sozialdemokratischen Partei XV, XXXIV, XXXVI f., 66, 70 f., 111, 117, 121, 152, 208, 218 f., 225, 227, 229, 250–252, 278 f., 321, 334 f., 353, 362, 377, 379 f., 449, 452, 470, 474, 494, 496, 510, 512, 514 f., 519
– C-Berichte 474, 486, 490
– Germany Reports 321, 378, 380
Dietz-Verlag XXVII
Dolchstoßlegende 369–371, 372
Dollarausschuß 247, 313, 315

Einheitsfront XVI, XVII, 54, 67–70, 72 f., 76, 80–85, 87 f., 93 f., 96 f., 111 f., 126, 129 f., 140 f., 143 f., 155, 179 f., 183, 185 f., 204, 221, 251, 296, 301 378, 455 f., 460, 472, 485–489, 491, 496–498, 516 f. (siehe auch: Kommunisten; Kommunistische Partei Deutschlands; Sozialdemokratische Konzentration; Volksfront)
Eiserne Front 424, 442
Emigranten/Emigration 23, 92, 148, 180, 275, 309, 318, 335, 347 f., 360 f., 369, 371 f., 390–393, 424, 427, 429, 443, 448 f., 459 f., 467, 489, 499, 501
– Dänemark 203, 496
– Elsaß-Lothringen 432
– Frankreich 207, 246, 363, 366, 370, 412, 480
– Großbritannien 361, 363, 373, 377, 390
– Luxemburg 363
– Niederlande 363
– Norwegen 359
– Schweden 203, 360 f., 408
– Schweiz 126
– Skandinavien 116
– Tschechoslowakei 39, 49 f., 89, 111, 143 f., 151 f., 167, 203, 238, 302 f., 306, 312, 363, 423, 426, 472, 493, 495, 498, 503, 507–513, 522
– UdSSR 49
– Westeuropa 233, 363
Emigrantenfürsorge XXVIII, 50, 198, 270 f., 278–281, 423, 438 (siehe auch: Flüchtlingsfürsorge)

– Emigrantenheime 6, 144, 439, 495
Emigrantenorganisationen 234, 317, 361 f., 373, 378, 381, 424, 435
– Frankreich 127, 330 (siehe auch: Bund der ausländischen sozialistischen Gruppen in Frankreich; Fédération des Emigrés d'Allemagne en France; Gemeinsamer überparteilicher Hilfsausschuß; Zentralvereinigung der deutschen Emigration; Zentralvereinigung österreichischer Emigranten)
– Prag 16, 143, 146, 161, 221, 224, 498
Emigrantenversammlung 272, 424
– Amsterdam 147
– Basel 148
– Kopenhagen 262
– Stockholm 262
– Tschechoslowakei 143, 423, 439
Ernst-Eckstein-Fonds 164
Europa-Verlag 405
Europäische Amnestiekonferenz für die politischen Gefangenen in Deutschland (Juli 1936) 162
Evian-Konferenz (Juli 1938) 246, 269, 271 f., 274, 276, 301–304

Febristen 525
Februarkämpfe (Österreich 1934) 38–40
Fédération des Emigrés d'Allemagne en France (FEAF) 153, 163
Finanzen – siehe unter: Parteivorstand
Flüchtlinge XXIII, 50, 143, 252, 267, 288, 302, 347, 359, 381 (siehe auch: Arbeiterwohlfahrt Paris; Emigranten; Evian-Konferenz; Service juridique; Völkerbund)
– deutsche 6, 39, 49 f., 439
– österreichische 39, 49 f., 322, 439
– spanische 318
– tschechoslowakische 322, 356, 426
– in Belgien 322, 438
– in Frankreich 438
– in Großbritannien 347, 377
– in Schweden 347, 360
– in der Tschechoslowakei 385
Flüchtlingsfürsorge 13, 23, 89, 160 f., 177, 206, 254, 380 (siehe auch: Emigrantenfürsorge)
– Flüchtlingsamt Genf 50, 303, 423
– Flüchtlingsstelle London 288, 293, 302
– Sozialdemokratische Flüchtlingshilfe

Prag XXXVI, 6, 124, 144, 151, 154, 349, 353, 359, 390, 522
- Zentrales Flüchtlingskomitee Prag 495
Flüchtlingskommissar – siehe unter: Völkerbund
Flüchtlingslager (Frankreich) 387 f.
Foreign-Office – siehe: Regierung, britische
Frank-Kreis – siehe: Neu Beginnen
Freidenkerverband 434
Freie Presse (Amsterdam) 8 f., 14, 37
»Freiheitsprozeß« – siehe unter: Deutsche Freiheit (Saarbrücken)
Freunde der sozialistischen Einheit Deutschlands 318
Fürstenabfindung 71
Funk-Gruppe 525

Geheimdienst 501 (siehe auch: Spionage; Spitzel)
- Sopade 2, 5, 30, 413 f., 479, 501
- Deutschland 2, 413
- Frankreich 236, 449
- Spanische Republik 195, 235, 520 f. (siehe auch: Spanische Gesandtschaft in Prag)
- Tschechoslowakei 6, 90, 110, 113, 196 f., 205, 413, 473 f., 479, 494 f., 500, 520
Geheime Staatspolizei – siehe: Gestapo/Gestapa
Geheimpolizei, sowjetische 212
Gemeinsamer überparteilicher Hilfsausschuß (Paris) 164
Generalstreik
- in Deutschland 425
- in Frankreich 334
Genfer Abrüstungskonferenz 20
Genfer Flüchtlingskonferenz – siehe unter: Völkerbund
German Labor Delegation (GLD) XVIII, XXX, 357, 368
Germany Reports – siehe unter: Deutschland-Berichte
Gesamtvertretung der deutschen Emigration in Frankreich 381
Die Gesellschaft 11
Gesellschaft der Freunde der Französischen Republik 365
Gesetz zur Gewährleistung des Rechtsfriedens vom 4. 10. 1933 (Blutgesetze) 15, 21, 24
Gesetz zur Ordnung der nationalen Arbeit vom 20. Januar 1934 42 (siehe auch: Maifeier 1934; Vertrauensratswahlen)
Gestapo/Gestapa XXVI, XLV, LIII f., LVI, 8, 31, 41, 45, 50, 56 f., 62, 89, 152, 154, 176, 180, 210 f., 239, 359 f., 475, 501 f. (siehe auch: Spitzel)
Gewerkschaften 72, 157, 348, 350, 360, 370, 425, 427, 461, 467, 477, 501 (siehe auch: Allgemeiner Deutscher Gewerkschaftsbund; Auslandsvertretung der deutschen Gewerkschaften; Internationaler Gewerkschaftsbund)
- amerikanische 91, 357
- britische 8, 357, 408
- französische 501
- freie 70, 72, 86, 160, 456
- kommunistische 70
- niederländische 8
- österreichische 28
Gewerkschaftsarbeit in Deutschland 42 f., 71 f., 90–92, 147, 168 f., 352, 420, 469 (siehe auch: Maifeier 1934; Vertrauensratswahlen)
- Betriebsarbeit 69, 71 f., 86, 106, 110
Graphia-Verlagsanstalt (Prag) XXXII, XXXVII f., 7, 26 f., 37, 98, 101 f., 157 f., 187, 204, 229, 239, 243, 315 f., 355, 364, 385 f., 429, 431, 468, 505, 510
Grenzarbeit – siehe: Grenzsekretariate/Grenzsekretäre
Grenzsekretariate/Grenzsekretäre XIV, XVIII, XXII, XXX-XXXII, XXXIV-XXXVI, 6, 13, 30, 42, 61, 75 f., 117, 128, 145, 152, 157, 168, 205, 219, 227, 230, 236, 238, 242, 252, 266, 278, 293, 305, 334, 389, 402, 424, 426, 436–438, 474 (siehe auch: die jeweiligen Ortsangaben im geographischen Register)
- Arnhem/Antwerpen XXXV, 13, 349
- Bodenbach XXXIV, 13
- Brüssel XXXV, 13
- Forbach XXXV
- Karlsbad XXIII, XXV, XXXIV, 13, 52, 59, 77, 95, 113, 477–492, 504 f.
- Kopenhagen XXXV, 13
- Luxemburg XXXV
- Mies XXXIV, 13
- Neuern XXXIV
- Oberschlesien 247
- Reichenberg XXXIV, 13
- Saarbrücken XXXV

- St. Gallen XXXV
- Straßburg XXXV, 13
- Trautenau XXXIV, 13
- Konferenzen 76, 188, 263, 266 f., 292 f., 299, 313
- in Antwerpen (Dezember 1934) 75, 80, 88 f., 475
- in Lüttich (August 1934) 455–458
- in Neunkirchen (Juni 1934) XLV, 56, 439–458
- in Saargemünd (August 1934) 458–460
- in der Tschechoslowakei 15 f., 22, 28, 177, 197, 421–426, 436–439, 471–474, 493–495
- an der Westgrenze 5, 15 f., 35 f., 40, 56, 78

Grüne Berichte – siehe unter: Deutschland-Berichte
Gruppe Deutsche Volksfront – siehe: Zehn-Punkte-Gruppe
Gruppenvertrauensleute – siehe: Parteivorstand, Vertrauensleute

Hachette 213, 329, 345, 432
Het Volk 147, 433
Hilfskomitee für Spanien-Flüchtlinge – siehe unter: Spanischer Bürgerkrieg
Hoover-Bibliothek 316, 319

Illegale Arbeit der Sopade – siehe vor allem: Grenzsekretariate/Grenzsekretäre; Parteivorstand: Berliner Zentrale, Vertrauensleute, Publikationstätigkeit, Rundfunktätigkeit
Illustrierte Wochenzeitung 14, 26
Imprimerie Union 213
Informationsbrief 224, 517
Institut für Zeitgeschichte, München LII
Intergovernmental Comitee for Refugees (ICR) 246
Internationale – siehe: Sozialistische Arbeiter-Internationale
II. Internationale XLIV, 47 f.
III. Internationale – siehe: Kommunistische Internationale
Internationale Arbeitsorganisation (IAO) 13
Internationale Brigaden – siehe unter: Spanischer Bürgerkrieg
Internationale Gesellschaft zur Rettung der Demokratie 1, 20

Internationale Hilfsvereinigung Deutschlands 164
Internationale Information (Hrsg.: SAI) 67, 211
Internationale Kommission zur Abwehr des Faschismus (August 1933) 16
Internationale Pressekorrespondenz 69
Internationale Rote Hilfe – siehe: Rote Hilfe
Internationale Staatenkonferenz zur Regelung der Rechtsstellung der deutschen Flüchtlinge – siehe unter: Völkerbund
Internationale Transportarbeiter-Föderation (ITF) 42 f., 147, 496
Internationaler Bund Sozialistischer Juristen 163
Internationaler Gewerkschaftsbund (IGB) 12 f., 28, 30 f., 42, 53, 80 f., 91, 107 f., 124, 128 f., 133, 147 f., 152 f., 166, 176 f., 187, 195, 203, 212, 333, 347, 357, 375, 464, 503 (siehe auch: Gewerkschaften)
Internationaler Solidaritäts-Fonds des IGB und der SAI für die Länder der Demokratie – siehe: Matteotti-Fonds
Internationaler Sozialistischer Kampfbund (ISK) XIX, XLII, 164, 221, 318, 523
Internationaler Städtetag 1936 – siehe unter: Boykott
Internationales Frauenkomitee – siehe unter: Sozialistische Arbeiter-Internationale
Internationales Institut für Sozialgeschichte (Amsterdam) XXX, XLI, LI f., LXI, 167, 177, 214, 242, 244, 319 (siehe auch: Archivverkauf)
Interparlamentarische Union 136

Jewish Labour Committee (USA) 360
Juden/Judenverfolgung 381, 386 f., 404
Juristisches Komitee – siehe: Service juridique

Der Kampf. Monatsschrift der sudetendeutschen Sozialdemokratie 6, 121 (siehe auch: Tribüne)
Der Kampf – siehe: Der sozialistische Kampf
Kapp-Putsch 71, 431
Kartellvorschlag der AVÖS – siehe unter:

Auslandsvertretung österreichischer Sozialisten
Kölnische Zeitung 476
Komintern – siehe: Kommunistische Internationale
Kommission zur Untersuchung der Lage der politischen Gefangenen – siehe unter: Sozialistische Arbeiter-Internationale
Kommunisten 15, 21 f., 41, 43, 53 f., 68–73, 82, 87 f., 99, 114, 138, 140, 143–145, 147, 162, 169, 180, 195, 205, 217, 224, 288, 369, 372, 381 f., 388, 419, 438, 444, 456 f., 484 f., 489, 497–499, 518
– spanische 505
– tschechoslowakische 99
Kommunistische Internationale (Komintern, KI) XLIV f., 12, 41, 55 f., 67, 71 f., 82–84, 87, 126, 128 f., 131, 354, 441, 450, 485
– Brüsseler Konferenz 69
– Exekutivkomitee (EKKI) 41, 69
– VII. Weltkongreß 127
Kommunistische Partei Deutschlands (KPD) XV-XVII, XLIV-XLVII, LIII-LV, 20, 27, 42, 48, 68–73, 86 f., 97, 116, 131, 143 f., 162, 165 f., 179, 182–186, 200 f., 204, 210, 270, 289, 293–295, 300 f., 304, 339, 354, 363, 370 f., 398, 429, 442–445, 450, 456, 459 f., 468, 470, 483, 485, 488, 498, 501, 517 (siehe auch: Einheitsfront)
Kommunistische Partei Deutschlands Opposition (KPO) 468, 470, 525
Kommunistische Partei Frankreichs 70, 294, 300, 354, 456
Kongreß für Freizeitgestaltung 1936 – siehe: Boykott
Konzentration – siehe: Sozialdemokratische Konzentration
Konzentration-AG. Sozialdemokratische Druckerei- und Verlagsbetriebe – siehe: Konzentrationsprozeß
Konzentrationslager 272, 370, 415
Konzentrationsprozeß 8, 11, 56 f., 213, 379, 428 (siehe auch: Aktiengesellschaft für Zeitungsunternehmungen)
Kraft durch Freude (KdF) 155
Kriegszieldiskussion – siehe: Zweiter Weltkrieg

Kurhessische Zeitung 451
Kurzwellensender – siehe: Parteivorstand, Rundfunktätigkeit

Labour Book Service 395
Labour Party 3, 11 f., 53, 84, 102, 104, 108 f., 115, 126, 129, 210, 223 f., 351, 367, 375, 377 f., 389, 392, 397 f., 402, 407 f., 473
Landesgruppen der Sopade 263, 348 (siehe auch: Landesverband Deutscher Sozialdemokraten in Frankreich)
Landesverband deutscher Sozialdemokraten in Frankreich XVIII, XXV, XLII, 248–250, 252–254, 265 f., 269, 273, 275, 277, 279–286, 290 f., 295 f., 298, 307, 309 f., 317, 347 f., 383, 389, 524–526, 528 f. (siehe auch: Sozialdemokratische Konzentration)
Langwellensender – siehe: Parteivorstand, Rundfunktätigkeit
Leninistische Organisation (LO) – siehe: Neu Beginnen
Liga für Menschenrechte 164, 247, 296
Locarno-Vertrag 148, 401
Löbevorstand, Löbe-Gruppe – siehe: Reichskonferenz Löbe
Londoner Gegenprozeß 12 (siehe auch: Reichstagsbrandprozeß)
Londoner Zeitungsprojekt 2
Lutetia-Comité – siehe unter: Volksfront

Maifeier 1934 42 f.
Manchester Guardian 256
Marx-Engels-Lenin-Institut 128, 133, 137, 139 (siehe auch: Archivverkauf; Marx-Engels-Nachlaß)
Marx-Engels-Nachlaß XXX, 138 f., 149 f., 199, 434 (siehe auch: Archivverkauf; Marx-Engels-Lenin-Institut)
Matteotti-Fonds/Matteotti-Komitee 30, 107 f., 248, 317, 321, 374, 426
Memelaffäre 404
Menschewiki – siehe: Sozialdemokraten, russische
Miles/Miles-Gruppe – siehe: Neu Beginnen
Mitgliedskarten – siehe unter: Parteivorstand
Mitteilungen des Parteivorstands LIX f., 384, 409

Monatsberichte – siehe: Deutschland-Berichte
Moskauer Schauprozesse XVII, 167
Münchener Abkommen XL, XLVIII, 321 f., 396
Münzenberg-Kreis – siehe: Arbeitsgemeinschaft für sozialistische Inlandsarbeit

Nachkriegsordnung – siehe unter: Zweiter Weltkrieg
Nachrichtendienst – siehe: Geheimdienst
Nationalsozialistische Betriebszellenorganisation (NSBO) 111, 413, 432, 440, 442, 452
Nationalsozialistische Deutsche Arbeiterpartei (NSDAP) 215, 403, 413, 450 f.
Nelson-Bund – siehe: Internationaler Sozialistischer Kampfbund
Neu Beginnen XV, XVII-XIX, XXVIII, XLI-XLIII, 18 f., 28, 48 f., 54 f., 63, 76-78, 90 f., 93, 95, 97, 106, 121, 124, 147, 170-175, 192, 210-212, 217, 221-228, 234-236, 241, 243, 246, 252, 255, 258, 261, 265, 268, 273-279, 281-284, 291, 295, 298, 313, 317, 320, 330, 332, 348, 352, 356, 379, 397 f., 412, 428 f., 431, 446 f., 461 f., 464-466, 469, 487, 489, 502, 515-520, 522, 524, 526-529
Das Neue Tage-Buch 515
Die Neue Weltbühne 69, 510
Neuer Roter Stoßtrupp – siehe: Roter Stoßtrupp
Neuer Vorwärts XV, XVII, XXIII, XXV, XXXII f., XLVIII, 15, 37, 69, 100, 105, 117 f., 142, 147, 157 f., 171, 187, 201, 205-209, 211, 213 f., 219, 224, 227, 229, 232, 239, 243, 250 f., 274 f., 279, 297, 315, 320 f., 323-326, 334-337, 342, 353, 360-362, 364, 366, 376, 379, 396, 399, 403, 410 f., 413 f., 426, 432-434, 449, 468, 473, 483, 486, 496, 505, 508, 510, 514 f. (siehe auch: „Vorwärts")
– Auslandsausgabe XXXVII, 14, 22
– Deutschlandausgabe XXXVII, 3, 5-7, 14, 21 f., 24, 27, 38, 422 (siehe auch: Sozialistische Aktion)
Neues Deutschland LII f.
Neuordnung Europas – siehe: Zweiter Weltkrieg, Nachkriegsordnung

Nichtangriffspakt
– deutsch-dänischer 377
– deutsch-sowjetischer XVII, 406
Norwegische Arbeiterpartei 212 (siehe auch: Sozialdemokraten, norwegische)

Oberrheinische Volkswacht 14
Office Sarrois 339
Olympische Spiele 1936 182 (siehe auch: Boykott; Sozialistische Arbeitersport-Internationale)
Organisation deutscher Ausgewanderter in Großbritannien 388
Ortsgruppen der Sopade 348
– Amsterdam 147
– London 95
– Oslo 359
– Stockholm 262
Ostpakt 108

Palästina-Transfer 155, 302
Pariser Konferenz – siehe unter: Sozialistische Arbeiter-Internationale
Pariser Tageblatt 338
Pariser Tageszeitung 296 f., 329, 338
Parteiapparat XXX–XXXIV – siehe auch unter: Parteivorstand
Parteiarchiv der SPD – siehe: Archivverkauf
Parteirat – siehe: Reichskonferenz (Ostern 1935, nicht stattgefunden)
Parteivorstand
– Angestellte XXX–XXXIV, 94, 334 f. (siehe auch: Parteivorstand, Reorganisation)
– Berliner Zentrale XXXI, XXXV, 4, 15, 20 f., 27, 62, 75, 116, 180, 426, 428, 444, 464, 469 f., 475–477
– Büroräume XXX, XXXIII, 98, 101, 242
– Finanzen XIII, XVIII, XXVI–XXX, XL, XLIII, 3-6, 17, 75-78, 94, 125 f., 134, 150, 156-158, 177, 187, 198, 207 f., 267, 321, 334, 337 (siehe auch: Archivverkauf; Parteivorstand: Reorganisation, Unterstützungszahlungen)
– Mitgliedskarten 6, 347 f., 378, 395
– Plattform der Sopade – siehe: Prager Manifest
– Publikationstätigkeit XVI–XVII, XXXVI–XXXVIII (siehe auch: Deutsche Freiheit (Saarbrücken); Deutsch-

land-Berichte; Graphia-Verlagsanstalt; Londoner Zeitungsprojekt; Neuer Vorwärts; Probleme des Sozialismus; Sozialistische Aktion; Zeitschrift für Sozialismus)
- Reorganisation 111, 116–122, 124 f., 211, 219, 227–232, 238, 257, 493 f. (siehe auch: Parteivorstand: Finanzen, Zusammensetzung)
- Rundfunktätigkeit 7 f., 21 f., 29 f., 39, 44 f., 78, 148, 190, 194–196, 198, 404–406, 425, 433, 455, 476, 500, 504 (siehe auch: Vereenigung von Arbeiders Radio Amateurs)
- Schiedsgericht 338 f.
- Sitzungsprotokolle XXXVIII–LX
- Sitzverlegung XIII, XVII, XXI, XXIII, XXVI, XXXIII, XXXVII, XL, XLIII f., 29, 219 f., 230–232, 240, 244, 254, 367–371, 377–379, 408
- Treuhänderschaft XXVII, XLI f., 3, 59, 216, 226, 430, 487 f., 526
- Unterstützungszahlungen der Sopade
- für Emigranten (Einzelfälle) 28, 98, 135–137, 146, 169 f., 176, 202, 239 f., 247, 306, 320, 333, 353, 372, 396, 402 f.
- für Verfolgte in Deutschland 17, 27 f., 31, 137, 160, 167, 202, 229, 306 (siehe auch: Arbeiterwohlfahrt; deutsch-ausländisches Jugendwerk)
- Untersuchungsausschuß Edel-Tröndle-Kunze 26, 37 f., 43
- Vertrauensleute XXII, XXXII, 1 f., 4, 6, 15, 20, 28, 30, 126, 128, 145, 152, 162, 177, 180, 200, 220, 275, 300, 347, 361 f., 377 f., 383, 418, 426, 428, 435 f., 480, 522 (siehe auch: Grenzsekretariate/Grenzsekretäre; Landesgruppen der Sopade; Ortsgruppen der Sopade; Parteivorstand, Reorganisation)
- Zusammensetzung XIX–XXVI (siehe auch: Reichskonferenz 26. April 1933; Parteivorstand, Reorganisation, Sitzverlegung)
Plattform der Revolutionären Sozialisten Deutschlands – siehe unter: Revolutionäre Sozialisten Deutschlands
Le Populaire (Zeitschrift der SFIO) 209, 213, 272
Prager Manifest 31–33, 35 f., 47 f., 55 f., 58, 60, 96, 121, 221, 223, 423 f., 430–432, 435, 437, 441, 445, 447, 470–473, 481, 486
Probleme des Sozialismus (Broschürenreihe der Sopade) XXIV, XXXVIII, 3, 5, 9, 15, 18 f., 24, 26, 37, 46–48, 58, 60, 426, 429, 449, 468 f.
Proletarischer Presse-Dienst 27, 427
Protokolle des Volksbeauftragten 1918/19 319

Quäker 116, 127

Radikale Partei Frankreichs 365
Radio – siehe: Parteivorstand, Rundfunktätigkeit
Radio Union Valencia – siehe: Parteivorstand, Rundfunktätigkeit
Rechberg-Gruppe 56, 76, 171, 443 f., 447 f., 459 f.
Rechtsstelle für deutsche Flüchtlinge – siehe: Service juridique
Regierung
- amerikanische 246
- belgische 107
- britische 210, 302, 359, 408, 508 f.
- deutsche
- französische 296, 359, 361, 412
- Ausländergesetzgebung 366 f., 373, 375
- niederländische 9
- norwegische 137
- polnische 410
- russische 86
- schwedische 360
- spanische 503
- tschechoslowakische XVII, XXXIII, 50, 206, 208, 238, 359, 508 f., 511–513
- Ausländergesetzgebung 98, 503
- Nationalrat 410, 472
- ungarische 83
Reichenberger Konferenz – siehe unter: Auslandsvertretung der deutschen Gewerkschaften
Reichsbanner Schwarz-Rot-Gold 24, 424 f., 461, 469
Reichskonferenz (26. April 1933) XIII, XIX–XXI, XLII, 3, 173, 287, 299, 310, 424 f., 449, 489, 527
Reichskonferenz Löbe (19. Juni 1933) XIII, XXI f., 2–4, 463
Reichskonferenz (Ostern 1935, nicht statt-

gefunden) XXIX, 75, 78, 96, 98, 120, 464, 475
Reichskuratorium für Jugendertüchtigung 425
Reichsleitung – siehe: Parteivorstand, Berliner Zentrale
Reichspogromnacht XL
Reichssicherheitshauptamt XXX, XL, LII f., LVI
Reichstagsbrandprozeß 11, 24, 26 (siehe auch: Londoner Gegenprozeß)
Reichstagsresolution (17. Mai 1933) 9, 21, 449
Reichstagswahlen
– 12. November 1933 20–22, 422, 470
– 5. März 1933 424
– 31. Juli 1933 425
Reichswehr 9, 214 f., 425, 431, 455 f.
Relevo-AG Zürich – siehe unter: Deutsche Freiheit (Saarbrücken), »Freiheitsprozeß«
Reorganisation – siehe unter: Parteivorstand
Revolutionäre Sozialisten Deutschlands (RSD) XIV f., XXXIV, XLI–XLIII, 47, 97, 112, 125, 135, 144, 173, 195, 205 f., 236, 295, 307, 391, 504–507, 516, 524
– Plattform der RSD XIV, XXIV, XLI, XLIV, 46–49, 58–60, 65, 70, 73 f.
Revolutionäre Sozialisten Österreichs (RSÖ) 53–55, 195, 507, 525 (siehe auch: Sozialisten, österreichische)
Rheinlandfrage 149
Röhm-Putsch XL, 60, 215, 455, 457, 459, 482
Rote Front 525
Rote Hilfe 107 f., 144 f., 164, 497, 499
Roter Kurier 134
Roter Stoßtrupp 27, 29, 76, 135, 171, 419, 427, 429, 462, 469
Roter Vorstoßkreis – siehe: Roter Stoßtrupp
Rundschau über Politik, Wirtschaft und Arbeiterbewegung (Hrsg.: Komintern) 69, 86, 409, 485
Rundfunk – siehe: Parteivorstand, Rundfunktätigkeit

SA (Sturmabteilung) 41, 413, 436, 440, 459 (siehe auch: Röhm-Putsch)
Saarabstimmung/Saarfrage XXXVIII, 14, 19, 23, 57, 76, 80, 94, 422, 444, 447, 453, 454, 464, 473, 476 (siehe auch: Deutsche Freiheit (Saarbrücken); Sozialdemokratische Landespartei des Saargebiets; Volksstimme GmbH)
Saar-SPD – siehe: Sozialdemokraten, saarländische; Sozialdemokratische Landespartei des Saargebiets
Sammlung/Sammlungsbewegung – siehe: Sozialdemokratische Konzentration
Schwarzsender – siehe: Parteivorstand, Rundfunktätigkeit
Schweizerischer Bankverein 343
Section Française de l'Internationale Ouvrière (SFIO) 12, 68, 83, 108, 223, 233, 246, 254, 283, 294, 300, 356, 365–367, 375 f., 378, 380, 398, 407 (siehe auch: Sozialisten, französische)
Sekretäre/Sekretärkonferenzen – siehe: Grenzsekretariate/Grenzsekretäre
Selfhelp for German Emigrees (New York) – siehe: Dollarausschuß
Sender – siehe: Parteivorstand, Rundfunktätigkeit
Service juridique et social pour les réfugiés allemands 247, 390
Sinowjewwahlen 129
Sozialdemokraten/Sozialdemokratie (siehe auch: Sozialisten)
– belgische 53, 242, 351, 427, 433 (siehe auch: Belgische Arbeiterpartei)
– bulgarische 24
– dänische 75, 150, 155, 197, 338, 496 (siehe auch: Sozialdemokratie in Dänemark)
– Danziger 106, 124, 155, 212, 348, 403
– niederländische 8, 75, 349, 388 (siehe auch: Sozialdemokratische Arbeiterpartei der Niederlande)
– norwegische 359, 377 (siehe auch: Norwegische Arbeiterpartei)
– österreichische 24, 39, 46, 85, 461 (siehe auch: Auslandsbüro österreichischer Sozialdemokraten Brünn; Sozialdemokratische Arbeiterpartei Österreichs; Sozialisten, österreichische)
– russische 68, 85
– saarländische 427 (siehe auch: Sozialdemokratische Landespartei des Saargebiets)
– schwedische XXX, 53, 150, 155, 197,

203, 359 f., 496 (siehe auch: Sozialdemokratische Arbeiterpartei Schwedens)
- Schweizer - siehe: Sozialdemokratische Partei der Schweiz
- skandinavische 350, 359, 374
- sudetendeutsche XIII, XXIII, XL, XLIX, 6, 14 f., 100, 348, 397 f. (siehe auch: Deutsche Sozialdemokratische Arbeiterpartei in der Tschechoslowakei)
- tschechoslowakische 100, 130, 356, 478, 493, 507, 510–512 (siehe auch: Sozialdemokratische Arbeiterpartei in der Tschechoslowakei)
- ukrainische 461 (siehe auch: Sozialdemokratische Partei in der Ukraine)
Sozialdemokratie in Dänemark (SD) 204, 223, 315, 320 (siehe auch: Sozialdemokraten, dänische)
Sozialdemokratische Arbeiterhilfe Paris 160 (siehe auch: Arbeiterwohlfahrt Paris; Gemeinsamer überparteilicher Hilfsausschuß)
Sozialdemokratische Arbeiterpartei der Niederlande (SDAP) 14, 54, 82, 204, 223, 239, 351, 433 (siehe auch: Sozialdemokraten, niederländische)
Sozialdemokratische Arbeiterpartei Österreichs (SDAP) 40, 53, 425 (siehe auch: Sozialdemokraten, österreichische)
Sozialdemokratische Arbeiterpartei Rußlands (SDAPR) - siehe: Sozialdemokraten, russische
Sozialdemokratische Arbeiterpartei Schwedens (SAP) 51, 204, 223, 397 (siehe auch: Sozialdemokraten, schwedische)
Sozialdemokratische Arbeiterpartei in der Tschechoslowakei 24, 39, 86, 118, 144, 195, 206 f., 426 (siehe auch: Sozialdemokraten, tschechoslowakische)
Sozialdemokratische Flüchtlingshilfe Prag - siehe unter: Flüchtlingsfürsorge
Sozialdemokratische Grenzarbeitsgruppe Mulhouse/Elsaß 234 (siehe auch: Arbeitsgemeinschaft für sozialistische Inlandsarbeit)
Sozialdemokratische Konzentration XLII, XL f., LVII, 207 f., 214, 216–218, 220, 222, 225–228, 230–234, 236 f., 242–244, 249–251, 253–255, 257, 279–263, 265–268, 270–272, 274–278, 281–287, 289, 294, 297, 307–309, 316 f., 515–517, 523–527, 529 (siehe auch: Auslandsvertretung der österreichischen Sozialisten, Kartellvorschlag)
Sozialdemokratische Landespartei des Saargebiets XVIII, 19, 23, 34 f., 51 (siehe auch: Sozialdemokraten, saarländische)
Sozialdemokratische Partei der Schweiz (SPS) 18
Sozialdemokratische Partei in der Ukraine 55 (siehe auch: Sozialdemokraten, ukrainische)
Sozialdemokratische Schriftenreihe - siehe: Probleme des Sozialismus
Sozialisten (siehe auch: Sozialdemokraten)
- amerikanische 3 (siehe auch: Sozialistische Partei der Vereinigten Staaten; Amerikanische Arbeiterpartei)
- französische XLII, 53, 71, 85, 272, 310, 387 (siehe auch: Section Francais de l'Internationale Ouvrière; Sozialistische Partei Frankreichs - Union Jean Jaurès)
- italienische 71, 85, 356, 376
- österreichische XVII, XLVIII, 356 (siehe auch: Revolutionäre Sozialisten Österreichs; Auslandsvertretung österreichischer Sozialisten; Sozialdemokraten, österreichische)
- polnische - siehe: Deutsche Sozialistische Arbeiterpartei in Polen
- spanische 85, 195, 356, 500, 520 (siehe auch: Sozialistische Arbeiterpartei Spaniens)
Sozialistische Aktion XV, XXXVII, 21, 28, 42 f., 66, 70 f., 78, 117 f., 122, 125, 134, 157 f., 171, 192, 196, 211, 214, 218, 225, 227, 229, 232, 247, 422 f., 426, 436–438, 443 f., 447, 449, 458–460, 469, 494, 508, 510 (siehe auch: Neuer Vorwärts, Deutschlandausgabe)
Sozialistische Arbeiter-Internationale (SAI) XV f., XVIII f., XXII, XXIV, XXVIII f., XLI, XLIII, XLV, 16, 19, 23, 25, 28–30, 40 f., 51–56, 60, 62, 67 f., 70–73, 76, 78, 81–88, 95, 99, 102–104, 106–111, 114–116, 125–133, 136 f., 139, 147 f., 151–155, 157, 162 f., 169, 175–177, 187, 195, 203, 209–213, 227 f., 230, 232, 234, 238, 240–242, 246, 255, 261, 267, 276, 280, 285–287, 289–291, 298, 304, 312, 316 f., 321,

569

333, 339, 342, 347, 350 f., 354 f., 358 f., 361, 374–378, 386 f., 393, 396–399, 405, 407, 421, 430, 438, 440 f., 446 f., 450, 461 f., 464, 466, 469, 471 f., 478, 483–485, 487, 489, 491, 493, 497 f., 503, 512, 524, 527 f.
- Bebelfonds XXXII
- Internationales Frauenkomitee 137
- Kommission für Organisationsfragen (Dreierkommission) 54 f., 62 f., 81, 223, 461–466, 507
- Kommission zur Untersuchung der Lage der politischen Gefangenen 23, 137, 163, 246, 312, 351, 374 f., 386
- Pariser Konferenz (August 1933) 12 f., 16 f., 421 f.
- Schiedsgericht zur Entscheidung über Maßnahmen der Sopade XXIX, XLIII, 95, 99, 100 f., 106, 108–112, 115, 120, 428
- Sitzverlegung 51, 53 f., 114, 350 f., 358 f., 361, 374 f.
- Untersuchungsausschuß über Finanzierung und Verwaltung der Sopade XXIX, 95, 99 f., 120

Sozialistische Arbeiterjugend (SAJ) 4, 15, 27, 316, 414–421, 469
Sozialistische Arbeiterpartei Deutschlands (SAP) XIV, XIX, XLII, 42, 47, 49, 52, 57 f., 78, 116, 252, 307 f., 429, 435, 442, 450, 460, 468, 470, 488, 523, 525 f., 528 f.
Sozialistische Arbeiterpartei Spaniens (PSOE) 201, 342 (siehe auch: Sozialisten, spanische)
Sozialistische Arbeitersport-Internationale (SASI) 175
Sozialistische Einheitspartei Deutschlands (SED) LIII
Sozialistische Blätter 457
Sozialistische Front Hannover 153, 171, 176, 457
Sozialistische Jugend-Internationale (SJI) XXXI, 7, 62, 88, 146, 169, 218, 233, 243, 352, 407, 421, 503
Sozialistische Partei Frankreichs – Union Jean Jaurès 12 (siehe auch: Sozialisten, französische)
Sozialistische Partei Italiens (PSI) – (siehe: Sozialisten, italienische)
Sozialistische Partei der Vereinigten Staaten 26, 91, 108, 114, 176 (siehe auch: Sozialisten, amerikanische)
Sozialistische Revolution – siehe: Zeitschrift für Sozialismus
Der sozialistische Kamp f. Organ der AVÖS 242 f., 283, 335
Spanische Gesandtschaft in Prag 194, 235, 237, 350, 520 (siehe auch: Geheimdienst, Spanische Republik)
Spanischer Bürgerkrieg XVII, XL, 187, 318, 358, 500, 503
- Hilfskomitee für Spanien-Flüchtlinge 382, 387 f., 406
- Internationale Brigaden 195, 342
Spionage (siehe auch: Geheimdienst)
- gegen Frankreich 180
- gegen die Tschechoslowakei 78, 151, 216
Spitzel LII, 16, 37, 44 f., 78, 89 f., 101, 105 f., 151, 155 f., 161, 168, 181, 239, 301, 459, 479, 473, 516 (siehe auch: Geheimdienst; Gestapo/Gestapa)
- Abwehr 105, 154, 300 f., 357
Staatenkonferenz – siehe: Völkerbund
Ständige Kommission für eine politische Vollamnestie in Deutschland 165
Stahlhelm-Opposition 470
Stiftung Archiv der Parteien und Massenorganisationen der DDR, Berlin (SAPMO) und Vorläufer L–LVII, LX
SS (Schutzstaffel) 413
Sudetendeutsche Partei 493

Teplitzer Zwischenfall 509, 513
Thomas-Mann-Ausschuß 313, 336 f., 342
Trades Union Congress (TUC) – siehe: Gewerkschaften, britische
Treuhänderschaft – siehe unter: Parteivorstand
Tribüne 6 (siehe auch: Der Kamp f. Monatsschrift der sudetendeutschen Sozialdemokratie)

Überfall – siehe: Besetzung
Übersiedlung des Parteivorstandes – siehe: Parteivorstand, Sitzverlegung
Unabhängige Sozialdemokratische Partei Deutschlands (USPD) 68, 483
Union deutscher sozialistischer Organisationen in Großbritannien XIX
Union für Menschenrechte 143
Unsere Zeit (Hrsg.: Willi Münzenberg) 485

Verband deutscher Lehreremigranten 164
Vereenigung von Arbeiders Radio Amateurs (VARA) 434 f. (siehe auch: Parteivorstand, Rundfunktätigkeit)
Verein deutscher Arbeiter im Ausland 28
Verlag – siehe: Graphia-Verlagsanstalt
Versailler Vertrag XLVIII, 109, 148, 391 f., 401
Vertrauensleute der Sopade – siehe unter: Parteivorstand
Vertrauensratswahlen 42 f., 97 f., 182, 436, 447, 450, 453
Victoria House Printing Company Ltd. (London) 8
Völkerbund 57, 100, 126, 137, 165, 391, 423
– Anti-Terrorismus-Konferenz (November 1937) 212
– Austritt Deutschlands 20, 422
– Beirat des Hochkommissars für deutsche Flüchtlingsfragen 163, 246, 288 f., 304, 388
– Hochkommissar für deutsche Flüchtlingsfragen 23, 28, 49, 270, 389, 439, 493
– Internationale Staatenkonferenz zur Regelung der Rechtsstellung der deutschen Flüchtlinge (Februar 1938) 212, 218
– Konferenz für Flüchtlingsfragen im Rahmen des Völkerbundes (Genfer Flüchtlingskonferenz, Juli 1936) 152 f., 163
Volksabstimmung
– 12. November 1933 20–22
– 19. August 1934 61, 461, 470
Volksfront XVI, XL, XLIV, 127, 147, 183, 186, 200, 217, 221, 230, 251, 262, 301, 501 (siehe auch: Einheitsfront; Zehn-Punkte-Gruppe)
– französische XLV, 162, 294, f., 300, 380
– Lutetia-Comité 127, 147, 164, 497
– spanische 518
– (Vorläufiger) Ausschuß zur Vorbereitung einer deutschen Volksfront 153, 162, 497
Volksfunk (Zeitschrift des Arbeiterradiobundes) 420, 475
Volksgerichtshof 147, 197, 306
Volkskonservative 127
Volksmonarchisten 470
Volkssozialisten 164
Volkssportorganisation 413
Volksstimme (früher: Saarbrücker Volksstimme) 35, 51, 57
Volksstimme GmbH Saarbrücken 14, 31, 34, 35, 40, 57, 94, 131, 246, 332, 340, 344, 350, 431, 433 (siehe auch: Deutsche Freiheit (Saarbrücken), „Freiheitsprozeß")
(Vorläufiger) Ausschuß zur Vorbereitung einer deutschen Volksfront – siehe unter: Volksfront
Vorstandsprotokolle – siehe: Parteivorstand, Sitzungsprotokolle
Vorwärts XXV, XXXVII (siehe auch: Neuer Vorwärts)

Die Welt (Hrsg.: Komintern) 69, 409
Wehrpflicht 101, 109, 358
Westland. Unabhängige deutsche Wochenzeitung 6
Workmen's Circle (USA) 210

Zehn-Punkte-Gruppe XLVI, 182–184, 186, 200, 210 f., 213 f., 216 f., 227 f., 237, 239 (siehe auch: Volksfront)
Zeitschrift für Sozialismus (anfangs: Sozialistische Revolution) XVI, XXIV, XXVI, XXXII, XXXVII f., XLIII, 3, 5–7, 10 f., 14 f., 48 f., 60, 73 f., 78, 101, 104, 117, 120–122, 158 f., 171, 177, 187, 426, 461, 468, 494
Zentrales Staatsarchiv Moskau 357
Zentralverband der Angestellten 43
Zentralvereinigung der deutschen Emigration (ZVE) 163, 165, 218, 288 f., 303 f., 382, 388 f.
Zentralvereinigung österreichischer Emigranten 365
Zentrum 9
Die Zukunft (Hrsg.: Deutsch-französische Union) 249, 297, 397
Zweiter Weltkrieg
– Ausbruch XVIII, XXXVI, LX, 369
– Krieg Finnland-UdSSR 408
– Kriegsgefahr 103, 109, 358
– Kriegszieldiskussion XLI, 367, 380
– Nachkriegsordnung XVIII, XL f., XLVII–XLIX, 370–372, 390 f., 394 f., 397–400
– Präventivkrieg 422
– Verhalten im Kriegsfall XVIII, 356 f., 360 f., 366–370, 372, 378, 406, 444, 472 f.

Die Bearbeiter

Marlis Buchholz, Dr. phil., M.A., geb. 1955, journalistische Ausbildung, Studium der Geschichte und Politikwissenschaft in Hannover, Mitarbeit in verschiedenen regional- und lokalgeschichtlichen Projekten mit den Schwerpunkten Geschichte des Nationalsozialismus und Erwachsenenbildungsgeschichte.

Veröffentlichungen u. a.: Die hannoverschen Judenhäuser. Zur Situation der Juden in der Zeit der Ghettoisierung und Verfolgung 1941 bis 1945, Hildesheim 1987; Erwachsenenbildung in der norddeutschen Provinz. Die Volkshochschule Hameln 1919 bis 1970, Diss. Hannover 1991; Wolfenbüttel 1871 bis 1914. Aus der Geschichte einer Kleinstadt im Kaiserreich, Wolfenbüttel 1992.

Bernd Rother, Dr. phil., geb. 1954, Studium der Geschichte, Politikwissenschaft und Pädagogik an der TU Braunschweig, 1986-1988 und 1990/91 wissenschaftlicher Mitarbeiter beim Arbeitskreis Andere Geschichte e.V. Braunschweig, 1988–1990 beim Institut für Sozialgeschichte e.V. Braunschweig-Bonn, 1991–1993 an der Universität Hannover, seit 1993 als Historiker tätig am Moses Mendelssohn Zentrum für Europäisch-Jüdische Studien an der Universität Potsdam.

Veröffentlichungen u. a.: Der verhinderte Übergang zum Sozialismus. Die Sozialistische Partei Portugals im Zentrum der Macht (1974–1978), Frankfurt/Main 1989; Die Sozialdemokratie im Land Braunschweig 1918 bis 1933, Bonn 1990.